LEIS DA BANCA

ANOTADAS

ANTÓNIO MENEZES CORDEIRO
PROFESSOR CATEDRÁTICO DA FACULDADE DE DIREITO
E DA UNIVERSIDADE CATÓLICA PORTUGUESA
DOUTOR EM DIREITO

CARLA TEIXEIRA MORGADO
ADVOGADA

LEIS DA BANCA

ANOTADAS

3.ª EDIÇÃO ACTUALIZADA

— *Direito Institucional*
— *Direito Material*
— *Direito Comunitário*
— *Regime do Euro*

ALMEDINA
2005

TÍTULO:	LEIS DA BANCA ANOTADAS – 3.ª Edição
AUTORES:	ANTÓNIO MENEZES CORDEIRO CARLA TEIXEIRA MORGADO
EDITOR:	EDIÇÕES ALMEDINA SA Rua da Estrela, n.º 6 3000-161 Coimbra Telef.: 239 851 905 Fax: 239 851 901 www.almedina.net editora@almedina.net
EXECUÇÃO GRÁFICA:	G.C. – GRÁFICA DE COIMBRA, LDA. PALHEIRA – ASSAFARGE 3001-453 COIMBRA producao@graficadecoimbra.pt FEVEREIRO 2005
DEPÓSITO LEGAL:	222168/05

Toda a reprodução desta obra, por fotocópia ou outro qualquer processo, sem prévia autorização escrita do Editor, é ilícita e passível de procedimento judicial contra o infractor.

PARTE I
DIREITO BANCÁRIO INSTITUCIONAL

I. BANCO DE PORTUGAL

1. Preceitos Constitucionais

CONSTITUIÇÃO DA REPÚBLICA PORTUGUESA
(...)
PARTE II – ORGANIZAÇÃO ECONÓMICA
(...)
TÍTULO IV – SISTEMA FINANCEIRO E FISCAL

ARTIGO 101.º [1]
(Sistema financeiro)

O sistema financeiro é estruturado por lei, de modo a garantir a formação, a captação e a segurança das poupanças, bem como a aplicação dos meios financeiros necessários ao desenvolvimento económico e social.

ARTIGO 102.º [2]
(Banco de Portugal)

O Banco de Portugal é o banco central nacional e exerce as suas funções nos termos da lei e das normas internacionais a que o Estado Português se vincule.

---

[1] Numeração dada pelo artigo 65.º da Lei Constitucional n.º 1/97, de 20 de Setembro, DR I Série-A, n.º 218/97, de 20-Set., 5130-5152(5138); em anexo, surge o texto completo da Constituição, tal como resultou da Revisão Constitucional de 1997. O artigo 101.º correspondia ao artigo 104.º da Revisão de 1989 e, anteriormente, ao artigo 105.º/1.

[2] A Quinta Revisão Constitucional, através do artigo 102.º da Lei Constitucional n.º 1/2001, de 12 de Dezembro, DR I Série-A, n.º 286, de 12-Dez.-2001, 8172-8217, originou uma nova alteração no texto do presente artigo. Anteriormente, na redacção resultante do artigo 65.º da Lei Constitucional n.º 1/97, de 20 de Setembro, apresentava o seguinte:

O Banco de Portugal, como banco central nacional, exerce as suas funções nos termos da lei e das normas internacionais a que o Estado Português se vincule.

O artigo 66.º da Lei Constitucional n.º 1/97, acima citada, originou novas numeração e redacção. Na versão resultante do artigo 4.º da Lei Constitucional n.º 1/92, de 25 de Novembro, DR I Série-A, n.º 273 (Suplemento), de 25-Nov.-1992, 5444(2), o preceito vinha numerado como artigo 105.º e tinha a redacção seguinte:

O Banco de Portugal, como banco central nacional, colabora na definição e execução das políticas monetária e financeira e emite moeda, nos termos da lei.

Anteriormente, esse mesmo artigo, na redacção resultante do artigo 83.º da Lei Constitucional n.º 1/89, de 8 de Julho, apresentava o teor que segue:

O Banco de Portugal, como banco central, tem o exclusivo da emissão de moeda e colabora na execução das políticas monetária e financeira, de acordo com a lei do Orçamento, os objectivos definidos nos planos e as directivas do Governo.

2. Diplomas Orgânicos

2.1. LEI N.º 5/98, DE 31 DE JANEIRO[3]

Altera a Lei Orgânica do Banco de Portugal, tendo em vista a sua integração no Sistema Europeu de Bancos Centrais

A Assembleia da República decreta, nos termos dos artigos 161.º, alínea c), e 166.º, n.º 3, da Constituição, o seguinte:

ARTIGO 1.º

1 – A partir da data de publicação do presente diploma, os artigos 1.º, 3.º, 16.º, 43.º, 44.º, 47.º, 51.º, 57 .º, 58.º, 64.º, 66.º, 67.º, 69.º, 71.º e 72.º da Lei Orgânica do Banco de Portugal, aprovada pelo Decreto-Lei n.º 337/90, de 30 de Outubro, com as alterações introduzidas pelo Decreto-Lei n.º 231/95, de 12 de Setembro, e pela Lei n.º 3/96, de 5 de Fevereiro, passam a ter a seguinte redacção:
(Por Portugal ter adoptado o euro como moeda, as alterações referidas não foram consideradas)
2 – A partir da data referida no número anterior, são aditados à mesma Lei Orgânica do Banco de Portugal os artigos 71.º-A e 71.º-B, com a seguinte redacção:
(Por Portugal ter adoptado o euro como moeda, não foram considerados os preceitos a aditar acima referidos)
3 – O Banco de Portugal continuará a personalidade jurídica do Banco de Portugal, E.P., instituída pelo Decreto-Lei n.º 452/74, de 13 de Setembro, mantendo todos os direitos e obrigações, legais ou contratuais, que integram a respectiva esfera jurídica.
4 – O presente diploma será título bastante da comprovação do previsto no número anterior para todos os efeitos legais, incluindo os de registo, devendo as repartições competentes realizar, com isenção de quaisquer taxas ou emolumentos e mediante simples comunicação do governador do Banco de Portugal, os actos necessários à regularização da situação.

---

[3] DR I Série-A, n.º 26/98, de 31-Jan.-1998, 405-415.

2.1. Banco de Portugal

ARTIGO 2.º

A partir do dia em que Portugal adoptar o euro como moeda, a Lei Orgânica do Banco de Portugal passará a ter a redacção constante do anexo ao presente diploma, que dele faz parte integrante, sendo simultaneamente revogada a Lei Orgânica aprovada pelo Decreto-Lei n.º 337/90, de 30 de Outubro, com as alterações introduzidas pelo Decreto-Lei n.º 231/95, de 12 de Setembro, pela Lei n.º 3/96, de 5 de Fevereiro, e pelos n.ºs 1 e 2 do artigo 1.º e, caso entre em vigor, pelo artigo 3.º do presente diploma.

ARTIGO 3.º

Se Portugal não adoptar o euro como moeda no dia em que tiver início a 3.ª fase da realização da União Económica e Monetária, a partir desse dia os artigos 3.º, 19.º, 39.º e 65.º da Lei Orgânica do Banco de Portugal, aprovada pelo Decreto-Lei n.º 337/90, de 30 de Outubro, com as alterações introduzidas pelo Decreto-Lei n.º 231/95, de 12 de Setembro, pela Lei n.º 3/96, de 5 de Fevereiro, e pelos n.ºs 1 e 2 do artigo 1.º do presente diploma, passam a ter a seguinte redacção:

(Por Portugal ter adoptado o euro como moeda, não foram consideradas as alterações acima referidas)

Aprovada em 27 de Novembro de 1997.
O Presidente da Assembleia da República, *António de Almeida Santos*.

Promulgada em 9 de Janeiro de 1998.
Publique-se.
O Presidente da República, JORGE SAMPAIO.

Referendada em 19 de Janeiro de 1998.
O Primeiro-Ministro, *António Manuel de Oliveira Guterres*.

2.2. DECRETO-LEI N.º 118/2001, DE 17 DE ABRIL[4]

A Resolução do Conselho de Ministros n.º 170/2000, de 7 de Dezembro, que aprovou as orientações nacionais para a introdução física do euro, estabeleceu que o período de dupla circulação das notas e das moedas em euros e em escudos decorrerá entre 1 de Janeiro de 2002 e 28 de Fevereiro do mesmo ano, cessando, em consequência, o curso legal e o poder liberatório das notas e moedas em escudos a partir do dia 1 de Março de 2002.

Torna-se, deste modo, necessário fixar a data em que deixarão de vigorar as disposições da Lei Orgânica do Banco de Portugal, aprovada pelo Decreto-Lei n.º 337/90, de 30 de Outubro, relativas à competência do Banco para emitir e pôr em circulação notas e moedas em escudos, disposições essas que o artigo 65.º da actual Lei Orgânica, aprovada pela Lei n.º 5/98, de 31 de Janeiro, manteve transitoriamente em vigor no quadro das regras sobre emissão monetária decorrentes do início da 3.ª fase da união económica e monetária. A revogação das normas em questão não prejudica, naturalmente, a obrigação do Banco de Portugal de proceder à troca das notas retiradas de circulação, nos termos de legislação própria.

Aproveita-se, ainda, a presente alteração legislativa para cometer ao Banco de Portugal a responsabilidade de emissão de um boletim oficial próprio, destinado a dar publicidade às instruções e outros actos do Banco, e para esclarecer algumas dúvidas levantadas pelo texto da sua Lei Orgânica quanto ao regime que lhe é aplicável. Procede-se, ainda, ao ajustamento do seu capital social, que passa a ficar expresso em euros, e actualiza-se a referência ao preceito do Tratado CE que regula a emissão de notas.

Foram ouvidos o Banco Central Europeu e o Banco de Portugal.
Assim:
Nos termos da alínea *a*) do n.º 1 do artigo 198.º da Constituição, o Governo decreta o seguinte:

ARTIGO 1.º
Alteração à Lei Orgânica do Banco de Portugal

Os artigos 4.º, 6.º, 39.º, 59.º, 64.º e 65.º da Lei Orgânica do Banco de Portugal, aprovada pela Lei n.º 5/98, de 31 de Janeiro, em vigor desde a data da adopção do euro, passam a ter a seguinte redacção:

---

[4] DR I Série-A, n.º 90, de 17-Abr.-2001, 2182-2183.

(As alterações foram inseridas no texto da Lei Orgânica do Banco de Portugal, abaixo publicado)

ARTIGO 2.º
Produção de efeitos

O artigo 64.º da Lei Orgânica do Banco de Portugal, com a redacção que lhe é dada pelo presente diploma, produz efeitos desde 1 de Janeiro de 2001.

Visto e aprovado em Conselho de Ministros de 8 de Março de 2001. – *António Manuel de Oliveira Guterres – Joaquim Augusto Nunes Pina Moura.*

Promulgado em 30 de Março de 2001.
Publique-se.
O Presidente da República, JORGE SAMPAIO.

Referendado em 5 de Abril de 2001.
O Primeiro-Ministro, *António Manuel de Oliveira Guterres.*

2.3. DECRETO-LEI N.º 50/2004, DE 10 DE MARÇO[5]

Na sequência da introdução física do euro, cumpre aos Estados membros aprovar medidas internas visando prevenir e reprimir a contrafacção da moeda. Entre nós, com esse objectivo foi publicada a Lei n.º 97/2001, de 25 de Agosto, que introduz alterações ao Código Penal. Todavia, a fim de compatibilizar inteiramente o ordenamento jurídico nacional com o quadro normativo comunitário relevante nesta matéria, torna-se ainda necessário alterar os artigos 8.º a 11.º da Lei Orgânica do Banco de Portugal.

Aproveita-se também a presente alteração legislativa para alterar, por um lado, a contabilização das reservas e provisões de modo a dar cobertura legal a uma reserva especial, recentemente criada, relativa às mais-valias do ouro e, por outro, a periodicidade da divulgação de uma sinopse resumida das receitas e despesas do Banco de semanal para mensal.

Foram ouvidos o Banco de Portugal e o Banco Central Europeu.

Assim:

Nos termos da alínea *a*) do n.º 1 do artigo 198.º da Constituição, o Governo decreta o seguinte:

ARTIGO 1.º
Alterações à Lei Orgânica do Banco de Portugal

Os artigos 8.º a 11.º, 53.º e 55.º da Lei Orgânica do Banco de Portugal, aprovada pela Lei n.º 5/98, de 31 de Janeiro, e alterada pelo Decreto-Lei n.º 118/2001, de 17 de Abril, passam a ter a redacção seguinte:

(As alterações foram inseridas no texto da Lei Orgânica do Banco de Portugal, abaixo publicada)

ARTIGO 2.º
Entrada em vigor

1 – O presente diploma entra em vigor no dia seguinte ao da sua publicação.

2 – A alteração à alínea *b*) do n.º 1 do artigo 53.º da Lei Orgânica do Banco de Portugal produz efeitos desde 20 de Dezembro de 2003.

---

[5] DR I Série-A, n.º 59, de 10-Mar.-2004, 1295-1296.

2.3. Banco de Portugal

Visto e aprovado em Conselho de Ministros de 4 de Fevereiro de 2004. – *José Manuel Durão Barroso – Maria Manuela Dias Ferreira Leite – Maria Celeste Ferreira Lopes Cardona.*

Promulgado em 26 de Fevereiro de 2004.
Publique-se.
O Presidente da República, JORGE SAMPAIO.

Referendado em 2 de Março de 2004.
O Primeiro-Ministro, *José Manuel Durão Barroso.*

2.4. LEI ORGÂNICA DO BANCO DE PORTUGAL[6-7]

CAPÍTULO I
Natureza, sede e atribuições

ARTIGO 1.º
[Natureza]

O Banco de Portugal, adiante abreviadamente designado por Banco, é uma pessoa colectiva de direito público, dotada de autonomia administrativa e financeira e de património próprio.

ARTIGO 2.º
[Sede, filiais, sucursais, delegações ou agências]

O Banco tem a sua sede em Lisboa, podendo ter filiais, sucursais, delegações ou agências noutras localidades, bem como delegações no estrangeiro.

ARTIGO 3.º
[Atribuições principais]

1 – O Banco, como banco central da República Portuguesa, faz parte integrante do Sistema Europeu de Bancos Centrais, adiante abreviadamente designado por SEBC.

2 – O Banco prossegue os objectivos e participa no desempenho das atribuições cometidas ao SEBC e está sujeito ao disposto nos Estatutos do Sistema Europeu de Bancos Centrais e do Banco Central Europeu adiante designados por Estatutos do SEBC/BCE, actuando em conformidade com as orientações e instruções que o Banco Central Europeu, adiante abreviadamente designado por BCE, lhe dirija ao abrigo dos mesmos Estatutos.

---

[6] A que se refere o artigo 2.º da Lei n.º 5/98, de 31 de Janeiro de 1998, acima publicado.

[7] *As epígrafes não são oficiais*: carecem de poder normativo autónomo. Elas são da *responsabilidade exclusiva do anotador* e visam facilitar o reconhecimento da matéria.

CAPÍTULO II
Capital, reservas e provisões

ARTIGO 4.º[8]
[Capital]

1 – O Banco dispõe de um capital de € 1 000 000, que pode ser aumentado, designadamente, por incorporação de reservas, deliberada pelo conselho de administração.

2 – A deliberação do aumento de capital deve ser autorizada pelo Ministro das Finanças.

ARTIGO 5.º
[Reserva legal e outras reservas ou provisões]

1 – O Banco tem uma reserva sem limite máximo, constituída por transferência de 10% do resultado de cada exercício, apurado nos termos do artigo 53.º.

2 – Além da reserva referida no número anterior, pode o conselho de administração criar outras reservas e provisões, designadamente para cobrir riscos de depreciação ou prejuízos a que determinadas espécies de valores ou operações estejam particularmente sujeitas.

CAPÍTULO III
Emissão monetária

ARTIGO 6.º[9]
[Emissão de notas, circulação de moedas metálicas]

1 – Nos termos do artigo 106.º do Tratado que institui a Comunidade Europeia, o Banco emite notas com curso legal e poder liberatório.

2 – O Banco põe em circulação as moedas metálicas, incluindo as comemorativas.

---

[8] Redacção dada pelo artigo 1.º do Decreto-Lei n.º 118/2001, de 17 de Abril. A redacção original era a seguinte:
1 – O Banco dispõe de um capital de montante equivalente, em euros, a 200 000 000$, que pode ser aumentado, designadamente por incorporação de reservas deliberada pelo conselho de administração.
2 – ...
[9] Redacção dada pelo artigo 1.º do Decreto-Lei n.º 118/2001, de 17 de Abril. A redacção original era a seguinte:
1 – Nos termos do artigo 105.º-A, n.º 1, do Tratado Que Institui a Comunidade Europeia, o Banco emite notas com curso legal e poder liberatório.
2 – ...
3 – ...

3 – As moedas metálicas são postas em circulação por intermédio e sob requisição do Banco.

ARTIGO 7.º
[Apreensão de notas suspeitas]

1 – O Banco procederá à apreensão de todas as notas que lhe sejam apresentadas suspeitas de contrafacção ou de falsificação ou alteração do valor facial, lavrando auto do qual conste a identificação das notas e do portador, bem como os fundamentos da suspeita.

2 – O auto referido no número anterior será remetido à Polícia Judiciária, para efeito do respectivo procedimento.

3 – O Banco pode recorrer directamente a qualquer autoridade, ou agente desta, para os fins previstos neste artigo.

ARTIGO 8.º[10]
[Retenção de notas e moedas falsas]

1 – As notas e moedas metálicas expressas em euros e em moeda estrangeira cuja falsidade seja manifesta ou haja motivo bastante para ser presumida, quando apresentadas a instituições de crédito ou sociedades financeiras no âmbito da respectiva actividade, designadamente para efeitos de câmbio, devem ser retidas e sem demora enviadas às autoridades para tanto designadas em instruções do Banco de Portugal e com observância do mais que por este for determinado.

2 – O disposto no número anterior é aplicável a outras entidades habilitadas a realizar operações de câmbio manual de moeda.

ARTIGO 9.º[11]
[Limitação à reprodução de notas]

1 – A reprodução de notas expressas em euros, total ou parcial, e qualquer que seja o processo técnico utilizado, bem como a distribuição dessas reproduções, ainda que limitada a pessoas determinadas, só podem efectuar-se nos casos, termos e condições expressamente estabelecidos pelo Banco Central Europeu.

---

[10] Redacção dada pelo artigo 1.º do Decreto-Lei n.º 50/2004, de 10 de Março. A redacção original era a seguinte:
Não é admitido o processo judicial de reforma de notas expressas em escudos.

[11] Redacção dada pelo artigo 1.º do Decreto-Lei n.º 50/2004, de 10 de Março. A redacção original era a seguinte:
1 – É proibida a imitação ou reprodução de notas expressas em escudos, total ou parcial e por qualquer processo técnico, bem como a distribuição dessas reproduções ou imitações.
2 – É igualmente proibida a simples feitura de chapas, matrizes ou outros meios técnicos que permitam a reprodução ou imitação contempladas no número anterior.

2 – Tratando-se de notas expressas em escudos, a reprodução e distribuição a que alude o número anterior só podem efectuar-se nos termos genérica ou casuisticamente permitidos pelo Banco de Portugal.

3 – É proibida a simples feitura ou detenção de chapas, matrizes, programas informáticos ou outros meios técnicos que permitam a reprodução de notas em contravenção ao disposto neste artigo.

ARTIGO 10.º[12]
[Contra-ordenações e coimas]

1 – Constituem contra-ordenações, quando não integrem infracção criminal:
   a) A infracção ao disposto no n.º 1 do artigo 8.º, correspondendo-lhe coima de (euro) 1500 a (euro) 3500 ou de (euro) 3000 a (euro) 35000, consoante o agente seja pessoa singular ou pessoa colectiva;
   b) A infracção ao disposto no n.º 2 do artigo 8.º, correspondendo-lhe coima de (euro) 1000 a (euro) 3000 ou de (euro) 2500 a (euro) 25000, consoante o agente seja pessoa singular ou pessoa colectiva;
   c) A inobservância do disposto nos n.os 1 a 3 do artigo 9.º, que é punida com coima de (euro) 2000 a (euro) 3500 ou de (euro) 3000 a (euro) 30000, consoante o agente seja pessoa singular ou pessoa colectiva.

2 – Sendo as contra-ordenações definidas no presente artigo cometidas por pessoa singular no âmbito de trabalho subordinado, como membro de órgão de uma pessoa colectiva ou como representante legal ou voluntário de outrem, a entidade patronal, a pessoa colectiva ou o representado podem ser cumulativamente responsabilizados como infractores.

3 – A tentativa e a negligência são puníveis.

4 – Compete ao Banco o processamento das contra-ordenações previstas neste artigo, bem como a aplicação das correspondentes sanções.

5 – É subsidiariamente aplicável o regime geral das contra-ordenações.

---

[12] Redacção dada pelo artigo 1.º do Decreto-Lei n.º 50/2004, de 10 de Março. A redacção original era a seguinte:

1 – As infracções ao disposto nos n.os 1 e 2 do artigo anterior, quando não integrem crimes de contrafacção, falsificação ou alteração do valor facial da moeda, constituem contra-ordenação punível com coima de 20 000$ a 500 000$ ou de 50 000$ a 6 000 000$, consoante o agente seja pessoa singular ou pessoa colectiva.

2 – A tentativa e a negligência são sempre puníveis.

3 – Compete ao Banco o processamento das contra-ordenações previstas neste artigo, bem como a aplicação das correspondentes sanções, revertendo o produto das coimas integralmente a favor do Estado.

4 – É subsidiariamente aplicável o regime geral das contra-ordenações.

Lei Orgânica do Banco de Portugal **2.4.**

ARTIGO 11.º[13]
[Apreensão e destruição de reproduções e de meios técnicos]

Como sanção acessória das contra-ordenações previstas no artigo anterior, nos termos do regime referido no n.º 5 do mesmo artigo, o Banco de Portugal pode apreender e destruir as reproduções, chapas, matrizes, hologramas, programas informáticos e os demais meios técnicos, instrumentos e objectos mencionados no artigo 9.º.

CAPÍTULO IV
Funções de banco central

SECÇÃO I
Disposições gerais

ARTIGO 12.º
[Competência como banco central]

Compete especialmente ao Banco, sem prejuízo dos condicionalismos decorrentes da sua participação no SEBC:
 a) Gerir as disponibilidades externas do País ou outras que lhe estejam cometidas;
 b) Agir como intermediário nas relações monetárias internacionais do Estado;
 c) Velar pela estabilidade do sistema financeiro nacional, assegurando, com essa finalidade, designadamente a função de refinanciador de última instância;
 d) Aconselhar o Governo nos domínios económico e financeiro, no âmbito das suas atribuições.

ARTIGO 13.º
[Estatísticas]

1 – Compete ao Banco a recolha e elaboração das estatísticas monetárias, financeiras, cambiais e da balança de pagamentos, designadamente no âmbito da sua colaboração com o BCE.

2 – O Banco pode exigir a qualquer entidade, pública ou privada, que lhe sejam fornecidas directamente as informações necessárias para cumprimento do estabelecido no número anterior ou por motivos relacionados com as suas atribuições.

---

[13] Redacção dada pelo artigo 1.º do Decreto-Lei n.º 50/2004, de 10 de Março. A redacção original era a seguinte:
 Como sanção acessória das contra-ordenações previstas no artigo anterior, ou independentemente da aplicação de uma coima, nos termos do regime referido no n.º 4 do mesmo artigo, o Banco pode apreender e destruir as reproduções, imitações, chapas, matrizes e outros meios técnicos mencionados no artigo 9.º.

19

ARTIGO 14.º
[Sistemas de pagamento]

Compete ao Banco regular, fiscalizar e promover o bom funcionamento dos sistemas de pagamentos, designadamente no âmbito da sua participação no SEBC.

SECÇÃO II
Política monetária e cambial

ARTIGO 15.º
[Princípio geral]

No âmbito da sua participação no SEBC, compete ao Banco a orientação e fiscalização dos mercados monetário e cambial.

ARTIGO 16.º
[Competência quanto à orientação e fiscalização dos mercados]

1 – Para orientar e fiscalizar os mercados monetário e cambial, cabe ao Banco, de acordo com as normas adaptadas pelo BCE:
   a) Adoptar providências genéricas ou intervir, sempre que necessário, para garantir os objectivos da política monetária e cambial, em particular no que se refere ao comportamento das taxas de juro e de câmbio;
   b) Receber as reservas de caixa das instituições a elas sujeitas e colaborar na execução de outros métodos operacionais de controlo monetário a que o BCE decida recorrer;
   c) Estabelecer os condicionalismos a que devem estar sujeitas as disponibilidades e as responsabilidades sobre o exterior que podem ser detidas ou assumidas pelas instituições autorizadas a exercer o comércio de câmbios.

2 – Sem prejuízo das sanções legalmente previstas, o Banco poderá adoptar as medidas que se mostrem necessárias à prevenção ou cessação de actuações contrárias ao que for determinado nos termos do número anterior e, bem assim, à correcção dos efeitos produzidos por tais actuações.

SECÇÃO III
Exercício da supervisão

ARTIGO 17.º
[Competência quanto à supervisão]

Compete ao Banco exercer a supervisão das instituições de crédito, sociedades financeiras e outras entidades que lhe estejam legalmente sujeitas, nomeadamente estabelecendo directivas para a sua actuação e para assegurar os serviços de centralização de riscos de crédito, nos termos da legislação que rege a supervisão financeira.

SECÇÃO IV
Relações entre o Estado e o Banco

ARTIGO 18.º
[Princípios gerais]

1 – É vedado ao Banco conceder descobertos ou qualquer outra forma de crédito ao Estado e serviços ou organismos dele dependentes, a outras pessoas colectivas de direito público e a empresas públicas ou quaisquer entidades sobre as quais o Estado, as Regiões Autónomas ou as autarquias locais possam exercer, directa ou indirectamente, influência dominante.

2 – Fica igualmente vedado ao Banco garantir quaisquer obrigações do Estado ou de outras entidades referidas no número anterior, bem como a compra directa de títulos de dívida emitidos pelo Estado ou pelas mesmas entidades.

ARTIGO 19.º
[Delimitação]

O disposto no artigo anterior não se aplica:
a) A quaisquer instituições de crédito e sociedades financeiras, ainda que de capital público, as quais beneficiarão de tratamento idêntico ao da generalidade das mesmas instituições e sociedades;
b) Ao financiamento das obrigações contraídas pelo Estado perante o Fundo Monetário Internacional;
c) À detenção, por parte do Banco, de moeda metálica emitida pelo Estado e inscrita a crédito deste, na parte em que o seu montante não exceda 10% da moeda metálica em circulação.

SECÇÃO V
Relações monetárias internacionais

ARTIGO 20.º
[Princípio geral]

O Banco de Portugal é a autoridade cambial da República Portuguesa.

ARTIGO 21.º
[Competência como autoridade cambial]

Como autoridade cambial, compete, em especial, ao Banco:
a) Autorizar e fiscalizar os pagamentos externos que, nos termos do Tratado Que Institui a Comunidade Europeia, disso careçam;
b) Definir os princípios reguladores das operações sobre ouro e divisas.

ARTIGO 22.º
[Acordos de compensação, pagamentos e outras operações]

1 – O Banco pode celebrar, em nome próprio ou em nome do Estado e por conta e ordem deste, com estabelecimentos congéneres, públicos ou privados, domiciliados no estrangeiro, acordos de compensação e pagamentos ou quaisquer contratos que sirvam as mesmas finalidades.

2 – Tendo em vista a gestão das disponibilidades sobre o exterior, o Banco pode redescontar títulos da sua carteira, dar valores em garantia e realizar no exterior outras operações adequadas.

ARTIGO 23.º
*[Participação no capital
de instituições monetárias internacionais]*

Com o acordo do BCE, o Banco pode participar no capital de instituições monetárias internacionais e fazer parte dos respectivos órgãos sociais.

SECÇÃO VI
Operações do Banco

ARTIGO 24.º
[Enumeração]

1 – A fim de alcançar os objectivos e de desempenhar as atribuições do SEBC, o Banco pode efectuar as operações que se justifiquem na sua qualidade de banco central e, nomeadamente, as seguintes:
a) Redescontar e descontar letras, livranças, extractos de factura, *warrants* e outros títulos de crédito de natureza análoga;
b) Comprar e vender títulos da dívida pública em mercado secundário, sem prejuízo do disposto no n.º 2 do artigo 18.º;
c) Conceder empréstimos ou abrir crédito em conta corrente às instituições de crédito e sociedades financeiras, nas modalidades que considerar aconselháveis e sendo estas operações devidamente caucionadas;
d) Aceitar, do Estado, depósitos à vista;

e) Aceitar depósitos, à vista ou a prazo, das instituições de crédito, sociedades financeiras e outras instituições financeiras;
f) Aceitar depósitos de títulos, do Estado, pertencentes às instituições referidas na alínea anterior;
g) Efectuar todas as operações sobre ouro e divisas;
h) Emitir títulos ou realizar operações de reporte de títulos, com o objectivo de intervir no mercado monetário;
i) Efectuar outras operações bancárias que não sejam expressamente proibidas nesta lei orgânica.

2 – O Banco pode, nas modalidades que considerar aconselháveis, abonar juros por depósitos à vista ou a prazo, nomeadamente nos seguintes casos:

a) Operações previstas nas alíneas d) e e) do número anterior;
b) Depósito obrigatório de reservas de caixa das instituições de crédito, sociedades financeiras e outras instituições sujeitas à sua supervisão;
c) Operações com instituições estrangeiras ou internacionais, no âmbito da cooperação internacional de carácter monetário, financeiro e cambial;
d) Reciprocidade prevista em acordos ou contratos bilaterais celebrados pelo Estado ou pelo Banco;
e) Expressa estipulação em acordos multilaterais de compensação e pagamentos.

ARTIGO 25.º
[Operações vedadas]

É, nomeadamente, vedado ao Banco:

a) Redescontar, no País, títulos de crédito da sua carteira comercial, representativos de operações realizadas nos termos da alínea a) do n.º 1 do artigo 24.º;
b) Conceder crédito a descoberto ou com garantias prestadas em termos que contrariem o estabelecido na presente lei orgânica;
c) Promover a criação de instituições de crédito, de sociedades financeiras ou de quaisquer outras sociedades, bem como participar no respectivo capital, salvo quando previsto na presente lei orgânica ou em lei especial ou por motivo de reembolso de créditos, mas nunca como sócio de responsabilidade ilimitada;
d) Ser proprietário de imóveis além dos necessários ao desempenho das suas atribuições ou à prossecução de fins de natureza social, salvo por efeito de cessão de bens, dação em cumprimento, arrematação ou outro meio legal de cumprimento das obrigações ou destinado a assegurar esse cumprimento, devendo proceder, nestes casos, à respectiva alienação logo que possível.

CAPÍTULO V
Órgãos do Banco

SECÇÃO I
Disposições gerais

ARTIGO 26.º
[Órgãos do Banco]

São órgãos do Banco o governador, o conselho de administração, o conselho de auditoria e o conselho consultivo.

ARTIGO 27.º
[Designação do governador e dos demais membros do conselho de administração]

O governador e os demais membros do conselho de administração são nomeados pelo Conselho de Ministros, sob proposta do Ministro das Finanças.

SECÇÃO II
Governador

ARTIGO 28.º
[Competência do governador]

1 – Compete ao governador:
a) Exercer as funções de membro do conselho e do conselho geral do BCE, nos termos do disposto no Tratado Que Institui a Comunidade Europeia e nos Estatutos do SEBC/BCE;
b) Representar o Banco;
c) Actuar em nome do Banco junto de instituições estrangeiras ou internacionais;
d) Superintender na coordenação e dinamização da actividade do conselho de administração e convocar as respectivas reuniões;
e) Presidir a quaisquer reuniões de comissões emanadas do conselho de administração;
f) Rubricar os livros gerais, podendo fazê-lo por chancela;
g) Exercer as demais competências que lhe estejam legalmente cometidas.

2 – O governador, em acta do conselho de administração, pode, nos termos do n.º 2 do artigo 34.º, delegar nos vice-governadores ou em administradores parte da sua competência, bem como designar de entre eles quem possa substituí-lo no exercício das funções referidas na alínea *a)* do número anterior.

ARTIGO 29.º
[Competência dos vice-governadores]

Aos vice-governadores cabe, em geral, coadjuvar o governador e, nomeadamente, exercer as funções que por este lhes forem delegadas, sem prejuízo das demais competências que lhes estejam legalmente cometidas.

ARTIGO 30.º
[Competência do governador em situação de urgência]

1 – Se estiverem em risco interesses sérios do País ou do Banco e não for possível reunir o conselho de administração, por motivo imperioso de urgência, por falta de quórum ou por qualquer outro motivo justificado, o governador tem competência própria para a prática de todos os actos necessários à prossecução dos fins cometidos ao Banco e que caibam na competência daquele conselho.

2 – Perante terceiros, incluindo notários, conservadores de registos e outros titulares da função pública, a assinatura do governador, com invocação do previsto no número anterior, constitui presunção da impossibilidade de reunião do conselho de administração.

ARTIGO 31.º
[Substituição do governador]

1 – O governador será substituído, nas suas faltas ou impedimentos, pelo modo e ordem seguintes:
  a) Pelo vice-governador mais antigo ou, em igualdade de circunstâncias, pelo mais velho;
  b) Pelo administrador mais antigo ou, em igualdade de circunstâncias, pelo mais velho.

2 – A regra de substituição estabelecida no número anterior aplica-se aos casos de vacatura do cargo.

3 – Perante terceiros, incluindo notários, conservadores de registos e outros titulares da função pública, a assinatura de um vice-governador ou de administrador, com invocação do previsto nos números anteriores, constitui presunção da pressuposta falta, impedimento ou vacatura.

ARTIGO 32.º
[Voto de qualidade e obrigatoriedade de voto favorável]

1 – O governador tem voto de qualidade nas reuniões a que preside.

2 – Exigem o voto favorável do governador as deliberações do conselho de administração ou de comissões executivas que, no parecer fundamentado do mesmo governador, possam afectar a sua autonomia de decisão enquanto membro do conselho

e do conselho geral do BCE ou o cumprimento das obrigações do Banco enquanto parte integrante do SEBC.

SECÇÃO III
Conselho de administração

ARTIGO 33.º
[Composição]

1 – O conselho de administração é composto pelo governador, que preside, por um ou dois vice-governadores e por três a cinco administradores.

2 – Os membros do conselho de administração exercem as suas funções por períodos renováveis de cinco anos.

3 – Considera-se termo do período de cinco anos a data da aprovação das contas do último exercício iniciado durante esse período.

4 – O governador e os demais membros do conselho de administração só podem ser exonerados das suas funções caso se verifique alguma das circunstâncias previstas no n.º 2 do artigo 14.º dos Estatutos do SEBC/BCE.

5 – Contra a decisão que o exonere, dispõe o governador do direito de recurso previsto no n.º 2 do artigo 14.º dos Estatutos do SEBC/BCE.

ARTIGO 34.º
[Competência e delegação]

1 – Compete ao conselho de administração a prática de todos os actos necessários à prossecução dos fins cometidos ao Banco e que não sejam abrangidos pela competência exclusiva de outros órgãos.

2 – O conselho de administração pode delegar, por acta, poderes em um ou mais dos seus membros ou em trabalhadores do Banco e autorizar que se proceda à subdelegação desses poderes, estabelecendo, em cada caso, os respectivos limites e condições.

ARTIGO 35.º
[Pelouros]

1 – O conselho de administração, sob proposta do governador, atribui aos seus membros pelouros correspondentes a um ou mais serviços do Banco.

2 – A atribuição de um pelouro envolve delegação de poderes, com limites e em condições fixados no acto de atribuição.

3 – A distribuição de pelouros não dispensa o dever, que a todos os membros do conselho de administração incumbe, de acompanhar e tomar conhecimento da generalidade dos assuntos do Banco e de propor providências relativas a qualquer deles.

ARTIGO 36.º
[Reuniões]

1 – O conselho de administração reúne:
 a) Ordinariamente, pelo menos uma vez por semana, salvo deliberação em contrário proposta pelo governador e aceite por unanimidade dos membros em exercício;
 b) Extraordinariamente, sempre que seja convocado pelo governador.

2 – Para o conselho deliberar validamente é indispensável a presença da maioria absoluta dos membros em exercício.

3 – Para efeito do disposto nos números anteriores, não são considerados em exercício os membros do conselho impedidos por motivo de serviço fora da sede ou por motivo de doença.

4 – As deliberações do conselho são tomadas por maioria de votos dos membros presentes, não sendo permitidas abstenções.

ARTIGO 37.º
[Comissões executivas]

1 – O conselho de administração pode criar as comissões executivas, permanentes ou eventuais, consideradas necessárias para a descentralização e bom andamento dos serviços.

2 – O conselho de administração pode delegar nas comissões executivas parte dos poderes que lhe são conferidos.

ARTIGO 38.º
[Actas]

1 – Nas actas do conselho de administração e das comissões executivas mencionam-se, sumariamente mas com clareza, todos os assuntos tratados nas respectivas reuniões.

2 – As actas são assinadas por todos os membros do conselho de administração ou das comissões executivas que participaram na reunião e subscritas por quem a secretariou.

3 – Os participantes na reunião podem ditar para a acta a súmula das suas intervenções, sendo-lhes ainda facultado votar "vencido" quanto às deliberações de que discordem.

ARTIGO 39.º[14]
[Recurso contencioso]

Dos actos praticados pelo governador, vice-governadores, conselho de administração e demais órgãos do Banco, ou por delegação sua, no exercício de funções públicas de autoridade, cabem os meios de recurso ou acção previstos na legislação própria do contencioso administrativo, incluindo os destinados a obter a declaração de ilegalidade de normas regulamentares.

ARTIGO 40.º
[Regalias sociais]

Os membros do conselho de administração:
a) Têm direito à retribuição que for estabelecida anualmente por uma comissão de vencimentos constituída pelo Ministro das Finanças ou um seu representante, que presidirá, pelo presidente do conselho de auditoria e por um antigo governador, designado para o efeito pelo conselho consultivo;
b) Gozam das regalias de natureza social atribuídas aos trabalhadores do Banco, nomeadamente, e atentas as condições específicas das suas funções, os benefícios de reforma ou aposentação e sobrevivência, nos termos fixados pela comissão de vencimentos;
c) Terão direito a prestações complementares de reforma, nos termos a fixar pela comissão de vencimentos.

SECÇÃO IV
Conselho de auditoria

ARTIGO 41.º
[Composição]

1 – O conselho de auditoria é constituído por quatro membros, sendo três designados pelo Ministro das Finanças e um pelos trabalhadores do Banco.

2 – Dos membros designados pelo Ministro das Finanças um será o presidente, com voto de qualidade, outro será um revisor oficial de contas e o terceiro será uma personalidade de reconhecida competência em matéria económica.

---

[14] Redacção dada pelo artigo 1.º do Decreto-Lei n.º 118/2001, de 17 de Abril. A redacção original era a seguinte:
Dos actos administrativos do governador, vice-governadores, conselho de administração, comissões executivas, administradores ou trabalhadores do Banco, no uso de poderes delegados, cabe recurso contencioso, nos termos gerais de direito.

ARTIGO 42.º
[Mandato e acumulações]

1 – Os membros do conselho de auditoria exercem as suas funções por períodos renováveis de três anos.

2 – As funções de membro do conselho de auditoria são acumuláveis com outras funções profissionais que se não mostrem incompatíveis.

ARTIGO 43.º
[Competência]

1 – Compete ao conselho de auditoria:
a) Acompanhar o funcionamento do Banco e o cumprimento das leis e regulamentos que lhe são aplicáveis;
b) Examinar as situações periódicas apresentadas pelo conselho de administração durante a sua gerência;
c) Emitir parecer acerca do orçamento, do balanço e das contas anuais de gerência;
d) Examinar a escrituração, as casas-fortes e os cofres do Banco, sempre que o julgar conveniente, com sujeição às inerentes regras de segurança;
e) Chamar a atenção do governador ou do conselho de administração para qualquer assunto que entenda dever ser ponderado e pronunciar-se sobre qualquer matéria que lhe seja submetida por aqueles órgãos.

2 – O conselho de auditoria pode ser apoiado por serviços ou técnicos do Banco de sua escolha.

ARTIGO 44.º
[Reuniões, actas e remuneração]

1 – O conselho de auditoria reúne, ordinariamente, uma vez por mês e, extraordinariamente, sempre que seja convocado pelo presidente.

2 – Para o conselho de auditoria deliberar validamente é indispensável a presença da maioria absoluta dos membros em exercício.

3 – As deliberações do conselho de auditoria são tomadas por maioria de votos dos membros presentes, não sendo permitidas abstenções.

4 – Aplica-se às actas do conselho de auditoria o regime do artigo 38.º.

5 – Os membros do conselho de auditoria têm direito a remuneração mensal, fixada pelo Ministro das Finanças.

ARTIGO 45.º
[Participação nas reuniões do conselho de administração]

Os membros do conselho de auditoria podem participar, sem direito a voto, nas reuniões do conselho de administração, sendo obrigatória, nas reuniões ordinárias, a presença de um deles, por escala.

ARTIGO 46.º
[Fiscalização por auditores externos]

Sem prejuízo da competência do conselho de auditoria, as contas do Banco são também fiscalizadas por auditores externos, nos termos do disposto no n.º 1 do artigo 27.º dos Estatutos do SEBC/BCE.

SECÇÃO V
Conselho consultivo

ARTIGO 47.º
[Composição]

1 – O conselho consultivo é composto pelo governador do Banco, que preside, e pelos seguintes membros:
   a) Os vice-governadores;
   b) Os antigos governadores;
   c) Quatro personalidades de reconhecida competência em matérias económico-financeiras e empresariais;
   d) O presidente da Associação Portuguesa de Bancos;
   e) O presidente do Instituto de Gestão do Crédito Público;
   f) Um representante de cada uma das Regiões Autónomas dos Açores e da Madeira, a designar pelos respectivos órgãos de governo próprio;
   g) O presidente do conselho de auditoria do Banco.

2 – Os vogais mencionados na alínea c) são designados pelo Conselho de Ministros, sob proposta do Ministro das Finanças, por períodos renováveis de três anos.

3 – Os membros do conselho consultivo que não sejam membros de outros órgãos do Banco podem ser remunerados, sob proposta do governador, aprovada pelo Ministro das Finanças.

4 – Sempre que o considere conveniente, o presidente do conselho consultivo pode convidar a fazerem-se representar nas respectivas reuniões determinadas entidades ou sectores de actividade, bem como sugerir ao Governo a presença de elementos das entidades ou dos serviços públicos com competência nas matérias a apreciar, em qualquer caso sem direito a voto.

ARTIGO 48.º
[Competência]

Compete ao conselho consultivo pronunciar-se, não vinculativamente, sobre:
   a) O relatório anual da actividade do Banco, antes da sua apresentação;

b) A actuação do Banco decorrente das funções que lhe estão cometidas;
c) Os assuntos que lhe forem submetidos pelo governador ou pelo conselho de administração.

ARTIGO 49.º
[Reuniões]

O conselho consultivo reúne, ordinariamente, uma vez por semestre e, extraordinariamente, sempre que for convocado pelo governador.

CAPÍTULO VI
Organização dos serviços

ARTIGO 50.º
[Princípio geral]

O conselho de administração decide da orgânica e do modo de funcionamento dos serviços e elabora os regulamentos internos necessários.

ARTIGO 51.º
[Filiais, sucursais, delegações e agências]

Compete às filiais, sucursais, delegações e agências, sob a direcção, fiscalização e superintendência do conselho de administração, o desempenho, nas respectivas áreas, das funções que lhes forem cometidas.

CAPÍTULO VII
Orçamento e contas

ARTIGO 52.º
[Orçamento]

1 – Será elaborado anualmente um orçamento de exploração.
2 – O orçamento de cada ano será comunicado ao Ministro das Finanças até 30 de Novembro do ano anterior.

ARTIGO 53.º[15]
[Resultado e distribuição]

1 – O resultado do exercício é apurado deduzindo-se ao total de proveitos e outros lucros imputáveis ao exercício as verbas correspondentes aos custos a seguir indicados:
   a) Custos operacionais e administrativos anuais;
   b) Dotações anuais para constituição ou reforço de provisões destinadas à cobertura de riscos de depreciação de activos ou à ocorrência de outras eventualidades a que se julgue necessário prover, bem como de uma reserva especial relativa aos ganhos em operações de alienação de ouro, nos termos definidos pelo conselho de administração;
   c) Eventuais dotações especiais para o Fundo de Pensões;
   d) Perdas e custos extraordinários.

2 – O resultado do exercício, apurado nos termos do número anterior, é distribuído da forma seguinte:
   a) 10% para a reserva legal;
   b) 10% para outras reservas que o conselho de administração delibere;
   c) O remanescente para o Estado, a título de dividendos, ou para outras reservas, mediante aprovação do Ministro das Finanças, sob proposta do conselho de administração.

ARTIGO 54.º
[Relatório, balanço e contas]

1 – Até 31 de Março, e com referência ao último dia do ano anterior, o Banco envia ao Ministro das Finanças, para aprovação, o relatório, o balanço e as contas anuais de gerência, depois de discutidos e apreciados pelo conselho de administração e com o parecer do conselho de auditoria.

2 – Na falta de despacho do Ministro das Finanças, o relatório, o balanço e as contas consideram-se aprovados decorridos 30 dias após a data do seu recebimento.

3 – A publicação do relatório, balanço e contas é feita no *Diário da República* no prazo de 30 dias após a sua aprovação.

4 – Na sequência da apresentação do relatório, balanço e contas anuais de gerência, o governador informará a Assembleia da República, através da Comissão

---

[15] Redacção dada pelo artigo 1.º do Decreto-Lei n.º 50/2004, de 10 de Março. A redacção original era a seguinte:
   1 – ...
      a) ...
      b) Dotações anuais para a constituição ou reforço de provisões destinadas à cobertura de créditos de cobrança duvidosa e de riscos de depreciação de outros valores activos ou à ocorrência de outras eventualidades a que se julgue necessário prover, nos termos definidos pelo conselho de administração;
      (...)

Permanente de Economia, Finanças e Plano, sobre a situação e orientações relativas à política monetária e cambial.

5 – O Banco não está sujeito ao regime financeiro dos serviços e fundos autónomos da Administração Pública.

6 – O Banco não está sujeito à fiscalização prévia do Tribunal de Contas nem à fiscalização sucessiva no que diz respeito às matérias relativas à sua participação no desempenho das atribuições cometidas ao SEBC.

7 – O disposto no número anterior é aplicável aos fundos que funcionam junto do Banco ou em cuja administração ele participe.

ARTIGO 55.°[16]
[Sinopse resumida]

O Banco publica mensalmente, e nos termos da alínea *b*) do n.° 3 do artigo 59.°, uma sinopse resumida do seu activo e passivo.

CAPÍTULO VIII
Trabalhadores

ARTIGO 56.°
[Princípio geral, instrumentos de regulamentação colectiva e regime de segurança social]

1 – Os trabalhadores do Banco estão sujeitos às normas do regime jurídico do contrato individual de trabalho.

2 – O Banco pode celebrar instrumentos de regulamentação colectiva de trabalho, nos termos da lei geral, sendo para o efeito considerados como seus representantes legítimos os membros do conselho de administração ou os detentores de mandato escrito de que expressamente constem poderes para contratar.

3 – Os trabalhadores do Banco gozam do regime de segurança social e dos outros benefícios sociais que decorrem dos instrumentos de regulamentação colectiva de trabalho do sector bancário.

ARTIGO 57.°
[Política de pessoal]

1 – O conselho de administração, tendo em atenção a natureza específica das funções cometidas ao Banco, definirá a política de pessoal, após audição dos órgãos institucionais de representação dos trabalhadores.

---

[16] Redacção dada pelo artigo 1.° do Decreto-Lei n.° 50/2004, de 10 de Março. A redacção original era a seguinte:
O Banco publica semanalmente no *Diário da República* uma sinopse resumida do seu activo e passivo.

2 – Compete ao conselho organizar os instrumentos adequados à correcta execução e divulgação da política de pessoal, definida nos termos do número anterior.

ARTIGO 58.º
[Fundo social]

1 – No âmbito das acções de natureza social do Banco, existe um fundo social com consignação de verbas que o conselho de administração delibere atribuir-lhe, de forma a assegurar o preenchimento das respectivas finalidades.

2 – O fundo social é regido por regulamento aprovado pelo conselho de administração e é gerido por uma comissão nomeada pelo mesmo conselho, com poderes delegados para o efeito, e que incluirá representantes da comissão de trabalhadores do Banco.

CAPÍTULO IX
Disposições gerais e transitórias

ARTIGO 59.º
[Assinaturas]

1 – O Banco obriga-se pela assinatura do governador ou de dois outros membros do conselho de administração e de quem estiver legitimado nos termos do n.º 2 do artigo 28.º, dos n.ºs 1 e 2 do artigo 31.º ou do n.º 2 do artigo 34.º.

2 – Os avisos do Banco são assinados pelo governador e publicados na parte B da 1.ª série do *Diário da República*.

3 – Compete ao Banco editar um boletim oficial, onde serão publicados[17]:
a) As instruções do Banco;
b) Outros actos que por lei devam ser publicados.

ARTIGO 60.º
[Dever de segredo]

Os membros do conselho de administração, do conselho de auditoria, do conselho consultivo e, bem assim, todos os trabalhadores do Banco estão sujeitos, nos termos legais, ao dever de segredo.

ARTIGO 61.º
[Incompatibilidades]

1 – Salvo quando em representação do Banco ou dos seus trabalhadores, é

---

[17] Aditado pelo artigo 1.º do Decreto-Lei n.º 118/2001, de 17 de Abril.

vedado aos membros do conselho de administração e aos demais trabalhadores fazer parte dos corpos sociais de outra instituição de crédito, sociedade financeira ou qualquer outra entidade sujeita à supervisão do Banco ou nestas exercer quaisquer funções.

2 – Sem prejuízo de outras incompatibilidades ou impedimentos legalmente previstos, não poderão os membros do conselho de administração exercer quaisquer funções remuneradas fora do Banco, salvo o exercício de funções docentes no ensino superior, ou ser membros dos corpos sociais de qualquer sociedade, a menos que o façam em representação de interesses do Banco e devidamente autorizados pelo conselho de administração.

ARTIGO 62.º
[Competência dos tribunais judiciais]

Sem prejuízo do disposto no artigo 39.º, compete aos tribunais judiciais o julgamento de todos os litígios em que o Banco seja parte, incluindo as acções para efectivação da responsabilidade civil por actos dos seus órgãos, bem como a apreciação da responsabilidade civil dos titulares desses órgãos para com o Banco.

ARTIGO 63.º
[Aprovação do plano de contas]

1 – O plano de contas do Banco é aprovado pelo Ministro das Finanças, sob proposta do conselho de administração, ouvido o conselho de auditoria.

2 – O Decreto-Lei n.º 23/93, de 27 de Janeiro, mantém-se em vigor até à data da aprovação referida no número anterior[18].

ARTIGO 64.º[19]
[Direito aplicável]

1 – Em tudo o que não estiver previsto na presente Lei Orgânica e nos regulamentos adoptados em sua execução, o Banco, salvo o disposto no número seguinte, rege-se pelas normas da legislação reguladora da actividade das instituições de crédito, quando aplicáveis, e pelas demais normas e princípios do direito privado.

---

[18] Rectificação n.º 8/98, DR I Série-A, n.º 77, de 1-Abr.-1998, 1422; o original referia "O Decreto-Lei n.º 27/93".

[19] Redacção dada pelo artigo 1.º do Decreto-Lei n.º 118/2001, de 17 de Abril. A redacção original era a seguinte:
O Banco rege-se pelas disposições da presente lei orgânica e dos regulamentos que venham a ser adaptados em sua execução, bem como pelas normas aplicáveis da legislação reguladora da actividade das instituições de crédito e, subsidiariamente, pelas normas de direito privado.

2 – No exercício de poderes públicos de autoridade, são aplicáveis ao Banco as disposições do Código do Procedimento Administrativo e quaisquer outras normas e princípios de âmbito geral respeitantes aos actos administrativos do Estado.

3 – Aos procedimentos de aquisição e alienação de bens e serviços do Banco é aplicável o regime das entidades públicas empresariais.

4 – O Banco está sujeito a registo comercial nos termos gerais, com as adaptações que se revelem necessárias.

ARTIGO 65.º
[Disposição transitória]

Mantêm-se em vigor até 28 de Fevereiro de 2002, data a partir da qual se considerarão revogados, os artigos 6.º a 9.º da Lei Orgânica do Banco de Portugal, com a redacção do Decreto-Lei n.º 337/90, de 30 de Outubro, sem prejuízo da competência exclusiva do BCE para autorizar a emissão[20-21].

---

[20] Redacção dada pelo artigo 1.º do Decreto-Lei n.º 118/2001, de 17 de Abril. A redacção original era a seguinte:

Mantêm-se em vigor, até data a fixar em diploma especial, os artigos 6.º a 9.º da Lei orgânica do Banco de Portugal, com a redação do Decreto-Lei n.º 337/90, de 30 de Outubro, sem prejuízo da competência exclusiva do BCE para autorizar a emissão.

[21] É o seguinte o teor dos artigos 6.º a 9.º da Lei Orgânica do Banco de Portugal, com a redacção do Decreto-Lei n.º 337/90, de 30 de Outubro:

Artigo 6.º
[Exclusivo da emissão de notas e de pôr em circulação moedas metálicas]

1 – O Banco detém o exclusivo da emissão de notas e de pôr em circulação as moedas metálicas, incluindo as comemorativas, as quais têm curso legal e poder liberatório.

2 – O poder liberatório das notas é ilimitado, sendo o das moedas metálicas estabelecido em diploma legal.

Artigo 7.º
[Notas e moedas metálicas em circulação]

1 – Consideram-se notas do Banco de Portugal em circulação as que por ele, no exercício das suas funções, forem entregues a terceiros e continuem em poder destes, sem que tenha decorrido o prazo de troca referido no n.º 1 do artigo 9.º.

2 – A responsabilidade do Banco restringe-se às notas em circulação, sem prejuízo do previsto no n.º 2 do artigo 9.º.

3 – As moedas metálicas são postas em circulação por intermédio e sob requisição do Banco.

Artigo 8.º
[Tipos de notas e de moedas metálicas]

1 – Os tipos de notas, respectivas chapas e características são aprovados por decreto-lei, sob proposta do Banco de Portugal.

2 – As notas têm a data da emissão geral e são assinadas, por chancela, pelo governador e por um vice-governador ou administrador, em exercício nessa data.

3 – O valor facial das moedas metálicas, suas características e quantitativo da sua emissão são acordados entre o Estado e o Banco e aprovados por decreto-lei.

Artigo 9.º
[Prazo de validade das notas]

1 – O Banco fixa e anuncia publicamente o prazo em que devem ser trocadas as notas de qualquer tipo ou chapa que venham a ser retiradas da circulação.

2 – Findo o prazo fixado nos termos do número anterior, deixam as notas de ter poder liberatório e são abatidas à circulação, mas persiste para o Banco a obrigação de as receber e pagar enquanto não decorrem 20 anos.

II. INSTITUIÇÕES DE CRÉDITO E SOCIEDADES FINANCEIRAS

3. Regime Geral das Instituições de Crédito e Sociedades Financeiras

3.1. LEI N.º 9/92, DE 3 DE JULHO[22]

Autoriza o Governo a reformular o quadro jurídico do sistema financeiro (bancário e parabancário)

A Assembleia da República decreta, nos termos dos artigos 164.º, alínea *e*), 168.º, n.º 1, alíneas *c*) e *d*), e 169.º, n.º 3, da Constituição, o seguinte:

ARTIGO 1.º

Fica o Governo autorizado a criar um novo tipo de ilícito criminal, que consiste no exercício não autorizado da actividade de recepção de depósitos, ou outros fundos reembolsáveis, do público.

ARTIGO 2.º

A autorização conferida pelo artigo anterior tem o sentido e a extensão seguintes:
  a) Permitir instituir um regime sancionatório que reforce a protecção dos interesses públicos de grande relevância, nomeadamente o da segurança dos fundos e valores confiados às instituições de crédito, que são prosseguidos pelas normas do sistema de crédito e dos mercados monetário e financeiro;
  b) O tipo legal de crime referido terá como agente a pessoa que exerça a actividade referida por conta própria ou alheia e a pena a estabelecer não poderá ser superior à de prisão até três anos;
  c) Para além das previstas no Código Penal, poderá o tribunal aplicar a sanção acessória de publicação de sentença.

---

[22] DR I Série-A, n.º 151, de 3-Jul.-1992, 3156-3159.

Lei n.º 9/92, de 3 de Julho

ARTIGO 3.º

Fica ainda o Governo autorizado a tipificar como contra-ordenações as infracções às regras reguladoras do sistema de crédito e do funcionamento dos mercados monetário e financeiro, incluindo a constituição, funcionamento e actividade das instituições de crédito e das sociedades financeiras, podendo para o efeito adaptar o regime jurídico geral das contra-ordenações, o seu processo e as sanções aplicáveis, fixados no Decreto-Lei n.º 433/82, de 27 de Outubro, na redacção dada pelo Decreto-Lei n.º 356/89, de 17 de Outubro, às características e circunstâncias particulares das contra-ordenações atrás referidas.

ARTIGO 4.º

A autorização conferida pelo artigo anterior tem o sentido e a extensão seguintes:

a) Visa permitir instituir um regime sancionatório que reforce a protecção dos interesses públicos de grande relevância, nomeadamente o da segurança dos fundos confiados às instituições de crédito e sociedades financeiras, que são prosseguidos pelas normas legais e regulamentares do sistema de crédito e dos mercados monetário e financeiro;

b) Tem ainda o sentido de permitir efectivar o cumprimento das obrigações assumidas por Portugal no âmbito das Comunidades Europeias, resultantes das disposições legislativas, regulamentares ou administrativas em matéria do controlo e exercício da actividade das instituições de crédito e sociedades financeiras, em especial por força da Directiva n.º 89/646/CEE do Conselho, de 15 de Dezembro de 1989, relativa à coordenação das disposições legislativas, regulamentares e administrativas respeitantes ao acesso à actividade das instituições de crédito e ao seu exercício;

c) Proceder-se-á à adaptação dos princípios fixados no Decreto-Lei n.º 433/82, de 27 de Outubro, em matéria de aplicação da lei no espaço, por forma a permitir uma adequada transposição para a nossa ordem jurídica da Directiva n.º 89/646/CEE do Conselho, de 15 de Dezembro de 1989;

d) O limite máximo das coimas poderá ser elevado a 500 000 contos, quando a coima for aplicável a uma instituição de crédito ou a uma sociedade financeira, ou a 200 000 contos, quando a coima for aplicada a quaisquer outra pessoas ou entidades [23];

e) Conjuntamente com a coima poderão ser aplicadas ao responsável pela contra-ordenação as seguintes sanções acessórias:

  1) Apreensão e perda do objecto da infracção, incluindo o produto do benefício eventualmente obtido pelo infractor através da prática da contra-ordenação, com observância do disposto nos artigos 22.º a 26.º do Decreto-Lei n.º 433/82, de 27 de Outubro;

---

[23] O lapso "... outra ...", por "... outras ..." figura na versão publicada em *Diário da República*, não estando rectificado.

2) Inibição do exercício de cargos sociais e de funções de administração, direcção, gerência ou chefia em quaisquer instituições de crédito ou sociedades financeiras por um período compreendido entre 1 e 10 anos, no caso de contra-ordenações especialmente graves, e entre 6 meses e 3 anos, nos outros casos;
3) Suspensão do exercício do direito de voto atribuído aos accionistas das instituições de crédito e das sociedades financeiras por um período compreendido entre 1 e 10 anos;
4) Publicação pelo Banco de Portugal da punição definitiva da contra--ordenação;

f) Será estabelecido um regime específico de responsabilidade quanto à actuação em nome ou por conta de outrem, nomeadamente no sentido de que:
1) A responsabilidade das pessoas colectivas ou equiparadas prevista o artigo 7.º do Decreto-Lei n.º 433/82, de 27 de Outubro, não exclua a dos respectivos agentes ou comparticipantes;
2) Aquelas pessoas colectivas ou equiparadas respondam solidariamente pelo pagamento das coimas e das custas aplicadas aos agentes ou comparticipantes;
3) Os titulares do órgão de administração das pessoas colectivas ou equiparadas respondam subsidiariamente pelo pagamento das coimas e custas em que as mesmas pessoas sejam condenadas, ainda que à data da condenação hajam sido dissolvidas ou entrado em liquidação;

g) Se o mesmo facto preencher simultaneamente os tipos de crime e de contra--ordenação, ou quando, pelo mesmo facto, uma pessoa deva responder a título de crime e outra a título de contra-ordenação, serão sempre punidas ambas as infracções, instaurando-se, para o efeito, processos distintos a decidir pelas respectivas autoridades competentes, mas sem prejuízo de, se o agente for o mesmo, ele ficar apenas sujeito, no processo contra-ordenacional, às sanções acessórias porventura aplicáveis;

h) Será prevista a punibilidade da tentativa e da negligência;

i) Sempre que da prática da contra-ordenação resultar um benefício económico para o seu autor, o limite máximo da coima corresponderá ao dobro do produto do benefício económico obtido;

j) Será fixado em cinco anos o prazo de prescrição do procedimento pelas contra-ordenações, bem como o prazo de prescrições das coimas e sanções acessórias[24];

l) O processo contra-ordenacional seguirá os termos previstos na lei geral do ilícito de mera ordenação social, com os desenvolvimentos e adaptações adequadas às características das contra-ordenações em causa, sendo designadamente de ter em conta os seguintes princípios[25]:
1) O Banco de Portugal, como autoridade administrativa competente para instruir e decidir os processos de contra-ordenação em apreço, pode pro-

---

[24] O termo *"prescrições"* figura no original, não rectificado, do *Diário da República*.
[25] *Idem*, no tocante a *adequadas* por adequados e ao ponto e vírgula finais.

ceder à apreensão de documentos e valores, quando necessária às averiguações ou à instrução do processo, e, sempre que tal se revele necessário à eficaz instrução do processo ou à salvaguarda dos interesses da economia nacional e do público em geral, pode determinar a suspensão provisória da actividade do arguido até ao trânsito em julgado da decisão final;
2) O conselho de administração do Banco de Portugal poderá, no acto da decisão do processo contra-ordenacional, declarar suspensa, total ou parcialmente, a execução da sanção aplicada à contra-ordenação;
3) O valor das coimas reverte a favor do Estado, com excepção das coimas em que forem condenadas as instituições de crédito, caso em que elas reverterão a favor de um fundo de garantia de depósitos, a criar como pessoa colectiva de direito público;
4) As decisões do Banco de Portugal que apliquem uma sanção acessória serão, quanto a ela, imediatamente exequíveis, e a sua exequibilidade só cessará com a decisão judicial que definitivamente a revogue, aplicando-se idêntico regime às decisões a que se refere o n.º 1), e sendo as restantes decisões exequíveis nos termos do Decreto-Lei n.º 433/82, de 27 de Outubro;
5) Poderá ser estabelecida norma especial quanto à determinação do tribunal competente para o recurso de impugnação e para o restante controlo judicial no âmbito do processo contra-ordenacional em apreço;
6) A desistência da acusação pressupõe, para além de outras condições legalmente previstas, a concordância do Banco de Portugal;
7) A impugnação pode ser decidida por despacho quando o juiz não considere necessária a audiência de julgamento e o arguido, o Ministério Público ou o Banco de Portugal não se oponham a esta forma de decisão;
8) O número de testemunhas a oferecer pelo Banco de Portugal ou pelo arguido não pode exceder cinco por cada infracção;
9) Será assegurada ao Banco de Portugal a possibilidade de trazer ao processo alegações, elementos ou informações relevantes para a decisão da causa, incluindo o oferecimento de meios de prova, podendo ainda o mesmo Banco participar sempre na audiência, e interpor recurso da decisão judicial que tenha decidido o recurso de impugnação;
m) Será revogada a legislação que pune como contravenções ou transgressões os factos abrangidos pelo diploma a publicar ao abrigo da presente autorização;
n) Aos factos praticados antes da data da entrada em vigor do diploma referido na alínea anterior será aplicável o regime constante desse diploma, desde que tais factos fossem já puníveis nos termos da legislação anterior por ele revogada e sem prejuízo da aplicação da lei mais favorável para o arguido;
o) Quanto aos processos pendentes na data referida na alínea antecedente, continuará a ser aplicada a legislação substantiva e processual anterior, também sem prejuízo da aplicação da lei mais favorável.

ARTIGO 5.º

1 – Fica o Governo autorizado a prever a intervenção temporária do Banco de Portugal nas instituições de crédito, nas sociedades financeiras e nas empresas que, sem autorização, pratiquem operações reservadas àquelas instituições ou sociedades, no âmbito de um regime que, em substituição do que actualmente consta do Decreto-Lei n.º 30 689, de 27 de Agosto de 1940, e do artigo 12.º do Decreto-Lei n.º 24/86, de 18 de Fevereiro:
  a) Estabeleça um quadro de providências extraordinárias de saneamento destinadas a recuperar ou normalizar as instituições de crédito ou as sociedades financeiras em dificuldades;
  b) Estabeleça os mecanismos e termos adequados de dissolução e liquidação, em benefício dos sócios ou em benefício dos credores, das instituições de crédito, sociedades financeiras ou outras entidades que, sem autorização, pratiquem operações reservadas a estas instituições e sociedades.

2 – A autorização concedida pelo número anterior tem o sentido geral de permitir a criação das condições necessárias à preservação da estabilidade do sistema monetário-financeiro nacional e do funcionamento normal dos mercados monetário, financeiro e cambial, bem como a salvaguarda dos interesses dos depositantes e demais credores da empresa.

ARTIGO 6.º

A autorização referida no artigo anterior tem a seguinte extensão:
  a) Sempre que numa instituição de crédito ou numa sociedade financeira se verifique uma situação de desequilíbrio financeiro traduzido, designadamente, na redução dos fundos próprios a um nível inferior ao mínimo legal ou na inobservância dos rácios de solvabilidade ou de liquidez, o Banco de Portugal pode exigir a elaboração de um plano de recuperação e saneamento financeiro a submeter pela instituição ou sociedade financeira à sua aprovação e pode ainda determinar a aplicação de medidas de recuperação, designadamente:
    1) Restrições da autorização relativamente ao exercício de determinados tipos de actividade;
    2) Restrições à concessão de crédito e à aplicação de fundos em determinadas espécies de activos, em especial no que respeita a operações realizadas com a empresa-mãe da instituição de crédito ou com outras filiais daquela, incluindo as filiais da instituição em causa;
    3) Restrições à recepção de depósitos, em função das respectivas modalidades e da remuneração;
    4) Imposição da constituição de provisões especiais ou da alienação de certos activos;
    5) Proibição ou limitação da distribuição de dividendos;
    6) Imposição da suspensão ou da destituição de dirigentes da empresa;

b) O Banco de Portugal pode designar administradores provisórios e promover a constituição de uma comissão de fiscalização quando verifique:
   1) Que a instituição de crédito ou a sociedade financeira se encontram em risco de cessar pagamentos;
   2) A existência de uma situação de desequilíbrio financeiro que pela sua dimensão ou permanência envolve uma ameaça séria para a solvabilidade da instituição ou da sociedade;
   3) Que a sua administração não oferece garantias de condução prudente da sua actividade, colocando em sério risco os interesses dos credores;
   4) Que a sua organização contabilística ou os procedimentos de controlo interno apresentam insuficiências graves que não permitem avaliar devidamente a situação patrimonial da empresa;
c) Os administradores provisórios terão as atribuições e competências reconhecidas pela lei ou pelos estatutos ao órgão de administração, e a sua designação determina a suspensão temporária da assembleia geral e dos demais órgãos sociais, salvo a possibilidade de convocação da assembleia geral com vista à tomada de medidas necessárias ao saneamento da instituição de crédito ou da sociedade financeira e aprovadas pelo Banco de Portugal;
d) As medidas referidas nas anteriores alíneas b) e c) podem ser acompanhadas de outras providências temporárias decididas pelo Banco de Portugal, designadamente:
   1) Dispensa temporária do cumprimento das regras previstas na legislação aplicável sobre controlo prudencial ou de política monetária;
   2) Dispensa temporária do cumprimento pontual das obrigações anteriormente contraídas pelas instituições ou pelas sociedades;
   3) Encerramento temporário de balcões da instituição ou da sociedade;
   4) Sujeição da realização de certas operações ou de certos actos a aprovação prévia do Banco de Portugal;
e) Quando forem adoptadas providências extraordinárias referidas nas anteriores alíneas b), c) e d), o Banco de Portugal poderá, em ligação ou não com os accionistas da instituição de crédito ou da sociedade financeira em dificuldades, aprovar as medidas necessárias, ao saneamento da mesma instituição ou sociedade, designadamente, nos termos permitidos pelas subsequentes alíneas f) e g), o aumento dos respectivos capitais sociais e a cedência a terceiros de participações no capital da instituição de crédito ou da sociedade financeira;
f) No decurso do processo de saneamento, o Banco de Portugal poderá propor aos accionistas o reforço do capital social da instituição de crédito ou da sociedade financeira, ou decidi-lo em termos equivalentes à deliberação dos accionistas prevista na lei, quando tal deliberação não seja tomada e se mostre indispensável à recuperação da instituição ou da sociedade;
g) A alienação de participações no capital da instituição de crédito ou da sociedade financeira só deve ser aprovada quando, ouvidos os titulares das participações a alienar, o Banco de Portugal concluir que a manutenção da titularidade delas constitui impedimento ponderoso à execução das restantes medidas de recuperação;

h) O Banco de Portugal poderá autorizar ou impor a redução do capital de uma instituição de crédito ou de uma sociedade financeira, com adaptação do regime constante do Código de Processo Civil, sempre que, por razões prudenciais, a situação financeira da instituição ou da sociedade financeira torne aconselhável a redução do seu capital;

i) A dissolução voluntária, bem como a liquidação extrajudicial, de uma instituição de crédito ou de uma sociedade financeira depende da não oposição do Banco de Portugal, ao qual será atribuída legitimidade para requerer a liquidação judicial em benefício dos sócios e ainda a legitimidade exclusiva para requerer a dissolução judicial e falência de uma instituição de crédito ou de uma sociedade financeira e para requerer, sem prejuízo da legitimidade atribuída a outras entidades, a dissolução e liquidação judicial de uma sociedade ou de outra pessoa colectiva que, sem a autorização exigida por lei, pratique operações reservadas às instituições de crédito ou às sociedades financeiras.

ARTIGO 7.º

Fica o Governo autorizado a estabelecer um regime relativo ao controlo dos detentores de participações nas instituições de crédito e nas sociedades financeiras, com o sentido e a extensão seguintes:

a) O regime a instituir visa evitar que pessoas que não reúnam condições adequadas à garantia de uma gestão sã e prudente da instituição de crédito ou da sociedade financeira nelas detenham participações qualificadas e permitir uma transposição integral das directivas comunitárias aplicáveis na matéria, em especial da Directiva n.º 89/646/CEE do Conselho, de 15 de Dezembro de 1989;

b) Serão definidos critérios para a aferição da adequação dos detentores de participações qualificadas, podendo ser adoptados, entre outros, os seguintes critérios:

1) Ter a pessoa sido declarada falida, insolvente ou responsável por falência ou insolvência;
2) Ter a pessoa sido condenada por crime de falsificação, furto, roubo, burla, frustração de créditos, extorsão, abuso de confiança, infidelidade, usura, corrupção, abuso de informação ou outros de natureza semelhante a especificar no diploma a publicar ao abrigo da presente autorização;
3) Ter a pessoa sido objecto de sanção por violação grave das normas reguladoras da actividade financeira;
4) Inadequação da situação económico-financeira da pessoa ao montante da participação que se propõe adquirir;
5) O modo como habitualmente a pessoa conduz os seus negócios ou a natureza da sua actividade profissional revelarem uma propensão acentuada para assunção de riscos excessivos;

6) Existirem fundadas dúvidas sobre a origem dos fundos a utilizar para a aquisição da participação ou sobre a real identidade do titular desses fundos;
7) A estrutura e as características do grupo em que a instituição de crédito ou sociedade financeira passará a estar integrada dificultarem inconvenientemente a supervisão;

c) O controlo a que se referem as alíneas anteriores, além de ser feito na fase inicial da autorização da constituição da instituição ou da sociedade financeira, deverá ser também realizado ao longo da vida da mesma instituição ou sociedade, podendo ser previstos os meios adequados para o efeito, tais como: a necessidade de autorização ou não oposição da autoridade competente à aquisição de participações qualificadas ou ao aumento destas até uma participação que implique a detenção de outras percentagens significativas nos direitos de voto ou no capital da instituição de crédito ou da sociedade financeira; o impedimento, sob pena de nulidade, de exercício do direito de voto ou as demais medidas previstas no artigo 11.º da Directiva n.º 89/646/CEE do Conselho, de 15 de Dezembro de 1989, e a revogação da autorização concedida para o exercício da actividade da instituição de crédito ou da sociedade financeira;

d) Será definido o que deva entender-se por participação qualificada e demais participações significativas referidas na alínea anterior.

ARTIGO 8.º

As autorizações legislativas concedidas pela presente lei têm a duração de 180 dias.

Aprovada em 23 de Abril de 1992.
O Presidente da Assembleia da República, *António Moreira Barbosa de Melo.*

Promulgada em 29 de Maio de 1992.
Publique-se.
O Presidente da República, MÁRIO SOARES.

Referendada em 3 de Junho de 1992.
O Primeiro-Ministro, *Aníbal António Cavaco Silva.*

3.2. DECRETO-LEI N.º 298/92, DE 31 DE DEZEMBRO[26]

A criação de um espaço integrado de serviços financeiros constitui um marco fundamental no processo de constituição do mercado único da Comunidade Europeia.

A integração financeira assenta em cinco pilares: a liberdade de estabelecimento das empresas financeiras; a liberdade de prestação de serviços pelas mesmas empresas; a harmonização e o reconhecimento mútuo das regulamentações nacionais; a liberdade de circulação de capitais; a união económica e monetária.

O sistema financeiro nacional tem vindo a ser objecto, ao longo da última década, de uma profunda e gradual transformação estrutural que corresponde a uma verdadeira revolução do seu quadro regulamentar e institucional e, bem assim, do respectivo regime de concorrência.

A rápida e sustentada dinâmica de crescimento económico dos últimos anos criou um contexto particularmente favorável à expansão e reforço da solidez das instituições de crédito, quer públicas, quer privadas, bem como ao desenvolvimento e sofisticação das operações de intermediação financeira.

Consolidada a liberalização do mercado interno e tendo as instituições de crédito reagido muito positivamente aos estímulos de um mais agressivo regime de concorrência, o ano de 1992 marca a entrada do processo de liberalização externa na fase de maturidade.

O compromisso de participação plena no processo de concretização da união económica e monetária na Europa foi acolhido no Programa do XII Governo Constitucional, aprovado pela Assembleia da República em 14 de Novembro de 1991. E com o ingresso do escudo no mecanismo das taxas de câmbio do Sistema Monetário Europeu em Abril último e o anúncio da liberalização completa dos movimentos de capitais, a partir do final do corrente ano, deram-se já os passos necessários para a concretização de dois dos pilares acima referidos.

Com o presente diploma concretizam-se os restantes pilares.

Com efeito, ao proceder-se à reforma da regulamentação geral do sistema financeiro português, com exclusão do sector de seguros e de fundos de pensões, transpõem-se também para a ordem jurídica interna os seguintes actos comunitários:

Directiva n.º 77/780/CEE do Conselho, de 12 de Dezembro de 1989, na parte que, a coberto das derrogações acordadas, ainda não fora acolhida na legislação nacional;

---

[26] DR I Série-A, n.º 301 (Suplemento), de 31-Dez.-1992, 6056(24)-6056(26).

Directiva n.º 89/646/CEE do Conselho, de 15 de Dezembro de 1989 (Segunda Directiva de Coordenação Bancária);
Directiva n.º 92/30/CEE do Conselho, de 6 de Abril de 1992, sobre supervisão das instituições de crédito em base consolidada.

Indicam-se de seguida algumas das principais soluções acolhidas no diploma.

As empresas financeiras são repartidas entre instituições de crédito e sociedades financeiras, abandonando-se, deste modo, a anterior classificação tripartida entre instituições de crédito, instituições parabancárias e auxiliares de crédito. Com base nos critérios distintivos adoptados, procede-se a uma nova arrumação das espécies existentes de empresas financeiras. Assim, às anteriores categorias de instituições especiais de crédito vêm juntar-se as sociedades de locação financeira, as sociedades de *factoring* e as sociedades financeiras para aquisições a crédito (artigo 3.º).

Na delimitação do objecto ou âmbito de actividade dos bancos, foi acolhido, na sua quase amplitude máxima, o modelo da banca universal (artigo 4.º). A este propósito, haverá que ressalvar, designadamente, a realização de operações de bolsa, que continua a ser regulada no Código do Mercado de Valores Mobiliários.

Nos títulos II, III e IV são previstas e reguladas várias situações relativas ao acesso à actividade das instituições de crédito. Em especial, cabe salientar a atribuição ao Banco de Portugal da competência para autorizar a constituição de instituições de crédito nos casos em que a decisão de autorização se deva pautar por critérios de natureza técnico-prudencial, com exclusão de quaisquer critérios de conveniência económica (artigo 16.º). No que respeita ao estabelecimento de sucursais e à prestação de serviços, o regime do diploma é delineado por forma a assegurar entre nós o mecanismo do chamado "passaporte comunitário", previsto pela Segunda Directiva de Coordenação Bancária.

Nos diversos capítulos do título VI prevê-se um conjunto de regras de conduta que devem guiar a actuação das instituições de crédito, seus administradores e empregados nas relações com os clientes. Enquanto no capítulo I são definidos os deveres gerais da conduta a observar pelas instituições de crédito e seus representantes, nos capítulos seguintes referem-se grupos específicos de normas de conduta, designadamente as relacionadas com o segredo profissional, defesa da concorrência e publicidade.

A preocupação de fazer assentar cada vez mais a actuação das instituições de crédito e outras empresas financeiras em princípios de ética profissional e regras que protejam de forma eficaz a posição do "consumidor" de serviços financeiros não se manifesta apenas pela consagração expressa dos apontados deveres gerais de conduta e das demais normas referidas, mas explica ainda o incentivo que se pretende dar à elaboração de códigos deontológicos de conduta pelas associações representativas das entidades interessadas (artigo 77.º, n.ºs 2 a 4). Desta forma, a orientação que já consta do Código do Mercado de Valores Mobiliários, confinada aí às actividades de intermediação de valores mobiliários, é alargada às restantes actividades desenvolvidas pelas instituições de crédito e demais empresas financeiras.

As normas prudenciais constam principalmente do capítulo II do título VII.

Mantém-se a orientação do direito anterior no sentido de conferir ao Banco de Portugal amplos poderes de regulamentação técnica nesta matéria (artigo 99.º).

No entanto, o próprio diploma prevê e explicita diversas normas de natureza prudencial, das quais é possível destacar as relativas ao controlo da idoneidade dos detentores de participações qualificadas nas instituições de crédito (artigos 102.º e 103.º) e as que procuram assegurar a idoneidade, experiência, independência e disponibilidade dos membros do órgão de administração das mesmas instituições (artigos 30.º, 31.º e 33.º).

Na linha da orientação que tem vindo a ser seguida entre nós, a supervisão das instituições de crédito e das sociedades financeiras, em especial a sua supervisão prudencial, continua confiada ao Banco de Portugal. Ressalva-se, naturalmente, a competência fiscalizadora e supervisora da Comissão do Mercado de Valores Mobiliários na área das actividades de intermediação de valores mobiliários.

Relativamente à supervisão das instituições de crédito estabelecidas no nosso país e em outro ou outros Estados membros da Comunidade Europeia, dá-se corpo ao princípio da supervisão pelas autoridades do Estado de origem.

Nos artigos 130.º e seguintes estabelecem-se as bases necessárias para que seja possível passar a ser feita a supervisão das instituições de crédito em base consolidada de acordo com os princípios da Directiva n.º 92/30/CEE do Conselho, de 6 de Abril de 1992.

É mantida a orientação, tradicional entre nós, no sentido da existência de um regime especial de saneamento das instituições de crédito.

O novo regime apresenta-se, no entanto, a vários títulos, diferente do que se encontrava em vigor. Designadamente, e para além da atribuição à autoridade de supervisão prudencial das instituições de crédito da competência para tomar a iniciativa e para superintender nas medidas de saneamento, é de salientar que a nova lei passa a conter um elenco muito mais diversificado de medidas de intervenção, permitindo uma melhor adequação às necessidades de saneamento sentidas em cada caso. Com efeito, estabelece uma distinção entre medidas mais brandas, que não envolvem uma intervenção directa na instituição, destinadas a resolver perturbações ou crises financeiras menos graves, e medidas que já implicam uma intervenção directa na gestão da instituição de crédito, concretizada, em especial, pela nomeação de administradores provisórios (juntamente ou não com uma comissão de fiscalização).

Nos artigos 154.º e seguintes do título IX é criado e regulado um fundo de garantia de depósitos, do qual serão participantes obrigatórios todas as instituições de crédito que captem depósitos abrangidos pela garantia, com excepção das caixas de crédito agrícola mútuo pertencentes ao Sistema Integrado do Crédito Agrícola Mútuo, as quais continuarão a participar no seu fundo específico (artigo 156.º, n.º 3).

Trata-se de medida que se antevê da maior importância na defesa dos pequenos depositantes e, reflexamente, da estabilidade do sistema financeiro.

O título X contém o regime jurídico geral das sociedades financeiras. Dada a grande diversidade de espécies destas sociedades, naturalmente tal regime geral deverá ser completado pelas respectivas leis especiais (artigo 199.º).

Entre outros, poderão apontar-se como mais significativos os seguintes aspectos:
   a) No respeitante à autorização de sociedades financeiras ou de sucursais de empresas congéneres estrangeiras, o diploma segue modelo equivalente ao estabelecido para as instituições de crédito;

b) Transpõe-se a Segunda Directiva de Coordenação Bancária, assegurando o "passaporte comunitário" às sociedades financeiras e empresas congéneres comunitárias que sejam filiais a pelo menos 90% de instituições de crédito e obedeçam aos restantes requisitos legais (artigos 184.° e 188.°);
c) Manda-se aplicar às sociedades financeiras o regime sobre o controlo da idoneidade dos detentores de participações qualificadas, concretizando-se deste modo a solução que já hoje consta do Código do Mercado de Valores Mobiliários para os chamados "intermediários financeiros";
d) Atribui-se papel importante à Comissão do Mercado de Valores Mobiliários sempre que estejam em causa actividades de intermediação no domínio dos mercados de valores mobiliários.

Finalmente o título XI estabelece o regime sancionatório. No plano penal, é tipificado como crime, punido com prisão até três anos, o exercício não autorizado da actividade de recepção, do público, por conta própria ou alheia, de depósitos ou outros fundos reembolsáveis. No plano do ilícito administrativo, a prevenção e repressão das condutas irregulares são prosseguidas no quadro do regime dos ilícitos de mera ordenação social, devidamente adaptado às características e necessidades próprias do sector financeiro.

Foram ouvidos os Governos Regionais das Regiões Autónomas dos Açores e da Madeira.

Assim:

No uso da autorização legislativa concedida pela Lei n.° 9/92, de 3 de Julho, e nos termos das alíneas *a*) e *b*) do n.° 1 do artigo 201.° da Constituição, o Governo decreta o seguinte:

ARTIGO 1.°

É aprovado o Regime Geral das Instituições de Crédito e Sociedades Financeiras, adiante designado por Regime Geral, o qual faz parte integrante do presente decreto-lei.

ARTIGO 2.°

O Regime Geral entra em vigor no dia 1 de Janeiro de 1993.

ARTIGO 3.°

1 – Até 31 de Dezembro de 1993, as instituições de crédito devem adaptar as acções representativas do seu capital ao disposto na alínea *d*) do n.° 1 do artigo 14.° do Regime Geral.

2 – As situações de desconformidade com o disposto nos n.os 1 e 3 do artigo 100.° e nos n.os 1 e 2 do artigo 113.° do Regime Geral verificadas em 1 de Janeiro de 1993 devem ser regularizadas no prazo máximo de um ano a contar daquela data.

3 – Relativamente às instituições de crédito que à data da publicação do presente diploma detenham uma participação superior à mencionada no n.º 1 do artigo 101.º do Regime Geral, o prazo de três anos referido nesse preceito é substituído pelo de cinco anos a contar daquela data.

4 – Aos factos previstos nos artigos 210.º e 211.º do Regime Geral praticados antes da entrada em vigor deste Regime e já puníveis nos termos da legislação agora revogada é aplicável o disposto nos artigos 201.º a 232.º, sem prejuízo da aplicação da lei mais favorável.

5 – Aos processos pendentes em 1 de Janeiro de 1993 continua a aplicar-se a legislação substantiva e processual anterior, sem prejuízo da aplicação da lei mais favorável.

ARTIGO 4.º

Consideram-se autorizadas, para os efeitos dos artigos 174.º e seguintes do Regime Geral, as sociedades mediadoras do mercado monetário ou de câmbios que à data da entrada em vigor daquele Regime se encontrem registadas no Banco de Portugal, nos termos do n.º 1 do artigo 4.º do Decreto-Lei n.º 164/86, de 26 de Junho, na redacção dada pelo Decreto-Lei n.º 229-G/88, de 4 de Julho.

ARTIGO 5.º

1 – É revogada, a partir da data da entrada em vigor do Regime Geral, a legislação relativa às matérias nele reguladas, designadamente:
Decreto-Lei n.º 41 403, de 27 de Novembro de 1957;
Decreto-Lei n.º 42 641, de 12 de Novembro de 1959;
Decreto-Lei n.º 46 302, de 27 de Abril de 1965;
Decreto-Lei n.º 46 492, de 18 de Agosto de 1965;
Decreto-Lei n.º 46 493 de 18 de Agosto de 1965;
Decreto-Lei n.º 47 413, de 23 de Dezembro de 1966;
Decreto-Lei n.º 205/70, de 12 de Maio;
Decreto-Lei n.º 119/74, de 23 de Março;
Decreto-Lei n.º 540-A/74, de 12 de Outubro;
Decreto-Lei n.º 76-B/75, de 21 de Fevereiro;
Decreto-Lei n.º 183-B/76, de 10 de Março;
Decreto-Lei n.º 353-S/77, de 29 de Agosto;
Decreto-Lei n.º 372/77, de 5 de Setembro;
Decreto-Lei n.º 2/78, de 9 de Janeiro;
Decreto-Lei n.º 23/86, de 18 de Fevereiro;
Decreto-Lei n.º 24/86, de 18 de Fevereiro;
Decreto-Lei n.º 25/86, de 18 de Fevereiro;
Decreto-Lei n.º 318/89, de 23 de Setembro;
Decreto-Lei n.º 91/90, de 17 de Março;
Decreto-Lei n.º 333/90, de 29 de Outubro;

Portaria n.° 23-A/91, de 10 de Janeiro;
Decreto-Lei n.° 186/91, de 17 de Maio;
Decreto-Lei n.° 149/92, de 21 de Julho.
2 – Os artigos 1.° e 3.° do Decreto-Lei n.° 28/89, de 23 de Janeiro, consideram-se revogados na data de entrada em vigor da portaria a publicar ao abrigo do disposto no n.° 1 do artigo 95.° do Regime Geral.
3 – Os Decretos-Leis n.ᵒˢ 207/87, de 18 de Maio, e 228/87, de 11 de Junho, deixam de ser aplicáveis às instituições de crédito e às sociedades financeiras a partir da data de entrada em vigor do Regime Geral.
4 – As remissões feitas para preceitos revogados consideram-se efectuadas para as correspondentes normas do Regime Geral.

Visto e aprovado em Conselho de Ministros de 5 de Novembro de 1992. – *Aníbal António Cavaco Silva – Mário Fernando de Campos Pinto Artur Aurélio Teixeira Rodrigues Consolado – Jorge Braga de Macedo – Álvaro José Brilhante Laborinho Lúcio.*

Promulgado em 31 de Dezembro de 1992.
Publique-se.
O Presidente da República, MÁRIO SOARES.

Referendado em 31 de Dezembro de 1992.
O Primeiro-Ministro, *Aníbal António Cavaco Silva.*

3.3. DECRETO-LEI N.º 246/95, DE 14 DE SETEMBRO[27]

O presente diploma, completado pelos respectivos diplomas regulamentares, tem em vista, por um lado, proceder à transposição para a ordem jurídica portuguesa da Directiva n.º 94/19/CE, do Parlamento Europeu e do Conselho, de 30 de Maio de 1994, relativa aos sistemas de garantia de depósitos, e, por outro, introduzir no regime jurídico nacional algumas alterações aconselhadas pela reflexão que sobre ele incidiu.

Consagra-se o princípio basilar de que, no âmbito da Comunidade Europeia, a garantia dos depositantes deve ser assegurada pelo sistema do país de origem da instituição de crédito depositária, tanto relativamente aos depósitos captados nesse país como relativamente aos que sejam captados noutros Estados membros, seja por via de sucursais ou em prestação directa de serviços. Todavia, reconhece-se às instituições de crédito autorizadas noutros Estados membros e que disponham de sucursais em Portugal o direito de adesão voluntária ao sistema português, quando este seja mais favorável que o do país de origem.

Transitoriamente, a cobertura concedida pelo Fundo de Garantia português, relativamente aos depósitos captados noutros Estados membros da Comunidade Europeia por sucursais de instituições de crédito com sede em Portugal, não poderá exceder a que for proporcionada pelo sistema de garantia do país de acolhimento. Naturalmente a inversa será também verdadeira, e a nossa lei só é omissa a tal respeito por se entender que cabe à lei do país de origem consagrar essa limitação.

Em matéria de depósitos excluídos da garantia, assinala-se que passam a integrar esta categoria os constituídos em nome de fundos de investimento, fundos de pensões ou outras instituições de investimento colectivo (expressão esta que visa abranger outros organismos deste tipo, nacionais ou estrangeiros, que possam surgir), dada a desproporção entre a sobrecarga financeira imposta às instituições participantes no Fundo, em termos de base de incidência das suas contribuições, se estes depósitos forem garantidos e o reduzido significado que, dado o limite da garantia, o eventual reembolso teria para tais depositantes.

A nova redacção dada às alíneas *d)* a *g)* do artigo 165.º do Regime Geral das Instituições de Crédito e Sociedades Financeiras, aprovado pelo Decreto-Lei n.º 298/92, de 31 de Dezembro, vai ao encontro da regra, estabelecida pela directiva, de que todos os depósitos devem ser garantidos, com as excepções que decorrem do disposto no artigo 2.º (a título obrigatório) e no n.º 2 do artigo 7.º, conjugado com o anexo I (a título facultativo).

---

[27] DR I Série-A, n.º 213, de 14-Set.-1995, 5807-5810.

Decreto-Lei n.º 246/95, de 14 de Setembro

Finalmente, abre-se a via à passagem do actual regime contributivo, em numerário, a um regime misto, em que parte das contribuições anuais devidas ao Fundo pelas instituições de crédito que nele participam poderá ser representada por compromissos de pagamento, caucionados por penhor de valores mobiliários que, evidentemente, deverão ser caracterizados por um reduzido risco de crédito e uma elevada liquidez.

Assim:

Nos termos da alínea *a*) do n.º 1 do artigo 201.º da Constituição, o Governo decreta o seguinte:

ARTIGO 1.º

Os artigos 89.º, 155.º, 156.º, 157.º, 159.º, 160.º, 161.º, 162.º, 164.º, 165.º, 166.º e 167.º do Regime Geral das Instituições de Crédito e Sociedades Financeiras, aprovado pelo Decreto-Lei n.º 298/92, de 31 de Dezembro, passam a ter a seguinte redacção:

(*Os preceitos alterados foram inseridos no texto do Regime Geral das Instituições de Crédito, abaixo publicado*)

ARTIGO 2.º

O presente diploma produz efeitos desde 1 de Julho de 1995.

Visto e aprovado em Conselho de Ministros de 20 de Julho de 1995. – *Aníbal António Cavaco Silva – Eduardo de Almeida Catroga.*

Promulgado em 24 de Agosto de 1995.
Publique-se.
O Presidente da República, Mário Soares.

Referendado em 28 de Agosto de 1992.
O Primeiro-Ministro, *Aníbal António Cavaco Silva.*

3.4. DECRETO-LEI N.º 232/96, DE 5 DE DEZEMBRO[28]

A realização do mercado interno da União Europeia, compreendendo um espaço em que a livre circulação de mercadorias, pessoas, capitais e serviços é assegurada, tem como vector relevante a liberalização dos serviços financeiros.

Nesse sentido, o sistema financeiro nacional sofreu uma profunda transformação estrutural, à qual correspondeu uma verdadeira reforma do quadro regulamentar, corporizada na aprovação do Regime Geral das Instituições de Crédito e Sociedades Financeiras e do Código do Mercado de Valores Mobiliários.

No entanto, a experiência adquirida ao longo do tempo demonstra que estes diplomas legais necessitam de uma adaptação constante ao ambiente dos mercados financeiros em permanente mutação, quer em termos de integração horizontal, abrangendo uma série cada vez maior de sociedades financeiras, quer em termos de integração vertical, ou seja, através do reforço e do aperfeiçoamento dos sistemas de controlo e de supervisão existentes.

O presente diploma transpõe para a ordem jurídica interna a Directiva n.º 93/22/CEE, de 10 de Maio de 1993, relativa aos serviços de investimento (DSI), a Directiva n.º 95/26/CE, do Parlamento Europeu e do Conselho, de 29 de Junho de 1995, relativa ao reforço da supervisão prudencial, que é geralmente conhecida por "Directiva Post-BCCI", bem como a Directiva n.º 96/13/CE, do Conselho, que, alterando o n.º 2 do artigo 2.º da Directiva n.º 77/780, deixou de excluir a Caixa Económica Montepio Geral do âmbito de aplicação dessa e das restantes directivas aplicáveis às instituições de crédito. Esta alteração vem permitir que seja satisfeita a pretensão daquela instituição de crédito relativamente à concessão do "passaporte" comunitário.

A estabilidade legislativa aconselhou a que se aproveitasse o ensejo para efectuar, de uma só vez, todas as alterações necessárias no Regime Geral das Instituições de Crédito e Sociedades Financeiras e no Código do Mercado de Valores Mobiliários.

A directiva relativa aos serviços de investimento teve por objectivo essencial criar as condições de exercício das liberdades de estabelecimento e de prestação de serviços das chamadas "empresas de investimento" com sede nos Estados membros da União Europeia, podendo dizer-se que está para as empresas de investimento como a chamada "Segunda Directiva Bancária" (Directiva n.º 89/646/CEE) está para as instituições de crédito.

---

[28] DR I Série-A, n.º 281, de 5-Dez.-1996, 4368-4380. Este diploma foi objecto da Declaração de Rectificação n.º 4-E/97, de 31 de Janeiro, DR I Série-A, n.º 26, de 31-Jan.-1997, 542(11); as alterações daí resultantes são inseridas no local próprio.

Assentou-se no princípio básico de que as empresas que prestam serviços de investimento deverão ser sujeitas a uma autorização emitida pelo Estado membro de origem tendo em vista assegurar a protecção dos investidores e a estabilidade do sistema financeiro. Desta forma, estabeleceu-se uma harmonização das condições de forma a obter-se um reconhecimento mútuo das autorizações e dos sistemas de controlo prudencial, que permite a concessão de uma autorização única válida em toda a Comunidade e a aplicação do princípio do controlo pelo Estado membro de origem, permitindo às empresas de investimento a liberdade para criar sucursais e prestar serviços transfronteiriços nos mesmos moldes que os permitidos às instituições de crédito, sendo, assim, um instrumento essencial para a realização do mercado interno, decidida pelo Acto Único Europeu e programada pelo Livro Branco da Comissão, sob o duplo aspecto da liberdade de estabelecimento e da liberdade de prestação de serviços, no sector das empresas de investimento.

De facto, embora aplicável às instituições de crédito, e em certos casos também às sociedades financeiras, o Regime Geral já dispunha de normas equivalentes à maior parte das previstas na DSI, nomeadamente as que tratam das condições de acesso à actividade, da liberdade de estabelecimento e da liberdade de prestação de serviços. Por isso, o presente diploma estende, às empresas de investimento, em certos aspectos com as adaptações necessárias, o quadro jurídico aplicável, nas matérias relevantes, às instituições de crédito.

Por outro lado, a experiência recente da aplicação dos mecanismos que regulam ao nível comunitário a supervisão prudencial dos operadores económicos do sector financeiro recomenda a adopção de medidas a fim de reforçar a cooperação e troca de informações entre as entidades de supervisão dos vários Estados membros. É facilitada, pois, a troca de informações confidenciais entre as autoridades responsáveis pela supervisão das entidades em apreço e diversas outras entidades, tendo sido criadas especiais obrigações aos revisores de contas no que respeita à comunicação às autoridades competentes de factos relevantes para fins de supervisão que cheguem ao seu conhecimento no exercício das suas funções.

Cabe salientar ainda que na transposição da DSI foi acolhida a derrogação de que Portugal beneficia no que diz respeito ao acesso das instituições de crédito aos mercados regulamentados. Assim, sem prejuízo do regime estatuído para o mercado de derivados, a admissão das instituições de crédito aos mercados regulamentados continua a estar vedada até 31 de Dezembro de 1999.

Aproveitou-se o ensejo para delimitar de forma mais precisa o âmbito de competência do Banco de Portugal e da Comissão do Mercado de Valores Mobiliários (CMVM), tendo-se modificado, designadamente, o regime de intervenção desta última na fase de constituição dos chamados "intermediários financeiros", na acepção do Código do Mercado de Valores Mobiliários, e na fase do respectivo registo.

Desta forma, alarga-se a intervenção da CMVM, afirmada agora na prestação de informações sobre a idoneidade dos detentores de participações qualificadas à autoridade competente para a autorização, o Banco de Portugal.

Por outro lado, na esteira da orientação definida na DSI e por forma a sujeitar a prossecução de actividades de intermediação em valores mobiliários a exigências relativas à organização e funcionamento internos dos intermediários financeiros e, bem assim, a um conjunto de regras de deontologia profissional, cujo controlo é cometido à CMVM, confere-se uma autonomia ao registo de intermediários financeiros junto da CMVM, na medida em que se atribui a esta autoridade e competência para recusar o registo relativamente a requisitos não objecto de apreciação formal pelo Banco de Portugal e que se mostrem relevantes para o exercício de actividades de intermediação em valores mobiliários.

Assim:

Nos termos da alínea *a*) do n.º 1 do artigo 201.º da Constituição, o Governo decreta o seguinte:

ARTIGO 1.º

Os artigos 4.º, 13.º, 14.º, 20.º, 41.º, 69.º, 81.º, 103.º, 105.º, 120.º, 121.º, 181.º e 196.º do Regime Geral das Instituições de Crédito e Sociedades Financeiras, aprovado pelo Decreto-Lei n.º 298/92, de 31 de Dezembro, passam a ter a seguinte redacção:

(*Os preceitos alterados foram inseridos no texto do Regime Geral das Instituições de Crédito, abaixo publicado*)

ARTIGO 2.º

Ao Regime Geral das Instituições de Crédito e Sociedades Financeiras, aprovado pelo Decreto-Lei n.º 298/92, de 31 de Dezembro, é aditado o artigo 29.º-A e acrescentado o título X-A, com a seguinte redacção:

(*Os preceitos aditados foram inseridos no texto do Regime Geral das Instituições de Crédito, abaixo publicado*)

ARTIGO 3.º

Os artigos 11.º, 13.º, 16.º, 18.º, 23.º, 39.º, 40.º, 41.º, 45.º, 67.º, 92.º, 180.º, 208.º, 233.º, 408.º, 411.º, 499.º, 500.º, 502.º, 505.º, 613.º, 629.º, 630.º, 631.º, 632.º, 635.º, 642.º, 648.º, 649.º, 658.º, 662.º, 663.º e 683.º do Código do Mercado de Valores Mobiliários, aprovado pelo Decreto-Lei n.º 142-A/91, de 10 de Abril, passam a ter a seguinte redacção:

(*O Código do Mercado de Valores Mobiliários não é objecto da presente publicação*)

ARTIGO 4.º

É aditado ao Código do Mercado de Valores Mobiliários o artigo 180.º-A, com a seguinte redacção:

(*idem*)

ARTIGO 5.º

O Ministro das Finanças aprovará, por portaria, a lista dos mercados regulamentados de que Portugal é Estado membro de origem, para os efeitos do disposto na Directiva n.º 93/22/CEE, do Conselho, competindo à CMVM a comunicação da mesma lista aos outros Estados membros e à Comissão da União Europeia, nos termos previstos na referida directiva.

ARTIGO 6.º

Não obstante o disposto no artigo 4.º do Regime Geral das Instituições de Crédito e Sociedades Financeiras, a aquisição da qualidade de membro de um mercado regulamentado continua a ser regulada por lei especial.

ARTIGO 7.º

As empresas de investimento com sede em Portugal devem adaptar os seus contratos de sociedade ao regime estabelecido no título X-A do Regime Geral das Instituições de Crédito e Sociedades Financeiras até 1 de Fevereiro de 1997, submetendo os respectivos projectos à aprovação do Banco de Portugal.

ARTIGO 8.º

A nova redacção da alínea h) do n.º 2 do artigo 629.º do Código do Mercado de Valores Mobiliários entrará em vigor na data fixada no regulamento a que se refere o n.º 5 do mesmo preceito.

ARTIGO 9.º

Relativamente aos intermediários financeiros já autorizados, o prazo de seis meses a que se refere o n.º 3 do artigo 662.º conta-se a partir da entrada em vigor do presente decreto-lei.

ARTIGO 10.º

No prazo de seis meses contado da data de entrada em vigor do presente decreto-lei, a CMVM adaptará oficiosamente o registo de intermediários financeiros ao disposto no artigo 629.º, ficando estes obrigados a indicar, dentro daquele prazo, de entre as actividades de intermediação em valores mobiliários previstas na respectiva legislação especial, aquelas que se propõem exercer efectivamente e a remeter todos os elementos de informação solicitados para o efeito.

ARTIGO 11.º

É revogada a alínea *c*) do artigo 402.º e os artigos 403.º, 501.º e 615.º a 628.º do Código do Mercado de Valores Mobiliários.

ARTIGO 12.º

O presente diploma entra em vigor 60 dias após a sua publicação.

Visto e aprovado em Conselho de Ministros de 26 de Setembro de 1996. – *António Manuel de Oliveira Guterres* – *António Luciano Pacheco de Sousa Franco*.

Promulgado em 15 de Novembro de 1996.
Publique-se.
O Presidente da República, JORGE SAMPAIO.

Referendado em 20 de Novembro de 1996.
O Primeiro-Ministro, *António Manuel de Oliveira Guterres*.

3.5. DECRETO-LEI N.º 222/99, DE 22 DE JUNHO[29]

Cria e regula o funcionamento do Sistema de Indemnização aos Investidores e introduz alterações no Regime Geral das Instituições de Crédito e Sociedades Financeiras e no Código do Mercado de Valores Mobiliários

Com o presente decreto-lei é criado o Sistema de Indemnização aos Investidores, transpondo-se para a ordem jurídica portuguesa a Directiva n.º 97/9/CE, do Parlamento Europeu e do Conselho, de 3 de Março. A preservação da confiança no sistema financeiro e a protecção dos interesses de todos os que a ele recorrem, na perspectiva de aplicação das suas poupanças, constituem elementos fundamentais para a realização e bom funcionamento do mercado interno dos serviços financeiros.

Em paralelo com a protecção já conferida pelo Fundo de Garantia de Depósitos, cujo limite máximo de garantia se ajusta, o Sistema tem em vista diferentes tipos de operações sobre valores mobiliários e outros instrumentos financeiros, conferindo aos investidores meios efectivos de ressarcimento de direitos que não possam ser satisfeitos devido à situação financeira da entidade prestadora dos serviços de investimento, quer seja uma instituição de crédito, quer seja uma empresa de investimento, que sejam participantes do Sistema.

O Sistema visa garantir o reembolso dos créditos relativos a fundos ou instrumentos financeiros detidos, administrados ou geridos pelas entidades financeiras participantes no âmbito de operações de investimento, até um máximo de 25 000 ecu por investidor.

Participam obrigatoriamente no Sistema as instituições de crédito autorizadas a prestar serviços de investimento e as empresas de investimento com sede em Portugal. Reconhece-se, no entanto, às instituições de crédito e empresas de investimento autorizadas noutros Estados membros, e que disponham de sucursais em Portugal, o direito de adesão voluntária ao Sistema quando seja mais favorável que o do país de origem.

Ficam excluídos da cobertura pelo Sistema, entre outros, os créditos decorrentes de operações de investimento realizadas por conta de instituições de crédito e de sociedades financeiras.

As entidades participantes, de acordo com o montante dos fundos e instrumentos financeiros detidos, administrados ou geridos, assumem uma responsabilidade de participação no Sistema em caso de o mesmo ser accionado pelos investidores.

---

[29] DR I Série-A, n.º 143, de 22-Jun.-1999, 3564-3570.

Por último, a aprovação do Sistema impõe a introdução de alterações no Regime Geral das Instituições de Crédito e Sociedades Financeiras e no Código do Mercado de Valores Mobiliários.

Foram ouvidos o Banco de Portugal e a Comissão do Mercado de Valores Mobiliários.

Assim, nos termos da alínea *a*) do n.º 1 do artigo 198.º da Constituição, o Governo decreta, para valer como lei geral da República, o seguinte:

CAPÍTULO I
Sistema de Indemnização aos Investidores

ARTIGO 1.º
Criação e natureza do Sistema

1 – É criado o Sistema de Indemnização aos Investidores, adiante designado por Sistema, pessoa colectiva de direito público dotada de autonomia administrativa e financeira.

2 – O Sistema tem sede em Lisboa e funciona junto da Comissão do Mercado de Valores Mobiliários, adiante designada CMVM.

ARTIGO 2.º[30]
Definições

1 – Para efeitos do presente diploma, entende-se por:
a) Empresas de investimento: as empresas como tal definidas no n.º 3 do artigo 199.º-A do Regime Geral das Instituições de Crédito e Sociedades Financeiras, aprovado pelo Decreto-Lei n.º 298/92, de 31 de Dezembro, adiante designado por RGIC;
b) Instrumentos financeiros: os indicados na secção B do anexo à Directiva n.º 93/22/CEE, do Conselho, de 10 de Maio;
c) Operações de investimento: qualquer serviço de investimento nos termos previstos no n.º 1 do artigo 199.º-A do RGIC e o serviço de custódia e administração de um ou mais instrumentos financeiros;
d) Investidor: qualquer pessoa que confiou fundos ou instrumentos financeiros a uma empresa de investimento ou a uma instituição de crédito no âmbito de operações de investimento;
e) Operação colectiva de investimento: uma operação de investimento efectuada por conta de duas ou mais pessoas, ou sobre a qual duas ou mais pessoas têm direitos que podem ser exercidos por uma ou mais de entre elas.

---

[30] Alterado pelo artigo 5.º do Decreto-Lei n.º 252/2003, de 17 de Outubro, que aditou o n.º 2. O actual n.º 1 corresponde à versão original do artigo.

2 – Ficam também sujeitas ao regime previsto no presente diploma para as empresas de investimento as sociedades gestoras de fundos de investimento mobiliário autorizadas a exercer a actividade de gestão discricionária e individualizada de carteiras por conta de outrem, com base em mandato conferido pelos investidores.

ARTIGO 3.º
Âmbito

O Sistema garante a cobertura dos créditos de que seja sujeito passivo uma entidade participante em consequência de incapacidade financeira desta para, de acordo com as condições legais e contratuais aplicáveis, reembolsar ou restituir aos investidores os fundos que lhes sejam devidos ou que lhes pertençam e que se encontrem especialmente afectos a operações de investimento, ou que sejam detidos, administrados ou geridos por sua conta no âmbito de operações de investimento.

ARTIGO 4.º
Entidades participantes

1 – Participam obrigatoriamente no Sistema:
 a) As empresas de investimento com sede em Portugal;
 b) As instituições de crédito com sede em Portugal autorizadas a efectuar operações de investimento.

2 – Sem prejuízo dos acordos bilaterais existentes sobre a matéria, são igualmente obrigadas a participar no Sistema as empresas de investimento e as instituições de crédito que tenham sede em país não membro da Comunidade Europeia, relativamente a créditos decorrentes de operações de investimento efectuadas pelas suas sucursais em Portugal, salvo se esses créditos estiverem cobertos por um sistema de indemnização em termos equivalentes aos proporcionados pelo sistema português.

3 – Compete ao Banco de Portugal e à CMVM a verificação da equivalência prevista na parte final do número anterior.

ARTIGO 5.º
Participação de entidades com sede na Comunidade Europeia

1 – Em complemento da indemnização prevista no país de origem, podem participar no Sistema as empresas de investimento e as instituições de crédito autorizadas a efectuar operações de investimento que tenham sede no território de outro Estado membro da Comunidade Europeia relativamente aos créditos decorrentes de operações de investimento efectuadas pelas suas sucursais em Portugal, se o nível ou o âmbito daquela indemnização forem inferiores aos proporcionados pelo sistema português.

2 – As entidades referidas no número anterior ficam sujeitas às normas legais e regulamentares relativas ao Sistema, designadamente no que respeita ao pagamento de uma quota-parte dos encargos emergentes da cobertura complementar.

3 – As condições segundo as quais as entidades referidas no n.º 1 podem participar no Sistema ou dele serem excluídas serão definidas por regulamento da CMVM, ouvido o Banco de Portugal.

4 – Sempre que uma das entidades mencionadas no n.º 1 participar no Sistema, este estabelecerá com o sistema do Estado membro de origem as regras e procedimentos adequados ao pagamento de indemnizações aos investidores da sucursal em causa.

5 – Se uma das entidades mencionadas no n.º 1 for excluída do Sistema, os créditos decorrentes de operações de investimento efectuadas pelas suas sucursais anteriormente à data da exclusão continuam garantidos até a data da liquidação financeira da operação de investimento, no caso de fundos, ou por um prazo máximo de três meses, no caso de instrumentos financeiros.

ARTIGO 6.º
Obrigações dos participantes

1 – As entidades participantes assumem a obrigação irrevogável de entrega ao Sistema, em caso de accionamento deste, dos montantes necessários para pagamento das indemnizações que forem devidas aos investidores.

2 – A obrigação irrevogável prevista no número anterior deve ser garantida por penhor de valores mobiliários.

3 – Em caso de accionamento do Sistema a contribuição de cada entidade participante corresponde a uma percentagem do valor global das indemnizações.

4 – A percentagem prevista no número anterior resulta do rácio entre o valor dos fundos e dos instrumentos financeiros detidos, administrados ou geridos por essa entidade, no âmbito de operações de investimento, e o valor dos fundos e instrumentos financeiros detidos, administrados ou geridos pelo conjunto das entidades participantes, no âmbito de operações de investimento.

5 – O pagamento, por cada entidade participante, das contribuições referidas no número anterior está sujeito a um limite anual.

6 – As entidades participantes são obrigadas a fornecer ao Sistema a informação que se revele necessária para uma adequada avaliação dos compromissos assumidos, nomeadamente os elementos que permitam analisar a contabilidade da entidade e o montante dos créditos dos investidores.

ARTIGO 7.º
Empréstimos contraídos pelo Sistema

1 – Quando os recursos anuais se mostrem insuficientes para o cumprimento das obrigações do Sistema, os créditos remanescentes devidos aos investidores são pagos com importâncias provenientes de empréstimos contraídos pelo Sistema.

2 – O reembolso dos empréstimos contraídos ao abrigo do número anterior é efectuado por recurso a montantes entregues pelas entidades participantes, sem prejuízo do disposto no n.º 5 do artigo 6.º.

3 – Os créditos emergentes dos empréstimos contraídos pelo Sistema, para efeitos do disposto no número anterior, gozam de privilégio creditório sobre os direitos do Sistema ao pagamento dos montantes devidos pelas entidades participantes nos termos do mesmo preceito.

CAPÍTULO II
Pagamento de indemnizações

ARTIGO 8.º
Créditos cobertos pelo Sistema

O Sistema garante a cobertura dos créditos decorrentes de:
a) Operações de investimento efectuadas em Portugal ou em outros Estados membros da Comunidade Europeia pelas entidades participantes com sede em Portugal, sem prejuízo de, até 31 de Dezembro de 1999, a cobertura relativa a créditos decorrentes de operações de investimento efectuadas nesses Estados membros por sucursais das mencionadas entidades não poder exceder o nível e âmbito máximos da cobertura oferecida pelo sistema de indemnização do país de acolhimento, se forem inferiores aos proporcionados pelo Sistema;
b) Operações de investimento efectuadas em Portugal por sucursais referidas no n.º 2 do artigo 4.º;
c) Operações de investimento efectuadas em Portugal por sucursais de empresas de investimento ou instituições de crédito com sede noutro Estado membro da Comunidade Europeia que participem voluntariamente no Sistema, na parte que exceda a cobertura prevista no sistema do país de origem.

ARTIGO 9.º
Créditos excluídos do Sistema

Excluem-se da cobertura do Sistema:
a) Os créditos decorrentes de operações de investimento de que sejam titulares instituições de crédito, sociedades financeiras, instituições financeiras, empresas de seguros, sociedades gestoras de fundos de pensões, quer actuem em nome próprio quer por conta de clientes, ou entidades do sector público administrativo;
b) Os créditos decorrentes de operações de investimento de que seja titular um investidor, qualquer outra pessoa ou parte interessada nessas operações, em relação às quais tenha sido proferida uma condenação penal, transitada em julgado, pela prática de actos de branqueamento de capitais;
c) Os créditos decorrentes de operações de investimento realizadas em nome de fundos de investimento, outras instituições de investimento colectivo ou fundos de pensões;

d) Os créditos decorrentes de operações de investimento realizadas em nome e por conta de membros dos órgãos de administração ou fiscalização da entidade participante, accionistas que nela detenham participações qualificadas, revisores oficiais de contas ao seu serviço, auditores externos que lhe prestem serviços de auditoria ou investidores com estatuto semelhante noutras empresas que se encontrem em relação de domínio ou de grupo com a entidade participante;

e) Os créditos decorrentes de operações de investimento realizadas em nome e por conta do cônjuge, parentes ou afins em 1.º grau ou terceiros que actuem por conta de investidores referidos na alínea anterior;

f) Os créditos decorrentes de operações de investimento realizadas em nome e por conta de empresas que se encontrem em relação de domínio ou de grupo com a entidade participante;

g) Os créditos de que sejam titulares investidores responsáveis por factos relacionados com a entidade participante, ou que deles tenham tirado benefício, e que estejam na origem das dificuldades financeiras ou tenham contribuído para o agravamento de tal situação.

ARTIGO 10.º
Critérios de determinação e limite da indemnização

1 – O Sistema garante o reembolso dos créditos decorrentes de operações de investimento de que seja titular o investidor à data em que se verificarem as situações previstas no n.º 1 do artigo seguinte até um limite máximo de 25 000 ecu.

2 – O valor dos créditos do investidor é calculado de acordo com as condições legais e contratuais, nomeadamente as relativas à compensação, aplicáveis na avaliação, à data da verificação ou da publicação referidas no n.º 1 do artigo seguinte, do montante dos fundos ou dos instrumentos financeiros pertencentes ao investidor e que a entidade participante não tenha capacidade de reembolsar ou de restituir.

3 – O valor referido nos números anteriores é determinado com observância dos seguintes critérios:

a) O valor dos instrumentos financeiros é determinado em função do valor estimado de realização na data referida no n.º 1;

b) São convertidos em escudos ou euros, ao câmbio da mesma data, os créditos expressos em moeda estrangeira;

c) Para efeitos do limite previsto no n.º 1, são considerados os créditos de cada investidor sobre a mesma entidade participante, independentemente do número de contas, da divisa e da localização na Comunidade Europeia;

d) Na ausência de disposição em contrário, os créditos resultantes de uma operação colectiva de investimento são repartidos em partes iguais entre os investidores;

e) A parte imputável a cada investidor numa operação colectiva de investimento é tomada em consideração para efeitos do limite previsto no n.º 1;

f) São agregados e tratados como se decorressem de um investimento efectuado por um único investidor os créditos relacionados com uma operação colectiva de investimento sobre a qual duas ou mais pessoas tenham direitos na qualidade de sócios de uma sociedade ou membros de uma associação, ou de qualquer agrupamento de natureza similar, desprovidos de personalidade jurídica;

g) Se o investidor não for o titular do direito aos fundos ou aos instrumentos financeiros, recebe a indemnização o respectivo titular, desde que tenha sido identificado ou seja identificável antes da data referida no n.º 1.

4 – Para efeitos do disposto na alínea *a)* do número anterior, pode o Sistema recorrer aos serviços de uma entidade idónea e independente.

ARTIGO 11.º
Pagamento da indemnização

1 – O Sistema é accionado, assegurando o pagamento da indemnização aos investidores, nos seguintes casos:

a) Quando a entidade participante, por razões directamente relacionadas com a sua situação financeira, não tenha possibilidade de cumprir as obrigações resultantes de créditos dos investidores e o Banco de Portugal tenha verificado, ouvida a CMVM, no prazo máximo de 21 dias após se ter certificado pela primeira vez da ocorrência, que a entidade participante não mostra ter possibilidade de proximamente vir a fazê-lo;

b) Quando o Banco de Portugal torne pública a decisão pela qual revogue a autorização da entidade participante, caso tal publicação ocorra antes da verificação referida na alínea anterior;

c) Relativamente aos créditos decorrentes de operações de investimento efectuadas em Portugal por sucursais de empresas de investimentos e instituições de crédito com sede em outro Estado membro da Comunidade Europeia, quando for recebida uma declaração da autoridade de supervisão do país de origem comprovando que se encontra suspenso o exercício dos direitos dos investidores a reclamarem os seus créditos sobre essa entidade.

2 – O Sistema toma as medidas adequadas para informar os investidores da verificação, decisão ou declaração referidas no número anterior.

3 – A indemnização é paga no prazo máximo de três meses contados da verificação da admissibilidade e do montante global dos créditos.

4 – O prazo previsto no número anterior poderá ser prorrogado até seis meses em casos excepcionais mediante solicitação do Sistema junto da CMVM.

5 – Sem prejuízo do prazo de prescrição previsto na lei, o termo do prazo previsto no n.º 3 não prejudica o direito dos investidores a reclamarem do Sistema o montante que por este lhes for devido.

6 – No caso das entidades previstas no artigo 5.º, o Sistema e o sistema do Estado membro de origem devem chegar a acordo quanto à forma de repartição dos encargos a suportar por cada sistema.

ARTIGO 12.º
Sub-rogação

O Sistema fica sub-rogado na titularidade dos direitos dos investidores na medida das indemnizações que tenha efectuado.

ARTIGO 13.º
Suspensão do pagamento da indemnização

1 – O Sistema suspende todos os pagamentos no caso de o investidor, ou qualquer outra pessoa que seja titular dos créditos decorrentes de uma operação de investimento, ou parte interessada nessa operação, tiver sido pronunciado pela prática de actos de branqueamento de capitais.

2 – A suspensão prevista no número anterior mantém-se até ao trânsito em julgado da sentença final.

ARTIGO 14.º
Informação ao público

1 – As empresas de investimento e as instituições de crédito devem prestar ao público todas as informações pertinentes relativas ao sistema de indemnização em que participem, nomeadamente quanto ao montante, âmbito da cobertura prestada pelo sistema e prazo máximo de pagamento da indemnização.

2 – A informação deve encontrar-se disponível nas instalações das entidades referidas no número anterior, em local bem identificado e directamente acessível.

CAPÍTULO III
Estrutura orgânica

ARTIGO 15.º
Administração do Sistema

1 – O Sistema é administrado por uma comissão directiva, composta por um presidente e dois vogais.

2 – O presidente é designado pelo conselho directivo da CMVM de entre os seus membros.

3 – Um dos vogais é designado pelo conselho de administração do Banco de Portugal, de entre os seus membros, sendo o outro nomeado pelo Ministro das Finanças, ouvidas as associações representativas dos participantes no Sistema.

4 – O presidente da comissão directiva tem voto de qualidade.

5 – O Sistema obriga-se pela assinatura de dois membros da comissão directiva.

6 – Os membros da comissão directiva exercem as suas funções por períodos renováveis de três anos, desde que se mantenham no conselho directivo da CMVM e no conselho de administração do Banco de Portugal, respectivamente.

ARTIGO 16.º
Serviços

A CMVM assegura os serviços técnicos e administrativos indispensáveis ao bom funcionamento do Sistema.

ARTIGO 17.º
Receitas próprias

O Sistema dispõe das seguintes receitas:
a) Entregas dos participantes no cumprimento das obrigações previstas no presente diploma;
b) Liberalidades;
c) Produto das coimas aplicadas pelo Banco de Portugal a empresas de investimento que sejam participantes do Sistema, à data da infracção, nos termos do RGIC;
d) Produto das coimas aplicadas a entidades participantes por incumprimento das obrigações a que se encontram obrigadas no âmbito do Sistema, nos termos do Código do Mercado de Valores Mobiliários;
e) Produto das coimas aplicadas, nos termos e nos casos previstos no Código do Mercado de Valores Mobiliários, às entidades habilitadas a exercer actividades de intermediação em valores mobiliários que sejam participantes do Sistema.

3 – O produto das coimas referidas nas alíneas c) a e) do número anterior reverte para o Sistema mesmo que haja impugnação judicial ou recurso judicial do processo de aplicação da coima.

ARTIGO 18.º
Despesas de funcionamento do Sistema

As despesas de funcionamento do Sistema são suportadas pelas entidades participantes em montante e no prazo fixados por regulamento da CMVM.

ARTIGO 19.º
Períodos de exercício

Os períodos de exercício do Sistema correspondem ao ano civil.

ARTIGO 20.º
Plano de contas

O plano de contas do Sistema é aprovado pela comissão directiva e é organizado de modo a permitir identificar claramente a sua estrutura patrimonial e o seu funcionamento e a registar todas as operações realizadas.

ARTIGO 21.º
Fiscalização

A comissão de fiscalização da CMVM acompanha a actividade do Sistema, zela pelo cumprimento das leis e regulamentos e emite parecer acerca das contas anuais.

ARTIGO 22.º
Relatório e contas

Até 31 de Março de cada ano, o Sistema apresenta ao Ministro das Finanças, para aprovação, o relatório e as contas reportados a 31 de Dezembro do ano anterior, acompanhados do parecer da comissão de fiscalização da CMVM.

CAPÍTULO IV
Regulamentação

ARTIGO 23.º
Regulamentação

1 – O Ministro das Finanças aprova por portaria, sob proposta da comissão directiva, os regulamentos necessários ao funcionamento do Sistema.

2 – O Ministro das Finanças fixa as remunerações dos membros da comissão directiva do Sistema e da comissão de fiscalização referida no artigo 21.º.

3 – São definidos por regulamento da CMVM, ouvido o Banco de Portugal, a comissão directiva do Sistema e as associações representativas das entidades participantes:

　a) Os termos da garantia prevista no n.º 2 do artigo 6.º;
　b) A percentagem prevista no n.º 3 do artigo 6.º;
　c) O montante anual previsto no n.º 5 do artigo 6.º.

CAPÍTULO V
Alterações ao RGIC e ao Código do Mercado de Valores Mobiliários

ARTIGO 24.º
Alterações ao RGIC

Os artigos 22.º, 49.º, 79.º, 89.º, 166.º, 178.º e 225.º do Regime Geral das Instituições de Crédito e Sociedades Financeiras, aprovado pelo Decreto-Lei n.º 298/92, de 31 de Dezembro, passam a ter a seguinte redacção:

(*Os preceitos alterados foram inseridos no texto do Regime Geral das Instituições de Crédito, abaixo publicado*)

ARTIGO 25.º
Revogação

É revogado o n.º 2 do artigo 166.º e a alínea *c*) do artigo 199.º-E do Regime Geral das Instituições de Crédito e Sociedades Financeiras.

ARTIGO 26.º
Alteração ao Código do Mercado de Valores Mobiliários

O artigo 40.º do Código do Mercado de Valores Mobiliários, aprovado pelo Decreto-Lei n.º 142-A/91, de 10 de Abril, passa a ter a seguinte redacção:

(*O Código do Mercado de Valores Mobiliários não é objecto da presente publicação*)

Visto e aprovado em Conselho de Ministros de 1 de Abril de 1999. – *António Manuel de Oliveira Guterres – António Carlos dos Santos.*

Promulgado em 2 de Junho de 1999.
Publique-se.
O Presidente da República, JORGE SAMPAIO.

Referendado em 9 de Junho de 1999.
O Primeiro-Ministro, *António Manuel de Oliveira Guterres.*

3.6. DECRETO-LEI N.º 250/2000, DE 13 DE OUTUBRO[31]

A Directiva n.º 98/33/CE, do Parlamento Europeu e do Conselho, de 22 de Junho, alterou o artigo 12.º da Directiva n.º 77/780/CEE, relativa ao acesso à actividade das instituições de crédito e ao seu exercício, bem como diversos artigos da Directiva n.º 89/647/CEE, do Conselho, relativa ao rácio de solvabilidade das instituições de crédito, e ainda o artigo 2.º e o anexo II da Directiva n.º 93/6/CEE, relativa à adequação dos fundos próprios das empresas de investimento e das instituições de crédito, sendo necessário proceder à sua transposição para a ordem jurídica interna. O disposto nos artigos 81.º e 82.º do Regime Geral das Instituições de Crédito e Sociedades Financeiras, aprovado pelo Decreto-Lei n.º 298/92, de 31 de Dezembro, mostra-se mais restritivo do que o previsto na nova redacção do artigo 12.º da Directiva n.º 77/780/CEE, justificando-se, assim, alargar o núcleo das entidades que prosseguem fins de cooperação em matéria de supervisão. Por outro lado, nos termos do artigo 99.º do Regime Geral, compete ao Banco de Portugal definir, por aviso, as relações prudenciais que as instituições sujeitas à sua supervisão devem respeitar. Até à presente data a regulamentação relativa ao rácio de solvabilidade e à adequação dos fundos próprios das empresas de investimento e das instituições de crédito encontra-se prevista em aviso do Banco de Portugal. Todavia, presentemente as exigências constitucionais impõem que a transposição de directivas comunitárias revista a forma de acto legislativo. Foram ouvidos o Banco de Portugal e a Comissão do Mercado de Valores Mobiliários.

Nos termos da alínea *a*) do n.º 1 do artigo 198.º da Constituição, o Governo decreta o seguinte:

ARTIGO 1.º
Objecto

O presente diploma transpõe para a ordem jurídica interna a Directiva n.º 98/33/CE, do Parlamento Europeu e do Conselho, de 22 de Junho, que alterou o artigo 12.º da Directiva n.º 77/780/CEE, relativa ao acesso à actividade dos estabelecimentos de crédito e ao seu exercício, os artigos 2.º, 5.º, 6.º, 7.º e 8.º e os seus anexos II e III da Directiva n.º 89/647/CEE, relativa a um rácio de solvabilidade das instituições de crédito, e o artigo 2.º e o anexo II da Directiva n.º 93/6/CEE, relativa à adequação dos fundos próprios das empresas de investimento e das instituições de crédito.

---

[31] DR I Série-A, n.º 237, de 13-Out.-2000, 5691-5695.

ARTIGO 2.º
Cooperação

Os artigos 81.º e 82.º do Regime Geral das Instituições de Crédito e Sociedades Financeiras, aprovado pelo Decreto-Lei n.º 298/92, de 31 de Dezembro, passam a ter a seguinte redacção:

(As alterações foram inseridas no texto do Regime Geral das Instituições de Crédito e Sociedades Financeiras, abaixo publicado)

ARTIGO 3.º
Mercados reconhecidos

1 – Para efeitos do presente diploma considera-se mercado reconhecido um mercado que seja reconhecido pelo Banco de Portugal.
2 – O Banco de Portugal só pode reconhecer mercados que:
  a) Funcionem regularmente;
  b) Obedeçam a regras, estabelecidas ou aprovadas pelas respectivas autoridades do país de origem do mercado, que definam as suas condições de funcionamento e de acesso, bem como os requisitos dos contratos negociados nesses mercados;
  c) Disponham de um mecanismo de compensação em que os contratos sejam sujeitos a exigências de margens diárias, que assegurem uma protecção adequada.

ARTIGO 4.º
Autoridades regionais ou locais

1 – Podem incluir-se no conceito de autoridade regional ou autoridade local as igrejas e as comunidades religiosas estrangeiras que assumam a forma de pessoa colectiva de direito público e que disponham do direito de lançar impostos.
2 – Os elementos relativos às entidades referidas no número anterior não podem beneficiar do regime previsto no n.º 1 do artigo 7.º da Directiva n.º 89/647/CEE, do Conselho, de 18 de Dezembro.

ARTIGO 5.º
Fundo Europeu de Investimento

Pode ser aplicado um coeficiente de ponderação de 20% à fracção não realizada do capital subscrito do Fundo Europeu de Investimento.

ARTIGO 6.º
Cauções ou outras garantias
com carácter de substitutos de crédito

Pode ser aplicado um coeficiente de ponderação de 50% aos elementos extrapatrimoniais constituídos por cauções ou garantias com carácter de substitutos de crédito que estejam integral e adequadamente garantidos por hipotecas sobre imóveis destinados a habitação que sejam ocupados pelo respectivo mutuário e desde que o garante seja beneficiário directo desta garantia.

ARTIGO 7.º
Elementos do activo caucionados

Sem prejuízo do disposto no ponto IV) da alínea *a*) do n.º 2 da parte I do anexo ao aviso n.º 1/93 do Banco de Portugal, é permitida a aplicação de um coeficiente de ponderação de 20% aos elementos do activo que se encontrem adequadamente caucionados por títulos emitidos por administrações regionais ou locais da zona A, por depósitos junto de instituições de crédito da zona A, ou por certificados de depósito ou instrumentos similares emitidos por estas mesmas instituições de crédito.

ARTIGO 8.º
Exclusões

Podem ser excluídos do denominador do rácio de solvabilidade:
a) Os contratos negociados em mercados reconhecidos;
b) Os contratos relativos a taxas de câmbio, com excepção dos contratos relativos a ouro, com prazo de vencimento inicial igual ou inferior a 14 dias de calendário;
c) Até 31 de Dezembro de 2006, os contratos relativos aos instrumentos derivados do mercado de balcão que obedeçam aos requisitos seguintes:
  i) Sejam objecto de compensação em câmaras reconhecidas pelo Banco de Portugal;
  ii) As câmaras de compensação actuem na qualidade de contraparte legal e todos os participantes garantam plenamente, numa base diária, o risco que apresentam para a câmara, oferecendo protecção adequada contra o risco actual e o risco futuro potencial;
  iii) As garantias constituídas assegurem o mesmo nível de protecção que as garantias que respeitam os requisitos previstos no ponto 7 da alínea *a*) do n.º 1 do artigo 7.º da Directiva n.º 89/647/CEE, devendo encontrar-se eliminada a possibilidade de o risco para a câmara de compensação exceder o valor de mercado das garantias constituídas.

ARTIGO 9.º
Cálculo dos riscos por incumprimento

1 – O cálculo dos riscos, por incumprimento da contraparte, dos contratos previstos no número seguinte deve respeitar o anexo ao presente diploma, do qual faz parte integrante.

2 – Os contratos a que se refere o número anterior são os seguintes:
 a) Contratos sobre taxas de juro:
   i) Swaps de taxas de juro na mesma moeda;
   ii) Swaps de taxas de juro variáveis de natureza diferente – "swaps de base";
   iii) Contratos a prazo relativos a taxas de juro;
   iv) Operações a futuro sobre taxas de juro;
   v) Opções adquiridas sobre taxas de juro;
   vi) Outros contratos de natureza idêntica;
 b) Contratos sobre taxas de câmbio e contratos sobre ouro:
   i) Swaps de taxas de juro em moedas diferentes;
   ii) Contratos a prazo sobre moedas;
   iii) Futuros sobre moedas;
   iv) Opções adquiridas sobre moedas;
   v) Outros contratos de natureza idêntica;
   vi) Contratos sobre ouro, de natureza idêntica aos das alíneas a) a e);
 c) Contratos de natureza idêntica aos referidos nas subalíneas i) a v) da alínea a) e nas subalíneas i) a iv) da alínea b) relativos a outros elementos de referência ou índices relacionados com:
   i) Títulos de capital;
   ii) Metais preciosos, com excepção do ouro;
   iii) Mercadorias que não sejam metais preciosos;
   iv) Outros contratos de natureza similar.

ARTIGO 10.º
Instrumentos derivados de mercado de balcão

Para efeitos da regulamentação da adequação de fundos próprios, são considerados instrumentos derivados de mercado de balcão os contratos referidos no artigo 9.º não excluídos do denominador do rácio de solvabilidade nos termos do artigo 8.º.

ARTIGO 11.º
Regulamentação

O Banco de Portugal fica autorizado a modificar a regulamentação do rácio de solvabilidade e as regras sobre adequação dos fundos próprios das empresas de investimento e das instituições de crédito, de acordo com o presente diploma.

Visto e aprovado em Conselho de Ministros de 31 de Agosto de 2000. – *António Manuel de Oliveira Guterres – Joaquim Augusto Nunes Pina Moura.*

Promulgado em 28 de Setembro de 2000.
Publique-se.
O Presidente da República, JORGE SAMPAIO.

Referendado em 4 de Outubro de 2000.
O Primeiro-Ministro, *António Manuel de Oliveira Guterres.*

ANEXO
Regime dos elementos extrapatrimoniais a que se refere o artigo 9.º

1 – Para efeitos de cálculo dos riscos de crédito associados aos contratos enumerados no n.º 2 do artigo 9.º deste diploma, as instituições devem utilizar apenas o método de avaliação ao preço de mercado:
a) Se estiverem obrigadas a observar o disposto no n.º 1 do artigo 6.º da Directiva n.º 93/6/CEE;
b) Quando se trate dos contratos enumerados na alínea *c)* do artigo 9.º do presente diploma.

2 – O método de avaliação ao preço de mercado, a que se refere o número anterior, consiste no seguinte:

Etapa *a)*: determina-se o custo de substituição de todos os contratos com valor positivo, através do seu preço corrente de mercado;

Etapa *b)*: para quantificar o risco de crédito potencial futuro, os montantes do capital teórico dos contratos ou os valores subjacentes são multiplicados pelas percentagens que constam do quadro seguinte:

QUADRO N.º 1
(*a*) (*b*)

Vencimento residual (*c*)	Contratos sobre taxas de juros	Contratos sobre taxas de câmbio e ouro	Contratos sobre títulos de capital	Contratos sobre metais preciosos, com excepção do ouro	Contratos sobre mercadorias que não sejam metais preciosos
Um ano ou menos	0%	1%	6%	7%	10%
Mais de um ano e não				7%	12%
mais de cinco anos	0,5%	5%	8%		
Mais de cinco anos	1,5%	7,5%	10%	8%	15%

(*a*) Os contratos não abrangidos por uma das cinco categorias referidas neste quadro devem ser tratados como contratos sobre mercadorias que não sejam metais preciosos.

(b) No caso de contratos que prevejam múltiplas trocas de capital, as percentagens devem ser multiplicadas pelo número de pagamentos ainda por efectuar nos termos neles previstos.

(c) No caso de contratos que prevejam a liquidação das posições obtidas na sequência de determinadas datas, considera-se que o prazo de vencimento residual será o prazo que decorrerá até à data de reformulação seguinte.

No caso de contratos sobre taxas de juro que satisfaçam estes critérios e que tenham um vencimento residual superior a um ano, a percentagem não deverá ser inferior a 0,5 %

Etapa c): a soma do custo de substituição, calculado na etapa a), com o produto da operação prevista na etapa b) deve ser multiplicada pelo coeficiente de ponderação atribuído à contraparte respectiva, nos termos previstos no aviso do Banco de Portugal n.º 1/93, com excepção do coeficiente de ponderação de 100%, que pode ser substituído por um coeficiente de ponderação de 50%.

2.1 – Para cálculo do risco potencial futuro, pode permitir-se que, até 31 de Dezembro de 2006, sejam aplicadas as percentagens que constam do quadro seguinte, pelas instituições que recorram à opção prevista no artigo 11.º-A da Directiva n.º 93/6/CEE, em relação aos contratos indicados nas subalíneas ii) e iii) da alínea c) do artigo 9.º do presente diploma.

QUADRO N.º 1-A

Vencimento residual	Metais preciosos (excepto ouro)	Metais de base	Produtos agrícolas (softs)	Outros, incluindo produtos energéticos
Um ano ou menos	2%	2,5%	3%	4%
Mais de um ano e não mais de cinco anos	5%	4%	5%	6%
Mais de cinco anos	7,5%	8%	9%	10%

3 – Para efeitos de avaliação dos riscos de crédito associados aos contratos enumerados no n.º 2 do artigo 9.º do presente diploma segundo o método do risco inicial, os contratos sobre ouro devem ser tratados da forma prevista no referido aviso n.º 1/93 para os contratos relativos a taxas de câmbio.

4 – Para efeitos de qualquer dos métodos deve ser verificado se o montante teórico a considerar constitui uma medida adequada de avaliação dos riscos inerentes ao contrato.

4.1 – Sempre que, por exemplo, o contrato preveja uma multiplicação dos fluxos de caixa, o montante teórico deve ser ajustado a fim de serem tomados em conta os efeitos da multiplicação sobre a estrutura de risco desse contrato.

5 – Sobre acordos de compensação, para além do que se encontra já previsto no referido aviso n.º 1/93, poderá permitir-se o seguinte:

5.1 – Poderão ser reconhecidos como factores de redução do risco os acordos que abranjam contratos aos quais não é aplicável o disposto no presente anexo, em virtude de o risco de crédito a eles inerente ser nulo ou negligenciável, tais como contratos sobre taxas de câmbio de duração inicial igual ou inferior a 14 dias de calendário e opções vendidas;

5.2 – As instituições que utilizam o método de avaliação ao preço de mercado dos contratos incluídos num acordo de compensação podem ser autorizadas ao seguinte:

5.2.1 – O custo de substituição actual a considerar pode ser o custo de substituição líquido teórico que resulta do acordo;

5.2.2 – Se da operação de compensação resultar uma obrigação líquida para a instituição que calcula o custo de substituição líquido, considera-se que o custo de substituição actual é igual a 0;

5.2.3 – O risco de crédito potencial futuro pode ser reduzido de acordo com a seguinte equação:

$$RCP_{red} = 0,4 * RCP_{bruto} + 0,6 * RVLB * RCP_{bruto}$$

em que:

RCP_{red} = é o montante reduzido do risco de crédito potencial futuro relativo a todos os contratos celebrados com uma dada contraparte e incluídos num acordo de compensação bilateral;

RCP_{bruto} = é a soma dos montantes do risco de crédito potencial futuro relativo a todos os contratos celebrados com uma dada contraparte e incluídos num acordo de compensação bilateral, calculado mediante a multiplicação do capital teórico pelas percentagens indicadas no quadro n.º 1;

$RVLB$ = é o rácio valor líquido/bruto; o Banco de Portugal poderá determinar que o seu valor seja um dos seguintes:

i) Cálculo individualizado: o quociente entre o custo de substituição líquido de todos os contratos celebrados com uma dada contraparte e incluídos num acordo de compensação bilateral (numerador) e o custo de substituição bruto de todos os contratos celebrados com essa contraparte e incluídos no mesmo acordo de (denominador); ou

ii) Cálculo agregado: o quociente entre a soma dos custos de substituição líquidos calculados numa base bilateral para todas as contrapartes, tomando em consideração os contratos incluídos em acordos de compensação (numerador) e os custos de substituição brutos de todos os contratos incluídos em acordos de compensação (denominador). Se for permitido às instituições a opção por um dos referidos métodos, o método escolhido deve ser utilizado de forma consistente.

5.2.4 – Para o cálculo do risco de crédito potencial futuro de acordo com a fórmula referida no número precedente, os contratos perfeitamente correspondentes incluídos num acordo de compensação podem ser considerados como um único contrato, cujo capital teórico é equivalente ao respectivo montante líquido. São perfeitamente correspondentes os contratos a prazo sobre divisas ou contratos semelhantes cujo capital teórico é equivalente aos fluxos de caixa, no caso de estes serem exigíveis na mesma data-valor e serem expressos total ou parcialmente na mesma moeda.

3.7. DECRETO-LEI N.º 285/2001, DE 3 DE NOVEMBRO[32]

A experiência colhida da aplicação do regime jurídico do contrato de locação financeira, aprovado pelo Decreto-Lei n.º 149/95, de 24 de Junho, tem vindo a demonstrar que a disciplina de certos aspectos desse contrato, hoje regulada por normas imperativas, deve ser regulada pelas regras gerais de direito, quando as partes, no exercício da liberdade de conformação do conteúdo negocial, não estabeleçam as cláusulas contratuais que melhor se acomodem aos objectivos que visam prosseguir.

Considera-se, pois, que a transparência das condições contratuais e a livre concorrência consubstanciam formas adequadas de acautelar a protecção dos consumidores dos serviços prestados pelas instituições habilitadas à realização de actividades de locação financeira.

Procede-se, assim, à revogação de um conjunto de normas constantes do regime do contrato de locação financeira.

Por outro lado, o presente diploma, indo ao encontro do que se mostra já plenamente consagrado na maioria dos países da União Europeia e que vem sendo reclamado quer pelas sociedades de locação financeira quer pela respectiva associação profissional, visa dotar as referidas instituições da possibilidade de realizar operações de locação simples (também denominada "locação operacional") de bens móveis, fora dos casos em que os bens lhes hajam sido restituídos no termo do contrato de locação financeira.

Tal regime, atentas as necessidades de garantir a transparência e a concorrência entre instituições, é extensível aos bancos.

Por último, entende-se que as instituições especializadas na realização de operações de financiamento de aquisição de bens não devem prestar serviços relacionados com a manutenção e conservação dos bens dados em locação, devendo tais serviços ser prestados em regime de *outsourcing*.

Foram ouvidos o Banco de Portugal, a Associação Portuguesa de Empresas de Leasing e as associações representativas dos consumidores.

Assim:

Nos termos da alínea *a*) do n.º 1 do artigo 198.º da Constituição, o Governo decreta o seguinte:

---

[32] DR I Série-A, n.º 255, de 3-Nov.-2001, 7000-7001.

ARTIGO 1.º
Alteração ao Decreto-Lei n.º 149/95, de 24 de Junho

O artigo 6.º do Decreto-Lei n.º 149/95, de 24 de Junho, passa a ter a seguinte redacção:

(O texto actualizado do Decreto-Lei n.º 149/95, de 24 de Junho, encontra-se publicado adiante, no ponto 29.8.4.)

ARTIGO 2.º
Alterações ao Decreto-Lei n.º 72/95, de 15 de Abril

Os artigos 1.º e 7.º do Decreto-Lei n.º 72/95, de 15 de Abril, passam a ter a seguinte redacção:

(O texto actualizado do Decreto-Lei n.º 72/95, de 15 de Abril, encontra-se publicado adiante, no ponto 9.4.)

ARTIGO 3.º
Aditamento ao Decreto-Lei n.º 72/95, de 15 de Abril

É aditado ao Decreto-Lei n.º 72/95, de 15 de Abril, o artigo 1.º-A, com a seguinte redacção:

(Idem)

ARTIGO 4.º
Alteração ao Regime Geral das Instituições de Crédito e Sociedades Financeiras

O artigo 4.º do Regime Geral das Instituições de Crédito e Sociedades Financeiras, aprovado pelo Decreto-Lei n.º 298/92, de 31 de Dezembro, passa a ter a seguinte redacção:

(A alteração foi inserida no texto do Regime Geral das Instituições de Crédito, abaixo publicado)

ARTIGO 5.º
Revogações

São revogados os artigos 4.º, 5.º, 16.º e 20.º do Decreto-Lei n.º 149/95, de 24 de Junho.

(O texto actualizado do Decreto-Lei n.º 149/95, de 24 de Junho, encontra-se publicado adiante, no ponto 29.8.4.)

Visto e aprovado em Conselho de Ministros de 20 de Setembro de 2001.
– *António Manuel de Oliveira Guterres – Guilherme d'Oliveira Martins – António José Martins Seguro.*

Promulgado em 11 de Outubro de 2001.
Publique-se.
O Presidente da República, JORGE SAMPAIO.

Referendado em 18 de Outubro de 2001.
O Primeiro-Ministro, *António Manuel de Oliveira Guterres.*

3.8. DECRETO-LEI N.º 201/2002, DE 26 DE SETEMBRO[33]

Volvidos mais de nove anos sobre o início da vigência do Regime Geral das Instituições de Crédito e Sociedades Financeiras, aprovado pelo Decreto-Lei n.º 298/92, de 31 de Dezembro, e não obstante as alterações pontuais de que o mesmo foi entretanto objecto, a experiência colhida na sua aplicação prática e bem assim a evolução tanto da actividade financeira como do seu enquadramento regulatório (de fonte comunitária ou inspirado pelo "Comité de Basileia") evidenciam a necessidade de uma revisão com certa amplitude. Merecem referência os aspectos de natureza mais substantiva ora regulados, se bem que se hajam revisto vários outros pontos, uns em articulação com tais aspectos, outros por razões de carácter mais formal.

Salienta-se, em primeiro lugar, uma revisão das espécies nominadas de instituições de crédito e de sociedades financeiras. Em ambos os casos, o elenco da lei geral passa a ser integrado explicitamente pela menção de entidades criadas por legislação posterior: as sociedades de garantia mútua e as instituições de moeda electrónica, como instituições de crédito, e as sociedades gestoras de fundos de titularização de créditos, como sociedades financeiras. Além disso, deixa de fazer-se referência expressa à Caixa Geral de Depósitos, S. A., por se entender que esta instituição se integra no conceito de banco, sem prejuízo das atribuições que, para além da actividade bancária, lhe são especialmente conferidas por lei.

Mas as alterações mais importantes, no referido âmbito, respeitam não só à consideração, como instituições de crédito, das mencionadas instituições de moeda electrónica – procedendo-se nesta parte à transposição da Directiva n.º 2000/28/CE, do Parlamento Europeu e do Conselho, de 18 de Setembro de 2000 – mas também à criação de outra espécie de instituições de crédito, as instituições financeiras de crédito, cujo desígnio de criação amadureceu ao longo dos últimos tempos e que se caracterizam pela sua vocação multifuncional, competindo a sua regulação, naturalmente, à respectiva legislação especial. Por outro lado, o elenco legal deixa de incluir, entre as sociedades financeiras, as administradoras de compras em grupo – entidades cujo papel pode considerar-se esgotado com a modernização do sistema financeiro nacional –, embora estabelecendo somente para futuro o alcance desta medida, isto é, salvaguardando a aplicação do anterior regime jurídico através de pertinente disposição de direito transitório.

Outra área onde se inova é a do regime próprio da autorização para constituição de instituições de crédito e sociedades financeiras. Por um lado, simplificam-se do ponto de vista formal as disposições especialmente aplicáveis a entidades com sede

---

[33] DR I Série-A, n.º 223, de 26-Set.-2002, 6550-6602.

ou residência fora do território da União Europeia. Por outro lado, suprime-se a referência ao chamado critério da necessidade económica, que se pode considerar praticamente inexpressivo na actual fase da evolução económica.

Paralelamente, é de frisar a sujeição a comunicação prévia ao Banco de Portugal, quer da dissolução voluntária das entidades sujeitas a supervisão quer da criação de filiais em países terceiros e da aquisição de participações qualificadas em empresas com sede no estrangeiro.

O terceiro domínio de incidência da revisão agora operada que importa sublinhar é algo mais vasto e respeita, em geral, às normas prudenciais e à supervisão. Globalmente, intenta-se reforçar o controlo das condições de funcionamento das entidades reguladas, tendo designadamente em conta ser do interesse público velar não só pela gestão sã e prudente mas também pela solvabilidade e liquidez das mesmas entidades.

Avultam assim, em primeiro lugar, as alterações legislativas respeitantes ao controlo da idoneidade dos detentores de participações qualificadas. Neste sentido, começa por ser reformulada, com ênfase num critério qualitativo, a noção de participação qualificada; depois, mantendo-se a presunção absoluta de influência significativa na gestão da empresa quando a participação iguale ou exceda 10% do capital ou dos direitos de voto, adita-se uma presunção, ilidível, sempre que a percentagem atinja os 5%.

Além disso, reformulam-se os deveres de comunicação ao Banco de Portugal das situações ou projectos indutores da mencionada influência significativa, destrinçando-se os deveres de comunicação prévia e subsequente; este último caso é, inovadoramente, o da aquisição de participação entre 2% e 5%, tratando-se de instituição de crédito, ou a partir de 10%, no caso de sociedades financeiras que não sejam empresas de investimento. De resto, confere-se ao Banco de Portugal o poder de declarar oficiosamente a natureza qualificada das participações.

Na apreciação dos projectos de aquisição de participações qualificadas, confere-se ao Banco de Portugal a possibilidade de aplicar a medida de oposição provisória, como forma de obstar à concretização de operações que requeiram esse tipo de intervenção urgente. A consequência da oposição do Banco, tal como no regime anterior, é a eventual inibição dos direitos de voto do detentor da participação qualificada, se esta for efectivamente adquirida. Todavia, a inibição, que até agora era automática, passa a ser objecto de uma decisão tomada pelo Banco de Portugal em função das circunstâncias de cada caso, cabendo-lhe igualmente determinar a incidência dos efeitos da inibição nas relações de domínio societário que envolvam a instituição de crédito. Deve salientar-se ainda, nesta matéria, a faculdade dada ao Banco de Portugal de determinar a todo o tempo a inibição de direitos de voto, com fundamento em factos que venham ao seu conhecimento após o decurso do período de oposição.

No contexto dos objectivos acima referenciados inserem-se também os ajustamentos de que foram alvo as disposições respeitantes aos membros de órgãos sociais, assim como à prevenção de potenciais conflitos de interesses.

Destaque-se, ainda, a modificação do regime do registo, no Banco de Portugal, dos membros dos órgãos sociais das entidades sujeitas a supervisão. Depois da entrada em vigor do presente diploma, nenhuma pessoa eleita ou designada para tal efeito poderá exercer funções sem que o Banco de Portugal decida efectivar o seu registo.

Relativamente aos poderes de supervisão, estende-se o dever de colaboração com a respectiva autoridade, reconhecendo-se a esta o poder de exigir auditorias especiais ou relatórios específicos. Procede-se igualmente a ajustamentos quanto a várias disposições relativas a rácios e limites prudenciais.

Destaque-se o facto de as empresas de seguros passarem a ser tratadas de forma semelhante à das instituições de crédito e das sociedades financeiras no contexto dos preceitos que regulam as operações de crédito com detentores de participações qualificadas, com membros dos órgãos sociais e com entidades dominadas por estes e por aqueles.

É de assinalar também o reforço da efectividade dos poderes de supervisão, não apenas submetendo-lhe situações não contempladas antes, explicitamente, na lei, mas também generalizando normas até aqui pontuais e propiciando condições de maior autonomia no processo decisório, em consonância com os princípios de supervisão internacionalmente consagrados.

Finalmente, continuando a sublinhar apenas os aspectos mais relevantes desta revisão legislativa, é de referir a alteração efectuada no processo de saneamento financeiro, nomeadamente facultando uma intervenção mais ágil e eficiente nas situações em causa por parte do Banco de Portugal, do Fundo de Garantia de Depósitos e de outras entidades do sistema financeiro.

Foram ouvidos o Banco Central Europeu, o Banco de Portugal, a Comissão do Mercado de Valores Mobiliários, o Instituto de Seguros de Portugal, as associações representativas do sector e as associações representativas dos consumidores.

Assim:

Nos termos da alínea *a*) do n.º 1 do artigo 198.º da Constituição, o Governo decreta, para valer como lei geral da República, o seguinte:

ARTIGO 1.º
**Alterações ao Regime Geral das Instituições
de Crédito e Sociedades Financeiras**

Os artigos 2.º, 3.º, 4.º, 6.º, 8.º, 10.º, 12.º, 13.º, 16.º, 18.º, 20.º, 21.º, 22.º, 23.º, 29.º-A, 30.º, 31.º, 33.º, 46.º, 57.º, 58.º, 68.º, 69.º, 70.º, 71.º, 72.º, 85.º, 89.º, 92.º, 95.º, 97.º, 100.º, 101.º, 102.º, 103.º, 104.º, 105.º, 106.º, 107.º, 109.º, 113.º, 114.º, 115.º, 116.º, 117.º, 118.º, 120.º, 142.º, 155.º, 158.º, 159.º, 163.º, 176.º, 177.º, 178.º, 183.º, 196.º, 197.º, 199.º-C, 199.º-F, 199.º-G, 207.º e 225.º do Regime Geral das Instituições de Crédito e Sociedades Financeiras, aprovado pelo Decreto-Lei n.º 298/92, de 31 de Dezembro, e alterado pelos Decretos-Leis n.os 246/95, de 14 de Setembro, 232/96, de 5 de Dezembro, 222/99, de 22 de Junho, 250/2000, de 13 de Outubro, e 285/2001, de 3 de Novembro, passam a ter seguinte redacção:

(*Os preceitos alterados foram inseridos no texto do Regime Geral das Instituições de Crédito, abaixo publicado*)

Decreto-Lei n.º 201/2002, de 26 de Setembro **3.8.**

ARTIGO 2.º
Aditamento ao título I do Regime Geral das Instituições de Crédito e Sociedades Financeiras

É aditado ao título I do Regime Geral das Instituições de Crédito e Sociedades Financeiras um novo artigo 12.º-A, com a seguinte redacção:

(*O preceito aditado foi inserido no texto do Regime Geral das Instituições de Crédito, abaixo publicado*)

ARTIGO 3.º
Alteração ao capítulo II do título II do Regime Geral das Instituições de Crédito e Sociedades Financeiras

O capítulo II do título II do Regime Geral das Instituições de Crédito e Sociedades Financeiras deixa de estar dividido nas secções I, "Regime geral", e II, "Regime especial".

(*Foi feita referência a esta alteração no texto do Regime Geral das Instituições de Crédito, abaixo publicado*)

ARTIGO 4.º
Aditamento ao capítulo II do título II do Regime Geral das Instituições de Crédito e Sociedades Financeiras

É aditado ao capítulo II do título II do Regime Geral das Instituições de Crédito e Sociedades Financeiras um novo artigo 23.º-A, com a seguinte redacção:

(*O preceito aditado foi inserido no texto do Regime Geral das Instituições de Crédito, abaixo publicado*)

ARTIGO 5.º
Alteração e aditamento ao capítulo IV do título II do Regime Geral das Instituições de Crédito e Sociedades Financeiras

O capítulo IV do título II do Regime Geral das Instituições de Crédito e Sociedades Financeiras passa a ter a epígrafe "Alterações estatutárias e dissolução", sendo-lhe aditado o artigo 35.º-A, com a seguinte redacção:

(*Foi feita referência a esta alteração e o preceito aditado foi inserido no texto do Regime Geral das Instituições de Crédito, abaixo publicado*)

ARTIGO 6.º
Alteração e aditamento ao capítulo I do título III do Regime Geral das Instituições de Crédito e Sociedades Financeiras

O capítulo I do título III do Regime Geral das Instituições de Crédito e Sociedades Financeiras passa a ter a epígrafe "Estabelecimento de sucursais e filiais", sendo-lhe aditado o artigo 42.º-A, com a seguinte redacção:

(*Foi feita referência a esta alteração e o preceito aditado foi inserido no texto do Regime Geral das Instituições de Crédito, abaixo publicado*)

ARTIGO 7.º
Aditamento ao título III do Regime Geral das Instituições de Crédito e Sociedades Financeiras

É aditado ao título III do Regime Geral das Instituições de Crédito e Sociedades Financeiras um capítulo III, com a epígrafe "Aquisição de participações qualificadas", composto por um novo artigo 43.º-A, com a seguinte redacção:

(*O capítulo aditado foi inserido no texto do Regime Geral das Instituições de Crédito, abaixo publicado*)

ARTIGO 8.º
Renumeração do título IV do Regime Geral das Instituições de Crédito e Sociedades Financeiras

O título IV do Regime Geral das Instituições de Crédito e Sociedades Financeiras, com a epígrafe "Normas prudenciais e supervisão", é renumerado como título VII.

(*Esta alteração foi contemplada no texto do Regime Geral das Instituições de Crédito, abaixo publicado*)

ARTIGO 9.º
Aditamento ao capítulo II do título VII do Regime Geral das Instituições de Crédito e Sociedades Financeiras

É aditado ao capítulo II do título VII do Regime Geral das Instituições de Crédito e Sociedades Financeiras um novo artigo 102.º-A, com a seguinte redacção:

(*O preceito aditado foi inserido no texto do Regime Geral das Instituições de Crédito, abaixo publicado*)

Decreto-Lei n.º 201/2002, de 26 de Setembro 3.8.

ARTIGO 10.º
Aditamento ao capítulo III do título VII do Regime Geral das Instituições de Crédito e Sociedades Financeiras

É aditado ao capítulo III do título VII do Regime Geral das Instituições de Crédito e Sociedades Financeiras um novo artigo 117.º-A, com a seguinte redacção:

(O preceito aditado foi inserido no texto do Regime Geral das Instituições de Crédito, abaixo publicado)

ARTIGO 11.º
Aditamento ao título IX do Regime Geral das Instituições de Crédito e Sociedades Financeiras

É aditado ao título IX do Regime Geral das Instituições de Crédito e Sociedades Financeiras um novo artigo 167.º-A, com a seguinte redacção:

(O preceito aditado foi inserido no texto do Regime Geral das Instituições de Crédito, abaixo publicado)

ARTIGO 12.º
Substituição de referências no Regime Geral das Instituições de Crédito e Sociedades Financeiras

As referências feitas no Regime Geral das Instituições de Crédito e Sociedades Financeiras ao Código do Mercado de Valores Mobiliários, à Câmara dos Revisores Oficiais de Contas, à Comissão da Comunidade Europeia e às Directivas n.os 77/780/CEE e 89/646/CEE são substituídas, respectivamente, por referências ao Código dos Valores Mobiliários, à Ordem dos Revisores Oficiais de Contas, à Comissão Europeia e à Directiva n.º 2000/12/CE.

(Estas alterações foram contempladas no texto do Regime Geral das Instituições de Crédito, abaixo publicado)

ARTIGO 13.º
Disposição transitória para as sociedades administradoras de compras em grupo

As sociedades administradoras de compras em grupo existentes à data da entrada em vigor do presente diploma, ainda que em liquidação, continuam a ser consideradas sociedades financeiras, sendo-lhes aplicável o Regime Geral das Instituições de Crédito e Sociedades Financeiras.

ARTIGO 14.º
**Revogações no Regime Geral das Instituições de Crédito
e Sociedades Financeiras**

São revogados os artigos 24.º a 28.º, 98.º, 129.º, 148.º e 180.º do Regime Geral das Instituições de Crédito e Sociedades Financeiras.

(*A revogação foi assinalada no texto do Regime Geral das Instituições de Crédito, abaixo publicado, mantendo-se os preceitos na ordem respectiva, mas em itálico*)

ARTIGO 15.º
**Alteração ao Regime Jurídico do Crédito Agrícola Mútuo e
das Cooperativas de Crédito Agrícola**

O n.º 9 do artigo 69.º do Regime Jurídico do Crédito Agrícola Mútuo e das Cooperativas de Crédito Agrícola, aprovado pelo Decreto-Lei n.º 24/91, de 11 de Janeiro, passa a ter a seguinte redacção:

(*A alteração foi inserida no texto do Regime Jurídico do Crédito Agrícola Mútuo e das Cooperativas de Crédito Agrícola, abaixo publicado*)

Visto e aprovado em Conselho de Ministros de 1 de Agosto de 2002. – *José Manuel Durão Barroso – Maria Manuela Dias Ferreira Leite.*

Promulgado em 9 de Setembro de 2002.
Publique-se.
O Presidente da República, JORGE SAMPAIO.

Referendado em 13 de Setembro de 2002.
O Primeiro-Ministro, *José Manuel Durão Barroso.*

3.9. DECRETO-LEI N.º 319/2002, DE 28 DE DEZEMBRO[34]

A actividade de capital de risco, ao permitir reunir capitais próprios para o financiamento de empresas que não têm acesso directo ao mercado de capitais, é de vital importância para o desenvolvimento das pequenas e médias empresas e um meio privilegiado para a consolidação do tecido empresarial.

A actividade de capital de risco em Portugal não tem tido, todavia, o desenvolvimento que vem tendo noutros países, nomeadamente nos Estados Unidos da América e nos demais países da União Europeia, não tendo sido possível até à data contar com o respectivo potencial para a consolidação e o crescimento das empresas portuguesas.

A análise dos resultados da aplicação do actual enquadramento jurídico e fiscal do sector do capital de risco mostra que ele não tem contribuído, de facto, para o incremento desta actividade em Portugal, pelo que importa proceder à respectiva modificação por forma a suprimir os constrangimentos legais que vêm sendo apontados como responsáveis pela situação actualmente vivida.

A alteração do regime jurídico das sociedades de capital de risco e de fomento empresarial, constante do Decreto-Lei n.º 433/91, de 7 de Novembro, bem como do regime jurídico dos fundos de capital de risco, constante do Decreto-Lei n.º 58/99, de 2 de Março, impõe-se como um imperativo para a modernização da nossa economia. Neste contexto, a reforma do sector do capital de risco foi assumida como prioritária no âmbito do Programa para a Produtividade e Crescimento da Economia, aprovado pela Resolução do Conselho de Ministros n.º 103/2002, de 17 de Junho, publicada em 26 de julho, que elegeu a revisão do quadro legal e fiscal das sociedades de capital risco e dos fundos de capital de risco, como um mecanismo imprescindível ao fomento do investimento produtivo bem como do apoio à criação de novas empresas em sectores da área tecnológica.

Os traços mais salientes do novo regime são os seguintes:

O processo de constituição e do funcionamento das sociedades de capital de risco foi simplificado, suprimindo-se a distinção existente entre sociedades de capital de risco e sociedades de fomento empresarial e reduzindo-se o montante mínimo exigido para o capital social das sociedades de capital de risco;

As sociedades de capital de risco deixam de ser qualificadas como sociedades financeiras. Tal alteração é agora viabilizada pelo facto de as sociedades de capital de risco deixarem de estar autorizadas a praticar actividades exclusivas de instituições de crédito e sociedades financeiras, como seja a participação na colocação de

---

[34] DR I Série-A, n.º 300, de 28-Dez.-2002, 8148-8160.

valores mobiliários. Em consequência, e à semelhança do que já acontece em outros países europeus, as sociedades de capital de risco passam a estar unicamente sujeitas a registo junto da Comissão do Mercado de Valores Mobiliários CMVM;

Restringiram-se as proibições legais ao mínimo indispensável para assegurar que as sociedades de capital de risco se concentram na prossecução da actividade para que foram constituídas. Assim, impedem-se as sociedades de capitais de risco de exercerem directamente actividades agrícolas, comerciais ou industriais e de concederem crédito ou prestarem garantias a empresas em que não participem e limita-se a um máximo de 10 anos o período de detenção de cada participação;

Quanto aos fundos de capital de risco, o respectivo regime passa igualmente a figurar no novo diploma.

Cumpre ter presente que estes fundos de capital de risco não são organismos de investimento colectivo em valores mobiliários (OICVM), não se encontrando, portanto, abrangidos quer pela legislação nacional relativa a instituições de investimento colectivo quer pela Directiva do Conselho n.º 85/611/CEE relativa aos OICVM. Nestes termos, foi necessário criar um regime jurídico próprio para estes fundos. Por outro lado, integram-se os fundos de reestruturação e internacionalização empresarial no regime geral dos fundos de capital de risco, dado não disporem de diferenças de regime jurídico susceptíveis de justificar a sua manutenção como categoria autónoma.

A conveniência de reforçar o papel dos fundos de capital de risco e de possibilitar que as respectivas unidades de participação passem a poder ser comercializadas junto de um universo mais alargado de investidores aconselha a que, à semelhança do que já acontece em outros países da União Europeia, se estenda às sociedades gestoras de fundos de investimento mobiliário a faculdade de constituir e gerir este tipo de fundos.

Ainda com o mesmo objectivo, instituíram-se dois tipos distintos de fundos de capital de risco em função dos respectivos destinatários. Por um lado, fundos de capital de risco cujas unidades de participação se destinem a ser comercializadas unicamente junto de investidores institucionais qualificados (FIQ); por outro, fundos de capital de risco cujas unidades de participação se destinem a ser comercializadas junto do público (FCP).

A diferença de destinatários justifica diferenças de tratamento quer ao nível da forma de representação do capital do fundo quer ao nível da sua constituição e supervisão, quer ainda ao nível da respectiva gestão.

No que respeita à representação do capital, as unidades de participação em FIQ são representadas através de títulos de crédito nominativos designados por certificados, ao passo que as unidades de participação em FCP são, elas próprias, valores mobiliários susceptíveis de serem admitidos à negociação em mercados organizados.

Ao nível da constituição dos fundos, que foi globalmente simplificada, a constituição de FIQ fica a depender apenas do registo junto da CMVM, ao passo que a constituição de FCP carece de autorização desta mesma entidade. Em relação a estes últimos, deve ainda ser elaborado um prospecto contendo informação detalhada sobre cada fundo e respectiva entidade gestora.

No domínio da gestão, as especiais necessidades de protecção dos adquirentes não institucionais justificam que os FCP apenas possam ser constituídos e geridos por sociedades gestoras de fundos de investimento mobiliário ou instituições de crédito.

Finalmente, são reforçados os poderes das entidades gestoras dos fundos de capital de risco em matéria de gestão dos referidos fundos, tornando tal regime mais próximo do existente em outras jurisdições onde a actividade dos fundos de capital de risco se encontra mais desenvolvida.

Foram ouvidos o Banco de Portugal, a CMVM, a Associação Portuguesa de Capital de Risco e a Associação Portuguesa de Bancos.

Assim:

Nos termos da alínea *a*) do n.º 1 do artigo 198.º da Constituição, o Governo decreta o seguinte:

(*Tendo em conta que as sociedades de capital de risco deixaram de ser consideradas sociedades financeiras, o respectivo regime deixou de fazer parte da presente publicação*)

(...)

ARTIGO 51.º
Modificações ao Regime Geral das Instituições de Crédito e Sociedades Financeiras

O Regime Geral das Instituições de Crédito e Sociedades Financeiras, aprovado pelo Decreto-Lei n.º 298/82, de 31 de Dezembro, é alterado do seguinte modo:

a) É revogada a alínea *h*) do n.º 1 do artigo 6.º;
b) O n.º 3 do artigo 101.º passa a ter a seguinte redacção:

(*Os preceitos alterados foram inseridos no texto do Regime Geral das Instituições de Crédito, abaixo publicado*)

Visto e aprovado em Conselho de Ministros de 16 de Outubro de 2002. – *José Manuel Durão Barroso – Maria Manuela Dias Ferreira Leite – Carlos Manuel Tavares da Silva.*

Promulgado em 20 de Dezembro de 2002.
Publique-se.
O Presidente da República, JORGE SAMPAIO.

Referendado em 20 de Dezembro de 2002.
O Primeiro-Ministro, *José Manuel Durão Barroso.*

3.10. DECRETO-LEI N.º 252/2003, DE 17 DE OUTUBRO[35]

Com a presente revisão do regime jurídico dos fundos de investimento mobiliário e a consequente aprovação do novo regime jurídico dos organismos de investimento colectivo visou-se efectuar a transposição para o ordenamento jurídico interno das Directivas n.ºs 2001/107/CE e 2001/108/CE, do Parlamento Europeu e do Conselho, ambas de 21 de Janeiro de 2002, que, alterando a Directiva n.º 85/611/CEE, do Conselho, de 20 de Dezembro, introduziram significativas modificações no quadro comunitário aplicável aos designados "organismos de investimento colectivo em valores mobiliários" (OICVM) e às respectivas entidades gestoras.

As alterações que as novas directivas vieram impor podem ser sintetizadas em três grandes áreas:

A do operador, designado por sociedade de gestão ou, conforme a terminologia utilizada em Portugal, sociedade gestora;

A do produto, ou seja, o próprio OICVM;

A da informação a prestar aos investidores.

No que respeita às sociedades gestoras, sobre as quais dispõe a Directiva n.º 2001/107/CE, deve ser dado devido destaque à matéria da autorização daquelas sociedades e ao reconhecimento do mecanismo do passaporte comunitário, matéria que é transposta para a ordem jurídica interna através de alteração ao Regime Geral das Instituições de Crédito e Sociedades Financeiras (RGICSF), nos termos do artigo 3.º do presente diploma.

No que respeita à matéria da autorização, concluiu-se que as normas do RGICSF que regulam a autorização das sociedades gestoras de fundos de investimento acautelavam já, quase integralmente, os requisitos que a directiva veio agora impor.

No que concerne à matéria do passaporte comunitário, a opção legislativa conforma-se com o procedimento adoptado na transposição da Directiva n.º 93/22/CEE, do Conselho, de 10 de Maio, relativa às empresas de investimento, que prevê um regime de passaporte que serviu de fonte inspiradora à solução consagrada para as sociedades gestoras.

Não obstante a novidade subjacente ao passaporte comunitário, o principal relevo deve porém ser conferido ao alargamento do objecto social das sociedades gestoras, designadamente a possibilidade de poderem ser autorizadas a exercer também as actividades de gestão discricionária e individualizada de carteiras por conta de outrem, com base em mandato conferido pelos investidores, de consultoria para

---

[35] DR I Série-A, n.º 241, de 17-Out.-2003, 6938-6959.

investimento e de gestão de fundos de investimento imobiliário. Como contrapartida da possibilidade conferida para o exercício da actividade de gestão discricionária e individualizada de carteiras, às sociedades gestoras passa a ser exigida a observância das regras aplicáveis a esta actividade, nomeadamente a sua participação no Sistema de Indemnização aos Investidores, pelo que se promove a respectiva alteração ao diploma que regula esta matéria.

Esta nova realidade permitirá a transformação das sociedades gestoras em empresas de gestão de activos, dotadas de maior versatilidade, situação que, acrescendo o facto de as sociedades gestoras de patrimónios poderem, mediante um processo de transformação em sociedades gestoras de fundos de investimento mobiliário, vir a gerir OICVM, se antecipa potenciar alterações na arquitectura organizacional dos grupos financeiros nacionais.

Relativamente ao capital social mínimo e aos requisitos de fundos próprios das sociedades gestoras de fundos de investimento mobiliário, flexibiliza-se o regime agora revogado, mas excedem-se os níveis mínimos estabelecidos pelo direito comunitário, atento, por um lado, o contexto internacional, mas também, por outro lado, a evolução que se perspectiva no tocante às exigências de capital para cobertura de riscos operacionais.

Por último, no que respeita ainda às sociedades gestoras, efectua-se pela primeira vez uma clara definição dos serviços e actividades que podem ser subcontratados por aquelas a terceira entidade, poder que se condiciona à observância de determinados princípios, dos quais se destacam o de não esvaziamento da actividade da sociedade gestora e a manutenção, por esta, do controlo e responsabilidade pelas actividades subcontratadas.

Na segunda área, que respeita à matéria da actividade dos OICVM, individualmente considerados, as alterações introduzidas visam essencialmente tornar mais flexível a política de investimentos autorizada.

Com efeito, a inovação que caracteriza os mercados financeiros, associada à constante criação de novos instrumentos financeiros e técnicas de gestão, vinha trazendo como de certa forma datado o regime da Directiva n.º 85/611/CEE, em matéria dos investimentos admissíveis aos OICVM.

Com as alterações ora introduzidas, o elenco dos investimentos tidos como nucleares passa a incluir instrumentos do mercado monetário, unidades de participação em organismos de investimento colectivo, instrumentos financeiros derivados e depósitos.

Em consequência deste facto, irá verificar-se um significativo alargamento dos OICVM geralmente designados como harmonizados, possibilitando-se assim a comercialização, em todo o espaço da União Europeia, de produtos financeiros como os fundos de fundos, fundos de tesouraria, fundos que replicam índices, fundos que invistam em derivados, ou ainda de fundos que combinem em diversas proporções estes diferentes tipos de investimento.

De certa forma como contrapartida deste regime de maior amplitude da política de investimentos, foram introduzidas regras mais consistentes, mas também em alguns casos mais restritivas, relativamente à matéria da concentração de riscos do património dos OICVM. Como principais destaques neste domínio, refiram-se a obrigatoriedade de os limites de concentração de risco de um OICVM, relativamente a uma única entidade, passarem a ter de ser calculados tendo por base não só os activos emitidos por essa entidade que integrem a carteira do OICVM como também as responsabilidades dessa mesma entidade para com este último e ainda, sem somenos importância, a introdução do conceito de concentração de risco por grupo, tendo em vista considerar como sendo pertencentes a um mesmo centro de risco todos os activos emitidos por entidades ligadas entre si.

Na terceira e última área, a da informação, a directiva consagrou a figura do prospecto simplificado como documento de comercialização por excelência, o qual, potenciando a comercialização transfronteiriça de OICVM, não constitui novidade no mercado nacional, uma vez que, desde a alteração introduzida ao Decreto-Lei n.º 276/94, de 2 de Novembro, pelo Decreto-Lei n.º 323/99, de 13 de Agosto, os fundos de investimento mobiliário nacionais vêm sendo comercializados em Portugal tendo por base o prospecto simplificado.

Ainda no capítulo da informação a prestar aos investidores, mantém-se a figura do prospecto completo, que deve integrar o regulamento de gestão. Apesar de não ser um documento obrigatoriamente entregue ao investidor previamente ao acto de subscrição, ao contrário do prospecto simplificado, o prospecto completo tem de estar acessível a qualquer momento, devendo conter informação detalhada sobre as características e o funcionamento do OICVM, bem como todos os deveres e direitos dos respectivos participantes.

As significativas alterações descritas, às quais o presente diploma dá acolhimento em sede de transposição do normativo comunitário, passam a ter vigência obrigatória no ordenamento jurídico nacional no prazo de 24 meses após a sua entrada em vigor.

Não obstante o direito comunitário permitir a convergência para estas novas regras num prazo superior, entendeu-se como suficiente a concessão de um prazo de dois anos, designadamente em função de, excepção feita às novas regras de concentração de riscos, as novas directivas introduzirem um regime de maior flexibilidade face à anterior legislação, bem como pelo facto de algumas das novidades legislativas já encontrarem acolhimento no regime jurídico nacional.

Por último, uma breve referência à estrutura do diploma, que se encontra organizada em quatro títulos.

No título I, tendo por objectivo enquadrar de forma abrangente a figura dos organismos de investimento colectivo (OIC), quer estes invistam em valores mobiliários quer em outros activos, dispõe-se sobre matéria aplicável a qualquer tipo de OIC, em particular no que respeita às características de representação do respectivo património e às suas regras de funcionamento. O título I consagra ainda um conjunto específico de normas aplicáveis aos OIC fechados.

No título II, em conjugação com a alteração introduzida ao RGICSF, dá-se cumprimento à transposição do normativo comunitário na matéria relativa às sociedades gestoras, e definem-se as regras a observar pelas entidades que exercem funções relacionadas com os OIC.

No título III, regulamenta-se vastamente a matéria da actividade dos OICVM, transpondo-se as temáticas relacionadas com a política de investimentos e as regras de concentração de riscos, bem como aquelas que respeitam à informação a prestar aos investidores.

O título IV é destinado à definição do regime de supervisão e regulamentação aplicável aos OIC.

Foram ouvidos a Comissão do Mercado de Valores Mobiliários, o Banco de Portugal, o Instituto de Seguros de Portugal, a Associação Portuguesa das Sociedades Gestoras de Patrimónios e de Fundos de Investimento, a Associação Portuguesa de Bancos, a Associação Portuguesa de Sociedades Corretoras e Financeiras de Corretagem, a Ordem dos Revisores Oficiais de Contas, o Instituto do Consumidor e a Associação Portuguesa para a Defesa do Consumidor.

Assim:

Nos termos da alínea *a*) do n.º 1 do artigo 198.º da Constituição, o Governo decreta o seguinte:

ARTIGO 1.º
**Regime jurídico
dos organismos de investimento colectivo**

É aprovado o regime jurídico dos organismos de investimento colectivo, que é publicado em anexo ao presente diploma, dele fazendo parte integrante.

(*O Regime Jurídico dos Organismos de Investimento Colectivo é adiante publicado, no n.º 15*)

ARTIGO 2.º
Regime transitório

1 – Os organismos de investimento colectivo constituídos ao abrigo de legislação anterior ficam sujeitos ao regime jurídico anexo 24 meses após a entrada em vigor do presente diploma, salvo o disposto no número seguinte.

2 – Desde a entrada em vigor do presente diploma, as sociedades gestoras de fundos de investimento mobiliário podem dirigir à CMVM pedido de aprovação das alterações necessárias ao regulamento de gestão e aos prospectos, com a menção expressa de que as alterações se destinam a adaptar o fundo às regras do regime jurídico anexo, passando o fundo a considerar-se sujeito a estas regras a partir da data da notificação da aprovação pela CMVM.

3 – Em casos excepcionais, devidamente justificados, mediante requerimento da sociedade gestora, apresentado antes de se ter esgotado o prazo referido no n.º 1, a CMVM poderá prorrogar o prazo fixado naquele número.

4 – Os pedidos de constituição de OIC sobre os quais ainda não tenha recaído decisão na data da entrada em vigor do presente diploma devem adequar-se ao nele disposto.

ARTIGO 3.º
Alteração ao Regime Geral das Instituições de Crédito e Sociedades Financeiras

1 – O título X-A do Regime Geral das Instituições de Crédito e Sociedades Financeiras, aprovado pelo Decreto-Lei n.º 298/92, de 31 de Dezembro, passa a ter a seguinte epígrafe: "Serviços de investimento, empresas de investimento e sociedades gestoras de fundos de investimento mobiliário".

2 – Os artigos 199.º-A, 199.º-B e 225.º do Regime Geral das Instituições de Crédito e Sociedades Financeiras passam a ter a seguinte redacção:

(As alterações foram inseridas no texto do Regime Geral das Instituições de Crédito e Sociedades Financeiras, abaixo publicado)

ARTIGO 4.º
Aditamento ao Regime Geral das Instituições de Crédito e Sociedades Financeiras

É aditado ao título X-A do Regime Geral das Instituições de Crédito e Sociedades Financeiras um novo artigo 199.º-I, com a seguinte redacção:

(O preceito aditado foi inserido no texto do Regime Geral das Instituições de Crédito e Sociedades Financeiras, abaixo publicado)

ARTIGO 5.º
Alteração ao Decreto-Lei n.º 222/99, e 22 de Junho

O artigo 2.º do Decreto-Lei n.º 222/99, de 22 de Junho, passa a ter a seguinte redacção:

(O preceito alterado foi inserido no texto do Decreto-Lei n.º 222/99, acima publicado)

ARTIGO 6.º
Alteração ao Decreto-Lei n.º 333/2001, de 24 de Dezembro

O artigo 2.º do Decreto-Lei n.º 333/2001, de 24 de Dezembro, passa a ter a seguinte redacção:

(A alteração foi introduzida no texto do Decreto-Lei n.º 333/2001, adiante publicado em 4.)

ARTIGO 7.º[36]
Alteração ao Decreto-Lei n.º 60/2002, de 20 de Março

Os artigos 6.º e 10.º do Decreto-Lei n.º 60/2002, de 20 de Março, passam a ter a seguinte redacção:

(*As alterações foram introduzidas no texto do Regime Jurídico dos Fundos de Investimento Imobiliário, adiante publicado em 16.3., que foi aprovado pelo Decreto-Lei n.º 60/2002*)

ARTIGO 8.º
Alteração ao Decreto-Lei n.º 319/2002, de 28 de Dezembro

É aditado ao Decreto-Lei n.º 319/2002, de 28 de Dezembro, um novo artigo 16.º-A, com a seguinte redacção:

(*O texto do Decreto-Lei n.º 319/2002, de 28 de Dezembro, não é objecto da presente publicação*)

ARTIGO 9.º
Revogação

São revogados os seguintes diplomas:
a) Decreto-Lei n.º 276/94, de 2 de Novembro;
b) Decreto-Lei n.º 308/95, de 20 de Novembro;
c) Decreto-Lei n.º 323/97, de 26 de Novembro;
d) Decreto-Lei n.º 323/99, de 13 de Agosto;
e) Decreto-Lei n.º 62/2002, de 20 de Março.

ARTIGO 10.º
Entrada em vigor

O presente diploma entra em vigor no dia 1 de Janeiro de 2004.

ARTIGO 11.º
Regulamentação

O disposto no artigo anterior não prejudica a aprovação e publicação, em data prévia, das portarias e de outros regulamentos necessários à execução do regime jurídico anexo.

---

[36] Os artigos 6.º e 10.º referidos fazem parte do Regime Jurídico dos Fundos de Investimento Imobiliário, aprovado pelo Decreto-Lei n.º 60/2002; verifica-se, assim, uma redacção incorrecta deste preceito.

Visto e aprovado em Conselho de Ministros de 29 de Agosto de 2003. – *José Manuel Durão Barroso – Norberto Emílio Sequeira da Rosa – António Manuel de Mendonça Martins da Cruz.*

Promulgado em 6 de Outubro de 2003.
Publique-se.
O Presidente da República, JORGE SAMPAIO.

Referendado em 10 de Outubro de 2003.
O Primeiro-Ministro, *José Manuel Durão Barroso.*

3.11. REGIME GERAL DAS INSTITUIÇÕES DE CRÉDITO E SOCIEDADES FINANCEIRAS [37]

TÍTULO I
Disposições gerais

ARTIGO 1.º
Objecto do diploma

1 – O presente diploma regula o processo de estabelecimento e o exercício da actividade das instituições de crédito e das sociedades financeiras.

2 – As instituições de crédito sob a forma de empresa pública ficam sujeitas às normas do presente diploma que não sejam incompatíveis com a sua forma.

ARTIGO 2.º[38]
Instituições de crédito

1 – São instituições de crédito as empresas cuja actividade consiste em receber do público depósitos ou outros fundos reembolsáveis, a fim de os aplicarem por conta própria mediante a concessão de crédito.

2 – São também instituições de crédito as empresas que tenham por objecto a emissão de meios de pagamento sob a forma de moeda electrónica.

ARTIGO 3.º[39]
Espécies de instituições de crédito

São instituições de crédito:

---

[37] DR I Série-A, n.º 301 (Suplemento), de 31-Dez.-1992, 6056(26)-6056(51).

[38] Redacção dada pelo artigo 1.º do Decreto-Lei n.º 201/2002, de 26 de Setembro. A redacção original era a seguinte:

São instituições de crédito as empresas cuja actividade consiste em receber do público depósitos ou outros fundos reembolsáveis, a fim de os aplicarem por conta própria mediante a concessão de crédito.

[39] Redacção dada pelo artigo 1.º do Decreto-Lei n.º 201/2002, de 26 de Setembro. A redacção original era a seguinte:

(...)

a) Os bancos;
b) As caixas económicas;
c) A Caixa Central de Crédito Agrícola Mútuo e as caixas de crédito agrícola mútuo;
d) As instituições financeiras de crédito;
e) As sociedades de investimento;
f) As sociedades de locação financeira;
g) As sociedades de factoring;
h) As sociedades financeiras para aquisições a crédito;
i) As sociedades de garantia mútua;
j) As instituições de moeda electrónica;
l) Outras empresas que, correspondendo à definição do artigo anterior, como tal sejam qualificadas pela lei.

ARTIGO 4.°⁴⁰
Actividade das instituições de crédito

1 – Os bancos podem efectuar as operações seguintes e prestar os serviços de investimento a que se refere o artigo 199.°-A não abrangidos por aquelas operações:

---

a) ...
b) A Caixa Geral de Depósitos, Crédito e Previdência;
c) As caixas económicas;
d) A Caixa Central de Crédito Agrícola Mútuo;
e) As caixas de crédito agrícola mútuo;
f) As sociedades de investimento;
g) As sociedades de locação financeira;
h) As sociedades de *factoring*;
i) As sociedades financeiras para aquisições a crédito;
j) Outras empresas que, correspondendo à definição do artigo anterior, como tal sejam qualificadas pela lei.

⁴⁰ Redacção dada pelo artigo 1.° do Decreto-Lei n.° 201/2002, de 26 de Setembro. A redacção anterior, dada pelo artigo 4.° do Decreto-Lei n.° 285/2001, de 3 de Novembro, era a seguinte:
1 – Os bancos podem efectuar as operações seguintes e prestar os serviços de investimento a que se refere o artigo 199.°-A não abrangidos por aquelas operações:
(...)
e) Transacções, por conta própria ou da clientela, sobre instrumentos do mercado monetário e cambial, instrumentos financeiros a prazo e opções e operações sobre divisas ou sobre taxas de juro e valores mobiliários;
(...)
r) Outras operações análogas e que a lei lhes não proíba.
2 – A Caixa Geral de Depósitos, Crédito e Previdência pode efectuar todas as operações permitidas aos bancos, sem prejuízo de outras atribuições conferidas pela legislação que lhe é própria.
3 – As restantes instituições de crédito só podem efectuar as operações permitidas pelas normas legais e regulamentares que regem a sua actividade.
O referido artigo 4.° do Decreto-Lei n.° 285/2001 alterou a epígrafe, passando a ler-se "Actividade das" em vez de "Actividades das", e aditou ao seu n.° 1 as alíneas *q)* e *r)*.
Pelo artigo 1.° do Decreto-Lei n.° 232/96, de 5 de Dezembro, era a seguinte a sua redacção:
1 – ...

a) Recepção de depósitos ou outros fundos reembolsáveis;
b) Operações de crédito, incluindo concessão de garantias e outros compromissos, locação financeira e *factoring*;
c) Operações de pagamento;
d) Emissão e gestão de meios de pagamento, tais como cartões de crédito, cheques de viagem e cartas de crédito;
e) Transacções, por conta própria ou da clientela, sobre instrumentos do mercado monetário e cambial, instrumentos financeiros a prazo, opções e operações sobre divisas, taxas de juro, mercadorias e valores mobiliários;
f) Participação em emissões e colocações de valores mobiliários e prestação de serviços correlativos;
g) Actuação nos mercados interbancários;
h) Consultoria, guarda, administração e gestão de carteiras de valores mobiliários;
i) Gestão e consultoria em gestão de outros patrimónios;
j) Consultoria das empresas em matéria de estrutura do capital, de estratégia empresarial e de questões conexas, bem como consultoria e serviços no domínio da fusão e compra de empresas;
k) Operações sobre pedras e metais preciosos;
l) Tomada de participações no capital de sociedades;
m) Comercialização de contratos de seguro;
n) Prestação de informações comerciais;
o) Aluguer de cofres e guarda de valores;
p) Outras operações análogas e que a lei lhes não proíba;
q) Locação de bens móveis, nos termos permitidos às sociedades de locação financeira;
r) Prestação dos serviços de investimento a que se refere o artigo 199.º-A, não abrangidos pelas alíneas anteriores;
s) Outras operações análogas e que a lei lhes não proíba.
2 – As restantes instituições de crédito só podem efectuar as operações permitidas pelas normas legais e regulamentares que regem a sua actividade.

ARTIGO 5.º
Sociedades financeiras

São sociedades financeiras as empresas que não sejam instituições de crédito e cuja actividade principal consista em exercer uma ou mais das actividades referidas nas alíneas *b)* a *i)* do n.º 1 do artigo anterior, excepto locação financeira e *factoring*.

(...)
p) ...
2 – ...
3 – ...
A redacção original era a seguinte:
1 – Os bancos podem efectuar as operações seguintes:
(...)

ARTIGO 6.º[41]
Espécies de sociedades financeiras

1 – São sociedades financeiras:
a) As sociedades financeiras de corretagem;
b) As sociedades corretoras;
c) As sociedades mediadoras dos mercados monetário ou de câmbios;
d) As sociedades gestoras de fundos de investimento;
e) As sociedades emitentes ou gestoras de cartões de crédito;
f) As sociedades gestoras de patrimónios;
g) As sociedades de desenvolvimento regional;
h) *As sociedades de capital de risco;*
i) As agências de câmbios;
j) As sociedades gestoras de fundos de titularização de créditos;
l) Outras empresas que sejam como tal qualificadas pela lei.

2 – É também sociedade financeira a FINANGESTE – Empresa Financeira de Gestão e Desenvolvimento, S.A.

3 – Para os efeitos deste diploma, não se consideram sociedades financeiras as empresas de seguros e as sociedades gestoras de fundos de pensões.

4 – Rege-se por legislação especial a actividade das casas de penhores.

ARTIGO 7.º
Actividades das sociedades financeiras

As sociedades financeiras só podem efectuar as operações permitidas pelas normas legais e regulamentares que regem a respectiva actividade.

---

[41] Redacção dada pelo artigo 1.º do Decreto-Lei n.º 201/2002, de 26 de Setembro. A redacção original era a seguinte:
1 – ...
(...)
i) As sociedades administradoras de compras em grupo;
j) As agências de câmbio;
l) ...
2 – ...
3 – Para os efeitos deste diploma, não se consideram sociedades financeiras as seguradoras e as sociedades gestoras de fundos de pensões.
4 – ...
A alínea h) do n.º 1 foi revogada pelo artigo 51.º do Decreto-Lei n.º 319/2002, de 28 de Dezembro. Mantém-se a sua inserção no texto em itálico.

ARTIGO 8.º[42]
Princípio da exclusividade

1 – Só as instituições de crédito, com excepção das instituições de moeda electrónica, podem exercer a actividade de recepção, do público, de depósitos ou outros fundos reembolsáveis, para utilização por conta própria.

2 – Só as instituições de crédito e as sociedades financeiras podem exercer, a título profissional, as actividades referidas nas alíneas b) a i) e r) do n.º 1 do artigo 4.º, com excepção da consultoria referida na alínea i).

3 – O disposto no n.º 1 não obsta a que as seguintes entidades recebam do público fundos reembolsáveis, nos termos das disposições legais, regulamentares ou estatutárias aplicáveis:
a) Estado, incluindo fundos e institutos públicos dotados de personalidade jurídica e autonomia administrativa e financeira;
b) Regiões autónomas e autarquias locais;
c) Banco Europeu de Investimento e outros organismos internacionais de que Portugal faça parte e cujo regime jurídico preveja a faculdade de receberem do público, em território nacional, fundos reembolsáveis;
d) Empresas de seguros, no respeitante a operações de capitalização.

ARTIGO 9.º
Fundos reembolsáveis recebidos do público e concessão de crédito

1 – Para os efeitos do presente diploma, não são considerados como fundos reembolsáveis recebidos do público os fundos obtidos mediante emissão de obrigações, nos termos e limites do Código das Sociedades Comerciais, nem os fundos obtidos através da emissão de papel comercial, nos termos e limites da legislação aplicável.

2 – Para efeitos dos artigos anteriores, não são considerados como concessão de crédito:
a) Os suprimentos e outras formas de empréstimos e adiantamentos entre uma sociedade e os respectivos sócios;
b) A concessão de crédito por empresas aos seus trabalhadores, por razões de ordem social;

---

[42] Redacção dada pelo artigo 1.º do Decreto-Lei n.º 201/2002, de 26 de Setembro. A redacção original era a seguinte:
1 – Só as instituições de crédito podem exercer a actividade de recepção, do público, de depósitos ou outros fundos reembolsáveis, para utilização por conta própria.
2 – Só as instituições de crédito e as sociedades financeiras podem exercer, a título profissional, as actividades referidas nas alíneas b) a i) do n.º 1 do artigo 4.º, com excepção da consultoria referida na alínea i).
3 – ...
(...)
d) Seguradoras, no respeitante a operações de capitalização.

c) As dilações ou antecipações de pagamento acordadas entre as partes em contratos de aquisição de bens ou serviços;
d) As operações de tesouraria, quando legalmente permitidas, entre sociedades que se encontrem numa relação de domínio ou de grupo;
e) A emissão de senhas ou cartões para pagamento dos bens ou serviços fornecidos pela empresa emitente.

ARTIGO 10.º[43]
Entidades habilitadas

1 – Estão habilitadas a exercer as actividades a que se refere o presente diploma as seguintes entidades:
a) Instituições de crédito e sociedades financeiras com sede em Portugal;
b) Sucursais de instituições de crédito e de instituições financeiras com sede no estrangeiro.

2 – As instituições de crédito e as instituições financeiras autorizadas noutros Estados membros da Comunidade Europeia podem prestar em Portugal, nos termos do presente diploma, serviços que se integrem nas mencionadas actividades e que os prestadores estejam autorizados a efectuar no seu país de origem.

ARTIGO 11.º
Verdade das firmas e denominações

1 – Só as entidades habilitadas como instituição de crédito ou como sociedade financeira poderão incluir na sua firma ou denominação, ou usar no exercício da sua actividade, expressões que sugiram actividade própria das instituições de crédito ou das sociedades financeiras, designadamente "banco", "banqueiro", "de crédito", "de depósitos", "locação financeira", "*leasing*" e "*factoring*".

2 – Estas expressões serão sempre usadas por forma a não induzirem o público em erro quanto ao âmbito das operações que a entidade em causa possa praticar.

ARTIGO 12.º[44]
Decisões do Banco de Portugal

1 – Os recursos interpostos das decisões do Banco de Portugal, tomadas no

---

[43] Redacção dada pelo artigo 1.º do Decreto-Lei n.º 201/2002, de 26 de Setembro. A redacção original era a seguinte:
(...)
2 – As instituições de crédito e as instituições financeiras autorizadas noutros Estados membros da Comunidade Europeia podem prestar a residentes em Portugal, nos termos do presente diploma, serviços que se integrem nas mencionadas actividades e que os prestadores estejam autorizados a efectuar no seu país de origem.

[44] Redacção dada pelo artigo 1.º do Decreto-Lei n.º 201/2002, de 26 de Setembro. A redacção original era a seguinte:

âmbito do presente diploma, seguem, em tudo o que nele não seja especialmente regulado, os termos constantes da respectiva lei orgânica.

2 – Nos recursos referidos no número anterior e nos de outras decisões tomadas no âmbito da legislação específica, que rege a actividade das instituições de crédito e das sociedades financeiras, presume-se, até prova em contrário, que a suspensão da eficácia determina grave lesão do interesse público.

3 – Pelas decisões a que se refere o presente artigo, de que resultem danos para terceiros, a responsabilidade civil pessoal dos seus autores apenas pode ser efectivada mediante acção de regresso do Banco, salvo se a respectiva conduta constituir crime.

ARTIGO 12.º-A[45]
Prazos

1 – Salvo norma especial em contrário, os prazos estabelecidos no presente diploma são contínuos, sem prejuízo do disposto no número seguinte.

2 – Os prazos de 30 dias ou de um mês estabelecidos no presente diploma para o exercício de competências conferidas ao Banco de Portugal interrompem-se sempre que o Banco solicite aos interessados elementos de informação que considere necessários à instrução do respectivo procedimento.

3 – A interrupção prevista no número anterior não poderá, em qualquer caso, exceder a duração total de 60 dias, seguidos ou interpolados.

ARTIGO 13.º[46]
Outras definições

Para efeitos do presente diploma, entende-se por:

Artigo 12.º
Recursos

Os recursos interpostos das decisões do Banco de Portugal, tomadas no âmbito do presente diploma, seguem, em tudo o que nele não seja especialmente regulado, os termos constantes da respectiva Lei Orgânica.

[45] Aditado pelo artigo 2.º do Decreto-Lei n.º 201/2002, de 26 de Setembro.

[46] Redacção dada pelo artigo 1.º do Decreto-Lei n.º 201/2002, de 26 de Setembro. A redacção original era a seguinte:
(...)
7.º Participação qualificada: a participação, directa ou indirecta, que represente percentagem não inferior a 10% do capital ou dos direitos de voto da instituição participada ou que, por qualquer outro motivo, possibilite influência significativa na gestão, considerando-se como equiparados aos direitos de voto do participante, para efeitos da presente definição:
(...)
8.º País ou Estado de origem: país ou Estado no qual a instituição de crédito, a sociedade financeira ou a instituição financeira tenham sido autorizadas;
9.º País ou Estado de acolhimento: país ou Estado no qual a instituição de crédito, a sociedade financeira ou a instituição financeira tenham sucursal ou prestem serviços;

1.º Filial: pessoa colectiva relativamente à qual outra pessoa colectiva, designada por empresa-mãe, se encontre numa relação de domínio, considerando-se que a filial de uma filial é igualmente filial da empresa-mãe de que ambas dependem;
2.º Relação de domínio: relação que se dá entre uma pessoa singular ou colectiva e uma sociedade quando:
   a) Se verifique alguma das seguintes situações:
      I) Deter a pessoa singular ou colectiva em causa a maioria dos direitos de voto;
      II) Ser sócio da sociedade e ter o direito de designar ou de destituir mais de metade dos membros do órgão de administração ou do órgão de fiscalização;
      III) Poder exercer influência dominante sobre a sociedade, por força de contrato ou de cláusula dos estatutos desta;
      IV) Ser sócio da sociedade e controlar por si só, em virtude de acordo concluído com outros sócios desta, a maioria dos direitos de voto;
      V) Deter uma participação não inferior a 20% no capital da sociedade, desde que exerça efectivamente sobre esta uma influência dominante ou se encontrem ambas colocadas sob direcção única;
   b) Considera-se, para efeitos da aplicação dos números I), II) e IV), que:
      I) Aos direitos de voto, de designação ou de destituição do participante equiparam-se os direitos de qualquer outra sociedade dependente do dominante ou que com este se encontre numa relação de grupo, bem como os de qualquer pessoa que actue em nome próprio, mas por conta do dominante ou de qualquer outra das referidas sociedades;
      II) Dos direitos indicados no número anterior deduzem-se os direitos relativos às acções detidas por conta de pessoa que não seja o dominante ou outra das referidas sociedades, ou relativos às acções detidas em garantia, desde que, neste último caso, tais direitos sejam exercidos em conformidade com as instruções recebidas, ou a posse das acções seja operação corrente da empresa detentora em matéria de empréstimos e os direitos de voto sejam exercidos no interesse do prestador da garantia;

10.º Autorização: acto emanado das autoridades competentes e que confere o direito de exercer a actividade de instituição de crédito, de sociedade financeira ou de instituição financeira;

11.º Sociedade de serviços auxiliares: sociedade cujo objecto principal tenha natureza acessória relativamente à actividade principal de uma ou mais instituições de crédito, nomeadamente a detenção ou a gestão de serviços informáticos.

O artigo 1.º do Decreto-Lei n.º 232/96, de 5 de Dezembro, aditou à versão original um n.º 12.º (o actual n.º 13.º), reproduzido a seguir:

12.º Relação de proximidade: relação entre duas ou mais pessoas, singulares ou colectivas:
   a) Ligadas entre si através:
      a1) De uma participação, entendida como a detenção, directa ou indirecta, de percentagem não inferior a 20% do capital ou dos direitos de voto de uma empresa; ou
      a2) De uma relação de domínio;
      ou
   b) Ligadas a uma terceira pessoa através de uma relação de domínio.

c) Para efeitos da aplicação dos números I) e IV) da alínea *a)*, deverão ser deduzidos, à totalidade dos direitos de voto correspondentes ao capital da sociedade dependente, os direitos de voto relativos à participação detida por esta sociedade, por uma sua filial ou por uma pessoa em nome próprio mas por conta de qualquer destas sociedades;

3.° Sociedades em relação de grupo: sociedades coligadas entre si nos termos em que o Código das Sociedades Comerciais caracteriza este tipo de relação, independentemente de as respectivas sedes se situarem em Portugal ou no estrangeiro;

4.° Instituição financeira: empresa que, não sendo uma instituição de crédito, e encontrando-se sediada fora do território nacional mas noutro país da Comunidade Europeia, tenha como actividade principal tomar participações ou exercer uma ou mais das actividades referidas nos n.ᵒˢ 2 a 12 da lista anexa à Directiva n.° 89/646/CEE do Conselho, de 15 de Dezembro de 1989, ou, tendo a sede em país terceiro, exerça, a título principal, uma ou mais das actividades equivalentes às referidas no artigo 5.°;

5.° Sucursal: estabelecimento de uma empresa desprovido de personalidade jurídica e que efectue directamente, no todo ou em parte, operações inerentes à actividade da empresa;

6.° Agência: sucursal, no país, de instituição de crédito ou sociedade financeira com sede em Portugal ou sucursal suplementar de instituição de crédito ou instituição financeira com sede no estrangeiro;

7.° Participação qualificada: a participação, directa ou indirecta, isolada ou conjunta, que por qualquer motivo possibilite ao seu detentor, por si mesmo ou em virtude de especiais relações existentes com os direitos de voto de outro participante, exercer influência significativa na gestão da entidade participada. Para os efeitos da presente definição, presume-se haver influência significativa na gestão sempre que o participante detenha pelo menos 5% do capital ou dos direitos de voto da entidade participada. O Banco de Portugal só pode considerar ilidida esta presunção, tendo nomeadamente em conta os elementos apresentados pelo interessado, se a participação for inferior a 10%. Em qualquer caso, considerar-se-ão equiparados aos direitos de voto do participante:

a) Os detidos por pessoas ou sociedades referidas no n.° 2 do artigo 447.° do Código das Sociedades Comerciais;

b) Os detidos por outras pessoas ou entidades, em nome próprio ou alheio, mas por conta do participante;

c) Os detidos por sociedades dominadas pelo participante;

d) Os detidos por sociedades que se encontrem em relação de grupo com a sociedade participante;

e) Os detidos por terceiro com a qual o participante tenha celebrado acordo que obrigue a adoptar, através do exercício concertado dos respectivos direitos de voto, uma política comum em relação à gestão da sociedade em causa;

f) Os detidos por terceiro, por força de acordo celebrado com o participante ou com uma das sociedades referidas nas alíneas *c)* e *d)* e no qual se preveja transferência provisória desses direitos de voto;

g) Os inerentes a acções do participante entregues em garantia, excepto quando o credor detiver esses direitos e declarar a intenção de os exercer, caso em que serão considerados como próprios do credor;
h) Os inerentes a acções de que o participante detenha o usufruto;
i) Os que, por força de acordo, o participante ou uma das outras pessoas ou entidades referidas nas alíneas anteriores tenham o direito de adquirir por sua exclusiva iniciativa;
j) Os inerentes a acções depositadas junto do participante e que este possa exercer como entender na ausência de instruções específicas dos respectivos detentores;

8.º Participação conjunta: qualquer participação que deva considerar-se detida por mais de uma pessoa, por força de situações de comunhão ou contitularidade de direitos ou em virtude da existência de especiais relações que permitam o exercício de uma influência comum na gestão da entidade participada;

9.º País ou Estado de origem: país ou Estado no qual a instituição de crédito, a sociedade financeira ou a instituição financeira tenham sido autorizadas;

10.º País ou Estado de acolhimento: país ou Estado no qual a instituição de crédito, a sociedade financeira ou a instituição financeira tenham sucursal ou prestem serviços;

11.º Autorização: acto emanado das autoridades competentes e que confere o direito de exercer a actividade de instituição de crédito, de sociedade financeira ou de instituição financeira;

12.º Sociedade de serviços auxiliares: sociedade cujo objecto principal tenha natureza acessória relativamente à actividade principal de uma ou mais instituições de crédito, nomeadamente a detenção ou gestão de imóveis ou a gestão de serviços informáticos;

13.º Relação de proximidade: relação entre duas ou mais pessoas, singulares ou colectivas:
 a) Ligadas entre si através:
  a1) De uma participação, entendida como a detenção, directa ou indirecta, de percentagem não inferior a 20% do capital ou dos direitos de voto de uma empresa; ou
  a2) De uma relação de domínio; ou
 b) Ligadas a uma terceira pessoa através de uma relação de domínio.

TÍTULO II
Autorização das instituições de crédito com sede em Portugal

CAPÍTULO I
Princípios gerais

ARTIGO 14.º
Requisitos gerais

1 – As instituições de crédito com sede em Portugal devem satisfazer os seguintes requisitos:
   a) Corresponder a um dos tipos previstos na lei portuguesa;
   b) Adoptar a forma de sociedade anónima;
   c) Ter por exclusivo objecto o exercício da actividade legalmente permitida nos termos do artigo 4.º;
   d) Ter capital social não inferior ao mínimo legal, representado obrigatoriamente por acções nominativas ou ao portador registadas;
   e) Ter a sede principal e efectiva da administração situada em Portugal [47].

2 – Na data da constituição, o capital social deve estar inteiramente subscrito e realizado em montante não inferior ao mínimo legal.

ARTIGO 15.º
Composição do órgão de administração

1 – O órgão de administração das instituições de crédito deve ser constituído por um mínimo de três membros, com poderes de orientação efectiva da actividade da instituição.

2 – A gestão corrente da instituição será confiada a, pelo menos, dois dos membros do órgão de administração.

---

[47] Aditada pelo artigo 1.º do Decreto-Lei n.º 232/96, de 5 de Dezembro.

CAPÍTULO II[48]
Processo de autorização

SECÇÃO I
Regime geral

ARTIGO 16.º[49]
Autorização

1 – Sem prejuízo do disposto no n.º 2, a constituição de instituições de crédito depende de autorização a conceder, caso a caso, pelo Banco de Portugal.

2 – Compete ao Ministro das Finanças autorizar a constituição de instituições de crédito que sejam filiais de instituições de crédito que tenham a sua sede principal e efectiva de administração em países que não sejam membros da Comunidade Europeia, ou que sejam dominadas ou cujo capital ou os direitos de voto a este correspondentes sejam maioritariamente detidos por pessoas singulares não nacionais de Estados membros da Comunidade Europeia ou por pessoas colectivas que tenham a sua sede principal e efectiva de administração em países que não sejam membros da mesma Comunidade, podendo esta competência ser delegada no Banco de Portugal.

3 – A autorização concedida é sempre comunicada à Comissão Europeia.

4 – Se a instituição de crédito se encontrar nas situações a que se refere o n.º 2, a comunicação prevista no número anterior deve especificar a estrutura do grupo a que pertence.

5 – Das condições de autorização de uma instituição de crédito prevista no número anterior não poderá resultar tratamento mais favorável do que aquele de que beneficiam as restantes instituições de crédito.

6 – Quando a Comissão ou o Conselho da União Europeia assim o decidam, nos termos previstos na Directiva n.º 2000/12/CE, do Parlamento Europeu e do Conselho, de 20 de Março de 2000, serão limitadas as autorizações ou suspensas as apreciações dos pedidos de autorização já apresentados na data da decisão ou posteriormente a essa data.

ARTIGO 17.º
Instrução do pedido

1 – O pedido de autorização será instruído com os seguintes elementos:

---

[48] O artigo 3.º do Decreto-Lei n.º 201/2002, de 26 de Setembro, determinou que o Capítulo II deixasse de estar dividido nas Secções I, "**Regime geral**", e II, "**Regime especial**"; estas secções eram compostas, respectivamente, pelos artigos 16.º a 23.º e 24.º a 29.º-A, que se mantêm.

[49] Redacção dada pelo artigo 1.º do Decreto-Lei n.º 201/2002, de 26 de Setembro. A redacção original era a seguinte:

1 – A constituição de instituições de crédito depende de autorização a conceder, caso a caso, pelo Banco de Portugal.

2 – A autorização concedida é sempre comunicada à Comissão da Comunidade Europeia.

a) Caracterização do tipo de instituição a constituir e projecto de contrato de sociedade;

b) Programa de actividades, implantação geográfica, estrutura orgânica e meios humanos, técnicos e materiais que serão utilizados, bem como contas previsionais para cada um dos primeiros três anos de actividade;

c) Identificação dos accionistas fundadores, com especificação do capital por cada um subscrito;

d) Exposição fundamentada sobre a adequação da estrutura accionista à estabilidade da instituição;

e) Declaração de compromisso de que no acto da constituição, e como condição dela, se mostrará depositado numa instituição de crédito o montante do capital social exigido por lei.

2 – Devem ainda ser apresentadas as seguintes informações relativas a accionistas fundadores que sejam pessoas colectivas detentoras de participações qualificadas na instituição a constituir:

a) Contrato de sociedade ou estatutos e relação dos membros do órgão de administração;

b) Balanço e contas dos últimos três anos;

c) Relação dos sócios da pessoa colectiva participante que nesta sejam detentores de participações qualificadas;

d) Relação das sociedades em cujo capital a pessoa colectiva participante detenha participações qualificadas, bem como exposição ilustrativa da estrutura do grupo a que pertença.

3 – A apresentação de elementos referidos no número anterior poderá ser dispensada quando o Banco de Portugal deles já tenha conhecimento.

4 – O Banco de Portugal poderá solicitar aos requerentes informações complementares e levar a efeito as averiguações que considere necessárias.

ARTIGO 18.º[50]
Filiais de instituições autorizadas no estrangeiro

1 – A autorização para constituir uma instituição de crédito que seja filial de instituição de crédito autorizada em país estrangeiro, ou que seja filial da empresa-mãe

---

[50] Redacção dada pelo artigo 1.º do Decreto-Lei n.º 201/2002, de 26 de Setembro. A redacção original era a seguinte:

Artigo 18.º
Filiais de instituições autorizadas em países comunitários

1 – A autorização para constituir uma instituição de crédito que seja filial de instituição de crédito autorizada noutro Estado membro da Comunidade Europeia, ou que seja filial da empresa-mãe de instituição nestas condições, depende de consulta prévia à autoridade de supervisão do Estado em causa.

2 – O disposto no número anterior é igualmente aplicável quando a instituição a constituir for dominada pelas mesmas pessoas singulares ou colectivas que dominem uma instituição de crédito autorizada noutro Estado membro da Comunidade Europeia.

de instituição nestas condições, depende de consulta prévia à autoridade de supervisão do país em causa.

2 – O disposto no número anterior é igualmente aplicável quando a instituição a constituir for dominada pelas mesmas pessoas singulares ou colectivas que dominem uma instituição de crédito autorizada noutro país.

ARTIGO 19.º
Decisão

1 – A decisão deve ser notificada aos interessados no prazo de seis meses a contar da recepção do pedido ou, se for o caso, a contar da recepção das informações complementares solicitadas aos requerentes, mas nunca depois de decorridos 12 meses sobre a data da entrega inicial do pedido.

2 – A falta de notificação nos prazos referidos no número anterior constitui presunção de indeferimento tácito do pedido.

ARTIGO 20.º[51]
Recusa de autorização

1 – A autorização será recusada sempre que:
a) O pedido de autorização não estiver instruído com todas as informações e documentos necessários;
b) A instrução do pedido enfermar de inexactidões ou falsidades;
c) A instituição a constituir não corresponder ao disposto no artigo 14.º;
d) O Banco de Portugal não considerar demonstrado que todos os accionistas satisfazem os requisitos estabelecidos no artigo 103.º;
e) A instituição de crédito não dispuser de meios técnicos e recursos financeiros suficientes para o tipo e volume das operações que pretenda realizar;
f) A adequada supervisão da instituição a constituir seja inviabilizada por uma relação de proximidade entre a instituição e outras pessoas;
g) A adequada supervisão da instituição a constituir seja inviabilizada pelas disposições legais ou regulamentares de um país terceiro a que esteja sujeita alguma das pessoas com as quais a instituição tenha uma relação de proximidade ou por dificuldades inerentes à aplicação de tais disposições.

---

[51] Redacção dada pelo artigo 1.º do Decreto-Lei n.º 201/2002, de 26 de Setembro. A redacção original era a seguinte:
1 – ...
(...)
d) O Banco de Portugal não considerar demonstrado que todos os detentores de participações qualificadas satisfazem os requisitos estabelecidos no artigo 103.º;
e) ...
2 – ...

As alíneas f) e g) actuais foram aditadas pelo artigo 1.º do Decreto-Lei n.º 232/96, de 5 de Dezembro. O aditamento em causa leva-nos a substituir o ponto final presente, na versão original, no final da alínea e), por ponto e vírgula.

Regime Geral das Instituições de Crédito e Sociedades Financeiras **3.11.**

2 – Se o pedido estiver deficientemente instruído, o Banco de Portugal, antes de recusar a autorização, notificará os requerentes, dando-lhes prazo razoável para suprir a deficiência.

ARTIGO 21.º[52]
Caducidade da autorização

1 – A autorização caduca se os requerentes a ela expressamente renunciarem ou se a instituição não iniciar a sua actividade no prazo de 12 meses.

2 – O Banco de Portugal poderá, a pedido dos interessados, prorrogar o prazo referido no número anterior por igual período.

3 – A autorização caduca ainda se a instituição for dissolvida, sem prejuízo da prática dos actos necessários à respectiva liquidação.

ARTIGO 22.º[53]
Revogação da autorização

1 – A autorização de instituição de crédito pode ser revogada com os seguintes fundamentos, além de outros legalmente previstos:
   a) Se tiver sido obtida por meio de falsas declarações ou outros expedientes ilícitos, independentemente das sanções penais que ao caso couberem;
   b) Se deixar de se verificar algum dos requisitos estabelecidos no artigo 14.º;
   c) Se a actividade da instituição de crédito não corresponder ao objecto estatutário autorizado;
   d) Se a instituição cessar actividade ou a reduzir para nível insignificante por período superior a 12 meses;

---

[52] Redacção dada pelo artigo 1.º do Decreto-Lei n.º 201/2002, de 26 de Setembro. A redacção original era a seguinte:
   1 – A autorização caduca se os requerentes a ela expressamente renunciarem, se a instituição não for constituída no prazo de 6 meses ou se não iniciar actividade no prazo de 12 meses.
   2 – A autorização caduca ainda se a instituição for dissolvida, sem prejuízo da prática dos actos necessários à respectiva liquidação.

[53] Redacção dada pelo artigo 1.º do Decreto-Lei n.º 201/2002, de 26 de Setembro. A redacção anterior, dada pelo artigo 24.º do Decreto-Lei n.º 222/99, de 22 de Junho, era a seguinte:
   1 – ...
   (...)
   2 – ...
   3 – A revogação da autorização implica dissolução e liquidação da instituição de crédito.
   A redacção original era a seguinte:
   1 – ...
   (...)
   g) Se a instituição não cumprir as obrigações decorrentes da sua participação no Fundo de Garantia de Depósitos;
   (...)
   2 – ...
   3 – ...

e) Se se verificarem irregularidades graves na administração, organização contabilística ou fiscalização interna da instituição;
f) Se a instituição não puder honrar os seus compromissos, em especial quanto à segurança dos fundos que lhe tiverem sido confiados;
g) Se a instituição não cumprir as obrigações decorrentes da sua participação no Fundo de Garantia de Depósitos ou no Sistema de Indemnização aos Investidores;
h) Se a instituição violar as leis e os regulamentos que disciplinam a sua actividade ou não observar as determinações do Banco de Portugal, por modo a pôr em risco os interesses dos depositantes e demais credores ou as condições normais de funcionamento do mercado monetário, financeiro ou cambial.

2 – A revogação da autorização concedida a uma instituição que tenha sucursais em outros Estados membros da Comunidade Europeia será precedida de consulta às autoridades de supervisão desses Estados, podendo, porém, em casos de extrema urgência, substituir-se a consulta por simples informação, acompanhada de justificação do recurso a este procedimento simplificado.

3 – A revogação da autorização implica dissolução e liquidação da instituição de crédito, salvo se, no caso indicado na alínea *d)* do n.º 1, o Banco de Portugal o dispensar.

ARTIGO 23.º[54]
Competência e forma da revogação

1 – A revogação da autorização é da competência do Banco de Portugal.

2 – A decisão de revogação deve ser fundamentada, notificada à instituição de crédito e comunicada à Comissão Europeia e às autoridades de supervisão dos Estados membros da Comunidade Europeia onde a instituição tenha sucursais ou preste serviços.

3 – O Banco de Portugal dará à decisão de revogação a publicidade conveniente e tomará as providências necessárias para o imediato encerramento de todos os estabelecimentos da instituição, o qual se manterá até ao início de funções dos liquidatários.

---

[54] Redacção dada pelo artigo 1.º do Decreto-Lei n.º 201/2002, de 26 de Setembro. A redacção original era a seguinte:
1 – ...
2 – A decisão de revogação deve ser fundamentada, notificada à instituição de crédito e comunicada à Comissão da Comunidade Europeia e às autoridades de supervisão dos Estados membros da Comunidade Europeia onde a instituição tenha sucursais ou preste serviços.
3 – ...
4 – No recurso interposto da decisão de revogação presume-se, até prova em contrário, que a suspensão da eficácia determina grave lesão do interesse público.

ARTIGO 23.º-A[55]
Instrução do processo e revogação da autorização em casos especiais

No caso de instituições de crédito referidas no n.º 2 do artigo 16.º, o disposto nos artigos 17.º a 23.º é aplicável com as seguintes adaptações:
 a) O pedido de autorização é entregue no Banco de Portugal;
 b) A autorização será precedida de parecer do Banco de Portugal, que poderá solicitar informações complementares e efectuar as averiguações que considere necessárias;
 c) O Banco de Portugal remeterá o seu parecer ao Ministério das Finanças no prazo de três meses;
 d) Tratando-se de instituição cujo local projectado para a sede se situe em Região Autónoma, o Banco de Portugal enviará cópia do processo e do seu parecer ao Governo Regional, que terá o prazo de um mês para se pronunciar;
 e) A revogação da autorização compete ao Ministro das Finanças, ou, existindo a delegação prevista no n.º 2 do artigo 16.º, ao Banco de Portugal;
 f) A revogação será precedida de audição do Banco de Portugal, se não se verificar a delegação de competência a que se refere o número anterior, e, se for caso disso, do Governo Regional competente.

SECÇÃO II
Regime especial

ARTIGO 24.º[56]
Âmbito de aplicação

O disposto na secção anterior aplica-se, com as necessárias adaptações, à autorização de instituições de crédito com sede em Portugal relativamente às quais se verifique alguma das seguintes circunstâncias:
 a) Se forem filiais de instituições de crédito que tenham a sua sede principal e efectiva de administração em países que não sejam membros da Comunidade Europeia;
 b) Se forem dominadas ou se o seu capital ou os direitos de voto a este correspondentes forem maioritariamente detidos por pessoas singulares não nacionais de Estados membros da Comunidade Europeia ou pessoas colectivas que tenham a sua sede principal e efectiva de administração em países que não sejam membros da mesma Comunidade.

---

[55] Aditado pelo artigo 4.º do Decreto-Lei n.º 201/2002, de 26 de Setembro.
[56] O artigo 14.º do Decreto-Lei n.º 201/2002, de 26 de Setembro, revogou os artigos 24.º a 28.º do Regime Geral das Instituições de Crédito e Sociedades Financeiras; mantém-se a sua inserção no texto, mas em itálico.

ARTIGO 25.º
Competência

1 – *A autorização será concedida, caso a caso, por portaria do Ministro das Finanças.*

2 – *O Ministro das Finanças poderá delegar no Banco de Portugal, por portaria, a competência a que se refere o número anterior.*

ARTIGO 26.º
Instrução do pedido

1 – *O pedido de autorização é sempre entregue no Banco de Portugal.*

2 – *A autorização será precedida de parecer do Banco de Portugal, que poderá solicitar informações complementares e efectuar as averiguações que considere necessárias.*

3 – *O Banco de Portugal remeterá o seu parecer ao Ministério das Finanças no prazo de três meses.*

4 – *Tratando-se de instituição com sede em Região Autónoma, o Banco de Portugal enviará cópia do processo e do seu parecer ao Governo Regional, que terá o prazo de um mês para se pronunciar.*

ARTIGO 27.º
Requisitos especiais da autorização

1 – *A autorização só pode ser concedida desde que não se verifique qualquer dos fundamentos de recusa previstos no artigo 20.º e, além disso, a criação da instituição de crédito concorra para o aumento da eficiência do sistema bancário nacional ou produza efeitos significativos na internacionalização da economia portuguesa, em conformidade com os objectivos da política económica, financeira, monetária e cambial do País.*

2 – *Se a autorização for concedida, dela constarão as condições e cláusulas julgadas convenientes, das quais não poderá resultar tratamento mais favorável do que aquele de que beneficiem as instituições abrangidas pela secção anterior.*

3 – *Na comunicação referida no n.º 2 do artigo 16.º deve ser especificada a estrutura do grupo a que a instituição de crédito pertença.*

4 – *Quando a Comissão ou o Conselho da Comunidade Europeia assim o decidam, nos termos previstos na Directiva n.º 89/646/CEE do Conselho, de 15 de Dezembro de 1989, serão limitadas as autorizações ou suspensas as apreciações dos pedidos de autorização já apresentados na data da decisão, ou posteriormente a essa data.*

ARTIGO 28.º
Revogação da autorização

1 – A revogação da autorização compete ao Ministro das Finanças, na forma de portaria, ou, existindo a delegação prevista no n.º 2 do artigo 25.º, ao Banco de Portugal.

2 – A revogação será precedida da audição, consoante os casos, das entidades referidas nos n.ᵒˢ 2 e 4 do artigo 26.º.

3 – A decisão da revogação deve ser fundamentada e notificada à instituição de crédito.

4 – É aplicável o disposto nos n.ᵒˢ 3 e 4 do artigo 23.º.

ARTIGO 29.º
Caixas económicas e caixas de crédito agrícola mútuo

O disposto nas alíneas *b)* e *d)* do n.º 1 do artigo 14.º e no presente capítulo não é aplicável às caixas económicas e às caixas de crédito agrícola mútuo.

ARTIGO 29.º-A[57]
Intervenção da Comissão do Mercado de Valores Mobiliários

1 – Dos órgãos de administração e fiscalização de uma instituição de crédito, incluindo os membros do conselho geral e os administradores não executivos, apenas poderão fazer parte pessoas cuja idoneidade e disponibilidade dêem garantias de gestão sã e prudente, tendo em vista, de modo particular, a segurança dos fundos confiados à instituição.

2 – Se for caso disso, a Comissão prestará as aludidas informações no prazo de dois meses.

3 – A revogação da autorização de instituição de crédito referida no n.º 1 deverá ser imediatamente comunicada à Comissão.

---

[57] Aditado pelo artigo 2.º do Decreto-Lei n.º 232/96, de 5 de Dezembro. A redacção original foi alterada pelo artigo 1.º do Decreto-Lei n.º 201/2002, de 26 de Setembro, e era a seguinte:

1 – Sempre que o objecto da instituição de crédito compreender alguma actividade de intermediação de valores mobiliários, o Banco de Portugal, antes de decidir sobre o pedido de autorização, solicitará informações à Comissão do Mercado de Valores Mobiliários sobre a idoneidade dos detentores de participações qualificadas.
(...)

CAPÍTULO III
Administração e fiscalização

ARTIGO 30.º[58]
Idoneidade dos membros dos órgãos de administração e fiscalização

1 – Dos órgãos de administração e fiscalização de uma instituição de crédito, incluindo os membros do conselho geral e os administradores não executivos, apenas poderão fazer parte pessoas cuja idoneidade e disponibilidade dêem garantias de gestão sã e prudente, tendo em vista, de modo particular, a segurança dos fundos confiados à instituição.

2 – Na apreciação da idoneidade deve ter-se em conta o modo como a pessoa gere habitualmente os negócios ou exerce a profissão, em especial nos aspectos que revelem incapacidade para decidir de forma ponderada e criteriosa, ou tendência para não cumprir pontualmente as suas obrigações ou para ter comportamentos incompatíveis com a preservação da confiança do mercado.

3 – Entre outras circunstâncias atendíveis, considera-se indiciador de falta de idoneidade o facto de a pessoa ter sido:

  a) Declarada, por sentença nacional ou estrangeira, falida ou insolvente ou julgada responsável por falência ou insolvência de empresa por ela dominada ou de que tenha sido administradora, directora ou gerente;
  b) Administradora, directora ou gerente de empresa cuja falência ou insolvência, no País ou no estrangeiro, tenha sido prevenida, suspensa ou evitada por providências de recuperação de empresa ou outros meios preventivos ou suspensivos, ou detentora de uma posição de domínio em empresa nessas condições, desde que, em qualquer dos casos, tenha sido reconhecida pelas autoridades competentes a sua responsabilidade por essa situação;
  c) Condenada, no País ou no estrangeiro, por crimes de falência dolosa, falência por negligência, favorecimento de credores, falsificação, furto, roubo, burla, frustração de créditos, extorsão, abuso de confiança, infidelidade, usura, corrupção, emissão de cheques sem provisão, apropriação ilegítima de bens do sector público ou cooperativo, administração danosa em unidade económica do sector público ou cooperativo, falsas declarações, recepção não autorizada de depósitos ou outros fundos reembolsáveis, branqueamento de capitais, abuso de informação, manipulação do mercado de valores mobiliários ou crimes previstos no Código das Sociedades Comerciais;

---

[58] Redacção dada pelo artigo 1.º do Decreto-Lei n.º 201/2002, de 26 de Setembro. A redacção original era a seguinte:

1 – Dos órgãos de administração e fiscalização de uma instituição de crédito, incluindo os membros do conselho geral e os administradores não executivos, apenas poderão fazer parte pessoas cuja idoneidade dê garantias de gestão sã e prudente, tendo em vista, de modo particular, a segurança dos fundos confiados à instituição.

2 – ...
3 – ...
4 – ...

Regime Geral das Instituições de Crédito e Sociedades Financeiras **3.11.**

 d) Condenada, no País ou no estrangeiro, pela prática de infracções às regras legais ou regulamentares que regem a actividade das instituições de crédito, sociedades financeiras ou instituições financeiras, a actividade seguradora e o mercado de valores mobiliários, quando a gravidade ou a reiteração dessas infracções o justifique.

 4 – O Banco de Portugal, para os efeitos deste artigo, trocará informações com o Instituto de Seguros de Portugal e a Comissão do Mercado de Valores Mobiliários.

ARTIGO 31.º[59]
Experiência profissional

 1 – Os membros do órgão de administração a quem caiba assegurar a gestão corrente da instituição de crédito e os revisores oficiais de contas que integrem o órgão de fiscalização devem possuir experiência adequada ao desempenho das respectivas funções.

 2 – Presume-se existir experiência adequada quando a pessoa em causa tenha previamente exercido, de forma competente, funções de responsabilidade no domínio financeiro.

 3 – A duração da experiência anterior e a natureza e o grau de responsabilidade das funções previamente exercidas devem estar em consonância com as características e dimensão da instituição de crédito de que se trate.

 4 – A verificação do preenchimento do requisito de experiência adequada pode ser objecto de um processo de consulta prévia junto da autoridade competente.

ARTIGO 32.º
Falta de requisitos dos órgãos de administração ou fiscalização

 1 – Se por qualquer motivo deixarem de estar preenchidos os requisitos legais ou estatutários do normal funcionamento do órgão de administração ou fiscalização, o Banco de Portugal fixará prazo para ser alterada a composição do órgão em causa.

 2 – Não sendo regularizada a situação no prazo fixado, poderá ser revogada a autorização nos termos do artigo 22.º.

---

 [59] Redacção dada pelo artigo 1.º do Decreto-Lei n.º 201/2002, de 26 de Setembro. A redacção original era a seguinte:
 1 – Os membros do órgão de administração a quem caiba assegurar a gestão da instituição de crédito devem possuir experiência adequada ao desempenho dessas funções.
 2 – ...
 3 – ...
 4 – ...

ARTIGO 33.º[60]
Acumulação de cargos

1 – O Banco de Portugal pode opor-se a que os membros dos órgãos de administração e do conselho geral das instituições de crédito exerçam funções de administração noutras sociedades, se entender que a acumulação é susceptível de prejudicar o exercício das funções que o interessado já desempenhe, nomeadamente por existirem riscos graves de conflito de interesses, ou, tratando-se de pessoas a quem caiba a gestão corrente da instituição, por se verificarem inconvenientes significativos no que respeita à sua disponibilidade para o cargo.

2 – O disposto no número anterior não se aplica ao exercício cumulativo de cargos em órgãos de administração ou no conselho geral de instituições de crédito ou outras entidades que estejam incluídas no mesmo perímetro de supervisão em base consolidada.

3 – No caso de funções a exercer em entidade sujeita a registo no Banco de Portugal, o poder de oposição exerce-se no âmbito do processo de registo regulado no artigo 69.º; nos demais casos, os interessados deverão comunicar ao Banco de Portugal a sua pretensão com a antecedência mínima de 30 dias sobre a data prevista para o início das novas funções, entendendo-se, na falta de decisão dentro desse prazo, que o Banco de Portugal não se opõe à acumulação.

---

[60] Redacção dada pelo artigo 1.º do Decreto-Lei n.º 201/2002, de 26 de Setembro. A redacção original era a seguinte:

1 – Os membros dos órgãos de administração das instituições de crédito que, por conta própria ou alheia, pretendam exercer funções de administração noutra sociedade deverão comunicar a sua pretensão ao Banco de Portugal, com a antecedência mínima de 15 dias úteis.

2 – O disposto no número anterior é aplicável aos membros do conselho geral.

3 – No prazo referido no n.º 1, o Banco de Portugal poderá opor-se à pretensão de entender que a acumulação é susceptível de prejudicar o exercício das funções na instituição, nomeadamente por existirem riscos graves de conflito de interesses, ou, tratando-se de pessoas a quem caiba a respectiva gestão corrente, por se verificarem inconvenientes significativos no que respeita à sua disponibilidade para a gestão.

4 – O disposto no número anterior não se aplica ao exercício cumulativo de funções em órgãos de administração de outras instituições de crédito ou outras entidades que estejam incluídas na supervisão em base consolidada a que se encontre sujeita a instituição de crédito em causa.

5 – A falta de comunicação ao Banco de Portugal é fundamento de cancelamento do registo previsto no artigo 69.º.

O n.º 3 reproduzia o preciso texto publicado no *Diário da República*; o legislador terá pretendido dizer, com probabilidade, "*...o Banco de Portugal poderá opor-se à pretensão se entender...*".

CAPÍTULO IV[61]
Alterações estatutárias e dissolução

ARTIGO 34.º
Alterações estatutárias em geral

1 – Estão sujeitas a prévia autorização do Banco de Portugal as alterações dos contratos de sociedade das instituições de crédito relativas aos aspectos seguintes:
 a) Firma ou denominação;
 b) Objecto;
 c) Local da sede, salvo se a mudança ocorrer dentro do mesmo concelho ou para concelho limítrofe;
 d) Capital social, quando se trate de redução;
 e) Criação de categorias de acções ou alteração das categorias existentes;
 f) Estrutura da administração ou da fiscalização;
 g) Limitação dos poderes dos órgãos de administração ou de fiscalização;
 h) Dissolução.

2 – As alterações do objecto que impliquem mudança do tipo de instituição estão sujeitas ao regime definido nos capítulos I e II do presente título, considerando-se autorizadas as restantes alterações se, no prazo de 30 dias a contar da data em que receber o respectivo pedido, o Banco de Portugal nada objectar.

ARTIGO 35.º
Fusão e cisão

1 – A fusão de instituições de crédito, entre si ou com sociedades financeiras, depende de autorização prévia do Banco de Portugal.

2 – Depende igualmente de autorização prévia do Banco de Portugal a cisão de instituições de crédito.

3 – Aplicar-se-á, sendo caso disso, o regime definido nos capítulos I e II do presente título.

ARTIGO 35.º-A[62]
Dissolução voluntária

1 – Deve ser comunicado ao Banco de Portugal qualquer projecto de dissolução voluntária de uma instituição de crédito, com a antecedência mínima de 90 dias em relação à data da sua efectivação.

---

[61] O artigo 5.º do Decreto-Lei n.º 201/2002, de 26 de Setembro, alterou a epígrafe do Capítulo IV, que era apenas "**Alterações estatutárias**".
[62] Aditado pelo artigo 5.º do Decreto-Lei n.º 201/2002, de 26 de Setembro.

2 – O disposto no número anterior é aplicável aos projectos de encerramento de sucursais de instituições de crédito com sede em países não membros da Comunidade Europeia.

TÍTULO III
Actividade no estrangeiro de instituições de crédito com sede em Portugal

CAPÍTULO I[63]
Estabelecimento de sucursais e filiais

ARTIGO 36.º
Requisitos do estabelecimento em país da Comunidade Europeia

1 – A instituição de crédito com sede em Portugal que pretenda estabelecer sucursal em Estado membro da Comunidade Europeia deve notificar previamente desse facto o Banco de Portugal, especificando os seguintes elementos:
 a) País onde se propõe estabelecer a sucursal;
 b) Programa de actividades, no qual sejam indicados, nomeadamente, o tipo de operações a realizar e a estrutura de organização da sucursal;
 c) Endereço da sucursal no país de acolhimento;
 d) Identificação dos responsáveis pela sucursal.

2 – A gestão corrente da sucursal deve ser confiada a um mínimo de dois gerentes, sujeitos a todos os requisitos exigidos aos membros do órgão de administração das instituições de crédito.

ARTIGO 37.º
Apreciação pelo Banco de Portugal

1 – No prazo de três meses a contar da recepção das informações referidas no artigo anterior, o Banco de Portugal comunicá-las-á à autoridade de supervisão do país de acolhimento, certificando também que as operações projectadas estão compreendidas na autorização, e informará do facto a instituição interessada.

2 – Será igualmente comunicado o montante dos fundos próprios e o rácio de solvabilidade da instituição, bem como uma descrição pormenorizada do sistema de garantia de depósitos de que a mesma instituição participe e que assegure a protecção dos depositantes da sucursal.

---

[63] O artigo 6.º do Decreto-Lei n.º 201/2002, de 26 de Setembro, alterou a epígrafe do Capítulo I, que era apenas "**Estabelecimentos de sucursais**".

ARTIGO 38.º
Recusa de comunicação

1 – Se existirem dúvidas fundadas sobre a adequação das estruturas administrativas ou da situação financeira da instituição, o Banco de Portugal recusará a comunicação.

2 – A decisão de recusa deve ser fundamentada e notificada à instituição interessada.

3 – Se o Banco de Portugal não proceder à comunicação no prazo referido no n.º 1 do artigo anterior, presume-se que foi recusada a comunicação.

4 – Serão comunicados à Comissão Europeia o número e a natureza dos casos em que tenha havido recusa.

ARTIGO 39.º
Âmbito da actividade

Observado o disposto nos artigos anteriores, a sucursal pode efectuar no país de acolhimento as operações constantes da lista anexa à Directiva n.º 89/646/CEE do Conselho, de 15 de Dezembro de 1989, que a instituição esteja autorizada a efectuar em Portugal e que estejam mencionadas no programa de actividades referido na alínea *b)* do n.º 1 do artigo 36.º.

ARTIGO 40.º
Alteração dos elementos comunicados

1 – Em caso de modificação de algum dos elementos referidos nas alíneas *b)*, *c)* e *d)* do n.º 1 do artigo 36.º, ou do sistema de garantia referido no n.º 2 do artigo 37.º, a instituição comunicá-la-á, por escrito, com a antecedência mínima de um mês, ao Banco de Portugal e à autoridade de supervisão do país onde tiver estabelecido a sucursal.

2 – É aplicável o disposto nos artigos 37.º e 38.º, reduzindo-se para um mês o prazo previsto no primeiro desses artigos.

ARTIGO 41.º[64]
Âmbito de aplicação

O disposto nos artigos 36.º a 40.º não é aplicável às caixas de crédito agrícola mútuo nem às caixas económicas que não revistam a forma de sociedade anónima, com excepção da Caixa Económica Montepio Geral.

---

[64] Redacção dada pelo artigo 1.º do Decreto-Lei n.º 232/96, de 5 de Dezembro. A redacção original era a seguinte:
O disposto nos artigos 36.º a 40.º não é aplicável às caixas económicas que não revistam a forma de sociedade anónima nem às caixas de crédito agrícola mútuo.

ARTIGO 42.º
Sucursais em países terceiros

1 – As instituições de crédito com sede em Portugal que pretendam estabelecer sucursais em países que não sejam membros da Comunidade Europeia observarão o disposto no artigo 36.º e no presente artigo.

2 – O Banco de Portugal poderá recusar a pretensão com fundado motivo, nomeadamente por as estruturas administrativas ou a situação financeira da instituição serem inadequadas ao projecto.

3 – A decisão será tomada no prazo de três meses, entendendo-se em caso de silêncio que a pretensão foi recusada.

4 – A decisão de recusa deve ser fundamentada e notificada à instituição interessada.

5 – A sucursal não poderá efectuar operações que a instituição não esteja autorizada a realizar em Portugal ou que não constem do programa de actividades referido na alínea *b*) do n.º 1 do artigo 36.º.

ARTIGO 42.º-A[65]
Filiais em países terceiros

1 – As instituições de crédito com sede em Portugal que pretendam constituir quaisquer filiais em países que não sejam membros da Comunidade Europeia devem comunicar previamente os seus projectos ao Banco de Portugal, nos termos a definir por aviso.

2 – O Banco de Portugal poderá recusar a pretensão com fundado motivo, nomeadamente por a situação financeira da instituição ser inadequada ao projecto.

3 – A decisão será tomada no prazo de três meses, entendendo-se, em caso de silêncio, que a pretensão foi recusada.

CAPÍTULO II
Prestação de serviços

ARTIGO 43.º
Prestação de serviços em países comunitários

1 – A instituição de crédito com sede em Portugal que pretenda iniciar noutro Estado membro da Comunidade Europeia prestação de serviços constantes da lista anexa à Directiva n.º 89/646/CEE do Conselho, de 15 de Dezembro de 1989, que esteja autorizada a efectuar em Portugal e que não sejam prestados por meio de estabelecimento permanente que possua no país de residência do destinatário da prestação

---

[65] Aditado pelo artigo 6.º do Decreto-Lei n.º 201/2002, de 26 de Setembro.

deve notificar previamente desse facto o Banco de Portugal, especificando as actividades que se propõe exercer nesse Estado.

2 – No prazo máximo de um mês a contar da notificação referida no número anterior, o Banco de Portugal comunicá-la-á à autoridade de supervisão do Estado de acolhimento, certificando também que as operações projectadas estão compreendidas na autorização.

3 – A prestação de serviços referida no presente artigo deve fazer-se de harmonia com as normas reguladoras das operações com o exterior e das operações sobre divisas.

CAPÍTULO III[66]
Aquisição de participações qualificadas

ARTIGO 43.º-A
Participações qualificadas em empresas com sede no estrangeiro

As instituições de crédito com sede em Portugal que pretendam adquirir, directa ou indirectamente, participações em instituições de crédito com sede no estrangeiro ou em instituições financeiras que representem 10% ou mais do capital social da entidade participada ou 2% ou mais do capital social da instituição participante devem comunicar previamente os seus projectos ao Banco de Portugal, nos termos a definir por aviso.

TÍTULO IV
Actividade em Portugal de instituições de crédito com sede no estrangeiro

CAPÍTULO I
Princípios gerais

ARTIGO 44.º
Observância da lei portuguesa

A actividade em território português de instituições de crédito com sede no estrangeiro deve observar a lei portuguesa, designadamente as normas reguladoras das operações com o exterior e das operações sobre divisas.

---

[66] Pelo artigo 7.º do Decreto-Lei n.º 201/2002, de 26 de Setembro, foi aditado ao título III um capítulo III composto pelo artigo 43.º-A.

ARTIGO 45.º
Gerência

Os gerentes das sucursais ou dos escritórios de representação que as instituições de crédito que não estejam autorizadas em outros Estados membros da Comunidade Europeia mantenham em Portugal estão sujeitos a todos os requisitos de idoneidade e experiência que a lei estabelece para os membros do órgão de administração das instituições de crédito com sede em Portugal.

ARTIGO 46.º[67]
Uso de firma ou denominação

1 – As instituições de crédito com sede no estrangeiro estabelecidas em Portugal poderão usar a firma ou denominação que utilizam no país de origem.
2 – Se esse uso for susceptível de induzir o público em erro quanto às operações que as instituições de crédito podem praticar, ou de fazer confundir as firmas ou denominações com outras que gozem de protecção em Portugal, o Banco de Portugal determinará que à firma ou denominação seja aditada uma menção explicativa apta a prevenir equívocos.
3 – Na actividade em Portugal, as instituições de crédito com sede em países da Comunidade Europeia e não estabelecidas em Portugal poderão usar a sua firma ou denominação de origem, desde que não se suscitem dúvidas quanto ao regime que lhes é aplicável e sem prejuízo do disposto no n.º 2.

ARTIGO 47.º
**Revogação e caducidade
da autorização no país de origem**

Se o Banco de Portugal for informado de que no país de origem foi revogada ou caducou a autorização de instituição de crédito que disponha de sucursal em território português ou aqui preste serviços, tomará as providências apropriadas para impedir que a entidade em causa inicie novas operações e para salvaguardar os interesses dos depositantes e de outros credores.

---

[67] O artigo 1.º do Decreto-Lei n.º 232/96, de 5 de Dezembro, revogou o n.º 4 da redacção original; era o seguinte o seu teor:
4 – Para o efeito do número anterior, as instituições de crédito não estabelecidas em Portugal devem sempre requerer ao Banco de Portugal a sua inscrição no registo referido no artigo 68.º.

CAPÍTULO II
Sucursais

SECÇÃO I
Regime geral

ARTIGO 48.º
Âmbito de aplicação

O disposto na presente secção aplica-se ao estabelecimento em Portugal de sucursais de instituições de crédito autorizadas noutros Estados membros da Comunidade Europeia e sujeitas à supervisão das respectivas autoridades.

ARTIGO 49.º
Requisitos do estabelecimento

1 – É condição do estabelecimento da sucursal que o Banco de Portugal receba, da autoridade de supervisão do país de origem, uma comunicação da qual constem:
   a) Programa de actividade, no qual sejam indicados, nomeadamente, o tipo de operações a efectuar e estrutura de organização da sucursal e, bem assim, certificado de que tais operações estão compreendidas na autorização da instituição de crédito;
   b) Endereço da sucursal em Portugal;
   c) Identificação dos responsáveis pela sucursal;
   d) Montante dos fundos próprios da instituição de crédito;
   e) Rácio de solvabilidade da instituição de crédito;
   f) Descrição pormenorizada do sistema de garantia de depósitos de que a instituição de crédito participe e que assegure a protecção dos depositantes da sucursal;
   g) Descrição pormenorizada do Sistema de Indemnização aos Investidores de que a instituição de crédito participe e que assegure a protecção dos investidores clientes da sucursal[68].

2 – A gerência da sucursal deve ser confiada a uma direcção com o mínimo de dois gerentes, com poderes bastantes para tratar e resolver definitivamente, no País, todos os assuntos que respeitem à sua actividade.

ARTIGO 50.º
Organização da supervisão

1 – Recebida a comunicação mencionada no artigo anterior, o Banco de Portugal disporá do prazo de dois meses para organizar a supervisão da sucursal relativamente

---

[68] Aditada pelo artigo 24.º do Decreto-Lei n.º 222/99, de 22 de Junho; substituíu-se o ponto inserido no final da alínea f), por ponto e vírgula.

às matérias da sua competência, após o que notificará a instituição de crédito da habilitação para estabelecer a sucursal, assinalando, se for caso disso, as condições em que, por razões de interesse geral, a sucursal deve exercer a sua actividade em Portugal.

2 – Tendo recebido a notificação do Banco de Portugal, ou, em caso de silêncio deste, decorrido o prazo previsto no número anterior, a sucursal pode estabelecer-se e, cumprido o disposto em matéria de registo, iniciar a sua actividade.

ARTIGO 51.º
Comunicação de alterações

1 – A instituição de crédito comunicará, por escrito, ao Banco de Portugal, com a antecedência mínima de um mês, qualquer alteração dos elementos referidos nas alíneas *a)*, *b)*, *c)* e *f)* do artigo 49.º.

2 – É aplicável o disposto no n.º 1 do artigo anterior, reduzindo-se para um mês o prazo aí previsto.

ARTIGO 52.º
Operações permitidas

Observado que seja o disposto nos artigos anteriores, a sucursal pode efectuar em Portugal as operações constantes da lista anexa à Directiva n.º 89/646/CEE do Conselho, de 15 de Dezembro de 1989, que a instituição de crédito esteja autorizada a realizar no seu país de origem e que constem do programa de actividades referido na alínea *a)* do n.º 1 do artigo 49.º.

ARTIGO 53.º
Irregularidades

1 – Quando verificar que uma sucursal não observa as normas portuguesas relativas à supervisão da liquidez, à execução da política monetária ou ao dever de informação sobre operações efectuadas em território português, o Banco de Portugal determinar-lhe-á que ponha termo à irregularidade.

2 – Se a sucursal ou a instituição de crédito não adoptarem as medidas necessárias, o Banco de Portugal informará de tal facto a autoridade de supervisão do país de origem e solicitar-lhe-á que, com a maior brevidade, tome as providências apropriadas.

3 – Se a autoridade de supervisão do país de origem não tomar as providências solicitadas, ou estas forem inadequadas e a sucursal persistir na violação das normas aplicáveis, o Banco de Portugal poderá, após informar desse facto a autoridade de supervisão do país de origem, tomar as providências que entenda convenientes para prevenir ou reprimir novas irregularidades, designadamente obstando a que a sucursal inicie novas operações em Portugal.

4 – Serão comunicadas à Comissão Europeia o número e a natureza dos casos em que tenham sido tomadas providências nos termos do número anterior.

5 – Em caso de urgência, o Banco de Portugal pode, antes de encetar o procedimento previsto nos números anteriores, tomar todas as providências cautelares indispensáveis à protecção dos interesses dos depositantes, dos investidores ou de outras pessoas a quem a sucursal preste serviços, dando conhecimento dessas providências, com a maior brevidade, à autoridade de supervisão do país de origem e à Comissão.

6 – O disposto nos números anteriores não obsta a que as autoridades portuguesas competentes tomem todas as providências preventivas ou repressivas de infracções às normas referidas no n.º 1, ou a outras normas determinadas por razões de interesse geral.

7 – Nos recursos interpostos das decisões tomadas nos termos deste artigo presume-se, até prova em contrário, que a suspensão da eficácia determina grave lesão do interesse público.

ARTIGO 54.º
Responsabilidade por dívidas

1 – Por obrigações assumidas em outros países pela instituição de crédito poderá responder o activo da sucursal, mas apenas depois de satisfeitas todas as obrigações contraídas em Portugal.

2 – A decisão de autoridade estrangeira que decretar a falência ou a liquidação da instituição de crédito só se aplicará às sucursais que ela tenha em Portugal, ainda quando revista pelos tribunais portugueses, depois de cumprido o disposto no número anterior.

ARTIGO 55.º
Contabilidade e escrituração

A instituição de crédito manterá centralizada na primeira sucursal que haja estabelecido no País toda a contabilidade específica das operações realizadas em Portugal, sendo obrigatório o uso da língua portuguesa na escrituração dos livros.

ARTIGO 56.º
Associações empresariais

As instituições de crédito autorizadas noutros Estados membros da Comunidade Europeia e que disponham de sucursal no País podem ser membros de associações empresariais portuguesas do respectivo sector, nos mesmos termos e com os mesmos direitos e obrigações das entidades equivalentes com sede em Portugal, incluindo o de integrarem os respectivos corpos sociais.

SECÇÃO II
Regime especial

ARTIGO 57.º[69]
Disposições aplicáveis

O estabelecimento em Portugal de sucursais de instituições de crédito não compreendidas no artigo 48.º fica sujeito ao disposto na presente secção, no artigo 16.º, no n.º 3 do artigo 17.º, nos artigos 19.º, 21.º e 22.º, nas alíneas b) a f) do artigo 23.º-A, no n.º 2 do artigo 49.º e nos artigos 54.º e 55.º.

ARTIGO 58.º[70]
Autorização

1 – O estabelecimento da sucursal fica dependente de autorização a ser concedida, caso a caso, pelo Ministro das Finanças, podendo esta competência ser delegada no Banco de Portugal.

2 – O pedido de autorização é entregue no Banco de Portugal, instruído com os elementos referidos no n.º 1 do artigo 49.º e, ainda, com os seguintes:
a) Demonstração da possibilidade de a sucursal garantir a segurança dos fundos que lhe forem confiados, bem como da suficiência de meios técnicos e recursos financeiros relativamente ao tipo e volume das operações que pretenda realizar;
b) Indicação da implantação geográfica projectada para a sucursal;
c) Contas previsionais para cada um dos primeiros três anos de actividade da sucursal;
d) Cópia do contrato de sociedade da instituição de crédito;
e) Declaração de compromisso de que efectuará o depósito referido no n.º 2 do artigo seguinte.

3 – A autorização pode ser recusada nos casos referidos nas alíneas a), b) e e) do n.º 1 do artigo 20.º, bem como se o Banco de Portugal considerar insuficiente o sistema de supervisão a que a instituição de crédito estiver sujeita.

---

[69] Redacção dada pelo artigo 1.º do Decreto-Lei n.º 201/2002, de 26 de Setembro. A redacção original era a seguinte:
O estabelecimento em Portugal de sucursais de instituições de crédito não compreendidas no artigo 48.º fica sujeito ao disposto na presente secção e nos n.os 3 e 4 do artigo 17.º, nos artigos 19.º, 21.º, 22.º, 25.º, 26.º, 27.º e 28.º, no n.º 2 do artigo 49.º e nos artigos 54.º e 55.º.

[70] Redacção dada pelo artigo 1.º do Decreto-Lei n.º 201/2002, de 26 de Setembro. A redacção original era a seguinte:
1 – O estabelecimento da sucursal fica dependente de autorização a ser concedida, caso a caso, pelo Ministro das Finanças ou, existindo delegação, pelo Banco de Portugal.
2 – ...
3 – A autorização pode ser recusada nos casos referidos nas alíneas a), b) e e) do n.º 1 do artigo 27.º, bem como se o Banco de Portugal considerar insuficiente o sistema de supervisão a que a instituição de crédito estiver sujeita.

ARTIGO 59.º
Capital afecto

1 – Às operações a realizar pela sucursal deve ser afecto capital adequado à garantia dessas operações, e não inferior ao mínimo previsto na lei portuguesa para instituições de crédito de tipo equivalente com sede em Portugal.

2 – O capital deve ser depositado numa instituição de crédito antes de efectuado o registo da sucursal no Banco de Portugal.

3 – A sucursal deve aplicar em Portugal a importância do capital afecto às suas operações no País, bem como as reservas constituídas e os depósitos e outros recursos aqui obtidos.

4 – A instituição de crédito responderá pelas operações realizadas pela sua sucursal em Portugal.

CAPÍTULO III
Prestação de serviços

ARTIGO 60.º
Liberdade de prestação de serviços

As instituições de crédito referidas no artigo 48.º e autorizadas a prestar no seu país de origem os serviços constantes da lista anexa à Directiva n.º 89/646/CEE, do Conselho, de 15 de Dezembro de 1989, podem prestar esses serviços em território português, ainda que não possuam estabelecimento em Portugal.

ARTIGO 61.º
Requisitos

1 – É condição do início da prestação de serviços no País que o Banco de Portugal receba, da autoridade de supervisão do país de origem, uma comunicação da qual constem as operações que a instituição se propõe realizar em Portugal, bem como a certificação de que tais operações estão compreendidas na autorização do país de origem.

2 – O Banco de Portugal pode determinar que as entidades a que a presente secção de refere esclareçam o público quanto ao seu estatuto, características, principais elementos de actividade e situação financeira.

3 – É aplicável, com as devidas adaptações, o disposto no artigo 53.º.

CAPÍTULO IV
Escritórios de representação

ARTIGO 62.º
Registo

1 – A instalação e o funcionamento em Portugal de escritórios de representação de instituições de crédito com sede no estrangeiro dependem, sem prejuízo da legislação aplicável em matéria de registo comercial, de registo prévio no Banco de Portugal, mediante apresentação de certificado emitido pelas autoridades de supervisão do país de origem, e que especifique o regime da instituição por referência à lei que lhe é aplicável.

2 – O início de actividade dos escritórios de representação deve ter lugar nos três meses seguintes ao registo no Banco de Portugal, podendo este, se houver motivo fundado, prorrogar o prazo por igual período.

ARTIGO 63.º
Âmbito de actividade

1 – A actividade dos escritórios de representação decorre na estrita dependência das instituições de crédito que representam, apenas lhes sendo permitido zelar pelos interesses dessas instituições em Portugal e informar sobre a realização de operações em que elas se proponham participar.

2 – É especialmente vedado aos escritórios de representação:
   a) Realizar directamente operações que se integrem no âmbito de actividade das instituições de crédito;
   b) Adquirir acções ou partes de capital de quaisquer sociedades nacionais;
   c) Adquirir imóveis que não sejam os indispensáveis à sua instalação e funcionamento.

ARTIGO 64.º
Gerência

Os gerentes dos escritórios de representação devem dispor de poderes bastantes para tratar e resolver definitivamente, no País, todos os assuntos que respeitem à sua actividade.

TÍTULO V
Registo

ARTIGO 65.º
Sujeição a registo

1 – As instituições de crédito não podem iniciar a sua actividade enquanto não se encontrarem inscritas em registo especial no Banco de Portugal.

2 – O disposto no número anterior não obsta à sujeição a registo nos termos previstos no Código dos Valores Mobiliários.

ARTIGO 66.º
Elementos sujeitos a registo

O registo das instituições com sede em Portugal abrangerá os seguintes elementos:
a) Firma ou denominação;
b) Objecto;
c) Data de constituição;
d) Lugar da sede;
e) Capital social;
f) Capital realizado;
g) Identificação de accionistas detentores de participações qualificadas;
h) Identificação dos membros dos órgãos de administração, de fiscalização e da mesa da assembleia geral;
i) Delegações de poderes de gestão;
j) Data do início da actividade;
l) Lugar e data da criação de filiais, sucursais e agências;
m) Identificação dos gerentes das sucursais estabelecidas no estrangeiro;
n) Acordos parassociais referidos no artigo 111.º;
o) Alterações que se verifiquem nos elementos constantes das alíneas anteriores.

ARTIGO 67.º
Instituições autorizadas no estrangeiro

O registo das instituições de crédito autorizadas em país estrangeiro e que disponham de sucursal ou escritório de representação em Portugal abrangerá os seguintes elementos:
a) Firma ou denominação;
b) Data a partir da qual pode estabelecer-se em Portugal;
c) Lugar da sede;
d) Lugar das sucursais, agências e escritórios de representação em Portugal;

e) Capital afecto às operações a efectuar em Portugal, quando exigível;
f) Operações que a instituição pode efectuar no país de origem e operações que pretende exercer em Portugal;
g) Identificação dos gerentes das sucursais e dos escritórios de representação;
h) Alterações que se verifiquem nos elementos referidos nas alíneas anteriores.

ARTIGO 68.º[71]
Instituições não estabelecidas em Portugal

O Banco de Portugal publicará uma lista das instituições de crédito e instituições financeiras com sede em países da Comunidade Europeia e não estabelecidas em Portugal, habilitadas a prestar serviços no País.

ARTIGO 69.º[72]
Registo dos membros dos órgãos de administração e fiscalização

1 – O registo dos membros dos órgãos de administração e fiscalização, incluindo os que integrem o conselho geral e os administradores não executivos, deverá ser

---

[71] Redacção dada pelo artigo 1.º do Decreto-Lei n.º 201/2002, de 26 de Setembro. A redacção original era a seguinte:
1 – O Banco de Portugal organizará ainda um registo especial de instituições de crédito e instituições financeiras com sede em países da Comunidade Europeia e não estabelecidos em Portugal que prestem serviços no País.
2 – A inscrição no registo faz-se mediante requerimento da entidade interessada, acompanhado de certificado emitido pelas autoridades de supervisão do país de origem, que especifique o seu regime por referência à lei que lhe é aplicável.
3 – Para informação do público, o Banco de Portugal pode publicar lista das entidades registadas nos termos do presente artigo.
[72] Redacção dada pelo artigo 1.º do Decreto-Lei n.º 201/2002, de 26 de Setembro. A redacção original era a seguinte:
1 – O registo dos membros dos órgãos de administração e fiscalização, incluindo os que integrem o conselho geral e os administradores não executivos, deverá ser solicitado, após a respectiva designação, mediante requerimento da instituição ou dos interessados.
2 – Poderão a instituição ou os interessados solicitar o registo provisório antes da designação, devendo a conversão do registo em definitivo ser requerido no prazo de 30 dias a contar da designação, sob pena de caducidade.
3 – Em caso de recondução, será esta averbada no registo, a requerimento dos interessados.
4 – A falta de idoneidade ou experiência dos membros do órgão de administração ou fiscalização é fundamento de recusa de registo.
5 – A recusa do registo com fundamento em falta de idoneidade ou experiência dos membros de órgão de administração ou fiscalização será comunicada aos interessados e à instituição de crédito, a qual tomará as medidas adequadas para que aqueles cessem imediatamente funções.
6 – A recusa de registo atingirá apenas as pessoas a quem não tenham sido reconhecidas as referidas qualidades, a menos que tal circunstância respeite à maioria dos membros do órgão em causa, ou que deixem de mostrar-se preenchidas, por outro modo, as exigências legais ou estatutárias para o normal funcionamento do órgão, caso em que se seguirá o disposto no artigo 32.º.
7 – ...
8 – ...

solicitado, após a respectiva designação, mediante requerimento da instituição de crédito.

2 – Poderá a instituição de crédito, ou qualquer interessado, solicitar o registo provisório antes da designação, devendo a conversão do registo em definitivo ser requerida no prazo de 30 dias a contar da designação, sob pena de caducidade.

3 – A efectivação do registo, provisório ou definitivo, no Banco de Portugal é condição necessária para o exercício das funções referidas no n.º 1.

4 – Em caso de recondução, será esta averbada no registo, a requerimento da instituição de crédito.

5 – A falta de idoneidade, experiência ou disponibilidade dos membros do órgão de administração ou fiscalização é fundamento de recusa do registo.

6 – A recusa do registo com fundamento em falta de idoneidade, experiência ou disponibilidade dos membros do órgão de administração ou fiscalização será comunicada aos interessados e à instituição de crédito.

7 – A falta de registo não determina a invalidade dos actos praticados pela pessoa em causa no exercício das suas funções.

8 – O disposto nos números anteriores aplica-se, com as necessárias adaptações, aos gerentes das sucursais e dos escritórios de representação referidos no artigo 45.º.

9 – Sempre que o objecto da instituição de crédito compreender alguma actividade de intermediação em valores mobiliários, o Banco de Portugal, antes de decidir, solicitará informações à Comissão do Mercado de Valores Mobiliários, devendo a Comissão, se for caso disso, prestar as referidas informações no prazo de 15 dias[73].

ARTIGO 70.º[74]
Factos supervenientes

1 – As instituições de crédito comunicarão ao Banco de Portugal, logo que deles tenham conhecimento, factos referidos no n.º 3 do artigo 30.º que sejam supervenientes ao registo da designação e que digam respeito a qualquer das pessoas referidas no n.º 1 do mesmo artigo.

2 – Dizem-se supervenientes tanto os factos ocorridos posteriormente ao registo como os factos anteriores de que só haja conhecimento depois de efectuado o registo.

---

[73] O artigo 1.º do Decreto-Lei n.º 232/96, de 5 de Dezembro, aditou à redacção original um n.º 9, que se mantém inalterado.

[74] Redacção dada pelo artigo 1.º do Decreto-Lei n.º 201/2002, de 26 de Setembro. A redacção original era a seguinte:
 1 – ...
 2 – ...
 3 – ...
 4 – ...
 5 – ...
 6 – É aplicável o disposto nos n.ºs 6 e 7 do artigo anterior.
 7 – O disposto no presente artigo aplica-se, com as necessárias adaptações, aos gerentes de sucursais e de escritórios de representação referidos no artigo 45.º.

3 – O dever estabelecido no n.º 1 considera-se suprido se a comunicação for feita pelas próprias pessoas a quem os factos respeitarem.

4 – Se o Banco de Portugal concluir não estarem satisfeitos os requisitos de idoneidade exigidos para o exercício do cargo, cancelará o respectivo registo e comunicará a sua decisão às pessoas em causa e à instituição de crédito, a qual tomará as medidas adequadas para que aquelas cessem imediatamente funções.

5 – O registo será sempre cancelado quando se verifique que foi obtido por meio de falsas declarações ou outros expedientes ilícitos, independentemente das sanções penais que ao caso couberem.

6 – O disposto no presente artigo aplica-se, com as necessárias adaptações, aos gerentes de sucursais e de escritórios de representação referidos no artigo 45.º

7 – É aplicável o disposto nos n.ᵒˢ 6 e 7 do artigo anterior.

ARTIGO 71.º[75]
Prazos, informações complementares e certidões

1 – Salvo o disposto no número seguinte, o prazo para requerer qualquer registo é de 30 dias a contar da data em que os factos a registar tiverem ocorrido.

2 – Não estão sujeitos a prazo o registo inicial das instituições de crédito, o da habilitação para o estabelecimento em Portugal de entidades com sede no estrangeiro e os previstos no artigo 69.º, bem como quaisquer outros sem efectivação dos quais não seja permitido o exercício da actividade ou das funções em causa.

3 – Quando o requerimento ou a documentação apresentada contiverem insuficiências ou irregularidades que possam ser supridas pelos interessados, estes serão notificados para as suprirem em prazo razoável, sob pena de, não o fazendo, ser recusado o registo.

4 – O registo considera-se efectuado se o Banco de Portugal nada objectar no prazo de 30 dias a contar da data em que receber o pedido devidamente instruído, ou, se tiver solicitado informações complementares, no prazo de 30 dias após a recepção destas.

5 – Do registo serão passadas certidões a quem demonstre interesse legítimo.

---

[75] Redacção dada pelo artigo 1.º do Decreto-Lei n.º 201/2002, de 26 de Setembro. A redacção original era a seguinte:

1 – O prazo para requerer qualquer registo é de 30 dias a contar da data em que os factos a registar tiverem ocorrido.

2 – O registo das instituições de crédito deve ser requerido no mesmo prazo, a contar da data da constituição definitiva ou, tratando-se de entidades com sede no estrangeiro estabelecidas em Portugal, da habilitação para o estabelecimento em Portugal.

3 – ...
4 – ...
5 – ...

ARTIGO 72.º[76]
Recusa de registo

Além de outros fundamentos legalmente previstos, o registo será recusado nos seguintes casos:
a) Quando for manifesto que o facto não está titulado nos documentos apresentados;
b) Quando se verifique que o facto constante do documento já está registado ou não está sujeito a registo;
c) Quando falte qualquer autorização legalmente exigida;
d) Quando for manifesta a nulidade do facto;
e) Quando se verifique que não está preenchida alguma das condições de que depende a autorização necessária para a constituição da instituição ou para o exercício da actividade, nomeadamente quando algum dos membros do órgão de administração ou de fiscalização não satisfaça os requisitos de idoneidade, experiência ou disponibilidade legalmente exigidos, bem como quando haja fundamento para oposição nos termos do artigo 33.º e no caso previsto no n.º 10 do artigo 105.º.

TÍTULO VI
Regras de conduta

CAPÍTULO I
Deveres gerais

ARTIGO 73.º
Competência técnica

As instituições de crédito devem assegurar aos clientes, em todas as actividades que exerçam, elevados níveis de competência técnica, dotando a sua organização empresarial com os meios materiais e humanos necessários para realizar condições apropriadas de qualidade e eficiência.

---

[76] Redacção dada pelo artigo 1.º do Decreto-Lei n.º 201/2002, de 26 de Setembro. A redacção original era a seguinte:
(...)
e) Quando se verifique que não está preenchida alguma das condições de que depende a autorização necessária para a constituição da instituição ou para o exercício da actividade, nomeadamente quando algum dos membros do órgão de administração ou de fiscalização não satisfaça os requisitos de idoneidade e experiência legalmente exigidos, bem como quando haja fundamento para oposição nos termos do n.º 3 do artigo 33.º e no caso previsto no n.º 7 do artigo 105.º.

ARTIGO 74.º
Relações com os clientes

Nas relações com os clientes, os administradores e os empregados das instituições de crédito devem proceder com diligência, neutralidade, lealdade e discrição e respeito consciencioso dos interesses que lhes estão confiados.

ARTIGO 75.º
Dever de informação

1 – As instituições de crédito devem informar os clientes sobre a remuneração que oferecem pelos fundos recebidos e sobre o preço dos serviços prestados e outros encargos suportados por aqueles.
2 – O Banco de Portugal regulamentará, por aviso, os requisitos mínimos que as instituições de crédito devem satisfazer na divulgação ao público das condições em que prestam os seus serviços.

ARTIGO 76.º
Critério de diligência

Os membros dos órgãos de administração das instituições de crédito, bem como as pessoas que nelas exerçam cargos de direcção, gerência, chefia ou similares, devem proceder nas suas funções com a diligência de um gestor criterioso e ordenado, de acordo com o princípio da repartição de riscos e da segurança das aplicações, e tendo em conta o interesse dos depositantes, dos investidores e dos demais credores.

ARTIGO 77.º
Códigos de conduta

1 – O Banco de Portugal poderá estabelecer, por aviso, regras de conduta que considere necessárias para complementar e desenvolver as fixadas no presente diploma.
2 – Os códigos de conduta elaborados pelas associações representativas das instituições de crédito serão submetidos à aprovação do Banco de Portugal.
3 – O Banco de Portugal poderá, quando o julgue conveniente, determinar às associações representativas das instituições interessadas a elaboração de códigos de conduta e, bem assim, emitir instruções orientadoras para esse efeito.
4 – Os códigos de conduta, depois de aprovados, serão enviados pelo Banco de Portugal para publicação na 2ª série do *Diário da República*, entrando em vigor após a publicação e nos prazos neles determinados.

CAPÍTULO II
Segredo profissional

ARTIGO 78.º
Dever de segredo

1 – Os membros dos órgãos de administração ou de fiscalização das instituições de crédito, os seus empregados, mandatários, comitidos e outras pessoas que lhes prestem serviços a título permanente ou ocasional não podem revelar ou utilizar informações sobre factos ou elementos respeitantes à vida da instituição ou às relações desta com os seus clientes cujo conhecimento lhes advenha exclusivamente do exercício das suas funções ou da prestação dos seus serviços.

2 – Estão, designadamente, sujeitos a segredo os nomes dos clientes, as contas de depósito e seus movimentos e outras operações bancárias.

3 – O dever de segredo não cessa com o termo das funções ou serviços.

ARTIGO 79.º
Excepções ao dever de segredo

1 – Os factos ou elementos das relações do cliente com a instituição podem ser relevados mediante autorização do cliente, transmitida à instituição.

2 – Fora do caso previsto no número anterior, os factos e elementos cobertos pelo dever de segredo só podem ser revelados:
 a) Ao Banco de Portugal, no âmbito das suas atribuições;
 b) À Comissão do Mercado de Valores Mobiliários, no âmbito das suas atribuições;
 c) Ao Fundo de Garantia de Depósitos e ao Sistema de Indemnização aos Investidores, no âmbito das respectivas atribuições[77];
 d) Nos termos previstos na lei penal e de processo penal;
 e) Quando exista outra disposição legal que expressamente limite o dever de segredo.

ARTIGO 80.º
Dever de segredo das autoridades de supervisão

1 – As pessoas que exerçam ou tenham exercido funções no Banco de Portugal, bem como as que lhe prestem ou tenham prestado serviços a título permanente ou ocasional, ficam sujeitas a dever de segredo sobre factos cujo conhecimento lhes advenha exclusivamente do exercício dessas funções ou da prestação desses serviços e não poderão divulgar nem utilizar as informações obtidas.

---

[77] Redacção dada pelo artigo 24.º do Decreto-Lei n.º 222/99, de 22 de Junho. A redacção original era a seguinte:
 c) Ao Fundo de Garantia de Depósitos, no âmbito das suas atribuições;

2 – Os factos e elementos cobertos pelo dever de segredo só podem ser revelados mediante autorização do interessado, transmitida ao Banco de Portugal, ou nos termos previstos na lei penal e de processo penal.

3 – Fica ressalvada a divulgação de informações confidenciais relativas a instituições de crédito no âmbito de providências extraordinárias de saneamento ou de processos de liquidação, excepto tratando-se de informações relativas a pessoas que tenham participado no plano de saneamento financeiro da instituição.

4 – É lícita, designadamente para efeitos estatísticos, a divulgação de informações em forma sumária ou agregada e que não permita identificação individualizada de pessoas ou instituições.

ARTIGO 81.º[78]
Cooperação com outras entidades

1 – O disposto nos artigos anteriores não obsta, igualmente, a que o Banco de Portugal troque informações com a Comissão do Mercado de Valores Mobiliários, o

---

[78] Redacção dada pelo artigo 2.º do Decreto-Lei n.º 250/2000, de 13 de Outubro; a redacção original era a seguinte:
1 – O disposto nos artigos anteriores não obsta, igualmente, que o Banco de Portugal troque informações com as seguintes entidades:
  a) Comissão do Mercado de Valores Mobiliários;
  b) Instituto de Seguros de Portugal;
  c) Caixa Central do Crédito Agrícola Mútuo;
  d) Organismos encarregados da gestão dos sistemas de garantia de depósitos, quanto às informações necessárias ao cumprimento das suas funções;
  e) Autoridades intervenientes em processos de liquidação de instituições de crédito;
  f) Pessoas encarregadas do controlo legal das contas das instituições de crédito;
  g) Autoridades de supervisão dos Estados membros da Comunidade Europeia, quanto às informações previstas nas directivas comunitárias aplicáveis às instituições de crédito e instituições financeiras;
  h) No âmbito de acordos de cooperação que o Banco haja celebrado, autoridades de supervisão de Estados que não sejam membros da Comunidade Europeia, em regime de reciprocidade, quanto às informações necessárias à supervisão, em base individual ou consolidada, das instituições de crédito com sede em Portugal e das instituições de natureza equivalente com sede naqueles Estados.
2 – O Banco de Portugal poderá também trocar informações com autoridades, organismos e pessoas que exerçam funções equivalentes às das entidades mencionadas nas alíneas a) a f) do número anterior em Estados membros da Comunidade Europeia ou em outros países, devendo, neste último caso, observar-se o disposto na alínea h) do mesmo número.
3 – Ficam sujeitas a dever de segredo todas as autoridades, organismos e pessoas que participem nas trocas de informações referidas nos números anteriores.
4 – As informações recebidas pelo Banco de Portugal nos termos do presente artigo só podem ser utilizadas:
  a) Para exame das condições de acesso à actividade das instituições de crédito e das sociedades financeiras;
  b) Para supervisão, em base individual ou consolidada, da actividade das instituições de crédito, nomeadamente quanto a liquidez, solvabilidade, grandes riscos, organização administrativa e contabilística e controlo interno;
  c) Para aplicação de sanções;

Instituto de Seguros de Portugal, a Caixa Central do Crédito Agrícola Mútuo, com autoridades, organismos e pessoas que exerçam funções equivalentes às destas entidades em outro Estado membro da Comunidade Europeia e ainda com as seguintes entidades igualmente pertencentes a um Estado membro da Comunidade Europeia:
   a) Organismos encarregados da gestão dos sistemas de garantia de depósitos ou de protecção dos investidores, quanto às informações necessárias ao cumprimento das suas funções;
   b) Entidades intervenientes em processos de liquidação de instituições de crédito, de sociedades financeiras, de instituições financeiras e autoridades com competência de supervisão sobre aquelas entidades;
   c) Pessoas encarregadas do controlo legal das contas de instituições de crédito, de sociedades financeiras, de empresas de seguros, de instituições financeiras, e autoridades com competência de supervisão sobre aquelas pessoas;
   d) Autoridades de supervisão dos Estados membros da Comunidade Europeia, quanto às informações previstas nas directivas comunitárias aplicáveis às instituições de crédito e instituições financeiras;
   e) No âmbito de acordos de cooperação que o Banco haja celebrado, autoridades de supervisão de Estados que não sejam membros da Comunidade Europeia, em regime de reciprocidade, quanto às informações necessárias à supervisão, em base individual ou consolidada, das instituições de crédito com sede em Portugal e das instituições de natureza equivalente com sede naqueles Estados;
   f) Bancos centrais e outros organismos de vocação similar, enquanto autoridades monetárias, e outras autoridades com competência para a supervisão dos sistemas de pagamento.
2 – O Banco de Portugal poderá também trocar informações com autoridades, organismos e pessoas que exerçam funções equivalentes às das entidades menciona-

---

   d) No âmbito de recursos interpostos de decisões do Ministro das Finanças ou do Banco de Portugal, tomadas nos termos das disposições aplicáveis às entidades sujeitas à supervisão deste.
O artigo 1.º do Decreto-Lei n.º 232/96, de 5 de Dezembro, havia introduzido diversas alterações ao preceito. Assim:
– deu nova redacção às alíneas d) e i) do n.º 1:
   d) Organismos encarregados da gestão dos sistemas de garantia de depósitos ou de protecção dos investidores, quanto às informações necessárias ao cumprimento das suas funções;
   i) Bancos centrais e outros organismos de vocação similar, enquanto autoridades monetárias, e outras autoridades com competência para a supervisão dos sistemas de pagamento.
– e à alínea b) do n.º 4:
   b) Para supervisão, em base individual ou consolidada, da actividade das instituições de crédito, nomeadamente quanto a liquidez, solvabilidade, grandes riscos e demais requisitos de adequação de fundos próprios, organização administrativa e contabilística e controlo interno;
– aditou uma alínea e) ao n.º 4:
   e) Para efeitos da política monetária e do funcionamento ou supervisão dos sistemas de pagamento.
– e um novo n.º 5:
5 – No caso previsto na alínea i) do n.º 1, o Banco de Portugal só poderá comunicar informações que tenha recebido das entidades referidas na alínea g) do mesmo número com o consentimento expresso dessas entidades.

das no corpo do número anterior e nas alíneas *a*) a *d*) do mesmo número em países não membros da Comunidade Europeia, devendo observar-se o disposto na alínea *e*) do mesmo número.

3 – Ficam sujeitas a dever de segredo todas as autoridades, organismos e pessoas que participem nas trocas de informações referidas nos números anteriores.

4 – As informações recebidas pelo Banco de Portugal nos termos do presente artigo só podem ser utilizadas:
a) Para exame das condições de acesso à actividade das instituições de crédito e das sociedades financeiras;
b) Para supervisão, em base individual ou consolidada, da actividade das instituições de crédito, nomeadamente quanto a liquidez, solvabilidade, grandes riscos e demais requisitos de adequação de fundos próprios, organização administrativa e contabilística e controlo interno;
c) Para aplicação de sanções;
d) No âmbito de recursos interpostos de decisões do Ministro das Finanças ou do Banco de Portugal, tomadas nos termos das disposições aplicáveis às entidades sujeitas à supervisão deste;
e) Para efeitos da política monetária e do funcionamento ou supervisão dos sistemas de pagamento.

5 – O Banco de Portugal só poderá comunicar informações que tenha recebido de entidades de outro Estado membro da Comunidade Europeia com o consentimento expresso dessas entidades.

ARTIGO 82.º[79]
Cooperação com países terceiros

Os acordos de cooperação referidos na alínea *e*) do n.º 1 e no n.º 2 do artigo anterior só podem ser celebrados quando as informações a prestar beneficiem de garantias de segredo pelo menos equivalentes às estabelecidas no presente diploma e tenham por objectivo o desempenho de funções de supervisão que estejam cometidas às entidades em causa.

ARTIGO 83.º
Informações sobre riscos

Independentemente do estabelecido quanto ao Serviço de Centralização de Riscos de Crédito, as instituições de crédito poderão organizar, sob regime de segredo, um sistema de informações recíprocas com o fim de garantir a segurança das operações.

---

[79] Redacção dada pelo artigo 2.º do Decreto-Lei n.º 250/2000, de 13 de Outubro; a redacção original era a seguinte:

Os acordos de cooperação referidos na alínea *h*) do n.º 1 e no n.º 2 do artigo anterior só podem ser celebrados quando as informações a prestar beneficiem de garantias de segredo pelo menos equivalentes às estabelecidas no presente diploma.

ARTIGO 84.º
Violação do dever de segredo

Sem prejuízo de outras sanções aplicáveis, a violação do dever de segredo é punível nos termos do Código Penal.

CAPÍTULO III
Conflitos de interesses

ARTIGO 85.º[80]
Crédito a membros dos órgãos sociais

1 – Sem prejuízo do disposto nos n.os 5, 6 e 7, as instituições de crédito não podem conceder crédito, sob qualquer forma ou modalidade, incluindo a prestação de garantias, quer directa quer indirectamente, aos membros dos seus órgãos de administração ou fiscalização, nem a sociedades ou outros entes colectivos por eles directa ou indirectamente dominados.

2 – Presume-se o carácter indirecto da concessão de crédito quando o beneficiário seja cônjuge, parente ou afim em 1.º grau de algum membro dos órgãos de administração ou fiscalização ou uma sociedade directa ou indirectamente dominada por alguma ou algumas daquelas pessoas.

---

[80] Redacção dada pelo artigo 1.º do Decreto-Lei n.º 201/2002, de 26 de Setembro. A redacção original era a seguinte:
1 – Sem prejuízo do disposto nos n.os 5 e 6, as instituições de crédito não podem conceder crédito, sob qualquer forma ou modalidade, incluindo a prestação de garantias, e quer directa quer indirectamente, aos membros dos seus órgãos de administração ou fiscalização, nem a sociedades ou outros entes colectivos por eles directa ou indirectamente dominados.
2 – ...
3 – ...
4 – ...
5 – O disposto nos n.os 1 a 4 não se aplica aos membros do conselho geral, aos administradores não executivos das instituições de crédito e a sociedades ou outros entes colectivos por eles dominados.
6 – O disposto nos n.os 1 a 4 não se aplica às operações de concessão de crédito de que sejam beneficiárias instituições de crédito, sociedades financeiras ou sociedades gestoras de participações sociais que se encontrem incluídas em supervisão em base consolidada a que esteja sujeita a instituição de crédito em causa.
7 – Os membros do órgão de administração ou fiscalização de uma instituição de crédito não podem participar na apreciação e decisão de operações de concessão de crédito a sociedades ou outros entes colectivos não incluídos no n.º 1 de que sejam gestores ou em que detenham participações qualificadas, bem como na apreciação e decisão dos casos abrangidos pelos n.os 5 e 6, exigindo-se em todas estas situações a aprovação por maioria de pelo menos dois terços dos restantes membros do órgão de administração e o parecer favorável do órgão de fiscalização.
Na redacção oficial do n.º 3 verifica-se um lapso, ainda não rectificado apesar da publicação, pelo Decreto-Lei n.º 201/2002, de 26 de Setembro, da versão consolidada do Regime Geral das Instituições de Crédito e Sociedades Financeiras; Provavelmente, o legislador terá pretendido dizer "... *a* aquisição de partes ...".

3 – Para os efeitos deste artigo, é equiparada à concessão de crédito aquisição de partes de capital em sociedades ou outros entes colectivos referidos nos números anteriores.

4 – Ressalvam-se do disposto nos números anteriores as operações de carácter ou finalidade social ou decorrentes da política de pessoal.

5 – Sem prejuízo do número seguinte, o disposto nos n.os 1 a 4 não se aplica aos membros do conselho geral, aos administradores não executivos das instituições de crédito e a sociedades ou outros entes colectivos por eles dominados.

6 – O Banco de Portugal poderá determinar a aplicação do artigo 109.º às entidades referidas no número anterior, aos membros de outros órgãos que considere exercerem funções equiparáveis e às sociedades ou outros entes colectivos por eles dominados.

7 – O disposto nos n.os 1 a 4 não se aplica às operações de concessão de crédito de que sejam beneficiárias instituições de crédito, sociedades financeiras ou sociedades gestoras de participações sociais que se encontrem incluídas no perímetro de supervisão em base consolidada a que esteja sujeita a instituição de crédito em causa, nem às sociedades gestoras de fundos de pensões, empresas de seguros, corretoras e outras mediadoras de seguros que dominem ou sejam dominadas por qualquer entidade incluída no mesmo perímetro de supervisão.

8 – Os membros do órgão de administração ou fiscalização de uma instituição de crédito não podem participar na apreciação e decisão de operações de concessão de crédito a sociedades ou outros entes colectivos não incluídos no n.º 1 de que sejam gestores ou em que detenham participações qualificadas, bem como na apreciação e decisão dos casos abrangidos pelos n.os 5 e 7, exigindo-se em todas estas situações a aprovação por maioria de pelo menos dois terços dos restantes membros do órgão de administração e o parecer favorável do órgão de fiscalização.

ARTIGO 86.º
Outras operações

Os membros do órgão de administração, os directores e outros empregados, os consultores e os mandatários das instituições de crédito não podem intervir na apreciação e decisão de operações em que sejam directa ou indirectamente interessados os próprios, seus cônjuges, parentes ou afins em 1.º grau, ou sociedades ou outros entes colectivos que uns ou outros directa ou indirectamente dominem.

CAPÍTULO IV
Defesa da concorrência e publicidade

ARTIGO 87.º
Defesa da concorrência

1 – A actividade das instituições de crédito, bem como a das suas associações empresariais, está sujeita à legislação da defesa da concorrência.

2 – Não se consideram restritivos da concorrência os acordos legítimos entre instituições de crédito e as práticas concertadas que tenham por objecto as operações seguintes:

  a) Participação em emissões e colocações de valores mobiliários ou instrumentos equiparados;
  b) Concessão de créditos ou outros apoios financeiros de elevado montante a uma empresa ou a um conjunto de empresas.

3 – Na aplicação da legislação da defesa da concorrência às instituições de crédito e suas associações empresariais ter-se-ão sempre em conta os bons usos da respectiva actividade, nomeadamente no que respeite às circunstâncias de risco ou solvabilidade.

ARTIGO 88.º
**Colaboração do Banco de Portugal
e da Comissão do Mercado de Valores Mobiliários**

Nos processos instaurados por práticas restritivas da concorrência imputáveis a instituições de crédito ou suas associações empresariais será obrigatoriamente solicitado e enviado ao Conselho de Concorrência o parecer do Banco de Portugal, bem como, se estiver em causa o exercício de actividades de intermediação de valores mobiliários, o parecer da Comissão do Mercado de Valores Mobiliários.

ARTIGO 89.º[81]
Publicidade

1 – A publicidade das instituições de crédito e das suas associações empresariais está sujeita ao regime geral, e, relativamente às actividades de intermediação de valores mobiliários, ao estabelecido no Código dos Valores Mobiliários.

2 – As mensagens publicitárias que mencionem a garantia dos depósitos ou a indemnização dos investidores devem limitar-se a referências meramente descritivas e não podem conter quaisquer juízos de valor nem tecer comparações com a garantia

---

[81] O artigo 1.º do Decreto-Lei n.º 201/2002, de 26 de Setembro, revogou os n.ºs 4 e 5. Era a seguinte a sua redacção:

4 – Sem prejuízo do disposto no número seguinte, a fiscalização da observância das normas aplicáveis, a instrução dos processos de ilícitos de mera ordenação social e a aplicação das sanções correspondentes competem ao Banco de Portugal.

5 – As atribuições mencionadas no número anterior cabem à Comissão do Mercado de Valores Mobiliários relativamente às acções publicitárias que infrinjam o disposto no Código do Mercado de Valores Mobiliários.

O artigo 24.º do Decreto-Lei n.º 222/99, de 22 de Junho, deu nova redacção ao n.º 2, que fora aditado pelo Decreto-Lei n.º 246/95, de 14 de Setembro, tendo, consequentemente, os n.ºs 2, 3 e 4 passado a corresponder aos n.ºs 3, 4 e 5. A redacção original era a seguinte:

2 – As mensagens publicitárias que mencionem a garantia dos depósitos devem limitar-se a referências meramente descritivas e não podem conter quaisquer juízos de valor nem estabelecer comparações com a garantia dos depósitos de outras instituições.

dos depósitos ou a indemnização dos investidores asseguradas por outras instituições.

3 – As instituições de crédito autorizadas noutros Estados membros da Comunidade Europeia podem fazer publicidade dos seus serviços em Portugal nos mesmos termos e condições que as instituições com sede no País.

4 – Sem prejuízo do disposto no número seguinte, a fiscalização da observância das normas aplicáveis, a instrução dos processos de ilícitos de mera ordenação social e a aplicação das sanções correspondentes competem ao Banco de Portugal.

5 – As atribuições mencionadas no número anterior cabem à Comissão do Mercado de Valores Mobiliários relativamente às acções publicitárias que infrinjam o disposto no Código dos Valores Mobiliários.

ARTIGO 90.º
Intervenção do Banco de Portugal

1 – O Banco de Portugal pode, relativamente à publicidade que não respeite a lei:

a) Ordenar as modificações necessárias para pôr termo às irregularidades;
b) Ordenar a suspensão das acções publicitárias em causa;
c) Determinar a imediata publicação pelo responsável, de rectificação apropriada.

2 – Em caso de incumprimento das determinações previstas na alínea *c)* do número anterior, pode o Banco de Portugal, sem prejuízo das sanções aplicáveis, substituir-se aos infractores na prática do acto.

TÍTULO VII[82]
Normas prudenciais e supervisão

CAPÍTULO I
Princípios gerais

ARTIGO 91.º
Superintendência

1 – A superintendência do mercado monetário, financeiro e cambial, e designadamente a coordenação da actividade dos agentes do mercado com a política económica e social do Governo, compete ao Ministro das Finanças.

2 – Quando nos mercados monetário, financeiro e cambial se verifique perturbação que ponha em grave perigo a economia nacional, poderá o Governo, por portaria conjunta do Primeiro-Ministro e do Ministro das Finanças, e ouvido o Banco de

---

[82] Numeração dada pelo artigo 8.º do Decreto-Lei n.º 201/2002, de 26 de Setembro.

Portugal, ordenar as medidas apropriadas, nomeadamente a suspensão temporária de mercados determinados ou de certas categorias de operações, ou ainda o encerramento temporário de instituições de crédito.

ARTIGO 92.°[83]
Atribuições do Banco de Portugal enquanto banco central

Nos termos da sua Lei Orgânica, compete ao Banco de Portugal:
a) Orientar e fiscalizar os mercados monetário e cambial, bem como regular, fiscalizar e promover o bom funcionamento dos sistemas de pagamento, designadamente no âmbito da sua participação no Sistema Europeu de Bancos Centrais;
b) Recolher e elaborar as estatísticas monetárias, financeiras, cambiais e da balança de pagamentos, designadamente no âmbito da sua colaboração com o Banco Central Europeu.

ARTIGO 93.°
Supervisão

1 – A supervisão das instituições de crédito, e em especial a sua supervisão prudencial, incluindo a da actividade que exerçam no estrangeiro, incumbe ao Banco de Portugal, de acordo com a sua Lei Orgânica e o presente diploma.

2 – O disposto no número anterior não prejudica os poderes de supervisão atribuídos à Comissão do Mercado de Valores Mobiliários pelo Código dos Valores Mobiliários.

CAPÍTULO II
Normas prudenciais

ARTIGO 94.°
Princípio geral

As instituições de crédito devem aplicar os fundos de que dispõem de modo a assegurar a todo o tempo níveis adequados de liquidez e solvabilidade.

---

[83] Redacção dada pelo artigo 1.° do Decreto-Lei n.° 201/2002, de 26 de Setembro. A redacção original era a seguinte:

Artigo 92.°
Orientação e fiscalização do mercado

Compete ao Banco de Portugal a orientação e fiscalização dos mercados monetário e financeiro, tendo em atenção a política económica e social do Governo.

ARTIGO 95.º[84]
Capital

1 – Compete ao Ministro das Finanças, ouvido o Banco de Portugal ou sob sua proposta, fixar, por portaria, o capital social mínimo das instituições de crédito.

2 – As instituições de crédito constituídas por modificação do objecto de uma sociedade, por fusão de duas ou mais, ou por cisão, devem ter, no acto da constituição, capital social não inferior ao mínimo estabelecido nos termos do número anterior, não podendo também os seus fundos próprios ser inferiores àquele mínimo.

ARTIGO 96.º
Fundos próprios

1 – O Banco de Portugal, por aviso, fixará os elementos que podem integrar os fundos próprios das instituições de crédito e das sucursais referidas no artigo 57.º, definindo as características que devem ter.

2 – Os fundos próprios não podem tornar-se inferiores ao montante de capital social exigido nos termos do artigo 95.º.

3 – Verificando-se diminuição dos fundos próprios abaixo do referido montante, o Banco de Portugal pode, sempre que as circunstâncias o justifiquem, conceder à instituição um prazo limitado para que regularize a situação.

ARTIGO 97.º[85]
Reservas

1 – Uma fracção não inferior a 10% dos lucros líquidos apurados em cada exercício pelas instituições de crédito deve ser destinada à formação de uma reserva legal, até um limite igual ao valor do capital social ou ao somatório das reservas livres constituídas e dos resultados transitados, se superior.

2 – Devem ainda as instituições de crédito constituir reservas especiais destinadas a reforçar a situação líquida ou a cobrir prejuízos que a conta de lucros e perdas não possa suportar.

3 – O Banco de Portugal poderá estabelecer, por aviso, critérios, gerais ou específicos, de constituição e aplicação das reservas mencionadas no número anterior.

---

[84] Redacção dada pelo artigo 1.º do Decreto-Lei n.º 201/2002, de 26 de Setembro. A redacção original era a seguinte:

1 – Compete ao Ministro das Finanças fixar, por portaria, o capital social mínimo das instituições de crédito.

2 – ...

[85] Redacção dada pelo artigo 1.º do Decreto-Lei n.º 201/2002, de 26 de Setembro. A redacção original era a seguinte:

1 – Uma fracção não inferior a 10% dos lucros líquidos apurados em cada exercício pelas instituições de crédito deve ser destinada à formação de uma reserva legal, até ao limite do capital social.

2 – ...

3 – ...

ARTIGO 98.º[86]
Segurança das aplicações

As instituições de crédito que concedam a um único cliente créditos de montante superior a 0,5% dos respectivos fundos próprios devem obter dele informação adequada sobre a sua situação económica e financeira, em especial a que deve constar dos documentos de prestação de contas, salvo se, em face das garantias prestadas ou de outras circunstâncias do caso, essa informação for manifestamente desnecessária.

ARTIGO 99.º
Relações e limites prudenciais

Compete ao Banco de Portugal definir, por aviso, as relações a observar entre rubricas patrimoniais e estabelecer limites prudenciais à realização de operações que as instituições de crédito estejam autorizadas a praticar, em ambos os casos quer em termos individuais, quer em termos consolidados, e nomeadamente:
 a) Relação entre os fundos próprios e o total dos activos e das contas extrapatrimoniais, ponderados ou não por coeficientes de risco;
 b) Limites à tomada firme de emissões de valores mobiliários para subscrição indirecta ou à garantia da colocação das emissões dos mesmos valores;
 c) Limites e formas de cobertura dos recursos alheios e de quaisquer outras responsabilidades perante terceiros;
 d) Limites à concentração de riscos;
 e) Limites mínimos para as provisões destinadas à cobertura de riscos de crédito ou de quaisquer outros riscos ou encargos;
 f) Prazos e métodos da amortização das instalações e do equipamento, das despesas de instalação, de trespasse e outras de natureza similar.

ARTIGO 100.º[87]
Relação das participações com os fundos próprios

1 – As instituições de crédito não podem deter no capital de uma sociedade

---

[86] Revogado pelo artigo 14.º do Decreto-Lei n.º 201/2002, de 26 de Setembro; mantém-se a sua inserção no texto, mas em itálico.

[87] Redacção dada pelo artigo 1.º do Decreto-Lei n.º 201/2002, de 26 de Setembro. A redacção original era a seguinte:

 1 – As instituições de crédito não podem deter, directa ou indirectamente, no capital de uma sociedade participação cujo montante ultrapasse 15% dos fundos próprios da instituição participante.

 2 – Considera-se participação indirecta a detenção de acções ou outras partes de capital pelas pessoas e nas condições referidas nas alíneas a), b) e c) da definição 7ª do artigo 13.º.

 3 – O montante global das participações qualificadas em sociedades não pode ultrapassar 60% dos fundos próprios da instituição de crédito participante.

 4 – Para cálculo dos limites estabelecidos nos números anteriores não serão tomadas em conta:

participação qualificada cujo montante ultrapasse 15% dos fundos próprios da instituição participante.

2 – O montante global das participações qualificadas em sociedades não pode ultrapassar 60% dos fundos próprios da instituição de crédito participante.

3 – Para cálculo dos limites estabelecidos nos números anteriores não serão tomadas em conta:
 a) As acções detidas temporariamente em virtude de tomada firme da respectiva emissão, durante o período normal daquela e dentro dos limites fixados nos termos do artigo anterior;
 b) As acções ou outras partes de capital detidas em nome próprio mas por conta de terceiros, sem prejuízo dos limites estabelecidos nos termos do artigo anterior.

4 – Não se aplicam os limites fixados nos n.os 1 e 2 quando os excedentes de participação relativamente aos referidos limites sejam cobertos a 100% por fundos próprios e estes não entrem no cálculo do rácio de solvabilidade e de outros rácios ou limites que tenham os fundos próprios por referência.

5 – Caso existam excedentes em relação a ambos os limites a que se refere o número anterior, o montante a cobrir pelos fundos próprios será o mais elevado desses excedentes.

6 – O disposto no presente artigo não se aplica às participações noutras instituições de crédito, em sociedades financeiras, em instituições financeiras, em sociedades gestoras de fundos de pensões ou em empresas de seguros.

ARTIGO 101.º[88]
Relação das participações com o capital das sociedades participadas

1 – Sem prejuízo do disposto no n.º 4, as instituições de crédito não podem deter, directa ou indirectamente, numa sociedade, por prazo seguido ou interpolado,

---

 a) As acções detidas temporariamente em virtude de tomada firme da respectiva emissão, durante o período normal daquela e dentro dos limites fixados nos termos do artigo anterior;
 b) As acções ou outras partes de capital detidas em nome próprio mas por conta de terceiros, sem prejuízo dos limites estabelecidos nos termos do artigo anterior.

5 – Não se aplicam os limites fixados nos n.os 1 e 3 quando os excedentes de participação relativamente aos referidos limites sejam cobertos a 100% por fundos próprios e estes não entrem no cálculo do rácio de solvabilidade e de outros rácios ou limites que tenham os fundos próprios por referência.

6 – Caso existam excedentes em relação a ambos os limites a que se refere o número anterior, o montante a cobrir pelos fundos próprios será o mais elevado desses excedentes.

7 – O disposto no presente artigo não se aplica às participações noutras instituições de crédito, sociedades financeiras ou instituições financeiras que estejam incluídas na supervisão em base consolidada a que se encontre sujeita a instituição de crédito participante.

[88] Redacção dada pelo artigo 51.º do Decreto-Lei n.º 319/2002, de 28 de Dezembro. A redacção anterior, dada pelo artigo 1.º do Decreto-Lei n.º 201/2002, de 26 de Setembro, era a seguinte:
 1 – ...
 2 – ...
 3 – Não se aplica o limite estabelecido no n.º 1 às participações de uma instituição de crédito noutras instituições de crédito, sociedades financeiras, instituições financeiras, sociedades de serviços auxiliares, sociedades de titularização de créditos, empresas de seguros, filiais de empresas de seguros

superior a três anos, participação que lhes confira mais de 25% dos direitos de voto, correspondentes ao capital da sociedade participada.

2 – Considera-se participação indirecta a detenção de acções ou outras partes de capital por pessoas ou em condições que determinem equiparação de direitos de voto para efeitos de participação qualificada.

3 – Não se aplica o limite estabelecido no n.º 1 às participações de uma instituição de crédito noutras instituições de crédito, sociedades financeiras, instituições financeiras, sociedades de serviço auxiliares, sociedades de titularização de créditos, empresas de seguros, filiais de empresas de seguros detidas em conformidade com a lei a estas aplicável, corretoras e mediadoras de seguros, sociedades gestoras de fundos de pensões, sociedades de capital de risco e sociedades gestoras de participações sociais que apenas detenham partes de capital nas sociedades antes referidas.

4 – O prazo previsto no n.º 1 é de cinco anos relativamente às participações indirectas detidas através de sociedades de capital de risco.

ARTIGO 102.º[89]
Comunicação das participações qualificadas

1 – A pessoa singular ou colectiva que, directa ou indirectamente, pretenda deter participação qualificada numa instituição de crédito deve comunicar previamente ao Banco de Portugal o seu projecto.

---

detidas em conformidade com a lei a estas aplicável, corretoras e mediadoras de seguros, sociedades gestoras de fundos de pensões e sociedades gestoras de participações sociais que apenas detenham partes de capital nas sociedades antes referidas.
4 – ...
A redacção original era a seguinte:
1 – As instituições de crédito não podem deter, directa ou indirectamente, numa sociedade, por prazo, seguido ou interpolado, superior a três anos, participação que lhes confira mais de 25% dos direitos de voto correspondentes ao capital da sociedade participada.
2 – ...
3 – Não se aplica o limite estabelecido no n.º 1 às participações de uma instituição de crédito noutras instituições de crédito, sociedades financeiras, instituições financeiras, sociedades de serviços auxiliares, seguradoras, sociedades gestoras de fundos de pensões e nas sociedades gestoras de participações sociais que apenas detenham partes de capital nas sociedades antes referidas.
[89] Redacção dada pelo artigo 1.º do Decreto-Lei n.º 201/2002, de 26 de Setembro. A redacção original era a seguinte:

Artigo 102.º
Participações qualificadas
1 – A pessoa singular ou colectiva que, directa ou indirectamente, pretenda deter participação qualificada numa instituição de crédito, ou aumentar a participação qualificada que já possua, de tal modo que a percentagem dos seus direitos de voto ou a percentagem de capital que detenha atinja ou ultrapasse qualquer dos limites de 20%, 33% ou 50%, ou de tal modo que a instituição se transforme em sua filial, deve comunicar previamente ao Banco de Portugal o seu projecto e o montante da participação.
2 – A comunicação deve ser feita sempre que da iniciativa ou do conjunto de iniciativas projectados pela pessoa em causa possa resultar qualquer das situações indicados no número anterior, ainda que o resultado não esteja de antemão assegurado.

2 – Devem ainda ser comunicados previamente ao Banco de Portugal os actos que envolvam aumento de uma participação qualificada, sempre que deles possa resultar, consoante os casos, uma percentagem que atinja ou ultrapasse qualquer dos limiares de 5%, 10%, 20%, 33% ou 50% do capital ou dos direitos de voto na instituição participada, ou quando esta se transforme em filial da entidade adquirente.

3 – A comunicação prevista nos números anteriores deve ser feita sempre que da iniciativa ou do conjunto de iniciativas projectadas pela pessoa em causa possa resultar qualquer das situações indicadas, ainda que o resultado não esteja de antemão assegurado.

4 – Sem prejuízo do disposto no n.º 1, os actos ou factos de que tenha resultado a aquisição de uma participação que atinja, pelo menos, 2% do capital ou dos direitos de voto na instituição participada devem ser comunicados ao Banco de Portugal no prazo de 15 dias a contar da respectiva verificação.

5 – No caso previsto no número anterior, o Banco de Portugal informará o interessado, no prazo de 30 dias, se considera que a participação adquirida tem carácter qualificado.

6 – Se o Banco de Portugal, nos casos previstos nos n.ºs 4 e 5, entender que a participação não tem carácter qualificado, poderá a todo o tempo exigir do respectivo titular a comunicação prévia ou subsequente de qualquer acto ou facto de que possa resultar ou tenha resultado, consoante os casos, a detenção de uma percentagem igual ou superior a 3% ou 4% do capital ou dos direitos de voto na instituição participada.

7 – As comunicações previstas no presente artigo devem especificar os actos ou factos jurídicos de que resultem ou possam resultar a detenção da participação, a identidade da contraparte nesses actos, quando determinável, e o montante da participação em causa.

ARTIGO 102.º-A[90]
Declaração oficiosa

1 – O Banco de Portugal pode, a todo o tempo e independentemente da aplicação de outras medidas previstas na lei, declarar que possui carácter qualificado qualquer participação no capital ou nos direitos de voto de uma instituição de crédito, relativamente à qual venha a ter conhecimento de actos ou factos relevantes cuja comunicação ao Banco tenha sido omitida ou incorrectamente feita pelo seu detentor.

2 – O Banco de Portugal pode igualmente, a todo o tempo, declarar que possui carácter qualificado uma participação no capital ou nos direitos de voto de uma instituição de crédito, sempre que tenha conhecimento de actos ou factos susceptíveis de alterar a influência exercida pelo seu detentor na gestão da instituição participada.

3 – A apreciação a que se refere o número anterior pode ser feita por iniciativa dos interessados, devendo, neste caso, a decisão do Banco de Portugal ser tomada no prazo de 30 dias após a recepção do pedido.

---

[90] Aditado pelo artigo 9.º do Decreto-Lei n.º 201/2002, de 26 de Setembro.

ARTIGO 103.º[91]
Idoneidade dos detentores de participações qualificadas

1 – No prazo máximo de três meses a contar da comunicação referida no artigo 102.º, o Banco de Portugal opor-se-á ao projecto, se não considerar demonstrado que a pessoa em causa ou as características do seu projecto reúnem condições que garantam uma gestão sã e prudente da instituição de crédito.

2 – Sem prejuízo de outras situações apreciadas pelo Banco de Portugal nos termos do número anterior, considera-se que tais condições não existem quando se verifique alguma das seguintes circunstâncias:

   a) Se o modo como a pessoa em causa gere habitualmente os seus negócios ou a natureza da sua actividade profissional revelarem propensão acentuada para assumir riscos excessivos;

   b) Se for inadequada a situação económico-financeira da pessoa em causa, em função do montante da participação que se propõe deter;

   c) Se o Banco de Portugal tiver fundadas dúvidas sobre a licitude da proveniência dos fundos utilizados na aquisição da participação, ou sobre a verdadeira identidade do titular desses fundos;

   d) Se a estrutura e as características do grupo empresarial em que a instituição de crédito passaria a estar integrada inviabilizarem uma supervisão adequada;

---

[91] Redacção dada pelo artigo 1.º do Decreto-Lei n.º 201/2002, de 26 de Setembro. A redacção original era a seguinte:

1 – No prazo máximo de três meses a contar da comunicação referida no artigo anterior, o Banco de Portugal opor-se-á ao projecto, se não considerar demonstrado que a pessoa em causa reúne condições que garantam gestão sã e prudente da instituição de crédito.

2 – Considera-se que tais condições não existem quando se verifique alguma das seguintes circunstâncias:

(...)

3 – Se o interessado for instituição de crédito autorizada noutro Estado membro da Comunidade Europeia ou empresa-mãe de instituição de crédito nestas condições, ou pessoa singular ou colectiva que domine instituição de crédito autorizada noutro Estado membro, e se, por força da operação projectada, a instituição em que a participação venha a ser detida se transformar em sua filial, o Banco de Portugal, para apreciação do projecto, solicitará parecer da autoridade de supervisão do Estado membro de origem.

4 – Quando não deduza oposição, o Banco de Portugal poderá fixar prazo razoável para a realização da operação projectada.

5 – O Banco de Portugal informará a Comissão da Comunidade Europeia de qualquer tomada de participações numa instituição de crédito sempre que o participante seja pessoa singular não nacional de Estados membros da Comunidade Europeia, ou pessoa colectiva que tenha a sua sede principal e efectiva de administração em país que não seja membro da mesma Comunidade, e, em virtude da participação, a instituição se transforme em sua filial.

6 – O Banco de Portugal determinará, por aviso, os elementos e informações que devem constar da comunicação prevista neste artigo.

7 – Sempre que o objecto da instituição de crédito compreender alguma actividade de intermediação de valores mobiliários, o Banco de Portugal, antes de se pronunciar nos termos do n.º 1, solicitará informações à Comissão do Mercado de Valores Mobiliários sobre a idoneidade dos detentores de participações qualificadas, devendo a Comissão, se for caso disso, prestar as referidas informações no prazo de um mês.

O n.º 7 acima transcrito havia sido aditado pelo artigo 1.º do Decreto-Lei n.º 232/96, de 5 de Dezembro.

e) Se a pessoa em causa recusar condições necessárias ao saneamento da instituição de crédito que tenham sido previamente estabelecidas pelo Banco de Portugal;

f) Se a pessoa em causa tiver sido, nos últimos cinco anos, objecto da sanção prevista na alínea d) do n.º 1 do artigo 212.º;

g) Tratando-se de pessoa singular, se se verificar relativamente a ela algum dos factos que indiciem falta de idoneidade nos termos do artigo 30.º.

3 – O Banco de Portugal pode, antes de proferir a sua decisão, opor-se provisoriamente a uma aquisição ou reforço que tenha sido objecto de comunicação prévia nos termos do artigo anterior.

4 – Se o interessado for instituição de crédito autorizada noutro Estado membro da Comunidade Europeia ou empresa-mãe de instituição de crédito nestas condições, ou pessoa singular ou colectiva que domine instituição de crédito autorizada noutro Estado membro, e se, por força da operação projectada, a instituição em que a participação venha a ser detida se transformar em sua filial, o Banco de Portugal, para apreciação do projecto, solicitará parecer da autoridade de supervisão do Estado membro de origem.

5 – Quando não deduza oposição, o Banco de Portugal poderá fixar prazo razoável para a realização da operação projectada, entendendo-se, nos casos em que nada disser, que aquele é de um ano.

6 – O Banco de Portugal informará a Comissão Europeia de qualquer tomada de participações numa instituição de crédito sempre que o participante seja pessoa singular não nacional de Estados membros da Comunidade Europeia, ou pessoa colectiva que tenha a sua sede principal e efectiva de administração em país que não seja membro da mesma Comunidade, e, em virtude da participação, a instituição se transforme em sua filial.

7 – O Banco de Portugal determinará, por aviso, os elementos de informação que os interessados devem apresentar com o fim de instruir o procedimento regulado no presente artigo, sem prejuízo de, em qualquer momento, poder exigir quaisquer outros que considere necessários à sua apreciação.

8 – Sempre que o objecto da instituição de crédito compreender alguma actividade de intermediação de valores mobiliários, o Banco de Portugal, antes de se pronunciar nos termos do n.º 1, solicitará informações à Comissão do Mercado de Valores Mobiliários sobre a idoneidade dos detentores de participações qualificadas, devendo a Comissão, se for caso disso, prestar as referidas informações no prazo de um mês.

ARTIGO 104.º[92]
Comunicação subsequente

Deve ser comunicada ao Banco de Portugal, no prazo de 15 dias, a celebração

---

[92] Redacção dada pelo artigo 1.º do Decreto-Lei n.º 201/2002, de 26 de Setembro. A redacção original era a seguinte:
Sem prejuízo da comunicação prevista nos artigos anteriores, os factos de que resulte, directa ou

dos actos mediante os quais sejam concretizados os projectos de aquisição ou aumento de participação qualificada, sujeitos a comunicação prévia nos termos do artigo 102.º.

ARTIGO 105.º[93]
Inibição dos direitos de voto

1 – Sempre que tenha conhecimento da constituição ou do aumento de uma participação sujeita a comunicação nos termos do artigo 102.º, sem que o interessado a ela haja procedido, o Banco de Portugal, independentemente das sanções aplicáveis e salvo o disposto no número seguinte, poderá determinar a inibição do exercício, na instituição de crédito participada, dos direitos de voto integrantes da referida participação, na medida necessária e adequada para impedir a influência na gestão que foi obtida através do acto não comunicado.

2 – Se, nas situações a que se refere o número anterior, a comunicação em falta for feita antes de decidida a inibição dos direitos de voto, o Banco de Portugal procederá de acordo com os poderes que lhe são conferidos pelo artigo 103.º; se a

---

indirectamente, a detenção de uma participação qualificada numa instituição de crédito, ou o seu aumento nos termos do disposto no artigo 102.º, devem ser notificados pelo interessado ao Banco de Portugal no prazo de 15 dias a contar da data em que os mesmos factos se verificarem.

[93] Redacção dada pelo artigo 1.º do Decreto-Lei n.º 201/2002, de 26 de Setembro. A redacção original era a seguinte:
    1 – Sem prejuízo das sanções aplicáveis, a constituição ou o aumento de participação qualificada, sem que o interessado tenha procedido à comunicação prevista no artigo 102.º, ou aos quais o Banco de Portugal se tenha oposto, determina inibição do exercício do direito de voto na parte que exceda o limite mais baixo que tiver sido ultrapassado.
    2 – Quando tenha conhecimento de algum dos factos referidos no número anterior, o Banco de Portugal dará conhecimento deles e da consequente inibição ao órgão de administração da instituição de crédito.
    3 – O órgão de administração da instituição de crédito que tenha recebido a comunicação referida no número anterior, ou que dos factos a que esta respeita haja tido conhecimento por outros meios, deve apresentar essa informação à assembleia dos accionistas.
    4 – Se o accionista exercer os direitos de voto de que se encontra inibido, será registado em acta o sentido da sua votação.
    5 – A deliberação em que o accionista tenha exercido direitos de voto de que se encontre inibido nos termos do n.º 1 é anulável, salvo se se provar que a deliberação teria sido tomada e teria sido idêntica ainda que esses direitos não tivessem sido exercidos.
    6 – A anulabilidade pode ser arguida nos termos gerais, ou ainda pelo Banco de Portugal.
    7 – Se o exercício dos direitos de voto abrangidos pela inibição tiver sido determinante para a eleição dos órgãos de administração ou fiscalização, o Banco de Portugal deve, na pendência da acção de anulação da respectiva deliberação, recusar os respectivos registos.
    O teor do n.º 2 da redacção original foi alterado pelo artigo 1.º do Decreto-Lei n.º 232/96, de 5 de Dezembro, passando a ser o seguinte:
    2 – Quando tenha conhecimento de algum dos factos referidos no número anterior, o Banco de Portugal dará conhecimento deles e da consequente inibição ao órgão de administração da instituição de crédito e, sempre que o objecto desta compreenda alguma actividade de intermediação em valores mobiliários, à Comissão do Mercado de Valores Mobiliários.

mesma comunicação for posterior à decisão de inibição, esta cessará se o Banco de Portugal não deduzir oposição.

3 – No caso de se verificar a constituição ou o aumento de uma participação qualificada contra a sua oposição, definitiva ou provisória, o Banco de Portugal, sem prejuízo das sanções aplicáveis, determinará a inibição do exercício, na instituição de crédito participada, dos direitos de voto integrantes da referida participação, na medida necessária e adequada para a realização dos fins que determinaram a oposição.

4 – Em qualquer dos casos previstos nos números anteriores, o Banco de Portugal poderá, em alternativa, determinar que a inibição incida em entidade que detenha, directa ou indirectamente, direitos de voto na instituição de crédito participada, se essa medida for considerada suficiente para assegurar as condições de gestão sã e prudente nesta última e não envolver restrição grave do exercício de outras actividades económicas.

5 – O Banco de Portugal determinará igualmente em que medida a inibição abrange os direitos de voto exercidos pela instituição participada noutras instituições de crédito com as quais se encontre em relação de domínio, directo ou indirecto.

6 – As decisões proferidas ao abrigo dos números anteriores são notificadas ao interessado, nos termos gerais, e comunicadas ao órgão de administração da instituição de crédito participada e ao presidente da respectiva assembleia de accionistas, acompanhadas, quanto a este último, da determinação de que deverá actuar de forma a impedir o exercício dos direitos de voto inibidos, de acordo com o disposto no número seguinte. Sempre que o objecto da instituição de crédito compreenda alguma actividade de intermediação em valores mobiliários, as decisões proferidas ao abrigo dos números anteriores são também comunicadas à Comissão do Mercado de Valores Mobiliários. Sempre que o interessado seja uma entidade sujeita a supervisão do Instituto de Seguros de Portugal, as decisões proferidas ao abrigo dos números anteriores são também comunicadas a este Instituto.

7 – O presidente da assembleia geral a quem sejam comunicadas as decisões a que se refere o número anterior deve, no exercício das suas funções, assegurar que os direitos de voto inibidos não são, em qualquer circunstância, exercidos na assembleia de accionistas.

8 – Se, não obstante o disposto no número anterior, se verificar que foram exercidos direitos de voto sujeitos a inibição, a deliberação tomada é anulável, salvo se se provar que teria sido tomada e teria sido idêntica ainda que esses direitos não tivessem sido exercidos.

9 – A anulabilidade pode ser arguida nos termos gerais, ou ainda pelo Banco de Portugal.

10 – Se o exercício dos direitos de voto abrangidos pela inibição tiver sido determinante para a eleição dos órgãos de administração ou fiscalização, o Banco de Portugal deve, na pendência da acção de anulação da respectiva deliberação, recusar os respectivos registos.

ARTIGO 106.º[94]
Inibição por motivos supervenientes

1 – O Banco de Portugal, com fundamento em factos relevantes, que venham ao seu conhecimento após a constituição ou aumento de uma participação qualificada e que criem o receio justificado de que a influência exercida pelo seu detentor possa prejudicar a gestão sã e prudente da instituição de crédito participada, pode determinar a inibição do exercício dos direitos de voto integrantes da mesma participação.

2 – Às decisões tomadas nos termos do n.º 1 é aplicável, com as necessárias adaptações, o disposto nos n.ºs 4 e seguintes do artigo 105.º.

ARTIGO 107.º[95]
Diminuição da participação

1 – A pessoa singular ou colectiva que pretenda deixar de deter participação qualificada numa instituição de crédito, ou diminuí-la de tal modo que a percentagem de direitos de voto ou de capital de que seja titular desça a nível inferior a qualquer dos limiares de 5%, 10%, 20%, 33% ou 50%, ou de tal modo que a instituição deixe de ser sua filial, deve informar previamente o Banco de Portugal e comunicar-lhe o novo montante da sua participação.

2 – Se se verificar a redução de uma participação para um nível inferior a 5% do capital ou dos direitos de voto da instituição participada, o Banco de Portugal comunicará ao seu detentor, no prazo de 30 dias, se considera que a participação daí resultante tem carácter qualificado.

3 – Às situações previstas no presente artigo é aplicável, com as devidas adaptações, o disposto no artigo 104.º.

ARTIGO 108.º
Comunicação pelas instituições de crédito

1 – As instituições de crédito comunicarão ao Banco de Portugal, logo que delas tenham conhecimento, as alterações a que se referem os artigos 102.º e 107.º

---

[94] Redacção dada pelo artigo 1.º do Decreto-Lei n.º 201/2002, de 26 de Setembro. A redacção original era a seguinte:

Cessação de inibição

Em caso de inobservância do disposto no n.º 1 do artigo 102.º, cessa a inibição se o interessado proceder posteriormente à comunicação em falta e o Banco de Portugal não deduzir oposição.

[95] Redacção dada pelo artigo 1.º do Decreto-Lei n.º 201/2002, de 26 de Setembro. A redacção original era a seguinte:

1 – A pessoa singular ou colectiva que pretenda deixar de deter participação qualificada numa instituição de crédito, ou diminuí-la de tal modo que a percentagem de direitos de voto ou de capital de que seja titular desça a nível inferior a qualquer dos limiares de 20%, 33% ou 50%, ou de tal modo que a instituição deixe de ser sua filial, deve informar previamente o Banco de Portugal e comunicar-lhe o novo montante da sua participação.

2 – É aplicável, com as devidas adaptações, o disposto no artigo 104.º.

2 – Em Abril de cada ano, as instituições de crédito comunicarão igualmente ao Banco de Portugal a identidade dos seus accionistas detentores de participações qualificadas e o montante das respectivas participações.

ARTIGO 109.°[96]
Crédito a detentores de participações qualificadas

1 – O montante dos créditos concedidos, sob qualquer forma ou modalidade, incluindo a prestação de garantias, a pessoa que directa ou indirectamente detenha participação qualificada numa instituição de crédito e a sociedades que essa pessoa directa ou indirectamente domine, ou que com ela estejam numa relação de grupo, não poderá exceder, em cada momento e no seu conjunto, 10% dos fundos próprios da instituição.

2 – O montante global dos créditos concedidos a todos os detentores de participações qualificadas e a sociedades referidas no número anterior não poderá exceder, em cada momento, 30% dos fundos próprios da instituição de crédito.

3 – As operações referidas nos números anteriores dependem da aprovação por maioria qualificada de pelo menos dois terços dos membros do órgão de administração e do parecer favorável do órgão de fiscalização da instituição de crédito.

4 – Os n.os 2 e 3 do artigo 85.° são aplicáveis, com as necessárias adaptações, às operações a que se referem os números anteriores, sendo a presunção prevista no n.° 2 do artigo 85.° apenas ilidível nos casos de parentesco e afinidade em 1.° grau ou de cônjuges judicialmente separados de pessoas e bens.

5 – O disposto no presente artigo não se aplica às operações de concessão de crédito de que sejam beneficiárias instituições de crédito, sociedades financeiras ou sociedades gestoras de participações sociais, que se encontrem incluídas no perímetro de supervisão em base consolidada a que esteja sujeita a instituição de crédito em causa, nem às sociedades gestoras de fundos de pensões, empresas de seguros, corretoras e outras mediadoras de seguros que dominem ou sejam dominadas por qualquer entidade incluída no mesmo perímetro de supervisão.

6 – Os montantes de crédito referidos no presente artigo e no n.° 5 do artigo 85.° serão sempre agregados para efeitos do cômputo dos respectivos limites.

---

[96] Redacção dada pelo artigo 1.° do Decreto-Lei n.° 201/2002, de 26 de Setembro. A redacção original era a seguinte:
1 – ...
2 – ...
3 – ...
4 – Os n.os 2 e 3 do artigo 85.° são aplicáveis, com as necessárias adaptações, às operações a que se referem os números anteriores.
5 – O disposto no presente artigo não se aplica às operações de concessão de crédito de que sejam beneficiárias instituições de crédito, sociedades financeiras ou sociedades gestoras de participações sociais, que se encontrem incluídas na supervisão em base consolidada a que esteja sujeita a instituição de crédito em causa.
6 – ...

ARTIGO 110.º
Relação de accionistas

1 – Até cinco dias antes da realização das assembleias gerais das instituições de crédito, deve ser publicado, em dois dos jornais mais lidos da localidade da sede, a relação dos accionistas, com indicação das respectivas participações no capital social.

2 – A relação só tem de incluir os accionistas cujas participações excedam 2% do capital social.

3 – O disposto nos números anteriores não se aplica no caso de as assembleias se realizarem ao abrigo do artigo 54.º do Código das Sociedades Comerciais.

ARTIGO 111.º
Registo de acordos parassociais

1 – Os acordos parassociais entre accionistas de instituições de crédito relativos ao exercício do direito de voto estão sujeitos a registo no Banco de Portugal, sob pena de ineficácia.

2 – O registo pode ser requerido por qualquer das partes do acordo.

ARTIGO 112.º
Aquisição de imóveis

1 – As instituições de crédito não podem, salvo autorização concedida pelo Banco de Portugal, adquirir imóveis que não sejam indispensáveis à sua instalação e funcionamento ou à prossecução do seu objecto social.

2 – O Banco de Portugal determinará as normas, designadamente de contabilidade, que a instituição de crédito deve observar na aquisição de imóveis.

ARTIGO 113.º[97]
Rácio do imobilizado e aquisição de títulos de capital

O Banco de Portugal poderá definir, por aviso, os limites ao valor do activo imobilizado das instituições de crédito, bem como ao valor total das acções ou outras

---

[97] Redacção dada pelo artigo 1.º do Decreto-Lei n.º 201/2002, de 26 de Setembro. A redacção original era a seguinte:

Outros limites

1 – O valor líquido do activo imobilizado de uma instituição de crédito não pode ultrapassar o montante dos respectivos fundos próprios.

2 – O valor total das acções ou outras partes de capital de quaisquer sociedades detidas por uma instituição de crédito e não abrangidas pelo número anterior não pode ultrapassar 40% dos fundos próprios da mesma instituição.

3 – Para cumprimento do disposto no n.º 1, não são considerados os elementos que, segundo as normas aplicáveis, são deduzidos para efeitos do cálculo dos fundos próprios das instituições de crédito.

partes de capital de quaisquer sociedades não abrangidas no referido activo, que as instituições de crédito podem deter.

ARTIGO 114.°[98]
Aquisições em reembolso de crédito próprio

Os limites previstos nos artigos 100.° e 101.° podem ser excedidos e a restrição constante do artigo 112.° ultrapassada, em resultado de aquisições em reembolso de crédito próprio, devendo as situações daí resultantes ser regularizadas no prazo de dois anos, o qual, havendo motivo fundado, poderá ser prorrogado pelo Banco de Portugal, nas condições que este determinar.

ARTIGO 115.°[99]
Regras de contabilidade e publicações

1 – Compete ao Banco de Portugal, sem prejuízo das atribuições da Comissão de Normalização Contabilística e do disposto no Código dos Valores Mobiliários, estabelecer normas de contabilidade aplicáveis às instituições sujeitas à sua supervisão, bem como definir os elementos que as mesmas instituições lhe devem remeter e os que devem publicar.

2 – As instituições de crédito organizarão contas consolidadas nos termos previstos em legislação própria.

3 – As instituições sujeitas à supervisão do Banco de Portugal devem publicar as suas contas nos termos e com a periodicidade definidas em aviso do Banco de Portugal, podendo este exigir a respectiva certificação legal.

---

[98] Redacção dada pelo artigo 1.° do Decreto-Lei n.° 201/2002, de 26 de Setembro. A redacção original era a seguinte:
Os limites previstos nos artigos 100.°, 101.° e 113.° podem ser excedidos e a restrição constante do artigo 112.° ultrapassada, em resultado de aquisições em reembolso de crédito próprio, devendo as situações daí resultantes ser regularizadas no prazo de dois anos, o qual, havendo motivo fundado, poderá ser prorrogado pelo Banco de Portugal por igual período.

[99] O actual n.° 3 foi aditado pelo artigo 1.° do Decreto-Lei n.° 201/2002, de 26 de Setembro.

CAPÍTULO III
Supervisão

SECÇÃO I
Supervisão em geral

ARTIGO 116.º[100]
Procedimentos de supervisão

1 – No desempenho das suas funções de supervisão, compete em especial ao Banco de Portugal:
 a) Acompanhar a actividade das instituições de crédito;
 b) Vigiar pela observância das normas que disciplinam a actividade das instituições de crédito;
 c) Emitir recomendações para que sejam sanadas as irregularidades detectadas;
 d) Tomar providências extraordinárias de saneamento;
 e) Sancionar as infracções.

2 – O Banco de Portugal pode exigir a realização de auditorias especiais por entidade independente, por si designada, a expensas da instituição auditada.

ARTIGO 117.º[101]
Sociedades gestoras de participações sociais

1 – Ficam sujeitas à supervisão do Banco de Portugal as sociedades gestoras de participações sociais quando as participações detidas, directa ou indirectamente, lhes confiram a maioria dos direitos de voto em uma ou mais instituições de crédito ou sociedades financeiras.

2 – O Banco de Portugal pode ainda sujeitar à sua supervisão as sociedades gestoras de participações sociais que, não estando incluídas na previsão do número anterior, detenham participação qualificada em instituição de crédito ou em sociedade financeira.

---

[100] Alterado pelo artigo 1.º do Decreto-Lei n.º 201/2002, de 26 de Setembro, que aditou o n.º 2. O actual n.º 1 corresponde à versão original do artigo.

[101] Redacção dada pelo artigo 1.º do Decreto-Lei n.º 201/2002, de 26 de Setembro. A redacção original era a seguinte:

1 – Ficam também sujeitas à supervisão do Banco de Portugal as sociedades gestoras de participações sociais relativamente às quais se verifique alguma das seguintes situações:
 a) Se o valor total das suas participações em instituições de crédito, sociedades financeiras ou em ambas representar 50% ou mais do montante global das participações que detiverem;
 b) Se as participações detidas, directa ou indirectamente, lhes conferirem a maioria dos direitos de voto em uma ou mais instituições de crédito ou sociedades financeiras.

2 – As sociedades gestoras de participações sociais devem comunicar ao Banco de Portugal as situações referidas no número anterior nos 30 dias subsequentes aos factos que as originem.

3 – A Inspecção-Geral de Finanças informará o Banco de Portugal das situações referidas no n.º 1 e que sejam do seu conhecimento.

3 – Exceptuam-se da aplicação do número anterior as sociedades gestoras de participações sociais sujeitas à supervisão do Instituto de Seguros de Portugal.

4 – O disposto no artigo 43.º-A é aplicável às sociedades gestoras de participações sociais a que se refere o n.º 1 do presente artigo.

ARTIGO 117.º-A[102]
Sociedades relevantes para sistemas de pagamentos

1 – O Banco de Portugal pode sujeitar à sua supervisão as entidades que tenham por objecto exercer, ou que de facto exerçam, uma actividade especialmente relevante para o funcionamento dos sistemas de pagamentos, especificando as regras e as obrigações que lhes são aplicáveis, de entre as previstas no presente diploma para as sociedades financeiras.

2 – As entidades que exerçam qualquer actividade no âmbito dos sistemas de pagamentos devem comunicar esse facto ao Banco de Portugal e prestar-lhe todas as informações que ele lhes solicitar.

3 – Para os efeitos do n.º 1, considera-se especialmente relevante para os sistemas de pagamentos, nomeadamente, a actividade de gestão de uma rede electrónica através da qual se efectuem pagamentos.

ARTIGO 118.º[103]
Gestão sã e prudente

1 – Se as condições em que decorre a actividade de uma instituição de crédito não respeitarem as regras de uma gestão sã e prudente, o Banco de Portugal pode notificá-la para, no prazo que lhe fixar, tomar as providências necessárias para restabelecer ou reforçar o equilíbrio financeiro, ou corrigir os métodos de gestão.

2 – Sempre que tiver conhecimento do projecto de uma operação por uma instituição de crédito que, no seu entender, seja susceptível de implicar a violação ou o agravamento da violação de regras prudenciais aplicáveis ou infringir as regras de uma gestão sã e prudente, o Banco de Portugal pode notificar essa instituição para se abster de realizar tal operação.

ARTIGO 119.º
Dever de accionista

Quando a situação de uma instituição de crédito o justifique, o Banco de Portu-

---

[102] Aditado pelo artigo 10.º do Decreto-Lei n.º 201/2002, de 26 de Setembro.

[103] Redacção dada pelo artigo 1.º do Decreto-Lei n.º 201/2002, de 26 de Setembro. A redacção original era a seguinte:
> Se as condições em que decorre a actividade de uma instituição de crédito não respeitarem as regras de uma gestão sã e prudente, o Banco de Portugal pode notificá-la para no prazo que lhe fixar, tomar as providências necessárias para restabelecer ou reforçar o equilíbrio financeiro, ou corrigir os métodos de gestão.

gal pode recomendar aos accionistas que lhe prestem o apoio financeiro que seja adequado.

ARTIGO 120.º[104]
Deveres de informação

1 – As instituições de crédito são obrigadas a apresentar ao Banco de Portugal as informações que este considere necessárias à verificação:
  a) Do seu grau de liquidez e solvabilidade;
  b) Dos riscos em que incorrem;
  c) Do cumprimento das normas, legais e regulamentares, que disciplinam a sua actividade;
  d) Da sua organização administrativa;
  e) Da eficácia dos seus controlos internos;
  f) Dos seus processos de segurança e controlo no domínio informático;
  g) Do cumprimento permanente das condições previstas nos artigos 14.º, 15.º e 20.º, n.º 1, alínea f).

2 – As instituições de crédito facultarão ao Banco de Portugal a inspecção dos seus estabelecimentos e o exame da escrita no local, assim como todos os outros elementos que o Banco considere relevantes para a verificação dos aspectos mencionados no número anterior.

3 – O Banco de Portugal poderá extrair cópias e translados de toda a documentação pertinente.

4 – As entidades não abrangidas pelos números precedentes e que detenham participações qualificadas no capital de instituições de crédito são obrigadas a fornecer ao Banco de Portugal todos os elementos ou informações que o mesmo Banco considere relevantes para a supervisão da instituição em que participam.

5 – Durante o prazo de cinco anos, as instituições de crédito devem manter à disposição do Banco de Portugal os dados pertinentes sobre as transacções relativas a serviços de investimento prestados em outros Estados membros da Comunidade Europeia sobre instrumentos negociados em mercado regulamentado, ainda que tais transacções não tenham sido realizadas em mercado regulamentado.

6 – O Banco de Portugal pode exigir que as instituições de crédito lhe apresentem relatórios de trabalhos relacionados com matérias de supervisão prudencial, realizados por uma entidade devidamente habilitada e para o efeito aceite pelo mesmo Banco.

---

[104] O artigo 1.º do Decreto-Lei n.º 201/2002, de 26 de Setembro, aditou o actual n.º 6.
Pelo artigo 1.º do Decreto-Lei n.º 232/96, de 5 de Dezembro, havia sido alterado o n.º 1, sendo a sua redacção original a seguinte:
1 – As instituições de crédito são obrigadas a apresentar ao Banco de Portugal as informações que este considere necessárias à verificação do seu grau de liquidez e solvabilidade, dos riscos em que incorrem, do cumprimento das normas, legais e regulamentares, que disciplinam a sua actividade, da sua organização administrativa e da eficácia dos seus controlos internos.
O mesmo artigo 1.º do Decreto-Lei n.º 232/96, de 5 de Dezembro, aditou também o actual n.º 5.

ARTIGO 121.º[105]
Revisores oficiais de contas e auditores externos

1 – Os revisores oficiais de contas ao serviço de uma instituição de crédito, e os auditores externos que, por exigência legal, prestem a uma instituição de crédito serviços de auditoria são obrigados a comunicar ao Banco de Portugal, com a maior brevidade, os factos respeitantes a essa instituição de que tenham tido conhecimento no exercício das suas funções, quando tais factos sejam susceptíveis de:
   a) Constituir uma infracção grave às normas, legais ou regulamentares, que estabelecem as condições de autorização ou que regulam de modo específico o exercício da actividade das instituições de crédito; ou
   b) Afectar a continuidade da exploração da instituição de crédito; ou
   c) Determinar a recusa da certificação das contas ou a emissão de reservas.

2 – A obrigação prevista no número anterior é igualmente aplicável relativamente aos factos de que as pessoas referidas no mesmo número venham a ter conhecimento no contexto de funções idênticas, mas exercidas em empresa que mantenha com a instituição de crédito onde tais funções são exercidas uma relação de proximidade emergente de uma relação de domínio.

3 – O dever de informação imposto pelo presente artigo prevalece sobre quaisquer restrições à divulgação de informações legal ou contratualmente previstas, não envolvendo nenhuma responsabilidade para os respectivos sujeitos o seu cumprimento.

ARTIGO 122.º
Instituições de crédito autorizadas em outros países comunitários

1 – As instituições de crédito autorizadas em outros Estados membros da Comunidade Europeia e que exerçam actividade em Portugal, desde que sujeitas à supervisão das autoridades dos países de origem, não estão sujeitas à supervisão prudencial do Banco de Portugal.

2 — Compete, porém, ao Banco de Portugal, em colaboração com as autoridades competentes dos países de origem, supervisar a liquidez das sucursais das instituições de crédito mencionadas no número anterior.

3 – O Banco de Portugal colaborará com as autoridades competentes dos países de origem, no sentido de as instituições referidas no n.º 1 tomarem as providências necessárias para cobrir os riscos resultantes de posições abertas que decorram das operações que efectuem no mercado financeiro português.

---

[105] Redacção dada pelo artigo 1.º do Decreto-Lei n.º 232/96, de 5 de Dezembro; a redacção original era a seguinte:
   Os revisores oficiais de contas ao serviço das instituições de crédito e os auditores externos que, por exigência legal, prestem às mesmas instituições serviços de auditoria são obrigados a comunicar ao Banco de Portugal as infracções graves às normas legais ou regulamentares relevantes para a supervisão e que detectem no exercício das suas funções.

4 – As instituições mencionadas estão sujeitas às decisões e outras providências que as autoridades portuguesas tomem no âmbito da política monetária, financeira e cambial e às normas aplicáveis por razões de interesse geral.

ARTIGO 123.º
**Deveres das instituições autorizadas
em outros países comunitários**

1 – Para os efeitos do artigo anterior, as instituições nele mencionadas devem apresentar ao Banco de Portugal os elementos de informação que este considere necessários.
2 – É aplicável o disposto nos n.ºs 2 e 3 do artigo 120.º.

ARTIGO 124.º
Inspecção pelas autoridades do país de origem

1 – Tendo em vista exercer as funções de supervisão prudencial que lhes incumbem, as autoridades competentes dos outros Estados membros da Comunidade Europeia, após terem informado do facto o Banco de Portugal, podem, directamente ou por intermédio de quem tenham mandatado para o efeito, proceder a inspecções nas sucursais que as instituições de crédito autorizadas nesses Estados membros possuam em território português.
2 – As inspecções de que trata o número anterior podem também ser realizadas pelo Banco de Portugal, a pedido das autoridades referidas no mesmo número.

ARTIGO 125.º
Escritórios de representação

A actividade dos escritórios de representação de instituições de crédito com sede no estrageiro está sujeita à supervisão do Banco de Portugal, a qual poderá ser feita no local e implicar o exame de livros de contabilidade e de quaisquer outros elementos de informação julgados necessários.

ARTIGO 126.º
Entidades não habilitadas

1 – Quando haja fundadas suspeitas de que uma entidade não habilitada exerce ou exerceu alguma actividade reservada às instituições de crédito, pode o Banco de Portugal exigir que ela apresente os elementos necessários ao esclarecimento da situação, bem como realizar inspecções no local onde indiciariamente tal actividade seja ou tenha sido exercida, ou onde suspeite que se encontrem elementos relevantes para o conhecimento da mesma actividade.

2 – Sem prejuízo da legitimidade atribuída por lei a outras pessoas, o Banco de Portugal pode requerer a dissolução e liquidação de sociedade ou outro ente colectivo que, sem estar habilitado, pratique operações reservadas a instituições de crédito.

ARTIGO 127.º
Colaboração de outras autoridades

As autoridades policiais prestarão ao Banco de Portugal a colaboração que este lhes solicite no âmbito das suas atribuições de supervisão.

ARTIGO 128.º
Apreensão de documentos e valores

1 – No decurso das inspecções a que se refere o n.º 1 do artigo 126.º, pode o Banco de Portugal proceder a apreensão de quaisquer documentos ou valores que constituam objecto, instrumento ou produto de infracção ou que se mostrem necessários à instrução do respectivo processo.

2 – Aos valores apreendidos aplica-se o disposto no n.º 1 do artigo 215.º.

ARTIGO 129.º[106]
Recursos

Nos recursos interpostos das decisões tomadas pelo Banco de Portugal, no exercício dos poderes de supervisão, presume-se, até prova em contrário, que a suspensão da eficácia determina grave lesão do interesse público.

SECÇÃO II
Supervisão em base consolidada

ARTIGO 130.º
Competência e definições

1 – O Banco de Portugal exercerá a supervisão em base consolidada das instituições de crédito, nos termos da presente secção.

2 – Para os efeitos da presente secção, entende-se por:

a) Entidades equiparadas a instituições de crédito: as sociedades financeiras referidas no n.º 1 do artigo 6.º e ainda qualquer pessoa colectiva que, não sendo instituição de crédito ou sociedade financeira, tenha como actividade principal tomar participações ou exercer uma ou mais actividades previstas

---

[106] Revogado pelo artigo 14.º do Decreto-Lei n.º 201/2002, de 26 de Setembro; mantém-se a sua inserção no texto, mas em itálico.

nos n.ᵒˢ 2 a 12 da lista anexa à Directiva n.º 89/646/CEE do Conselho, de 15 de Dezembro de 1989, e ainda as instituições excluídas a título permanente pelo artigo 2.º da Directiva n.º 77/780/CEE do Conselho, de 12 de Dezembro de 1977, com excepção dos bancos centrais dos Estados membros da Comunidade Europeia;
b) Companhia financeira: alguma das entidades equiparadas a instituições de crédito, cujas filiais sejam exclusiva ou principalmente instituições de crédito ou entidades equiparadas, sendo pelo menos uma destas filiais instituições de crédito;
c) Companhia mista: qualquer empresa-mãe que não seja companhia financeira ou instituição de crédito e em cujas filiais se inclua, pelo menos, uma instituição de crédito;
d) Participação: detenção, directa ou indirecta, de pelo menos 20% dos direitos de voto ou do capital de uma sociedade;
e) Filial: pessoa colectiva relativamente à qual outra pessoa colectiva, designada por empresa-mãe, se encontre numa relação de domínio em alguma das variantes I a IV da alínea a) da definição 2ª do artigo 13.º, ou sobre a qual exerça efectivamente, no juízo das autoridades de supervisão das instituições de crédito, influência dominante.

ARTIGO 131.º
Âmbito

1 – Sem prejuízo da supervisão em base individual, as instituições de crédito com sede em Portugal que tenham como filiais uma ou mais instituições de crédito ou entidades equiparadas, ou que nelas detenham uma participação ficam sujeitas à supervisão com base na sua situação financeira consolidada.

2 – Sem prejuízo da supervisão em base individual, as instituições de crédito com sede em Portugal, cuja empresa-mãe seja uma companhia financeira com sede num Estado membro da Comunidade Europeia, ficam sujeitas a supervisão com base na situação financeira consolidada da companhia financeira.

3 – O Banco de Portugal pode determinar a inclusão de uma instituição de crédito na supervisão em base consolidada, nos seguintes casos:
a) Quando uma instituição de crédito exerça influência significativa sobre outra instituição de crédito ou entidade equiparada, ainda que não detenha nela qualquer participação;
b) Quando duas ou mais instituições de crédito ou entidades equiparadas estejam sujeitas a direcção única, ainda que não estipulada estatutária ou contratualmente;
c) Quando duas ou mais instituições de crédito ou entidades equiparadas tenham órgãos de administração ou fiscalização compostos maioritariamente pelas mesmas pessoas.

4 – As sociedades de serviços auxiliares serão incluídas na supervisão em base consolidada quando se verificarem as condições previstas nos n.ᵒˢ 1 e 2.

5 – O Banco de Portugal fixará, por aviso, os termos em que instituições de crédito, entidades equiparadas ou sociedades de serviços auxiliares podem ser excluídas da supervisão em base consolidada.

ARTIGO 132.º
Regras especiais de competência

1 – O Banco de Portugal exercerá a supervisão em base consolidada se uma companhia financeira tiver sede em Portugal e for empresa-mãe de instituições de crédito com sede em Portugal e noutro ou noutros Estados membros da Comunidade Europeia.

2 – Se uma companhia financeira possuir em Portugal filial que seja instituição de crédito, e tiver sede em Estado membro da Comunidade Europeia, onde não se encontre sediada nenhuma das instituições de crédito suas filiais, será da competência do Banco de Portugal o exercício da supervisão nos seguintes casos:
 a) Quando as autoridades de supervisão das referidas filiais e a autoridade de supervisão das instituições de crédito do Estado membro onde tiver sede a companhia financeira acordarem na atribuição ao Banco de Portugal de tal competência e, bem assim, convierem em medidas concretas de cooperação e de transmissão de informações que permitam realizar a supervisão em base consolidada;
 b) Se não existir o acordo mencionado na alínea anterior, quando a instituição de crédito com sede em Portugal possuir o total de balanço mais elevado em relação aos das outras instituições de crédito filiais ou, se houver igualdade dos totais dos balanços, quando a autorização da filial com sede em Portugal tiver sido a primeira a ser concedida.

3 – O Banco de Portugal poderá acordar com as entidades de supervisão das instituições de crédito dos outros Estados interessados a redistribuição das responsabilidades pela supervisão em base consolidada.

ARTIGO 133.º
Outras regras

Compete ao Banco de Portugal fixar, por aviso, as regras necessárias à supervisão em base consolidada, nomeadamente:
 a) Regras que definam os domínios em que a supervisão terá lugar;
 b) Regras sobre a forma e extensão da consolidação;
 c) Regras sobre procedimentos de controlo interno das sociedades abrangidas pela supervisão em base consolidada, designadamente as que sejam necessárias para assegurar as informações úteis para a supervisão.

ARTIGO 134.º
Prestação de informações

1 – As instituições abrangidas pelo disposto nos artigos anteriores são obrigadas a apresentar ao Banco de Portugal todos os elementos de informação relativos às sociedades em cujo capital participem e que sejam necessários para a supervisão.

2 – As sociedades participadas são obrigadas a fornecer às instituições que nelas participam os elementos de informação que sejam necessários para dar cumprimento ao disposto no número anterior.

3 – Quando a empresa-mãe de uma ou várias instituições de crédito for uma companhia financeira ou uma companhia mista, estas e as respectivas filiais ficam obrigadas a fornecer ao Banco de Portugal todas as informações e esclarecimentos que sejam úteis para a supervisão.

4 – As instituições sujeitas à supervisão do Banco de Portugal que sejam participadas por instituições de crédito com sede no estrangeiro ficam autorizadas a fornecer às instituições participantes as informações e elementos necessários para a supervisão, em base consolidada, pelas autoridades competentes.

5 – O Banco de Portugal poderá, sempre que seja necessário para a supervisão em base consolidada das instituições de crédito, proceder ou mandar proceder a verificações e exames periciais nas companhias financeiras ou mistas e nas respectivas filiais, bem como nas sociedades de serviços auxiliares.

ARTIGO 135.º
**Colaboração de autoridades de supervisão
de outros países comunitários com o Banco de Portugal**

1 – O Banco de Portugal pode solicitar às autoridades de supervisão dos Estados membros da Comunidade Europeia, em que tenham sede as sociedades participadas, as informações necessárias para a supervisão em base consolidada.

2 – O Banco de Portugal pode igualmente solicitar as informações que sejam necessárias para exercer a supervisão em base consolidada às seguintes autoridades:
   a) Autoridades competentes dos Estados membros da Comunidade Europeia em que tenham sede companhias financeiras ou companhias mistas que sejam empresas-mãe de instituições de crédito com sede em Portugal;
   b) Autoridades competentes dos Estados membros da Comunidade Europeia em que tenham sede instituições de crédito filiais das mencionadas companhias financeiras.

3 – Pode ainda o Banco de Portugal, para o mesmo fim, solicitar às autoridades referidas que verifiquem informações de que disponha sobre as sociedades participadas, ou que autorizem que essas informações sejam verificadas pelo Banco de Portugal, quer directamente, quer através de pessoa ou entidade mandatada para o efeito.

ARTIGO 136.º
Colaboração do Instituto de Seguros de Portugal

Quando uma instituição de crédito, uma companhia financeira ou uma companhia mista controlarem uma ou mais filiais sujeitas à supervisão do Instituto de Seguros de Portugal, fornecerá este Instituto ao Banco de Portugal as informações que sejam necessárias à supervisão em base consolidada.

ARTIGO 137.º
Colaboração com outras autoridades de supervisão de países comunitários

1 – Em ordem à supervisão, em base consolidada, da situação financeira de instituições de crédito com sede em outros Estados membros da Comunidade Europeia, deve o Banco de Portugal prestar às respectivas autoridades de supervisão as informações de que disponha ou que possa obter relativamente às instituições que supervise e que sejam participadas por aquelas instituições.

2 – Quando, para o fim mencionado no número anterior, a autoridade de supervisão de outro Estado membro da Comunidade Europeia solicite a verificação de informações relativas a instituições sujeitas à supervisão do Banco de Portugal e que tenham sede em território português, deve o Banco de Portugal proceder a essa verificação ou permitir que ela seja efectuada pela autoridade que a tiver solicitado, quer directamente, quer através de pessoa ou entidade mandatada para o efeito.

ARTIGO 138.º
Colaboração com autoridades de supervisão de países terceiros

A colaboração referida nos artigos 135.º e 137.º poderá igualmente ter lugar com as autoridades de supervisão de Estados que não sejam membros da Comunidade Europeia, no âmbito de acordos de cooperação que hajam sido celebrados, em regime de reciprocidade, e salvaguardando o disposto no artigo 82.º.

TÍTULO VIII
Saneamento

ARTIGO 139.º
Finalidade das providências de saneamento

1 – Tendo em vista a protecção dos interesses dos depositantes, investidores e outros credores e a salvaguarda das condições normais de funcionamento do mercado monetário, financeiro ou cambial, o Banco de Portugal poderá adoptar, relativamente

às instituições de crédito com sede em Portugal, as providências extraordinárias referidas no presente título.

2 – Não se aplicam às instituições de crédito os regimes gerais relativos aos meios preventivos da declaração de falência e aos meios de recuperação de empresas e protecção de credores.

ARTIGO 140.º
Dever de comunicação

1 – Quando uma instituição de crédito se encontre impossibilitada de cumprir as suas obrigações, ou em risco de o ficar, o órgão de administração ou de fiscalização deve comunicar imediatamente o facto ao Banco de Portugal.

2 – Os membros do órgão de administração e fiscalização estão individualmente obrigados à comunicação referida no número anterior, devendo fazê-la por si próprios se o órgão a que pertencem a omitir ou a diferir.

3 – A comunicação deve ser acompanhada ou seguida, com a maior brevidade, de exposição das razões determinantes da situação criada e da relação dos principais credores, com indicação dos respectivos domicílios.

ARTIGO 141.º
Providências extraordinárias de saneamento

Quando uma instituição de crédito se encontre em situação de desequilíbrio financeiro, traduzido, designadamente, na redução dos fundos próprios a um nível inferior ao mínimo legal ou na inobservância dos rácios de solvabilidade ou de liquidez, o Banco de Portugal poderá determinar, no prazo que fixará, a aplicação de alguma ou de todas as seguintes providências de recuperação e saneamento:

a) Apresentação, pela instituição em causa, de um plano de recuperação e saneamento, nos termos do artigo 142.º;
b) Restrições ao exercício de determinados tipos de actividade;
c) Restrições à concessão de crédito e à aplicação de fundos em determinadas espécies de activos, em especial no que respeite a operações realizadas com filiais, com entidade que seja a empresa-mãe da instituição ou com filiais desta;
d) Restrições à recepção de depósitos, em função das respectivas modalidades e da remuneração ;
e) Imposição da constituição de provisões especiais;
f) Proibição ou limitação da distribuição de dividendos;
g) Sujeição de certas operações ou de certos actos à aprovação prévia do Banco de Portugal.

ARTIGO 142.º[107]
Plano de recuperação e saneamento

1 – Verificando-se alguma das situações referidas no artigo anterior, o Banco de Portugal poderá exigir da instituição em causa que elabore um plano de recuperação e saneamento, a submeter à aprovação do Banco no prazo por este fixado.

2 – O Banco de Portugal poderá estabelecer as condições que entenda convenientes para a aceitação do plano de recuperação e saneamento, designadamente aumento ou redução do capital, alienação de participações sociais e outros activos.

3 – Se as medidas previstas nos números anteriores não forem aprovadas pelos accionistas, ou envolverem montantes de tal importância que possam por em causa a respectiva concretização, o Banco de Portugal, havendo risco grave de a instituição se encontrar em situação de não poder honrar os seus compromissos, em especial quanto à segurança dos fundos que lhe tiverem sido confiados, pode apresentar um programa de intervenção que, de entre outras medidas, defina o aumento de capital necessário e, sendo caso disso, determine que o mesmo seja precedido da absorção dos prejuízos da instituição pelos relevantes elementos positivos dos seus fundos próprios.

4 – As medidas previstas no âmbito do programa de intervenção englobarão o plano de recuperação e saneamento previsto no n.º 1 com as condições estabelecidas pelo Banco de Portugal, bem como os limites temporais dessa intervenção, e a recomposição dos respectivos órgãos sociais, se tal se mostrar conveniente.

5 – No âmbito do programa de intervenção previsto no número anterior, o Banco de Portugal poderá convidar o Fundo de Garantia de Depósitos ou outras instituições a cooperar no saneamento, nomeadamente através da viabilização de adequado apoio monetário ou financeiro, ou da sua participação no aumento de capital definido nos termos do n.º 3, cabendo-lhe orientar e definir temporalmente essa cooperação.

6 – No decurso do saneamento, o Banco de Portugal terá o direito de requerer a todo o tempo a convocação da assembleia geral dos accionistas e de nela intervir com apresentação de propostas.

7 – Não sendo aceites as condições estabelecidas pelo Banco de Portugal, ou as propostas que apresente, poderá ser revogada a autorização de exercício da actividade.

---

[107] Redacção dada pelo artigo 1.º do Decreto-Lei n.º 201/2002, de 26 de Setembro; a redacção original era a seguinte:

1 – ...

2 – O Banco de Portugal poderá estabelecer condições para a aceitação do plano de recuperação e saneamento, designadamente aumento ou redução do capital, alienação de participações sociais e outros activos, ou outras que entenda convenientes.

3 – No decurso do saneamento, o Banco de Portugal terá o direito de requerer a todo o tempo a convocação da assembleia geral dos accionistas e de nela intervir com apresentação de propostas.

4 – Não sendo aceites as condições estabelecidas pelo Banco de Portugal, ou as propostas que apresente, poderá ser revogada a autorização de exercício de actividade.

5 – O Banco de Portugal poderá convidar outras instituições a cooperar no saneamento, nomeadamente com o fim de viabilizar adequado apoio monetário ou financeiro, cabendo-lhe orientar essa cooperação.

ARTIGO 143.º
Designação de administradores provisórios

1 – O Banco de Portugal poderá designar para a instituição de crédito um ou mais administradores provisórios nos seguintes casos:
   a) Quando a instituição esteja em risco de cessar pagamentos;
   b) Quando a instituição se encontre em situação de desequilíbrio financeiro que, pela sua dimensão ou duração, constitua ameaça grave para a solvabilidade;
   c) Quando, por quaisquer razões, a administração não ofereça garantias de actividade prudente, colocando em sério risco os interesses dos credores;
   d) Quando a organização contabilística ou os procedimentos de controlo interno apresentem insuficiências graves que não permitam avaliar devidamente a situação patrimonial da instituição.

2 – Os administradores designados pelo Banco de Portugal terão os poderes e deveres conferidos pela lei e pelos estatutos aos membros do órgão de administração e, ainda, os seguintes:
   a) Vetar as deliberações da assembleia geral e, sendo caso disso, dos órgãos referidos no n.º 3 do presente artigo;
   b) Convocar a assembleia geral;
   c) Elaborar, com a maior brevidade, um relatório sobre a situação patrimonial da instituição e as suas causas e submetê-lo ao Banco de Portugal, acompanhado de parecer da comissão de fiscalização, se esta tiver sido nomeada.

3 – Com a designação dos administradores provisórios poderá o Banco de Portugal suspender, no todo ou em parte, o órgão de administração, o conselho geral e quaisquer outros órgãos com funções análogas.

4 – Os administradores provisórios exercerão as suas funções pelo prazo que o Banco de Portugal determinar, no máximo de um ano, prorrogável uma vez por igual período.

5 – A remuneração dos administradores provisórios será fixada pelo Banco de Portugal e constitui encargo da instituição em causa.

ARTIGO 144.º
Designação de comissão de fiscalização

1 – Quando se verifique alguma das situações previstas no artigo 141.º ou no n.º 1 do artigo 143.º, o Banco de Portugal poderá, juntamente ou não com a designação de administradores provisórios, nomear uma comissão de fiscalização.

2 – A comissão de fiscalização será composta por:
   a) Um revisor oficial de contas designado pelo Banco de Portugal, que presidirá;
   b) Um elemento designado pela assembleia geral;
   c) Um revisor oficial de contas designado pela Ordem dos Revisores Oficiais de Contas.

3 – A falta de designação do elemento referido na alínea *b*) do número anterior não obsta ao exercício das funções da comissão de fiscalização.

4 – A comissão de fiscalização terá os poderes e deveres conferidos por lei ou pelos estatutos ao conselho fiscal ou ao revisor oficial de contas, consoante a estrutura da sociedade, os quais ficarão suspensos pelo período da sua actividade.

5 – A comissão de fiscalização exercerá as suas funções pelo prazo que o Banco de Portugal determinar, no máximo de um ano, prorrogável uma vez por igual período.

6 – A remuneração dos membros da comissão de fiscalização será fixada pelo Banco de Portugal e constitui encargo da instituição em causa.

ARTIGO 145.º
Outras providências

1 – Juntamente com a designação de administradores provisórios, o Banco de Portugal poderá determinar as seguintes providências extraordinárias:
 a) Dispensa temporária da observância de normas sobre controlo prudencial ou de política monetária;
 b) Dispensa temporária do cumprimento pontual de obrigações anteriormente contraídas;
 c) Encerramento temporário de balcões e outras instalações em que tenham lugar transacções com o público.

2 – O disposto na alínea *b*) do número anterior não obsta à conservação de todos os direitos dos credores contra os co-obrigados ou garantes.

3 – As providências referidas neste artigo terão a duração máxima de um ano, prorrogável uma só vez por igual período de tempo.

ARTIGO 146.º
Subsistência das providências extraordinárias

As providências extraordinárias previstas no presente título subsistirão apenas enquanto se verificar a situação que as tiver determinado.

ARTIGO 147.º
Suspensão de execução e prazos

Quando for adoptada a providência extraordinária de designação de administradores provisórios, e enquanto ela durar, ficarão suspensas todas as execuções, incluindo as fiscais, contra a instituição, ou que abranjam os seus bens, sem excepção das que tenham por fim a cobrança de créditos com preferência ou privilégio, e serão interrompidos os prazos de prescrição ou de caducidade oponíveis pela instituição.

ARTIGO 148.º[108]
Recursos

Nos recursos interpostos das decisões do Banco de Portugal tomadas no âmbito das providências reguladas no presente título presume-se, até prova em contrário, que a suspensão da eficácia determina grave lesão do interesse público.

ARTIGO 149.º
Aplicação de sanções

A adopção de providências extraordinárias de saneamento não obsta a que, em caso de infracção, sejam aplicadas as sanções previstas na lei.

ARTIGO 150.º
**Levantamento e substituição das penhoras
efectuadas pelas repartições de finanças**

O disposto no n.º 1 do artigo 300.º do Código de Processo Tributário aplica-se, com as necessárias adaptações, quando tenha lugar e enquanto decorra a providência extraordinária de designação de administradores provisórios, competindo ao Banco de Portugal exercer a faculdade atribuída naquele artigo ao administrador judicial.

ARTIGO 151.º
Filiais referidas no artigo 18.º

1 – A adopção de providências extraordinárias de saneamento relativamente às filiais mencionadas no artigo 18.º deve ser precedida de consulta prévia das autoridades de supervisão do país de origem.
2 – Em caso de urgência, as autoridades de supervisão do país de origem devem ser imediatamente informadas das providências adaptadas e das fases essenciais do processo de recuperação.

ARTIGO 152.º
Regime de liquidação

Verificando-se que, com as providências extraordinárias adoptadas, não foi possível recuperar a instituição, será revogada a autorização para o exercício da respectiva actividade e seguir-se-á o regime de liquidação estabelecido na legislação aplicável.

---

[108] Revogado pelo artigo 14.º do Decreto-Lei n.º 201/2002, de 26 de Setembro; mantém-se a sua inserção no texto, mas em itálico.

ARTIGO 153.º
Sucursais de instituições não comunitárias

O disposto no presente título é aplicável, com as devidas adaptações, às sucursais de instituições de crédito não compreendidas no artigo 48.º.

TÍTULO IX
Fundo de garantias de depósitos

ARTIGO 154.º
Criação e natureza do Fundo

1 – É criado o Fundo de Garantia de Depósitos, adiante designado por Fundo, pessoa colectiva de direito público, dotada de autonomia administrativa e financeira.

2 – O Fundo tem sede em Lisboa e funciona junto do Banco de Portugal.

ARTIGO 155.º[109]
Objecto

1 – O Fundo tem por objecto garantir o reembolso de depósitos constituídos nas instituições de crédito que nele participem.

2 – O Fundo poderá igualmente colaborar, com carácter transitório, em acções destinadas a restabelecer as condições de solvabilidade e de liquidez das mesmas instituições, no âmbito do programa de intervenção previsto no artigo 142.º.

3 – Para efeitos do disposto no presente título, entende-se por depósito os saldos credores que, nas condições legais e contratuais aplicáveis, devam ser restituídos pela instituição de crédito e consistam em disponibilidades monetárias existentes numa conta ou que resultem de situações transitórias decorrentes de operações bancárias normais.

---

[109] Redacção dada pelo artigo 1.º do Decreto-Lei n.º 201/2002, de 26 de Setembro; a redacção anterior, dada pelo artigo 1.º do Decreto-Lei n.º 246/95, de 14 de Setembro, era a seguinte:

1 – ...

2 – Para os efeitos do disposto no presente título, entende-se por depósito os saldos credores que, nas condições legais e contratuais aplicáveis, devam ser restituídos pela instituição de crédito e consistam em disponibilidades monetárias existentes numa conta ou que resultem de situações transitórias decorrentes de operações bancárias normais.

3 – São abrangidos pelo disposto no número anterior os fundos representados por certificados de depósito emitidos pela instituição de crédito, mas não os representados por outros títulos de dívida por ela emitidos nem os débitos emergentes de aceites próprios ou de promissórias em circulação.

A redacção original era a seguinte:

Artigo 155.º
Objecto

O Fundo tem por objecto garantir o reembolso de depósitos constituídos nas instalações [sic] de crédito que nele participem.

4 – São abrangidos pelo disposto no número anterior os fundos representados por certificados de depósito emitidos pela instituição de crédito, mas não os representados por outros títulos de dívida por ela emitidos nem os débitos emergentes de aceites próprios ou de promissórias em circulação.

ARTIGO 156.º[110]
Instituições participantes

1 – Participam obrigatoriamente no Fundo:
a) As instituições de crédito com sede em Portugal autorizadas a receber depósitos;
b) As instituições de crédito com sede em países que não sejam membros da Comunidade Europeia, relativamente aos depósitos captados pelas suas sucursais em Portugal, salvo se esses depósitos estiverem cobertos por um sistema de garantia do país de origem em termos que o Banco de Portugal considere equivalentes aos proporcionados pelo Fundo e sem prejuízo de acordos bilaterais existentes sobre a matéria;
c) Até 31 de Dezembro de 1999, as instituições de crédito constantes do anexo III da Directiva n.º 94/19/CE, do Parlamento Europeu e do Conselho, de 30 de Maio de 1994, relativamente aos depósitos captados pelas suas sucursais em Portugal.

---

[110] Redacção dada pelo artigo 1.º do Decreto-Lei n.º 246/95, de 14 de Setembro. A redacção original era a seguinte:

Artigo 156.º
Instituições participantes

1 – ...
a) ...
b) As instituições de crédito com sede noutros Estados membros da Comunidade Europeia, relativamente aos depósitos captados pelas suas sucursais em Portugal, a menos que esses depósitos estejam cobertos por um sistema de garantia do país de origem;
c) As instituições de crédito com sede em países que não sejam membros da Comunidade Europeia, relativamente aos depósitos captados pelas suas sucursais em Portugal, salvo se esses depósitos estiverem cobertos por um sistema de garantia do país de origem em termos que o Banco de Portugal considere adequados e sem prejuízo de acordos bilaterais existentes sobre a matéria.

2 – Relativamente às instituições de crédito referidas na alínea a) do número anterior, a garantia abrange:
a) Os depósitos captados em Portugal;
b) Os depósitos captados por sucursais em outro Estado membro da Comunidade Europeia, a menos que o país de acolhimento imponha como obrigatória a participação no respectivo sistema de garantia;
c) Os depósitos captados em outro Estado membro da Comunidade Europeia em regime de prestação de serviços.

3 – Rege-se por lei especial a garantia dos depósitos captados pelas caixas de crédito agrícola mútuo pertencentes ao Sistema Integrado do Crédito Agrícola Mútuo.

2 – Em complemento da garantia prevista no sistema do país de origem, podem participar no Fundo as instituições de crédito com sede noutros Estados membros da Comunidade Europeia, relativamente aos depósitos captados pelas suas sucursais em Portugal, se o nível ou o âmbito daquela garantia forem inferiores aos proporcionados pelo Fundo.

3 – As instituições de crédito referidas no número anterior ficarão sujeitas às normas legais e regulamentares relativas ao Fundo.

4 – O Banco de Portugal definirá, por aviso e com observância dos princípios estabelecidos nos artigos 160.º a 162.º, as condições segundo as quais as instituições de crédito referidas no n.º 2 poderão participar no Fundo e dele ser excluídas.

5 – Se uma das instituições de crédito mencionadas no n.º 2 for excluída do Fundo, os depósitos efectuados nas suas sucursais anteriormente à data da exclusão continuarão por ele garantidos até à data dos seus próximos vencimentos.

6 – Rege-se por lei especial a garantia dos depósitos captados pelas caixas de crédito agrícola mútuo pertencentes ao Sistema Integrado do Crédito Agrícola Mútuo.

ARTIGO 157.º[111]
Dever de informação

1 – As instituições de crédito que captem depósitos em Portugal devem prestar ao público todas as informações pertinentes relativas aos sistemas de garantia de que beneficiem os depósitos que recebem, nomeadamente quanto aos respectivos montante, âmbito de cobertura e prazo máximo de reembolso.

2 – A informação deve encontrar-se disponível nos balcões, em local bem identificado e directamente acessível.

ARTIGO 158.º[112]
Comissão directiva

1 – O Fundo é gerido por uma comissão directiva composta por três membros, sendo o presidente um elemento do conselho de administração do Banco de Portugal,

---

[111] Redacção dada pelo artigo 1.º do Decreto-Lei n.º 246/95, de 14 de Setembro. A redacção original era a seguinte:

Artigo 157.º
Dever de informação

1 – As instituições de crédito que, nos termos do artigo anterior, não participem no Fundo devem informar o público sobre o sistema de garantia de que beneficiem os depósitos que recebem.

2 – A informação deve ser prestada nos balcões, por forma facilmente visível, e, bem assim, nos impressos de correspondência e em toda a publicidade destinada a captação de poupança.

[112] Redacção dada pelo artigo 1.º do Decreto-Lei n.º 201/2002, de 26 de Setembro. A redacção original era a seguinte:

1 – O Fundo é gerido por uma comissão directiva composta por três membros, sendo o presidente um elemento do conselho de administração do Banco de Portugal, por este designado, e os outros dois

por este designado, outro nomeado pelo Ministro das Finanças e um terceiro designado pela associação que em Portugal represente as instituições de crédito participantes que, no seu conjunto, detenham o maior volume de depósitos garantidos.

2 – O presidente da comissão directiva tem voto de qualidade.

3 – O Fundo obriga-se pela assinatura de dois membros da comissão directiva.

4 – Os membros da comissão directiva exercem as suas funções por períodos renováveis de três anos.

ARTIGO 159.°[113]
Recursos financeiros

1 – O Fundo disporá dos seguintes recursos:
 a) Contribuições iniciais das instituições de crédito participantes;
 b) Contribuições periódicas e contribuições especiais das instituições de crédito participantes;
 c) Importâncias provenientes de empréstimos;
 d) Rendimentos da aplicação de recursos;
 e) Liberalidades;
 f) Produto das coimas aplicadas às instituições de crédito.

2 – Verificando-se uma situação de urgência, designadamente se puderem estar em causa aspectos de estabilidade sistémica, o Banco de Portugal poderá, nas condições definidas na sua Lei Orgânica, facultar temporariamente ao Fundo os recursos adequados à satisfação das suas necessidades imediatas.

ARTIGO 160.°[114]
Contribuições iniciais

1 – No prazo de 30 dias a contar do registo do início da sua actividade, as

---

nomeados pelo Ministro das Finanças, ouvidos o Banco de Portugal e as associações que em Portugal representem as instituições de crédito participantes.
 2 – ...
 3 – ...
 4 – ...
 [113] Alterado pelo artigo 1.° do Decreto-Lei n.° 201/2002, de 26 de Setembro, que aditou o n.° 2 e corrigiu o teor da alínea c) do n.° 1, onde se passou a referir "empréstimos", no plural. O actual n.° 1 e respectivas alíneas corresponde à redacção dada pelo artigo 1.° do Decreto-Lei n.° 246/95, de 14 de Setembro. A redacção original era a seguinte:

Artigo 159.°
Recursos financeiros
O Fundo disporá dos seguintes recursos:
 a) Contribuições iniciais das instituições de crédito participantes e do Banco de Portugal;
 (...)
 [114] Redacção dada pelo artigo 1.° do Decreto-Lei n.° 246/95, de 14 de Setembro. A redacção original era a seguinte:

instituições de crédito participantes entregarão ao Fundo uma contribuição inicial cujo valor será fixado por aviso do Banco de Portugal, sob proposta do Fundo.

2 – São dispensadas de contribuição inicial as instituições de crédito que resultem de operações de fusão, cisão ou transformação de participantes no Fundo.

ARTIGO 161.º[115]
Contribuições periódicas

1 – As instituições de crédito participantes entregarão ao Fundo, até ao último dia útil do mês de Abril, uma contribuição anual.

2 – O valor da contribuição anual de cada instituição de crédito será em função do valor médio dos saldos mensais dos depósitos do ano anterior, não considerando os depósitos excluídos nos termos do artigo 165.º.

3 – O Banco de Portugal fixará, ouvidos o Fundo e as associações representativas das instituições de crédito participantes, os escalões da contribuição anual e dos respectivos limites máximos, podendo utilizar critérios de regressividade e atender à situação de solvabilidade das instituições.

4 – Até ao limite de 75% da contribuição anual e em termos a definir no aviso referido no número anterior, as instituições de crédito participantes poderão ser

---

Artigo 160.º
Contribuições iniciais

1 – As instituições de crédito participantes e em actividade à data da entrada em vigor deste diploma entregarão ao Fundo uma contribuição inicial no prazo de 120 dias a contar da mesma data.

2 – O valor da contribuição inicial de cada instituição de crédito será fixado por portaria do Ministro das Finanças, sob proposta da comissão directiva, em função do valor médio dos saldos mensais dos depósitos dos 12 meses anteriores à data da entrada em vigor do presente diploma, não considerando os depósitos excluídos nos termos do artigo 164.º.

3 – O Banco de Portugal fixará o valor da contribuição inicial das instituições de crédito participantes e em actividade à data da entrada em vigor deste diploma, às quais, em virtude da data do início da actividade, não seja possível aplicar o disposto no número anterior.

4 – O Banco de Portugal pagará ao Fundo, no prazo referido no n.º 1, uma contribuição de valor igual à soma das contribuições mencionadas nos números anteriores.

5 – As instituições de crédito que de futuro venham a integrar o Fundo entregar-lhe-ão, no prazo de 60 dias a contar do início da sua actividade, uma contribuição inicial, cujo valor o Banco de Portugal fixará caso a caso, tendo em conta as contribuições iniciais das instituições de crédito de dimensão similar.

[115] Redacção dada pelo artigo 1.º do Decreto-Lei n.º 246/95, de 14 de Setembro. A redacção original era a seguinte:

Artigo 161.º
Contribuições periódicas

1 – ...

2 – O valor da contribuição anual de cada instituição de crédito será em função do valor médio dos saldos mensais dos depósitos do ano anterior, não considerando os depósitos excluídos nos termos do artigo 164.º.

3 – O Banco de Portugal fixará, ouvidos o Fundo e as associações representativas das instituições de crédito, os escalões da contribuição anual e dos respectivos limites máximos, podendo utilizar critérios de regressividade e atender à situação de solvabilidade das instituições.

Regime Geral das Instituições de Crédito e Sociedades Financeiras **3.11.**

dispensadas de efectuar o respectivo pagamento no prazo estabelecido no n.º 1 desde que assumam o compromisso, irrevogável e caucionado por penhor de valores mobiliários, de pagamento ao Fundo, em qualquer momento em que este o solicite, da totalidade ou de parte do montante da contribuição que não tiver sido pago em numerário.

ARTIGO 162.º[116]
Contribuições especiais

1 – Quando os recursos do Fundo se mostrem insuficientes para o cumprimento das suas obrigações, o Ministro das Finanças, sob proposta da comissão directiva, poderá determinar, mediante portaria, que as instituições de crédito participantes efectuem contribuições especiais, e definir os montantes, prestações, prazos e demais termos dessas contribuições.

2 – O valor global das contribuições especiais de uma instituição de crédito não poderá exceder, em cada período de exercício do Fundo, o valor da respectiva contribuição anual.

3 – Sob proposta do Fundo, o Ministro das Finanças poderá isentar as novas instituições participantes, com excepção das referidas no n.º 2 do artigo 160.º, da obrigação de efectuar contribuições especiais durante um período de três anos.

ARTIGO 163.º[117]
Aplicação de recursos

Sem prejuízo do disposto no artigo 167.º-A, o Fundo aplicará os recursos disponíveis em operações financeiras, mediante plano de aplicações acordado com o Banco de Portugal.

ARTIGO 164.º[118]
Depósitos garantidos

O Fundo garante, até aos limites previstos no artigo 166.º, o reembolso:

---

[116] Alterado pelo artigo 1.º do Decreto-Lei n.º 246/95, de 14 de Setembro, que aditou o n.º 3.

[117] Redacção dada pelo artigo 1.º do Decreto-Lei n.º 201/2002, de 26 de Setembro. A redacção original era a seguinte:

O Fundo aplicará os recursos disponíveis em operações financeiras, mediante plano de aplicações acordado com o Banco de Portugal.

[118] Redacção dada pelo artigo 1.º do Decreto-Lei n.º 246/95, de 14 de Setembro. A redacção original era a seguinte:

Artigo 164.º
Depósitos excluídos da garantia

O Fundo garante, até ao limite referido no artigo seguinte, o reembolso dos depósitos abrangidos pelos artigos 155.º e 156.º, com excepção dos que tenham por titulares instituições de crédito, sociedades

a) Dos depósitos captados em Portugal ou noutros Estados membros da Comunidade Europeia por instituições de crédito com sede em Portugal, sem prejuízo de, até 31 de Dezembro de 1999, a garantia dos que forem captados nestes Estados membros por sucursais das mencionadas instituições ter como limites o nível e o âmbito de cobertura oferecidos pelo sistema de garantia do país de acolhimento, se forem inferiores aos proporcionados pelo Fundo;
b) Dos depósitos captados em Portugal por sucursais referidas nas alíneas *b)* e *c)* do n.º 1 do artigo 156.º;
c) Dos depósitos captados em Portugal por sucursais de instituições de crédito com sede noutros Estados membros da Comunidade Europeia que participem voluntariamente no Fundo, na parte que exceda a garantia prevista no sistema do país de origem.

ARTIGO 165.º[119]
Depósitos excluídos da garantia

Excluem-se da garantia de reembolso:
a) Os depósitos constituídos em seu nome e por sua própria conta por instituições de crédito, sociedades financeiras, instituições financeiras, empresas seguradoras, sociedades gestoras de fundos de pensões ou entidades do sector público administrativo;

---

financeiras, instituições financeiras, seguradoras, sociedades gestoras de fundos de pensões ou entidades do sector público administrativo.

[119] Redacção dada pelo artigo 1.º do Decreto-Lei n.º 246/95, de 14 de Setembro. A redacção original era a seguinte:

Artigo 165.º
Limites de garantia

1 – O Fundo garante o reembolso da totalidade do valor global dos saldos em dinheiro de cada depositante, sempre que esse valor não ultrapasse o montante fixado por portaria do Ministro das Finanças, ouvido o Banco de Portugal.

2 – No caso de depósitos cujo saldo global ultrapasse o montante fixado nos termos do número anterior, serão consideradas parcelas iguais a esse montante, no máximo de três, garantindo o Fundo o reembolso de 100% da primeira, 75% da segunda e 50% da terceira.

3 – Para os efeitos dos números anteriores, considerar-se-ão os saldos existentes à data em que se verificar a indisponibilidade dos depósitos.

4 – O valor global referido nos números anteriores será determinado com observância dos seguintes critérios:
  a) Considerar-se-á o conjunto das contas de depósito de que o interessado seja titular na instituição em causa, independentemente da sua modalidade;
  b) Incluir-se-ão nos saldos dos depósitos os respectivos juros, contados até à data referida no n.º 3;
  c) Serão convertidos em escudos, ao câmbio da mesma data, os saldos dos depósitos expressos em moeda estrangeira constituídos nos estabelecimentos da instituição em Portugal;
  d) Presumir-se-á inelidivelmente que pertencem em partes iguais aos titulares os saldos das contas colectivas, quer conjuntas, quer solidárias;
  e) Presumir-se-á inelidivelmente que pertencem aos representados as contas abertas em nome de representantes, legais ou voluntários.

Regime Geral das Instituições de Crédito e Sociedades Financeiras **3.11.**

b) Os depósitos decorrentes de operações em relação às quais tenha sido proferida uma condenação penal, transitada em julgado, pela prática de actos de branqueamento de capitais;
c) Os depósitos constituídos em nome de fundos de investimento, fundos de pensões ou outras instituições de investimento colectivo;
d) Os depósitos de que sejam titulares membros dos órgãos de administração ou fiscalização da instituição de crédito, accionistas que nela detenham participações qualificadas, revisores oficiais de contas ao serviço da instituição, auditores externos que lhe prestem serviços de auditoria ou pessoas com estatuto semelhante noutras empresas que se encontrem em relação de domínio ou de grupo com a instituição;
e) Os depósitos de que sejam titulares cônjuge, parentes ou afins em 1.º grau ou terceiros que actuem por conta de depositantes referidos na alínea anterior;
f) Os depósitos de que sejam titulares empresas que se encontrem em relação de domínio ou de grupo com a instituição de crédito;
g) Os depósitos relativamente aos quais o titular tenha injustificadamente obtido da instituição de crédito, a título individual, taxas ou outras vantagens financeiras que tenham contribuído para agravar a situação financeira da instituição de crédito.

ARTIGO 166.º[120]
Limites da garantia

1 – O Fundo garante o reembolso da totalidade do valor global dos saldos em dinheiro de cada depositante, desde que esse valor não ultrapasse os 25 000 ecu.

---

[120] Redacção dada pelo artigo 24.º do Decreto-Lei n.º 222/99, de 22 de Junho. A redacção anterior, aprovada pelo Decreto-Lei n.º 246/95, de 14 de Setembro era a seguinte:
1 – O Fundo garante o reembolso da totalidade do valor global dos saldos em dinheiro de cada depositante, sempre que esse valor não ultrapasse o montante fixado por portaria do Ministro das Finanças, ouvido o Banco de Portugal.
2 – No caso de depósitos cujo saldo global ultrapasse o montante fixado nos termos do número anterior, serão consideradas parcelas iguais a esse montante, no máximo de três, garantindo o Fundo o reembolso de 100% da primeira, 75% da segunda e 50% da terceira.
3 – Para os efeitos dos números anteriores, considerar-se-ão os saldos existentes à data em que se verificar a indisponibilidade dos depósitos.
4 – O valor global referido nos números anteriores será determinado com observância dos seguintes critérios:
 a) Considerar-se-á o conjunto das contas de depósito de que o interessado seja titular na instituição em causa, independentemente da sua modalidade;
 b) Incluir-se-ão nos saldos dos depósitos os respectivos juros, contados até à data referida no n.º 3;
 c) Serão convertidos em escudos, ao câmbio da mesma data, os saldos de depósitos expressos em moeda estrangeira;
 d) Na ausência de disposição em contrário, presumir-se-á que pertencem em partes iguais aos titulares os saldos das contas colectivas, conjuntas ou solidárias;
 e) Se o titular da conta não for o titular do direito aos montantes depositados e este tiver sido identificado ou for identificável antes de verificada a indisponibilidade dos depósitos, a garantia cobre o titular do direito;

2 – Para os efeitos do número anterior, considerar-se-ão os saldos existentes à data em que se verificar a indisponibilidade dos depósitos.

3 – O valor referido no n.º 1 será determinado com observância dos seguintes critérios:
 a) Considerar-se-á o conjunto das contas de depósito de que o interessado seja titular na instituição em causa, independentemente da sua modalidade;
 b) Incluir-se-ão nos saldos dos depósitos os respectivos juros, contados até à data referida no n.º 3 [121];
 c) Serão convertidos em escudos, ao câmbio da mesma data, os saldos de depósitos expressos em moeda estrangeira;
 d) Na ausência de disposição em contrário, presumir-se-á que pertencem em partes iguais aos titulares os saldos das contas colectivas, conjuntas ou solidárias;
 e) Se o titular da conta não for o titular do direito aos montantes depositados e este tiver sido identificado ou for identificável antes de verificada a indisponibilidade dos depósitos, a garantia cobre o titular do direito;
 f) Se o direito tiver vários titulares, a parte imputável a cada um deles, nos termos da regra constante da alínea d), será tomada em consideração no cálculo do limite previsto no n.º 1;
 g) Os depósitos numa conta à qual tenham acesso várias pessoas na qualidade de membros de uma associação ou de uma comissão especial desprovidos de personalidade jurídica são agregados como se tivessem sido feitos por um único depositante e não contam para efeitos do cálculo do limite previsto no n.º 1 aplicável a cada uma dessas pessoas.

ARTIGO 167.º [122]
Efectivação do reembolso

1 – O reembolso deve ter lugar no prazo de três meses a contar da data em que os depósitos se tornarem indisponíveis, podendo o Fundo, em circunstâncias excep-

---

 f) Se o direito tiver vários titulares, a parte imputável a cada um deles, nos termos da regra constante da alínea d), será tomada em consideração no cálculo dos limites previstos nos n.os 1 e 2;
 g) Os depósitos numa conta à qual tenham acesso várias pessoas na qualidade de membros de uma associação ou de uma comissão especial, desprovidos de personalidade jurídica, são agregados como se tivessem sido feitos por um único depositante e não contam para efeitos do cálculo dos limites previstos nos n.os 1 e 2 aplicáveis a cada uma dessas pessoas.
Na sua versão inicial o presente artigo tinha a seguinte redacção:

Artigo 166.º
Recusa do reembolso

O Fundo não reembolsará o depositante que seja responsável por circunstâncias que hajam causado ou agravado as dificuldades financeiras da instituição, ou que dessas circunstâncias tenham tirado proveito, directa ou indirectamente.

[121] Dada a alteração introduzida pelo Decreto-Lei n.º 222/99, a data relevante vem referida no n.º 2.

[122] Redacção dada pelo artigo 1.º do Decreto-Lei n.º 246/95, de 14 de Setembro. A redacção original era a seguinte (corrigiu-se, tal como no artigo 167.º/6, "subrogado" para sub-rogado):

cionais e relativamente a casos individuais, solicitar ao Banco de Portugal três prorrogações, no máximo, daquele prazo, não podendo nenhuma delas ter duração superior a três meses.

2 – Salvaguardando o prazo de prescrição estabelecido na lei geral, o termo do prazo previsto no número anterior não prejudica o direito dos depositantes a reclamarem do Fundo o montante que por este lhes for devido.

3 – Se o titular da conta ou do direito aos montantes depositados tiver sido pronunciado pela prática de actos de branqueamento de capitais, o Fundo suspenderá o reembolso do que lhe for devido até ao trânsito em julgado da sentença final.

4 – Considera-se que há indisponibilidade dos depósitos quando:

a) A instituição depositária, por razões directamente relacionadas com a sua situação financeira, não tiver efectuado o respectivo reembolso nas condições legais e contratuais aplicáveis e o Banco de Portugal tiver verificado, no prazo máximo de 21 dias após se ter certificado pela primeira vez dessa ocorrência, que a instituição não mostra ter possibilidade de restituir os depósitos nesse momento nem perspectivas de vir a fazê-lo nos dias mais próximos; ou

b) O Banco de Portugal tornar pública a decisão pela qual revogue a autorização da instituição depositária, caso tal publicação ocorra antes da verificação na alínea anterior; ou

c) Relativamente aos depósitos constituídos em sucursais de instituições de crédito com sede noutros Estados membros da Comunidade Europeia, for recebida uma declaração da autoridade de supervisão do país de origem comprovando que se encontram indisponíveis os depósitos captados por essa instituição.

5 – A instituição depositária é obrigada a fornecer ao Fundo uma relação completa dos créditos dos depositantes, bem como todas as demais informações de que aquele careça para satisfazer os seus compromissos, podendo o Fundo analisar a contabilidade da instituição e recolher nas instalações desta quaisquer outros elementos de informação relevantes.

6 – O Fundo ficará sub-rogado nos direitos dos depositantes na medida dos reembolsos que tiver efectuado.

Artigo 167.º
Efectivação do reembolso

1 – O reembolso deve ter lugar no prazo de seis meses a contar da data em que os depósitos se tornarem indisponíveis, ou em prazo mais curto, se o Fundo o puder fazer com segurança.

2 – Considera-se que há indisponibilidade dos depósitos quando a instituição de crédito depositária estiver impossibilitada, por cinco dias úteis consecutivos, de efectuar o reembolso nas condições legais e contratuais aplicáveis, ou na data em que for tornada pública a decisão que revogue a autorização da instituição depositária.

3 – A instituição depositária é obrigada a fornecer ao Fundo uma relação completa dos créditos dos depositantes, bem como todas as demais informações de que aquele careça para satisfazer os seus compromissos, podendo o Fundo analisar a contabilidade da instituição e recolher nas instalações desta quaisquer outros elementos de informação relevantes.

4 – O Fundo ficará sub-rogado nos direitos dos depositantes na medida dos reembolsos que tiver efectuado.

ARTIGO 167.º-A[123]
Regra de assistência

1 – O Fundo poderá participar em operações que considere adequadas para eliminar situações de desequilíbrio financeiro em que se encontrem instituições de crédito participantes.

2 – O Fundo deve confinar as suas operações de apoio financeiro a casos em que exista forte probabilidade de as situações de desequilíbrio virem a ser eliminadas em curto período de tempo, os objectivos estejam perfeitamente definidos e delimitados e seja assegurada a forma de cessação do apoio do Fundo.

3 – A realização das operações de apoio financeiro a que se referem os números anteriores depende de decisão unânime dos membros da comissão directiva do Fundo, de parecer favorável da associação referida no n.º 1 do artigo 158.º e de o Banco de Portugal considerar essas operações adequadas à resolução das situações em causa.

ARTIGO 168.º
Serviços

O Banco de Portugal assegurará os serviços técnicos e administrativos indispensáveis ao bom funcionamento do Fundo.

ARTIGO 169.º
Períodos de exercício

Os períodos de exercício do Fundo correspondem ao ano civil.

ARTIGO 170.º
Plano de contas

O plano de contas do Fundo será organizado de modo a permitir identificar claramente a sua estrutura patrimonial e o seu funcionamento e a registar todas as operações realizadas.

ARTIGO 171.º
Fiscalização

O Conselho de Auditoria do Banco de Portugal acompanhará a actividade do Fundo, zelará pelo cumprimento das leis e regulamentos e emitirá parecer acerca das contas anuais.

---

[123] Aditado pelo artigo 11.º do Decreto-Lei n.º 201/2002, de 26 de Setembro.

ARTIGO 172.º
Relatório e contas

Até 31 de Março de cada ano, o Fundo apresentará ao Ministro das Finanças, para aprovação, relatório e contas referido a 31 de Dezembro do ano anterior e acompanhados do parecer do Conselho de Auditoria do Banco de Portugal.

ARTIGO 173.º
Regulamentação

1 – O Ministro das Finanças aprovará por portaria e sob proposta da comissão directiva, os regulamentos necessários à actividade do Fundo.

2 – Compete igualmente ao Ministro das Finanças fixar as remunerações dos membros da comissão directiva.

TÍTULO X
Sociedades financeiras

CAPÍTULO I
Autorização de sociedades financeiras com sede em Portugal

ARTIGO 174.º
Requisitos gerais

1 – As sociedades financeiras com sede em Portugal devem satisfazer os seguintes requisitos:
 a) Corresponder a um dos tipos previstos na lei portuguesa;
 b) Ter por objecto alguma ou algumas das actividades referidas no artigo 5.º, ou outra actividade prevista em lei especial;
 c) Ter capital social não inferior ao mínimo legal.

2 – Na data da constituição, capital social deve estar inteiramente subscrito e realizado em montante não inferior ao mínimo legal.

ARTIGO 175.º
Autorização

1 – A constituição de sociedades financeiras com sede em Portugal depende de autorização a conceder, caso a caso, pelo Banco de Portugal.

2 – À autorização e ao correspondente pedido aplica-se o disposto nos artigos 17.º, 18.º e 19.º e no n.º 2 do artigo 20.º.

ARTIGO 176.º[124]
Recusa de autorização

A autorização para a constituição de sociedades financeiras será recusada sempre que:
a) O pedido de autorização não estiver instruído com todas as informações e documentos necessários;
b) A instrução do pedido enfermar de inexactidões ou de falsidades;
c) A sociedade a constituir não corresponder aos requisitos estabelecidos no artigo 174.º;
d) O Banco de Portugal não considerar demonstrado que todos os accionistas satisfazem os requisitos estabelecidos no artigo 103.º;
e) A sociedade não dispuser de meios técnicos e recursos financeiros suficientes para o tipo e volume das operações que pretende realizar.

ARTIGO 177.º[125]
Caducidade da autorização

1 – A autorização de uma sociedade financeira caduca se os requerentes a ela expressamente renunciarem ou se a sociedade não iniciar actividade no prazo de 12 meses.

2 – O Banco de Portugal poderá, a pedido dos interessados, prorrogar o prazo referido no número anterior por igual período.

3 – A autorização caduca ainda se a sociedade for dissolvida, sem prejuízo da prática dos actos necessários à respectiva liquidação.

ARTIGO 178.º[126]
Revogação da autorização

1 – A autorização de uma sociedade financeira pode ser revogada com os seguintes fundamentos, além de outros legalmente previstos:

---

[124] Pelo artigo 1.º do Decreto-Lei n.º 201/2002, de 26 de Setembro, foi dada nova redacção à alínea d); era a seguinte a versão original:
d) O Banco de Portugal não considerar demonstrado que todos os detentores de participações qualificadas satisfazem os requisitos estabelecidos no artigo 103.º;
[125] Redacção dada pelo artigo 1.º do Decreto-Lei n.º 201/2002, de 26 de Setembro. A redacção original era a seguinte:
1 – A autorização de uma sociedade financeira caduca se os requerentes a ela expressamente renunciarem, se a sociedade não for constituída no prazo de seis meses ou se não iniciar actividade no prazo de 12 meses.
2 – A autorização caduca ainda se a sociedade for dissolvida, sem prejuízo da prática dos actos necessários à respectiva liquidação.
[126] Alterado pelo artigo 1.º do Decreto-Lei n.º 201/2002, de 26 de Setembro, que deu nova redacção ao n.º 2; era a seguinte a sua redacção original:
2 – A revogação da autorização implica dissolução e liquidação da sociedade.
O artigo 24.º do Decreto-Lei n.º 222/99, de 22 de Junho, havia aditado uma alínea h) à versão original; substituiu-se o ponto inserido no final da alínea g), por ponto e vírgula.

a) Se tiver sido obtida por meio de falsas declarações ou outros expedientes ilícitos, independentemente das sanções penais que ao caso couberem;
b) Se deixar de se verificar algum dos requisitos estabelecidos no artigo 174.°;
c) Se a actividade da sociedade não corresponder ao objecto estatutário autorizado;
d) Se a sociedade cessar actividade ou a reduzir para nível insignificante por período superior a 12 meses;
e) Se se verificarem irregularidades graves na administração, organização contabilística ou fiscalização interna da sociedade;
f) Se a sociedade não puder honrar os seus compromissos, em especial quanto à segurança dos fundos que lhe tiverem sido confiados;
g) Se a sociedade violar as leis ou os regulamentos que disciplinam a sua actividade, ou não observar as determinações do Banco de Portugal, por modo a pôr em risco os interesses dos investidores e demais credores ou as condições normais de funcionamento do mercado monetário, financeiro ou cambial;
h) Se a sociedade não cumprir as obrigações decorrentes da sua participação no Sistema de Indemnização aos Investidores.

2 – A revogação da autorização implica dissolução e liquidação da sociedade salvo se, no caso indicado na alínea *d)* do número anterior, o Banco de Portugal o dispensar.

ARTIGO 179.°
Competência e forma da revogação

A competência e a forma da revogação regem-se pelo disposto no artigo 23.°.

ARTIGO 180.°[127]
Regime especial

As sociedades financeiras, relativamente às quais se verifique alguma das circunstâncias mencionadas no artigo 24.°, estão sujeitas, com as necessárias adaptações, ao disposto nos artigos 25.° e 26.°, nos n.ºˢ 1, 2 e 3 do artigo 27.° e no artigo 28.°.

ARTIGO 181.°[128]
Sociedades gestoras de fundos de investimento

Às sociedades gestoras de fundos de investimento aplica-se o disposto no artigo 29.°-A.

---

[127] Revogado pelo artigo 14.° do Decreto-Lei n.° 201/2002, de 26 de Setembro; mantém-se a sua inserção no texto, mas em itálico.

[128] Redacção dada pelo artigo 1.° do Decreto-Lei n.° 232/96, de 5 de Dezembro; a redacção original era a seguinte:

ARTIGO 182.º
Administração e fiscalização

Salvo o disposto em lei especial, são aplicáveis às sociedades financeiras, com as necessárias adaptações, os artigos 30.º a 33.º.

ARTIGO 183.º[129]
Alterações estatutárias

Estão sujeitas a prévia autorização do Banco de Portugal as alterações dos contratos de sociedade e a fusão e cisão das sociedades financeiras, nos termos dos artigos 34.º e 35.º.

CAPÍTULO II
Actividade no estrangeiro de sociedades financeiras com sede em Portugal

ARTIGO 184.º
Sucursais de filiais de instituições de crédito em países comunitários

1 – O disposto no artigo 36.º, no n.º 1 do artigo 37.º e nos artigos 38.º a 40.º aplica-se ao estabelecimento, em Estados membros da Comunidade Europeia, de sucursais de sociedades financeiras com sede em Portugal, quando estas sociedades financeiras, por sua vez, sejam filiais de uma ou várias instituições de crédito que estejam sujeitas à lei portuguesa, gozem de regime legal que lhes permita o exercício de uma ou mais actividades referidas nos n.os 2 a 12 da lista anexa à Directiva

---

Artigo 181.º
Intervenção da Comissão do Mercado de Valores Mobiliários

1 – Sempre que o objecto da sociedade financeira compreender alguma actividade de intermediação de valores mobiliários, a autorização da constituição da sociedade será precedida de parecer da Comissão do Mercado de Valores Mobiliários.

2– A Comissão emitirá parecer no prazo de dois meses, entendendo-se em caso de silêncio que se pronunciou em sentido favorável à autorização.

3 – A revogação da autorização de sociedade financeira abrangida pelo n.º 1 deve ser precedida de consulta da Comissão, a qual se pronunciará no prazo de 15 dias, entendendo-se em caso de silêncio que se pronunciou em sentido favorável à revogação.

[129] O artigo 1.º do Decreto-Lei n.º 201/2002, de 26 de Setembro, eliminou os n.os 2 e 3 da versão original, mantendo o n.º 1 que passou a corpo do artigo; era a seguinte a redacção daqueles números:

2 – Tratando-se de sociedades financeiras que exerçam alguma actividade de intermediação de valores mobiliários, o Banco de Portugal solicitará parecer prévio da Comissão do Mercado de Valores Mobiliários sempre que tenha de decidir da autorização.

3 – O parecer da Comissão deve ser emitido no prazo de 5 dias, nos casos do artigo 34.º, e 15 dias, nos casos do artigo 35.º, entendendo-se, em caso de silêncio, que a Comissão se pronunciou em sentido favorável ao pedido.

n.º 89/646/CEE do Conselho, de 15 de Dezembro de 1989, e preencham cumulativamente as seguintes condições:
   a) Se as empresas-mãe forem autorizadas como instituições de crédito em Portugal;
   b) Se as actividades em questão forem efectivamente exercidas em território português;
   c) Se as empresas-mãe detiverem 90% ou mais dos direitos de voto correspondentes ao capital da filial;
   d) Se as empresas-mãe assegurarem, a contento do Banco de Portugal, a gestão prudente da filial e se declararem, com a anuência do mesmo Banco, solidariamente garantes dos compromissos assumidos pela filial;
   e) Se a filial for efectivamente incluída, em especial no que respeita às actividades em questão, na supervisão em base consolidada a que estiver sujeita a respectiva empresa-mãe ou cada uma das empresas-mãe, nomeadamente no que se refere ao cálculo do rácio de solvabilidade, ao controlo de grandes riscos e à limitação de participações noutras sociedades;
   f) Se a filial estiver também sujeita a supervisão em base individual.

2 – Da comunicação referida no n.º 1 do artigo 37.º deverá constar o montante dos fundos próprios da sociedade financeira e o rácio de solvabilidade consolidado da instituição de crédito que constitui a respectiva empresa-mãe.

3 – Se uma sociedade financeira que beneficie do disposto no presente artigo deixar de preencher algumas das condições referidas, o Banco de Portugal informará do facto as autoridades de supervisão dos países onde a sociedade tenha estabelecido sucursais.

ARTIGO 185.º
Sucursais de outras sociedades no estrangeiro

As sociedades financeiras com sede em Portugal que não sejam abrangidas pelo artigo anterior e pretendam estabelecer sucursais em país estrangeiro observarão o disposto no artigo 42.º.

ARTIGO 186.º
**Intervenção da Comissão
do Mercado de Valores Mobiliários**

Sempre que o objecto da sociedade financeira que pretende estabelecer sucursal no estrangeiro compreender alguma actividade de intermediação de valores mobiliários, o Banco de Portugal solicitará parecer da Comissão do Mercado de Valores Mobiliários, aplicando-se o disposto no n.º 2 do artigo 181.º.

ARTIGO 187.º
Prestação de serviços noutros Estados membros da Comunidade Europeia

1 – A prestação de serviços noutro Estado membro da Comunidade Europeia por uma sociedade financeira que preencha as condições referidas no n.º 1 do artigo 184.º obedece ao disposto no artigo 43.º, devendo a comunicação do Banco de Portugal aí prevista ser acompanhada por comprovativo do preenchimento daquelas condições.

2 – É aplicável, com as necessárias adaptações, o n.º 3 do artigo 184.º.

CAPÍTULO III
Actividade em Portugal de instituições financeiras com sede no estrangeiro

ARTIGO 188.º
Sucursais de filiais de instituições de crédito de países comunitários

1 – Rege-se pelo disposto nos artigos 44.º e 46.º a 56.º o estabelecimento, em Portugal, de sucursais de instituições financeiras sujeitas à lei de outros Estados membros da Comunidade Europeia quando estas instituições tenham a natureza de filial de instituição de crédito ou de filial comum de várias instituições de crédito, gozem de regime que lhes permita exercer uma ou mais das actividades referidas nos n.ᵒˢ 2 a 12 da lista anexa à Directiva n.º 89/646/CEE do Conselho, de 15 de Dezembro de 1989, e preencham cumulativamente as seguintes condições:

a) Se as empresas-mãe forem autorizadas como instituições de crédito no Estado membro a cuja lei a filial se encontrar sujeita;

b) Se as actividades em questão forem efectivamente exercidas no território do mesmo Estado membro;

c) Se as empresas-mãe detiverem 90% ou mais dos direitos de voto correspondentes ao capital da filial;

d) Se as empresas-mãe assegurarem, a contento das autoridades de supervisão do Estado membro de origem, a gestão prudente da filial e se declararem, com a anuência das mesmas autoridades, solidariamente garantes dos compromissos assumidos pela filial;

e) Se a filial for efectivamente incluída, em especial no que respeita às actividades em questão, na supervisão em base consolidada a que estiver sujeita a respectiva empresa-mãe ou cada uma das empresas-mãe, nomeadamente no que se refere ao cálculo do rácio de solvabilidade, ao controlo de grandes riscos e à limitação de participações noutras sociedades;

f) Se a filial estiver também sujeita a supervisão em base individual pelas autoridades do Estado membro de origem, nos termos exigidos pela legislação comunitária.

2 – É condição do estabelecimento que o Banco de Portugal receba, da autoridade de supervisão do país de origem, comunicação da qual constem as informações mencionadas nas alíneas *a*), feitas as necessárias adaptações, *b*) e *c*) do n.º 1 do artigo 49.º, o montante dos fundos próprios da instituição financeira, o rácio de solvabilidade consolidado da instituição de crédito que constitui a empresa-mãe da instituição financeira titular e um atestado, passado pela autoridade de supervisão do país de origem, comprovativo da verificação das condições referidas no número anterior.

3 – Se uma instituição financeira deixar de preencher alguma das condições previstas no n.º 1 do presente artigo, as sucursais que tenha estabelecido em território português ficam sujeitas ao regime dos artigos 189.º e 190.º.

4 – O disposto nos n.ᵒˢ 1, 3 e 4 do artigo 122.º e nos artigos 123.º e 124.º é aplicável, com as necessárias adaptações, às filiais referidas no presente artigo.

ARTIGO 189.º
Outras sucursais

1 – Rege-se pelo disposto nos artigos 44.º a 47.º e 57.º a 59.º o estabelecimento em Portugal de sucursais de instituições financeiras com sede no estrangeiro não abrangidos pelo artigo anterior e que correspondam a um dos tipos previstos no artigo 6.º.

2 – O disposto no artigo 181.º é aplicável ao estabelecimento das sucursais referidas no número anterior, quando as mesmas se proponham exercer no País alguma actividade de intermediação de valores mobiliários.

ARTIGO 190.º
Âmbito de actividade

A autorização para o estabelecimento, em Portugal, de sucursais referidas no artigo anterior não será concedida de modo a permitir exercício de actividades em termos mais amplos do que os legalmente estabelecidos para as instituições de tipo equivalente com sede em Portugal.

ARTIGO 191.º
Prestação de serviços

À prestação de serviços, no País, por instituições financeiras que preencham as condições referidas no artigo 188.º é aplicável o disposto nos artigos 60.º e 61.º, devendo a comunicação mencionada no n.º 1 do artigo 61.º ser acompanhada de certificado, passado pela autoridade de supervisão do país de origem, comprovativo de que se verificam as condições referidas no n.º 1 do artigo 188.º.

ARTIGO 192.º
Escritórios de representação

A instalação e o funcionamento, em Portugal, de escritórios de representação de instituições financeiras com sede no estrangeiro regulam-se, com as necessárias adaptações, pelo disposto nos artigos 62.º a 64.º e 125.º.

ARTIGO 193.º
Intervenção da Comissão do Mercado de Valores Mobiliários

No caso de o objecto das instituições financeiras referidas no artigo anterior incluir o exercício de actividades de intermediação de valores mobiliários, é aplicável, com as necessárias adaptações, o disposto nos n.os 1 e 2 do artigo 181.º.

CAPÍTULO IV
Outras disposições

ARTIGO 194.º
Registo

1 – As sociedades financeiras não podem iniciar a sua actividade enquanto não se encontrarem inscritas em registo especial no Banco de Portugal.
2 – É aplicável, com as devidas adaptações, o disposto nos artigos 65.º a 72.º.

ARTIGO 195.º
Regras de conduta

Salvo o disposto em lei especial, as sociedades financeiras estão sujeitas, com as necessárias adaptações, às normas contidas nos artigos 73.º a 90.º.

ARTIGO 196.º[130]
Normas prudenciais

1 – Salvo o disposto em lei especial, é aplicável às sociedades financeiras o disposto nos artigos 94.º a 97.º, 99.º e 115.º

---

[130] Redacção dada pelo artigo 1.º do Decreto-Lei n.º 201/2002, de 26 de Setembro; a redacção anterior, dada pelo artigo 1.º do Decreto-Lei n.º 232/96, de 5 de Dezembro, era a seguinte:
Salvo o disposto em lei especial, é aplicável às sociedades financeiras o disposto nos artigos 94.º a 97.º, 99.º e 102.º, nos n.os 1, 2, 4, 6 e 7 do artigo 103.º e nos artigos 104.º a 111.º e 115.º.
A redacção original era a seguinte:
1 – Salvo o disposto em lei especial, é aplicável às sociedades financeiras o disposto nos artigos 94.º a 97.º, 99.º e 102.º, nos n.os 1, 2, 4 e 6 do artigo 103.º e nos artigos 104.º a 111.º e 115.º.
2 – Tratando-se de sociedades financeiras que exerçam alguma actividade de intermediação de valores mobiliários, observar-se-á o seguinte:

2 – Os adquirentes de participações iguais ou superiores a 10% do capital ou dos direitos de voto de sociedade financeira não abrangida pelo título X-A devem comunicar o facto ao Banco de Portugal, nos termos previstos no artigo 104.º, podendo o Banco de Portugal exigir a prestação das informações a que se refere o n.º 7 do artigo 103.º e usar dos poderes previstos no artigo 106.º.

ARTIGO 197.º[131]
Supervisão

1 – Salvo o disposto em lei especial, é aplicável às sociedades financeiras, com as necessárias adaptações, o disposto nos artigos 93.º, 116.º, 118.º a 121.º e 125.º a 128.º.

2 – Quando uma instituição financeira com sede no estrangeiro, e que em Portugal preste serviços ou disponha de escritório de representação, exerça no País actividade de intermediação de valores mobiliários, a supervisão dessa actividade compete igualmente à Comissão do Mercado de Valores Mobiliários.

ARTIGO 198.º
Saneamento

1 – Salvo o disposto em lei especial, é aplicável, com as necessárias adaptações, às sociedades financeiras e às sucursais estabelecidas em Portugal o disposto nos artigos 139.º a 153.º.

2 – Tratando-se de sociedades financeiras que exerçam alguma actividade de intermediação de valores mobiliários, o Banco de Portugal manterá a Comissão do Mercado de Valores Mobiliários informada das providências que tomar nos termos dos artigos referidos no número anterior e, sempre que possível, ouvi-la-á antes de tomar alguma das providências ou decisões previstas nos artigos 141.º a 145.º e 152.º.

ARTIGO 199.º
Remissão

Em tudo quanto não contrarie o disposto no presente diploma, as sociedades financeiras regem-se pela legislação especial aplicável.

---

a) O Banco de Portugal solicitará parecer da Comissão do Mercado de Valores Mobiliários antes de se pronunciar nos termos do n.º 1 do artigo 103.º e do artigo 106.º, devendo o parecer ser proferido no prazo de um mês e considerando-se, em caso de silêncio, que a Comissão se pronunciou favoravelmente ao pedido;

b) As comunicações previstas nos artigos 104.º, 107.º e 108.º devem ser igualmente dirigidas àquela Comissão.

[131] Redacção dada pelo artigo 1.º do Decreto-Lei n.º 201/2002, de 26 de Setembro; a redacção original era a seguinte:
1 – Salvo o disposto em lei especial, é aplicável às sociedades financeiras, com as necessárias adaptações, o disposto nos artigos 93.º, 116.º, 118.º a 121.º e 125.º a 129.º.
2 – ...

TÍTULO X-A[132]
Serviços de investimento, empresas de investimento e sociedades gestoras de fundos de investimento mobiliário

CAPÍTULO I
Disposição geral

ARTIGO 199.º-A[133]
Definições

Para efeitos deste título, entende-se por:
1.º Serviços de investimento:
 a) Recepção e transmissão, por conta de investidores, de ordens relativas a qualquer dos instrumentos financeiros referidos no n.º 2 deste artigo;
 b) Execução, por conta de terceiros, de ordens relativas a qualquer dos instrumentos financeiros referidos no n.º 2 deste artigo;
 c) Negociação, por conta própria, de qualquer dos instrumentos financeiros referidos no n.º 2 deste artigo;
 d) Gestão de carteiras de investimento, numa base discricionária e individualizada, no âmbito de mandato conferido pelos investidores, sempre que essas carteiras incluam algum dos instrumentos financeiros referidos no n.º 2 deste artigo;
 e) Colocação, com ou sem tomada firme, de qualquer dos instrumentos financeiros referidos no n.º 2 deste artigo;
2.º Instrumentos financeiros: os indicados na secção B do anexo à Directiva n.º 93/22/CEE, do Conselho, de 10 de Maio de 1993;
3.º Empresas de investimento: empresas em cuja actividade habitual se inclua a prestação de serviços de investimento a terceiros e que estejam sujeitas aos requisitos de fundos próprios previstos na Directiva n.º 93/6/CEE, do Conselho, de 15 de Março de 1993, com excepção das instituições de crédito e das entidades abrangidos no âmbito de previsão do n.º 2 do artigo 2.º da Directiva n.º 93/22/CEE, do Conselho, de 10 de Maio de 1993.
4.º Sociedade gestora de fundos de investimento mobiliário – qualquer sociedade cuja actividade principal consista na gestão de fundos de investimento mobiliário ou de sociedades de investimento mobiliário que obedeçam aos requisitos da Directiva n.º 85/611/CEE do Conselho, de 20 de Dezembro.

---

[132] A epígrafe do título X-A foi alterada pelo artigo 3.º do Decreto-Lei n.º 252/2003, de 17 de Outubro; a epígrafe anterior era a seguinte: "**Serviços de investimento e empresas de investimento**". O título X-A havia sido aditado pelo artigo 2.º do Decreto-Lei n.º 232/96, de 5 de Dezembro.

[133] O artigo 3.º do Decreto-Lei n.º 252/2003, de 17 de Outubro, aditou o actual n.º 4.º.

ARTIGO 199.º-B[134]
Regime jurídico

1 – As empresas de investimento e as sociedades gestoras de fundos de investimento mobiliário estão sujeitas a todas as normas do presente diploma aplicáveis às sociedades financeiras e, em especial, às disposições do presente título.

2 – O disposto nas alíneas *e*) e *f*) do artigo 199.º-E é também aplicável às instituições de crédito, no âmbito da prestação de serviços de investimento.

CAPÍTULO II
Autorização de empresas de investimento com sede em Portugal

ARTIGO 199.º-C[135]
Autorização de empresas de investimento com sede em Portugal

O título II é aplicável, com as necessárias adaptações, às empresas de investimento com sede em Portugal, com as seguintes modificações:
 a) Não é aplicável a alínea *b*) do n.º 1 do artigo 14.º;
 b) O capital das empresas de investimento que adoptem a forma de sociedade anónima deve ser representado por acções nominativas ou ao portador registadas;
 c) Os n.os 3 a 5 do artigo 16.º só são aplicáveis quando a empresa de investimento seja filial de empresa-mãe com sede em país não membro da Comunidade Europeia;

---

[134] Redacção dada pelo artigo 3.º do Decreto-Lei n.º 252/2003, de 17 de Outubro. A redacção original era a seguinte:
1 – As empresas de investimento estão sujeitas a todas as normas do presente diploma aplicáveis às sociedades financeiras e, em especial, às disposições do presente título.

[135] Redacção dada pelo artigo 1.º do Decreto-Lei n.º 201/2002, de 26 de Setembro. A redacção original era a seguinte:
(...)
 c) O n.º 2 do artigo 16.º só é aplicável quando a empresa de investimento seja filial de empresa--mãe com sede em país não membro da Comunidade Europeia;
 d) O disposto no artigo 18.º é também aplicável quando a empresa a constituir seja filial de uma empresa de investimento autorizada em outro Estado membro da Comunidade Europeia, ou filial de empresa-mãe de empresa de investimento nestas condições, ou dominada pelas mesmas pessoas singulares ou colectivas que dominem uma empresa de investimento autorizada noutro Estado membro da Comunidade Europeia;
 e) O disposto nos artigos 25.º a 28.º é também aplicável às empresas de investimento que sejam filiais de empresas de investimento que tenham a sua sede principal e efectiva de administração em países que não sejam membros da Comunidade Europeia;
 f) No n.º 4 do artigo 27.º, a referência feita à Directiva n.º 89/646/CEE, do Conselho, de 15 de Dezembro de 1989, é substituída pela referência à Directiva n.º 93/22/CEE, do Conselho, de 10 de Maio de 1993;
 g) O artigo 33.º aplica-se sem prejuízo do disposto em lei especial.

d) O disposto no artigo 18.° é também aplicável quando a empresa a constituir seja filial de uma empresa de investimento autorizada noutro país, ou filial de empresa-mãe de empresa de investimento nestas condições, ou dominada pelas mesmas pessoas singulares ou colectivas que dominem uma empresa de investimento autorizada noutro país;

e) No n.° 6 do artigo 16.°, a referência feita à Directiva n.° 2000/12/CE, do Parlamento Europeu e do Conselho, de 20 de Março de 2000, é substituída pela referência à Directiva n.° 93/22/CEE, do Conselho, de 10 de Maio de 1993;

f) O artigo 33.° aplica-se sem prejuízo do disposto em lei especial.

CAPÍTULO III
Actividade, na Comunidade Europeia, de empresas de investimento com sede em Portugal

ARTIGO 199.°-D
Actividade, na Comunidade Europeia, de empresas de investimento com sede em Portugal

1 – O estabelecimento de sucursais e a prestação de serviços em outros Estados membros da Comunidade Europeia por empresas de investimento com sede em Portugal rege-se, com as necessárias adaptações, pelo disposto nos artigos 36.°, 37.°, n.° 1, 38.° a 40.° e 43.°, com as modificações seguintes:

a) As notificações referidas no n.° 1 do artigo 36.° e no n.° 1 do artigo 43.° devem ser feitas também à Comissão do Mercado de Valores Mobiliários;

b) As comunicações e as certificações referidas no n.° 1 do artigo 37.° e no n.° 2 do artigo 43.° só poderão ser transmitidas à autoridade de supervisão do Estado membro de acolhimento se o Banco de Portugal e a Comissão do Mercado de Valores Mobiliários se pronunciarem em sentido favorável à pretensão;

c) A comunicação referida no n.° 1 do artigo 37.° será acompanhada dos esclarecimentos necessários sobre os sistemas de garantia, destinados a assegurar a protecção dos clientes da sucursal, dos quais a empresa de investimento seja membro;

d) Nos artigos 39.° e 43.°, a referência às operações constantes da lista anexa à Directiva n.° 89/646/CEE, do Conselho, de 15 de Dezembro de 1989, é substituída pela referência aos serviços de investimento e demais serviços auxiliares constantes do anexo à Directiva n.° 93/22/CEE, do Conselho, de 10 de Maio de 1993;

e) O Banco de Portugal ou a Comissão do Mercado de Valores Mobiliários informarão a autoridade de supervisão do país de acolhimento das modificações que ocorram nos sistemas de garantia referidos na alínea *c)*;

f) A comunicação a que se refere o n.° 1 do artigo 40.° deve ser feita também à Comissão do Mercado de Valores Mobiliários;

Regime Geral das Instituições de Crédito e Sociedades Financeiras **3.11.**

g) Em caso de modificação do plano de actividades a que se refere o n.º 1 do artigo 43.º, a empresa de investimento comunicá-lo-á previamente, por escrito, ao Banco de Portugal, à Comissão do Mercado de Valores Mobiliários e à autoridade de supervisão do Estado membro de acolhimento.

2 – As competências a que se referem as alíneas *b)*, *c)* e *e)* do número anterior serão exercidas pelo Banco de Portugal em relação aos Estados membros de acolhimento nos quais a autoridade destinatária tenha competência para a supervisão das instituições de crédito e pela Comissão do Mercado de Valores Mobiliários nos demais casos.

CAPÍTULO IV
Actividade, em Portugal, de empresas de investimento com sede em outros Estados membros da Comunidade Europeia

ARTIGO 199.º-E
Actividade, em Portugal, de empresas de investimento com sede em outros Estados membros da Comunidade Europeia

O estabelecimento de sucursais e a prestação de serviços, em Portugal, por empresas de investimento com sede em outros Estados membros da Comunidade Europeia rege-se, com as necessárias adaptações, pelo disposto nos artigos 44.º, 46.º a 56.º, 60.º e 61.º, com as seguintes modificações:

a) A competência conferido ao Banco de Portugal nos artigos 46.º, 47.º, 49.º, 50.º, 51.º, 53.º e 61.º é atribuída à Comissão do Mercado de Valores Mobiliários;

b) Não são aplicáveis as alíneas *d)*, *e)* e *f)* do n.º 1 do artigo 49.º;

c) *A comunicação referida no n.º 1 do artigo 49.º deve ser acompanhada dos esclarecimentos necessários sobre os sistemas de garantia, destinados a assegurar a protecção dos clientes da sucursal, dos quais a empresa seja membro*[136];

d) Nos artigos 52.º e 60.º a referência às operações constantes da lista anexa à Directiva n.º 89/646/CEE, do Conselho, de 15 de Dezembro de 1989, é substituída pela referência aos serviços de investimento e aos demais serviços auxiliares constantes da secção A e da secção C do anexo à Directiva n.º 93/22/CEE, do Conselho, de 10 de Maio de 1993;

e) As normas a que se refere o n.º 1 do artigo 53.º são as normas de conduta, as que regem a forma e o conteúdo das acções publicitárias, as que regulam a realização de operações em mercados regulamentados, as que definem as condições de acesso a estes mercados e o estatuto dos seus membros, bem como as relativas às obrigações de informação, de declaração e de publicação;

---

[136] Revogada pelo artigo 26.º do Decreto-Lei n.º 222/99, de 22 de Junho.

f) Na medida em que tal se mostre necessário para o exercício das competências das autoridades de supervisão dos Estados membros de origem, e a pedido destas, a Comissão do Mercado de Valores Mobiliários informá-las-á de todas as providências que tenham sido adaptadas nos termos do n.º 6 do artigo 53.º;

g) Em caso de modificação do plano de actividades a que se refere o n.º 1 do artigo 61.º, a empresa de investimento comunicá-lo-á previamente à Comissão do Mercado de Valores Mobiliários, podendo esta, sendo caso disso, indicar à empresa qualquer alteração ou complemento em relação às informações que tiverem sido comunicadas nos termos do n.º 1 do artigo 50.º.

CAPÍTULO V
Outras disposições

ARTIGO 199.º-F[137]
Registo

O registo e a lista referidos nos artigos 67.º e 68.º são da competência da Comissão do Mercado de Valores Mobiliários.[138]

ARTIGO 199.º-G
Remissão

O disposto nos artigos 35.º-A, 42.º-A e 102.º a 111.º é também aplicável às empresas de investimento, às sociedades gestoras de fundos de investimento e à tomada de participações nestas mesmas empresas.

---

[137] Redacção dada pelo artigo 1.º do Decreto-Lei n.º 201/2002, de 26 de Setembro. A redacção inicial era a seguinte:

O registo referido nos artigos 67.º e 68.º é da competência da Comissão do Mercado de Valores Mobiliários.

[138] Redacção dada pelo artigo 1.º do Decreto-Lei n.º 201/2002, de 26 de Setembro. A redacção inicial era a seguinte:

Artigo 199.º-G
Detentores de participações qualificadas

1 – O disposto no n.º 3 do artigo 103.º é também aplicável quando o interessado for uma empresa de investimento autorizada em outro Estado membro da Comunidade Europeia ou empresa-mãe de empresa de investimento nestas condições, ou pessoa singular ou colectiva que domine empresa de investimento autorizada em outro Estado membro.

2 – O n.º 5 do artigo 103.º é também aplicável à tomada de participações em empresas de investimento.

ARTIGO 199.°-H
[Empresas autorizadas noutros Estados membros][139]

1 – O disposto nos artigos 122.° a 124.° é aplicável a todas as empresas de investimento autorizadas em outros Estados membros da Comunidade Europeia, sendo outorgada à Comissão do Mercado de Valores Mobiliários a competência neles conferida ao Banco de Portugal, e entendido o âmbito de competências definido pelo n.° 2 do artigo 122.° como relativo às matérias constantes da alínea *e*) do artigo 199.°-E[140].

2 – O Banco de Portugal pode exigir às empresas de investimento autorizadas em outros Estados membros da Comunidade Europeia que tenham estabelecido sucursal em Portugal, para efeitos estatísticos, a apresentação periódica de relatórios sobre as operações efectuadas em território português, bem como, no âmbito das suas atribuições e competências em matéria de política monetária, as informações que para os mesmos efeitos pode exigir às empresas de investimento com sede em Portugal.

ARTIGO 199.°-I[141]
Regime das sociedades gestoras de fundos de investimento mobiliário

1 – Às sociedades gestoras de fundos de investimento mobiliário aplica-se o disposto no presente título com as especificidades que constam dos números seguintes.

2 – O título II é aplicável, com as necessárias adaptações, às sociedades gestoras de fundos de investimento mobiliário com sede em Portugal, com as seguintes modificações:
  a) Os n.os 3 a 5 do artigo 16.° só são aplicáveis quando a sociedade gestora seja filial de empresa-mãe com sede em país não membro da Comunidade Europeia;
  b) O disposto no artigo 18.° é também aplicável quando a sociedade gestora a constituir seja:
     i) Filial de uma sociedade gestora, empresa de investimento, instituição de crédito ou empresa de seguros autorizada noutro país; ou
     ii) Filial de empresa-mãe de sociedade gestora, empresa de investimento, instituição de crédito ou empresa de seguros autorizada noutro país; ou
     iii) Dominada pelas mesmas pessoas singulares ou colectivas que dominem uma sociedade gestora, empresa de investimento, instituição de crédito ou empresa de seguros autorizada noutro país;
  c) No n.° 6 do artigo 16.°, a referência feita à Directiva n.° 2000/12/CE, do Parlamento Europeu e do Conselho, de 20 de Março, é substituída pela referência à Directiva n.° 93/22/CEE, do Conselho, de 10 de Maio;
  d) O artigo 33.° aplica-se sem prejuízo do disposto em lei especial.

3 – Sem prejuízo do prazo previsto no n.° 3 do artigo 38.°, a fundamentação da decisão de recusa deve ser notificada à instituição interessada no prazo de dois meses.

---

[139] Por lapso, o artigo 199.°-H não foi epigrafado, na publicação oficial; a epígrafe inserida é da responsabilidade exclusiva do anotador e não tem qualquer papel normativo.
[140] Segundo a Rectificação n.° 4-A/97, de 31 de Janeiro; o original dizia "... *alínea f)* ...".
[141] Aditado pelo artigo 4.° do Decreto-Lei n.° 252/2003, de 17 de Outubro.

4 – Nos artigos 39.º e 43.º, a referência às operações constantes da lista anexa à Directiva n.º 89/646/CEE, de 15 de Dezembro, é substituída pela referência à actividade e serviços enumerados nos n.ºs 2 e 3 do artigo 5.º da Directiva n.º 85/611/CEE, tal como modificada pela Directiva n.º 2001/107/CE, do Parlamento Europeu e do Conselho, de 21 de Janeiro de 2002.

5 – Nos artigos 52.º e 60.º, a referência às operações constantes da lista anexa à Directiva n.º 89/646/CEE, do Conselho, de 15 de Dezembro, é substituída pela referência à actividade e serviços enumerados nos n.ºs 2 e 3 do artigo 5.º da Directiva n.º 85/611/CEE, tal como modificada pela Directiva n.º 2001/107/CE, do Parlamento Europeu e do Conselho, de 21 de Janeiro de 2002.

6 – As normas a que se refere o n.º 1 do artigo 53.º são as normas de conduta, as que regem a forma e o conteúdo das acções publicitárias e as que regulam a comercialização de unidades de participação de fundos de investimento mobiliário, bem como as relativas às obrigações de informação, de declaração e de publicação.

TÍTULO XI
Sanções

CAPÍTULO I
Disposição penal

ARTIGO 200.º
Actividade ilícita de recepção de depósitos e outros fundos reembolsáveis

Aquele que exercer actividade que consista em receber do público, por conta própria ou alheia, depósitos ou outros fundos reembolsáveis, sem que para tal exista a necessária autorização, e não se verificando nenhuma das situações previstas no n.º 3 do artigo 8.º, será punido com prisão até três anos.

CAPÍTULO II
Ilícitos de mera ordenação social

SECÇÃO I
Disposições gerais

ARTIGO 201.º
Aplicação no espaço

O disposto no presente título é aplicável, independentemente da nacionalidade do agente, aos seguintes factos que constituam infracções à lei portuguesa:

a) Factos praticados em território português;
b) Factos praticados em território estrangeiro de que sejam responsáveis instituições de crédito ou sociedades financeiras com sede em Portugal e que ali actuem por intermédio de sucursais ou em prestação de serviços, bem como indivíduos que, em relação a tais entidades, se encontrem em alguma das situações previstas no n.º 1 do artigo 204.º;
c) Factos praticados a bordo de navios ou aeronaves portugueses, salvo tratado ou convenção em contrário.

ARTIGO 202.º
Responsáveis

Pela prática das infracções a que se refere o presente capítulo podem ser responsabilizadas, conjuntamente ou não, pessoas singulares ou colectivas, ainda que irregularmente constituídas, e associações sem personalidade jurídica.

ARTIGO 203.º
Responsabilidade dos entes colectivos

1 – As pessoas colectivas, ainda que irregularmente constituídas, e as associações sem personalidade jurídica são responsáveis pelas infracções cometidas pelos membros dos respectivos órgãos e pelos titulares de cargos de direcção, chefia ou gerência, no exercício das suas funções, bem como pelas infracções cometidas por representantes do ente colectivo em actos praticados em nome e no interesse deste.

2 – A invalidade e a ineficácia jurídicas dos actos em que se funde a relação entre o agente individual e o ente colectivo não obstam a que seja aplicado o disposto no número anterior.

ARTIGO 204.º
Responsabilidade dos agentes individuais

1 – A responsabilidade do ente colectivo não preclude a responsabilidade individual dos membros dos respectivos órgãos, de quem naquele detenha participações sociais, exerça cargos de direcção, chefia ou gerência, ou actue em sua representação, legal ou voluntária.

2 – Não obsta à responsabilidade dos agentes individuais que representem outrem o facto de o tipo legal do ilícito requerer determinados elementos pessoais, e estes só se verificarem na pessoa do representado, ou requerer que o agente pratique o acto no seu interesse, tendo o representante actuado no interesse do representado.

ARTIGO 205.º
Tentativa e negligência

1 – A tentativa e a negligência serão sempre puníveis.

2 – A sanção da tentativa será a do ilícito consumado, especialmente atenuada.

3 – Em caso de negligência, os limites máximo e mínimo da coima serão reduzidos a metade.

4 – Quando a responsabilidade do agente individual for atenuada nos termos dos números anteriores, proceder-se-á a graduação correspondente da sanção aplicável ao ente colectivo.

ARTIGO 206.º
Graduação da sanção

1 – A determinação da medida da coima e das sanções acessórias far-se-á em função da gravidade objectiva e subjectiva da infracção, tendo em conta a natureza individual ou colectiva do agente considerado.

2 – A gravidade da infracção cometida pelos entes colectivos será avaliada, designadamente, pelas seguintes circunstâncias:
   a) Perigo ou dano causado ao sistema financeiro ou à economia nacional;
   b) Carácter ocasional ou reiterado da infracção;
   c) Actos de ocultação, na medida em que dificultem a descoberta da infracção ou a eficácia da sanção aplicável;
   d) Actos do arguido destinados a, por sua iniciativa, reparar os danos ou obviar aos perigos causados pela infracção.

3 – Para os agentes individuais, além das circunstâncias correspondentes às enumeradas no número anterior, atender-se-á ainda, designadamente, às seguintes:
   a) Nível de responsabilidades e esfera de acção no ente colectivo em causa;
   b) Benefício, ou intenção de o obter, do próprio, de cônjuge, de parente ou de afim até ao 3.º grau;
   c) Especial dever de não cometer a infracção.

4 – Na determinação da sanção aplicável, além da gravidade da infracção, ter-se-á em conta:
   a) A situação económica do arguido;
   b) A conduta anterior do arguido.

5 – A atenuante da reparação do dano ou da redução do perigo, quando realizadas pelo ente colectivo, comunica-se a todos os agentes individuais, ainda que não tenham pessoalmente contribuído para elas.

6 – A coima deve, sempre que possível, exceder o benefício económico que o arguido ou pessoa que fosse seu propósito beneficiar tenham retirado da prática da infracção.

ARTIGO 207.º[142]
Cumprimento do dever omitido

1 – Sempre que a infracção resulte da omissão de um dever, a aplicação da sanção e o pagamento da coima não dispensam o infractor do seu cumprimento, se este ainda for possível.

2 – O infractor pode ser sujeito pelo Banco de Portugal à injunção de cumprir o dever em causa.

ARTIGO 208.º
Concurso de infracções

Se, pelo mesmo facto, uma pessoa responder simultaneamente a título de crime e a título de ilícito de mera ordenação social, seguir-se-á o regime geral, mas instaurar-se-ão processos distintos respectivamente perante o juiz penal e no Banco de Portugal, cabendo a este último a aplicação, se for caso disso, das sanções acessórias previstas no presente diploma.

ARTIGO 209.º
Prescrição

1 – O procedimento pelos ilícitos de mera ordenação social previstos neste diploma prescreve em cinco anos.

2 – O prazo de prescrição das sanções é de cinco anos, a contar do dia em que se esgotar o prazo de impugnação judicial da decisão que aplicar a sanção ou do dia em que a decisão judicial transitar em julgado.

SECÇÃO II
Ilícitos em especial

ARTIGO 210.º
Coimas

São puníveis com coima de 150000$ a 150000000$ ou de 50000$ a 50000000$, consoante seja aplicada a ente colectivo ou a pessoa singular, as infracções adiante referidas:
  a) O exercício de actividade com inobservância das normas sobre registo no Banco de Portugal;
  b) A violação das normas relativas à subscrição ou à realização do capital social, quanto ao prazo, montante e forma de representação;

---

[142] Alterado pelo artigo 1.º do Decreto-Lei n.º 201/2002, de 26 de Setembro, que aditou o n.º 2. O actual n.º 1 corresponde à versão original do artigo.

c) A infracção às regras sobre o uso de denominações constantes dos artigos 11.º e 46.º;
d) A inobservância de relações e limites prudenciais determinados por lei ou pelo Ministro das Finanças ou pelo Banco de Portugal no exercício das respectivas atribuições;
e) A omissão, nos prazos legais, de publicações obrigatórias;
f) A inobservância das normas e procedimentos contabilísticos determinados por lei ou pelo Banco de Portugal, quando dela não resulte prejuízo grave para o conhecimento da situação patrimonial e financeira da entidade em causa;
g) A violação das normas sobre publicidade e a desobediência a determinações específicas emitidas pelo Banco de Portugal nos termos do n.º 1 do artigo 90.º;
h) A omissão de informações e comunicações devidas ao Banco de Portugal, nos prazos estabelecidos, e a prestação de informações incompletas;
i) As violações dos preceitos imperativos deste diploma e da legislação específica que rege a actividade das instituições de crédito e das sociedades financeiras, não previstas nas alíneas anteriores e no artigo seguinte, bem como dos regulamentos emitidos pelo Ministro das Finanças ou pelo Banco de Portugal, em cumprimento ou para execução dos referidos preceitos.

ARTIGO 211.º
Infracções especialmente graves

São puníveis com coima de 500 000$ a 500 000 000$ ou de 200 000$ a 200 000 000$, consoante seja aplicada a ente colectivo ou a pessoa singular, as infracções adiante referidas:
a) A prática não autorizada, por quaisquer indivíduos ou entidades, de operações reservadas às instituições de crédito ou às sociedades financeiras;
b) O exercício, pelas instituições de crédito ou pelas sociedades financeiras, de actividades não incluídas no seu objecto legal, bem como a realização de operações não autorizadas ou que lhes estejam especialmente vedadas;
c) A realização fraudulenta do capital social;
d) A realização de alterações estatutárias previstas nos artigos 34.º e 35.º, quando não precedidas de autorização do Banco de Portugal;
e) O exercício de quaisquer cargos ou funções em instituição de crédito ou em sociedade financeira, em violação de proibições legais ou à revelia de oposição expressa do Banco de Portugal;
f) O desacatamento da inibição do exercício de direitos de voto;
g) A falsificação da contabilidade e a inexistência de contabilidade organizada, bem como a inobservância de outras regras contabilísticas aplicáveis, determinadas por lei ou pelo Banco de Portugal, quando essa inobservância prejudique gravemente o conhecimento da situação patrimonial e financeira da entidade em causa;

Regime Geral das Instituições de Crédito e Sociedades Financeiras   **3.11.**

h) A inobservância de relações e limites prudenciais constantes do n.º 2 do artigo 96.º, sem prejuízo do n.º 3 do mesmo artigo, bem como dos artigos 97.º, 98.º, 100.º, 101.º, 109.º, 112.º e 113.º, ou de outros determinados em norma geral pelo Ministro das Finanças ou pelo Banco de Portugal nos termos do artigo 99.º, quando dela resulte ou possa resultar grave prejuízo para o equilíbrio financeiro da entidade em causa;

i) As infracções às normas sobre conflitos de interesse dos artigos 85.º e 86.º;

j) A violação das normas sobre crédito concedido a detentores de participações qualificadas constantes dos n.ᵒˢ 1, 2 e 3 do artigo 109.º;

l) Os actos dolosos de gestão ruinosa, em detrimento de depositantes, investidores e demais credores, praticados pelos membros dos órgãos sociais;

m) A prática, pelos detentores de participações qualificadas, de actos que impeçam ou dificultem, de forma grave, uma gestão sã e prudente da entidade em causa;

n) A omissão da comunicação imediata ao Banco de Portugal da impossibilidade de cumprimento de obrigações em que se encontre, ou corra risco de se encontrar, uma instituição de crédito ou sociedade financeira, bem como a comunicação desta impossibilidade com omissão das informações requeridas pela lei;

o) A desobediência ilegítima a determinações do Banco de Portugal ditadas especificamente, nos termos da lei, para o caso individual considerado, bem como a prática de actos sujeitos por lei a apreciação prévia do Banco de Portugal, quando este tenha manifestado a sua oposição;

p) A recusa ou obstrução ao exercício da actividade de inspecção do Banco de Portugal;

q) A omissão de comunicação ao Banco de Portugal de factos previstos no n.º 3 do artigo 30.º posteriores ao registo da designação de membros de órgãos de administração ou fiscalização de instituições de crédito ou de sociedades financeiras, bem como a omissão das medidas de cessação de funções a que se referem o n.º 5 do artigo 69.º e o n.º 4 do artigo 70.º;

r) A prestação ao Banco de Portugal de informações falsas, ou de informações incompletas susceptíveis de induzir a conclusões erróneas de efeito idêntico ou semelhante ao que teriam informações falsas sobre o mesmo objecto;

s) O incumprimento das obrigações de contribuição para o Fundo de Garantia de Depósitos.

ARTIGO 212.º
Sanções acessórias

1 – Conjuntamente com as coimas previstas nos artigos 210.º e 211.º, poderão ser aplicadas ao infractor as seguintes sanções acessórias:

a) Apreensão e perda do objecto da infracção, incluindo o produto económico desta, com observância do disposto nos artigos 22.º a 26.º do Decreto-Lei n.º 433/82, de 27 de Outubro;

b) Publicação pelo Banco de Portugal da punição definitiva;
c) Quando o arguido seja pessoa singular, inibição do exercício de cargos sociais e de funções de administração, direcção, gerência ou chefia em instituição de crédito ou sociedade financeira determinada ou em quaisquer instituições de crédito ou sociedades financeiras, por um período de 6 meses a 3 anos, em casos previstos no artigo 210.°, ou de 1 ano a 10 anos, em casos previstos no artigo 211.°;
d) Suspensão do exercício do direito de voto atribuído aos sócios das instituições de crédito, das sociedades financeiras e das sociedades gestoras de participações sociais sujeitas à supervisão do Banco de Portugal, por um período de 1 a 10 anos.

2 – As publicações a que se refere o número anterior serão feitas no *Diário da República,* 2ª série, ou num dos jornais mais lidos na localidade da sede ou do estabelecimento permanente do arguido ou, se este for uma pessoa singular, na da sua residência.

SECÇÃO III
Processo

ARTIGO 213.°
Competência

1 – A competência para o processo de ilícitos de mera ordenação social previstos no presente diploma e a aplicação das sanções correspondentes pertencem ao Banco de Portugal.

2 – Cabe ao conselho de administração do Banco de Portugal a decisão do processo.

3 – No decurso da averiguação ou da instrução, o Banco de Portugal poderá solicitar às entidades policiais e a quaisquer outros serviços públicos ou autoridades toda a colaboração ou auxílio que julgue necessários para a realização das finalidades do processo.

ARTIGO 214.°
Suspensão do processo

1 – Quando a infracção constitua irregularidade sanável, não lese significativamente nem ponha em perigo próximo e grave os direitos dos depositantes, investidores, accionistas ou outros interessados e não cause prejuízos importantes ao sistema financeiro ou à economia nacional, o conselho de administração do Banco de Portugal poderá suspender o processo, notificando o infractor para, no prazo que lhe fixar, sanar a irregularidade em que incorreu.

2 – A falta de sanação no prazo fixado determina o prosseguimento do processo.

ARTIGO 215.º
Apreensão de documentos e valores

1 – Quando necessária à averiguação ou à instrução do processo, pode proceder-se à apreensão de quaisquer documentos e valores nas instalações de instituições de crédito, sociedades financeiras ou outros entes colectivos, devendo os valores ser depositados na Caixa Geral de Depósitos, Crédito e Previdência à ordem do Banco de Portugal, garantindo o pagamento da coima e das custas em que vier a ser condenado o arguido.

2 – As buscas e apreensões domiciliárias serão objecto de mandado judicial.

ARTIGO 216.º
Suspensão preventiva

Se o arguido for algum dos indivíduos indicados no n.º 1 do artigo 204.º, o conselho de administração do Banco de Portugal poderá determinar a suspensão preventiva das respectivas funções, sempre que tal se revele necessário à eficaz instrução do processo ou à salvaguarda do sistema financeiro ou dos interesses dos depositantes, investidores e demais credores.

ARTIGO 217.º
Notificações

As notificações serão feitas por carta registada com aviso de recepção ou pessoalmente, se necessário através das autoridades policiais.

ARTIGO 218.º
Dever de comparência

1 – Às testemunhas e aos peritos que não comparecerem no dia, hora e local designados para diligência do processo, nem justificarem a falta no acto ou nos cinco dias úteis imediatos, será aplicada pelo Banco de Portugal uma sanção pecuniária graduada entre um quinto e o dobro do salário mínimo nacional mensal mais elevado em vigor à data.

2 – O pagamento será efectuado no prazo de 10 dias úteis a contar da notificação, sob pena de se proceder a cobrança coerciva.

ARTIGO 219.º
Acusação e defesa

1 – Concluída a instrução, serão arquivados os autos se não houver matéria de infracção ou será deduzida acusação.

2 – Na acusação serão indicados o infractor, os factos que lhe são imputados e as respectivas circunstâncias de tempo e lugar, bem como a lei que os proíbe e pune.

3 – A acusação será notificada ao arguido ou ao seu defensor, quando este existir, designando-se-lhe prazo razoável para apresentar a defesa por escrito e oferecer meios de prova.

4 – O prazo da defesa será fixado entre 10 e 30 dias úteis, tendo em atenção o lugar da residência, sede ou estabelecimento permanente do arguido e a complexidade do processo.

5 – O arguido não poderá arrolar mais de cinco testemunhas por cada infracção.

6 – A notificação da acusação será feita nos termos previstos no artigo 217.º ou, quando o arguido não seja encontrado ou se recuse a recebê-la:
 a) Por anúncio publicado num jornal da última localidade conhecida onde o arguido tenha tido residência, sede ou estabelecimento permanente ou, na falta daquele, num dos jornais mais lidos naquela localidade;
 b) Por anúncio publicado num dos jornais diários de Lisboa, nos casos em que o arguido não tenha residência, sede ou estabelecimento permanente no território nacional.

ARTIGO 220.º
Decisão

1 – Após a realização das diligências de averiguação e instrução tornadas necessárias em consequência da defesa, será o processo apresentado à entidade a quem caiba proferir a decisão, acompanhado de parecer sobre as infracções que se devem considerar provadas e as sanções que lhes são aplicáveis.

2 – Da decisão deve ser dado conhecimento ao arguido, através de notificação efectuada de acordo com o disposto no n.º 6 do artigo anterior.

ARTIGO 221.º
Revelia

A falta de comparência do arguido não obsta em fase alguma do processo a que este siga os seus termos e seja proferida decisão final.

ARTIGO 222.º
Requisitos da decisão que aplique sanção

1 – A decisão que aplique sanção conterá:
 a) Identificação do arguido e dos eventuais comparticipantes;
 b) Descrição do facto imputado e das provas obtidas, bem como das normas violadas e punitivas;
 c) Sanção ou sanções aplicadas, com indicação dos elementos que contribuíram para a sua determinação;

d) Indicação dos termos em que a condenação pode ser impugnada judicialmente e tornar-se exequível;
e) Indicação de que, em caso de impugnação judicial, o juiz pode decidir mediante audiência ou, quando o arguido, o Ministério Público ou o Banco de Portugal não se oponham, mediante simples despacho;
f) Indicação de que não vigora o princípio da proibição da *reformatio in pejus*;
g) Condenação em custas e indicação da pessoa ou pessoas obrigadas ao seu pagamento.

2 – A notificação conterá, além dos termos da decisão e do montante das custas, a advertência de que a coima deverá ser paga no prazo de 15 dias úteis após o trânsito em julgado, sob pena de se proceder à sua cobrança coerciva.

ARTIGO 223.º
Suspensão da execução da sanção

1 – O conselho de administração do Banco de Portugal poderá suspender, total ou parcialmente, a execução da sanção.

2 – A suspensão poderá ficar condicionada ao cumprimento de certas obrigações, designadamente as consideradas necessárias para a regularização de situações ilegais, a reparação de anos ou a prevenção de perigos[143].

3 – O tempo de suspensão da execução será fixado entre dois e cinco anos, contando-se o seu início a partir da data em que se esgotar o prazo da impugnação judicial da decisão condenatória.

4 – A suspensão não abrange as custas.

5 – Se decorrer o tempo de suspensão sem que o arguido tenha praticado infracção criminal ou ilícito de mera ordenação social previsto no presente diploma, e sem ter violado as obrigações que lhe hajam sido impostas, ficará a condenação sem efeito, procedendo-se, no caso contrário, à execução da sanção aplicada.

ARTIGO 224.º
Custas

1 – Em caso de condenação serão devidas custas pelo arguido, nos termos gerais.
2 – A condenação em custas é sempre individual.

ARTIGO 225.º[144]
Pagamento das coimas e das custas

1 – O pagamento da coima e das custas será realizado, por meio de guia, em

---

[143] Haverá lapso manifesto, não rectificado; o legislador terá pretendido dizer "... a reparação de danos ...".
[144] Redacção dada pelo artigo 3.º do Decreto-Lei n.º 252/2003, de 17 de Outubro. A redacção anterior, dada pelo artigo 1.º do Decreto-Lei n.º 201/2002, de 26 de Setembro, era a seguinte:

tesouraria da Fazenda Pública da localidade onde o arguido tenha residência, sede ou estabelecimento permanente ou, quando tal localidade se situe fora do território nacional, em qualquer tesouraria da Fazenda Pública de Lisboa.

2 – Após o pagamento deverá o arguido remeter ao Banco de Portugal, no prazo de oito dias úteis, os duplicados das guias, a fim de serem juntos ao respectivo processo.

3 – O valor das coimas reverte integralmente para o Estado, salvo nos casos previstos nos números seguintes.

4 – Reverte integralmente para o Fundo de Garantia de Depósitos o valor das coimas em que forem condenadas as instituições de crédito, independentemente da fase em que se torne definitiva ou transite em julgado a decisão condenatória.

5 – Reverte integralmente para o Sistema de Indemnização aos Investidores o valor das coimas em que forem condenadas as empresas de investimento e as sociedades gestoras de fundos de investimento mobiliário que sejam participantes naquele Sistema, independentemente da fase em que se torne definitiva ou transite em julgado a decisão condenatória.

ARTIGO 226.º
Responsabilidade pelo pagamento

1 – As pessoas colectivas, ainda que irregularmente constituídas, e as associações sem personalidade jurídica respondem solidariamente pelo pagamento da coima e das custas em que forem condenados os seus dirigentes, empregados ou representantes pela prática de infracções puníveis nos termos do presente diploma.

2 – Os titulares dos órgãos de administração das pessoas colectivas, ainda que irregularmente constituídas, e das associações sem personalidade jurídica, que, podendo fazê-lo, não se tenham oposto à prática da infracção, respondem individual e

---

1 – ...
2 – ...
3 – ...
4 – Reverte integralmente para o Fundo de Garantia de Depósitos o valor das coimas em que forem condenadas as instituições de crédito, independentemente da fase em que se torne definitiva ou transite em julgado a decisão condenatória.

5 – Reverte integralmente para o Sistema de Indemnização aos Investidores o valor das coimas em que sejam condenadas as empresas de investimento que sejam participantes naquele Sistema, independentemente da fase em que se torne definitiva ou transite em julgado a decisão condenatória.

A redacção original, acrescida de um n.º 5 aditado pelo artigo 24.º do Decreto-Lei n.º 222/99, de 22 de Junho, era a seguinte:

1 – ...
2 – ...
3 – ...
4 – Reverte para o Fundo de Garantia de Depósitos referido no artigo 154.º o valor das coimas em que forem condenadas as instituições de crédito.

5 – Reverte para o Sistema de Indemnização aos Investidores o valor das coimas em que forem condenadas as empresas de investimento que sejam participantes daquele Sistema.

Pelo artigo 24.º do Decreto-Lei n.º 222/99, de 22 de Junho, foi inserida no n.º 3, uma vírgula a seguir à palavra Estado, e aditado um n.º 5.

subsidiariamente pelo pagamento da coima e das custas em que aquelas sejam condenadas, ainda que à data da condenação hajam sido dissolvidas ou entrado em liquidação.

ARTIGO 227.º
Exequibilidade da decisão

1 – Sem prejuízo do disposto no número seguinte, a decisão final torna-se exequível se não for judicialmente impugnada.

2 – A decisão que aplique alguma das sanções, previstas nas alíneas c) e d) do artigo 212.º torna-se, quanto a ela, imediatamente exequível e a sua exequibilidade só termina com a decisão judicial que definitivamente a revogue.

3 – O disposto no número anterior aplica-se igualmente às decisões tomadas nos termos dos artigos 215.º e 216.º.

SECÇÃO IV
Recurso

ARTIGO 228.º
Impugnação judicial

1 – O prazo para a interposição do recurso da decisão que tenha aplicado uma sanção é de 15 dias úteis a partir do seu conhecimento pelo arguido, devendo a respectiva petição ser apresentada na sede do Banco de Portugal.

2 – Recebida a petição, o Banco de Portugal remeterá os autos ao Ministério Público no prazo de 15 dias úteis, podendo juntar alegações, elementos ou informações que considere relevantes para a decisão da causa, bem como oferecer meios de prova.

ARTIGO 229.º
Tribunal competente

O tribunal competente para a impugnação judicial, revisão e execução das decisões do Banco de Portugal em processo de ilícito de mera ordenação social, instaurado nos termos deste diploma, ou de quaisquer outras medidas do mesmo Banco tomadas no âmbito do mesmo processo e legalmente susceptíveis de impugnação é o Tribunal Judicial da Comarca de Lisboa.

ARTIGO 230.º
Decisão judicial por despacho

O juiz pode decidir por despacho quando não considere necessária a audiência de julgamento e o arguido, o Ministério Público ou o Banco de Portugal não se oponham a esta forma de decisão.

ARTIGO 231.º
Intervenção do Banco de Portugal na fase contenciosa

1 – O Banco de Portugal poderá sempre participar, através de um representante, na audiência de julgamento.

2 – A desistência da acusação pelo Ministério Público depende da concordância do Banco de Portugal.

3 – O Banco de Portugal tem legitimidade para recorrer das decisões proferidas no processo de impugnação e que admitam recurso.

SECÇÃO V
Direito subsidiário

ARTIGO 232.º
Aplicação do regime geral

Às infracções previstas no presente capítulo é subsidiariamente aplicável, em tudo que não contrarie as disposições dele constante, o regime geral dos ilícitos de mera ordenação social.

4. Fundos próprios das instituições de crédito

DECRETO-LEI N.º 333/2001, DE 24 DE DEZEMBRO[145]

A Directiva n.º 98/31/CE, do Parlamento Europeu e do Conselho, de 22 de Junho, alterou a Directiva n.º 93/6/CEE, de 15 de Março, relativa à adequação dos fundos próprios das empresas de investimento e das instituições de crédito, pelo que se torna necessária a respectiva transposição para o ordenamento jurídico interno.

Nos termos do artigo 99.º do Regime Geral das Instituições de Crédito e Sociedades Financeiras, aprovado pelo Decreto-Lei n.º 298/92, de 31 de Dezembro, compete ao Banco de Portugal definir, por aviso, as relações prudenciais que as instituições sujeitas à sua supervisão devem respeitar, nomeadamente a relação entre os fundos próprios e os activos e elementos extrapatrimoniais ponderados por coeficientes de riscos, bem como os limites à concentração de riscos.

As matérias da directiva em apreço, no que respeita ao conceito de fundos próprios, à adequação dos fundos próprios das empresas de investimento e das instituições de crédito e aos limites à concentração de riscos, encontram-se reguladas por avisos do Banco de Portugal. No entanto, o n.º 9 do artigo 112.º da Constituição obriga a que a transposição das directivas assuma a forma de acto de natureza legislativa.

Foi ouvido o Banco de Portugal.

Assim:

Nos termos da alínea *a*) do n.º 1 do artigo 198.º da Constituição, o Governo decreta o seguinte:

ARTIGO 1.º
Objecto

O presente diploma transpõe para o ordenamento jurídico interno a Directiva n.º 98/31/CE, do Parlamento Europeu e do Conselho, de 22 de Junho, que altera a Directiva n.º 93/6/CEE, do Conselho, de 15 de Março, relativa à adequação dos fundos próprios das empresas de investimento e das instituições de crédito.

---

[145] DR I Série-A, n.º 296, de 24-Dez.-2001, 8411-8418.

ARTIGO 2.º[146]
Definições

1 – Para efeitos do presente diploma, são adoptadas as definições previstas na regulamentação sobre a adequação de fundos próprios e sobre o rácio de solvabilidade, com as alterações e aditamentos constantes dos números seguintes.

2 – Para efeitos do conceito de carteira de negociação, as posições e os riscos relativos a mercadorias e a instrumentos derivados sobre mercadorias são equiparados às posições e aos riscos relativos a instrumentos financeiros, devendo ainda ser consideradas as posições em instrumentos financeiros, em mercadorias e em instrumentos derivados sobre mercadorias resultantes de compras e vendas simultâneas efectuadas em nome próprio mas por conta de terceiros.

3 – Nos conceitos relativos a venda com acordo de recompra, compra com acordo de revenda, concessão de empréstimo de títulos e obtenção de empréstimo de títulos, as mercadorias são equiparadas a estes últimos.

4 – Entende-se por *warrant*, incluindo o *warrant* coberto, um instrumento que confere ao seu detentor o direito de adquirir, até à data ou na data em que expira o *warrant*, um activo subjacente, a um determinado preço, podendo a sua liquidação efectuar-se mediante entrega do próprio activo subjacente ou do seu equivalente em numerário.

5 – Entende-se por financiamento de existências as posições em que as existências físicas são objeto de uma venda a prazo e o custo de financiamento se encontra fixado até à data dessa venda.

6 – Para os efeitos do presente diploma, são equiparadas a empresas de investimento as sociedades gestoras de fundos de investimento mobiliário que sejam autorizadas a exercer a actividade de gestão discricionária e individualizada de carteiras por conta de outrem, com base em mandato conferido pelos investidores.

ARTIGO 3.º
Requisitos de fundos próprios

1 – Sem prejuízo do disposto na actual regulamentação sobre adequação dos fundos próprios, as instituições devem possuir, em permanência, fundos próprios pelo menos iguais à soma de todos os requisitos seguintes:
   a) Dos requisitos de fundos próprios para cobertura dos riscos de posição em instrumentos financeiros da carteira de negociação, calculados de acordo com o anexo V do aviso do Banco de Portugal n.º 7/96, com os artigos 7.º e 8.º do presente diploma e, se for caso disso, com o artigo 12.º também do presente diploma;

---

[146] O n.º 6 foi aditado pelo artigo 6.º do Decreto-Lei n.º 252/2003, de 17 de Outubro, publicado acima, em 3.10.; cf., aí, o preâmbulo, a aprovação, a promulgação e a referenda do referido Decreto-Lei.

b) Dos requisitos de fundos próprios para cobertura dos riscos de liquidação e contraparte, inerentes à carteira de negociação, calculados de acordo com o anexo VI do aviso do Banco de Portugal n.º 7/96 e com o artigo 9.º do presente diploma;
c) Dos requisitos de fundos próprios para cobertura dos riscos cambiais e de mercadorias, em relação ao conjunto da sua actividade, de acordo, respectivamente, com os artigos 10.º e 11.º do presente diploma e, se for caso disso, com o artigo 12.º também deste diploma;
d) Dos requisitos de fundos próprios exigidos pela regulamentação do rácio de solvabilidade para o conjunto da sua actividade, com excepção da carteira de negociação;
e) Dos requisitos de fundos próprios previstos no n.º 2 do presente artigo.

2 – As instituições devem cobrir, por meio de fundos próprios adequados, os riscos decorrentes da sua actividade que não sejam abrangidos no âmbito do presente diploma e do aviso do Banco de Portugal n.º 7/96 e que sejam considerados como análogos aos riscos tratados neste diploma, no referido aviso e na regulamentação sobre o rácio de solvabilidade.

ARTIGO 4.º
Grandes riscos da carteira de negociação

O n.º 26.º-A do aviso do Banco de Portugal n.º 10/94, publicado no Diário da República, 2.ª série, de 18 de Novembro de 1994, é aplicável às instituições que calculem os requisitos de fundos próprios para cobertura dos riscos de posição e de liquidação e contraparte nos termos previstos nas alíneas a) e b) do n.º 1 do artigo precedente.

ARTIGO 5.º
Fundos próprios suplementares

O Banco de Portugal pode permitir que o n.º 19.º-A do aviso do Banco de Portugal n.º 12/92, publicado no Diário da República, 2.ª série, de 31 de Dezembro de 1992, seja igualmente aplicável, nos termos previstos nesse número e no presente diploma, às instituições que sejam obrigadas a cumprir os requisitos de fundos próprios para cobertura do risco de mercadorias.

ARTIGO 6.º
Compensação de posições em mercadorias

O Banco de Portugal pode autorizar, para efeitos do cálculo dos requisitos de fundos próprios em base consolidada, a compensação de posições em mercadorias:
a) Entre instituições com sede em Portugal, que satisfaçam, em base individual, os requisitos de adequação de fundos próprios;

b) Entre instituições e instituições de crédito e empresas de investimento com sede em outro Estado-Membro da Comunidade Europeia, que estejam sujeitas a requisitos de fundos próprios em base individual;
c) Entre instituições e empresas situadas em países terceiros, nas condições previstas no ponto 5-3 do n.º 8.º do aviso do Banco de Portugal n.º 7/96.

ARTIGO 7.º
**Cálculo dos requisitos de fundos próprios
para cobertura do risco de posição e do risco de mercadorias**

1 – Para efeitos do cálculo dos requisitos de fundos próprios para cobertura do risco de posição e do risco de mercadorias, o Banco de Portugal pode autorizar que o requisito de fundos próprios relativo a um futuro negociado em bolsa, ou a uma opção subscrita e negociada em bolsa, seja igual à margem exigida pela bolsa, se considerar que essa margem constitui uma medida adequada do risco associado ao futuro ou à opção e que é, pelo menos, igual ao requisito de fundos próprios que resultaria do cálculo efectuado com base no anexo V do aviso do Banco de Portugal n.º 7/96 e nas disposições relevantes do presente diploma.

2 – Para os mesmos efeitos, o Banco de Portugal pode autorizar que, até 31 de Dezembro de 2006, o requisito de fundos próprios relativo a um contrato sobre futuros ou opções subscritas, transaccionado no mercado de balcão e compensado por uma câmara de compensação reconhecida, seja igual à margem exigida pela câmara de compensação, se considerar que essa margem constitui uma medida adequada do risco associado ao contrato e que é, pelo menos, igual ao requisito de fundos próprios que resultaria do cálculo efectuado com base no anexo V do aviso n.º 7/96 do Banco de Portugal e nas disposições relevantes do presente diploma.

ARTIGO 8.º
**Cálculo dos requisitos de fundos próprios
para cobertura do risco específico associado a títulos de capital**

Para efeitos do cálculo de requisitos de fundos próprios para cobertura do risco específico associado a títulos de capital, o Banco de Portugal pode autorizar que o requisito seja de 2% da posição bruta global, no caso de carteiras constituídas por títulos que satisfaçam as seguintes condições cumulativas:
a) Não serem emitidos por entidades que tenham emitido apenas instrumentos de dívida que impliquem, de acordo com o quadro I do anexo V do aviso do Banco de Portugal n.º 7/96, um requisito de 8%, ou que estejam sujeitos a um requisito inferior devido unicamente ao facto de se encontrarem garantidos ou caucionados;
b) Terem elevada liquidez, nos termos definidos pelo Banco de Portugal;
c) Nenhuma posição individual representar mais de 5% do valor da carteira em que se integra, podendo, todavia, atingir 10%, se o total das posições que excedam 5% não ultrapassar 50% da mesma carteira.

ARTIGO 9.º
Requisitos para cobertura dos riscos de liquidação e entrega associados a transacções sobre mercadorias

Os requisitos de fundos próprios, previstos na regulamentação actual, para cobertura dos riscos de liquidação e entrega, relativos a transacções de títulos que estejam por liquidar, física e financeiramente, após a data acordada para a respectiva entrega, e para cobertura do risco de contraparte de transacções incompletas de títulos ou vendas (compras) com acordo de recompra (revenda) ou a concessão (obtenção) de empréstimos de títulos, bem como os deveres de informação relativos a incumprimentos de contrapartes nestas últimas operações, são aplicáveis, mutatis mutandis, às transacções sobre mercadorias.

ARTIGO 10.º
Requisitos de fundos próprios para cobertura do risco cambial

1 – Para efeitos dos requisitos de fundos próprios para riscos cambiais, as posições em ouro devem ser tratadas de modo idêntico ao das posições em divisas constantes do anexo VII ao aviso do Banco de Portugal n.º 7/96, com as especificidades indicadas no presente artigo.

2 – Se a soma da posição global líquida em divisas de uma instituição e da sua posição líquida em ouro exceder 2% dos seus fundos próprios totais, o requisito de fundos próprios para cobertura do risco cambial corresponde ao produto da soma da sua posição global líquida em divisas e da sua posição líquida em ouro por 8%.

3 – O Banco de Portugal pode autorizar que as instituições calculem, até 31 de Dezembro de 2004, os seus requisitos de fundos próprios para cobertura do risco cambial, multiplicando por 8% o montante em que a soma da posição global líquida em divisas e da posição líquida em ouro exceda 2% dos fundos próprios totais.

4 – A posição líquida global em divisas bem como a posição líquida global em ouro são determinadas do seguinte modo:
  a) As posições curtas líquidas e as posições longas líquidas em cada divisa ou em ouro são convertidas em euros, respectivamente a taxa de câmbio de referência à vista e à cotação à vista;
  b) Em seguida, essas posições são adicionadas, separadamente, de modo a formar, respectivamente, o total das posições curtas líquidas e o total das posições longas líquidas, respectivamente em divisas e em ouro;
  c) Em relação, respectivamente, às divisas e ao ouro, o mais elevado dos dois totais referidos na alínea anterior constitui a posição líquida global em divisas e a posição líquida em ouro da instituição.

5 – O Banco de Portugal pode autorizar, caso a caso, que as instituições calculem, até 31 de Dezembro de 2004, os requisitos de fundos próprios para riscos cambiais por recurso a técnicas estatísticas de simulação, na condição de os requisitos resultantes desse método:

a) Serem suficientes, com base numa análise dos movimentos das taxas e câmbio verificados em todos os períodos deslizantes de 10 dias úteis no decurso dos últimos três anos, para ocorrer às perdas prováveis em 99% ou mais das situações;
   b) Não serem inferiores a 2% da soma da posição líquida global em divisas e da posição líquida em ouro.

6 – O método descrito no número anterior apenas pode ser utilizado desde que a forma de cálculo e os coeficientes de correlação sejam estabelecidos pelo Banco de Portugal, devendo esses coeficientes ser periodicamente revistos, pelo mesmo Banco, à luz da evolução dos mercados cambiais.

ARTIGO 11.º
Cálculo dos requisitos de fundos próprios para cobertura do risco de mercadorias

1 – Os requisitos de fundos próprios para cobertura do risco de mercadorias são calculados nos termos do presente artigo.

2 – Cada posição em mercadorias ou em instrumentos derivados sobre mercadorias deve ser expressa em unidades normalizadas de medida e o preço à vista de cada mercadoria deve ser expresso em euros.

3 – Para efeitos do presente artigo, as posições que consistam apenas em financiamentos de existências podem ser excluídas do cálculo do risco de mercadorias.

4 – Os riscos de taxa de juro e cambiais não abrangidos pelo presente artigo devem ser incluídos no cálculo do risco geral relativo aos instrumentos de dívida e no cálculo dos riscos cambiais.

5 – Relativamente a cada mercadoria, quando o prazo de vencimento da posição curta anteceder o da posição longa, as instituições devem controlar o risco de liquidez, devendo dar conhecimento dos métodos utilizados ao Banco de Portugal.

6 – No cálculo da posição líquida, as posições em instrumentos derivados são tratadas, de acordo com as regras especificadas nos n.ᵒˢ 8 a 11, como posições nas mercadorias subjacentes.

7 – O Banco de Portugal pode autorizar que as seguintes posições sejam consideradas como posições na mesma mercadoria:
   a) Posições em diferentes subcategorias de mercadorias, desde que as respectivas entregas sejam substituíveis entre si; e
   b) Posições em mercadorias semelhantes, desde que se trate de substitutos próximos e que seja claramente estabelecida uma correlação de, pelo menos, 0.9 entre os respectivos movimentos de preços durante um período mínimo de um ano.

8 – Sem prejuízo do disposto no artigo 7.º do presente diploma, os futuros sobre mercadorias e os compromissos a prazo de compra ou venda de mercadorias devem ser incluídos no cálculo das posições sob a forma de valores teóricos de referência expressos em unidades normalizadas de medida, devendo ser-lhes atribuído um prazo de vencimento com base na data de liquidação.

9 – Os *swaps* de mercadorias em que uma componente da transacção se reporta a um preço fixo e a outra ao preço corrente de mercado devem ser tratados, no âmbito do método da escala de prazos de vencimento, como uma série de posições equivalentes ao valor teórico de referência do contrato, correspondendo cada pagamento relativo ao *swap* a uma posição, a qual deve ser incluída no intervalo relevante da escala de prazos de vencimento do anexo I ao presente diploma, entendendo-se por "posição longa" a posição em que a instituição paga um preço fixo e recebe um preço variável e "posição curta" a posição em que a instituição recebe um preço fixo e paga um preço variável.

10 – Os *swaps* de mercadorias em que as componentes da transacção se referem a mercadorias diferentes devem ser incluídos nas escalas correspondentes no âmbito do método das escalas de prazos de vencimento.

11 – Sem prejuízo do disposto no artigo 7.º do presente diploma, as opções sobre mercadorias ou sobre instrumentos derivados sobre mercadorias devem ser tratadas, para efeitos do presente artigo, como se fossem posições com um valor igual ao do montante da mercadoria subjacente a que se refere a opção, multiplicado pelo respectivo delta.

12 – O delta a utilizar deve ser o da bolsa em que as opções sejam negociáveis, ou, mediante autorização do Banco de Portugal, no caso desse delta não existir e para as opções do mercado de balcão, o que for calculado pelas próprias instituições.

13 – O Banco de Portugal pode também determinar que as instituições calculem os deltas segundo uma metodologia indicada pelo próprio Banco.

14 – As instituições podem considerar, para efeitos deste artigo, apenas a posição líquida que resultar da compensação entre as posições referidas no número precedente e quaisquer posições compensáveis em idênticas mercadorias ou instrumentos derivados subjacentes.

15 – As instituições devem calcular requisitos adicionais de fundos próprios relativamente aos demais riscos associados às opções sobre mercadorias, para além do risco delta, nomeadamente os relativos a variações do delta ou da volatilidade, dando conhecimento ao Banco de Portugal do modo como dão cumprimento a essa obrigação.

16 – O Banco de Portugal pode autorizar que o requisito de fundos próprios correspondente a uma opção sobre mercadorias adquirida, negociada em bolsa ou no mercado de balcão, seja igual ao que é exigido para a mercadoria subjacente, ou ao valor de mercado da opção.

17 – Os *warrants* relativos a mercadorias devem ser tratados, para efeitos do presente artigo, do modo previsto para as opções sobre mercadorias.

18 – A instituição que transfere as mercadorias ou os direitos garantidos relativos à titularidade das mercadorias, numa venda com acordo de recompra, e o mutuante das mercadorias, num empréstimo de mercadorias, devem incluir essas mercadorias no cálculo dos seus requisitos de fundos próprios, nos termos do presente artigo.

19 – O cálculo dos requisitos de fundos próprios para cobertura do risco de mercadorias pode ser efectuado, nos termos a regulamentar pelo Banco de Portugal, segundo o método da escala de prazos de vencimento, o método simplificado, o

método transitório previsto no n.º 30 deste artigo ou o método previsto no artigo 12.º deste diploma.

20 – De acordo com o método da escala de prazos de vencimento, deve ser utilizada, para cada mercadoria, uma escala de prazos de vencimento separada, de acordo com o anexo I ao presente diploma, devendo todas as posições nessa mercadoria e todas as posições consideradas como posições na mesma mercadoria, nos termos do n.º 7, ser incluídas nos intervalos correspondentes de prazos de vencimento, sendo as existências físicas integradas no primeiro intervalo.

21 – O Banco de Portugal pode autorizar que as posições relativas a uma mesma mercadoria, ou as posições consideradas como tal nos termos do n.º 7 deste artigo, sejam compensadas e incluídas nos correspondentes intervalos de prazos de vencimento numa base líquida, desde que se trate de:

a) Posições em contratos que se vençam na mesma data; e
b) Posições em contratos que se vençam com 10 dias de intervalo entre si, se os contratos forem negociados em mercados com datas de entrega diárias.

22 – Em seguida, deve proceder-se à soma das posições longas e à soma das posições curtas em cada intervalo de prazos de vencimento, constituindo o montante das posições longas que for compensado pelas posições curtas, relativamente a cada intervalo de prazos de vencimento, a posição compensada desse intervalo, e a posição remanescente, longa ou curta, a posição não compensada desse mesmo intervalo.

23 – A parte da posição, longa ou curta, não compensada num determinado intervalo que for compensada pela posição, curta ou longa, não compensada no intervalo seguinte constitui a posição compensada entre esses dois intervalos, representando a parte da posição, longa ou curta, não susceptível de compensação a posição não compensada residual.

24 – O requisito de fundos próprios, para cada mercadoria, é calculado adicionando os seguintes elementos:

a) Para cada intervalo de prazos de vencimento, o produto da soma das posições longas e curtas compensadas pela taxa de diferencial de 1,5% e pelo preço à vista da mercadoria;
b) O produto da soma das posições compensadas entre dois intervalos de prazos de vencimento, para cada um dos intervalos para os quais tenha sido apurada uma posição não compensada, pela taxa de reporte de 0,6% e pelo preço à vista da mercadoria;
c) O produto da soma das posições não compensadas residuais pela taxa final de 15% e pelo preço à vista da mercadoria.

25 – O requisito global de fundos próprios para cobertura do risco de mercadorias corresponde à soma dos requisitos de fundos próprios calculados, para cada mercadoria, nos termos do número anterior.

26 – Segundo o método simplificado, o cálculo dos requisitos previstos no presente artigo é efectuado nos termos seguintes.

27 – O requisito de fundos próprios corresponde, para cada mercadoria, à soma dos seguintes elementos:

a) Produto de 15% da posição líquida, longa ou curta, pelo preço à vista da mercadoria;

b) Produto de 3%, da posição bruta, longa e curta, pelo preço à vista da mercadoria.

28 – Sem prejuízo do disposto no n.º 6, para efeitos do número precedente, a posição líquida em cada mercadoria é constituída pelo excedente das posições longas (curtas) relativamente às posições curtas (longas) na mesma mercadoria e em futuros, opções e *warrants* sobre a mesma mercadoria, e posição bruta a que resulta da soma da posição longa com a posição curta.

29 – O requisito global de fundos próprios para cobertura do risco de mercadorias corresponde à soma dos requisitos de fundos próprios calculados, para cada mercadoria, nos termos do número precedente.

30 – O Banco de Portugal pode autorizar que as instituições utilizem, até 31 de Dezembro de 2006, em vez das taxas referidas no n.º 24, as taxas de diferencial, de reporte e final indicadas no anexo II ao presente diploma, desde que as instituições satisfaçam as seguintes condições cumulativas:
 a) Realizem um volume significativo de operações sobre mercadorias;
 b) Tenham uma carteira diversificada de mercadorias;
 c) Não estejam ainda aptas a utilizar modelos internos para calcular os requisitos de fundos próprios para cobertura do risco de mercadorias, de acordo com o artigo 12.º do presente diploma.

ARTIGO 12.º
Cálculo dos requisitos de fundos próprios para cobertura dos riscos de posição em instrumentos financeiros da carteira de negociação, dos riscos cambiais e dos riscos de mercadorias, de acordo com modelos internos

1 – O Banco de Portugal pode, nas condições definidas no presente artigo, autorizar as instituições, caso a caso, a calcular os requisitos de fundos próprios para cobertura dos riscos de posição em instrumentos financeiros da carteira de negociação, dos riscos cambiais e dos riscos de mercadorias, de acordo com modelos internos, em alternativa aos métodos especificados nos anexo V do aviso do Banco de Portugal n.º 7/96 e nos artigos precedentes do presente diploma, ou em conjugação com estes.

2 – O Banco de Portugal deve assegurar-se de que o sistema de gestão de riscos da instituição em causa assenta em bases conceptuais sólidas, é aplicado de forma rigorosa e satisfaz, nomeadamente, os seguintes critérios qualitativos:
 a) O modelo interno encontrar-se estreitamente integrado na gestão corrente de riscos e servir de base para a elaboração dos relatórios, destinados à direcção, sobre o grau de exposição da instituição;
 b) A instituição dispor de uma unidade de controlo de riscos, que deve ser independente das unidades de negociação, reportar directamente à direcção e ser responsável pela concepção e a aplicação do sistema de gestão de riscos, bem como pela elaboração e análise de relatórios diários sobre os resultados produzidos pelos modelos internos e sobre as medidas adequadas a tomar no domínio da fixação de limites à negociação;

c) O órgão de administração e a direcção encontrarem-se activamente envolvidos no processo de controlo de riscos e os relatórios diários elaborados pela unidade de controlo de riscos serem examinados por membros da direcção com poder suficiente para determinar quer uma redução das posições tomadas por um dado operador quer uma diminuição da exposição total da instituição;
d) A instituição possuir, em número suficiente, pessoal qualificado para a utilização de modelos sofisticados nos domínios da negociação, do controlo de riscos, da auditoria interna e do tratamento administrativo das operações realizadas;
e) Encontrarem-se definidos procedimentos destinados a assegurar e fiscalizar a observância do estabelecido nos documentos respeitantes às políticas e aos controlos internos relativos ao funcionamento global do sistema de avaliação de riscos;
f) A avaliação de riscos produzida pelos modelos ter um grau razoável de precisão;
g) A instituição aplicar frequentemente um programa rigoroso de simulações de crise, cujos resultados são examinados pela direcção e reflectidos nas políticas e limites estabelecidos;
h) A instituição realizar, no âmbito do seu processo periódico de auditoria interna, uma análise independente do sistema de avaliação de riscos, que deve incluir tanto as actividades das unidades de negociação como as da unidade independente de controlo de riscos, e, em particular, a instituição proceder a uma análise global do seu sistema de gestão de riscos, com periodicidade, no mínimo, anual, na qual deve ter-se, designadamente, em conta:
  i) A adequação da documentação sobre o sistema e os processos de gestão de riscos, bem como sobre a organização da unidade de controlo de riscos;
  ii) A integração das medidas de risco de mercado na gestão diária dos riscos, bem como a integridade do sistema de informação de gestão;
  iii) Os processos utilizados para aprovar os modelos de determinação de preços e os sistemas de avaliação utilizados pelos operadores das unidades de negociação e pelo pessoal responsável pelo processamento administrativo das transacções;
  iv) O âmbito dos riscos de mercado abrangidos pelos modelos de avaliação de riscos e a validação de qualquer alteração significativa no processo de avaliação de riscos;
  v) A precisão e o carácter exaustivo dos dados relativos às posições, o rigor e adequação dos pressupostos em matéria de volatilidade e de correlações, e o rigor dos cálculos de avaliação e de sensibilidade aos riscos;
  vi) O processo de controlo utilizado para avaliar a consistência, a actualidade e a fiabilidade dos dados utilizados nos modelos internos, bem como a independência das fontes;

vii) O processo de controlo utilizado para avaliar o programa de verificações *a posteriori* destinado a analisar a precisão dos modelos.

3 – Para efeitos do presente artigo, entende-se por direcção a unidade de estrutura de topo da organização empresarial que reporta directamente ao órgão de administração.

4 – A precisão e a eficácia dos modelos devem ser controladas através de um programa de verificações *a posteriori*, que deverá permitir estabelecer, para cada dia útil, uma comparação entre o valor em risco, calculado pelo modelo, com base nas posições no final do dia, e a variação, real ou hipotética, do valor da carteira no fim do dia útil seguinte.

5 – O Banco de Portugal deve avaliar a capacidade da instituição para efectuar as verificações *a posteriori* das variações, tanto reais como hipotéticas, do valor da carteira, tendo a verificação *a posteriori* das variações hipotéticas do valor da carteira por base a comparação entre o valor da carteira no final do dia e, pressupondo que não houve alteração de posições, o seu valor no final do dia seguinte.

6 – O Banco de Portugal deve impor a adopção de medidas apropriadas, se considerar inadequado o programa de verificações *a posteriori*.

7 – Os requisitos de fundos próprios devem corresponder ao mais elevado dos dois montantes seguintes:

a) O valor em risco do dia anterior, avaliado segundo os parâmetros definidos no presente artigo;

b) A média dos valores diários em risco verificados nos 60 dias úteis precedentes, multiplicada por um factor de, pelo menos, 3 e acrescida, se for caso disso, pelo factor adicional referido no n.º 12.

8 – O cálculo do valor em risco deve ser efectuado diariamente e respeitar os seguintes parâmetros mínimos:

a) Intervalo de confiança unilateral de 99%;

b) Período de detenção equivalente a 10 dias;

c) Período efectivo de observação de pelo menos um ano, salvo se um aumento significativo da volatilidade dos preços justificar um período de observação mais curto;

d) Actualização trimestral dos dados.

9 – O modelo deve abranger todos os riscos de preço significativos relativos às posições em opções, ou posições equivalentes, e os riscos não contemplados pelo modelo devem ser adequadamente cobertos por fundos próprios.

10 – O modelo deve englobar um número suficiente de factores de risco, tendo em conta o nível de actividade da instituição nos diversos mercados relevantes e respeitar as seguintes condições mínimas:

a) No que se refere ao risco de taxa de juro:

i) O modelo deve incorporar um conjunto de factores de risco correspondentes às taxas de juro de cada uma das divisas nas quais a instituição detenha posições patrimoniais ou extrapatrimoniais sensíveis à taxa de juro;

ii) A instituição deverá modelar as curvas de rendimento utilizando métodos considerados adequados pelo Banco de Portugal; e *iii)* No que se refere às exposições significativas ao risco de taxa de juro nas divisas e mercados mais importantes, a curva de rendimentos deve ser dividida, no mínimo, em seis intervalos de prazos de vencimento, a fim de ter em conta as variações da volatilidade das taxas ao longo da curva, devendo o modelo ter igualmente em conta o risco de existência de uma correlação imperfeita das variações entre curvas de rendimento diferentes;

b) No que se refere ao risco cambial, o modelo deve incluir os factores de risco correspondentes ao ouro e às diversas divisas em que se encontram expressas as posições da instituição;

c) No que se refere ao risco de posição em títulos de capital, deve ser utilizado um factor de risco distinto pelo menos para cada um dos mercados financeiros em que a instituição detém posições significativas;

d) No que se refere ao risco de mercadorias, deverá ser utilizado um factor de risco distinto pelo menos para cada uma das mercadorias nas quais a instituição detém posições significativas, devendo o modelo ter em conta o risco decorrente da existência de uma correlação imperfeita entre mercadorias similares mas não idênticas e o risco decorrente de alterações dos preços a prazo resultantes de disparidades a nível dos prazos de vencimento, bem como ter em consideração as características do mercado, nomeadamente as datas de entrega e as possibilidades de que os operadores dispõem para encerrar posições.

11 – O Banco de Portugal pode autorizar o recurso a correlações empíricas dentro de cada categoria de risco e entre diferentes categorias de risco, se considerar que o sistema utilizado para avaliar estas correlações assenta em bases sólidas e é aplicado de forma rigorosa.

12 – O factor de multiplicação deve, de acordo com o anexo III ao presente diploma, ser acrescido de um factor adicional de 0 a 1, consoante o número de excessos resultante das verificações *a posteriori* efectuadas nos últimos 250 dias úteis, devendo tais excessos ser calculados de uma forma consistente, com base em verificações *a posteriori* das variações, reais ou hipotéticas, do valor da carteira, considerando-se que existe um excesso quando a variação do valor da carteira num determinado dia for mais elevada do que a medida do valor em risco para o mesmo dia, calculada através do modelo, e devendo a determinação do factor adicional a aplicar ser realizada com uma periodicidade, no mínimo, trimestral.

13 – O Banco de Portugal pode, caso a caso e em circunstâncias excepcionais, dispensar a aplicação do factor adicional, se tiver sido cabalmente demonstrado que tal aumento seria injustificado e que o modelo é basicamente correcto.

14 – Perante um número de excessos considerado demasiado elevado, o Banco de Portugal deve cancelar o reconhecimento do modelo para efeitos do cálculo dos requisitos de fundos próprios ou impor medidas adequadas para assegurar que o modelo seja rapidamente aperfeiçoado.

15 – As instituições devem comunicar ao Banco de Portugal, no prazo máximo de cinco dias úteis, o número de excessos resultantes do seu programa de verificações *a posteriori*, se tal implicar um aumento do factor adicional.

16 – Para efeitos de cálculo dos requisitos de fundos próprios para cobertura do risco específico associado às posições em instrumentos de dívida e em títulos de capital, o Banco de Portugal pode reconhecer um dado modelo interno se, além de preencher os critérios estabelecidos no n.º 2, esse modelo:
   a) Explicar a variação histórica do preço dos elementos que constituem a carteira;
   b) Tiver em conta o grau de concentração da carteira em termos de volume e de alterações na respectiva composição;
   c) Não for afectado por condições adversas de funcionamento dos mercados;
   d) For validado através de verificações *a posteriori* destinadas a avaliar se o risco específico foi adequadamente tido em conta. Se o Banco de Portugal vier a autorizar que essas verificações *a posteriori* sejam efectuadas com base em subcarteiras relevantes, estas devem ser escolhidas de uma forma consistente.

17 – As instituições, cujos modelos não forem reconhecidos nos termos do número anterior, devem calcular os requisitos de fundos próprios para cobertura do risco específico de acordo com o previsto no anexo V do aviso do Banco de Portugal n.º 7/96 e no artigo 8.º do presente diploma.

18 – Sem prejuízo do disposto no n.º 20, se o modelo for reconhecido pelo Banco de Portugal para efeitos de cálculo dos requisitos de fundos próprios para cobertura do risco específico, os requisitos calculados, nos termos do n.º 7 devem ser aumentados de um dos seguintes montantes:
   a) A parte do valor em risco correspondente ao risco específico, que deverá ser individualizada de acordo com regras estabelecidas pelo Banco de Portugal; ou
   b) Os valores em risco das subcarteiras de posições em instrumentos de dívida e em títulos de capital com risco específico subjacente.

19 – No caso de opção pela alternativa da alínea b) do número precedente, as instituições devem previamente informar o Banco de Portugal sobre a estrutura das referidas subcarteiras e não a alterar sem prévia autorização do mesmo Banco.

20 – O Banco de Portugal pode dispensar as instituições dos requisitos previstos no n.º 18 se considerar, com base nas informações prestadas, que o modelo em causa trata, de forma adequada, a globalidade do risco específico relativo às posições em instrumentos de dívida e em títulos de capital.

ARTIGO 13.º
Disposição final

O Banco de Portugal fica autorizado a modificar as regras sobre adequação dos fundos próprios das empresas de investimento e das instituições de crédito e a regulamentação dos grandes riscos de acordo com o presente diploma.

Visto e aprovado em Conselho de Ministros de 20 de Setembro de 2001. – *António Manuel de Oliveira Guterres – Guilherme d'Oliveira Martins – António José Martins Seguro.*

Promulgado em 11 de Dezembro de 2001.
Publique-se.
O Presidente da República, JORGE SAMPAIO.

Referendado em 13 de Dezembro de 2001.
O Primeiro-Ministro, *António Manuel de Oliveira Guterres.*

ANEXO I
(*a que se referem os n.ºs 9 e 20 do artigo 11.º*)

Intervalos de prazos de vencimento

0 < 1 mês.
> 1 ≤ 3 meses.
> 3 ≤ 6 meses.
> 6 ≤ 12 meses.
> 1 ≤ 2 anos.
> 2 ≤ 3 anos.
> 3 anos.

ANEXO II
(*a que se refere o n.º 30 do artigo 11.º*)

	Metais preciosos (excepto ouro)	Metais de base	Produtos agrícolas (*softs*)	Outros, incluindo os produtos energéticos
Taxa de diferencial	1,0	1,5	1,5	1,5
Taxa de reporte (percentagem)	0,3	0,5	0,6	0,6
Taxa final (percentagem)	8,0	10,0	12,0	15,0

ANEXO III
(*a que se refere o n.º 12 do artigo 12.º*)

Número de excessos	Factor adicional
Inferior a 5	0,00
5	0,40
6	0,50
7	0,65
8	0,75
9	0,85
10 ou mais	1,00

III. INSTITUIÇÕES DE CRÉDITO EM ESPECIAL

5. Caixa Geral de Depósitos

5.1. DECRETO-LEI N.º 287/93, DE 20 DE AGOSTO [147]

A Caixa Geral de Depósitos, criada pela Carta de Lei de 10 de Abril de 1876, nasceu com uma vocação exclusivamente centrada no âmbito do Estado, tendo como função principal a recolha e administração dos depósitos efectuados por imposição da lei ou dos tribunais; cresceu como um banco de poupança e investimentos ligado à política económica, continuando a recolher os depósitos públicos ou determinados pelo Estado, bem como a poupança privada, e chegou aos nossos dias com uma posição de grande destaque no conjunto das instituições de crédito portuguesas, já não dependendo dos depósitos públicos, actuando como um banco universal e sendo a matriz do maior grupo financeiro português.

O enquadramento normativo da actividade da Caixa revela um conjunto de particularidades relativamente ao das empresas privadas no sector como por exemplo o recurso às execuções fiscais para cobrança dos seus créditos e a representação em juízo pelo Ministério Público. Por outro lado, a Caixa beneficiava de uma isenção geral de impostos e taxas, sendo equiparada pela lei ao Estado, para este efeito, situação que se extinguiu com a reforma fiscal entrada em vigor em 1989.

No plano da estrutura organizativa, a lei consagrava a separação de três entidades jurídicas distintas – a Caixa Geral de Depósitos, a Caixa Geral de Aposentações e o Montepio dos Servidores do Estado – e a respectiva autonomia patrimonial, orientação que não era, todavia, levada às últimas consequências, dada a identidade dos órgãos de administração e de fiscalização das três instituições.

Diversas e significativas modificações verificadas no sistema financeiro português desde a data da publicação dos actuais diplomas orgânicos e a alteração dos condicionalismos interno e externo em que a instituição exerce a sua actividade recomendam agora a sua profunda revisão.

Atendo-nos, unicamente, aos eventos mais marcantes dos últimos anos, impõe-se, em primeiro lugar, uma referência à adesão de Portugal às Comunidades Europeias, com a consequente aplicação das regras do direito comunitário.

---

[147] DR I Série-A, n.º 195, de 20-Ago.-1993, 4448-4449. O preâmbulo deste diploma foi objecto da Rectificação n.º 200/93, de 30 de Outubro, publicada no DR I Série-A, n.º 255, 2.º Suplemento, de 30-Out.-1993, 6130-(6).

5.1. Caixa Geral de Depósitos

No plano interno, o Regime Geral das Instituições de Crédito e Sociedades Financeiras, aprovado pelo Decreto-Lei n.º 298/92, de 31 de Dezembro, veio equiparar a Caixa Geral de Depósitos aos bancos no que respeita às actividades que está autorizada a exercer.

Todo o circunstancialismo referido aponta deste modo para a sujeição da Caixa a um regime de direito privado ou, mais rigorosamente, para a aplicação à instituição de regras idênticas às que regem as empresas privadas do sector.

O mesmo objectivo de aproximação da Caixa às restantes empresas do sector levou à adopção da forma de sociedade anónima.

Ao contrário do que se estabeleceu noutros casos, considerou-se no caso da Caixa Geral de Depósitos, dada a natureza da actividade exercida, a posição e o papel que a empresa ocupa no mesmo sector, que deveria ser apenas o Estado, e não qualquer outra pessoa colectiva de direito público, o detentor do capital.

No que respeita ao pessoal, o novo regime consagra a aplicação à Caixa do regime jurídico do contrato individual de trabalho, sem prejuízo, à semelhança de solução adoptada em casos idênticos, da possibilidade concedida aos trabalhadores actualmente ao serviço da instituição de optarem pela manutenção do regime a que estavam sujeitos.

No que respeita à Caixa Geral de Aposentações e ao Montepio dos Servidores do Estado, completou-se a integral separação entre estas instituições e a Caixa.

Em diploma autónomo, estas duas entidades, são fundidas numa única pessoa jurídica, a Caixa Geral de Aposentações, pessoa colectiva de direito público que passa a dispor de órgãos próprios distintos dos órgãos de administração e fiscalização da Caixa Geral de Depósitos[148].

A Caixa Geral de Depósitos continuará, por outro lado, a prestar serviços à Caixa Geral de Aposentações como até aqui, prevendo-se que no futuro essa prestação passe a ser assegurada em termos contratuais[149].

Foi ouvida a Comissão de Trabalhadores da Caixa Geral de Depósitos.

Assim:

Nos termos da alínea *a*) do n.º 1 do artigo 201.º da Constituição, o Governo decreta o seguinte:

ARTIGO 1.º

1– A Caixa Geral de Depósitos, Crédito e Previdência é transformada pelo presente diploma em sociedade anónima de capitais exclusivamente públicos, passando a denominar-se Caixa Geral de Depósitos, S.A., abreviadamente designada neste diploma por Caixa.

2 – A Caixa rege-se pelo presente diploma, pelos seus estatutos, pelas normas gerais e especiais aplicáveis às instituições de crédito e pela legislação aplicável às sociedades anónimas.

---

[148] Rectificação n.º 200/93, de 30 de Outubro; o original, em vez de "... são fundidas ...", dizia "... pré-fundidas ...".

[149] *Idem*; o original omitia a palavra "... continuará ...".

ARTIGO 2.º

1 – A Caixa sucede à Caixa Geral de Depósitos, Crédito e Previdência e continua a personalidade jurídica desta, conservando a universalidade dos direitos e obrigações que integram a sua esfera jurídica no momento da transformação.

2 – A transformação estabelecida no artigo anterior produz os seus efeitos exclusivamente por força do presente diploma, sendo oponível a terceiros independentemente de registo.

3 – Sem prejuízo do disposto no número anterior, a inscrição da Caixa no registo comercial, bem como os averbamentos da transformação operada pelo presente diploma, em quaisquer registos já existentes, serão realizadas pelas repartições competentes com isenção de quaisquer taxas ou emolumentos, mediante simples comunicação subscrita por dois membros do conselho de administração.

ARTIGO 3.º

1 – A Caixa tem por objecto o exercício da actividade bancária nos termos definidos nos seus estatutos e dentro dos limites estabelecidos na legislação aplicável.

2 – No exercício da sua actividade, a Caixa deverá promover a formação e a captação da poupança e contribuir, designadamente através das suas operações de financiamento, para o desenvolvimento económico e social do País.

3 – A Caixa assegurará a prestação ao Estado de quaisquer serviços bancários, sem prejuízo das regras da concorrência e do equilíbrio da sua gestão.

4 – A Caixa exercerá ainda outras funções que lhe sejam especialmente cometidas por lei, podendo as modalidades e os termos do exercício dessas funções ser definidos por contrato a celebrar com o Estado[150].

ARTIGO 4.º

1 – A Caixa tem o capital social de 275 000 000 de contos, totalmente subscrito pelo Estado e realizado por conversão da reserva conta capital, existente no seu balanço.

2 – As acções representativas do capital social da Caixa, incluindo as que vierem a ser emitidas em futuros aumentos de capital, só poderão pertencer ao Estado e serão detidas pela Direcção-Geral do Tesouro.

3 – Os direitos do Estado como accionista serão exercidos por representante designado por despacho do Ministro das Finanças.

4 – Sempre que a lei ou os estatutos exijam deliberação da assembleia geral ou seja conveniente reuni-la, bastará que o representante do Estado exare a deliberação no livro de actas da sociedade.

---

[150] No original lê-se "... exercício *dessas* funções ...".

ARTIGO 5.º

1 – São aprovados os estatutos da Caixa Geral de Depósitos, S.A., anexos ao presente diploma.

2 – As alterações aos estatutos ficarão apenas sujeitas às formalidades aplicáveis às instituições de crédito constituídas sob a forma de sociedade anónima.

ARTIGO 6.º

1 – Sem prejuízo do disposto na lei comercial quanto à prestação de informações aos accionistas, o conselho de administração enviará ao Ministro das Finanças, pelo menos 30 dias antes da assembleia geral anual:
  a) O relatório de gestão e as contas do exercício;
  b) Quaisquer elementos adicionais que se mostrem necessários à compreensão integral da situação económica e financeira da empresa e perspectiva da sua evolução.

2 – O conselho fiscal enviará trimestralmente ao Ministério das Finanças um relatório sucinto em que se refiram os controlos efectuados, as anomalias e os principais desvios relativamente às previsões eventualmente detectadas.

ARTIGO 7.º

1 – Sem prejuízo do disposto nos números seguintes, os trabalhadores da Caixa ficam sujeitos ao Regime Jurídico do Contrato Individual de Trabalho.

2 – Os trabalhadores que se encontrem ao serviço da Caixa na data da entrada em vigor do presente diploma continuam sujeitos ao regime que lhes era até aí aplicável, podendo contudo optar pelo regime previsto no número anterior, mediante declaração escrita feita nos termos e no prazo a fixar pela administração da Caixa.

3 – Os trabalhadores da Caixa que sejam chamados a ocupar cargos nos órgãos desta empresa ou que sejam requisitados para exercer funções em empresas ou serviços públicos não podem, por esse facto, sofrer qualquer prejuízo, regressando aos seus lugares logo que terminem o mandato ou a requisição.

4 – Os trabalhadores da Caixa que sejam chamados a ocupar cargos nos órgãos sociais de empresas associadas poderão continuar a desempenhar as funções que vinham exercendo, sem perda de quaisquer direitos.

ARTIGO 8.º

1 – É por esta forma convocada a assembleia geral da Caixa, a qual reunirá na sede da sociedade no 30.º dia posterior à data da entrada em vigor do presente diploma ou no 1.º dia útil subsequente, para eleger os membros da mesa da assembleia geral e os titulares dos órgãos sociais e aprovar o respectivo estatuto remuneratório.

2 – Os membros em exercício do conselho de administração e do conselho fiscal da Caixa Geral de Depósitos, Crédito e Previdência mantêm-se em funções até

à eleição dos titulares dos órgãos sociais da Caixa, com as competências fixadas para estes órgãos pelos estatutos da sociedade.

ARTIGO 9.º

1 – São revogados, salvo no que respeita à sua aplicação à Caixa Geral de Aposentações, e com as ressalvas constantes do presente artigo, os seguintes diplomas:
 a) O Decreto-Lei n.º 48 953, de 5 de Abril de 1969;
 b) O Decreto-Lei n.º 693/70, de 31 de Dezembro;
 c) O Decreto n.º 694/70, de 31 de Dezembro;
 d) O Decreto-Lei n.º 265/75, de 28 de Maio.

2 – Exceptuam-se do disposto no número antecedente os seguintes preceitos, que se mantêm em vigor, com as necessárias adaptações:
 a) Os artigos 39.º a 41.º, 43.º, 44.º, n.ºs 1 e 3, 45.º, 54.º, 56.º, 57.º, 65.º, n.ºs 1 e 2, e 70.º do Decreto-Lei n.º 48 953, de 5 de Abril de 1969;
 b) Os artigos 13.º a 31.º e 35.º do regulamento aprovado pelo Decreto n.º 694/70, de 31 de Dezembro.

3 – Mantêm-se também em vigor, mas unicamente para aplicação aos trabalhadores da Caixa que não tenham exercido a faculdade a que se refere o n.º 2 do artigo 7.º, e com as necessárias adaptações, os artigos 31.º, n.º 2, 32.º e 34.º, n.º 2, do Decreto-Lei n.º 48 953, de 5 de Abril de 1969.

4 – Os documentos que, titulando acto ou contrato realizado pela Caixa, prevejam a existência de uma obrigação de que a Caixa seja credora e estejam assinados pelo devedor revestem-se de força executiva, sem necessidade de outras formalidades.

5 – As execuções pendentes à data da entrada em vigor do presente diploma continuam a reger-se, até final, pelas regras de competência e de processo vigentes nessa data.

6 – Mantém-se igualmente em vigor o artigo 16.º do Decreto-Lei n.º 48 953, de 5 de Abril de 1969, em relação às operações e aos contratos de depósito nele previstos que tenham sido realizados até à data de entrada em vigor do presente diploma, sem prejuízo do disposto na legislação que rege o Fundo de Garantia de Depósitos.

ARTIGO 10.º

O presente diploma entra em vigor no dia 1 de Setembro de 1993.

Visto e aprovado em Conselho de Ministros de 22 de Julho de 1993. – *Aníbal António Cavaco Silva – Jorge Braga de Macedo – Álvaro José Brilhante Laborinho Lúcio.*

Promulgado em 3 de Agosto em 1993.
Publique-se.
O Presidente da República, Mário Soares.

Referendado em 3 de Agosto de 1993.
Pelo Primeiro-Ministro, *Joaquim Fernando Nogueira,* Ministro da Presidência.

5.2. ESTATUTOS DA CAIXA GERAL DE DEPÓSITOS [151]

CAPÍTULO I
Natureza, denominação, duração, sede e objecto

ARTIGO 1.º
Natureza e denominação

A sociedade tem a natureza de sociedade anónima de capitais exclusivamente públicos e a denominação de Caixa Geral de Depósitos, S.A.

ARTIGO 2.º
Duração

A sociedade é constituída por tempo indeterminado.

ARTIGO 3.º
Sede, filiais, sucursais, agências, outras formas de representação

1 – A sociedade tem a sua sede em Lisboa, na Avenida João XXI, número sessenta e três [152].

2 – Por simples deliberação do conselho de administração a sociedade poderá deslocar a sua sede dentro do concelho de Lisboa ou para concelho limítrofe.

3 – Por simples deliberação do conselho de administração poderão ser criadas ou encerradas filiais, sucursais, agências, delegações ou outras formas locais de representação, no território nacional ou no estrangeiro, observadas as formalidades legais aplicáveis.

---

[151] DR I Série-A, n.º 195, de 20-Ago.-1993, 4449-4452.

[152] A redacção actual foi consignada em instrumento notarial avulso outorgado em 17-Mar.-1994, na sequência de deliberação do Conselho de Administração de 2-Mar.-1994, que resolveu deslocar a sede da sociedade, do Largo do Calhariz, 20, para a morada actual. A anterior redacção era a seguinte:

1 – A sociedade tem a sua sede em Lisboa, no Largo do Calhariz, 20.

ARTIGO 4.º
Objecto

1 – A sociedade tem por objecto o exercício da actividade bancária nos mais amplos termos permitidos por lei.

2 – A sociedade exercerá também quaisquer outras atribuições que lhe sejam conferidas por legislação especial.

CAPÍTULO II
Capital social, acções, obrigações

ARTIGO 5.º
Capital social

1 – O capital social é de dois mil quatrocentos e cinquenta milhões de euros e está integralmente subscrito e realizado pelo Estado[153].

2 – A assembleia geral deliberará quanto aos aumentos do capital social e respectiva realização que se tornem necessários à equilibrada expansão das actividades da sociedade.

ARTIGO 6.º
Representação do capital social

1 – O capital social é representado por quatrocentas e noventa milhões de acções com o valor nominal de cinco euros cada uma, podendo ser representadas por um único título[154].

2 – As acções representativas do capital social só poderão pertencer ao Estado.

---

[153] A redacção actual foi consignada em instrumento notarial avulso outorgado em 31-Dez.-2001, na sequência da deliberação unânime por escrito de 28-Dez.-2001. As redacções anteriores eram as seguintes:
– por deliberação tomada na reunião da Assembleia Geral da sociedade, de 20-Out.-1999:
1 – O capital social é 2.000.000.000 euros e está integralmente subscrito e realizado pelo Estado.
– por deliberação tomada na reunião da Assembleia Geral da sociedade, de 27-Mai.-1999:
1 – O capital social é de 1.750.000.000 euros e está integralmente subscrito e realizado pelo Estado.

[154] A redacção actual foi consignada em instrumento notarial avulso outorgado em 31-Dez.-2001, na sequência da deliberação unânime por escrito de 28-Dez.-2001. As redacções anteriores eram as seguintes:
– por deliberação tomada na reunião da Assembleia Geral da sociedade, de 20-Out.-1999:
1 – O capital social é representado por quatrocentos milhões de acções com o valor nominal de cinco euros cada uma, podendo ser representadas por um único título.
– por deliberação tomada na reunião da Assembleia Geral da sociedade, de 27-Mai.-1999:
1 – O capital social é representado por trezentos e cinquenta milhões de acções com o valor nominal de cinco euros cada uma, podendo ser representadas por um único título.

5.2. Caixa Geral de Depósitos

3 – As acções poderão ser representadas por títulos nominativos ou revestir a forma escritural, devendo neste caso seguir o regime dos títulos nominativos[155].

ARTIGO 7.º
Obrigações

A sociedade pode emitir obrigações ou quaisquer outros títulos negociáveis.

CAPÍTULO III
Órgãos sociais

SECÇÃO I
Disposições gerais

ARTIGO 8.º
Enumeração

São órgãos sociais:
a) A assembleia geral;
b) O conselho de administração;
c) O conselho fiscal[156].

ARTIGO 9.º
Duração dos mandatos

1 – Os membros da mesa da assembleia geral, do conselho de administração e do conselho fiscal[157] são eleitos por um período de quatro anos, podendo ser reeleitos por uma ou mais vezes.

2 – Os membros da mesa da assembleia geral e dos órgãos sociais manter-se-ão em funções para além do termo dos respectivos mandatos, até à eleição dos novos titulares.

---

[155] Em Assembleia Geral de 2-Nov.-1993, foi deliberado que a representação das acções fosse feita por forma escritural.

[156] O Decreto-Lei n.º 26-A/96, de 27 de Março, DR I Série-A, n.º 74, Suplemento, de 27-Mar.-1996, 630(2), extinguiu, no seu artigo 4.º, os conselhos fiscais das sociedades de capitais públicos; em sua substituição, as assembleias gerais respectivas designariam um revisor ou uma sociedade de revisores oficiais de contas – artigos 2.º e 3.º.

A Caixa Geral de Depósitos, como sociedade de capitais exclusivamente públicos, deixou de ter um conselho fiscal, passando a ter, nos termos do artigo 413.º do Código das Sociedades Comerciais, um fiscal único e um suplente, ambos Sociedades de Revisores Oficiais de Contas.

[157] Cf. *supra*, a anotação ao artigo 8.º.

ARTIGO 10.º
Actas

1 – Das reuniões dos órgãos sociais serão sempre lavradas actas, assinadas por todos os presentes, donde constarão as deliberações tomadas.

2 – As actas das reuniões da assembleia geral devem ser redigidas e assinadas pelo presidente, pelo vice-presidente e pelo secretário.

SECÇÃO II
Assembleia geral

ARTIGO 11.º
Constituição da assembleia geral

1 – O Estado é representado na assembleia geral pela pessoa que for designada por despacho do Ministro das Finanças.

2 – Nas assembleias gerais devem estar presentes os membros do conselho de administração e do conselho fiscal[158].

ARTIGO 12.º
Competência

1 – A assembleia geral delibera sobre todos os assuntos para os quais a lei e estes estatutos lhe atribuam competência.

2 – Compete, em especial, à assembleia geral:
 a) Deliberar sobre o relatório de gestão e as contas do exercício;
 b) Deliberar sobre a proposta de aplicação de resultados;
 c) Proceder anualmente à apreciação geral da administração e fiscalização da sociedade;
 d) Eleger os membros da mesa da assembleia geral, os membros do conselho de administração, com indicação do presidente e do vice-presidente, e os membros do conselho fiscal, também com indicação do respectivo presidente;
 e) Deliberar sobre alterações dos estatutos e aumentos de capital;
 f) Deliberar sobre as remunerações dos membros dos corpos sociais, podendo, para o efeito, designar uma comissão de vencimentos com poderes para fixar essas remunerações;
 g) Autorizar a aquisição e a alienação de imóveis e a realização de investimentos, uns e outros quando de valor superior a 20% do capital social;
 h) Tratar de qualquer assunto para que tenha sido convocada.

---

[158] *Idem.*

ARTIGO 13.º
Convocação das reuniões

A convocação da assembleia geral será feita pelo presidente da mesa, ou por quem o substitua, com pelo menos 30 dias de antecedência, por carta registada dirigida ao accionista Estado e com indicação expressa dos assuntos a tratar.

ARTIGO 14.º
Reuniões

1 – A assembleia geral reunirá, pelo menos, uma vez por ano e sempre que seja requerida a sua convocação pelo conselho de administração, pelo conselho fiscal[159] ou pelo Estado.

2 – A assembleia geral reunir-se-á na sede social ou no local indicado na convocatória.

ARTIGO 15.º
Mesa da assembleia geral

A mesa da assembleia geral é constituída por um presidente, um vice-presidente e um secretário, podendo a escolha recair em pessoa que não seja accionista.

SECÇÃO III
Conselho de administração

ARTIGO 16.º[160]
Composição

O conselho de administração é composto por um presidente, que será também designado por administrador-geral, um ou dois vice-presidentes e cinco a onze vogais.

ARTIGO 17.º
Delegação de poderes de gestão

1 – O conselho de administração pode encarregar algum ou alguns dos seus membros de se ocuparem de certas matérias da administração.

---

[159] *Idem*.

[160] A redacção actual foi consignada em instrumento notarial avulso outorgado em 5-Abr.-2004, na sequência da deliberação tomada na Assembleia Geral de 1-Abr.-2004. A redacção original era a seguinte:

O conselho de administração é composto por um presidente, que será também designado por administrador-geral, um ou dois vice-presidentes e cinco a sete vogais.

2 – O conselho de administração pode também delegar em dois ou mais administradores, ou numa comissão executiva formada por um número ímpar de administradores, a gestão corrente da sociedade, definindo em acta os limites e condições da delegação.

ARTIGO 18.º
Competência

Compete, em especial, ao conselho de administração:
a) Gerir os negócios sociais e praticar todos os actos relativos ao objecto social;
b) Estabelecer a organização interna da empresa e elaborar os regulamentos e as instruções que julgar conveniente;
c) Contratar os trabalhadores da sociedade, estabelecendo as respectivas condições contratuais, e exercer em relação aos mesmos o correspondente poder directivo e disciplinar;
d) Constituir mandatários com os poderes que julgar convenientes;
e) Decidir sobre a participação no capital social de outras sociedades;
f) Adquirir, onerar e alienar quaisquer bens e direitos, móveis ou imóveis, incluindo participações sociais, e realizar investimentos, quando o entenda conveniente para a sociedade, sem prejuízo do disposto na alínea g) do n.º 2 do artigo 12.º;
g) Decidir sobre a emissão de obrigações;
h) Executar e fazer cumprir as deliberações da assembleia geral;
i) Representar a sociedade em juízo e fora dele, activa e passivamente, podendo confessar, desistir ou transigir em quaisquer pleitos e comprometer-se, mediante convenção de arbitragem, à decisão de árbitros;
j) Exercer as demais competências que lhe sejam atribuídas por lei ou por estes estatutos e deliberar sobre quaisquer outros assuntos que não caibam na competência dos outros órgãos da sociedade.

ARTIGO 19.º
Competência do presidente e do vice-presidente

1 – Compete, em especial, ao presidente do conselho de administração:
a) Representar o conselho de administração;
b) Coordenar a actividade do conselho de administração e convocar e dirigir as respectivas reuniões;
c) Assegurar a correcta execução das deliberações do conselho de administração.

2 – O presidente do conselho de administração será substituído nas suas faltas e impedimentos pelo vice-presidente que para esse efeito tiver sido escolhido pelo conselho de administração.

ARTIGO 20.º
Reuniões e deliberações

1 – O conselho de administração reunirá em sessão ordinária com a periodicidade que o próprio conselho fixar e em sessão extraordinária sempre que for convocado pelo seu presidente, por sua iniciativa ou a solicitação de dois administradores.

2 – As reuniões terão lugar na sede social ou noutro local que for indicado na convocatória.

3 – A convocatória pode ser feita por escrito ou por simples comunicação verbal, ainda que telefónica.

4 – O conselho de administração não pode deliberar sem que esteja presente ou representada a maioria dos seus membros.

5 – Qualquer administrador pode fazer-se representar numa reunião do conselho por outro administrador, mediante carta dirigida ao presidente, mas cada instrumento de representação não pode ser utilizado mais de uma vez.

6 – As deliberações do conselho de administração serão tomadas por maioria, tendo o presidente, ou quem o substitua, voto de qualidade em caso de empate.

ARTIGO 21.º
Responsabilização da sociedade

1 – A sociedade obriga-se:
a) Pela assinatura de dois membros do conselho de administração;
b) Pela assinatura de mandatário constituído, no âmbito do respectivo mandato.

2 – Em assuntos de mero expediente bastará a assinatura de um administrador.

3 – O conselho de administração poderá deliberar, nos termos e dentro dos limites legais, que certos documentos da sociedade sejam assinados por processos mecânicos ou chancela.

ARTIGO 22.º[161]
Reforma dos administradores

Os administradores terão direito a prestações complementares de reforma, nos termos e condições a fixar em regulamento aprovado pela assembleia geral.

---

[161] Em Assembleia Geral de 2 de Novembro de 1993, foi aprovado o "Plano Complementar de Reforma por velhice e invalidez e de sobrevivência dos administradores da Caixa Geral de Depósitos, S.A.".

SECÇÃO IV
Conselho fiscal[162]

ARTIGO 23.º
Composição

1 – A fiscalização da sociedade compete a um conselho fiscal, composto por um presidente, dois vogais efectivos e um suplente.
2 – Um dos vogais efectivos e o suplente serão revisores oficiais de contas ou sociedades de revisores de contas.

ARTIGO 24.º
Competência

Além das atribuições constantes da lei compete, em especial, ao conselho fiscal:
a) Assistir às reuniões do conselho de administração sempre que o entenda conveniente;
b) Emitir parecer sobre qualquer matéria que lhe seja apresentada pelo conselho de administração;
c) Colocar ao conselho de administração qualquer assunto que por ele deva ser ponderado.

ARTIGO 25.º
Reuniões e deliberações

1 – O conselho fiscal reúne ordinariamente uma vez por mês e extraordinariamente sempre que for convocado pelo seu presidente.
2 – As deliberações do conselho fiscal são tomadas por maioria tendo o presidente voto de qualidade, em caso de empate.

CAPÍTULO IV
Ano social, aplicação de resultados

ARTIGO 26.º
Ano social

O ano social coincide com o ano civil.

---

[162] Cf., *supra*, a anotação ao artigo 8.º.

ARTIGO 27.º
Aplicação de resultados

Os lucros líquidos anuais, devidamente aprovados, terão a seguinte aplicação:
a) Um mínimo de 20% para constituição ou reintegração da reserva legal, sem limite;
b) Uma percentagem a atribuir, como participação nos lucros, aos trabalhadores e aos membros do conselho de administração;
c) O restante para os fins que a assembleia geral deliberar, devendo para o efeito o conselho de administração apresentar uma proposta.

5.3. LEGISLAÇÃO ESPECIAL RELATIVA À CAIXA GERAL DE DEPÓSITOS

5.3.1. Decreto-Lei n.° 48953, de 5 de Abril de 1969 [163]

CAPÍTULO I
Disposições gerais

(...)

ARTIGO 4.°

Anexas à Caixa e sob a sua administração são mantidas a Caixa Geral de Aposentações e o Montepio dos Servidores do Estado, instituições dotadas de personalidade jurídica, autonomia financeira e património próprio, sob a designação genérica de Caixa Nacional de Previdência, as quais continuam a regular-se pela legislação vigente.

(...)

CAPÍTULO III
Operações

(...)

ARTIGO 16.° [164]

1 – A responsabilidade pelas operações realizadas pelos serviços privativos da Caixa e pelas instituições anexas, a que se refere o artigo 4.°, pertence exclusiva e

---

[163] DG I Série, n.° 81, de 5-Abr.-1969, 375-386; inserem-se, apenas, os preceitos que o artigo 9.° do Decreto-Lei n.° 287/93, de 20 de Agosto, manteve em vigor, bem como preceitos conexos que, embora revogados – e, por isso, colocados em itálico – sejam necessários para o entendimento das regras vigentes.

[164] Este preceito vigora, apenas, com o alcance fixado no artigo 9.°/6 do Decreto-Lei n.° 287/93, de 20 de Agosto.

5.3.1. Caixa Geral de Depósitos

separadamente a cada uma das referidas instituições e aos seus fundos, respondendo também por elas o Estado, nos termos da lei.

2 – O Estado assegura, em especial, a restituição de todos os depósitos efectuados na Caixa, mesmo em casos fortuitos ou de força maior.

(...)

CAPÍTULO V
Pessoal

ARTIGO 31.º [165]

1 – *O pessoal da Caixa é comum aos seus serviços privativos e aos das instituições anexas.*

2 – O referido pessoal continua sujeito ao regime jurídico do funcionalismo público, com as modificações exigidas pela natureza específica da actividade da Caixa como instituição de crédito, de harmonia com o disposto no presente diploma e nos restantes preceitos especialmente aplicáveis ao estabelecimento.

ARTIGO 32.º [166-167]

1 – As normas relativas a admissões, acessos, categorias, vencimentos e outras condições aplicáveis ao pessoal serão estabelecidas por regulamento interno, aprovado pelo conselho de administração, tendo em conta os condicionalismos especiais a que se refere o n.º 2 do artigo precedente e os comuns à generalidade do sector bancário público.

2 – Sem prejuízo do disposto no n.º 2 do artigo precedente e para efeito de execução do previsto no número anterior relativamente à harmonização das suas condições internas com as comuns à generalidade do sector bancário público, a Caixa

---

[165] Estes preceitos vigoram, apenas, com o alcance fixado no artigo 9.º/3 do Decreto-Lei n.º 287/93, de 20 de Agosto.

[166] Redacção dada pelo artigo 1.º do Decreto-Lei n.º 461/77, de 7 de Novembro, publicado no DR I Série n.º 257/77, da mesma data, p. 2659-2660. A redacção original era a seguinte:

1 – As categorias e vencimentos do pessoal serão fixados pelo conselho de administração, tendo em conta as condições especiais a que se refere o n.º 2 do artigo precedente e as comuns à generalidade do sistema bancário, independentemente dos limites estabelecidos na lei geral, devendo ser submetidos à homologação do Ministro das Finanças.

2 – A integração do pessoal actualmente ao serviço nas novas categorias será feita por despacho do conselho de administração, após a homologação ministerial prevista no n.º 1 deste artigo e a aprovação da orgânica interna dos serviços, nos termos do artigo 46.º, independentemente de quaisquer formalidades.

[167] Estes preceitos vigoram, apenas, com o alcance fixado no artigo 9.º/3 do Decreto-Lei n.º 287/93, de 20 de Agosto.

poderá participar nos processos de convenções colectivas de contratação de trabalho aplicável àquele sector.

(...)

ARTIGO 34.º [168]

1 – *Todo o pessoal será contratado pela administração, dentro das respectivas dotações orçamentais e na medida das necessidades do serviço.*

2 – Os funcionários com provimento vitalício actualmente ao serviço conservam essa situação.

(...)

ARTIGO 39.º [169]

1 – O pessoal da Caixa e suas instituições anexas continua a ser subscritor da Caixa Geral de Aposentações e contribuinte do Montepio dos Servidores do Estado, nos termos legais.

2 – Compete à Caixa e suas instituições anexas o encargo com as pensões de aposentação do respectivo pessoal relativamente ao tempo de serviço a elas prestado.

---

[168] *Idem.*
[169] Redacção dada pelo artigo 1.º do Decreto-Lei n.º 262/80, de 7 de Agosto, DR I Série, n.º 181, de 7-Ago.-1980, 2076-2077. A redacção original era a seguinte:

1 – A Caixa e as suas instituições anexas passam a assumir o encargo com a aposentação do respectivo pessoal relativamente ao tempo de serviço a elas prestado.

2 – O encargo respeitante ao tempo de serviço fora do estabelecimento será suportado, na devida proporção, pela Caixa Geral de Aposentações e outras entidades responsáveis pela aposentação dos seus serventuários.

3 – O quantitativo das pensões de aposentação dos servidores do estabelecimento será calculado nos termos da lei geral.

4 – A formalidade a que se refere o artigo 35.º do Decreto com força de lei n.º 16 669, de 27 de Março de 1929, será substituída pela notificação directa aos interessados e aos serviços competentes.

5 – O disposto neste artigo aplica-se somente ao pessoal que de futuro passe à situação de aposentado e não prejudica a obrigatoriedade do desconto da quota legal para a aposentação.

Posteriormente, o artigo 1.º do Decreto-Lei n.º 211/89, de 30 de Junho, DR I Série, n.º 148/89, de 30-Jun.-1989, 2552, alterou a redacção dos n.os 5 e 6. A redacção anterior, dada pelo artigo 1.º do Decreto-Lei n.º 262/80, de 7 de Agosto, era a seguinte:

5 – O quantitativo das pensões do pessoal da Caixa e os critérios da sua actualização serão os resultantes das normas em vigor no âmbito das pensões fixadas pela Caixa Geral de Aposentações e pelo Montepio dos Servidores do Estado.

6 – Poderão ainda ser estabelecidas, complementarmente, por regulamento interno aprovado pelo conselho de administração e homologado pelo Ministro das Finanças e do Plano, outras normas que se mostrem necessárias à harmonização de condições com o regime de pensões da generalidade do sector bancário público.

3 – O encargo respeitante ao tempo de serviço fora da Caixa e suas instituições anexas será suportado, na devida proporção, pela Caixa Geral de Aposentações e outras entidades responsáveis pela aposentação dos seus serventuários.

4 – No que respeita ao tempo de serviço a considerar, nos termos do n.º 2 do artigo 40.º, o encargo poderá ser assumido na sua totalidade pela Caixa, quando não deva ser suportado por outra entidade responsável pela aposentação.

5 – O quantitativo das pensões do pessoal da Caixa e os critérios da sua actualização serão os resultantes das normas em vigor no âmbito das pensões fixadas pela Caixa Geral de Aposentações e pelo Montepio dos Servidores do Estado.

6 – O disposto no número anterior não prejudica a possibilidade de harmonização de condições com o regime de pensões da generalidade do sector bancário, mediante regulamento interno aprovado pelo conselho de administração e homologado pelo Ministro das Finanças.

7 – A formalidade a que se refere o n.º 1 do artigo 100.º do Estatuto da Aposentação, aprovado pelo Decreto-Lei n.º 498/72, de 9 de Dezembro, é substituído por notificação directa aos interessados e serviços competentes.

8 – Para o pessoal aposentado em data anterior a 5 de Abril de 1969, o quantitativo das actuais pensões, bem como as actualizações que resultem das normas aplicáveis à generalidade dos aposentados da função pública, continuarão a ser suportados pela Caixa Geral de Aposentações.

9 – O disposto neste artigo aplica-se de futuro a todo o pessoal da Caixa e suas instituições anexas, ainda que já aposentado, bem como aos respectivos herdeiros hábeis de pensões de sobrevivência, e não prejudica a obrigatoriedade de desconto das quotas legais para a aposentação e pensões de sobrevivência.

ARTIGO 40.º[170]

1 – Ao pessoal do estabelecimento será levado em conta, para efeitos de aposentação, todo o tempo de serviço prestado ao Estado, aos seus serviços autónomos e aos corpos administrativos anteriormente à inscrição na Caixa Geral de Aposentações, aplicando-se à liquidação das quotas devidas o disposto na legislação respectiva.

2 – Para o efeito do disposto no n.º 1 deste artigo será igualmente levado em consideração:
   a) O tempo de serviço prestado a outras instituições de crédito e que deva ser contado para a reforma de acordo com as normas vigentes nas instituições de crédito do sector público;
   b) O tempo de serviço a considerar nos termos da Portaria n.º 76/77, de 16 de Fevereiro, relativamente ao pessoal que foi admitido na Caixa em execução da aludida portaria.

---

[170] Redacção dada pelo artigo 1.º do Decreto-Lei n.º 262/80, de 7 de Agosto, DR I Série, n.º 181, de 7-Ago.-1980, 2076-2077. A redacção original era a seguinte:
1 – ...
2 – Para os efeitos do n.º 1, a documentação necessária à contagem de tempo deverá dar entrada na Caixa Geral de Aposentações antes de proferida a decisão declaratória do direito ao recebimento da pensão.

3 – O tempo de serviço previsto nas alíneas *a)* e *b)* do número precedente pode ser contado com dispensa do pagamento de quotas, desde que tenham sido pagas à respectiva instituição de previdência social as contribuições para a reforma devidas por esse período, ou se trate de tempo considerado para a reforma, independentemente do pagamento de qualquer quota.

4 – Para os efeitos dos números anteriores, a documentação necessária à contagem de tempo deverá dar entrada na Caixa Geral de Aposentações antes de proferida a decisão que reconheça o direito ao recebimento da pensão.

ARTIGO 41.º[171]

1 – Os membros do conselho de administração, ainda que não oriundos do quadro da Caixa ou de outra função que determine a inscrição obrigatória na Caixa Geral de Aposentações, poderão optar, no início ou durante o exercício da função, pela qualidade de subscritores da Caixa Geral de Aposentações e de contribuintes do Montepio dos Servidores do Estado.

2 – A opção a que se refere o número anterior deverá constar de declaração escrita, que será junta ao processo respectivo nos serviços da Caixa.

3 – Aos membros do conselho de administração que fizerem a opção prevista nos números anteriores é extensivo o disposto nos artigos 31.º, n.º 2, 39.º e 40.º, excepto quanto às situações especiais de contagem de tempo previstas no n.º 3 do artigo 40.º.

4 – Os membros do conselho de administração que sejam subscritores da Caixa Geral de Aposentações e contribuintes do Montepio dos Servidores do Estado à data da sua nomeação nos termos do n.º 1 do artigo 20.º, conservarão essa qualidade, independentemente de qualquer declaração.

5 – Os membros do conselho de administração que não optem pela qualidade de subscritores da Caixa Geral de Aposentações e contribuintes do Montepio dos Servidores do Estado ficarão isentos do desconto das respectivas quotas.

6 (transitório) – Os membros do conselho de administração actualmente em exercício conservarão a qualidade de subscritores da Caixa Geral de Aposentações e de contribuintes do Montepio dos Servidores do Estado se e enquanto não manifestarem, por declaração escrita, que será junta ao respectivo processo nos serviços da Caixa, que desejam desistir dessa qualidade.

CAPÍTULO VI
Organização dos serviços

(...)

ARTIGO 43.º

As estações dos correios, na qualidade de delegações postais da Caixa, continuarão a receber e a pagar depósitos e a efectuar outros serviços, nos termos da legislação em vigor.

ARTIGO 44.º

1 – Os serviços do Banco de Portugal, em Lisboa e nas capitais de distrito, continuarão a arrecadar fundos destinados à Caixa, bem como a aceitar depósitos efectuados pelo estabelecimento e a satisfazer saques apresentados por este, movimentando tais operações em conta corrente com o Tesouro, nos termos das normas legais e regulamentares aplicáveis.

2 – (...)

3 – Mantêm-se igualmente em vigor as disposições que regulam as transferências e remessas de fundos da Caixa por intermédio das estações dos correios.

ARTIGO 45.º

1 – A Caixa e as suas instituições anexas dispõem de notário privativo, com as habilitações e a competência dos notários públicos, para lavrar os actos e contratos em que intervenham aquelas instituições, e de ajudantes, todos nomeados pelo Ministro das Finanças, ouvido o Ministro da Justiça e mediante proposta do conselho de administração[172].

2 – A competência do notário e dos seus ajudantes será cumulativa e exercida em todas as dependências da Caixa, conforme as conveniências do serviço e a comodidade dos clientes.

3 – Os documentos lavrados ou autenticados pelo notário e seus ajudantes serão, para todos os efeitos, considerados documentos autênticos.

(...)

CAPÍTULO VIII
Serviços Sociais

ARTIGO 54.º

1 – Os Serviços Sociais da Caixa, dotados de personalidade jurídica e autonomia administrativa e financeira, exercem a sua actividade nos domínios da formação cultural, previdência, assistência, habitação, recreio e actividades afins, com o objec-

---

[171] Redacção dada pelo artigo 1.º do Decreto-Lei n.º 262/80, de 7 de Agosto, DR I Série, n.º 181, de 7-Ago.-1980, 2076-2077. A redacção original era a seguinte:
O disposto nos artigos 31.º, n.º 2, 39.º e 40.º é extensivo aos membros do conselho de administração, salvo no que respeita ao quantitativo das pensões de aposentação, que, não poderá exceder o vencimento fixado nos termos do artigo 29.º.

[172] No original: *Ministro das Justiças*.

tivo de elevar o nível profissional dos servidores do estabelecimento e melhorar as suas condições económico-sociais e as dos seus familiares.

2 – Consideram-se integradas nos Serviços Sociais as organizações denominadas "Casa dos Funcionários" e "Caixa de Socorros dos Funcionários".

(...)

ARTIGO 56.º

1 – O quantitativo da dotação anual para os Serviços Sociais continuará a ser fixado pelo conselho de administração.

2 – As contas anuais de gerência dos Serviços Sociais, acompanhadas do parecer do seu conselho fiscal, serão submetidas ao conselho de administração, cuja aprovação legaliza, para todos os efeitos, as respectivas receitas e despesas.

3 – O conselho de administração poderá ceder aos Serviços Sociais bens ou valores que pertençam ao património do estabelecimento e considere necessários às finalidades prosseguidas por aqueles Serviços, fixando, em cada caso, as condições da cedência.

ARTIGO 57.º

Compete ao conselho de administração aprovar as alterações ao regulamento dos Serviços Sociais.

CAPÍTULO IX
Disposições diversas

(...)

ARTIGO 65.º[173]

1 – Os actos e contratos realizados pela Caixa e suas instituições anexas, e bem assim todos os actos que importem a sua revogação, rectificação ou alteração, podem ser titulados por documento particular ou simples troca de correspondência.

---

[173] Redacção dada pelo artigo 20.º do Decreto-Lei n.º 693/70, de 31 de Dezembro, publicado no DG I Série, 2.º Suplemento ao n.º 301/70, da mesma data, p. 2024-(35) a 2024-(39). A redacção original era a seguinte:

1 – Os actos e contratos realizados pela Caixa e suas instituições anexas podem ser titulados por documento particular ou simples troca de correspondência, salvo tratando-se de actos sujeitos a registo, que deverão constar de documento exigido por lei para a prova do acto a registar.

2 – Continuam isentas de emolumentos, por actos efectuados na nota privativa da Caixa, as entidades não sujeitas a imposto de selo pelos mesmos actos.

5.3.1.

2 – Quando se trate de actos sujeitos a registo, observar-se-á o disposto no § 1.º do artigo 1.º do Decreto-Lei n.º 35982, de 23 de Novembro de 1946.

3 – Continuam isentas de emolumentos, por actos efectuados na nota privativa da Caixa, as entidades não sujeitas a imposto do selo pelos mesmos actos.

(...)

ARTIGO 70.º

Os livros e documentos que devam ser conservados em arquivo serão microfilmados, conforme for determinado pela administração. Os microfilmes serão autenticados com a assinatura do responsável pelo serviço, e os originais poderão ser inutilizados após a microfilmagem. As fotocópias têm a mesma força probatória dos originais, mesmo quando se trate de ampliações dos microfilmes que os reproduzem.

Visto e aprovado em Conselho de Ministros. – *Marcello Caetano – João Augusto Dias Rosas.*

Promulgado em 26 de Março de 1969.
Publique-se.
Presidência da República, 5 de Abril de 1969. – Américo Deus Rodrigues Thomaz.

5.3.2. *Regulamento da Caixa Geral de Depósitos, Crédito e Previdência*[174]

(...)

CAPÍTULO III
Operações e serviços

SECÇÃO I
Operações Passivas

SUBSECÇÃO I
Depósitos obrigatórios

DIVISÃO I
Regime geral e sanções

ARTIGO 9.º

1 – As autoridades, tribunais e quaisquer serviços públicos, os estabelecimentos do Estado, autónomos ou não, as demais pessoas colectivas de direito público, os corpos administrativos, os organismos de coordenação económica, os organismos corporativos, as instituições de previdência social e as de beneficência ou assistência, criadas ou subsidiadas pelo Estado ou dele dependentes, não podem ordenar ou autorizar a constituição de depósitos fora da Caixa.

2 – A mesma obrigação é extensiva às empresas, sociedades ou entidades particulares quanto aos fundos criados por disposição legal e destinados a quaisquer fins de beneficência ou utilidade pública, salvo determinação da lei em contrário.

3 – Exceptuam-se do disposto no n.º 1 deste artigo os fundos ou disponibilidades em numerário que devam conservar-se em cofre para prover ao maneio das

---

[174] Aprovado pelo artigo único do Decreto n.º 694/70, de 31 de Dezembro, DG I Série, n.º 301, de 31-Dez.-1970 (2.º Suplemento), 2024-(39)-2024-(55); também aqui, apenas se inserem os preceitos que o artigo 9.º do Decreto-Lei n.º 287/93, de 30 de Agosto, manteve em vigor, bem como preceitos conexos que, embora revogados – e, por isso, colocados em itálico – sejam necessários para o entendimento das regras vigentes.

tesourarias e as importâncias que, de acordo com as leis e regulamentos aplicáveis, devam manter-se temporariamente nos cofres da Fazenda Pública ou ser depositadas noutros estabelecimentos.

4 – Os depósitos a que se referem os números precedentes terão a natureza de depósitos à ordem, sem prejuízo de poderem beneficiar de regime diferente, em casos especiais devidamente justificados.

5 – Pode o Ministro das Finanças, ouvida a Caixa, autorizar as entidades indicadas no n.º 1 a constituir depósitos ou a utilizar serviços fora do estabelecimento quando razões especiais o justifiquem.

6 – Os depósitos efectuados com inobservância das condições indicadas neste artigo são nulos e de nenhum efeito, devendo as importâncias respectivas dar entrada nos cofres da Caixa, sem prejuízo da responsabilidade que couber aos infractores, nos termos da lei.

ARTIGO 10.º

São também efectuados obrigatoriamente na Caixa, e sujeitos ao disposto no n.º 6 do artigo anterior, os depósitos de terceiros à ordem de entidades de direito público em virtude de preceitos legais que regulem a sua constituição.

(...)

DIVISÃO II
Constituição dos depósitos

ARTIGO 13.º[175]

1 – Os depósitos referidos nos artigos 9.º e 10.º são feitos por meio de guias em triplicado, devendo estas mencionar:
 a) Nome e qualidade do depositante;
 b) Local onde é efectuado o depósito;
 c) Quantia, nos depósitos em dinheiro;
 d) Proveniência do depósito ou fins a que se destina;
 e) Entidade que ordenou o depósito ou disposição legal que o determina e entidade à ordem de quem fica;
 f) Se se trata de primeiro depósito ou o número da conta já constituída.

3 – Nos depósitos em papéis de crédito nacionais deverão as guias designar também a espécie e o valor representativo de cada título, o seu número, último juro ou dividendo pago e, tratando-se de títulos de assentamento, o último pertence ou endosso.

---

[175] O presente artigo foi publicado, no *Diário do Governo*, sem n.º 2.

4 – Os depósitos de papéis de crédito estrangeiros, notas ou moedas metálicas nacionais ou estrangeiras retiradas da circulação, letras, escrituras, outros documentos de dívida ou quaisquer valores semelhantes deverão ser descritos nas guias de forma a permitir fácil identificação.

5 – Nos depósitos constituídos por objectos, serão estes encerrados em caixas ou volumes cintados, lacrados ou selados e rubricados pela entidade que ordenou a sua constituição, devendo as guias descrever a forma, sinais, rubrica e sinete ou selo que cada volume tiver. Cada depósito pode ser constituído em mais de um volume, mas um só volume não pode conter depósitos de diversas proveniências.

6 – Serão constituídos com as formalidades do número anterior os depósitos em dinheiro quando proveniente de crime.

7 – A administração da Caixa poderá autorizar ou determinar que, em casos especiais, o número de exemplares das guias seja alterado e que as indicações nelas contidas sejam simplificadas ou dispensadas, quando não ocorram dúvidas ou dificuldades na identificação dos depósitos.

ARTIGO 14.º

Recebido o depósito, o duplicado da guia, depois de nele se apor a competente nota de recebimento, será restituído ao depositante e servirá para este comprovar provisoriamente a constituição do mesmo depósito.

ARTIGO 15.º

Um dos exemplares da guia, depois de autenticado pelos serviços da Caixa e de nele se indicar o número da conta e o cofre onde esta se encontra constituída, designa-se por conhecimento do depósito, servindo de título definitivo da sua constituição e de base para a entidade à ordem de quem fica ordenar os levantamentos respectivos.

ARTIGO 16.º

No caso de perda ou extravio do conhecimento, ou por conveniência de serviço, poderá aquele ser substituído por certidão ou fotocópia da guia de depósito, caderneta, declaração, extracto de conta ou folha de lançamento, devendo estes documentos ser autenticados pela Caixa.

ARTIGO 17.º

1 – O conhecimento será enviado à entidade à ordem da qual ficar constituído o depósito.

2 – Se for fixado outro destino ao conhecimento, por disposição legal ou declaração inserta na guia, será nessa conformidade feita a expedição.

3 – Quando não estiver determinada a entidade com jurisdição sobre o depósito, será o conhecimento enviado àquela que o tenha ordenado.

4 – Nos depósitos de rendas ao abrigo da respectiva legislação, a Caixa só efectuará a remessa de conhecimentos a pedido do juiz competente.

ARTIGO 18.º

Nos depósitos em dinheiro ou em títulos, que estejam servindo de caução a quaisquer contratos ou obrigações, podem os depositantes receber os respectivos juros ou dividendos, se forem devidos, salvo declaração em contrário da entidade com jurisdição sobre os depósitos.

ARTIGO 19.º

1 – A constituição dos depósitos somente pode ser modificada a pedido da entidade com jurisdição sobre os mesmos.

2 – A modificação será efectuada com base em ofício que declare ter aquela sido averbada no respectivo conhecimento, ou em cumprimento de precatório ou cheque acompanhado de guias para a constituição de novo depósito, relativamente à totalidade ou parte do depósito que se pretende modificar[176].

3 – Nos depósitos de rendas de casa, as modificações ou levantamentos, a pedido dos arrendatários, somente poderão ser efectuados enquanto não houver expedição do conhecimento do depósito ou documento equivalente e os senhorios não tiverem requerido o levantamento ou a passagem de certidão comprovativa.

DIVISÃO III
Levantamento dos depósitos

ARTIGO 20.º

1 – Os depósitos serão levantados por meio de precatórios ou cheques, conforme for determinado pelo conselho de administração da Caixa, assinados pelas entidades com jurisdição sobre os mesmos, devendo as assinaturas ser autenticadas com o selo do respectivo serviço ou reconhecimento notarial, ou por outra forma autorizada por aquele conselho.

2 – Compete às entidades que emitirem os precatórios ou cheques verificar se está feito ou assegurado o pagamento de quaisquer impostos, custas ou selos que forem devidos, apondo naqueles documentos a competente declaração.

---

[176] Na redacção dada pela Rectificação, publicada no *Diário do Governo*, I Série, n.º 40, de 17-Fev.-1971.

ARTIGO 21.º

1 – Quando os levantamentos forem ordenados por precatórios, deverão estes mencionar:
 a) A entidade que ordena o levantamento;
 b) A pessoa ou pessoas a quem deve ser entregue o depósito;
 c) O cofre que deve efectuar a restituição;
 d) A quantia, nos depósitos em dinheiro;
 e) O número do depósito e do cofre onde deu entrada;
 f) O processo a que disser respeito.

2 – Nenhum precatório ou cheque poderá referir-se a contas existentes em mais de um cofre.

ARTIGO 22.º

1 – Os levantamentos dos depósitos de rendas de casa são requeridos pelos interessados, nos termos da lei do processo civil, e efectuados contra recibo passado pelo requerente.

2 – Nos levantamentos de papéis de crédito deverão ainda os precatórios conter ou ser acompanhados de relação com a descrição da espécie, numeração e valor nominal desses papéis, designando-se também o presumível valor efectivo para efeito de pagamento do selo; no caso de o levantamento respeitar à totalidade de títulos depositados da mesma espécie, pode ser dispensada a referência à sua numeração.

3 – Quando se trate de levantamentos de objectos, devem estes ser descritos com todas as características de cada volume, conforme constar da respectiva guia de depósito.

DIVISÃO IV
Conversão de depósitos

ARTIGO 23.º

1 – Os depósitos poderão converter-se:
 a) De dinheiro, em papéis de crédito;
 b) De papéis de crédito, em dinheiro ou noutros papéis de crédito de tipo diferente;
 c) De papéis de crédito sorteados, no todo ou em parte, em dinheiro ou noutros papéis de crédito, na parte correspondente aos títulos sorteados;
 d) De títulos sujeitos a conversão, em outros criados de novo que os substituam;
 e) De títulos ou valores a cuja liquidação seja urgente proceder, em dinheiro, que produzir a cobrança respectiva;
 f) De objectos, em dinheiro.

2 – As conversões serão feitas a deprecada das entidades com jurisdição sobre os depósitos, por iniciativa destas ou a pedido dos interessados, e nos precisos termos que a deprecada indicar.

3 – Nos casos das alíneas *c*), *d*) e *e*) do n.º 1, poderá também o conselho de administração da Caixa, independentemente de pedido, ordenar se proceda à conversão, ficando o excedente, em dinheiro, se o houver, depositado à ordem da entidade com jurisdição sobre o depósito e dando-se a esta imediato conhecimento; nos casos das alíneas *d*) e *e*), constituir-se-á outro depósito com os novos títulos ou valores.

4 – Tratando-se de papéis de crédito com cotação oficial, a venda será feita por intermédio de corretor, salvo se a entidade deprecante indicar outra forma; se os papéis de crédito ou outros valores não tiverem cotação oficial, a venda far-se-á em leilão e pelo melhor preço, com base em prévia avaliação por corretor ou outra pessoa especialmente competente, designada pela entidade deprecante, ou pela Caixa, na falta dessa designação.

ARTIGO 24.º

Decorridos dez anos sobre a constituição de depósitos de objectos, sem que as entidades com jurisdição sobre os mesmos tenham ordenado o seu levantamento ou venda, poderá a administração, mediante aviso àquelas entidades, com a antecedência mínima de noventa dias, determinar a abertura dos volumes e a venda dos objectos em leilão, constituindo-se com o produto novo depósito.

ARTIGO 25.º

Sempre que, nos termos do artigo anterior, houver de proceder-se à venda de objectos de presumível valor histórico ou artístico, a Caixa fá-los-á examinar por entidades competentes e comunicará o dia, hora e local da venda à Direcção-Geral do Ensino Superior e das Belas Artes.

DIVISÃO V
Disposições diversas

ARTIGO 26.º

1 – Compete ao Ministro das Finanças, mediante, proposta do conselho de administração da Caixa, fixar as taxas de juro a abonar aos depósitos obrigatórios, os respectivos limites e os casos em que esse abono não é devido.

2 – Os juros calculados aos depósitos obrigatórios existentes na Caixa constituem receita do Estado e devem, depois de liquidados, ser entregues à Fazenda Pública, salvo o disposto no número seguinte.

3 – Constituem receita das entidades depositantes os juros atribuídos aos depósitos das empresas, sociedades ou entidades particulares, dos estabelecimentos e ins-

titutos autónomos do Estado, organismos de coordenação económica, corpos administrativos e demais pessoas colectivas de direito público, organismos corporativos, pessoas colectivas de utilidade pública administrativa, instituições de previdência social, assistência e beneficência, e ainda os juros que não devam ser entregues ao Tesouro por expressa disposição da lei ou despacho do Ministro das Finanças.

ARTIGO 27.º

1 – O levantamento dos juros, quando feito por precatório, poderá sê-lo conjuntamente com o capital e em conformidade com o que aquele documento indicar, ou, em separado, por outro precatório.

2 – Para o cálculo dos juros, o precatório deverá mencionar o período a que os mesmos respeitem.

ARTIGO 28.º

O pagamento de precatórios não será efectuado sem prévio despacho daqueles documentos pelo serviço competente da Caixa.

ARTIGO 29.º

1 – A Casa da Moeda emitirá e porá à venda precatórios selados segundo modelo aprovado pela administração da Caixa.

2 – Os precatórios não selados serão emitidos pela Caixa.

ARTIGO 30.º

A entrega de valores constantes de precatório ou cheque a favor de pessoa falecida posteriormente à sua emissão fica dependente de:
 a) Habilitação dos interessados; ou
 b) Substituição do precatório ou cheque por outro em que a entidade emitente, declare que substitui o anterior.

ARTIGO 31.º

As penhoras, arrestos ou arrolamentos, nos casos em que, segundo a lei, possam ter lugar, serão feitos nos próprios conhecimentos dos depósitos, lavrando-se os autos ou termos respectivos nos processos perante a entidade que tiver jurisdição sobre os mesmos depósitos, e não podendo, em caso algum, tais actos ser processados na Caixa.

SUBSECÇÃO II
Depósitos voluntários em dinheiro

DIVISÃO I
Constituição dos depósitos

(...)

ARTIGO 35.º

1 – Os depósitos à ordem podem ser constituídos:
a) Por conta e em favor próprio, por qualquer pessoa com mais de 10 anos de idade;
b) Em favor de terceiros, com mais de 10 anos, por qualquer pessoa maior e sem dependência de mandato;
c) Em favor de menores, interditos ou inabilitados, por seus pais, tutores, curadores ou administradores, ou por terceiros, maiores, para serem movimentados nas condições constantes do respectivo título de depósito;
d) Por marido ou mulher, seja qual for o regime de bens, à ordem de qualquer deles, ou de ambos conjuntamente;
e) Por duas ou mais pessoas, à ordem de qualquer delas, ou de todas ou algumas delas conjuntamente;
f) Em favor de pessoa colectiva;
g) Em condições diferentes das indicadas nos números anteriores e aceites pela administração.

2 – Os depósitos constituídos por menores de 10 a 15 anos estão sujeitos a normas especiais, fixadas pelo conselho de administração.

3 – Os depósitos a favor de menores, interditos ou inabilitados, quando constituídos por terceiros maiores, poderão também ser levantados por estes ou por outrem com sua autorização, desde que tal condição conste do respectivo título de depósito.

O Ministro das Finanças, *João Augusto Dias Rosas.*

6. Caixas económicas

6.1. DECRETO-LEI N.º 136/79, DE 18 DE MAIO[177]

Pelo presente diploma dá o Governo cumprimento ao preceituado no n.º 4 do artigo 3.º da Lei n.º 46/77, de 8 de Julho, no que respeita às caixas económicas, definindo as suas características próprias e estabelecendo o quadro genérico dentro do qual será balizada a respectiva actuação.

Não se perdeu de vista, porém, ao regulamentar aquele tipo de instituições, as suas origens históricas e o espírito que enformou o seu tratamento legislativo ao longo do tempo.

A fórmula "caixa económica" foi, pela primeira vez, segundo parece, consagrada legislativamente no Decreto de 17 de Agosto de 1836, que lhe atribuía a possibilidade de receber depósitos, sendo os fundos recolhidos por uma "caixa de empréstimos" ou "monte de piedade" incumbido de, com eles, efectuar operações de empréstimo sobre penhores. Consagrou-se, assim, um escopo de beneficência, visando combater a prática da agiotagem que, então, proliferava.

Posteriormente, a Lei de 12 de Março de 1845 veio confirmar a natureza das caixas económicas como instituições dirigidas à captação do pequeno aforro e à realização de operações de crédito de carácter essencialmente pessoal, em condições relativamente acessíveis, embora haja diluído, de algum modo, o carácter de instituição de beneficência que decorria do diploma anterior.

A legislação subsequente, na qual avultam o Decreto com força de lei de 28 de Fevereiro de 1891, o Decreto n.º 19281, de 29 de Janeiro de 1931, e o Decreto n.º 20944, de 27 de Fevereiro de 1932, foi claramente dominada por uma visão mutualista, que ligava as caixas económicas às associações de socorros mútuos, alargando, todavia, aos empréstimos hipotecários o quadro de operações activas facultadas àquelas instituições.

As caixas achavam-se delimitadas em função de um duplo critério. Por um lado, eram confinadas a uma actividade bancária restrita; por outro, constituíam instituições sem fins lucrativos, cuja génese se ligava indissoluvelmente aos condicionalismos de uma época em que, não existindo um sistema bancário minimamente articulado e disciplinado, a actividade de intermediação monetária e financeira era exercida por particulares que se entregavam, as mais das vezes, a práticas abusivas.

Com o evoluir do tempo, todavia, surgiu o discutível entendimento de que as caixas económicas se caracterizariam tão-somente em função do primeiro dos crité-

---

[177] DR I Série, n.º 114, de 18-Mai.-1979, 967-971 (967-968).

rios apontados – a competência bancária restrita –, relegando-se para segundo plano a sua natureza não lucrativa.

Só assim se explica que, em paralelo à estruturação do sistema bancário nacional, comecem a surgir, de forma algo anómala relativamente aos princípios inspiradores da legislação acima indicada, caixas económicas constituídas sob forma de sociedades anónimas.

Com a diversificação e desenvolvimento da estrutura bancária, a função económico-social, tradicionalmente ligada àquelas caixas, foi preenchida por outras instituições.

As caixas económicas mantêm-se, pois, como uma persistência de formas institucionais que tiveram a sua principal razão de ser em condicionalismos históricos, hoje em larga medida ultrapassados, o que justifica a orientação adoptada no presente diploma quanto à possibilidade de criação de novas caixas, sua transformação ou fusão.

Como quer que seja, o presente diploma procura actualizar o quadro operacional das mencionadas instituições, sem desvirtuar a sua especificidade e sem extravasar dos limites colocados pelas suas características próprias, sedimentadas ao longo de um processo histórico, nem sempre linear.

Continuam, no entanto, a existir regimes especiais aplicáveis às caixas económicas das Regiões Autónomas – que, há que reconhecê-lo, vêm suprindo algumas carências em matéria de crédito, resultantes do menor grau de implantação do sistema bancário naqueles territórios –, bem como à Caixa Económica das Forças Armadas e à Caixa Económica de Lisboa, cuja capacidade operacional foi ampliada pelo Decreto-Lei n.º 156-A/75, de 25 de Março.

Assim, tendo em conta o disposto nos n.ºs 2 e 4 do artigo 3.º da Lei n.º 46/77, de 8 de Julho:

O Governo decreta, nos termos da alínea *c*) do n.º 1 do artigo 201.º da Constituição, o seguinte:

(O texto actualizado é abaixo publicado)

6.2. DECRETO-LEI N.º 231/79, DE 24 DE JULHO [178]

O Decreto-Lei n.º 136/79, de 18 de Maio, procurou actualizar o quadro operacional das caixas económicas, definindo as suas características próprias e imprimindo-lhes uma dinâmica de actuação compatível com a nova realidade económica e social em que as mesmas se encontram inseridas e onde, inevitavelmente, vão ser chamadas a desempenhar papel de relevo.

No entanto, e em relação ao caso específico das caixas económicas existentes e com sede nas regiões autónomas, e tendo em conta a necessidade de evitar perturbações no seu funcionamento normal, haverá que introduzir ligeiras adaptações ao articulado do citado Decreto-Lei n.º 136/79, de 18 de Maio.

Assim, e tendo presente o disposto nos n.ᵒˢ 2 e 4 do artigo 3.º da Lei n.º 46/77, de 8 de Julho:

O Governo decreta, ouvidos os Governos Regionais, nos termos da alínea c) do n.º 1 do artigo 201.º da Constituição, o seguinte:

ARTIGO 1.º

A alínea a), ii), do n.º 2 do artigo 5.º do Decreto-Lei n.º 136/79, de 18 de Maio, passa a ter a seguinte redacção:

(O preceito alterado foi inserido no texto actualizado do Decreto-Lei n.º 136/79, abaixo publicado)

ARTIGO 2.º

O artigo 13.º do Decreto-Lei n.º 136/79, de 18 de Maio, passa a ter a seguinte redacção:

(O preceito alterado foi inserido no texto actualizado do Decreto-Lei n.º 136/79, abaixo publicado)

Visto e aprovado em Conselho de Ministros de 12 de Junho de 1979. *Carlos Alberto da Mota Pinto – Manuel Jacinto Nunes.*

Promulgado em 8 de Julho de 1979.
Publique-se.
O Presidente da República, ANTÓNIO RAMALHO EANES.

---

[178] DR I Série, n.º 169, de 24-Jul.-1979, 1609.

6.3. DECRETO-LEI N.º 281/80, DE 14 DE AGOSTO[179]

O Decreto-Lei n.º 136/79, de 18 de Maio, estabeleceu novo regime regulamentador da actividade das caixas económicas.

O referido quadro operacional veio a ser em parte adaptado às condições específicas de funcionamento das caixas económicas sediadas nas Regiões Autónomas pelo Decreto-Lei n.º 231/79, de 24 de Julho.

Considera-se, agora, conveniente ajustar aquele diploma à necessidade sentida de uma maior intervenção dos Governos das Regiões Autónomas na definição das condições estruturais e de funcionamento das caixas económicas nas referidas Regiões, em particular das aí sediadas.

Assim:

O Governo decreta, nos termos da alínea *a)* do n.º 1 do artigo 201.º da Constituição, o seguinte:

ARTIGO ÚNICO

Os artigos 3.º, 8.º, 18.º, 23.º, 28.º, 29.º e 30.º do Decreto-Lei n.º 136/79, de 18 de Maio, passam a ter a seguinte redacção:

(Os preceitos alterados foram inseridos no texto actualizado do Decreto-Lei n.º 136/79, abaixo publicado)

Visto e aprovado em Conselho de Ministros de 23 de Julho de 1980. – *Francisco Sá Carneiro.*

Promulgado em 4 de Agosto de 1980.
Publique-se.
O Presidente da República, ANTÓNIO RAMALHO EANES.

---

[179] DR I Série, n.º 187, de 14-Ago.-1980, 2191-2192.

6.4. DECRETO-LEI N.º 79/81, DE 20 DE ABRIL [180]

Nos termos do disposto no artigo 5.º, n.º 2, alínea *a*), subalínea *ii*), do Decreto-Lei n.º 136/79, de 18 de Maio, as caixas económicas actualmente existentes com sede nas regiões autónomas só podem conceder crédito a médio ou longo prazo desde que o mesmo se destine a financiar investimentos produtivos.

Aquela restrição legal tem como consequência impedir as referidas entidades de participarem em operações de saneamento financeiro de empresas economicamente viáveis, visto que estas operações, traduzindo-se quase sempre em dilação de prazos de pagamento que excedem os limites do crédito a curto prazo, não se destinam à finalidade acima referida.

Trata-se de uma situação indesejável, que importa corrigir.

Assim, tendo em conta o disposto nos n.os 2 e 4 do artigo 3.º da Lei n.º 46/77, de 8 de Julho:

O Governo decreta, nos termos da alínea *a*) do n.º 1 do artigo 201.º da Constituição, o seguinte:

ARTIGO ÚNICO

É aditado ao artigo 5.º do Decreto-Lei n.º 136/79, de 18 de Maio, um n.º 3, com a seguinte redacção:

(O preceito alterado foi inserido no texto actualizado do Decreto-Lei n.º 136/79, abaixo publicado)

Visto e aprovado em Conselho de Ministros de 19 de Março de 1981. – *Francisco José Pereira Pinto Balsemão.*

Promulgado em 7 de Abril de 1981.
Publique-se.
O Presidente da República, ANTÓNIO RAMALHO EANES.

---

[180] DR I Série, n.º 91, de 20-Abr.-1981, 970.

6.5. DECRETO-LEI N.º 49/86, DE 14 DE MARÇO[181]

O disposto na Directiva n.º 77/780/CEE, de 12 de Dezembro de 1977, impõe algumas alterações no regime legal de constituição das caixas económicas que revestem a forma de sociedade anónima, das sociedades de desenvolvimento regional e das empresas públicas de crédito.

Da mesma directiva resulta ainda a necessidade de, por um lado, equiparar, quanto aos requisitos de idoneidade e experiência, os gestores das instituições de crédito sob a forma de empresa pública com os das restantes instituições e, por outro, alargar o âmbito do segredo bancário, já regulado entre nós.

Por último, constata-se que o conjunto de diplomas agora publicados revogou vários preceitos legais para cuja observância remetia o Decreto-Lei n.º 46 302, de 27 de Abril de 1965, diploma base das instituições parabancárias. Há, por isso, que actualizar essas remissões.

Assim:

O Governo decreta, nos termos da alínea *a*) do n.º 1 do artigo 201.º da Constituição, o seguinte:

ARTIGO 1.º
Caixas económicas

O artigo 4.º do Decreto-Lei n.º 136/79, de 18 de Maio, passa a ter a seguinte redacção:

(O preceito alterado foi inserido no texto actualizado do Decreto-Lei n.º 136/79, abaixo publicado)

(...)

ARTIGO 6.º
Entrada em vigor

O presente diploma produz efeitos desde 1 de Janeiro de 1986.

Visto e aprovado em Conselho de Ministros de 6 de Fevereiro de 1986. – *Aní-*

---

[181] DR I Série, n.º 61, de 14-Mar.-1986, 613-615; inserem-se, apenas, os preceitos que tenham a ver com caixas económicas.

bal *António Cavaco Silva – Miguel José Ribeiro Cadilhe – Luís Francisco Valente de Oliveira*.

Promulgado em 28 de Fevereiro de 1986.
Publique-se.
O Presidente da República, ANTÓNIO RAMALHO EANES.

Referendado em 4 de Março de 1986.
O Primeiro-Ministro, *Aníbal António Cavaco Silva*.

6.6. DECRETO-LEI N.º 212/86, DE 1 DE AGOSTO[182]

O Decreto-Lei n.º 136/79, de 18 de Maio, que alterou o regime de constituição e funcionamento das caixas económicas com sede no continente, impôs a estas instituições a proibição de deter participações financeiras.

Reconhece-se hoje, sem dificuldade, a excessiva rigidez desta norma. Decorridos quase sete anos, grandes modificações se operaram ao sistema financeiro português, cujo desenvolvimento se tem vindo a processar, quer mediante a criação de novas instituições, quer pela introdução de novos instrumentos financeiros.

Nestes termos, considera-se inteiramente justificado suprimir a referida proibição, sujeitando, nesta matéria, as caixas económicas ao limite definido para os bancos comerciais.

Assim:

O Governo decreta, nos termos da alínea *a*) do n.º 1 do artigo 201.º da Constituição, o seguinte:

ARTIGO ÚNICO

O artigo 8.º do Decreto-Lei n.º 136/79, de 18 de Maio, passa a ter a seguinte redacção:

(O preceito alterado foi inserido no texto actualizado do Decreto-Lei n.º 136/79, abaixo publicado)

Visto e aprovado em Conselho de Ministros de 3 de Julho de 1986. *Aníbal António Cavaco Silva – Miguel José Ribeiro Cadilhe.*

Promulgado em 17 de Julho de 1986.
Publique-se.
O Presidente da República, MÁRIO SOARES.

Referendado em 18 de Julho de 1986.
O Primeiro-Ministro, *Aníbal António Cavaco Silva.*

---

[182] DR I Série, n.º 175, de 1-Ago.-1986, 1907-1908.

6.7. DECRETO-LEI N.º 182/90, DE 6 DE JUNHO[183]

O Decreto-Lei n.º 136/79, de 18 de Maio, determina, relativamente às caixas económicas sob a forma de sociedade anónima, que as respectivas acções sejam nominativas e averbáveis apenas a pessoas singulares, a cooperativas e a quaisquer pessoas colectivas sem fim lucrativo.

O mesmo diploma estipula ainda que nenhum accionista pode, directamente ou por interposta pessoa, possuir participação superior a 5% do respectivo capital social.

Estes normativos constituem sério obstáculo à recuperação de caixas económicas que sejam objecto de uma acção de saneamento. Na verdade, operações desta natureza podem aconselhar ou impor que, de uma parte, entidades com fins lucrativos sejam autorizadas a tomar participações em caixas económicas, em resultado, nomeadamente, da conversão dos seus créditos em capital, e, de outra parte, designadamente por efeito desta conversão, se possa verificar uma maior concentração do capital das instituições em apreço.

Assim:

Nos termos da alínea *a)* do n.º 1 do artigo 201.º da Constituição, o Governo decreta o seguinte:

ARTIGO ÚNICO

O artigo 4.º do Decreto-Lei n.º 136/79, de 18 de Maio, passa a ter a seguinte redacção:

(O preceito alterado foi inserido no texto actualizado do Decreto-Lei n.º 136/79, abaixo publicado)

Visto e aprovado em Conselho de Ministros de 10 de Maio de 1990. *Aníbal António Cavaco Silva – Luís Miguel Couceiro Pizarro Beleza.*

Promulgado em 25 de Maio de 1990.
Publique-se.
O Presidente da República, MÁRIO SOARES.

Referendado em 29 de Maio de 1990.
O Primeiro-Ministro, *Aníbal António Cavaco Silva.*

---

[183] DR I Série, n.º 130, de 6-Jun.-1990, 2452-2453. Este diploma foi rectificado, nos termos da declaração publicada no DR I Série, n.º 149 (Suplemento), de 30-Jun.-1990, 2772(4).

6.8. DECRETO-LEI N.º 319/97, DE 25 DE NOVEMBRO[184]

Algumas caixas económicas apresentam hoje condições estruturais adequadas e meios suficientes, designadamente meios financeiros, técnicos e humanos, que lhes permitem reunir as condições adequadas para realizar operações que, no entanto, a lei em vigor lhes veda.

Justifica-se, por isso, permitir, genericamente, às caixas económicas o exercício de operações de entre as que são permitidas aos bancos. O exercício de cada tipo de operação ficará, contudo, dependente de autorização do Banco de Portugal, à semelhança do que já sucedia em relação à Caixa Económica de Lisboa, anexa ao Montepio Geral.

Foi ouvido o Banco de Portugal.

Assim:

Nos termos da alínea *a*) do n.º 1 do artigo 198.º da Constituição, o Governo decreta o seguinte:

ARTIGO ÚNICO

É aditado ao Decreto-Lei n.º 136/79, de 18 de Maio, o artigo 12.º-A, com a seguinte redacção:

(O preceito alterado foi inserido no texto actualizado do Decreto-Lei n.º 136/79, abaixo publicado)

Visto e aprovado em Conselho de Ministros de 9 de Outubro de 1997. *António Manuel de Carvalho Ferreira Vitorino – António Luciano Pacheco de Sousa Franco.*

Promulgado em 5 de Novembro de 1997.
Publique-se.
O Presidente da República, JORGE SAMPAIO.

Referendado em 13 de Novembro de 1997.
O Primeiro-Ministro, *António Manuel de Oliveira Guterres.*

---

[184] DR I Série-A, n.º 273, de 25-Nov.-1997, 6365.

6.9. TEXTO ACTUALIZADO DO DECRETO-LEI N.º 136/79, DE 18 DE MAIO[185]

CAPÍTULO I
Disposições gerais

ARTIGO 1.º
(Noção)

As caixas económicas são instituições especiais de crédito que têm por objecto uma actividade bancária restrita, nomeadamente recebendo, sob a forma de depósitos à ordem, com pré-aviso ou a prazo, disponibilidades monetárias que aplicam em empréstimos e outras operações sobre títulos que lhes sejam permitidas e prestando, ainda, os serviços bancários compatíveis com a sua natureza e que a lei expressamente lhes não proíba.

ARTIGO 2.º
(Constituição e fusão)

1 – A constituição de caixas económicas só pode ser autorizada com carácter excepcional pelo Ministro das Finanças e do Plano, ouvido o Banco de Portugal, desde que se trate de caixas anexas ou pertencentes a associações de socorros mútuos, Misericórdias ou outras instituições de beneficência e se justifique devidamente a necessidade da sua existência.

2 – Em caso algum podem ser constituídas novas caixas económicas sob a forma de sociedade comercial.

3 – A fusão ou transformação de caixas económicas só com carácter excepcional pode ser autorizada pelo Ministro das Finanças e do Plano, ouvido o Banco de Portugal.

4 – A denominação de caixa económica ou outra que sugira a ideia de instituição desta natureza só pode ser usada por caixas legalmente constituídas.

---

[185] DR I Série, n.º 114, de 18-Mai.-1979, 968-971.

ARTIGO 3.º [186]
(Agências ou sucursais)

1 – Mediante autorização do Ministro das Finanças e do Plano, ouvido o Banco de Portugal, podem as caixas económicas abrir agências ou sucursais em território nacional, salvo o disposto nos n.ºs 2 e 3.

2 – Carece de autorização do Ministro das Finanças e do Plano, ouvido o Banco de Portugal e com o parecer favorável do respectivo Governo Regional, a abertura de agências ou sucursais em território nacional, fora da respectiva Região, por parte de caixas económicas com sede nas Regiões Autónomas.

3 – As caixas económicas que não tenham a sua sede nas Regiões Autónomas poderão abrir agências ou sucursais nas referidas Regiões mediante autorização do respectivo Governo Regional e com o parecer favorável do Banco de Portugal.

ARTIGO 4.º [187]
(Acções de caixas que são sociedades anónimas)

1 – Sem prejuízo do disposto no n.º 3, nas caixas económicas que existem sob a forma de sociedades anónimas, as respectivas acções serão nominativas e averbáveis apenas a pessoas singulares, a cooperativas e a quaisquer pessoas colectivas sem fim lucrativo.

2 – Nenhum accionista pode, directamente ou por interposta pessoa, possuir participação superior a 5% do capital social, salvo o disposto no número seguinte.

---

[186] Redacção dada pelo artigo único do Decreto-Lei n.º 281/80, de 14 de Agosto. A redacção original era a seguinte:

Artigo 3.º
(Agências ou sucursais)

Mediante autorização do Ministro das Finanças e do Plano, ouvido o Banco de Portugal, podem as caixas económicas abrir agências ou sucursais em território nacional.

[187] Redacção introduzida pelo artigo único do Decreto-Lei n.º 182/90, de 6 de Junho. O texto original era o seguinte:

Artigo 4.º
(Acções de caixas que são sociedades anónimas)

1 – Nas caixas económicas que existem sob a forma de sociedades anónimas, as respectivas acções serão nominativas e averbáveis apenas a pessoas singulares, a cooperativas e a quaisquer pessoas colectivas sem fim lucrativo.

2 – Nenhum accionista pode, directamente ou por interposta pessoa, possuir participação superior a 5% do capital social.

3 – Devem ser regularizadas no prazo de seis meses, contados da data da publicação do presente diploma, as situações que se não harmonizem com o disposto nos números anteriores.

O n.º 3 vira o seu teor alterado pelo artigo 1.º do Decreto-Lei n.º 49/86, de 14 de Março, nos seguintes termos:

O capital social das caixas económicas referidas neste artigo, integralmente realizado, não pode ser inferior a 40000 contos.

3 – O Ministro das Finanças, ouvido o Banco de Portugal, pode autorizar, em circunstâncias excepcionais devidamente justificadas, que acções representativas do capital social de caixas económicas possam ser averbadas a favor de pessoas colectivas com fim lucrativo e que seja excedido o limite referido no número anterior.

4 – O capital social das caixas económicas referidas neste artigo, integralmente realizado, não pode ser inferior a 40 000 contos.

CAPÍTULO II
Actividades das caixas

SECÇÃO I
Operações activas e cambiais

ARTIGO 5.º
(Operações de crédito)

1 – As caixas económicas limitam as suas operações de crédito activas a empréstimos sobre penhores e hipotecários.

2 – O disposto no número anterior não prejudica a possibilidade de:
  a) As caixas económicas actualmente existentes e com sede nas regiões autónomas poderem efectuar as seguintes operações activas:
    i) Desconto comercial, visando, em especial, o benefício de explorações agro-pecuárias ou de pequenas e médias empresas;
    ii) Concessão de crédito a médio e longo prazos ao investimento produtivo[188];
    iii) Realização de operações de abertura de crédito em conta corrente, desde que caucionadas por títulos de dívida pública;
    iv) Execução de operações de crédito à habitação com taxas bonificadas;
  b) A Caixa Económica de Lisboa, anexa ao Montepio Geral, realizar operações bancárias além das enunciadas nos seus estatutos, desde que genericamente autorizada pelo Banco de Portugal, não se lhe aplicando, assim, o disposto no corpo do artigo 79.º do Decreto n.º 20944, de 27 de Fevereiro de 1932.

3 – O disposto na subalínea ii) da alínea a) do número anterior não impede as caixas económicas actualmente existentes, com sede nas regiões autónomas de participarem em acordos de saneamento financeiro de empresas economicamente viáveis suas devedoras nos mesmos termos em que os bancos comerciais o podem fazer[189].

---

[188] Redacção dada pelo artigo 1.º do Decreto-Lei n.º 231/79, de 24 de Julho. A redacção original era a seguinte:
  ii) Concessão de crédito a médio e longo prazo ao investimento produtivo, desde que garantido por pessoas colectivas de direito público com competência para tal;
[189] Aditado pelo artigo único do Decreto-Lei n.º 79/81, de 20 de Abril.

6.9. Caixas económicas

ARTIGO 6.º
(**Limites e condições das operações de crédito**)

A concessão de crédito pelas caixas económicas fica sujeita aos limites e condições estabelecidos para os bancos comerciais, com as necessárias adaptações.

ARTIGO 7.º
(**Operações cambiais**)

1 – Podem as caixas económicas praticar operações cambiais sempre que o contravalor em escudos da moeda estrangeira se destine à constituição de contas de depósito ou a crédito de contas já existentes ou, ainda, a liquidar responsabilidades próprias do cedente dos valores perante a caixa económica; podem também, em qualquer caso, as caixas económicas comprar e vender notas e moedas metálicas estrangeiras, bem como adquirir cheques turísticos.

2 – As divisas adquiridas, nelas não se compreendendo notas e moedas metálicas estrangeiras, devem ser cedidas ao Banco de Portugal no prazo de cinco dias.

3 – O Banco de Portugal pode estabelecer a obrigatoriedade de cedência de notas e moedas metálicas estrangeiras acima de determinados valores.

ARTIGO 8.º [190]
(**Participações financeiras**)

A participação no capital de empresas por parte das caixas económicas fica sujeita aos limites estabelecidos no artigo 67.º do Decreto-Lei n.º 42 641, de 12 de Novembro de 1959.

---

[190] Redacção dada pelo artigo único do Decreto-Lei n.º 212/86, de 1 de Agosto. A anterior redacção fora dada pelo artigo único do Decreto-Lei n.º 281/80, de 14 de Agosto e era a seguinte:

Artigo 8.º
(**Participações financeiras**)

1 – As caixas económicas não podem deter participações financeiras em quaisquer empresas.

2 – A proibição prevista no n.º 1 não abrange a faculdade de as caixas económicas com sede nas Regiões Autónomas participarem no capital social de sociedades de investimento sediadas na mesma Região e de sociedades de desenvolvimento regional que aí se venham a constituir.

A redacção original deste preceito do Decreto-Lei n.º 136/79, de 18 de Maio era a seguinte:

Artigo 8.º
(**Participações financeiras**)

As caixas económicas não podem deter participações financeiras em quaisquer empresas.

ARTIGO 9.º
(Carteira de títulos)

1 – As caixas económicas só podem adquirir acções, obrigações e títulos de natureza similar que estejam cotados em bolsa nacional.

2 – A carteira de títulos das caixas económicas, excluindo os emitidos pelo Estado, não pode exceder 15% do saldo dos respectivos depósitos.

ARTIGO 10.º
(Afectação dos empréstimos)

1 – Os capitais emprestados não podem ter destino diferente daquele para que foram concedidos, sob pena de resolução imediata do contrato.

2 – As caixas económicas têm a faculdade de fiscalizar ou de exigir prova da aplicação dos fundos mutuados.

ARTIGO 11.º
(Tipos e condições das garantias)

1 – A garantia das operações de empréstimo é constituída por primeira hipoteca ou penhor, conforme a natureza da operação e o critério da caixa mutuante.

2 – As caixas económicas só podem aceitar, como garantia das suas operações, terrenos para construção desde que os mesmos se integrem em zonas com projectos de urbanização aprovados oficialmente.

ARTIGO 12.º
(Seguro das garantias)

As caixas económicas devem exigir prova do seguro dos bens hipotecados que aceitarem em garantia dos empréstimos efectuados, com averbamento do seu interesse no mesmo seguro.

ARTIGO 12.º-A [191]
(Outras operações)

1 – As caixas económicas que reúnam condições estruturais adequadas e recursos suficientes, designadamente quanto a fundos próprios, solvabilidade, liquidez, organização interna e capacidade técnica e humana, podem ser autorizadas pelo Banco de Portugal a realizar tipos de operações diferentes dos previstos na presente secção, de entre as que, em geral, são permitidas aos bancos.

---

[191] Aditado pelo artigo único do Decreto-Lei n.º 319/97, de 25 de Novembro.

2 – O Banco de Portugal pode revogar, no todo ou em parte, a autorização concedida para a realização dos tipos de operações referidas no número anterior quando, em relação à caixa económica, deixem de se verificar as condições e requisitos considerados adequados.

SECÇÃO II
Operações passivas

ARTIGO 13.º [192]
(Operações passivas)

1 – As caixas económicas podem receber depósitos em numerário, nos termos definidos para os bancos comerciais.

2 – As caixas económicas existentes e com sede nas regiões autónomas poderão continuar a receber depósitos nos termos estabelecidos para as instituições especiais de crédito.

ARTIGO 14.º
(Empréstimos)

1 – Podem as instituições de crédito conceder empréstimos às caixas económicas, inclusivamente sob forma de conta-corrente, com a garantia do penhor de coisas ou de direitos.

2 – No caso de a garantia referida no número anterior consistir em penhor de créditos, o penhor subsiste, independentemente de registo.

SECÇÃO III
Prestação de serviços

ARTIGO 15.º
(Prestação de serviços)

As caixas económicas podem executar serviços de cobrança, transferências de numerário, aluguer de cofres, administração de bens imóveis, pagamentos periódicos e outros análogos de conta dos clientes.

---

[192] Redacção dada pelo artigo 2.º do Decreto-Lei n.º 231/79, de 24 de Julho. A redacção original era a seguinte:

Artigo 13.º
(Operações passivas)

As caixas económicas podem receber depósitos em numerário, nos termos definidos para os bancos comerciais.

ARTIGO 16.º
(Condições especiais para sócios)

Os estatutos das caixas económicas podem consignar condições especiais de prestação de serviços a favor dos respectivos sócios.

CAPÍTULO III
Garantias de liquidez e solvabilidade

ARTIGO 17.º
(Composição e percentagem
de disponibilidades de caixa)

As responsabilidades das caixas económicas representadas por depósitos à ordem, com pré-aviso ou a prazo devem estar cobertas por disponibilidades de caixa, com a composição e nas percentagens que estiverem estabelecidos para os bancos comerciais.

ARTIGO 18.º
(Proibição de aquisição e posse de imóveis)

1 – As caixas económicas não podem adquirir ou possuir bens imóveis para além dos necessários às suas instalações próprias, salvo quando lhes advenham por efeito de cessão de bens, dação em cumprimento, arrematação ou qualquer outro meio legal de cumprimento de obrigações ou destinado a assegurar esse cumprimento, devendo, em tais casos, proceder à respectiva liquidação no prazo de três anos[193].
2 – O prazo de três anos referido no número anterior pode ser alargado em casos excepcionais, a submeter a autorização do Ministro das Finanças e do Plano.
3 – A autorização prevista no n.º 2 no tocante às caixas económicas actualmente existentes e com sede nas Regiões Autónomas é da competência dos respectivos Governos Regionais[194].

---

[193] Por lapso manifesto foi omitida a referência ao n.º 1, na publicação oficial.
[194] Aditado pelo artigo único do Decreto-Lei n.º 281/80, de 14 de Agosto.

CAPÍTULO IV
Órgãos sociais

SECÇÃO I
Assembleia geral

ARTIGO 19.º
(Assembleia geral)

A constituição, atribuição e funcionamento das assembleias gerais das caixas económicas são regidos pelas normas constantes dos respectivos estatutos e das leis gerais aplicáveis.

SECÇÃO II
Administração e fiscalização

ARTIGO 20.º
(Administração)

1 – As caixas económicas são geridas por uma direcção ou conselho de administração, constituídos por um mínimo de três membros, cuja eleição compete à assembleia geral.
2 – A eleição é trienal, sendo permitida a reeleição.
3 – A assembleia geral elege um número de suplentes igual ao dos efectivos.

ARTIGO 21.º
(Fiscalização)

1 – A fiscalização da gerência das caixas económicas é exercida por um conselho fiscal, constituído por três membros, eleitos pela assembleia geral.
2 – O conselho fiscal tem, além dos membros efectivos, dois suplentes, eleitos também pela assembleia geral.
3 – Os membros do conselho fiscal exercem as suas funções por períodos de três anos, renováveis.

ARTIGO 22.º
(Regime de desempenho dos cargos)

As atribuições e, bem assim, as condições de desempenho dos cargos referidos nos artigos 20.º e 21.º constarão dos respectivos estatutos e deverão conformar-se com o disposto na lei geral, considerando-se, designadamente, aplicável o disposto no Decreto-Lei n.º 49381, de 15 de Novembro de 1969.

ARTIGO 23.º
(Nomeação de administradores por parte do Estado)

1 – O Banco de Portugal, em casos excepcionais devidamente justificados, pode propor ao Ministro das Finanças e do Plano a nomeação de um administrador por parte do Estado para assegurar o normal funcionamento de uma caixa.

2 – No caso de as caixas económicas que exerçam a sua actividade exclusivamente no território de uma Região Autónoma, a nomeação prevista no n.º 1 compete aos respectivos Governos Regionais, ouvido o Banco de Portugal[195].

CAPÍTULO V
Contas e resultados

ARTIGO 24.º
(Contas)

O plano de contas e sua execução, a organização dos balanços e outros documentos, bem como os critérios a adoptar na valorimetria dos elementos patrimoniais, devem obedecer às instruções emanadas do Banco de Portugal.

ARTIGO 25.º
(Provisões)

As caixas económicas devem constituir provisões para créditos de cobrança duvidosa e para outras depreciações do activo, nos termos que forem regulamentados pelo Banco de Portugal, além das que prudentemente considerem necessárias para fazer face aos riscos de depreciação ou prejuízos a que determinadas espécies de valores ou operações estão especialmente sujeitas.

ARTIGO 26.º
(Reservas)

1 – As caixas económicas devem constituir, obrigatoriamente, as seguintes reservas:
 a) Reserva geral, destinada a ocorrer a qualquer eventualidade e a cobrir prejuízos ou depreciações extraordinárias;
 b) Reserva especial, destinada a suportar prejuízos resultantes das operações correntes.

---

[195] Redacção dada pelo artigo único do Decreto-Lei n.º 281/80, de 14 de Agosto. A redacção original era a seguinte:
 2 – No caso de caixas económicas que exerçam a sua actividade exclusivamente no território de uma região autónoma, a nomeação deve ser precedida de audiência do respectivo Governo Regional.

2 – O limite para formação da reserva geral é fixado em 25% da totalidade dos depósitos.

3 – É facultativa a criação de uma reserva social com a finalidade de permitir a regularidade e estabilização do nível dos valores a distribuir pelos sócios a título de remuneração do capital, independentemente da variação anual dos resultados.

ARTIGO 27.º
(Afectação de resultados)

1 – Depois de realizadas as amortizações e de constituídas as devidas provisões, o conselho de administração, ou a direcção, deve propor à assembleia geral, com as contas anuais, o destino a dar ao saldo que se apurar, em cada exercício, na respectiva conta de resultados.

2 – É feita a atribuição mínima de 20% e 5%, respectivamente para a reserva geral, enquanto não atingir o limite fixado no n.º 2 do artigo 26.º, e para a reserva especial, do saldo a que se refere o número anterior.

CAPÍTULO VI
Disposições finais

ARTIGO 28.º
(Obrigação de prestação de informações)

1 – Sem prejuízo da obrigação de prestar as informações a que estão sujeitas as instituições especiais de crédito, as caixas económicas são obrigadas a enviar ao Banco de Portugal os seus balancetes trimestrais e a afixá-los em duplicado, em lugar visível, patente ao público, nas suas sedes, agências ou sucursais.

2 – Os balanços e contas de resultados, acompanhados dos respectivos relatórios da administração ou direcção, e do parecer do conselho fiscal, devem ser publicados num dos jornais mais lidos da localidade da sede das caixas e também remetidos ao Banco de Portugal; estes elementos devem ser igualmente afixados em lugar visível, patente ao público, nas suas agências ou sucursais.

3 – As providências a que se referem os n.os 1 e 2 substituem, para os efeitos legais, a publicação no *Diário da República*.

4 – O Banco de Portugal pode dispensar o cumprimento das obrigações constantes do n.º 1 às caixas económicas cuja reduzida dimensão o justifique.

5 – As caixas económicas existentes e com sede nas Regiões Autónomas deverão igualmente remeter os elementos constantes dos n.os 1 e 2 ao respectivo Governo Regional e proceder à sua publicação no *Jornal Oficial* da referida Região[196].

---

[196] Aditado pelo artigo único do Decreto-Lei n.º 281/80, de 14 de Agosto.

ARTIGO 29.º [197]
(Outras informações)

1 – As caixas económicas devem enviar ainda ao Banco de Portugal, logo que a assembleia geral tenha aprovado as contas do exercício, a lista dos sócios presentes e um extracto da acta da referida assembleia, na parte relativa à discussão das contas, respectiva aprovação e aplicação de resultados.

2 – As caixas económicas com sede nas Regiões Autónomas remeterão igualmente ao respectivo Governo Regional os elementos referidos no n.º 1.

ARTIGO 30.º
(Regime jurídico)

1 As caixas económicas regem-se pelas normas do presente diploma, pela legislação aplicável ao conjunto das instituições especiais de crédito e ainda, subsidiariamente, pelas disposições que regulam a actividade das instituições de crédito, com as necessárias adaptações.

2 – Mantém-se a vigência dos estatutos das caixas económicas na parte não contrariada pelas normas referidas no número anterior.

3 – Pode o Ministro das Finanças e do Plano, por meio de portaria e ouvido o Banco de Portugal, determinar a modificação de estatutos de caixas económicas que se mostrem desajustados à sua natureza.

4 – Compete aos respectivos Governos Regionais, ouvido o Banco de Portugal, determinar às caixas económicas existentes e com sede nas Regiões Autónomas, a modificação dos estatutos que se mostrem desajustados à sua natureza [198].

5 – A Caixa Económica de Lisboa e a Caixa Económica das Forças Armadas continuam a ser regidas pela legislação que lhes é própria [199].

---

[197] Redacção dada pelo artigo único do Decreto-Lei n.º 281/80, de 14 de Agosto. A redacção original era a seguinte:

Artigo 29.º
(Outras informações)

As caixas económicas devem enviar ainda ao Banco de Portugal, logo que a assembleia geral tenha aprovado as contas do exercício, a lista dos sócios presentes e um extracto da acta da referida assembleia, na parte relativa à discussão das contas, respectiva aprovação e aplicação de resultados.

[198] Redacção dada pelo artigo único do Decreto-Lei n.º 281/80, de 14 de Agosto. A redacção original era a seguinte:
4 – Caixa Económica de Lisboa e a Caixa Económica das Forças Armadas continuam a ser regidas pela legislação que lhes é própria.

[199] Aditado pelo artigo único do Decreto-Lei n.º 281/80, de 14 de Agosto.

ARTIGO 31.º
(Dúvidas)

As dúvidas que surjam na execução deste diploma são esclarecidas por despacho do Ministro das Finanças e do Plano.

ARTIGO 32.º
(Revogação da legislação)

Fica revogada a legislação em contrário.

Visto e aprovado em Conselho de Ministros de 28 de Março de 1979. – *Carlos Alberto da Mota Pinto – Manuel Jacinto Nunes.*

Promulgado em 30 de Abril de 1979.
Publique-se.
O Presidente da República, ANTÓNIO RAMALHO EANES.

7. Caixas de crédito agrícola mútuo

7.1. DECRETO-LEI N.º 24/91, DE 11 DE JANEIRO[200]

1 – O presente diploma visa dotar as caixas de crédito agrícola mútuo de um novo regime jurídico, justificado pela necessidade de reflectir legislativamente as transformações que o crédito agrícola mútuo atravessou nos últimos anos e de o adaptar às orientações do direito comunitário.

Com efeito, depois de 1980, e mercê de um conjunto de medidas legislativas e regulamentares que culminaram na publicação do Decreto-Lei n.º 231/82, de 17 de Junho, as caixas de crédito agrícola mútuo vieram a conhecer crescimento assinalável.

2 – Entretanto, a legislação que regula a actividade bancária e parabancária no nosso país tem vindo a ser sujeita a profundas modificações, correspondentes à orientação que visa a progressiva liberalização de actividade e do estabelecimento bancário e o aumento de eficácia dos mecanismos de garantia da solvabilidade e liquidez das diversas instituições, seja pela definição mais rigorosa dos critérios da sua avaliação, seja pelo aperfeiçoamento dos instrumentos de controlo e supervisão.

Representando estas modificações a adopção de concepções e métodos cuja bondade a sua generalizada utilização confirma, natural é que o novo regime jurídico das caixas de crédito agrícola mútuo a eles faça apelo, até porque, através dessa aproximação normativa, melhor se conseguirá a desejável integração plena dessas cooperativas no sistema de crédito português.

3 – A especificidade das referidas cooperativas, tendo em conta a sua estrutura financeira e grau de organização, a sua multiplicidade e dimensão heterogénea, o modo de cobertura territorial e a especialidade do seu objecto, aconselha a adopção de um modelo organizativo assente na particular ponderação do conjunto formado pela Caixa Central de Crédito Agrícola Mútuo e pelas suas associadas.

Aliás, neste mesmo sentido aponta o Acto de Adesão de Portugal à CEE, cujo anexo XXXII prevê que as caixas de crédito agrícola mútuo possam ficar isentas do cumprimento de determinados preceitos do regime geral estabelecido na Directiva n.º 77/780/CEE, de 12 de Dezembro de 1977, do Conselho das Comunidades, no caso de serem introduzidas no ordenamento jurídico português as alterações contempladas neste diploma.

---

[200] DR I Série-A, n.º 9, de 11-Jan.-1991, 160-163; por lapso manifesto, este diploma surge, no DR, como Decreto-Lei n.º 24/90, de 11 de Janeiro.

4 – Esta solução organizativa vem desenvolvida no capítulo IV deste diploma, convindo realçar o seguinte:
   a) A rigorosa definição do conjunto formado pela Caixa Central e pelas suas associadas, que se denominou "sistema integrado do crédito agrícola mútuo", como destinatário do regime mais favorável decorrente da valoração positiva da organização em comum;
   b) A liberdade de associação das caixas de crédito agrícola mútuo à Caixa Central, permitindo-se-lhes optar entre associarem-se ou prosseguirem a sua actividade desligadas dessa associação, submetendo-se, neste caso, a regras, naturalmente mais exigentes, similares das que são aplicáveis às demais instituições de crédito;
   c) A estabilidade da associação à Caixa Central, traduzida no carácter estatutário dessa associação, no seu registo e na fixação de um período mínimo pelo qual ela se deve manter;
   d) A designação da Caixa Central como organismo central do sistema integrado do crédito agrícola mútuo, sendo-lhe atribuídas, sempre sem prejuízo da competência própria do Banco de Portugal, importantes funções e poderes em matéria de representação do sistema, de orientação, fiscalização e intervenção, solução que corresponde ao respeito devido às formas de auto--organização características do cooperativismo;
   e) A supervisão da solvabilidade e da liquidez da Caixa Central e das suas associadas passa a ser feita com base em contas consolidadas, sem prejuízo, no entanto, de se manterem mecanismos de supervisão individualizada de cada instituição com relevância para a definição das regras concretas a que as respectivas garantias devem obedecer;
   f) A criação de um regime de co-responsabilidade entre a Caixa Central e as suas associadas;
   g) A atribuição a um conselho de riscos de competência para acompanhar a acção da Caixa Central, quando dessa acção resultarem grandes riscos para o sistema integrado do crédito agrícola mútuo, isto como corolário do aludido regime de co-responsabilidade;
   h) A atenuação ou dispensa, para as caixas de crédito agrícola mútuo integradas no sistema, das obrigações de cumprimento de alguns requisitos de organização interna, de realização de fundos próprios ou de contenção da sua actividade nos limites quantitativos que resultem da ponderação dos fundos próprios individuais, neste caso, mediante autorização da Caixa Central, a conceder em condições que serão fixadas pelo Banco de Portugal.

Por esta forma se procurou conciliar as necessidades de desenvolvimento do crédito agrícola mútuo com as da submissão a regras de salvaguarda dos fundos que lhe são confiados e de protecção do interesse público.

5 – A definição de um quadro exigente de constituição e de funcionamento para as caixas de crédito agrícola mútuo, integradas ou não no sistema, permite pôr termo à responsabilidade solidária e ilimitada dos associados delas, que se justificava pela debilidade financeira da maioria destas cooperativas de crédito. Afastados os riscos daí derivados – ou pelo reforço dos fundos próprios das caixas de crédito

agrícola mútuo não associadas da Caixa Central ou por via dos mecanismos de co-responsabilidade do sistema integrado do crédito agrícola mútuo –, é possível, sem prejuízo dos interesses do público, dispensar a responsabilização dos associados, substituída que fica, e com vantagem, por elementos patrimoniais verificáveis e estáveis.

Por isso, as caixas de crédito agrícola mútuo passarão a cooperativas de responsabilidade limitada, se bem que, no que diga respeito às que optarem pela não associação à Caixa Central, tal só se venha a verificar após a realização integral do capital social mínimo.

6 – O capital social mínimo das caixas de crédito agrícola mútuo passa, agora, e pelas razões deixadas expressas para 500 000 contos, embora aquelas que fizerem parte do sistema integrado do crédito agrícola mútuo, e pela mesma ordem de razões, vejam esse capital social mínimo fixar-se em 10 000 contos.

7 – Algumas soluções, inovadoras relativamente ao regime anterior, dizem respeito ao formalismo de constituição e aos requisitos quanto à administração e gestão.

Aqui procuraram-se aproximar as normas aplicáveis daquelas que já vigoram para a generalidade das instituições de crédito, em matéria de autorização, de registo e de capacidade, idoneidade e experiência dos administradores e gestores.

8 – Aproveitou-se ainda a ocasião para alargar o âmbito das operações activas da Caixa Central e das caixas de crédito agrícola mútuo.

Tendo em conta os recentes desenvolvimentos no domínio da política agrícola, alargou-se o elenco das operações que, embora não imediatamente ligadas ao ciclo produtivo, merecem ser integradas no financiamento à agricultura, em sentido amplo, pela íntima relação em que se encontram com o sucesso da empresa agrícola, com a diversidade e a diversificação da actividade primária e com o progresso e bem-estar rural. Estão neste caso actividades ligadas à comercialização, ao transporte, à transformação e conservação dos produtos, à aquacultura, à fabricação e comercialização de factores de produção, à prestação de serviços e, ainda, ao artesanato.

Assim se promove uma necessária, se bem que prudente, atenuação da concentração sectorial do crédito concedido pelas caixas de crédito agrícola mútuo, por forma a obviar os perigos que resultam da sua dependência exclusiva das vicissitudes económicas e empresariais de um único sector de actividade, mas sem conduzir à descaracterização da natureza e das finalidades destas cooperativas, que se pretende continuar a ver dedicadas ao serviço da agricultura e ao desenvolvimento rural.

9 – O Fundo de Garantia do Crédito Agrícola Mútuo, criado pelo Decreto-Lei n.º 182/87, de 21 de Abril, continuará em funcionamento, mantendo as actuais competências, acautelando a solvabilidade das caixas de crédito agrícola mútuo que optem por prosseguir a sua actividade à margem do sistema integrado do crédito agrícola mútuo, não se vendo, por outro lado, vantagem em interromper desde já uma acção de que há a esperar, sobretudo, o fortalecimento do sistema e, por isso, a eficaz garantia dos interesses de terceiros.

Entretanto, a comissão encarregada de acompanhar a aplicação deste diploma, juntamente com a comissão directiva do Fundo de Garantia, estudará as formas mais convenientes de articulação da acção do Fundo com a da Caixa Central, tendo em conta as competências atribuídas a esta, nos domínios da fiscalização e intervenção que, de algum modo, podem coincidir com as do Fundo de Garantia.

10 – Esta comissão deverá, até 1992, propor a adopção de novas medidas legislativas que se mostrem convenientes, à luz da experiência de funcionamento do regime agora iniciado.

Assim:

Nos termos da alínea *a*) do n.º 1 do artigo 201.º da Constituição, o Governo decreta o seguinte:

ARTIGO 1.º

É aprovado o regime jurídico do crédito agrícola mútuo, anexo ao presente diploma e que deste faz parte integrante.

ARTIGO 2.º

1 – É criada uma comissão que funcionará sob a presidência do Banco de Portugal para acompanhar regularmente, até 31 de Dezembro de 1992, a aplicação deste diploma e propor ao Governo, pelo Ministro das Finanças, as medidas legislativas e regulamentares que se mostrem necessárias.

2 – A constituição da comissão a que se refere o número anterior será decidida por despacho do Ministro das Finanças, sob proposta do Banco de Portugal.

ARTIGO 3.º

1 – A Caixa Central de Crédito Agrícola Mútuo, adiante designada por Caixa Central, deve proceder à alteração dos seus estatutos, por forma a adequá-los às disposições deste diploma no prazo de 60 dias, contados da data da sua publicação.

2 – As caixas de crédito agrícola mútuo, a seguir designadas por caixas agrícolas, actualmente existentes devem proceder à alteração dos seus estatutos no prazo de 120 dias contados da data de publicação no *Diário da República* das alterações aos estatutos da Caixa Central.

3 – No caso de inobservância do disposto no número anterior, o Banco de Portugal poderá revogar a autorização para o exercício da actividade.

ARTIGO 4.º

1 – O capital social mínimo da Caixa Central deve estar integralmente subscrito e realizado na data em que for lavrada a escritura de alteração dos seus estatutos.

2 – O capital social mínimo das caixas agrícolas existentes à data da publicação deste diploma deve estar integralmente subscrito e realizado em 31 de Dezembro de 1992, devendo, no entanto, mostrar-se realizado, no mínimo, o equivalente a 50% e 75%, respectivamente em 30 de Junho e em 31 de Dezembro de 1991.

3 – As caixas agrícolas só podem transformar-se em cooperativas de responsabilidade limitada após a realização integral do capital social mínimo, salvo as que sejam associadas da Caixa Central no âmbito do sistema integrado do crédito agrícola mútuo, caso em que a transformação deve ser feita com a alteração dos estatutos prevista no n.º 2 do artigo 3.º.

4 – Para verificação do disposto na parte final do número anterior, devem as caixas agrícolas apresentar, para efeitos de escritura notarial e de registo comercial, o exemplar do *Diário da República* em que tenha sido publicada a alteração aos estatutos da Caixa Central do qual conste a assunção, por esta, das funções de organismo central do sistema integrado do crédito agrícola mútuo, a que se refere o capítulo IV do regime jurídico aprovado pelo presente decreto-lei.

ARTIGO 5.º

1 – Constituído o sistema integrado do crédito agrícola mútuo, e, se for o caso, sem prejuízo do disposto no n.º 3 do artigo 3.º, perdem a qualidade de associadas da Caixa Central as caixas agrícolas que, no prazo do n.º 2 do artigo 3.º deste diploma, não tenham alterado os seus estatutos em conformidade com o disposto no artigo 67.º do regime jurídico aprovado pelo presente decreto-lei.

2 – A Federação Nacional das Caixas de Crédito Agrícola Mútuo e as uniões regionais de caixas de crédito agrícola mútuo que sejam associadas da Caixa Central perdem esta qualidade na data em que for outorgada a escritura de alteração dos estatutos da Caixa Central.

3 – Qualquer caixa agrícola actualmente associada da Caixa Central que pretenda exonerar-se em resultado da assunção por esta das funções de organismo central do sistema integrado do crédito agrícola mútuo pode fazê-lo, com prejuízo dos prazos ou formalidades previstos nos estatutos.

4 – As caixas agrícolas que percam a qualidade de associadas da Caixa Central, por força do n.º 1 deste artigo, ou se exonerem nos termos do n.º 3, e a Federação Nacional e as uniões regionais de caixas de crédito agrícola mútuo têm direito a ser imediata e integralmente reembolsadas do valor dos títulos de capital que tiverem realizado.

5 – Nos casos previstos nos números anteriores, pode a Caixa Central declarar vencidos e exigíveis os créditos que tiver sobre as associadas que percam essa qualidade ou se exonerem, a estas assistindo igual direito relativamente aos créditos que tiverem sobre a Caixa Central.

ARTIGO 6.º

Sem prejuízo do disposto no presente decreto-lei e no regime jurídico por ele aprovado, designadamente nas normas que prevêem a revogação da autorização das caixas agrícolas e a exclusão como associadas da Caixa Central, consideram-se autorizadas, para os efeitos do n.º 1 do artigo 4.º daquele regime jurídico, as caixas agrícolas que, à data da entrada em vigor do presente diploma, se encontrem registadas no Banco de Portugal.

ARTIGO 7.º

Após a constituição do sistema integrado do crédito agrícola mútuo, pode a Caixa Central recusar livremente a associação de qualquer caixa agrícola existente à data da publicação deste diploma que, nos termos do artigo anterior, perca a qualidade de associada ou se exonere.

ARTIGO 8.º

1 – Estando constituído o sistema integrado do crédito agrícola mútuo, a Caixa Central poderá solicitar ao Ministro das Finanças autorização para que o lucro tributável em imposto sobre o rendimento de pessoas colectivas seja calculado em conjunto para ela e para as suas associadas.

2 – O pedido de autorização deve ser formulado pela Caixa Central até 30 de Abril do ano para o qual se solicita a aplicação do regime de tributação pelo lucro consolidado, ou no prazo de 90 dias contados da data de constituição do sistema.

3 – A autorização pode ser condicionada à observância de determinados requisitos, nomeadamente quanto aos critérios de valorimetria adoptados pela Caixa Central e pelas suas associadas e ao método de consolidação.

4 – A autorização é válida por um período de três exercícios completos, devendo a Caixa Central efectuar novo pedido nos termos do n.º 2, caso deseje que a mesma seja prorrogada.

5 – A autorização caduca se não forem satisfeitos os requisitos mencionados no n.º 3.

ARTIGO 9.º

Quando seja aplicável o regime estabelecido no artigo anterior, na dedução dos prejuízos fiscais observar-se-á, para além do mais, o seguinte:
 a) Os prejuízos da Caixa Central e das suas associadas, verificados em exercícios anteriores ao do início da tributação pelo lucro consolidado, só poderão ser deduzidos ao lucro tributável consolidado, até ao limite do lucro tributável da caixa a que respeitem;
 b) Os prejuízos fiscais consolidados de um exercício só podem ser deduzidos aos lucros tributáveis consolidados.

ARTIGO 10.º

1 – As disposições do capítulo IV do regime jurídico anexo ao presente diploma não prejudicam as funções e competências atribuídas ao Fundo de Garantia do Crédito Agrícola Mútuo pelo Decreto-Lei n.º 182/87, de 21 de Abril.

2 – São revogados os Decretos-Leis n.ᵒˢ 231/82, de 17 de Junho, 316/85, de 2 de Agosto, e 87/88, de 10 de Março.

ARTIGO 11.º

O presente diploma entra em vigor 30 dias após a sua publicação.

Visto e aprovado em Conselho de Ministros de 4 de Outubro de 1990. – *Aníbal António Cavaco Silva – Luís Miguel Couceiro Pizarro Beleza.*

Promulgado em 11 de Dezembro de 1990.
Publique-se.
O Presidente da República, MÁRIO SOARES.

Referendado em 16 de Dezembro de 1990.
O Primeiro-Ministro, *Aníbal António Cavaco Silva.*

7.2. DECRETO-LEI N.º 230/95, DE 12 DE SETEMBRO[201]

A presente alteração ao Decreto-Lei n.º 24/91, de 11 de Janeiro, que aprovou o regime jurídico do crédito agrícola mútuo e das cooperativas de crédito agrícola, visa rever alguns aspectos do actual regime com base na experiência entretanto adquirida, de forma a alcançar um equilibrado desenvolvimento do sector, inserido num quadro normativo que tem agora de considerar, como diploma fundamental nesta matéria, o Regime Geral das Instituições de Crédito e Sociedades Financeiras, aprovado pelo Decreto-Lei n.º 298/92, de 31 de Dezembro.

Entre as principais preocupações que deram origem ao presente diploma está a existência de um número significativo de caixas agrícolas que apresenta fundos próprios considerados insuficientes, sendo o modelo jurídico cooperativo resultante do regime jurídico do crédito agrícola mútuo apontado como um travão ao reforço desses mesmos fundos.

Assim, elimina-se agora a proibição de distribuição pelos associados de excedentes anuais, bem como a proibição da possibilidade de as reservas darem origem a títulos de capital igualmente distribuíveis pelos associados, a qual só aparentemente contribuía para o reforço dos fundos próprios das caixas.

A eliminação destas proibições, revestida das adequadas cautelas, poderá incentivar os associados a subscreverem participações no capital em montante superior ao mínimo legal – ora fixado em 10000$ –, alcançando-se de forma mais lograda o referido objectivo de reforço de fundos.

Por outro lado, alarga-se o âmbito de intervenção comercial das caixas, procurando assegurar-se o equilíbrio entre a necessidade de evitar os riscos próprios da concentração da actividade financeira num único sector e, por outro lado, a preservação da especificidade própria das instituições de crédito agrícola mútuo. Insere-se nesta linha a possibilidade ora consagrada de as caixas financiarem as indústrias extractivas.

Também a dimensão reduzida de muitas caixas agrícolas terá constituído por vezes um obstáculo ao seu funcionamento eficiente ou à sua recuperação quando em situações de dificuldade, pelo que se vem permitir a fusão de caixas sediadas em municípios contíguos, abandonando-se a regra de que a caixa resultante da fusão não poderia abranger mais de três municípios. A fim de contribuir para uma gestão mais profissionalizada das caixas agrícolas, a composição dos seus órgãos da administração passa a reger-se por regras muito próximas das constantes do Regime Geral das Instituições de Crédito e Sociedades Financeiras.

---

[201] DR I Série-A, n.º 211, de 12-Set.-1995, 5723-5724.

Destaque-se a regra de a gestão corrente das caixas dever ser confiada a pelo menos dois membros da direcção com experiência adequada ao exercício das suas funções, podendo para o efeito ser escolhidas pessoas não associadas.

Elimina-se também a permissão de concessão de crédito pelas caixas aos membros dos seus próprios órgãos de administração e de fiscalização, como sucede, aliás, com as demais instituições de crédito por força do mencionado Regime Geral, o que constitui um desvio do modelo cooperativista puro plenamente justificável pelo facto de se tratar de instituições de crédito.

Quanto à Caixa Central, alarga-se o conjunto de operações financeiras admitidas no âmbito de sua actividade, podendo o Banco de Portugal autorizá-la mesmo a desenvolver as demais operações permitidas aos bancos, dando assim a esta instituição um cariz de instituição de crédito universal. Pareceu prudente não atribuir já por via de lei esta feição, dadas as dificuldades na estrutura patrimonial e financeira das instituições que integram o sistema, as quais aconselham uma evolução conduzida com prudência e gradualismo.

O conselho de riscos da Caixa Central, que passa a chamar-se conselho consultivo, deixa de ter poderes de dispensa de observância de normas prudenciais – poderes que devem competir em exclusivo ao Banco de Portugal.

Visa-se, com o conjunto de alterações ora introduzidas, dotar o regime jurídico do crédito agrícola mútuo e as cooperativas de crédito agrícola de um enquadramento legislativo que permita a um tempo o desenvolvimento das virtualidades associadas ao cooperativismo mutualista e a defesa dos princípios prudenciais que devem reger a actividade de qualquer instituição de crédito.

Foram ouvidos o Banco de Portugal, a Caixa Central de Crédito Agrícola Mútuo e a Federação Nacional das Caixas de Crédito Agrícola Mútuo.

Assim:

Nos termos da alínea *a*) do n.º 1 do artigo 201.º da Constituição, o Governo decreta o seguinte:

ARTIGO 1.º

Os artigos 1.º, 2.º, 4.º, 10.º, 14.º a 17.º, 19.º, 21.º, 23.º, 26.º a 28.º, 35.º a 37.º, 41.º, 43.º a 45.º, 47.º, 50.º, 53.º, 55.º, 57.º a 61.º, 63.º, 65.º a 67.º, 69.º a 72.º, 74.º, 75.º, 77.º, 78.º e 80.º do regime jurídico do crédito agrícola mútuo, aprovado pelo Decreto-Lei n.º 24/91, de 11 de Janeiro, passam a ter a seguinte redacção:

(Os preceitos alterados foram inseridos no texto do Regime Jurídico do Crédito Agrícola Mútuo)

ARTIGO 2.º

São aditados ao regime jurídico do crédito agrícola mútuo, aprovado pelo Decreto-Lei n.º 24/91, de 11 de Janeiro, os artigos 36.º-A, 60.º-A e 77.º-A com a seguinte redacção:

(Os preceitos alterados foram inseridos no texto do Regime Jurídico do Crédito Agrícola Mútuo)

ARTIGO 3.º

São revogados os artigos 11.º, 29.º, 38.º, 40.º, 42.º, 48.º, 64.º e 73.º do regime jurídico do crédito agrícola mútuo, aprovado pelo Decreto-Lei n.º 24/91, de 11 de Janeiro.

(Os preceitos revogados surgem em itálico no texto do Regime Jurídico do Crédito Agrícola Mútuo)

ARTIGO 4.º

As caixas de crédito agrícola mútuo e a Caixa Central do Crédito Agrícola Mútuo devem proceder à alteração dos seus estatutos por forma a adequá-los às disposições do presente diploma no prazo de 180 dias contados da data da sua entrada em vigor.

ARTIGO 5.º

Podem ser mantidos os montantes mínimos de capital que tenham sido subscritos pelos associados das caixas agrícolas antes da entrada em vigor do presente diploma.

Visto e aprovado em Conselho de Ministros de 6 de Julho de 1995. *Aníbal António Cavaco Silva – Eduardo de Almeida Catroga.*

Promulgado em 25 de Agosto de 1995.
Publique-se.
O Presidente da República, MÁRIO SOARES.

Referendado em 29 de Agosto de 1995.
O Primeiro-Ministro, *Aníbal António Cavaco Silva.*

7.3. DECRETO-LEI N.º 320/97, DE 25 DE NOVEMBRO[202]

A experiência tem vindo a demonstrar a necessidade de serem introduzidos aperfeiçoamentos no regime jurídico do crédito agrícola mútuo e das cooperativas de crédito agrícola, aprovado pelo Decreto-Lei n.º 24/91, de 11 de Janeiro, e posteriormente alterado pelo Decreto-Lei n.º 230/95, de 12 de Setembro, de modo a melhorar o nível de solvabilidade das caixas agrícolas e do sistema integrado do crédito agrícola mútuo.

Nessa linha de orientação, as alterações introduzidas pelo presente diploma visam criar condições que propiciem o aumento dos fundos próprios das caixas agrícolas para níveis adequados, alargar a possibilidade de diversificação sectorial do risco de crédito e reforçar os mecanismos de intervenção da Caixa Central nos processos de saneamento de caixas agrícolas que pertençam ao sistema integrado do crédito mútuo.

O facto de a Caixa Central garantir integralmente, por força da lei, as obrigações assumidas pelas caixas agrícolas suas associadas justifica, além do reforço dos mecanismos de integração acabados de referir, que à mesma Caixa Central se atribua um papel mais relevante nos processos de liquidação daquelas caixas agrícolas.

Foram ouvidos o Banco de Portugal, a Caixa Central de Crédito Agrícola Mútuo e a Federação Nacional das Caixas de Crédito Agrícola Mútuo.

Assim:

Nos termos da alínea *a*) do n.º 1 do artigo 198.º da Constituição, o Governo decreta o seguinte:

Artigo único. Os artigos 13.º, 15.º, 17.º, 19.º, 36.º-A, 43.º, 44.º, 47.º, 77.º e 77.º-A do regime jurídico do crédito agrícola mútuo e das cooperativas de crédito agrícola, aprovado pelo Decreto-Lei n.º 24/91, de 11 de Janeiro, passam a ter a seguinte redacção:

(Os preceitos alterados foram inseridos no texto do Regime Jurídico do Crédito Agrícola Mútuo)

Visto e aprovado em Conselho de Ministros de 9 de Outubro de 1997. *António Manuel de Carvalho Ferreira Vitorino – António Luciano Pacheco de Sousa Franco.*

Promulgado em 5 de Novembro de 1997.
Publique-se.
O Presidente da República, Jorge Sampaio.

Referendado em 13 de Novembro de 1997.
O Primeiro-Ministro, *António Manuel de Oliveira Guterres.*

---

[202] DR I Série-A, n.º 273, de 25-Nov.-1997, 6365-6367.

7.4. DECRETO-LEI N.º 102/99, DE 31 DE MARÇO[203]

O regime jurídico do crédito agrícola mútuo e das cooperativas de crédito agrícola, aprovado pelo Decreto-Lei n.º 24/91, de 11 de Janeiro, foi já alterado pelos Decretos-Leis n.ºs 230/95, de 12 de Setembro, e 320/97, de 25 de Novembro, tendo em vista, essencialmente, melhorar o nível de solvabilidade das caixas agrícolas e do sistema integrado do crédito agrícola mútuo.

Reconhece-se, no entanto, ser ainda necessário proceder a alguns ajustamentos àquele regime jurídico, de modo a reforçar as garantias de solvabilidade do sistema, acentuando a característica fundamental de solidariedade que liga as instituições a ele pertencentes.

Na oportunidade procede-se, também, à eliminação de dúvidas sobre o regime de tributação do lucro consolidado do sistema integrado do crédito agrícola mútuo face ao regime constante do Código do IRC, cujas regras lhe são aplicáveis com excepção das alterações introduzidas àquele regime pela Lei n.º 71/93, de 26 de Novembro, na medida em que as razões que presidiram àquelas alterações não se verificam relativamente ao conjunto formado pela Caixa Central e suas associadas.

Foi ouvido o Banco de Portugal e a Caixa Central de Crédito Agrícola Mútuo.
Assim:
Nos termos da alínea *a*) do n.º 1 do artigo 198.º da Constituição, o Governo decreta o seguinte:

ARTIGO 1.º

Os artigos 28.º, 44.º, 50.º, 53.º, 66.º, 68.º, 74.º e 80.º do regime jurídico do crédito agrícola mútuo e das cooperativas de crédito agrícola, aprovado pelo Decreto-Lei n.º 24/91, de 11 de Janeiro, e alterado pelos Decretos-Leis n.º 230/95, de 12 de Setembro, e 320/97, de 25 de Novembro, passam a ter a seguinte redacção:

(Os preceitos alterados foram inseridos no texto do Regime Jurídico do Crédito Agrícola Mútuo)

ARTIGO 2.º

São aditados ao regime jurídico do crédito agrícola mútuo e das cooperativas de crédito agrícola, aprovado pelo Decreto-Lei n.º 24/91, de 11 de Janeiro, e alterado

---

[203] DR I Série-A, n.º 76, de 31-Mar.-1999, 1791-1793.

pelos Decretos-Leis n.ᵒˢ 230/95, de 12 de Setembro, e 320/97, de 25 de Novembro, os artigos 81.º e 82.º, com a seguinte redacção:

(Os preceitos aditados foram inseridos no texto do Regime Jurídico do Crédito Agrícola Mútuo)

ARTIGO 3.º

Na tributação do lucro consolidado do Sistema Integrado do Crédito Agrícola Mútuo não são aplicáveis as alterações introduzidas no Código do Imposto sobre o Rendimento das Pessoas Colectivas pelo artigo 5.º da Lei n.º 71/93, de 26 de Novembro.

Visto e aprovado em Conselho de Ministros de 11 de Fevereiro de 1999. – *António Manuel de Oliveira Guterres* – *António Luciano Pacheco de Sousa Franco.*

Promulgado em 15 de Março de 1999.
Publique-se.
O Presidente da República, JORGE SAMPAIO.

Referendado em 18 de Março de 1999.
O Primeiro-Ministro, *António Manuel de Oliveira Guterres.*

7.5. DECRETO-LEI N.º 201/2002, DE 26 DE SETEMBRO [204]

(...)

ARTIGO 15.º
**Alteração ao Regime Jurídico do Crédito Agrícola Mútuo
e das Cooperativas de Crédito Agrícola**

O n.º 9 do artigo 69.º do Regime Jurídico do Crédito Agrícola Mútuo e das Cooperativas de Crédito Agrícola, aprovado pelo Decreto-Lei n.º 24/91, de 11 de Janeiro, passa a ter a seguinte redacção:

(O preceito alterado foi inserido no texto do Regime Jurídico do Crédito Agrícola Mútuo)

(...)

---

[204] DR I Série-A, n.º 223, de 26-Set.-2002, 6550-6602. Cf. *supra*, 3.8., o preâmbulo, a aprovação, a promulgação e a referenda do presente Decreto-Lei.

7.6. REGIME JURIDICO DO CRÉDITO AGRÍCOLA MÚTUO E DAS COOPERATIVAS DE CRÉDITO AGRÍCOLA [205]

CAPÍTULO I
Das caixas de crédito agrícola mútuo

ARTIGO 1.º [206]
Natureza e objecto

As caixas de crédito agrícola mútuo são instituições de crédito, sob a forma cooperativa, cujo objecto é o exercício de funções de crédito agrícola em favor dos seus associados, bem como a prática dos demais actos inerentes à actividade bancária, nos termos do presente diploma.

ARTIGO 2.º [207]
Direito subsidiário

Em tudo o que não estiver previsto no presente diploma, as caixas agrícolas regem-se, consoante a matéria, pelo Regime Geral das Instituições de Crédito e Sociedades Financeiras e outras normas que disciplinam as instituições de crédito e pelo Código Cooperativo e demais legislação aplicável às cooperativas em geral.

---

[205] DR I Série-A, n.º 9, de 11-Jan.-1991, 163-171.
[206] Redacção dada pelo artigo 1.º do Decreto-Lei n.º 230/95, de 12 de Setembro. A redacção original era a seguinte:

Artigo 1.º
Natureza e objecto

As caixas de crédito agrícola mútuo são instituições especiais de crédito, sob a forma cooperativa, cujo objecto é o exercício de funções de crédito agrícola em favor dos seus associados, bem como a prática dos demais actos inerentes à actividade bancária, nos termos do presente diploma.
[207] *Idem*:

Artigo 2.º
Direito subsidiário

Em tudo o que não estiver previsto no presente diploma, as caixas agrícolas regem-se, consoante a matéria, pelas normas que disciplinam as instituições de crédito e pelo Código Cooperativo e demais legislação aplicável às cooperativas em geral.

ARTIGO 3.º
Forma de constituição

As caixas agrícolas constituem-se por escritura pública e sob a forma de cooperativas de responsabilidade limitada.

ARTIGO 4.º
Autorização prévia

1 – A constituição e funcionamento das caixas agrícolas dependem da autorização prévia do Banco de Portugal, ouvidas a Caixa Central de Crédito Agrícola Mútuo e a Federação Nacional.

2 – Para além do disposto no Regime Geral das Instituições de Crédito e Sociedades Financeiras em matéria de alterações estatutárias, está também sujeita a autorização prévia do Banco de Portugal, nos termos do número anterior, a alteração dos estatutos das caixas agrícolas relativamente à sua área de acção[208].

ARTIGO 5.º
Instrução do pedido de autorização

1 – O pedido de autorização deve ser apresentado ao Banco de Portugal acompanhado dos seguintes elementos:
 a) Exposição fundamentada das razões de ordem económica, financeira e social justificativas da constituição da caixa agrícola;
 b) Delimitação do âmbito territorial da caixa agrícola;
 c) Indicação da estrutura de funcionamento, com especificação dos meios materiais, técnicos e humanos a utilizar, estimativa de custos para os três primeiros anos e respectiva cobertura financeira;
 d) Projecto de estatutos;
 e) Identificação pessoal e profissional dos membros fundadores, com especificação do capital subscrito por cada um;
 f) Certificado do registo criminal dos associados propostos para cargos de directores ou de membros do conselho fiscal, emitido há menos de 90 dias;
 g) Declaração de que nenhum dos propostos para os cargos de director ou de membro do conselho fiscal se encontra em situação de inelegibilidade e de que não foram declarados em estado de insolvência ou de falência nem eles

---

[208] *Idem*:

Artigo 4.º
Autorização prévia

1 – ...
2 – Carece igualmente de autorização prévia, nos termos do número anterior, a alteração dos estatutos das caixas agrícolas relativa às matérias das alíneas *a)*, *b)* e *h)* do n.º 2 do artigo 10.º.

nem as sociedades ou empresas cujo controlo ou administração tenham assegurado;

h) Declaração de compromisso de que no acto da constituição se mostrará efectuado o depósito do capital social;

i) Declaração dos promotores e da Caixa Central de que a caixa agrícola a constituir se associará à Caixa Central, se for esse o caso.

2 – O Banco de Portugal pode solicitar aos requerentes informações ou elementos complementares e efectuar as averiguações que considere necessárias ou úteis à instrução do processo, podendo também dispensar a entrega dos elementos referidos no número anterior que já possua ou de que tenha conhecimento.

ARTIGO 6.º
Decisão

1 – Sem prejuízo do disposto no número seguinte, a decisão deve ser proferida no prazo máximo de três meses, a contar da entrega no Banco de Portugal do pedido e de todos os elementos referidos no n.º 1 do artigo anterior.

2 – No caso previsto no n.º 2 do artigo 5.º, a decisão deve ser proferida no prazo de três meses a contar da recepção das informações ou elementos complementares solicitados, mas nunca depois de decorridos seis meses sobre a data da entrega do pedido de aulorização.

3 – Os pareceres previstos no artigo 4.º devem ser proferidos no prazo máximo de 30 dias contados da data de comunicação do pedido pelo Banco de Portugal, considerando-se como parecer favorável a ausência de resposta no referido prazo.

4 – A concessão da autorização é comunicada à Comissão das Comunidades Europeias, no caso de a caixa não pertencer ao sistema integrado de crédito agrícola mútuo.

5 – Da decisão que recuse a autorização cabe recurso contencioso nos termos gerais.

ARTIGO 7.º
Condições de autorização

A autorização não é concedida se os requerentes não fornecerem as informações ou elementos a que se refere o artigo 5.º, se estes se mostrarem desconformes à lei ou se os associados propostos para a direcção não satisfizerem as condições previstas no artigo 21.º.

ARTIGO 8.º
Caducidade da autorização

A autorização caduca se a caixa agrícola não iniciar a respectiva actividade no prazo de 12 meses, podendo este prazo ser prorrogado pelo Banco de Portugal, a solicitação fundamentada da caixa agrícola interessada.

ARTIGO 9.º
Revogação da autorização

1 – Sem prejuízo dos fundamentos admitidos na lei geral, a autorização pode ser revogada quando se verifique alguma das seguintes situações:
   a) Ter sido obtida por meio de falsas declarações ou outros meios ilícitos, sem prejuízo das sanções penais que ao caso couberem;
   b) A caixa agrícola cessar a sua actividade ou mantê-la significativamente reduzida por período superior a um ano;
   c) A caixa agrícola não se associar à Caixa Central até ao momento da sua entrada em funcionamento quando a intenção de o fazer tiver sido declarada pelos seus promotores e pela Caixa Central;
   d) Ser recusado, por falta de idoneidade ou experiência, o registo da designação de membros da direcção;
   e) Ocorrerem infracções graves na actividade, na organização contabilística ou na fiscalização interna da caixa agrícola;
   f) Não dar a caixa agrícola garantias de cumprimento das suas obrigações para com os credores, em especial quanto à segurança dos fundos que lhe tiverem sido confiados;
   g) A caixa agrícola não cumprir as leis, regulamentos e instruções que disciplinam a sua actividade;
   h) Manter-se a caixa agrícola em funcionamento, por mais de seis meses, com o capital social inferior ao mínimo legal ou com menos de 50 associados.

2 – O facto previsto na alínea d) do número anterior não constituirá fundamento de revogação se, no prazo que o Banco de Portugal estabelecer, a caixa agrícola proceder à designação de outro director cujo registo seja aceite.

3 – Em relação às caixas agrícolas associadas de forma permanente na Caixa Central a revogação da autorização será precedida da audição da Caixa Central.

4 – A decisão de revogação, que deve ser fundamentada, será notificada à caixa agrícola e, no caso de a caixa não pertencer ao sistema integrado do crédito agrícola mútuo, comunicado à Comissão das Comunidades Europeias.

5 – Da decisão que revogue a autorização cabe recurso contencioso nos termos gerais.

ARTIGO 10.º[209]
Registo no Banco de Portugal

1 – Para além do disposto no Regime Geral das Instituições de Crédito e Sociedades Financeiras, estão também sujeitos a registo especial no Banco de Portugal:

---

[209] *Idem*:

Artigo 10.º
Registo especial

1 – As caixas agrícolas estão sujeitas a registo especial no Banco de Portugal.
2 – O registo especial abrange:

a) A área de acção;
b) O capital subscrito e o realizado à data do encerramento das contas.

2 – O registo das alterações do elemento referido na alínea *b)* do número anterior deve ser requerido no prazo de 30 dias a contar da data da sessão da assembleia geral que aprovar as contas.

3 – Quando se trate do registo de membros da direcção ou do conselho fiscal de caixas agrícolas associadas da Caixa Central, o Banco de Portugal solicitará o parecer daquela instituição.

4 – O parecer referido no número anterior deve ser emitido no prazo de 10 dias, entendendo-se, em caso de silêncio, que a Caixa Central se pronunciou no sentido favorável à realização do registo.

ARTIGO 11.º[210]
Falta de autorização ou do registo especial

Nenhuma caixa agrícola pode praticar quaisquer actos inerentes à sua qualidade de instituição de crédito sem que tenha sido efectuado no Banco de Portugal o registo especial a que se refere o artigo 10.º.

ARTIGO 12.º
Âmbito territorial

1 – As caixas agrícolas têm âmbito local, não podendo ser constituídas as que se proponham exercer a sua actividade em área que exceda a do município onde tiverem sede, salvo nos casos em que nos municípios limítrofes não exista nenhuma outra em funcionamento ou se o excesso resultar da fusão de caixas agrícolas já existentes.

2 – Não será igualmente concedida a autorização a novas caixas agrícolas que se proponham exercer actividade em município onde outra já estiver sediada ou tiver aberto delegação.

---

a) A denominação,
b) O objecto;
c) A data da escritura de constituição;
d) A data da publicação dos estatutos no *Diário da República*;
e) A data e o número da respectiva matrícula;
f) O lugar da sede;
g) O lugar e a data da criação das delegações;
h) A área de acção;
i) O capital subscrito;
j) O capital realizado;
l) A identificação dos membros da direcção, do conselho fiscal e da mesa da assembleia geral;
m) As alterações que se verificarem nos elementos referidos nas alíneas anteriores.

3 – O averbamento das alterações relativas aos elementos abrangidos pelo registo especial deve ser requerido no prazo de 30 dias a contar da data em que elas se verificarem, salvo o averbamento das alterações do capital subscrito e do realizado, que deve ser requerido no prazo de 30 dias a contar da data da sessão da assembleia geral que aprovar as contas.

ARTIGO 13.º
Delegações

1 – Precedendo autorização do Banco de Portugal, as caixas agrícolas podem instalar delegações na sua área de acção ou nos municípios limítrofes em que não exista nenhuma outra caixa agrícola em funcionamento[211].

2 – As delegações a que se refere o número anterior não podem iniciar o seu funcionamento sem que tenha sido efectuado no Banco de Portugal o registo especial a que se refere o artigo 10.º.

ARTIGO 14.º[212]
Capital social

O capital social das caixas agrícolas é variável, não podendo ser inferior a um mínimo fixado por portaria do Ministro das Finanças.

ARTIGO 15.º[213]
Subscrição de capital

Sem prejuízo de os estatutos poderem prever importância superior, o montante mínimo de capital que cada novo associado deve subscrever e realizar integralmente na data de admissão é de 50000$, se a mesma ocorrer até 31 de Dezembro de 1998, e de 100000$, se ocorrer após essa data.

---

[210] Revogado pelo artigo 3.º do Decreto-Lei n.º 230/95, de 12 de Setembro.

[211] Redacção dada pelo artigo único do Decreto-Lei n.º 320/97, de 25 de Novembro. A redacção original era a seguinte:

1 – As caixas agrícolas podem instalar delegações na sua área de acção, precedendo autorização do Banco de Portugal.

[212] Redacção dada pelo artigo 1.º do Decreto-Lei n.º 230/95, de 12 de Setembro. A redacção original era a seguinte:

Artigo 14.º
Capital social

1 – O capital social das caixas agrícolas é ilimitado e variável, mas não inferior a 500000 contos.

2 – O capital social mínimo deverá estar integralmente realizado na data da constituição da caixa agrícola e o respectivo montante depositado nos termos das disposições legais aplicáveis.

[213] Redacção dada pelo artigo único do Decreto-Lei n.º 320/97, de 25 de Novembro. A redacção anterior fora aprovada pelo Decreto-Lei n.º 230/95, de 12 de Setembro, e era a seguinte:

Sem prejuízo de os estatutos poderem prever importância superior, é de 10000$ o montante mínimo de capital que cada associado deve subscrever e realizar integralmente na data de admissão.

A redacção original do preceito era a seguinte:

Artigo 15.º
Subscrição de capital

Sem prejuízo de os estatutos poderem prever importância superior, é de 5000$ o montante mínimo de capital que cada associado deve subscrever e realizar integralmente na data de admissão.

ARTIGO 16.º[214]
Aumento de capital social

1 – O capital social das caixas agrícolas pode ser aumentado com a admissão de associados, com o aumento da participação de um associado, por sua iniciativa, e, quando a assembleia geral o delibere, mediante novas entradas em dinheiro ou mediante incorporação de reservas disponíveis para o efeito.

2 – A aceitação da proposta de aumento da participação de um associado compete ao órgão da caixa agrícola ao qual caiba, consoante o disposto nos estatutos, a aceitação da admissão de novos associados.

3 – O valor de subscrição dos títulos de capital nos casos de admissão de novos associados e de aumento de participação de um associado será fixado pelo órgão competente nos termos do número anterior, com base em critérios de apuramento previstos nos estatutos.

4 – A assembleia geral que deliberar um aumento de capital social fixará o valor de subscrição dos títulos de capital.

5 – Os títulos de capital que forem emitidos em representação do capital social resultante da incorporação de reservas poderão ser atribuídos apenas à caixa agrícola ou a esta e aos associados proporcionalmente ao capital detido antes da incorporação.

ARTIGO 17.º[215]
Redução do capital social

1 – Sem prejuízo do disposto no n.º 6, o capital social das caixas agrícolas só pode ser reduzido por amortização dos títulos de capital nos casos de:
a) Exoneração do associado;

---

[214] Redacção introduzida pelo artigo 1.º do Decreto-Lei n.º 230/95, de 25 de Novembro. A redacção original era a seguinte:

Artigo 16.º
Aumento de capital social

1 – O capital social das caixas agrícolas pode ser aumentado com a admissão de novos associados e, quando a assembleia geral o delibere, mediante novas entradas em dinheiro ou mediante incorporação de reservas disponíveis para o efeito.

2 – Os títulos de capital que forem emitidos em representação do capital social resultante da incorporação de reservas são atribuídos gratuitamente à própria caixa agrícola.

[215] *Idem*; o artigo único do Decreto-Lei n.º 320/97, de 25 de Novembro, substituiu a referência ao n.º 5, do por n.º 6. A redacção original era a seguinte:

Artigo 17.º
Redução do capital social

1 – O capital social das caixas agrícolas só pode ser reduzido por amortização dos títulos de capital dos associados exonerados, excluídos ou falecidos, desde que, neste último caso, os seus sucessores não queiram ou não possam associar-se.

2 – O valor da amortização e o nominal, se outro mais baixo não resultar do último balanço aprovado.

b) Redução da participação do associado;
c) Exclusão do associado;
d) Falecimento de um associado, desde que os seus sucessores não queiram ou não possam associar-se.

2 – A redução da participação do associado só é permitida até ao limite mínimo estabelecido nos estatutos ou deliberado em assembleia geral[216].

3 – A exoneração do associado ou a redução da sua participação só se tornam eficazes no termo do exercício social, dependendo da verificação das seguintes condições:
a) O pedido ter sido apresentado, por escrito, com antecedência mínima de 90 dias;
b) Terem decorrido pelo menos três anos desde a realização dos títulos de capital;
c) O reembolso não implicar a redução do capital social para valor inferior ao capital mínimo previsto nos estatutos nem implicar o incumprimento ou o agravamento de incumprimento de quaisquer relações ou limites prudenciais fixados pela lei ou pelo Banco de Portugal, em relação à caixa agrícola[217].

4 – A direcção deve suspender o reembolso[218]:
a) Em todas as situações a que alude o n.º 1, quando o reembolso for susceptível de causar problemas graves à caixa agrícola, podendo o associado, em tais circunstâncias e em caso de exoneração, retirar o respectivo pedido;
b) Nas situações previstas nas alíneas c) e d) do n.º 1, quando não se verificar a condição referida na alínea c) do n.º 3;
c) Nos casos de exclusão de associado de caixa agrícola pertencente ao sistema integrado do crédito agrícola mútuo, quando o reembolso implicar o incumprimento ou o agravamento de incumprimento de quaisquer relações ou limites prudenciais fixados por lei ou pelo Banco de Portugal àquele sistema integrado ou for susceptível de lhe causar problemas graves.

5 – O valor do reembolso previsto nos números anteriores será fixado com base em critérios de apuramento previstos nos estatutos, não podendo em qualquer caso ser superior ao valor contabilístico dos títulos de capital após a exclusão das reservas obrigatórias.

---

[216] Aditado pelo artigo único do Decreto-Lei n.º 320/97, de 25 de Novembro, alterando a numeração dos números seguintes.

[217] Redacção dada pelo artigo único do Decreto-Lei n.º 320/97, de 25 de Novembro. A redacção original era a seguinte:

c) O reembolso não implicar a redução do capital social para valor inferior ao capital mínimo previsto nos estatutos nem implicar o incumprimento ou o agravamento de incumprimento de quaisquer relações ou limites prudenciais fixados pela lei ou pelo Banco de Portugal, quer em relação à caixa agrícola quer, se for o caso, em relação ao sistema integrado de crédito agrícola mútuo.

[218] *Idem*:

3 – A direcção pode suspender o reembolso se este for susceptível de causar problemas graves à caixa agrícola ou, se for o caso, ao sistema integrado do crédito agrícola mútuo, podendo o associado, nessa circunstância, retirar o pedido de exoneração.

6 – O capital social das caixas agrícolas pode ainda ser reduzido, por deliberação da assembleia geral, se a redução se destinar à cobertura de prejuízos, aplicando-se, com as necessárias adaptações, o disposto nos artigos 94.º a 96.º do Código das Sociedades Comerciais.

ARTIGO 18.º
Número mínimo de associados

Nenhuma caixa agrícola se pode constituir com menos de 50 associados, não podendo manter-se em funcionamento com número inferior por período superior a seis meses, sob pena de dissolução.

ARTIGO 19.º[219]
Requisitos de admissão

1 – Podem ser associados de uma caixa agrícola as pessoas singulares ou colectivas que na área dessa caixa:
  a) Exerçam actividades produtivas nos sectores da agricultura, silvicultura, pecuária, caça, pesca, aquicultura, agro-turismo e indústrias extractivas;
  b) Exerçam como actividade a transformação, melhoramento, conservação, embalagem, transporte e comercialização de produtos agrícolas, silvícolas, pecuários, cinegéticos, piscícolas, aquícolas ou de indústrias extractivas;
  c) Tenham como actividade principal o fabrico ou comercialização de produtos directamente aplicáveis na agricultura, silvicultura, pecuária, caça, pesca, aquicultura, agro-turismo e indústrias extractivas ou a prestação de serviços directamente relacionados com estas actividades, bem como o artesanato[220].

---

[219] Redacção dada pelo artigo 1.º do Decreto-Lei n.º 230/95, de 12 de Setembro. A redacção original era a seguinte:

Artigo 19.º
Requisitos de admissão

1 – ...
  a) Exerçam actividades produtivas nos sectores da agricultura, silvicultura, pecuária e aquacultura;
  b) Exerçam como actividade principal a transformação, melhoramento, conservação, embalagem, transporte e comercialização de produtos agrícolas, silvícolas, pecuários ou aquícolas;
  c) Tenham como actividade principal a fabricação ou comercialização de factores de produção directamente aplicáveis na agricultura, silvicultura, pecuária e aquacultura ou a prestação de serviços directa e imediatamente relacionados com estas actividades, bem como o artesanato.
2 – ...
3 – ...

[220] A redacção de ambas as alíneas, *b*) e *c*), foi introduzida pelo Decreto-Lei n.º 320/97, de 25 de Novembro. A redacção original era a seguinte:
  b) Exerçam como actividade principal a transformação, melhoramento, conservação, embalagem, transporte e comercialização de produtos agrícolas, silvícolas, pecuários, cinegéticos, piscícolas, aquícolas ou de indústrias extractivas;

2 – É permitida a associação a uma caixa agrícola de pessoas que exerçam a respectiva actividade em municípios limítrofes dos abrangidos na área de acção desta, caso não exista nesses municípios nenhuma outra caixa agrícola em funcionamento ou, existindo, se a associação se justificar por razões evidentes de proximidade geográfica ou de conexão da actividade económica por elas desenvolvida com a área de acção da caixa agrícola.

3 – Os associados de uma caixa agrícola não o poderão ser de uma outra caixa, sem que esta obtenha previamente a aprovação da Federação Nacional e da Caixa Central, quando for associada desta última.

4 – Sem prejuízo do disposto no número anterior, serão ainda considerados associados de uma caixa agrícola os vogais da direcção que venham a ser escolhidos nos termos do n.º 3 do artigo 21.º, enquanto exercerem essas funções.

ARTIGO 20.º
Órgãos sociais

Os órgãos sociais das caixas agrícolas são a assembleia geral, a direcção e o conselho fiscal.

ARTIGO 21.º[221]
Direcção

1 – A direcção deve ser constituída por um número ímpar de membros, no mínimo de três, com poderes de orientação efectiva da actividade da caixa agrícola, dela apenas podendo fazer parte pessoas cuja idoneidade dê garantias de gestão sã e prudente, tendo em vista, de modo particular, a segurança dos fundos a ela confiados.

2 – A gestão corrente da caixa agrícola será confiada a, pelo menos, dois dos membros da direcção, os quais devem possuir experiência adequada ao desempenho dessas funções.

---

c) Tenham como actividade principal o fabrico ou comercialização de factores de produção directamente aplicáveis na agricultura, silvicultura, pecuária, caça, pesca, aquicultura, agroturismo e indústrias extractivas ou a prestação de serviços directa e imediatamente relacionados com estas actividades, bem como o artesanato.

[221] Redacção introduzida pelo Decreto-Lei n.º 230/95, de 12 de Setembro. A redacção original era a seguinte:

Artigo 21.º
Direcção

1 – A direcção deve ser constituída por um número ímpar de membros, no mínimo de três, com idoneidade e experiência adequadas ao exercício das respectivas funções, e deter poderes para efectivamente determinar a orientação da actividade da caixa agrícola.

2 – Compete ao presidente da direcção o exercício dos poderes colectivos de representação, externa e internamente, podendo delegá-los noutro membro da direcção, em associado ou empregado qualificado, se e quando entender.

3 – Sempre que tal se mostre necessário para assegurar a satisfação do requisito de experiência previsto no número anterior, no máximo dois vogais da direcção poderão ser escolhidos de entre pessoas não associadas, da caixa agrícola.

ARTIGO 22.º
Conselho fiscal

1 – O conselho fiscal é composto por três membros efectivos e, pelo menos, um suplente.

2 – No exercício das suas funções, o conselho fiscal será obrigatoriamente coadjuvado por um revisor oficial de contas.

3 – Na falta de designação de revisor oficial de contas pela assembleia geral, aplica-se o disposto nos artigos 416.º e 417.º do Código das Sociedades Comerciais, com as devidas adaptações, competindo ao Banco de Portugal comunicar o facto à Câmara dos Revisores Oficiais de Contas ou requerer a nomeação judicial.

ARTIGO 23.º[222]
Inelegibilidade e incompatibilidade

1 – Sem prejuízo de outras causas de inelegibilidade previstas na lei ou nos estatutos, não podem ser eleitos para qualquer cargo social ou nele permanecer os que, por si ou através de empresas por eles directa ou indirectamente controladas ou de que sejam administradores, directores ou gerentes, se encontrem ou tenham estado em mora com a caixa agrícola por período superior a 30 dias, seguidos ou interpolados, excepto quando tal situação tenha terminado pelo menos 180 dias antes da data da eleição.

---

[222] *Idem*:

Artigo 23.º
Inelegibilidade e incompatibilidade

1 – Sem prejuízo de outras causas, legais ou estatutárias, de inelegibilidade, não podem ser eleitos para qualquer cargo social ou nele permanecer os que se encontrem ou tenham estado em mora para a caixa agrícola por período superior a 30 dias, excepto quando tal situação tenha terminado 90 dias antes da data da eleição.

2 – Não podem igualmente fazer parte da direcção ou do conselho fiscal das caixas agrícolas, nem nelas desempenhar funções ao abrigo de contrato de trabalho subordinado ou autónomo:
   a) Os administradores, directores, gerentes, consultores, técnicos ou mandatários de outras instituições de crédito, nacionais ou estrangeiras, à excepção da Caixa Central;
   b) Os que desempenhem as funções de administrador, director, gerente, consultor, técnico ou mandatário, ou sejam trabalhadores de pessoas singulares ou colectivas que detenham mais de uma quinta parte do capital de qualquer outra instituição de crédito ou parabancária ou de empresas por estas controladas;
   c) ...

2 – Sem prejuízo do disposto no Regime Geral das Instituições de Crédito e Sociedades Financeiras, não podem fazer parte da direcção ou do conselho fiscal das caixas agrícolas nem nelas desempenhar funções ao abrigo de contrato de trabalho subordinado ou autónomo:
  a) Os administradores, directores, gerentes, consultores, técnicos ou mandatários de outras instituições de crédito, nacionais ou estrangeiras, à excepção da Caixa Central e de instituições de crédito por esta controladas;
  b) Os que desempenhem as funções de administrador, director, gerente, consultor, técnico ou mandatário, ou sejam trabalhadores de pessoas singulares ou colectivas que detenham mais de uma quinta parte do capital de qualquer outra instituição de crédito ou sociedade financeira ou de empresas por estas controladas;
  c) Os que desempenhem funções de administração, gerência ou direcção em qualquer empresa cujo objecto seja o fornecimento de bens ou serviços destinados às actividades referidas no n.º 1 do artigo 19.º, salvo em casos cuja justificação seja expressamente aceite pelo Banco de Portugal.

3 – Durante o mandato, as situações susceptíveis de gerar inelegibilidades, bem como as incompatibilidades dos membros da direcção e da mesa da assembleia geral, serão verificadas pelo conselho fiscal, e as deste pela mesa da assembleia geral.

ARTIGO 24.º
Duração do mandato e remuneração

1 – O mandato dos titulares dos órgãos sociais e da mesa da assembleia geral tem a duração máxima de três anos, sendo sempre permitida a reeleição.

2 – O exercício efectivo dos cargos dos membros da direcção ou do conselho fiscal pode ser remunerado, de acordo com o que for definido pela assembleia geral.

ARTIGO 25.º
Delegação de poderes

Os poderes para conceder crédito, constituir depósitos ou realizar quaisquer outras aplicações só podem ser delegados em empregados tidos por qualificados por decisão unânime da direcção, e desde que:
  a) A delegação seja prevista nos estatutos;
  b) Fique assegurado que as decisões no âmbito dos poderes delegados sejam tomadas colegialmente;
  c) O exercício de poderes delegados seja limitado à concessão de crédito ou a aplicações financeiras que, por si próprias ou somadas com outras em vigor, em benefício da mesma entidade, à excepção dos depósitos constituídos na Caixa Central, não excedam o menor dos limites à concentração de risco fixados pelo Banco de Portugal.

ARTIGO 26.º[223]
Obtenção de recursos

Para além dos demais meios de financiamento permitidos às cooperativas em geral, as caixas agrícolas podem, para a prossecução das suas finalidades:
a) Receber depósitos ou outros fundos reembolsáveis dos seus associados ou de terceiros;
b) Ter acesso a outros meios de financiamento que lhes sejam especialmente autorizados pelo Banco de Portugal, ouvida a Caixa Central, se se tratar de caixas suas associadas.

ARTIGO 27.º[224]
Operações de crédito agrícola

Para efeitos do presente diploma, são consideradas operações de crédito agrícola os empréstimos e outros créditos, qualquer que seja a forma, a natureza, o título ou o prazo destes, quando tenham por objecto:

---

[223] *Idem*:

Artigo 26.º
Obtenção de recursos
Para a prossecução das suas finalidades, podem as caixas agrícolas:
a) Receber, por depósito dos seus associados ou de terceiros, fundos reembolsáveis;
b) Contrair empréstimos junto de entidades nacionais legalmente autorizadas;
c) Ter acesso a outros meios de financiamento que lhe sejam especialmente autorizados pelo Ministro das Finanças sob proposta do Banco de Portugal.

[224] *Idem*:

Artigo 27.º
Operações de crédito agrícola
(...)
a) Facultar recursos para apoio ao investimento ou funcionamento de unidades produtivas dos sectores da agricultura, silvicultura, pecuária e aquacultura, ou para a formação, reestruturação, melhoria ou desagravamento do capital fundiário das explorações agrícolas, silvícolas, pecuárias e aquícolas;
b) Financiar a criação, a montagem, o aperfeiçoamento, a renovação, total ou parcial, e o funcionamento de instalações destinadas à transformação, ao melhoramento, à conservação, à embalagem, ao transporte e à comercialização dos produtos agrícolas, silvícolas, pecuários e aquícolas;
c) Facultar recursos para apoio ao investimento ou funcionamento de unidades que se dediquem à fabricação ou comercialização de factores de produção directamente aplicáveis na agricultura, silvicultura, pecuária e aquacultura ou à prestação de serviços com elas directa e imediatamente relacionados;
d) Facultar recursos para o apoio ao investimento ou funcionamento de unidades de turismo de habitação, turismo rural ou agro-turismo e de produção e comercialização de artesanato;
e) Financiar as despesas que contribuam para o aumento das condições de bem-estar dos associados das caixas agrícolas e dos familiares que com eles vivam em economia comum;
(...)

a) Facultar recursos para apoio ao investimento ou funcionamento de unidades produtivas dos sectores da agricultura, silvicultura, pecuária, caça, pesca, aquicultura, agro-turismo e indústrias extractivas, ou para formação, reestruturação, melhoria ou desagravamento do capital fundiário das explorações agrícolas, silvícolas, pecuárias, cinegéticas, piscícolas, aquícolas, agro--turísticas ou de indústrias extractivas;
b) Financiar a criação, a montagem, o aperfeiçoamento, a renovação, total ou parcial, e o funcionamento de instalações destinadas à transformação, ao melhoramento, à conservação, à embalagem, ao transporte e à comercialização dos produtos agrícolas, silvícolas, pecuários, cinegéticos, piscícolas, aquícolas ou de indústrias extractivas;
c) Facultar recursos para apoio ao investimento ou funcionamento de unidades que se dediquem ao fabrico ou comercialização de factores de produção directamente aplicáveis na agricultura, silvicultura, pecuária, caça, pesca, aquicultura, agro-turismo e indústrias extractivas ou à prestação de serviços com elas directa e imediatamente relacionados;
d) Facultar recursos para o apoio ao investimento ou financiamento[225] de unidades de turismo de habitação ou turismo rural e de produção e comercialização de artesanato;
e) Financiar as despesas que contribuam para o aumento das condições de bem-estar dos associados das caixas agrícolas e dos familiares que com eles vivam em economia comum, designadamente através de crédito à habitação;
f) Financiar a construção e melhoria de infra-estruturas económicas e sociais relacionadas com o desenvolvimento do mundo rural e das unidades referidas nas alíneas anteriores;
g) Prestar garantias aos seus associados em operações relacionadas com o exercício das actividades previstas no n.º 1 do artigo 19.º, nas condições que forem estabelecidas pelo Banco de Portugal.

ARTIGO 28.º[226]
Beneficiários das operações de crédito

1 – Sem prejuízo do disposto nos números seguintes, as caixas agrícolas realizam as suas operações de crédito com os respectivos associados.

---

[225] Provavelmente, o legislador terá querido dizer "... funcionamento ..." e não "... financiamento ...".
[226] Redacção introduzida pelo artigo 1.º do Decreto-Lei n.º 102/99, de 31 de Março. A redacção anterior, dada pelo Decreto-Lei n.º 230/95, de 12 de Setembro, era a seguinte:

1 – Só os associados das caixas agrícolas podem beneficiar das operações de crédito por elas praticadas.

2 – O disposto no número anterior não impede, porém, que as caixas agrícolas financiem as despesas que contribuam para o aumento das condições de bem-estar dos respectivos trabalhadores e dos familiares que com eles vivam em economia comum e, quando autorizadas pelo Banco de Portugal, financiem acções e investimentos enquadrados em programas de desenvolvimento regional.

Na sua versão inicial, o preceito tinha a seguinte redacção:

2 – As caixas agrícolas que cumpram, em base individual, as regras prudenciais fixadas ao abrigo do artigo 99.° do Regime Geral das Instituições de Crédito e Sociedades Financeiras podem ser autorizadas pelo Banco de Portugal a realizar operações de crédito com não associados dentro dos limites que vierem a ser fixados por aviso do Banco de Portugal.

3 – O disposto no n.° 1 não impede que as caixas agrícolas financiem as despesas que contribuam para o aumento das condições de bem-estar dos respectivos trabalhadores e dos familiares que com eles vivam em economia comum e, quando autorizadas pelo Banco de Portugal, financiem acções e investimentos enquadrados em programas de desenvolvimento regional.

ARTIGO 29.°[227]
Condições especiais de acesso ao crédito

1 – Os membros da direcção ou do conselho fiscal e os gerentes ou outros mandatários da caixa não ficam, pelo facto de exercerem estas funções, impedidos de receber crédito da caixa agrícola, mas não podem, em caso algum, intervir na apreciação e decisão das operações de que sejam beneficiários eles próprios, os seus cônjuges, parentes ou afins em linha recta ou até ao 3.° grau da linha colateral, ou empresas, com excepção de cooperativas agrícolas, em cujo capital ou órgãos sociais eles ou qualquer das restantes pessoas indicadas participem.

2 – A concessão de crédito nos casos previstos no número anterior depende sempre de prévio parecer favorável do conselho fiscal e tem de ser aprovada por todos os membros da direcção que não estejam impedidos de intervir na decisão em virtude do disposto no mesmo número.

3 – Todos os que tiverem culposamente intervindo na apreciação ou decisão de operações de crédito com desrespeito do estabelecido no número anterior respondem solidariamente pelo reembolso da dívida em caso de incumprimento, sem prejuízo da responsabilidade disciplinar, estatutária, civil ou criminal a que também haja lugar.

ARTIGO 30.°
Aplicação dos capitais mutuados

1 – Os capitais mutuados pelas caixas agrícolas não podem ter aplicação diferente da indicada no respectivo contrato.

2 – A violação do disposto no número anterior acarreta o vencimento da dívida, podendo exigir-se imediatamente o seu reembolso total e o pagamento dos juros que

---

Artigo 28.°
Beneficiários das operações activas

1 – Sem prejuízo do disposto nas alíneas *c*) e *d*) do n.° 1 do artigo 58.°, só os associados das caixas agrícolas podem beneficiar das operações activas por elas praticadas.

2 – ...

[227] Revogado pelo artigo 3.° do Decreto-Lei n.° 230/95, de 12 de Setembro.

forem devidos, com perda de bonificações já concedidas, sem prejuízo da responsabilidade estatutária, civil e criminal a que também haja lugar.

ARTIGO 31.º
Fiscalização e acompanhamento

As caixas agrícolas devem fiscalizar e acompanhar a aplicação dos capitais mutuados, tendo em vista a finalidade do empréstimo, devendo, para tanto, os mutuários fornecer as informações solicitadas e autorizar as vistorias e exames que forem considerados oportunos.

ARTIGO 32.º
Aprovação das operações de crédito

A concessão de crédito é sempre decidida colegialmente.

ARTIGO 33.º
Cobrança coerciva e títulos executivos

1 – Para efeito de cobrança coerciva de empréstimos vencidos e não pagos, seja qual for o seu montante, servem de prova e título executivo as escrituras, os títulos particulares, as letras, as livranças e os documentos congéneres apresentados pela caixa agrícola exequente, desde que assinados por aquele contra quem a acção é proposta, nos termos previstos no Código de Processo Civil.

2 – Os mesmos documentos referidos no número anterior servem igualmente para as caixas agrícolas deduzirem e provarem os seus direitos em quaisquer processos em que sejam demandadas, reclamadas ou interessadas.

ARTIGO 34.º
Alteração do valor das garantias

Quando o valor das garantias concedidas diminuir e os mutuários, para tanto avisados, não as reforçarem, podem as caixas agrícolas considerar vencidos e exigíveis os empréstimos concedidos.

ARTIGO 35.º[228]
Prestação de serviços

As caixas agrícolas podem prestar serviços de aluguer de cofres e guarda de

---

[228] Redacção dada pelo artigo 1.º do Decreto-Lei n.º 230/95, de 12 de Setembro. A redacção original era a seguinte:

valores, administração de bens imóveis, comercialização de contratos de seguro, prestação de informações comerciais, colocação de valores mobiliários na modalidade prevista na alínea c) do n.º 1 do artigo 125.º do Código do Mercado de Valores Mobiliários, intermediação em pagamentos e outros de natureza análoga.

ARTIGO 36.º[229]
Operações cambiais

1 – Às caixas agrícolas é permitido comprar e vender notas e moedas estrangeiras ou cheques de viagem, nos termos permitidos às agências de câmbios.

2 – A Caixa Central pode exercer o comércio de câmbios e realizar operações cambiais nos mesmos termos que os bancos.

ARTIGO 36.º-A[230]
Alargamento das actividades das caixas agrícolas

1 – As caixas agrícolas que apresentem condições estruturais adequadas e meios suficientes, designadamente quanto a fundos próprios, solvabilidade, liquidez, organização interna e capacidade técnica e humana, poderão ser autorizadas pelo Banco de Portugal a alargar o seu objecto a uma ou várias das actividades seguintes:

a) Locação financeira a favor dos associados para financiamento de actividades referidas no artigo 27.º;
b) *Factoring* a favor dos associados para financiamento de actividades referidas no artigo 27.º;
c) Emissão e gestão de meios de pagamento, tais como cartões de crédito, cheques de viagem e cartas de crédito;
d) Participação em emissões e colocações de valores mobiliários e prestações de serviços correlativos;
e) Actuação nos mercados interbancários;
f) Consultoria, guarda, administração e gestão de carteiras de valores mobiliários;
g) Gestão e consultoria em gestão de outros patrimónios.

Artigo 35.º
Prestação de serviços

As caixas agrícolas podem prestar serviços de guarda de valores, administração de bens imóveis, intermediação em pagamentos e outros de natureza análoga.
[229] *Idem*:

Artigo 36.º
Comércio de câmbios e operações cambiais

O exercício do comércio de câmbios e a realização de operações cambiais pela Caixa Central e pelas caixas agrícolas regulam-se pela lei geral.
[230] Aditado pelo artigo 2.º do Decreto-Lei n.º 230/95, de 12 de Setembro.

2 – Quando uma caixa deixar de reunir as condições e requisitos necessários, o Banco de Portugal poderá retirar-lhe, no todo ou em parte, a faculdade do exercício de actividades referidas no número anterior.

3 – A autorização e revogação de autorização previstas nos números anteriores dependem de parecer favorável da Comissão do Mercado de Valores Mobiliários, sempre que respeitem a actividade de intermediação em valores mobiliários, e tratando-se de uma caixa agrícola associada da Caixa Central deverão ser precedidas, sem prejuízo do disposto no número seguinte, de parecer da Caixa Central, a emitir no prazo de 30 dias.

4 – No caso de revogação da autorização, e se a urgência da situação o aconselhar, poderá ser dispensado o parecer prévio da Caixa Central previsto no número anterior.

5 – O Banco de Portugal identificará, por aviso, as condições de que depende a autorização prevista no n.º 1 e a revogação da autorização prevista no n.º 2.

6 – As caixas agrícolas que apresentem condições estruturais adequadas e meios suficientes poderão ser autorizadas pelo Banco de Portugal a efectuar operações de crédito com finalidades distintas das previstas no artigo 27.º[231].

7 – OBanco de Portugal fixará, por instruções, o limite do valor global das operações realizadas ao abrigo das autorizações concedidas nos termos do número anterior, em percentagem do valor do respectivo activo[232].

ARTIGO 37.º[233]
Auditoria das caixas agrícolas

1 – As caixas agrícolas e a Caixa Central contratarão obrigatoriamente um

---

[231] Aditado pelo artigo único do Decreto-Lei n.º 320/97, de 25 de Novembro.
[232] *Idem.*
[233] Redacção dada pelo artigo 1.º do Decreto-Lei n.º 230/95, de 12 de Setembro. A redacção original era a seguinte:

Artigo 37.º
Supervisão das caixas agrícolas

1 – A supervisão das caixas agrícolas, enquanto instituições de crédito, compete ao Banco de Portugal.

2 – Para além da fiscalização directa a que podem ser sujeitas, as caixas agrícolas são obrigadas a apresentar os elementos de informação que o Banco de Portugal considere úteis aos fins referidos no número anterior.

3 – Todas as caixas agrícolas, incluindo a Caixa Central, contratarão obrigatoriamente um serviço de auditoria.

4 – O serviço de auditoria referido no número anterior, que deverá ser dirigido por um revisor oficial de contas, verificará e apreciará, periodicamente, o cumprimento das normas contabilísticas, fiscais, administrativas e de gestão das caixas agrícolas e da Caixa Central e a sua conformidade com a lei, estatutos e com outras instruções normativas aplicáveis, enviando cópia dos seus relatórios às respectivas direcções e conselhos fiscais e à Caixa Central ou ao Banco de Portugal, conforme as caixas agrícolas sejam ou não associadas da Caixa Central e ao Fundo de Garantia do Crédito Agrícola Mútuo quando este o solicitar.

5 – O serviço de auditoria poderá abranger a verificação e a apreciação de outros aspectos, a

serviço de auditoria, o qual será dirigido por um revisor oficial de contas e deverá verificar e apreciar periodicamente o cumprimento das normas contabilísticas, fiscais, administrativas e de gestão das caixas agrícolas e da Caixa Central e a sua conformidade com a lei, os estatutos e as instruções normativas aplicáveis.

2 – Dos relatórios elaborados pelo serviço de auditoria será enviada cópia às respectivas direcções e conselhos fiscais e ao Banco de Portugal, bem como à Caixa Central, no caso de a caixa agrícola ser sua associada, e ao Fundo de Garantia do Crédito Agrícola Mútuo, quando este o solicitar

3 – O serviço de auditoria poderá abranger a verificação e a apreciação de outros aspectos, a solicitação da própria caixa agrícola, do Banco de Portugal, da Caixa Central, da Federação Nacional ou do Fundo de Garantia do Crédito Agrícola Mútuo.

4 – Os relatórios de auditoria à Caixa Central deverão ser enviados ao Banco de Portugal no prazo de 15 dias.

ARTIGO 38.º[234]
Solvabilidade e liquidez

1 – Compete ao Banco de Portugal definir as relações que as caixas agrícolas, a Caixa Central e, após a sua constituição, o sistema integrado do crédito agrícola mútuo devem observar entre quaisquer rubricas, patrimoniais e extrapatrimoniais, dos seus balanços e estabelecer os limites prudenciais à realização das operações que as caixas agrícolas e a Caixa Central estão autorizadas a praticar, nomeadamente:

a) A relação entre os fundos próprios e:
O total do activo;
O imobilizado;
As participações financeiras;
As rubricas, patrimoniais ou extrapatrimoniais, representativas de riscos assumidos pelas caixas agrícolas; os recursos alheios e quaisquer outras responsabilidades perante terceiros;

b) Os limites e as formas de cobertura dos recursos alheios e de quaisquer outras responsabilidades perante terceiros;

c) Os limites, globais e por empresa, à aquisição de títulos emitidos por outras entidades.

2 – Compete igualmente ao Banco de Portugal fixar os elementos que podem integrar os fundos próprios das caixas agrícolas e da Caixa Central e definir as características que os mesmos devem revestir.

---

solicitação da própria caixa agrícola, da Caixa Central, da Federação Nacional ou do Fundo da Garantia do Crédito Agrícola Mútuo.
 6 – Os relatórios de auditoria à Caixa Central deverão ser enviados ao Banco de Portugal no prazo de 15 dias.
 [234] Revogado pelo artigo 3.º do Decreto-Lei n.º 230/95, de 12 de Setembro.

ARTIGO 39.º
Aplicações financeiras

1 – As caixas agrícolas podem fazer depósitos e, nas condições que o Banco de Portugal estabelecer, fazer aplicações em títulos da dívida pública.

2 – As caixas agrícolas só podem deter participações financeiras:
   a) Nas uniões regionais, na Federação Nacional das Caixas Agrícolas e na Caixa Central;
   b) Em empresas cujo objecto seja o exercício das actividades referidas no n.º 1 do artigo 19.º e se revistam de especial interesse para o desenvolvimento da região em que se inserem, não podendo, porém, o total das participações exceder 20% dos fundos próprios;
   c) Quando adquiridas para obter ou assegurar o reembolso de créditos próprios;
   d) Quando especialmente autorizadas pelo Banco de Portugal.

ARTIGO 40.º[235]
Aquisição de imóveis

As caixas agrícolas não podem adquirir, a título oneroso, bens imóveis para além dos necessários às suas instalações próprias, ou dos seus agrupamentos, salvo se a aquisição tiver por fim o reembolso de créditos próprios.

ARTIGO 41.º[236]
Escrituração

A responsabilidade pela elaboração da contabilidade das caixas agrícolas deve ser confiada a um técnico de contas inscrito na Direcção-Geral das Contribuições e Impostos.

---

[235] Idem.

[236] Redacção dada pelo artigo 1.º do Decreto-Lei n.º 230/95, de 12 de Setembro. A redacção original era a seguinte:

Artigo 41.º
Escrituração

1 – O plano de contas a aplicar pelas caixas agrícolas e a organização dos balanços e outros documentos bem como os critérios a adoptar na valorimetria dos elementos patrimoniais serão definidos pelo Banco de Portugal.

2 – A responsabilidade pela elaboração da contabilidade das caixas agrícolas deve ser confiada a um técnico de contas inscrito na Direcção-Geral das Contribuições e Impostos.

ARTIGO 42.º[237]
Provisões

As caixas agrícolas devem constituir provisões para riscos gerais de crédito e para outras depreciações de activos, nos termos que forem fixados pelo Banco de Portugal, para além das que forem ditadas por critérios de prudente gestão.

ARTIGO 43.º[238]
Aplicação de resultados

1 – Sem prejuízo do disposto nos números seguintes, os resultados obtidos pelas caixas agrícolas, após cobertura de eventuais perdas de exercícios anteriores e após as reversões para as diversas reservas, podem retornar aos associados sob a forma de remuneração dos títulos de capital ou outras formas de distribuição, nos termos do Código Cooperativo.

2 – Não podem ser distribuídos resultados pelos associados se a caixa agrícola se encontrar em situação de incumprimento de rácios e limites prudenciais obrigatórios.

3 – Quando o associado for detentor de títulos capital em montante inferior a 50 000$, a parte que lhe couber na operação de distribuição de resultados será aplicada no aumento da sua participação no capital da caixa agrícola até ser atingido aquele montante.

ARTIGO 44.º[239]
Reservas

1 – Sem prejuízo de outras que forem previstas nos estatutos ou que a assem-

---

[237] Revogado pelo artigo 3.º do Decreto-Lei n.º 230/95, de 12 de Setembro.

[238] Redacção dada pelo artigo único do Decreto-Lei n.º 320/97, de 25 de Novembro. Anteriormente, vigorava a redacção dada pelo Decreto-Lei n.º 230/95, de 12 de Setembro e que era a seguinte:

Os resultados obtidos pelas caixas agrícolas, após cobertura de eventuais perdas de exercícios anteriores e após as reversões para as diversas reservas, podem retornar aos associados sob a forma de remuneração dos títulos de capital ou outras formas de distribuição, nos termos do Código Cooperativo.

Finalmente, a redacção original era a seguinte:

Artigo 43.º
Aplicação de resultados

Os resultados obtidos pelas caixas agrícolas, após cobertura de eventuais perdas de exercícios anteriores, são obrigatoriamente integrados em reservas, não havendo lugar, em caso algum, à distribuição de excedentes pelos associados.

[239] Redacção dada pelo artigo único do Decreto-Lei n.º 320/97, de 25 de Novembro. A redacção original deste preceito era a seguinte:

1 – Sem prejuízo de outras que forem previstas nos estatutos ou que a assembleia geral deliberar criar, as caixas agrícolas constituirão obrigatoriamente as seguintes reservas:

a) Reserva legal destinada a cobrir eventuais perdas;

b) Reserva para cobrir despesas com a educação e formação cultural e técnica dos associados;

bleia geral deliberar criar, as caixas agrícolas constituirão obrigatoriamente as seguintes reservas:
  a) Reserva legal destinada a cobrir eventuais perdas;
  b) Reserva especial, para reforço da situação líquida, no caso de caixas agrícolas que tenham sido objecto de procedimentos de recuperação ou saneamento;
  c) Reserva para cobrir despesas com a educação e formação cultural e técnica dos associados;
  d) Reserva para mutualismo, destinada a custear acções de entreajuda e auxílio mútuo de que careçam os associados ou os empregados das caixas agrícolas.
2 – Dos excedentes anuais líquidos serão afectados:
  a) 20%, no mínimo, à reserva legal, até que esta atinja montante igual ao capital social ;
  b) 20%, no mínimo, à reserva especial, até que esta atinja montante igual aos benefícios auferidos com os procedimentos de recuperação ou saneamento;
  c) 5%, no máximo, às reservas para formação e educação cooperativa e para mutualismo, de acordo com o que for decidido pela assembleia geral, sob proposta da direcção.
3 – No caso de exoneração ou exclusão, a caixa agrícola associada da Caixa Central deverá reembolsar esta ou o Fundo de Garantia do Crédito Agrícola Mútuo ou ambos, se for o caso, na data em que se verificar a eficácia da exoneração ou exclusão, do montante dos benefícios auferidos com os procedimentos de recuperação ou saneamento.

ARTIGO 45.º[240]
Fusão de caixas agrícolas

1 – É permitida a fusão de duas ou mais caixas agrícolas desde que, para além dos requisitos previstos na demais legislação aplicável, estejam sediadas na mesma Região Autónoma ou no mesmo município ou em municípios contíguos.

---

  c) Reserva para mutualismo, destinada a custear acções de entreajuda e auxílio mútuo de que careçam os associados ou os empregados das caixas agrícolas.
2 – Dos excedentes anuais líquidos serão afectados:
  a) 20%, no mínimo, à reserva legal, até que esta atinja montante igual a 25% do capital social;
  b) 5%, no máximo, às reservas para formação e educação cooperativa e para mutualismo, de acordo com o que for decidido pela assembleia geral, sob proposta da direcção;
  c) O remanescente às outras reservas.
Pelo artigo 1.º do Decreto-Lei n.º 230/95, de 12 de Setembro, foi alterada a alínea a) do n.º 2, que passou a ter a redacção actual. Aparentemente, a alínea c) do n.º 2, acima transcrita, foi revogada; o ponto e vírgula final, da alínea b), passou, pois, a ponto.
Pelo artigo único do Decreto-Lei n.º 320/97, de 25 de Novembro, foram aditadas aos n.os 1 e 2 as actuais alíneas b), o que implicou a alteração da numeração das alíneas subsequentes.
O artigo 1.º do Decreto-Lei n.º 102/99, de 31 de Março, aditou o actual n.º 3, tendo mantido a restante redacção.
[240] Redacção introduzida pelo artigo 1.º do Decreto-Lei n.º 230/95, de 12 de Setembro. A versão original era a seguinte:

2 – Os projectos de fusão carecem de autorização prévia do Banco de Portugal, ouvida a Caixa Central.

3 – Em casos devidamente fundamentados, nomeadamente por razões de ordem económica e social, pode o Banco de Portugal autorizar a fusão de caixas agrícolas fora dos condicionalismos estabelecidos no n.º 1.

ARTIGO 46.º
Cisão de caixas agrícolas

É permitida a cisão de caixas agrícolas, nos termos da legislação aplicável, desde que dela não resulte a constituição de uma caixa agrícola com âmbito territorial inferior à área de um município.

ARTIGO 47.º[241]
Dissolução de caixas agrícolas

1 – A revogação da autorização a uma caixa agrícola implica a sua dissolução e liquidação, nos termos previstos para as instituições de crédito em geral, com as especialidades previstas neste diploma

2 – Sem prejuízo do disposto no número seguinte, a comissão liquidatária prevista no artigo 20.º do Decreto-Lei n.º 30 689, de 27 de Agosto de 1940, é constituída pelo comissário do Governo, que preside e tem voto de qualidade, e por dois ou três vogais, um dos quais será o representante dos associados, o outro dos credores ou, no caso de se tratar de caixa agrícola pertencente ao sistema integrado do crédito

---

Artigo 45.º
Fusão de caixas agrícolas

1 – É permitida a fusão de duas ou mais caixas agrícolas desde que, para além dos requisitos previstos na demais legislação aplicável, estejam sediadas na mesma região autónoma ou no mesmo município ou em municípios contíguos, e a caixa resultante da fusão não abranger área superior à de três municípios.

2 – Em casos devidamente fundamentados, nomeadamente por razões de ordem económica e social, pode o Banco de Portugal autorizar a fusão de caixas agrícolas fora dos condicionalismos estabelecidos no número anterior.

[241] Redacção introduzida pelo artigo único do Decreto-Lei n.º 320/95, de 25 de Novembro. A redacção anterior resultara do Decreto-Lei n.º 230/95, de 12 de Setembro e era a seguinte:

1 – As caixas dissolvem-se por sentença judicial ou por deliberação dos seus associados, tomada nos termos da lei e dos estatutos.

2 – Em caso de revogação ou de caducidade da autorização para o exercício da actividade como instituição de crédito, a caixa agrícola será judicialmente dissolvida, podendo o Banco de Portugal requerer a dissolução, sem prejuízo da legitimidade atribuída por lei a outras pessoas.

Finalmente, eis a redacção original:

Artigo 47.º
Dissolução de caixas agrícolas

As caixas agrícolas dissolvem-se por sentença do tribunal territorialmente competente ou por deliberação dos seus associados, tomada nos termos da lei e dos estatutos.

agrícola mútuo, da Caixa Central, e, se a caixa agrícola tiver beneficiado da assistência do Fundo de Garantia do Crédito Agrícola Mútuo, o terceiro vogal representará este Fundo.

3 – No caso de a caixa agrícola pertencer ao sistema integrado do crédito agrícola mútuo, a liquidação pode consistir na mera transferência da universidade dos activos e passivos da caixa agrícola em causa para a Caixa Central ou, por indicação desta, para uma caixa agrícola com área de acção em município limítrofe, mediante autorização do Banco de Portugal, a pedido fundamentado da comissão liquidatária.

4 – A transferência referida no número anterior carece de prévio acordo da Caixa Central e, se for caso disso, da caixa agrícola.

5 – Quando for revogada a autorização a uma caixa agrícola pertencente ao sistema integrado de crédito agrícola mútuo, a Caixa Central ou a caixa agrícola com a área de acção em município limítrofe por aquela indicada ao Banco de Portugal fica autorizada a exercer as actividades que lhes são permitidas na área dessa caixa agrícola.

6 – No caso de não se verificar a situação prevista no n.° 3, a autorização a que se refere o número anterior termina na data em que se concluir a liquidação da caixa agrícola em causa.

7 – Quando se verificar a situação prevista no n.° 3, não são aplicáveis o artigo 22.° e os capítulos IV e seguintes do Decreto-Lei n.° 30689, de 27 de Agosto de 1940.

ARTIGO 48.°[242]
Providências extraordinárias

Quando, relativamente a uma caixa agrícola ou à Caixa Central, a que se referem os artigos 50.° e seguintes, se verifique uma situação de desequilíbrio que, pela sua extensão ou continuidade, possa afectar o regular funcionamento da mesma instituição ou perturbar as condições normais do mercado monetário, financeiro ou cambial, poderão ser adoptadas as providências extraordinárias previstas na legislação aplicável à generalidade das instituições de crédito.

CAPÍTULO II
Das organizações cooperativas de grau superior

ARTIGO 49.°
Organizações cooperativas de grau superior

1 – As caixas agrícolas podem livremente agrupar-se em uniões regionais e numa federação nacional, a fim de melhorarem as suas condições de exercício e resultados, de assegurarem a sua representação aos níveis regional e nacional e o exercício e promoção de actividades em benefício comum.

---

[242] Revogado pelo artigo 3.° do Decreto-Lei n.° 230/95, de 12 de Setembro.

Regime jurídico do crédito agrícola mútuo e das cooperativas de crédito agrícola **7.6.**

2 – As uniões regionais têm âmbito territorial limitado, não inferior ao dos distritos nem superior ao das regiões administrativas ou, enquanto estas não forem criadas, ao das regiões agrícolas.

3 – As uniões regionais só podem representar as caixas agrícolas sediadas na região, se agruparem mais de metade das caixas agrícolas nela existentes.

4 – As organizações cooperativas de grau superior podem obter crédito junto das suas associadas.

CAPÍTULO III
Da Caixa Central de Crédito Agrícola Mútuo

ARTIGO 50.°[243]
Natureza e objecto

1 – A Caixa Central de Crédito Agrícola Mútuo é uma instituição de crédito sob a forma de cooperativa de responsabilidade limitada e é o organismo central do sistema integrado do crédito agrícola mútuo.

2 – O objecto da Caixa Central abrange a concessão de crédito e a prática dos demais actos inerentes à actividade bancária, nos termos previstos no presente diploma.

3 – Cabe à Caixa Central representar o sistema integrado do crédito agrícola mútuo e, sem prejuízo das competências do Banco de Portugal, exercer as funções indicados no n.° 3 do artigo 74.°.

4 – Sem prejuízo do disposto no n.° 1 do artigo 81.°, só podem ser associados da Caixa Central[244]:

---

[243] Redacção dada pelo artigo 1.° do Decreto-Lei n.° 230/95, de 12 de Setembro. A redacção original era a seguinte:

Artigo 50.°
Natureza e objecto

1 – A Caixa Central de Crédito Agrícola Mútuo é uma instituição especial de crédito sob a forma de cooperativa de responsabilidade limitada e será o organismo central do sistema integrado do crédito agrícola mútuo.

2 – Compete à Caixa Central:
a) Exercer funções de crédito e praticar os demais actos inerentes à actividade bancária, nos termos previstos no presente diploma;
b) Assegurar o cumprimento das regras de solvabilidade e de liquidez do sistema integrado do crédito agrícola mútuo e das caixas agrícolas associadas, representar o mesmo sistema e, sem prejuízo das competências do Banco de Portugal, orientar e fiscalizar as suas associadas.

3 – Só podem ser associadas da Caixa Central as caixas agrícolas devidamente registadas no Banco de Portugal.

[244] Redacção dada pelo artigo 1.° do Decreto-Lei n.° 102/99, de 31 de Março. A redacção original era a seguinte:
4 – Só podem ser associados da Caixa Central:
a) ...
b) ...

a) As caixas agrícolas devidamente registadas no Banco de Portugal;
b) Outras entidades ligadas ao crédito agrícola mútuo que, para o efeito, obtenham autorização expressa do Banco de Portugal.

ARTIGO 51.º
Normas aplicáveis

Em tudo o que em relação à Caixa Central não estiver especialmente preceituado, são aplicáveis as normas reguladoras das caixas agrícolas.

ARTIGO 52.º
Delegações da Caixa Central

1 – A Caixa Central pode instalar delegações, precedendo autorização do Banco de Portugal.
2 – Para decisão relativa ao pedido de autorização, o Banco de Portugal deve ouvir as caixas agrícolas associadas com sede no município onde se pretende instalar a delegação.

ARTIGO 53.º
Capital social

1 – O capital social realizado da Caixa Central, dividido e representado por títulos de capital nominativos, não pode ser inferior a um mínimo fixado por portaria do Ministro das Finanças[245].
2 – Sem prejuízo do mais que for previsto nos estatutos, nenhuma associada pode subscrever participação inferior a 1000 contos nem superior a 10% do capital social realizado, excepto na situação prevista no n.º 1 do artigo 81.º[246].
3 – Os títulos de capital devem ser realizados, em pelo menos um terço do seu valor, no acto de subscrição e a parte restante no prazo máximo de três anos.
4 – O capital social da Caixa Central pode ser aumentado, com a admissão de novas associadas e, quando a assembleia geral o delibere, mediante novas entradas em dinheiro, ou mediante incorporação de reservas disponíveis para o efeito.

---

[245] Redacção dada pelo artigo 1.º do Decreto-Lei n.º 230/95, de 12 de Setembro. A redacção original era a seguinte:
1 – O capital social realizado da Caixa Central, dividido e representado por títulos de capital nominativos, não pode ser inferior a 1 500 000 contos.
[246] Redacção dada pelo artigo 1.º do Decreto-Lei n.º 102/99, de 31 de Março. A redacção original era a seguinte:
2 – Sem prejuízo do mais que for previsto nos estatutos, nenhuma associada pode subscrever participação inferior a 1000 contos nem superior a 10% do capital social realizado.

ARTIGO 54.º
Remuneração do capital

1 – As associadas da Caixa Central têm direito a partilhar dos lucros de cada exercício, tal como resultem das contas aprovadas, exceptuada a parte destinada às reservas legais ou estatutárias.

2 – As associadas poderão deliberar, por maioria absoluta dos votos, que os lucros totais do exercício revertam integralmente para reservas.

3 – O crédito das associadas à sua parte nos lucros vence-se 30 dias após a data da deliberação que os atribuir, salvo se diferentemente for deliberado pela maioria absoluta dos votos expressos.

ARTIGO 55.º[247]
Órgãos sociais da Caixa Central

1 – A administração e a fiscalização da Caixa Central podem adoptar uma das modalidades previstas no artigo 278.º do Código das Sociedades Comerciais.

2 – Haverá ainda na Caixa Central um conselho consultivo com as funções e a composição previstas no artigo 66.º.

3 – O exercício das funções de director, gerente, consultor, técnico, mandatário ou trabalhador de uma caixa agrícola não é incompatível com o exercício das mesmas ou de outras funções na Caixa Central.

4 – Aos membros dos órgãos de administração e fiscalização da Caixa Central, incluindo os do conselho geral, se o houver, são aplicáveis as disposições dos artigos 30.º a 33.º do Regime Geral das Instituições de Crédito e Sociedades Financeiras.

ARTIGO 56.º
Certificação de contas

As contas anuais da Caixa Central são sujeitas a certificação legal.

---

[247] Redacção dada pelo artigo 1.º do Decreto-Lei n.º 230/95, de 12 de Setembro. A redacção original era a seguinte:

Artigo 55.º
Órgãos sociais da Caixa Central

1 – São órgãos da Caixa Central a assembleia geral, o conselho de administração e o conselho fiscal.

2 – Após a constituição do sistema integrado do crédito agrícola mútuo, haverá ainda na Caixa Central um conselho de riscos com as funções e a composição previstas no artigo 66.º.

3 – ...

ARTIGO 57.º[248]
Obtenção de recursos

Para a prossecução das suas actividades, pode a Caixa Central, designadamente:
a) Receber depósitos ou outros fundos reembolsáveis;
b) Contrair empréstimos junto de entidades nacionais ou estrangeiras legalmente autorizadas;
c) Emitir obrigações a médio e a longo prazo;
d) Emitir obrigações de caixa;
e) Efectuar operações de compra de fundos no mercado monetário e cambial e no mercado interbancário de títulos, nas condições a determinar pelo Banco de Portugal.

ARTIGO 58.º[249]
Operações activas

1 – No desenvolvimento da sua actividade pode a Caixa Central realizar as seguintes operações activas:

---

[248] *Idem*:

Artigo 57.º
Obtenção de recursos
Para a prossecução das suas finalidades, pode a Caixa Central:
a) Receber por depósito, das associadas ou de terceiros, fundos reembolsáveis;
b) ...
c) ...
d) ...
e) Efectuar operações de compra de fundos no mercado monetário, nas condições a determinar pelo Banco de Portugal.
[249] *Idem*:

Artigo 58.º
Operações activas
1 – No desenvolvimento da sua actividade, pode a Caixa Central realizar as seguintes operações activas:
a) ...
b) Conceder crédito para as actividades referidas no n.º 1 do artigo 19.º, por si ou em regime de co-financiamento, a associados das caixas agrícolas, a solicitação destas;
c) ...
d) ...
e) Subscrever obrigações e outros títulos de dívida negociáveis;
f) Tomar firme obrigações e outros títulos de dívida negociáveis, emitidos por entidades nacionais;
g) Oferecer fundos no mercado monetário interbancário e no mercado interbancário de títulos;
h) ...
2 – As condições para a realização, pela Caixa Central, das operações referidas nas alíneas e) a g) do número anterior serão fixadas pelo Banco de Portugal, devendo sê-lo sob a forma de aviso nos casos das alíneas e) e f).

a) Financiar as caixas agrícolas suas associadas;
b) Conceder crédito para as actividades referidas no n.º 1 do artigo 19.º, por si só ou em regime de co-financiamento, a associados de caixas agrícolas, a solicitação destas, bem como aos membros da direcção ou conselho fiscal de caixas agrícolas e a outras entidades abrangidos pelo disposto no artigo 85.º do Regime Geral das Instituições de Crédito e Sociedades Financeiras;
c) Conceder crédito para as mesmas actividades a entidades cuja especial dimensão, localização da sede, âmbito territorial de actividade, volume de crédito de que necessitem ou natureza dos serviços a serem-lhes prestados justifiquem o seu acesso directo à Caixa Central;
d) Conceder crédito para outras actividades a entidades associadas ou não das caixas agrícolas, nos termos e dentro de limites a fixar pelo Banco de Portugal;
e) Subscrever valores mobiliários, por conta própria ou de terceiros;
f) Tomar firme e garantir a colocação de valores mobiliários;
g) Oferecer fundos no mercado monetário e cambial e no mercado interbancário de títulos;
h) Prestar garantias que assegurem o cumprimento das obrigações contraídas pelas suas associadas ou pelas entidades referidas nas alíneas *b)*, *c)* e *d)* nos termos aí previstos.

2 – As operações referidas nas alíneas *e)* a *g)* do número anterior podem ser efectuadas pela Caixa Central nos mesmos termos que os bancos.

ARTIGO 59.º[250]
Prestação de serviços pela Caixa Central

1 – A Caixa Central pode prestar serviços de transferência de fundos, guarda de valores e aluguer de cofres, intermediação de pagamentos e de colocação e administração de capitais e outros de natureza análoga e ainda prestar apoio técnico às suas associadas e representá-las nos serviços de compensação do Banco de Portugal, na Central de Valores Mobiliários, na Interbolsa e noutros organismos ou entidades para as quais tal representação seja solicitada pelas associadas e aceite pela Caixa Central.

2 – A Caixa Central pode exercer as funções de depositário e de entidade gestora de fundos de investimento nos mesmos termos que os bancos.

---

[250] *Idem*:

Artigo 59.º
Prestação de serviços pela Caixa Central

A Caixa Central pode prestar serviços de transferência de fundos, guarda de valores, intermediação em pagamentos e na colocação e na administração de capitais e outros de natureza análoga e, ainda, prestar apoio técnico às suas associadas e representá-las nos serviços de compensação do Banco de Portugal.

ARTIGO 60.º[251]
Participações financeiras

A Caixa Central pode deter participações financeiras nos mesmos termos dos bancos.

ARTIGO 60.º-A[252]
Alargamento da actividade

1 – A requerimento da Caixa Central, o Banco de Portugal poderá autorizá-la a realizar tipos de operações diferentes das previstas nos artigos 57.º e 58.º, de entre os que em geral são permitidos aos bancos.

2 – A autorização prevista no número anterior depende de parecer favorável da Comissão do Mercado de Valores Mobiliários sempre que respeite a actividades de intermediação em valores mobiliários.

ARTIGO 61.º[253]
Contrato de agência

A Caixa Central pode celebrar com as suas associadas contratos de agência, desde que a actividade do agente fique limitada à sua área de acção.

---

[251] *Idem*:

Artigo 60.º
Aplicações financeiras

A Caixa Central pode fazer aplicações e deter participações financeiras, nas condições a definir pelo Banco de Portugal, nos termos do artigo 38.º.

[252] Aditado pelo artigo 2.º do Decreto-Lei n.º 230/95, de 12 de Setembro.

[253] Redacção dada pelo artigo 1.º do Decreto-Lei n.º 230/95, de 12 de Setembro. A redacção original era a seguinte:

Artigo 61.º
Contrato de agência

1 – A Caixa Central pode celebrar com as suas associadas contratos de agência, desde que a actividade do agente fique limitada à sua área de acção.

2 – A concessão de crédito pelas associadas da Caixa Central como agentes desta não pode exceder os limites que forem fixados pelo Banco de Portugal.

CAPÍTULO IV
Do sistema integrado do crédito agrícola mútuo

ARTIGO 62.º
Âmbito de aplicação

As normas deste capítulo aplicam-se apenas ao sistema integrado do crédito agrícola mútuo e às instituições que o formam.

ARTIGO 63.º[254]
Composição e admissão ao sistema integrado do crédito agrícola mútuo

1 – O sistema integrado do crédito agrícola mútuo é o conjunto formado pela Caixa Central e pelas caixas agrícolas suas associadas, organizado em conformidade com as normas constantes deste capítulo.

2 – A Caixa Central ou o Banco de Portugal poderão fazer depender a admissão de uma caixa agrícola ao sistema integrado do crédito agrícola mútuo da adopção das medidas de assistência ou outras para que for notificada pelo Fundo de Garantia do Crédito Agrícola Mútuo.

3 – A associação à Caixa Central está ainda sujeita ao registo especial mencionado no artigo 10.º.

ARTIGO 64.º[255]
Constituição do sistema integrado do crédito agrícola mútuo

1 – O sistema integrado do crédito agrícola mútuo estará constituído na data em que se mostrarem registados no Banco de Portugal os estatutos da Caixa Central e de associadas suas, elaborados em conformidade com este capítulo, desde que, no conjunto, a soma do capital social realizado e das reservas não seja inferior a 5 milhões de contos.

2 – A Caixa Central ou o Banco de Portugal poderão condicionar a admissão de uma caixa agrícola ao sistema integrado do crédito agrícola mútuo, à adopção, por ela, das medidas de assistência, ou outras, para que for notificada pelo Fundo de Garantia do Crédito Agrícola Mútuo, nos termos do artigo 9.º do Decreto-Lei n.º 182/87, de 21 de Abril.

---

[254] *Idem*:

Artigo 63.º
Sistema integrado do crédito agrícola mútuo

O sistema integrado do crédito agrícola mútuo é o conjunto formado pela Caixa Central e pelas caixas agrícolas suas associadas organizado em conformidade com as normas constantes deste capítulo.

[255] Revogado pelo artigo 3.º do Decreto-Lei n.º 230/95, de 12 de Setembro.

3 – A associação à Caixa Central está ainda sujeita ao registo especial previsto no artigo 10.º.

4 – O Banco de Portugal publicitará, por aviso, a constituição do sistema integrado de crédito agrícola mútuo.

ARTIGO 65.º[256]
Representação e coordenação do sistema

O sistema integrado do crédito agrícola mútuo é representado e coordenado pela Caixa Central, devendo os estatutos desta incluir o regime de responsabilidade previsto nos artigos 78.º e seguintes, os seus poderes de fiscalização, intervenção e orientação, bem como as regras de exoneração e exclusão das caixas agrícolas associadas.

ARTIGO 66.º[257]
Conselho consultivo

1 – Haverá na Caixa Central um conselho consultivo, ao qual competirá:

---

[256] Redacção dada pelo artigo 1.º do Decreto-Lei n.º 230/95, de 12 de Setembro. A redacção original era a seguinte:

Artigo 65.º
Representação e coordenação do sistema

O sistema integrado do crédito agrícola mútuo é representado e coordenado pela Caixa Central, a qual procederá à alteração dos estatutos por forma a neles incluir o regime de responsabilidade previsto nos artigos 78.º e seguintes, os seus poderes de fiscalização, intervenção e orientação bem como as regras de exoneração e exclusão das caixas agrícolas associadas.

[257] *Idem*:

Artigo 66.º
Conselho de riscos

1 – Haverá na Caixa Central um conselho de riscos, ao qual competirá:
a) Autorizar a Caixa Central a realizar operações de crédito, nos termos das normas legais e regulamentares aplicáveis, sempre que o montante de cada operação faça exceder o seu limite máximo ou o seu limite agregado de grandes riscos;
b) Autorizar a Caixa Central a co-financiar operações propostas pelas suas associadas, nos termos das normas legais e regulamentares aplicáveis, sempre que o montante de cada operação faça igualar ou exceder o limiar de grandes riscos da Caixa Central, contando o montante das operações co-financiadas ou autorizadas para o limite agregado de grandes riscos da Caixa Central;
c) Dar parecer quanto ao exercício pela Caixa Central do direito previsto no n.º 1 do artigo 80.º;
d) Dar parecer sobre as propostas de exclusão de associadas da Caixa Central;
e) Pronunciar-se sobre quaisquer outras matérias que a administração da Caixa Central entenda submeter-lhe.
2 – O conselho de administração da Caixa Central informará o conselho de riscos:
a) Das suas operações cujo montante faça igualar ou exceder o seu limiar de grandes riscos;
b) Das operações das suas associadas cujo montante faça igualar ou exceder o limiar de grandes riscos ou o limite agregado de grandes riscos da caixa agrícola mutuante.

Regime jurídico do crédito agrícola mútuo e das cooperativas de crédito agrícola **7.6.**

a) Dar parecer sobre o exercício pela Caixa Central do direito previsto no n.º 1 do artigo 80.º;
b) Dar parecer sobre as propostas de exclusão de associadas da Caixa Central;
c) Pronunciar-se sobre quaisquer outras matérias que a administração da Caixa Central entenda submeter-lhe.

2 – A duração do mandato do conselho consultivo coincide com o dos restantes órgãos da Caixa Central.

3 – O conselho consultivo será composto por nove caixas agrícolas eleitas pela assembleia geral da Caixa Central de entre as associadas não representadas nos órgãos de administração e fiscalização da Caixa Central[258].

ARTIGO 67.º[259]
Conteúdo obrigatório dos estatutos das caixas agrícolas

Para além das demais menções obrigatórias, os estatutos das caixas agrícolas associadas da Caixa Central deverão prever:

---

3 – O Banco de Portugal definirá, por aviso, o limiar de grandes riscos, o limite máximo de grandes riscos e o limite agregado de grandes riscos das caixas agrícolas, da Caixa Central e do sistema integrado do crédito agrícola mútuo, em função dos respectivos fundos próprios.

4 – O período de mandato do conselho de riscos coincide com o do conselho de administração da Caixa Central.

5 – O conselho de riscos será composto por nove caixas agrícolas eleitas pela assembleia geral da Caixa Central de entre as associadas não representadas no conselho de administração e no conselho fiscal da mesma Caixa Central, devendo dele fazer parte:
  a) Duas de entre as 10 associadas, elegíveis, com mais elevadas participações no capital social da Caixa Central em 31 de Dezembro do ano anterior ao de eleição;
  b) Duas de entre as 10 associadas, elegíveis, que, na mesma data, sejam titulares do maior montante médio de depósitos constituídos na Caixa Central no ano anterior ao da eleição;
  c) Duas de entre as 10 associadas, elegíveis, que, tenham os maiores montantes médios de depósitos de clientes no ano anterior ao da eleição.

[258] Redacção dada pelo artigo 1.º do Decreto-Lei n.º 102/99, de 31 de Março. A redacção anterior, dada pelo artigo 1.º do Decreto-Lei n.º 230/95, de 12 de Setembro, era a seguinte:
  3 – O conselho consultivo será composto por nove caixas agrícolas eleitas pela assembleia geral da Caixa Central de entre as associadas não representadas nos órgãos de administração e fiscalização da Caixa Central, devendo dele fazer parte 2 de entre as 10 associadas elegíveis com mais elevadas participações no capital social da Caixa Central em 31 de Dezembro do ano anterior ao da eleição.

[259] Redacção dada pelo artigo 1.º do Decreto-Lei n.º 230/95, de 12 de Setembro. A redacção original era a seguinte:

Artigo 67.º
Conteúdo obrigatório dos estatutos das caixas agrícolas

Para efeitos da constituição do sistema integrado do crédito agrícola mútuo e para além das demais menções obrigatórias, os estatutos das caixas agrícolas associadas da Caixa Central deverão prever:
  a) ...
  b) O capital social mínimo de 10000 contos;
  c) ...
  d) ...
  e) ...

a) A responsabilidade dos associados limitada ao capital social por eles subscrito;
b) O capital social mínimo obrigatório;
c) A declaração expressa de adesão à Caixa Central;
d) O reconhecimento e aceitação da competência da Caixa Central em matéria de orientação, fiscalização e poderes de intervenção e do regime relativo à exoneração e exclusão das caixas agrícolas suas associadas;
e) A aceitação do regime de responsabilidade previsto nos artigos 78.º a 80.º.

ARTIGO 68.º[260]
Condições de exoneração

1 – As caixas agrícolas associadas da Caixa Central só podem exonerar-se decorridos três anos contados da data da sua adesão, mediante denúncia.

2 – Sem prejuízo do disposto nos números seguintes, a exoneração tornar-se-á eficaz no último dia do ano seguinte àquele em que for feita a denúncia.

3 – É condição necessária para que a exoneração[261] se torne eficaz que o Banco de Portugal considere demonstrado que a caixa agrícola dispõe de situação financeira, organização e meios técnicos adequados ao seu bom funcionamento como instituição não associada da Caixa Central e a exoneração não implique o incumprimento ou o agravamento do incumprimento pelo sistema integrado do crédito agrícola mútuo de quaisquer relações ou limites prudenciais que lhe sejam aplicáveis.

4 – A Caixa Central pode condicionar a eficácia da exoneração à prévia satisfação pela associada de todos os seus compromissos para com ela.

5 – Para efeitos do disposto no número anterior, os compromissos da caixa associada com vencimentos ulteriores à data da exoneração tornam-se exigíveis até àquela data.

---

[260] Redacção dada pelo artigo 1.º do Decreto-Lei n.º 102/99, de 31 de Março. A redacção original era a seguinte:
1 – ...
2 – Sem prejuízo do disposto no número seguinte, a exoneração tornar-se-á eficaz no último dia do ano seguinte àquele em que for feita a denúncia.
3 – A Caixa Central pode condicionar a eficácia da exoneração à prévia satisfação pela associada de todos os seus compromissos para com ela.
4 – Para efeitos do disposto no número anterior, os compromissos da caixa associada com vencimentos ulteriores à data da exoneração tornam-se exigíveis até àquela data.
5 – A faculdade prevista no n.º 3 só poderá ser exercida no prazo de 90 dias contados da recepção da denúncia.
6 – No caso previsto no n.º 3, vencer-se-ão igualmente os compromissos da Caixa Central para com as suas associadas.
7 – A Caixa Central dará conhecimento ao Banco de Portugal de todos os pedidos de exoneração no prazo de 30 dias a partir da data da sua recepção.
[261] A Declaração de Rectificação n.º 10-N/99, de 30-Abr.-1999, publicada no DR I Série-A, 1.º Suplemento ao n.º 101/99, da mesma data, 2342(3), veio corrigir a inexactidão verificada na publicação do Decreto-Lei n.º 102/99, de 31-Mar.-1999. Assim, onde se lia "execução" deve ler-se "exoneração".

6 – A faculdade prevista no n.º 3 só poderá ser exercida no prazo de 90 dias contados da recepção da denúncia.

7 – No caso previsto no n.º 3, vencer-se-ão igualmente os compromissos da Caixa Central para com as suas associadas.

8 – Para efeitos da verificação da condição estabelecida no n.º 3, a Caixa Central dará conhecimento ao Banco de Portugal de todos os pedidos de exoneração logo que estes lhe sejam apresentados.

ARTIGO 69.º[262]
Exclusão e outras sanções

1 – Sem prejuízo de outras causas legais ou estatutárias, pode constituir motivo de exclusão das associadas da Caixa Central:
  a) A não conformação dos seus estatutos com o disposto no artigo 67.º;
  b) O não acatamento grave ou reiterado dos poderes de orientação, fiscalização ou intervenção da Caixa Central;
  c) A verificação dos factos previstos nos n.ºs 2 e 3 do artigo 79.º e 8 do artigo 80.º.

2 – A deliberação de exclusão, tomada em assembleia geral da Caixa Central e de cuja convocatória deverá constar, será imediatamente comunicada ao Banco de Portugal para efeitos de averbamento no registo a que se refere o artigo 10.º.

3 – O Banco de Portugal providenciará ainda a publicação da deliberação de exclusão no *Diário da República* e a afixação de avisos nas instalações da caixa agrícola.

---

[262] Redacção dada pelo artigo 15.º do Decreto-Lei n.º 201/2002, de 26 de Setembro. A redacção anterior, dada pelo artigo 1.º do Decreto-Lei n.º 230/95, de 12 de Setembro, era a seguinte:
(...)
9 – O produto da aplicação das sanções de natureza pecuniária reverte a favor do Fundo de Garantia do Crédito Agrícola Mútuo.
A redacção original era a seguinte:

Artigo 69.º
Causas de exclusão

1 – ...
  a) ...
  b) ...
  c) ...
2 - A exclusão, que deverá ser objecto de deliberação da assembleia geral da Caixa Central convocada expressamente para o efeito, será imediatamente comunicada ao Banco de Portugal para efeitos de averbamento no registo a que se refere o artigo 10.º.
3 – ...
4 – ...
5 – Sem prejuízo da adopção das providências previstas no artigo 48.º ou da revogação da autorização, se para tanto existirem fundamentos, a caixa agrícola excluída disporá do prazo de 60 dias para adequar o seu estatuto ao regime das caixas agrícolas não associadas da Caixa Central, sob pena de caducidade da autorização.

4 – A exclusão só produzirá efeitos relativamente a terceiros após a publicação referida no número anterior.

5 – Sem prejuízo da adopção de providências extraordinárias de saneamento ou da revogação da autorização, se para tanto existirem fundamentos, a caixa agrícola excluída disporá do prazo de 60 dias para adequar os seus estatutos ao regime das caixas agrícolas não associadas da Caixa Central, sob pena de caducidade da autorização.

6 – Os estatutos da Caixa Central poderão prever a aplicação de sanções de natureza pecuniária e a suspensão temporária de direitos em caso de incumprimento pelas caixas agrícolas associadas das regras e orientações emanadas da Caixa Central em conformidade com o disposto no presente diploma.

7 – A aplicação das sanções referidas no número anterior é da competência do órgão de administração da Caixa Central, cabendo recurso para a assembleia geral, com efeito meramente devolutivo.

8 – As sanções só poderão ser aplicadas mediante processo escrito e com audição prévia da associada.

9 – O produto da aplicação das sanções de natureza pecuniária reverte integralmente a favor do Fundo de Garantia do Crédito Agrícola Mútuo independentemente da fase em que se torne definitiva ou transite em julgado a decisão condenatória.

ARTIGO 70.º[263]
Normas especificamente aplicáveis às caixas agrícolas associadas

1 – As caixas agrícolas associadas da Caixa Central e aquelas que, aquando da sua constituição, apresentarem a declaração prevista na alínea *i*) do n.º 1 do artigo 5.º ficam dispensadas da observância das regras gerais estabelecidas:
   a) Nos n.ºs 2 e 3 do artigo 22.º;
   b) Na alínea *g*) do artigo 27.º, quanto às condições a estabelecer pelo Banco de Portugal, sem prejuízo do disposto no artigo 98.º do Regime Geral das

---

[263] *Idem*:

Artigo 70.º
Regime das caixas agrícolas associadas

1 – As caixas agrícolas associadas da Caixa Central e aquelas que, aquando da sua constituição, apresentarem a declaração prevista na alínea *i*) do n.º 1 do artigo 5.º ficam dispensadas da observância das regras gerais estabelecidas:
   a) Nas alíneas *a*) e *c*) do n.º 1 do artigo 5.º;
   b) No artigo 14.º, sem prejuízo do disposto no artigo 71.º;
   c) No artigo 21.º, no que diz respeito à experiência;
   d) Nos n.ºs 2 e 3 do artigo 22.º;
   e) Na alínea *g*) do artigo 27.º, quanto às condições a estabelecer pelo Banco de Portugal, sem prejuízo do disposto no n.º 1 do artigo 38.º e na alínea *b*) do artigo 75.º;
   f) No n.º 2 do artigo 41.º.

2 – A Caixa Central, em condições a definir pelo Banco de Portugal, pode autorizar as caixas agrícolas pertencentes ao sistema integrado do crédito agrícola mútuo a excederem os limites fixados nos termos do n.º 1 do artigo 38.º.

Instituições de Crédito e Sociedades Financeiras e na alínea *b)* do n.º 1 do artigo 75.º;

c) No artigo 41.º.

2 – A Caixa Central informará o Banco de Portugal dos procedimentos adoptados no âmbito do sistema integrado do crédito agrícola mútuo com vista a salvaguardar os interesses tutelados pelas normas cujo cumprimento é dispensado nos termos do número anterior.

3 – A Caixa Central, em condições a definir pelo Banco de Portugal, pode autorizar as caixas agrícolas pertencentes ao sistema integrado do crédito agrícola mútuo a excederem as relações e limites prudenciais.

ARTIGO 71.º[264]
Capital social mínimo das caixas agrícolas integradas no sistema

O capital social mínimo das caixas agrícolas associadas da Caixa Central pode ser fixado em montante inferior ao das caixas agrícolas não associadas.

ARTIGO 72.º[265]
Aplicação dos meios líquidos excedentários

Sem prejuízo das regras de solvabilidade e liquidez a que estiverem sujeitas, as caixas agrícolas associadas da Caixa Central só podem aplicar capitais, não utilizados em operações de crédito agrícola ou em aplicações financeiras realizadas nos termos do artigo 39.º, na constituição de depósitos na Caixa Central ou ainda noutras instituições de crédito, desde que, neste caso, se trate de depósitos à ordem destinados a assegurar o seu regular funcionamento e a conveniente salvaguarda de valores.

---

[264] *Idem*:

Artigo 71.º
Capital social mínimo das caixas agrícolas integradas no sistema

O capital social realizado das caixas agrícolas associadas da Caixa Central não pode ser inferior a 10 000 contos.

[265] *Idem*:

Artigo 72.º
Aplicação dos meios líquidos excedentários

Após a constituição do sistema integrado do crédito agrícola mútuo, e sem prejuízo das regras de solvabilidade e liquidez a que estiverem sujeitas, as caixas agrícolas associadas da Caixa Central só podem aplicar capitais, não utilizados em operações de crédito agrícola ou em aplicações financeiras realizadas nos termos do artigo 39.º, na constituição de depósitos na Caixa Central ou ainda noutras instituições de crédito, desde que, neste caso, se trate de depósitos à ordem destinados a assegurar o seu regular funcionamento e a conveniente salvaguarda de valores.

*ARTIGO 73.º*²⁶⁶
Autorização para o exercício do comércio de câmbios

Após a constituição do sistema integrado do crédito agrícola mútuo, a autorização para o exercício do comércio de câmbios por qualquer caixa agrícola associada dependerá de parecer favorável da Caixa Central.

ARTIGO 74.º²⁶⁷
Regime prudencial e supervisão

1 – Compete ao Banco de Portugal definir relações e limites prudenciais aplicáveis ao sistema integrado do crédito agrícola mútuo.

2 – Sem prejuízo do cumprimento pela Caixa Central das relações e limites prudenciais aplicáveis aos bancos, a supervisão prudencial do sistema integrado de crédito agrícola mútuo é efectuada pelo Banco de Portugal com base em contas consolidadas.

3 – Sem prejuízo da faculdade do exercício dos poderes atribuídos pelo Regime Geral das Instituições de Crédito e Sociedades Financeiras ao Banco de Portugal, designadamente os de vigiar pela observância, por cada uma das instituições, das normas que disciplinam a sua actividade, cabe à Caixa Central assegurar o cumprimento das regras de solvabilidade e liquidez do sistema integrado do crédito agrícola mútuo e das caixas agrícolas a ele pertencentes, bem como orientá-las e fiscalizá-las, nos termos dos artigos 75.º e 76.º²⁶⁸.

4 – A consolidação das contas da Caixa Central e das caixas agrícolas suas associadas é da responsabilidade daquela instituição e operar-se-á nos termos que forem definidos pelo Banco de Portugal.

---

²⁶⁶ Revogado pelo artigo 3.º do Decreto-Lei n.º 230/95, de 12 de Setembro.
²⁶⁷ Redacção dada pelo artigo 1.º do Decreto-Lei n.º 230/95, de 12 de Setembro. A redacção original era a seguinte:

Artigo 74.º
Supervisão da solvabilidade e liquidez

1 – Após a constituição do sistema integrado do crédito agrícola mútuo, a supervisão da solvabilidade e liquidez da Caixa Central e das caixas agrícolas suas associadas é efectuada com base em contas consolidadas, sem prejuízo do disposto no artigo 38.º.

2 – A consolidação compete à Caixa Central e operar-se-á nos termos que forem definidos pelo Banco de Portugal.

3 – O balanço e as contas anuais do sistema integrado do crédito agrícola mútuo são sujeitos a certificação legal.

²⁶⁸ Redacção dada pelo artigo 1.º do Decreto-Lei n.º 102/99, de 31 de Março. A redacção anterior, dada pelo artigo 1.º do Decreto-Lei n.º 230/95, de 12 de Setembro, era a seguinte:

3 – Sem prejuízo da faculdade do exercício dos poderes atribuídos pelo Regime Geral das Instituições de Crédito e Sociedades Financeiras ao Banco de Portugal, cabe à Caixa Central assegurar o cumprimento das regras de solvabilidade e liquidez do sistema integrado do crédito agrícola mútuo e das caixas agrícolas a ele pertencentes bem como orientá-las e fiscalizá-las, nos termos dos artigos 75.º e 76.º.

ARTIGO 75.º[269]
Orientação das associadas

1 – Sem prejuízo das competências do Banco de Portugal, compete à Caixa Central, no exercício das funções de orientação das suas associadas:
 a) Definir as orientações necessárias para assegurar o cumprimento das regras relativas à solvabilidade e liquidez do sistema integrado do crédito agrícola mútuo;
 b) Definir as regras gerais de concessão de crédito, incluindo prestação de garantias aos seus associados;
 c) Definir regras gerais quanto à admissão, formação e qualificação do pessoal;
 d) Definir regras gerais quanto à criação de novos estabelecimentos;
 e) Definir regras gerais de funcionamento e segurança dos estabelecimentos.
2 – A Caixa Central enviará ao Banco de Portugal cópia das orientações e regras mencionadas nas alíneas a), b) e d) do número anterior.

ARTIGO 76.º
Fiscalização

1 – Sem prejuízo da competência do Banco de Portugal, compete à Caixa Central a fiscalização das caixas agrícolas suas associadas nos aspectos administrativo, técnico e financeiro e da sua organização e gestão.
2 – Para o bom desempenho das suas funções, a Caixa Central analisará os elementos contabilísticos e quaisquer outros que entenda necessários e levará a cabo as inspecções directas que se mostrem convenientes.
3 – As caixas agrícolas associadas da Caixa Central ficam obrigadas a fornecer-lhe os elementos contabilísticos e outros que ela solicite e a facultar aos seus representantes o acesso aos seus estabelecimentos e a documentação neles existente, necessária ao exercício das suas funções.

---

[269] Redacção dada pelo artigo 1.º do Decreto-Lei n.º 230/95, de 12 de Setembro. A redacção original era a seguinte:

Artigo 75.º
Orientação das associadas

Sem prejuízo das competências do Banco de Portugal, compete à Caixa Central, no exercício das funções de orientação das suas associadas:
 a) ...
 b) ...
 c) ...
 d) ...
 e) ...

ARTIGO 77.º
Poderes de intervenção

1 – Pode a Caixa Central requerer a convocação de reuniões da assembleia geral de qualquer caixa agrícola e nelas intervir para informação aos associados e proposição de medidas.

2 – Pode a Caixa Central designar delegado seu para acompanhar a gestão de qualquer caixa agrícola sua associada quando se verifique uma situação de desequilíbrio que, pela sua extensão ou continuidade, possa afectar o regular funcionamento da mesma caixa, quando a sua solvabilidade se mostre ameaçada ou quando se verifiquem irregularidades graves.

3 – Ao delegado a que se refere o número anterior compete adoptar as providências necessárias para corrigir as situações que tenham conduzido à sua nomeação, ficando dependente da sua aprovação a validade de todos os actos e contratos dentro dos limites definidos aquando da nomeação.

4 – Durante o período de intervenção, compete ao delegado da Caixa Central a orientação, supervisão e disciplina dos serviços, podendo fazer-se assistir por profissionais da sua escolha.

5 – A nomeação do delegado bem como os respectivos poderes devem ser registados por averbamento à matrícula da caixa agrícola, sob pena de não produzirem efeitos relativamente a terceiros.

6 – A designação do delegado da Caixa Central a que se refere o n.º 2 só poderá ser feita pelo prazo máximo de um ano, o qual, havendo motivo fundado, poderá ser prorrogado por igual período[270].

7 – A Caixa Central informará o Banco de Portugal, no prazo de cinco dias, das decisões que tomar, nos termos deste artigo, e da respectiva fundamentação.

8 – A Caixa Central enviará ao Banco de Portugal cópia dos relatórios elaborados pelo seu delegado no exercício das funções a que se refere este artigo[271].

ARTIGO 77.º-A[272]
Designação de directores provisórios

1 – Quando uma caixa agrícola pertencente ao sistema integrado do crédito agrícola mútuo esteja em situação de desequilíbrio financeiro grave, ou em risco de o estar, e incumprir as orientações definidas pela Caixa Central nos termos do artigo 75.º, pode esta instituição, obtido o acordo prévio do Banco de Portugal, designar para a caixa agrícola em causa um ou mais directores provisórios.

---

[270] Redacção dada pelo artigo único do Decreto-Lei n.º 320/97, de 25 de Novembro. A versão original era a seguinte:
6 – A designação do delegado da Caixa Central a que se refere o n.º 2 deste artigo só poderá ser feita pelo prazo máximo de 90 dias, salvo acordo da direcção da caixa agrícola na sua prorrogação.
[271] Aditado pelo artigo 1.º do Decreto-Lei n.º 230/95, de 12 de Setembro.
[272] Aditado pelo artigo 2.º do Decreto-Lei n.º 230/95, de 12 de Setembro.

2 – Os directores designados nos termos do número anterior terão os poderes e deveres conferidos pela lei e pelos estatutos aos membros da direcção e ainda os seguintes:
   a) Vetar as deliberações da assembleia geral;
   b) Convocar a assembleia geral;
   c) Elaborar, com a maior brevidade, um relatório sobre a situação patrimonial da instituição e as suas causas e submetê-lo à Caixa Central e ao Banco de Portugal;
   d) Alienar, após parecer favorável da Caixa Central, elementos do activo imobilizado que se mostrem desadequados à actividade desenvolvida pela caixa agrícola[273].

3 – Com a designação dos directores provisórios, pode a Caixa Central, obtido o acordo prévio do Banco de Portugal, suspender a direcção, no todo ou em parte, e o conselho fiscal.

4 – Caso seja suspenso o conselho fiscal, a Caixa Central nomeará uma comissão de fiscalização composta por:
   a) Um elemento designado pela Caixa Central, que presidirá;
   b) Um elemento designado pela assembleia geral;
   c) Um revisor oficial de contas designado pela Federação Nacional.

5 – A falta de designação do membro referido na alínea b) do número anterior não obsta ao exercício das funções da comissão de fiscalização.

6 – A comissão de fiscalização terá os poderes e os deveres conferidos por lei ou pelos estatutos ao conselho fiscal.

7 – Os directores provisórios e a comissão de fiscalização exercerão as suas funções pelo prazo que a Caixa Central determinar, no máximo de um ano.

8 – O prazo máximo referido no número anterior poderá ser prorrogado uma ou mais vezes pelo Banco de Portugal, até ser atingida pela caixa agrícola uma situação de adequado equilíbrio financeiro[274].

ARTIGO 78.º[275]
Garantia da Caixa Central

1 – As obrigações assumidas pelas caixas agrícolas associadas da Caixa Cen-

---

[273] Aditado pelo artigo único do Decreto-Lei n.º 320/97, de 25 de Novembro; substituímos, assim, no final da alínea c), o ponto por ponto e vírgula.

[274] Os números 3 e 4 têm a redacção dada pelo artigo único do Decreto-Lei n.º 320/97, de 25 de Novembro, enquanto os números 5 a 8 foram aditados por esse mesmo preceito. Os anteriores números 3 e 4 tinham a redacção seguinte:
   3 – Com a designação dos directores provisórios, pode a Caixa Central, obtido o acordo prévio do Banco de Portugal, suspender a direcção, no todo ou em parte.
   4 – Os directores provisórios exercerão as suas funções pelo prazo que a Caixa Central determinar, no máximo de um ano, prorrogável uma vez por igual período.

[275] Redacção dada pelo artigo 1.º do Decreto-Lei n.º 230/95, de 12 de Setembro. A redacção original era a seguinte:

tral, ainda que emergentes de facto anterior à associação, são integralmente garantidas por esta nos termos em que o fiador garante as obrigações do afiançado.

2 – A Caixa Central não goza do benefício de excussão.

3 – A garantia a que se refere o n.º 1 não abrange as obrigações constituídas após o momento em que se torne eficaz a exclusão ou a exoneração da caixa agrícola do sistema.

4 – Não é aplicável à garantia prevista neste artigo o disposto no artigo 648.º do Código Civil.

ARTIGO 79.º
Exercício do direito ao reembolso

1 – Cumprida a obrigação pela Caixa Central e sub-rogada esta no direito do credor nos termos do artigo 644.º do Código Civil, a caixa agrícola devedora satisfará esse direito no prazo que lhe for fixado pela Caixa Central.

2 – A não satisfação desse direito no prazo fixado, desde que devida, constitui, por si só, fundamento bastante para a intervenção da Caixa Central na caixa agrícola devedora nos termos do artigo 77.º.

3 – Independentemente da utilização da faculdade prevista no número anterior, poderá a Caixa Central, se a situação financeira da caixa agrícola devedora envolver uma ameaça séria à satisfação do seu crédito, excluir esta do sistema integrado de crédito agrícola, nos termos e para os efeitos do artigo 69.º.

ARTIGO 80.º
Reforço dos fundos próprios da Caixa Central

1 – No caso de a Caixa Central se encontrar em situação de desequilíbrio financeiro, traduzido, designadamente, na redução dos fundos próprios a um nível inferior ao mínimo legal ou na inobservância dos rácios e limites prudenciais que lhe são aplicáveis, poderá esta exigir às caixas agrícolas associadas a subscrição e a realização de um aumento do capital social necessário para corrigir a situação verificada e até ao limite do valor do capital da Caixa Central[276].

Artigo 78.º
Garantia da Caixa Central

1 – Após a constituição do sistema integrado de crédito agrícola mútuo, as obrigações assumidas pelas caixas agrícolas associadas da Caixa Central, ainda que emergentes de facto anterior, são integralmente garantidas por esta nos termos em que o fiador garante as obrigações do afiançado.

2 – ...
3 – ...
4 – ...

[276] Redacção dada pelo artigo 1.º do Decreto-Lei n.º 102/99, de 31 de Março. A redacção original era a seguinte:

1 – No caso de crise de solvabilidade ou outro desequilíbrio grave da situação financeira da Caixa Central, poderá esta exigir às caixas agrícolas associadas a subscrição e a realização de um aumento do

2 – As caixas agrícolas contribuirão para este aumento de capital na proporção dos seus fundos próprios apurados no último balanço aprovado.

3 – Verificando-se uma situação de urgência, o órgão de administração da Caixa Central poderá ordenar que as caixas agrícolas suas associadas procedam, num prazo de oito dias, a um depósito intercalar até ao máximo do valor referido no n.º 1, imputando-se depois este depósito na realização do aumento do capital, na medida em que for necessário[277].

4 – Os depósitos referidos no número anterior deverão ser restituídos às caixas agrícolas, no prazo de 90 dias, contados das suas datas de recepção na Caixa Central, sempre que não tenha sido entretanto deliberado um aumento de capital, devendo ainda ser restituídos, durante o mesmo prazo, os fundos excedentários, quando o aumento de capital deliberado for inferior aqueles depósitos.

5 – A deliberação de aumento de capital referida nos números anteriores poderá ser tomada pelo órgão de administração da Caixa Central se esta competência lhe for atribuída pelos estatutos da mesma Caixa[278].

6 – A posterior exoneração ou a exclusão de uma caixa agrícola não a exime, nos termos definidos nos estatutos da Caixa Central, do pagamento a esta Caixa da importância apurada nos termos do n.º 2, apesar de não concorrer para o aumento do capital.

7 – Nos casos de exoneração ou exclusão de uma caixa agrícola os títulos de capital correspondentes à participação no aumento de capital referido nos números anteriores só poderão ser restituídos precedendo deliberação da assembleia geral que o permita.

8 – O incumprimento pelas caixas agrícolas das obrigações previstas nos n.os 1 a 3 determinará, sem prejuízo do disposto no n.º 6, a aplicação, com as necessárias adaptações, do disposto nos n.os 2 e 3 do artigo 79.º.

ARTIGO 81.º[279]
Providências extraordinárias

1 – Quando o aumento do capital da Caixa Central previsto no n.º 1 do artigo anterior for insuficiente para restabelecer o seu equilíbrio financeiro e as caixas

---

capital social necessário para corrigir a situação verificada e até ao limite do valor do capital da Caixa Central.

[277] Redacção dada pelo artigo 1.º do Decreto-Lei n.º 230/95, de 12 de Setembro. A redacção original era a seguinte:

3 – Verificando-se uma situação de urgência, o conselho de administração da Caixa Central poderá ordenar que as caixas agrícolas suas associadas procedam, num prazo de oito dias, a um depósito intercalar até ao máximo dos valores referidos no n.º 1, imputando-se depois este depósito na realização do aumento do capital, na medida em que for necessário.

[278] Redacção dada pelo artigo 1.º do Decreto-Lei n.º 230/95, de 12 de Setembro. A redacção original era a seguinte:

5 – A deliberação de aumento de capital referida nos números anteriores poderá ser tomada pelo conselho de administração da Caixa Central se esta competência lhe for atribuída pelos estatutos da mesma Caixa.

[279] Aditado pelo artigo 2.º do Decreto-Lei n.º 102/99, de 31 de Março.

agrícolas associadas não tiverem condições para subscrever e realizar um aumento complementar do capital daquela instituição, necessário para reequilibrar a sua situação financeira, pode o Banco de Portugal, na ausência da concretização do necessário reforço do capital, convidar outras entidades ligadas ao crédito agrícola mútuo, outras entidades do sector cooperativo ou mutualista ou, ainda, outras instituições de crédito a subscreverem e realizarem esse aumento, não se lhes aplicando o limite máximo fixado no n.º 2 do artigo 53.º nem o regime de inelegibilidades e incompatibilidades estabelecido nas alíneas *a*) e *b*) do n.º 2 do artigo 23.º.

2 – As caixas agrícolas associadas da Caixa Central têm o direito de adquirir, em qualquer data, durante um período de cinco anos, pelo respectivo valor contabilístico ou valor nominal, se este for superior, se outro não for acordado entre as partes, os títulos de capital detidos por entidades não pertencentes ao sistema integrado de crédito agrícola mútuo.

3 – A concretização das medidas previstas no n.º 1 não prejudica a natureza cooperativa da Caixa Central nem a aplicação à mesma do disposto no n.º 2 do artigo 8.º do Código Cooperativo.

4 – Quando se verifique a situação de desequilíbrio financeiro referida no artigo anterior, o Banco de Portugal tem o direito de requerer a convocação da assembleia geral dos detentores de títulos de capital da Caixa Central e de nela intervir para apresentação de propostas para eliminação daquele desequilíbrio, designadamente através de aumentos de capital a subscrever e a realizar nos termos do n.º 1.

5 – Não sendo aceites pela assembleia geral as propostas para a eliminação do desequilíbrio financeiro, pode o Banco de Portugal decidir um aumento de capital da Caixa Central, a subscrever e realizar pelas entidades referidas no n.º 1, quando houver risco grave de a mesma vir a encontrar-se em situação de não poder honrar os seus compromissos, em especial quanto à segurança dos fundos que a ela ou às caixas agrícolas pertencentes ao sistema integrado do crédito agrícola mútuo tiverem sido confiados.

ARTIGO 82.º[280]
**Aquisição de títulos detidos por entidades não pertencentes
ao sistema integrado do crédito agrícola mútuo**

1 – Para efeitos do disposto no n.º 2 do artigo 81.º, a caixa agrícola associada interessada notifica a Caixa Central da intenção de adquirir títulos de capital detidos por entidades não pertencentes ao sistema integrado de crédito agrícola mútuo, com indicação da quantidade dos títulos objecto da aquisição pretendida e do preço.

2 – Caso a caixa agrícola associada pretenda adquirir títulos de capital em proporção superior ao capital da Caixa Central por si detido, esta última, no prazo de 5 dias, comunica a referida intenção a todas as demais caixas associadas para estas, querendo, exercerem, no prazo de 30 dias e nos termos do número anterior, o direito de aquisição.

---

[280] Aditado pelo artigo 2.º do Decreto-Lei n.º 102/99, de 31 de Março.

3 – Não havendo títulos de capital detidos por entidades não pertencentes ao sistema integrado de crédito agrícola mútuo em quantidade suficiente para satisfazer todas as intenções de aquisição, as mesmas serão satisfeitas na proporção do capital da Caixa Central detido por cada uma das caixas interessadas.

4 – Sem prejuízo de diversa estipulação, se houver mais de uma entidade não pertencente ao sistema integrado do crédito agrícola mútuo a deter títulos de capital da Caixa Central, as aquisições terão por objecto os títulos de todas na proporção das respectivas participações.

5 – No prazo de cinco dias contados da recepção da notificação a que alude o n.º 1 ou do termo do prazo previsto na segunda parte do n.º 2, a Caixa Central notifica as entidades detentoras dos títulos de capital das intenções de aquisição, com discriminação das caixas associadas que as manifestaram, do preço de aquisição proposto e da quantidade de títulos detidos a transmitir a cada uma das caixas associadas.

6 – A transmissão concretiza-se através de simples averbamento, pela Caixa Central, da aquisição a favor da caixa associada, mediante comprovativo de pagamento do preço ou de depósito do mesmo em conta à ordem da entidade não pertencente ao sistema integrado do crédito agrícola mútuo.

7 – O averbamento referido no número anterior não pode ser efectuado antes de decorridos 30 dias da data da notificação referida no n.º 5.

8 – O direito de aquisição pode ser exercido uma ou mais vezes por uma mesma caixa associada.

8. Sociedades de investimento

DECRETO-LEI N.º 260/94, DE 22 DE OUTUBRO[281]

O processo de integração financeira conduziu à adopção do Regime Geral das Instituições de Crédito e Sociedades Financeiras, aprovado pelo Decreto-Lei n.º 298/92, de 31 de Dezembro.

Em resultado da adopção do referido Regime Geral, torna-se necessário adaptar, em conformidade, a legislação específica que regulamenta a actividade das sociedades de investimento.

Assim:

Nos termos da alínea *a*) do n.º 1 do artigo 201.º da Constituição, o Governo decreta o seguinte:

ARTIGO 1.º
Noção

As sociedades de investimento são instituições de crédito que têm por objecto exclusivo uma actividade bancária restrita à realização das operações financeiras e na prestação de serviços conexos definidos neste diploma.

ARTIGO 2.º
Regime jurídico

As sociedades de investimento regem-se pelo disposto no presente diploma e pelas disposições aplicáveis do Regime Geral das Instituições de Crédito e Sociedades Financeiras.

ARTIGO 3.º
Objecto

1 – As sociedades de investimento podem efectuar apenas as seguintes operações ou prestar os seguintes serviços:

---

[281] DR I Série-A, n.º 245, de 22-Out.-1994, 6407-6408.

a) Operações de crédito a médio e longo prazo, não destinadas a consumo, incluindo concessão de garantias e outros compromissos, bem como operações de crédito de curto prazo directamente relacionadas com as anteriores;
b) Oferta de fundos no mercado interbancário;
c) Tomada de participações no capital de sociedades sem a restrição prevista no artigo 101.° do Regime Geral das Instituições de Crédito e Sociedades Financeiras;
d) Subscrição e aquisição de valores mobiliários, bem como participação na tomada firme e em qualquer outra forma de colocação de emissões de valores mobiliários e prestação de serviços correlativos;
e) Consultoria, guarda, administração e gestão de carteiras de valores mobiliários;
f) Gestão e consultoria em gestão de outros patrimónios;
g) Administração de fundos de investimento fechados;
h) Serviços de depositário de fundos de investimento;
i) Consultoria de empresas em matéria de estrutura do capital, de estratégia empresarial e de questões conexas, bem como consultoria e serviços no domínio da fusão e compra de empresas;
j) Outras operações previstas em leis especiais;
l) Transacções por conta dos clientes sobre instrumentos do mercado monetário e cambial, instrumentos financeiros a prazo e opções e operações sobre divisas ou sobre taxas de juro e valores mobiliários para cobertura dos riscos de taxa de juro e cambial associados às operações referidas na alínea *a*);
m) Outras operações cambiais necessárias ao exercício da sua actividade.

2 – As actividades previstas nas alíneas *e*) e *f*) ficam sujeitas às disposições que regulam o respectivo exercício por sociedades gestoras de patrimónios, carecendo ainda de autorização expressa do cliente, as aquisições de valores mobiliários emitidos ou detidos pela sociedade de investimentos.

3 – Para os efeitos da alínea *a*) do n.° 1 do presente artigo, entendem-se por operações de crédito destinadas ao consumo os negócios de concessão de crédito concedidos a pessoas singulares para finalidades alheias à sua actividade profissional.

ARTIGO 4.°
Recursos

As sociedades de investimento só podem financiar a sua actividade com fundos próprios e através dos seguintes recursos:
a) Emissão de obrigações de qualquer espécie, nas condições previstas na lei e sem obediência aos limites fixados no Código das Sociedades Comerciais;
b) Emissão de títulos de dívida de curto prazo regulados pelo Decreto-Lei n.° 181/92, de 22 de Agosto;

c) Financiamentos concedidos por outras instituições de crédito, nomeadamente no âmbito do mercado interbancário e de acordo com a legislação aplicável a este mercado, bem como por instituições financeiras internacionais;
d) Financiamentos previstos nas alíneas *a*) e *d*) do n.° 2 do artigo 9.° do Regime Geral das Instituições de Crédito e Sociedades Financeiras.

ARTIGO 5.°
Norma revogatória

É revogado o Decreto-Lei n.° 77/86, de 2 de Maio.

Visto e aprovado em Conselho de Ministros de 25 de Agosto de 1994. – *Aníbal António Cavaco Silva – Eduardo de Almeida Catroga.*

Promulgado em 7 de Outubro de 1994.
Publique-se.
O Presidente da República, MÁRIO SOARES.

Referendado em 10 de Outubro de 1994.
O Primeiro-Ministro, *Aníbal António Cavaco Silva.*

9. Sociedades de locação financeira

9.1. DECRETO-LEI N.º 72/95, DE 15 DE ABRIL[282]

O Regime Geral das Instituições de Crédito e Sociedades Financeiras, aprovado pelo Decreto-Lei n.º 298/92, de 31 de Dezembro, não engloba a regulamentação de vários tipos de instituições de crédito admitidos no direito português, entre os quais as sociedades de locação financeira.

Tornou-se, pois, necessária a revisão do regime jurídico aplicável às sociedades de locação financeira, na dupla vertente formal e substancial.

Seguindo esta orientação, o presente diploma elimina do regime jurídico das sociedades de locação financeira todas as matérias já previstas no Regime Geral, regulando só aquelas que relevam da consideração de especificidades das sociedades de locação financeira.

Substancialmente, vem dar-se satisfação às necessidades do sistema financeiro português, marcado pela internacionalização da nossa economia e pela sua integração no mercado único comunitário.

Assim, elimina-se a segmentação entre sociedades de locação financeira mobiliária e imobiliária. Esta distinção já não corresponde às exigências do sistema financeiro e do mercado e prejudica a capacidade de concorrência das sociedades portuguesas de locação financeira, não só perante as congéneres estrangeiras que possam actuar em Portugal, como perante os próprios bancos nacionais que se podem dedicar a qualquer dessas actividades de locação.

Depois, e embora mantendo estas sociedades, como objecto exclusivo, o exercício da actividade de locação financeira, permitem-se-lhes certas operações acessórias ou complementares. Assim, as sociedades de locação financeira poderão dispor dos bens que lhes hajam sido restituídos, quer por motivo de resolução dos contratos, quer pelo facto de o locatário não ter exercido a sua faculdade de compra.

Assim:
Nos termos da alínea a) do n.º 1 do artigo 201.º da Constituição, o Governo decreta o seguinte:

(O texto actualizado do Decreto-Lei n.º 72/95, de 15 de Abril, é abaixo publicado)

Visto e aprovado em Conselho de Ministros de 2 de Fevereiro de 1995. *Aníbal António Cavaco Silva – Eduardo de Almeida Catroga.*

---

[282] DR I Série, n.º 89, de 15-Abr.-1995, 2170-2171.

9.1. Sociedades de locação financeira

Promulgado em 9 de Março de 1995.
Publique-se.
O Presidente da República, MÁRIO SOARES.

Referendado em 13 de Março de 1995.
O Primeiro-Ministro, *Aníbal António Cavaco Silva*.

9.2. DECRETO-LEI N.º 285/2001, DE 3 DE NOVEMBRO[283]

(...)

ARTIGO 2.º
Alterações ao Decreto-Lei n.º 72/95, de 15 de Abril

Os artigos 1.º e 7.º do Decreto-Lei n.º 72/95, de 15 de Abril, passam a ter a seguinte redacção:

(As alterações foram inseridas no texto actualizado do Decreto-Lei n.º 72/95, de 15 de Abril, abaixo publicado)

ARTIGO 3.º
Aditamento ao Decreto-Lei n.º 72/95, de 15 de Abril

É aditado ao Decreto-Lei n.º 72/95, de 15 de Abril, o artigo 1.º-A, com a seguinte redacção:

(O preceito aditado foi inserido no texto actualizado do Decreto-Lei n.º 72/95, de 15 de Abril, abaixo publicado)

(...)

---

[283] DR I Série-A, n.º 255, de 3-Nov.-2001, 7000-7001. Cf. *supra* 3.7., o preâmbulo, a aprovação, a promulgação e a referenda do presente Decreto-Lei.

9.3. DECRETO-LEI N.º 186/2002, DE 21 DE AGOSTO[284]

Julga-se oportuno criar um novo tipo de instituição de crédito que permita a concretização de projectos empresariais de reagrupamento de actividades financeiras, hoje necessariamente dispersas por várias empresas, numa única entidade jurídica sem estatuto de banco.

De facto, no contexto jurídico vigente, tais projectos, que podem não incorporar a intenção de criar uma rede para captação de depósitos, teriam de passar necessariamente pela constituição de uma empresa com o estatuto de banco.

Por outro lado, a existência de uma espécie de instituição de crédito que, nomeadamente, possa desenvolver todas as actividades hoje permitidas às sociedades de locação financeira, às sociedades de factoring e às sociedades financeiras para aquisições a crédito é um instrumento eficiente de concorrência em mercado aberto.

Considerando que a alínea k) do artigo 3.º do Regime Geral das Instituições de Crédito e Sociedades Financeiras prevê a criação de outros tipos de instituições de crédito, para além das que nele se tipificam, ao considerar instituições de crédito, além das enumeradas nas alíneas precedentes, "outras empresas que, correspondendo à definição (de instituição de crédito), como tal sejam qualificadas pela lei".

Foram ouvidos o Banco de Portugal, a Comissão do Mercado de Valores Mobiliários, o Instituto de Seguros de Portugal, as associações representativas do sector e as associações representativas dos consumidores.

Assim:

Nos termos da alínea a) do n.º 1 do artigo 198.º da Constituição, o Governo decreta, para valer como lei geral da República, o seguinte:

ARTIGO 1.º
Objecto

As instituições financeiras de crédito, abreviadamente designadas por IFIC, são instituições de crédito que têm por objecto a prática das operações permitidas aos bancos, com excepção da recepção de depósitos.

---

[284] DR I Série-A, n.º 192, de 21-Ago.-2002, 5907-5908.

ARTIGO 2.º
Regime jurídico

As IFIC regem-se pelo disposto no presente diploma e pelas disposições aplicáveis às instituições de crédito do Regime Geral das Instituições de Crédito e das Sociedades Financeiras e da legislação complementar.

ARTIGO 3.º
Verdade da denominação

As entidades previstas neste diploma devem incluir na sua denominação a expressão "instituição financeira de crédito", podendo apenas estas entidades utilizar esta designação.

ARTIGO 4.º
Revogação

São revogados o artigo 4.º do Decreto-Lei n.º 72/95, de 15 de Abril, e o n.º 1 do artigo 4.º do Decreto-Lei n.º 171/95, de 18 de Julho.

(As alterações foram inseridas a seguir, no n.º 9.4., no que respeita ao texto actualizado do Decreto-Lei n.º 72/95, de 15 de Abril; e no n.º 10.3., no que toca ao texto actualizado do Decreto-Lei n.º 171/95)

ARTIGO 5.º
Entrada em vigor

O presente diploma entra em vigor no dia seguinte ao da sua publicação.

Visto e aprovado em Conselho de Ministros de 18 de Julho de 2002. – *José Manuel Durão Barroso – Maria Manuela Dias Ferreira Leite.*

Promulgado em 2 de Agosto de 2002.
Publique-se.
O Presidente da República, JORGE SAMPAIO.

Referendado em 6 de Agosto de 2002.
O Primeiro-Ministro, *José Manuel Durão Barroso.*

9.4. TEXTO ACTUALIZADO DO DECRETO-LEI N.º 72/95, DE 15 DE ABRIL

ARTIGO 1.º[285]
Objecto

1 – As sociedades de locação financeira são instituições de crédito que têm por objecto principal o exercício da actividade de locação financeira.

2 – As sociedades de locação financeira podem, como actividade acessória:

a) Alienar, ceder a exploração, locar ou efectuar outros actos de administração sobre bens que lhes hajam sido restituídos, quer por motivo de resolução de um contrato de locação financeira, quer em virtude do não exercício pelo locatário do direito de adquirir a respectiva propriedade;

b) Locar bens móveis fora das condições referidas na alínea anterior.

ARTIGO 1.º-A[286]
Prestação de serviços por terceiros

Encontra-se vedada às sociedades de locação financeira a prestação dos serviços complementares da actividade de locação operacional, nomeadamente a manutenção e a assistência técnica dos bens locados, podendo, no entanto, contratar a prestação desses serviços por terceira entidade.

ARTIGO 2.º
Regime jurídico

As sociedades de locação financeira regem-se pelo disposto no presente diploma

---

[285] Redacção dada pelo artigo 2.º do Decreto-Lei n.º 285/2001, de 3 de Novembro. A redacção inicial era a seguinte:

1 – As sociedades de locação financeira são instituições de crédito que têm como objecto exclusivo o exercício da actividade de locação financeira.

2 – As sociedades de locação financeira podem, acessoriamente, alienar, ceder a exploração, locar ou efectuar outros actos de administração sobre bens que lhes hajam sido restituídos, quer por motivo de resolução de um contrato de locação financeira, quer em virtude do não exercício pelo locatário do direito de adquirir a respectiva propriedade.

[286] Aditado pelo artigo 3.º do Decreto-Lei n.º 285/2001, de 3 de Novembro.

e pelas disposições aplicáveis do Regime Geral das Instituições de Crédito e Sociedades Financeiras.

ARTIGO 3.º
Designação

A designação de sociedade de locação financeira, sociedade de *leasing* ou outra que com elas se confunda não pode ser usada por outras entidades que não as previstas no presente diploma.

ARTIGO 4.º[287]
Exclusividade

Para além dos bancos, só as sociedades de locação financeira podem celebrar, de forma habitual, na qualidade de locador, contratos de locação financeira.

ARTIGO 5.º
Recursos

As sociedades de locação financeira só podem financiar a sua actividade com fundos próprios e através dos seguintes recursos:
 a) Emissão de obrigações de qualquer espécie, nas condições previstas na lei e sem obediência aos limites fixados no Código das Sociedades Comerciais, bem como de "papel comercial";
 b) Financiamentos concedidos por outras instituições de crédito, nomeadamente no âmbito do mercado interbancário, se a regulamentação aplicável a este mercado o não proibir, bem como por instituições financeiras internacionais;
 c) Financiamentos previstos nas alíneas *a)* e *d)* do n.º 2 do artigo 9.º do Regime Geral das Instituições de Crédito e Sociedades Financeiras.

ARTIGO 6.º
Operações cambiais

As sociedades de locação financeira podem realizar as operações cambiais necessárias ao exercício das suas actividades.

---

[287] Revogado pelo artigo 4.º do Decreto-Lei n.º 186/2002, de 21 de Agosto. Mantém-se a sua inserção, em itálico.

ARTIGO 7.º[288]
Consórcios

As entidades habilitadas a exercer a actividade de locação financeira podem constituir consórcios para a realização de operações que constituem o seu objecto.

ARTIGO 8.º
Norma revogatória

É revogado o Decreto-Lei n.º 103/86, de 19 de Maio.

---

[288] Redacção dada pelo artigo 2.º do Decreto-Lei n.º 285/2001, de 3 de Novembro. A redacção inicial era a seguinte:
    As entidades habilitadas a exercer a actividade de locação financeira podem constituir consórcios para a realização de operações de locação financeira.

10. Sociedades de cessão financeira *(factoring)*

10.1. DECRETO-LEI N.º 171/95, DE 18 DE JULHO[289]

O Regime Geral das Instituições de Crédito e Sociedades Financeiras, aprovado pelo Decreto-Lei n.º 298/92, de 31 de Dezembro, inclui as sociedades *de factoring* entre as instituições de crédito.

Assim sendo, tais sociedades caem automaticamente no âmbito de aplicação das normas relativas a instituições de crédito, que disciplinam aspectos essenciais, como o regime da sua constituição, as regras sobre a sua administração e fiscalização e a supervisão a que estão sujeitas por parte do Banco de Portugal.

Todas estas normas se tornam dispensáveis, por conseguinte, no diploma relativo às sociedades de *factoring*, o que só por si justifica que seja alterado o regime constante do Decreto-Lei n.º 56/86, de 18 de Março.

Por outro lado, a reforma agora levada a cabo procede a alterações recomendadas pela experiência colhida na vigência do referido diploma e que se traduzem numa clarificação e desregulamentação do regime do contrato de *factoring*.

Mantém-se, contudo, a exigência de o contrato de *factoring* revestir a forma escrita, por se considerar necessária à segurança das partes, atendendo à complexidade de que normalmente se revestem as relações contratuais estabelecidas.

Foram ouvidos o Banco de Portugal e a Associação Portuguesa das Empresas Factoring.

Assim:

Nos termos da alínea *a)* do n.º 1 do artigo 201.º da Constituição, o Governo decreta o seguinte:

(O texto do Decreto-Lei n.º 171/95, de 18 de Julho, devidamente actualizado, é abaixo publicado)

Visto e aprovado em Conselho de Ministros de 8 de Junho de 1995. *Aníbal António Cavaco Silva – Eduardo de Almeida Catroga.*

Promulgado em 21 de Junho de 1995.
Publique-se.
Presidente da República, MÁRIO SOARES.

Referendado em 24 de Junho de l995.
O Primeiro-Ministro, *Aníbal António Cavaco Silva.*

---

[289] DR I Série-A, n.º 164, de 18-Jul.-1995, 4563-4564.

10.2. DECRETO-LEI N.º 186/2002, DE 21 DE AGOSTO[290]

(...)

ARTIGO 4.º
Revogação

São revogados o artigo 4.º do Decreto-Lei n.º 72/95, de 15 de Abril, e o n.º 1 do artigo 4.º do Decreto-Lei n.º 171/95, de 18 de Julho.

(Foi feita referência a estas revogações nos textos actualizados do Decreto-Lei n.º 72/95, de 15 de Abril e do Decreto-Lei n.º 171/95, de 18 de Julho)

(...)

---

[290] DR I Série-A, n.º 192, de 21-Ago.-2002, 5907-5908. Cf. *supra*, n.º 9.3., o preâmbulo, a aprovação, a promulgação e a referenda do presente Decreto-Lei.

10.3. TEXTO ACTUALIZADO DO DECRETO-LEI N.º 171/95, DE 18 DE JULHO

ARTIGO 1.º
Âmbito

O presente diploma regula as sociedades de *factoring* e o contrato de *factoring*.

ARTIGO 2.º
Actividade de *factoring*

1 – A actividade de *factoring* ou cessão financeira consiste na aquisição de créditos a curto prazo, derivados da venda de produtos ou da prestação de serviços, nos mercados interno e externo.
2 – Compreendem-se na actividade de *factoring* acções complementares de colaboração entre as entidades referidas no artigo 4.º e os seus clientes, designadamente de estudo dos riscos de crédito e de apoio jurídico, comercial e contabilístico à boa gestão dos créditos transaccionados.

ARTIGO 3.º
Outras noções

Para os efeitos do presente diploma, designam-se por:
a) "Factor" ou "cessionário", as entidades referidas no n.º 1 do artigo 4.º;
b) "Aderente", o interveniente no contrato de *factoring* que ceda créditos ao factor;
c) "Devedores", os terceiros devedores dos créditos cedidos pelo aderente ao factor.

ARTIGO 4.º[291]
Exclusividade

As designações "sociedade de *factoring*", "sociedade de cessão financeira" ou

---

[291] O n.º 1 foi revogado pelo artigo 4.º do Decreto-Lei n.º 186/2002, de 21 de Agosto, passando o anterior n.º 2 a corpo do artigo. Era a seguinte a sua redacção:

quaisquer outras que sugiram essa actividade só podem ser usadas pelas sociedades referidas no número anterior.

ARTIGO 5.º
Recursos

As sociedades de *factoring* só podem financiar a sua actividade com fundos próprios e através dos seguintes recursos:
a) Emissão de obrigações de qualquer espécie, nas condições previstas na lei e sem obediência aos limites fixados no Código das Sociedades Comerciais, bem como de "papel comercial";
b) Financiamentos concedidos por outras instituições de crédito, nomeadamente no âmbito do mercado interbancário, se a regulamentação aplicável a este mercado o não proibir, bem como por instituições financeiras internacionais;
c) Financiamentos previstos nas alíneas a) e d) do n.º 2 do artigo 9.º do Regime Geral das Instituições de Crédito e Sociedades Financeiras, aprovado pelo Decreto-Lei n.º 298/92, de 31 de Dezembro.

ARTIGO 6.º
Operações cambiais

As sociedades de *factoring* podem realizar as operações cambiais necessárias ao exercício da sua actividade.

ARTIGO 7.º
Contrato de *factoring*

1 – O contrato de *factoring* é sempre celebrado por escrito e dele deve constar o conjunto das relações do factor com o respectivo aderente.
2 – A transmissão de créditos ao abrigo de contratos de *factoring* deve ser acompanhada pelas correspondentes facturas ou suporte documental equivalente, nomeadamente informático, ou título cambiário.

ARTIGO 8.º
Pagamento dos créditos transmitidos

1 – O pagamento ao aderente dos créditos por este transmitidos ao factor deverá ser efectuado nas datas de vencimento dos mesmos ou na data de um vencimento médio presumido que seja contratualmente estipulado.

---

1 – Só as sociedades de *factoring* e os bancos podem celebrar, de forma habitual, como cessionários, contratos de *factoring*.

2 – O factor poderá também pagar antes dos vencimentos, médios ou efectivos, a totalidade ou parte dos créditos cedidos ou possibilitar, mediante a prestação de garantia ou outro meio idóneo, o pagamento antecipado por intermédio de outra instituição de crédito.

3 – Os pagamentos antecipados de créditos, efectuados nos termos do número anterior, não poderão exceder a posição credora do aderente na data da efectivação do pagamento.

ARTIGO 9.º
Direito subsidiário

Em tudo o que não esteja disposto no presente diploma sobre as sociedades de *factoring* é aplicável o Regime Geral das Instituições de Crédito e das Sociedades Financeiras e legislação complementar.

ARTIGO 10.º
Norma revogatória

É revogado o Decreto-Lei n.º 56/86, de 18 de Março.

11. Sociedades financeiras para aquisições a crédito

DECRETO-LEI N.º 206/95, DE 14 DE AGOSTO[292]

O sistema financeiro português foi profundamente remodelado pelo Regime Geral das Instituições de Crédito e Sociedades Financeiras, aprovado pelo Decreto-Lei n.º 298/92, de 31 de Dezembro. O próprio Regime Geral remete a regulamentação de diversas instituições para diplomas avulsos, estando nessas condições as sociedades financeiras para aquisições a crédito (SFAC).

As SFAC surgiram no espaço financeiro português há pouco tempo, tendo recebido a sua primeira regulamentação legal através do Decreto-Lei n.º 49/89, de 22 de Fevereiro. Funcionalmente, elas permitem financiar a aquisição a crédito de bens e serviços, actuando como operadores financeiros vocacionados tanto para activar sectores muito delimitados como para dinamizar áreas extensas de bens e serviços. Apesar da data recente em que surgiram, já mostraram a sua utilidade económica e social.

O Regime Geral das Instituições de Crédito e Sociedades Financeiras inclui as SFAC entre as instituições de crédito, regulando o regime da sua constituição, as regras sobre a sua administração e fiscalização, bem como a supervisão a que estão sujeitas por parte do Banco de Portugal. Todas estas normas se tornam, pois, dispensáveis no diploma relativo às SFAC. A reforma agora levada a cabo procede ainda a algumas adaptações recomendadas pela experiência colhida na vigência do Decreto-Lei n.º 49/89, de 22 de Fevereiro, com vista a tornar mais clara e segura a sua actividade.

Foram ouvidos o Banco de Portugal e a Associação de Sociedades Financeiras para Aquisições a Crédito.

Assim:

Nos termos da alínea *a*) do n.º 1 do artigo 201.º da Constituição, o Governo decreta o seguinte:

ARTIGO 1.º
Natureza e objecto

As sociedades financeiras para aquisições a crédito (SFAC) são instituições de crédito que têm por objecto o financiamento da aquisição a crédito de bens e serviços.

---

[292] DR I Série-A, n.º 187, de 14-Ago.-1995, 5046-5047.

ARTIGO 2.º
Operações permitidas às SFAC

No âmbito do seu objecto, podem as SFAC realizar as seguintes operações:
a) Financiar a aquisição ou o fornecimento de bens ou serviços determinados, através da concessão de crédito directo ao adquirente ou ao fornecedor respectivos ou através de prestação de garantias;
b) Descontar títulos de crédito ou negociá-los sob qualquer forma, no âmbito das operações referidas na alínea anterior;
c) Antecipar fundos sobre créditos de que sejam cessionárias, relativos à aquisição de bens ou serviços que elas próprias possam financiar directamente;
d) Emitir cartões de crédito destinados à aquisição, por elas financiável, de bens ou serviços;
e) Prestar serviços directamente relacionados com as operações referidas nas alíneas anteriores;
f) Realizar as operações cambiais necessárias ao exercício da sua actividade.

ARTIGO 3.º
Operações especificamente vedadas

Fica vedado às SFAC o financiamento de:
a) Aquisição, construção, recuperação, beneficiação ou ampliação de imóveis;
b) Aquisição de valores mobiliários.

ARTIGO 4.º
Âmbito reservado às SFAC

As operações de financiamento previstas no presente diploma só podem ser realizadas por SFAC ou por bancos ou outras instituições de crédito para o efeito autorizadas nos termos do n.º 3 do artigo 4.º do Regime Geral das Instituições de Crédito e Sociedades Financeiras.

ARTIGO 5.º
Recursos

As SFAC só podem financiar a sua actividade com fundos próprios e através dos seguintes recursos:
a) Emissão de obrigações de qualquer espécie, nas condições previstas na lei e sem obediência aos limites fixados no Código das Sociedades Comerciais, bem como de "papel comercial";
b) Financiamentos concedidos por outras instituições de crédito, nomeadamente no âmbito do mercado interbancário, se a regulamentação aplicável a este mercado o não proibir, bem como por instituições financeiras internacionais;

c) Financiamentos previstos nas alíneas *a*) e *d*) do n.º 2 do artigo 9.º do Regime Geral das Instituições de Crédito e Sociedades Financeiras.

ARTIGO 6.º
Direito subsidiário

Em tudo o que não esteja disposto no presente diploma é aplicável o Regime Geral das Instituições de Crédito e Sociedades Financeiras e legislação complementar.

ARTIGO 7.º
Norma revogatória

É revogado o Decreto-Lei n.º 49/89, de 22 de Fevereiro.

Visto e aprovado em Conselho de Ministros de 29 de Junho de 1995. *Anibal António Cavaco Silva – Eduardo de Almeida Catroga*.

Promulgado em 28 de Julho de 1995.
Publique-se.
O Presidente da República, MÁRIO SOARES.

Referendado em 1 de Agosto de 1995.
Pelo Primeiro-Ministro, *Manuel Dias Loureiro*, Ministro da Administração Interna.

12. Regime jurídico das instituições de moeda electrónica

DECRETO-LEI N.º 42/2002, DE 2 DE MARÇO[293]

Directiva n.º 2000/28/CE, do Parlamento Europeu e do Conselho, de 18 de Setembro, alterou a Directiva n.º 2000/12/CE, do Parlamento Europeu e do Conselho, de 20 de Março, relativa à actividade das instituições de crédito e ao seu exercício, incluindo, na definição de instituição de crédito, as instituições de moeda electrónica.

Por outro lado, a Directiva n.º 2000/46/CE, do Parlamento Europeu e do Conselho, de 18 de Setembro, veio regular o acesso à actividade das instituições de moeda electrónica e ao seu exercício, bem como a sua supervisão prudencial.

O presente diploma visa transpor para o ordenamento jurídico interno as referidas directivas, estabelecendo o regime jurídico das instituições de moeda electrónica.

Procede-se, para esse efeito, à delimitação das actividades que as instituições de moeda electrónica estão autorizadas a exercer, à definição das condições de reembolso da moeda electrónica e ao estabelecimento do regime prudencial a que estas instituições de crédito deverão estar sujeitas.

O capital social mínimo das instituições de moeda electrónica será de 1 milhão de euros enquanto outro montante não for fixado por portaria do Ministro das Finanças.

No que respeita aos requisitos de fundos próprios e à semelhança do disposto na Directiva n.º 2000/46/CE, prevê-se a aplicação de um regime mais simplificado do que o existente para as restantes instituições de crédito, o que tem como contrapartida a imposição de regras mais estritas relativamente às actividades a exercer e à prudência das aplicações.

Por fim, não se julgou oportuno recorrer à possibilidade, prevista na Directiva n.º 2000/46/CE, de dispensar as instituições de moeda electrónica, que operem apenas em território nacional, do cumprimento de algumas ou de todas as disposições dessa mesma directiva, por se considerar que todas as instituições de moeda electrónica deverão estar sujeitas à supervisão e ao regime prudencial estabelecidos.

Foram ouvidos o Banco de Portugal e a Associação Portuguesa de Bancos.
Assim:
Nos termos da alínea *a*) do n.º 1 do artigo 198.º da Constituição, o Governo decreta o seguinte:

---

[293] DR I Série-A, n.º 52, de 2-Mar.-2002, 1748-1749.

ARTIGO 1.º
Objecto

O presente diploma transpõe para o ordenamento jurídico interno a Directiva n.º 2000/28/CE, do Parlamento Europeu e do Conselho, de 18 de Setembro, que altera a Directiva n.º 2000/12/CE, do Conselho, de 20 de Março, relativa ao acesso à actividade das instituições de crédito e ao seu exercício, e a Directiva n.º 2000/46/CE, do Parlamento Europeu e do Conselho, de 18 de Setembro, relativa ao acesso à actividade das instituições de moeda electrónica e ao seu exercício, bem como à sua supervisão prudencial, estabelecendo o regime jurídico das instituições de moeda electrónica.

ARTIGO 2.º
Noção e âmbito de actividade

1 – As instituições de moeda electrónica são instituições de crédito que têm por objecto a emissão de meios de pagamento sob a forma de moeda electrónica.

2 – Para além da actividade referida no número anterior, as instituições de moeda electrónica apenas podem:
 a) Prestar serviços financeiros e não financeiros estreitamente relacionados com a emissão de moeda electrónica, nomeadamente a gestão de moeda electrónica, mediante a realização de funções operacionais e outras funções acessórias ligadas à sua emissão, e a emissão e gestão de outros meios de pagamento, excluindo a concessão de crédito sob qualquer forma;
 b) Exercer actividades referentes à armazenagem de dados em suporte electrónico em nome de outras entidades.

ARTIGO 3.º
Regime jurídico

Sem prejuízo do disposto no presente diploma, as instituições de moeda electrónica regem-se pelas disposições aplicáveis às instituições de crédito do Regime Geral das Instituições de Crédito e Sociedades Financeiras, aprovado pelo Decreto--Lei n.º 298/92, de 31 de Dezembro, com a redacção que lhe foi dada pelos Decretos--Leis n.ºs 246/95, de 14 de Setembro, 232/96, de 5 de Dezembro, 222/99, de 22 de Junho, 250/2000, de 13 de Outubro, e 285/2001, de 3 de Novembro, e da regulamentação complementar que as não exclua.

ARTIGO 4.º
Noção de moeda electrónica

1 – Moeda electrónica é um valor monetário, representado por um crédito sobre o emitente:
 a) Armazenado num suporte electrónico;

b) Emitido contra a recepção de fundos; e
c) Aceite como meio de pagamento por outras entidades que não a emitente.

2 – Os fundos a que se refere a alínea *b)* do número anterior não podem ter um valor inferior ao valor monetário emitido.

3 – A moeda electrónica é reembolsável, a pedido dos portadores e durante o período de validade, pelo valor nominal, em moedas e notas de banco ou por transferência bancária, sem outros encargos que não os estritamente necessários à realização dessa operação.

4 – As condições de reembolso da moeda electrónica devem ser claramente estabelecidas por contrato entre a instituição emitente e o portador.

5 – O limite mínimo de reembolso, se existir, deve ser estabelecido no contrato a que se refere o número anterior e não pode exceder € 10.

6 – O disposto neste artigo é aplicável a todas as instituições de crédito autorizadas a emitir moeda electrónica.

ARTIGO 5.º
Exclusividade

1 – Além das instituições de moeda electrónica, podem emitir moeda electrónica os bancos, a Caixa Económica Montepio Geral e a Caixa Central de Crédito Agrícola Mútuo.

2 – O Banco de Portugal pode autorizar outras instituições de crédito que apresentem condições financeiras e técnicas adequadas a emitirem moeda electrónica.

ARTIGO 6.º
Participações noutras sociedades

As instituições de moeda electrónica apenas podem deter participações no capital de sociedades que exerçam funções operacionais ou acessórias associadas à moeda electrónica emitida ou distribuída pela instituição participante.

ARTIGO 7.º
Operações cambiais

As instituições de moeda electrónica podem realizar as operações cambiais necessárias ao exercício da sua actividade.

ARTIGO 8.º
Capital social

O capital social mínimo das instituições de moeda electrónica é fixado por portaria do Ministro das Finanças em montante não inferior a 1 milhão de euros.

ARTIGO 9.º
Fundos próprios

1 – As instituições de moeda electrónica devem possuir, em permanência, fundos próprios pelo menos iguais a 2% do total das responsabilidades resultantes da moeda electrónica em circulação ou do montante médio dos últimos seis meses, consoante o que for mais elevado.

2 – Para as instituições de moeda electrónica que ainda não tenham completado um período de actividade de seis meses, o montante médio dos últimos seis meses referido no número anterior é substituído pelo montante previsto no respectivo programa de actividades para os primeiros seis meses de actividade.

ARTIGO 10.º
Aplicações

1 – As instituições de moeda electrónica devem ter as suas responsabilidades resultantes da moeda electrónica em circulação cobertas por activos das seguintes espécies:
  a) Activos aos quais seja aplicável um coeficiente de ponderação zero referidos no n.º 2, alínea *a)*, subalíneas I), II) e III), com excepção dos activos sobre as administrações centrais e bancos centrais de países da zona B, da parte I do anexo ao aviso do Banco de Portugal n.º 1/93, de 8 de Junho, e que sejam caracterizados por um grau de liquidez suficiente;
  b) Depósitos à ordem junto de instituições de crédito da zona A definidas no n.º 5 da parte I do anexo ao aviso do Banco de Portugal n.º 1/93, de 8 de Junho;
  c) Instrumentos de dívida que reúnam cumulativamente as seguintes condições:
    i) Apresentem um grau de liquidez suficiente;
    ii) Sejam reconhecidos pelas autoridades competentes como elementos qualificados na acepção do anexo III do aviso do Banco de Portugal n.º 7/96, de 24 de Dezembro;
    iii) Não sejam emitidos por empresas que detenham uma participação qualificada, tal como definida no n.º 7 do artigo 13.º do Regime Geral das Instituições de Crédito e Sociedades Financeiras, na instituição de moeda electrónica em causa, ou que devam ser incluídas nas contas consolidadas dessas empresas.

2 – Os activos referidos nas alíneas *b)* e *c)* do n.º 1 não podem exceder 20 vezes os fundos próprios da instituição de moeda electrónica em causa.

3 – O limite referido no número anterior não se aplica aos instrumentos de dívida abrangidos pelo disposto na alínea *a)* do n.º 1.

4 – Se o valor dos activos referidos no n.º 1 se tornar inferior ao das responsabilidades financeiras resultantes da moeda electrónica em circulação, a instituição de moeda electrónica em causa deve informar imediatamente o Banco de Portugal da

ocorrência e tomar as medidas adequadas à correcção de tal situação o mais rapidamente possível.

5 – Nos casos a que se refere o número anterior, e apenas por um período transitório, o Banco de Portugal poderá autorizar a instituição a proceder à cobertura das suas responsabilidades por outros activos que não os previstos no n.º 1, até ao montante máximo de 5% dessas responsabilidades ou do montante total dos seus fundos próprios, consoante o valor que for menos elevado.

6 – Para efeitos dos números anteriores, os activos são avaliados a preços de aquisição ou a preços de mercado, consoante o valor que for mais baixo.

ARTIGO 11.º
Riscos de mercado

1 – Para efeitos de cobertura dos riscos de mercado decorrentes da emissão de moeda electrónica e dos activos referidos no n.º 1 do artigo 10.º, e apenas para tais efeitos, as instituições de moeda electrónica podem recorrer a instrumentos derivados, suficientemente líquidos, negociados num mercado regulamentado e sujeitos à exigência de margens diárias, ou a contratos de taxa de câmbio de duração inicial igual ou inferior a 14 dias de calendário.

2 – O Banco de Portugal poderá estabelecer, por aviso, as restrições que considere adequadas aos riscos de mercado em que as instituições de moeda electrónica possam incorrer devidos à detenção dos activos referidos no n.º 1 do artigo 10.º.

ARTIGO 12.º
Disposição transitória

Enquanto não for publicada a portaria a que se refere o artigo 8.º, o capital social mínimo das instituições de moeda electrónica é de 1 milhão de euros.

Visto e aprovado em Conselho de Ministros de 23 de Janeiro de 2002. – *António Manuel de Oliveira Guterres – Jaime José Matos da Gama – Guilherme d'Oliveira Martins.*

Promulgado em 19 de Fevereiro de 2002.
Publique-se.
O Presidente da República, JORGE SAMPAIO.

Referendado em 22 de Fevereiro de 2002.
O Primeiro-Ministro, *António Manuel de Oliveira Guterres.*

IV. SOCIEDADES FINANCEIRAS

13. Sociedades corretoras e financeiras de corretagem

DECRETO-LEI N.º 262/2001, DE 28 DE SETEMBRO[294]

A acentuada evolução registada nos mercados financeiros na última década, mercê dos avanços da tecnologia da informação, da desintermediação financeira, do lançamento quase quotidiano de novos instrumentos financeiros, tornou imperativa a necessidade de dotar as sociedades corretoras e as sociedades financeiras de corretagem de um quadro regulamentar que as não coloque em situação de desvantagem competitiva face a outras empresas de investimento comunitárias e de países terceiros.

Por outro lado, o Regime Geral das Instituições de Crédito e Sociedades Financeiras, aprovado pelo Decreto-Lei n.º 298/92, de 31 de Dezembro, tornou igualmente necessária a adaptação da legislação específica que regula a actividade das sociedades corretoras e das sociedades financeiras de corretagem. Contudo, ao contrário do que sucedeu relativamente ao regime jurídico de outras sociedades financeiras, o Decreto-Lei n.º 229-I/88, de 4 de Julho, não sofreu quaisquer alterações neste sentido.

Acresce que do aditamento do título X-A ao Regime Geral das Instituições de Crédito e Sociedades Financeiras, introduzido pelo Decreto-Lei n.º 232/96, de 5 de Dezembro, relativo aos serviços e às empresas de investimento, decorre que as sociedades corretoras e as sociedades financeiras de corretagem são empresas de investimento para todos os efeitos ali previstos.

Finalmente, com a entrada em vigor do Código dos Valores Mobiliários, aprovado pelo Decreto-Lei n.º 486/99, de 13 de Novembro, veio acentuar-se a necessidade de revisão do regime específico das sociedades em apreço.

De entre as soluções consagradas no presente diploma destaca-se a possibilidade de admissão à rotação em mercado de valores mobiliários das acções das sociedades corretoras e das sociedades financeiras de corretagem, a participação e intervenção dos sócios e membros dos órgãos sociais das referidas sociedades noutras empresas, aplicando-se, assim, a estas sociedades, o disposto nos artigos 33.º, 85.º e 86.º do Regime Geral das Instituições de Crédito e Sociedades Financeiras, *ex vi* artigos 182.º e 195.º do mesmo diploma.

Foram ouvidos o Banco de Portugal e a Comissão do Mercado de Valores Mobiliários.

---

[294] DR I Série-A, n.º 226, de 28 de Setembro, 6161-6162.

Assim:
Nos termos da alínea a) do n.º 1 do artigo 198.º da Constituição, o Governo decreta o seguinte:

ARTIGO 1.º
Âmbito

As sociedades corretoras e as sociedades financeiras de corretagem regem-se pelas normas do presente diploma e pelas disposições aplicáveis do Regime Geral das Instituições de Crédito e Sociedades Financeiras, aprovado pelo Decreto-Lei n.º 298/92, de 31 de Dezembro, e do Código dos Valores Mobiliários, aprovado pelo Decreto-Lei n.º 486/99, de 13 de Novembro.

ARTIGO 2.º
Objecto das sociedades corretoras

1 – As sociedades corretoras têm por objecto o exercício das actividades referidas nas alíneas a) a c) do n.º 1 do artigo 290.º do Código dos Valores Mobiliários, e também na alínea d) do mesmo número, com o âmbito previsto no artigo 338.º do citado diploma.

2 – O objecto das sociedades corretoras compreende ainda as actividades indicadas nas alíneas a) e c) do artigo 291.º do Código dos Valores Mobiliários, bem como quaisquer outras cujo exercício lhes seja permitido por portaria do Ministro das Finanças, ouvidos o Banco de Portugal e a Comissão do Mercado de Valores Mobiliários.

ARTIGO 3.º
Objecto das sociedades financeiras de corretagem

1 – As sociedades financeiras de corretagem têm por objecto o exercício das actividades referidas nas alíneas a) a d) do n.º 1 e no n.º 2 do artigo 290.º do Código dos Valores Mobiliários.

2 – Incluem-se ainda no objecto das sociedades financeiras de corretagem as actividades indicadas nas alíneas a) a f) do artigo 291.º do Código dos Valores Mobiliários, bem como quaisquer outras cujo exercício lhes seja permitido por portaria do Ministro das Finanças, ouvidos o Banco de Portugal e a Comissão do Mercado de Valores Mobiliários.

ARTIGO 4.º
Forma e denominação

1 – As sociedades corretoras e as sociedades financeiras de corretagem constituem-se sob a forma de sociedades anónimas.

2 – O disposto no número anterior não se aplica às sociedades já constituídas sob forma diferente.

3 – A firma das sociedades corretoras deverá conter a expressão "sociedade corretora", podendo ainda incluir a designação acessória de *broker*.

4 – A firma das sociedades financeiras de corretagem deverá conter a expressão "sociedade financeira de corretagem", podendo ainda incluir a designação acessória de *dealer*.

ARTIGO 5.º
Operações vedadas

1 – É vedado às sociedades corretoras e às sociedades financeiras de corretagem:
   a) Prestar garantias pessoais ou reais a favor de terceiros;
   b) Adquirir bens imóveis, salvo os necessários à instalação das suas próprias actividades.

2 – É ainda vedado às sociedades corretoras:
   a) Conceder crédito sob qualquer forma;
   b) Adquirir por conta própria valores mobiliários de qualquer natureza, com excepção dos títulos da dívida pública emitidos ou garantidos por Estados-Membros da OCDE.

ARTIGO 6.º
**Recursos das sociedades corretoras e
das sociedades financeiras de corretagem**

As sociedades corretoras e as sociedades financeiras de corretagem podem financiar-se com recursos alheios nos termos e condições a definir pelo Banco de Portugal, ouvida a Comissão do Mercado de Valores Mobiliários.

ARTIGO 7.º
Reembolso de créditos

Quando uma sociedade corretora ou uma sociedade financeira de corretagem venha a adquirir, para reembolso de créditos, quaisquer bens cuja aquisição lhe seja vedada, deve promover a sua alienação no prazo de um ano, o qual, havendo motivo fundado, poderá ser prorrogado pelo Banco de Portugal, ouvida a Comissão do Mercado de Valores Mobiliários.

ARTIGO 8.º
Supervisão

A supervisão da actividade das sociedades corretoras e das sociedades financeiras de corretagem compete ao Banco de Portugal e à Comissão do Mercado de Valores Mobiliários, no âmbito das respectivas competências.

ARTIGO 9.º
Norma revogatória

É revogado o Decreto-Lei n.º 229-I/88, de 4 de Julho.

Visto e aprovado em Conselho de Ministros de 23 de Agosto de 2001. – *António Manuel de Oliveira Guterres – Guilherme d'Oliveira Martins.*

Promulgado em 17 de Setembro de 2001.
Publique-se.
O Presidente da República, JORGE SAMPAIO.

Referendado em 20 de Setembro de 2001.
O Primeiro-Ministro, *António Manuel de Oliveira Guterres.*

14. Sociedades mediadoras dos mercados monetário ou de câmbios

DECRETO-LEI N.º 110/94, DE 28 DE ABRIL[295]

A modernização do sistema financeiro, condição necessária para a realização do mercado interno, conduziu à adopção do Regime Geral das Instituições de Crédito e Sociedades Financeiras, aprovado pelo Decreto-Lei n.º 298/92, de 31 de Dezembro.

Em resultado da adopção do Regime Geral, torna-se necessário adaptar, em conformidade, a legislação específica que regulamenta a actividade das sociedades mediadoras do mercado monetário e do mercado de câmbios.

Assim:

Nos termos da alínea *a*) do n.º 1 do artigo 201.º da Constituição, o Governo decreta o seguinte:

ARTIGO 1.º
Exercício da actividade

1 – As sociedades mediadoras do mercado monetário e do mercado de câmbios, adiante designadas por sociedades mediadoras, ou mediadores, têm por objecto exclusivo a realização de operações de intermediação no mercado monetário e no mercado de câmbios e a prestação de serviços conexos.

2 – A actividade de mediador no mercado monetário e no mercado de câmbios pode ser exercida por sociedades anónimas ou por quotas.

3 – Na prossecução do seu objecto social, as sociedades mediadoras só podem agir por conta de outrem, sendo-lhes vedado efectuar transacções por conta própria.

ARTIGO 2.º
Regime jurídico

As sociedades mediadoras regem-se pelas normas do presente diploma e pelas disposições aplicáveis do Regime Geral das Instituições de Crédito e Sociedades Financeiras.

---

[295] DR I Série-A, n.º 98, de 28-Abr.-1994, 2050-2051.

ARTIGO 3.º
Deveres da sociedade mediadora

1 – As sociedades mediadoras são obrigadas a:
 a) Certificar-se da identidade e da capacidade legal para contratar das pessoas singulares ou colectivas em cujos negócios intervierem;
 b) Propor com exactidão e clareza os negócios de que forem encarregadas, procedendo de modo que não possam induzir em erro os contraentes;
 c) Guardar completo segredo de tudo o que disser respeito às negociações de que se encarregarem;
 d) Não revelar os nomes dos seus mandantes, excepto para permitir a contratação, entre estes, dos negócios jurídicos negociados por seu intermédio;
 e) Comunicar imediatamente a cada mandante os pormenores dos negócios concluídos, expedindo no próprio dia a respectiva confirmação escrita.

2 – Nas operações que tiverem por objecto títulos:
 a) O mediador deve exigir do mandante, antes da execução da ordem recebida, a entrega dos títulos a vender ou do documento que legalmente os represente ou da importância provável destinada ao pagamento da compra ordenada;
 b) A falta de entrega dos títulos ou do documento representativo ou dos fundos pelo mandante eximirá definitivamente o mediador da obrigação de cumprir a respectiva ordem.

3 – O mediador a quem for conferido o mandato deverá, por todos os meios ao seu alcance, diligenciar pelo respectivo cumprimento.

ARTIGO 4.º
Actos proibidos às sociedades mediadoras

Às sociedades mediadoras é expressamente vedado o exercício de qualquer actividade não compreendida no seu objecto social e, nomeadamente:
 a) Negociar operações a preços fictícios ou a cotações que não correspondam às do mercado ou que não tenham uma real contrapartida;
 b) Conceder favores ou liberalidades, sob a forma de comissões ou outras, que possam afectar a imparcialidade ou a integridade das partes;
 c) Propor transacções que visem aumentar artificialmente o volume de operações;
 d) Exercer preferência entre clientes ou operar discriminações entre as operações propostas por aqueles;
 e) Conceder empréstimos ou créditos, qualquer que seja a sua forma, natureza ou título;
 f) Aceitar ou prestar garantias;
 g) Receber, ter em depósito ou possuir, a qualquer título, dinheiro ou outros bens que não lhes pertençam, salvo o montante entregue pelo comprador ou títulos ou documentos que os representem entregues pelo vendedor e destinados, a uma operação determinada e pelo período mínimo necessário à sua realização;

h) Participar no capital ou fazer parte dos corpos gerentes de outras sociedades mediadoras.

ARTIGO 5.º
Actos proibidos aos sócios, membros dos órgãos sociais e empregados

1 – Aos administradores, directores, gerentes e membros de qualquer órgão das sociedades mediadoras é vedado:
a) Possuir participação de capital, fazer parte dos órgãos sociais ou desempenhar quaisquer funções noutras sociedades que se dediquem à mesma actividade;
b) Exercer, por si ou por interposta pessoa, operações de intermediação nos mercados monetários e de câmbios, pertencer a órgãos sociais de instituições financeiras ou ter nelas participação superior a 20% do respectivo capital.

2 – As proibições estabelecidas no número anterior serão extensivas:
a) A todos os sócios da sociedade, quando esta revista a forma de sociedade por quotas;
b) Aos accionistas com mais de 20% do capital da sociedade mediadora, tratando-se de sociedade anónima;
c) Aos indivíduos que exerçam funções técnicas de qualquer natureza ou de chefia de serviços nas sociedades referidas.

ARTIGO 6.º
Norma revogatória

É revogado o Decreto-Lei n.º 164/86, de 26 de Junho.

Visto e aprovado em Conselho de Ministros de 3 de Março de 1994. *Aníbal António Cavaco Silva – Eduardo de Almeida Catroga.*

Promulgado em 31 de Março de 1994.
Publique-se.
O Presidente da República, MÁRIO SOARES.

Referendado em 6 de Abril de 1994.
O Primeiro-Ministro, *Aníbal António Cavaco Silva.*

15. Regime jurídico dos organismos de investimento colectivo

DECRETO-LEI N.º 252/2003, DE 17 DE OUTUBRO[296]

(...)

ARTIGO 1.º
Regime jurídico dos organismos de investimento colectivo

É aprovado o regime jurídico dos organismos de investimento colectivo, que é publicado em anexo ao presente diploma, dele fazendo parte integrante.

(...)

ANEXO
Regime jurídico dos organismos de investimento colectivo

TÍTULO I
Dos organismos de investimento colectivo

CAPÍTULO I
Disposições gerais

ARTIGO 1.º
Âmbito de aplicação e definições

1 – O presente diploma regula as instituições de investimento colectivo, adiante designadas "organismos de investimento colectivo", ou abreviadamente OIC.

2 – Consideram-se OIC as instituições, dotadas ou não de personalidade jurídica, que têm como fim o investimento colectivo de capitais obtidos junto do público, cujo funcionamento se encontra sujeito a um princípio de divisão de riscos e à prossecução do exclusivo interesse dos participantes.

---

[296] DR I Série-A, n.º 241, de 17-Out.-2003, 6938-6959. Cf. *supra*, 3.10., o preâmbulo, a aprovação, a promulgação e a referenda do presente Decreto-Lei.

3 – Considera-se que existe recolha de capitais junto do público desde que tal recolha:
   a) Se dirija a destinatários indeterminados;
   b) Seja precedida ou acompanhada de prospecção ou de recolha de intenções de investimento junto de destinatários indeterminados ou de promoção publicitária; ou
   c) Se dirija, pelo menos, a 100 destinatários.

4 – São OIC em valores mobiliários, adiante designados por OICVM, os fundos de investimento mobiliário que têm, nos termos dos seus documentos constitutivos, por fim o exercício da actividade referida no n.º 2 relativamente aos activos referidos na secção I do capítulo I do título III do presente diploma.

5 – São OICVM harmonizados aqueles que obedecem às regras consagradas no título III do presente diploma para os OICVM abertos.

6 – Regem-se por legislação especial os fundos de investimento imobiliário, de capital de risco, de reestruturação e internacionalização empresarial, de gestão de património imobiliário, de titularização de créditos e de pensões.

7 – Sem prejuízo do disposto no presente diploma ou em regulamento da Comissão do Mercado de Valores Mobiliários (CMVM), o regime jurídico dos OICVM é aplicável, subsidiariamente, aos demais OIC, com excepção dos referidos no número anterior.

8 – Sem prejuízo do disposto no presente diploma e na regulamentação, são subsidiariamente aplicáveis aos OIC as disposições do Código dos Valores Mobiliários e respectiva regulamentação.

9 – Sempre que no presente diploma se remeta para regulamento, entende-se por tal os regulamentos da CMVM.

10 – Para os efeitos do presente diploma, a existência de uma relação de domínio ou de grupo determina-se nos termos dos artigos 20.º e 21.º do Código dos Valores Mobiliários.

11 – O disposto no presente diploma não deverá ser entendido como proibição da criação, pela via da contratação individual de esquemas de investimento colectivo, de estrutura e funcionamento semelhante aos dos OIC, em que não exista recolha de capitais junto do público.

ARTIGO 2.º
Espécie e tipo

1 – Os OIC podem ser abertos ou fechados, consoante as unidades de participação sejam, respectivamente, em número variável ou em número fixo.

2 – As unidades de participação de OIC abertos são emitidas e resgatadas, a todo o tempo, a pedido dos participantes, de acordo com o estipulado nos documentos constitutivos.

3 – A tipologia de OIC é estabelecida consoante, nomeadamente, os activos e as regras de composição das carteiras, as modalidades de gestão, a forma ou a variabilidade das unidades de participação.

ARTIGO 3.º
Tipicidade

1 – Só podem ser constituídos os OIC previstos no presente diploma ou em regulamento, desde que, neste caso, sejam asseguradas adequadas condições de transparência e prestação de informação relativas, designadamente, aos mercados de transacção dos activos subjacentes, à sua valorização e ao conteúdo e valorização dos valores mobiliários representativos do património dos OIC a distribuir junto do público.

2 – A CMVM pode regulamentar a dispensa do cumprimento de alguns deveres por determinados tipos de OIC, em função das suas características, bem como a imposição do cumprimento de outros.

ARTIGO 4.º
Forma

1 – Os OIC assumem a forma de fundo de investimento ou de sociedade de investimento mobiliário.

2 – Os fundos de investimento são patrimónios autónomos, pertencentes aos participantes no regime especial de comunhão regulado no presente diploma.

3 – As sociedades de investimento mobiliário regem-se por legislação especial.

ARTIGO 5.º
Denominação

1 – Os OIC integram na sua denominação a expressão "fundo de investimento".

2 – Só os OIC podem integrar na sua denominação a expressão referida no número anterior.

3 – A denominação identifica inequivocamente a espécie e o tipo do OIC.

ARTIGO 6.º
Domicílio

1 – Os OIC consideram-se domiciliados no Estado em que se situe a sede e a administração efectiva da respectiva entidade gestora.

2 – As sociedades gestoras de fundos de investimento mobiliário autorizadas nos termos do Regime Geral das Instituições de Crédito e Sociedades Financeiras têm sede e administração efectiva em Portugal.

ARTIGO 7.º
Unidades de participação e acções

1 – O património dos OIC é representado por partes sem valor nominal, que se designam por unidades de participação.

2 – As unidades de participação podem ser representadas por certificados de uma ou mais unidades de participação ou adoptar a forma escritural, sendo admitido o seu fraccionamento para efeitos de subscrição e de resgate.

3 – Podem ser previstas em regulamento unidades de participação com direitos ou características especiais.

4 – As unidades de participação só podem ser emitidas após o montante correspondente ao preço de subscrição ser efectivamente integrado no activo do OIC, excepto se se tratar de desdobramento de unidades de participação já existentes.

ARTIGO 8.º
Autonomia patrimonial

Os OIC não respondem, em caso algum, pelas dívidas dos participantes, das entidades que asseguram as funções de gestão, depósito e comercialização, ou de outros OIC.

ARTIGO 9.º
Participantes

1 – Os titulares de unidades de participação designam-se participantes.

2 – A qualidade de participante adquire-se no momento da subscrição das unidades de participação contra o pagamento do respectivo preço, ou da aquisição em mercado, e extingue-se no momento do pagamento do resgate, do reembolso, ou do produto da liquidação do OIC, ou da alienação em mercado.

3 – Salvo disposição regulamentar em contrário, não é admitido o pagamento da subscrição, do resgate, do reembolso ou do produto da liquidação em espécie.

4 – A subscrição implica a aceitação do disposto nos documentos constitutivos do OIC.

5 – Os participantes em OIC fechados gozam de direito de preferência na subscrição de novas unidades de participação, excepto se os documentos constitutivos preverem a não atribuição desse direito.

ARTIGO 10.º
Direitos dos investidores e participantes

1 – Os investidores têm direito:
a) A receber as unidades de participação emitidas depois de terem pago integralmente o preço de subscrição, no prazo previsto nos documentos constitutivos do OIC;
b) A que lhes seja facultado, prévia e gratuitamente, o prospecto simplificado.

2 – Os participantes têm direito, nomeadamente:
a) À informação, nos termos do presente diploma;

b) Ao recebimento do resgate, do reembolso ou do produto da liquidação das unidades de participação.

CAPÍTULO II
Vicissitudes dos OIC

ARTIGO 11.º
Autorização e constituição

1 – A constituição de OIC depende de autorização prévia da CMVM.

2 – O pedido de autorização, subscrito pela entidade gestora, é instruído com os seguintes documentos:
 a) Projecto dos prospectos completo e simplificado;
 b) Projecto dos contratos a celebrar pela entidade gestora com o depositário e com as entidades comercializadoras;
 c) Projecto dos contratos a celebrar com outras entidades prestadoras de serviços;
 d) Documentos comprovativos de aceitação de funções de todas as entidades envolvidas na actividade dos OIC.

3 – A CMVM pode solicitar aos requerentes as informações complementares ou sugerir as alterações aos projectos que considere necessárias.

4 – A decisão de autorização é notificada aos requerentes no prazo de 30 dias a contar da data da recepção do pedido, ou das informações complementares, ou das alterações aos projectos referidas no número anterior.

5 – A falta de notificação no prazo referido constitui presunção de indeferimento tácito do pedido.

6 – A entidade gestora comunica à CMVM a data de colocação das unidades de participação à subscrição.

7 – Os fundos de investimento consideram-se constituídos no momento de integração na sua carteira do montante correspondente à primeira subscrição, sendo essa data comunicada à CMVM.

ARTIGO 12.º
Recusa da autorização

Sem prejuízo de outras disposições legais ou regulamentares, a CMVM pode recusar a autorização quando a entidade gestora requerente gira outros OIC de forma irregular.

ARTIGO 13.º
Caducidade da autorização

A autorização do OIC caduca:

a) Se a subscrição das unidades de participação não tiver início no prazo de 90 dias a contar da notificação da decisão de autorização aos requerentes;
b) Se a entidade gestora renunciar expressamente à autorização ou tiver cessado, há pelo menos seis meses, a sua actividade em relação ao OIC.

ARTIGO 14.º
Revogação de autorização

A CMVM pode revogar a autorização do OIC:
a) Em virtude da violação de normas legais, regulamentares ou constantes dos documentos constitutivos, pela entidade gestora, se o interesse dos participantes e a defesa do mercado o justificarem;
b) Se nos seis meses subsequentes à constituição do OIC não houver dispersão de 25% das suas unidades de participação por um número mínimo de 100 participantes ou o OIC não atingir o valor líquido global de € 1250000;
c) Se o grau de dispersão das unidades de participação, o número de participantes ou o valor líquido global não cumprirem o disposto na alínea anterior durante mais de seis meses.

ARTIGO 15.º
Comercialização

1 – Para efeitos do presente diploma, existe comercialização de unidades de participação de OIC nos casos em que se verifique qualquer das condições do n.º 3 do artigo 1.º, sem prejuízo do disposto no número seguinte.

2 – Não se considera existir comercialização sempre que a oferta de unidades de participação tenha exclusivamente como destinatários finais investidores institucionais.

ARTIGO 16.º
Alterações

Dependem de aprovação prévia da CMVM as alterações aos documentos constitutivos do OIC e aos contratos celebrados pela entidade gestora com o depositário e as entidades comercializadoras.

ARTIGO 17.º
Transformação

Os OICVM harmonizados não podem ser transformados em OICVM não harmonizados ou em outros OIC.

ARTIGO 18.º
Fusão e cisão

Os OIC podem ser objecto de fusão e cisão nos termos definidos em regulamento.

ARTIGO 19.º
Dissolução

1 – Os OIC dissolvem-se por:
a) Decurso do prazo por que foram constituídos;
b) Decisão da entidade gestora fundada no interesse dos participantes;
c) Deliberação da assembleia geral de participantes, nos casos aplicáveis;
d) Caducidade da autorização;
e) Revogação da autorização;
f) Cancelamento do registo, dissolução, ou qualquer outro motivo que determine a impossibilidade de a entidade gestora continuar a exercer as suas funções, se, nos 30 dias subsequentes ao facto, a CMVM declarar a impossibilidade de substituição da mesma.

2 – O facto que origina a dissolução e o prazo para liquidação:
a) São imediatamente comunicados à CMVM e publicados pela entidade gestora, nas situações previstas nas alíneas a) a d) do n.º 1;
b) São publicados pela entidade gestora, assim que for notificada da decisão da CMVM, nas situações previstas nas alíneas e) e f) do n.º 1;
c) São objecto de imediato aviso ao público, afixado em todos os locais de comercialização das unidades de participação, pelas respectivas entidades comercializadoras.

3 – A dissolução produz efeitos desde:
a) A publicação, nas situações da alínea a) do número anterior;
b) A notificação da decisão da CMVM, nas situações da alínea b) do número anterior.

4 – Os actos referidos no número anterior determinam a imediata suspensão da subscrição e do resgate das unidades de participação.

ARTIGO 20.º
Liquidação, partilha e extinção

1 – São liquidatárias dos OIC as respectivas entidades gestoras, salvo disposição em contrário nos documentos constitutivos, ou designação de pessoa diferente pela CMVM, nas situações previstas nas alíneas e) e f) do n.º 1 do artigo anterior, caso em que a remuneração do liquidatário constituirá encargo da entidade gestora.

2 – Durante o período de liquidação:
a) Não têm de ser cumpridos os deveres de informação sobre o valor diário das unidades de participação e sobre a composição da carteira do OIC;

b) O liquidatário realiza apenas as operações adequadas à liquidação, observando na alienação dos activos o disposto no presente diploma, designadamente no artigo 47.º;
c) O liquidatário não fica sujeito às normas relativas à actividade do OIC que forem incompatíveis com o processo de liquidação;
d) O depositário mantém os seus deveres e responsabilidades.

3 – O valor final de liquidação por unidade de participação é divulgado nos cinco dias subsequentes ao seu apuramento, pelos meios previstos para a divulgação do valor diário das unidades de participação e da composição da carteira do OIC.

4 – O pagamento aos participantes do produto da liquidação do OIC não excederá em cinco dias úteis o prazo previsto para o resgate, salvo se, mediante justificação devidamente fundamentada pela entidade gestora, a CMVM autorizar um prazo superior.

5 – Se o liquidatário não proceder à alienação de alguns activos do OIC no prazo fixado para a liquidação, o pagamento a efectuar aos participantes inclui o montante correspondente ao respectivo valor de mercado no termo desse prazo, entendendo-se para este efeito, no caso de activos não cotados, o último valor da avaliação.

6 – Se a alienação dos activos referidos no número anterior vier a ser realizada por um valor superior àquele que foi considerado para os efeitos de pagamento aos participantes, a diferença entre os valores é, assim que realizada, imediatamente distribuída aos participantes do OIC à data da liquidação.

7 – Os rendimentos gerados pelos activos referidos no n.º 5 até à data da sua alienação, assim como quaisquer outros direitos patrimoniais gerados pelo OIC até ao encerramento da liquidação, são, assim que realizados, imediatamente distribuídos aos participantes do OIC à data da liquidação.

8 – As contas da liquidação do OIC, contendo a indicação expressa das operações efectuadas fora de mercado regulamentado, se for o caso, são enviadas à CMVM, acompanhadas de um relatório de auditoria elaborado por auditor registado na CMVM, no prazo de cinco dias contados do termo da liquidação.

9 – O OIC considera-se extinto no momento da recepção pela CMVM das contas da liquidação.

CAPÍTULO III
OIC fechados

ARTIGO 21.º
Regime aplicável

Os OIC fechados obedecem ao disposto no presente diploma em tudo quanto não for incompatível com a sua natureza, com as especificidades constantes do presente capítulo.

ARTIGO 22.º
Participantes, unidades de participação e capital

1 – Para os efeitos do disposto na alínea *b*) do artigo 14.º, é considerado o número mínimo de 30 participantes.

2 – Salvo o disposto no n.º 1 do artigo 24.º, não é permitido o resgate de unidades de participação.

3 – Mediante alteração aos documentos constitutivos, podem ser emitidas novas unidades de participação para subscrição, desde que:
   a) A emissão tenha sido aprovada em assembleia de participantes convocada para o efeito; e
   b) O preço de subscrição corresponda ao valor da unidade de participação do dia da liquidação financeira, calculado nos termos do artigo 58.º, e exista parecer do auditor, elaborado com uma antecedência não superior a 30 dias em relação àquele dia, que se pronuncie expressamente sobre a avaliação do património do OIC efectuada pela entidade gestora.

4 – Para o efeito da alínea *b*) do número anterior, tratando-se de OIC cujas unidades de participação estejam admitidas à negociação em mercado regulamentado, a entidade gestora fixa o preço no intervalo entre o valor apurado nos termos referidos naquela alínea e o valor da última cotação verificada no período de referência definido no prospecto de emissão, pronunciando-se o auditor igualmente sobre o preço fixado.

5 – O número de unidades de participação do OIC só pode ser reduzido no caso do resgate previsto no n.º 1 do artigo 24.º, sendo necessário que o valor da unidade de participação corresponda ao do último dia do período inicialmente previsto para a duração do OIC e que exista parecer do auditor, elaborado com uma antecedência não superior a 30 dias em relação à data do resgate, que se pronuncie expressamente sobre a avaliação do património do OIC efectuada pela entidade gestora.

ARTIGO 23.º
Assembleias de participantes

1 – Nos OIC fechados dependem de deliberação favorável da assembleia de participantes:
   a) O aumento das comissões que constituem encargo do OIC ou dos participantes;
   b) A alteração da política de investimento;
   c) A emissão de novas unidades de participação para subscrição e respectivas condições;
   d) A prorrogação da duração do OIC ou a passagem a duração indeterminada;
   e) A fusão com outro ou outros OIC;
   f) A substituição da entidade gestora;
   g) A liquidação do OIC, quando este não tenha duração determinada ou quando se pretenda que a liquidação ocorra antes do termo da duração inicialmente prevista;

h) Outras matérias que os documentos constitutivos façam depender de deliberação favorável da assembleia de participantes.

2 – A assembleia de participantes não pode pronunciar-se sobre decisões concretas de investimento ou aprovar orientações ou recomendações sobre esta matéria para além do disposto na alínea *b*) do número anterior, salvo previsão diversa dos documentos constitutivos.

3 – A convocação e o funcionamento da assembleia de participantes regem-se pelo disposto na lei para as assembleias de accionistas, salvo previsão diversa dos documentos constitutivos, nos termos da alínea *d*) do n.º 3 do artigo 65.º

ARTIGO 24.º
Duração

1 – Os OIC fechados de duração determinada não podem exceder 10 anos, sendo permitida a sua prorrogação, uma ou mais vezes, por período não superior ao inicial, mediante deliberação da assembleia de participantes nesse sentido, tomada nos últimos seis meses do período anterior, sendo sempre permitido o resgate das unidades de participação pelos participantes que tenham votado contra a prorrogação.

2 – Os OIC fechados de duração indeterminada só são autorizados se nos documentos constitutivos estiver prevista a admissão à negociação em mercado regulamentado das suas unidades de participação.

ARTIGO 25.º
Subscrição de unidades de participação

1 – A subscrição das unidades de participação de OIC fechados está sujeita ao estipulado no título III do Código dos Valores Mobiliários, salvo o disposto no presente artigo.

2 – O registo da emissão é oficiosamente concedido pela CMVM com a aprovação do prospecto da emissão, relativamente aos OIC autorizados nos termos do presente diploma.

3 – O prazo da oferta tem a duração máxima de 30 dias.

4 – O fundo de investimento considera-se constituído na data da liquidação financeira, que ocorre no final do período de subscrição para todos os participantes.

ARTIGO 26.º
Recusa de autorização

Sem prejuízo do disposto no artigo 12.º, a CMVM pode ainda recusar a autorização para a constituição de OIC fechados enquanto não estiverem integralmente subscritas as unidades de participação de outros OIC fechados geridos pela mesma entidade gestora.

ARTIGO 27.º
Revogação da autorização

Sem prejuízo do disposto no artigo 14.º, a CMVM pode ainda revogar a autorização dos OIC fechados se a admissão à negociação em mercado regulamentado das suas unidades de participação, quando exigível, não se verificar no prazo de um ano após a constituição do OIC.

ARTIGO 28.º
Liquidação, partilha e extinção

O reembolso das unidades de participação ocorre no prazo máximo de dois meses a contar da data da dissolução, podendo ser efectuados reembolsos parciais.

TÍTULO II
Das entidades relacionadas com os OIC

CAPÍTULO I
Entidades gestoras

SECÇÃO I
Disposições gerais

ARTIGO 29.º
Entidades gestoras

1 – Podem ser entidades gestoras de OIC:
 a) As sociedades gestoras de fundos de investimento mobiliário;
 b) Se o OIC for fechado, as instituições de crédito referidas nas alíneas a) a e) do artigo 3.º do Regime Geral das Instituições de Crédito e Sociedades Financeiras que disponham de fundos próprios não inferiores a 7,5 milhões de euros.

2 – O início da actividade de gestão depende da autorização e do registo prévios legalmente exigidos.

3 – A CMVM pode, excepcionalmente, autorizar a substituição da entidade gestora se houver acordo do depositário e os documentos constitutivos do OIC o permitirem.

4 – A entidade gestora e o depositário respondem solidariamente, perante os participantes, pelo cumprimento dos deveres legais e regulamentares aplicáveis e das obrigações decorrentes dos documentos constitutivos dos OIC.

5 – A entidade gestora e o depositário indemnizam os participantes, nos termos e condições definidos em regulamento, pelos prejuízos causados em consequência de situações imputáveis a qualquer deles, designadamente:

a) Erros e irregularidades na avaliação ou na imputação de operações à carteira do OICVM;
b) Erros e irregularidades no processamento das subscrições e resgates;
c) Cobrança de quantias indevidas.

ARTIGO 30.º
Remuneração

1 – O exercício da actividade de gestão de OIC é remunerado através de uma comissão de gestão.

2 – Apenas podem ser receitas da entidade gestora, nessa qualidade:
a) A comissão de gestão, nos termos estabelecidos nos documentos constitutivos;
b) As comissões de subscrição, resgate ou transferência de unidades de participação relativas aos OIC por si geridos, na medida em que os documentos constitutivos lhas atribuam, nos termos previstos em regulamento;
c) Outras como tal estabelecidas em regulamento.

SECÇÃO II
Objecto social e fundos próprios

ARTIGO 31.º
Objecto social das sociedades gestoras de fundos de investimento mobiliário

1 – As sociedades gestoras de fundos de investimento mobiliário têm por objecto principal a actividade de gestão de um ou mais OIC.

2 – No exercício das suas funções, compete à entidade gestora, designadamente:
a) Praticar os actos e operações necessários à boa concretização da política de investimento, em especial:
   i) Seleccionar os activos para integrar os OIC;
   ii) Adquirir e alienar os activos dos OIC, cumprindo as formalidades necessárias para a válida e regular transmissão dos mesmos;
   iii) Exercer os direitos relacionados com os activos dos OIC;
b) Administrar os activos do OIC, em especial:
   i) Prestar os serviços jurídicos e de contabilidade necessários à gestão do OIC, sem prejuízo da legislação específica aplicável a estas actividades;
   ii) Esclarecer e analisar as reclamações dos participantes;
   iii) Avaliar a carteira e determinar o valor das unidades de participação e emitir declarações fiscais;
   iv) Observar e controlar a observância das normas aplicáveis, dos documentos constitutivos dos OIC e dos contratos celebrados no âmbito dos OIC;

v) Proceder ao registo dos participantes;
vi) Distribuir rendimentos;
vii) Emitir e resgatar unidades de participação;
viii) Efectuar os procedimentos de liquidação e compensação, incluindo enviar certificados;
ix) Conservar os documentos;
c) Comercializar as unidades de participação dos OIC que gere.

3 – As sociedades gestoras de fundos de investimento mobiliário podem também comercializar, em Portugal, unidades de participação de OIC geridos por outrem, domiciliados ou não em Portugal.

4 – Em cumulação com a actividade de gestão de OICVM harmonizados, as sociedades gestoras de fundos de investimento mobiliário podem ser autorizadas a exercer as seguintes actividades:
a) Gestão discricionária e individualizada de carteiras por conta de outrem, incluindo as correspondentes a fundos de pensões, com base em mandato conferido pelos investidores, a exercer nos termos do Decreto-Lei n.º 163/94, de 4 de Junho, desde que as carteiras incluam instrumentos enumerados na secção B do anexo da Directiva n.º 93/22/CEE, do Conselho, de 10 de Maio;
b) Consultoria para investimento relativa a activos a que se refere a alínea anterior.

5 – As sociedades gestoras de fundos de investimento mobiliário só podem ser autorizadas a exercer a actividade referida na alínea b) do número anterior se estiverem autorizadas ao exercício da actividade referida na alínea a) do mesmo número.

6 – As sociedades gestoras de fundos de investimento mobiliário podem ser autorizadas a exercer as actividades de:
a) Gestão de fundos de capital de risco, nos termos do Decreto-Lei n.º 319/2002, de 28 de Dezembro; e
b) Gestão de fundos de investimento imobiliário, nos termos do Decreto-Lei n.º 60/2002, de 20 de Março.

ARTIGO 32.º
Fundos próprios das sociedades gestoras de fundos de investimento mobiliário

1 – Sem prejuízo do disposto no número seguinte, os fundos próprios das sociedades gestoras de fundos de investimento mobiliário não podem ser inferiores às seguintes percentagens do valor líquido global das carteiras sob gestão:
a) Até 75 milhões de euros – 0,5%;
b) No excedente – 0,1%.

2 – Sem prejuízo do disposto no número seguinte, não podem ser exigidos fundos próprios em montante superior a 10 milhões de euros.

3 – Independentemente do montante dos requisitos referidos nos números anteriores, os fundos próprios das sociedades gestoras de fundos de investimento

mobiliário não podem ser inferiores ao montante prescrito no anexo IV da Directiva n.º 93/6/CEE, do Conselho, de 15 de Março.

4 – Para os efeitos do disposto no n.º 1, entende-se por carteira sob gestão qualquer OIC gerido pela sociedade gestora de fundos de investimento mobiliário, incluindo os OIC em relação aos quais delegou as funções de gestão, mas excluindo os OIC que gere por delegação.

5 – As sociedades gestoras de fundos de investimento mobiliário que exerçam as actividades referidas no n.º 4 do artigo anterior ficam ainda sujeitas ao regime de supervisão em base individual e em base consolidada aplicável às empresas de investimento e, no que se refere a estas actividades, às normas prudenciais específicas aplicáveis às sociedades gestoras de patrimónios.

6 – As sociedades gestoras de fundos de investimento mobiliário que exerçam as actividades mencionadas no n.º 6 do artigo anterior ficam ainda sujeitas ao regime de fundos próprios definidos nos diplomas que regem aquelas actividades.

SECÇÃO III
Deveres

ARTIGO 33.º
Deveres gerais

1 – A entidade gestora, no exercício das suas funções, age de modo independente e no exclusivo interesse dos participantes.

2 – A entidade gestora está sujeita, nomeadamente, aos deveres de gerir os OIC de acordo com um princípio de divisão do risco e de exercer as funções que lhe competem de acordo com critérios de elevada diligência e competência profissional.

3 – A entidade gestora não pode exercer os direitos de voto inerentes aos valores mobiliários detidos pelos OIC que gere:
   a) Através de representante comum a entidade que com ela se encontre em relação de domínio ou de grupo;
   b) No sentido de apoiar a inclusão ou manutenção de cláusulas estatutárias de intransmissibilidade, cláusulas limitativas do direito de voto ou outras cláusulas susceptíveis de impedir o êxito de ofertas públicas de aquisição;
   c) Com o objectivo principal de reforçar a influência societária por parte de entidade que com ela se encontre em relação de domínio ou de grupo.

ARTIGO 34.º
Conflito de interesses e operações proibidas

1 – É vedado aos trabalhadores e aos órgãos de administração da entidade gestora que exerçam funções de decisão e execução de investimentos exercer quaisquer funções noutra sociedade gestora de fundos de investimento.

2 – Os membros dos órgãos de administração da entidade gestora agem de modo independente e no exclusivo interesse dos participantes.

3 – Cada OIC gerido pela entidade gestora constitui-se como um seu cliente, nomeadamente para os efeitos do disposto nos números seguintes e no artigo 309.º do Código dos Valores Mobiliários.

4 – Sempre que sejam emitidas ordens conjuntas para vários OIC, a entidade gestora efectua a distribuição proporcional dos activos e respectivos custos.

5 – A sociedade gestora de fundos de investimento mobiliário autorizada também a exercer a actividade de gestão discricionária e individualizada de carteiras por conta de outrem, com base em mandato conferido pelos investidores, não pode investir a totalidade ou parte da carteira de um cliente em unidades de participação do OIC que gere ou cujas unidades de participação comercializa, salvo com o consentimento prévio daquele, que poderá ser dado em termos genéricos.

6 – À entidade gestora é vedado:
 a) Contrair empréstimos e conceder crédito, incluindo a prestação de garantias, por conta própria;
 b) Efectuar, por conta própria, vendas a descoberto de valores mobiliários;
 c) Adquirir, por conta própria, unidades de participação de OIC, com excepção daqueles que sejam enquadráveis no tipo de OIC de tesouraria ou equivalente e que não sejam por si geridos;
 d) Adquirir, por conta própria, outros valores mobiliários de qualquer natureza, com excepção dos de dívida pública e obrigações admitidas à negociação em mercado regulamentado que tenham sido objecto de notação correspondente pelo menos a A ou equivalente por uma sociedade de notação de risco registada na CMVM ou internacionalmente reconhecida;
 e) Adquirir imóveis para além do indispensável à prossecução directa da sua actividade e até à concorrência dos seus fundos próprios.

7 – À entidade gestora que seja instituição de crédito não é aplicável o disposto no número anterior.

SECÇÃO IV
Subcontratação

ARTIGO 35.º
Princípios

1 – A entidade gestora pode subcontratar as funções de gestão de investimentos e de administração, nos termos definidos no presente diploma e em regulamento.

2 – A subcontratação referida no número anterior obedece aos seguintes princípios:
 a) Definição periódica dos critérios de investimento pela entidade gestora;
 b) Não esvaziamento da actividade da entidade gestora;
 c) Manutenção da responsabilidade da entidade gestora e do depositário pelo cumprimento das disposições que regem a actividade;
 d) Detenção pela entidade subcontratada das qualificações e capacidades necessárias ao desempenho das funções subcontratadas;

e) Dever de controlo do desempenho das funções subcontratadas pela entidade gestora, garantindo que são realizadas no interesse dos participantes, designadamente dando à entidade subcontratada instruções adicionais ou resolvendo o subcontrato, sempre que tal for do interesse dos participantes.

3 – A entidade subcontratada fica sujeita aos mesmos deveres que impendem sobre a entidade gestora, nomeadamente para efeitos de supervisão.

4 – A subcontratação não pode comprometer a eficácia da supervisão da entidade gestora nem impedir esta de actuar, ou os OIC de serem geridos, no exclusivo interesse dos participantes.

ARTIGO 36.º
Entidades subcontratadas

1 – A gestão de investimentos só pode ser subcontratada a intermediários financeiros autorizados e registados para o exercício das actividades de gestão discricionária e individualizada de carteiras por conta de outrem, com base em mandato conferido pelos investidores ou de gestão de OIC.

2 – A actividade de gestão de investimentos não pode ser subcontratada ao depositário ou a outras entidades cujos interesses possam colidir com os da entidade gestora ou com os dos participantes.

3 – Compete à entidade gestora demonstrar a inexistência da colisão de interesses referida no número anterior.

4 – Só pode ser subcontratada a gestão de investimentos a uma entidade com sede num Estado que não seja membro da União Europeia se estiver garantida a cooperação entre a autoridade de supervisão nacional e a autoridade de supervisão daquele Estado.

ARTIGO 37.º
Informação

1 – A entidade gestora informa a CMVM dos termos de cada subcontrato antes da sua celebração.

2 – O prospecto completo identifica as funções que a entidade gestora subcontrata.

CAPÍTULO II
Depositários

ARTIGO 38.º
Depositários

1 – Os activos que constituem a carteira do OIC são confiados a um único depositário.

2 – Podem ser depositárias as instituições de crédito referidas nas alíneas *a*) a *e*) do artigo 3.º do Regime Geral das Instituições de Crédito e Sociedades Financeiras que disponham de fundos próprios não inferiores a 7,5 milhões de euros e tenham sede em Portugal ou num outro Estado membro da União Europeia e sucursal em Portugal.

3 – As relações entre a entidade gestora e o depositário regem-se por contrato escrito, sujeito a aprovação da CMVM.

4 – A substituição do depositário depende de autorização da CMVM.

5 – A entidade gestora não pode exercer as funções de depositário dos OIC que gere.

6 – O depositário pode subscrever unidades de participação dos OIC relativamente aos quais exerce as funções referidas no artigo 40.º, sendo que a aquisição de unidades de participação já emitidas só pode ter lugar nos termos definidos em regulamento.

7 – A limitação constante do número anterior não é aplicável à aquisição de unidades de participação de OIC fechados.

ARTIGO 39.º
Remuneração

O exercício da actividade de depositário é remunerado através de uma comissão de depósito.

ARTIGO 40.º
Deveres dos depositários

1 – O depositário, no exercício das suas funções, age de modo independente e no exclusivo interesse dos participantes.

2 – O depositário está sujeito, nomeadamente, aos seguintes deveres:
  a) Cumprir a lei, os regulamentos, os documentos constitutivos dos OIC e os contratos celebrados no âmbito dos OIC;
  b) Guardar os activos dos OIC;
  c) Receber em depósito ou inscrever em registo os activos do OIC;
  d) Efectuar todas as aquisições, alienações ou exercício de direitos relacionados com os activos do OIC de que a entidade gestora o incumba, salvo se forem contrários à lei, aos regulamentos ou aos documentos constitutivos;
  e) Assegurar que nas operações relativas aos activos que integram o OIC a contrapartida lhe é entregue nos prazos conformes à prática do mercado;
  f) Verificar a conformidade da situação e de todas as operações sobre os activos do OIC com a lei, os regulamentos e os documentos constitutivos;
  g) Pagar aos participantes os rendimentos das unidades de participação e o valor do resgate, reembolso ou produto da liquidação;
  h) Elaborar e manter actualizada a relação cronológica de todas as operações realizadas para os OIC;

i) Elaborar mensalmente o inventário discriminado dos valores à sua guarda e dos passivos dos OIC;
j) Fiscalizar e garantir perante os participantes o cumprimento da lei, dos regulamentos e dos documentos constitutivos dos OIC, designadamente no que se refere:
  i) À política de investimentos;
  ii) À aplicação dos rendimentos do OIC;
  iii) Ao cálculo do valor, à emissão, ao resgate e ao reembolso das unidades de participação.

3 – A guarda dos activos dos OIC pode ser confiada, no todo ou em parte, com o acordo da entidade gestora, a um terceiro, através de contrato escrito, o que não afecta a responsabilidade do depositário.

CAPÍTULO III
Entidades comercializadoras

ARTIGO 41.º
Entidades comercializadoras

1 – As unidades de participação de OIC são colocadas pelas entidades comercializadoras.

2 – Podem ser entidades comercializadoras de unidades de participação:
a) As entidades gestoras;
b) Os depositários;
c) Os intermediários financeiros registados ou autorizados junto da CMVM para o exercício das actividades de colocação em ofertas públicas de distribuição ou de recepção e transmissão de ordens por conta de outrem;
d) Outras entidades como tal previstas em regulamento.

3 – As relações entre a entidade gestora e as entidades comercializadoras regem-se por contrato escrito, sujeito a aprovação da CMVM.

4 – As entidades comercializadoras respondem, solidariamente com a entidade gestora, perante os participantes pelos danos causados no exercício da sua actividade.

ARTIGO 42.º
Deveres das entidades comercializadoras

1 – As entidades comercializadoras agem, no exercício das suas funções, de modo independente e no exclusivo interesse dos participantes.

2 – As entidades comercializadoras estão sujeitas, nomeadamente, ao dever de disponibilizar ao subscritor ou participante, nos termos do presente diploma ou de regulamento, a informação que para o efeito lhes tenha sido remetida pela entidade gestora.

CAPÍTULO IV
Outras entidades

ARTIGO 43.º
Auditores

1 – Os relatórios e contas dos OIC são objecto de relatório elaborado por auditor registado na CMVM, nos termos do artigo 67.º

2 – O auditor comunica à CMVM os factos, que conheça no exercício das suas funções, que sejam susceptíveis de constituir infracção às normas legais ou regulamentares que regulam a actividade dos OIC ou de levar à elaboração de um relatório de auditoria que exprima uma opinião com reservas, uma escusa de opinião ou uma opinião adversa.

TÍTULO III
Da actividade dos OICVM

CAPÍTULO I
Património dos OICVM

SECÇÃO I
Activos

ARTIGO 44.º
Valores mobiliários e instrumentos do mercado monetário

1 – Para efeitos do presente título, entende-se por valores mobiliários as acções e outros valores equivalentes, obrigações e outros títulos representativos de dívida e quaisquer valores negociáveis que confiram o direito de aquisição daqueles valores mobiliários mediante subscrição ou troca, com excepção dos instrumentos financeiros derivados.

2 – Para efeitos do presente título, entende-se por instrumentos do mercado monetário os instrumentos transaccionáveis, normalmente negociados no mercado monetário, que sejam líquidos e cujo valor possa ser determinado com precisão a qualquer momento, nomeadamente bilhetes do tesouro, certificados de depósito, papel comercial e outros títulos de dívida de curto prazo que sejam negociáveis.

ARTIGO 45.º
Conteúdo da carteira

1 – As carteiras dos OICVM são constituídas por activos de elevada liquidez, que se enquadrem nas seguintes alíneas:

a) Valores mobiliários e instrumentos do mercado monetário:
   i) Admitidos à cotação ou negociados num mercado regulamentado de Estados membros da União Europeia, na acepção do n.º 13 do artigo 1.º da Directiva n.º 93/22/CEE, do Conselho, de 10 de Maio, ou noutro mercado de um Estado membro, regulamentado, com funcionamento regular reconhecido e aberto ao público;
   ii) Admitidos à cotação ou negociados noutros mercados regulamentados, com funcionamento regular, reconhecidos e abertos ao público, de Estados terceiros, desde que a escolha desse mercado seja prevista na lei ou nos documentos constitutivos ou aprovada pela CMVM;
b) Valores mobiliários recentemente emitidos, desde que as condições de emissão incluam o compromisso de que será apresentado o pedido de admissão à negociação num dos mercados referidos na alínea anterior e desde que tal admissão seja obtida o mais tardar antes de um ano a contar da data da emissão;
c) Unidades de participação:
   i) De OICVM autorizados nos termos da Directiva n.º 85/611/CEE, do Conselho, de 20 de Dezembro;
   ii) De outros OIC, desde que:

Correspondam à noção de OICVM harmonizado do n.º 5 do artigo 1.º;

Sejam autorizados ao abrigo de legislação que os sujeite a um regime de supervisão que a CMVM considere equivalente à prevista no presente diploma, e que esteja assegurada a cooperação com as autoridades competentes para a supervisão;

Assegurem aos participantes um nível de protecção equivalente ao que resulta do presente diploma, nomeadamente no que diz respeito a segregação de activos, empréstimos e vendas a descoberto;

Elaborem relatórios anuais e semestrais que permitam uma avaliação do seu activo e passivo, receitas e transacções; e

Não possam, nos termos dos documentos constitutivos, investir mais de 10% dos seus activos em unidades de participação de OIC;

d) Depósitos bancários à ordem ou a prazo não superior a 12 meses e que sejam susceptíveis de mobilização antecipada, junto de instituições de crédito com sede em Estado membro da União Europeia ou num Estado terceiro, desde que, neste caso, sujeitas a normas prudenciais equivalentes às que constam da legislação comunitária;
e) Instrumentos financeiros derivados negociados nos mercados regulamentados referidos na alínea *a*);
f) Instrumentos financeiros derivados transaccionados fora de mercado regulamentado desde que:
   i) Os activos subjacentes constem do presente número ou sejam índices financeiros, taxas de juro, de câmbio ou divisas nos quais o OICVM possa efectuar as suas aplicações, nos termos dos documentos constitutivos;
   ii) As contrapartes nas transacções sejam instituições sujeitas a supervisão prudencial; e

iii) Os instrumentos estejam sujeitos a avaliação diária fiável e verificável e possam ser vendidos, liquidados ou encerrados a qualquer momento pelo seu justo valor, por iniciativa do OICVM;

g) Instrumentos do mercado monetário diferentes dos referidos na alínea *a*), cuja emissão ou emitente seja objecto de regulamentação para efeitos de protecção dos investidores ou da poupança, desde que:

i) Sejam emitidos ou garantidos por órgãos da administração central, regional ou local, ou pelo banco central de um Estado membro da União Europeia, pelo Banco Central Europeu, pela União Europeia, pelo Banco Europeu de Investimento, por um terceiro Estado, por um Estado membro de uma federação ou por uma instituição internacional de carácter público a que pertençam um ou mais Estados membros da União Europeia;

ii) Sejam emitidos por uma sociedade emitente de valores mobiliários admitidos à negociação num dos mercados regulamentados referidos na alínea *a*);

iii) Sejam emitidos ou garantidos por uma instituição sujeita a supervisão prudencial, de acordo com critérios definidos pela legislação comunitária, ou sujeita a regras prudenciais equivalentes; ou

iv) Sejam emitidos por outras entidades, reconhecidas pela CMVM, desde que o investimento nesses valores confira aos investidores uma protecção equivalente à referida nas alíneas *i*), *ii*) e *iii*) anteriores e o emitente:

Seja uma sociedade com capital e reservas de montante mínimo de 10 milhões de euros que apresente e publique as suas contas anuais em conformidade com a Directiva n.º 78/660/CEE, do Conselho, de 25 de Julho; e

Seja uma entidade que, dentro de um grupo que inclua diversas sociedades cotadas, se especialize no financiamento do grupo; ou

Seja uma entidade especializada no financiamento de veículos de titularização que beneficiam de linha de liquidez bancária.

2 – Um OICVM pode investir até 10% do seu valor líquido global em valores mobiliários e instrumentos do mercado monetário diferentes dos referidos no número anterior.

3 – A título acessório, podem fazer parte dos OICVM meios líquidos:

a) Para fazer face a pagamentos relativos a resgates;
b) Resultantes da venda de activos do OICVM e para posterior reinvestimento;
c) Em resultado da suspensão do investimento nos valores referidos no n.º 1, devido a condições desfavoráveis do mercado.

4 – Não podem ser adquiridos para os OICVM metais preciosos nem certificados representativos destes.

ARTIGO 46.º
Técnicas e instrumentos de gestão

1 – As entidades gestoras podem utilizar técnicas e instrumentos adequados à gestão eficaz dos activos do OICVM, nos termos definidos no presente diploma ou em regulamento, e de acordo com os documentos constitutivos.

2 – A entidade gestora comunica à CMVM a utilização das técnicas e instrumentos a que se refere o número anterior, incluindo o tipo de instrumentos financeiros derivados, os riscos subjacentes, os limites quantitativos e os métodos utilizados para calcular os riscos associados à transacção de instrumentos financeiros derivados por cada OICVM.

3 – A exposição de cada OICVM em instrumentos derivados não pode exceder o seu valor líquido global.

4 – A exposição a que se refere o número anterior é calculada tendo em conta o valor de mercado dos activos subjacentes, o risco de contraparte, os futuros movimentos do mercado e o tempo disponível para liquidar as posições.

5 – Sempre que um valor mobiliário ou instrumento do mercado monetário incorpore instrumentos financeiros derivados, estes últimos são tidos em conta para efeitos de cálculo dos limites impostos à utilização de instrumentos financeiros derivados.

6 – A entidade gestora utiliza processos de gestão de riscos que lhe permitam em qualquer momento controlar e avaliar as suas posições em instrumentos financeiros derivados e a respectiva contribuição para o perfil de risco geral da carteira, os quais deverão permitir uma avaliação precisa e independente dos instrumentos financeiros derivados negociados fora de mercado regulamentado.

ARTIGO 47.º
Operações fora de mercado regulamentado

1 – As operações sobre activos admitidos à negociação em mercado regulamentado realizadas por conta dos OICVM só podem ser efectuadas fora desse mercado nos casos em que daí resulte uma inequívoca vantagem para os participantes, designadamente quando os preços de compra ou de venda sejam mais favoráveis do que a respectiva cotação, ou noutras situações definidas em regulamento.

2 – As operações referidas no número anterior são objecto de registo especial organizado pela entidade gestora.

3 – A entidade gestora não pode efectuar as operações referidas no n.º 1 quando envolvam valores integrados em carteiras sob a sua gestão.

ARTIGO 48.º
Endividamento

As entidades gestoras podem contrair empréstimos por conta dos OICVM que gerem, com a duração máxima de 120 dias, seguidos ou interpolados, num período de um ano e até ao limite de 10% do valor líquido global do OICVM, sem prejuízo da utilização de técnicas de gestão relativas a empréstimo e reporte de valores mobiliários.

SECÇÃO II
Limites

ARTIGO 49.º
Limites por entidade

1 – Um OICVM não pode investir mais de 10% do seu valor líquido global em valores mobiliários e instrumentos do mercado monetário emitidos por uma mesma entidade, sem prejuízo do disposto no número seguinte.

2 – O conjunto dos valores mobiliários e instrumentos do mercado monetário que, por emitente, representem mais de 5% do valor líquido global do OICVM, não pode ultrapassar 40% deste valor.

3 – O limite referido no número anterior não é aplicável a depósitos e a transacções sobre instrumentos financeiros derivados realizadas fora de mercado regulamentado quando a contraparte for uma instituição sujeita a supervisão prudencial.

4 – O limite referido no n.º 1 é elevado para 35% no caso de valores mobiliários e instrumentos do mercado monetário emitidos ou garantidos por um Estado membro da União Europeia, pelas suas autoridades locais ou regionais, por um terceiro Estado ou por instituições internacionais de carácter público a que pertençam um ou mais Estados membros da União Europeia.

5 – O limite referido no n.º 1 é elevado para 25% no caso de obrigações hipotecárias emitidas por uma instituição de crédito sedeada num Estado membro da União Europeia, podendo o investimento neste tipo de activos atingir o máximo de 80% do valor líquido global do OICVM, desde que essa possibilidade esteja expressamente prevista nos documentos constitutivos.

6 – Das condições de emissão das obrigações referidas no número anterior tem de resultar, nomeadamente, que o valor por elas representado está garantido por activos que cubram completamente, até ao vencimento das obrigações, os compromissos daí decorrentes e que sejam afectados por privilégio ao reembolso do capital e ao pagamento dos juros devidos em caso de incumprimento do emitente.

7 – Sem prejuízo do disposto nos n.ºs 4 e 5, um OICVM não pode acumular um valor superior a 20% do seu valor líquido global em valores mobiliários, instrumentos do mercado monetário, depósitos e exposição a instrumentos financeiros derivados fora de mercado regulamentado junto da mesma entidade.

8 – Os limites previstos nos n.ºs 1 a 5 não podem ser acumulados.

9 – Os valores mobiliários e instrumentos do mercado monetário referidos nos n.ºs 4 e 5 não são considerados para aplicação do limite de 40% estabelecido no n.º 2.

10 – Um OICVM pode investir até 100% do seu valor líquido global em valores mobiliários ou instrumentos do mercado monetário emitidos ou garantidos por um Estado membro da União Europeia, pelas suas autoridades locais ou regionais,

por instituições internacionais de carácter público a que pertençam um ou mais Estados membros da União Europeia ou por um terceiro Estado, desde que respeitem, pelo menos, a seis emissões diferentes e que os valores pertencentes a cada emissão não excedam 30% do valor líquido global do OICVM.

11 – O investimento referido no número anterior impõe a identificação expressa, nos documentos constitutivos e em qualquer publicação de natureza promocional, dos emitentes em que se pretende investir mais de 35% do valor líquido global do OICVM, bem como a inclusão de uma menção que evidencie a especial natureza da sua política de investimentos.

12 – Os valores a que se refere a alínea *b*) do n.º 1 do artigo 45.º não podem, em cada momento, exceder 10% do valor líquido global do OICVM, passando, no termo do prazo ali previsto, a ser considerados para os efeitos do limite previsto no n.º 2 daquele artigo.

13 – As sociedades incluídas no mesmo grupo para efeitos de consolidação de contas, na acepção da Directiva n.º 83/349/CEE, do Conselho, de 13 de Junho, ou em conformidade com regras contabilísticas internacionalmente reconhecidas, são consideradas como uma única entidade para efeitos de cálculo dos limites previstos no presente artigo.

14 – Para efeitos do cálculo dos limites previstos no presente artigo consideram-se os activos subjacentes aos instrumentos financeiros derivados em que o OICVM invista.

ARTIGO 50.º
Limites por OIC

1 – Um OICVM não pode investir mais de 20% do seu valor líquido global em unidades de participação de um único OIC previstas na alínea *c*) do n.º 1 do artigo 45.º.

2 – Um OICVM não pode investir, no total, mais de 30% do seu valor líquido global em unidades de participação de OIC previstas na alínea *ii*) da alínea *c*) do n.º 1 do artigo 45.º

3 – Quando um OICVM detiver unidades de participação de OIC, os activos que integram estes últimos não contam para efeitos dos limites por entidade referidos nos artigos 49.º, 51.º e 52.º

ARTIGO 51.º
Limites em derivados

1 – A exposição do OICVM a uma mesma contraparte em transacções com instrumentos financeiros derivados fora de mercado regulamentado não pode ser superior a:
  a) 10% do seu valor líquido global, quando a contraparte for uma instituição de crédito na acepção da alínea *d*) do n.º 1 do artigo 45.º;
  b) 5% do seu valor líquido global, nos restantes casos.

2 – No caso de investimento em instrumentos financeiros derivados baseados num índice, os valores que o integram não contam para efeitos dos limites referidos nos artigos 49.º e 52.º

ARTIGO 52.º
Limites por grupo

Um OICVM não pode investir mais de 20% do seu valor líquido global em valores mobiliários e instrumentos do mercado monetário emitidos por entidades que se encontrem em relação de grupo.

ARTIGO 53.º
Limites de OICVM de índices

1 – Um OICVM pode investir até ao máximo de 20% do seu valor líquido global em acções ou títulos de dívida emitidos pela mesma entidade quando o objectivo da sua política de investimentos for a reprodução da composição de um determinado índice de acções ou de títulos de dívida, reconhecido pela CMVM, que respeite os seguintes critérios:
 a) Tenha uma composição suficientemente diversificada;
 b) Represente um padrão de referência adequado em relação aos mercados a que diz respeito; e
 c) Seja objecto de adequada publicação.
2 – O limite referido no número anterior é elevado para 35%, apenas em relação a uma única entidade, se tal for justificado por condições excepcionais verificadas nos mercados regulamentados em que predominem determinados valores mobiliários ou instrumentos do mercado monetário.

ARTIGO 54.º
Limites de OICVM fechados

A composição da carteira dos OICVM fechados obedece ao disposto nas secções I e II do presente capítulo, com as seguintes especificidades:
 a) O limite previsto no artigo 48.º é elevado para 20%;
 b) O limite previsto no n.º 2 do artigo 49.º não é aplicável;
 c) O limite previsto no n.º 2 do artigo 45.º é elevado para 25%.

ARTIGO 55.º
Situações excepcionais

1 – Os limites previstos nesta secção e no n.º 2 do artigo 45.º podem ser ultrapassados em resultado do exercício ou conversão de direitos inerentes a valores

mobiliários ou a instrumentos do mercado monetário detidos pelos OICVM ou em virtude de variações significativas dos preços de mercado, nos termos definidos em regulamento.

2 – Nas situações referidas no número anterior, as decisões em matéria de investimentos têm por objectivo prioritário a regularização da situação no prazo máximo de seis meses, tendo em conta o interesse dos participantes.

3 – Os limites previstos nos artigos 45.º, n.º 2, e 49.º a 54.º podem ser ultrapassados durante os primeiros seis meses de actividade dos OICVM.

SECÇÃO III
Encargos e receitas

ARTIGO 56.º
Encargos e receitas

1 – Constituem encargos do OICVM:
a) A comissão de gestão e a comissão de depósito, destinadas a remunerar os serviços prestados pela entidade gestora e pelo depositário do OICVM, respectivamente;
b) Os custos de transacção dos activos do OICVM;
c) Os custos emergentes das auditorias exigidas por lei ou regulamento;
d) Outras despesas e encargos devidamente documentados e que decorram de obrigações legais, nas condições a definir em regulamento;
e) A taxa de supervisão devida à CMVM.

2 – Sempre que um OICVM invista em unidades de participação de OIC geridos, directamente ou por delegação, ou comercializados pela mesma entidade gestora, ou por entidade gestora que com aquela se encontre em relação de domínio ou de grupo, ou ligada no âmbito de uma gestão comum ou por participação de capital directa ou indirecta superior a 20%, não podem ser cobradas quaisquer comissões de subscrição ou de resgate nas respectivas operações.

3 – Um OICVM que invista uma parte importante dos seus activos em unidades de participação de OIC indica nos seus documentos constitutivos o nível máximo de comissões de gestão que podem ser cobradas em simultâneo ao próprio OICVM e aos restantes OIC em que pretenda investir, especificando no seu relatório e contas anual a percentagem de comissões de gestão cobradas ao OICVM e aos restantes OIC em que investiu.

4 – Constituem, nomeadamente, receitas dos OICVM as resultantes do investimento ou transacção dos activos que os compõem, sem prejuízo do disposto no número seguinte, bem como os rendimentos desses activos.

5 – O destino das receitas ou proveitos pagos à entidade gestora ou a entidades que com ela se encontrem em relação de domínio ou de grupo em consequência directa ou indirecta do exercício da sua actividade é definido em lei ou regulamento.

SECÇÃO IV
Valorização das carteiras e das unidades de participação

ARTIGO 57.º
Princípio de valorização

A carteira do OICVM é avaliada ao seu valor de mercado, de acordo com as regras fixadas nos seus documentos constitutivos, nos termos definidos em regulamento.

ARTIGO 58.º
Cálculo e divulgação do valor das unidades de participação

1 – O valor das unidades de participação determina-se dividindo o valor líquido global do OICVM pelo número de unidades de participação em circulação.

2 – O valor das unidades de participação dos OICVM é calculado e divulgado todos os dias úteis, excepto o valor das unidades de participação dos OICVM fechados, que é divulgado mensalmente, com referência ao último dia do mês anterior.

3 – O valor das unidades de participação é divulgado em todos os locais de comercialização e respectivos meios.

CAPÍTULO II
Conflitos de interesses e operações proibidas

ARTIGO 59.º
Participações qualificadas

1 – A entidade gestora não pode, relativamente ao conjunto de OICVM que gere, realizar operações por conta destes que sejam susceptíveis de lhe conferir uma influência significativa sobre qualquer sociedade.

2 – A entidade gestora não pode, relativamente ao conjunto de OICVM que gere, adquirir acções que lhe confiram mais de 20% dos direitos de voto numa sociedade ou que lhe permitam exercer uma influência significativa na sua gestão.

3 – Não podem fazer parte de um OICVM mais de:
 a) 10% das acções sem direito de voto de um mesmo emitente;
 b) 10% das obrigações de um mesmo emitente;
 c) 25% das unidades de participação de um mesmo OICVM;
 d) 10% dos instrumentos do mercado monetário de um mesmo emitente.

4 – Os limites previstos nas alíneas b), c) e d) do número anterior podem não ser respeitados no momento da aquisição se, nesse momento, o montante ilíquido das obrigações ou dos instrumentos do mercado monetário ou o montante líquido dos títulos emitidos não puder ser calculado.

5 – O disposto nos números anteriores não se aplica no caso de valores mobiliários e instrumentos do mercado monetário emitidos ou garantidos por um Estado membro da União Europeia, pelas suas autoridades locais ou regionais, por instituições internacionais de carácter público a que pertençam um ou mais Estados membros da União Europeia ou por um terceiro Estado.

6 – O conjunto dos OICVM geridos por uma entidade gestora não pode deter mais de:
  a) 20% das acções sem direito de voto de um mesmo emitente;
  b) 50% das obrigações de um mesmo emitente;
  c) 60% das unidades de participação de um mesmo OICVM.

ARTIGO 60.º
Operações proibidas

1 – A entidade gestora não pode realizar por conta dos OICVM que gere, para além das referidas nos números seguintes, quaisquer operações susceptíveis de gerarem conflitos de interesses com:
  a) A entidade gestora;
  b) As entidades que detenham participações superiores a 10% do capital social ou dos direitos de voto da entidade gestora;
  c) As entidades que se encontrem em relação de domínio ou de grupo com a entidade gestora, ou as entidades com quem aquelas se encontrem em relação de domínio ou de grupo;
  d) As entidades em que a entidade gestora, ou entidade que com aquela se encontre em relação de domínio ou de grupo, detenha participação superior a 20% do capital social ou dos direitos de voto;
  e) O depositário ou qualquer entidade que com este se encontre numa das relações referidas nas alíneas b), c) e d);
  f) Os membros dos órgãos sociais de qualquer das entidades referidas nas alíneas anteriores;
  g) O pessoal e demais colaboradores de qualquer das entidades referidas nas alíneas a) a e);
  h) Os diferentes OICVM por si geridos.

2 – A entidade gestora tem o dever de conhecer as relações previstas neste artigo.

3 – A entidade gestora não pode, por conta dos OICVM que gere, adquirir ou deter activos emitidos, detidos ou garantidos por qualquer das entidades referidas no n.º 1.

4 – A proibição constante do número anterior não se aplica se:
  a) A transacção dos valores mobiliários for realizada no mercado regulamentado em que se encontram admitidos; ou
  b) Os valores mobiliários:
    i) Forem adquiridos em oferta pública de subscrição cujas condições incluam o compromisso de que será apresentado o pedido da sua admissão à negociação em mercado regulamentado;

ii) O emitente tenha valores mobiliários do mesmo tipo já admitidos nesse mercado regulamentado; e

iii) A admissão seja obtida o mais tardar no prazo de seis meses a contar da apresentação do pedido.

5 – Na situação prevista na alínea *b)* do número anterior, se a admissão dos valores não ocorrer no prazo referido, os valores são alienados nos 15 dias subsequentes ao termo daquele prazo.

6 – A entidade gestora não pode alienar activos detidos pelos OICVM que gere às entidades referidas no n.º 1, salvo na situação prevista na alínea *a)* do n.º 4.

7 – A detenção dos activos referida neste artigo abrange a titularidade, o usufruto, as situações que conferem ao detentor o poder de administrar ou dispor dos activos, bem como aquelas em que, não tendo nenhum destes poderes, é o real beneficiário dos seus frutos ou pode de facto deles dispor ou administrá-los.

8 – A entidade gestora não pode:

a) Onerar por qualquer forma os valores dos OICVM, salvo para a realização das operações previstas nos artigos 46.º e 48.º;

b) Conceder crédito ou prestar garantias por conta dos OICVM, não obstante a possibilidade de serem adquiridos para os OICVM valores mobiliários, instrumentos do mercado monetário ou os activos referidos nas alíneas *c)*, *e)*, *f)* e *g)* do n.º 1 do artigo 45.º não inteiramente realizados;

c) Efectuar por conta dos OICVM vendas a descoberto dos activos referidos nas alíneas *a)*, *b)*, *c)*, *e)*, *f)* e *g)* do n.º 1 do artigo 45.º;

d) Adquirir para o OICVM quaisquer activos objecto de garantias reais, penhora ou procedimentos cautelares.

CAPÍTULO III
Informação

SECÇÃO I
Documentos constitutivos

ARTIGO 61.º
Documentos constitutivos

A entidade gestora elabora, para cada OICVM por si gerido, os seguintes documentos constitutivos:

a) Prospecto simplificado;
b) Prospecto completo; e
c) Regulamento de gestão.

ARTIGO 62.º
Prospectos

1 – Para cada OICVM são elaborados um prospecto simplificado e um prospecto completo, mantidos actualizados, cujo conteúdo permita ao investidor tomar uma decisão esclarecida sobre o investimento que lhe é proposto, nomeadamente sobre os riscos a ele inerentes.

2 – Os prospectos e as respectivas alterações são enviados à CMVM pela entidade gestora para aprovação e são divulgados no sistema de difusão de informação da CMVM.

3 – Todas as acções publicitárias relativas a um OICVM informam da existência dos prospectos e dos locais e formas da sua obtenção ou acesso.

4 – O OICVM só pode ser publicitado depois de ter sido autorizada a sua constituição.

ARTIGO 63.º
Prospecto simplificado

1 – O prospecto simplificado contém os elementos informativos constantes do anexo I ao presente diploma, que dele constitui parte integrante.

2 – O prospecto simplificado pode ser usado como documento de comercialização em qualquer Estado membro da União Europeia, sem prejuízo da necessidade da sua eventual tradução.

ARTIGO 64.º
Prospecto completo

O prospecto completo integra, pelo menos, o regulamento de gestão e os elementos constantes do anexo II ao presente diploma, que dele constitui parte integrante, sendo disponibilizado aos investidores que o solicitem, sem qualquer encargo.

ARTIGO 65.º
Regulamento de gestão

1 – O regulamento de gestão contém os elementos identificadores do OICVM, da entidade gestora, do depositário, das entidades subcontratadas e das funções que exercem, e define de forma clara os direitos e obrigações dos participantes, da entidade gestora e do depositário, as condições para a substituição destas entidades, a política de investimentos e as condições de liquidação.

2 – O regulamento de gestão indica, nomeadamente:
a) A denominação do OICVM, que não pode estar em desacordo com a política de investimentos e de rendimentos, o capital subscrito e realizado e a data de constituição;

b) A denominação e sede da entidade gestora, as condições da sua substituição e a identificação das funções e entidades efectivamente subcontratadas;
c) A denominação e sede do depositário e as condições da sua substituição;
d) A identificação das entidades comercializadoras e dos meios de comercialização utilizados;
e) A política de investimentos do OICVM, de forma a identificar claramente o seu objectivo, os activos que podem integrar a sua carteira, o nível de especialização, se existir, em termos sectoriais, geográficos ou por tipo de activo, os limites do endividamento, destacando especialmente, nos casos aplicáveis:
   i) A finalidade prosseguida com a utilização de instrumentos financeiros derivados, consoante seja para efeitos de cobertura de risco ou como técnica de gestão, e a respectiva incidência no perfil de risco;
   ii) A identificação do índice que o OICVM reproduz;
   iii) A identificação das entidades, nos termos do n.º 11 do artigo 49.º, em que o OICVM prevê investir mais de 35% do seu activo global;
   iv) As especiais características do OICVM em função da composição da carteira ou das técnicas de gestão da mesma, designadamente a sua elevada volatilidade;
f) A política de rendimentos do OICVM, definida objectivamente por forma, em especial, a permitir verificar se a política é de capitalização ou de distribuição, parcial ou total e, neste caso, quais os critérios e periodicidade de distribuição;
g) A política geral da entidade gestora relativa ao exercício dos direitos de voto inerentes às acções detidas pelo OICVM, se for o caso;
h) A existência de comissões de subscrição, de resgate e de transferência entre OICVM e indicação dos respectivos valores;
i) O valor da unidade de participação para efeitos de subscrição e de resgate, indicando se a subscrição e o resgate se fazem pelo valor da unidade de participação divulgado na data dos pedidos ou pelo valor do dia subsequente;
j) A identificação das unidades de participação, com indicação das diferentes categorias e características e da existência de direito de voto dos participantes, se for o caso;
l) O montante mínimo exigível por subscrição;
m) O prazo máximo para efeitos de pagamento dos pedidos de resgate;
n) O valor inicial da unidade de participação para efeitos de constituição do OICVM;
o) As condições de transferência de unidades de participação de OIC;
p) Todos os encargos suportados pelo OICVM;
q) O valor, o modo de cálculo e as condições de cobrança das comissões de gestão e de depósito, e o valor máximo das comissões de gestão no caso previsto no n.º 3 do artigo 56.º;
r) As condições de suspensão das operações de subscrição e resgate das unidades de participação;
s) As regras de cálculo do valor dos activos do OICVM;

t) As regras de cálculo do valor das unidades de participação, incluindo o momento do dia utilizado como referência para o cálculo.

3 – O regulamento de gestão de um OICVM fechado indica ainda:
 a) O número de unidades de participação;
 b) A menção relativa à solicitação da admissão à negociação em mercado regulamentado;
 c) Nos OICVM com duração determinada, a possibilidade e as condições da sua prorrogação;
 d) As competências e regras de convocação e funcionamento das assembleias de participantes;
 e) O prazo de subscrição, os critérios de rateio e o regime da subscrição incompleta, aplicáveis na constituição do OICVM e na emissão de novas unidades de participação;
 f) A existência de garantias, prestadas por terceiros, de reembolso do capital ou de pagamento de rendimentos, e os respectivos termos e condições;
 g) O regime de liquidação do OICVM;
 h) A sua duração.

ARTIGO 66.º
Alterações aos documentos constitutivos

1 – As alterações aos documentos constitutivos estão sujeitas a aprovação prévia da CMVM, considerando-se aprovadas se esta não se lhes opuser no prazo de 15 dias a contar da recepção do respectivo pedido ou do envio de elementos complementares, entrando em vigor até 5 dias úteis após a aprovação da CMVM ou o decurso do prazo referido.

2 – As alterações constantes no n.º 4 consideram-se tacitamente indeferidas, se a CMVM não notificar a decisão à entidade gestora no prazo referido no número anterior.

3 – Excluem-se do disposto no n.º 1, efectuando-se por mera comunicação à CMVM, e entrando em vigor no momento da comunicação, as alterações relativas às seguintes matérias:
 a) Alteração da denominação e sede da entidade gestora, do depositário ou das entidades comercializadoras;
 b) Redução dos montantes globais cobrados a título de comissões de gestão, depósito, subscrição, resgate e transferência ou fixação de outras condições mais favoráveis;
 c) Meras adaptações a alterações legislativas ou regulamentares.

4 – Os participantes são informados, no prazo máximo de 30 dias a contar da notificação à entidade gestora, da aprovação da CMVM, nos termos definidos em regulamento, das alterações de que resulte:
 a) Aumento global das comissões de gestão e de depósito suportadas pelo OICVM;
 b) Modificação significativa da política de investimentos, como tal considerada pela CMVM;

c) Modificação da política de rendimentos;
d) Substituição da entidade gestora, depositário ou alteração dos titulares da maioria do capital social da entidade gestora.

5 – As alterações referidas no número anterior entram em vigor 45 dias após a aprovação pela CMVM.

6 – Nos casos em que se verifique um aumento global das comissões de gestão e de depósito a suportar pelo OICVM ou uma modificação substancial da política de investimentos, os participantes podem proceder ao resgate das unidades de participação sem pagar a respectiva comissão, até um mês após a entrada em vigor das alterações.

SECÇÃO II
Contas

ARTIGO 67.º
Relatórios e contas dos OICVM

1 – A entidade gestora elabora, para cada OICVM, um relatório e contas anual, relativo ao exercício findo em 31 de Dezembro anterior, e um relatório e contas semestral, referente ao 1.º semestre do exercício, que integram os seguintes documentos:
  a) Relatório de gestão, incluindo, nomeadamente, a descrição da actividade e dos principais acontecimentos relativos ao OICVM no período;
  b) Balanço;
  c) Demonstração de resultados;
  d) Demonstração de fluxos de caixa; e
  e) Anexos aos documentos referidos nas alíneas *b)* a *d)*.

2 – No relatório do auditor, sobre os relatórios e contas dos OICVM, este deve pronunciar-se, nomeadamente, sobre:
  a) A adequada avaliação efectuada pela entidade gestora dos valores do OICVM, em especial no que respeita aos valores mobiliários e instrumentos do mercado monetário não admitidos à negociação em mercado regulamentado e aos instrumentos financeiros derivados transaccionados fora de mercado regulamentado;
  b) O cumprimento dos critérios de avaliação definidos nos documentos constitutivos;
  c) O controlo das operações a que se refere o artigo 47.º;
  d) O controlo dos movimentos de subscrição e de resgate das unidades de participação.

ARTIGO 68.º
Divulgação

1 – Os relatórios e contas do OICVM e os respectivos relatórios do auditor são publicados e enviados à CMVM no prazo de:

a) Três meses contados do termo do exercício anterior, para os relatórios anuais;
b) Dois meses contados do termo do semestre do exercício, para os relatórios semestrais.

2 – A publicação referida no número anterior poderá ser substituída pela divulgação de um aviso com a menção de que os documentos se encontram à disposição do público nos locais indicados nos documentos constitutivos e que os mesmos poderão ser enviados sem encargos aos participantes que o requeiram.

3 – Os relatórios e contas são facultados, sem qualquer encargo, aos investidores e aos participantes que os solicitem, estando disponíveis ao público nos termos indicados nos documentos constitutivos.

ARTIGO 69.º
Contabilidade

1 – A contabilidade dos OICVM é organizada nos termos definidos em regulamento.

2 – A entidade gestora envia à CMVM até ao dia 10 do mês seguinte o balancete mensal do OICVM.

SECÇÃO III
Outra informação

ARTIGO 70.º
Meios de publicação

1 – Salvo disposição em contrário, a publicação ou divulgação de informações impostas por este diploma são efectuadas através de um dos seguintes meios:
a) Sistema de difusão de informação da CMVM;
b) Meio de comunicação de grande divulgação em Portugal;
c) Boletim oficial de uma sociedade gestora de mercados com sede em Portugal.

2 – Nos casos em que a publicação ou divulgação se efectue através de um dos meios referidos nas alíneas b) e c) do número anterior, a entidade gestora envia à CMVM cópia no prazo de três dias após a mesma.

ARTIGO 71.º
Composição da carteira

A entidade gestora publica e envia à CMVM a composição discriminada da carteira de cada OICVM, o respectivo valor líquido global e o número de unidades de participação em circulação, nos termos de regulamento.

ARTIGO 72.º
Rendibilidade e risco

As medidas ou índices de rendibilidade e risco dos OICVM comercializados em Portugal são calculados e divulgados nos termos definidos em regulamento.

ARTIGO 73.º
Dever de comunicação sobre transacções

1 – Os membros dos órgãos de administração e os demais responsáveis pelas decisões de investimento dos OICVM informam a respectiva entidade gestora sobre as aquisições e alienações de acções ou de valores mobiliários que dão direito à aquisição de acções, efectuadas por eles, pelos respectivos cônjuges, por pessoas que com eles se encontrem em relação de dependência económica e por sociedades por eles dominadas, quer as aquisições sejam efectuadas em nome próprio, em representação ou por conta de terceiros, ou por estes por conta daqueles, no prazo de cinco dias contados da aquisição ou da alienação.

2 – A entidade gestora envia à CMVM as informações recebidas em cumprimento do disposto no número anterior.

ARTIGO 74.º
Direitos de voto

As entidades gestoras comunicam à CMVM e ao mercado a justificação do sentido de exercício do direito de voto inerente a acções da carteira dos OICVM que gerem, nos termos a definir em regulamento.

CAPÍTULO IV
Comercialização

SECÇÃO I
Comercialização em Portugal

ARTIGO 75.º
Subscrição e resgate

1 – As unidades de participação são subscritas e o pagamento do seu resgate é efectuado nas condições e termos fixados nos documentos constitutivos.

2 – O valor da unidade de participação para efeitos de subscrição e de resgate é, de acordo com os documentos constitutivos, o divulgado no dia do pedido ou no dia útil seguinte.

ARTIGO 76.º
Comissões

1 – Apenas podem ser cobradas aos participantes as comissões de subscrição, de resgate e de transferência, nas condições fixadas nos documentos constitutivos.

2 – O aumento das comissões de resgate ou de transferência ou o agravamento das suas condições de cálculo só podem ser aplicados em relação às unidades de participação subscritas após a entrada em vigor das respectivas alterações.

ARTIGO 77.º
Suspensão

1 – Em circunstâncias excepcionais e sempre que o interesse dos participantes ou do mercado o aconselhe, as operações de subscrição e resgate das unidades de participação podem ser suspensas por decisão da entidade gestora ou da CMVM.

2 – A entidade gestora comunica previamente à CMVM a suspensão referida no número anterior.

SECÇÃO II
Comercialização transfronteiriça

ARTIGO 78.º
Comercialização em Portugal

1 – A comercialização em Portugal de unidades de participação de OICVM domiciliados noutro Estado membro da União Europeia que obedeçam ao disposto na Directiva n.º 85/611/CEE, do Conselho, de 20 de Dezembro, é precedida do envio à CMVM dos seguintes elementos:
  a) Certificado actualizado emitido pela autoridade competente do Estado membro de origem atestando que o OICVM reúne os requisitos daquela directiva;
  b) Regulamento de gestão ou contrato de sociedade, se for o caso;
  c) Prospectos completo e simplificado;
  d) Se for o caso, os últimos relatórios e contas anuais e semestrais;
  e) Informação sobre as modalidades previstas para a comercialização das unidades de participação.

2 – A comercialização das unidades de participação do OICVM pode iniciar-se dois meses após o envio dos elementos referidos no número anterior, salvo se a CMVM se opuser, com fundamento no não cumprimento das disposições legislativas, regulamentares e administrativas aplicáveis em matéria de comercialização.

3 – Os OICVM adoptam, entre outras, as medidas necessárias, a assegurar em território nacional os pagamentos aos participantes, designadamente os relativos a operações de subscrição e resgate das unidades de participação, e a difusão de informação.

4 – As entidades gestoras dos OICVM facultam em língua portuguesa os documentos e as informações que devam ser publicitados no Estado do seu domicílio e procedem à sua divulgação nos termos aplicáveis aos OICVM nacionais.

5 – A publicidade dos OICVM obedece às disposições nacionais sobre a matéria, designadamente as que constam do Código dos Valores Mobiliários.

6 – A comercialização em Portugal de unidades de participação de OIC domiciliados no estrangeiro que não obedeçam aos requisitos do n.º 1 está sujeita a autorização da CMVM, nos termos definidos em regulamento.

ARTIGO 79.º
Comercialização no estrangeiro

1 – A comercialização noutro Estado membro da União Europeia de unidades de participação de OIC domiciliados em Portugal é precedida de comunicação à CMVM, sendo remetidos à autoridade competente do Estado membro onde as unidades de participação serão comercializadas, tratando-se de OICVM harmonizado, os elementos referidos no n.º 1 do artigo anterior, para além de outros exigidos nesse Estado.

2 – As entidades gestoras dos OICVM harmonizados distribuem, no Estado membro onde são comercializadas as respectivas unidades de participação na língua ou línguas aceites nesse Estado, os documentos e as informações que devam ser publicitados em Portugal e procedem à sua divulgação segundo as regras aplicáveis nesse Estado.

3 – A liquidação dos OICVM harmonizados e a suspensão das operações de subscrição e de resgate das unidades de participação são imediatamente comunicadas pela CMVM à autoridade competente do Estado membro onde as unidades de participação dos OICVM são comercializadas.

4 – Qualquer decisão de revogar autorização concedida ou qualquer outra medida grave tomada pela CMVM quanto a um OICVM harmonizado é comunicada de imediato à autoridade competente do Estado membro onde as suas unidades de participação são comercializadas.

CAPÍTULO V
Agrupamentos de OICVM e OIC garantidos

ARTIGO 80.º
Agrupamentos

1 – Nos termos a definir em regulamento, podem ser constituídos agrupamentos de OICVM geridos pela mesma entidade gestora, destinados a proporcionar aos participantes vantagens na transferência de unidades de participação.

2 – Os OICVM integrantes de um agrupamento correspondem a um tipo de OICVM aberto, não podendo as suas unidades de participação ser comercializadas fora do agrupamento.

3 – Os agrupamentos de OICVM têm um prospecto completo único e um prospecto simplificado único, que indicam obrigatoriamente as condições especiais de transferência de unidades de participação.

ARTIGO 81.º
OIC garantidos

Nos termos a definir em regulamento, podem ser constituídos OIC que comportem garantias prestadas por terceiros ou que resultem da configuração do seu património, destinadas à protecção do capital, de um certo rendimento ou de um determinado perfil de rendimentos.

TÍTULO IV
Supervisão e regulamentação

ARTIGO 82.º
Supervisão

Sem prejuízo das competências do Banco de Portugal em matéria de supervisão das instituições de crédito e sociedades financeiras, e das da CMVM previstas no Código dos Valores Mobiliários, compete a esta última entidade a supervisão do disposto no presente diploma.

ARTIGO 83.º
Regulamentação

Sem prejuízo das competências do Banco de Portugal, compete à CMVM regulamentar o disposto no presente diploma, nomeadamente, quanto às seguintes matérias:
 a) Tipologia e condições de funcionamento dos OIC;
 b) Unidades de participação com direitos e características especiais;
 c) Pagamentos em espécie ao OIC ou aos participantes;
 d) Separação patrimonial entre compartimentos do OIC;
 e) Documentos que instruem os pedidos de autorização e aprovação;
 f) Formalidades e prazos de dissolução e liquidação de OIC, requisitos dos liquidatários, conteúdo das contas de liquidação e do respectivo relatório do auditor e formas de liberação do dever de pagar o produto da liquidação;
 g) Fusão e cisão de OIC;
 h) Subcontratação de funções compreendidas na actividade de gestão de OIC;
 i) Operações de empréstimo e reporte de valores mobiliários e utilização de instrumentos financeiros derivados na gestão dos activos dos OIC;
 j) Operações, por conta dos OIC, sobre activos admitidos à negociação em mercados regulamentados realizadas fora desse mercado, e respectivo registo;

l) Receitas e encargos dos OIC;
m) Afectação de receitas e proveitos pagos, à entidade gestora ou a outras entidades em consequência do exercício da actividade daquela;
n) Avaliação dos activos dos OIC e cálculo do valor das unidades de participação;
o) Compensação dos participantes em consequência de erros, irregularidades, ou outros eventos e prestação de informação à CMVM sobre esses factos;
p) Conteúdo dos documentos constitutivos do OIC;
q) Deveres de prestação de informação ao público, aos participantes, à CMVM, às entidades gestoras de mercados e de sistemas, pelas entidades gestoras, depositários e entidades comercializadoras ou terceiros prestadores de serviços e por estes entre si;
r) Contabilidade dos OIC;
s) Cálculo e divulgação pública de medidas ou índices de rendibilidade e risco dos OICVM;
t) Comercialização de unidades de participação de OIC, designadamente os deveres das entidades comercializadoras, as condições a que estão sujeitas, o conteúdo mínimo do contrato de comercialização, os requisitos relativos aos diferentes meios de comercialização e regras relativas à subscrição e resgate;
u) Suspensão das operações de resgate e subscrição;
v) Comercialização em Portugal de unidades de participação de OIC domiciliados no estrangeiro;
x) Agrupamentos de OIC;
z) OIC com património ou rendimentos garantidos e regime da garantia.

ANEXO I
Prospecto simplificado

Apresentação sintética do OICVM:

Data de criação e duração do OICVM e Estado membro onde foi registado/
/constituído;
Identificação dos compartimentos, se existirem;
Depositário;
Auditor;
Grupo financeiro.

Informações relativas aos investimentos:

Definição sintética dos objectivos do OICVM;
Política de investimento do OICVM e seu perfil de risco, destacando o tipo de OICVM, e menções especiais em função da natureza dos activos em que investe;

Evolução histórica dos resultados do OICVM e aviso de que não se trata de um indicador do desempenho futuro;
Perfil do tipo de investidor a que se dirige o OICVM.

Informações de carácter económico:

Regime fiscal;
Comissões de subscrição, de resgate e de transferência;
Outras despesas, distinguindo as que são encargo dos participantes ou do OICVM;
Informações de carácter comercial;
Modalidades de aquisição de unidades de participação;
Modalidades de resgate de unidades de participação;
Indicação das condições de transferência de unidades de participação entre compartimentos ou OICVM, incluindo as comissões aplicáveis;
Frequência e modalidades da distribuição de rendimentos;
Frequência de publicação e divulgação do valor da unidade de participação.

Informações adicionais:

Indicação de que o prospecto completo e os relatórios e contas anuais e semestrais podem ser obtidos gratuitamente, mediante simples pedido, antes ou após a subscrição;
Identificação da autoridade de supervisão;
Indicação de contacto para obtenção de esclarecimentos adicionais;
Data de publicação do prospecto.

ANEXO II
Prospecto completo

Data do prospecto.
Informações relativas ao OICVM:

Indicação dos mercados onde as unidades de participação se encontram admitidas à negociação;
Data de encerramento das contas;
Identificação do auditor do OICVM;
Informação sucinta sobre o regime fiscal aplicável ao OICVM, se relevante, e aos participantes e existência ou não de retenção na fonte sobre mais-valias e rendimentos dos participantes;
Indicação do local onde podem ser obtidos os documentos de prestação de informação financeira;
Identificação dos consultores de investimento e dos elementos essenciais do respectivo contrato de prestação de serviços que possam interessar aos participantes;

Indicação dos locais de divulgação e frequência da publicação do valor da unidade de participação.

Informações relativas à entidade gestora:

Identificação de outros OICVM geridos pela entidade gestora;
Identificação dos membros dos órgãos de fiscalização e de administração da entidade gestora e indicação das principais actividades exercidas por estes últimos fora da entidade gestora, desde que sejam significativas e possam, de algum modo, interferir na actividade daquela.

Evolução histórica dos resultados do OICVM.
Perfil do investidor a que se dirige o OICVM.

16. Fundos de investimento imobiliário

16.1. DECRETO-LEI N.º 60/2002, DE 20 DE MARÇO[297]

A presente revisão do regime jurídico dos fundos de investimento imobiliário (FII) pretende situar-se numa linha de continuidade com a reforma de 1995, desenvolvendo, com base na experiência adquirida, a evolução então iniciada, bem como, na sequência dos objectivos subjacentes à aprovação do Código dos Valores Mobiliários, em 1999, dotar o regime jurídico de acrescida simplicidade e flexibilidade, sem prejuízo de medidas de rigor e inovação.

Neste sentido, restringe-se o âmbito do diploma às questões essenciais de regime, deixando para a Comissão do Mercado de Valores Mobiliários (CMVM) o respectivo desenvolvimento por via regulamentar, cujo objecto e conteúdo são agora ampliados, de modo a permitir uma mais rápida adaptação e actualização, em função da evolução do próprio mercado.

Por outro lado, sem prejuízo dos aspectos comuns de regime, diferenciam-se as exigências a aplicar aos fundos abertos e fechados e, dentro destes, aos fundos objecto de subscrição pública e particular, e cria-se um novo tipo de fundos, designado "fundos mistos". Através de uma regulamentação específica ligeira e flexível – que pressupõe a aplicação tendencial do regime dos fundos abertos e dos fundos fechados, respectivamente, à parte variável e à parte fixa do respectivo capital – pretendeu-se colocar à disposição da indústria um instrumento que, apresentando possibilidades de investimento intermédias entre os fundos abertos e os fundos fechados, permita associar aos capitais de um núcleo estável de investidores predominantemente institucionais, recursos captados junto do público e reembolsáveis a todo o tempo de acordo com um regime próximo do das obrigações emitidas por sociedades anónimas.

Adicionalmente, são também formuladas regras destinadas a fornecer um quadro de referência em matéria de subcontratação, incluindo o recurso aos serviços de colocação de unidades de participação, de modo a permitir enquadrar em termos mais adequados a prática da indústria de fundos nesta matéria.

Outra nota merecedora de relevo prende-se com o reforço do papel dos peritos avaliadores, dada a importância de tal actividade, não apenas enquanto serviço prestado às sociedades gestoras de fundos, mas fundamentalmente enquanto garantia adicional, perante o mercado e os investidores em geral, do rigor e objectividade essenciais à actividade de avaliação de imóveis. Daí que, tendo em vista tais objectivos,

---

[297] DR I-A, n.º 67, de 20 de Março, 2604-2618.

bem como contribuir para assegurar a isenção e independência dos avaliadores, se preveja a possibilidade de virem os mesmos a ser objecto de registo junto da CMVM.

Mais detalhadamente, salientam-se ainda o prosseguimento da separação do regime dos FII relativamente ao dos fundos de investimento mobiliário (FIM), encetada pelo Decreto-Lei n.º 294/95, de 17 de Novembro, quer no plano formal (através da aprovação de um diploma distinto) quer em alguns aspectos de substância. Apesar desse esforço, que tem de reconhecer-se, a tarefa ficou inacabada no objectivo, que agora se cumpre, de retirar todas as ilações da diversidade dos activos em que investem predominantemente as duas grandes categorias de fundos de investimento e dos mercados em que se realizam as respectivas transacções.

Por outro lado, justifica-se igualmente uma diferenciação mais marcada entre o regime dos fundos abertos e o dos fundos fechados, relativamente aos quais a identidade de designação esconde diferenças profundas de natureza e de pressupostos de regulamentação. Assim, admite-se explicitamente o desenvolvimento de projectos de construção de imóveis estabelecendo, no entanto, limites precisos para os investimentos dos FII nesta área, os quais são consideravelmente mais baixos no caso dos fundos abertos.

Ainda no âmbito da "promoção imobiliária", refira-se que a sucessão de regimes jurídicos levanta complicados problemas, designadamente quanto aos fundos que excedem os limites agora impostos. Optou-se, por isso, por consagrar a possibilidade de prorrogação, mediante autorização da CMVM, do prazo previsto para o cumprimento dos restantes limites de composição do património. Desta forma, as entidades gestoras poderão evitar a realização de alienações precipitadas, com inevitáveis prejuízos para os participantes.

No que respeita à possibilidade de detenção de participações em sociedades imobiliárias, o regime projectado afasta completamente essa possibilidade por razões de transparência.

Em contrapartida, o presente diploma vem admitir expressamente sem qualquer limite o investimento em imóveis localizados nos Estados-Membros da União Europeia e, em parte por isso, confere uma maior abertura no tocante às situações jurídicas no âmbito das quais os imóveis podem ser integrados no património dos fundos, bem como às modalidades contratuais que, para além do arrendamento, podem ser utilizadas na sua administração.

De uma certa liberalização pode também falar-se relativamente às transacções do fundo com entidades ligadas à entidade gestora na medida em que, em vez da proibição absoluta, a aquisição de imóveis pelo fundo passa a estar sujeita ao mesmo regime – autorização da CMVM – até aqui aplicável à alienação e ao arrendamento. A solução geral adoptada para estas situações de conflito de interesses consiste numa análise caso a caso pela CMVM, com base nos pareceres dos peritos avaliadores e nas informações complementares apresentadas pela sociedade gestora. Em nenhum caso poderá ser autorizada uma transacção por preço menos favorável do que o resultante da avaliação dos peritos, podendo a Comissão solicitar o parecer de um terceiro perito.

Uma importante alteração relativamente ao regime anterior diz ainda respeito ao modo de aferição dos limites de composição do património, passando a média dos

16.1. *Fundos de investimento imobiliário*

últimos seis meses a ser a referência a considerar, em substituição do valor que pontualmente ultrapasse os limites previstos na lei.

Na regulamentação específica aplicável regista-se também uma clara diferenciação de limites e rácios de composição de carteiras, apresentando naturalmente os fundos fechados um menor nível de exigência. Neste domínio o projecto vai ainda mais longe ao individualizar a categoria dos "fundos fechados de subscrição particular". Estes fundos, reservados a investidores institucionais e, na grande maioria dos casos, tendo na realidade um número limitado de investidores ligados entre si e ou à entidade gestora, ficarão sujeitos a um conjunto mais limitado de regras que se destinam a criar um enquadramento normativo mais adequado às suas características.

No que respeita à valorização dos imóveis que integram o património do fundo, o projecto não resolve directamente o problema, remetendo essa resolução para regulamento da CMVM e procurando, por essa via, uma maior aproximação dos métodos de avaliação seguidos pelas entidades gestoras, acompanhada de um nível de *disclosure* mais exigente neste domínio.

Refira-se, por fim, que num importante conjunto de matérias em que não relevam as mencionadas particularidades dos FII, o presente diploma teve em conta e incorporou as modificações introduzidas pela recente revisão do regime dos FIM. Neste âmbito, destacam-se as regras sobre informação em geral, agora aperfeiçoadas com base num regime de publicitação mais flexível, bem como as regras sobre informação a prestar ao investidor através da adopção de um documento semelhante ao prospecto simplificado.

A importância das alterações que o presente diploma consagra para o reforço da eficiência, integridade, competitividade e transparência do mercado dos fundos de investimento imobiliário, particularmente importantes num momento de recessão económica, em que os fundos assumem um papel primordial na canalização da poupança, por um lado, a larga *vacatio legis* e o período de adaptação consagrados, por outro, as grandes expectativas criadas no mercado em torno das mesmas, por fim, justificam a estrita necessidade e urgência na aprovação do presente diploma.

Foram ouvidos o Banco de Portugal, a Comissão do Mercado de Valores Mobiliários, as associações representativas das instituições do sector e as associações representativas do consumidor.

Assim:

Nos termos da alínea *a*) do n.º 1 do artigo 198.º da Constituição, o Governo decreta o seguinte:

ARTIGO 1.º
Regime jurídico dos fundos de investimento imobiliário

É aprovado o regime jurídico dos fundos de investimento imobiliário, que faz parte integrante do presente decreto-lei.

ARTIGO 2.º
Entrada em vigor

O regime jurídico dos fundos de investimento imobiliário entra em vigor 90 dias após a publicação do presente diploma, sem prejuízo do disposto nos artigos seguintes.

ARTIGO 3.º
Regulamentação

O disposto no artigo anterior não prejudica a aprovação e publicação pela Comissão do Mercado de Valores Mobiliários, adiante designada por CMVM, em data anterior, da regulamentação necessária à aplicação do presente diploma.

ARTIGO 4.º
Fundos de investimento imobiliário em actividade

1 – Os fundos de investimento imobiliário em actividade à data da entrada em vigor do presente diploma devem adaptar-se ao novo regime no prazo de um ano a contar dessa data.

2 – Os fundos de investimento imobiliário devem adequar progressivamente a composição do seu património às regras estabelecidas no presente diploma, não podendo, desde a data da sua entrada em vigor, adquirir qualquer activo ou realizar qualquer operação que lhes esteja vedada pelo presente diploma ou que agrave as situações de ultrapassagem dos limites estabelecidos no mesmo.

3 – Os fundos de investimento imobiliário que, à data da entrada em vigor do presente diploma, tenham um número de participantes inferior a 200 ficam sujeitos ao disposto no artigo 48.º do regime jurídico dos fundos de investimento imobiliário, se tal for requerido pela entidade gestora, com o acordo da totalidade dos participantes, no prazo de três meses a contar da referida data.

4 – Nas situações em que, à data da entrada em vigor do presente diploma, se verifique a ultrapassagem do *rácio* de concentração por arrendatário, deve a entidade gestora, considerado o interesse dos participantes, ter por objectivo prioritário a respectiva regularização.

5 – As entidades gestoras de fundos de investimento imobiliário devem enviar à CMVM, nos termos e prazo por esta definidos em regulamento, informação completa sobre todas as situações de desconformidade das regras do presente diploma, relativamente às matérias de composição do património e das actividades ou operações levadas a cabo pelos fundos de investimento imobiliário sob a sua administração.

6 – As entidades gestoras devem ainda enviar à CMVM, no 9.º mês subsequente à data de entrada em vigor do presente diploma, relatório descritivo das medidas adoptadas em cumprimento do disposto no presente artigo.

ARTIGO 5.º
Pedidos de constituição

Os pedidos de constituição de fundos de investimento imobiliário sobre os quais ainda não tenha recaído decisão na data de entrada em vigor do presente diploma devem adequar-se ao disposto no presente diploma.

ARTIGO 6.º
Disposição revogatória

Com a entrada em vigor do regime jurídico dos fundos de investimento imobiliário é revogado o Decreto-Lei n.º 294/95, de 17 de Novembro, alterado pelo Decreto-Lei n.º 323/97, de 26 de Novembro.

Visto e aprovado em Conselho de Ministros de 14 de Fevereiro de 2002. – *António Manuel de Oliveira Guterres – Guilherme d'Oliveira Martins – António José Martins Seguro.*

Promulgado em 1 de Março de 2002.
Publique-se.
O Presidente da República, JORGE SAMPAIO.

Referendado em 7 de Março de 2002.
O Primeiro-Ministro, *António Manuel de Oliveira Guterres.*

16.2. DECRETO-LEI N.º 252/2003, DE 17 DE OUTUBRO[298]

(...)

ARTIGO 7.º[299]
Alteração ao Decreto-Lei n.º 60/2002, de 20 de Março

Os artigos 6.º e 10.º do Decreto-Lei n.º 60/2002, de 20 de Março, passam a ter a seguinte redacção:

(*As alterações foram introduzidas no texto do Regime Jurídico dos Fundos de Investimento Imobiliário, abaixo publicado, que foi aprovado pelo Decreto-Lei n.º 60/2002*)

(...)

---

[298] DR I-A, n.º 241, de 17 de Outubro, 6938-6959. Cf. *supra*, n.º 3.10., o preâmbulo, a aprovação, a promulgação e a referenda do presente Decreto-Lei.

[299] Os artigos 6.º e 10.º referidos fazem parte do Regime Jurídico dos Fundos de Investimento Imobiliário, a seguir publicado, aprovado pelo Decreto-Lei n.º 60/2002; verifica-se, assim, uma redacção incorrecta deste preceito.

16.3. REGIME JURÍDICO DOS FUNDOS DE INVESTIMENTO IMOBILIÁRIO

CAPÍTULO I
Disposições gerais

SECÇÃO I
Dos fundos de investimento imobiliário

ARTIGO 1.º
Âmbito

A constituição e o funcionamento dos fundos de investimento imobiliário, bem como a comercialização das respectivas unidades de participação, obedecem ao disposto no presente diploma e, subsidiariamente, ao disposto no Código dos Valores Mobiliários.

ARTIGO 2.º
Noção

1 – Os fundos de investimento imobiliário, adiante designados apenas por fundos de investimento, são instituições de investimento colectivo, cujo único objectivo consiste no investimento, nos termos previstos no presente diploma e na respectiva regulamentação, dos capitais obtidos junto dos investidores e cujo funcionamento se encontra sujeito a um princípio de repartição de riscos.

2 – Os fundos de investimento constituem patrimónios autónomos, pertencentes, no regime especial de comunhão regulada pelo presente diploma, a uma pluralidade de pessoas singulares ou colectivas, designadas por participantes, que não respondem, em caso algum, pelas dívidas destes ou das entidades que, nos termos da lei, asseguram a sua gestão.

3 – A designação "fundo de investimento imobiliário" só pode ser utilizada relativamente aos fundos de investimento que se regem pelo presente diploma.

ARTIGO 3.º
Tipos

1 – Os fundos de investimento podem ser abertos, fechados ou mistos.
2 – São abertos os fundos de investimento cujas unidades de participação são em número variável.
3 – São fechados os fundos de investimento cujas unidades de participação são em número fixo.
4 – São mistos os fundos de investimento em que existem duas categorias de unidades de participação, sendo uma em número fixo e outra em número variável.

ARTIGO 4.º
Unidades de participação

1 – Os fundos de investimento são divididos em partes de conteúdo idêntico, sem prejuízo do disposto no n.º 1 do artigo 50.º, denominadas "unidades de participação".
2 – As unidades de participação com o mesmo conteúdo constituem uma categoria.

ARTIGO 5.º
Domicílio

Consideram-se domiciliados em Portugal os fundos de investimento administrados por sociedade gestora cuja sede esteja situada em território português.

SECÇÃO II
Da sociedade gestora

ARTIGO 6.º[300]
Administração dos fundos

1 – Sem prejuízo do disposto no número seguinte, a administração dos fundos de investimento imobiliário é exercida por uma sociedade gestora de fundos de

---

[300] Redacção dada pelo artigo 7.º do Decreto-Lei n.º 252/2003, de 17 de Outubro, publicado acima, em 3.10.; cf., aí, o preâmbulo, a aprovação, a promulgação e a referenda do referido Decreto-Lei. A redacção original era a seguinte:
1 – A administração dos fundos de investimento é exercida por uma sociedade gestora de fundos de investimento imobiliário, adiante designada por sociedade gestora, com sede principal e efectiva da administração em Portugal.
2 – As sociedades gestoras têm por objecto exclusivo a administração, em representação dos participantes, de um ou mais fundos de investimento imobiliário, não podendo uma mesma sociedade gestora administrar simultaneamente fundos de investimento mobiliário e fundos de investimento imobiliário.
3 – (Actual n.º 4)
4 – (Actual n.º 5)

investimento imobiliário, adiante designada por sociedade gestora, com sede principal e efectiva da administração em Portugal.

2 – A administração dos fundos de investimento imobiliário pode também ser exercida por uma sociedade gestora de fundos de investimento mobiliário, sendo-lhe aplicáveis as regras definidas no presente diploma para as sociedades gestoras e para os fundos de investimento imobiliário que administrem.

3 – As sociedades gestoras de fundos de investimento imobiliário têm por objecto exclusivo a administração, em representação dos participantes, de um ou mais fundos de investimento imobiliário.

4 – As sociedades gestoras não podem transferir total ou parcialmente para terceiros os poderes de administração dos fundos de investimento que lhe são conferidos por lei.

5 – A CMVM pode, em casos excepcionais, a requerimento da sociedade gestora, obtido o acordo do depositário e considerando o interesse dos participantes, autorizar a substituição da sociedade gestora.

ARTIGO 7.º
Tipo de sociedade e capital

As sociedades gestoras adoptam a forma de sociedade anónima, sendo o respectivo capital social representado por acções nominativas.

ARTIGO 8.º
Administração e trabalhadores

É vedado aos membros dos órgãos de administração das sociedades gestoras e às pessoas que com as mesmas mantiverem contrato de trabalho exercer quaisquer funções noutras sociedades gestoras de fundos de investimento.

ARTIGO 9.º
Funções

1 – As sociedades gestoras, no exercício das suas funções, devem actuar no interesse exclusivo dos participantes.

2 – Compete às sociedades gestoras, em geral, a prática de todos os actos e operações necessários ou convenientes à boa administração do fundo de investimento, de acordo com critérios de elevada diligência e competência profissional, e, em especial:
   a) Seleccionar os valores que devem constituir o fundo de investimento, de acordo com a política de investimentos prevista no respectivo regulamento de gestão;
   b) Celebrar os negócios jurídicos e realizar todas as operações necessárias à execução da política de investimentos prevista no regulamento de gestão e

exercer os direitos directa ou indirectamente relacionados com os valores do fundo de investimento;
c) Efectuar as operações adequadas à execução da política de distribuição dos resultados prevista no regulamento de gestão do fundo de investimento;
d) Emitir, em ligação com o depositário, as unidades de participação e autorizar o seu reembolso;
e) Determinar o valor patrimonial das unidades de participação;
f) Manter em ordem a escrita do fundo de investimento;
g) Dar cumprimento aos deveres de informação estabelecidos por lei ou pelo regulamento de gestão.

ARTIGO 10.º[301]
Fundos próprios

Os fundos próprios das sociedades gestoras não podem ser inferiores às seguintes percentagens do valor líquido global dos fundos de investimento que administrem:
a) Até 75 milhões de euros – 0,5%;
b) No excedente – 0,1%.

ARTIGO 11.º
Operações vedadas

Às sociedades gestoras é especialmente vedado:
a) Contrair empréstimos por conta própria;
b) Adquirir, por conta própria, unidades de participação de fundos de investimento imobiliário ou mobiliário, com excepção dos fundos de tesouraria;
c) Adquirir por conta própria outros valores mobiliários de qualquer natureza, com excepção dos de dívida pública, de títulos de participação e de obrigações admitidas à negociação em mercado regulamentado que tenham sido objecto de notação, correspondente pelo menos à notação A ou equivalente, por uma empresa de *rating* registada na CMVM ou internacionalmente reconhecida;
d) Conceder crédito, incluindo prestação de garantias, por conta própria;
e) Adquirir, por conta própria, imóveis que não sejam indispensáveis à sua instalação e funcionamento ou à prossecução do seu objecto social;
f) Efectuar, por conta própria, vendas a descoberto sobre valores mobiliários.

---

[301] Redacção dada pelo artigo 7.º do Decreto-Lei n.º 252/2003, de 17 de Outubro, publicado acima, em 3.10.; cf. a nota anterior. A redacção original era a seguinte:
(...)
a) Até 75 milhões de euros – 1%;
(...)

SECÇÃO III
Do depositário

ARTIGO 12.º
Requisitos

1 – Os valores mobiliários que constituam património do fundo de investimento devem ser confiados a um único depositário.

2 – Podem ser depositárias as instituições de crédito referidas nas alíneas *a)* a *f)* do artigo 3.º do Regime Geral das Instituições de Crédito e Sociedades Financeiras, aprovado pelo Decreto-Lei n.º 298/92, de 31 de Dezembro, que disponham de fundos próprios não inferiores a 7,5 milhões de euros.

3 – O depositário deve ter a sua sede em Portugal ou, se tiver sede noutro Estado-Membro da Comunidade Europeia, deve estar estabelecido em Portugal através de sucursal.

4 – A substituição do depositário depende de autorização da CMVM.

ARTIGO 13.º
Funções

1 – Compete, designadamente, ao depositário:
a) Assumir uma função de vigilância e garantir perante os participantes o cumprimento da lei e do regulamento de gestão do fundo de investimento, especialmente no que se refere à política de investimentos e ao cálculo do valor patrimonial das unidades de participação;
b) Pagar aos participantes a sua quota-parte dos resultados do fundo de investimento;
c) Executar as instruções da sociedade gestora, salvo se forem contrárias à lei ou ao regulamento de gestão;
d) Receber em depósito ou inscrever em registo os valores mobiliários do fundo de investimento;
e) Assegurar o reembolso aos participantes, dos pedidos de resgate das unidades de participação.

2 – Compete ainda ao depositário o registo das unidades de participação representativas do fundo de investimento não integradas em sistema centralizado.

SECÇÃO IV
Relações entre a sociedade gestora e o depositário

ARTIGO 14.º
Separação e independência

1 – As funções de administração e de depositário são, relativamente ao mesmo fundo de investimento, exercidas por entidades diferentes.

2 – A sociedade gestora e o depositário, no exercício das suas funções, devem agir de modo independente e no exclusivo interesse dos participantes.

3 – As relações entre a sociedade gestora e o depositário são regidas por contrato escrito, sendo enviada à CMVM uma cópia do mesmo e das suas alterações.

ARTIGO 15.º
Responsabilidade

1 – A sociedade gestora e o depositário respondem solidariamente perante os participantes pelo cumprimento das obrigações contraídas nos termos da lei e do regulamento de gestão.

2 – A sociedade gestora e o depositário respondem, designadamente, pelos prejuízos causados aos participantes em consequência de erros e irregularidades na valorização do património do fundo de investimento e na distribuição dos resultados, definindo a CMVM, por regulamento, os termos de prestação das informações à CMVM e as condições em que os participantes devem ser compensados.

3 – O recurso por parte da sociedade gestora ou do depositário a serviços de terceiras entidades não afecta a responsabilidade prevista no n.º 1.

ARTIGO 16.º
Remuneração

1 – As remunerações dos serviços prestados pela sociedade gestora e pelo depositário constam expressamente do regulamento de gestão do fundo de investimento, podendo a comissão de gestão incluir uma parcela calculada em função do desempenho do fundo de investimento.

2 – O regulamento de gestão pode ainda prever a existência de comissões de subscrição e de resgate.

3 – A CMVM pode regulamentar o disposto no presente artigo, designadamente quanto às condições em que são admitidas as comissões de desempenho.

SECÇÃO V
Das entidades colocadoras e da subcontratação

ARTIGO 17.º
Entidades colocadoras

1 – Tendo em vista a colocação das unidades de participação junto do público, a sociedade gestora pode recorrer aos serviços de entidades colocadoras autorizadas pela CMVM e identificadas no regulamento de gestão.

2 – As entidades colocadoras referidas no número anterior exercem essa actividade por conta da sociedade gestora, de acordo com o contrato celebrado entre

as mesmas, cujos termos, incluindo a indicação dos serviços relacionados com a subscrição que se comprometam a prestar e a correspondente remuneração, devem ser submetidos à aprovação da CMVM.

3 – No exercício da sua actividade, as entidades colocadoras respondem solidariamente com a sociedade gestora, perante os participantes, pelos prejuízos causados pelos seus actos e omissões.

4 – A CMVM pode definir, por regulamento, regras sobre as condições a que devem estar sujeitas as entidades colocadoras, no que se refere aos respectivos meios materiais e humanos, organização e funcionamento, tendo em vista a protecção dos interesses dos investidores.

ARTIGO 18.º
Subcontratação

As entidades gestoras podem recorrer a serviços de terceiras entidades idóneas e habilitadas para o efeito que se revelem convenientes para o exercício da sua actividade, designadamente os de prestação de conselhos especializados sobre as aplicações no âmbito da política de investimentos previamente definida e de execução das operações, sujeita às instruções e responsabilidade das sociedades gestoras, devendo as relações entre a sociedade gestora e estas entidades ser regidas por contrato escrito aprovado pela CMVM.

SECÇÃO VI
Da divulgação de informações

ARTIGO 19.º
Meios de divulgação

1 – Salvo disposição em contrário, os deveres de informação consagrados no presente diploma são cumpridos, em alternativa, através de publicação num jornal de grande circulação em Portugal, através de publicação no boletim editado pela entidade gestora de mercado regulamentado que, em regulamento da CMVM, seja considerado mais representativo, ou através de divulgação no sistema de difusão de informações da CMVM.

2 – Nos casos em que se efectue a publicação através de jornal ou do boletim referidos no número anterior, devem as sociedades gestoras enviar à CMVM uma cópia da publicação realizada, no prazo de três dias a contar da data da mesma.

CAPÍTULO II
Acesso e exercício da actividade

SECÇÃO I
Acesso à actividade

ARTIGO 20.º
Autorização dos fundos

1 – A constituição de fundos de investimento está sujeita a autorização da CMVM, e depende da apresentação de requerimento subscrito pela sociedade gestora, acompanhado dos projectos do regulamento de gestão, do prospecto, e dos contratos a celebrar com o depositário, com as entidades colocadoras e, sendo o caso, com as entidades referidas no artigo 18.º

2 – A CMVM pode solicitar à sociedade gestora informações complementares ou sugerir as alterações aos documentos que considere necessárias.

3 – A decisão deve ser notificada pela CMVM à requerente, no prazo de 60 dias a contar da data de entrada do requerimento ou, se for caso disso, a contar da data de entrada das informações complementares ou das alterações aos documentos referidas no número anterior, mas em caso algum depois de decorridos 90 dias sobre a data inicial de entrada do requerimento.

4 – A falta de notificação da decisão nos termos do número anterior constitui presunção de indeferimento tácito do pedido.

5 – A autorização caduca se a sociedade gestora a ela expressamente renunciar ou se o fundo de investimento não se constituir no prazo de 180 dias após a data de recepção da notificação da autorização.

6 – A CMVM pode revogar a autorização se nos 12 meses subsequentes à data de constituição do fundo de investimento este não atingir um património de € 5 000 000 ou não obedecer aos critérios de dispersão definidos em regulamento da CMVM.

ARTIGO 21.º
Constituição dos fundos

O fundo de investimento considera-se constituído no momento em que a importância correspondente à primeira subscrição de unidades de participação for integrada no respectivo activo, devendo esta data ser comunicada à CMVM.

SECÇÃO II
Do exercício da actividade em geral

ARTIGO 22.º
Regulamento de gestão

1 – A sociedade gestora elabora e mantém actualizado, relativamente a cada fundo de investimento, um regulamento de gestão que contém os elementos identificadores do fundo de investimento, da sociedade gestora e do depositário, e ainda os direitos e obrigações dos participantes, da sociedade gestora e do depositário, a política de investimentos do fundo de investimento e as condições da sua liquidação, devendo indicar, nomeadamente:
   a) A denominação do fundo de investimento, que contém a expressão "Fundo de Investimento Imobiliário", ou a abreviatura "F. I. Imobiliário", e a identificação do tipo não podendo aquela estar em desacordo com as políticas de investimentos e de distribuição dos resultados do fundo de investimento;
   b) A duração do fundo de investimento;
   c) O valor inicial das unidades de participação para efeitos de constituição do fundo de investimento;
   d) Os direitos inerentes às unidades de participação;
   e) A denominação e a sede da sociedade gestora;
   f) A denominação e a sede do depositário;
   g) As entidades colocadoras e os meios de comercialização das unidades de participação;
   h) A política de investimentos, de forma a identificar o seu objectivo, as actividades a desenvolver, designadamente no que respeita à aquisição de imóveis para revenda ou para arrendamento e o desenvolvimento de projectos de construção de imóveis, e o nível de especialização sectorial ou geográfica dos valores que integram o fundo de investimento;
   i) A política de distribuição dos resultados do fundo de investimento, definida objectivamente por forma, em especial, a permitir verificar se se trata de um fundo de investimento de capitalização ou de um fundo de investimento com distribuição, total ou parcial, dos resultados, e, neste caso, quais os critérios e periodicidade dessa distribuição;
   j) A possibilidade de endividamento e, caso prevista, a finalidade e limites do mesmo;
   l) O valor, modo de cálculo e as condições de cobrança das comissões referidas no artigo 16.º;
   m) Todos os encargos que, para além da comissão de gestão e de depósito, são suportados pelo fundo de investimento, nas condições a definir por regulamento da CMVM;
   n) O auditor do fundo de investimento;
   o) Outros elementos exigidos pela CMVM que, tendo em conta as especificidades apresentadas pelo fundo de investimento, sejam considerados relevantes.

2 – O regulamento de gestão deve ser colocado à disposição dos interessados nas instalações da sociedade gestora e do depositário e em todos os locais e através dos meios previstos para a comercialização das unidades de participação do fundo de investimento.

3 – As alterações ao regulamento de gestão estão sujeitas a aprovação prévia da CMVM, considerando-se aprovadas se esta não se lhes opuser no prazo de 15 dias a contar da data da recepção do respectivo pedido ou, se for caso disso, a contar da data da recepção das informações complementares ou das alterações sugeridas pela CMVM, exceptuando-se, no entanto, as alterações ao regulamento de gestão previstas no artigo 39.º, as quais se consideram tacitamente indeferidas caso a CMVM, neste prazo, não notifique a decisão de aprovação.

4 – Excluem-se do disposto do número anterior, efectuando-se por mera comunicação à CMVM, as alterações relativas às seguintes matérias:
  a) Denominação e sede da sociedade gestora;
  b) Denominação e sede do depositário;
  c) Denominação e sede das entidades colocadoras;
  d) Redução das comissões a suportar pelo fundo de investimento ou pelos participantes, devendo ser indicada pela sociedade gestora a data da entrada em vigor destas alterações;
  e) Mera adaptação a alterações legislativas ou regulamentares.

5 – O regulamento de gestão e as alterações correspondentes são objecto de publicação, nos termos previstos no presente diploma.

ARTIGO 23.º
Prospecto

1 – A sociedade gestora elabora e mantém actualizado, relativamente a cada fundo de investimento, um prospecto, cujo conteúdo, definido por regulamento da CMVM, permita ao investidor tomar uma decisão esclarecida sobre o investimento que lhe é proposto.

2 – O prospecto deve conter menção esclarecendo que o mesmo inclui apenas a informação essencial sobre cada fundo de investimento e que informação mais detalhada, incluindo o regulamento de gestão e os documentos de prestação de contas do fundo de investimento, pode ser consultada pelos interessados nas instalações da sociedade gestora e do depositário e em todos os locais e através dos meios previstos para a comercialização das unidades de participação do fundo de investimento.

3 – As alterações ao prospecto que não digam respeito ao conteúdo do regulamento de gestão estão sujeitas à aprovação da CMVM nos termos previstos no n.º 3 do artigo anterior.

4 – Todas as acções publicitárias relativas ao fundo de investimento informam da existência do prospecto a que se refere este artigo, dos locais onde este pode ser obtido e dos meios da sua obtenção.

16.3. Fundos de investimento imobiliário

ARTIGO 24.º
Subscrição de unidades de participação

1 – Previamente à subscrição das unidades de participação, junto da sociedade gestora ou através das entidades colocadoras, deverá ser entregue aos subscritores um exemplar actualizado do prospecto.

2 – A subscrição de unidades de participação implica a aceitação do regulamento de gestão e confere à sociedade gestora os poderes necessários para realizar os actos de administração do fundo de investimento.

3 – As unidades de participação de um fundo de investimento não podem ser emitidas sem que a importância correspondente ao preço de subscrição seja efectivamente integrada no activo do fundo de investimento, salvo se se tratar de desdobramento de unidades já existentes.

4 – A CMVM pode definir, por regulamento, regras adicionais sobre a comercialização de unidades de participação dos fundos de investimento, em especial no que respeita às medidas destinadas a assegurar a prestação de informação adequada aos investidores nas diferentes modalidades de subscrição, quer presencial, quer à distância, e quanto à comercialização das unidades de participação fora do território português.

ARTIGO 25.º
Activo do fundo

1 – O activo de um fundo de investimento apenas pode ser constituído por imóveis e, a título acessório, por liquidez, sem prejuízo do disposto no n.º 7.

2 – Os imóveis podem integrar o activo de um fundo de investimento em direito de propriedade, de superfície, ou através de outros direitos com conteúdo equivalente, devendo encontrar-se livres de ónus ou encargos que dificultem excessivamente a sua alienação.

3 – Os imóveis detidos pelos fundos de investimento correspondem a prédios urbanos ou fracções autónomas e devem estar localizados em Estados-Membros da Comunidade Europeia.

4 – Não podem ser adquiridos para os fundos de investimento imóveis em regime de compropriedade, excepto no que respeita à compropriedade de imóveis funcionalmente ligados à exploração de fracções autónomas do fundo de investimento e do disposto no número seguinte.

5 – Os fundos de investimento podem adquirir imóveis em regime de compropriedade com outros fundos de investimento ou com fundos de pensões, no âmbito do desenvolvimento de projectos de construção de imóveis, e desde que exista um acordo sobre a constituição da propriedade horizontal, o que deverá verificar-se logo que estejam reunidas as condições legais.

6 – Considera-se liquidez, para efeitos do disposto no n.º 1, numerário, depósitos bancários, certificados de depósito, unidades de participação de fundos de tesouraria e valores mobiliários emitidos ou garantidos por um Estado-Membro da Comunidade Europeia com prazo de vencimento residual inferior a 12 meses.

7 – A CMVM pode definir, por regulamento, outros valores que possam integrar o activo de um fundo de investimento.

ARTIGO 26.º
Actividades e operações permitidas

1 – Os fundos de investimento podem desenvolver as seguintes actividades:
a) Aquisição de imóveis para arrendamento ou destinados a outras formas de exploração onerosa;
b) Aquisição de imóveis para revenda.

2 – Os fundos de investimento podem ainda desenvolver projectos de construção de imóveis, com uma das finalidades previstas no número anterior e dentro dos limites definidos para cada tipo de fundo de investimento, podendo a CMVM definir, por regulamento, os termos e condições em que esta actividade pode ser desenvolvida.

3 – Os fundos de investimento podem adquirir imóveis cuja contraprestação seja diferida no tempo, considerando-se este tipo de operações para efeitos da determinação dos limites de endividamento definidos no presente diploma.

4 – A CMVM, pode definir, por regulamento, as condições e limites em que os fundos de investimento podem utilizar instrumentos financeiros derivados para fins de cobertura de riscos.

ARTIGO 27.º
Operações vedadas

1 – Aos fundos de investimento é especialmente vedado:
a) Onerar por qualquer forma os seus valores, excepto para a obtenção de financiamento, dentro dos limites estabelecidos no presente diploma;
b) Conceder crédito, incluindo a prestação de garantias;
c) Efectuar promessas de venda de imóveis que ainda não estejam na titularidade do fundo de investimento, exceptuando-se as promessas de venda de imóveis efectuadas no âmbito da actividade referida no n.º 2 do artigo anterior.

2 – As sociedades gestoras não podem efectuar quaisquer transacções entre diferentes fundos de investimento que administrem.

ARTIGO 28.º
Conflito de interesses

1 – As sociedades gestoras devem actuar no exclusivo interesse dos participantes, relativamente à própria sociedade gestora e a entidades que com ela se encontrem em relação de domínio ou de grupo.

2 – Sempre que uma sociedade gestora administre mais de um fundo de investimento, deve considerar cada um deles como um cliente, tendo em vista a prevenção

de conflitos de interesses e, quando inevitáveis, a sua resolução de acordo com princípios de equidade e não discriminação.

3 – Depende de autorização da CMVM, a requerimento da sociedade gestora, a aquisição e a alienação de imóveis às seguintes entidades:
   a) Sociedade gestora e depositário;
   b) Entidades que, directa ou indirectamente, detenham 10% ou mais dos direitos de voto da sociedade gestora;
   c) Entidades cujos direitos de voto sejam pertencentes, em percentagem igual ou superior a 20%, à sociedade gestora ou a uma entidade que, directa ou indirectamente, domine a sociedade gestora, ou por entidades dominadas, directa ou indirectamente, pela sociedade gestora;
   d) Membros do órgão de administração ou de direcção ou do conselho geral da sociedade gestora ou de entidade que, directa ou indirectamente, a domine;
   e) Entidades cujos direitos de voto sejam pertencentes, em percentagem igual ou superior a 20%, a um ou mais membros do órgão de administração ou de direcção ou do conselho geral da sociedade gestora ou de entidade que, directa ou indirectamente, a domine;
   f) Entidades de cujos órgãos de administração ou de direcção ou de cujo conselho geral façam parte um ou mais administradores ou directores ou membros do conselho geral da sociedade gestora.

4 – O requerimento apresentado pela sociedade gestora, mencionado no número anterior, deve ser devidamente justificado e acompanhado dos pareceres elaborados por dois peritos avaliadores independentes, em cumprimento do disposto na alínea a) do n.º 1 do artigo seguinte, podendo a CMVM, em caso de dúvida, ou caso considere o valor da aquisição ou alienação excessivo ou insuficiente, solicitar nova avaliação do imóvel por um terceiro perito avaliador, por ela designado.

5 – Os valores determinados pelos peritos avaliadores referidos no número anterior servem de referência ao preço da transacção proposta, não podendo este preço ser superior, no caso de aquisição do imóvel pelo fundo de investimento, ao menor dos valores determinados pelos peritos, nem inferior, no caso da alienação do imóvel pelo fundo de investimento, ao maior dos valores determinados pelos peritos.

6 – O arrendamento ou outras formas de exploração onerosa de imóveis do fundo de investimento que tenham como contraparte as entidades referidas no n.º 3 apenas se pode verificar dentro das condições e limites estabelecidos em regulamento da CMVM.

7 – A sociedade gestora deve conhecer as relações previstas no n.º 3.

ARTIGO 29.º
Avaliação de imóveis e peritos avaliadores

1 – Os imóveis de fundos de investimento devem ser avaliados por, pelo menos, dois peritos avaliadores independentes, nas seguintes situações:
   a) Previamente à sua aquisição e alienação, não podendo a data de referência

da avaliação do imóvel ser superior a seis meses relativamente à data do contrato em que é fixado o preço da transacção;
b) Previamente ao desenvolvimento de projectos de construção, por forma, designadamente, a determinar o valor do imóvel a construir;
c) Sempre que ocorram circunstâncias susceptíveis de induzir alterações significativas no valor do imóvel;
d) Com uma periodicidade mínima de dois anos.

2 – São definidos por regulamento da CMVM os requisitos de competência e independência dos peritos avaliadores no âmbito da actividade desenvolvida para efeitos do presente diploma, os critérios e normas técnicas de avaliação dos imóveis, o conteúdo dos relatórios de avaliação e as condições de divulgação destes relatórios ou das informações neles contidas, bem como do seu envio à CMVM.

3 – A CMVM pode definir, por regulamento, outros requisitos a cumprir pelos peritos avaliadores independentes, designadamente quanto ao seu registo junto da CMVM.

ARTIGO 30.º
Cálculo e divulgação do valor patrimonial das unidades de participação

1 – O valor patrimonial das unidades de participação é calculado de acordo com a periodicidade estabelecida no respectivo regulamento de gestão, dentro dos limites e condições definidos por regulamento da CMVM, sendo este, no mínimo, calculado mensalmente, com referência ao último dia do mês respectivo.

2 – As regras de valorização do património dos fundos de investimento são definidas por regulamento da CMVM.

3 – O valor patrimonial das unidades de participação é divulgado no dia seguinte ao do seu apuramento através de publicação nos termos previstos no presente diploma, bem como nos locais e através dos meios previstos para a comercialização das unidades de participação do fundo de investimento.

4 – A CMVM pode definir, por regulamento, os termos e condições em que as sociedades gestoras podem publicitar, sob qualquer forma, medidas ou índices de rendibilidade e risco dos fundos de investimento e as regras a que obedecerá o cálculo dessas medidas ou índices.

SECÇÃO III
Regime financeiro

ARTIGO 31.º
Contas dos fundos

1 – A contabilidade dos fundos de investimento é organizada de harmonia com as normas emitidas pela CMVM.

2 – As contas dos fundos de investimento compreendem o balanço, a demonstração de resultados, a demonstração dos fluxos de caixa e os respectivos anexos, sendo elaboradas de acordo com as normas a que se refere o número anterior.

3 – As contas dos fundos de investimento são encerradas anualmente com referência a 31 de Dezembro, e, acompanhadas do relatório de gestão, são objecto de relatório de auditoria elaborado por auditor registado junto da CMVM que não faça parte do órgão de fiscalização da sociedade gestora.

4 – As sociedades gestoras devem igualmente elaborar relatório de gestão e contas semestrais dos fundos de investimento, com referência a 30 de Junho, que são objecto de parecer pelo auditor do fundo de investimento.

5 – O relatório de gestão referido nos n.ºs 3 e 4 deve conter uma descrição das actividades do respectivo período, bem como outras informações que permitam aos participantes formar um juízo fundamentado sobre a evolução da actividade e os resultados do fundo de investimento, podendo a CMVM definir, por regulamento, a inclusão de outros elementos que considere relevantes.

6 – No relatório de auditoria ou parecer o auditor deve pronunciar-se, entre outros aspectos, sobre:
  a) O adequado cumprimento das políticas de investimentos e de distribuição dos resultados definidas no regulamento de gestão do fundo de investimento;
  b) A inscrição dos factos sujeitos a registo relativos aos imóveis do fundo de investimento;
  c) A adequada valorização, pela sociedade gestora, dos valores do fundo de investimento;
  d) O controlo das operações referidas no n.° 2 do artigo 27.° e nos n.ºs 3 e 6 do artigo 28.°;
  e) O controlo das operações de subscrição e, sendo o caso, de resgate das unidades de participação do fundo de investimento.

7 – O auditor do fundo de investimento deve comunicar à CMVM, com a maior brevidade, os factos de que tenha tido conhecimento no exercício das suas funções e que sejam susceptíveis de constituir infracção às normas legais ou regulamentares que regulam o exercício da actividade dos fundos de investimento ou que possam determinar a escusa de opinião ou a emissão de opinião adversa ou com reservas, designadamente no que respeita aos aspectos sobre os quais o auditor está obrigado a pronunciar-se no âmbito do disposto no número anterior.

ARTIGO 32.°
Prestação de informações

1 – Nos dois meses seguintes às datas referidas nos n.ºs 3 e 4 do artigo anterior, as sociedades gestoras devem publicar um aviso com menção de que os documentos de prestação de contas de cada fundo de investimento, compreendendo o relatório de gestão, as contas e o relatório de auditoria ou parecer do auditor, se encontram à disposição do público em todos os locais e através dos meios previstos para a comer-

cialização das unidades de participação do fundo de investimento e de que os mesmos serão enviados sem encargos aos participantes que o requeiram.

2 – As sociedades gestoras devem publicar trimestralmente, com referência ao último dia do mês imediatamente anterior, a composição discriminada das aplicações de cada fundo de investimento que administrem e outros elementos de informação nos termos definidos por regulamento da CMVM.

3 – As sociedades gestoras devem publicar, nos locais e através dos meios previstos no n.º 1, um aviso da distribuição dos resultados dos fundos de investimento.

4 – Os elementos indicados nos números anteriores, bem como outros previstos em regulamento, são enviados à CMVM nos prazos e condições que esta venha a definir.

5 – As sociedades gestoras são obrigadas a prestar à CMVM quaisquer elementos de informação relativos à sua situação, à dos fundos de investimento que administrem e às operações realizadas, que lhes sejam solicitados.

6 – Sem prejuízo de exigências legais ou regulamentares mais rigorosas, as sociedades gestoras conservarão em arquivo, pelo prazo mínimo de cinco anos, todos os documentos e registos relativos aos fundos de investimento que administrem.

SECÇÃO IV
Das vicissitudes dos fundos

ARTIGO 33.º
Fusão e transformação de fundos

A CMVM define, por regulamento, as condições e o processo de fusão de fundos de investimento, bem como de transformação do respectivo tipo.

ARTIGO 34.º
Liquidação

1 – A liquidação de um fundo de investimento realiza-se nos termos previstos no respectivo regulamento de gestão e de acordo com as condições definidas no presente diploma para cada tipo de fundo de investimento.

2 – Tomada a decisão de liquidação, fundada no interesse dos participantes, com salvaguarda da defesa do mercado, deve a mesma ser imediatamente comunicada à CMVM e publicada, contendo a indicação do prazo previsto para a conclusão do processo de liquidação.

3 – O reembolso das unidades de participação deve ocorrer no prazo máximo de um ano a contar da data de início da liquidação do fundo, podendo a CMVM, em casos excepcionais e a pedido da sociedade gestora, devidamente fundamentado, prorrogar este prazo.

4 – Durante o período de liquidação, mantêm-se as obrigações de prestação de informações referidas no artigo 32.º, devendo ser enviada mensalmente à CMVM uma memória explicativa da evolução do processo de liquidação do fundo.

16.3. Fundos de investimento imobiliário

5 – O valor final de liquidação do fundo de investimento é divulgado pela sociedade gestora, nos locais e através dos meios previstos para a comercialização das unidades de participação do fundo de investimento, no decurso dos cinco dias subsequentes ao seu apuramento definitivo, devendo as contas de liquidação do fundo de investimento ser enviadas à CMVM dentro do mesmo prazo.

ARTIGO 35.º
Liquidação compulsiva

1 – Quando, em virtude da violação do regulamento de gestão ou das disposições legais e regulamentares que regem os fundos de investimento, os interesses dos participantes e da defesa do mercado o justifiquem, a CNVM pode determinar a liquidação de um fundo de investimento.

2 – O processo de liquidação inicia-se com a notificação da decisão à sociedade gestora, ao depositário e, quando for o caso, às entidades colocadoras, aplicando-se o disposto nos n.os 2 a 5 do artigo anterior, com as necessárias adaptações.

3 – A liquidação a que se refere o presente artigo pode ser entregue a liquidatário ou liquidatários designados pela CMVM, que fixará a respectiva remuneração, a qual constitui encargo da sociedade gestora, cabendo neste caso aos liquidatários os poderes que a lei atribui à sociedade gestora, mantendo-se, todavia, os deveres impostos ao depositário.

CAPÍTULO III
Dos fundos de investimento imobiliário abertos

ARTIGO 36.º
Subscrições e resgates

1 – Sem prejuízo do disposto no artigo 24.º, a subscrição e o resgate das unidades de participação de um fundo de investimento aberto são realizados de acordo com as condições definidas no respectivo regulamento de gestão, dentro dos limites e condições definidos por regulamento da CMVM, devendo ser indicado, nomeadamente:

a) A periodicidade das subscrições e dos resgates das unidades de participação do fundo de investimento;
b) O número mínimo de unidades de participação exigidos em cada subscrição;
c) O valor das unidades de participação para efeitos de subscrição e de resgate;
d) O prazo máximo de reembolso dos pedidos de resgate;
e) A forma de determinação do preço de emissão e de resgate das unidades de participação;
f) O valor, modo de cálculo e condições de cobrança das comissões referidas no n.º 2 do artigo 16.º

2 – Em casos excepcionais, devidamente fundamentados pela sociedade gestora, pode a CMVM permitir a prorrogação do prazo referido na alínea *d*) do número anterior.

3 – Os participantes podem exigir o resgate das unidades de participação de um fundo de investimento aberto mediante solicitação dirigida ao depositário.

ARTIGO 37.º
Suspensão das subscrições ou dos resgates

1 – Quando os pedidos de resgate de unidades de participação excederem os de subscrição, num só dia, em 5% do activo total do fundo de investimento ou, num período não superior a cinco dias seguidos, em 10% do mesmo activo, a sociedade gestora poderá suspender as operações de resgate.

2 – A sociedade gestora deve suspender as operações de resgate ou de emissão quando, apesar de não se verificarem as circunstâncias previstas no número anterior, o interesse dos participantes o aconselhe.

3 – Decidida a suspensão, a sociedade gestora deve promover a afixação, bem visível, em todos os locais e através dos meios previstos para a comercialização das unidades de participação do fundo de investimento, de um aviso destinado a informar o público sobre a situação de suspensão e, logo que possível, a sua duração.

4 – As suspensões previstas nos n.os 1 e 2 e as razões que as determinarem devem ser imediatamente comunicadas pela sociedade gestora à CMVM.

5 – A suspensão do resgate não abrange os pedidos que tenham sido apresentados até ao fim do dia anterior ao do envio da comunicação à CMVM.

6 – A CMVM, por sua iniciativa ou a solicitação da sociedade gestora, pode, quando ocorram circunstâncias excepcionais susceptíveis de perturbarem a normal actividade do fundo de investimento ou de porem em risco os legítimos interesses dos investidores, determinar a suspensão da subscrição ou do resgate das unidades de participação do fundo de investimento, a qual produz efeitos imediatos relativamente a todos os pedidos de resgate que, no momento da notificação da suspensão, não tenham sido satisfeitos.

7 – A suspensão do resgate, nos termos do presente artigo, não determina a suspensão simultânea da subscrição, mas a subscrição de unidades de participação só pode efectuar-se mediante declaração escrita do participante de que tomou prévio conhecimento da suspensão do resgate.

ARTIGO 38.º
Composição do património

1 – Aos fundos de investimento abertos são aplicáveis as seguintes regras:
a) O valor dos imóveis não pode representar menos de 80% do activo total do fundo de investimento;
b) O desenvolvimento de projectos de construção não pode representar, no seu conjunto, mais de 10% do activo total do fundo de investimento;

c) O valor de um imóvel não pode representar mais de 20% do activo total do fundo de investimento;
d) O valor dos imóveis arrendados, ou objecto de outras formas de exploração onerosa, a uma única entidade ou a um conjunto de entidades que, nos termos da lei, se encontrem em relação de domínio ou de grupo, ou que sejam dominadas, directa ou indirectamente, por uma mesma pessoa, singular ou colectiva, não pode superar 20% do activo total do fundo de investimento;
e) O fundo de investimento pode endividar-se até um limite de 10% do seu activo total.

2 – Para efeitos de apuramento do limite definido na alínea b) do número anterior, são considerados os imóveis destinados ao desenvolvimento de projectos de construção, ainda que os referidos projectos não tenham sido iniciados.

3 – Para efeitos do disposto na alínea c) do n.º 1, constitui um imóvel, o conjunto das fracções autónomas de um mesmo edifício submetido ao regime da propriedade horizontal, e o conjunto de edifícios contíguos funcionalmente ligados entre si pela existência de partes comuns afectas ao uso de todas ou algumas unidades ou fracções que os compõem.

4 – A sociedade gestora deve conhecer as relações previstas na alínea d) do n.º 1.

5 – Os limites definidos nas alíneas a) a d) do n.º 1 são aferidos em relação à média dos valores verificados no final de cada um dos últimos seis meses, devendo ser respeitados no prazo de dois anos a contar da data de constituição do fundo de investimento.

6 – Em casos devidamente fundamentados pela sociedade gestora, poderá a CMVM autorizar que os fundos de investimento detenham transitoriamente uma estrutura patrimonial que não respeite algumas das alíneas do n.º 1.

7 – A CMVM pode fixar regras técnicas sobre a estrutura patrimonial dos fundos de investimento, designadamente quanto ao cálculo do valor de cada projecto para efeitos de determinação do limite referido na alínea b) do n.º 1.

ARTIGO 39.º
Alterações ao regulamento de gestão

1 – Devem ser comunicadas individualmente a cada participante, no prazo máximo de 30 dias após a notificação da decisão de aprovação da CMVM, as alterações ao regulamento de gestão das quais resulte:
a) A substituição da sociedade gestora;
b) A substituição do depositário;
c) Um aumento das comissões a suportar pelo fundo de investimento;
d) A modificação substancial da política de investimentos como tal considerada pela CMVM;
e) A modificação da política de distribuição dos resultados do fundo de investimento.

2 – As alterações ao regulamento de gestão referidas no número anterior entram em vigor 45 dias após a notificação da decisão de aprovação da CMVM.

3 – As alterações ao regulamento de gestão das quais resulte um aumento da comissão de resgate ou um agravamento das condições de cálculo da mesma, só podem ser aplicadas às unidades de participação subscritas após a data de entrada em vigor dessas alterações.

ARTIGO 40.º
Liquidação

1 – Os participantes em fundos de investimento abertos não podem exigir a liquidação ou partilha do respectivo fundo de investimento.

2 – A decisão de liquidação deve ser comunicada individualmente a cada participante.

3 – A decisão de liquidação determina a imediata suspensão das operações de subscrição e de resgate das unidades de participação do fundo de investimento.

CAPÍTULO IV
Dos fundos de investimento imobiliário fechados

ARTIGO 41.º
Administração

1 – Sem prejuízo do disposto no artigo 6.º, a administração dos fundos de investimento fechados pode ainda ser exercida por alguma das instituições de crédito referidas nas alíneas a) a f) do artigo 3.º do Regime Geral das Instituições de Crédito e Sociedades Financeiras, aprovado pelo Decreto-Lei n.º 298/92, de 31 de Dezembro, que disponham de fundos próprios não inferiores a € 7 500 000.

2 – Às entidades gestoras referidas no número anterior não é aplicável o disposto nos artigos 7.º, 10.º, 11.º e 14.º.

ARTIGO 42.º
Oferta pública e particular

1 – A oferta de distribuição de unidades de participação de fundos de investimento fechados pode ser pública ou particular.

2 – A concessão do registo da oferta pública pela CMVM implica a aprovação oficiosa do prospecto, cujo conteúdo, que inclui o regulamento de gestão do fundo de investimento, é definido, em conformidade com o disposto no artigo 139.º do Código dos Valores Mobiliários, por regulamento da CMVM.

3 – O prazo da oferta de distribuição tem a duração máxima de 60 dias, ocorrendo a liquidação financeira para todos os participantes no final do prazo estabelecido.

4 – Quando o interesse dos investidores o justifique, pode ser recusada a autorização para a constituição de novos fundos de investimento fechados enquanto não estiver integralmente realizado o capital de outros fundos de investimento fechados administrados pela mesma sociedade gestora.

ARTIGO 43.º
Duração do fundo

1 – Os fundos de investimento fechados podem ter duração determinada ou indeterminada.

2 – Nos fundos de investimento fechados de duração determinada esta não pode exceder 10 anos, sendo permitida a sua prorrogação uma ou mais vezes, por períodos não superiores ao inicial, desde que obtida a autorização da CMVM e a deliberação favorável da assembleia de participantes, e o regulamento de gestão permita o resgate das unidades de participação pelos participantes que, por escrito, tenham manifestado estar contra a prorrogação.

3 – Os fundos de investimento fechados com duração indeterminada só são autorizados se no regulamento de gestão estiver prevista a admissão à negociação das respectivas unidades de participação em mercado regulamentado.

ARTIGO 44.º
Aumentos e reduções de capital

1 – Mediante autorização da CMVM, podem ser realizados aumentos e reduções de capital, desde que essa possibilidade se encontre prevista no regulamento de gestão.

2 – O aumento do capital deve respeitar as seguintes condições:
 a) Terem decorrido pelo menos seis meses desde a data de constituição do fundo de investimento ou desde a data de realização do último aumento de capital;
 b) Ser objecto de deliberação favorável em assembleia de participantes, nas condições definidas no regulamento de gestão, devendo a deliberação definir igualmente as condições do aumento, designadamente se a subscrição é reservada aos actuais participantes do fundo de investimento;
 c) Ser precedido da elaboração de relatórios de avaliação dos imóveis do fundo de investimento, por dois peritos independentes, com uma antecedência não superior a seis meses, relativamente à data de realização do aumento;
 d) O preço de subscrição deve ser definido pela sociedade gestora, com base em critérios objectivos e devidamente fundamentados no prospecto da oferta, tomando como referência o valor patrimonial das unidades de participação, e, para os fundos de investimento admitidos à negociação em mercado regulamentado, considerando ainda o valor de mercado das unidades de participação, devendo, em qualquer dos casos, o auditor do fundo de investimento emitir parecer sobre o preço assim fixado.

3 – A redução do capital apenas se pode verificar em caso de reembolso das unidades de participação dos participantes que se tenham manifestado contra a prorrogação da duração do fundo de investimento e em casos excepcionais, devidamente justificados pela sociedade gestora, devendo ser respeitadas, com as devidas adaptações, as condições previstas nas alíneas *b*), *c*) e *d*) do número anterior.

4 – A CMVM pode definir, por regulamento, os termos de divulgação da informação contida no parecer do auditor, nos relatórios de avaliação considerados para efeitos dos aumentos e reduções do capital do fundo de investimento e noutros elementos de informação.

ARTIGO 45.º
Assembleia de participantes

1 – Dependem de deliberação favorável da assembleia de participantes:
a) O aumento das comissões que constituem encargo do fundo de investimento;
b) A modificação substancial da política de investimentos do fundo de investimento;
c) A modificação da política de distribuição dos resultados do fundo de investimento;
d) O aumento e redução do capital do fundo de investimento;
e) A prorrogação da duração do fundo de investimento;
f) A substituição da sociedade gestora;
g) A liquidação do fundo de investimento nos termos previstos no artigo 47.º

2 – Em caso algum, a assembleia pode pronunciar-se sobre decisões concretas de investimento ou aprovar orientações ou recomendações sobre esta matéria que não se limitem ao exercício da competência referida na alínea *b*) do número anterior.

3 – O regulamento de gestão deve definir as regras de convocação e funcionamento e as competências da assembleia, aplicando-se, na sua falta ou insuficiência, o disposto na lei para as sociedades anónimas.

ARTIGO 46.º
Composição do património

1 – Aos fundos de investimento fechados objecto de oferta pública de subscrição é aplicável o disposto no artigo 38.º, com as seguintes adaptações:
a) O desenvolvimento de projectos de construção não pode representar, no seu conjunto, mais de 50% do activo total do fundo de investimento;
b) O valor de um imóvel não pode representar mais de 25% do activo total do fundo de investimento;
c) O valor dos imóveis arrendados, ou objecto de outras formas de exploração onerosa, a uma única entidade ou a um conjunto de entidades que, nos termos da lei, se encontrem em relação de domínio ou de grupo, ou que sejam dominadas, directa ou indirectamente, por uma mesma pessoa, singular ou colectiva, não pode superar 25% do activo total do fundo de investimento;

d) O fundo de investimento pode endividar-se até um limite de 25% do seu activo total.

2 – Em caso de aumento de capital do fundo de investimento, o limite definido na alínea *a*) do n.º 1 do artigo 38.º deve ser respeitado no prazo de um ano a contar da data do aumento de capital, relativamente ao montante do aumento.

ARTIGO 47.º
Liquidação

Os participantes dos fundos de investimento fechados podem exigir a respectiva liquidação, desde que tal possibilidade esteja prevista no regulamento de gestão ou quando, prevendo este a admissão à negociação em mercado regulamentado das unidades de participação, esta se não verifique no prazo de 12 meses a contar da data de constituição do fundo.

ARTIGO 48.º
Fundos de investimento objecto de subscrição particular

1 – Aos fundos de investimento fechados objecto de oferta particular de subscrição é aplicável o disposto na alínea *a*) do n.º 1 do artigo 38.º, podendo os mesmos endividarem-se até um limite de 30% do respectivo activo total.

2 – Aos mesmos fundos de investimento não é aplicável o disposto no artigo 23.º e no n.º 4 do artigo 31.º, nem, desde que obtido o acordo da totalidade dos participantes relativamente a cada operação, o disposto nos n.ᵒˢ 3 e 6 do artigo 28.º

3 – A CMVM pode estabelecer, por regulamento, as condições e procedimentos mediante os quais um fundo de investimento objecto de oferta pública de distribuição pode ficar sujeito ao disposto no presente artigo.

CAPÍTULO V
Dos fundos de investimento imobiliário mistos

ARTIGO 49.º
Regime aplicável

Os fundos de investimento mistos regem-se, para além do disposto nos capítulos I e II, pelo disposto no presente capítulo e, subsidiariamente, no capítulo anterior, em tudo o que não for incompatível com a sua natureza.

ARTIGO 50.º
Capital fixo e variável

1 – O capital dos fundos de investimento mistos é composto por uma parte fixa

e por uma parte variável, representadas por duas categorias distintas de unidades de participação.

2 – A parte fixa do capital do fundo de investimento misto não pode ser inferior à parte variável do mesmo.

ARTIGO 51.º
Categorias de unidades de participação

1 – As unidades de participação representativas da parte fixa do capital do fundo de investimento misto conferem o direito à participação em assembleia de participantes e à partilha do respectivo património líquido em caso de liquidação.

2 – As unidades de participação representativas da parte variável do capital do fundo de investimento misto apenas conferem direito:
 a) À distribuição prioritária de uma quota-parte dos resultados do fundo de investimento;
 b) Ao resgate das unidades de participação, nos termos definidos no presente diploma e no regulamento de gestão do fundo de investimento;
 c) Ao reembolso prioritário do seu valor em caso de liquidação do fundo de investimento.

ARTIGO 52.º
Distribuição dos resultados

O regulamento de gestão define, de forma clara e objectiva, quanto à distribuição dos resultados referentes às unidades de participação representativas da parte variável do capital do fundo de investimento misto:
 a) O modo de cálculo da percentagem dos resultados do fundo de investimento a distribuir;
 b) A periodicidade e datas de distribuição.

ARTIGO 53.º
Subscrições e resgates

1 – A comercialização de unidades de participação representativas da parte variável do capital do fundo de investimento misto só pode ter início após a integral subscrição das unidades de participação representativas da parte fixa do capital do mesmo fundo de investimento e nas condições definidas no respectivo regulamento de gestão.

2 – O preço de subscrição e de resgate das unidades de participação representativas da parte variável do capital do fundo de investimento corresponde ao valor fixado no respectivo regulamento de gestão, acrescido ou diminuído, respectivamente, de eventuais comissões de subscrição ou resgate, a suportar pelos participantes.

3 – Às subscrições e resgates das unidades de participação representativas da parte variável do capital do fundo de investimento misto é aplicável, com as devidas adaptações, o disposto no artigo 36.º

4 – A CMVM pode determinar a transformação de um fundo de investimento misto em fechado, caso a subscrição das unidades de participação representativas da parte variável do capital do fundo não se verifique no prazo de dois anos a contar da respectiva data de constituição.

ARTIGO 54.º
Suspensão das subscrições e resgates

1 – À suspensão das subscrições e resgates das unidades de participação representativas da parte variável do capital do fundo de investimento misto é aplicável, com as devidas adaptações, o disposto no artigo 37.º

2 – Logo que a parte variável do capital do fundo de investimento misto iguale a parte fixa do mesmo, suspendem-se automaticamente as subscrições das unidades de participação representativas daquela, devendo o regulamento de gestão do fundo de investimento estabelecer os critérios de rateio para os pedidos de subscrição que ainda não tenham sido satisfeitos.

3 – A suspensão referida no número anterior só pode ser levantada em caso de aumento da parte fixa do capital do fundo de investimento ou da ocorrência de resgates representativos de, pelo menos, 10% da mesma.

ARTIGO 55.º
Composição do património

Aos fundos de investimento mistos é aplicável o disposto no artigo 38.º, com as seguintes adaptações:
  a) O desenvolvimento de projectos de construção não pode representar, no seu conjunto, mais de 30% do activo total do fundo de investimento;
  b) O fundo de investimento pode endividar-se até um limite de 15% do seu activo total.

ARTIGO 56.º
Outras disposições

É aplicável aos fundos de investimento mistos o disposto nos artigos 39.º e 40.º, quanto aos titulares de unidades de participação representativas da parte variável do capital do fundo de investimento.

CAPÍTULO VI
Da comercialização em Portugal de participações em instituições de investimento colectivo em valores imobiliários, com sede ou que sejam administradas por entidades com sede no estrangeiro

ARTIGO 57.º
Autorização

1 – A comercialização em Portugal das participações em instituições de investimento colectivo em valores imobiliários com sede ou que sejam administradas por entidade gestora com sede no estrangeiro está sujeita a autorização da CMVM.

2 – O processo de autorização deve ser instruído nos termos definidos por regulamento da CMVM.

3 – A autorização só será concedida se as instituições de investimento colectivo referidas no n.º 1 e o modo previsto para a comercialização das respectivas participações conferirem aos participantes condições de segurança e protecção análogas às dos fundos de investimento domiciliados em Portugal.

ARTIGO 58.º
Publicidade e informações

1 – As instituições de investimento colectivo podem fazer publicidade da comercialização das respectivas participações em território português, com observância das disposições nacionais sobre publicidade.

2 – As instituições de investimento colectivo abrangidas por este capítulo devem difundir, em língua portuguesa, nas modalidades aplicáveis aos fundos de investimento domiciliados em Portugal, os documentos e as informações que devam ser publicitados no Estado de origem.

3 – Caso os elementos referidos no número anterior não sejam suficientes para assegurar o cumprimento do disposto no n.º 3 do artigo anterior, a CMVM pode determinar a difusão de documentos e informações complementares.

CAPÍTULO VII
Supervisão e regulamentação

ARTIGO 59.º
Supervisão

Compete à CMVM a fiscalização do disposto no presente diploma, sem prejuízo da competência do Banco de Portugal em matéria de supervisão das instituições de crédito e das sociedades financeiras e do Instituto do Consumidor em matéria de publicidade.

ARTIGO 60.º
Regulamentação

Compete igualmente à CMVM a elaboração dos regulamentos necessários à concretização e ao desenvolvimento do disposto no presente diploma, nomeadamente no que respeita às seguintes matérias:

a) Critérios de dispersão das unidades de participação de cada fundo de investimento;
b) Condições de admissão de comissões de desempenho e encargos que, para além da comissão de gestão e de depósito, são susceptíveis de serem suportados pelo fundo de investimento;
c) Conteúdo do prospecto dos fundos de investimento;
d) Condições de comercialização de unidades de participação, em especial no que respeita às subscrições e resgates, bem como as condições a observar pelas entidades colocadoras;
e) Valores susceptíveis de integrar o activo dos fundos de investimento, para além dos previstos no presente diploma;
f) Termos e condições de desenvolvimento pelos fundos de investimento de projectos de construção de imóveis;
g) Condições e limites de utilização de instrumentos financeiros derivados para fins de cobertura de riscos;
h) Condições e limites de arrendamento ou de outras formas de exploração onerosa de imóveis do fundo de investimento no âmbito de contratos celebrados com as entidades previstas no n.º 3 do artigo 28.º;
i) Condições de competência e independência dos peritos avaliadores e critérios e normas técnicas de avaliação dos imóveis;
j) Regras de valorização do património de cada fundo de investimento e periodicidade e condições de cálculo do valor patrimonial das unidades de participação;
l) Termos e condições em que as sociedades gestoras podem tornar público, sob qualquer forma, medidas ou índices de rendibilidade e risco dos fundos de investimento e as regras a que obedecerá o cálculo dessas medidas ou índices;
m) Regras menos exigentes em matéria de composição do património dos fundos de investimento, de deveres de informação e de prevenção de conflitos de interesse, nos casos em que o presente diploma o permita;
n) Contabilidade dos fundos de investimento e conteúdo do relatório de gestão;
o) Informações, em geral, a prestar ao público e à CMVM, bem como os respectivos prazos e condições de divulgação;
p) As condições e processo de fusão de fundos de investimento e de transformação do respectivo tipo;
q) Regras de instrução de processos de autorização de comercialização em Portugal de instituições de investimento colectivo em valores imobiliários domiciliados fora de Portugal.

17. Sociedades emitentes ou gestoras de cartões de crédito

DECRETO-LEI N.º 166/95, DE 15 DE JULHO [302]

O processo de estabelecimento das instituições de crédito e sociedades financeiras que podem emitir ou gerir cartões de crédito, bem como o exercício da respectiva actividade, são actualmente regulados pelo Regime Geral das Instituições de Crédito e Sociedades Financeiras, aprovado pelo Decreto-Lei n.º 298/92, de 31 de Dezembro. Torna-se agora necessário proceder a adaptações da legislação que especificamente regula a actividade das entidades emitentes ou gestoras de cartões de crédito, consagrando ainda normas destinadas a assegurar o justo equilíbrio das posições jurídicas das partes.

Assim:
Nos termos da alínea *a*) do n.º 1 do artigo 201.º da Constituição, o Governo decreta o seguinte:

ARTIGO 1.º
Sociedades emitentes ou gestoras de cartões de crédito

1 – As sociedades a que se refere a alínea *e*) do n.º 1 do artigo 6.º do Regime Geral das Instituições de Crédito e Sociedades Financeiras, aprovado pelo Decreto-Lei n.º 298/92, de 31 de Dezembro, têm por objecto exclusivo a emissão ou gestão de cartões de crédito.

2 – Para efeito do presente diploma, não se consideram cartões de crédito os cartões emitidos para pagamento de bens ou serviços fornecidos pela empresa emitente.

ARTIGO 2.º
Entidades emitentes

Podem emitir cartões de crédito:
a) As instituições de crédito e as instituições financeiras para o efeito autorizadas;
b) As sociedades financeiras que tenham por objecto a emissão desses cartões.

---
[302] DR I Série-A, n.º 162, de 15-Jul.-1995, 4515-4516.

ARTIGO 3.º
Condições gerais de utilização

1 – As entidades emitentes de cartões de crédito devem elaborar as respectivas condições gerais de utilização de acordo com as normas aplicáveis, nomeadamente o regime jurídico das cláusulas contratuais gerais, e ter em conta as recomendações emanadas dos órgãos competentes da União Europeia[303].

2 – Das condições gerais de utilização devem constar os direitos e obrigações das entidades emitentes e dos titulares de cartões, designadamente a discriminação de todos os encargos a suportar por estes últimos.

ARTIGO 4.º
Competência do Banco de Portugal

Compete ao Banco de Portugal:
a) Definir, por aviso, as condições especiais a que ficam sujeitas as sociedades previstas no artigo 2.º, bem como a emissão e a utilização dos cartões de crédito;
b) Ordenar a suspensão de cartões de crédito cujas condições de utilização violem as referidas condições especiais e outras normas em vigor, ou conduzam a um desequilíbrio das prestações atentatório da boa fé[304].

ARTIGO 5.º
Norma revogatória

É revogada a Portaria n.º 360/73, de 23 de Maio.

Visto e aprovado em Conselho de Ministros de 8 de Junho de 1995. – *Aníbal António Cavaco Silva – Eduardo de Almeida Catroga*.

Promulgado em 21 de Junho de 1995.
Publique-se.
O Presidente da República, Mário Soares.

Referendado em 24 de Junho de 1995.
O Primeiro-Ministro, *Aníbal António Cavaco Silva*.

---

[303] "No original, figura "constratuais".
[304] No original, figura "boa-fé".

18. Sociedades gestoras de patrimónios

18.1. DECRETO-LEI N.º 163/94, DE 4 DE JUNHO [305]

O processo de integração financeira conduziu à adopção do Regime Geral das Instituições de Crédito e Sociedades Financeiras, aprovado pelo Decreto-Lei n.º 298/92, de 31 de Dezembro.

Em resultado da adopção do referido Regime Geral, torna-se necessário adoptar, em conformidade, a legislação específica que regulamenta a actividade das sociedades gestoras de patrimónios.

Assim:

Nos termos da alínea *a*) do n.º 1 do artigo 201.º da Constituição, o Governo decreta o seguinte:

(*O texto do Decreto-Lei n.º 163/94, de 4 de Junho, devidamente actualizado, é abaixo publicado*)

Visto e aprovado em Conselho de Ministros de 5 de Maio de 1994. *Aníbal António Cavaco Silva – Eduardo de Almeida Catroga.*

Promulgado em 18 de Maio de 1994.
Publique-se.
O Presidente da República, Mário Soares.

Referendado em 23 de Maio de 1994.
O Primeiro-Ministro, *Aníbal António Cavaco Silva.*

---

[305] DR I Série-A, n.º 129, de 4-Jun.-1994, 2945-2946.

18.2. DECRETO-LEI N.º 17/97, DE 21 DE JANEIRO[306]

Com o presente decreto-lei visa-se permitir às sociedades gestoras de patrimónios o acesso aos mercados de derivados, monetário e cambial, sem que o mesmo fique condicionado à prossecução da cobertura de riscos.

Relativamente ao mercado de derivados, designadamente, considera-se que, tendo já os clientes das sociedades gestoras de patrimónios acesso directo ao mesmo sem restrições no que respeita às finalidades prosseguidas, não se justifica que, se aceder ao mercado através de sociedade gestora de patrimónios, só possa realizar operações visando a cobertura de riscos. Com efeito, a possibilidade de realização de operações com intuitos especulativos através das sociedades gestoras garante ao cliente um acompanhamento das condições de realização das operações através de uma gestão profissionalizada e especializada, o que a elevada especificidade das operações em mercados de derivados aconselha. Assegura-se, deste modo, um mais elevado grau de protecção e acompanhamento dos investidores com a consequente diminuição do risco. Elimina-se uma restrição consagrando-se uma possibilidade.

Visa-se ainda colocar as sociedades gestoras de patrimónios numa posição de paridade em relação a outros intermediários financeiros autorizados a desenvolver a actividade de gestão de patrimónios.

Por fim, importa considerar a intenção de, através desta alteração legislativa, aumentar o número de intervenientes especuladores no mercado de derivados, o que permitirá aumentar o grau de liquidez e de eficiência deste mercado.

Assim:

Nos termos da alínea *a*) do n.º 1 do artigo 201.º da Constituição, o Governo decreta o seguinte:

ARTIGO ÚNICO

O artigo 6.º do Decreto-Lei n.º 163/94, de 4 de Junho, passa a ter a seguinte redacção:

(*A alteração foi inserida no texto actualizado do Decreto-Lei n.º 163/94, de 4 de Junho, abaixo publicado*)

Visto e aprovado em Conselho de Ministros de 28 de Novembro de 1996. – *António Manuel de Oliveira Guterres* – *António Luciano Pacheco de Sousa Franco*.

---

[306] DR I Série-A, n.º 17, de 21-Jan.-1997, 330-331.

Promulgado em 31 de Dezembro de 1996.
Publique-se.
O Presidente da República, JORGE SAMPAIO.

Referendado em 31 de Dezembro de 1996.
O Primeiro-Ministro, *António Manuel de Oliveira Guterres.*

18.3. DECRETO-LEI N.º 99/98, DE 21 DE ABRIL [307]

O artigo 8.º do Decreto-Lei n.º 163/94, de 4 de Junho, veda aos membros dos órgãos de administração e de fiscalização das sociedades gestoras de patrimónios, àqueles que nelas exerçam funções, bem como aos accionistas detentores de mais de 20% do respectivo capital social, participar no capital de outras sociedades gestoras de patrimónios, pertencer aos órgãos sociais destas ou nelas desempenhar quaisquer funções.

Considerando não só o regime de funcionamento de outras sociedades financeiras como especialmente o dos bancos, instituições que podem desenvolver actividades idênticas às prosseguidas pelas sociedades gestoras de patrimónios, entendeu-se não subsistir nenhum motivo que especialmente justifique a manutenção da proibição.

Foi ouvido o Banco de Portugal.

Assim:

Nos termos da alínea *a*) do n.º 1 do artigo 198.º e do n.º 5 do artigo 112.º da Constituição, o Governo decreta o seguinte:

ARTIGO ÚNICO

É revogado o artigo 8.º do Decreto-Lei n.º 163/94, de 4 de Junho.

(*Foi feita referência a esta revogação no texto actualizado do Decreto-Lei n.º 163/94, de 4 de Julho, abaixo publicado*)

Visto e aprovado em Conselho de Ministros de 19 de Fevereiro de 1998. – *António Manuel de Oliveira Guterres* – *António Luciano Pacheco de Sonsa Franco.*

Promulgado em 6 de Abril de 1998.
Publique-se.
O Presidente da República, JORGE SAMPAIO.

Referendado em 7 de Abril de 1998.
O Primeiro-Ministro, *António Manuel de Oliveira Guterres.*

---

[407] DR I Série-A, n.º 93, de 21-Abr.-1998, 1733.

18.4. TEXTO ACTUALIZADO DO DECRETO-LEI N.º 163/94, DE 4 DE JUNHO

ARTIGO 1.º
Objecto

1 – As sociedades gestoras de patrimónios, adiante designadas abreviadamente por sociedades gestoras, são sociedades anónimas que têm por objecto exclusivo o exercício da actividade de administração de conjuntos de bens, que se designam por carteiras para os efeitos do presente diploma, pertencentes a terceiros.

2 – Para além da actividade referida no número anterior as sociedades gestoras poderão ainda prestar serviços de consultoria em matéria de investimentos.

3 – A gestão de carteiras é exercida com base em mandato escrito, celebrado entre as sociedades gestoras e os respectivos clientes, que deverá especificar as condições, os limites e o grau de discricionariedade dos actos na mesma compreendidos.

4 – As sociedades gestoras remeterão à Comissão do Mercado de Valores Mobiliários, previamente à sua utilização, os modelos de contratos tipo que pretendam utilizar no exercício da sua actividade.

ARTIGO 2.º
Regime jurídico

As sociedades gestoras regem-se pelas normas do presente diploma e pelas disposições aplicáveis do Regime Geral das Instituições de Crédito e Sociedades Financeiras.

ARTIGO 3.º
Relação dos fundos próprios com o valor das carteiras

1 – O Banco de Portugal pode estabelecer, por aviso, que os fundos próprios da sociedade gestora sejam, em qualquer momento, superiores a uma percentagem certa do valor global das carteiras geridas.

2 – No mesmo aviso serão definidos os critérios de valorização das carteiras, devendo ser ouvida a Comissão do Mercado de Valores Mobiliários na parte respeitante aos valores mobiliários.

ARTIGO 4.º
Deveres da sociedade gestora

1 – As sociedades gestoras são obrigadas, designadamente:
  a) A certificar-se da identidade e da capacidade legal para contratar das pessoas em cujos negócios intervierem;
  b) A propor com exactidão e clareza os negócios, de que forem encarregadas, procedendo de modo que não possam induzir em erro os contraentes;
  c) A não revelar os nomes dos seus mandantes, excepto para permitir a contratação, entre estes, dos negócios jurídicos negociados por seu intermédio;
  d) A comunicar imediatamente a cada mandante os pormenores dos negócios concluídos, expedindo no próprio dia a respectiva confirmação escrita, salvo se o cliente indicar outra coisa.

2 – A sociedade gestora a quem for conferido o mandato deverá, por todos os meios ao seu alcance, diligenciar pelo respectivo cumprimento.

ARTIGO 5.º
Depósito bancário

1 – Todos os fundos e demais valores mobiliários pertencentes aos clientes das sociedades gestoras devem ser depositados em conta bancária.

2 – As contas a que se refere o número anterior poderão ser abertas em nome dos respectivos clientes ou em nome da sociedade gestora, por conta dos clientes, devendo neste caso indicar-se no boletim de abertura da conta que esta é constituída ao abrigo do presente preceito legal.

3 – A abertura das contas em nome da sociedade gestora, por conta dos clientes, deverá ser autorizada nos contratos referidos no n.º 4 do artigo 1.º, podendo, em função do que nestes contratos se convencionar, respeitar:
  a) A um único cliente;
  b) A uma pluralidade de clientes.

4 – No caso previsto na alínea b) do número anterior, a sociedade, gestora obriga-se a desdobrar os movimentos da conta única, na sua contabilidade, em tantas subcontas quantos os clientes abrangidos.

5 – As sociedades gestoras só podem movimentar a débito as contas referidas quando se trate de liquidação de operações de aquisição de valores, do pagamento de remunerações devidas pelos clientes ou de transferências para outras contas abertas em nome destes.

ARTIGO 6.º[308]
Operações de conta alheia

No desenvolvimento da sua actividade as sociedades gestoras podem realizar as seguintes operações:

---

[308] Redacção dada pelo artigo único do Decreto-Lei n.º 17/97, de 21 de Janeiro. A redacção anterior era a seguinte:

a) Subscrição, aquisição ou alienação de quaisquer valores mobiliários, unidades de participação em fundos de investimento, certificados de depósito, bilhetes do Tesouro e títulos de dívida de curto prazo regulados pelo Decreto-Lei n.º 181/92, de 22 de Agosto, em moeda nacional ou estrangeira, com observância das disposições legais aplicáveis a cada uma destas operações;
b) Aquisição, oneração ou alienação de direitos reais sobre bens imóveis, metais preciosos e mercadorias transacionadas em bolsas de valores;
c) Celebração de contratos de opções, futuros e de outros instrumentos financeiros derivados, bem como a utilização de instrumentos do mercado monetário e cambial.

ARTIGO 7.º
Operações vedadas

1 – Às sociedades gestoras é especialmente vedado:
a) Conceder crédito sob qualquer forma;
b) Prestar garantias;
c) Aceitar depósito;
d) Adquirir por conta própria valores mobiliários de qualquer natureza, com excepção de títulos de dívida pública emitidos ou garantidos por Estados membros da OCDE;
e) Fazer parte dos órgãos de administração ou fiscalização de outras sociedades;
f) Adquirir imóveis para além do limite dos seus fundos próprios;
g) Contrair empréstimos, excepto para aquisição de bens imóveis ou equipamentos necessários à sua instalação e funcionamento até ao limite máximo de 10% dos fundos próprios.

2 – As sociedades gestoras não podem adquirir para os seus clientes:
a) Valores emitidos ou detidos por entidades que pertençam aos órgãos sociais das sociedade gestoras ou que possuam mais de 10% do capital social destas;
b) Valores emitidos ou detidos por entidades em cujo capital social participem em percentagem superior a 10%, ou de cujos órgãos sociais façam parte um ou vários membros dos órgão de administração das sociedades gestoras, em nome próprio ou em representação de outrem, e os seus cônjuges e parentes ou afins do 1.º grau.

Artigo 6.º
Operações de conta alheia

...
a) ...
b)...
c) Celebração de contratos de opções, futuros e de outros instrumentos financeiros derivados, bem como de instrumentos do mercado monetário e cambial, para cobertura de riscos de câmbio, de taxa de juro ou outros riscos financeiros, das carteiras por elas geridas.

3 – Os valores mencionados no número anterior poderão ser adquiridos pelas sociedades gestoras para o seus clientes desde que autorizados por escrito por estes últimos.

ARTIGO 8.º[309]
Sócios, gestores e empregados

1 – Aos membros dos órgãos de administração e fiscalização das sociedades gestoras é vedado possuir participação no capital, pertencer, em nome próprio ou em representação de outrem, aos órgãos sociais ou desempenhar quaisquer funções noutras sociedades gestoras.
2 – A proibição estabelecido no número anterior é extensiva:
  a) Aos accionistas com mais de 20% do capital das sociedades gestoras;
  b) Aos que exerçam funções consultivas, técnicas ou de chefia nas mesmas sociedades gestoras.

ARTIGO 9.º
Norma transitória

Enquanto não for publicado o aviso a que se refere o artigo 3.º, mantém-se em vigor a Portaria n.º 422-C/88, de 4 de Julho.

ARTIGO 10.º
Norma revogatória

É revogado o Decreto-Lei n.º 229-E/88, de 4 de Julho.

---

[309] Revogado pelo artigo único do Decreto-Lei n.º 99/98, de 21 de Abril. Mantém-se a sua inserção no texto, em itálico.

19. Sociedades de desenvolvimento regional

19.1. DECRETO-LEI N.º 25/91, DE 11 DE JANEIRO

O quadro legal das sociedades de desenvolvimento regional foi estabelecido pelo Decreto-Lei n.º 499/80, de 20 de Outubro. Desde a data da sua publicação, o sistema financeiro português conheceu profundas transformações, com particular incidência nos últimos quatro anos. Tais transformações prendem-se com a progressiva liberalização e a maior abertura dos mercados, num quadro de acelerada integração financeira a nível comunitário. Esta integração conheceu significativo aprofundamento com as decisões relativas ao mercado único dos serviços financeiros e sofrerá novo e decisivo impulso com a irreversível construção da união económica e monetária.

Em consequência, alteraram-se significativamente as condições de competitividade e de equilíbrio concorrencial destas sociedades, pelo que se tornou indispensável a revisão profunda da sua regulamentação.

Por outro lado, o papel acrescido da política de desenvolvimento regional, no contexto do reforço da coesão económica e social comunitária, traduz-se pela necessidade de aplicar e gerir de modo cada vez mais eficiente fundos públicos substancialmente acrescidos, visando a aceleração da convergência da economia portuguesa com a da Comunidade.

Neste enquadramento surgem novas oportunidades de actuação para instituições financeiras vocacionadas para o desenvolvimento regional.

Ponderando os vários aspectos de ordem geral referidos, modifica-se consideravelmente no presente diploma a regulamentação vigente das sociedades de desenvolvimento regional, conferindo-lhes, designadamente, o estatuto de sociedades parabancárias, com uma actividade significativa no domínio do capital de risco e na prestação de serviços de apoio empresarial, de modo a dinamizar o investimento produtivo e a criar oportunidades de aplicação eficiente dos fundos comunitários e nacionais destinados ao desenvolvimento regional.

Foram ouvidos os órgãos de governo próprio das Regiões Autónomas dos Açores e da Madeira.

Assim:

Nos termos da alínea a) do n.º 1 do artigo 201.º da Constituição, o Governo decreta o seguinte:

(*O texto actualizado do Decreto-Lei n.º 25/91, de 11 de Janeiro, é abaixo publicado*)

19.1. Sociedades de desenvolvimento regional

Visto e aprovado em Conselho de Ministros de 11 de Outubro de 1990. – *Aníbal António Cavaco Silva* – *Vasco Joaquim Rocha Vieira* – *Lino Dias Miguel* – *Luís Miguel Couceiro Pizarro Beleza* – *Luís Francisco Valente de Oliveira* – *Roberto Artur da Luz Carneiro*.

Promulgado em 14 de Dezembro de 1990.
Publique-se.
O Presidente da República, MÁRIO SOARES.

Referendado em 20 de Dezembro de 1990.
O Primeiro-Ministro, *Aníbal António Cavaco Silva*.

19.2. DECRETO-LEI N.º 247/94, DE 7 DE OUTUBRO [310]

O processo de integração financeira conduziu à adopção do Regime Geral das Instituições de Crédito e Sociedades Financeiras, aprovado pelo Decreto-Lei n.º 298/92, de 31 de Dezembro.

Em resultado da adopção do referido Regime Geral, torna-se necessário adaptar, em conformidade, a legislação específica que regulamenta a actividade das sociedades de desenvolvimento regional.

Foram ouvidos os órgãos de governo próprio das Regiões Autónomas dos Açores e da Madeira.

Assim:

Nos termos da alínea *a*) do n.º 1 do artigo 201.º da Constituição, o Governo decreta o seguinte:

ARTIGO 1.º

Os artigos 1.º, 2.º, 3.º, 7.º, 8.º, 9.º, 11.º, 13.º, 15.º e 18.º do Decreto-Lei n.º 25/91, de 11 de Janeiro, passam a ter a seguinte redacção:

(*As alterações foram inseridas no texto actualizado do Decreto-Lei n.º 25/91, de 11 de Janeiro, abaixo publicado*)

ARTIGO 2.º

São revogados os artigos 10.º e 16.º do Decreto-Lei n.º 25/91, de 11 de Janeiro.

(*Foi feita referência a estas revogações no texto actualizado do Decreto-Lei n.º 25/91, de 11 de Janeiro, abaixo publicado*)

Visto e aprovado em Conselho de Ministros de 12 de Maio de 1994. *Aníbal António Cavaco Silva – Mário Fernando de Campos Pinto – Artur Aurélio Teixeira Rodrigues Consolado – Eduardo de Almeida Catroga – Luís Francisco Valente de Oliveira.*

Promulgado em 22 de Setembro de 1994.
Publique-se.
O Presidente da República, Mário Soares.

Referendado em 26 de Setembro de 1994.
O Primeiro-Ministro, *Aníbal António Cavaco Silva.*

---

[310] DR I Série-A, n.º 232, de 7-Out.-1994, 6114-6115.

19.3. TEXTO ACTUALIZADO DO DECRETO-LEI N.º 25/91, DE 11 DE JANEIRO

ARTIGO 1.º[311]
Noção

As sociedades de desenvolvimento regional, abreviadamente designadas por SDR, são sociedades financeiras que, nos termos do presente diploma, têm por objecto a promoção do investimento produtivo na área da respectiva região e por finalidade o apoio ao desenvolvimento económico e social da mesma.

ARTIGO 2.º[312]
Forma e capital social

1 – As SDR constituem-se sob a forma de sociedade anónima.

2 – As acções representativas do capital social das SDR são nominativas ou ao portador registadas.

---

[311] Redacção dada pelo artigo 1.º do Decreto-Lei n.º 247/94, de 7 de Outubro. A redacção original era a seguinte:

Artigo 1.º
Noção

As sociedades de desenvolvimento regional, abreviadamente designadas SDR, são instituições parabancárias que, nos termos do presente diploma, têm por objecto a promoção do investimento produtivo na área da respectiva região e por finalidade o apoio ao desenvolvimento económico e social da mesma.

[312] Redacção dada pelo artigo 1.º do Decreto-Lei n.º 247/94, de 7 de Outubro. A redacção original era a seguinte:

Artigo 2.º
Forma e capital social

1 – As SDR constituem-se sob a forma de sociedade anónima, devendo possuir um capital social não inferior a 600 000 contos.

2 – As acções representativas do capital social das SDR são nominativas e livremente transmissíveis, nos termos gerais de direito.

3 – No acto de constituição da SDR o montante de capital estabelecido no n.º 1 deve estar realizado em, pelo menos, 80%, devendo o restante ser realizado no prazo máximo de um ano.

ARTIGO 3.º[313]
Instrução do pedido de autorização

Além dos elementos indicados na lei geral, o pedido de autorização para a constituição de uma SDR deve ser instruído com parecer das comissões de coordenação regional das áreas abrangidas pela actividade da sociedade.

ARTIGO 4.º
Âmbito territorial

1 – As SDR exercem a sua actividade na área geográfica definida nos respectivos estatutos, determinada em função das características económico-sociais da região em causa e abrangendo uma ou mais unidades de nível III da Nomenclatura das Unidades Territoriais para Fins Estatísticos (NUTS) previstas no artigo 1.º do Decreto--Lei n.º 46/89, de 15 de Fevereiro.

2 – Podem várias SDR cooperar na prossecução de certos objectivos comuns e na realização de empreendimentos que interessem às respectivas áreas de actuação, criando para o efeito, quando tal for considerado conveniente, serviços comuns de apoio e de coordenação de actividades.

---

[313] Redacção dada pelo artigo 1.º do Decreto-Lei n.º 247/94, de 7 de Outubro. A redacção original era a seguinte:

Artigo 3.º
Autorização

1 – A constituição da SDR depende de autorização, a conceder caso a caso, por portaria conjunta dos Ministros das Finanças e Planeamento e da Administração do Território, ouvido o Banco de Portugal.

2 – O pedido de concessão de autorização deve ser apresentado no Banco de Portugal, acompanhado dos seguintes elementos:

 a) Exposição fundamentada das razões de ordem económico-financeira justificativas da constituição da SDR, com indicação da sua adequação às orientações da política de desenvolvimento regional;
 b) Projecto de estatutos;
 c) Balanço previsional para cada um dos três primeiros anos de actividade;
 d) Declaração de compromisso de que no acto da constituição, e como condição da mesma, se mostrará depositado na Caixa Geral de Depósitos o montante do capital social realizado estabelecido no artigo anterior;
 e) Identificação pessoal e profissional dos accionistas outorgantes do pacto social, com especificação do capital por cada um subscrito, e exposição fundamentada da adequação da estrutura accionista à estabilidade da instituição;
 f) Parecer às comissões de coordenação regional das áreas abrangidas pela actividade da sociedade.

3 – O Banco de Portugal poderá solicitar aos requerentes as informações ou elementos complementares e efectuar as averiguações que considere necessárias ou úteis à instrução do processo.

ARTIGO 5.º
Sede e agências

As SDR estabelecerão a sua sede num dos principais centros económico-administrativos da respectiva área geográfica, podendo instalar agências em localidades situadas nessa área.

ARTIGO 6.º
Objecto

1 – As SDR, através da realização de operações financeiras e da prestação de serviços complementares, promovem a dinamização do investimento e das relações empresariais, tendo em vista o aproveitamento dos recursos endógenos e das potencialidades da respectiva área geográfica de actuação, em conformidade com os objectivos da política de desenvolvimento regional.

2 – As SDR participam ainda, na medida dos meios técnicos e humanos disponíveis, com os órgãos competentes do Estado e das autarquias locais na prossecução dos objectivos de interesse regional, designadamente através das seguintes actividades:
- a) Contribuição para a realização do desenvolvimento económico regional, em termos de preservação do equilíbrio ecológico e do património cultural e artístico da região, e da promoção de acções no âmbito do ordenamento do território, a par com a melhoria da qualidade de vida das populações e a criação de emprego;
- b) Participação no lançamento de parques industriais e de pólos de desenvolvimento regional e no fomento da cooperação intermunicipal;
- c) Divulgação de informações relevantes para o investimento e o desenvolvimento económico e social.

ARTIGO 7.º[314]
Operações activas

1 – No desenvolvimento da sua actividade podem as SDR efectuar as seguintes

---

[314] Redacção dada pelo artigo 1.º do Decreto-Lei n.º 247/94, de 7 de Outubro. A redacção original era a seguinte:

ARTIGO 7.º
Operações activas

1 – ...
 a) ...
 b) ...
 c) ...
 d) ...
 e) ...
 f) ...

operações activas, tendo como beneficiários entidades com sede, estabelecimento principal ou actividade relevante na sua área geográfica:
  a) Participar no capital de sociedades constituídas ou a constituir;
  b) Conceder a empresas crédito, a médio e a longo prazos, destinado ao financiamento do investimento em capital fixo, à recomposição do fundo de maneio ou à consolidação de passivos, neste último caso em conexão com as acções tendentes à reestruturação ou recuperação das empresas beneficiárias;
  c) Conceder crédito, a médio e a longo prazos, a profissionais livres para instalação na área da SDR ou para modernização ou renovação de equipamentos, quando se trate de especialidades de marcado interesse para a região;
  d) Adquirir créditos, por cessão ou sub-rogação, que hajam sido concedidos para fins idênticos aos indicados na alínea b);
  e) Prestar garantias bancárias que assegurem o cumprimento de obrigações assumidas para fins idênticos aos indicados na mesma alínea b);
  f) Adquirir obrigações e outros títulos de dívida negociáveis [315];
  g) Gerir fundos de capital de risco.

2 – Na realização das operações a que se referem os números anteriores devem as SDR contribuir para a prossecução das orientações da política de desenvolvimento regional e ponderar as prioridades definidas no âmbito dessa política para a área geográfica em causa.

3 – No fim do terceiro exercício completo posterior à sua constituição, as SDR deverão ter um mínimo equivalente a 60% dos fundos próprios aplicados em participações de capital social e obrigações convertíveis em acções em prazo não superior a um ano.

4 – Nos casos de reforço do capital, realizado em dinheiro, o prazo previsto no número anterior renova-se até ao fim do segundo exercício seguinte, quanto ao montante do aumento.

5 – Em cada momento, pelo menos, 75% das participações das SDR noutras sociedades não poderão ter estado na sua titularidade, seguida ou interpoladamente, por um período superior a 12 anos.

6 – O saldo das operações referidas nas alíneas b), c), a), e) e f) do n.º 1 não poderá ultrapassar em qualquer momento o montante equivalente a duas vezes e meia os fundos próprios da SDR.

---

2 – ...

3 – No prazo de três anos, contados a partir da data da sua constituição, as SDR deverão ter um mínimo equivalente a 75% dos fundos próprios aplicado em participações de capital social e obrigações convertíveis em acções em prazo não superior a um ano.

4 – Em cada momento, pelo menos, 75% das participações das SDR noutras sociedades não poderão ter estado na sua titularidade, seguida ou interpoladamente, por um período superior a 12 anos.

5 – O saldo das operações referidas nas alíneas b), c), d), e) e f) do n.º 1 não poderá ultrapassar em qualquer momento o montante equivalente a duas vezes e meia os fundos próprios da SDR.

6 – Exceptuam-se do limite fixado no número anterior as obrigações convertíveis em acções.

7 – São aplicáveis às SDR os limites à concentração de riscos em uma só entidade estabelecidos para as instituições de crédito.

[315] O aditamento da alínea g) leva-nos a substituir o ponto final presente, na versão original, no final da alínea f), por ponto e vírgula.

7 – Exceptuam-se do limite fixado no número anterior as obrigações convertíveis em acções.

8 – São aplicáveis às SDR os limites à concentração de riscos em uma só entidade estabelecidos para as instituições de crédito.

ARTIGO 8.º[316]
Prestação de serviços

Com vista, nomeadamente, à realização das atribuições indicados no artigo 6.º, podem ainda as SDR prestar os serviços e efectuar as operações seguintes:

a) Apoiar o lançamento de novas empresas;
b) Participar em acções tendentes à recuperação de empresas em deficiente situação económica ou financeira;
c) Realizar estudos técnico-económicos de viabilidade de empresas ou de novos projectos de investimento, incluindo os que visem o acesso a sistemas de incentivos, a reestruturação e reorganização de empresas existentes, a promoção de mercados para o escoamento de produções regionais, a melhoria de processos de produção e a introdução de novas tecnologias, em termos de um eficaz aproveitamento dos recursos e factores produtivos locais;
d) Proceder ao estudo das modalidades de financiamento mais adequadas à natureza dos empreendimentos referidos nas alíneas anteriores e promover a obtenção de crédito a médio e longo prazos junto de instituições de crédito ou estabelecimentos financeiros nacionais ou estrangeiros;
e) Colaborar na procura dos parceiros mais convenientes para projectos de criação ou recuperação de empresas;
f) Desenvolver, em colaboração, designadamente, com as comissões de coordenação regional, associações e núcleos empresariais, universidades e institutos politécnicos, estudos sectoriais e regionais, bem como a constituição de uma base de dados sobre as empresas e as oportunidades de negócio na região;
g) Apoiar as autarquias locais que explorem serviços de interesse público, local ou regional, no estudo dos modelos de financiamento mais adequados, tendo em vista o lançamento de infra-estruturas e outros empreendimentos que contribuam para o desenvolvimento económico da respectiva área de actuação;

---

[316] Redacção dada pelo artigo 1.º do Decreto-Lei n.º 247/94, de 7 de Outubro. A redacção original era a seguinte:

Artigo 8.º
Prestação de serviços

...

i) Proceder à gestão técnica, administrativa e financeira das intervenções operacionais incluídas no quadro comunitário de apoio (QCA) para as intervenções estruturais comunitárias no território português, mediante a celebração de contratos-programa com o Estado, conforme o disposto no artigo 22.º do Decreto-Lei n.º 121-B/90, de 12 de Abril.

h) Celebrar contratos de prestação de serviços com entidades promotoras de empreendimentos ou responsáveis pela implementação de programas de carácter regional;

i) Proceder à gestão técnica, administrativa e financeira das intervenções operacionais incluídas no quadro comunitário de apoio (QCA) para as intervenções estruturais comunitárias no território Português, mediante a celebração de contratos-programa com o Estado, conforme o disposto no artigo 31.º do Decreto-Lei n.º 99/94, de 19 de Abril.

ARTIGO 9.º[317]
Recursos alheios

1 – Para complemento dos respectivos fundos próprios podem as SDR obter recursos alheios através de:

a) Emissão de obrigações, de prazo não inferior a dois anos, até ao limite fixado no Código das Sociedades Comerciais;

b) Financiamentos, por prazo não inferior a dois anos, concedidos por instituições de crédito ou sociedades financeiras, até ao dobro dos fundos próprios da SDR;

c) Crédito, na modalidade de conta corrente, por prazo inferior a dois anos, concedido por instituições de crédito, até ao limite máximo de 15% dos fundos próprios da SDR [318];

d) Emissão de títulos de dívida de curto prazo regulados pelo Decreto-Lei n.º 181/92, de 22 de Agosto, com observância do limite fixado às sociedades comerciais.

2 – O montante de crédito não utilizado nos termos da alínea *c)* do número anterior poderá acrescer ao limite fixado na alínea *b)* do mesmo número.

---

[217] Redacção dada pelo artigo 1.º do Decreto-Lei n.º 247/94, de 7 de Outubro. A redacção original era a seguinte:

Artigo 9.º
Recursos alheios

1 – ...
a) ...
b) Financiamentos, por prazo não inferior a dois anos, concedidos por instituições de crédito ou parabancárias, até ao dobro dos fundos próprios da SDR;
c) ...
2 – ...

[318] O aditamento da alínea *d)* leva-nos a substituir o ponto final presente, na versão original, no final da alínea *c)*, por ponto e vírgula.

19.3. Sociedades de desenvolvimento regional

ARTIGO 10.º[319]
Fundos consignados

As SDR poderão receber e administrar fundos consignados a actividades de capital de risco sempre que os investimentos específicos a que se destinam sejam de reconhecido interesse para o desenvolvimento económico e social da respectiva área geográfica de actuação.

ARTIGO 11.º[320]
Operações e actividades especialmente vedadas

Ficam especialmente vedadas às SDR as seguintes operações e actividades:
a) O exercício directo de qualquer actividade agrícola, industrial ou comercial;
b) A participação no capital social, a concessão de crédito e a prestação de garantias a quaisquer instituições de crédito ou sociedades financeiras, bem como a sociedades cujo objecto compreenda a actividade de mediação sobre bens imóveis, a compra e venda, exploração ou administração de bens imóveis, exceptuada a exploração agrícola, turística, florestal ou cinegética;
c) A aquisição ou posse de bens imóveis para além dos necessários às suas instalações, salvo quando lhes advenham por efeito de cessão de bens, dação em cumprimento, arrematação ou qualquer outro meio legal de cumprimento de obrigações ou destinado a assegurar esse cumprimento, devendo, em tais situações, proceder à respectiva alienação em prazo que só pode exceder dois anos se, em casos excepcionais, o Banco de Portugal o autorizar[321].

---

[319] Revogado pelo artigo 2.º do Decreto-Lei n.º 247/94, de 7 de Outubro. Mantém-se a sua inserção no texto, em itálico.

[320] Redacção dada pelo artigo 1.º do Decreto-Lei n.º 247/94, de 7 de Outubro. A redacção original era a seguinte:

Artigo 11.º
Operações e actividades especialmente vedadas

...
b) A participação no capital social, a concessão de crédito e a prestação de garantias a quaisquer instituições de crédito ou parabancárias, bem como a sociedades cujo objecto compreenda a actividade de mediação sobre bens imóveis, a realização de empréstimos com garantia hipotecária ou a compra e venda, exploração ou administração de bens imóveis, exceptuada a exploração agrícola, turística, florestal ou cinegética;
c) ...
d) A concessão de crédito ou a prestação de garantias, sob qualquer forma ou modalidade, aos membros dos seus órgãos sociais e aos seus directores, consultores, gerentes ou mandatários, bem como a empresas por eles directa ou indirectamente controladas.

[321] A eliminação da alínea *d*) leva-nos a substituir o ponto e vírgula presente, na versão original, no final da alínea *c*), por ponto final.

ARTIGO 12.º
Operações vedadas às sociedades em cujo capital participem SDR

À sociedade em cujo capital participe uma SDR é vedado, sob pena de nulidade do respectivo negócio, adquirir acções ou obrigações desta última.

ARTIGO 13.º[322]
Operações cambiais

As SDR podem realizar as operações cambiais necessárias ao exercício da sua actividade.

ARTIGO 14.º
Conselho consultivo

1 – Para além dos órgãos previstos no Código das Sociedades Comerciais, existirá nas SDR um conselho consultivo, composto por:
 a) O presidente do conselho de administração, que preside;
 b) O presidente da mesa da assembleia geral;
 c) O presidente do conselho fiscal;
 d) Um representante do Ministério do Planeamento e da Administração do Território, nomeado pelo Ministro, ouvidas as comissões de coordenação regional da respectiva área, ou um representante do governo regional, nomeado pelo respectivo presidente, quando a SDR tiver sede numa das regiões autónomas;
 e) Um representante das autarquias locais da área da actuação da SDR, nomeado pelo conselho da região da comissão de coordenação regional respectiva.

2 – Os vogais mencionados nas alíneas *d)* e *e)* do número anterior exercem as suas funções por períodos de três anos, renováveis.

3 – Sempre que o considere conveniente, o presidente do conselho consultivo pode convidar a fazerem-se representar, sem direito de voto, instituições ou sectores de actividade com relevância na economia regional.

4 – O conselho consultivo reúne, ordinariamente, uma vez por semestre e, em reuniões extraordinárias, sempre que convocado pelo respectivo presidente.

5 – Deve o conselho consultivo ser ouvido:
 a) Aquando da apresentação dos relatórios da actividade da SDR e emitir parecer sobre a sua adequação às atribuições previstas no artigo 6.º do presente diploma;

---

[322] Redacção dada pelo artigo 1.º do Decreto-Lei n.º 247/94, de 7 de Outubro. A redacção original era a seguinte:

Artigo 13.º
Reserva legal

Uma fracção não inferior a 10% dos lucros líquidos apurados em cada exercício deve ser destinada à formação de uma reserva legal das SDR até à concorrência do capital social.

b) Sobre as orientações de estratégia global da SDR e sobre os problemas que lhe forem expressamente cometidos pelo seu presidente.

ARTIGO 15.°[323]
Regiões Autónomas

Nas Regiões Autónomas, as competências atribuídas pelo presente diploma às comissões de coordenação regional serão exercidas pelas entidades competentes dos respectivos Governos Regionais.

ARTIGO 16.°[324]
Contabilidade

1 – A contabilidade das SDR será organizada segundo as normas e instruções do Banco de Portugal.
2 – As contas anuais das SDR são obrigatoriamente sujeitas à revisão legal.

ARTIGO 17.°
SDR existente

1 – A SDR actualmente existente deve adaptar progressivamente a estrutura dos seus activos e passivos ao disposto no presente diploma, sendo-lhe vedado realizar quaisquer operações, designadamente recepção ou renovação de depósitos, que contrariem o regime nele estabelecido.
2 – Os prazos fixados nos n.os 3 e 4 do artigo 7.° contam-se para a SDR em questão a partir da data da entrada em vigor deste diploma.

ARTIGO 18.°[325]
Regime jurídico

As SDR regem-se pelas normas do presente diploma e pelas disposições aplicáveis do Regime Geral das Instituições de Crédito e Sociedades Financeiras, aprovado pelo Decreto-Lei n.° 298/82, de 31 de Dezembro.

---

[323] Redacção dada pelo artigo 1.° do Decreto-Lei n.° 247/94, de 7 de Outubro. A redacção original era a seguinte:

Artigo 15.°
Supervisão

As SDR estão sujeitas à supervisão do Banco de Portugal.

[324] Revogado pelo artigo 2.° do Decreto-Lei n.° 247/94, de 7 de Outubro. Mantém-se a sua inserção no texto, em itálico.

[325] Redacção dada pelo artigo 1.° do Decreto-Lei n.° 247/94, de 7 de Outubro. A redacção original era a seguinte:

Texto actualizado do Decreto-Lei n.º 25/91, de 11 de Janeiro   19.3.

ARTIGO 19.º
Norma revogatória

É revogado o Decreto-Lei n.º 499/80, de 20 de Outubro.

Artigo 18.º
Regime jurídico

As SDR regem-se pelas normas do presente diploma, pela legislação aplicável ao conjunto das instituições parabancárias e ainda, subsidiariamente, pelas disposições que regulam a actividade das instituições de crédito, com as necessárias adaptações.

20. Agências de câmbios

20.1. DECRETO-LEI N.º 3/94, DE 11 DE JANEIRO [326]

A modernização do sistema financeiro, exigência da realização do mercado interno e condição da plena liberalização dos movimentos de capitais, levou a uma reformulação do Regime Geral das Instituições de Crédito e Sociedades Financeiras, aprovado pelo Decreto-Lei n.º 298/92, de 31 de Dezembro. Em resultado da alteração desse regime geral é agora necessário introduzir alterações no regime específico de cada um dos tipos de sociedades financeiras.

No que às agências de câmbios diz respeito, a principal alteração traduz-se na eliminação da imposição de que as operações de compra e venda de moeda se relacionem com deslocações ao estrangeiro ou com a permanência de não residentes em território nacional.

Assim:

Nos termos da alínea *a*) do n.º 1 do artigo 201.º da Constituição, o Governo decreta o seguinte:

(*O texto actualizado do Decreto-Lei n.º 3/94, de 11 de Janeiro, é abaixo publicado*)

Visto e aprovado em Conselho de Ministros de 25 de Novembro de 1993. – *Aníbal António Cavaco Silva – Jorge Braga de Macedo.*

Promulgado em 23 de Dezembro de 1993.
Publique-se.
O Presidente da República, MÁRIO SOARES.

Referendado em 28 de Dezembro de 1993.
O Primeiro-Ministro, *Aníbal António Cavaco Silva.*

---

[326] DR I Série-A, n.º 3, de 11-Jan.-1994, 98.

20.2. DECRETO-LEI N.º 298/95, DE 18 DE NOVEMBRO [327]

O acentuado carácter sazonal que caracteriza a actividade das agências de câmbios reclama que a mesma seja completada por outras actividades que, atenuando aquele inconveniente, se harmonizem com a vocação própria destas sociedades financeiras.

Assim:
Nos termos da alínea *a*) do n.º 1 do artigo 201.º da Constituição, o Governo decreta o seguinte:

ARTIGO ÚNICO

O artigo 1.º do Decreto-Lei n.º 3/94, de 11 de Janeiro, passa a ter a seguinte redacção:

(*A alteração foi inserida no texto do Decreto-Lei n.º 3/94, de 11 de Janeiro, abaixo publicado*)

Visto e aprovado em Conselho de Ministros de 8 de Setembro de 1995. – *Aníbal António Cavaco Silva – Eduardo de Almeida Catroga.*

Promulgado em 5 de Outubro de 1995.
Publique-se.
O Presidente da República, MÁRIO SOARES.

Referendado em 10 de Outubro de 1995.
O Primeiro-Ministro, *Aníbal António Cavaco Silva.*

---

[327] DR I Série-A, n.º 267, de 18-Nov.-1995, 7087.

20.3. DECRETO-LEI N.º 53/2001, DE 15 DE FEVEREIRO[328]

A prestação de serviços de transferências de dinheiro de e para o exterior é uma actividade em geral permitida às agências de câmbios noutros Estados membros da União Europeia.

Afigura-se assim conveniente permitir às agências de câmbios autorizadas a actuar no território nacional a prestação daqueles serviços, como actividade complementar do seu objecto principal, restringindo-se o exercício desta actividade às agências de câmbios que sejam dotadas de capitais e estruturas adequados.

Assim:

Nos termos da alínea *a)* do n.º 1 do artigo 198.º da Constituição, o Governo decreta o seguinte:

ARTIGO 1.º
Alteração ao Decreto-Lei n.º 3/94, de 11 de Janeiro

O artigo 1.º do Decreto-Lei n.º 3/94, de 11 de Janeiro, com as alterações introduzidas pelo Decreto-Lei n.º 298/95, de 18 de Novembro, passa a ter a seguinte redacção:

(A alteração foi inserida no texto actualizado do Decreto-Lei n.º 3/94, de 11 de Janeiro, abaixo publicado)

ARTIGO 2.º
Entrada em vigor

O presente diploma entra em vigor no dia imediato ao da sua publicação.

Visto e aprovado em Conselho de Ministros de 21 de Dezembro de 2000. – *António Manuel de Oliveira Guterres – Joaquim Augusto Nunes Pina Moura.*

Promulgado em 31 de Janeiro de 2001.
Publique-se.
O Presidente da República, JORGE SAMPAIO.

Referendado em 7 de Fevereiro de 2001.
O Primeiro-Ministro, *António Manuel de Oliveira Guterres.*

---

[328] DR I Série-A, n.º 39, de 15-Fev.-2001, 845.

20.4. TEXTO ACTUALIZADO DO DECRETO-LEI N.º 3/94, DE 11 DE JANEIRO

ARTIGO 1.º[329]
Objecto

1 – As agências de câmbios têm por objecto principal a realização de operações de compra e venda de notas e moedas estrangeiras ou de cheques de viagem.

2 – Acessoriamente, podem as agências de câmbios comprar e vender ouro e prata, em moeda ou noutra forma não trabalhada, bem como moedas para fins de numismática[330].

3 – Aplica-se às agências de câmbios, relativamente à compra e venda de ouro e prata, em moeda ou noutra forma não trabalhada, o regime definido para os bancos e outras instituições de crédito no n.º 3 do artigo 15.º do Regulamento das Contrastarias, aprovado pelo Decreto-Lei n.º 391/79, de 20 de Setembro.

4 – As agências de câmbios que apresentem organização adequada e meios técnicos e humanos suficientes poderão ser autorizadas pelo Banco de Portugal a prestar serviços de transferências de dinheiro de e para o exterior, nas condições que vierem a ser fixadas por aviso daquele Banco[331].

---

[329] Redacção dada pelo artigo 1.º do Decreto-Lei n.º 298/95, de 18 de Novembro. A redacção original era a seguinte:

Artigo 1.º
Objecto

As agências de câmbios têm por objecto exclusivo a realização de operações de compra e venda de notas e moedas estrangeiras ou de cheques de viagem.
O artigo 1.º do Decreto-Lei n.º 53/2001, de 15 de Fevereiro, aditou o actual n.º 4.

[330] A Declaração de rectificação n.º 159/95, de 29 de Dezembro, da Secretaria-Geral da Presidência do Conselho de Ministros, publicada no DR I Série-A, n.º 300, de 30-Dez.-1995, rectificou o teor do presente número. Assim, onde se lia "podem as agências de câmbios comprar ouro e prata," deve ler-se "podem as agências de câmbios comprar e vender ouro e prata".

[331] O Banco de Portugal emitiu o Aviso n.º 3/2001, de 7 de Março, publicado no DR I Série-B, n.º 67, de 20-Mar.-2001, 1582-1583, cujo teor é o seguinte:
O n.º 4 do artigo 1.º do Decreto-Lei n.º 3/94, de 11 de Janeiro, com a redacção que lhe foi dada pelo Decreto-Lei n.º 53/2001, de 15 de Fevereiro, permite que o Banco de Portugal autorize as agências de câmbios que satisfaçam determinadas condições a efectuar transferências de dinheiro de e para o exterior.
A mesma norma dispõe que o Banco de Portugal fixará por aviso as condições que as agências de câmbios deverão respeitar, a fim de poderem praticar aquelas operações.
Assim, o Banco de Portugal, tendo presente o disposto na citada disposição, estabelece o seguinte:

ARTIGO 2.º
Forma, denominação e outros requisitos

As agências de câmbios deverão satisfazer os seguintes requisitos:
a) Adoptar a forma de sociedade anónima ou de sociedade por quotas;
b) Inserir na denominação social a expressão "agência de câmbios";
c) Preencher as demais condições de que depende a autorização e o exercício da actividade das sociedades financeiras.

ARTIGO 3.º
Operações com residentes e não residentes

As operações a que se refere o artigo 1.º, realizadas com residentes ou com não residentes, só poderão ser efectuadas contra escudos.

1.º As agências de câmbios que pretendam prestar serviços de transferências de dinheiro de e para o exterior devem observar, para além dos requisitos previstos no artigo 2.º do Decreto-Lei n.º 3/94, de 11 de Janeiro, o seguinte:
   a) Terem o capital social representado por acções nominativas ou ao portador registadas, no caso de revestirem a forma de sociedade anónima;
   b) Terem um capital social não inferior a 500 000 euros;
   c) Terem assegurada, perante terceiros, a responsabilidade civil que possa derivar desta actividade, mediante a subscrição de apólice de seguros com uma entidade seguradora para tal habilitada, numa importância não inferior a 250 000 euros;
   d) Possuírem meios humanos, técnicos e materiais adequados.
2.º As agências de câmbios somente poderão exercer a actividade prevista no número anterior através de instituições de crédito com autorização plena para o exercício, em Portugal, do comércio de câmbios.
3.º As agências de câmbios que pretendam exercer a actividade prevista no n.º 1.º devem apresentar no Banco de Portugal o pedido de autorização instruído com os elementos comprovativos de que preenchem os requisitos indicados na mesma disposição.
4.º Este aviso entra em vigor no dia imediato ao da sua publicação.
7 de Março de 2001. – O Governador, *Vítor Constâncio*.

21. Sociedades de titularização de créditos

21.1. DECRETO-LEI N.º 453/99, DE 5 DE NOVEMBRO[332]

O presente decreto-lei estabelece o regime jurídico das operações de transmissão de créditos com vista à subsequente emissão, pelas entidades adquirentes, de valores mobiliários destinados ao financiamento das referidas operações. Regula-se igualmente a constituição e a actividade das duas únicas entidades que poderão proceder à titularização de créditos: os fundos de titularização de créditos e as sociedades de titularização de créditos.

O primeiro dos veículos de titularização mencionados, considerando a natureza de património autónomo que reveste, implica o estabelecimento de regras especiais de funcionamento das respectivas sociedades gestoras.

Introduz-se, assim, no ordenamento jurídico português a figura da titularização de créditos, facultando um relevante instrumento financeiro, largamente difundido – e frequentemente utilizado – nas economias mais desenvolvidas, aos agentes económicos, em geral, e, em particular, ao sistema financeiro. Dota-se a economia de um importante factor de competitividade e o mercado de capitais de um factor de dinamização e diversificação.

A titularização de créditos, usualmente conhecida por securitização, consistindo, no essencial, numa agregação de créditos, sua autonomização, mudança de titularidade e emissão de valores representativos, conheceu os seus primeiros desenvolvimentos nos Estados Unidos, no início da década de 80, tendo sido já objecto de tratamento legislativo na generalidade dos Estados membros da Comunidade Europeia. A sua utilização tem sido reconhecidamente bem sucedida, rapidamente se assumindo como relevante factor de competitividade das economias.

Embora os principais agentes da titularização sejam instituições financeiras, também sociedades comerciais de maior dimensão e entidades públicas têm recorrido, de modo crescente, à titularização de créditos, assim vendo diminuir os seus riscos e custos de obtenção de financiamentos. Os operadores de mercado, por seu lado, encontram nestas operações novas oportunidades de investimento, mediante a colocação de títulos no mercado e a respectiva rentabilização, permitindo aos investidores finais a obtenção de rendimentos indexados ao valor dos créditos.

No novo regime permite-se que procedam à titularização de créditos instituições financeiras, entidades públicas – desde que as regras que lhes sejam especialmente aplicáveis o não impeçam – e outras pessoas colectivas cuja situação financeira

---

[332] DR I Série-A, n.º 258/99, de 5-Nov.-1999, 7682-7693.

seja devidamente acompanhada e reúnam determinadas condições. Relativamente ao sector segurador, atenta a específica natureza da actividade e as soluções adoptadas em outros países, delimita-se o universo de créditos que podem ser objecto de cessão no âmbito de operações de titularização. Impõe-se, no geral, para que possam ser transmitidos para veículos de titularização, que os créditos reúnam um conjunto de requisitos, procurando-se garantir a segurança e transparência das operações, bem como a tutela dos interesses dos devedores, em particular dos consumidores de serviços financeiros, dos investidores e da supervisão das instituições financeiras.

Com efeito, a concretização de operações de titularização fica dependente de um prévio e rigoroso controlo de legalidade, o qual é exercido no momento da emissão dos valores mobiliários, sejam as unidades de titularização de fundos, sejam as obrigações a emitir pelas sociedades de titularização.

Também sujeitos a prévia autorização e a permanente acompanhamento ficam os veículos de titularização – fundos, sociedades gestoras e sociedades de titularização –, tendo-se optado, com essa preocupação, por posicionar os entes societários dentro do sistema financeiro.

Prevêem-se exames mais aprofundados das operações e informação mais detalhada sobre as mesmas caso se destinem à comercialização pública, designadamente com procedimentos de notação de risco e respectiva divulgação.

De um prisma de supervisão das instituições financeiras cedentes, sujeita-se a realização das transmissões a prévia autorização das competentes entidades de supervisão.

Quanto aos legítimos direitos dos devedores, especialmente dos consumidores de serviços financeiros, consagram-se normas que visam a neutralidade da operação perante estes. É o que sucede, nomeadamente, no que respeita à manutenção, pela instituição financeira cedente, de poderes de gestão dos créditos e das respectivas garantias. Com efeito, em relação aos devedores, a titularização dos créditos não implica a diminuição de nenhuma das suas garantias, continuando aqueles, no que ao sector financeiro respeita e não obstante a ausência de notificação da cessão, a manter todos os seus direitos e todo o seu relacionamento com a instituição financeira cedente.

A competitividade do instrumento financeiro à luz da natureza do mesmo – que permite a transferência, em massa, de créditos – e a sua viabilidade estão presentes nas regras sobre os procedimentos formais da cessão e sobre a tutela acrescida dos créditos titularizados.

Não se permite que os créditos sejam retransmitidos pelos veículos de titularização – salvo em casos excepcionais –, permitindo-se apenas a circulação dos mesmos entre sociedades de titularização ou destas para os fundos.

As sociedades de titularização só podem financiar a respectiva actividade por recurso a capitais próprios e a emissões de obrigações, tendo-se criado uma categoria específica de obrigações – as obrigações titularizadas – que permitem obter uma afectação exclusiva de conjuntos de créditos às responsabilidades emergentes da emissão das mesmas, tendo-se igualmente acautelado a modificação da estrutura accionista destas sociedades na pendência de emissões de obrigações, assim se visando acautelar potenciais conflitos de interesses entre accionistas e obrigacionistas.

Julgou-se conveniente não introduzir elementos de rigidez desnecessários na montagem de operações com recurso a fundos, permitindo-se que o regulamento de gestão, com grande amplitude, estabeleça, dentro da moldura legal definida, os direitos a conferir às unidades de titularização, admitindo-se a convivência, numa mesma operação, de unidades de diversas categorias.

Assim:

Nos termos da alínea *a)* do n.º 1 do artigo 198.º da Constituição, o Governo decreta, para valer como lei geral da República, o seguinte:

(O texto actualizado do Decreto-Lei n.º 453/99, de 5 de Novembro, é abaixo publicado)

Visto e aprovado em Conselho de Ministros de 9 de Setembro de 1999. – *António Manuel de Oliveira Guterres* – *António Luciano Pacheco de Sousa Franco* – *José Manuel de Matos Fernandes.*

Promulgado em 15 de Outubro de 1999.
Publique-se.
O Presidente da República, Jorge Sampaio.

Referendado em 21 de Outubro de 1999.
O Primeiro-Ministro, *António Manuel de Oliveira Guterres.*

21.2. DECRETO-LEI N.° 82/2002, DE 5 DE ABRIL[333]

O presente decreto-lei procede a alterações no regime jurídico da titularização de créditos aprovado pelo Decreto-Lei n.° 453/99, de 5 de Novembro, em particular no que diz respeito à natureza e à supervisão de um dos tipos de entidades cessionárias de créditos previstos naquele diploma, a saber, o das sociedades de titularização de créditos.

Com efeito, tendo estas sociedades a natureza de mero veículo de titularização de créditos, entendeu-se que as mesmas deveriam deixar de ser qualificadas como sociedades financeiras.

Atenta, porém, a sua influência no mercado de valores mobiliários, dada a forte probabilidade de colocação das obrigações titularizadas junto do público, foi entendido que as sociedades de titularização de créditos devem permanecer sob a supervisão de uma autoridade administrativa, exigindo-se requisitos de idoneidade aos titulares de participações qualificadas e aos membros dos órgãos sociais das mesmas, bem como a sujeição a determinados princípios aplicáveis a intermediários financeiros. À Comissão do Mercado de Valores Mobiliários (CMVM) é conferida a competência para supervisionar este tipo de sociedades.

A alteração da natureza das sociedades de titularização de créditos foi também acompanhada por alterações do respectivo regime jurídico que visam evidenciar a sua natureza de mero veículo de titularização de créditos, como o sejam a restrição do respectivo objecto social e a supressão da possibilidade de aquelas financiarem a respectiva actividade através da emissão de obrigações clássicas.

Além da modificação do regime de supervisão das sociedades de titularização de créditos, o presente decreto-lei procede a diversas alterações ditadas pela reflexão entretanto feita ou sugeridas pelo direito comparado.

Como alterações substanciais, cumpre referir, em primeiro lugar, a previsão expressa da admissibilidade de cedência para titularização de créditos hipotecários bonificados. Em segundo lugar, procedeu-se ao alargamento da obrigação de gestão dos créditos cedidos às sociedades gestoras de fundos de pensões, pois também estas sociedades gozam da eficácia imediata e simultânea da cessão de créditos em relação aos seus devedores. Por outro lado, foi consagrada a possibilidade de, em casos devidamente justificados, a autoridade de supervisão da entidade cedente autorizar a derrogação da obrigação de gestão pelo cedente.

---

[333] DR I Série-A, n.° 80, de 5-Abr.-2002, 3134-3153.

Decreto-Lei n.º 82/2002, de 5 de Abril **21.2.**

Em outros casos, uma vez que o diploma foi elaborado antes da publicação do Código dos Valores Mobiliários, as alterações introduzidas procuram harmonizar a redacção de certas normas com este último, constituindo exemplos deste propósito as alterações introduzidas nas regras sobre ofertas públicas de unidades de titularização e de obrigações titularizadas.

Finalmente, entendeu-se ser necessário clarificar a redacção de normas cujo conteúdo se mostrava ambíguo e clarificar e alargar as matérias relativamente às quais são conferidos poderes de regulamentação à CMVM.

A importância que assume a titularização de créditos para a dinamização do mercado de capitais nacional, especialmente importante num momento menos favorável como o que se atravessa actualmente, a necessidade de dotar o respectivo regime jurídico dos instrumentos adequados a tornar competitiva a sua realização em Portugal e as fortes expectativas que têm sido criadas em torno das alterações propostas justificam a necessidade e urgência da aprovação do presente diploma.

Foram ouvidos o Banco de Portugal, a CMVM e a Associação Portuguesa de Bancos.

Assim:

Nos termos da alínea *a*) do n.º 1 do artigo 198.º da Constituição, o Governo decreta, para valer como lei geral da República, o seguinte:

ARTIGO 1.º
Alterações

Os artigos 4.º, 5.º, 6.º, 7.º, 12.º, 17.º, 19.º, 23.º, 27.º, 28.º, 34.º, 37.º e 38.º e os capítulos III e IV do Decreto-Lei n.º 453/99, de 5 de Novembro, passam a ter a seguinte redacção:

(As alterações foram inseridas no texto actualizado do Decreto-Lei n.º 453/99, de 5 de Novembro, abaixo publicado)

ARTIGO 2.º
Republicação

O Decreto-Lei n.º 453/99, de 5 de Novembro, com as alterações introduzidas pelo presente diploma, é republicado em anexo.

ARTIGO 3.º
Entrada em vigor

O presente diploma entra em vigor cinco dias após a sua publicação.

Visto e aprovado em Conselho de Ministros de 21 de Fevereiro de 2002. – *António Manuel de Oliveira Guterres – Guilherme d'Oliveira Martins.*

Promulgado em 13 de Março de 2002.
Publique-se.
O Presidente da República, JORGE SAMPAIO.

Referendado em 21 de Março de 2002.
O Primeiro-Ministro, em exercício, *Jaime José Matos da Gama*.

21.3. DECRETO-LEI N.º 303/2003, DE 5 DE DEZEMBRO[334]

O Decreto-Lei n.º 453/99, de 5 de Novembro, alterado pelo Decreto-Lei n.º 82/2002, de 5 de Abril, introduziu no ordenamento jurídico nacional o regime aplicável às operações de titularização de créditos, prevendo-se expressamente a possibilidade de o Estado e outras pessoas colectivas públicas procederem à cessão de créditos para efeitos de titularização.

Entretanto, procedeu-se à definição legal dos princípios e regras gerais aplicáveis à cedibilidade de créditos da titularidade do Estado e da segurança social para efeitos de titularização.

Naquele âmbito, disciplinaram-se os aspectos essenciais relativos à tutela dos direitos e garantias dos contribuintes e outros devedores, bem como à gestão e cobrança dos créditos cedidos. Atento o propósito de proceder a uma definição legal integrada dos termos e condições aplicáveis à transmissão de créditos para efeitos de titularização e, simultaneamente, de explicitar o regime aplicável à realização de operações de titularização sobre créditos cedidos pelo Estado e pela segurança social, importa concretizar o enquadramento legal destas últimas.

Nestes termos, o presente decreto-lei vem introduzir um conjunto de alterações ao Decreto-Lei n.º 453/99, de 5 de Novembro, tendo em vista consagrar determinadas regras especialmente aplicáveis à cessão de créditos do Estado e da segurança social para titularização e clarificar alguns aspectos respeitantes à identificação dos tipos de créditos susceptíveis de titularização, dos efeitos processuais da respectiva cessão para titularização e das operações de gestão e cobrança.

Acresce que a experiência entretanto colhida aconselha que se corrijam algumas ineficiências do regime jurídico da titularização de créditos definido no Decreto-Lei n.º 453/99, de 5 de Novembro, que têm vindo a dificultar a montagem de operações de titularização de créditos e de outros activos.

A principal novidade legislativa respeita à possibilidade de utilização de outros activos que não apenas créditos nas operações de titularização – designadamente no que respeita à utilização de carteiras de obrigações como garantia do cumprimento –, no sentido de acompanhar o movimento inovador que tem vindo a caracterizar o mercado da titularização. Assim, o regime da titularização de créditos passa a ser aplicável, mutatis mutandis, às operações de titularização de outros activos, cabendo à Comissão do Mercado de Valores Mobiliários emitir a regulamentação necessária para o efeito.

---

[334] DR I Série-A, n.º 281, de 5-Dez.-2003, 8216-8238.

21.3. Sociedades de titularização de créditos

Saliente-se ainda que, para além de alguns acertos normativos introduzidos, foi eliminada a proibição legislativa de titularização de créditos vencidos, deixando que os agentes do mercado apreciem a qualidade das operações realizadas, face à classificação de risco que a empresa de notação de risco lhes atribua.

Complementarmente, o presente diploma altera o Decreto-Lei n.º 219/2001, de 4 de Agosto, introduzindo regras relativas às obrigações acessórias impostas às sociedades de titularização de créditos e às sociedades gestoras de fundos de titularização de créditos, eliminando a obrigação de manutenção de um registo do período de detenção de unidades de titularização ou obrigação titularizadas. Contudo, aquelas entidades continuarão a estar obrigadas à manutenção de registos e à prestação de informação para efeitos de controlo.

Foram ouvidos o Banco de Portugal e a Comissão do Mercado de Valores Mobiliários.

Assim:

Nos termos da alínea *a*) do n.º 1 do artigo 198.º da Constituição, o Governo decreta o seguinte:

ARTIGO 1.º
Alteração ao Decreto-Lei n.º 453/99, de 5 de Novembro

1 – Os artigos 1.º, 4.º, 5.º, 6.º, 12.º, 18.º, 21.º, 24.º, 27.º, 29.º, 44.º, 45.º, 48.º, 58.º, 59.º, 60.º, 61.º, 62.º, 63.º e 64.º do Decreto-Lei n.º 453/99, de 5 de Novembro, com a redacção dada pelo Decreto-Lei n.º 82/2002, de 5 de Abril, passam a ter a seguinte redacção:

(As alterações foram inseridas no texto actualizado do Decreto-Lei n.º 453/99, de 5 de Novembro, abaixo publicado)

2 – É aditado um novo artigo ao Decreto-Lei n.º 453/99, de 5 de Novembro, que passa a ser o artigo 65.º, com a seguinte redacção:

(O preceito aditado foi inserido no texto actualizado do Decreto-Lei n.º 453/99, de 5 de Novembro, abaixo publicado)

3 – Os artigos 65.º a 67.º do Decreto-Lei n.º 453/99, de 5 de Novembro, são renumerados como artigos 66.º a 68.º, respectivamente.

(Foi feita referência à renumeração no texto actualizado do Decreto-Lei n.º 453/99, de 5 de Novembro, abaixo publicado)

ARTIGO 2.º
Alteração ao Decreto-Lei n.º 219/2001, de 4 de Agosto

Os artigos 2.º e 7.º do Decreto-Lei n.º 219/2001, de 4 de Agosto, com a redacção dada pela Lei n.º 109-B/2001, de 27 de Dezembro, passam a ter a seguinte redacção:

(As alterações foram inseridas no texto do Decreto-Lei n.º 219/2001, de 4 de Agosto, abaixo publicado)

ARTIGO 3.º
Créditos do Estado e da segurança social susceptíveis de titularização

Verificadas as condições previstas no artigo 4.º do Decreto-Lei n.º 453/99, de 5 de Novembro, o Estado e a segurança social podem, designadamente, ceder para efeitos de titularização:

a) Créditos emergentes de relações jurídico-tributárias provenientes de tributos fiscais e parafiscais, incluindo impostos directos e indirectos e as contribuições e quotizações para a segurança social;
b) Créditos respeitantes a rendimentos do património mobiliário e imobiliário do Estado;
c) Créditos decorrentes da aplicação de coimas, multas e outras sanções pecuniárias cobradas coercivamente em processo de execução; ou
d) Créditos respeitantes a custas processuais que não sejam pagas nos prazos legais.

ARTIGO 4.º
Gestão e cobrança dos créditos do Estado e da segurança social

1 – Quando o Estado ou a segurança social assegure a gestão e cobrança de créditos cedidos para titularização, é celebrado, simultaneamente com a cessão, um contrato escrito relativo à gestão e cobrança de créditos com a entidade cessionária no qual se definem, designadamente, o montante, as modalidades e a forma de pagamento da respectiva remuneração.

2 – O Estado ou a segurança social pode exercer todos os direitos e prerrogativas previstos na lei de forma a assegurar a boa gestão e cobrança dos créditos e, se for o caso, das respectivas garantias, a qual inclui a prática dos adequados actos conservatórios, modificativos e extintivos daqueles créditos ou garantias, sem prejuízo do respeito pelos direitos e garantias dos contribuintes e outros devedores.

ARTIGO 5.º
Efeitos processuais da cessão de créditos do Estado e da segurança social

1 – Os procedimentos e processos, de qualquer natureza, que tenham por objecto ou que envolvam créditos tributários cedidos para efeitos de titularização correm os seus termos de acordo com a lei, como se não tivesse ocorrido qualquer cessão, sendo parte legítima o Estado ou a segurança social, conforme aplicável, e os devedores, sem que possa ser suscitada a habilitação ou a intervenção provocada da entidade cessionária.

2 – Aos procedimentos e processos administrativos ou tributários pendentes ou que se iniciem após a cessão para titularização de créditos tributários do Estado e da segurança social aplicam-se todas as regras respeitantes aos procedimentos administrativo-tributários, judiciais tributários e de execução fiscal, os quais seguem, sem qualquer alteração, os seus termos legais.

3 – A competência dos tribunais tributários de 1.ª instância e das secções do contencioso tributário do Tribunal Central Administrativo e do Supremo Tribunal Administrativo mantém-se como se o cedente mantivesse a titularidade dos créditos.

ARTIGO 6.º
**Realização de operações de titularização de créditos do Estado
e da segurança social**

A tipologia e as características dos créditos, o valor nominal da globalidade dos créditos, o preço inicial definitivo e o eventual preço diferido, as modalidades e forma de pagamento e a entidade cessionária, bem como os demais termos e condições de cada operação de titularização de créditos do Estado e da segurança social, são definidos por portaria conjunta do Ministro das Finanças e do ministro competente em função da titularidade dos créditos objecto de cessão para efeitos de titularização.

ARTIGO 7.º
**Titularização de créditos fiscais e parafiscais a ceder pelo Estado
e pela segurança social em 2003**

1 – O Estado e a segurança social procederão em 2003 à cessão de créditos para efeitos de titularização respeitantes ao imposto sobre o rendimento das pessoas singulares, ao imposto sobre o rendimento das pessoas colectivas, ao imposto sobre o valor acrescentado, ao imposto sobre as sucessões e doações, ao imposto do selo, ao imposto de circulação, ao imposto de camionagem e às contribuições e quotizações para a segurança social, bem como à cessão de créditos respeitantes a coimas e juros compensatórios e moratórios que, independentemente da data da respectiva constituição, sejam actualmente objecto de cobrança coerciva e cujos processos de execução hajam sido instaurados entre 1 de Janeiro de 1993 e 31 de Julho de 2001, no que respeita às contribuições e quotizações para a segurança social, e entre 1 de Janeiro de 1993 e 30 de Setembro de 2003, em relação aos restantes créditos.

2 – Os créditos a que se refere o número anterior poderão ser objecto de substituição, pelo Estado e segurança social, no âmbito da respectiva operação de titularização, caso se verifique posteriormente à sua realização que, nomeadamente, os mesmos não existem ou têm valor diferente do declarado, por quaisquer créditos de igual natureza que respeitem a factos tributários ocorridos até 31 de Dezembro de 2003, ainda que o respectivo processo de cobrança coerciva seja iniciado em data posterior.

ARTIGO 8.º
Republicação

O Decreto-Lei n.º 453/99, de 5 de Novembro, e o Decreto-Lei n.º 219/2001, de 4 de Agosto, com as alterações introduzidas pelo presente diploma, são republicados em anexo.

ARTIGO 9.º
Entrada em vigor

O presente decreto-lei entra em vigor no dia seguinte ao da sua publicação.

Visto e aprovado em Conselho de Ministro de 25 de Setembro de 2003. – *José Manuel Durão Barroso – Maria Manuela Dias Ferreira Leite – Maria Celeste Ferreira Lopes Cardona – António José de Castro Bagão Félix.*

Promulgado em 26 de Novembro de 2003.
Publique-se.
O Presidente da República, JORGE SAMPAIO.

Referendado em 27 de Novembro de 2003.
O Primeiro-Ministro, *José Manuel Durão Barroso*.

21.4. TEXTO ACTUALIZADO DO DECRETO-LEI N.º 453/99, DE 5 DE NOVEMBRO (REGIME JURÍDICO DAS SOCIEDADES DE TITULARIZAÇÃO DE CRÉDITOS)

CAPÍTULO I
Titularização de créditos

ARTIGO 1.º[335]
Âmbito

1 – O presente decreto-lei estabelece o regime das cessões de créditos para efeitos de titularização e regula a constituição e funcionamento dos fundos de titularização de créditos, das sociedades de titularização de créditos e das sociedades gestoras daqueles fundos.

2 – Consideram-se realizadas para efeitos de titularização as cessões de créditos em que a entidade cessionária seja um fundo de titularização de créditos ou uma sociedade de titularização de créditos.

3 – O disposto no presente decreto-lei é aplicável, com as devidas adaptações, às operações de titularização de outros activos, competindo à CMVM definir, por regulamento, as regras necessárias para a concretização do respectivo regime.

ARTIGO 2.º
Entidades cedentes

1 – Podem ceder créditos para efeitos de titularização o Estado e demais pessoas colectivas públicas, as instituições de crédito, as sociedades financeiras, as empresas de seguros, os fundos de pensões, as sociedades gestoras de fundos de pensões bem como outras pessoas colectivas cujas contas dos três últimos exercícios tenham sido objecto de certificação legal por auditor registado na Comissão do Mercado de Valores Mobiliários (CMVM).

2 – Em casos devidamente justificados, designadamente por se tratar de pessoa colectiva cuja lei pessoal seja estrangeira, a CMVM pode autorizar a substituição da certificação referida no número anterior por documento equivalente, nomeadamente

---

[335] O actual n.º 3 foi aditado pelo n.º 1 do artigo 1.º do Decreto-Lei n.º 303/2003, de 5 de Dezembro.

por relatório de auditoria realizada por auditor internacionalmente reconhecido, contanto que sejam devidamente acautelados os interesses dos investidores e adequadamente analisada a situação da pessoa colectiva.

ARTIGO 3.º
Entidades cessionárias

Só podem adquirir créditos para titularização:
 a) Os fundos de titularização de créditos;
 b) As sociedades de titularização de créditos.

ARTIGO 4.º[336]
Créditos susceptíveis de titularização

1 – Sem prejuízo do disposto no número seguinte, só podem ser objecto de

---

[336] Redacção dada pelo n.º 1 do artigo 1.º do Decreto-Lei n.º 303/2003, de 5 de Dezembro. A redacção anterior, dada pelo artigo 1.º do Decreto-Lei n.º 82/2002, de 5 de Abril, era a seguinte:

1 – Só podem ser objecto de cessão para titularização créditos em relação aos quais se verifiquem cumulativamente os seguintes requisitos:
 a) ...
 b) ...
 c) ...
 d) Não se encontrarem vencidos;
 e) Não serem litigiosos, não se encontrarem dados em garantia nem judicialmente penhorados ou apreendidos.
2 – Podem ainda ser cedidos para titularização créditos futuros desde que emergentes de relações jurídicas constituídas e de montante conhecido ou estimável.
3 – Podem igualmente ser cedidos para titularização créditos hipotecários que tenham sido concedidos ao abrigo de qualquer dos regimes previstos no Decreto-Lei n.º 349/98, de 11 de Novembro.
4 – Sem prejuízo do disposto nos números anteriores, as empresas de seguros, os fundos de pensões e as sociedades gestoras de fundos de pensões só podem ceder para titularização:
 a) Créditos hipotecários;
 b) Créditos sobre o Estado ou outras pessoas colectivas públicas;
 c) Créditos de fundos de pensões relativos às contribuições dos respectivos participantes, sem prejuízo do benefício a atribuir a estes.
5 – A cessão deve ser plena, não pode ficar sujeita a condição nem a termo, salvo nos casos previstos no n.º 2 do artigo 28.º, de subscrição incompleta de unidades de titularização ou de obrigações emitidas por sociedade de titularização de créditos, não podendo o cedente, ou entidade que com este se encontre constituída em relação de grupo ou de domínio, conceder quaisquer garantias ou assumir responsabilidades pelo cumprimento, sem prejuízo, em relação aos créditos presentes, do disposto no n.º 1 do artigo 587.º do Código Civil.
6 – O disposto no número anterior não prejudica a possibilidade de os créditos serem garantidos por terceiro ou o risco de não cumprimento transferido para empresa de seguros.
7 – A entidade cedente fica obrigada a revelar ao cessionário todos os factos susceptíveis de pôr em risco a cobrança dos créditos que sejam, ou razoavelmente devessem ser, do seu conhecimento à data da produção de efeitos da cessão.
A redacção original era a seguinte:
1 – ...

cessão para titularização créditos em relação aos quais se verifiquem cumulativamente os seguintes requisitos:
  a) A transmissibilidade não se encontrar sujeita a restrições legais ou convencionais;
  b) Serem de natureza pecuniária;
  c) Não se encontrarem sujeitos a condição;
  d) Não serem litigiosos, não se encontrarem dados em garantia nem judicialmente penhorados ou apreendidos.

2 – Sem prejuízo do regime especial aplicável à titularização de créditos tributários, o Estado e a segurança social podem ceder créditos para efeitos de titularização, ainda que esses créditos se encontrem sujeitos a condição ou sejam litigiosos, podendo, neste caso, o cedente não garantir a existência e exigibilidade desses créditos.

3 – Podem ainda ser cedidos para titularização créditos futuros desde que emergentes de relações jurídicas constituídas e de montante conhecido ou estimável.

4 – Podem igualmente ser cedidos para titularização créditos hipotecários que tenham sido concedidos ao abrigo de qualquer dos regimes previstos no Decreto-Lei n.º 349/98, de 11 de Novembro.

5 – Sem prejuízo do disposto nos números anteriores, as empresas de seguros, os fundos de pensões e as sociedades gestoras de fundos de pensões só podem ceder para titularização:
  a) Créditos hipotecários;
  b) Créditos sobre o Estado ou outras pessoas colectivas públicas;
  c) Créditos de fundos de pensões relativos às contribuições dos respectivos participantes, sem prejuízo do benefício a atribuir a estes.

6 – A cessão deve ser plena, não pode ficar sujeita a condição nem a termo, salvo nos casos previstos no n.º 2 do artigo 28.º e nos de subscrição incompleta de unidades de titularização ou de obrigações titularizadas, não podendo o cedente, ou entidade que com este se encontre constituída em relação de grupo ou de domínio,

---

2 – ...

3 – Sem prejuízo do disposto nos números anteriores, as empresas de seguros, os fundos de pensões e as sociedades gestoras de fundos de pensões só podem ceder para titularização:
  a) Créditos hipotecários;
  b) Créditos sobre o Estado ou outras pessoas colectivas públicas;
  c) Créditos de fundos de pensões relativos às contribuições dos respectivos participantes, sem prejuízo do benefício a atribuir a estes.

4 – A cessão deve ser plena, não pode ficar sujeita a condição nem a termo, salvo nos casos previstos no n.º 2 do artigo 28.º, de subscrição incompleta de unidades de titularização ou de obrigações emitidas por sociedade de titularização de créditos, não podendo o cedente, ou entidade que com este se encontre constituída em relação de grupo ou de domínio, conceder quaisquer garantias ou assumir responsabilidades pelo cumprimento, sem prejuízo, em relação aos créditos presentes, do disposto no n.º 1 do artigo 587.º do Código Civil.

5 – O disposto no número anterior não prejudica a possibilidade de os créditos serem garantidos por terceiro ou o risco de não cumprimento transferido para empresa de seguros.

6 – A entidade cedente fica obrigada a revelar ao cessionário todos os factos susceptíveis de pôr em risco a cobrança dos créditos que sejam, ou razoavelmente devessem ser, do seu conhecimento à data de produção de efeitos da cessão.

conceder quaisquer garantias ou assumir responsabilidades pelo cumprimento, sem prejuízo, em relação aos créditos presentes, do disposto no n.º 1 do artigo 587.º do Código Civil, excepto nos casos previstos no n.º 2 do presente artigo.

7 – O disposto no número anterior não prejudica a possibilidade de os créditos serem garantidos por terceiro ou o risco de não cumprimento transferido para empresa de seguros.

8 – A entidade cedente fica obrigada a revelar ao cessionário os factos relevantes susceptíveis de afectar significativamente o valor global dos créditos que sejam do seu conhecimento à data da produção de efeitos da cessão.

ARTIGO 5.º[337]
Gestão dos créditos

1 – Quando a entidade cedente seja instituição de crédito, sociedade financeira, empresa de seguros, fundo de pensões ou sociedade gestora de fundos de pensões, deve ser sempre celebrado, simultaneamente com a cessão, contrato pelo qual a entidade cedente, ou no caso dos fundos de pensões a respectiva sociedade gestora, fique obrigada a praticar, em nome e em representação da entidade cessionária, todos

---

[337] Redacção dada pelo n.º 1 do artigo 1.º do Decreto-Lei n.º 303/2003, de 5 de Dezembro. A redacção anterior, dada pelo artigo 1.º do Decreto-Lei n.º 82/2002, de 5 de Abril, era a seguinte:
1 – ...
2 – Nas demais situações, a gestão dos créditos pode ser assegurada pelo cessionário, pelo cedente ou por terceira entidade idónea.
3 – Em casos devidamente justificados, pode a autoridade de supervisão da entidade cedente autorizar que, nas situações referidas no n.º 1, a gestão dos créditos seja assegurada por entidade diferente do cedente.
4 – Quando o gestor dos créditos não for o cessionário, a oneração e a alienação dos créditos são sempre expressa e individualmente autorizadas por aquele.
5 – Sem prejuízo da responsabilidade das partes, o contrato de gestão de créditos objecto de titularização só pode cessar com motivo justificado, devendo a substituição do gestor dos créditos, nesse caso, realizar-se com a observância do disposto nos números anteriores.
6 – Em caso de falência do gestor dos créditos, os montantes que estiverem na sua posse decorrentes de pagamentos relativos a créditos cedidos para titularização não integram a massa falida.
A redacção original era a seguinte:
1 – Quando a entidade cedente seja instituição de crédito, sociedade financeira ou empresa de seguros, deve ser sempre celebrado, simultaneamente com a cessão, contrato pelo qual aquela fique obrigada a praticar todos os actos que se revelem adequados à boa gestão dos créditos e, se for o caso, das respectivas garantias, a assegurar os serviços de cobrança, os serviços administrativos relativos aos créditos, todas as relações com os respectivos devedores e os actos conservatórios relativos às garantias, caso existam.
2 – Nas demais situações a gestão dos créditos pode ser assegurada pelo cedente ou por terceira entidade idónea.
3 – Quando o gestor dos créditos não for o cessionário, a oneração e a alienação dos créditos são sempre expressa e individualmente autorizadas por aquele.
4 – Sem prejuízo da responsabilidade das partes, o contrato de gestão de créditos objecto de titularização só pode cessar com motivo justificado, devendo a substituição da entidade gestora, nesse caso, realizar-se com observância do disposto nos números anteriores.
5 – Em caso de falência do gestor dos créditos, os montantes que estiverem na sua posse decorrentes de pagamentos relativos a créditos cedidos para titularização não integram a massa falida.

21.4. Sociedades de titularização de créditos

os actos que se revelem adequados à boa gestão dos créditos e, se for o caso, das respectivas garantias, a assegurar os serviços de cobrança, os serviços administrativos relativos aos créditos, todas as relações com os respectivos devedores e os actos conservatórios, modificativos e extintivos relativos às garantias, caso existam.

2 – Sem prejuízo do caso previsto no número seguinte, a gestão dos créditos pode, nas demais situações, ser assegurada pelo cessionário, pelo cedente ou por terceira entidade idónea.

3 – A gestão e cobrança dos créditos tributários objecto de cessão pelo Estado e pela segurança social para efeitos de titularização é assegurada, mediante retribuição, pelo cedente ou pelo Estado através da Direcção-Geral dos Impostos.

4 – Em casos devidamente justificados, pode a CMVM autorizar que, nas situações referidas no n.º 1, a gestão dos créditos seja assegurada por entidade diferente do cedente.

6 – Quando o gestor dos créditos não for o cessionário, a oneração e a alienação dos créditos são sempre expressa e individualmente autorizadas por aquele.

6 – Sem prejuízo da responsabilidade das partes, o contrato de gestão de créditos objecto de titularização só pode cessar com motivo justificado, devendo a substituição do gestor dos créditos, nesse caso, realizar-se com a observância do disposto nos números anteriores.

7 – Em caso de falência do gestor dos créditos, os montantes que estiverem na sua posse decorrentes de pagamentos relativos a créditos cedidos para titularização não integram a massa falida.

ARTIGO 6.º[338]
Efeitos da cessão

1 – Sem prejuízo do disposto no n.º 4, a eficácia da cessão para titularização em relação aos devedores fica dependente de notificação.

---

[338] Redacção dada pelo n.º 1 do artigo 1.º do Decreto-Lei n.º 303/2003, de 5 de Dezembro. A redacção anterior, dada pelo artigo 1.º do Decreto-Lei n.º 82/2002, de 5 de Abril, era a seguinte:
1 – ...
2 – ...
3 – A substituição do gestor dos créditos, de acordo com o n.º 5 do artigo 5.º, deve ser notificada aos devedores nos termos previstos no número anterior.
4 – Quando a entidade cedente seja instituição de crédito, sociedade financeira, empresa de seguros, fundo de pensões ou sociedade gestora de fundo de pensões, a cessão de créditos para titularização produz efeitos em relação aos respectivos devedores no momento em que se tornar eficaz entre o cedente e o cessionário, não dependendo do conhecimento, aceitação ou notificação desses devedores.
5 – O disposto no número anterior não se aplica nos casos previstos no n.º 3 do artigo 5.º
6 – ...
7 – A cessão de créditos para titularização respeita sempre o estipulado nos contratos celebrados com os devedores dos créditos, designadamente quanto ao exercício dos respectivos direitos em matéria de reembolso antecipado, cessão da posição contratual e sub-rogação, mantendo estes todas as relações contratuais exclusivamente com o cedente, caso este seja uma das entidades referidas no n.º 4.
8 – ...
A redacção original era a seguinte:

2 – A notificação prevista no número anterior é feita por carta registada enviada para o domicílio do devedor constante do contrato do qual emerge o crédito objecto de cessão, considerando-se, para todos os efeitos, a notificação realizada no 3.º dia útil posterior ao do registo da carta.

3 – A substituição do gestor dos créditos, de acordo com o n.º 6 do artigo 5.º, deve ser notificada aos devedores nos termos previstos no número anterior.

4 – Quando a entidade cedente seja o Estado, a segurança social, instituição de crédito, sociedade financeira, empresa de seguros, fundo de pensões ou sociedade gestora de fundo de pensões, a cessão de créditos para titularização produz efeitos em relação aos respectivos devedores no momento em que se tornar eficaz entre o cedente e o cessionário, não dependendo do conhecimento, aceitação ou notificação desses devedores.

5 – Em casos devidamente justificados, a CMVM pode autorizar que o disposto no número anterior seja igualmente aplicável quando a entidade que mantém as relações com os devedores, ainda que distinta do cedente, assegure a gestão dos créditos.

6 – Dos meios de defesa que lhes seria lícito invocar contra o cedente, os devedores dos créditos objecto de cessão só podem opor ao cessionário aqueles que provenham de facto anterior ao momento em que a cessão se torne eficaz entre o cedente e o cessionário.

7 – A cessão de créditos para titularização respeita sempre as situações jurídicas de que emergem os créditos objecto de cessão e todos os direitos e garantias dos devedores oponíveis ao cedente dos créditos ou o estipulado nos contratos celebrados com os devedores dos créditos, designadamente quanto ao exercício dos respectivos direitos em matéria de reembolso antecipado, cessão da posição contratual e sub-rogação, mantendo estes todas as relações exclusivamente com o cedente, caso este seja uma das entidades referidas no n.º 4.

8 – No caso de cessão para titularização de quaisquer créditos hipotecários concedidos ao abrigo de qualquer dos regimes previstos no Decreto-Lei n.º 349/98, de 11 de Novembro, as entidades cessionárias passarão, por efeito da cessão, a ter também direito a receber quaisquer subsídios aplicáveis, não sendo os regimes de crédito previstos naquele decreto-lei de forma alguma afectados pela titularização dos créditos em causa.

---

1 – ...

2 – ...

3 – A substituição da entidade gestora dos créditos, de acordo com o n.º 4 do artigo 5.º, deve ser notificada aos devedores nos termos previstos no número anterior.

4 – ...

5 – Dos meios de defesa que lhes seria lícito invocar contra o cedente, os devedores dos créditos objecto de cessão só podem opor ao cessionário aqueles que provenham de facto anterior ao momento em que a cessão se torne eficaz entre o cedente e o cessionário.

6 – A cessão de créditos para titularização respeita sempre o estipulado nos contratos celebrados com os devedores dos créditos, designadamente quanto ao exercício dos respectivos direitos em matéria de reembolso antecipado, cessão da posição contratual e sub-rogação, mantendo estes todas as relações contratuais exclusivamente com o cedente, caso este seja uma das entidades referidas no n.º 4.

ARTIGO 7.º[339]
Forma do contrato de cessão de créditos

1 – O contrato de cessão dos créditos para titularização pode ser celebrado por documento particular, ainda que tenha por objecto créditos hipotecários.

2 – Para efeitos de averbamento no registo da transmissão dos créditos hipotecários, ou outras garantias sujeitas a registo, o documento particular referido no número anterior constitui título bastante, desde que contenha o reconhecimento presencial das assinaturas nele apostas, efectuado por notário ou, se existirem, pelos secretários das sociedades intervenientes.

3 – O disposto nos números anteriores aplica-se igualmente às transmissões efectuadas nos termos da alínea *b*) do artigo 11.º, do n.º 5 do artigo 38.º e do artigo 45.º.

ARTIGO 8.º
Tutela dos créditos

1 – A cessão de créditos para titularização:
a) Só pode ser objecto de impugnação pauliana no caso de os interessados provarem a verificação dos requisitos previstos nos artigos 610.º e 612.º do Código Civil, não sendo aplicáveis as presunções legalmente estabelecidas, designadamente no artigo 158.º do Código dos Processos Especiais de Recuperação da Empresa e de Falência;
b) Não pode ser resolvida em benefício da massa falida, excepto se os interessados provarem que as partes agiram de má fé.

2 – Não fazem parte da massa falida do cedente os montantes pagos no âmbito de créditos cedidos para titularização anteriormente à falência e que apenas se vençam depois dela.

---

[339] Redacção dada pelo artigo 1.º do Decreto-Lei n.º 82/2002, de 5 de Abril. A redacção original era a seguinte:
1 – ...
2 – ...
3 – Ficam isentos de quaisquer taxas e emolumentos os registos referidos no número anterior.
4 – O disposto nos números anteriores aplica-se igualmente às transmissões efectuadas nos termos da alínea *b*) do artigo 11.º, do n.º 5 do artigo 38.º e do artigo 41.º.

CAPÍTULO II
Fundos de titularização de créditos

SECÇÃO I
Fundos de titularização de créditos

ARTIGO 9.º
Noção

1 – Os fundos de titularização de créditos, adiante designados por fundos, são patrimónios autónomos pertencentes, no regime especial de comunhão regulado no presente decreto-lei, a uma pluralidade de pessoas, singulares ou colectivas, não respondendo, em caso algum, pelas dívidas destas pessoas, das entidades que, nos termos da lei, asseguram a sua gestão e das entidades às quais hajam sido adquiridos os créditos que os integrem.

2 – Os fundos são divididos em parcelas que revestem a forma de valores escriturais com o valor nominal que for previsto no regulamento de gestão do fundo e são designadas por unidades de titularização de créditos, adiante apenas unidades de titularização.

3 – O número de unidades de titularização de cada fundo é determinado no respectivo regulamento de gestão.

4 – A responsabilidade de cada titular de unidades de titularização pelas obrigações do fundo é limitada ao valor das unidades de titularização subscritas.

ARTIGO 10.º
Modalidades de fundos

1 – Os fundos podem ser de património variável ou de património fixo.

2 – São de património variável os fundos cujo regulamento de gestão preveja, cumulativa ou exclusivamente:

a) A aquisição de novos créditos, quer quando o fundo detenha créditos de prazo inferior ao da sua duração, por substituição destes na data do respectivo vencimento, quer em adição aos créditos adquiridos no momento da constituição do fundo;

b) A realização de novas emissões de unidades de titularização.

3 – São de património fixo os fundos em relação aos quais não seja possível, nos termos do número anterior, modificar os respectivos activos ou passivos.

ARTIGO 11.º
Modificação do activo dos fundos

Os fundos de património fixo ou de património variável podem sempre adqui-

rir novos créditos desde que o respectivo regulamento de gestão o preveja e se verifique alguma das seguintes situações:
  a) Cumprimento antecipado de créditos detidos pelo fundo;
  b) Existência de vícios ocultos em relação a créditos detidos pelo fundo.

ARTIGO 12.º[340]
Composição do património dos fundos

1 – Os fundos devem aplicar os seus activos na aquisição, inicial ou subsequente, de créditos, nos termos do presente decreto-lei e do respectivo regulamento de gestão, os quais não podem representar menos de 75% do activo do fundo.

2 – Os fundos podem ainda, a título acessório, aplicar as respectivas reservas de liquidez na aquisição de valores mobiliários cotados em mercado regulamentado e títulos de dívida, pública ou privada, de curto prazo na medida adequada para assegurar uma gestão eficiente do fundo.

3 – Os activos adquiridos nos termos do número anterior devem revestir as características necessárias para que a sua detenção pelo fundo não altere a notação de risco que tenha sido atribuída às unidades de titularização, podendo a CMVM concretizar em regulamento os activos que para esse efeito não sejam elegíveis.

4 – O passivo dos fundos pode abranger as responsabilidades emergentes das unidades de titularização, referidas no n.º 1 do artigo 32.º, de contratos de empréstimo, de contratos destinados à cobertura de riscos e das remunerações devidas pelos serviços que lhes sejam prestados, designadamente pela sociedade gestora e pelo depositário.

5 – Os créditos do fundo não podem ser objecto de oneração por qualquer forma ou de alienação, excepto nos casos previstos na alínea b) do artigo 11.º, no artigo 13.º e no n.º 5 do artigo 38.º ou se se tratar de créditos vencidos.

6 – Os créditos cedidos pelo Estado e pela segurança social para efeitos de titularização não são susceptíveis de posterior cessão pela entidade cessionária a terceiros, salvo para fundos de titularização de créditos ou sociedades de titularização de créditos com o consentimento do Estado ou da segurança social, conforme aplicável.

---

[340] O n.º 1 do artigo 1.º do Decreto-Lei n.º 303/2003, de 5 de Dezembro, aditou o actual n.º 6 à redacção que havia sido dada pelo artigo 1.º do Decreto-Lei n.º 82/2002, de 5 de Abril. A redacção original era a seguinte:
  1 – ...
  2 – ...
  3 – Os activos adquiridos nos termos do número anterior devem revestir as características necessárias para que a sua detenção pelo fundo não altere a notação de risco que tenha sido atribuída às unidades de titularização.
  4 – ...
  5 – ...

ARTIGO 13.º
Empréstimos

1 – Para dotar o fundo das necessárias reservas de liquidez, as sociedades gestoras podem contrair empréstimos por conta dos fundos que administrem, desde que o regulamento de gestão o permita.

2 – A CMVM pode estabelecer, por regulamento, as condições e os limites em que, com finalidades distintas da prevista no n.º 1, as sociedades gestoras podem contrair empréstimos por conta dos fundos que administrem, incluindo junto de entidades que tenham transmitido créditos para os fundos, bem como dar em garantia créditos detidos pelos fundos, designadamente estabelecer limites, em relação ao valor global do fundo, os quais poderão variar em função da forma de comercialização das unidades de titularização e da especial qualificação dos investidores que possam deter as referidas unidades de titularização.

ARTIGO 14.º
Cobertura de riscos

1 – As sociedades gestoras podem recorrer, por conta dos fundos que administrem, nos termos e condições previstas no regulamento de gestão, a técnicas e instrumentos de cobertura de risco, designadamente contratos de swap de taxas de juro e de divisas.

2 – A CMVM pode estabelecer, por regulamento, as condições e limites em que as sociedades gestoras podem recorrer a técnicas e instrumentos de cobertura de risco.

SECÇÃO II
Sociedades gestoras

ARTIGO 15.º
Administração dos fundos

1 – A administração dos fundos deve ser exercida por uma sociedade gestora de fundos de titularização de créditos, adiante designada apenas por sociedade gestora.

2 – As sociedades gestoras devem ter a sua sede e a sua administração efectiva em Portugal.

ARTIGO 16.º[341]
Sociedades gestoras

1 – As sociedades gestoras devem ter por objecto exclusivo a administração, por conta dos detentores das unidades de titularização, de um ou mais fundos.

---

[341] Redacção dada pelo artigo 1.º do Decreto-Lei n.º 82/2002, de 5 de Abril. A redacção original era a seguinte:

21.4. Sociedades de titularização de créditos

2 – As sociedades gestoras não podem transferir para terceiros, total ou parcialmente, os poderes de administração dos fundos que lhe são conferidos por lei, sem prejuízo da possibilidade de recorrerem aos serviços de terceiros que se mostrem convenientes para o exercício da sua actividade, designadamente para o efeito da gestão dos créditos detidos pelos fundos e das respectivas garantias, bem como da aplicação de reservas de liquidez.

ARTIGO 17.º[342]
Constituição

1 – As sociedades gestoras de fundos de titularização de créditos são sociedades financeiras que adoptam o tipo de sociedade anónima.

2 – O capital social das sociedades gestoras deve encontrar-se obrigatoriamente representado por acções nominativas.

3 – A firma das sociedades gestoras deve incluir a expressão "sociedade gestora de fundos de titularização de créditos" ou a abreviatura SGFTC.

4 – É vedado aos membros dos órgãos de administração das sociedades gestoras e às pessoas que com as mesmas mantiverem contrato de trabalho exercer quaisquer funções em outras sociedades gestoras.

ARTIGO 18.º[343]
Funções da sociedade gestora

As sociedades gestoras actuam por conta e no interesse exclusivo dos detentores das unidades de titularização do fundo, competindo-lhes praticar todos os actos e operações necessários ou convenientes à boa administração do fundo, de acordo com critérios de elevada diligência e competência profissional, designadamente:

---

1 – ...

2 – ...

3 – As entidades cedentes cujos créditos transmitidos para fundos administrados pela mesma sociedade gestora representem mais de 20% do valor global líquido da totalidade dos fundos administrados pela sociedade gestora, ou de algum desses fundos, não pode, por si ou através de sociedade que consigo se encontre constituída em relação de domínio ou de grupo, deter mais de 20% do capital social da sociedade gestora.

[342] Redacção dada pelo artigo 1.º do Decreto-Lei n.º 82/2002, de 5 de Abril. A redacção original era a seguinte:

1 – ...

2 – O capital social das sociedades gestoras deve encontrar-se obrigatoriamente representado por acções nominativas ou ao portador registadas.

3 – ...

4 – ...

[343] Redacção dada pelo n.º 1 do artigo 1.º do Decreto-Lei n.º 303/2003, de 5 de Dezembro. A redacção original era a seguinte:

(...)

l) Autorizar a alienação e a oneração de créditos do fundo, nos casos previstos no n.º 5 do artigo 12.º

a) Aplicar os activos do fundo na aquisição de créditos, de acordo com a lei e o regulamento de gestão, proceder, no caso previsto no n.º 1 do artigo 6.º, à notificação da cessão aos respectivos devedores e, quando se trate de créditos hipotecários, promover o averbamento da transmissão no registo predial;
b) Praticar todos os actos e celebrar todos os contratos necessários ou convenientes para a emissão das unidades de titularização;
c) Contrair empréstimos por conta do fundo, nos termos do artigo 13.º, desde que o regulamento de gestão do fundo o permita;
d) Gerir os montantes pagos pelos devedores dos créditos que integrarem o fundo;
e) Calcular e mandar efectuar os pagamentos correspondentes aos rendimentos e reembolsos das unidades de titularização;
f) Pagar as despesas que, nos termos do regulamento de gestão, caiba ao fundo suportar;
g) Manter em ordem a escrita do fundo;
h) Dar cumprimento aos deveres de informação estabelecidos por lei ou pelo regulamento de gestão;
i) Informar a CMVM, sempre que esta o solicite, sobre as aplicações referidas no n.º 2 do artigo 12.º;
j) Praticar todos os actos adequados à boa gestão dos créditos e das respectivas garantias, caso a gestão não seja assegurada pelo cedente ou por terceiro;
l) Autorizar a alienação e a oneração de créditos do fundo, nos casos previstos nos n.ᵒˢ 5 e 6 do artigo 12.º.

ARTIGO 19.º[344]
Fundos próprios

Os fundos próprios das sociedades gestoras não podem ser inferiores às seguintes percentagens do valor líquido global dos fundos que administrem:
a) Até € 75 000 000 – 0,5%;
b) No excedente – 1 (por mil).

ARTIGO 20.º
Acesso ao mercado interbancário

As sociedades gestoras podem no exercício das respectivas funções ter acesso ao mercado interbancário, nas condições definidas pelo Banco de Portugal.

---

[344] Redacção dada pelo artigo 1.º do Decreto-Lei n.º 82/2002, de 5 de Abril. A redacção original era a seguinte:
...
a) Até 75 milhões de euros – 1%;
b) ...

21.4.   Sociedades de titularização de créditos

ARTIGO 21.º[345]
Operações vedadas

Às sociedades gestoras é especialmente vedado:
a) Contrair empréstimos por conta própria;
b) Onerar, por qualquer forma, ou alienar os créditos que integrem o fundo, excepto nos casos previstos nos n.ºs 5 e 6 do artigo 12.º;
c) Adquirir, por conta própria, valores mobiliários de qualquer natureza, com excepção de fundos públicos, nacionais e estrangeiros, e de valores mobiliários aos mesmos equiparados;
d) Conceder crédito, incluindo prestação de garantias, por conta própria ou por conta dos fundos que administrem;
e) Adquirir, por conta própria, imóveis, para além dos necessários às suas instalações e funcionamento.

ARTIGO 22.º
Substituição da sociedade gestora

1 – Em casos excepcionais, a CMVM pode, a requerimento conjunto da sociedade gestora e do depositário, e desde que sejam acautelados os interesses dos detentores de unidades de titularização do fundo, autorizar a substituição da sociedade gestora.

2 – Caso seja revogada pelo Banco de Portugal a autorização da sociedade gestora ou se verifique outra causa de dissolução da sociedade, a CMVM pode determinar a substituição da sociedade gestora.

SECÇÃO III
Depositário

ARTIGO 23.º[346]
Depósito dos valores dos fundos

1 – Devem ser confiados a um único depositário os valores que integram o fundo, designadamente:

---

[345] Redacção dada pelo n.º 1 do artigo 1.º do Decreto-Lei n.º 303/2003, de 5 de Dezembro. A redacção original era a seguinte:
(...)
b) Onerar, por qualquer forma, ou alienar os créditos que integrem o fundo, excepto nos casos previstos no n.º 5 do artigo 12.º;
(...)
[346] Redacção dada pelo artigo 1.º do Decreto-Lei n.º 82/2002, de 5 de Abril. A redacção original era a seguinte:
1 – ...
2 – Podem ser depositárias as instituições de crédito referidas nas alíneas a) a f) do artigo 3.º do

a) Os montantes recebidos a título de pagamento de juros ou de reembolso de capital respeitantes aos créditos que integram o fundo;
b) Os valores mobiliários adquiridos por conta do fundo, nos termos do n.º 2 do artigo 12.º;
c) Os montantes resultantes de empréstimos contraídos pela sociedade gestora por conta do fundo, de acordo com o artigo 13.º, desde que o regulamento de gestão o permita.

2 – Podem ser depositárias as instituições de crédito referidas nas alíneas *a)* a *f)* do artigo 3.º do Regime Geral das Instituições de Crédito e Sociedades Financeiras, aprovado pelo Decreto-Lei n.º 298/92, de 31 de Dezembro, que disponham de fundos próprios não inferiores a € 7 500 000.

3 – O depositário deve ter a sua sede em Portugal ou, se tiver a sua sede em outro Estado membro da Comunidade Europeia, deve estar estabelecido em Portugal através de sucursal.

4 – As relações entre a sociedade gestora e o depositário são regidas por contrato escrito.

ARTIGO 24.º[347]
Funções do depositário

1 – Compete, designadamente, ao depositário:
a) Receber, em depósito, os valores do fundo e guardar todos os documentos e outros meios probatórios relativos aos créditos que integram o fundo e que não tenham sido conservados pelo respectivo cedente;
b) Receber em depósito ou inscrever em registo os valores mobiliários que, nos termos do n.º 2 do artigo 12.º, integrem o fundo;
c) Efectuar todas as aplicações dos activos do fundo de que a sociedade gestora o incumba, de acordo com as instruções desta;
d) Quando o regulamento de gestão o preveja, cobrar por conta do fundo, e de acordo com as instruções da sociedade gestora, os juros e capital dos créditos que integram o fundo, bem como praticar todos os demais actos que se revelem adequados à boa administração dos créditos;

Regime Geral das Instituições de Crédito e Sociedades Financeiras, aprovado pelo Decreto-Lei n.º 298/92, de 31 de Dezembro, que disponham de fundos próprios não inferiores a 1,5 milhões de contos.
3 – ...
4 – ...
[347] Redacção dada pelo n.º 1 do artigo 1.º do Decreto-Lei n.º 303/2003, de 5 de Dezembro. A redacção original era a seguinte:
1 – ...
(...)
e) Pagar aos detentores das unidades de titularização, nos termos das instruções transmitidas pela sociedade gestora, os rendimentos periódicos e proceder ao reembolso daquelas unidades de mobilização;
(...)

e) Pagar aos detentores das unidades de titularização, nos termos das instruções transmitidas pela sociedade gestora, os rendimentos periódicos e proceder ao reembolso daquelas unidades de titularização;

f) Executar todas as demais instruções que lhe sejam transmitidas pela sociedade gestora;

g) No caso de, em relação à sociedade gestora, se verificar alguma das situações previstas no n.º 2 do artigo 22.º, propor à CMVM a sua substituição;

h) Assegurar que nas operações relativas aos valores que integram o fundo a contrapartida lhe seja entregue nos prazos conformes à prática do mercado;

i) Assegurar que os rendimentos do fundo sejam aplicados em conformidade com a lei e o regulamento de gestão;

j) Assumir uma função de vigilância e garantir perante os detentores de unidades de titularização o cumprimento do regulamento de gestão.

2 – O depositário tem o dever de, previamente ao seu cumprimento, verificar a conformidade de todas as instruções recebidas da sociedade gestora com a lei e o regulamento de gestão.

3 – O depositário pode ainda celebrar com a sociedade gestora, actuando por conta do fundo, e com observância do disposto no artigo 14.º, contratos de swap, contratos de garantia de taxa de juro ou quaisquer outros destinados a assegurar a cobertura dos riscos do fundo.

4 – O depositário pode adquirir unidades de titularização dos fundos em relação aos quais exerça essas funções.

5 – À substituição do depositário aplica-se o disposto no artigo 22.º, bastando que o pedido de substituição seja apresentado pela sociedade gestora.

ARTIGO 25.º
Responsabilidade da sociedade gestora e do depositário

1 – A sociedade gestora e o depositário respondem solidariamente perante os detentores das unidades de titularização pelo cumprimento das obrigações contraídas nos termos da lei e do regulamento de gestão.

2 – A sociedade gestora e o depositário são ainda solidariamente responsáveis perante os detentores das unidades de titularização pela veracidade, actualidade, rigor e suficiência da informação contida no regulamento de gestão.

3 – A responsabilidade do depositário não é afectada pelo facto de a guarda dos valores do fundo ser por ele confiada, no todo ou em parte, a um terceiro.

ARTIGO 26.º
Despesas do fundo

O regulamento de gestão deve prever todas as despesas e encargos que devam ser suportados pelo fundo, designadamente as remunerações dos serviços a prestar pela sociedade gestora, pelo depositário ou, nos casos em que a lei o permite, por terceiros.

SECÇÃO IV
Constituição dos fundos de titularização e regulamento de gestão

ARTIGO 27.º[348]
Autorização

1 – A constituição de fundos depende de autorização da CMVM.

2 – O pedido de autorização, a apresentar pela sociedade gestora, deve ser instruído com os seguintes documentos:
   a) Projecto do regulamento de gestão;
   b) Projecto de contrato a celebrar com o depositário;
   c) Contrato de aquisição dos créditos que irão integrar o fundo;
   d) Se for caso disso, projecto dos contratos de gestão dos créditos, a celebrar nos termos do artigo 5.º;
   e) Plano financeiro previsional do fundo, detalhando os fluxos financeiros que se prevêem para toda a sua duração e a respectiva afectação aos detentores das unidades de titularização.

3 – Caso as unidades de titularização se destinem a ser emitidas com recurso a subscrição pública, o pedido deve ainda ser instruído com os seguintes documentos:
   a) Projecto de prospecto;
   b) Contrato de colocação;
   c) Relatório elaborado por uma sociedade de notação de risco registada na CMVM.

4 – O relatório de notação de risco a que alude a alínea c) do número anterior deve conter, pelo menos e sem prejuízo de outros que a CMVM, por regulamento, venha a estabelecer:
   a) Apreciação sobre a qualidade dos créditos que integram o fundo e, se este detiver créditos de qualidade distinta, uma análise sobre a qualidade de cada categoria de créditos detidos;
   b) Confirmação sobre os pressupostos e consistência das perspectivas de evolução patrimonial na base das quais foi financeiramente planeada a operação;
   c) A adequação da estrutura da operação, incluindo os meios necessários para a gestão dos créditos;
   d) A natureza e adequação das eventuais garantias de que beneficiem os detentores das unidades de titularização;

---

[348] Redacção dada pelo n.º 1 do artigo 1.º do Decreto-Lei n.º 303/2003, de 5 de Abril. A redacção original era a seguinte:
(...)
8 – A decisão deve ser notificada pela CMVM à requerente no prazo de 30 dias a contar da data de recepção do pedido ou, se for o caso, da recepção dos pareceres previstos no n.º 3, das informações complementares ou dos documentos alterados a que se refere o número anterior, mas em caso nenhum depois de decorridos 90 dias sobre a data de apresentação do pedido.
(...)

e) O risco de insolvência inerente a cada unidade de titularização[349].

5 – Se a entidade cedente dos créditos a adquirir pelo fundo for instituição de crédito, sociedade financeira, empresa de seguros, fundo de pensões ou sociedade gestora de fundos de pensões, a autorização depende de parecer favorável a emitir pelo Banco de Portugal ou pelo Instituto de Seguros de Portugal, consoante o caso.

6 – O prazo para a emissão dos pareceres referidos no número anterior é de 30 dias contados da data de recepção da cópia do processo que a CMVM enviará ao Banco de Portugal ou ao Instituto de Seguros de Portugal, consoante o caso.

7 – A CMVM pode solicitar à sociedade gestora os esclarecimentos e as informações complementares que repute adequados, bem como as alterações necessárias aos documentos que instruem o pedido.

8 – A decisão deve ser notificada pela CMVM à requerente no prazo de 30 dias a contar da data de recepção do pedido ou, se for o caso, da recepção dos pareceres previstos no n.º 5, das informações complementares ou dos documentos alterados a que se refere o número anterior, mas em caso nenhum depois de decorridos 90 dias sobre a data de apresentação do pedido.

9 – Quando a sociedade gestora requeira que a emissão das unidades de titularização se realize por recurso a subscrição pública, a concessão de autorização implica o registo da oferta pública de subscrição.

ARTIGO 28.º[350]
Constituição

1 – O fundo considera-se constituído no momento da liquidação financeira da subscrição das unidades de titularização.

2 – O contrato de aquisição dos créditos e o contrato com a entidade depositária produzem efeitos na data de constituição do fundo.

3 – No prazo de três dias contados da data de constituição do fundo, a sociedade gestora informa o público sobre esse facto através da divulgação de anúncio em boletim de cotações de mercado regulamentado situado ou a funcionar em território nacional ou no sistema de difusão de informação previsto pelo artigo 367.º do Código dos Valores Mobiliários.

---

[349] Redacção dada pelo artigo 1.º do Decreto-Lei n.º 82/2002, de 5 de Abril. A redacção original era a seguinte:
  e) O risco de solvabilidade inerente a cada unidade de titularização emitida pelo fundo.

[350] Redacção dada pelo artigo 1.º do Decreto-Lei n.º 82/2002, de 5 de Abril. A redacção original era a seguinte:
  1 – ...
  2 – ...
     3 – No prazo de três dias contados da data de constituição do fundo, a sociedade gestora informa o público sobre esse facto através da publicação de anúncio no Boletim de Cotações da Bolsa de Valores de Lisboa e em jornal de grande circulação no País.

ARTIGO 29.º[351]
Regulamento de gestão

1 – A sociedade gestora deve elaborar um regulamento de gestão para cada fundo que administre.

2 – O regulamento de gestão deve conter, pelo menos, informação sobre os seguintes elementos:
 a) Denominação e duração do fundo, bem como identificação da decisão que haja autorizado a sua constituição;
 b) Identificação da sociedade gestora e do depositário;
 c) As características dos créditos, ou das categorias homogéneas de créditos, que integrem o fundo e o regime da sua gestão, designadamente se estes serviços serão prestados pelo fundo, através da sociedade gestora ou do depositário, pelo cedente ou por terceira entidade idónea;
 d) Os direitos inerentes a cada categoria de unidades de titularização a emitir pelo fundo, nomeadamente os referidos no artigo 32.º;
 e) Regras relativas à ordem de prioridade dos pagamentos a efectuar pelo fundo;
 f) Termos e condições de liquidação e partilha do fundo, designadamente sobre a transmissão dos créditos detidos pelo fundo à data de liquidação;
 g) Os contratos a celebrar pela sociedade gestora, por conta do fundo, destinados à cobertura de riscos que se preveja que este último possa vir a incorrer, designadamente o risco da insuficiência dos montantes recebidos dos devedores dos créditos do fundo para cumprir as obrigações de pagamento dos rendimentos periódicos e de reembolso das unidades de titularização;
 h) Termos e condições dos empréstimos que a sociedade gestora pode contrair por conta do fundo;
 i) Remuneração dos serviços da sociedade gestora e do depositário, respectivos modos de cálculo e condições de cobrança, bem como quaisquer outras despesas e encargos que devam ser suportados pelo fundo;
 j) Deveres da sociedade gestora e do depositário;
 l) Termos e condições em que seja admitida a alienação de créditos vencidos.

3 – No caso de fundos de património variável em relação aos quais se encontre prevista, nos termos da alínea a) do n.º 2 do artigo 10.º, a aquisição subsequente de créditos, o regulamento de gestão deve ainda conter informação relativa aos créditos a adquirir em momento posterior ao da constituição do fundo, designadamente sobre:
 a) As características dos créditos;
 b) O montante máximo dos créditos a adquirir;

---

[351] Redacção dada pelo n.º 1 do artigo 1.º do Decreto-Lei n.º 303/2003, de 5 de Dezembro. A redacção original era a seguinte:
(...)
7 – As alterações ao regulamento de gestão ficam dependentes de autorização da CMVM, incluindo nos casos em que, nos termos da alínea b) do n.º 2 do artigo 10.º, sejam realizadas novas emissões de unidades de titularização.

c) A calendarização prevista para as aquisições e respectivos montantes;
d) Procedimentos a adoptar no caso de, por motivos excepcionais, não ser possível concretizar as aquisições previstas.

4 – No caso de fundos de património variável em que se encontre prevista, nos termos da alínea *b)* do n.º 2 do artigo 10.º, a realização de novas emissões de unidades de titularização, o regulamento de gestão deve ainda conter informação sobre os direitos inerentes às unidades de titularização a emitir, sobre os montantes das emissões, a calendarização prevista para as emissões e sobre as eventuais consequências das novas emissões em relação às unidades de titularização existentes.

5 – Na hipótese de o regulamento de gestão permitir a modificação do activo do fundo, de acordo com o previsto no artigo 11.º, deve estabelecer os termos e condições em que a mesma se pode realizar.

6 – As informações a prestar sobre as características dos créditos nunca poderão permitir a identificação dos devedores.

7 – As alterações ao regulamento de gestão ficam dependentes de autorização da CMVM, com excepção das resultantes dos casos previstos na alínea *b)* do n.º 2 do artigo 10.º, as quais são objecto de mera comunicação à CMVM.

ARTIGO 30.º
Domicílio

Consideram-se domiciliados em Portugal os fundos administrados por sociedade gestora cuja sede esteja situada em território nacional.

SECÇÃO V
Unidades de titularização

ARTIGO 31.º
Natureza e emissão das unidades de titularização

1 – As unidades de titularização são valores mobiliários, devendo assumir forma escritural.

2 – Ao registo e controlo das unidades de titularização é aplicável o regime dos valores mobiliários escriturais.

3 – As unidades de titularização não podem ser emitidas sem que a importância correspondente ao preço de emissão seja efectivamente integrada no activo do fundo.

4 – Na data de constituição do fundo, as contas de subscrição das unidades de titularização convertem-se em contas de registo de valores mobiliários, nos termos do Código dos Valores Mobiliários.

5 – A subscrição das unidades de titularização implica a aceitação do regulamento de gestão e confere à sociedade gestora os poderes necessários para que esta administre com autonomia o fundo.

6 – As entidades cedentes podem adquirir unidades de titularização de fundos para os quais hajam transmitido créditos.

ARTIGO 32.º
Direitos inerentes às unidades de titularização

1 – As unidades de titularização conferem aos respectivos detentores, cumulativa ou exclusivamente, os seguintes direitos, nos termos e condições estabelecidos no regulamento de gestão:
  a) Direito ao pagamento de rendimentos periódicos;
  b) Direito ao reembolso do valor nominal das unidades de titularização;
  c) Direito, no termo do processo de liquidação e partilha do fundo, à parte que proporcionalmente lhes competir do montante que remanescer depois de pagos os rendimentos periódicos e todas as demais despesas e encargos do fundo.

2 – Sem prejuízo do direito de exigir o cumprimento do disposto na lei e no regulamento de gestão, os detentores das unidades de titularização não podem dar instruções à sociedade gestora relativamente à administração do fundo.

3 – Desde que o regulamento de gestão o preveja, os fundos podem emitir unidades de titularização de diferentes categorias que confiram direitos iguais entre si mas distintos dos das demais unidades de titularização, designadamente quanto ao grau de preferência no pagamento dos rendimentos periódicos, no reembolso do valor nominal ou no pagamento do saldo de liquidação.

4 – O risco de simples mora ou de incumprimento das obrigações correspondentes aos créditos que integrarem o fundo corre por conta dos titulares das unidades de titularização, não podendo a sociedade gestora ser responsabilizada pela mora ou incumprimento das obrigações referidas no n.º 1 que sejam causados por aquelas circunstâncias, sem prejuízo do disposto nos n.ºs 1 e 2 do artigo 25.º.

ARTIGO 33.º
Reembolso antecipado das unidades de titularização

A sociedade gestora pode, desde que o regulamento de gestão o preveja, proceder, antes da liquidação e partilha do fundo, em uma ou mais vezes, a reembolsos parciais ou integrais das unidades de titularização, contanto que seja assegurada a igualdade de tratamento dos detentores de unidades da mesma categoria.

ARTIGO 34.º[352]
Oferta pública de subscrição de unidades de titularização

1 – A emissão de unidades de titularização pode efectuar-se com recurso a

---

[352] Redacção dada pelo artigo 1.º do Decreto-Lei n.º 82/2002, de 5 de Abril. A redacção original era a seguinte:
  1 – ...
  2 – O lançamento da oferta pública de subscrição é feito, pela sociedade gestora, através da publicação do prospecto no Boletim de Cotações da Bolsa de Valores de Lisboa.
  3 – São responsáveis pela suficiência, veracidade, objectividade e actualidade das informações que constem do prospecto, à data da sua publicação:

subscrição pública, sendo aplicável à oferta o disposto no Código dos Valores Mobiliários.

2 – O lançamento da oferta pública de subscrição é feito, pela sociedade gestora, através da divulgação do prospecto em boletim de cotações de mercado regulamentado situado ou a funcionar em território nacional ou no sistema de difusão de informação previsto pelo artigo 367.° do Código dos Valores Mobiliários.

3 – A CMVM define, por regulamento, a informação a constar do prospecto, designadamente:

a) O conteúdo integral do regulamento de gestão;
b) As partes do relatório de notação de risco a que alude a alínea c) do n.° 3 do artigo 27.° que devem ser reproduzidas;
c) Súmula do plano financeiro previsional do fundo;
d) Relatório de auditoria sobre os pressupostos e a consistência do plano previsional do fundo.

ARTIGO 35.°
Negociação em bolsa

As unidades de titularização de fundos de titularização de créditos podem ser admitidas à negociação em bolsa.

---

a) A sociedade gestora;
b) O depositário;
c) Os membros do órgão de administração da sociedade gestora e do depositário;
d) As pessoas que, com o seu consentimento, sejam nomeadas no anúncio de lançamento como tendo preparado ou verificado qualquer informação nele incluída, ou qualquer estudo, previsão ou avaliação em que essa informação se baseie, relativamente à informação, estudo, previsão ou avaliação em causa;
e) As entidades cedentes e os membros dos seus órgãos de administração e fiscalização, relativamente à verificação da informação relacionada com os créditos a transmitir ao fundo e com as entidades em causa;
f) Os intermediários financeiros encarregados da colocação da emissão.

4 – O prazo da oferta deve ser aprovado pela CMVM, iniciando-se no dia útil seguinte ao da publicação dos documentos referidos no n.° 1.

5 – Em caso de subscrição incompleta a emissão fica sem efeito, excepto se o prospecto tiver previsto que a emissão fica limitada às subscrições recolhidas.

6 – A CMVM define, por regulamento, a informação a constar do prospecto, designadamente:
a) O conteúdo integral do regulamento de gestão;
b) As partes do relatório de notação de risco a que alude a alínea c) do n.° 3 do artigo 27.° que devem ser reproduzidas;
c) Súmula do plano financeiro previsional do fundo;
d) Relatório de auditoria sobre os pressupostos e a consistência do plano previsional do fundo.

SECÇÃO VI
Contas do fundo, informação e supervisão

ARTIGO 36.º
Contas dos fundos

1 – A contabilidade dos fundos é organizada de harmonia com as normas emitidas pela CMVM.

2 – As contas dos fundos são encerradas anualmente com referência a 31 de Dezembro e devem ser certificadas por auditor registado na CMVM que não integre o conselho fiscal da sociedade gestora.

3 – Até 31 de Março de cada ano, a sociedade gestora deve colocar à disposição dos interessados, na sua sede e na sede do depositário, o balanço e a demonstração de resultados de cada fundo que administre, acompanhados de um relatório elaborado pela sociedade gestora e da certificação legal das contas referida no número anterior.

4 – O relatório da sociedade gestora a que alude o número anterior contém uma descrição das actividades do respectivo exercício e as informações relevantes que permitam aos detentores das unidades de titularização apreciar a evolução da actividade do fundo.

5 – As sociedades gestoras são obrigadas a remeter à CMVM, até 31 de Março de cada ano, ou logo que sejam disponibilizados aos interessados, os documentos referidos no n.º 3.

ARTIGO 37.º[353]
Supervisão e prestação de informação

1 – Compete à CMVM a fiscalização da actividade dos fundos, sem prejuízo das competências do Banco de Portugal em matéria de supervisão das sociedades gestoras.

2 – A CMVM pode, por regulamento:
a) Definir o conteúdo mínimo do relatório de notação de risco previsto na alínea *c)* do n.º 3 do artigo 27.º e os termos em que essa notação deva ser objecto de revisão;
b) Estabelecer as condições em que pode ser concedido o registo preliminar de uma oferta pública de subscrição de unidades de titularização de fundo em

---

[353] Redacção dada pelo artigo 1.º do Decreto-Lei n.º 82/2002, de 5 de Abril. A redacção original era a seguinte:
1 – ...
2 – ...
a) Definir o conteúdo mínimo do relatório de notação de risco previsto na alínea *c)* do n.º 3 do artigo 27.º;
b) ...
c) Definir a periodicidade e o conteúdo da informação a prestar pela sociedade gestora à CMVM.

constituição, com base no qual a sociedade gestora pode desenvolver acções de prospecção e sensibilização do mercado tendo em vista aferir a viabilidade e verificar as condições em que o fundo poderá ser constituído e a oferta lançada;
c) Definir a periodicidade e o conteúdo da informação a prestar pela sociedade gestora à CMVM e ao público;
d) Estabelecer regras relativas à liquidação e partilha dos fundos de titularização de créditos.

SECÇÃO VII
Liquidação e partilha dos fundos

ARTIGO 38.º[354]
Liquidação e partilha

1 – Os detentores das unidades de titularização não podem exigir a liquidação e partilha dos fundos.

2 – Os fundos devem ser liquidados e partilhados no termo do prazo da respectiva duração, só podendo ser liquidados e partilhados antes do termo daquele prazo se o respectivo regulamento de gestão o admitir, designadamente em caso de concentração da totalidade das unidades de titularização numa única entidade.

3 – Os fundos podem ainda ser liquidados e partilhados antes do termo do prazo de duração por determinação da CMVM no caso de ser revogada a autorização da sociedade gestora ou de se verificar outra causa de dissolução da sociedade, não sendo esta substituída.

4 – A conta de liquidação do fundo e a aplicação dos montantes apurados deve ser objecto de apreciação por auditor registado na CMVM.

5 – Os créditos que integrem o fundo à data da liquidação devem ser transmitidos nos termos e condições previstos no regulamento de gestão.

---

[354] Redacção dada pelo artigo 1.º do Decreto-Lei n.º 82/2002, de 5 de Abril. A redacção original era a seguinte:
1 – ...
2 – Os fundos devem ser liquidados e partilhados no termo do prazo da respectiva duração, só podendo ser liquidados e partilhados antes do termo daquele prazo se o respectivo regulamento de gestão o admitir, designadamente caso os activos residuais representem menos de 10% do montante mínimo de créditos detidos pelo fundo desde o momento da respectiva constituição ou em caso de concentração da totalidade das unidades de titularização numa única entidade.
3 – ...
4 – ...
5 – ...

CAPÍTULO III[355]
Sociedades de titularização de créditos

SECÇÃO I
Das sociedades de titularização de créditos

SUBSECÇÃO I
Requisitos gerais

ARTIGO 39.º
Tipo e objecto

As sociedades de titularização de créditos adoptam o tipo de sociedade anónima e têm por objecto exclusivo a realização de operações de titularização de cré-

---

[355] O artigo 1.º do Decreto-Lei n.º 82/2002, de 5 de Abril, deu nova redacção aos Capítulos III e IV do Decreto-Lei n.º 453/99, de 5 de Novembro. A redacção original era a seguinte:

CAPÍTULO III
Sociedades de titularização de créditos

SECÇÃO I
Das sociedades de titularização de créditos

Artigo 39.º
Noção

As sociedades de titularização de créditos são sociedades financeiras constituídas sob a forma de sociedade anónima que têm por objecto exclusivo a realização de operações de titularização.

ARTIGO 40.º
Objecto

1 – As sociedades de titularização de créditos têm por objecto exclusivo a realização de operações de titularização de créditos, mediante a sua aquisição, gestão e transmissão, bem como a emissão de obrigações para pagamento dos créditos adquiridos, nos termos dos capítulos I e III do presente decreto-lei.
2 – As sociedades de titularização de créditos podem ainda:
  a) Prestar serviços às entidades cedentes dos créditos em matéria de estudo dos riscos de crédito e de gestão dos créditos objecto da transmissão, incluindo apoio comercial e contabilístico, quando a administração dos mesmos seja assegurada pelas entidades cedentes;
  b) Sem prejuízo do disposto no n.º 1 do artigo 5.º, as sociedades de titularização de créditos podem contratar com terceiro idóneo a prestação dos serviços de gestão dos créditos adquiridos e das respectivas garantias.

Artigo 41.º
Transmissão de créditos

1 – Sem prejuízo do disposto no número seguinte, as sociedades de titularização de créditos só podem ceder créditos a fundos de titularização de créditos e a outras sociedades de titularização de créditos.
2 – As sociedades de titularização de créditos podem ainda transmitir os créditos de que sejam titulares nos seguintes casos:

a) Não cumprimento das obrigações correspondentes aos créditos;
b) Revelação de vícios ocultos ao cedente nos termos do respectivo contrato de cessão.

3 – Nos casos previstos no número anterior, os créditos só podem ser transmitidos por valor igual ou superior ao valor nominal se o cessionário for:
   a) Detentor de uma participação qualificada na sociedade de titularização de créditos, nos termos do n.º 7 do artigo 13.º do Regime Geral das Instituições de Crédito e Sociedades Financeiras, aprovado pelo Decreto-Lei n.º 298/92, de 31 de Dezembro;
   b) Membro dos órgãos sociais da sociedade de titularização de créditos;
   c) Sociedades em que as pessoas referidas na alínea anterior detenham participação qualificada.

Artigo 42.º
Firma e capital social

1 – A firma das sociedades referidas no artigo 39.º deve incluir a expressão "sociedade de titularização de créditos" ou a abreviatura STC, as quais, ou outras que com elas se confundam, não podem ser usadas por outras entidades que não as previstas no presente capítulo.

2 – O capital social das sociedades de titularização de créditos deve ser sempre representado por acções nominativas ou ao portador registadas.

Artigo 43.º
Recursos financeiros

1 – As sociedades de titularização de créditos só podem financiar a sua actividade com fundos próprios e através da emissão de obrigações, de acordo com os artigos 46.º e seguintes.

2 – As sociedades de titularização de créditos podem:
   a) Realizar as operações cambiais necessárias ao exercício da sua actividade e celebrar contratos sobre derivados para cobertura de riscos;
   b) Adquirir, a título acessório, valores mobiliários cotados em mercado regulamentado, títulos de dívida, pública e privada, de curto prazo.

3 – Às sociedades de titularização de créditos fica vedado:
   a) Adquirir obrigações próprias;
   b) Emitir obrigações de caixa, nos termos do Decreto-Lei n.º 408/91, de 17 de Outubro.

Artigo 44.º
Alterações societárias relevantes

1 – Dependem de autorização a conceder por assembleia especial de obrigacionistas onde estão presentes ou representados os titulares das obrigações emitidas pela sociedade de titularização de créditos, independentemente as sua natureza:
   a) As aquisições de participações qualificadas em sociedade de titularização de créditos;
   b) A fusão, cisão ou alienação de parte significativa do património da sociedade de titularização de créditos.

2 – O disposto no número anterior não é aplicável quando se encontrem integralmente reembolsadas todas as obrigações emitidas pela sociedade de titularização de créditos.

Artigo 45.º
Isenções

O aumento do capital social das sociedades de titularização de créditos fica dispensado dos emolumentos referidos nas Portarias n.º 366/89, de 22 de Maio, e 883/89, de 13 de Outubro.

SECÇÃO II
Emissão de obrigações

Artigo 46.º
Requisitos gerais

1 – Sem prejuízo do disposto na alínea b) do n.º 3 do artigo 43.º, as sociedades de titularização de créditos podem emitir obrigações de qualquer espécie nas condições previstas na lei e, bem assim, obrigações titularizadas nos termos do presente capítulo.

2 – As obrigações emitidas podem ser de diferentes categorias, designadamente quanto às garantias estabelecidas a favor dos credores obrigacionistas.

3 – As emissões de obrigações, incluindo de obrigações titularizadas, ficam sujeitas a registo prévio na CMVM, ainda que efectuadas por recurso a subscrição particular, nos seguintes casos:

   a) Quando emitidas por sociedade de titularização de créditos cuja lei pessoal seja a lei portuguesa, mesmo que os actos de divulgação da oferta não se dirijam ao mercado nacional;

   b) Quando emitidas no mercado nacional por sociedade de titularização de créditos sujeita a lei pessoal estrangeira.

4 – As emissões de obrigações, incluindo de obrigações titularizadas, por sociedade de titularização de créditos não ficam sujeitas a registo comercial, devendo a CMVM enviar à conservatória do registo comercial competente, para depósito oficioso na pasta da sociedade, declaração comprovativa do registo da emissão na CMVM.

5 – O pedido de registo de oferta pública de subscrição de obrigações emitidas por sociedade de titularização de créditos deve ser instruído com relatório de notação de risco cujo conteúdo deverá observar, com as devidas adaptações, o disposto no n.º 4 do artigo 27.º

ARTIGO 47.º
Obrigações titularizadas

1 – As sociedades de titularização de créditos podem emitir obrigações cujo reembolso seja garantido por créditos que lhe estão exclusivamente afectos, designadas "obrigações titularizadas".

2 – Na emissão de obrigações titularizadas, a sociedade de titularização de créditos afecta uma parte dos créditos por ela adquiridos na medida que se revele necessária ao reembolso do capital e respectivos juros.

ARTIGO 48.º
Princípio da segregação

1 – Os créditos que sejam afectos ao reembolso de obrigações titularizadas devem ser identificados sob forma codificada nos documentos da emissão e passam a constituir um património autónomo, não respondendo por outras dívidas da sociedade de titularização de créditos até reembolso integral dos montantes devidos aos credores obrigacionistas da emissão designada.

2 – A sociedade de titularização de créditos tem o direito ao remanescente do património autónomo afecto ao pagamento de cada emissão de obrigações titularizadas, logo que cada emissão seja integralmente reembolsada.

3 – Na execução movida contra a sociedade de titularização de créditos, o credor apenas pode penhorar o direito ao remanescente de cada património separado se provar a insuficiência dos restantes bens da sociedade.

4 – A chave do código a que alude o n.º 1 fica depositada na CMVM.

ARTIGO 49.º
Garantias dos credores obrigacionistas

1 – Os titulares de obrigações titularizadas gozam de privilégio creditório especial sobre os créditos afectos à respectiva emissão, com precedência sobre quaisquer outros credores.

ditos, mediante as suas aquisição, gestão e transmissão e a emissão de obrigações titularizadas para pagamento dos créditos adquiridos.

ARTIGO 40.º
Firma e capital social

1 – A firma das sociedades de titularização de créditos deve incluir a expressão 'sociedade de titularização de créditos' ou a abreviatura STC, as quais, ou outras que com elas se confundam, não podem ser usadas por outras entidades.

2 – O capital social das sociedades de titularização de créditos deve ser representado por acções nominativas.

3 – Compete ao Ministro das Finanças fixar, por portaria, o capital social mínimo das sociedades de titularização de créditos.

4 – As sociedades de titularização de créditos podem ser constituídas por um único accionista.

ARTIGO 41.º
Idoneidade, disponibilidade e experiência profissional dos membros dos órgãos de administração e de fiscalização

1 – Os membros dos órgãos de administração e de fiscalização de sociedade de

---

2 – O privilégio referido no número anterior não está sujeito a inscrição em registo.

Artigo 50.º
Limites de emissão

As emissões de obrigações titularizadas cuja notação de risco, efectuada nos termos do n.º 4 do artigo 27.º, seja A ou equivalente não estão sujeitas aos limites estabelecidos no artigo 349.º do Código das Sociedades Comerciais.

Artigo 51.º
Regulamentação

A CMVM pode estabelecer, por regulamento:
a) Regras sobre o registo de ofertas de valores mobiliários por sociedades de titularização de créditos;
b) Regras relativas à utilização de instrumentos financeiros derivados por sociedades de titularização de créditos;
c) As condições em que os credores obrigacionistas, em caso de incumprimento, podem ter acesso à chave do código a que alude o n.º 4 do artigo 48.º.

CAPÍTULO IV
Disposições finais

Artigo 52.º
Actividade de intermediação em valores mobiliários

A criação e administração de fundos de titularização de créditos considera-se actividade de intermediação em valores mobiliários, quando exercida a título profissional.

titularização de créditos devem ser pessoas cuja idoneidade e disponibilidade dêem garantias de gestão sã e prudente e possuir a experiência profissional adequada ao exercício das suas funções.

2 – Na apreciação da idoneidade dos membros dos órgãos de administração e de fiscalização deve atender-se ao modo como a pessoa gere habitualmente os negócios ou exerce a profissão, em especial nos aspectos que revelem incapacidade para decidir de forma ponderada e criteriosa, ou tendência para não cumprir pontualmente as suas obrigações ou para ter comportamentos incompatíveis com a preservação da confiança do mercado.

3 – De entre outras circunstâncias atendíveis, considera-se indiciador de falta de idoneidade o facto de a pessoa ter sido:

a) Condenada por crime de branqueamento de capitais, manipulação do mercado, abuso de informação, falsificação, furto, abuso de confiança, roubo, burla, extorsão, infidelidade, usura, frustração de créditos, falência dolosa ou não intencional, favorecimento de credores, receptação, apropriação ilegítima, corrupção ou emissão de cheques sem provisão;

b) Declarada falida ou julgada responsável por falência de pessoa colectiva, nos termos previstos nos artigos 126.°-A e 126.°-B do Código dos Processos Especiais de Recuperação da Empresa e de Falência;

c) Condenada em processo de contra-ordenação iniciado pela CMVM, pelo Banco de Portugal ou pelo Instituto de Seguros de Portugal;

d) Afastada do exercício das suas funções por força de suspensão preventiva, total ou parcial, daquelas funções, nos termos da alínea a) do n.° 1 do artigo 412.° do Código dos Valores Mobiliários, e até que cesse essa suspensão.

ARTIGO 42.°
Idoneidade dos titulares de participações qualificadas

1 – Os interessados em deter participação qualificada em sociedade de titularização de créditos devem reunir condições que garantam a gestão sã e prudente daquela sociedade.

2 – Para os efeitos deste diploma, o conceito de participação qualificada é o definido no Regime Geral das Instituições de Crédito e Sociedades Financeiras, aprovado pelo Decreto-Lei n.° 298/92, de 31 de Dezembro.

3 – Considera-se que as condições referidas no n.° 1 não existem quando se verifique alguma das seguintes circunstâncias:

a) Se o modo como a pessoa em causa gere habitualmente os seus negócios ou a natureza da sua actividade profissional revelarem propensão acentuada para a assunção de riscos excessivos;

b) Se a situação económico-financeira da pessoa em causa for inadequada, em função da participação que se propõe deter;

c) Se a CMVM tiver fundadas dúvidas sobre a licitude da proveniência dos fundos utilizados na aquisição da participação, ou sobre a verdadeira identidade do titular desses fundos;

21.4. *Sociedades de titularização de créditos*

    d) Tratando-se de pessoa singular, se se verificar relativamente a ela algum dos factos que indiciem falta de idoneidade nos termos do n.º 4 do artigo anterior.

ARTIGO 43.º
Fundos próprios

    1 – Os fundos próprios das sociedades de titularização de créditos não podem ser inferiores às seguintes percentagens do valor líquido das obrigações titularizadas por si emitidas que se encontrem em circulação:
    a) Até € 75 000 000 – 0,5%;
    b) No excedente – 1(por mil).
    2 – A CMVM, por regulamento, fixará os elementos que podem integrar os fundos próprios das sociedades de titularização de créditos.

ARTIGO 44.º[356]
Recursos financeiros

    1 – Salvo o disposto no número seguinte, as sociedades de titularização de créditos só podem financiar a sua actividade com fundos próprios e através da emissão de obrigações titularizadas de acordo com os artigos 61.º e seguintes.
    2 – Para satisfazer necessidades de liquidez para os efeitos de reembolso e de remuneração das obrigações titularizadas, as sociedades de titularização de créditos podem, por conta dos patrimónios a que se refere o artigo 63.º, recorrer a financiamentos junto de terceiros.
    3 – Sem prejuízo da aquisição de novos créditos ou da amortização das obrigações titularizadas, nos termos do artigo 61.º, o produto do reembolso dos créditos titularizados e os respectivos rendimentos só podem ser aplicados em instrumentos de baixo risco e elevada liquidez, a definir em regulamento da CMVM.

ARTIGO 45.º[357]
Transmissão de créditos

    1 – Sem prejuízo do disposto nos números seguintes, as sociedades de titu-

---

    [356] Redacção dada pelo n.º 1 do artigo 1.º do Decreto-Lei n.º 303/2003, de 5 de Dezembro. A redacção original era a seguinte:
    (...)
    3 – O produto do reembolso dos créditos titularizados e os respectivos rendimentos só podem ser aplicados em instrumentos de baixo risco e elevada liquidez, a definir em regulamento da CMVM.
    [357] Redacção dada pelo n.º 1 do artigo 1.º do Decreto-Lei n.º 303/2003, de 5 de Dezembro. A redacção original era a seguinte:
    1 – Sem prejuízo do disposto no número seguinte, as sociedades de titularização de créditos só podem ceder créditos a fundos de titularização de créditos e a outras sociedades de titularização de créditos.
    2 – ...

larização de créditos só podem ceder créditos a fundos de titularização de créditos e a outras sociedades de titularização de créditos.

2 – As sociedades de titularização de créditos podem ainda transmitir os créditos de que sejam titulares nos seguintes casos:
 a) Não cumprimento das obrigações correspondentes aos créditos;
 b) Retransmissão ao cedente em caso de revelação de vícios ocultos;
 c) Quando a alienação abranger todos os créditos que ainda integrem o património autónomo afecto ao reembolso de uma emissão de obrigações titularizadas, não podendo esses créditos representar mais de 10% do valor inicial do mesmo património autónomo.

3 – Os créditos cedidos pelo Estado e pela segurança social para efeitos de titularização não são susceptíveis de posterior cessão pela entidade cessionária a terceiros, salvo para fundos de titularização de créditos ou sociedades de titularização de créditos com o consentimento do Estado ou da segurança social, conforme aplicável.

ARTIGO 46.º
Actividade

São aplicáveis, com as devidas adaptações, às sociedades de titularização de créditos as normas constantes dos artigos 304.º, n.ºs 2 e 4, 305.º, 308.º, 309.º, 314.º, n.º 1, 316.º e 317.º do Código dos Valores Mobiliários.

SUBSECÇÃO II
Autorização

ARTIGO 47.º
Autorização

A constituição de sociedades de titularização de créditos depende de autorização a conceder pela CMVM.

ARTIGO 48.º[358]
Instrução do pedido

1 – O pedido de autorização é instruído com os seguintes elementos:

---

[358] Redacção dada pelo n.º 1 do artigo 1.º do Decreto-Lei n.º 303/2003, de 5 de Dezembro. A redacção original era a seguinte:
(...)
6 – A CMVM, antes de decidir, solicita informações ao Banco de Portugal e ao Instituto de Seguros de Portugal respeitantes à idoneidade, à disponibilidade e à experiência profissional, se aplicável, dos membros dos órgãos de administração ou de fiscalização e dos titulares de participações qualificadas, devendo aquelas entidades, se for caso disso, prestar as referidas informações no prazo de 20 dias.

a) Projecto de contrato de sociedade;
b) Informação sobre o plano de negócios;
c) Identificação dos accionistas fundadores, com especificação do montante de capital a subscrever por cada um;
d) Identificação dos membros dos órgãos de administração e de fiscalização.

2 – São ainda apresentadas as seguintes informações relativas aos accionistas fundadores que sejam pessoas colectivas titulares de participações qualificadas na sociedade de titularização de créditos a constituir:
a) Cópia dos estatutos actualizados e identificação dos membros do órgão de administração;
b) Cópia dos relatórios de gestão e de contas, dos pareceres dos órgãos de fiscalização e da certificação legal de contas respeitantes aos últimos três anos, acompanhados dos respectivos relatórios de auditoria;
c) Identificação dos titulares de participações qualificadas;
d) Relação das sociedades em cujo capital a pessoa colectiva detenha participações qualificadas, bem como exposição ilustrativa da estrutura do grupo a que pertença.

3 – A CMVM estabelece, por regulamento, os elementos e informações necessários para a identificação dos accionistas fundadores que sejam pessoas individuais e dos membros dos órgãos de administração e de fiscalização e para a apreciação dos requisitos de idoneidade, disponibilidade e experiência profissional exigidos nos termos dos artigos 41.º e 42.º.

4 – A junção dos documentos pode ser substituída pela indicação de que os mesmos já se encontram, em termos actualizados, em poder da CMVM.

5 – A CMVM pode solicitar aos requerentes informações complementares que sejam necessárias para a apreciação do pedido de autorização.

6 – A CMVM, antes de decidir, solicita informações ao Banco de Portugal e ao Instituto de Seguros de Portugal respeitantes à idoneidade, à disponibilidade e à experiência profissional, se aplicável, dos membros dos órgãos de administração ou de fiscalização e dos titulares de participações qualificadas, devendo aquelas entidades, se for caso disso, prestar as referidas informações no prazo de 10 dias.

ARTIGO 49.º
Decisão

1 – A decisão deve ser notificada ao requerente no prazo de 15 dias a contar:
a) Do decurso do prazo referido no n.º 6 do artigo anterior; ou
b) Da recepção das informações complementares referidas no n.º 5 do artigo anterior, se a mesma ocorrer após a data prevista na alínea *a*).

2 – A falta de notificação no prazo referido no número anterior constitui indeferimento tácito do pedido.

ARTIGO 50.°[359]
Recusa de autorização

1 – A autorização é recusada quando:
a) O pedido de autorização não estiver instruído com todas as informações e documentos necessários;
b) Algum dos documentos que instruem o respectivo pedido for falso ou não estiver em conformidade com os requisitos legais ou regulamentares;
c) A CMVM não considerar demonstrado que todos os titulares de participações qualificadas ou que todos os membros dos órgãos de administração ou de fiscalização satisfazem os requisitos estabelecidos nos artigos 41.° e 42.°

2 – Antes da recusa, a CMVM deve notificar o requerente para suprir, em prazo razoável, os vícios sanáveis.

ARTIGO 51.°
Caducidade da autorização

1 – A autorização caduca se a sociedade de titularização de créditos não iniciar a actividade no prazo de nove meses a contar da sua notificação.

2 – A CMVM pode, a pedido dos interessados, prorrogar o prazo referido no número anterior por igual período.

---

[359] O Banco de Portugal emitiu o Aviso n.° 1/2000, de 11 de Julho, publicado no DR I Série-B, n.° 165, de 19-Jul.-2000, 3347, cujo teor é o seguinte:

O artigo 50.° do Decreto-Lei n.° 453/99, de 5 de Novembro, isenta dos limites estabelecidos no artigo 349.° do Código das Sociedades Comerciais as emissões de obrigações titularizadas cuja notação de risco, efectuada nos termos do n.° 4 do artigo 27.°, seja A ou equivalente.

Tornando-se necessário, por motivos de ordem prudencial, o estabelecimento de uma relação entre os fundos próprios das sociedades emitentes e o montante das emissões de obrigações titularizadas que estejam nas condições do referido artigo 50.° do Decreto-Lei n.° 453/99, o Banco de Portugal, ao abrigo dos artigos 99.° e 196.° do Regime Geral das Instituições de Crédito e Sociedades Financeiras, aprovado pelo Decreto-Lei n.° 298/92, de 31 de Dezembro, determina o seguinte:

1.° Os fundos próprios das sociedades de titularização de créditos não podem ser inferiores às seguintes percentagens do montante total das emissões de obrigações titularizadas que estejam nas condições previstas no artigo 50.° do Decreto-Lei n.° 453/99, de 5 de Novembro:
a) 5%, se a sociedade emitir exclusivamente obrigações titularizadas por subscrição particular e com valor nominal mínimo de 100000 contos;
b) 10%, nos restantes casos.

2.° As sociedades de titularização de créditos que tenham emitido obrigações titularizadas com valor nominal inferior a 100000 contos ficam sempre sujeitas à percentagem referida na alínea b) do número anterior.

3.° O presente aviso entra em vigor no dia imediato ao da sua publicação.
Lisboa, 11 de Julho de 2000. – O Governador, *Vítor Constâncio.*

ARTIGO 52.º
Revogação da autorização

1 – A CMVM pode revogar a autorização da sociedade de titularização de créditos com os seguintes fundamentos:
   a) Se tiver sido obtida por meio de falsas declarações ou outros expedientes ilícitos;
   b) Se deixar de se verificar algum dos requisitos de que depende a concessão da autorização;
   c) Se a actividade da sociedade de titularização de créditos não corresponder ao objecto legal;
   d) Se se verificarem irregularidades graves na administração, na fiscalização ou na organização contabilística da sociedade de titularização de créditos;
   e) Se a sociedade de titularização de créditos violar as leis e os regulamentos que disciplinam a sua actividade ou não observar as determinações da CMVM, por modo a pôr em risco os interesses dos titulares das obrigações titularizadas.

2 – A revogação da autorização implica a dissolução e liquidação da sociedade de titularização de créditos.

SUBSECÇÃO III
Registo

ARTIGO 53.º
Registo

O início da actividade das sociedades de titularização de créditos depende de registo prévio na CMVM.

ARTIGO 54.º
Elementos sujeitos a registo

O registo das sociedades de titularização de créditos contém os seguintes elementos:
   a) Firma;
   b) Objecto;
   c) Data da constituição;
   d) Sede;
   e) Capital social;
   f) Capital realizado;
   g) Identificação dos titulares de participações qualificadas;
   h) Percentagem do capital social detido pelos titulares de participações qualificadas;

i) Identificação dos membros dos órgãos de administração e de fiscalização e da mesa da assembleia geral;
j) Identificação dos mandatários da sociedade de titularização de créditos;
k) Data do início de actividade;
l) Acordos parassociais celebrados por titulares de participações qualificadas;
m) Contratos celebrados com terceiros para gestão dos créditos e respectivas garantias e para a prática dos demais actos referidos no n.º 1 do artigo 5.º;
n) Alterações que se verifiquem nos elementos constantes das alíneas anteriores.

ARTIGO 55.º
Processo de registo

1 – O requerimento de registo deve mencionar os elementos a registar e ser instruído com os documentos necessários para o efeito.

2 – O registo só pode ser efectuado após a concessão da autorização prevista no artigo 48.º.

3 – A junção dos documentos pode ser substituída pela indicação de que os mesmos já se encontram, em termos actualizados, em poder da CMVM.

4 – Os elementos sujeitos a registo são comunicados à CMVM, salvo disposição legal em contrário, no prazo de 30 dias após a sua verificação, tendo em vista o respectivo registo.

5 – O registo considera-se efectuado se a CMVM não o recusar no prazo de 45 dias a contar da recepção do pedido ou das informações complementares que hajam sido solicitadas.

ARTIGO 56.º
Recusa de registo ou de averbamento

1 – Além de outros fundamentos legalmente previstos, o registo será recusado quando:
a) O pedido de registo não estiver instruído com todos os elementos, as informações e os documentos necessários;
b) Algum dos documentos que instruem o respectivo pedido for falso ou estiver em desconformidade com os requisitos legais ou regulamentares.

2 – Antes da recusa, a CMVM deve notificar o requerente para suprir, em prazo razoável, os vícios sanáveis.

ARTIGO 57.º
Cancelamento do registo

Além de outros fundamentos legalmente previstos, constituem fundamento de cancelamento de registo pela CMVM:

a) A verificação de circunstância que obstaria ao registo, se essa circunstância não tiver sido sanada no prazo fixado pela CMVM;
b) A revogação ou a caducidade da autorização.

ARTIGO 58.º[360]
Registo dos membros dos órgãos de administração e de fiscalização

1 – O registo dos membros dos órgãos de administração e de fiscalização deverá ser solicitado, após a respectiva designação, mediante requerimento da sociedade de titularização de créditos.

2 – A efectivação do registo é condição necessária para o exercício das funções referidas no número anterior.

3 – Em caso de recondução, será esta averbada no registo, a requerimento da sociedade de titularização de créditos.

4 – O requerimento referido no n.º 1 deve ser acompanhado dos elementos e informações estabelecidos por regulamento da CMVM, nos termos do n.º 3 do artigo 48.º.

5 – A CMVM, antes de decidir, solicita informações ao Banco de Portugal e ao Instituto de Seguros de Portugal respeitantes à idoneidade, à disponibilidade e à experiência profissional dos membros dos órgãos de administração ou de fiscalização, devendo aquelas entidades, se for caso disso, prestar as referidas informações no prazo de 10 dias.

6 – A falta de idoneidade, de disponibilidade ou de experiência profissional adequada dos membros do órgão de administração ou de fiscalização é fundamento de recusa de registo.

7 – A verificação superveniente da falta de idoneidade dos membros dos órgãos de administração ou de fiscalização determina o cancelamento do registo.

8 – O cancelamento do registo com fundamento nos factos referidos nos n.os 5 e 6, respectivamente, será comunicado aos interessados e à sociedade de titularização de créditos, a qual tomará as medidas adequadas para que as pessoas a quem não tenham sido reconhecidas aquelas qualidades cessem imediatamente funções.

---

[360] Redacção dada pelo n.º 1 do artigo 1.º do Decreto-Lei n.º 303/2003, de 5 de Dezembro. A redacção original era a seguinte:
(...)
4 – O requerimento referido no n.º 1 deve ser acompanhado dos elementos e informações estabelecidos por regulamento da CMVM, nos termos do n.º 3 do artigo 49.º
5 – A CMVM, antes de decidir, solicita informações ao Banco de Portugal e ao Instituto de Seguros de Portugal respeitantes à idoneidade, à disponibilidade e à experiência profissional dos membros dos órgãos de administração ou de fiscalização, devendo aquelas entidades, se for caso disso, prestar as referidas informações no prazo de 20 dias.
(...)

ARTIGO 59.°[361]
Comunicação e registo de participação qualificada

1 – Quem pretender deter, directa ou indirectamente, participação qualificada em sociedade de titularização de créditos deve comunicar previamente o respectivo projecto à CMVM para os efeitos de apreciação dos requisitos previstos no artigo 42.°.

2 – A comunicação referida no número anterior é acompanhada dos elementos e informações estabelecidos em regulamento da CMVM, nos termos do n.° 3 do artigo 48.°.

3 – A CMVM, antes de se pronunciar, solicita informações ao Banco de Portugal e ao Instituto de Seguros de Portugal respeitantes à idoneidade dos potenciais titulares de participações qualificadas, devendo aquelas entidades, se for caso disso, prestar as referidas informações no prazo de 10 dias.

4 – No prazo máximo de 15 dias após o decurso do prazo referido no número anterior, a CMVM opor-se-á ao projecto se não considerar demonstrado que a pessoa em causa satisfaz os requisitos estabelecidos no artigo 42.°

5 – No prazo de 15 dias após a aquisição da participação qualificada, deve o respectivo titular solicitar o respectivo registo na CMVM.

SECÇÃO II
Emissão de obrigações titularizadas

ARTIGO 60.°[362]
Requisitos gerais

1 – As obrigações titularizadas podem ser de diferentes categorias, designada-

---

[361] Redacção dada pelo n.° 1 do artigo 1.° do Decreto-Lei n.° 303/2003, de 5 de Dezembro. A redacção original era a seguinte:
(...)
2 – A comunicação referida no número anterior é acompanhada dos elementos e informações estabelecidos em regulamento da CMVM, nos termos do n.° 3 do artigo 49.°
3 – A CMVM, antes de se pronunciar, solicita informações ao Banco de Portugal e ao Instituto de Seguros de Portugal respeitantes à idoneidade dos potenciais titulares de participações qualificadas, devendo aquelas entidades, se for caso disso, prestar as referidas informações no prazo de 20 dias.
(...)
[362] Redacção dada pelo n.° 1 do artigo 1.° do Decreto-Lei n.° 303/2003, de 5 de Dezembro. A redacção original era a seguinte:
(...)
2 – A oferta pública e a oferta particular de obrigações titularizadas ficam sujeitas, respectivamente, a registo prévio e a comunicação subsequente à CMVM nos termos previstos no Código dos Valores Mobiliários.
3 – As emissões de obrigações titularizadas colocadas através de oferta pública de subscrição dirigida a pessoas com residência ou estabelecimento em Portugal não ficam sujeitas a registo comercial, devendo a CMVM enviar à conservatória do registo comercial competente, para depósito oficioso na pasta da sociedade, declaração comprovativa do registo da emissão na CMVM.
(...)

mente quanto às garantias estabelecidas a favor dos seus titulares, às taxas de remuneração, que podem ser fixas ou variáveis, e ao seu grau de preferência, e devem ter datas de vencimento adequadas ao prazo dos créditos subjacentes.

2 – As emissões de obrigações titularizadas não estão sujeitas a registo comercial.

3 – A oferta pública e a oferta particular de obrigações titularizadas estão sujeitas, respectivamente, a registo prévio e a comunicação subsequente à CMVM, a qual define, por regulamento, os termos e o conteúdo dessa comunicação.

4 – O pedido de registo de oferta pública de distribuição de obrigações titularizadas deve ser instruído com relatório de notação de risco cujo conteúdo deverá observar, com as devidas adaptações, o disposto no n.º 4 do artigo 27.º.

ARTIGO 61.º[363]
Reembolso das obrigações titularizadas e pagamento de despesas com a emissão

O reembolso e a remuneração das obrigações titularizadas emitidas e o pagamento das despesas e encargos relacionados com a sua emissão são garantidos apenas pelos créditos que lhes estão exclusivamente afectos, pelo produto do seu reembolso, pelos respectivos rendimentos e por outras garantias ou instrumentos de cobertura de riscos eventualmente contratados no âmbito da sua emissão, por aquelas não respondendo o restante património da sociedade de titularização de créditos emitente das obrigações titularizadas.

ARTIGO 62.º[364]
Princípio da segregação

1 – Os créditos afectos ao reembolso de uma emissão de obrigações titulariza-

---

[363] Redacção dada pelo n.º 1 do artigo 1.º do Decreto-Lei n.º 303/2003, de 5 de Dezembro. A redacção original era a seguinte:

Reembolso das obrigações titularizadas

O reembolso e a remuneração das obrigações titularizadas emitidas são garantidos apenas pelos créditos que lhes estão exclusivamente afectos, pelo produto do seu reembolso, pelos respectivos rendimentos e por outras garantias ou instrumentos de cobertura de riscos eventualmente contratados no âmbito da sua emissão, por aquelas não respondendo o restante património da sociedade de titularização de créditos emitente das obrigações titularizadas.

[364] Redacção dada pelo n.º 1 do artigo 1.º do Decreto-Lei n.º 303/2003, de 5 de Dezembro. A redacção original era a seguinte:

1 – Os créditos afectos ao reembolso de uma emissão de obrigações titularizadas, bem como o produto daquele reembolso e os respectivos rendimentos, constituem um património autónomo, não respondendo por quaisquer dívidas da sociedade de titularização de créditos até ao pagamento integral dos montantes devidos aos titulares das obrigações titularizadas que constituem aquela emissão.

2 – Os bens que em cada momento integram o património autónomo afecto à respectiva emissão devem ser adequadamente descritos em contas segregadas da sociedade e identificados sob forma codificada nos documentos da emissão.

3 – A sociedade de titularização de créditos tem direito ao remanescente do património autónomo

das, bem como o produto do reembolso daqueles e os respectivos rendimentos, constituem um património autónomo, não respondendo por quaisquer dívidas da sociedade de titularização de créditos até ao pagamento integral dos montantes devidos aos titulares das obrigações titularizadas que constituem aquela emissão e das despesas e encargos com esta relacionados.

2 – Os bens que em cada momento integrem o património autónomo afecto à respectiva emissão devem ser adequadamente descritos em contas segregadas da sociedade e identificados sob forma codificada nos documentos da emissão, salvo quando se trate de créditos tributários, em que a forma de descrição e identificação daqueles bens é definida de modo a garantir a confidencialidade dos dados pessoais relativos aos contribuintes, mediante portaria conjunta do Ministro das Finanças e do ministro competente em função da titularidade dos créditos objecto de cessão para efeitos de titularização.

3 – Na falta de disposição legal ou convenção em contrário incluída em contrato respeitante à operação de titularização de créditos correspondente, a sociedade de titularização de créditos tem direito ao remanescente do património autónomo afecto ao pagamento de cada emissão de obrigações titularizadas, após o pagamento integral dos montantes devidos aos titulares das obrigações titularizadas que constituem aquela emissão e das despesas e encargos com esta relacionados.

4 – Na execução movida contra a sociedade de titularização de créditos, o credor apenas pode penhorar o direito ao remanescente de cada património separado se provar a insuficiência dos restantes bens da sociedade.

5 – A chave do código a que alude a primeira parte do n.º 2 fica depositada na CMVM, a qual estabelece, por regulamento, as condições em que os titulares de obrigações titularizadas, em caso de incumprimento, podem ter acesso à mesma.

ARTIGO 63.º[365]
**Garantia dos credores obrigacionistas
e demais credores da emissão**

1 – Os titulares de obrigações titularizadas e as entidades que prestam serviços relacionados com a sua emissão gozam de privilégio creditório especial sobre os bens

---

afecto ao pagamento de cada emissão de obrigações titularizadas, após o pagamento integral dos montantes devidos aos titulares das obrigações titularizadas que constituem aquela emissão.
4 – ...
5 – A chave do código a que alude o n.º 2 fica depositada na CMVM, a qual estabelece, por regulamento, as condições em que os titulares de obrigações titularizadas, em caso de incumprimento, podem ter acesso à mesma.
[365] Redacção dada pelo n.º 1 do artigo 1.º do Decreto-Lei n.º 303/2003, de 5 de Dezembro. A redacção original era a seguinte:
Garantia dos credores obrigacionistas
1 – Os titulares de obrigações titularizadas gozam de privilégio creditório especial sobre os bens que em cada momento integrem o património autónomo afecto à respectiva emissão, com precedência sobre quaisquer outros credores.
2 – ...

que em cada momento integram o património autónomo afecto à respectiva emissão, com precedência sobre quaisquer outros credores.

2 – O privilégio referido no número anterior não está sujeito a inscrição em registo.

ARTIGO 64.º[366]
Requisitos e limites da emissão

As emissões de obrigações titularizadas não estão sujeitas aos requisitos e limites estabelecidos no n.º 2 do artigo 348.º e no artigo 349.º do Código das Sociedades Comerciais.

ARTIGO 65.º[367]
Representante comum dos obrigacionistas

1 – Nas condições de cada emissão de obrigações titularizadas, pode ser identificado um representante comum dos obrigacionistas dessa emissão, devendo para este efeito ser designada uma das entidades indicadas no n.º 2 do artigo 357.º do Código das Sociedades Comerciais ou uma instituição de crédito ou outra entidade autorizada a prestar serviços de representação de investidores em algum Estado membro da União Europeia, as quais não podem encontrar-se constituídas em relação de domínio ou de grupo, conforme definida no artigo 21.º do Código dos Valores Mobiliários, com o cedente ou com a sociedade de titularização de créditos.

2 – Os termos da designação prevista no número anterior são estabelecidos nas condições da emissão de obrigações titularizadas, designadamente no que respeita à remuneração do representante comum, aos custos e encargos inerentes ao desenvolvimento das suas funções, às despesas de convocação e realização de assembleias de obrigacionistas, aos limites aplicáveis à responsabilidade do representante comum e aos termos das responsabilidades que perante ele são assumidas pela sociedade de titularização de créditos e demais intervenientes na emissão em causa.

3 – A assembleia de obrigacionistas delibera sobre a nomeação, remuneração e destituição do representante comum dos obrigacionistas, bem como sobre a alteração das condições iniciais da respectiva designação.

4 – A remuneração do representante comum, os demais custos e encargos inerentes ao desenvolvimento das suas funções, as despesas de convocação e realização de assembleias de obrigacionistas, quando incorridas com respeito pelas condições da emissão, são encargos do património autónomo correspondente a essa emissão,

---

[366] Redacção dada pelo n.º 1 do artigo 1.º do Decreto-Lei n.º 303/2003, de 5 de Dezembro. A redacção original era a seguinte:

Limites da emissão

As emissões de obrigações titularizadas não estão sujeitas aos limites estabelecidos no artigo 349.º do Código das Sociedades Comerciais.

[367] Aditado pelo n.º 2 do artigo 1.º do Decreto-Lei n.º 303/2003, de 5 de Dezembro.

por elas não respondendo o restante património da sociedade de titularização de créditos, e beneficiam do privilégio creditório previsto no n.º 1 do artigo 63.º.

5 – As condições da emissão podem estabelecer os poderes de representação dos obrigacionistas conferidos ao representante comum e a forma da sua articulação com a assembleia de obrigacionistas, podendo ser atribuídos ao representante comum poderes para:

a) Executar as deliberações da assembleia de obrigacionistas que tenham decretado o vencimento antecipado das obrigações em causa;
b) Exercer, em representação dos obrigacionistas, os direitos que lhes sejam conferidos pela presente lei ou pelas condições da emissão;
c) Representar os obrigacionistas em juízo, em qualquer tipo de acções.

6 – As condições da emissão podem limitar o exercício isolado de direitos dos obrigacionistas que seja contrário às deliberações da assembleia de obrigacionistas.

7 – São subsidiariamente aplicáveis as disposições respeitantes ao representante comum dos obrigacionistas previstas no Código das Sociedades Comerciais.

ARTIGO 66.º[368]
Supervisão e regulamentação

1 – Compete à CMVM a supervisão das sociedades de titularização de créditos.
2 – A CMVM pode estabelecer, por regulamento:
a) Regras prudenciais e de contabilidade das sociedades de titularização de crédito;
b) Deveres de informação à CMVM e ao público;
c) Regras relativas aos processos de autorização e de registo;
d) Requisitos relativos aos meios humanos, materiais e técnicos exigidos às sociedades de titularização de créditos;
e) Regras relativas a conflitos de interesses, designadamente sobre percentagens máximas de participação de entidades cedentes dos créditos em sociedade de titularização de créditos.

CAPÍTULO IV
Disposições finais

ARTIGO 67.º[369]
Actividade de intermediação em valores mobiliários

A criação e administração de fundos de titularização de créditos considera-se actividade de intermediação financeira quando exercida a título profissional.

---

[368] Anterior artigo 65.º, renumerado pelo n.º 3 do artigo 1.º do Decreto-Lei n.º 303/2003, de 5 de Dezembro.
[369] Anterior artigo 66.º, renumerado pelo n.º 3 do artigo 1.º do Decreto-Lei n.º 303/2003, de 5 de Dezembro.

21.4. Sociedades de titularização de créditos

ARTIGO 68.º[370]
Ilícitos de mera ordenação social

À violação das normas deste diploma e das da sua regulamentação compreendidas na área de competência da CMVM aplica-se o disposto no Código dos Valores Mobiliários para os ilícitos de mera ordenação social.

---

[370] Anterior artigo 67.º, renumerado pelo n.º 3 do artigo 1.º do Decreto-Lei n.º 303/2003, de 5 de Dezembro.

21.5. PORTARIA DO MINISTÉRIO DAS FINANÇAS N.º 284/2000, DE 12 DE ABRIL[371]

Considerando que o regime jurídico da titularização de créditos, aprovado pelo Decreto-Lei n.º 453/99, de 5 de Novembro, expressamente qualifica as sociedades gestoras de fundos de titularização de créditos e as sociedades de titularização de créditos como sociedades financeiras;

Considerando o disposto na Portaria n.º 95/94, de 9 de Fevereiro, relativa ao montante de capital social mínimo aplicável às sociedades financeiras;

Ouvidos o Banco de Portugal e a Comissão do Mercado de Valores Mobiliários:

Manda o Governo, pelo Ministro das Finanças, ao abrigo do disposto no n.º 1 artigo 95.º e no n.º 1 do artigo 196.º, ambos do Regime Geral das Instituições de Crédito e Sociedades Financeiras, aprovado pelo Decreto-Lei n.º 298/92, de 31 de Dezembro, o seguinte:

1.º As sociedades gestoras de fundos de titularização de créditos devem possuir um capital social de montante não inferior a € 750 000.

2.º As sociedades de titularização de créditos devem possuir um capital social de montante não inferior a € 2 500 000.

3.º A presente portaria entra imediatamente em vigor.

O Ministro das Finanças, Joaquim Augusto Nunes Pina Moura, em 12 de Abril de 2000.

---

[371] DR I Série-B, n.º 119, de 23-Mai.-2000, 2314.

21.6. DECRETO-LEI N.º 219/2001, DE 4 DE AGOSTO[372]

O Decreto-Lei n.º 453/99, de 5 de Novembro, veio introduzir no ordenamento jurídico português a figura da titularização de créditos, que consubstancia um relevante instrumento financeiro, largamente difundido nas economias mais desenvolvidas, utilizável pelos agentes económicos, em geral, e pelo sistema financeiro, em particular.

Contudo, para que este instrumento financeiro pudesse ser implantado com sucesso no nosso país faltava definir uma das suas vertentes fundamentais: o regime fiscal.

O presente decreto-lei vem, assim, estabelecer o regime fiscal das operações de titularização de créditos, consagrando um regime que, por um lado, pretende assegurar a neutralidade no tratamento dos veículos de titularização, os fundos de titularização de créditos e as sociedades de titularização de créditos e, por outro, conferir competitividade a este instrumento financeiro, condição fundamental para o sucesso da sua implementação.

Inserem-se no primeiro objectivo, nomeadamente, a sujeição de ambos os veículos de titularização ao regime geral do IRC e a consagração de idêntico tratamento fiscal para os rendimentos das unidades de titularização e das obrigações titularizadas.

O segundo objectivo é concretizado pelo estabelecimento de normas de isenção, com especial relevância para as que isentam de IRS ou de IRC os rendimentos derivados das unidades de titularização e das obrigações titularizadas quando obtidos por entidades não residentes em território português e sem estabelecimento estável situado neste território ao qual sejam imputáveis.

Assim:

No uso da autorização legislativa concedida ao Governo pelo artigo 9.º da Lei n.º 30-G/2000, de 29 de Dezembro, e nos termos das alíneas *a*) e *b*) do n.º 1 do artigo 198.º da Constituição, o Governo decreta, para valer como lei geral da República, o seguinte:

---

[372] DR I Série-A, n.º 219/2001, de 4-Ago.-2001, 4784-4786.

CAPÍTULO I
Âmbito de aplicação

ARTIGO 1.º
Âmbito

O presente decreto-lei estabelece o regime fiscal das operações de titularização de créditos efectuadas no âmbito do Decreto-Lei n.º 453/99, de 5 de Novembro.

CAPÍTULO II
Impostos directos

ARTIGO 2.º[373]
Das entidades cedentes

2 – O disposto na parte final da alínea b) do número anterior não é aplicável às situações previstas no n.º 2 do artigo 45.º do Decreto-Lei n.º 453/99, de 5 de Novembro.

1 – A diferença entre o valor da cessão e o valor contabilístico dos créditos cedidos é englobada, para efeitos de tributação das entidades cedentes, nos seguintes termos:
 a) Sendo positiva, é considerada proveito no exercício da cessão;
 b) Sendo negativa, é considerada custo no exercício da cessão, salvo nas situações em que a entidade cedente adquira qualquer interesse nos proveitos da entidade cessionária, caso em que o custo deve ser diferido, em fracções iguais, nos exercícios compreendidos entre a data da cessão do crédito e a data do seu vencimento.

2 – O disposto na parte final da alínea b) do número anterior não é aplicável às situações previstas no n.º 2 do artigo 41.º do Decreto-Lei n.º 453/99, de 5 de Novembro.

3 – As remunerações de gestão auferidas pela entidade cedente, ainda que englobem no seu valor uma parcela do juro dos créditos cedidos, são consideradas proveitos do exercício em que se verifica o direito às mesmas.

4 – Os rendimentos referidos na alínea a) do n.º 1 estão isentos de IRC quando os respectivos titulares sejam:

---

[373] Redacção dada pelo artigo 2.º do Decreto-Lei n.º 303/2003, de 5 de Dezembro. A redacção anterior era a seguinte:
 (...)
 2 – O disposto na parte final da alínea b) do número anterior não é aplicável às situações previstas no n.º 2 do artigo 41.º do Decreto-Lei n.º 453/99, de 5 de Novembro.
 (...)

a) Entidades previstas no artigo 9.° do Código do Imposto sobre o Rendimento das Pessoas Colectivas (IRC);

b) Entidades não residentes em território português e sem estabelecimento estável situado neste território ao qual os rendimentos sejam imputáveis, excepto nos casos em que a entidade não residente seja uma pessoa colectiva detida, directa ou indirectamente, em mais de 25% por entidades residentes ou seja residente de Estado ou território constante de lista aprovada por portaria do Ministro das Finanças.

5 – Não existe a obrigação de efectuar retenção na fonte de IRC relativamente aos rendimentos derivados da cessão de créditos.

ARTIGO 3.°
Das entidades cessionárias

1 – Sem prejuízo do disposto nos números seguintes, os fundos de titularização de créditos (FTC) e as sociedades de titularização de créditos (STC) estão sujeitos ao regime estabelecido no Código do IRC para as entidades que exerçam, a título principal, uma actividade de natureza comercial, industrial ou agrícola.

2 – A diferença positiva entre o valor da cessão e o valor nominal dos créditos que dela são objecto é considerada como custo da entidade cessionária, nos exercícios compreendidos entre a data da aquisição do crédito, ou do primeiro vencimento de juros, tratando-se de créditos futuros, até à data do último reembolso, proporcionalmente aos juros vencidos ou vincendos em cada um daqueles exercícios.

3 – Para efeitos de determinação do lucro tributável dos fundos de titularização de créditos, são considerados como custo do exercício os montantes devidos aos detentores de unidades de titularização de créditos nos termos das alíneas *a)* e *c)* do n.° 1 do artigo 32.° do Decreto-Lei n.° 453/99, de 5 de Novembro.

4 – Não existe a obrigação de efectuar retenção na fonte de IRC relativamente aos rendimentos dos créditos objecto de cessão.

ARTIGO 4.°
**Das unidades de titularização de créditos
e das obrigações titularizadas**

1 – Aos rendimentos e à transmissão das unidades de titularização de créditos e de obrigações titularizadas é aplicável o regime fiscal das obrigações.

2 – Estão isentos de IRS e de IRC os rendimentos de unidades de titularização de créditos e de obrigações titularizadas, incluindo os derivados da sua transmissão onerosa, quando obtidos por não residentes em território português sem estabelecimento estável situado neste território ao qual os rendimentos sejam imputáveis.

3 – O disposto no número anterior não é aplicável nas situações em que o não residente seja uma pessoa colectiva detida, directa ou indirectamente, em mais de 25% por entidades residentes ou seja residente de Estado ou território constante de lista aprovada por portaria do Ministro das Finanças.

CAPÍTULO III
Impostos indirectos

ARTIGO 5.º
Imposto sobre o valor acrescentado

1 – Estão isentas de IVA:
a) As operações de administração e gestão dos fundos de titularização de créditos;
b) As prestações de serviços de gestão que se enquadrem no artigo 5.º do Decreto-Lei n.º 453/99, de 5 de Novembro, bem como as operações dos depositários a que se refere o artigo 24.º do mesmo diploma.

2 – Não obstante a modificação subjectiva do credor, o cessionário de créditos para efeitos de titularização pode regularizar o IVA respeitante aos créditos, cujo risco assumiu, que sejam considerados incobráveis em processo de execução, processo ou medida especial de recuperação de empresas ou a créditos de falidos, quando for decretada a falência.

ARTIGO 6.º
Imposto do selo

Estão isentas de imposto do selo:
a) As cessões de créditos, incluindo eventuais retrocessões dos créditos cedidos, para efeitos de titularização;
b) Os juros cobrados e a utilização de crédito concedido por instituições de crédito e sociedades financeiras aos fundos de titularização de créditos e às sociedades de titularização de créditos;
c) As comissões e contraprestações cobradas às entidades cessionárias que se enquadrem no artigo 5.º do Decreto-Lei n.º 453/99, de 5 de Novembro, bem como as operações dos depositários a que se refere o artigo 24.º do mesmo diploma.

CAPÍTULO IV
Disposições finais

ARTIGO 7.º[374]
Obrigações acessórias

1 – As entidades obrigadas a efectuar a retenção parcial ou total do imposto

---

[374] Redacção dada pelo artigo 2.º do Decreto-Lei n.º 303/2003, de 5 de Dezembro. A redacção anterior era a seguinte:
1 – Sem prejuízo do cumprimento das obrigações previstas nos artigos 119.º, n.ºs 1 a 6, 120.º e

21.6. Sociedades de titularização de créditos

sobre os rendimentos das unidades de titularização ou das obrigações titularizadas devem:

a) Possuir prova da qualidade dos não residentes que beneficiem de isenção de IRS ou de IRC prevista no artigo 4.º ou de qualquer outra qualidade da qual resulte a dispensa ou a redução da taxa de retenção na fonte de IRS ou de IRC, válida à data em que a retenção deva ser efectuada, nos seguintes termos:

1) Quando forem bancos centrais, instituições de direito público ou organismos internacionais, bem como quando forem instituições de crédito, sociedades financeiras, fundos de investimento mobiliário ou imobiliário, fundos de pensões ou empresas de seguros domiciliadas em qualquer país da OCDE ou em país com o qual Portugal tenha celebrado convenção para evitar a dupla tributação internacional e estejam submetidas a um regime especial de supervisão ou de registo administrativo, de acordo com as seguintes regras:

   i) A respectiva identificação fiscal, sempre que o titular dela disponha; ou
   ii) Certidão da entidade responsável pelo registo ou pela supervisão que ateste a existência jurídica do titular e o seu domicílio; ou
   iii) Declaração do próprio titular, devidamente assinada e autenticada, se se tratar de bancos centrais, instituições de direito público que integrem a administração pública central, regional ou a demais administração periférica, estadual indirecta ou autónoma do Estado de residência fiscalmente relevante ou organismos internacionais; ou
   iv) Comprovação da qualidade de não residente, nos termos da subalínea 3), caso o titular opte pelos meios de prova aí previstos;

2) Quando forem emigrantes no activo, através dos documentos previstos para a comprovação desta qualidade em portaria do Ministro das Finanças que regulamente o sistema poupança-emigrante;

126.º do Código do IRS, as sociedades gestoras de fundos de titularização de créditos, relativamente a cada um dos fundos que administrem, e as sociedades de titularização de créditos ficam obrigadas a manter identificados os investidores em conformidade com o seu regime fiscal, bem como a registar os rendimentos pagos a cada um, tendo em conta o período de detenção das unidades de titularização ou das obrigações titularizadas.

2 – Relativamente aos titulares não residentes que beneficiem da isenção de IRS ou de IRC prevista no artigo 4.º, as entidades referidas no número anterior estão ainda obrigadas a possuir:

a) Quando forem bancos centrais, instituições de direito público ou organismos internacionais, bem como quando forem instituições de crédito, sociedades financeiras, fundos de investimento mobiliário ou imobiliário, fundos de pensões, ou empresas de seguros, domiciliados em qualquer país da OCDE ou em país com o qual Portugal tenha celebrado convenção sobre dupla tributação internacional e estejam submetidos a um regime especial de supervisão ou de registo administrativo, a respectiva identificação fiscal;

b) Quando forem entidades não previstas na alínea anterior, certificado de residência ou documento equivalente emitido pelas autoridades fiscais ou outra entidade oficial do Estado da residência ou de documento emitido por consulado português comprovativo da residência no estrangeiro, com data de emissão não anterior a três anos nem posterior a três meses em relação à data de realização das operações e da percepção dos rendimentos, salvo se o prazo de validade do documento for inferior, caso em que se observa este.

3) Nos restantes casos, de acordo com as seguintes regras:
   i) A comprovação deve ser realizada mediante a apresentação de certificado de residência ou documento equivalente emitido pelas autoridade fiscais ou por consulado português, comprovativo da residência no estrangeiro, ou de documento especificamente emitido com o objectivo de certificar a residência por entidade oficial do respectivo Estado, que integre a sua administração pública central, regional ou a demais administração periférica, estadual indirecta ou autónoma do mesmo, não sendo designadamente admissível para o efeito documento de identificação como passaporte ou bilhete de identidade, ou documento de que apenas indirectamente se possa presumir uma eventual residência fiscalmente relevante, como uma autorização de trabalho ou permanência;
   ii) O documento referido na subsubalínea anterior é necessariamente o original ou cópia devidamente autenticada e tem de possuir data de emissão não anterior a três anos nem posterior a três meses em relação à data de realização das operações e da percepção dos rendimentos, salvo o disposto na subsubalínea seguinte;
   iii) Se o prazo de validade do documento for inferior ou se este indicar um ano de referência, o mesmo é válido para o ano referido e para o ano subsequente, quando este último coincida com o da emissão do documento;
4) Nos termos gerais previstos nos Códigos do IRS e do IRC e respectiva legislação complementar, nas situações não previstas nas subalíneas anteriores;

b) Cumprir as obrigações previstas nos artigos 119.º e 120.º do Código do IRS.

2 — Em derrogação do disposto no número anterior, quando as unidades de titularização ou as obrigações titularizadas estejam registadas ou depositadas junto de entidade não residente em Portugal que participe num sistema de liquidação internacional estabelecido num Estado membro da União Europeia, num país da OCDE ou em país com o qual Portugal tenha celebrado convenção para evitar a dupla tributação internacional que preencha os requisitos previstos no artigo 2.º da Directiva n.º 98/26/CE, do Parlamento Europeu e do Conselho, de 19 de Maio, e a entidade não residente se tenha obrigado, perante a entidade gestora do sistema de liquidação internacional, a não prestar serviços de registo ou depósito de unidades de titularização ou de obrigações titularizadas a residentes em Portugal para efeitos fiscais, a estabelecimentos estáveis de não residentes e a não residentes aos quais não é aplicável a isenção de IRS ou de IRC prevista no artigo 4.º

a) A qualidade de não residente que beneficia da isenção de IRS ou de IRC prevista no artigo 4.º será confirmada pela entidade não residente em Portugal junto da qual estão depositadas ou registadas as unidades de titularização ou as obrigações titularizadas, que comunicará à entidade gestora do sistema de liquidação internacional os valores relevantes para efeitos de pagamento dos rendimentos e retenção na fonte de IRS ou de IRC.

b) A entidade gestora do sistema de liquidação internacional comunicará os

valores referidos na alínea anterior às entidades obrigadas a efectuar a retenção do imposto sobre os rendimentos das unidades de titularização ou das obrigações titularizadas, que ficam obrigadas a manter as comunicações da entidade gestora do sistema de liquidação internacional.
  c) Para efeitos de verificação dos procedimentos de retenção do imposto sobre os rendimentos das unidades de titularização ou das obrigações titularizadas, e a solicitação da administração tributária, as entidades gestoras do sistema de liquidação internacional fornecerão informação relativa:
   1) À comunicação das entidades não residentes em Portugal junto das quais estão depositadas ou registadas as unidades de titularização ou as obrigações titularizadas, referidas na alínea a) do n.º 2;
   2) À obrigação assumida pelas entidades não residentes em Portugal junto das quais estão depositadas ou registadas as unidades de titularização ou as obrigações titularizadas de não prestar serviços de registo ou depósito de unidades de titularização ou de obrigações titularizadas a residentes em Portugal para efeitos fiscais ou a não residentes aos quais não é aplicável a isenção prevista no artigo 4.º.
  d) Não são aplicáveis as obrigações previstas nos artigos 119.º e 120.º do Código do IRS.

3 – A não comprovação da qualidade de que depende a isenção de IRS ou de IRC prevista no artigo 4.º ou de qualquer outra qualidade da qual resulte a dispensa ou a redução de taxa de retenção na fonte de IRS ou de IRC, nos termos do n.º 1, à data da obrigação de retenção na fonte sobre os rendimentos das unidades de titularização ou das obrigações titularizadas tem as consequências seguintes:
  a) Ficam sem efeito as isenções concedidas às entidades beneficiárias que pressuponham a referida qualidade;
  b) São aplicáveis as normas gerais previstas nos competentes códigos relativas à responsabilidade pelo pagamento do imposto em falta.

ARTIGO 8.º
Substituição tributária

1 – As sociedades gestoras de fundos de titularização de créditos e as sociedades de titularização de créditos são originariamente responsáveis pelo imposto retido ou que o deveria ter sido nas operações previstas no presente diploma que determinem a obrigatoriedade de retenção na fonte.

2 – Os titulares de rendimentos auferidos pela prática das operações previstas no presente diploma são subsidiariamente responsáveis pelo pagamento das importâncias que deviam ter sido deduzidas e entregues nos cofres do Estado, restringindo-se, contudo, a sua responsabilidade à diferença entre o imposto que tenha sido deduzido e o que devesse tê-lo sido.

Visto e aprovado em Conselho de Ministros de 21 de Junho de 2001. – *António Manuel de Oliveira Guterres – Joaquim Augusto Nunes Pina Moura.*

Promulgado em 19 de Julho de 2001.
Publique-se.
O Presidente da República, JORGE SAMPAIO.

Referendado em 26 de Julho de 2001.
O Primeiro-Ministro, *António Manuel de Oliveira Guterres.*

22. Sociedades administradoras de compras em grupo

22.1. DECRETO-LEI N.º 237/91, DE 2 DE JULHO[375]

O sistema de compras em grupo conheceu em Portugal uma rápida implantação e um crescimento significativo.

Os elevados montantes de poupança que, por esse facto, são actualmente movimentados pelas entidades que procedem ao exercício profissional da actividade de administração do sistema de compras em grupo justificaram a sua disciplina legal, que foi introduzida pelo Decreto-Lei n.º 393/87, de 31 de Dezembro. A experiência entretanto adquirida justifica que se proceda à revisão dessa disciplina, com o intuito de reforçar a garantia daqueles que pretendem adquirir bens por essa forma, nomeadamente através de regras dirigidas à solidez e estabilidade financeira das sociedades administradoras de compras em grupo (SACEG).

Procede-se, outrossim, à clarificação da qualidade de administradoras de fundos alheios em que as SACEG actuam e as suas implicações, com estabelecimento de algumas regras essenciais sobre a forma de efectuar essa administração, nomeadamente precisando os direitos e deveres das SACEG.

Prevêem-se regras que, sendo também de defesa do consumidor participante, têm como objectivo essencial a estabilidade do sistema financeiro, através de preservação da solidez das instituições administradoras e da minimização dos efeitos nocivos da ruptura de uma delas.

Simultaneamente, e tendo em conta a crescente importância das políticas de defesa do consumidor, introduzem-se algumas regras em matéria de informação, na linha das soluções adaptadas no domínio do crédito ao consumo.

Foram ouvidos o Banco de Portugal, a Associação Portuguesa de Consórcios de Compras em Grupo e as associações de defesa do consumidor.

Assim:

Nos termos da alínea *a*) do n.º 1 do artigo 201.º da Constituição, o Governo decreta o seguinte:

(*O texto actualizado do Decreto-Lei n.º 237/91, de 2 de Julho, é abaixo publicado*)

---

[375] DR I Série-A, n.º 149, de 2-Jul.-1991, 3360-3364.

Visto e aprovado em Conselho de Ministros de 11 de Abril de 1991. *Aníbal António Cavaco Silva – Luís Miguel Couceiro Pizarro Beleza – José António Leite de Araújo – Fernando Nunes Ferreira Real.*

Promulgado em 7 de Junho de 1991.
Publique-se.
O Presidente da República, MÁRIO SOARES.

Referendado em 12 de Junho de 1991.
O Primeiro-Ministro, *Aníbal António Cavaco Silva.*

22.2. DECRETO-LEI N.º 22/94, DE 27 DE JANEIRO[376]

O Regime Geral das Instituições de Crédito e Sociedades Financeiras, aprovado pelo Decreto-Lei n.º 298/92, de 31 de Dezembro, ao proceder à reforma geral da regulamentação do sistema financeiro português, com exclusão do sector de seguros e de fundos de pensões, veio suscitar a necessidade de se introduzirem alterações à disciplina específica dos vários tipos de instituições e sociedades por ele abrangidos.

O actual quadro legal das sociedades administradoras de compras em grupo, abreviadamente SACEG, estabelecido pelo Decreto-Lei n.º 237/91, de 2 de Julho, necessita de ser adaptado, em sintonia com a modernização do sistema financeiro.

Assim:

Nos termos da alínea *a*) do n.º 1 do artigo 201.º da Constituição, o Governo decreta o seguinte:

ARTIGO 1.º

Os artigos 8.º, 10.º e 22.º do Decreto-Lei n.º 237/91, de 2 de Julho, passam a ter a seguinte redacção:

(*As alterações foram inseridas no texto actualizado do Decreto-Lei n.º 237/91, de 2 de Julho, abaixo publicado*)

ARTIGO 2.º

São revogados os artigos 5.º e 7.º, o n.º 2 do artigo 6.º e os n.º 1 e 2 do artigo 13.º do Decreto-Lei n.º 237/91, de 2 de Julho.

(*Foi feita referência a estas revogações no texto actualizado do Decreto-Lei n.º 237/91, de 2 de Julho, abaixo publicado*)

ARTIGO 3.º

Enquanto não for exercida a competência estatuída no artigo 10.º do Decreto-Lei n.º 237/91, de 2 de Julho, com a redacção que lhe dá o presente diploma, mantém-se em vigor a Portaria n.º 357/92, de 22 de Abril.

---

[376] DR I Série-A, n.º 22, de 27-Jan.-1994, 418.

Visto e aprovado em Conselho de Ministros em 18 de Novembro de 1993. – *Aníbal António Cavaco Silva* – *Jorge Braga de Macedo* – *Fernando Manuel Barbosa Faria de Oliveira.*

Promulgado em 6 de Janeiro de 1994.
Publique-se.
O Presidente da República, MÁRIO SOARES.

Referendado em 11 de Janeiro de 1994.
O Primeiro-Ministro, *Aníbal António Cavaco Silva.*

22.3. TEXTO ACTUALIZADO DO DECRETO-LEI N.º 237/91, DE 2 DE JULHO

ARTIGO 1.º
Âmbito de aplicação

O presente diploma disciplina o sistema de compras em grupo e as entidades que procedem à respectiva administração.

ARTIGO 2.º
Noção

Para efeitos deste diploma considera-se:
a) Compras em grupo – o sistema de aquisição de bens ou serviços pelo qual um conjunto determinado de pessoas designadas "participantes", constitui um fundo comum, mediante a entrega periódica de prestações pecuniárias, com vista à aquisição, por cada participante, daqueles bens ou serviços ao longo de um período de tempo previamente estabelecido;
b) Fundos de grupo – o conjunto formado pelo fundo comum e por outros fundos previstos no contrato ou no regulamento interno, constituído por contribuições dos participantes ou por outros recursos a que o grupo tenha direito.

ARTIGO 3.º
Objecto e prazo dos contratos

Será objecto de portaria conjunta do Ministro das Finanças e do ministro responsável pela área do comércio a fixação do elenco de bens e serviços susceptíveis de serem adquiridos através do sistema de compras em grupo, bem como a da duração máxima dos grupos, em função da natureza dos bens ou serviços.

ARTIGO 4.º
Princípios fundamentais

São princípios fundamentais do sistema de compras em grupo:

a) Que as prestações periódicas dos participantes para o fundo comum do grupo sejam equivalentes ao preço do bem ou serviço a adquirir, dividido pelo número de períodos previstos no respectivo plano de pagamentos;
b) Que o conjunto das prestações dos participantes seja, em cada período considerado, pelo menos equivalente ao preço do bem ou serviço a adquirir;
c) Que, ocorrida alteração do preço dos bens ou serviços, as prestações periódicas de todos os participantes aos quais os mesmos respeitem sejam ajustadas na devida proporção, ainda que em relação a alguns dos participantes se tenha verificado a sua atribuição;
d) Que ao participante seja assegurada, com as garantias adequadas, a aquisição do bem ou serviço objecto do contrato;
e) Que a atribuição do bem ou serviço seja feita por sorteio ou por sorteio e licitação, nos termos previstos no respectivo regulamento.

ARTIGO 5.º[377]
Acesso à actividade

1 – O acesso e exercício da actividade de administração de compras em grupo carece de autorização, a conceder nos termos do artigo 7.º.

2 – Sem prejuízo das sanções previstas na lei, o Ministro das Finanças poderá, por despacho, ordenar o encerramento imediato dos estabelecimentos onde seja exercida, sem autorização, a actividade referida no número anterior.

ARTIGO 6.º
Entidades administradoras

1 – A actividade de administração de compras em grupo só pode ser exercida por sociedades comerciais constituídas sob a forma de sociedade anónima e que tenham esta actividade como objecto exclusivo.

2 – *Nenhuma sociedade poderá constituir-se para exercer a actividade sem previamente obter a competente autorização, da qual deverá ser feita prova no acto da escritura pública de constituição*[378].

3 – As sociedades autorizadas a exercer a actividade de administração de compras em grupo tomam a designação de sociedades administradoras de compras em grupo, abreviadamente SACEG.

---

[377] Revogado pelo artigo 2.º do Decreto-Lei n.º 22/94, de 27 de Janeiro. Mantém-se a sua inserção no texto, em itálico.

[378] O n.º 2 do artigo 6.º foi revogado pelo artigo 2.º do Decreto-Lei n.º 22/94, de 27 de Janeiro. Mantém-se a sua inserção no texto, em itálico.

22.3. Sociedades administradoras de compras em grupo

ARTIGO 7.º[379]
Autorização

1 – A concessão de autorização para exercer a actividade de administração de compras em grupo compete ao Ministro das Finanças, mediante portaria e sob parecer favorável do Banco de Portugal.

2 – O requerimento de autorização deve ser acompanhado dos seguintes elementos:
   a) Exposição do plano de actividades da instituição, bem como dos objectivos e necessidades de ordem económica que se propõe satisfazer e dos meios técnicos para os realizar;
   b) Projecto de contrato de sociedade;
   c) Identificação dos accionistas fundadores e das respectivas participações;
   d) Indicação do montante do capital social;
   e) Estudo de viabilidade económica e financeira.

3 – O Banco de Portugal poderá solicitar aos requerentes informações ou elementos complementares e efectuar as averiguações que considere necessárias ou úteis à elaboração do seu parecer ou à instrução do processo de autorização.

ARTIGO 8.º[380]
Capital social

O capital social das SACEG será obrigatoriamente representado por acções nominativas ou ao portador registadas.

ARTIGO 9.º
Operações vedadas

1 – É especialmente vedado às SACEG:
   a) Contrair empréstimos;
   b) Conceder crédito sob qualquer forma;
   c) Onerar, por qualquer forma, os fundos dos grupos;
   d) Ser participantes em grupos que administrem.

---

[379] Revogado pelo artigo 2.º do Decreto-Lei n.º 22/94, de 27 de Janeiro. Mantém-se a sua inserção no texto, em itálico.

[380] Redacção dada pelo artigo 1.º do Decreto-Lei n.º 22/94, de 27 de Janeiro. A redacção original era a seguinte:

Artigo 8.º
Capital social

1 – As SACEG devem ter realizado um capital social mínimo fixado por portaria do Ministro das Finanças.

2 – As SACEG só podem constituir-se depois de os accionistas fundadores fazerem prova de realização do capital social referido no número precedente.

3 – O capital social será obrigatoriamente representado por acções nominativas.

2 – A proibição prevista na alínea *d*) do número anterior é aplicável aos administradores e aos accionistas detentores de mais de 10% do capital das SACEG, às empresas por eles directa ou indirectamente controladas e aos cônjuges e parentes ou afins em 1.º grau.

ARTIGO 10.º[381]
Relações prudenciais

Nos termos do artigo 196.º do Regime Geral das Instituições de Crédito e Sociedades Financeiras, aprovado pelo Decreto-Lei n.º 298/92, de 31 de Dezembro, poderão ser impostos limites ao valor global dos contratos de compra em grupo celebrados por uma SACEG, nomeadamente em função dos fundos próprios respectivos.

ARTIGO 11.º
Contas dos fundos

1 – As contas dos grupos administrados pelas SACEG devem ser submetidas ao exame a que se refere a alínea *a*) do n.º 1 do artigo 1.º do Decreto-Lei n.º 519-L2/79, de 29 de Dezembro.

2 – As SACEG deverão comunicar previamente ao Banco de Portugal qual a entidade responsável pelo exame referido no n.º 1, podendo o Banco de Portugal determinar a sua substituição nos casos em que não lhe reconheça adequada idoneidade.

ARTIGO 12.º
Fundo de garantia do sistema de compras em grupo

Poderá o Ministro das Finanças, ouvido o Banco de Portugal, decidir, por portaria, a criação de um fundo de garantia do sistema de compras em grupo, a qual definirá as respectivas condições de funcionamento, ou determinar quaisquer outras formas de garantia das suas responsabilidades.

---

[381] Redacção dada pelo artigo 1.º do Decreto-Lei n.º 22/94, de 27 de Janeiro. A redacção original era a seguinte:

Artigo 10.º
Relações prudenciais

1 – Poderá o Ministro das Finanças, mediante portaria, impor limites ao valor global dos contratos de compra em grupo celebrados por uma SACEG, nomeadamente em função dos fundos próprios respectivos.

2 – Por aviso do Banco de Portugal poderão ser definidas regras a observar pela SACEG na composição e relação das rubricas do activo, do passivo e da situação líquida.

ARTIGO 13.º
Supervisão

1 – As SACEG ficam sujeitas à supervisão do Banco de Portugal, que, para o efeito, poderá exigir-lhes quaisquer elementos de informação, periódicos ou não, e proceder às inspecções, nos seus estabelecimentos, que se mostrem convenientes.

2 – A contabilidade das SACEG e a dos grupos será organizada consoante o determinado pelo Banco de Portugal[382].

3 – Sempre que o interesse dos participantes o justifique, o Banco de Portugal poderá decidir a transferência dos fundos a que se refere o artigo 27.º, fora das condições aí previstas.

ARTIGO 14.º
Obrigações das SACEG

1 – Incumbe especialmente às SACEG:
a) Receber e manter em boa ordem os fundos que lhes são confiados, com observância do disposto no n.º 3 deste artigo;
b) Cumprir as obrigações decorrentes do regulamento geral de funcionamento dos grupos;
c) Efectuar todas as operações necessárias e adequadas ao recebimento dos bens e serviços pelos participantes contemplados nos prazos previstos, designadamente contratando tudo o que for apropriado com os fornecedores daqueles bens e serviços;
d) Certificar-se de que os planos de pagamento contratados com os participantes se harmonizam com o valor do bem ou do serviço objecto do contrato;
e) Contribuir para o Fundo de Garantia do Sistema de Compras em Grupo, nos termos que vierem a ser fixados na portaria prevista no artigo 12.º;
f) Manter permanentemente actualizada a contabilidade dos grupos;
g) Contratar, em nome dos participantes, um seguro contra o risco de incumprimento pelos mesmos das suas obrigações, uma vez que tenham sido contemplados com o respectivo bem ou serviço, se não tiverem sido constituídas outras garantias adequadas.

2 – Os grupos constituídos com vista à aquisição de bens ou serviços no sistema de compras em grupo não gozam de personalidade jurídica, incumbindo à SACEG representar os participantes no exercício dos seus direitos em relação a terceiros.

3 – Os fundos confiados às SACEG com vista à aquisição dos bens ou serviços deverão ser depositados em conta bancária aberta exclusivamente para esse fim.

---

[382] Os n.os 1 e 2 do artigo 13.º foram revogados pelo artigo 1.º do Decreto-Lei n.º 22/94, de 27 de Janeiro. Mantém-se a sua inserção no texto, em itálico.

4 – As SACEG só podem movimentar a débito as contas referidas no número precedente para pagamento dos respectivos bens ou serviços ou de outras despesas a suportar pelos grupos, nos termos do n.º 3 do artigo 17.º, ou para efeitos de liquidação dos mesmos, sem prejuízo do disposto no número seguinte.

5 – A conta referida nos números anteriores poderá ainda ser movimentada a débito para fins de aplicação de excedentes de tesouraria em títulos da dívida pública de liquidez compatível com o cumprimento das suas obrigações para com os participantes.

6 – Os títulos referidos no número anterior deverão ser depositados na conta a que se refere o n.º 3.

7 – Os proveitos das aplicações efectuadas nos termos dos n.ºs 3 e 5 deste artigo serão afectos aos fundos dos grupos em 75%, respeitada a proporção das contribuições dos participantes.

ARTIGO 15.º
Menções em actos externos

Sem prejuízo das outras menções exigidas pela lei comercial, as SACEG deverão, em todos os contratos, correspondência, publicações, anúncios e, de um modo geral, em toda a sua actividade externa, indicar claramente a existência de quaisquer contratos de seguro de responsabilidades relativamente aos fundos geridos, com identificação da entidade seguradora e da apólice de seguro.

ARTIGO 16.º
Distribuição obrigatória de informação

1 – As SACEG deverão fazer entrega aos candidatos a participantes nos grupos de um prospecto de modelo a aprovar pelo Banco de Portugal e com o seguinte conteúdo:
   a) Identificação do *Diário da República* e do jornal diário no qual foi feita a publicação do relatório e contas do último exercício;
   b) Versão integral do regulamento geral de funcionamento dos grupos aprovado por portaria ministerial;
   c) Versão integral do regulamento interno de funcionamento dos grupos;
   d) Modelo do contrato de adesão ao sistema a que alude o artigo 20.º;
   e) Demonstrativo financeiro exemplificativo para um bem ou um serviço determinado, de acordo com um plano de pagamentos adequado à natureza do mesmo, do qual conste, explicitamente:
      i) O custo total de aquisição a suportar pelo participante, discriminando o valor inicial, a preços de mercado, do bem ou do serviço, a quota de administração e os demais encargos;
      ii) A diferença entre o preço inicial do bem ou serviço e o custo total de aquisição, em valor e em percentagem; e
      iii) A tabela de encargos mensais para o período de duração do grupo.

2 – A falta de entrega do prospecto a que se refere o número anterior até um dia antes da assinatura do contrato de adesão determina a nulidade deste.
3 – A nulidade não é invocável pela SACEG.
4 – O prospecto a que se refere o n.º 1 deve estar disponível em todos os locais de actividade da SACEG.

ARTIGO 17.º
Remuneração das SACEG

1 – Para remuneração da respectiva actividade, as SACEG podem, apenas em relação a cada participante:
  a) Cobrar uma quota de inscrição baseada no preço do bem a adquirir e, percentualmente idêntica, dentro de cada grupo, para cada participante;
  b) Cobrar uma quota de administração, em função do valor, a preços correntes, do bem ou serviço, até final do respectivo plano de pagamento.
2 – Ao fundo comum dos grupos não podem ser deduzidos quaisquer encargos.
3 – Ao fundo de reserva dos grupos, caso exista, só podem ser deduzidas as despesas que não respeitem às funções de administração a cargo da SACEG e que estejam expressamente previstas nos contratos de adesão.

ARTIGO 18.º
Assembleias de participantes

1 – É aplicável aos participantes, com as devidas adaptações, o disposto nos artigos 355.º a 359.º do Código das Sociedades Comerciais.
2 – Compete em especial, ao representante comum dos participantes de cada grupo fiscalizar, em relação a cada assembleia de grupo, o cumprimento das disposições legais e regulamentares aplicáveis, designadamente procedendo ao controlo dos participantes admitidos ao sorteio e à licitação através da consulta da respectiva listagem.

ARTIGO 19.º
Direito de informação

1 – Qualquer participante poderá, sempre que o entenda, obter da sociedade administradora informação sobre a situação do grupo.
2 – Sem prejuízo do disposto no número anterior, deverá a SACEG antes de cada assembleia de grupo facultar a cada participante documento demonstrativo da situação financeira daquele.

ARTIGO 20.º
Contratos

1 – O contrato de adesão a um grupo, bem como quaisquer outros, sejam ou não complementares daquele, celebrados entre as SACEG e cada um dos participantes ou proponentes, deverão, obrigatoriamente, ser reduzidos a escrito, sob pena de nulidade.

2 – A nulidade a que se refere o número anterior não é invocável pelas sociedades administradoras, sendo-lhes sempre imputável a falta de forma.

ARTIGO 21.º
Modificação do contrato

1 – É permitido aos participantes e às sociedades administradoras ajustarem, por escrito, a modificação dos contratos, de modo que aqueles possam optar pela adjudicação de bem ou serviço diferente do inicialmente previsto.

2 – A cessão da posição contratual dos participantes é admitida nos termos legais.

ARTIGO 22.º[383]
Direito subsidiário

Em tudo quanto não estiver previsto no presente diploma e no regulamento geral de funcionamento dos grupos rege, subsidiariamente:
a) Relativamente às SACEG, as disposições aplicáveis do Regime Geral das Instituições de Crédito e Sociedades Financeiras;
b) Relativamente às relações que se estabelecem entre a SACEG e os participantes, o disposto na lei civil sobre o mandato sem representação.

ARTIGO 23.º
Remessa de elementos

A Direcção-Geral de Inspecção Económica poderá, no desempenho das suas funções, solicitar a qualquer SACEG o envio de elementos de informação sobre a respectiva actividade.

---

[383] Redacção dada pelo artigo 1.º do Decreto-Lei n.º 22/94, de 27 de Janeiro. A redacção original era a seguinte:

Artigo 22.º
Direito subsidiário

...
a) Relativamente às SACEG, o direito aplicável às instituições parabancárias e às instituições de crédito, por essa ordem;
b) ...

ARTIGO 24.º
Dissolução

1 – Em caso de dissolução voluntária de uma SACEG, o órgão dirigente desta, previamente ao início da liquidação, deverá empreender as diligências adequadas à transferência dos grupos por ela administrados para outra sociedade da mesma natureza, de reconhecida solidez, que aceite proceder à respectiva administração.

2 – A transferência a que alude o número anterior fica sujeita a prévia autorização do Banco de Portugal.

3 – No caso de a transferência a que se refere o n.º 1 não ser possível, por falta de autorização ou por razão diferente, a sociedade em liquidação assegurará a administração dos grupos existentes até final.

4 – Se a dissolução tiver por causa a revogação da autorização para o exercício da actividade, observar-se-á o seguinte:
  a) Caberá à comissão liquidatária nomeada propor a transferência dos grupos, nos termos dos n.ºs 1 e 2;
  b) Se nenhuma sociedade aceitar a gestão dos grupos ou o Banco de Portugal não autorizar a transferência para as sociedades indicadas pela comissão liquidatária, os participantes dos grupos poderão constituir-se em associação, nos termos do artigo 158.º do Código Civil, para o efeito de assegurar o funcionamento dos mesmos até final, nos termos do artigo seguinte.

ARTIGO 25.º
Constituição de associações de participantes

1 – A associação a que se refere a alínea b) do n.º 4 do artigo anterior terá por objecto exclusivo a administração dos grupos existentes em que haja algum participante por contemplar e será constituída por todos os participantes não contemplados que dela queiram fazer parte.

2 – A associação prevista nos números anteriores não poderá iniciar a sua actividade sem autorização do Banco de Portugal.

3 – O pedido de autorização deve ser acompanhado dos seguintes elementos:
  a) Parecer da comissão liquidatária;
  b) Projecto de estatutos da associação;
  c) Projecto de regulamento dos grupos;
  d) Indicação do número de aderentes e da percentagem destes em relação ao total de participantes não contemplados dos grupos a administrar pela associação e, bem assim, em relação ao total dos participantes desses grupos;
  e) Indicação do modo de financiamento dos custos de constituição e funcionamento da associação;
  f) Indicação das entidades que apoiam o projecto, se for o caso.

4 – A associação a que se refere a alínea b) do n.º 4 do artigo anterior sucede à SACEG em todos os seus direitos, regalias e obrigações.

5 – O Banco de Portugal só concederá a autorização se os requerentes se comprometerem, estabelecendo os procedimentos necessários, a assegurar aos partici-

pantes não aderentes o reembolso das importâncias a que estes teriam direito se não ocorresse a transferência referida no n.º 4 deste artigo ou do montante que com eles hajam acordado.

6 – O Banco de Portugal poderá subordinar a sua autorização à satisfação de condições, designadamente à prestação de garantia adequada do cumprimento das obrigações a que se refere o número anterior.

ARTIGO 26.º
Revogação da autorização

Para além dos outros casos previstos na lei, poderá ser revogada a autorização para o exercício da actividade das SACEG que violem o disposto no presente diploma ou que, tendo registado prejuízos, não respeitem as recomendações do Banco de Portugal no sentido da reconstituição do seu capital inicial.

ARTIGO 27.º
Liquidação

1 – A liquidação das SACEG obedece ao preceituado para a liquidação das instituições de crédito, com as adaptações decorrentes dos números seguintes.

2 – A revogação da autorização para o exercício da actividade de uma SACEG determina a transferência imediata para o Banco de Portugal da tutela dos fundos dos grupos à guarda dessa sociedade.

3 – O Banco de Portugal fará a entrega dos fundos a que se refere o número anterior à comissão liquidatária, logo que esta assuma as respectivas funções.

4 – Sempre que não seja possível reunir os valores correspondentes aos fundos dos grupos, os liquidatários, ao proceder à liquidação do passivo social, reconstituirão, em primeiro lugar, os fundos contabilizados.

ARTIGO 28.º
Aplicação no tempo

1 – Sem prejuízo do disposto nos números seguintes, o presente diploma entra em vigor no dia seguinte ao da sua publicação.

2 – Relativamente às SACEG e respectivos fundos existentes à data da publicação do presente diploma e no tocante à respectiva adaptação às normas previstas no n.º 1 do artigo 6.º, na alinea *d*) do n.º 1 e no n.º 2 do artigo 9.º e no n.º 3 do artigo 14.º, salvo requerimento fundamentado deferido pelo Banco de Portugal, observar-se-ão os prazos seguintes:

a) Seis meses para a transformação em sociedade anónima;
b) 90 dias para se proceder à alienação ou regularização contabilística das posições cuja detenção não é permitida pelos n.ᵒˢ 1, alínea *d*), e n.º 2 do artigo 9.º;

c) 30 dias para adaptação ao regime do artigo 14.º, n.º 3, relativamente às importâncias já recebidas à data de entrada em vigor do presente diploma e que constituem responsabilidades das SACEG para com os grupos.

3 – Findos os prazos estabelecidos no número anterior sem ter sido promovida a adaptação devida, fica vedado às SACEG o exercício da respectiva actividade.

4 – O disposto no número anterior não obsta ao pontual cumprimento dos contratos celebrados.

5 – A proibição estabelecida no n.º 3 é aplicável às SACEG cujo requerimento dirigido ao Banco de Portugal venha a ser indeferido, a partir da data de conhecimento do respectivo despacho.

6 – As normas sobre dissolução e liquidação das SACEG aplicam-se às sociedades em liquidação à data de entrada em vigor do presente diploma.

ARTIGO 29.º
Norma revogatória

É revogado o Decreto-Lei n.º 393/87, de 31 de Dezembro.

23. Finangeste

23.1. DECRETO-LEI N.º 250/82, DE 26 DE JUNHO[384]

No seguimento das Resoluções do Conselho de Ministros n.ºs 51-F/77, 51--G/77 e 51-H/77, de 28 de Fevereiro, foi criada, como empresa pública, pelo Decreto n.º 10/78, de 19 de Janeiro, a Empresa Financeira de Gestão e Desenvolvimento (FINANGESTE), instituição parabancária com personalidade jurídica e autonomia administrativa e financeira.

Importa assegurar a concretização prática das determinações contidas naqueles instrumentos legais.

A FINANGESTE terá como objectivo dominante a gestão e cobrança de créditos, provindos de instituições de crédito do sector público e emergentes de operações anómalas anteriores à nacionalização, sem prejuízo de, nesta perspectiva, poder implementar, na medida do estritamente necessário, outro tipo de acções com vista ao melhor aproveitamento de alguns elementos patrimoniais passíveis de recuperação económica e sua subsequente alienação em condições vantajosas.

Relativamente aos créditos, qualquer que seja a sua titulação, deve a FINANGESTE proceder à sua cobrança pela forma mais eficaz, designadamente acompanhando a liquidação, judicial ou extrajudicial, de empresas devedoras que se mostrem económica e financeiramente inviáveis, por forma a minimizar os prejuízos apurados.

As exigibilidades, por seu turno, deverão ser satisfeitas nos termos gerais de direito, tendo-se embora na devida conta a estrutura do seu património inicial, o ritmo previsível de desmobilização dos activos reais e financeiros de que a instituição venha a ser titular por força dos mecanismos jurídicos de recuperação e execução de créditos e a própria composição equilibrada dos interesses de várias instituições de crédito que estiveram na base da criação da FINANGESTE.

Há, assim, que dotar a empresa de forma jurídica e da estrutura técnico-administrativa mais adequada ao cabal preenchimento das funções que lhe são atribuídas.

No contexto actual, a constituição da empresa sob forma de sociedade anónima afigura-se claramente preferível à fórmula de empresa pública, permitindo a autonomia e flexibilidade de gestão indispensáveis à rápida consecução dos objectivos que à FINANGESTE incumbe prosseguir.

A adopção desta forma jurídica reflecte, por outro lado, a perspectiva de ligar mais intensamente o sistema bancário à resolução de situações originadas no seu

---

[384] DR I Série, n.º 145, de 26-Jun.-1982.

âmbito, sem envolvimento directo do Estado e com salvaguarda do equilíbrio patrimonial das instituições de crédito afectadas.

Nestes termos, o Governo decreta, nos termos da alínea *a*) do n.º 1 do artigo 201.º da Constituição, o seguinte:

ARTIGO 1.º

1 – É criada, com efeitos a partir da data de entrada em vigor do presente diploma, uma sociedade anónima de responsabilidade limitada com a designação de FINANGESTE – Empresa Financeira de Gestão e Desenvolvimento, S.A.R.L., abreviadamente FINANGESTE, dispondo de um capital inicial de 100 000 contos, a subscrever pelo Banco de Portugal, as instituições de crédito mencionadas nas Resoluções do Conselho de Ministros n.ᵒˢ 51-G/77 e 51-H/77, ambas de 28 de Fevereiro, e ainda outras instituições de crédito do sector público que, até à data da convocatória da assembleia geral referida no artigo 8.º do presente decreto-lei, venham a transmitir para a FINANGESTE créditos ou outros valores com origem e natureza idênticos aos referidos naquelas resoluções.

2 – É extinta, na mesma data, a FINANGESTE – Empresa Financeira de Gestão e Desenvolvimento, E.P., criada pelo Decreto n.º 10/78, de 19 de Janeiro.

3 – As acções representativas do capital social da FINANGESTE são nominativas e a sua transmissão só poderá efectuar-se a favor de outras instituições de crédito do sector público.

4 – São aprovados os estatutos da sociedade, que se publicam em anexo ao presente decreto-lei, dele fazendo parte integrante.

5 – As alterações aos estatutos da sociedade serão aprovadas por portaria do Ministro de Estado e das Finanças e do Plano, mediante prévia deliberação da assembleia geral.

ARTIGO 2.º

A sociedade tem por objecto o exercício de actividades de natureza parabancária respeitantes à aquisição e cobrança de créditos e, acessoriamente, a gestão, com vista à sua alienação, de participações financeiras e de patrimónios cuja titularidade lhe advenha por virtude daquele seu objecto principal.

ARTIGO 3.º

1 – O património próprio da sociedade é constituído pelo conjunto de bens, direitos e obrigações adquiridos para ou no exercício da sua actividade.

2 – Considera-se transmitido para a FINANGESTE – Empresa Financeira de Gestão e Desenvolvimento, S.A.R.L., o património da FINANGESTE – Empresa Financeira de Gestão e Desenvolvimento, E.P., compreendendo a universalidade dos bens, direitos e obrigações de que esta é titular, com dispensa de quaisquer outras

formalidades legais, constituindo o presente diploma título bastante para todos os efeitos, incluindo os de registo.

ARTIGO 4.º

A assembleia geral da sociedade deverá reunir-se dentro do prazo de 60 dias após a constituição da mesma, a fim de proceder à eleição do respectivo conselho de administração e demais órgãos sociais, nos termos estatutários.

ARTIGO 5.º

Enquanto não estiverem designados, pela forma prevista nos estatutos, os titulares dos órgãos sociais da FINANGESTE – Empresa Financeira de Gestão e Desenvolvimento, S.A.R.L., mantém-se em funções a comissão instaladora referida no artigo 8.º do Decreto n.º 10/78, de 19 de Janeiro, com a competência definida no n.º 2 deste preceito.

ARTIGO 6.º

A sociedade reger-se-á pelas normas do presente diploma e dos respectivos estatutos, aplicando-se-lhe, em tudo o mais, o regime jurídico das instituições parabancárias e, subsidiariamente, as disposições que regulam a actividade das instituições de crédito e as normas de direito comum respeitantes às sociedades comerciais.

ARTIGO 7.º

As dúvidas que se suscitarem na aplicação do presente diploma serão resolvidas por despacho do Ministro de Estado e das Finanças e do Plano.

Visto e aprovado em Conselho de Ministros de 20 de Abril de 1982. – *Francisco José Pereira Pinto Balsemão.*

Promulgado em 5 de Maio de 1982.
Publique-se.
O Presidente da República, ANTÓNIO RAMALHO EANES.

23.2. ESTATUTOS DA FINANGESTE

CAPÍTULO I
Disposições fundamentais

SECÇÃO I
Denominação, sede, duração e objecto

ARTIGO 1.º

A FINANGESTE – Empresa Financeira de Gestão e Desenvolvimento, S.A.R.L., é uma instituição parabancária, constituída sob a forma de sociedade anónima de responsabilidade limitada.

ARTIGO 2.º

A sociedade tem sede em Lisboa, podendo descentralizar os seus serviços técnicos e administrativos, consoante as necessidades.

ARTIGO 3.º

A sociedade durará por prazo não superior a 7 anos a contar da publicação dos presentes Estatutos no *Diário da República*.

ARTIGO 4.º

A sociedade tem por objecto o exercício de actividades de natureza parabancária, respeitantes à aquisição e cobrança de créditos, e, acessoriamente, a gestão, com vista à sua alienação, de participações financeiras e de patrimónios cuja titularidade lhe advenha por virtude daquele seu objecto principal.

ARTIGO 5.º

1 – O capital social é de 100 000 contos e encontra-se representado por acções de 1000$ cada uma e é subscrito pelo Banco de Portugal e por outras instituições de

crédito do sector público credoras da FINANGESTE, por virtude da integração nesta de valores activos e passivos do extinto Banco Intercontinental Português ou de cessão de créditos, na proporção do valor em capital das respectivas posições credoras, consoante mapa de distribuição aprovado por despacho do Ministro de Estado e das Finanças e do Plano.

2 – Daquele montante, metade será imediatamente realizado em dinheiro, devendo o remanescente ser realizado, também em dinheiro, no prazo de 1 ano a contar desta data.

ARTIGO 6.º

1 – Todas as acções serão nominativas.

2 – A transmissão das acções só poderá efectuar-se a favor de instituições de crédito do sector público.

ARTIGO 7.º

1 – O aumento, a diminuição e a reintegração do capital social dependem de deliberação da assembleia geral, tomada por accionistas que representem um mínimo de 75 % dos votos conferidos por todas as acções emitidas.

2 – A realização dos aumentos de capital que forem deliberados poderá ser efectuada escalonadamente, em termos a definir pela assembleia geral, a qual poderá expressamente delegar no conselho de administração o poder de fixar o plano de realização de cada aumento de capital aprovado, em função das necessidades económico-financeiras da sociedade.

ARTIGO 8.º

A sociedade poderá emitir obrigações nos termos gerais do direito.

CAPÍTULO II
Dos órgãos sociais

SECÇÃO I
Da assembleia geral

ARTIGO 9.º

1 – A assembleia geral é constituída pelos accionistas titulares de um mínimo de 100 acções.

2 – Poderão participar nos trabalhos da assembleia geral, sem direito a voto, os membros do conselho de administração e do conselho fiscal.

3 – O accionista com direito a participar na assembleia geral poderá fazer-se nela representar por outro accionista com igual direito.

4 – A representação pode constar de simples carta, dirigida ao presidente da mesa, que apreciará a autenticidade da mesma.

5 – Os accionistas deverão, em qualquer caso, indicar ao presidente da mesa quem os representará, até 5 dias antes da data marcada para a reunião.

ARTIGO 10.º

A assembleia geral é o órgão superior de orientação da actividade social, competindo-lhe, designadamente:
- *a)* Definir políticas gerais relativas à actividade da sociedade;
- *b)* Discutir e votar o relatório do conselho de administração, o balanço e as contas do exercício e apreciar o parecer do conselho fiscal sobre tais documentos;
- *c)* Apreciar os planos de actividade, anuais e plurianuais, da sociedade;
- *d)* Autorizar a emissão de obrigações;
- *e)* Aprovar aumentos, reduções ou reintegrações do capital social, nos termos da lei e dos presentes Estatutos;
- *f)* Deliberar sobre quaisquer alterações dos Estatutos e submetê-las à aprovação do Ministro de Estado e das Finanças e do Plano;
- *g)* Decidir sobre a aplicação dos resultados do exercício ou apreciar, sendo caso disso, os critérios de cobertura da diferença entre os custos e os proveitos apurados no exercício;
- *h)* Eleger a mesa da assembleia geral, os membros do conselho de administração e os membros do conselho fiscal;
- *i)* Fixar as remunerações dos titulares dos órgãos sociais;
- *j)* Pronunciar-se sobre qualquer outra questão que lhe seja submetida pelos restantes órgãos sociais, nos termos legais ou estatutários.

ARTIGO 11.º

A mesa da assembleia geral, eleita pelos accionistas por um mínimo de 3 anos, renovável, será composta por 1 presidente e 2 secretários, cujas faltas e impedimentos serão supridos nos termos da lei comercial.

ARTIGO 12.º

A assembleia geral reunirá ordinariamente 1 vez por ano e extraordinariamente sempre que os conselhos de administração ou fiscal o julguem necessário, ou quando seja requerido por accionistas que representem um mínimo de 25 % do capital social.

ARTIGO 13.º

A cada 100 acções corresponderá 1 voto na assembleia geral.

SECÇÃO II
Conselho de administração

ARTIGO 14.º

1 – O conselho de administração é composto por 1 presidente e 2 vogais, eleitos em assembleia geral.
2 – O mandato dos membros do conselho de administração é de 3 anos, renovável.
3 – O exercício do mandato não depende da prestação de caução.

ARTIGO 15.º

1 – Ao conselho de administração são conferidos todos os poderes necessários para gerir os negócios sociais e assegurar o bom funcionamento e o correcto exercício das atribuições da FINANGESTE que não estejam, por força da lei ou dos presentes Estatutos, cometidas a outros órgãos.
2 – Compete, em especial, ao conselho de administração:
 a) Estabelecer a organização técnico-administrativa da sociedade e as normas sobre pessoal, seu recrutamento e remuneração, bem como elaborar os regulamentos internos que se mostrem necessários;
 b) Promover a elaboração dos planos de actividade e financeiros anuais e plurianuais e dos orçamentos de exploração e de investimento e respectivas actualizações;
 c) Elaborar anualmente o relatório e contas respeitantes ao exercício anterior, bem como a proposta de aplicação de resultados;
 d) Definir o modo de constituição das provisões e reservas, bem como o regime de amortização e reintegração de bens, nos termos da lei;
 e) Deliberar sobre a aquisição, alienação e oneração, por qualquer título, de bens móveis ou imóveis;
 f) Nomear os representantes da sociedade nas empresas em cujo capital participe, fixando as linhas de orientação a serem observadas por estes;
 g) Representar a sociedade em juízo e fora dele, activa e passivamente;
 h) Desistir, transigir e confessar em quaisquer pleitos e, bem assim, comprometer-se em arbitragens;
 i) Constituir mandatários com os poderes que julgue necessários;
 j) Praticar os demais actos que lhe caibam nos termos da lei, dos presentes Estatutos e dos regulamentos da sociedade.
3 – A competência do conselho da administração será exercida sem prejuízo do disposto no artigo 26.º.

ARTIGO 16.º

1 – Compete, especialmente ao presidente do conselho de administração ou a quem o substituir:
- a) Coordenar e dinamizar a actividade do conselho de administração e convocar e dirigir as respectivas reuniões, bem como as reuniões conjuntas deste conselho com o conselho fiscal sempre que as julgue convenientes;
- b) Implementar e dar execução às deliberações do conselho de administração;
- c) Promover a publicação das normas e regulamentos internos necessários ao bom funcionamento da FINANGESTE, particularmente os respeitantes à orgânica da sociedade;
- d) Praticar tudo o mais que, nos termos legais, especialmente lhe incumbir.

2 – Nas suas faltas ou impedimentos, o presidente será substituído pelo membro mais antigo do conselho de administração ou, em igualdade de circunstâncias, pelo mais velho.

ARTIGO 17.º

O conselho de administração reúne ordinariamente, pelo menos, uma vez por semana e, extraordinariamente, sempre que for convocado pelo presidente ou por quem o substituir.

ARTIGO 18.º

1 – Para o conselho de administração deliberar validamente é indispensável a presença da maioria dos seus membros.

2 – As deliberações do conselho são tomadas pela maioria dos votos expressos, tendo o presidente, ou quem o substituir, voto de qualidade.

3 – De todas as reuniões serão lavradas actas, as quais deverão ser assinadas pelos membros do conselho de administração que nelas hajam participado.

ARTIGO 19.º

O conselho de administração pode, por acta, delegar poderes em um ou mais dos seus membros, ou em trabalhadores da sociedade, estabelecendo, em cada caso, os respectivos limites e condições.

ARTIGO 20.º

A sociedade obriga-se:
- a) Pela assinatura conjunta de 2 membros do conselho de administração;
- b) Pela assinatura de 1 membro do conselho de administração que, para tanto, houver recebido delegação do mesmo conselho;

c) Pela assinatura de procuradores legalmente constituídos no âmbito dos poderes constantes das procurações.

SECÇÃO III
Conselho fiscal

ARTIGO 21.º

1 – O conselho fiscal é constituído por 1 presidente e 2 vogais eleitos em assembleia geral.

2 – O mandato dos membros do conselho fiscal é de 3 anos, renovável.

3 – A assembleia geral pode confiar a uma sociedade revisora de contas o exercício das funções do conselho fiscal.

ARTIGO 22.º

1 – Compete ao conselho fiscal:
a) Velar pelo cumprimento das leis, regulamentos e demais normas reguladoras da actividade da sociedade;
b) Fiscalizar a gestão da sociedade;
c) Acompanhar a execução dos planos de actividade e financeiros anuais e plurianuais e dos orçamentos de exploração e de investimento;
d) Examinar periodicamente a contabilidade da sociedade;
e) Verificar as existências de valores de qualquer espécie, pertencentes à empresa ou por ela recebidos em garantia, em depósito ou a outro título;
f) Verificar se o património da sociedade está correctamente avaliado;
g) Verificar a exactidão do balanço, da conta de exploração, da demonstração dos resultados e dos restantes elementos a apresentar anualmente pelo conselho de administração e emitir parecer sobre os mesmos, bem como sobre o relatório anual do referido conselho;
h) Pronunciar-se sobre os critérios de avaliação de bens, de amortização e reintegração, de constituição de provisões e reservas e de determinação de resultados;
i) Dar conhecimento aos órgãos competentes das irregularidades que apurar na gestão da sociedade;
j) Pronunciar-se sobre a legalidade dos actos do conselho de administração nos casos em que, nos termos da lei ou dos Estatutos, o deva fazer;
k) Pronunciar-se sobre qualquer assunto de interesse para a sociedade que seja submetido à sua apreciação pelo conselho de administração.

2 – O conselho fiscal deverá obrigatoriamente dar parecer nos seguintes casos:
a) Aumento ou redução do capital estatutário da sociedade;
b) Critérios de cobertura das diferenças entre custos e proveitos que eventualmente se apurem em determinados exercícios.

3 – O conselho fiscal tem livre acesso a todos os sectores e documentos da sociedade, podendo, para o efeito, requisitar a comparência dos respectivos responsáveis.

4 – O conselho fiscal informará o conselho de administração dos resultados das verificações e exames a que proceda.

5 – O conselho fiscal deverá informar, pelo menos trimestralmente, o Ministro de Estado e das Finanças e do Plano acerca do funcionamento da sociedade e grau de consecução dos objectivos por esta prosseguidos.

ARTIGO 23.º

1 – O conselho fiscal reúne, ordinariamente, pelo menos uma vez por mês e, extraordinariamente, sempre que for convocado pelo presidente ou por quem o substitua.

2 – À substituição do presidente aplica-se o critério constante do n.º 2 do artigo 17.º.

ARTIGO 24.º

As deliberações do conselho fiscal ficam sujeitas às regras enunciadas no artigo 19.º.

CAPÍTULO III
Intervenção do Governo

ARTIGO 25.º

Compete ao Ministro de Estado e das Finanças e do Plano:
a) Aprovar as alterações estatutárias, deliberadas em assembleia geral;
b) Autorizar a emissão de obrigações;
c) Emitir directivas e orientações genéricas sobre a actividade da FINANGESTE.

ARTIGO 26.º

Na elaboração de planos de actividade e financeiros da sociedade, o conselho de administração terá em conta as opções e prioridades fixadas nos planos económicos nacionais, regionais e sectoriais.

CAPÍTULO IV
Do pessoal

ARTIGO 27.º

1 – Os trabalhadores da sociedade são, para todos os efeitos, equiparados a trabalhadores bancários, ficando abrangidos pelo respectivo contrato colectivo de trabalho.

2 – O conselho de administração poderá solicitar ao Ministro de Estado e das Finanças e do Plano a requisição, nos termos legais, de funcionários do Estado e de trabalhadores dos institutos públicos e de empresas públicas.

CAPÍTULO V
Disposições diversas

ARTIGO 28.º

1 – A sociedade dissolve-se decorrido o prazo referido no artigo 3.º ou nos demais casos e termos legais.

2 – A liquidação da sociedade reger-se-á pelas disposições da lei e pelas deliberações da assembleia geral.

3 – Salvo deliberação em contrário da assembleia geral, a liquidação será efectuada pelo conselho de administração, a quem competirão todos os poderes referidos no artigo 134.º do Código Comercial.

PARTE II
DIREITO BANCÁRIO MATERIAL

24. Código Comercial

24.1. CARTA DE LEI DE 28 DE JUNHO DE 1888 [385]

DOM LUIZ, por graça de Deus Rei de Portugal e dos Algarves, etc. Fazemos saber a todos os nossos subditos, que as côrtes geraes e nós queremos a lei seguinte.

ARTIGO 1.º

É approvado o codigo commercial que faz parte da presente lei.

ARTIGO 2.º

As disposições do dito codigo consideram-se promulgadas e começarão a ter vigor em todo o continente do reino e ilhas adjacentes no dia 1.º de janeiro de 1889.

ARTIGO 3.º

Desde que principiar a ter vigor o codigo, ficará revogada toda a legislação anterior que recaír nas materias que o mesmo codigo abrange, e em geral toda a legislação commercial anterior.

§ 1.º Fica salva a legislação do processo não contrária ás disposições do novo codigo, bem como a que regula o commercio entre os portos de Portugal, ilhas e dominios portuguezes em qualquer parte do mundo, quer por exportação, quer por importação, e reciprocamente.

§ 2.º O governo poderá suspender temporariamente a execução da legislação ressalvada na parte final do paragrapho anterior, com respeito á ilha da Madeira, dando conta ás côrtes do uso que fizer d'esta auctorisação.

ARTIGO 4.º

Toda a modificação que de futuro se fizer sobre matéria contida no codigo commercial será considerada como fazendo parte d'elle e inserida no logar proprio, quer seja por meio de substituição de artigos alterados, quer pela suppressão de artigos inuteis, ou pelo addicionamento dos que forem necessarios.

---

[385] DG n.º 203, de 6-Set.-1888, 1965. Dada a natureza desta compilação, conservamos a grafia original. Só incluímos os quatro primeiros artigos.

24.2. DECRETO-LEI N.º 32/2003, DE 17 DE FEVEREIRO[386]

Actualmente recaem sobre as empresas, particularmente as de pequena e média dimensão, encargos administrativos e financeiros em resultado de atrasos de pagamento e prazos excessivamente longos. Estes problemas são uma das principais causas de insolvência dessas empresas, ameaçando a sua sobrevivência e os postos de trabalho correspondentes.

A Directiva n.º 2000/35/CE, do Parlamento Europeu e do Conselho, de 29 de Junho, veio estabelecer medidas de luta contra os atrasos de pagamento em transacções comerciais. Esta directiva regulamenta todas as transacções comerciais, independentemente de terem sido estabelecidas entre pessoas colectivas privadas – a estas se equiparando os profissionais liberais – ou públicas, ou entre empresas e entidades públicas, tendo em conta que estas últimas procedem a um considerável volume de pagamentos às empresas. Por conseguinte, regulamenta todas as transacções comerciais entre os principais adjudicantes e os seus fornecedores e subcontratantes. Não se aplica, porém, às transacções com os consumidores, aos juros relativos a outros pagamentos, como por exemplo os pagamentos efectuados nos termos da legislação em matéria de cheques ou de letras de câmbio, ou aos pagamentos efectuados a título de indemnização por perdas e danos, incluindo os efectuados por companhias de seguro.

O presente diploma visa transpor para a ordem jurídica interna a Directiva n.º 2000/35/CE, não procedendo, contudo, à transposição de todas as disposições da directiva, pois muitas das suas soluções encontram-se já consagradas na legislação portuguesa, nomeadamente no Código Civil.

Nestes termos, estabelece-se um valor mínimo para a taxa de juros legais de mora, por forma a evitar que eventuais baixas tornem financeiramente atraente o incumprimento. Uma vez que os juros comerciais previstos na legislação portuguesa não se aplicam actualmente a todas as situações cobertas pelo âmbito da directiva, e para evitar a duplicação de regimes, opta-se por sujeitar todas estas transacções ao regime comercial, prevendo-se o referido limite mínimo de taxa de juro legal de mora no Código Comercial.

Ao valor dos juros pode acrescer uma indemnização complementar. Prevê-se a possibilidade de o credor exigir uma indemnização suplementar quando prove que a mora lhe causou danos superiores ao valor dos juros.

---

[386] DR I Série-A, n.º 40, de 17 de Fevereiro de 2003, 1053-1057.

Para facilitar a determinação do momento a partir do qual se vencem os juros de mora, prevê-se que, sempre que do contrato não conste a data de pagamento, aqueles se vençam automaticamente, sem necessidade de qualquer aviso, a partir de uma data determinada em função de algumas variáveis, mas que se aproximará, tendencialmente, de 30 dias a partir da recepção dos bens ou serviços.

A frequente desigualdade de posição entre as partes leva a que alguns contratos contenham normas que põem injustificadamente em causa o equilíbrio contratual – por exemplo, estabelecendo prazos excessivos para o pagamento. Desta forma, comina-se a nulidade para algumas destas cláusulas. Quando tais cláusulas revistam a natureza de cláusulas contratuais gerais, prevê-se a possibilidade de recurso à acção inibitória prevista no regime das cláusulas contratuais gerais, mesmo nos casos em que esse regime não fosse o aplicável – por exemplo, por o predisponente da cláusula ser o Estado. Esta remissão expressa para o citado regime em nada afecta a normal aplicação do mesmo quanto a outras questões, sempre que o caso o justifique.

O incumprimento pode também ser financeiramente atraente devido à lentidão dos processos de indemnização. A directiva exige que o credor possa obter um título executivo num prazo máximo de 90 dias sempre que a dívida não seja impugnada. O presente diploma facilita ao credor a obtenção desse título, permitindo-lhe o recurso à injunção, independentemente do valor da dívida. Esta possibilidade justifica que se estabeleça uma vacatio legis de 30 dias neste aspecto particular.

Por outro lado, aquela faculdade implica algumas alterações ao regime da injunção, nomeadamente ao nível das custas, sem prejuízo de uma posterior reavaliação, noutro contexto, das soluções ora adoptadas nesta matéria. Aproveita-se ainda para tornar mais claro o regime da notificação no que se refere ao procedimento da injunção, sem introduzir no mesmo alterações de carácter substancial.

Assim:

Nos termos da alínea *a*) do n.º 1 do artigo 198.º da Constituição, o Governo decreta o seguinte:

(...)

ARTIGO 6.º
Alteração ao Código Comercial

O artigo 102.º do Código Comercial passa a ter a seguinte redacção:

(*A alteração foi inserida nos Preceitos do Código Comercial, adiante publicados*)

(...)

Visto e aprovado em Conselho de Ministros de 20 de Dezembro de 2002. – *José Manuel Durão Barroso – Maria Manuela Dias Ferreira Leite – António Ma-*

nuel de Mendonça Martins da Cruz – João Luís Mota de Campos – Carlos Manuel Tavares da Silva.

     Promulgado em 3 de Fevereiro de 2003.
Publique-se.
O Presidente da República, JORGE SAMPAIO.

     Referendado em 7 de Fevereiro de 2003.
O Primeiro-Ministro, *José Manuel Durão Barroso.*

24.3. PRECEITOS DO CÓDIGO COMERCIAL

(...)

LIVRO SEGUNDO
DOS CONTRACTOS ESPECIAES DE COMMERCIO

TITULO I
Disposições geraes [387-388]

ARTIGO 96.º
[Línguas estrangeiras]

Os titulos commerciais serão validos, qualquer que seja a lingua em que forem exarados.

ARTIGO 97.º
[Correspondência telegráfica]

A correspondencia telegraphica será admissivel em commercio nos termos e para os effeitos seguintes:

§ 1.º Os telegrammas, cujos originaes hajam sido escriptos e assignados, ou sómente assignados ou firmados pela pessoa em cujo nome são feitos, e aquelles que se provar haverem sido expedidos ou mandados expedir pela pessoa designada como expedidor, terão a força probatoria que a lei attribue aos documentos particulares.

§ 2.º O mandato e toda a prestação de consentimento, ainda judicial, transmittidos telegraphicamente com a assignatura reconhecida authenticamente por tabellião são validos e fazem prova em juizo.

§ 3.º Qualquer erro, alteração ou demora na transmissão de telegrammas, será, havendo culpa, imputavel, nos termos geraes de direito, á pessoa que lhe deu causa.

---

[387] DG n.º 203, de 6-Set.-1988, 1968.
[388] As epígrafes são da exclusiva responsabilidade do anotador: não têm qualquer relevância normativa.

§ 4.º Presumir-se-ha isento de toda a culpa o expedidor de um telegramma que o haja feito conferir nos termos dos respectivos regulamentos.

§ 5.º A data do telegramma fixa, até prova em contrario, o dia e a hora em que foi effectivamente transmittido ou recebido nas respectivas estações.

ARTIGO 98.º
[Livros dos corretores]

Havendo divergencia entre os exemplares dos contractos apresentados pelos contrahentes, e tendo na sua estipulação intervindo corretor, prevalecerá o que dos livros d'este constar, sempre que se achem devidamente arrumados.

ARTIGO 99.º
[Actos unilateralmente comerciais]

Embora o acto seja mercantil só com relação a uma das partes será regulado pelas disposições da lei commercial quanto a todos os contractantes, salvas as que só forem applicaveis áquelle ou áquelles por cujo respeito o acto é mercantil, ficando, porém, todos sujeitos á jurisdicção commercial.

ARTIGO 100.º
[Solidariedade]

Nas obrigações commerciaes os co-obrigados são solidarios, salva estipulação contraria.

§ único. Esta disposição não é extensiva aos não commerciantes quanto aos contractos que, em relação a estes, não constituirem actos commerciaes.

ARTIGO 101.º
[Fiança comercial]

Todo o fiador de obrigação mercantil, ainda que não seja commerciante, será solidario com o respectivo afiançado.

ARTIGO 102.º[389]
[Juros comerciais]

Há lugar ao decurso e contagem de juros em todos os actos comerciais em que

---

[389] Redacção dada pelo artigo 6.º do Decreto-Lei n.º 32/2003, de 17 de Fevereiro; a redacção anterior era a seguinte:

for de convenção ou direito vencerem-se e nos mais casos especiais fixados no presente Código.

§ 1.º A taxa de juros commerciaes só pode ser fixada por escripto.

§ 2.º Aplica-se aos juros comerciais o disposto nos artigos 559.º-A e 1146.º do Código Civil.

§ 3.º Os juros moratórios legais e os estabelecidos sem determinação de taxa ou quantitativo, relativamente aos créditos de que sejam titulares empresas comerciais, singulares ou colectivas, são os fixados em portaria conjunta dos Ministros das Finanças e da Justiça.

§ 4.º A taxa de juro referida no parágrafo anterior não poderá ser inferior ao valor da taxa de juro aplicada pelo Banco Central Europeu à sua mais recente operação principal de refinanciamento efectuada antes do 1.º dia de Janeiro ou Julho, consoante se esteja, respectivamente, no 1.º ou no 2.º semestre do ano civil, acrescida de 7 pontos percentuais.

(...)

TITULO VII
Da conta corrente [390]

ARTIGO 344.º
[Noção]

Dá-se contracto de conta corrente toda as vezes que duas pessoas, tendo de entregar valores uma á outra, se obrigam a transformar os seus creditos em artigos de "deve", e "ha de haver", de sorte que só o saldo resultante de sua liquidação seja exigivel.

Haverá lugar ao decurso e contagem de juros em todos os actos commerciaes em que for de convenção ou direito vencerem-se e nos mais casos especiaes fixados no presente codigo.

§ 1.º ...

§ 2.º Aplica-se aos juros comerciais o disposto nos artigos 559.º, 559.º-A e 1146.º do Código Civil.

§ 3.º Poderá ser fixada por portaria conjunta dos Ministros da Justiça e das Finanças e do Plano uma taxa supletiva de juros moratórios relativamente aos créditos de que sejam titulares empresas comerciais, singulares ou colectivas.

A redacção do § 2.º havia sido alterada pelo Decreto-Lei n.º 200-C/80, de 24 de Junho; era a seguinte a redacção original:

§ 2.º Havendo estipulação de juros sem fixação de taxa, ou quando os juros são devidos por disposição legal, os juros commerciaes são de cinco por cento.

O § 3.º, agora substituído, foi aditado pelo Decreto-Lei n.º 200-C/80, de 24 de Junho.

[390] DG n.º 203, de 6-Set.-1888, 1975.

ARTIGO 345.º
[Objecto]

Todas as negociações entre pessoas domiciliadas ou não na mesma praça, e quaesquer valores transmissiveis em propriedade, podem ser objecto de conta corrente.

ARTIGO 346.º
[Efeitos]

São effeitos do contracto de conta corrente:
1.º A transferencia da propriedade do credito indicado em conta corrente para a pessoa que por elle se debita;
2.º A novação entre o creditado e o debitado da obrigação anterior, de que resultou o credito em conta corrente;
3.º A compensação reciproca entre os contrahentes até á concorrencia dos respectivos credito e debito ao termo do encerramento da conta corrente;
4.º A exigibilidade só do saldo resultante da conta corrente;
5.º O vencimento de juros das quantias creditadas em conta corrente a cargo do debitado desde o dia do effectivo recebimento.
§ unico. O lançamento em conta corrente de mercadorias ou titulos de crédito presume-se sempre feito com a clausula "salva cobrança".

ARTIGO 347.º
[Remuneração e despesas]

A existencia de contracto de conta corrente não exclue o direito a qualquer remuneração e ao reembolso das despezas das negociações que lhe dizem respeito.

ARTIGO 348.º
[Encerramento e liquidação]

O encerramento da conta corrente e a consequente liquidação do saldo haverão logar no fim do praso fixado pelo contracto, e, na sua falta, no fim do anno civil.
§ unico. Os juros do saldo correm a contar da data da liquidação.

ARTIGO 349.º
[Cessação]

O contracto de conta corrente termina no praso da convenção, e, na falta de praso estipulado, por vontade de qualquer das partes e pelo decesso ou interdicção de uma d'ellas.

ARTIGO 350.º
[Eficácia de cessação]

Antes do encerramento da conta corrente nenhum dos interessados será considerado como credor ou devedor do outro, e só o encerramento fixa invariavelmente o estado das relações jurídicas das partes, produz de pleno direito a compensação do debito com o credito concorrente e determina a pessoa do credor e do devedor.

(...)

TITULO IX
Das operações de banco [391]

ARTIGO 362.º
[Natureza comercial]

São commerciaes todas as operações de banco tendentes a realizar lucros sobre numerario, fundos publicos ou titulos negociaveis, e em especial as de cambio, os arbitrios, emprestimos, descontos, cobranças, aberturas de creditos, emissão e circulação de notas ou titulos fiduciarios pagaveis á vista e ao portador.

ARTIGO 363.º
[Regime aplicável]

As operações de banco regular-se-hão pelas disposições especiaes respectivas aos contractos que representarem, ou em que a final se resolverem.

ARTIGO 364.º
[Estabelecimentos bancários]

A creação, organisação e funccionamento de estabelecimentos bancarios com a faculdade de emittir titulos fiduciarios, pagaveis á vista e ao portador, são regulados pela legislação especial.

ARTIGO 365.º
[Quebra culposa]

O banqueiro que cessa pagamentos presume-se em quebra culposa, salva defeza legitima.

---

[391] DG n.º 203, de 6-Set.-1888, 1976.

TITULO XI
Do emprestimo [392]

ARTIGO 394.º
[Empréstimo comercial]

Para que o contracto de emprestimo seja havido por commercial é mister que a cousa cedida seja destinada a qualquer acto mercantil.

ARTIGO 395.º
[Onerosidade]

O emprestimo mercantil é sempre retribuido.

§ unico. A retribuição será, na falta de convenção, a taxa legal do juro calculado sobre o valor da cousa cedida.

ARTIGO 396.º
[Prova]

O emprestimo mercantil entre commerciantes admitte, seja qual for o seu valor, todo o genero de prova.

TITULO XII
Do penhor

ARTIGO 397.º
[Penhor comercial]

Para que o penhor seja considerado mercantil é mister que a divida que se cauciona proceda de acto commercial.

ARTIGO 398.º
[Entrega a terceiro e entrega simbólica]

Póde convencionar-se a entrega do penhor mercantil a terceira pessoa.

§ unico. A entrega do penhor mercantil póde ser symbolica, a qual se effectuará:

1.º Por declarações ou verbas nos livros de quaesquer estações publicas onde se acharem as cousas empenhadas;

---

[392] DG n.º 203, de 6-Set.-1888, 1977.

2.º Pela tradição da guia de transporte ou do conhecimento da carga dos objectos transportados;

3.º Pelo indosso da cautela de penhor dos generos e mercadorias depositados nos armazens geraes.

ARTIGO 399.º
[Títulos]

O penhor em letras ou titulos á ordem pode ser constituido por indosso com a correspondente declaração segundo os usos da praça; e o penhor em acções, obrigações ou outros titulos nominativos pela respectiva declaração no competente registo.

ARTIGO 400.º
[Prova]

Para que o penhor mercantil entre commerciantes por quantia excedente a duzentos mil réis produza effeitos em relação a terceiros basta que se prove por escripto.

ARTIGO 401.º
[Venda]

Devendo proceder-se á venda do penhor mercantil por falta de pagamento, poderá esta effectuar-se por meio de corretor, notificado o devedor.

ARTIGO 402.º
[Empréstimos bancários]

Ficam salvas as disposições especiaes que regulam os adiantamentos e emprestimos sobre penhores feitos por bancos ou outros institutos para isso auctorisados.

TITULO XIII
Do deposito

ARTIGO 403.º
[Depósito comercial]

Para que o deposito seja considerado mercantil é necessario que seja de géneros ou de mercadorias destinados a qualquer acto de commercio.

ARTIGO 404.º
[Onerosidade]

O depositario terá direito a uma gratificação pelo deposito, salva convenção expressa em contrario.

§ unico. Se a quota da gratificação não houver sido previamente accordada, regular-se-ha pelos usos da praça em que o deposito houver sido constituido, e, na falta d'estes, por arbitramento.

ARTIGO 405.º
[Papéis de crédito]

Consistindo o deposito em papeis de credito com vencimento de juros, o depositario é obrigado a cobrança e a todas as mais diligencias necessarias para a conservação do seu valor e effeitos legaes, sob pena de responsabilidade pessoal.

ARTIGO 406.º
[Conversão do depósito]

Havendo permissão expressa do depositante para o depositario se servir da cousa, já para si ou seus negocios, já para operações recommendadas por aquelle, cessarão os direitos e obrigações proprias de depositante e depositario, e observar-se-hão as regras applicaveis do emprestimo mercantil, da commissão ou do contracto que, em substituição do deposito, se houver celebrado, qual no caso couber.

ARTIGO 407.º
[Bancos ou sociedades]

Os depositos feitos em bancos ou sociedades reger-se-hão pelos respectivos estatutos em tudo quanto não se achar prevenido n'este capitulo e mais disposições legaes applicaveis.

(...)

TITULO XVII
Do reporte [393]

ARTIGO 477.º
[Noção]

O reporte é constituido pela compra, a dinheiro de contado, de titulos de cre-

---

[393] DG n.º 203, de 6-Set.-1888, 1979.

dito negociaveis e pela revenda simultanea de titulos da mesma especie, a termo, mas por preço determinado, sendo a compra e a revenda feitas á mesma pessoa.

§ unico. É condição essencial a validade do reporte a entrega real dos titulos.

ARTIGO 478.º
[Propriedade dos títulos]

A propriedade dos titulos que fizerem objecto do reporte transmitte-se para o comprador revendedor, sendo, porém, licito ás partes estipular que os premios, amortisações e juros que couberem aos titulos durante o praso da convenção corram a favor do primitivo vendedor.

ARTIGO 479.º
[Prorrogação e renovação]

As partes poderão prorogar o praso do reporte por um ou mais termos successivos.

§ unico. Se, expirado o praso do reporte, as partes liquidarem as differenças, para d'ellas effectuarem pagamentos separados, e renovarem o reporte com respeito a titulos de quantidade ou especies differentes ou por diverso preço, haver-se-ha a renovação como um novo contracto.

(...)

25. Depósito bancário

25.1. REGIME GERAL

Decreto-Lei n.° 430/91, de 2 de Novembro [394]

A progressiva liberalização do sistema financeiro nacional, visando potenciar uma concorrência saudável e alcançar ganhos de eficiência, tem constituído uma preocupação importante e permanente das autoridades no decurso dos últimos anos.

O actual estádio de desenvolvimento económico e financeiro, o presente contexto e a forma de definição da política monetária e o recente conjunto de regulamentação de natureza prudencial sobre o sistema financeiro configuram um quadro genérico em que se torna possível prosseguir, com segurança, aquele processo liberalizador.

Considera-se adequado, na presente situação, proceder à flexibilização do quadro normativo que regula a constituição de depósitos, eliminando, designadamente, as restrições de natureza administrativa que impendem sobre os depósitos a prazo e sobre os depósitos constituídos em regime especial.

Do mesmo passo, introduz-se no ordenamento jurídico português uma nova modalidade de instrumento financeiro designado "depósito a prazo não mobilizável antecipadamente", com as características do depósito a prazo, mas sobre o qual recai o impedimento legal de mobilização antecipada. Esta nova modalidade é potencialmente interessante para aplicações de poupança estáveis, com vantagens para as instituições de crédito e para os aforradores.

Assim:

Nos termos da alínea *a*) do n.° 1 do artigo 201.° da Constituição, o Governo decreta o seguinte:

ARTIGO 1.°

1 – Os depósitos de disponibilidades monetárias nas instituições de crédito revestirão uma das seguintes modalidades:

a) Depósitos à ordem;
b) Depósitos com pré-aviso;
c) Depósitos a prazo;

---

[394] DR I Série-A, n.° 252, de 2-Nov.-1991, 5620.

d) Depósitos a prazo não mobilizáveis antecipadamente;
e) Depósitos constituídos em regime especial.

2 – Os depósitos à ordem são exigíveis a todo o tempo.

3 – Os depósitos com pré-aviso são apenas exigíveis depois de prevenido o depositário, por escrito, com a antecipação fixada na cláusula do pré-aviso, livremente acordada entre as partes.

4 – Os depósitos a prazo são exigíveis no fim do prazo por que foram constituídos, podendo, todavia, as instituições de crédito conceder aos seus depositantes, nas condições acordadas, a sua mobilização antecipada.

5 – Os depósitos a prazo não mobilizáveis antecipadamente são apenas exigíveis no fim do prazo por que foram constituídos, não podendo ser reembolsados antes do decurso desse mesmo prazo.

ARTIGO 2.º

1 – São considerados depósitos em regime especial todos os depósitos não enquadráveis nas alíneas *a)* a *d)* do n.º 1 do artigo 1.º, ou previstos em normas legais ou regulamentares.

2 – A criação de depósitos em regime especial é livre, devendo, no entanto, ser dado conhecimento das suas características, com uma antecedência mínima de 30 dias, ao Banco de Portugal, o qual poderá nesse prazo formular as recomendações que entender necessárias.

ARTIGO 3.º

1 – Na data de constituição dos depósitos referidos nas alíneas *c)* e *d)* do n.º 1 do artigo 1.º, as instituições depositárias devem proceder à emissão de um título nominativo, representativo do depósito.

2 – O título referido no número anterior não pode ser transmitido por acto entre vivos, salvo a favor da instituição emitente em situações de mobilização antecipada, nos casos em que esta é admitida.

3 – Do título a que este artigo se refere devem constar os elementos essenciais da operação, designadamente:

a) O valor do depósito, em algarismos e por extenso;
b) O prazo por que foi constituído o depósito e a data de vencimento;
c) As condições em que o depósito pode ser mobilizado antes do vencimento, se for caso disso;
d) A taxa de juro convencionada, incluindo a taxa aplicável nas situações de reembolso antecipado, se for caso disso;
e) A forma e o calendário do pagamento dos juros;
f) As condições em que o depósito pode ser renovado, na ausência de declaração de depositante, se for caso disso.

ARTIGO 4.º

Ficam excluídos do âmbito de aplicação deste diploma os depósitos constituídos ao abrigo da legislação especial.

ARTIGO 5.º

Os depósitos existentes à data de entrada em vigor deste diploma mantêm-se sujeitos, até ao seu vencimento, ao regime que lhes era aplicável.

ARTIGO 6.º

São revogados os Decretos-Leis n.ᵒˢ 729-E/75, de 22 de Dezembro, e 75-B/77, de 28 de Fevereiro.

Visto e aprovado em Conselho de Ministros de 29 de Agosto de 1991. – *Aníbal António Cavaco Silva – Luís Miguel Couceiro Pizarro Beleza.*

Promulgado em 16 de Outubro de 1991.
Publique-se.
O Presidente da República, Mário Soares.

Referendado em 18 de Outubro de 1991.
O Primeiro-Ministro, *Aníbal António Cavaco Silva.*

25.1.1. REMUNERAÇÃO DE DEPÓSITOS

Aviso do Banco de Portugal n.º 5/2000, de 8 de Setembro[395]

Ao abrigo do disposto no artigo 17.º da sua Lei Orgânica, o Banco de Portugal estabelece o seguinte relativamente à remuneração dos depósitos referidos nas alíneas *b)*, c), *d)* e *e)* do n.º 1 do artigo 1.º do Decreto-Lei n.º 430/91, de 2 de Novembro, de montante inferior a 10 000 000$00:

1.º Quando a taxa de juro dos depósitos referidos nas alíneas *b)*, c), *d)* e *e)* do n.º 1 do artigo 1.º do Decreto-Lei n.º 430/91, de 2 de Novembro, não for fixa, a sua variação deve estar relacionada com a evolução de variáveis económicas ou financeiras relevantes.

2.º A relacionação mencionada no número anterior deve referir-se sempre a uma mesma variável durante todo o período do depósito, não podendo existir cláusulas que anulem por qualquer forma essa ligação, sem prejuízo da faculdade de serem estabelecidos limites máximos e mínimos à taxa em causa.

3.º O montante a entregar ao depositante no vencimento do depósito não pode, em quaisquer circunstâncias, ser inferior ao montante depositado.

4.º As instituições de crédito poderão deixar de satisfazer as condições acima referidas quanto à remuneração dos depósitos, se o depositante manifestar a sua concordância, através de declaração separada e exclusiva para o efeito.

Lisboa, 8 de Setembro de 2000. – O Governador, *Vítor Constâncio.*

---

[395] DR I Série-B, n.º 215, de 16-Set.-2000, 4950-4951.

25.1.2. SISTEMA DE DÉBITOS DIRECTOS

Aviso do Banco de Portugal n.º 1/2002, de 27 de Fevereiro[396]

Com a publicação do Aviso n.º 3/2000, de 11 de Agosto, e a explicitação dos principais direitos e responsabilidades dos participantes no sistema de débitos directos (SDD) – credores, devedores e instituições de crédito –, o Banco de Portugal procurou assegurar, a par da transparência do processo de cobrança, um elevado nível de confiança no sistema.

Com efeito, tratava-se de um sistema de cobrança novo, que exigia um enquadramento jurídico e operacional específico, decorrente do facto de o devedor, no momento de autorização de débito em conta, poder desconhecer o montante e data da sua efectivação, uma vez que o processo de cobrança é da iniciativa do credor.

Passado cerca de ano e meio sobre a data de publicação desse aviso e do funcionamento do SDD, a fiabilidade que o sistema proporciona e a experiência entretanto adquirida permitem agora desenhar novos horizontes para a sua utilização.

Foi entendido redefinir o SDD, permitindo que a introdução das autorizações de débito em conta pudesse também ser efectuada pelos credores, enquanto depositários de tais autorizações, trazendo ao sistema um significativo número de novos utilizadores.

O presente aviso, mantendo o conteúdo essencial do Aviso n.º 3/2000, estabelece a obrigação de os credores informarem os seus devedores dos elementos identificadores das autorizações de débito que introduzirem no sistema e de as cancelarem caso o contrato que as originou cesse ou seja revogado. Regulamenta também o fornecimento às instituições de crédito das autorizações que tenham processado.

Quanto aos devedores, garante não só a verificação, através do seu banco, da regularidade das autorizações na posse dos credores como também o crédito da totalidade das importâncias cobradas ao abrigo de autorizações que se mostrem inexistentes ou irregulares.

Finalmente, as modificações agora introduzidas no sistema permitem aproximá-lo ainda mais dos princípios de funcionamento dos sistemas equiparáveis instituídos na maioria dos países da União Europeia, factor que igualmente foi tido em consideração.

Assim, o Banco de Portugal, no uso da competência que lhe foi conferida pelo artigo 14.º da sua Lei Orgânica, estabelece o seguinte:

---

[396] DR I Série-B, n.º 61, de 13-Mar.-2002, 2310-2313.

Aviso do Banco de Portugal n.º 1/2002, de 27 de Fevereiro

ARTIGO 1.º
Definições

No âmbito do presente aviso, entende-se por:
a) "Sistema de débitos directos" (SDD) – conjunto de regras e infra-estruturas operacionais que permitem pagamentos por débito directo em conta, decorrentes de relação contratual e que envolvem credor, devedor e instituições de crédito respectivas;
b) "Débito directo" – débito, em conta bancária, com base numa autorização de débito do devedor e numa instrução de cobrança transmitida pelo credor;
c) "Credor" – entidade autorizada pelo devedor a efectuar cobranças através do SDD;
d) "Devedor" – entidade que autoriza que lhe sejam efectuadas cobranças através do SDD;
e) "Autorização do débito em conta" – consentimento expresso do devedor a uma instituição de crédito pelo qual permite débitos directos de montante fixo, variável ou até um valor e ou data previamente definidos na conta de depósitos aberta em seu nome nessa instituição de crédito[397];
f) "Sistema Multibanco" – conjunto de infra-estruturas que viabiliza a realização de operações, composto por sistemas aplicacionais, de telecomunicações e centros de processamento de dados, bem como outros meios de responsabilidade da SIBS – Sociedade Interbancária de Serviços ou de terceiros, normalmente identificados por "ATM – automated teller machines", "caixas multibanco" e "caixas de pagamento automático".

ARTIGO 2.º
Dos credores

1 – Os credores que pretendam efectuar as suas cobranças através do SDD, obtida a concordância dos devedores, estão obrigados a informá-los dos direitos e obrigações previstos neste aviso.

2 – Nos casos em que as cobranças sejam já efectuadas por débito em conta, estão os credores obrigados a notificar os devedores, com, pelo menos, 15 dias de antecedência relativamente à data a partir da qual passam a ser cobrados através do SDD, dos direitos e obrigações regulados neste aviso.

---

[397] A Declaração de Rectificação n.º 19/2002, de 4 de Abril, publicada no DR I Série-B, n.º 86, de 12-Abr.-2002, 3648-3649, corrigiu algumas inexactidões da presente alínea. É o seguinte o teor daquela Declaração de Rectificação:

Tendo sido publicado com inexactidão no Diário da República, 1.ª série-B, n.º 61, de 13 de Março de 2002, o aviso n.º 1/2002, rectifica-se que, no artigo 1.º, alínea *e*), onde se lê "Autorização de débito em causa" deve ler-se "Autorização do débito em conta". Por outro lado, na parte final dessa mesma alínea, onde se lê "nessas instituição de crédito" deve ler-se "nessa instituição de crédito".

Lisboa, 4 de Abril de 2002. – O Chefe do Gabinete, Paulo Amorim.

3 – Os credores estão obrigados a informar os devedores dos elementos identificadores das autorizações de débito em conta, designadamente os números atribuídos à autorização e à identificação do credor.

4 – Os credores não devem apresentar à cobrança quaisquer valores decorrentes da celebração, renúncia ou execução de contrato legalmente sujeito a período de reflexão antes de decorrido o referido período, excepto se os devedores a ele houverem expressamente renunciado, podendo, todavia, introduzir no sistema os elementos que permitam posteriormente aquela cobrança.

5 – Nos casos em que as referidas autorizações tenham sido introduzidas por estes no sistema, os credores estão obrigados a cancelar as autorizações relativas a contratos:

a) Cuja execução haja, por qualquer forma, cessado;
b) Revogados pelos devedores durante o período de reflexão.

6 – Os credores devem fornecer às suas instituições de crédito as autorizações de débito em conta que tenham processado, atento o disposto nos n.ºs 3, 4 e 5 do artigo 4.º.

ARTIGO 3.º
Dos devedores

1 – Os devedores são livres de aceitar ou recusar que as cobranças sejam efectuadas através do SDD, podendo, a todo o tempo, cancelar a autorização de débito em conta concedida, quer junto das suas instituições de crédito depositárias, quer através do Sistema Multibanco.

2 – Os devedores podem anular, junto das suas instituições de crédito e nos cinco dias úteis subsequentes à sua efectivação, qualquer débito efectuado através do SDD.

3 – Os devedores têm o direito de acordar com os credores a antecedência com que são avisados dos montantes dos débitos e das datas a partir das quais vão ser cobrados, por forma que as contas possam ser devidamente aprovisionadas.

4 – Não se consideram processadas pelo credor as autorizações de débito em conta que tenham sido posteriormente modificadas através da definição de limites de prazo ou montante pelo devedor, nem aquelas cujas existência e regularidade tenham já sido comprovadas nos termos do n.º 3 do artigo 4.º.

5 – O simples cancelamento pelo devedor da autorização de débito em conta processada pelo credor não altera a natureza desta autorização.

ARTIGO 4.º
Das instituições de crédito

1 – As instituições de crédito devem identificar nos extractos de conta dos devedores, clara e inequivocamente, os débitos efectuados através do SDD e os respectivos credores, bem como quaisquer outros movimentos ocorridos nas suas contas em virtude da utilização de tal sistema.

2 – As instituições de crédito não estão obrigadas a aceitar nem a manter as autorizações de débito em conta dos seus clientes devedores e não respondem pelo incumprimento das obrigações emergentes das relações contratuais estabelecidas entre credores e devedores.

3 – As instituições de crédito são obrigadas, a requerimento dos devedores, a comprovar a existência e a regularidade das autorizações de débito em conta, bem como, nos casos de estas autorizações terem sido processadas pelos credores, a creditar os valores indevidamente debitados, quando se comprove a sua inexistência ou irregularidade.

4 – As instituições de crédito devem obter dos seus clientes credores e entregar às instituições de crédito dos devedores daqueles clientes, a pedido destas e no prazo de quatro dias úteis, as autorizações de débito em conta processadas pelos mesmos.

5 – As instituições de crédito podem exigir a exibição das autorizações de débito em conta que os seus clientes credores hajam processado, com a finalidade de verificar a sua existência ou regularidade.

6 – Ao Banco de Portugal compete regulamentar as condições de adesão das instituições de crédito ao SDD e fixar as condições que estas devem observar no âmbito daquele sistema.

ARTIGO 5.º
Entrada em vigor

O presente aviso entra em vigor no dia da sua publicação.

ARTIGO 6.º
Norma revogatória

É revogado o Aviso n.º 3/2000.

Lisboa, 27 de Fevereiro de 2002. – O Governador, *Vítor Constâncio*.

25.1.3. COBRANÇA POR DÉBITO EM CONTA

Aviso do Banco de Portugal n.º 10/2003, de 10 de Setembro[398]

As cobranças por débito em conta de depósitos, assentes em instruções dos credores com base em autorizações de débito prestadas pelos devedores, são conhecidas há décadas, embora destituídas de enquadramento normativo ou regulamentar que enuncie e determine os direitos e deveres das partes envolvidas: credores, devedores e instituições de crédito.

Com a entrada em vigor do sistema de débitos directos (SDD), em 31 de Outubro de 2000, passou a existir, no quadro de funcionamento dos sistemas de pagamentos de retalho, um instrumento dotado de regras de eficácia, segurança, transparência e clarificação dos comportamentos permitidos aos intervenientes.

Considerando-se igualmente desejável a existência de um quadro regulamentar que abranja quaisquer cobranças por débito em conta, efectuadas no âmbito intrabancário, independentemente do sistema, meio ou processo utilizado, que afaste incertezas, desconfianças ou receios e permita uniformizar todo o processo de cobranças electrónicas, tornando-as mais atractivas para o público em geral, independentemente das comissões cobradas pelas instituições de crédito, o Banco de Portugal, no uso da competência que lhe foi conferida pelo artigo 14.º da sua Lei Orgânica, estabelece o seguinte:

ARTIGO 1.º
Âmbito

1 – As cobranças que se efectuem por débito em conta, independentemente do sistema, meio ou processo utilizado pelos credores ou pelas instituições de crédito para tal efeito, com exclusão das efectuadas através do sistema de débitos directos (SDD), passam a regular-se pelo disposto no presente aviso.

2 – São excluídas do âmbito deste aviso e processadas através do SDD as cobranças que se efectuem por débito em conta sediada em instituição de crédito diferente da do credor.

---

[398] DR I Série-B, n.º 215, de 17-Set.-2003, 6050-6051.

Aviso do Banco de Portugal n.º 10/2003, de 10 de Setembro **25.1.3.**

ARTIGO 2.º
Definições

No âmbito do presente aviso, entende-se por:
a) "Devedor" – cliente bancário que autoriza uma instituição de crédito a efectuar, por débito na sua conta de depósitos, as cobranças apresentadas pelos credores que identificar;
b) "Credor" – entidade identificada e habilitada pelo devedor a apresentar à instituição de crédito deste cobranças de sua iniciativa;
c) "Autorização de débito em conta" – consentimento expresso do devedor a uma instituição de crédito pelo qual permite débitos em conta de montante fixo, variável ou até um valor máximo e ou data previamente definidos na conta de depósitos aberta em seu nome nessa instituição de crédito;
d) "Débito em conta" – débito, em conta de depósitos bancária, com base numa autorização de débito em conta do devedor e numa instrução de cobrança transmitida pelo credor.

ARTIGO 3.º
Dos credores

1 – Os credores estão obrigados a atribuir um número identificativo, único e inequívoco, a cada autorização de débito em conta e a informá-lo aos respectivos devedores.

2 – No âmbito das operações reguladas pelo presente aviso, os credores não podem englobar na mesma cobrança débitos relativos a diferentes autorizações de débito em conta, salvaguardando-se, deste modo, os direitos dos devedores enunciados no n.º 1 do artigo seguinte.

3 – Aos credores é igualmente vedada a apresentação às instituições de crédito de quaisquer valores à cobrança:
a) Sem a indicação dos correspondentes números das autorizações de débito em conta;
b) Após a cessação do contrato que esteve na base da autorização de débito em conta concedida pelo devedor;
c) Decorrentes da celebração, renúncia ou execução de contrato legalmente sujeito a período de reflexão antes de decorrido o referido período, excepto se os devedores a ele houverem expressamente renunciado;
d) Nos casos em que o contrato que esteve na base da autorização de débito em conta concedida pelo devedor tiver sido revogado durante o período de reflexão.

4 – Os credores estão ainda obrigados a fornecer às instituições de crédito que o solicitem, no prazo de quatro dias úteis, as correspondentes autorizações de débito em conta que tenham na sua posse.

5 – Os credores podem utilizar as autorizações de débito em conta existentes, quer em seu poder quer em poder das instituições de crédito, para efectuar cobranças

25.1.3. Cobrança por débito em conta

através do SDD, desde que informem previamente os devedores desse facto e cumpram as demais regras estabelecidas para o sistema de cobrança em causa.

ARTIGO 4.º
Dos devedores

1 – Os devedores têm direito a, designadamente:
a) Estabelecer limites, tanto de prazo de validade da autorização de débito em conta, como de valor máximo de cobrança admitido;
b) Cancelar, em qualquer momento, as respectivas autorizações de débito em conta;
c) Anular, nos cinco dias úteis subsequentes à efectivação do débito nas suas contas, quaisquer cobranças efectuadas por iniciativa do credor;
d) Ser informados, através de extracto de conta, da identificação clara e inequívoca dos débitos em conta efectuados e das autorizações de débito em conta que lhes deram origem.
2 – Os devedores têm ainda o direito de exigir à sua instituição de crédito que:
a) Comprove a existência e ou validade de qualquer autorização de débito em conta que lhes esteja atribuída; e
b) Restitua todos os valores que hajam sido cobrados ao abrigo de autorização de débito em conta inexistente ou inválida.

ARTIGO 5.º
Das instituições de crédito

1 – As instituições de crédito não poderão efectuar débitos em conta nos casos em que as instruções de cobrança dos credores não contenham o número identificativo da respectiva autorização de débito em conta.
2 – As instituições de crédito deverão, a requerimento do devedor, comprovar a existência e validade das autorizações de débito em conta correspondentes, no prazo definido no n.º 4 do artigo 3.º.
3 – O não fornecimento, pelo credor, da autorização de débito em conta requerida nos termos do n.º 2, ou a verificação da sua inexistência ou invalidade, obriga a instituição de crédito em causa, nos cinco dias úteis subsequentes ao prazo definido no n.º 4 do artigo 3.º, a creditar a totalidade dos valores debitados ao devedor ao abrigo dessa autorização.
4 – Os procedimentos instituídos no número anterior, no que respeita à obrigação de as instituições de crédito creditarem aos devedores a totalidade dos valores indevidamente debitados, são extensivos aos casos de cobranças que englobem débitos relativos a autorizações de débito em conta diferentes.
5 – As instituições de crédito estão ainda obrigadas a:
a) Disponibilizar aos seus clientes devedores, de entre outros, os meios que lhes permitam, de forma expedita, exercer os direitos que lhes estão conferidos nas alíneas *a)* e *b)* do n.º 1 do artigo 4.º;

Aviso do Banco de Portugal n.º 10/2003, de 10 de Setembro **25.1.3.**

b) Identificar nos extractos de conta dos devedores os débitos efectuados e a correspondente autorização de débito em conta;

c) Fornecer aos seus clientes credores os elementos necessários ao cumprimento das disposições do presente aviso, bem como informação automática e actualizada das autorizações de débito em conta dos respectivos devedores, designadamente nos casos em que as mesmas foram canceladas ou o seu valor máximo ou prazo de validade alterados.

ARTIGO 6.º
Estatísticas

Os elementos informativos necessários à elaboração de estatísticas referentes às cobranças reguladas por este aviso, bem como a periodicidade da respectiva remessa, serão definidos pelo Banco de Portugal, através de instrumento regulamentar próprio.

ARTIGO 7.º
Do direito subsidiário

Em tudo o que não for contrário ao presente aviso aplicar-se-ão subsidiariamente, no que respeita à fixação dos direitos e obrigações dos credores, dos devedores e das instituições de crédito, as normas reguladoras do SDD.

ARTIGO 8.º
Entrada em vigor

O presente aviso entra em vigor no dia 1 de Janeiro de 2004.

10 de Setembro de 2003.-O Governador, *Vítor Constâncio*.

25.1.4. ABERTURA DE CONTAS DE DEPÓSITO

Instrução do Banco de Portugal n.º 48/96, de 17 de Junho[399]

O Decreto-Lei n.º 454/91, de 28 de Dezembro, atribuiu ao Banco de Portugal competência para fixar os requisitos a observar pelas instituições de crédito na abertura de contas de depósito, designadamente quanto à identificação dos respectivos titulares e representantes.

Assim, ao abrigo do art. 7.º do referido Decreto-Lei n.º 454/91 e da alínea *b*) do n.º 1 do art. 22.º da sua Lei Orgânica, o Banco de Portugal determina o seguinte:

I – ÂMBITO DE APLICAÇÃO

1. São destinatários das presentes Instruções:
a) Os bancos;
b) A Caixa Geral de Depósitos;
c) As caixas económicas;
d) A Caixa Central de Crédito Agrícola Mútuo;
e) As caixas de crédito agrícola mútuo.

II – ABERTURA DE CONTA

2. A abertura de uma conta de depósito deve revestir-se do maior cuidado, particularmente no que respeita à identificação exacta dos titulares e, quando for caso disso, dos seus representantes.

3. Contas de pessoas singulares

3.1. As fichas de abertura de contas de depósito em nome de pessoas singulares residentes em Portugal devem conter, tanto em relação aos titulares como aos seus representantes, pelo menos os seguintes elementos:
a) Nome completo, tal como consta no bilhete de identidade;
b) Morada;
c) Profissão;
d) Entidade onde presta serviço (se aplicável);
e) Filiação;
f) Naturalidade e nacionalidade;

---

[399] Boletim Oficial do Banco de Portugal n.º 1/96, de 17-Jun.-1996.

g) Data de nascimento;
h) Número do bilhete de identidade, entidade emitente e data da sua emissão;
i) Indicação de que os elementos referidos nas alíneas *a)*, *e)*, *f)*, *g)* e *h)* foram conferidos mediante a exibição do respectivo bilhete de identidade;

3.2. Os portadores de documentos que substituam para todos os efeitos o bilhete de identidade, designadamente, os membros das forças militares ou paramilitares, devem ser identificados preferencialmente através do seu bilhete de identidade civil.

3.3. As pessoas singulares residentes fora do território nacional poderão utilizar bilhete de identidade ou documento equivalente ou, na sua falta, o passaporte, sendo aplicável o disposto no número 3.1 com as devidas adaptações.

4. Contas de pessoas colectivas

4.1. As fichas de abertura de contas de depósito em nome de pessoas colectivas, ou de entidades desprovidas de personalidade jurídica mas incluídas no ficheiro central de pessoas colectivas, devem conter pelo menos os seguintes elementos:

a) Firma ou denominação, tal como consta no cartão de identificação emitido pelo Registo Nacional de Pessoas Colectivas;
b) Sede;
c) Objecto principal;
d) Número de identificação de pessoa colectiva;
e) Nome das pessoas singulares que tenham poderes para movimentar a conta.

4.2. Às pessoas referidas na alínea *e)* do número anterior são aplicáveis os números 3.1., 3.2. e 3.3. e devem ser comprovados os poderes de representação através de documento autêntico ou autenticado que inequivocamente os mencione e, nos casos em que tal documento legalmente não seja possível, através de documento particular.

4.3. Aos estabelecimentos individuais de responsabilidade limitada, comerciantes individuais e empresários individuais, titulares de número de identificação de pessoa colectiva, é aplicável o regime de abertura de contas de pessoas singulares.

III – DISPOSIÇÕES FINAIS

5. O Banco de Portugal – Departamento de Operações de Crédito e Mercados – prestará os esclarecimentos tidos por necessários.

25.2. SERVIÇOS MÍNIMOS BANCÁRIOS

Decreto-Lei n.º 27-C/2000, de 10 de Março[400]

A actividade financeira e bancária assume, nos nossos dias, relevância preponderante na organização económica e social das famílias, inclusive como vector de organização e gestão do respectivo orçamento.

A indisponibilidade de certos serviços financeiros e bancários, além de óbice ao rápido acesso ou mesmo entrave à obtenção de bens e serviços, muitas vezes de carácter essencial, é susceptível de consubstanciar factor de exclusão ou estigmatização social.

Nesse âmbito, as evoluções nos últimos anos de certos tipos de serviços financeiros e bancários, especialmente no que diz respeito aos métodos de pagamento automático, tornam a titularidade de conta bancária à ordem e de cartão de débito para sua movimentação necessidades de natureza essencial.

Constata-se que as actuais regras de mercado neste sector tornam inacessível a alguns particulares os referidos serviços financeiros e bancários, pelo que é pertinente a intervenção do Estado na criação de condições que garantam, a esses cidadãos, a possibilidade de utilização dos mesmos serviços.

A experiência colhida ao nível do direito comparado mostra-nos que tal medida, de grande alcance social, só será conseguida mediante a colaboração activa dos operadores que a ela queiram ficar adstritos. Daí que se tenha optado por um regime de adesão voluntária das instituições de crédito, em detrimento de um sistema impositivo.

Assim:

Nos termos da alínea *a*) do n.º 1 do artigo 198.º da Constituição, o Governo decreta o seguinte:

ARTIGO 1.º
Âmbito

1 – É instituído o sistema de acesso, pelas pessoas singulares, aos serviços mínimos bancários, nos termos e condições deste diploma e dos constantes das bases dos protocolos a ele anexas, do qual são parte integrante, a celebrar com as instituições de crédito que pretendam aderir a este sistema.

---

[400] DR I Série-A, n.º 59, Suplemento, de 10-Mar.-2000, 898(2)-898(5).

2 – Para o efeito deste diploma, entende-se por:
a) Serviços mínimos bancários – os serviços relativos à constituição, manutenção e gestão de conta de depósito à ordem e ainda cartão de débito que permita a movimentação da referida conta mediante transferência ou recuperação electrónica dos fundos nela depositados, instrumentos, manuais ou mecanográficos, de depósito, levantamento e transferência interbancária desses fundos e emissão de extractos semestrais discriminativos dos movimentos da conta nesse período ou disponibilização de caderneta para o mesmo efeito;
b) Instituições de crédito – as empresas cuja actividade consiste em receber do público depósitos ou outros fundos reembolsáveis, a fim de os aplicarem por conta própria mediante a concessão de crédito, previstas nas alíneas a) a e) do artigo 3.º do Regime Geral das Instituições de Crédito e Sociedades Financeiras, aprovado pelo Decreto-Lei n.º 298/92, de 31 de Dezembro;
c) Conta de depósito à ordem – entregas em numerário ou equivalente a instituição de crédito, para sua guarda, sendo a respectiva restituição exigível a todo o tempo sem qualquer encargo para o titular da conta;
d) Cartão de débito – instrumento de movimentação ou transferência electrónica de fundos, por recurso a terminais automáticos de pagamento ou levantamento instalados nas instituições de crédito ou em estabelecimentos comerciais;
e) Titular da conta – a pessoa singular com quem as instituições de crédito celebrem contratos de depósito, nos termos deste diploma.

3 – O acesso aos serviços mínimos bancários definidos no presente diploma será garantido através de uma única conta bancária aberta pelo respectivo titular junto de uma instituição de crédito, à sua escolha de entre aquelas que tenham aderido ao sistema.

ARTIGO 2.º
Objecto

1 – As instituições de crédito aderentes disponibilizam às pessoas singulares que o solicitem, mediante celebração de contrato de depósito, o acesso à titularidade e utilização de conta bancária de depósito à ordem, bem como a possibilidade da sua movimentação a débito e a crédito.

2 – No âmbito do contrato de depósito referido no número anterior, as instituições de crédito aderentes fornecem ainda ao respectivo titular um cartão de débito que lhe permita movimentar a referida conta mediante transferência ou recuperação electrónica dos fundos nela depositados, bem como instrumentos, manuais ou mecanográficos de depósito, levantamento e transferência interbancária desses fundos e extractos semestrais discriminativos dos movimentos da conta nesse período, salvo se a conta for servida de caderneta que permita o registo actualizado desses movimentos.

3 – As instituições de crédito aderentes utilizam, para efeitos de abertura da conta, impresso que classificam, no topo do documento, em lugar reservado à

identificação do tipo de conta, com a expressão "Serviços mínimos bancários", e dele dá cópia ao titular da conta.

ARTIGO 3.º
Custos, taxas, encargos ou despesas

1 – Sem prejuízo do disposto no n.º 2 deste artigo e no n.º 5 do artigo 4.º, pelos serviços referidos no artigo 2.º, quando prestados ao abrigo do presente diploma, não podem ser cobrados, pelas instituições de crédito, custos, taxas, encargos ou despesas que, anualmente, e no seu conjunto, representem valor superior ao equivalente a 1% do ordenado mínimo nacional.

2 – O titular da conta suporta os custos normalmente praticados pela respectiva instituição de crédito pela emissão do cartão de débito caso venha a solicitar a substituição deste cartão antes de decorridos 18 meses sobre a data da respectiva emissão, salvo se a sua validade for inferior a este prazo.

ARTIGO 4.º
Abertura da conta, recusa legítima e resolução

1 – As instituições de crédito aderentes farão inserir nos impressos de abertura de conta, ou em documento a eles anexo, uma declaração emitida pelo candidato à conta e por este assinada, donde conste que não é titular de outra conta bancária, bem como autoriza a instituição de crédito a confirmar, através do respectivo número de identificação fiscal, junto das entidades gestoras dos sistemas de funcionamento dos cartões de crédito e débito, a inexistência de qualquer cartão daquela natureza a favor do declarante.

2 – A recusa da declaração ou da assinatura referidas no número anterior impede o acesso aos serviços mínimos bancários.

3 – As instituições de crédito aderentes, previamente à declaração e autorização referidas no n.º 1, informam o candidato à titularidade da conta do carácter facultativo das mesmas e as consequências enunciadas no número anterior.

4 – As instituições de crédito aderentes recusam a abertura da conta à ordem nos termos deste protocolo, sempre que a pessoa singular candidata à sua titularidade possua, à data do respectivo pedido de abertura, uma ou mais contas de depósito bancário, à ordem ou não, em instituição de crédito.

5 – As instituições de crédito aderentes podem resolver o contrato de depósito celebrado ao abrigo deste diploma caso o seu titular possua, durante a vigência daquele contrato, uma outra conta bancária em instituição de crédito, podendo ainda exigir do seu titular, se a ele houver lugar, o pagamento dos custos, taxas, encargos ou despesas, nas condições normalmente praticadas pela instituição de crédito para os serviços entretanto disponibilizados, desde que a instituição de crédito tenha advertido, previamente, o titular da conta desta possibilidade.

ARTIGO 5.º
Cancelamento da conta

As instituições de crédito aderentes podem denunciar o contrato de depósito decorrido pelo menos um ano após a sua abertura, devolvendo ao seu titular o eventual saldo depositado na conta, se nos seis meses anteriores à denúncia essa conta apresentar um saldo médio anual inferior a 7% do salário mínimo nacional.

ARTIGO 6.º
Protecção de dados

1 – A consulta de dados junto das entidades gestoras dos sistemas de funcionamento dos cartões de crédito e débito, a que alude o n.º 1 do artigo 4.º, tem como finalidade exclusiva a confirmação da inexistência de qualquer cartão daquela natureza a favor do declarante e consequente direito de acesso aos serviços mínimos bancários, sendo apenas admitida quando realizada por instituição de crédito aderente ao sistema ora instituído.

2 – No âmbito da consulta referida no número anterior, autorizada pelo respectivo titular, encontra-se vedado às instituições de crédito aderentes o acesso a quaisquer outros dados para além da confirmação de inexistência de cartão de crédito ou débito a favor desse titular, designadamente os relativos às características ou identidade do cartão ou da conta à qual se encontre subordinado.

3 – As instituições de crédito aderentes garantem aos titulares das contas, nos impressos ou na declaração a que alude o n.º 1 do artigo 4.º, o direito à informação sobre a qualidade dos dados a consultar, a respectiva finalidade, bem como o direito dos titulares de acesso, rectificação e eliminação dos dados.

4 – A consulta referida no n.º 1 será realizada no momento da abertura da conta e durante a vigência do contrato de depósito à ordem celebrado no âmbito dos serviços mínimos bancários, tendo em vista a possibilidade de resolução prevista no n.º 5 do artigo 4.º, sendo o titular da conta informado desta faculdade em momento anterior à concessão da autorização.

5 – A declaração e confirmação a que se refere o n.º 1 do artigo 4.º não prejudica as demais limitações e obrigações impostas pela legislação relativa à protecção das pessoas singulares no que concerne ao tratamento de dados pessoais.

ARTIGO 7.º
Adesão ao sistema

O membro do Governo responsável pela área da defesa do consumidor, o Banco de Portugal e as instituições de crédito celebrarão protocolos nos termos das bases anexas a este diploma.

ARTIGO 8.º
Entrada em vigor

O presente diploma entra em vigor no dia seguinte ao da sua publicação.

Visto e aprovado em Conselho de Ministros de 18 de Fevereiro de 2000. – *António Manuel de Oliveira Guterres – Joaquim Augusto Nunes Pina Moura – Joaquim Augusto Nunes Pina Moura – Armando António Martins Vara.*

Promulgado em 6 de Março de 2000.
Publique-se.
O Presidente da República, JORGE SAMPAIO.

Referendado em 9 de Março de 2000.
O Primeiro-Ministro, *António Manuel de Oliveira Guterres.*

BASES DE PROTOCOLO ANEXAS

Base I
Âmbito

1 – A instituição de crédito outorgante disponibiliza, às pessoas singulares que o solicitem, mediante celebração de contrato de depósito, o acesso à titularidade e utilização de conta bancária de depósito à ordem, bem como a possibilidade da sua movimentação a débito e a crédito.

2 – No âmbito do contrato de depósito referido no número anterior, a instituição de crédito outorgante fornece ainda ao respectivo titular um cartão de débito que lhe permita movimentar a referida conta mediante transferência ou recuperação electrónica dos fundos nela depositados, bem como instrumentos, manuais ou mecanográficos de depósito, levantamento e transferência interbancária desses fundos e extractos semestrais discriminativos dos movimentos da conta nesse período, salvo se a conta for servida de caderneta que permita o registo actualizado desses movimentos.

3 – A instituição de crédito outorgante utiliza, para efeitos de abertura da conta, impresso que classifica, no topo do documento, em lugar reservado à identificação do tipo de conta, com a expressão "Serviços mínimos bancários", e dele dá cópia ao titular da conta.

Base II
Definições

Para o efeito deste protocolo, entende-se por:
a) Conta de depósito à ordem – entregas em numerário ou equivalente a instituição de crédito, para sua guarda, sendo a respectiva restituição exigível a todo o tempo sem qualquer encargo para o titular da conta;

Decreto-Lei n.º 27-C/2000, de 10 de Março   **25.2.**

b) Cartão de débito – instrumento de movimentação ou transferência electrónica de fundos, por recurso a terminais automáticos de pagamento ou levantamento instalados nas instituições de crédito ou em estabelecimentos comerciais;

c) Titular da conta – a pessoa singular com quem as instituições de crédito celebrem contratos de depósito, nos termos do Decreto-Lei n.º 27-C/2000, de 10 de Março, e do presente protocolo.

Base III
Custos, taxas, encargos ou despesas

1 – Sem prejuízo do disposto no n.º 2 desta base e no n.º 5 da base IV, pelos serviços referidos na base I, quando prestados ao abrigo do presente diploma, não podem ser cobrados, pela instituição de crédito, custos, taxas, encargos ou despesas que, anualmente, e no seu conjunto, representem valor superior ao equivalente a 1% do ordenado mínimo nacional.

2 – O titular da conta suporta os custos normalmente praticados pela instituição de crédito outorgante pela emissão do cartão de débito caso venha a solicitar a substituição deste cartão antes de decorridos 18 meses sobre a data da respectiva emissão, salvo se a sua validade for inferior a este prazo.

Base IV
Abertura da conta, recusa legítima e resolução

1 – A instituição de crédito outorgante fará inserir nos impressos de abertura de conta, ou em documento a eles anexo, uma declaração, emitida pelo candidato à conta bancária e por este assinada, donde conste que não é titular de outra conta bancária, bem como autoriza a instituição de crédito a confirmar, através do respectivo número de identificação fiscal, junto das entidades gestoras dos sistemas de funcionamento dos cartões de crédito e débito, a inexistência de qualquer cartão daquela natureza a favor do declarante.

2 – A recusa da declaração ou da assinatura referidas no número anterior impede o acesso aos serviços mínimos bancários.

3 – A instituição de crédito outorgante, previamente à declaração e autorização referidas no n.º 1, informa o candidato à titularidade da conta do carácter facultativo das mesmas e as consequências enunciadas no número anterior.

4 – A instituição de crédito outorgante recusa a abertura da conta à ordem nos termos deste protocolo, sempre que a pessoa singular candidata à sua titularidade possua, à data do respectivo pedido de abertura, uma ou mais contas de depósito bancário, à ordem ou não, em instituição de crédito.

5 – A instituição de crédito outorgante pode resolver o contrato de depósito celebrado ao abrigo deste protocolo caso o seu titular possua, durante a vigência daquele contrato, uma outra conta bancária em instituição de crédito, podendo ainda

25.2. Serviços mínimos bancários

exigir do seu titular, se a ele houver lugar, o pagamento dos custos, taxas, encargos ou despesas, nas condições normalmente praticadas pela instituição de crédito para os serviços entretanto disponibilizados, desde que a instituição de crédito tenha advertido, previamente, o titular da conta desta possibilidade.

Base V
Cancelamento da conta

A instituição de crédito outorgante pode denunciar o contrato de depósito decorrido pelo menos um ano após a sua abertura, devolvendo ao seu titular o eventual saldo depositado na conta, se nos seis meses anteriores à denúncia essa conta apresentar um saldo médio anual inferior a 7% do salário mínimo nacional.

Base VI
Protecção de dados

1 – A consulta de dados junto das entidades gestoras dos sistemas de funcionamento dos cartões de crédito e débito, a que alude o n.º 1 da base IV, tem como finalidade exclusiva a confirmação da inexistência de qualquer cartão daquela natureza a favor do declarante e consequente direito de acesso aos serviços mínimos bancários, sendo apenas admitida quando realizada por instituição de crédito aderente ao sistema ora instituído.

2 – No âmbito da consulta referida no número anterior ao abrigo da autorização concedida pelo respectivo titular, encontra-se vedado às instituições de crédito aderentes o acesso a quaisquer outros dados para além da confirmação de inexistência de cartão de crédito ou débito a favor desse titular, designadamente os relativos às características ou identidade do cartão ou da conta à qual se encontre subordinado.

3 – As instituições de crédito aderentes garantem aos titulares das contas, nos impressos ou na declaração a que alude o n.º 1 da base IV, o direito à informação sobre a qualidade dos dados a consultar, a respectiva finalidade, bem como o direito dos titulares de acesso, rectificação e eliminação dos dados.

4 – A consulta referida no n.º 1 será realizada no momento da abertura da conta e durante a vigência do contrato de depósito à ordem celebrado no âmbito dos serviços mínimos bancários, tendo em vista a possibilidade de resolução prevista no n.º 5 da base IV, sendo o titular da conta informado desta faculdade em momento anterior à concessão da autorização.

5 – A declaração e confirmação a que se refere o n.º 1 da base IV não prejudica as demais limitações e obrigações impostas pela legislação relativa à protecção das pessoas singulares no que concerne ao tratamento de dados pessoais.

6 – A declaração e confirmação a que se refere o n.º 1 não prejudica as demais limitações e obrigações impostas pela legislação relativa à protecção das pessoas singulares no que concerne ao tratamento de dados pessoais.

Base VII
Entrada em vigor

O presente protocolo produz efeitos após a sua assinatura.

25.3. CONTA POUPANÇA-REFORMADOS

25.3.1. Decreto-Lei n.º 138/86, de 14 de Junho [401]

Na sequência da criação legal de novas modalidades de depósito através do Decreto-Lei n.º 36/86, de 3 de Março, o Governo coloca ao dispor das instituições de crédito, pelo presente diploma, uma nova conta de depósito, com regime especial, denominada conta "poupança-reformados".

Institui-se, assim, um novo instrumento financeiro, no âmbito da política de diversificação dos meios de captação de poupança, que é condição de modernização do sistema bancário, visando-se, ao conferir-lhe um regime flexível, baseado no equilíbrio contratual da vontade das partes, favorecer a capacidade inovadora das instituições de crédito e os interesses dos respectivos utentes.

A concessão da isenção do imposto de capitais sobre os juros destes depósitos, de par com o estabelecimento de um limite máximo ao respectivo montante, espelha com clareza os objectivos essenciais desta medida.

Visa-se, por um lado, no plano económico, contribuir para o incentivo e reforço da propensão à poupança das famílias, elemento fundamental da estratégia de progresso contida no Programa do Governo.

Pretende-se, por outro lado, no plano social, beneficiar um largo segmento da população, os reformados, coincidente, de um modo geral, com o sector da terceira idade, claramente inserido entre os mais desfavorecidos e, portanto, carecidos de protecção social.

Assim:

No uso da autorização legislativa concedida pela alínea *f)* do n.º 1 do artigo 23.º da Lei n.º 9/86, de 30 de Abril, o Governo decreta, nos termos da alínea *b)* do n.º 1 do artigo 201.º da Constituição, o seguinte:

(*O texto actualizado do Decreto-Lei n.º 138/86, de 14 de Junho, é abaixo publicado*)

Visto e aprovado em Conselho de Ministros de 6 de Maio de 1986. – Aníbal António Cavaco Silva – *Miguel José Ribeiro Cadilhe.*

Promulgado em 25 de, Maio de 1986.
Publique-se.
O Presidente da República, MÁRIO SOARES.

Referendado em 30 de Maio de 1986.
O Primeiro-Ministro, *Aníbal António Cavaco Silva.*

---

[401] DR I Série, n.º 134, de 14-Jun.-1986, 1403-1404.

25.3.2. Decreto-Lei n.º 158/87, de 2 de Abril [402]

Com o propósito de continuar a estimular e a reforçar a propensão das famílias à poupança, introduzem-se pelo presente diploma algumas alterações no Decreto-Lei n.º 138/86, de 14 de Junho.

Nesse sentido, permite-se a abertura de contas "poupança-reformados" sob a forma de conta conjunta entre os cônjuges e os parentes no 1.º grau e estabelece-se a isenção de imposto sobre as sucessões e doações relativamente às transmissões por morte dos depósitos constituídos nos termos do citado Decreto-Lei n.º 138/86, até ao limite de 1500 contos.

Por último, eleva-se o limite da isenção de imposto de capitais para o montante dos juros correspondentes ao saldo da conta até 1500 contos.

Nestes termos:

No uso da autorização conferida pelo artigo 62.º da Lei n.º 49/86, de 31 de Dezembro, o Governo decreta, nos termos das alíneas *a*) e *b*) do n.º 1 do artigo 201.º da Constituição, o seguinte:

ARTIGO 1.º

Os artigos 2.º e 3.º do Decreto-Lei n.º 138/86, de 14 de Junho, passam a ter a seguinte redacção:

(*As alterações foram inseridas no texto do Decreto-Lei n.º 138/86, de 14 de Junho, abaixo publicado*)

ARTIGO 2.º

O presente diploma produz efeitos desde 1 de Janeiro de 1987.

Visto e aprovado em Conselho de Ministros de 26 de Fevereiro de 1987. – *Aníbal António Cavaco Silva – Miguel José Ribeiro Cadilhe.*

Promulgado em 17 de Março de 1987.
Publique-se.
O Presidente da República, Mário Soares.

Referendado em 25 de Março de 1987.
O Primeiro-Ministro, *Aníbal António Cavaco Silva.*

---

[402] DR I Série, n.º 77, de 2-Abr.-1987, 1330-1331.

25.3.3. *Texto actualizado do Decreto-Lei n.° 138/86, de 14 de Junho*

ARTIGO 1.°
(Instituições depositárias)

As instituições de crédito podem abrir contas de depósito a prazo com o regime constante dos artigos seguintes e denominadas contas "poupança-reformados".

ARTIGO 2.°[403]
(Depositantes)

1 – As contas "poupança-reformados" podem ser constituídas, em contas individuais, por pessoas singulares que se encontrem na situação de reforma e cuja pensão mensal não exceda, no momento da constituição, um quantitativo igual a três vezes o salário mínimo nacional mais elevado, ou em contas conjuntas desde que o primeiro titular seja reformado, esteja nas condições atrás prescritas e os restantes titulares sejam o cônjuge ou parentes no 1.° grau.

2 – Ninguém pode ser primeiro titular de mais de uma conta "poupança--reformados" na mesma ou em diferentes instituições de crédito.

3 – No caso de infracção ao disposto no número anterior serão anuladas as contas "poupança-reformados" abertas em nome do titular ou co-titular, sendo deduzido aos respectivos saldos a soma aritmética do imposto de capitais que será devido na falta da isenção estabelecido, não se contando os juros no período posterior à

---

[403] Redacção dada pelo artigo 1.° do Decreto-Lei n.° 158/87, de 2 de Abril. A redacção original era a seguinte:

Artigo 2.°
(Depositantes)

1 – As contas "poupança-reformados" podem ser constituídas, em contas individuais, por pessoas singulares que se encontrem na situação de reforma e cuja pensão mensal não exceda, no momento da constituição, um quantitativo igual a três vezes o salário mínimo nacional.

2 – Ninguém pode ser titular de mais de uma conta "poupança-reformados" na mesma ou em diferentes instituições de crédito.

3 – No caso de infracção ao disposto no número anterior, serão anuladas as contas "poupança--reformados" abertas em nome do titular, sendo deduzida aos respectivos saldos a soma aritmética dos impostos de capitais que seriam devidos na ausência do benefício instituído no artigo 3.°, não se contando ainda juros no período posterior à última renovação do prazo contratual em qualquer das contas.

4 – ...

Texto actualizado do Decreto-Lei n.º 138/86, de 14 de Junho   **25.3.3.**

última renovação do prazo contratual em qualquer das contas, e ficando ainda sem efeito a isenção de imposto sobre as sucessões, porventura já aplicada nos termos do artigo 3.º.

4 – Para comprovação do direito de acesso à conta "poupança-reformados" basta declaração formal do interessado em como cumpre a condição constante do n.º 2 deste artigo e, bem assim, em que especifique a natureza da reforma, entidade pagadora da mesma e valor da pensão.

5 – A prova do grau de parentesco entre os titulares da conta conjunta será feita através da exibição simultânea dos bilhetes de identidade, cujos números e arquivo ficarão averbados no respectivo título de depósito.

ARTIGO 3.º[404]
(Isenção de imposto sobre as sucessões e doações)

1 – Ficam isentas de imposto sobre as sucessões e doações, na parte correspondente a cada um dos sucessores, as transmissões por morte a favor do cônjuge sobrevivo e dos filhos, dos depósitos constituídos ao abrigo do presente diploma até ao limite de 1740 contos.

2 – A quota-parte hereditária no limite de 1740 contos referido no número anterior acrescerá, para efeitos de isenção de base, ao valor previsto no n.º 2 do artigo 12.º do Código do Imposto Municipal de Sisa e do Imposto sobre as Sucessões e Doações.

---

[404] Redacção dada pelo artigo 50.º/1 da Lei n.º 10-B/96, de 23 de Março, que aprovou o Orçamento de Estado para 1996 – DR I Série-A, n.º 71/96, de 23-Mar.-1996, 2.º Suplemento, 584(100). A redacção anterior, aprovada pelo artigo 1.º do Decreto-Lei n.º 158/87, de 2 de Abril, era a seguinte:

Artigo 3.º
(Isenção fiscais)

1 – Ficam isentas de imposto sobre as sucessões e doações, na parte correspondente a cada um dos sucessores, as transmissões por morte a favor do cônjuge sobrevivo e dos filhos dos depósitos constituídos ao abrigo do presente diploma, até ao limite de 1 500 000$.

2 – A quota-parte hereditária no limite de 1 500 000$ referido no número anterior acrescerá, para efeitos de isenção de base, ao valor previsto no n.º 2 do artigo 12.º do Código da Sisa e do Imposto sobre as Sucessões e Doações.

3 – Estão isentos de imposto de capitais os juros de depósitos a prazo produzidos por contas "poupança-reformados", na parte correspondente ao saldo até 1 500 000$.

A redacção original era a seguinte:

Artigo 3.º
(Isenção do imposto de capitais)

As contas "poupança-reformados" beneficiam de isenção de imposto de capitais sobre os respectivos juros na parte correspondente ao saldo até 1 milhão de escudos.

ARTIGO 4.º
(**Prazo contratual e montantes**)

1 – A conta "poupança-reformados" constitui-se como depósito com regime especial, ao abrigo do disposto no artigo 1.º do Decreto-Lei n.º 36/86, de 3 de Março, por um prazo contratual renovável, podendo o seu titular efectuar entregas ao longo desse prazo nos termos que tiverem sido acordados com a instituição de crédito.

2 – As instituições de crédito podem fixar montantes mínimos para abertura das contas "poupança-reformados" e para as entregas subsequentes, bem como a periodicidade destas últimas e a sua rigidez ou flexibilidade.

ARTIGO 5.º
(**Regime de juros**)

1 – As contas "poupança-reformados" vencem juros à taxa em vigor para os depósitos a prazo de 181 dias a um ano.

2 – Os juros são liquidados, relativamente a cada depósito:
a) No fim de cada prazo contratual;
b) No caso de mobilização antecipada, nos termos do regime em vigor para os depósitos a prazo.

3 – Os juros produzidos pelas entregas ao longo do prazo são calculados à taxa proporcional.

ARTIGO 6.º
(**Morte do titular**)

Se o saldo da conta "poupança-reformados" for levantado, total ou parcialmente, por ter ocorrido a morte do titular, não há lugar à perda dos benefícios a que se refere o artigo 3.º, dentro do prazo contratual que estiver a correr.

ARTIGO 7.º
(**Fixação e publicitação das condições**)

1 – As instituições de crédito devem fixar e tornar públicas as condições da conta "poupança-reformados", mencionando em especial os montantes mínimos e periodicidades, rígidos ou flexíveis, pré-fixados ou não, conforme o n.º 2 do artigo 4.º.

2 – As instituições de crédito devem dar conhecimento ao Banco de Portugal, no prazo de oito dias úteis, das condições a que se refere o número anterior e de quaisquer alterações.

25.3.4. *Lei n.º 32-B/2002, de 30 de Dezembro*[405]

Orçamento do Estado para 2003

A Assembleia da República decreta, nos termos da alínea *g*) do artigo 161.º da Constituição, para valer como lei geral da República, o seguinte:

(...)

ARTIGO 38.º
Estatuto dos Benefícios Fiscais

1 – Os artigos 14.º, 15.º, 16.º, 17.º, 18.º, 19.º, 21.º, 22.º, 23.º, 24.º, 26.º, 29.º, 30.º, 31.º, 32.º, 33.º, 39.º, 42.º, 45.º, 46.º, 57.º e 64.º do Estatuto dos Benefícios Fiscais, aprovado pelo Decreto-Lei n.º 215/89, de 1 de Julho, passam a ter a seguinte redacção:

(...)

ARTIGO 19.º
Conta poupança-reformados

Beneficiam de isenção de IRS os juros das contas poupança-reformados constituídas nos termos legais, na parte cujo saldo não ultrapasse (euro) 10167,78.

(...)

ARTIGO 76.º
Entrada em vigor

A presente lei entra em vigor no dia 1 de Janeiro de 2003.

Aprovada em 14 de Novembro de 2002.
O Presidente da Assembleia da República, *João Bosco Mota Amaral.*

---

[405] DR I Série-A, n.º 301, 2.º Suplemento, de 30-Dez.-2002, 8186-(136)-8186-(180).

25.3.4. Lei n.º 32-B/2002, de 30 de Dezembro

Promulgada em 20 de Dezembro de 2002.
Publique-se.
O Presidente da República, JORGE SAMPAIO.

Referendada em 20 de Dezembro de 2002.
O Primeiro-Ministro, José Manuel Durão Barroso.

25.4. CONTA POUPANÇA-EMIGRANTE

25.4.1. *Decreto-Lei n.° 323/95, de 29 de Novembro* [406]

A última reformulação do sistema poupança-emigrante foi efectuada pelo Decreto-Lei n.° 140-A/86, de 14 de Junho. Desde essa data, o regime cambial português sofreu profundas alterações e os movimentos de capitais com o exterior foram totalmente liberalizados. Compreende-se assim que os benefícios de natureza cambial concedidos aos emigrantes pelo referido diploma deixassem de ter qualquer relevância prática, tornando-se necessário adaptar o quadro legal existente.

Neste contexto, deixou de justificar-se a existência de três tipos de contas com estatuto diferenciado: contas poupança-emigrante, contas em moeda estrangeira e contas acessíveis a residentes, consagrando-se uma única figura de conta de emigrante, expressa em moeda nacional ou estrangeira, para além da possibilidade de abrir contas e contrair empréstimos junto do sistema bancário nacional.

Uma importante inovação relativamente ao sistema anterior é a de a conta--emigrante poder ser aberta por qualquer prazo – e não apenas por prazos superiores a seis meses –, sem deixar de conferir ao emigrante as vantagens fiscais que já vinha auferindo, nomeadamente as previstas no Estatuto dos Benefícios Fiscais. Por outro lado, na mesma linha introduz-se também a possibilidade de os empréstimos de poupança-emigrante poderem ser denominados em moeda estrangeira e não só em escudos.

De uma maneira geral, contudo, mantêm-se os aspectos essenciais do anterior regime de emigrantes, quer no que respeita às finalidades do sistema quer relativamente aos limites, à duração máxima e aos benefícios financeiros dos empréstimos de poupança-emigrante. Aproveitou-se ainda para introduzir um grande número de simplificações normativas decorrentes não só da referida liberalização do regime cambial, mas também impostos pela necessidade de tornar mais operacional a gestão administrativa do sistema. Em particular, ajustou-se a definição de emigrante, por forma a contemplar certas situações de emigração anteriormente não abrangidas, e facilitam-se os procedimentos relativos à comprovação da qualidade de emigrante, que passa agora a ser da competência das instituições de crédito.

Assim:
Nos termos da alínea *a*) do n.° 1 do artigo 201.° da Constituição, o Governo decreta o seguinte:

---

[406] DR I Série-A, n.° 276, de 29-Nov.-1995, 7414-7416.

25.4.1. Conta poupança-emigrante

(*O texto actualizado do Decreto-Lei n.° 323/95, de 29 de Novembro, é abaixo publicado*)

Visto e aprovado em Conselho de Ministros de 24 de Agosto de 1995. – *Aníbal António Cavaco Silva – Walter Valdemar Pêgo Marques*.

Promulgado em 13 de Outubro de 1995.
Publique-se.
O Presidente da República, MÁRIO SOARES.

Referendado em 16 de Outubro de 1995.
O Primeiro-Ministro, *Aníbal António Cavaco Silva*.

25.4.2. Decreto-Lei n.º 65/96, de 31 de Maio[407]

O Decreto-Lei n.º 323/95, de 29 de Novembro, veio adaptar o sistema de poupança-emigrante às alterações do regime cambial português e à liberalização dos movimentos de capitais com o exterior.

Não obstante, ao prever a sua aplicação às operações de crédito efectuadas após a data da sua entrada em vigor, o referido diploma veio alterar de forma abrupta as expectativas dos emigrantes e promotores imobiliários quanto à realização de negócios baseados no sistema poupança-emigrante anteriormente estabelecido.

Com efeito, ao fazer depender o montante do empréstimo a conceder do montante do saldo de permanência na conta-emigrante nos seis meses anteriores, o novo diploma veio alterar substancialmente as condições de acesso ao crédito por parte dos emigrantes, em termos com que os mesmos não podiam razoavelmente contar no momento em que abriram as respectivas contas de depósito e no momento em que celebraram contratos-promessa tendo em vista a realização dos negócios abrangidos pelos fins do sistema poupança-emigrante.

Sem pôr em causa a razoabilidade da solução perfilhada pelo Decreto-Lei n.º 323/95, de 29 de Novembro, urge, no entanto, clarificar o seu âmbito temporal de aplicação, aproveitando-se a oportunidade legislativa para considerar integradas no saldo de permanência as quantias comprovadamente despendidas pelos emigrantes como sinal ou antecipação de pagamento dos negócios abrangidos pelos fins do sistema poupança-emigrante, desde que as mesmas tenham permanecido na conta-emigrante durante um período não inferior a seis meses, o que se justifica por razões de justiça, coerência e harmonia do sistema.

Assim:

Nos termos da alínea *a*) do n.º 1 do artigo 201.º da Constituição, o Governo decreta o seguinte:

ARTIGO 1.º

É aditado ao artigo 11.º do Decreto-Lei n.º 323/95, de 29 de Novembro, um n.º 3, com a seguinte redacção:

(*O número aditado foi inserido no texto do Decreto-Lei n.º 323/95, de 29 de Novembro, abaixo publicado*)

---

[407] DR I Série-A, n.º 127, de 31-Mai.-1996, 1351.

25.4.2. Conta poupança-emigrante

ARTIGO 2.º

O artigo 17.º do Decreto-Lei n.º 323/95, de 29 de Novembro, passa a ter a seguinte redacção:

(*A alteração foi inserida no texto do Decreto-Lei n.º 323/95, de 29 de Novembro, abaixo publicado*)

ARTIGO 3.º

O disposto no presente diploma produz efeitos desde a data da entrada em vigor do Decreto-Lei n.º 323/95, de 29 de Novembro.

Visto e aprovado em Conselho de Ministros de 2 de Maio de 1996. – *António Manuel de Oliveira Guterres – Jaime José Matos da Gama – António Luciano Pacheco de Sousa Franco.*

Promulgado em 16 de Maio de 1996.
Publique-se.
O Presidente da República, JORGE SAMPAIO.

Referendado em 20 de Maio de 1996.
O Primeiro-Ministro, *António Manuel de Oliveira Guterres.*

25.4.3. Decreto-Lei n.º 99/2003, de 13 de Maio [408]

O sistema de poupança-emigrante rege-se actualmente pelo Decreto-Lei n.º 323/95, de 29 de Novembro, com as alterações introduzidas pelo Decreto-Lei n.º 65/96, de 31 de Maio.

A entrada em vigor do euro obriga à introdução de algumas alterações a este regime legal. Aproveita-se ainda a oportunidade para a inserção de outros ajustamentos pontuais decorrentes da transição de Macau para a soberania da República Popular da China, por um lado, e para alterar o regime da comunicação ao Banco de Portugal dos empréstimos de poupança-emigrante, que passou a ser efectuada nos termos definidos para a centralização dos riscos de crédito, por outro.

Foi ouvido o Banco de Portugal.

Assim:

Nos termos da alínea *a*) do n.º 1 do artigo 198.º da Constituição, o Governo decreta o seguinte:

ARTIGO 1.º
Alteração ao Decreto-Lei n.º 323/95, de 29 de Novembro

Os artigos 7.º e 12.º do Decreto-Lei n.º 323/95, de 29 de Novembro, passam a ter a seguinte redacção:

(*As alterações foram inseridas no texto do Decreto-Lei n.º 323/95, de 29 de Novembro, abaixo publicado*)

ARTIGO 2.º
Revogação

São revogados a alínea *e*) do n.º 1 do artigo 3.º e o artigo 17.º do Decreto-Lei n.º 323/95, de 29 de Novembro, com a redacção dada pelo Decreto-Lei n.º 65/96, de 31 de Maio.

(*Os preceitos revogados figuram em itálico no texto do Decreto-Lei n.º 323/95, de 29 de Novembro, abaixo publicado*)

---

[408] DR I Série-A, n.º 110, de 13-Mai.-2003, 3065.

25.4.3. *Conta poupança-emigrante*

Visto e aprovado em Conselho de Ministros de 3 de Abril de 2003. – José Manuel Durão Barroso – Maria Manuela Dias Ferreira Leite.

Promulgado em 24 de Abril de 2003.
Publique-se.
O Presidente da República, JORGE SAMPAIO.

Referendado em 29 de Abril de 2003.
O Primeiro-Ministro, *José Manuel Durão Barroso.*

25.4.4. *Texto actualizado do Decreto-Lei n.° 323/95, de 29 de Novembro*

CAPÍTULO I
Sistema poupança-emigrante

ARTIGO 1.°
Contas de emigrantes

Para além das contas que podem livremente abrir, os emigrantes portugueses podem ser titulares de contas especiais denominadas "conta-emigrante".

ARTIGO 2.°
Empréstimos a emigrantes

Para além dos empréstimos que podem livremente contratar, os emigrantes portugueses podem beneficiar de empréstimos especiais denominados "empréstimo de poupança-emigrante".

ARTIGO 3.°
Definição de emigrante

1 – Consideram-se emigrantes portugueses, para efeitos do presente diploma, os cidadãos portugueses que tiverem deixado o território nacional para, no estrangeiro, exercerem uma actividade remunerada e aí residirem com carácter permanente, bem como[409]:
   a) Aqueles que, após a emigração, tenham adquirido outra nacionalidade e continuem a residir no estrangeiro, aí exercendo a sua actividade;
   b) Os descendentes em 1.° grau de emigrantes portugueses, tenham estes mantido ou não a nacionalidade portuguesa, desde que aqueles residam no estrangeiro e aí exerçam uma actividade remunerada;
   c) Os trabalhadores temporários que, pela legislação do país de acolhimento, não possam obter o estatuto de emigrante e que, num período de 12 meses, permaneçam nesse país pelo menos por 6 meses, consecutivos ou interpolados;

---

[409] O corpo do artigo vem, por lapso, identificado como n.° 1; efectivamente, não há outro.

d) Os portugueses trabalhadores do mar que se encontrem fora de Portugal ao serviço de barcos estrangeiros e que num período de 12 meses permaneçam no exercício dessa actividade pelo menos por 6 meses, consecutivos ou interpolados;

e) Os cidadãos portugueses residentes no território de Macau por um período mínimo de seis meses e que ali exerçam funções públicas ou qualquer outra actividade remunerada[410]*;*

f) Os pensionistas e reformados que tenham sido emigrantes portugueses, bem como os respectivos cônjuges, ou que vivam em condições análogas às dos cônjuges, todos desde que aufiram pensões ou rendimentos similares pagos pelo país de imigração.

ARTIGO 4.º
Finalidades

O sistema de poupança-emigrante visa financiar no território nacional:
a) A construção, a aquisição ou a benfeitoria de prédios urbanos, ou suas fracções autónomas, destinados ou não a habitação própria, bem como a aquisição ou benfeitoria de prédios rústicos destinados a exploração própria, a construção ou a rendimento;
b) A instalação ou o desenvolvimento de actividades industriais, agro-pecuárias ou piscatórias, inclusivamente através da realização, aquisição ou aumento de capital social.

ARTIGO 5.º
Sucessão *mortis causa*

No prazo de um ano a contar da abertura da herança, os herdeiros legitimários do emigrante são admitidos a exercer os direitos e as faculdades previstos no presente diploma.

ARTIGO 6.º
Instituições intervenientes

1 – Podem receber depósitos e conceder empréstimos ao abrigo do sistema de poupança-emigrante os bancos e a Caixa Geral de Depósitos, S.A..

2 – Podem ainda praticar as operações referidas no número anterior a Caixa Central de Crédito Agrícola Mútuo, bem como as caixas económicas e as caixas de crédito agrícola mútuo, desde que apresentem condições financeiras e de organização adequadas e obtenham a respectiva autorização do Banco de Portugal.

---

[410] Revogada pelo artigo 2.º do Decreto-Lei n.º 99/2003, de 13 de Maio; mantém-se a sua inserção no texto, em itálico.

CAPÍTULO II
Conta-emigrante

ARTIGO 7.º[411]
Natureza

A conta especial denominada 'conta-emigrante' pode ser expressa em euros ou em moeda estrangeira, sendo-lhe aplicável o regime geral das contas de depósito, salvo o disposto nos artigos seguintes.

ARTIGO 8.º
Abertura e titularidade

1 – A abertura e a manutenção da conta-emigrante dependem da comprovação, anual e perante a instituição de crédito respectiva, de que o interessado é emigrante ou deixou de o ser há menos de seis meses.

2 – A conta-emigrante só pode ser co-titulada pelo cônjuge, ou por quem viva com o emigrante em condições análogas à do cônjuge, ou pelos filhos.

3 – Sem prejuízo do disposto no presente diploma, cada emigrante pode ser titular de várias contas-emigrante, podendo também utilizá-las simultânea ou sucessivamente.

ARTIGO 9.º
Movimentação

1 – Os tipos de movimentos a crédito no âmbito de uma conta-emigrante são objecto de portaria do Ministro das Finanças, ouvido o Banco de Portugal, sendo livres os movimentos a débito.

2 – Os titulares das contas-emigrante podem autorizar a movimentação das contas a débito por pessoas residentes em território nacional.

ARTIGO 10.º
Remuneração

A taxa de juro aplicável à conta-emigrante é livremente negociável entre a instituição depositária e o depositante.

---

[411] Redacção dada pelo artigo 1.º do Decreto-Lei n.º 99/2003, de 13 de Maio. A redacção anterior era a seguinte:
A conta especial denominada "conta-emigrante" pode ser expressa em escudos ou em moeda estrangeira, sendo-lhe aplicável o regime geral das contas de depósito, salvo o disposto nos artigos seguintes.

CAPÍTULO III
Empréstimos de poupança-emigrante

ARTIGO 11.º
Concessão de empréstimos

1 – A concessão de empréstimo de poupança-emigrante depende da titularidade pelo respectivo beneficiário de uma conta-emigrante.

2 – Para efeitos da concessão do empréstimo de poupança-emigrante, a conta-emigrante deve dispor de um saldo de permanência não inferior a seis meses, nos termos do n.º 3 do artigo seguinte.

3 – Consideram-se integrados no saldo de permanência, para efeitos do número anterior e do n.º 3 do artigo seguinte, os montantes comprovadamente mobilizados pelo respectivo titular como sinal ou antecipação de pagamento das operações referidas no artigo 4.º deste diploma, desde que tais montantes tenham permanecido na conta-emigrante durante, pelo menos, seis meses [412].

ARTIGO 12.º [413]
Limites

1 – Os empréstimos concedidos a cada emigrante, nos termos do presente diploma, não podem exceder, no seu conjunto, um montante a fixar em portaria do Ministro das Finanças, ouvido o Banco de Portugal.

2 – São considerados, para efeitos do número anterior, os empréstimos de poupança-crédito e empréstimos de poupança-emigrante já outorgados à data da entrada em vigor do presente diploma.

3 – Sem prejuízo do limite global fixado nos termos do n.º 1, o montante dos empréstimos de poupança-emigrante não pode exceder o dobro do saldo ou dos saldos das contas-emigrante do mesmo titular.

4 – A formalização dos empréstimos de poupança-emigrante deve ser comunicada ao Banco de Portugal pelas instituições mutuantes, para efeitos de fiscalização do cumprimento do limite estabelecido no n.º 1, nos termos definidos para a centralização de riscos de crédito, aplicando-se o disposto no artigo 16.º relativamente a quaisquer empréstimos que ultrapassem aquele limite."

---

[412] Aditado pelo artigo 1.º do Decreto-Lei n.º 65/96, de 31 de Maio.

[413] Redacção dada pelo artigo 1.º do Decreto-Lei n.º 99/2003, de 13 de Maio. A redacção anterior era a seguinte:
1 – ...
2 – ...
3 – ...
4 – A formalização de qualquer empréstimo deve ser comunicada pelas instituições mutuantes ao Banco de Portugal no prazo de cinco dias úteis, para efeitos de fiscalização do cumprimento do estabelecido no n.º 1, aplicando-se o disposto no artigo 16.º relativamente a quaisquer empréstimos que ultrapassem os limites estabelecidos no mesmo n.º 1.

Texto actualizado do Decreto-Lei n.º 323/95, de 29 de Novembro   **25.4.4.**

ARTIGO 13.º
Remuneração

A taxa de juro aplicável ao empréstimo de poupança-emigrante é livremente negociável entre a instituição de crédito e o mutuário.

ARTIGO 14.º
Regulamentação

1 – A moeda ou moedas de contratação, o prazo máximo dos empréstimos e as demais condições a praticar pelas instituições, bem como os termos do pagamento da bonificação da taxa de juro, são objecto de portaria do Ministro das Finanças, ouvido o Banco de Portugal.

2 – As dotações necessárias ao pagamento das bonificações da taxa de juro são inscritas no orçamento do Ministério das Finanças.

ARTIGO 15.º
Utilização obrigatória do saldo

Uma parte do saldo da conta-emigrante correspondente a, pelo menos, 25% do empréstimo que for concedido será obrigatoriamente utilizada no financiamento do investimento objecto do empréstimo de poupança-emigrante.

ARTIGO 16.º
Utilização irregular do empréstimo

Sem prejuízo de outras sanções legalmente aplicáveis, a utilização da quantia mutuada por forma ou para fins diversos dos legal e contratualmente previstos determina o vencimento imediato do empréstimo e, bem assim, a perda e a restituição dos benefícios auferidos pelo mutuário.

CAPÍTULO IV
Disposições finais

ARTIGO 17.º[414]
Regime transitório

1 – Os regimes de abertura de contas especiais de depósito e da concessão de

---

[414] Revogado pelo artigo 2.º do Decreto-Lei n.º 99/2003, de 13 de Maio; mantém-se a sua inserção no texto, em itálico. A redacção deste preceito havia sido alterada pelo artigo 2.º do Decreto-Lei n.º 65/96, de 31 de Maio. A redacção anterior era a seguinte:

empréstimos estabelecidos pelo presente diploma aplicam-se a todas as operações de depósito ou de crédito efectuadas depois da entrada em vigor do mesmo.

2 – Em derrogação ao estabelecido no número anterior, o disposto nos n.ºs 2 e 3 do artigo 11.º só é aplicável aos empréstimos de poupança-emigrante concedidos 11 meses após a entrada em vigor do presente diploma, aplicando-se até essa data o disposto no n.º 2 do artigo 8.º do Decreto-Lei n.º 140-A/86, de 14 de Junho, na redacção introduzido pelo Decreto-Lei n.º 357-A/86, de 25 de Outubro.

3 – A conta poupança-emigrante e a conta em moeda estrangeira, criadas nos termos do Decreto-Lei n.º 140-A/86, de 14 de Junho, passam, para todos os efeitos legais, a denominar-se conta-emigrante.

4 – As contas acessíveis a residentes, criadas nos termos do Decreto-Lei n.º 140-A/86, de 14 de Junho, consideram-se extintas no prazo de seis meses a partir da entrada em vigor do presente diploma.

5 – Sem prejuízo do disposto no número anterior, os saldos das contas relativos a valores provenientes do exterior podem, no mesmo prazo, ser transferidos para o crédito das contas-emigrante previstas no presente diploma, mantendo-se as condições anteriormente acordadas.

ARTIGO 18.º
Revogações

1 – São revogados:
a) O Decreto-Lei n.º 140-A/86, de 14 de Junho;
b) A Portaria n.º 288-A/86, de 18 de Junho.

2 – Mantém-se em vigor o artigo 7.º do Decreto-Lei n.º 540/76, de 9 de Julho, na redacção que lhe foi dada pelo Decreto-Lei n.º 316/79, de 21 de Agosto.

Artigo 17.º
Regime transitório

1 – ...

2 – A conta poupança-emigrante e a conta em moeda estrangeira, criadas nos termos do Decreto-Lei n.º 140-A/86, de 14 de Junho, passam, para todos os efeitos legais, a denominar-se conta-emigrante.

3 – As contas acessíveis a residentes, criadas nos termos do Decreto-Lei n.º 140-A/86, de 14 de Junho, consideram-se extintas no prazo de seis meses a partir da entrada em vigor do presente diploma.

4 – Sem prejuízo do disposto no número anterior, os saldos das contas relativos a valores provenientes do exterior podem, no mesmo prazo, ser transferidos para o crédito das contas-emigrante previstas no presente diploma, mantendo-se as condições anteriormente acordadas.

25.4.5. Portaria n.º 909/2003, de 29 de Agosto [415]

O sistema poupança-emigrante rege-se, actualmente, pelo Decreto-Lei n.º 323/95, de 29 de Novembro, com as alterações introduzidas pelos Decretos-Leis n.ºs 65/96, de 31 de Maio, e 99/2003, de 13 de Maio, tendo sido regulamentado pela Portaria n.º 1476/95, de 23 de Dezembro, na redacção dada pela Portaria n.º 1319/2001, de 30 de Novembro.

A publicação do Decreto-Lei n.º 99/2003, de 13 de Maio, conduz à introdução de alterações na portaria acima referida, tendo-se aproveitado igualmente para, através de alguns ajustamentos, aproximar as regras relativas à bonificação dos empréstimos poupança-emigrante às dos restantes regimes bonificados.

Razões de ordem sistemática e de segurança jurídica aconselham a elaboração de uma nova portaria regulamentadora das condições dos empréstimos de poupança-emigrante, sem prejuízo de se manterem as disposições da anterior portaria que continuam a ter actualidade.

Assim:

Ouvido o Banco de Portugal, manda o Governo, pela Ministra de Estado e das Finanças, o seguinte:

1.º – *a*) A qualidade de emigrante deve ser comprovada, perante a instituição de crédito respectiva, através da exibição conjunta de documentos devidamente actualizados que comprovem o exercício de uma actividade remunerada e certifiquem a residência com carácter permanente no estrangeiro.

b) Na impossibilidade da apresentação dos documentos a que alude o número anterior, deve exigir-se a certificação, pela respectiva autoridade diplomática ou consular portuguesa, de que o interessado exerce actividade remunerada nesse país e de que aí reside há mais de seis meses, de forma consecutiva ou interpolada.

c) A qualidade de emigrante pode ser certificada pela Direcção-Geral dos Assuntos Consulares e Comunidades Portuguesas, quando no país onde reside ou donde procede o emigrante não exista autoridade consular portuguesa.

d) A comprovação da qualidade de emigrante dos pensionistas e reformados é feita através da apresentação de documentos justificativos do pagamento das pensões ou outros rendimentos similares.

e) Em caso de prova insuficiente ou que suscite dúvidas, a instituição de crédito deve recusar a qualificação de emigrante.

---

[415] DR I Série-B, n.º 199, de 29-Ago.-2003, 5744-5746.

25.4.5. *Conta poupança-emigrante*

f) A instituição de crédito deve arquivar os originais dos documentos apresentados ou, caso os mesmos sejam indispensáveis ao interessado, a respectiva fotocópia autenticada por dois empregados da referida instituição.

2.º As contas-emigrante só podem ser creditadas com:

a) Moeda estrangeira ou euros, desde que sejam entregues por titular da conta e resultem de rendimentos auferidos no estrangeiro, o que implica a passagem, pelo depositante, de declaração formal desse facto;

b) Outros meios de pagamento, nomeadamente transferências bancárias do exterior, cheques sobre praças estrangeiras e vales postais internacionais, em euros ou em moeda estrangeira, de que o respectivo titular seja portador ou beneficiário;

c) Transferências de contas abertas no sistema bancário português, em nome do mesmo titular, e comprovadamente alimentadas com remessas do exterior;

d) Transferências de outras contas-emigrante detidas pelo mesmo titular;

e) Importâncias pagas em Portugal, a título de vencimentos, por entidades domiciliadas em território nacional, a trabalhadores portugueses:
  i) Deslocados no estrangeiro ao serviço de entidades nacionais;
  ii) Deslocados no estrangeiro ou embarcados em navios estrangeiros ao serviço de empresas estrangeiras, cujas entidades pagadoras hajam recebido antecipadamente do exterior o montante devido a esses trabalhadores;

f) Juros vencidos dessas contas.

3.º – *a)* Os empréstimos de poupança-emigrante podem ser denominados nas seguintes moedas: euro, restantes moedas dos Estados membros da União Europeia, franco suíço, dólar dos Estados Unidos da América, dólar canadiano e dólar australiano.

b) O capital em dívida de todos os empréstimos de poupança-crédito e de poupança-emigrante concedidos a um mesmo emigrante não podem exceder (euro) 150 000.

c) Para efeito do cálculo do contravalor em euros do empréstimo, utiliza-se a taxa de câmbio de referência do BCE para a moeda do empréstimo no último dia do mês anterior ao da contratação.

d) O prazo máximo dos empréstimos de poupança-emigrante é de 20 anos a contar da data da primeira utilização do capital mutuado.

e) A taxa de juro contratual bem como a periodicidade do pagamento dos juros e da amortização de capital são livremente negociadas entre as partes.

f) Os empréstimos podem ter um período de utilização até dois anos durante o qual apenas são devidos juros, determinados pelo método das taxas proporcionais.

g) No caso previsto na alínea anterior, o período de amortização dos empréstimos só se inicia após o termo do período de contagem de juros e da última utilização do capital mutuado.

h) O reembolso dos empréstimos é efectuado em prestações de capital e juros, iguais e sucessivas, aplicando-se o método das taxas equivalentes.

4.º – *a)* Os empréstimos poupança-emigrante beneficiam de uma bonificação concedida pelo Estado de 25% da taxa de referência para o cálculo das bonificações (TRCB), criada pelo Decreto-Lei n.º 359/89, de 18 de Outubro, ou da taxa de juro contratual quando esta for inferior.

b) A bonificação dos juros é calculada sobre o capital em dívida no início de cada período de contagem de juros.

c) Sempre que se verifique uma variação de taxa de juro contratual dos empréstimos ou da TRCB, a nova taxa é aplicada a partir do início do período seguinte de contagem de juros.

d) O pagamento das bonificações é efectuado pela Direcção-Geral do Tesouro de acordo com as instruções dirigidas às instituições de crédito.

e) A bonificação é atribuída nos termos legalmente estabelecidos, enquanto se verificar o cumprimento de todas as obrigações contratualmente assumidas pelos mutuários.

5.º Existindo outros incentivos financeiros atribuíveis, deve o emigrante optar entre eles e o benefício previsto no n.º 4.º.

6.º Os empréstimos são garantidos, consoante os casos, por hipoteca ou outras garantias consideradas adequadas ao risco do empréstimo pela instituição de crédito mutuante.

7.º A utilização do empréstimo deve ser condicionada à verificação do grau de execução das obras ou do projecto de investimento.

8.º O pedido de concessão de empréstimo para aquisição de terreno destinado a construção deve ser instruído, designadamente, com uma declaração de compromisso de que o início dessa construção ocorre no prazo máximo de dois anos após a respectiva aquisição.

9.º Sempre que se verifique a transferência de empréstimo para outra instituição de crédito, o montante do novo empréstimo não pode ser superior ao capital em dívida na data da alteração nem o respectivo prazo exceder o prazo remanescente do empréstimo inicial.

10.º As instituições mutuantes devem certificar-se da regular utilização dos empréstimos concedidos.

11.º É revogada a Portaria n.º 1476/95, de 23 de Dezembro.

A Ministra de Estado e das Finanças, *Maria Manuela Dias Ferreira Leite*, em 13 de Agosto de 2003.

25.4.6. Decreto-Lei n.° 198/2001, de 3 de Julho[416]

O Código do Imposto sobre o Rendimento das Pessoas Singulares, o Código do Imposto sobre o Rendimento das Pessoas Colectivas e o Estatuto dos Benefícios Fiscais foram aprovados, respectivamente, pelos Decretos-Leis n.os 442-A/88, de 30 de Novembro, 442-B/88, de 30 de Novembro, e 215/89, de 1 de Julho.

Ao longo de mais de uma década, cada um destes diplomas, estruturantes da tributação do rendimento, foi objecto de dezenas de alterações e aditamentos, o que dificulta o conhecimento e interpretação do quadro legal por parte dos sujeitos passivos de imposto, num ramo de direito em que a certeza e a segurança jurídicas se revelam essenciais ao correcto cumprimento das obrigações legais.

Por outro lado, a entrada em vigor da Lei n.° 30-G/2000, de 29 de Dezembro, que reforma a tributação do rendimento e adopta medidas destinadas a combater a evasão e fraude fiscais, veio tornar não apenas útil, mas indispensável, a revisão daqueles diplomas, para os dotar de melhor sistematização e coerência interna.

A Lei n.° 30-G/2000, no seu artigo 17.°, autoriza o Governo a rever globalmente a redacção dos Códigos do IRS e do IRC, do Estatuto dos Benefícios Fiscais e da demais legislação que disponha sobre regimes de benefícios fiscais, tendo em conta as alterações decorrentes da execução daquela lei.

Com a presente revisão global dos articulados dos referidos Códigos e do Estatuto dos Benefícios Fiscais são assim criadas condições de maior clareza, segurança e estabilidade para o conhecimento das normas fiscais, seja do ponto de vista da administração fiscal, seja do ponto de vista dos sujeitos passivos de imposto.

Assim:

No uso da autorização legislativa concedida pelo artigo 17.° da Lei n.° 30-G/2000, de 29 de Dezembro, e nos termos das alíneas *a*) e *b*) do n.° 1 do artigo 198.° da Constituição, o Governo decreta o seguinte:

ARTIGO 1.°
Objecto

É aprovada a revisão do Código do Imposto sobre o Rendimento das Pessoas Singulares, aprovado pelo Decreto-Lei n.° 442-A/88, de 30 de Novembro, do Código do Imposto sobre o Rendimento das Pessoas Colectivas, aprovado pelo Decreto-Lei n.° 442-B/88, de 30 de Novembro, e do Estatuto dos Benefícios Fiscais, aprovado

---

[416] DR I Série-A, n.° 152, de 3-Jul.-2001, 3923-4013.

pelo Decreto-Lei n.º 215/89, de 1 de Julho, publicando-se em anexo ao presente decreto-lei os correspondentes articulados, que dele fazem parte integrante.

ARTIGO 2.º
Remissões

Todas as remissões para preceitos do Código do Imposto sobre o Rendimento das Pessoas Singulares, do Código do Imposto sobre o Rendimento das Pessoas Colectivas e do Estatuto dos Benefícios Fiscais na redacção anterior à da revisão a que ora se procede consideram-se efectuadas para as disposições correspondentes resultantes da nova redacção, salvo se do contexto resultar interpretação diferente.

ARTIGO 3.º
Disposição transitória

Até à entrada em vigor do regime de preços de transferência, tal como prevista no n.º 1 do artigo 7.º da Lei n.º 30-G/2000, de 29 de Dezembro, mantêm-se em vigor as regras procedimentais anteriormente estipuladas para os casos de correcção da matéria colectável nas situações de relações especiais.

ARTIGO 4.º
Revogação

São revogados os artigos 5.º, 9.º e 10.º do Decreto-Lei n.º 215/89, de 1 de Julho.

Visto e aprovado em Conselho de Ministros de 26 de Abril de 2001. – António Manuel de Oliveira Guterres – Guilherme d'Oliveira Martins – Joaquim Augusto Nunes Pina Moura.

Promulgado em 18 de Junho de 2001.
Publique-se.
O Presidente da República, JORGE SAMPAIO.

Referendado em 21 de Junho de 2001.
O Primeiro-Ministro, *António Manuel de Oliveira Guterres*.

(...)

CAPÍTULO II
Benefícios à poupança

(...)

ARTIGO 20.º
Conta-emigrante

1 – A taxa do IRS incidente sobre os juros de depósitos a prazo produzidos por conta-emigrante é de 57,5% da taxa a que se refere a alínea a) do n.º 3 do artigo 71.º do Código do IRS.

2 – Ficam isentos do imposto sobre as sucessões e doações as transmissões por morte a favor dos legítimos herdeiros, os saldos e os certificados de depósito, à data da abertura da herança do titular da conta-emigrante, constituída nos termos legais, com o limite das contas poupança-reformados.

(...)

25.5. CONTA POUPANÇA-HABITAÇÃO

25.5.1. Decreto-Lei n.º 27/2001, de 3 de Fevereiro[417]

A aquisição de habitação própria constitui um importante motivo de poupança das famílias. Todavia, os efeitos sobre a procura interna da expansão do sector habitacional não poderão deixar de ter em conta a necessidade de preservação dos principais equilíbrios macroeconómicos.

Assumindo, no presente enquadramento macroeconómico, especial relevância o reforço da poupança, entendeu o Governo associar esse reforço à satisfação de um objectivo fundamental das famílias: o acesso à habitação. As contas poupança-habitação constituem um instrumento particularmente adequado à conciliação daqueles fins. Por isso se entendeu oportuno alargar as suas potencialidades através da introdução de estímulos adicionais à poupança prévia.

O actual regime em vigor desde 1989 por si só justifica uma alteração de forma a melhor coaduná-lo com a actual situação económica de Portugal.

Assim, no uso da autorização legislativa concedida pela alínea *a*) do n.º 2 do artigo 56.º da Lei n.º 3-B/2000, de 4 de Abril, e nos termos da alínea *b*) do n.º 1 do artigo 198.º da Constituição, o Governo decreta o seguinte:

(O texto actualizado do Decreto-Lei n.º 27/2001, de 3 de Fevereiro, é abaixo publicado)

Visto a aprovado em Conselho de Ministros de 21 de Dezembro de 2000. – *Jaime José Matos da Gama – Jorge Paulo Sacadura Almeida Coelho – Joaquim Augusto Nunes Pina Moura – António Luís Santos Costa.*

Promulgado em 15 de Janeiro de 2001.
Publique-se.
O Presidente da República, JORGE SAMPAIO.

Referendado em 25 de Janeiro de 2001.
O Primeiro-Ministro, *António Manuel de Oliveira Guterres.*

---

[417] DR I Série-A, n.º 29, de 3-Fev.-2001, 585-587.

25.5.2. *Lei n.º 107-B/2003, de 31 de Dezembro*[418]

Orçamento do Estado para 2004

A Assembleia da República decreta, nos termos da alínea *g*) do artigo 161.º da Constituição, para valer como lei geral da República, o seguinte:

(...)

ARTIGO 43.º
**Alterações ao Estatuto do Mecenato
e ao Regime de Contas Poupança-Habitação**

(...)
2 – O artigo 5.º do Decreto-Lei n.º 27/2001, de 3 de Fevereiro, passa a ter a seguinte redacção:

(A alteração foi inserida no texto actualizado do Decreto-Lei n.º 27/2001, de 3 de Fevereiro, abaixo publicado)

(...)

ARTIGO 72.º
Entrada em vigor

A presente lei entra em vigor no dia 1 de Janeiro de 2004.

Aprovada em 21 de Novembro de 2003.
O Presidente da Assembleia da República, *João Bosco Mota Amaral*.

Promulgada em 19 de Dezembro de 2003.
Publique-se.
O Presidente da República, JORGE SAMPAIO.

Referendada em 19 de Dezembro de 2003.
O Primeiro-Ministro, *José Manuel Durão Barroso*.

---

[418] DR I Série-A, n.º 301, 2.º Suplemento, de 31-Dez.-2003, 8778-(160)-8778-(685).

25.5.3. *Texto actualizado do Decreto-Lei n.º 27/2001, de 3 de Fevereiro*

ARTIGO 1.º
Instituições depositárias

As instituições de crédito podem abrir contas de depósito a prazo com o regime estabelecido no presente diploma, denominadas "contas poupança-habitação".

ARTIGO 2.º
Depositantes

1 – As contas poupança-habitação podem ser constituídas por pessoas singulares, quer em contas individuais quer em contas colectivas, solidárias ou conjuntas.

2 – As contas poupança-habitação podem ainda ser constituídas por menores, através dos seus representantes legais.

ARTIGO 3.º
Prazo contratual mínimo e montantes

1 – A conta poupança-habitação constitui-se pelo prazo contratual mínimo de um ano, renovável por iguais períodos de tempo, podendo o seu titular efectuar entregas ao longo de cada prazo anual, nos termos que tiverem sido acordados com as instituições de crédito.

2 – As instituições de crédito podem, dentro dos limites e regras a fixar por portaria conjunta dos Ministros das Finanças a do Equipamento Social, estipular montantes mínimos ou máximos para abertura das contas poupança-habitação a para as entregas subsequentes, bem como a periodicidade destas últimas e a sua rigidez ou flexibilidade.

ARTIGO 4.º
Regime de juros

1 – Os juros são liquidados, relativamente a cada conta de depósito:
 a) No fim de cada prazo anual, por acumulação ao capital depositado;
 b) No momento da mobilização do depósito, sendo então contados à taxa proporcional e devidos até essa data, sem qualquer penalização.

25.5.3.   *Conta poupança-habitação*

2 – Os juros produzidos pelas entregas ao longo de cada prazo anual são calculados à taxa proporcional.

ARTIGO 5.º[419]
Mobilização do saldo

1 – O saldo das contas poupança-habitação pode ser mobilizado pelos seus titulares, quando haja decorrido o primeiro prazo contratual, desde que os montantes mobilizados tenham respeitado o prazo contratual mínimo de um ano de imobilização, e para os seguintes fins[420]:
 a) Aquisição, construção, recuperação, beneficiação ou ampliação de prédio ou fracções de prédio para habitação própria e permanente ou para arrendamento;
 b) Realização de entregas a cooperativas de habitação e construção para aquisição quer de terrenos destinados a construção, quer de fogos destinados a habitação própria permanente;
 c) Amortizações extraordinárias de empréstimos, considerando-se como tais as amortizações antecipadas e não programadas, desde que contraídos e destinados aos fins referidos nas alíneas anteriores.

2 – A mobilização do saldo das contas deverá ser realizada por meio de cheque ou ordem de pagamento, emitidos a favor do vendedor, do construtor, da cooperativa de que o titular seja sócio, ou do credor do preço de venda dos materiais ou serviços no caso de construção de habitação própria por administração directa do titular da conta, devendo ser apresentados à instituição depositária, no prazo de 60 dias a contar da data de mobilização do saldo, os originais dos documentos comprovativos dos pagamentos efectuados, que serão devolvidos aos titulares das contas com a indicação da data, montante e número da conta utilizada.

3 – A todo o tempo é permitido ao titular de uma conta poupança-habitação comunicar à instituição depositária a alteração dos objectivos que se propôs com a abertura da conta.

ARTIGO 6.º
Mobilização para outros fins

1 – Se o saldo da conta poupança-habitação for aplicado em qualquer finalidade diferente das previstas no n.º 1 do artigo anterior ou dele forem levantados fundos antes de decorridos os prazos ali previstos, aplicar-se-ão as regras vigentes na

---

[419] Redacção dada pela Lei n.º 107-B/2003, de 31 de Dezembro. A redacção original era a seguinte:
1 – ...
 c) Amortizações de empréstimos contraídos e destinados aos fins referidos nas alíneas anteriores.
2 – ...
3 – ...

[420] Declaração de Rectificação n.º 10-A/2001, de 30 de Abril, DR I Série-A, n.º 100, Suplemento, 2450-(8). O original referia "um ano de imobilização, a para os".

instituição depositária para depósitos a prazo superior a um ano, sendo anulado o montante dos juros vencidos e creditados que corresponda à diferença de taxas.

2 – Sem prejuízo do disposto no número anterior, desde que o remanescente, sem incluir os juros creditados, exceda os montantes mínimos fixados pela instituição depositária, o titular pode continuar com a conta poupança-habitação, mantendo-se a certeza do empréstimo.

3 – Se o saldo das contas poupança-habitação for levantado, parcial ou totalmente, por ter ocorrido a morte de qualquer titular ou de um dos progenitores dos menores mencionados no n.º 2 do artigo 2.º, não há lugar à perda dos benefícios a que se referem os artigos 4.º e 11.º.

4 – Poderão igualmente ser mantidos todos os benefícios no caso de o saldo de uma conta poupança-habitação ser integralmente transferido para outra conta da mesma natureza em instituição de crédito distinta, tendo em vista o definido no n.º 2 do artigo seguinte.

ARTIGO 7.º
Empréstimo pela instituição depositária

1 – Os titulares das contas poupança-habitação podem recorrer a crédito, junto da instituição depositária, para os fins previstos no n.º 1 do artigo 5.º, podendo a instituição depositária exigir declaração formal dessa intenção no momento da abertura da conta.

2 – Os empréstimos podem ser concedidos a um ou dois titulares de contas poupança-habitação, ainda que uma das contas tenha sido constituída em instituição de crédito distinta, desde que se processe a transferência referida no n.º 4 do artigo anterior com o acordo da instituição a quem é solicitado o empréstimo.

3 – Aos empréstimos solicitados, e sem prejuízo do especificamente previsto no presente diploma, aplicam-se as disposições do regime de crédito jovem bonificado e do crédito bonificado e do regime geral de crédito, conforme os casos.

ARTIGO 8.º
Certeza de empréstimo para contas com mais de três anos

1 – Aos titulares de contas poupança-habitação constituídas há mais de três anos e que pretendam mobilizar o saldo da conta para fins de aquisição, construção ou beneficiação de habitação própria permanente é garantido o direito à concessão de um empréstimo.

2 – O montante dos empréstimos a conceder nos termos do número anterior:
   a) Será determinado em função de regras estabelecidas no contrato de abertura da conta poupança-habitação, tendo em conta o ritmo, o valor e a regularidade das entregas do titular da conta;
   b) Não poderá ser superior à diferença entre o valor da habitação a adquirir ou da obras projectadas, segundo avaliação das próprias instituições de crédito,

25.5.3. *Conta poupança-habitação*

ou o preço, se este for menor, e o saldo das contas poupança-habitação à data da concessão dos empréstimos;

c) Não poderá, no regime de crédito bonificado, implicar uma primeira prestação que corresponda a uma taxa de esforço superior a um terço do duodécimo do rendimento anual bruto do agregado familiar.

3 – O disposto no número anterior não pode prejudicar a correcta ponderação dos riscos de crédito para fins de decisão sobre as operações de empréstimo à habitação.

4 – Salvaguardado o disposto nos números anteriores, deve a instituição depositária conceder o financiamento, disponibilizando o dinheiro, no prazo máximo de um mês a partir do momento em que se encontrem cumpridas todas as formalidades legais para a realização do empréstimo.

5 – Se a instituição depositária, por motivos de insuficiência ocasional de meios financeiros disponibilizáveis para o efeito, não estiver em condições de o aprovar, pode esta conceder o empréstimo com contrapartida num financiamento intercalar do mesmo montante a conceder pelo Fundo de Estabilização Financeira da Segurança Social (FEFSS).

ARTIGO 9.º
Condições de financiamento pelo FEFSS

As condições do financiamento referido na parte final do n.º 5 do artigo anterior serão as seguintes:

a) Prazo de nove meses, ao longo dos quais a instituição de crédito terá de substituir o financiamento intercalar pelo empréstimo definitivo;
b) Taxa de juro igual à taxa contratual praticada pela instituição depositária nos empréstimos à habitação deduzida de meio ponto percentual.

ARTIGO 10.º
Fixação e publicitação das condições

As instituições de crédito devem fixar e tornar públicas as condições da conta poupança-habitação, designadamente os seguintes elementos:

a) Montantes mínimos ou máximos e periodicidades, rígidos ou flexíveis, prefixados ou não;
b) Montante dos empréstimos em função do saldo da conta poupança-habitação;
c) Taxa efectiva de remuneração bruta anual da conta poupança-habitação, calculada como taxa equivalente e tendo em consideração a periodicidade das entregas, cujos pressupostos a instituição de crédito explicitará.

ARTIGO 11.º
Benefícios fiscais e parafiscais

Desde que o saldo da conta poupança-habitação seja mobilizado para os fins

previstos no n.º 1 do artigo 5.º, às contas poupança-habitação aplicam-se os seguintes benefícios:
 a) Os benefícios previstos no artigo 38.º do Estatuto dos Benefícios Fiscais;
 b) Os encargos dos actos notariais e do registo predial respeitantes à aquisição ou construção de habitação própria permanente são reduzidos em um meio, beneficiando a prática de tais actos de um regime de prioridade ou urgência gratuita[421].

ARTIGO 12.º
Legislação revogada e normas transitórias

1 – São revogados o Decreto-Lei n.º 382/89, de 6 de Novembro, e a Portaria n.º 214/94, de 12 de Abril.

2 – As contas poupança-habitação constituídas ao abrigo de legislação anterior passam a reger-se pelo presente diploma, sem prejuízo dos direitos adquiridos, de acordo com as seguintes disposições transitórias:
 a) Para efeito do prazo a que se refere o n.º 1 do artigo 3.º considera-se a data de abertura da conta;
 b) Para efeitos da certeza do empréstimo prevista no n.º 1 do artigo 8.º, o prazo aí definido é determinado através da consideração cumulativa dos seguintes períodos:

O período decorrido desde a data de abertura da conta até à data da publicação do presente diploma;

O período posterior ao acordo formal do titular da conta relativamente às entregas mínimas e sua periodicidade, estabelecidas pela instituição depositária, período este que não poderá nunca ser inferior a seis meses.

---

[421] Declaração de Rectificação n.º 10-A/2001, de 30 de Abril, DR I Série-A, n.º 100, Suplemento, 2450-(8). O original referia apenas "aquisição de habitação".

25.5.4. *Lei n.º 32-B/2002, de 30 de Dezembro*[422]

(...)

ARTIGO 18.º
Conta poupança-habitação

1 – Para efeitos de IRS, são dedutíveis à colecta, nos termos e condições previstos no artigo 78.º do respectivo Código, 25% das entregas feitas em cada ano para depósito em contas poupança-habitação, com o limite de (euro) 575,57, desde que o saldo seja mobilizado para os fins previstos no n.º 1 do artigo 5.º do Decreto-Lei n.º 27/2001, de 3 de Fevereiro, e se mostrem decorridos os prazos ali estabelecidos.

2 – A utilização para outros fins que não os referidos no número anterior, ou antes de decorrido o prazo estabelecido, do saldo da conta poupança-habitação determina o seguinte:
   a) A soma dos montantes anuais deduzidos, na proporção do saldo utilizado, agravados de uma importância correspondente à aplicação a cada um deles do produto de 10% por cada ano ou fracção decorrido desde aquele em que foi exercido o direito à dedução, é acrescida, consoante os casos, ao rendimento ou à colecta do ano em que ocorrer a imobilização;
   b) Exceptuam-se da alínea anterior os montantes anuais deduzidos correspondentes ao saldo da conta poupança-habitação anteriormente utilizado para os fins previstos no n.º 1 do artigo 5.º do Decreto-Lei n.º 27/2001, de 3 de Fevereiro, e desde que decorrido o prazo ali estabelecido.

3 – Ficam isentas de imposto sobre as sucessões e doações as transmissões por morte a favor do cônjuge sobrevivo e dos filhos ou dos adoptados, no caso de adopção plena, do saldo das contas poupança-habitação, desde que o mesmo venha a ser mobilizado para os fins referidos no artigo 5.º do Decreto-Lei n.º 27/2001.

4 – Nos casos em que o saldo da conta a que se refere o número anterior seja utilizado para outros fins que não os ali referidos, fica sem efeito a isenção, observando-se o que se prescreve no Código do Imposto Municipal de Sisa e do Imposto sobre as Sucessões e Doações para a liquidação e cobrança do respectivo imposto, acrescido dos juros compensatórios que se mostrem devidos.

---

[422] O Decreto-Lei n.º 32-B/2002, de 30 de Dezembro, foi publicado acima no n.º 25.3.4.; cf., aí, o preâmbulo, a aprovação, a promulgação e a referenda do referido Decreto-Lei.

5 – Os sujeitos passivos devem conservar na sua posse os documentos comprovativos das entregas, da utilização do saldo da conta poupança-habitação e os originais dos documentos mencionados no n.º 2 do artigo 5.º do Decreto-Lei n.º 27/2001 até ao termo do respectivo prazo de caducidade do direito à liquidação do imposto.

6 – As instituições depositárias são obrigadas a comunicar anualmente, até ao último dia útil do mês de Junho, relativamente ao ano anterior, à Direcção-Geral dos Impostos, em modelo oficial, relação de todas as contas poupança-habitação constituídas e entregas subsequentes, bem como de todas as mobilizações de saldos previstas nos artigos 5.º e 6.º do Decreto-Lei n.º 27/2001.

25.6. CONTA POUPANÇA-CONDOMÍNIO

25.6.1. Decreto-Lei n.º 269/94, de 25 de Outubro[423]

Para estimular os condóminos na mobilização dos recursos necessários à conservação ou reparação extraordinária de imóveis em regime de propriedade horizontal, importa criar mecanismos financeiros que possam prevenir a degradação do tecido urbano, através da constituição de um fundo de reserva para fazer face a obras nas partes comuns dos prédios.

As recentes alterações ao regime da propriedade horizontal introduzidas pelos Decretos-Leis n.ºs 267/94 e 268/94, ambos de 25 de Outubro, estabelecem a obrigatoriedade da constituição desse fundo de reserva, que poderá revestir a forma de uma "conta poupança-condomínio", caso haja deliberação nesse sentido da assembleia de condóminos, a qual pode anteceder a obrigatoriedade da constituição do fundo.

Aproveitando os princípios enformadores da conta poupança-habitação, que foi fundamentalmente criada para estimular o aforro para aquisição de casa própria, cria-se um mecanismo para permitir o aforro dos condóminos proprietários, a afectar à conservação e beneficiação dos edifícios em regime de propriedade horizontal, num momento em que os primeiros imóveis sujeitos a esse regime, relativamente recente no nosso ordenamento jurídico, carecem de obras mais vultosas do que as normalmente realizadas pela administração dos prédios.

Assim:

No uso da autorização legislativa concedida pelo n.º 3 do artigo 35.º da Lei n.º 75/93, de 20 de Dezembro, e nos termos das alíneas *a*) e *b*) do n.º 1 do artigo 201.º da Constituição, o Governo decreta o seguinte:

(*O texto do Decreto-Lei n.º 269/94, de 25 de Outubro, devidamente actualizado, é abaixo publicado*)

Visto e aprovado em Conselho de Ministros de 4 de Agosto de 1994. – *Aníbal António Cavaco Silva – Norberto Emílio Sequeira da Rosa – Álvaro José Brilhante Laborinho Lúcio – Joaquim Martins Ferreira do Amaral.*

Promulgado em 7 de Outubro de 1994.
Publique-se.
O Presidente da República, MÁRIO SOARES.

Referendado em 10 de Outubro de 1994.
O Primeiro-Ministro, *Aníbal António Cavaco Silva.*

---

[423] DR I Série-A, n.º 247, de 25-Out.-1994, 6434-6435.

25.6.2. *Lei n.° 30-G/2000, de 29 de Dezembro*[424]

Reforma a tributação do rendimento e adopta medidas destinadas a combater a evasão e fraude fiscais, alterando o Código do Imposto sobre o Rendimento das Pessoas Singulares, o Código do Imposto sobre o Rendimento das Pessoas Colectivas, o Estatuto dos Benefícios Fiscais, a Lei Geral Tributária, o Estatuto dos Tribunais Administrativos e Fiscais, o Código de Procedimento e de Processo Tributário e legislação avulsa.

A Assembleia da República decreta, nos termos da alínea c) do artigo 161.° da Constituição, para valer como lei geral da República, o seguinte:

(...)

CAPÍTULO III
Reforma dos benefícios fiscais

ARTIGO 10.°
Estatuto dos Benefícios Fiscais

(...)

3 – É revogado o artigo 3.° do Decreto-Lei n.° 269/94, de 25 de Outubro.
(Foi feita referência a esta revogação no texto actualizado do Decreto-Lei n.° 269/94, de 25 de Outubro)

(...)

Aprovada 21 de Dezembro de 2000.
O Presidente da Assembleia da República, *António de Almeida Santos*.

Promulgada em 26 de Dezembro de 2000.
Publique-se.
O Presidente da República, JORGE SAMPAIO.

Referendado em 26 de Dezembro de 2000.
O Primeiro-Ministro, *António Manuel de Oliveira Guterres*.

---

[424] DR I Série-A, n.° 299, 3.° Suplemento, de 29-Dez.-2000, 7492(653)-7492(693).

25.6.3. Decreto-Lei n.º 323/2001, de 17 de Dezembro [425]

A futura utilização em exclusivo do euro como moeda em território nacional, estabelecida progressivamente até 1 de Março de 2002, substituindo o uso do escudo, obriga a uma especial atenção quando estão em causa valores constantes de textos legais.

A necessidade de manter a segurança e certeza jurídicas no processo de transição para a adopção plena do euro leva a que se entenda proceder à conversão dos valores expressos em escudos em legislação da área da justiça, por forma a facilitar a utilização dos textos legais e reduzir ao mínimo as dificuldades inerentes ao processo de substituição da moeda.

Assim:

Nos termos da alínea *a*) do n.º 1 do artigo 198.º da Constituição, o Governo decreta, para valer como lei geral da República, o seguinte:

ARTIGO 1.º
Objecto

1 – Os valores fixados em escudos nos diplomas referidos no anexo que integra o presente decreto-lei são convertidos em euros.

2 – É aplicada, automaticamente, a taxa de conversão em euros prevista no artigo 1.º do Regulamento CE n.º 2866/98, do Conselho, a todas as referências feitas a escudos em actos na área da justiça não previstos no anexo que integra o presente diploma.

ARTIGO 2.º
Norma transitória

As alterações constantes do presente diploma não prejudicam os direitos das partes em acções propostas anteriormente à sua entrada em vigor.

ARTIGO 3.º
Valor da unidade de conta processual

A partir de 1 de Janeiro de 2002 a unidade de conta processual tem o valor de (euro) 79,81.

---

[425] DR I Série-A, n.º 290, de 17-Dez.-2001, 8288-8297.

ARTIGO 4.º
Entrada em vigor

O presente diploma entra em vigor no dia 1 de Janeiro de 2002.

Visto e aprovado em Conselho de Ministros de 15 de Novembro de 2001.
– Guilherme d'Oliveira Martins – Guilherme d'Oliveira Martins – Henrique Nuno Pires Severiano Teixeira – António Luís Santos Costa.

Promulgado em 5 de Dezembro de 2001.
Publique-se.
O Presidente da República, JORGE SAMPAIO.

Referendado em 7 de Dezembro de 2001.
O Primeiro-Ministro, António Manuel de Oliveira Guterres.

ANEXO

(...)

ARTIGO 14.º

O artigo 9.º do Decreto-Lei n.º 269/94, de 25 de Outubro, com a redacção dada pelas Leis n.ᵒˢ 52-C/96, de 27 de Dezembro, 87-B/98, de 31 de Dezembro, 3-B/2000, de 4 de Abril, 30-C/2000, de 29 de Dezembro, e 30-G/2000, de 29 de Dezembro, passa a ter a seguinte redacção:

(A alteração foi inserida no texto actualizado do Decreto-Lei n.º 269/94, de 25 de Outubro, abaixo publicado)

(...)

25.6.4. *Texto actualizado do Decreto-Lei n.° 269/94, de 25 de Outubro*

ARTIGO 1.°

1 – Os administradores de prédios em regime de propriedade horizontal, mediante prévia deliberação da assembleia de condóminos, podem abrir contas de depósito a prazo denominadas "contas poupança-condomínio".
2 – As contas poupança-condomínio destinam-se exclusivamente à constituição de um fundo de reserva para a realização, nas partes comuns dos prédios, de obras de conservação ordinária, de conservação extraordinária e de beneficiação.
3 – Para efeitos do disposto no número anterior, as obras de beneficiação são apenas as determinadas pelas autoridades administrativas.

ARTIGO 2.°

1 – A conta poupança-condomínio pode ser mobilizada pelo administrador ou pelos condóminos autorizados em assembleia para o efeito, após o decurso do primeiro prazo contratual.
2 – A mobilização do saldo das contas deverá ser realizada por meio de cheque ou ordem de pagamento, emitidos a favor do construtor ou do credor do preço de venda dos materiais ou serviços para a realização das obras nas partes comuns do prédio nos termos do presente diploma.
3 – Após deliberação da assembleia de condóminos, a todo o tempo é permitido aos titulares de uma conta poupança-condomínio comunicar à instituição depositária a alteração dos objectivos que se propôs com a abertura da conta, desde que sejam repostos os benefícios fiscais que lhes tenham sido aplicados.

ARTIGO 3.°[426]

1 – Para efeitos de IRS, são dedutíveis à colecta, nos termos e condições previstos no artigo 80.° do respectivo Código, as entregas feitas anualmente por cada condómino para depósito em conta poupança-condomínio na proporção de um quarto da percentagem ou permilagem que a cada um cabe no valor total do prédio até 1% do valor matricial deste, com o limite de 10500$00.

---

[426] Revogado pelo n.° 2 do artigo 10.° da Lei n.° 30-G/2000, de 29 de Dezembro; mantém-se a sua inserção no texto, em itálico, e com a última alteração dada ao n.° 1 pela Lei n.° 30-C/2000, de 29 de Dezembro, que aprovou o Orçamento do Estado para 2001, através do n.° 4 do artigo 48.°.

Texto actualizado do Decreto-Lei n.º 269/94, de 25 de Outubro **25.6.4.**

2 – A dedução a que se refere o número anterior é cumulável com a conta poupança-habitação.

3 – Se o saldo da conta poupança-condomínio vier a ser utilizado para outros fins que não os referidos no n.º 2 do artigo 1.º, aplica-se o estatuído no artigo 38.º do Estatuto dos Benefícios Fiscais.

4 – No caso de o saldo da conta poupança-condomínio ser utilizado para outros fins, ou antes de decorrido o prazo estabelecido, a soma dos montantes anuais deduzidos será acrescida ao rendimento do ano em que ocorrer a mobilização, para o que as instituições depositárias ficam obrigadas a comunicar à administração fiscal a ocorrência de tais factos.

ARTIGO 4.º

1 – Qualquer instituição de crédito habilitada a receber depósitos pode constituir contas poupança-condomínio pelo prazo contratual mínimo de um ano, renovável por iguais períodos de tempo, efectuando-se as entregas ao longo de cada prazo anual, nos termos que forem acordados com as instituições de crédito.

2 – As instituições de crédito habilitadas a receber depósitos podem, dentro dos limites e regras a fixar por portaria conjunta dos Ministros das Finanças e das Obras Públicas, Transportes e Comunicações, estipular montantes mínimos ou máximos para abertura das contas poupança-condomínio e para as entregas subsequentes, bem como a periodicidade destas últimas e a sua rigidez ou flexibilidade.

ARTIGO 5.º

1 – Os juros são liquidados relativamente a cada conta de depósito:
 a) No fim de cada prazo anual, por acumulação ao capital depositado;
 b) No momento da mobilização do depósito, sendo então contados à taxa proporcional e devidos até essa data, sem qualquer penalização.

2 – Os juros produzidos pelas entregas ao longo de cada prazo anual são calculados à taxa proporcional.

ARTIGO 6.º

1 – Se o saldo da conta poupança-condomínio for aplicado em qualquer finalidade diferente da prevista no n.º 2 do artigo 1.º ou dele forem levantados fundos antes de decorrido o primeiro prazo contratual, aplicam-se as regras vigentes na instituição depositária para depósitos a prazo superior a um ano, sendo anulado o montante dos juros vencidos e creditados que corresponda à diferença de taxas, bem como o valor correspondente aos benefícios fiscais que lhes tenham sido aplicados.

2 – Sem prejuízo do disposto no número anterior, desde que o remanescente, sem incluir os juros creditados, exceda os montantes mínimos fixados pela instituição depositária, o titular pode continuar com a conta poupança-condomínio, mantendo-se a certeza do empréstimo.

3 – Podem igualmente ser mantidos todos os benefícios aplicáveis no caso de o saldo de uma conta poupança-condomínio ser integralmente transferido para outra conta da mesma natureza em instituição de crédito distinta.

ARTIGO 7.º

1 – Aos titulares de contas poupança-condomínio constituídas há mais de três anos e que pretendam mobilizar o saldo é garantido o direito à concessão de um empréstimo.

2 – O montante dos empréstimos a conceder nos termos do número anterior:
 a) Será determinado em função de regras estabelecidas no contrato de abertura da conta poupança-condomínio, tendo em conta o ritmo, o valor e a regularidade das entregas do titular da conta;
 b) Não pode ser superior à diferença entre o valor das obras projectadas, segundo avaliação das instituições de crédito, e o saldo das contas poupança--condomínio à data da concessão dos empréstimos.

ARTIGO 8.º

As instituições de crédito devem fixar e tornar públicas as condições da conta poupança-condomínio, designadamente os seguintes elementos:
 a) Montantes mínimos ou máximos e periodicidade, rígidos ou flexíveis, prefixados ou não;
 b) Montante dos empréstimos em função do saldo da conta poupança-condomínio;
 c) Taxa efectiva de remuneração bruta anual da conta poupança-condomínio, calculada como taxa equivalente e tendo em consideração a periodicidade das entregas, cujos pressupostos a instituição de crédito deve explicitar.

ARTIGO 9.º[427]

1 – Salvo se houver lugar à aplicação do disposto no Código Penal quanto ao crime de abuso de confiança, a utilização abusiva da conta poupança-condomínio é punível com coima de (euro) 99,76 a (euro) 1246,99, sendo-lhe aplicável o disposto no Decreto-Lei n.º 433/82, de 27 de Outubro.

2 – Compete à repartição de finanças da área do prédio elaborar o processo de contra-ordenação e aplicar a coima.

---

[427] Redacção dada pelo artigo 14.º do Decreto-Lei n.º 323/2001, de 17 de Dezembro. A redacção original era a seguinte:

1 – Salvo se houver lugar à aplicação do disposto no Código Penal quanto ao crime de abuso de confiança, a utilização abusiva da conta poupança-condomínio é punível com coima de 20 000$ a 250 000$, sendo-lhe aplicável o disposto no Decreto-Lei n.º 433/82, de 27 de Outubro.

2 – ...

25.7. CERTIFICADOS DE DEPÓSITOS

25.7.1. Decreto-Lei n.º 372/91, de 8 de Outubro [428]

O Governo tem vindo a realizar um grande esforço no sentido do aperfeiçoamento progressivo do sistema financeiro nacional, visando a obtenção de ganhos de eficiência sem prejuízo da eficácia da política monetária.

A prossecução deste objectivo passa pela gradual eliminação de restrições administrativas que se tenham tornado excessivas e desnecessárias no actual contexto. É o caso de diversas restrições do regime legal dos certificados de depósito, consubstanciado no Decreto-Lei n.º 74/87, de 13 de Fevereiro. Estas restrições podem presentemente ser abolidas, sem prejuízo, antes com benefício, para o sistema financeiro. O âmbito das alterações introduzidas justifica que se opte pela revogação do decreto referido e sua substituição por um novo decreto.

Assim:

Nos termos da alínea *a)* do n.º 1 do artigo 201.º da Constituição, o Governo decreta o seguinte:

(O texto actualizado do Decreto-Lei n.º 372/91, de 8 de Outubro, é abaixo publicado)

Visto e aprovado em Conselho de Ministros de 29 de Agosto de 1991. – *Aníbal António Cavaco Silva – Luís Miguel Couceiro Pizarro Beleza.*

Promulgado em 24 de Setembro de 1991.
Publique-se.
O Presidente da República, MÁRIO SOARES.

Referendado em 26 de Setembro de 1991.
O Primeiro-Ministro, *Aníbal António Cavaco Silva.*

---

[428] DR I Série-A, n.º 231, de 8-Out.-1991, 5210-5211.

25.7.2. Decreto-Lei n.º 387/93, de 20 de Novembro[429]

A modernização e a reforma do sistema financeiro nacional, bem como a liberalização integral dos movimentos de capitais, que permite, em particular, o acesso generalizado dos residentes a instrumentos financeiros denominados em moeda estrangeira, justificam plenamente que as instituições de crédito habilitadas a receber depósitos em moeda estrangeira possam emitir certificados de depósito expressos nas mesmas divisas.

Assim:

Nos termos da alínea *a*) do n.º 1 do artigo 201.º da Constituição, o Governo decreta o seguinte:

ARTIGO ÚNICO

O artigo 1.º do Decreto-Lei n.º 372/91, de 8 de Outubro, passa a ter a seguinte redacção:

(A alteração foi inserida no texto do Decreto-Lei n.º 372/91, de 8 de Outubro, abaixo publicado)

Visto e aprovado em Conselho de Ministros de 30 de Setembro de 1993. – *Aníbal António Cavaco Silva* – *Jorge Braga de Macedo.*

Promulgado em 3 de Novembro de 1993.
Publique-se.
O Presidente da República, MÁRIO SOARES.

Referendado em 4 de Novembro de 1993.
O Primeiro-Ministro, *Aníbal António Cavaco Silva.*

---

[429] DR I Série-A, n.º 272, de 20-Nov.-1993, 6460.

25.7.3. Texto actualizado do Decreto-Lei n.º 372/91, de 8 de Outubro

ARTIGO 1.º[430]
Noção

As instituições de crédito legalmente autorizadas a receber depósitos podem emitir certificados de depósito, nos termos deste diploma, em representação de depósitos que, para o efeito, sejam nelas constituídos, em escudos ou em moeda estrangeira.

ARTIGO 2.º
Transmissibilidade

1 – Os certificados de depósito são nominativos e transmissíveis por endosso, nos termos gerais, com eles se transferindo todos os direitos relativos aos depósitos que representam.

2 – Na transmissão dos certificados de depósito não é admitido o endosso em branco.

3 – As instituições de crédito deverão manter um registo actualizado das emissões de certificados de depósito, bem como das respectivas transmissões.

4 – Os direitos a que se refere o n.º 1 só são invocáveis pelo transmissário após comunicação da aquisição do certificado de depósito à instituição emitente do mesmo.

5 – As instituições de crédito podem adquirir os certificados por elas emitidos, os quais se consideram resgatados, liquidando o depósito correspondente.

---

[430] Redacção dada pelo artigo único do Decreto-Lei n.º 387/93, de 20 de Novembro. A redacção original era a seguinte:

Artigo 1.º
Noção

As instituições de crédito legalmente autorizadas a receber depósitos podem emitir certificados de depósito, nos termos deste diploma, em representação de depósitos em escudos que nelas, para o efeito, sejam constituídos.

ARTIGO 3.º
Prazos

Os certificados titulam depósitos cujos prazos serão estabelecidos pelas partes contratantes.

ARTIGO 4.º
Juros

1 – Os juros dos depósitos representados por certificados podem ser liquidados:
a) Na data do vencimento do depósito representado pelo certificado ou à data da sua mobilização, caso esta se verifique antes do fim do prazo para o qual o depósito foi constituído;
b) A intervalos acordados entre as partes, devendo a última contagem de juros coincidir com o vencimento do depósito.
2 – Os juros são pagos:
a) Mediante a apresentação dos certificados de depósito, na modalidade prevista na alínea a) do número anterior;
b) Mediante a apresentação dos cupões respeitantes a cada período de contagem de juros, na modalidade prevista na alínea b) do mesmo número.
3 – Na hipótese prevista na alínea b) do n.º 1, os depósitos podem vencer juros a taxa fixa ou variável, sendo esta última indexada ao valor de uma ou mais taxas de referência fixadas no momento da emissão.

ARTIGO 5.º
Depósitos

Os depósitos cujos certificados, à data do vencimento, estejam depositados na instituição de crédito emitente poderão ser renovados nas mesmas condições, por acordo prévio entre as partes.

ARTIGO 6.º
Elementos obrigatórios

Os certificados de depósito devem conter, obrigatoriamente:
a) O nome e a sigla ou logotipo da instituição de crédito emitente;
b) O número do certificado;
c) O número de série, se adotado pela instituição emitente;
d) O valor nominal do certificado de depósito, em algarismos e por extenso;
e) O prazo por que foi constituído o depósito representado pelo certificado e respectiva data de vencimento;
f) O regime de taxas de juro do certificado e a forma de pagamento dos respectivos juros;

g) A taxa de juro nominal do depósito que o certificado representa;
h) O nome do titular do certificado de depósito;
i) Elementos de controlo de autenticidade do certificado, entre os quais o selo branco da instituição emitente e assinaturas manuscritas de quem a represente.

ARTIGO 7.º
Condições

O Banco de Portugal pode, sem prejuízo de outras competências que em geral lhe sejam atribuídas, determinar às instituições de crédito deveres especiais de informação, tanto prévia como posteriormente à emissão de certificados de depósito.

ARTIGO 8.º

1 – É revogado o Decreto-Lei n.º 74/87, de 13 de Fevereiro, e o Aviso n.º 4/87, da mesma data.

2 – Os certificados de depósito existentes à data de entrada em vigor do presente diploma mantêm-se sujeitos, até ao seu vencimento, ao regime em que foram emitidos.

26. Câmbios e transacções com o exterior

26.1. DECRETO-LEI N.° 295/2003, DE 21 DE NOVEMBRO[431]

A liberalização dos movimentos de capitais operada na Comunidade Económica Europeia pela aprovação da Directiva n.° 88/361/CEE, do Conselho, de 24 de Junho, cuja doutrina foi posteriormente integrada no Tratado da Comunidade Europeia (Tratado CE) pelo Tratado da União Europeia, consolidou-se plenamente no ordenamento jurídico da Comunidade Europeia com o advento da 3.ª fase da União Económica e Monetária (UEM) e a adopção do euro como moeda única.

A legislação cambial portuguesa, compreendendo a regulamentação da realização de operações cambiais em sentido próprio, o exercício do comércio de câmbios, a contratação e liquidação de operações económicas e financeiras com o exterior e as operações sobre ouro, repartia-se pelo Decreto-Lei n.° 13/90, de 8 de Janeiro, alterado pelo Decreto-Lei n.° 64/91, de 8 de Fevereiro, e pelo Decreto-Lei n.° 176/91, de 14 de Maio, posteriormente alterados pelo Decreto-Lei n.° 170/93, de 11 de Maio.

Este regime foi tangencialmente ajustado pelo Decreto-Lei n.° 138/98, de 16 de Maio, na fase de transição para o euro, com vista à necessária compatibilização.

Mostra-se, portanto, conveniente a reformulação e sistematização da legislação cambial portuguesa, de modo a harmonizá-la com os quadros legislativos comunitários de referência, bem como a adequá-la à tipologia das operações adoptadas pelo Fundo Monetário Internacional (FMI) e pela OCDE.

Por outro lado, no tocante ao regime dos ilícitos cambiais, têm-se evidenciado significativas dificuldades na execução dos dispositivos sancionatórios, designadamente pela inadequação dos montantes das coimas previstas e dos critérios da sua determinação, bem como de vários procedimentos nele fixados.

A proximidade temática das matérias anteriormente enunciadas, conjugada com a desactualização e o esvaziamento de várias disposições do regime legal vigente, nomeadamente por força da liberalização total dos movimentos de capitais, recomenda a fusão num único diploma das matérias em causa.

O presente diploma segue, no essencial, a estrutura do Decreto-Lei n.° 13/90, de 8 de Janeiro, com as adaptações necessárias a acomodar a matéria que se encontrava vertida no Decreto-Lei n.° 176/91, de 14 de Maio. Optou-se, ainda, por adoptar conceitos gerais e por remeter para a via regulamentar – avisos e instruções do Banco de Portugal – a explicitação de procedimentos deles decorrentes ou necessários à sua correcta execução.

---

[431] DR I Série-A, n.° 270, de 21-Nov.-2003, 7926-7933.

A disciplina normativa do diploma desenvolve-se em torno das noções de operações económicas e financeiras com o exterior e de operações cambiais.

Constituem operações cambiais a compra e venda de moeda estrangeira e as transferências de ou para o exterior expressas em moeda estrangeira para liquidação de operações económicas e financeiras com o exterior. Como se vê, o elemento caracterizador da noção de operações cambiais reside no tipo de moeda utilizada – estrangeira, na acepção do artigo 5.º –, excluindo-se toda e qualquer operação realizada em euros.

Todas as restantes operações passam a ser inseridas no conceito de operações económicas e financeiras com o exterior.

Nestes termos, é operação cambial a liquidação em moeda estrangeira de operações económicas e financeiras com o exterior, ao passo que são operações económicas e financeiras com o exterior todos os actos e negócios que envolvam um residente e um não residente, quer este último seja ou não residente de um país da zona do euro.

Ajustaram-se – nomeadamente para efeitos de notação estatística – as noções de residente e não residente aos conceitos e tipologia usados pelo FMI, importando destacar a adopção da regra de que o estatuto dos bens e direitos passa a seguir o estatuto do respectivo titular.

Relativamente à definição, de importância operacional, de moeda estrangeira, optou-se por uma formulação simples que teve em conta a nossa integração no euro, bem como o conceito de moeda electrónica, na acepção do artigo 1.º da Directiva n.º 2000/46/CE, do Parlamento Europeu e do Conselho, de 18 de Setembro.

O câmbio manual, que havia sido abolido no início da década de 90, como exercício legal do comércio de certo tipo de operações cambiais por empresas não financeiras, quando associadas à sua actividade principal, constitui outro aspecto inovador do presente diploma. Tais operações passam a ser obrigatoriamente enquadradas por um contrato a celebrar com entidades autorizadas a exercer o comércio de câmbios, o qual fica sujeito a registo especial no Banco de Portugal.

Por fim, no que diz respeito às contra-ordenações cambiais, aproximaram-se, nos aspectos em que tal se afigurou possível e útil, as soluções normativas deste diploma das constantes do Regime Geral das Instituições de Crédito e Sociedades Financeiras, aprovado pelo Decreto-Lei n.º 298/92, de 31 de Dezembro, e alterado pelos Decretos-Leis n.os 246/95, de 14 de Setembro, 232/96, de 5 de Dezembro, 222/99, de 22 de Junho, 250/2000, de 13 de Outubro, 285/2001, de 3 de Novembro, e 201/2002, de 26 de Setembro, o qual passa a constituir direito subsidiário nesta matéria.

Deste modo, autonomizaram-se os ilícitos cambiais resultantes do exercício de actividades não autorizadas dos ilícitos que consistem no não cumprimento de outras obrigações estabelecidas no presente diploma, em virtude da diferente gravidade dos mesmos.

No que se refere à aplicação da sanção, substituiu-se o critério de mera proporcionalidade aritmética em função do valor dos bens e direitos a que respeita a infracção por um quadro de critérios gerais de graduação da sanção, mais adequado à realidade e aos princípios constitucionais aplicáveis.

À semelhança da solução preconizada no Regime Geral das Instituições de Crédito e Sociedades Financeiras, transfere-se a competência para a aplicação das correspondentes sanções do Ministro das Finanças para o conselho de administração do Banco de Portugal.

Foram ouvidos o Banco Central Europeu, o Banco de Portugal, a Comissão do Mercado de Valores Mobiliários, as associações representativas das empresas do sector e as associações representativas dos consumidores.

Assim:

No uso da autorização legislativa concedida pelo artigo 1.º da Lei n.º 25/2003, de 17 de Julho, e nos termos das alíneas *a*) e *b*) do n.º 1 do artigo 198.º da Constituição, o Governo decreta o seguinte:

CAPÍTULO I
Disposições gerais

ARTIGO 1.º
Âmbito de aplicação

1 – O presente diploma regula a realização de operações económicas e financeiras com o exterior, bem como a realização de operações cambiais no território nacional, incluindo o exercício do comércio de câmbios e a realização de operações sobre ouro.

2 – Estão também sujeitas às disposições do presente diploma a importação, exportação e reexportação de:
 a) Ouro amoedado, em barra ou noutras formas não trabalhadas;
 b) Notas ou moedas metálicas em circulação, com curso legal nos respectivos países de emissão, e outros meios de pagamento;
 c) Valores mobiliários titulados, na acepção do Código dos Valores Mobiliários, bem como outros títulos de natureza análoga, emitidos por entidades nacionais ou estrangeiras;
 d) Notas e moedas portuguesas fora de circulação, enquanto não estiver extinta a responsabilidade do Banco de Portugal pelo seu pagamento.

ARTIGO 2.º
Operações económicas e financeiras com o exterior

1 – Consideram-se operações económicas e financeiras com o exterior os actos e negócios de qualquer natureza de cuja execução resultem ou possam resultar recebimentos ou pagamentos entre residentes e não residentes ou transferências de ou para o exterior.

2 – A lista das operações compreendidas no número anterior é publicada em instrução do Banco de Portugal.

ARTIGO 3.º
Operações cambiais

1 – São consideradas operações cambiais:
a) A compra e venda de moeda estrangeira;
b) As transferências de ou para o exterior expressas em moeda estrangeira, para liquidação de operações económicas e financeiras com o exterior.

2 – São equiparadas a operações cambiais:
a) A abertura e a movimentação de contas em território nacional, nos livros das instituições autorizadas, em nome de não residentes;
b) A abertura e a movimentação de contas em território nacional, nos livros das instituições autorizadas, em nome de residentes, expressas em moeda estrangeira, bem como em unidades de conta utilizadas em pagamentos ou compensações internacionais;
c) A abertura e a movimentação no estrangeiro de contas de residentes.

ARTIGO 4.º
Residentes e não residentes

1 – Para efeitos de aplicação do presente diploma, são considerados residentes em território nacional:
a) As pessoas singulares com residência habitual em Portugal, incluindo as que se desloquem ao estrangeiro por motivos de estudo ou de saúde, independentemente da duração da estada;
b) As pessoas singulares com residência habitual em Portugal relativamente à actividade desenvolvida em território estrangeiro de modo não ocasional, nomeadamente trabalhadores de fronteira ou sazonais e tripulantes de navios, aviões ou outros equipamentos móveis a operar total ou parcialmente no estrangeiro;
c) As pessoas singulares com residência habitual em Portugal contratadas por embaixadas, consulados e estabelecimentos militares estrangeiros situados em território nacional, assim como por organizações internacionais com representação em Portugal;
d) O pessoal diplomático e militar nacional a trabalhar nas representações diplomáticas e consulares do Estado Português e nos estabelecimentos militares portugueses situados no estrangeiro, assim como as pessoas singulares nacionais que prestem funções ou comissões de carácter público ao serviço do Estado Português no estrangeiro;
e) As pessoas colectivas de direito privado com sede em Portugal e as pessoas colectivas de direito privado com sede no estrangeiro que aqui possuam edifícios ou terrenos por um período de tempo não inferior a um ano, relativamente às transacções sobre os mesmos;
f) As sucursais, agências ou quaisquer outras formas de representação estável em território nacional de pessoas colectivas de direito privado ou de outras entidades com sede no estrangeiro;

g) As pessoas colectivas de direito público portuguesas, os fundos públicos dotados de autonomia administrativa e financeira, bem como as representações diplomáticas e consulares do Estado Português, os estabelecimentos militares e outras infra-estruturas portuguesas situadas no estrangeiro.

2 – Para efeitos da aplicação do presente diploma, são havidos como não residentes no território nacional:
  a) As pessoas singulares com residência habitual em Portugal que se desloquem ao estrangeiro para desenvolver actividades de modo não ocasional e aí permaneçam por um período de tempo superior a 12 meses consecutivos;
  b) O pessoal diplomático e militar estrangeiro a trabalhar nas representações diplomáticas e consulares estrangeiras e nos estabelecimentos militares estrangeiros situados em território nacional, assim como as pessoas singulares estrangeiras que prestem funções ou comissões de carácter público ao serviço do Estado estrangeiro em território nacional;
  c) As pessoas colectivas de direito privado com sede em Portugal, mas que desenvolvam a sua principal actividade no estrangeiro, relativamente à actividade exercida fora do território nacional;
  d) As sucursais, agências ou quaisquer outras formas de representação estável em território estrangeiro de pessoas colectivas de direito privado com sede em Portugal ou de outras entidades residentes;
  e) As organizações internacionais com sede ou representações em Portugal;
  f) Outras pessoas singulares ou colectivas que se encontrem em situações não abrangidas no número anterior.

3 – A residência presume-se habitual decorrido que seja um ano sobre o seu início, sem prejuízo da possibilidade de prova dessa habitualidade em momento anterior ao decurso daquele período de tempo.

4 – Em caso de alteração das qualidades de residente ou de não residente, os bens e direitos anteriormente adquiridos pela pessoa singular ou colectiva ou pela entidade em causa acompanham o seu novo estatuto.

ARTIGO 5.º
Moeda estrangeira

1 – Consideram-se moeda estrangeira as notas ou moedas metálicas com curso legal em países não participantes na zona do euro, bem como a moeda electrónica, na acepção do artigo 1.º da Directiva n.º 2000/46/CE, do Parlamento Europeu e do Conselho, de 18 de Setembro, denominada na unidade monetária desses países.

2 – Consideram-se também moeda estrangeira os créditos líquidos e exigíveis derivados de contas abertas em instituições autorizadas a receber os depósitos e os títulos de crédito que sirvam para efectuar pagamentos, expressos em moedas de países não participantes na zona do euro ou em unidades de conta utilizadas em pagamentos ou compensações internacionais[432].

---

[432] Declaração de Rectificação n.º 9/2004, de 29 de Dezembro de 2003, DR I Série-A, n.º 11, de 14-Jan.-2004. O original referia "que sirvam para efectuar pagamentos expressos em".

ARTIGO 6.º
Operações sobre ouro

Para os efeitos do presente diploma, entende-se por operações sobre ouro aquelas que tenham por objecto ouro amoedado, em barra ou em qualquer outra forma não trabalhada.

ARTIGO 7.º
Banco de Portugal

A realização de operações cambiais e o exercício do comércio de câmbios pelo Banco de Portugal, bem como a realização de operações sobre ouro pelo mesmo Banco, regem-se pelo estatuído na respectiva lei orgânica, não lhes sendo aplicáveis as disposições do presente diploma.

CAPÍTULO II
Operações económicas e financeiras com o exterior e operações cambiais

SECÇÃO I
Operações económicas e financeiras com o exterior

ARTIGO 8.º
Liberdade de contratação e liquidação

1 – A contratação e liquidação de operações económicas e financeiras com o exterior pode efectuar-se livremente, sem prejuízo do disposto no artigo 21.º

2 – Entende-se por liquidação de operações económicas e financeiras com o exterior o pagamento ou outras formas de extinção dos vínculos contratuais ou de outras obrigações.

3 – O disposto no n.º 1 não prejudica a aplicação de legislação de outra natureza, nomeadamente no domínio aduaneiro e do investimento directo estrangeiro.

SECÇÃO II
Operações cambiais e comércio de câmbios

ARTIGO 9.º
Exercício do comércio de câmbios

Entende-se por exercício do comércio de câmbios a realização habitual e com intuito lucrativo, por conta própria ou alheia, de operações cambiais.

ARTIGO 10.º
Entidades autorizadas

1 – Só estão autorizadas a exercer o comércio de câmbios em território nacional as instituições de crédito e as sociedades financeiras para tanto habilitadas, de acordo com as normas legais e regulamentares que regem a respectiva constituição e actividade, sem prejuízo do disposto nos artigos 11.º e 12.º.

2 – O exercício do comércio de câmbios pelas entidades autorizadas limita-se às operações expressamente previstas nas normas referidas no número anterior.

ARTIGO 11.º
Vales postais internacionais

É livre a emissão e o pagamento de vales postais internacionais, nos termos e condições fixados pela concessionária do serviço postal universal, tendo em consideração a regulamentação do serviço de vales postais, os acordos celebrados e as práticas internacionais.

ARTIGO 12.º
Câmbio manual

1 – Entende-se por câmbio manual a compra e venda de notas e moedas metálicas estrangeiras e a compra de cheques de viagem.

2 – As instituições de crédito ou sociedades financeiras autorizadas a exercer o comércio de câmbios podem celebrar contratos com empresas não financeiras que operem nos sectores turístico e de viagens com vista à realização por estas de operações de câmbio manual, desde que sejam acessórias da sua actividade principal e restritas às pessoas singulares suas clientes.

3 – Os contratos referidos no n.º 2 são celebrados por escrito e estão sujeitos a inscrição em registo especial no Banco de Portugal, da qual depende a realização de operações de câmbio manual pelas instituições não financeiras contraentes.

4 – Compete ao Banco de Portugal fixar por aviso:
 a) Os tipos de empresas não financeiras que podem celebrar os contratos referidos no número anterior;
 b) Os limites e condições a observar na realização de operações de câmbio manual, nomeadamente quanto à identificação dos intervenientes e aos limites quantitativos máximos de cada operação;
 c) Os principais direitos e obrigações contratuais das partes;
 d) As condições em que se processa o registo do contrato no Banco de Portugal.

ARTIGO 13.º
Princípio de intermediação

Salvo nos casos previstos nos artigos seguintes, as operações cambiais devem ser realizadas por intermédio de uma entidade autorizada a exercer o comércio de câmbios, para o efeito legalmente habilitada, ou ainda, no caso de operações compreendidas na alínea b) do n.º 1 do artigo 3.º, pela concessionária do serviço postal universal, dentro dos limites fixados.

ARTIGO 14.º
Pagamentos entre residentes e não residentes

Os pagamentos entre residentes e não residentes relativos a operações económicas e financeiras com o exterior em que intervenham podem ser realizados directamente através de qualquer meio de pagamento expresso em moeda estrangeira.

ARTIGO 15.º
Compensação

Os residentes podem extinguir por compensação, total ou parcial, as suas obrigações para com não residentes.

ARTIGO 16.º
Assunção de dívidas e cessão de créditos

Os residentes podem, entre si, assumir dívidas ou ceder créditos expressos em moeda estrangeira ou em unidades de conta utilizadas nos pagamentos e compensações internacionais.

ARTIGO 17.º
Contas em território nacional

É livre a abertura e movimentação de contas em território nacional, nos livros das instituições autorizadas:
a) Em nome de residentes, expressas em moeda estrangeira ou em ouro, bem como em unidades de conta utilizadas em pagamentos ou compensações internacionais;
b) Em nome de não residentes, expressas em euros, em moeda estrangeira ou em ouro, bem como em unidades de conta utilizadas em pagamentos ou compensações internacionais.

ARTIGO 18.º
Disponibilidades no estrangeiro

É livre a abertura e movimentação por residentes de contas junto de instituições não residentes.

SECÇÃO III
Importação, exportação e reexportação de meios de pagamento e de valores mobiliários

ARTIGO 19.º
Importação, exportação e reexportação de meios de pagamento e de valores mobiliários titulados

1 – São livres a importação, a exportação e a reexportação de notas e moedas metálicas em circulação, com curso legal nos respectivos países de emissão, ou de outros meios de pagamento, expressos nestas moedas ou em unidades de conta utilizadas em pagamentos internacionais.

2 – São igualmente livres a importação, a exportação e a reexportação de valores mobiliários titulados, na acepção do Código de Valores Mobiliários, e de títulos de natureza análoga, sem prejuízo da legislação reguladora dos mercados de valores mobiliários.

3 – Os residentes ou não residentes que, nomeadamente à saída ou à entrada do território nacional, transportem consigo notas e moedas metálicas em circulação, com curso legal nos respectivos países de emissão, e cheques de viagem ou títulos ao portador expressos nestas moedas ou em unidades de conta utilizadas em pagamentos internacionais, cujo valor global atinja ou ultrapasse o equivalente a (euro) 12 500 devem, quando solicitado, declarar esse facto às autoridades competentes[433].

4 – A obrigação de declaração referida no número anterior aplica-se ainda aos residentes e não residentes que transportem consigo notas ou moedas metálicas portuguesas fora de circulação enquanto não estiver extinta a responsabilidade pelo seu pagamento.

SECÇÃO IV
Operações sobre ouro

ARTIGO 20.º
Operações sobre ouro

1 – É livre a importação, exportação ou reexportação de ouro amoedado, em barra ou noutras formas não trabalhadas, sem prejuízo da observância de disposições de natureza não cambial aplicáveis.

2 – Os residentes ou não residentes que, nomeadamente à saída ou entrada em território nacional, transportem consigo ouro amoedado, em barra ou noutras formas não trabalhadas, cujo valor global atinja ou ultrapasse o equivalente a (euro) 12 500 devem, quando solicitado, declarar esse facto às autoridades competentes.

---

[433] Declaração de Rectificação n.º 9/2004, de 29 de Dezembro de 2003, DR I Série-A, n.º 11, de 14-Jan.-2004. O original referia "em pagamentos internacionais cujo valor global".

3 – É livre a realização, em território nacional, de operações sobre ouro, sem prejuízo da observância de disposições de natureza não cambial aplicáveis.

SECÇÃO V
Medidas de excepção

ARTIGO 21.º
Restrições temporárias

Por razões políticas graves e em situações de urgência, de acordo com as normas internacionais vinculativas do Estado Português, podem ser impostas restrições temporárias à realização por residentes de operações económicas e financeiras e cambiais com pessoas singulares ou colectivas nacionais ou residentes em Estados que não sejam membros da Comunidade Europeia.

SECÇÃO VI
Atribuições e competências do Banco de Portugal e deveres de informação

ARTIGO 22.º
Atribuições e competências do Banco de Portugal

1 – Para além das atribuições e competências expressamente previstas no presente diploma, cabe ao Banco de Portugal, no âmbito da sua participação no Sistema Europeu de Bancos Centrais, regular o funcionamento do mercado cambial e fiscalizar o exercício do comércio de câmbios e a realização de operações cambiais.

2 – Cabe ao Banco de Portugal regulamentar o presente diploma através de avisos ou de instruções.

ARTIGO 23.º
Deveres de informação

1 – As entidades autorizadas a exercer o comércio de câmbios e outras entidades designadas pelo Banco de Portugal devem enviar-lhe, em conformidade com os avisos e instruções que por este forem emitidos e nos prazos neles fixados, os elementos de informação, designadamente de natureza estatística, relativos às operações abrangidas pelo presente diploma em que intervenham, por conta própria ou por conta de clientes.

2 – As entidades a que se refere o número anterior devem conservar os elementos relativos às operações em que intervenham pelo prazo de cinco anos a contar da sua realização, sem prejuízo de prazos superiores fixados na lei.

CAPÍTULO III
Contra-ordenações cambiais

SECÇÃO I
Disposições gerais

ARTIGO 24.º
Legislação subsidiária

Às contra-ordenações previstas no presente diploma é subsidiariamente aplicável o Regime Geral das Instituições de Crédito e das Sociedades Financeiras, em tudo o que não seja incompatível com o disposto neste capítulo.

ARTIGO 25.º
Da responsabilidade pelas contra-ordenações e pelo pagamento das coimas

1 – Pela prática das infracções previstas no presente diploma podem ser responsabilizadas, conjuntamente ou não, pessoas singulares ou colectivas, ainda que irregularmente constituídas, associações sem personalidade jurídica e comissões especiais.

2 – As pessoas colectivas, ainda que irregularmente constituídas, e as associações sem personalidade jurídica e comissões especiais são responsáveis pelas contra-ordenações previstas no presente diploma quando cometidas pelos titulares dos respectivos órgãos ou pelos seus representantes em nome e no interesse do ente colectivo.

3 – A responsabilidade das entidades referidas no número anterior não exclui a responsabilidade individual dos respectivos agentes, que são puníveis mesmo quando o tipo legal de contra-ordenação exija determinados elementos pessoais e estes só se verifiquem na pessoa do representado ou que o agente pratique o acto no seu próprio interesse e o representante actue no interesse do representado.

4 – O disposto no número anterior para os casos de representação é aplicável ainda que seja inválido ou ineficaz o acto jurídico em que se funda a relação entre o agente individual e o ente colectivo.

5 – As entidades referidas no n.º 2 deste artigo respondem solidariamente, nos termos da lei civil, pelo pagamento das coimas e das custas em que forem condenados os agentes das contra-ordenações puníveis nos termos do presente diploma.

6 – Os representantes das entidades referidas no n.º 2 são responsáveis, individual e solidariamente, pelo pagamento das coimas e das custas em que aquelas sejam condenadas ainda que as mesmas, à data da condenação, tenham sido dissolvidas ou entrado em liquidação.

ARTIGO 26.º
Cumprimento do dever omitido

Sempre que a contra-ordenação resulte da omissão de um dever, o pagamento da coima não dispensa o infractor do seu cumprimento, se este ainda for possível.

ARTIGO 27.º
Destino das coimas

O produto das coimas reverte integralmente para o Estado.

ARTIGO 28.º
Tentativa, negligência e favorecimento pessoal

1 – A tentativa, a negligência e o favorecimento pessoal são puníveis.

2 – Nos casos de tentativa, de negligência e de favorecimento pessoal, os limites mínimo e máximo das coimas previstas no correspondente tipo legal, bem como as quantias a depositar nos termos do artigo 41.º, são reduzidos a metade.

ARTIGO 29.º
Graduação da sanção

1 – A determinação da medida da coima e das sanções acessórias faz-se em função da gravidade objectiva e subjectiva da infracção, tendo em conta a natureza individual ou colectiva do agente considerado.

2 – A gravidade da infracção cometida pelas pessoas colectivas ou equiparadas é avaliada, designadamente, pelas seguintes circunstâncias:
   a) Carácter ocasional ou reiterado da infracção;
   b) Prática de actos de ocultação, na medida em que dificultem a descoberta da infracção ou a eficácia da sanção aplicável;
   c) Actos do arguido destinados a, por sua iniciativa, reparar os danos ou obviar aos perigos causados pela infracção.

3 – Na determinação da ilicitude concreta do facto e da culpa das pessoas singulares, além das circunstâncias referidas no número anterior, deve atender-se ainda, designadamente, às seguintes:
   a) Nível de responsabilidade, âmbito das funções e esfera de acção da pessoa colectiva em causa;
   b) Intenção de obter, para si ou para outrem, um benefício ilegítimo ou de causar danos;
   c) Especial dever de não cometer a infracção.

4 – Na determinação da sanção aplicável são ainda tomadas em conta a situação económica e a conduta anterior do arguido.

5 – A coima deve, sempre que possível, exceder o benefício económico que o

arguido ou a pessoa que este pretendesse beneficiar tenha retirado da prática da infracção.

ARTIGO 30.º
Concurso de infracções

Se o mesmo facto constituir simultaneamente crime e contra-ordenação, o arguido é responsabilizado por ambas as infracções, instaurando-se, para o efeito, processos distintos perante o tribunal competente e o Banco de Portugal, para o efeito da aplicação por este, se for caso disso, das sanções acessórias previstas no presente diploma.

ARTIGO 31.º
Prescrição do procedimento

O procedimento por contra-ordenação cambial extingue-se por efeito de prescrição, logo que sobre a prática da contra-ordenação hajam decorridos cinco anos.

ARTIGO 32.º
Prescrição das coimas e das sanções acessórias

As coimas e as sanções acessórias previstas neste diploma prescrevem no prazo de cinco anos, contados a partir da decisão condenatória definitiva.

SECÇÃO II
Das contra-ordenações cambiais em especial

ARTIGO 33.º
Exercício de actividade não autorizada

Quem, sem estar devidamente autorizado, realizar de forma habitual e com intuito lucrativo, por conta própria ou alheia, operações cambiais é punido com coima de (euro) 5000 a (euro) 1250000 ou de (euro) 2500 a (euro) 625000, consoante seja aplicada a pessoa colectiva ou equiparada ou a pessoa singular.

ARTIGO 34.º
Outros ilícitos cambiais

Quem, com infracção ao disposto nos artigos 12.º, 13.º e 21.º, realizar operações cambiais ou efectuar operações económicas e financeiras com o exterior é punido com coima de (euro) 2500 a (euro) 625000 ou de (euro) 1000 a (euro) 312500, consoante seja aplicada a pessoa colectiva ou equiparada ou a pessoa singular.

ARTIGO 35.º
Violação do dever de informação

Quem violar as disposições relativas à prestação de informações ou à remessa, apresentação ou exibição de quaisquer declarações ou outros documentos contidos no presente decreto-lei, diplomas regulamentares, avisos ou instruções do Banco de Portugal é punido com coima de (euro) 5000 a (euro) 25000, sendo pessoa colectiva ou equiparada, ou de (euro) 2000 a (euro) 10000, sendo pessoa singular, sem prejuízo de sanção mais grave penal ou contra-ordenacional que lhe seja aplicável.

ARTIGO 36.º
Sanções acessórias

1 – Em função da gravidade da contra-ordenação, da culpa e da situação económica do agente, podem ainda ser aplicadas as seguintes sanções acessórias:
 a) Perda de bens;
 b) Publicação pelo Banco de Portugal da punição definitiva num dos jornais mais lidos na localidade da sede ou do estabelecimento permanente do arguido ou, se este for uma pessoa singular, na do seu domicílio profissional ou, na ausência deste, na da sua residência;
 c) Inibição do exercício de cargos sociais e funções de administração, fiscalização, direcção ou chefia em entidades autorizadas a exercer o comércio de câmbios;
 d) Interdição da realização de quaisquer operações cambiais, com ou sem suspensão da actividade económica exercida por período que não exceda o da interdição.

2 – A sanção acessória de perda a favor do Estado dos bens utilizados ou obtidos com actividade ilícita é aplicada no caso de contra-ordenação prevista no artigo 33.º[434].

3 – As sanções referidas nas alíneas *c)* e *d)* do n.º 1 são aplicadas por um período de seis meses a três anos, contados a partir da decisão condenatória definitiva.

4 – A sanção acessória de inibição do exercício de cargos e funções pode ser aplicada aos membros dos órgãos de gestão e fiscalização, àqueles que exerçam funções equivalentes e aos empregados com funções de direcção ou chefia das entidades autorizadas a exercer o comércio de câmbios que ordenem, pratiquem ou colaborem na prática dos actos constitutivos das contra-ordenações que a estas sejam imputáveis.

5 – A sanção acessória de interdição da realização de operações cambiais pode ser aplicada a entidades não autorizadas a exercer o comércio de câmbios.

---

[434] Declaração de Rectificação n.º 9/2004, de 29 de Dezembro de 2003, DR I Série-A, n.º 11, de 14-Jan.-2004. O original referia "com actividade ilícita é aplicada no caso de contra-ordenação prevista no artigo 34.º".

SECÇÃO III
Do processo

ARTIGO 37.º
Averiguação e instrução

1 – Sem prejuízo do disposto nos artigos 48.º e 49.º e no n.º 3 do artigo 54.º do Decreto-Lei n.º 433/82, de 27 de Outubro, com a redacção do Decreto-Lei n.º 244/95, de 14 de Setembro, a averiguação das contra-ordenações a que se refere o presente diploma e a instrução dos respectivos processos são da competência do Banco de Portugal.

2 – A averiguação das contra-ordenações e a instrução dos respectivos processos são efectuadas pelos técnicos e pelos responsáveis superiores do Banco de Portugal, devidamente credenciados, aos quais é prestado pelas autoridades policiais, bem como por outras autoridades ou serviços públicos, o auxílio de que necessitem.

3 – Sem prejuízo do recurso às autoridades policiais e a outras autoridades ou serviços públicos, o Banco de Portugal pode, nomeadamente, efectuar inspecções a quaisquer entidades relativamente às quais haja razões para crer que detêm documentação relevante.

ARTIGO 38.º
Apreensão de valores

1 – Pode proceder-se à apreensão de notas, moedas, cheques ou outros títulos ou valores que constituam objecto da contra-ordenação quando tal apreensão seja necessária à averiguação ou à instrução ou no caso de se indiciar contra-ordenação susceptível de impor a sua perda a favor do Estado, a título de sanção acessória.

2 – Os valores apreendidos devem ser depositados em instituição de crédito devidamente autorizada à ordem do Banco de Portugal, e garantem o pagamento da coima e das custas em que vier a ser condenado o agente.

3 – Quando não for possível a aplicação da coima, por não ser conhecido o agente da contra-ordenação, os valores apreendidos são declarados perdidos a favor do Estado decorridos que sejam quatro anos sobre a data de apreensão, salvo se se provar que tais valores pertenciam a terceiros, alheios à prática do ilícito.

ARTIGO 39.º
Notificações

1 – As notificações devem ser efectuadas por carta registada com aviso de recepção ou pessoalmente, se necessário através das autoridades policiais.

2 – Quando o arguido não seja encontrado ou se recuse a receber a notificação, as notificações devem ser efectuadas por anúncio publicado num dos jornais da localidade da última residência conhecida no País ou, caso seja pessoa colectiva, da sua sede ou, no caso de aí não haver jornal ou de não ter residência no País, num dos jornais diários de Lisboa.

ARTIGO 40.º
Acusação e defesa

1 – Concluída a instrução, é deduzida pelos técnicos ou pelos responsáveis referidos no n.º 2 do artigo 37.º acusação em que se indiquem o infractor, os factos que lhe são imputados e as respectivas circunstâncias de tempo e lugar, bem como a lei que os proíbe e pune.

2 – A referida acusação é notificada ao agente para, no prazo de um mês:
 a) Apresentar defesa por escrito, podendo juntar documentos probatórios e arrolar testemunhas, no máximo de cinco por cada infracção; ou
 b) Comparecer, para ser ouvido, em dia e hora a determinar; ou, se for o caso
 c) Fazer prova de que efectuou o depósito da quantia prevista no n.º 2 do artigo seguinte e declarar que se compromete a cumprir as obrigações acessórias a que haja lugar, previstas no mesmo artigo.

ARTIGO 41.º
Solução conciliatória

1 – Relativamente às contra-ordenações previstas nos artigos 34.º e 35.º, as coimas e sanções acessórias não são aplicadas e o procedimento por contra-ordenação é extinto, sem prejuízo das custas que forem devidas, se o agente, no prazo previsto no n.º 2 do artigo anterior, depositar em instituição de crédito devidamente autorizada, à ordem do Banco de Portugal, a quantia prevista no número seguinte e, no prazo de três meses a contar da notificação da acusação, cumprir, relativamente aos bens objecto da infracção, as seguintes obrigações acessórias que forem aplicáveis:
 a) Vender ao Banco de Portugal a moeda estrangeira ou o ouro amoedado, em barra ou noutras formas não trabalhadas, ao menor câmbio ou ao menor preço que se tiver verificado entre a data da acusação e da venda;
 b) Cumprir quaisquer outros deveres cuja omissão se tenha verificado.

2 – A quantia a depositar nos termos do número anterior é fixada entre 50% e 75% do limite mínimo da moldura legal das coimas prevista nos artigos 34.º e 35.º

3 – A falta de cumprimento das obrigações indicadas nos números anteriores determina o prosseguimento do processo com vista à respectiva decisão.

4 – As quantias depositadas nos termos dos números anteriores revertem a favor do Estado uma vez extinto o procedimento contra-ordenacional ou, no caso de não serem cumpridas as obrigações acessórias previstas no n.º 1, respondem pelo pagamento das coimas que eventualmente vierem a ser aplicadas.

ARTIGO 42.º
Competência

1 – Cabe ao conselho de administração do Banco de Portugal a decisão do processo.

2 – A decisão proferida é notificada ao agente nos termos do artigo 39.º.

ARTIGO 43.º
Recurso

A decisão que aplicar uma coima é susceptível de impugnação judicial, mediante recurso a interpor para o Tribunal de Pequena Instância Criminal de Lisboa.

CAPÍTULO IV
Disposições finais e transitórias

ARTIGO 44.º
Revogação

São revogados os Decretos-Leis n.ºs 481/80, de 16 de Outubro, 13/90, de 8 de Janeiro, 64/91, de 8 de Fevereiro, 176/91, de 14 de Maio, e 170/93, de 11 de Maio, e o artigo 7.º do Decreto-Lei n.º 138/98, de 16 de Maio.

ARTIGO 45.º
Autorização para o exercício do comércio de câmbios

As entidades não financeiras que, ao abrigo de anterior legislação, se encontrem habilitadas a realizar operações de câmbio manual devem dar cumprimento ao disposto no artigo 12.º do presente diploma e respectivos diplomas de regulamentação no prazo de 90 dias a contar da publicação do aviso referido no n.º 4 da mencionada disposição.

ARTIGO 46.º
Entrada em vigor

O presente decreto-lei entra em vigor 60 dias após a sua publicação.

Visto e aprovado em Conselho de Ministros de 10 de Outubro de 2003. – *José Manuel Durão Barroso – Maria Manuela Dias Ferreira Leite – Maria Celeste Ferreira Lopes Cardona.*

Promulgado em 10 de Novembro de 2003.
Publique-se.
O Presidente da República, JORGE SAMPAIO.

Referendado em 12 de Novembro de 2003.
O Primeiro-Ministro, *José Manuel Durão Barroso.*

26.2. AVISO DO BANCO DE PORTUGAL N.º 13/2003, DE 9 DE DEZEMBRO[435]

O artigo 12.º do Decreto-Lei n.º 295/2003, de 21 de Novembro, prevê que as entidades autorizadas a exercer o comércio de câmbios podem celebrar contratos com empresas não financeiras a operar nos sectores turístico e de viagens, com vista à realização por parte destas de operações de câmbio manual com os seus clientes. A lei prescreve o carácter acessório da actividade de câmbio manual e limita as operações ao âmbito restrito dos clientes das empresas abrangidas.

Nos termos do n.º 3 do referido artigo, a realização de operações de câmbio manual fica dependente da inscrição dos contratos acima referidos em registo especial organizado pelo Banco de Portugal.

Assim, o Banco de Portugal, no uso dos poderes que lhe são conferidos pelos artigos 12.º, n.º 4, e 22.º do Decreto-Lei n.º 295/2003 e pelos artigos 15.º e 16.º da sua Lei Orgânica, estabelece o seguinte:

1.º Nas disposições seguintes as entidades autorizadas a exercer o comércio de câmbios e as empresas não financeiras a operar nos sectores turístico e de viagens são designadas, respectivamente, por entidades autorizadas e empresas não financeiras.

2.º As entidades autorizadas podem celebrar os contratos previstos no artigo 12.º, n.º 1, do Decreto-Lei n.º 295/2003 com empresas não financeiras que operem nos seguintes sectores turístico e de viagens: estabelecimentos hoteleiros, agências de viagens e turismo, parques de campismo e empresas de aluguer de automóveis.

3.º O conteúdo das disposições dos n.ºs 4.º, 5.º, 6.º, 7.º e 8.º deve constar do contrato escrito celebrado entre a entidade autorizada e a empresa não financeira.

4.º As operações de câmbio manual só podem ter lugar com pessoas singulares que, no momento da sua realização, sejam clientes das empresas não financeiras no âmbito da actividade principal destas, e serão sempre efectuadas à vista, não podendo exceder, por cliente, um montante diário igual ou equivalente a (euro) 500, nem um montante mensal igual ou equivalente a (euro) 10000.

5.º As empresas não financeiras devem afixar de forma visível, nos locais em que efectuem operações de câmbio manual, informação actualizada relativa às taxas de câmbio praticadas, bem como as comissões ou outros encargos que incidam sobre as referidas operações.

6.º As empresas não financeiras devem manter um registo actualizado das operações efectuadas, contendo, relativamente a cada operação, a data, o montante,

---

[435] DR I Série-A, n.º 289, de 16-Dez.-2003, 8432-8433.

26.2. Câmbios e transacções com o exterior

as moedas transaccionadas, as taxas de câmbio e a identificação do cliente. Sem prejuízo de outras obrigações legais de conservação, o registo das operações deve ser conservado pelo prazo de cinco anos a contar da data da realização das mesmas.

7.º Durante a vigência do contrato celebrado com a empresa não financeira, a entidade autorizada tem o dever de velar pelo cumprimento dos limites e condições referidos nos n.ᵒˢ 4.º, 5.º e 6.º do presente aviso. Em vista desta finalidade, a entidade autorizada poderá solicitar à empresa não financeira, sob reserva do dever de segredo profissional, a consulta do registo das operações e dos respectivos documentos de suporte, bem como a prestação dos esclarecimentos necessários.

8.º A entidade autorizada deve comunicar ao Banco de Portugal, com a maior brevidade, as situações de incumprimento dos limites e condições referidos no número anterior de que tome conhecimento, bem como as orientações que dirigir à empresa não financeira com vista à resolução de tais situações.

9.º O registo do contrato a que se refere o n.º 3 do artigo 12.º do Decreto-Lei n.º 295/2003 considera-se efectuado caso o Banco de Portugal não emita nenhuma objecção no prazo de 30 dias a contar da data em que receber o pedido ou se tiver solicitado informações complementares no prazo de 30 dias após a recepção destas. Do registo serão passadas certidões a quem demonstre interesse legítimo.

10.º A parte que tomar iniciativa de pôr termo ao contrato ou a entidade autorizada, no caso de revogação por vontade de ambas as partes, deve dar conhecimento de tais factos ao Banco de Portugal, com a maior brevidade, para efeitos de cancelamento do registo do contrato.

11.º A decisão do Banco de Portugal de interditar a realização de operações de câmbio manual por determinada empresa não financeira implica a caducidade de todos os contratos de que essa empresa não financeira seja parte.

12.º O presente aviso entra em vigor em 20 de Janeiro de 2004.

Lisboa, 9 de Dezembro de 2003. – O Governador, *Vítor Constâncio*.

27. Cheques

27.1. LEI UNIFORME

27.1.1. *Decreto-Lei n.° 23:721, de 29 de Março de 1934*[436]

Usando da faculdade conferida pela 2ª parte do n.° 2.° do artigo 108.° da Constituïção, o Govêrno decreta e eu promulgo, para valer como lei, o seguinte:

ARTIGO ÚNICO

São aprovadas para serem ratificadas a Convenção estabelecendo uma lei uniforme em matéria de letras e livranças, com anexos e protocolo, a Convenção destinada a regular certos conflitos de leis em matéria de letras e de livranças, e protocolo, e a Convenção relativa ao imposto do sêlo em matéria de letras e de livranças, e protocolo, assinadas em Genebra a 7 de Junho de 1930, e a Convenção estabelecendo uma lei uniforme em matéria de cheques, com anexo e protocolo, a Convenção destinada a regular certos conflitos de leis em matéria de cheques, e protocolo, e a Convenção relativa ao imposto do sêlo em matéria de cheques, e protocolo, assinadas em Genebra a 19 de Março de 1931.

Publique-se e cumpra-se como nêle se contém.
Paços do Govêrno da República, 29 de Março de 1934. – ANTÓNIO ÓSCAR DE FRAGOSO CARMONA – *António de Oliveira Salazar* – *Antonino Raúl da Mata Gomes Pereira* – *Manuel Rodrigues Júnior* – *Luiz Alberto de Oliveira* – *Aníbal de Mesquita Guimarãis* – *José Caeiro da Mata* – *Duarte Pacheco* – *Armindo Rodrigues Monteiro* – *Alexandre Alberto de Sousa Pinto* – *Sebastião Garcia Ramires* – *Leovigildo Queimado Franco de Sousa.*

---

[436] DG I Série, n.° 73, de 29-Mar.-1934, 398.

27.1.2. Texto da Lei Uniforme Relativa ao Cheque[437-438]

CAPÍTULO I
Da emissão e forma do cheque

ARTIGO 1.º
[Requisitos]

O cheque contém:
1.º A palavra "cheque" inserta no próprio texto do título e expressa na língua empregada para a redacção dêsse título;
2.º O mandato puro e simples de pagar uma quantia determinada;
3.º O nome de quem deve pagar (sacado);
4.º A indicação do lugar em que o pagamento se deve efectuar;
5.º A indicação da data em que e do lugar onde o cheque é passado;
6.º A assinatura de quem passa o cheque (sacador).

ARTIGO 2.º
[Falta de requisitos]

O título a que faltar qualquer dos requisitos enumerados no artigo precedente não produz efeito como cheque, salvo nos casos determinados nas alíneas seguintes.

Na falta de indicação especial, o lugar designado ao lado do nome do sacado considera-se como sendo o lugar de pagamento. Se forem indicados vários lugares ao lado do nome do sacado, o cheque é pagável no lugar primeiro indicado.

Na ausência destas indicações ou de qualquer outra indicação, o cheque é pagável no lugar em que o sacado tem o seu estabelecimento principal.

O cheque sem indicação do lugar da sua emissão considera-se passado no lugar designado ao lado do nome do sacador.

---

[437] DG I Série, n.º 144 (Suplemento), de 21-Jun.-1934, 1003-1018; o texto vem publicado em francês e inglês, sendo acompanhado da tradução portuguesa, aqui usada.

[438] As epígrafes são de exclusiva responsabilidade do anotador; não têm qualquer relevância normativa.

ARTIGO 3.º
[Provisão]

O cheque é sacado sôbre um banqueiro que tenha fundos à disposição do sacador e em harmonia com uma convenção expressa ou tácita, segundo a qual o sacador tem o direito de dispor desses fundos por meio de cheque. A validade do título como cheque não fica, todavia, prejudicada no caso de inobservância destas prescrições.

ARTIGO 4.º
[Inadmissiblidade do aceite]

O cheque não pode ser aceito. A menção de aceite lançada no cheque considera-se como não escrita.

ARTIGO 5.º
[Modalidades quanto ao beneficiário]

O cheque pode ser pagável:
A uma determinada pessoa, com ou sem cláusula expressa "à ordem";
A uma determinada pessoa, com a cláusula "não à ordem", ou outra equivalente;
Ao portador.
O cheque passado a favor duma determinada pessoa, mas que contenha a menção "ou ao portador", ou outra equivalente, é considerado como cheque ao portador.
O cheque sem indicação do beneficiário é considerado como cheque ao portador.

ARTIGO 6.º
[Modalidades quanto ao saque]

O cheque pode ser passado à ordem do próprio sacador.
O cheque pode ser sacado por conta de terceiro.
O cheque não pode ser passado sôbre o próprio sacador, salvo no caso em que se trate dum cheque sacado por um estabelecimento sôbre outro estabelecimento, ambos pertencentes ao mesmo sacador.

ARTIGO 7.º
[Nulidade da estipulação de juros]

Considera-se como não escrita qualquer estipulação de juros inserta no cheque.

ARTIGO 8.º
[Local de pagamento]

O cheque pode ser pagável no domicílio de terceiro, quer na localidade onde o sacado tem o seu domicílio, quer numa outra localidade, sob a condição no entanto de que o terceiro seja banqueiro.

ARTIGO 9.º
[Prevalência do extenso]

O cheque cuja importância fôr expressa por extenso e em algarismos vale, em caso de divergência, pela quantia designada por extenso.

O cheque cuja importância fôr expressa várias vezes, quer por extenso, quer em algarismos, vale, em caso de divergência, pela menor quantia indicada.

ARTIGO 10.º
[Assinaturas inválidas]

Se o cheque contém assinaturas de pessoas incapazes de se obrigarem por cheque, assinaturas falsas, assinaturas de pessoas fictícias, ou assinaturas que por qualquer outra razão não poderiam obrigar as pessoas que assinaram o cheque, ou em nome das quais ele foi assinado, as obrigações dos outros signatários não deixam por êsse facto de ser válidas.

ARTIGO 11.º
[Falta de poderes]

Todo aquele que apuser a sua assinatura num cheque, como representante duma pessoa, para representar a qual não tinha de facto poderes, fica obrigado em virtude do cheque e, se o pagar, tem os mesmos direitos que o pretendido representado. A mesma regra se aplica ao representante que tenha excedido os seus poderes.

ARTIGO 12.º
[Responsabilidade do sacador]

O sacador garante o pagamento. Considera-se como não escrita qualquer declaração pela qual o sacador se exima a esta garantia.

ARTIGO 13.º
[Preenchimento abusivo]

Se um cheque incompleto no momento de ser passado tiver sido completado contràriamente aos acordos realizados, não pode a inobservância dêsses acordos ser motivo de oposição ao portador, salvo se este tiver adquirido o cheque de má fé, ou, adquirindo-o, tenha cometido uma falta grave[439].

CAPÍTULO II
Da transmissão

ARTIGO 14.º
[Formas]

O cheque estipulado pagável a favor duma determinada pessoa, com ou sem cláusula expressa "à ordem", é transmissível por via de endôsso.

O cheque estipulado pagável a favor duma determinada pessoa, com a cláusula "não à ordem" ou outra equivalente, só é transmissível pela forma e com os efeitos duma cessão ordinária.

O endôsso pode ser feito mesmo a favor do sacador ou de qualquer outro co-obrigado. Essas pessoas podem endossar novamente o cheque.

ARTIGO 15.º
[Requisitos do endosso]

O endôsso deve ser puro e simples. Considera-se como não escrita qualquer condição a que êle esteja subordinado.

É nulo o endôsso parcial.

É nulo igualmente o endôsso feito pelo sacado.

O endôsso ao portador vale como endôsso em branco.

O endôsso ao sacado só vale como quitação, salvo no caso de o sacado ter vários estabelecimentos e de o endôsso ser feito em benefício de um estabelecimento diferente daquele sôbre o qual o cheque foi sacado.

ARTIGO 16.º
[Forma do endosso]

O endôsso deve ser escrito no cheque ou numa fôlha ligada a êste (anexo). Deve ser assinado pelo endossante.

O endôsso pode não designar o beneficiário ou consistir simplesmente na assinatura do endossante (endôsso em branco). Neste último caso o endôsso, para ser válido, deve ser escrito no verso do cheque ou na fôlha anexa.

---

[439] Na versão francesa, o final deste preceito vem, assim expresso: "... *à moins qu'il n'ait acquis le chéque de mauvaise foi ou que, en l'acquérant, il n'ait commis une faute lourde*". A inglesa dispõe, por seu turno: "... *unless he has acquired the cheque in bad faith or, in aquiring it, has been guilty of gross negligence*".

ARTIGO 17.º
[Efeitos do endosso]

O endôsso transmite todos os direitos resultantes do cheque.
Se o endôsso é em branco, o portador pode:
1.º Preencher o espaço em branco, quer com o seu nome, quer com o nome de outra pessoa;
2.º Endossar o cheque de novo em branco ou a outra pessoa;
3.º Transferir o cheque a um terceiro sem preencher o espaço em branco nem o endossar.

ARTIGO 18.º
[Responsabilidade do endossante]

Salvo estipulação em contrário, o endossante garante o pagamento.

O endossante pode proibir um novo endôsso, e neste caso não garante o pagamento às pessoas a quem o cheque fôr posteriormente endossado.

ARTIGO 19.º
[Detentor de cheque endossável]

O detentor de um cheque endossável é considerado portador legítimo se justifica o seu direito por uma série ininterrupta de endossos, mesmo se o último fôr em branco. Os endôssos riscados são, para êste efeito, considerados como não escritos. Quando o endôsso em branco é seguido de um outro endôsso, presume-se que o signatário dêste adquiriu o cheque pelo endôsso em branco.

ARTIGO 20.º
[Endosso ao portador]

Um endôsso num cheque passado ao portador torna o endossante responsável nos termos das disposições que regulam o direito de acção, mas nem por isso converte o título num cheque à ordem.

ARTIGO 21.º
[Detentor de boa fé]

Quando uma pessoa foi por qualquer maneira desapossada de um cheque, o detentor a cujas mãos ele foi parar – quer se trate de um cheque ao portador, quer se trate de um cheque endossável em relação ao qual o detentor justifique o seu direito pela forma indicada no artigo 19.º – não é obrigado a restituí-lo, a não ser que o tenha adquirido de má fé, ou que, adquirindo-o, tenha cometido uma falta grave[440].

---

[440] Quanto ao final deste preceito, vale a anotação feita a propósito do artigo 13.º desta Lei Uniforme.

ARTIGO 22.º
[Excepções inoponíveis ao portador]

As pessoas accionadas em virtude de um cheque não podem opor ao portador as excepções fundadas sôbre as relações pessoais delas com o sacador, ou com os portadores anteriores, salvo se o portador ao adquirir o cheque tiver procedido conscientemente em detrimento do devedor.

ARTIGO 23.º
[Menções especiais]

Quando um endôsso contém a menção "valor a cobrar" (*valeur en recouvrement*), "para cobrança" (*pour encaissement*), "por procuração" (*par procuration*), ou qualquer outra menção que implique um simples mandato, o portador pode exercer todos os direitos resultantes do cheque, mas só pode endossá-lo na qualidade de procurador[441].

Os co-obrigados neste caso só podem invocar contra o portador as excepções que eram oponíveis ao endossante.

O mandato que resulta de um endôsso por procuração não se extingue por morte ou sobrevinda incapacidade legal do mandatário.

ARTIGO 24.º
[Endosso tardio]

O endôsso feito depois de protesto ou duma declaração equivalente, ou depois de terminado o prazo para apresentação, produz apenas os efeitos de uma cessão ordinária.

Salvo prova em contrário, presume-se que um endôsso sem data haja sido feito antes do protesto ou das declarações equivalentes, ou antes de findo o prazo indicado na alínea precedente.

CAPÍTULO III
Do aval

ARTIGO 25.º
[Aval]

O pagamento dum cheque pode ser garantido no todo ou em parte do seu valor por um aval.

---

[441] Na versão inglesa: *When an endorsement contains the statement "value in collection"* (valeur en recouvrement), *"for collection"* (pour encaissement), *"by procuration"* (par procuration), *or any other phrase implying a simple mandate, the order may exercise all rights arising out of the cheque, but he can endorse it only in his capacity as agent.*

Esta garantia pode ser dada por um terceiro, exceptuado o sacado, ou mesmo por um signatário do cheque.

ARTIGO 26.º
[Forma]

O aval é dado sôbre o cheque ou sôbre a fôlha anexa.

Exprime-se pelas palavras "bom para aval", ou por qualquer outra fórmula equivalente; é assinado pelo avalista.

Considera-se como resultando da simples aposição da assinatura do avalista na face do cheque, excepto quando se trate da assinatura do sacador.

O aval deve indicar a quem é prestado. Na falta desta indicação considera-se prestado ao sacador.

ARTIGO 27.º
[Responsabilidade do avalista]

O avalista é obrigado da mesma forma que a pessoa que êle garante.

A sua responsabilidade subsiste ainda mesmo que a obrigação que ele garantiu fôsse nula por qualquer razão que não seja um vício de forma.

Pagando o cheque, o avalista adquire os direitos resultantes dêle contra o garantido e contra os obrigados para com êste em virtude do cheque.

CAPÍTULO IV
Da apresentação e do pagamento

ARTIGO 28.º
[Pagamento]

O cheque é pagável à vista. Considera-se como não escrita qualquer menção em contrário.

O cheque apresentado a pagamento antes do dia indicado como data da emissão é pagável no dia da apresentação.

ARTIGO 29.º
[Prazo]

O cheque pagável no país onde foi passado deve ser apresentado a pagamento no prazo de oito dias.

O cheque passado num país diferente daquele em que é pagável deve ser apresentado respectivamente num prazo de vinte dias ou de setenta dias, conforme o lugar de emissão e o lugar de pagamento se encontram situados na mesma ou em diferentes partes do mundo.

Para êste efeito os cheques passados num país europeu e pagáveis num país à beira do Mediterrâneo, ou *vice-versa*, são considerados como passados e pagáveis na mesma parte do mundo[442].

Os prazos acima indicados começam a contar-se do dia indicado no cheque como data da emissão.

ARTIGO 30.º
[Divergência de calendários]

Quando o cheque fôr passado num lugar e pagável noutro em que se adopte um calendário diferente, a data da emissão será o dia correspondente no calendário do lugar do pagamento.

ARTIGO 31.º
[Apresentação a câmara de compensação]

A apresentação do cheque a uma câmara de compensação equivale à apresentação a pagamento.

ARTIGO 32.º
[Revogação]

A revogação do cheque só produz efeito depois de findo o prazo de apresentação. Se o cheque não tiver sido revogado, o sacado pode pagá-lo mesmo depois de findo o prazo.

ARTIGO 33.º
[Morte ou incapacidade do sacador]

A morte do sacador ou a sua incapacidade posterior à emissão do cheque não invalidam os efeitos dêste.

ARTIGO 34.º
[Restituição, recibo e pagamento parcial]

O sacado pode exigir, ao pagar o cheque, que êste lhe seja entregue munido de recibo passado pelo portador.

O portador não pode recusar um pagamento parcial.

No caso de pagamento parcial, o sacado pode exigir que dêsse pagamento se faça menção no cheque e que lhe seja entregue o respectivo recibo.

---

[442] Na versão inglesa: "... *in the same continent or in different continents*".

ARTIGO 35.º
[Obrigações do sacado quanto aos endossos]

O sacado que paga um cheque endossável é obrigado a verificar a regularidade da sucessão dos endossos, mas não a assinatura dos endossantes.

ARTIGO 36.º
[Moeda do pagamento]

Quando um cheque é pagável numa moeda que não tem curso no lugar do pagamento, a sua importância pode ser paga, dentro do prazo da apresentação do cheque, na moeda do país em que é apresentado, segundo o seu valor no dia do pagamento. Se o pagamento não foi efectuado à apresentação, o portador pode, à sua escolha, pedir que o pagamento da importância do cheque na moeda do país em que é apresentado seja efectuado ao câmbio, quer do dia da apresentação, quer do dia do pagamento.

A determinação do valor da moeda estrangeira será feita segundo os usos do lugar do pagamento. O sacador pode, todavia, estipular que a soma a pagar seja calculada segundo uma taxa indicada no cheque.

As regras acima indicadas não se aplicam ao caso em que o sacador tenha estipulado que o pagamento deverá ser efectuado numa certa moeda especificada (cláusula de pagamento efectivo numa moeda estrangeira).

Se a importância do cheque for indicada numa moeda que tenha a mesma denominação mas valor diferente no país de emissão e no de pagamento, presume-se que se fez referência à moeda do lugar de pagamento.

CAPÍTULO V
Dos cheques cruzados e cheques a levar em conta

ARTIGO 37.º
[Cheque cruzado]

O sacador ou o portador dum cheque podem cruzá-lo, produzindo assim os efeitos indicados no artigo seguinte.

O cruzamento efectua-se por meio de duas linhas paralelas traçadas na face do cheque e pode ser geral ou especial.

O cruzamento é geral quando consiste apenas nos dois traços paralelos, ou se entre eles está escrita a palavra "banqueiro" ou outra equivalente; é especial quando tem escrito entre os dois traços o nome dum banqueiro.

O cruzamento geral pode ser convertido em cruzamento especial, mas êste não pode ser convertido em cruzamento geral.

A inutilização do cruzamento ou do nome do banqueiro indicado considera-se como não feita.

ARTIGO 38.º
[Efeitos do cruzamento]

Um cheque com cruzamento geral só pode ser pago pelo sacado a um banqueiro ou a um cliente do sacado.

Um cheque com cruzamento especial só pode ser pago pelo sacado ao banqueiro designado, ou, se êste é o sacado, ao seu cliente. O banqueiro designado pode, contudo, recorrer a outro banqueiro para liquidar o cheque.

Um banqueiro só pode adquirir um cheque cruzado a um dos seus clientes ou a outro banqueiro. Não pode cobrá-lo por conta doutras pessoas que não sejam as acima indicadas.

Um cheque que contenha vários cruzamentos especiais só poderá ser pago pelo sacado no caso de se tratar de dois cruzamentos, dos quais um para liquidação por uma câmara de compensação.

O sacado ou o banqueiro que deixar de observar as disposições acima referidas é responsável pelo prejuízo que daí possa resultar até uma importância igual ao valor do cheque.

ARTIGO 39.º
[Menção "para levar em conta"]

O sacador ou o portador dum cheque podem proïbir o seu pagamento em numerário, inserindo na face do cheque transversalmente a menção "para levar em conta", ou outra equivalente.

Neste caso o sacado só pode fazer a liquidação do cheque por lançamento de escrita (crédito em conta, transferência duma conta para outra ou compensação). A liquidação por lançamento de escrita vale como pagamento.

A inutilização da menção "para levar em conta" considera-se como não feita.

O sacado que deixar de observar as disposições acima referidas é responsável pelo prejuízo que daí possa resultar até uma importância igual ao valor do cheque.

CAPÍTULO VI
Da acção por falta de pagamento

ARTIGO 40.º
[Recusa de pagamento]

O portador pode exercer os seus direitos de acção contra os endossantes, sacador e outros co-obrigados, se o cheque, apresentado em tempo útil, não for pago e se a recusa de pagamento for verificada:

1.º Quer por um acto formal (protesto);
2.º Quer por uma declaração do sacado, datada e escrita sobre o cheque, com a indicação do dia em que êste foi apresentado;

3.º Quer por uma declaração datada duma câmara de compensação, constatando que o cheque foi apresentado em tempo útil e não foi pago.

ARTIGO 41.º
[Prazo do protesto]

O protesto ou a declaração equivalente deve ser feito antes de expirar o prazo para a apresentação.

Se o cheque for apresentado no último dia do prazo, o protesto ou a declaração equivalente pode ser feito no primeiro dia útil seguinte.

ARTIGO 42.º
[Dever de informar]

O portador deve avisar da falta do pagamento o seu endossante e o sacador, dentro dos quatro dias úteis que se seguirem ao dia do protesto, ou da declaração equivalente, ou ao dia da apresentação se o cheque contiver a cláusula "sem despesas". Cada um dos endossantes deve por sua vez, dentro dos dois dias úteis que se seguirem ao da recepção do aviso, informar o seu endossante do aviso que recebeu, indicando os nomes e endereços dos que enviaram os avisos precedentes, e assim sucessivamente até se chegar ao sacador. Os prazos acima indicados contam-se a partir da recepção do aviso precedente.

Quando, em conformidade com o disposto na alínea anterior, se avisou um signatário do cheque, deve avisar-se igualmente o seu avalista dentro do mesmo prazo de tempo.

No caso de um endossante não ter indicado o seu endereço, ou de o ter feito de maneira ilegível, basta que o aviso seja enviado ao endossante que o precede.

A pessoa que tenha de enviar um aviso pode fazê-lo por qualquer forma, mesmo pela simples devolução do cheque.

Essa pessoa deverá provar que o aviso foi enviado dentro do prazo prescrito. O prazo considerar-se-á como tendo sido observado desde que a carta contendo o aviso tenha sido posta no correio dentro dêle.

A pessoa que não der o aviso dentro do prazo acima indicado não perde os seus direitos. Será responsável pelo prejuízo, se o houver, motivado pela sua negligência, sem que a responsabilidade possa exceder o valor do cheque.

ARTIGO 43.º
[Dispensa do protesto]

O sacador, um endossante ou um avalista pode, pela cláusula "sem despesas", "sem protesto", ou outra cláusula equivalente, dispensar o portador de estabelecer um protesto ou outra declaração equivalente para exercer os seus direitos de acção.

Essa cláusula não dispensa o portador da apresentação do cheque dentro do prazo prescrito nem tampouco dos avisos a dar. A prova da inobservância do prazo incumbe àquele que dela se prevaleça contra o portador.

Se a cláusula foi escrita pelo sacador, produz os seus efeitos em relação a todos os signatários do cheque; se for inserida por um endossante ou por um avalista, só produz efeito em relação a esse endossante ou avalista. Se, apesar da cláusula escrita pelo sacador, o portador faz o protesto ou a declaração equivalente, as respectivas despesas serão de conta dêle. Quando a cláusula emanar de um endossante ou de um avalista, as despesas do protesto, ou da declaração equivalente, se fôr feito, podem ser cobradas de todos os signatários do cheque.

ARTIGO 44.º
[Responsabilidade solidária]

Todas as pessoas obrigadas em virtude de um cheque são solidàriamente responsáveis para com o portador.

O portador tem o direito de proceder contra essas pessoas, individual ou colectivamente, sem necessidade de observar a ordem segundo a qual elas se obrigaram.

O mesmo direito tem todo o signatário dum cheque que o tenha pago.

A acção intentada contra um dos co-obrigados não obsta ao procedimento contra os outros, embora êsses se tivessem obrigado posteriormente àquele que foi accionado em primeiro lugar.

ARTIGO 45.º
[Direitos do portador]

O portador pode reclamar daquele contra o qual exerceu o seu direito de acção:
1.º A importância do cheque não pago;
2.º Os juros à taxa de 6 por cento desde o dia da apresentação;
3.º As despesas do protesto ou da declaração equivalente, as dos avisos feitos e as outras despesas.

ARTIGO 46.º
[Direitos do pagador]

A pessoa que tenha pago o cheque pode reclamar daqueles que são responsáveis para com êle:
1.º A importância integral que pagou;
2.º Os juros da mesma importância, à taxa de 6 por cento, desde o dia em que a pagou;
3.º As despesas por êle feitas.

ARTIGO 47.º
[Restituição e recibo]

Qualquer dos co-obrigados, contra o qual se intentou ou pode ser intentada uma acção, pode exigir, desde que reembolse o cheque, a sua entrega com o protesto ou declaração equivalente e um recibo.

Qualquer endossante que tenha pago o cheque pode inutilizar o seu endôsso e os endossos dos endossantes subseqüentes.

ARTIGO 48.º
[Força maior]

Quando a apresentação do cheque, o seu protesto ou a declaração equivalente não puder efectuar-se dentro dos prazos indicados por motivo de obstáculo insuperável (prescrição legal declarada por um Estado qualquer ou outro caso de fôrça maior)[443], êsses prazos serão prorrogados.

O portador deverá avisar imediatamente do caso de fôrça maior o seu endossante e fazer menção datada e assinada desse aviso no cheque ou na fôlha anexa; para o demais aplicar-se-ão as disposições do artigo 42.º.

Desde que tenha cessado o caso de fôrça maior, o portador deve apresentar imediatamente o cheque a pagamento e, caso haja motivo para tal, fazer o protesto ou uma declaração equivalente.

Se o caso de fôrça maior se prolongar além de quinze dias a contar da data em que o portador, mesmo antes de expirado o prazo para a apresentação, avisou o endossante do dito caso de fôrça maior, podem promover-se acções sem que haja necessidade de apresentação, de protesto ou de declaração equivalente.

Não são considerados casos de fôrça maior os factos que sejam de interêsse puramente pessoal do portador ou da pessoa por êle encarregada da apresentação do cheque ou de efectivar o protesto ou a declaração equivalente.

CAPÍTULO VII
Da pluralidade de exemplares

ARTIGO 49.º
[Pluralidade]

Exceptuado o cheque ao portador, qualquer outro cheque emitido num país e pagável noutro país ou numa possessão ultramarina desse país, e *vice-versa*, ou ainda emitido e pagável na mesma possessão ou em diversas possessões ultramarinas do mesmo país, pode ser passado em vários exemplares idênticos. Quando um cheque é

---

[443] Na versão inglesa "... (*legal proihibition* (prescription légale) *by any State or other case of vis major*)...".

passado em vários exemplares, êsses exemplares devem ser numerados no texto do próprio título, pois de contrário cada um será considerado como sendo um cheque distinto.

ARTIGO 50.º
[Pagamento dum dos exemplares]

O pagamento efectuado contra um dos exemplares é liberatório, mesmo quando não esteja estipulado que êste pagamento anula o efeito dos outros.

O endossante que transmitiu os exemplares do cheque a várias pessoas, bem como os endossantes subseqüentes, são responsáveis por todos os exemplares por êles assinados que não forem restituídos.

CAPÍTULO VIII
Das alterações

ARTIGO 51.º
[Alteração do texto]

No caso de alteração do texto dum cheque, os signatários posteriores a essa alteração ficam obrigados nos termos do texto alterado; os signatários anteriores são obrigados nos termos do texto original.

CAPÍTULO IX
Da prescrição

ARTIGO 52.º
[Prazo]

Toda a acção do portador contra os endossantes, contra o sacador ou contra os demais co-obrigados prescreve decorridos que sejam seis meses, contados do termo do prazo de apresentação.

Toda a acção de um dos co-obrigados no pagamento de um cheque contra os demais prescreve no prazo de seis meses, contados do dia em que ele tenha pago o cheque ou do dia em que êle próprio foi accionado.

ARTIGO 53.º
[Interrupção da prescrição]

A interrupção da prescrição só produz efeito em relação à pessoa para a qual a interrupção foi feita.

CAPÍTULO X
Disposições gerais

ARTIGO 54.º
[Banqueiro]

Na presente lei a palavra "banqueiro" compreende também as pessoas ou instituïções assimiladas por lei aos banqueiros.

ARTIGO 55.º
[Prazo que finde em dia feriado]

A apresentação e o protesto dum cheque só podem efectuar-se em dia útil.

Quando o último dia do prazo prescrito na lei para a realização dos actos relativos ao cheque, e principalmente para a sua apresentação ou estabelecimento do protesto ou dum acto equivalente, fôr feriado legal, êsse prazo é prorrogado até ao primeiro dia útil que se seguir ao têrmo do mesmo. Os dias feriados intermédios são compreendidos na contagem do prazo.

ARTIGO 56.º
[Início de contagem]

Os prazos previstos na presente lei não compreendem o dia que marca o seu início.

ARTIGO 57.º
[Inadmissibilidade de dias de perdão]

Não são admitidos dias de perdão, quer legal quer judicial.

27.1.3. Solução dos conflitos de leis em matéria de cheques [444-445]

ARTIGO 1.º
[Compromisso]

As Altas Partes Contratantes obrigam-se mùtuamente a aplicar para a solução dos conflitos de leis em matéria de cheques, a seguir enumerados, as disposições constantes dos artigos seguintes.

ARTIGO 2.º
[Lei reguladora da capacidade]

A capacidade de uma pessoa para se obrigar por virtude de um cheque é regulada pela respectiva lei nacional. Se a lei nacional declarar competente a lei de um outro país, será aplicada esta última.

A pessoa incapaz, segundo a lei indicada na alínea precedente, é contudo havida como validamente obrigada se tiver apôsto a sua assinatura em território de um país cuja legislação teria sido considerada capaz.

Qualquer das Partes Contratantes tem a faculdade de não reconhecer como válida a obrigação contraída em matéria de cheques por um dos seus nacionais, desde que para essa obrigação ser válida no território das outras Altas Partes Contratantes seja necessária a aplicação da alínea precedente dêste artigo.

ARTIGO 3.º
[Lei reguladora do sacado]

A lei do país em que o cheque é pagável determina quais as pessoas sôbre as quais pode ser sacado um cheque.

Se, em conformidade com esta lei, o título não fôr válido como cheque por causa da pessoa sôbre quem é sacado, nem por isso deixam de ser válidas as assinaturas nele apostas em outros países cujas leis não contenham tal disposição.

---

[444] DG I Série n.º 144, (suplemento), de 21-Jun.-1934, 1034-1036; incluem-se, apenas os primeiros oito artigos da Convenção.

[445] As epígrafes são de exclusiva responsabilidade do anotador; não têm qualquer relevância normativa.

ARTIGO 4.º
[Lei reguladora da forma das obrigações]

A forma das obrigações contraídas em matéria de cheques é regulada pela lei do país em cujo território essas obrigações tenham sido assumidas. Será, todavia, suficiente o cumprimento das formas prescritas pela lei do lugar do pagamento.

No entanto, se as obrigações contraídas por virtude de um cheque não forem válidas nos termos da alínea precedente, mas o forem em face da legislação do país em que tenha posteriormente sido contraída uma outra obrigação, o facto de as primeiras obrigações serem irregulares quanto à forma não afecta a validade da obrigação posterior.

Qualquer das Altas Partes Contratantes tem a faculdade de determinar que as obrigações contraídas no estrangeiro por um dos seus nacionais, em matéria de cheques, serão válidas no seu território em relação a qualquer outro dos seus nacionais desde que tenham sido contraídas na forma estabelecida na lei nacional.

ARTIGO 5.º
[Lei reguladora dos efeitos das obrigações]

A lei do país em cujo território as obrigações emergentes do cheque forem contraídas regula os efeitos dessas obrigações.

ARTIGO 6.º
[Prazos do direito de acção]

Os prazos para o exercício do direito de acção são regulados para todos os signatários pela lei do lugar da criação do título.

ARTIGO 7.º
[Lei do país do pagamento]

A lei do país em que o cheque é pagável regula:

1.º Se o cheque é necessàriamente à vista ou se pode ser sacado a um determinado prazo de vista, e também quais os efeitos de o cheque ser post-datado;

2.º O prazo da apresentação;

3.º Se o cheque pode ser aceito, certificado, confirmado ou visado, e quais os efeitos destas menções;

4.º Se o portador pode exigir e se é obrigado a receber um pagamento parcial;

5.º Se o cheque pode ser cruzado ou conter a cláusula "para levar em conta", ou outra expressão equivalente, e quais os efeitos dêsse cruzamento, dessa cláusula ou da expressão equivalente;

6.º Se o portador tem direitos especiais sôbre a provisão e qual a natureza desses direitos;

7.º Se o sacado pode revogar o cheque ou opor-se ao seu pagamento;
8.º As medidas a tomar em caso de perda ou roubo de cheque;
9.º Se é necessário um protesto, ou uma declaração equivalente, para conservar o direito de acção contra o endossante, o sacador e os outros co-obrigados.

ARTIGO 8.º
[Lei reguladora da forma e prazos dos actos de conservação]

A forma e os prazos do protesto, assim como a forma dos outros actos necessários ao exercício ou à conservação dos direitos em matéria de cheques são regulados pela lei do país em cujo território se deva fazer o protesto ou praticar os referidos actos.

27.1.4. Convenção relativa ao imposto do selo em matéria de cheques[446]

ARTIGO 1.º
[Compromisso]

As Altas Partes Contratantes, no caso de não ser essa a sua legislação, obrigam--se a modificar as suas leis, em todos os territórios sob a sua soberania ou autoridade aos quais a presente Convenção seja aplicável, por forma a que a validade das obrigações contraídas por meio de cheques ou o exercício dos direitos que delas resultam não possam estar subordinados ao cumprimento das disposições respeitantes ao sêlo.

Podem, contudo, suspender o exercício dêsses direitos até ao pagamento do imposto do sêlo prescrito, bem como das multas incorridas. Podem, igualmente, determinar que a qualidade e os efeitos de título "imediatamente executório" que, pelas suas legislações, seriam atribuídos ao cheque dependerão da condição de ter sido, desde a criação do título, devidamente pago o imposto do sêlo, em conformidade com as disposições das respectivas leis.

---

[446] DG I Série, n.º 144, Suplemento, de 21-Jun.-1934, 1050; inclui-se, apenas, o artigo 1.º da Convenção.

27.2. COMPENSAÇÃO

27.2.1. Decreto-Lei n.° 381/77, de 9 de Setembro[447]

Considerando o disposto na Lei Orgânica do Banco de Portugal, aprovada pelo Decreto-Lei n.° 644/75, de 15 de Novembro, sobre a natureza e funções do Banco Central;

Tendo em conta que a nacionalização da banca, operada pelo Decreto-Lei n.° 132-A/75, de 14 de Março, impõe a necessidade de uma maior coordenação do sistema bancário por parte do Banco de Portugal;

Considerando ainda que a actual estrutura das câmaras de compensação existentes se não coaduna com a cobertura territorial de serviços de compensação que se pretende instalar, nem corresponde harmonicamente ao espírito que decorre dos citados diplomas legais;

Reconhecendo-se que se torna imprescindível conseguir o melhor aproveitamento dos meios disponíveis, em ordem a atingir-se uma maior eficácia na acção coordenadora e dinamizadora do Banco Central:

O Governo decreta, nos termos da alínea a) do n.° 1 do artigo 201.° da Constituição, o seguinte:

ARTIGO 1.°

1 – São extintas as câmaras de compensação existentes, passando as atribuições que por lei lhes cabiam para a competência do Banco de Portugal.

2 – O pessoal adstrito ao funcionamento das câmaras agora extintas será incorporado nos quadros de pessoal do Banco de Portugal de acordo com as classes em que actualmente se integra.

ARTIGO 2.°

1 – Os valores activos e passivos das extintas câmaras de compensação serão transferidos para o património do Banco de Portugal.

2 – Transmitir-se-á também para o Banco de Portugal a titularidade dos contratos de arrendamento referentes aos locais onde se encontram instaladas as referidas câmaras de compensação.

---

[447] DR I Série, n.° 209, de 9 de Setembro de 1977, 2198-2199.

27.2.1. Compensação

ARTIGO 3.º

Competirá a uma comissão a designar pelo Ministro das Finanças, composta por um representante do Ministério das Finanças, que presidirá, e por representantes do Banco de Portugal e dos trabalhadores a integrar, a elaboração quer do processo de transferência respeitante ao pessoal referido no artigo 1.º, quer do inventário dos valores activos e passivos a que se refere o artigo anterior.

ARTIGO 4.º

Os serviços de compensação, cuja organização e funcionamento o Banco de Portugal assegurará, terão por fim exclusivo realizar obrigatoriamente, por encontro ou compensação, a liquidação diária:
   a) Dos cheques apresentados pelas instituições de crédito neles participantes;
   b) Das letras, livranças e extractos de factura possuídos por uma instituição de crédito participante e domiciliados noutra instituição de crédito participante;
   c) Dos pagamentos que, por conta própria ou alheia, uma instituição de crédito participante tenha de fazer a outra instituição participante;
   d) De outros valores susceptíveis de encontro ou compensação, que venham a ser definidos através de deliberação do conselho de administração do Banco de Portugal.

ARTIGO 5.º

Farão parte dos serviços de compensação todas as instituições de crédito autorizadas a desenvolver a sua actividade em território nacional.

ARTIGO 6.º

1 – Competirá ao Banco de Portugal definir quais as localidades em que, funcionarão serviços de compensação.
2 – O Banco de Portugal poderá criar sob a sua égide serviços de compensação em localidades onde não existam agências ou filiais suas, indicando para tanto as instituições de crédito em que devem funcionar.

ARTIGO 7.º

No prazo de trinta dias, a contar da publicação do presente diploma, o conselho de administração do Banco de Portugal elaborará o regulamento interno dos serviços de compensação, do qual deverão constar disposições relativas, designadamente, às matérias seguintes:
   a) Periodicidade e horário das sessões de compensação;
   b) Requisitos de ordem técnica a que a compensação deverá obedecer.

ARTIGO 8.º

Enquanto não entrar em vigor o regulamento a que se refere o artigo anterior, os serviços de compensação de Lisboa e do Porto continuarão a reger-se pelos preceitos que estabelecem o seu regime orgânico, na parte em que não forem incompatíveis com o presente diploma.

ARTIGO 9.º

A transferência, quer das funções, quer do pessoal a que se refere o presente diploma, processar-se-á, para todos os efeitos legais, trinta dias após a entrada em vigor do presente decreto-lei.

ARTIGO 10.º

Os casos omissos ou duvidosos que se suscitarem na execução deste diploma serão resolvidos por despacho do Ministro das Finanças.

ARTIGO 11.º

Ficam revogados os Decretos-Leis n.º 442/74, de 12 de Setembro, e n.º 12/75, de 15 de Janeiro.

Mário Soares – Henrique Teixeira Queirós de Barros – Henrique Medina Carreira.

Promulgado em 27 de Agosto de 1977.
Publique-se.
O Presidente da República, ANTÓNIO RAMALHO EANES.

27.2.2. REGULAMENTO DO SISTEMA DE COMPENSAÇÃO INTER-BANCÁRIA – SICOI

Instrução n.º 25/2003, do Banco de Portugal, de 15 de Outubro[448]

A presente Instrução tem por objecto a regulamentação do Sistema de Compensação Interbancária (SICOI), que é composto por vários subsistemas, nomeadamente, cheques, efeitos comerciais, débitos directos, transferências electrónicas interbancárias (TEI) e operações processadas através do Multibanco.

Este sistema é regulado pelo Banco de Portugal, de acordo com os poderes que lhe são conferidos pelo artigo 14.º da sua Lei Orgânica e pelo artigo 92.º do Regime Geral das Instituições de Crédito e Sociedades Financeiras (RGICSF) sobre a regulação, fiscalização e promoção do bom funcionamento dos sistemas de pagamentos.

O presente Regulamento divide-se em Capítulos. O primeiro capítulo refere as entidades destinatárias da Instrução e as disposições gerais, os capítulos dois a seis definem as regras para cada um dos subsistemas que integram o SICOI e o capítulo sétimo trata de outras disposições. Integra ainda este Regulamento, um Anexo composto por duas Partes, nas quais se descrevem os carimbos-modelo e se referem os motivos de devolução usados na compensação de cheques.

I – ÂMBITO DE APLICAÇÃO E DISPOSIÇÕES GERAIS

1. (Destinatários)

São destinatários da presente Instrução, todos os participantes no Sistema de Compensação Interbancária – SICOI.

2. (Objecto)

2.1. O Banco de Portugal realiza, por compensação, a liquidação financeira de todas as operações processadas nos subsistemas seguintes:
 a) Cheques e documentos afins;
 b) Efeitos comerciais;
 c) Débitos directos;

---

[448] Boletim Oficial do Banco de Portugal n.º 10/2003, de 15 de Outubro.

Instrução n.º 25/2003, do Banco de Portugal, de 15 de Outubro **27.2.2.**

  d) Transferências electrónicas interbancárias (TEI);
  e) Operações processadas através do Multibanco.
  2.2. São excluídos do apuramento dos saldos a liquidar por compensação todas as operações de valor igual ou superior ao montante estabelecido no Manual de Procedimentos do Sistema de Pagamentos de Grandes Transacções – SPGT, as quais, obrigatoriamente, devem ser liquidadas, em base individual, através deste sistema.
  2.3. Aos cheques, efeitos comerciais e débitos directos abrangidos pelo ponto anterior, embora liquidados em base individual no SPGT, aplicam-se as regras definidas no presente Regulamento.

3. (Participantes)

  3.1. Podem participar no SICOI os bancos, as caixas económicas, a Caixa Central de Crédito Agrícola Mútuo, as caixas de crédito agrícola mútuo e outras entidades especialmente autorizadas pelo Banco de Portugal. Salvo em casos excepcionais, não são consideradas participantes as caixas de crédito agrícola mútuo que fazem parte do SICAM (Sistema Integrado de Crédito Agrícola Mútuo), as quais processam as suas operações através da Caixa Central de Crédito Agrícola Mútuo.
  3.2. A participação no SICOI depende de autorização prévia do Banco de Portugal e pode ser realizada de forma directa ou indirecta.
  3.3. É condição necessária para a participação directa no SICOI a adesão e efectiva participação no SPGT. O Banco de Portugal pode, todavia, em casos excepcionais, autorizar a participação directa no SICOI de entidades que não adiram ao SPGT.
  3.4. As entidades que não participem directamente em qualquer dos subsistemas de compensação interbancária far-se-ão representar através de um participante directo, assumindo este, perante os demais, os direitos e as obrigações dos seus representados.
  3.5. O Banco de Portugal pode decidir a passagem da participação directa a participação indirecta de determinada entidade, tendo em vista o bom funcionamento do sistema de pagamentos ou a minimização do risco sistémico.
  3.6. A participação num subsistema não obriga à participação nos outros subsistemas.
  3.7. A participação em qualquer subsistema está condicionada à apresentação de um pedido de adesão a aprovar pelo Banco de Portugal. O referido pedido deve ser apresentado com uma antecedência mínima de 25 dias úteis em relação à data prevista para o início da adesão, acompanhado de certificação da entidade a que se refere o número 6.1. de que a interessada reúne as condições técnicas e operacionais necessárias à sua participação, definidas nos manuais de funcionamento de cada subsistema.
  3.8. A participação em qualquer subsistema é comunicada pelo Banco de Portugal a todos os participantes com uma antecedência mínima de 10 dias úteis.

4. (Procedimentos dos participantes)

  4.1. Cada participante deve transmitir ao Banco de Portugal, ou à entidade que este indicar, os valores a apresentar aos restantes participantes, de acordo com as regras e os procedimentos definidos nos manuais de funcionamento e com as especificações técnicas de cada um dos subsistemas, dentro dos horários estabelecidos no número 9.1.do presente Regulamento.

4.2. O participante fica obrigado a receber os valores que lhe são apresentados, mesmo nos casos em que, da sua parte, não exista informação a enviar ou não seja possível proceder à sua transmissão.

5. (Procedimentos do Banco de Portugal)

O Banco de Portugal assegura aos participantes:
 a) Um sistema que permita a recepção, o tratamento e a troca da informação, de acordo com as regras e os procedimentos definidos nos manuais de funcionamento relativos a cada um dos subsistemas;
 b) A consulta dos valores a compensar e compensados;
 c) A actualização das respectivas contas de depósito;
 d) A comunicação dos saldos liquidados;
 e) A elaboração das estatísticas consideradas necessárias ao sistema;
 f) A conservação da informação trocada, tendo em vista a resolução de conflitos entre o participante apresentante e o participante receptor, pelos prazos de:
   – 1 ano após a data de apresentação, no que respeita ao registo lógico;
   – 3 dias úteis após a data de apresentação, no que respeita às imagens trocadas na compensação.

6. (Prestação de serviços)

6.1. Sempre que o Banco de Portugal tenha um contrato com uma entidade para a prestação de serviços necessários ao funcionamento do SICOI, os participantes devem apresentar a esta os valores das operações a compensar nas mesmas condições em que o fariam ao Banco.

6.2. Em tal situação, a entidade contratada assumirá as funções e as responsabilidades previstas nas alíneas *a*), *b*) e *f*) do número 5.

7. (Compensação)

7.1. O apuramento dos saldos correspondentes à posição de cada participante é efectuado pelo Banco de Portugal ou pela entidade por ele designada, com base na informação recebida por via informática e de acordo com o horário definido no número 9.1..

7.2. A compensação é efectuada desde que o Banco de Portugal considere razoável o número de participantes que tenham transmitido a respectiva informação, mesmo em casos anómalos ou outras ocorrências excepcionais que afectem notoriamente o sector bancário.

Instrução n.º 25/2003, do Banco de Portugal, de 15 de Outubro **27.2.2.**

7.3. É da exclusiva responsabilidade da instituição apresentante a coerência entre toda a informação transmitida e a constante dos documentos ou operações a que se refere.

7.4. As eventuais diferenças verificadas entre os valores transmitidos e os valores reais, devem ser regularizadas, imediatamente, pelos participantes nelas envolvidos nos termos previstos nos respectivos manuais de funcionamento ou, em caso de omissão, da forma que entenderem mais adequada, nomeadamente através de contactos bilaterais.

8. (Liquidação Financeira)

8.1. Os saldos apurados correspondentes à posição de cada participante são liquidados pela movimentação das respectivas contas de depósito à ordem abertas no Banco de Portugal.

8.2. A liquidação financeira efectua-se de 2.ª a 6.ª feira, excepto se algum destes dias coincidir com os feriados previstos no ACTV do Sector Bancário ou se o SPGT se encontrar encerrado.

8.3. Nos dias de encerramento do SPGT que não coincidam com feriados previstos no ACTV do Sector Bancário, a entidade a que se refere o número 6.1. efectua, com referência a esse dia, fechos de compensação de cheques, efeitos comerciais, débitos directos e 1.º Fecho das TEI, embora a liquidação financeira só ocorra no dia útil seguinte, em movimento separado.

8.4. Os dias de fecho de compensação nos quais não se realize liquidação financeira são considerados para efeitos de:

a) No subsistema de cheques – apresentação, envio de imagens e contagem de prazos de devolução e disponibilização de fundos;

b) No subsistema de efeitos comerciais – apresentação a pagamento/cobrança, contagem de prazos para inserção em carteira, devolução e disponibilização de fundos;

c) No subsistema de débitos directos – apresentação de instrução de débito directo (IDD) e de reversão, contagem de prazos para anulação de lotes, rejeição e revogação;

d) No subsistema de TEI – apresentação, anulação e contagem de prazos de devolução e disponibilização de fundos.

9. (Horários)

9.1. A compensação e a liquidação financeira dos subsistemas que integram o SICOI devem obedecer aos seguintes horários:

Subsistema	Fecho das Sessões de Compensação a efectuar na entidade a que se refere o número 6.1.		Liquidação financeira no Banco de Portugal
TEI	1.º fecho	19:00	09:30 a)
	2.º fecho	13:45	15:00 b)
MULTIBANCO	20:00		09:30 c)
Efeitos comerciais	21:30		09:30 a)
Débitos directos	22:00		09:30 a)
Cheques	03:30		09:30 d)

a) Dia útil seguinte ao do fecho de sessão na entidade a que se refere o número 6.1., excepto nos casos previstos no número 8.3.;
b) Próprio dia do fecho de sessão na entidade a que se refere o número 6.1.;
c) Dia útil seguinte ao do fecho de sessão na entidade a que se refere o número 6.1.;
d) Próprio dia do fecho de sessão na entidade a que se refere o número 6.1., excepto nos casos previstos no número 8.3..

9.2. Quaisquer alterações aos horários indicados no número anterior são divulgadas pelo Banco de Portugal com a antecedência mínima de 15 dias úteis.

10. (Carácter definitivo e irrevogável das operações)

10.1. As operações englobadas nos subsistemas que integram o SICOI são consideradas definitivas e irrevogáveis a partir do momento em que é efectuada a liquidação financeira no Banco de Portugal.

10.2. O Banco de Portugal disponibiliza aos participantes, através do SPGT e do sistema de consultas directas, informação em tempo real sobre o momento em que é efectuada a liquidação financeira.

11. (Dia útil)

Para efeitos de disponibilização de fundos aos beneficiários de operações liquidadas nos subsistemas do SICOI, deve entender-se por "dia útil" o período do dia em que a instituição se encontra aberta ao público em horário normal de funcionamento.

12. (Custos)

12.1. Pelos serviços de compensação e de liquidação financeira são devidos os montantes fixados no tarifário definido para cada um dos subsistemas e no preçário de serviços do Banco de Portugal.

12.2. Nos casos em que os serviços de compensação sejam assegurados por uma entidade externa, a que refere o número 6.1., o pagamento desses serviços será efectuado directamente a essa entidade mediante a apresentação da respectiva factura.

Instrução n.º 25/2003, do Banco de Portugal, de 15 de Outubro   **27.2.2.**

II – COMPENSAÇÃO DE CHEQUES

13. (Objecto)

13.1. Podem ser apresentados para compensação os cheques e os documentos afins, conforme tipos e códigos definidos no manual de funcionamento, expressos em euros, sacados sobre contas domiciliadas em Portugal e pagáveis pelos participantes directos ou representados neste subsistema.

13.2. Os participantes não devem apresentar neste subsistema os cheques ou os documentos afins que:

- *a)* Contenham emendas ou rasuras em qualquer das menções pré-impressas no respectivo suporte físico;
- *b)* Tenham anteriormente sido objecto de três devoluções pelo participante sacado, por falta ou insuficiência de provisão;
- *c)* Tenham sido objecto de colocação de "alongue", independentemente dos motivos que lhe deram origem.

14. (Envio de imagens)

14.1. O participante tomador é obrigado a enviar ao sacado, na mesma sessão da apresentação do registo lógico e dentro do horário definido no manual de funcionamento, as imagens dos cheques e dos documentos afins, sempre que:

- *a)* O seu valor for superior ao do montante de truncagem acordado pelo sistema bancário e divulgado pelo Banco de Portugal aos participantes no subsistema de compensação de cheques, através de carta-circular, com carácter reservado;
- *b)* Os participantes sacados assim o determinem através de correspondente codificação no campo "Tipo de documento", da linha óptica;
- *c)* Os mesmos não disponham de linha óptica protegida.

14.2. O participante tomador fica igualmente obrigado a enviar ao sacado, no prazo de 2 dias úteis, contados a partir do dia seguinte ao da devolução, as imagens de cheques truncados devolvidos, para efeitos de cumprimento do disposto no regime jurídico da restrição ao uso de cheque.

14.3. O participante tomador que incumprir o disposto no número anterior, está sujeito ao tarifário interbancário previsto no manual de funcionamento, sem prejuízo da aplicação de outros regimes sancionatórios.

15. (Arquivo de imagens)

O arquivo de imagens de cheques e de documentos afins, bem como as reproduções daí extraídas, devem obedecer às normas legais aplicáveis.

16. (Pedido de imagens)

16.1. Dentro do prazo de guarda dos cheques e documentos afins, ou do respectivo arquivo de imagem, o participante tomador obriga-se a enviar à instituição sacada, nas condições definidas no manual de funcionamento, as imagens de cheques e de documentos afins apresentados à compensação e não devolvidos, que esta lhe solicite por via informática.

16.2. A não satisfação dos pedidos de imagem dentro dos prazos indicados no manual de funcionamento, está sujeita à aplicação de tarifário interbancário nele previsto, sem prejuízo da aplicação de outras disposições de natureza sancionatória.

17. (Procedimentos gerais)

17.1. Para efeitos do disposto no número 3.º do artigo 40.º da Lei Uniforme Relativa ao Cheque, com a adesão a este subsistema, os participantes tomadores ficam automaticamente sujeitos à obrigação de apor no verso dos cheques o motivo de devolução que lhes tiver sido regularmente transmitido, sendo dos participantes sacados a responsabilidade pela sua indicação.

17.2. Com a adesão a este subsistema, o participante sacado delega automaticamente no participante tomador, e este aceita, a responsabilidade enunciada no artigo 35.º da Lei Uniforme Relativa ao Cheque, relativamente à verificação da regularidade dos endossos.

18. (Procedimentos e responsabilidades do participante apresentante/tomador)

18.1. O participante tomador deve carimbar ou anotar devidamente todos os cheques que apresentar para compensação, com os dizeres constantes nos modelos 1 e 2 da Parte I do Anexo, sem necessidade de qualquer assinatura.

18.2. Sempre que se verifique duplicação de ficheiros de compensação, o participante apresentante obriga-se a repor, no próprio dia, o montante em causa através do 2.º fecho das TEI ou do SPGT, devendo efectuar um lançamento por cada instituição destinatária.

18.3. O participante tomador é responsável:
a) Pela detecção das situações a que se refere o número 13.2.;
b) Pela verificação, para todos os cheques e documentos afins que lhe sejam apresentados, da regularidade:
– do seu preenchimento, com excepção da data de validade do impresso cheque;
– da sucessão dos endossos, apondo no verso, nos casos em que não exista endosso, a expressão "valor recebido para crédito na conta do beneficiário" ou equivalente;
c) Pela colocação de "alongue", no momento da terceira devolução por falta ou insuficiência de provisão, em todos os cheques e documentos afins devolvidos;
d) Pela aposição do carimbo de devolução, previsto no número 20.3., em todos os cheques e documentos afins devolvidos ao beneficiário, bem como nos "alongues" aquando da terceira devolução por falta ou insuficiência de provisão;

e) Pela retenção e guarda de todos os cheques e documentos afins apresentados e não devolvidos ao beneficiário e das respectivas imagens, de acordo com a legislação em vigor ;

f) Pelo envio ao participante sacado das imagens de cheques e de documentos afins, de acordo com o disposto nos números 14. e 16.;

g) Pela boa qualidade das imagens enviadas ao sacado.

18.4. O participante tomador pode proceder à destruição física dos cheques e documentos afins, observando as regras legalmente definidas.

19. (Procedimentos e responsabilidades do participante sacado)

19.1. O participante sacado que tenha recebido a informação correspondente a documentos que obriguem ao envio de imagem, por parte do participante tomador, pode devolvê-los na sessão seguinte, caso a referida imagem não lhe tenha sido enviada na sessão respectiva ou, tendo sido enviada, não permita a verificação dos dados nela constantes.

19.2. O participante sacado fica obrigado a receber, tratar e controlar a informação, respeitante a todos os cheques ou documentos afins, que lhe for transmitida pelos outros participantes através do Banco de Portugal ou da entidade a que se refere o número 6.1..

19.3. O participante sacado é responsável pela informação que transmitir ao participante tomador, aquando da devolução de cheques e documentos afins.

20. (Devoluções)

20.1. Os cheques e documentos afins compensados podem ser devolvidos aos apresentantes, desde que se verifique, pelo menos, um dos motivos constantes da Parte II do Anexo, aplicando-se aos documentos afins, com as necessárias adaptações, os motivos previstos para as devoluções de cheques.

20.2. Os motivos de devolução referenciados com asterisco na Parte II do Anexo, que sejam estritamente imputáveis aos participantes, não devem ser apostos no verso dos documentos a devolver ao beneficiário.

20.3. Nos cheques e documentos afins devolvidos, bem como nos seus "alongues", deve ser aposto o carimbo que consta do modelo 3 da Parte I do Anexo, devidamente preenchido pelo participante tomador, com o motivo que lhe tenha sido indicado pelo sacado, data e assinatura.

20.4. A devolução dos cheques e documentos afins reapresentados a pagamento deve ser comprovada com a aposição de novo carimbo, nos termos previstos no número anterior.

21. (Motivos e prazos de devolução)

21.1. No caso de coexistirem vários motivos de devolução, o participante sacado deve indicar um só motivo, de acordo com a ordem de prevalência enunciada na Parte II do Anexo.

21.2. Os cheques e documentos afins podem ser devolvidos ao participante tomador nas duas sessões de compensação seguintes à da sua apresentação.

21.3. Decorrido o período referido no número anterior, não são os participantes obrigados a aceitar a devolução dos cheques e documentos afins que tenham apresentado para compensação.

22. (Disponibilização de fundos)

A disponibilização de fundos ao beneficiário do cheque ou do documento afim deve ocorrer até ao final do 3.º dia útil, considerando-se, para a contagem desse prazo, como primeiro dia, o da liquidação financeira, com excepção do previsto no número 8.3. que, nas datas nele referidas será o dia que serve de referência ao fecho de compensação.

III – COMPENSAÇÃO DE EFEITOS COMERCIAIS

23. (Objecto)

23.1. Podem ser apresentados para compensação todos os efeitos comerciais, expressos em euros, pagáveis em qualquer participante neste subsistema.

23.2. Os efeitos comerciais apresentados para compensação ficam retidos fisicamente no participante tomador.

24. (Participantes)

Com a adesão a este subsistema os participantes directos ou indirectos ficam automaticamente sujeitos às regras estabelecidas no "Protocolo para adopção de um sistema centralizado de retenção e guarda, no participante tomador, dos efeitos comerciais descontados ou para cobrança pelo sistema bancário", constante do manual de funcionamento da compensação de efeitos.

25. (Colocação dos efeitos comerciais em cobrança)

A colocação dos efeitos comerciais em cobrança é da responsabilidade do participante tomador, devendo observar os procedimentos estabelecidos no respectivo manual de funcionamento.

26. (Disponibilização de fundos)

A disponibilização de fundos ao beneficiário dos efeitos comerciais, apresentados aos participantes apenas para cobrança, deve ocorrer até ao final do dia útil subsequente ao da liquidação financeira, com excepção do previsto no número 8.3. que, nas datas nele referidas, deve ocorrer até ao final do próprio dia da liquidação financeira.

IV – COMPENSAÇÃO DE DÉBITOS DIRECTOS

27. (Objecto)

Podem ser apresentadas para compensação todas as cobranças desmaterializadas de débitos directos, expressas em euros, pagáveis em qualquer participante neste subsistema.

28. (Procedimentos a observar pelos participantes)

Os participantes directos ou indirectos neste subsistema são obrigados:
a) A disponibilizar aos seus clientes devedores informação relativa ao Sistema de Débitos Directos – SDD, a qual deverá evidenciar as regras da utilização de tal sistema e indicar explicitamente os seus direitos e obrigações, fazendo menção do Aviso do Banco de Portugal que os regulamenta.
b) A dar a conhecer aos clientes credores interessados, aquando da celebração de acordos de utilização do SDD, as regras do sistema – designadamente as constantes do respectivo manual de funcionamento – e a explicitar os seus direitos e obrigações, fazendo menção do Aviso do Banco de Portugal que os regulamenta.

V – COMPENSAÇÃO DE TRANSFERÊNCIAS ELECTRÓNICAS INTERBANCÁRIAS (TEI)

29. (Objecto)

Podem ser apresentadas para compensação todas as ordens de transferência interbancárias desmaterializadas, expressas em euros, pagáveis por qualquer participante neste subsistema.

30. (Procedimentos do participante ordenante)

O participante ordenante da transferência deve apresentá-la de forma a poder cumprir a data-valor pretendida pelo cliente.

31. (Prazos de devolução)

31.1. No que respeita às transferências com NIB, o participante destinatário deve devolver, por razões técnicas ou outras que não permitam a sua execução, as ordens de transferência que lhe sejam comunicadas até à sessão de compensação seguinte à da sua apresentação.

31.2. Nas restantes transferências, a devolução deve ser feita até à quinta sessão de compensação seguinte à da sua apresentação.

32. (Disponibilização de fundos)

32.1. Nas transferências processadas no 1.º fecho de compensação, a disponibilização de fundos ao beneficiário deve ocorrer até ao final do dia útil seguinte ao da liquidação financeira, com excepção do previsto no número 8.3. que, nas datas nele referidas, deve ocorrer até ao final do próprio dia da liquidação financeira.

32.2. Para as transferências integradas no 2.º fecho de compensação, a disponibilização de fundos ao beneficiário deve ocorrer no próprio dia da liquidação financeira.

VI – COMPENSAÇÃO DAS OPERAÇÕES PROCESSADAS NO MULTIBANCO

33. (Objecto)

São apresentadas à compensação as operações processadas no Multibanco, expressas em euros, designadamente: levantamentos, transferências, pagamentos, depósitos realizados nos terminais da rede Multibanco ou em sistemas homólogos.

34. (Periodicidade)

A compensação Multibanco realiza-se diariamente. Em dias de elevada actividade no sistema, a entidade a que se refere o número 6.1. pode realizar dois ou mais fechos de compensação, cujos saldos são comunicados ao Banco de Portugal para liquidação no dia útil seguinte.

35. (Disponibilização de fundos)

A disponibilização de fundos ao beneficiário de transferências ordenadas via Multibanco deve ser efectiva até ao final do dia útil subsequente ao da liquidação financeira.

VII – OUTRAS DISPOSIÇÕES

36. (Penalizações)

36.1. A inobservância das disposições do presente Regulamento ou das contidas nos manuais de funcionamento dos vários subsistemas, que são parte integrante do mesmo, fazem os participantes infractores incorrer nas penalizações constantes do art.º 210.º do RGICSF.

36.2. O Banco de Portugal pode determinar a suspensão de um participante de qualquer dos subsistemas de compensação no caso de ocorrência de inobservância grave de deveres que lhe estão cometidos.

36.3. O Banco de Portugal pode ainda determinar a exclusão de um participante de qualquer dos subsistemas de compensação, no caso de reincidência em falta particularmente grave.

36.4. O Banco de Portugal pode determinar a suspensão ou a exclusão de um participante de um dos subsistemas de compensação, caso se verifique a sua suspensão ou exclusão de outros subsistemas.

36.5. A suspensão ou a exclusão do SPGT, de acordo com o estabelecido no Regulamento desse sistema, implica, respectivamente, a suspensão ou exclusão do participante do SICOI.

36.6. A suspensão ou a exclusão de um participante de qualquer subsistema é comunicada pelo Banco de Portugal a todos os participantes do subsistema respectivo.

37. (Alterações ao Regulamento e casos omissos)

Compete ao Banco de Portugal:
a) Efectuar alterações a este Regulamento, ouvidos os participantes sempre que necessário;
b) Decidir sobre os casos omissos.

38. (Entrada em vigor)

A presente instrução entra em vigor no dia 27 de Outubro de 2003, revogando e substituindo integralmente a Instrução n.º 125/96 (BNBP n.º 5, 15.10.96).

Anexo à Instrução n.º 25/2003

PARTE I – Carimbos – Modelos

Modelo 1
A utilizar pelo banco tomador nos
cheques e documentos afins apresentados na compensação

APRESENTADO COMPENSAÇÃO EM AAMMDD
(sigla da instituição tomadora)

Modelo 2
A utilizar nos cheques e documentos afins,
pelo participante directo, quando em representação do tomador

> APRESENTADO COMPENSAÇÃO EM AAMMDD
> EM REPRESENTAÇÃO DE (sigla da instituição representada)

Modelo 3
A utilizar pelo banco tomador em todas as devoluções
de cheques e documentos afins

> DEVOLVIDO NA COMP. EM AAMMDD ____ (motivo)*_____
> (assinatura)_____

* A indicar por extenso, de acordo com a informação transmitida no registo lógico.

PARTE II – Motivos de devolução de cheques

1. Os participantes no subsistema de compensação de cheques apenas podem devolver cheques (ou documentos afins, quando aplicável) pelos motivos que a seguir se indicam, os quais se apresentam hierarquizados, tendencialmente, por ordem de prevalência.

a) **Na qualidade de instituição sacada:**

Não compensável
   Quando, nos termos do número 13.2. do presente Regulamento, o cheque ou documento afim:
   – contenha emendas ou rasuras em qualquer das menções pré-impressas no respectivo suporte físico;
   – tenha sido objecto de três devoluções pelo banco sacado, por falta ou insuficiência de provisão;
   – tenha sido objecto de colocação de "alongue", independentemente dos motivos que lhe deram origem.

Falta de requisito principal
   Quando se verificar falta da indicação de quantia determinada, assinatura do sacador ou data de emissão.

Saque irregular
   Quando se verificar divergência de assinatura, assinatura de titular que

não conste da ficha de abertura de conta, insuficiência de assinatura ou assinatura não autorizada para realizar determinado saque.

Endosso irregular
Quando se verificar alguma situação de incumprimento das regras de transmissão consagradas no Capítulo II e, ainda, no artigo 35.º do Capítulo IV, da Lei Uniforme relativa ao cheque.

Cheque revogado – por justa causa
Quando, nos termos do n.º 2 do artigo 1170.º do Código Civil, o sacador tiver transmitido instruções concretas ao sacado, mediante declaração escrita, no sentido do cheque não ser pago, por ter sido objecto de furto, roubo, extravio, coacção moral, incapacidade acidental ou qualquer situação em que se manifeste falta ou vício na formação da vontade. O motivo concretamente indicado pelo sacado, no registo lógico, deve ser aposto no verso do cheque, pelo banco tomador.

Cheque revogado – apresentação fora do prazo
Quando nos termos do artigo 32.º da Lei Uniforme, o sacador tiver transmitido instruções concretas ao sacado no sentido do cheque não ser pago após 8 dias a contar da data de emissão ou noutro prazo superior por si indicado (caso dos cheques dos tribunais, IVA, IRS, etc.).

Cheque apresentado fora de prazo
Quando a instituição de crédito entender recusar o pagamento do cheque:
– não revogado pelo sacador e que tenha sido apresentado a pagamento depois de terminado o prazo referido no artigo 29.º da Lei Uniforme;
– em relação ao qual, não tenha sido observado o prazo de utilização do módulo respectivo.

Conta bloqueada
Quando a conta apresentar saldo para pagar o cheque, mas este estiver indisponível por embargo, penhora, arrolamento, arresto, congelamento, falência ou insolvência, situações decretadas por entidades judiciais ou de supervisão. Se a conta não apresentar provisão deve ser devolvido por "falta ou insuficiência de provisão".

Conta suspensa
Quando a instituição de crédito tiver conhecimento de que um dos titulares da conta faleceu e ainda não tiver sido efectuada a partilha dos bens. No caso de se tratar de conta colectiva solidária este motivo atingirá a porção de bens que a lei presume pertencer ao titular falecido. Se, no entanto, a conta globalmente considerada não apresentar saldo bastante, o motivo de devolução deve ser "falta ou insuficiência de provisão".

27.2.2.

Conta encerrada

Quando se verificar a extinção do contrato de depósito por iniciativa do depositante ou do depositário. No caso da iniciativa ser do depositário, este deverá ter notificado o depositante, para o último domicílio declarado por este, com a antecedência mínima de 30 dias.

Falta ou insuficiência de provisão

Quando se verificar falta ou insuficiência de provisão em cheques de valor superior ao legalmente definido como obrigatoriedade de pagamento pelo sacado, não abrangidos por qualquer outro dos restantes motivos de devolução. Quando cumulativamente se verificar falta ou insuficiência de provisão e qualquer outro dos motivos, deve ser este último a indicar-se, excepto nos casos de conta bloqueada ou de conta suspensa.

Mau encaminhamento(*)

Quando o registo for apresentado a uma instituição diferente da sacada ou da sua representante.

Número de conta inexistente

Quando o número de conta não existir. Não é motivo de devolução se se verificarem os casos de conta encerrada, conta bloqueada ou conta suspensa.

Número de cheque inexistente

Quando, para uma conta existente, o número de cheque constante do registo informático não tiver correspondência nos registos de cheques existentes no banco sacado.

Erro nos dados(*)

Quando os dígitos de controlo da linha óptica não conferirem com a informação da zona interbancária, número de conta, número de cheque e tipo de documento, embora estes dados sejam reais e coerentes.

Importância incorrectamente indicada(*)

Quando existir divergência entre a quantia que prevalece no cheque e a mencionada no registo informático (aplicável aos cheques não truncados e aos cheques truncados cuja emissão seja controlada pelo banco sacado).

Imagem não recebida ou ilegível(*)

Quando a apresentação do registo lógico, referente aos cheques referidos no número 14.1., não for acompanhada da respectiva imagem, de acordo com os procedimentos, os horários e os prazos previstos para compensação de cheques, ou caso a deficiente qualidade da imagem impossibilite a verificação dos dados constantes do cheque.

Registo duplicado(*)

Quando os elementos constantes do registo lógico, recebido da instituição de crédito apresentante/tomadora, forem mencionados mais do que uma vez, sem que previamente se tenha verificado qualquer devolução.

Falta de carimbo/referência de apresentação/inexistência de endosso(*)
Quando o banco apresentante/tomador não tiver colocado o carimbo ou a data de apresentação na compensação ou referência equivalente, conforme o disposto no número 18.1 ou ausência do carimbo da instituição de crédito apresentante a responsabilizar a falta de endosso, conforme o disposto no 18.3 alínea *b*).

Cheque viciado
Quando os elementos do cheque, designadamente, a assinatura, a importância, a data de emissão ou o beneficiário estiverem viciados.

Devolução a pedido do Banco Tomador(*)
Quando a instituição de crédito sacada receber instruções do banco tomador nesse sentido que, por sua vez, as tenha recebido do beneficiário do cheque.

b) **Na qualidade de instituição tomadora:**

Motivo de devolução inválido(*)
Quando o participante sacado tiver invocado:
– falta ou insuficiência de provisão para cheque de valor igual ou inferior ao legalmente definido como obrigatoriedade de pagamento.
– para cheques truncados, os motivos de falta de requisito principal, saque irregular, endosso irregular, falta de imagem do cheque, falta de carimbo/referência de apresentação/inexistência de endosso ou cheque viciado, salvo se o participante sacado, informar do facto concreto justificativo da devolução e, em tempo útil, o transmitir ao tomador.

Mau encaminhamento(*)
Quando o registo lógico for devolvido a uma instituição diferente da apresentante/tomadora.

Registo duplicado(*)
Quando os elementos constantes do registo lógico devolvido pela instituição de crédito sacada forem mencionados mais do que uma vez, sem que, no entretanto, se tenha verificado qualquer apresentação.

Devolução fora de prazo(*)
Quando a instituição de crédito sacada transmitir o registo lógico relativo à devolução para além do prazo indicado no presente Regulamento.

2. Os motivos acompanhados de um asterisco(*) não devem ser apostos no verso dos cheques a devolver aos beneficiários dos mesmos.

27.3. NORMA TÉCNICA DO CHEQUE

Instrução do Banco de Portugal n.º 26/2003[449], de 15 de Outubro

O desenvolvimento das tecnologias de informação, nomeadamente no que respeita ao reconhecimento inteligente de caracteres e ao tratamento de imagem, tem vindo a revelar um vasto potencial de vantagens para os utilizadores de documentos bancários em geral e do documento-cheque em particular. Além do tratamento dado à linha óptica, o reconhecimento automático do conteúdo dos campos "importância numérica" e "data de emissão", a manipulação de áreas específicas (por ex. "assinaturas") e a possibilidade de armazenamento, gestão e transmissão de documentos via tecnologias de tratamento de imagem, traduzem-se em benefícios importantes para o funcionamento deste meio de pagamento, com redução de custos operacionais, aumento da velocidade de circulação da informação e eliminação da necessidade de troca física de documentos (retenção de todos os cheques no banco tomador, circulando apenas a sua imagem).

O Banco de Portugal, no uso da competência que lhe é conferida pelo artigo 14.º da sua Lei Orgânica, determina, como segue, as características específicas do impresso-cheque que, constituindo a Norma Técnica do Cheque adiante designada por Norma, terão de verificar-se em todos os tipos de cheques compensáveis em Portugal:

1. ÂMBITO DE APLICAÇÃO

São destinatários das presentes instruções, todos os participantes no Subsistema de Compensação de Cheques:
– Bancos;
– Caixas Económicas;
– Caixa Central de Crédito Agrícola Mútuo e caixas de crédito agrícola mútuo;
– Outras entidades autorizadas.

2. OBJECTIVO DA NORMA

2.1 A presente norma destina-se a uniformizar o documento-cheque tendo em vista facilitar a sua utilização como meio de pagamento e o seu tratamento em sistemas automatizados, designadamente através da utilização das tecnologias de:

---

[449] Boletim Oficial do Banco de Portugal n.º 10/2003, de 15 de Outubro.

– Leitura óptica (OCR-B);
– Reconhecimento Inteligente de Caracteres;
– Tratamento de imagem.

2.2 Para o efeito, definem-se os seguintes aspectos:
– Apresentação, formato e respectiva configuração;
– Texto obrigatório, sua disposição e impressão;
– Características do papel e requisitos das tintas a utilizar;
– Segurança.

3. APRESENTAÇÃO

O cheque pode apresentar-se isolado, em contínuo ou inserido em documento de remessa (tipo carta) devendo:
– Quando isolado, o acabamento das margens ser realizado por guilhotina. Na formação de grupos não pode ser utilizado qualquer processo de colagem ou agrafagem no próprio cheque;
– Quando em contínuo, ser utilizado micropicote para o respectivo destaque;
– Quando inserido em documento de remessa, o cheque ser localizado, preferencialmente, no canto inferior direito e ser utilizado, para destaque, o micropicote.

O cheque não pode ter talão nem qualquer impressão ou gravação em relevo.

4. FORMATO

Estabelece-se o formato seguinte: 85 x 150 mm.

4.1. Tolerância
Admite-se a tolerância máxima de ± 1 mm para o formato adoptado.

5. CONFIGURAÇÃO

5.1. Frente
De acordo com as disposições legais e com a finalidade de conter o texto obrigatório do cheque de modo mais conveniente para o seu tratamento, determina-se a configuração constante do modelo apresentado no número 15.1. Na frente do cheque tem de constar, no local pré-definido, o símbolo do Euro, impresso em cor azul ou alternativamente em cor preta, contrastante com o fundo.

5.2. Verso
Determina-se a configuração constante do modelo apresentado no número 15.2, para garantia de protecção da "zona branca".

6. TEXTO

O texto e a respectiva disposição no cheque devem obedecer integralmente aos espaços e à sua localização relativa, conforme o modelo apresentado no número 15.

7. IMPRESSÃO

7.1. Frente

7.1.1. Identificação da instituição sacada e do sacador
Para a identificação quer da instituição sacada quer do sacador, reserva-se o espaço designado por "zona livre" definida nas especificações técnicas e de segurança referidas no número 12, sendo a sua apresentação e configuração de livre escolha.

7.1.2. Fundo
Desde que salvaguardados os aspectos de recolha de dados, tratamento de imagem e de segurança, a cor e o motivo do fundo são de livre escolha.

7.1.3. Espaço para a linha óptica
Na margem inferior do cheque é reservada uma "zona branca" (faixa de 16 mm de altura) destinada à impressão dos caracteres OCR-B que constituem a linha óptica do cheque.

7.2. Verso

7.2.1. Fundo
Desde que salvaguardados os aspectos de tratamento de imagem e de segurança, a cor e o motivo do fundo são facultativos.

7.2.2. Zona Branca
A "zona branca", na margem inferior, de dimensão igual à definida para a frente do cheque, é reservada.

7.3. Identificação da empresa produtora
O nome da empresa produtora e a data de produção (mês e ano) devem ser indicados, obrigatoriamente e de forma discreta, no cheque.

8. LINHA ÓPTICA

Os componentes da linha óptica apresentam-se pela ordem indicada no número 15.1 e terão as seguintes capacidades:

Instrução n.º 26/2003, do Banco de Portugal, de 15 de Outubro **27.3.**

n.º	Identificação dos campos	Espaços ou zeros não significativos	Número de dígitos	Separadores de campos	Total de caracteres + espaços
1	Zona interbancária		8	1 sinal (<)	9
2	Número da conta	1 espaço	11	1 sinal (+)	13
3	Número do cheque	1 espaço	10	1 sinal (>)	12
4	Importância	1 espaço	12	1 sinal (<)	14
5	Tipo	1 espaço	2	1 sinal (+)	4
Comprimento total da linha óptica					52

A impressão é feita em caracteres OCR-B na densidade de 10 caracteres por polegada, de acordo com as normas da ECMA – European Computer Manufacturers Association.

9. PAPEL – CARACTERÍSTICAS FÍSICAS

O papel a utilizar deve ser OCR, com uma gramagem entre 90 e 95 g/m, sem branqueadores ópticos nem qualquer tipo de revestimento. Deve ter características que permitam boa impressão e boa escrita.

Para possibilitar o tratamento da imagem e o reconhecimento inteligente de caracteres, o papel a utilizar deverá respeitar as especificações técnicas e de segurança referidas no número 12.

10. TINTAS – REQUISITOS

As tintas a utilizar, quer nos fundos, quer na configuração do cheque, devem observar os requisitos de segurança, ser adequadas ao tratamento da imagem e ao reconhecimento inteligente de caracteres, de acordo com as especificações técnicas e de segurança estabelecidas para o efeito nas "Especificações Relativas à Norma Técnica do Cheque", a que refere o número 12.

11. SEGURANÇA

O cheque deverá conter características que dificultem e denunciem a sua reprodução ou qualquer adulteração dos dados após o preenchimento.

11.1. Papel

Recomenda-se a utilização de papel de segurança, sensível a reagentes químicos e orgânicos e compatível com o uso de tintas de segurança.

A marca de água é facultativa não podendo, no entanto, a sua utilização prejudicar o tratamento de imagem e o reconhecimento inteligente de caracteres.

11.2. Tintas

A impressão dos cheques deve ser feita com tintas de segurança, que denunciem o uso da borracha, dos safa-tintas e de reagentes químicos e orgânicos, e sejam compatíveis com o papel utilizado. Esta impressão não deve prejudicar a recolha e o tratamento de imagem nem impedir que a tinta usada no preenchimento do cheque penetre no papel, de forma a tornar impossível efectuar rasuras que não deixem vestígios.

11.3. Motivo do fundo

Com o objectivo de impedir a sua perfeita reprodução, o fundo do cheque deverá ser formado por micro-caracteres, desenhos ou tramas finas e densas, de forma conjugada, mas de molde a não se confundir com o texto.

12. ESPECIFICAÇÕES TÉCNICAS E DE SEGURANÇA

O detalhe das especificações técnicas e de segurança obrigatórias constam do documento "Especificações Relativas à Norma Técnica do Cheque", que faz parte integrante da presente Norma, cuja divulgação e modificações são transmitidas através de carta-circular.

13. PRODUÇÃO E CONTROLO DE QUALIDADE

13.1. Produção

As empresas gráficas seleccionadas pelas Instituições de Crédito para a produção de cheques devem dispor das condições técnicas e de segurança previstas na presente Norma e no documento "Especificações Relativas à Norma Técnica do Cheque" referido no número 12. Compete às Instituições de Crédito avaliar, previamente, a capacidade dos seus fornecedores de cheques em cumprir as especificações determinadas, sendo responsáveis pela garantia dos níveis de segurança e do eficaz tratamento dos documentos pelos sistemas automatizados, em termos de uma boa captura dos dados e de imagem para o processamento em compensação.

13.2. Controlo de qualidade

A criação de novos impressos de cheques pelas Instituições de Crédito está sujeita ao envio prévio ao Banco de Portugal (Departamento de Sistemas de Pagamentos – DPG, Núcleo de Controlo dos Meios de Pagamento – Av. Almirante Reis, 71-7.º, 1150-012 LISBOA) de exemplares das provas finais, acompanhadas das características específicas pretendidas. O Banco de Portugal pronunciar-se-á sobre o modelo apresentado, nos 15 dias úteis seguintes à sua recepção. Findo este prazo e na ausência de resposta, fica a Instituição de Crédito autorizada a iniciar a produção do cheque, após a qual enviará 10 exemplares de impressos de cheque tal como serão disponibilizados ao público.

O controlo de qualidade dos cheques, por forma a salvaguardar o cumprimento das disposições a observar na respectiva produção, será efectuado pelo Banco de Portugal, ou por entidade por este contratada para o efeito.

14. OUTRAS DISPOSIÇÕES

14.1. O não cumprimento da presente Norma e das especificações técnicas e de segurança referidas no número 12 sujeitará as Instituições de Crédito emitentes a intervenção do Banco de Portugal que, em relação aos impressos de cheques em incumprimento, poderá vir a determinar a suspensão da sua entrega a clientes e autorizar as Instituições de Crédito tomadoras de cheques emitidos através daqueles impressos a onerá-los com taxa definida em preçário.

14.2. As Instituições de Crédito devem comunicar ao Banco de Portugal o nome do responsável pela garantia de observância dos requisitos para a produção de cheques a que a presente Norma e respectivas especificações obrigam.

15. MODELO DE CHEQUES

15.1. Frente

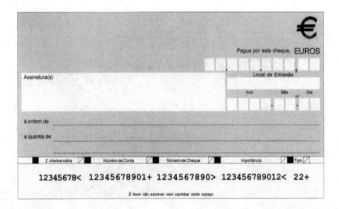

15.2. Verso

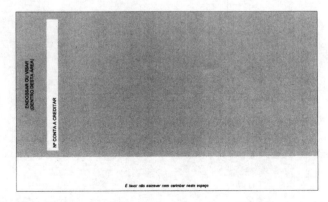

16. DISPOSIÇÕES FINAIS

16.1. Revogação
É revogada a Instrução n.º 9/98, publicada no BNBP n.º 5, de 15.5.98.

16.2. Entrada em vigor
A presente Instrução entra em vigor a 27 de Outubro de 2003.

27.4. DESTRUIÇÃO DE CHEQUES E OUTROS DOCUMENTOS

Decreto-Lei n.° 279/2000, de 10 de Novembro[450]

As instituições de crédito são obrigadas a manter em arquivo um volume considerável de documentos justificativos das operações de liquidação que efectuam, com especial destaque para os cheques pagos. A gestão, manutenção e acesso ao arquivo de tais documentos constitui um problema que o Decreto-Lei n.° 110/89, de 13 de Abril, e a Portaria n.° 974/89, de 13 de Novembro, vieram solucionar com a possibilidade de destruição dos originais, findo o prazo de guarda, e a atribuição de força probatória às cópias obtidas a partir do microfilme.

Volvida uma década, a experiência bancária vem aconselhando a adopção de outros suportes arquivísticos de informação tecnologicamente mais evoluídos e que permitem, com redução de custos e maior rapidez e eficiência, obter melhores resultados. Entre eles, o disco óptico tem-se mostrado apto a armazenar uma quantidade significativa de imagens de documentos e a garantir a reprodução fiel e integral dos originais. Por outro lado, em face do crescente volume e do tratamento uniforme, outros documentos requerem a atenção que o cheque mereceu, designadamente a letra de câmbio, não se vislumbrando fundamentos que justifiquem a aplicação de regime diferenciado.

Foi ouvido o Banco de Portugal.

Assim:

Nos termos da alínea *a*) do n.° 1 do artigo 198.° da Constituição, o Governo decreta o seguinte:

ARTIGO 1.°
Objecto

1 – As instituições de crédito ficam autorizadas a destruir os originais dos documentos indicados no artigo 2.°, desde que observado o disposto neste diploma.

2 – A destruição dos originais deve ser feita de modo a não permitir a sua reconstituição, sem prejuízo do aproveitamento industrial do papel.

---

[450] DR I Série-A, n.° 260, de 10-Nov.-2000, 6308-6309.

ARTIGO 2.º
Documentos

São documentos, na acepção deste diploma, as letras e livranças pagas, respectivamente, pelo aceitante ou subscritor, os cheques e os avisos ou ordens bancárias de pagamento ou de transferência pagos, bem como os talões de depósito de valores.

ARTIGO 3.º
Prazo de guarda

Os originais dos documentos devem ser mantidos em arquivo pelo período mínimo de seis meses contados a partir da data de:
 a) Pagamento, no caso de cheques e avisos ou ordens bancárias de pagamento ou de transferência;
 b) Envio aos interessados da advertência a que se refere o n.º 3 do artigo seguinte, no caso de letras e livranças;
 c) Certificação do caixa, no caso de talões de depósito de valores.

ARTIGO 4.º
Requisitos

1 – A destruição dos originais dos documentos enunciados no artigo 2.º só é admitida se for precedida de recolha da respectiva imagem em suporte não regravável, designadamente microfilme ou disco óptico.

2 – A imagem recolhida deve reproduzir integralmente a frente e o verso do documento original e permitir a extracção de cópia fiel e legível do mesmo.

3 – Quando não seja feita a devolução do respectivo título, os documentos de quitação de letras e de livranças devem conter a menção de que os originais poderão ser destruídos se não forem reclamados no prazo referido no artigo 3.º, deste diploma legal.

ARTIGO 5.º
Segurança

1 – Os suportes de recolha de imagem, bem como os respectivos duplicados, devem garantir a impossibilidade de perda e alteração das imagens neles contidas, não possuir cortes ou emendas nem permitir nova gravação.

2 – O microfilme deve ser autenticado com selo branco apropriado, aposto imediatamente antes da primeira e após a última imagens recolhidas.

3 – Os suportes de recolha de imagem devem conter de origem número de série alfabético, numérico ou alfanumérico que os identifiquem e individualizem.

4 – É obrigatória a criação e manutenção de índices de:
 a) Imagens recolhidas, com indicação da data de recolha;

b) Identificação dos suportes que lhes correspondem.

5 – As instituições de crédito ficam ainda obrigadas a manter duplicados dos suportes das imagens recolhidas e dos índices, depositados em local de acesso reservado e distinto daquele onde se encontram os originais respectivos.

ARTIGO 6.º
Força probatória

As cópias obtidas a partir dos suportes de recolha referidos no n.º 1 do artigo 4.º têm a força probatória dos documentos originais, obrigando-se as instituições de crédito a cumprir os procedimentos seguintes:
  a) Tenham sido observadas as disposições do presente diploma relativas aos requisitos da destruição dos originais e à segurança dos suportes de recolha de imagem;
  b) As cópias sejam autenticadas com selo branco e duas assinaturas que obriguem a instituição de crédito.

ARTIGO 7.º
Norma revogatória

São revogados o Decreto-Lei n.º 110/89, de 13 de Abril, e a Portaria n.º 974/89, de 13 de Novembro.

Visto e aprovado em Conselho de Ministros de 21 de Setembro de 2000. – *António Manuel de Oliveira Guterres – Joaquim Augusto Nunes Pinu Moura – Eduardo Arménio do Nascimento Cabrita.*

Promulgado em 24 de Outubro de 2000.
Publique-se.
O Presidente da República, JORGE SAMPAIO.

Referendado em 26 de Outubro de 2000.
O Primeiro-Ministro, *António Manuel de Oliveira Guterres.*

27.5. RESTRIÇÕES AO USO DO CHEQUE

27.5.1. Lei n.º 30/91, de 20 de Julho[451]

**Autoriza o Governo a estabelecer um novo regime
de restrição do uso do cheque**

A Assembleia da República decreta, nos termos dos artigos 164.º, alínea d), 168.º, n.º 1, alínea c), e 169.º, n.º 3, da Constituição, o seguinte:

ARTIGO 1.º

É o Governo autorizado a legislar em matéria relativa à emissão de cheques sem provisão.

ARTIGO 2.º

A legislação a publicar pelo Governo ao abrigo do artigo anterior terá o seguinte sentido e extensão:
 a) Obrigar a instituição de crédito sacada a pagar, não obstante a falta, insuficiência ou indisponibilidade de provisão, qualquer cheque emitido através do módulo por ela fornecido, de montante igual ou inferior a 5000$;
 b) Limitar a obrigação referida na alínea anterior apenas aos casos de falta, insuficiência ou indisponibilidade de provisão;
 c) Obrigar as instituições de crédito a rescindir qualquer convenção que atribua o direito de emissão de cheques, quer em nome próprio quer em representação de outrem, por quem, pela respectiva utilização indevida, ponha em causa o espírito de confiança que deve presidir à circulação do cheque;
 d) Obrigar as instituições de crédito que hajam rescindido a convenção de cheque nos termos da alínea anterior a não poder celebrar nova convenção desta natureza com a mesma entidade antes de decorridos pelo menos 6 ou 12 meses, consoante se trate ou não de primeira rescisão, salvo quando circunstâncias especialmente ponderosas o justifiquem e se mostre provado o pagamento de todos os cheques ou suprimidas outras irregularidades que tenham constituído fundamento da decisão de rescisão;

---
[451] DR I Série-A, n.º 165, de 20-Jul.-1991, 3668-3669.

e) Regulamentar o processo de rescisão da convenção de cheque, estabelecendo-se a presunção de que põe em causa o espírito de confiança que deve presidir à circulação do cheque toda a entidade que, em nome próprio ou em representação de outrem, saque ou participe na emissão de um cheque que, apresentado a pagamento no prazo legal, não seja pago por falta de provisão e não proceda à sua regularização nos 10 dias seguintes à recepção da notificação feita pelo banco dando conhecimento daquela situação;

f) Autorizar o Banco de Portugal a, com base em comunicações das instituições de crédito, registar todos os casos de entidades abrangidos pela rescisão e a incluí-las numa listagem de utilizadores de cheques que oferecem risco, nos casos em que aquelas entidades tenham sido objecto de duas ou mais rescisões da convenção de cheque ou continuem a emitir ou a subscrever cheques depois de notificados da decisão de rescisão;

g) Obrigar as instituições de crédito a não confiarem impressos de cheques às entidades que integrem a listagem referida na alínea anterior e a rescindir qualquer convenção de cheque que mantenham com as mesmas entidades na data em que tomarem conhecimento da referida listagem;

h) Prever a possibilidade da aplicação da sanção de multa, nos termos dos artigos 89.º a 98.º do Decreto-Lei n.º 42 641, de 12 de Novembro de 1959, do artigo 8.º do Decreto-Lei n.º 47 413, de 23 de Dezembro de 1966, e dos Decretos-Leis n.ºs 205/70, de 12 de Maio, e 301/75, de 20 de Junho, às instituições de crédito que violem as injunções contidas nas alíneas anteriores.

ARTIGO 3.º

1 – Fica igualmente o Governo autorizado a considerar como autor de crime de emissão de cheque sem provisão quem:

a) Emitir e entregar a outra pessoa cheque de montante superior a 5000$ que não seja integralmente pago por falta de provisão, verificada nos termos e prazos da Lei Uniforme Relativa ao Cheque;

b) Levantar, após a entrega do cheque, os fundos necessários ao seu pagamento integral;

c) Proibir à instituição sacada o pagamento de cheque emitido e entregue, com isso causando prejuízo patrimonial à mesma pessoa ou a terceiro, e a punir este tipo de crime com as penas previstas no Código Penal para o crime de burla, de acordo com as circunstâncias.

2 – Fica ainda o Governo autorizado a legislar no sentido de considerar:

a) Aplicáveis a quem endossar cheque que recebeu, conhecendo a sua falta de provisão e causando com isso a outra pessoa um prejuízo patrimonial, as penas referidas no número anterior;

b) Aplicável a quem não respeitar a determinação constante de sentença de restituir às instituições de crédito todos os módulos de cheques em seu poder ou em poder dos seus mandatários a pena do crime de desobediência;

c) Aplicável a quem, enquanto durar a interdição temporária do uso do cheque fixada em sentença, emitir cheques a pena do crime de desobediência qualificada;

d) Aplicável a quem, na qualidade de sacado e para justificar a recusa de pagamento de um cheque, declarar provisão inferior à existente e disponível a pena de multa de 100 a 360 dias;

e) Aplicável a quem emitir cheques sobre instituições de crédito que hajam rescindido a respectiva convenção de cheque a pena de crime de desobediência qualificada.

3 – A legislação a publicar ao abrigo do artigo 1.º da presente autorização legislativa pode ainda prever que a quem for condenado por crime de emissão de cheque sem provisão possam os tribunais aplicar as seguintes sanções acessórias:

a) Interdição temporária do uso de cheque;

b) Publicidade da sanção condenatória.

4 – A autorização constante do número anterior tem a extensão e os limites seguintes:

a) A interdição temporária do uso de cheque terá a duração mínima de seis meses e a máxima de três anos;

b) A publicidade da decisão condenatória far-se-á, a expensas do condenado, em publicação periódica editada na área da comarca da prática da infracção ou, na sua falta, em publicação periódica da comarca mais próxima, bem como através da afixação de edital, por período não inferior a 30 dias, podendo, em casos particularmente graves, o tribunal, também a expensas do condenado, ordenar que a publicidade seja feita no *Diário da República* ou através de qualquer meio de comunicação social;

c) A sentença que condenar em interdição temporária do uso de cheque deve ordenar ao condenado que restitua às instituições de crédito que lhos forneceram todos os módulos de cheques em seu poder ou em poder dos seus mandatários e será comunicada ao Banco de Portugal para os efeitos legalmente previstos;

d) O condenado em interdição do uso de cheque poderá ser reabilitado judicialmente se, pelo menos por um período de dois anos depois de cumprida a pena principal, se tiver comportado por forma que torne razoável supor que não cometerá novos crimes da mesma natureza, devendo a sentença da reabilitação ser igualmente comunicado ao Banco de Portugal para os efeitos legalmente previstos.

5 – O tribunal competente para conhecer do crime de emissão de cheque sem provisão será o tribunal da comarca onde se situa o estabelecimento de crédito em que o cheque for inicialmente entregue para pagamento.

ARTIGO 4.º

A presente autorização legislativa tem a duração de 90 dias.

Aprovada em 6 de Junho de 1991.

O Presidente da Assembleia da República, *Vítor Pereira Crespo*.

Promulgada em 28 de Junho de 1991.
Publique-se.
O Presidente da República, MÁRIO SOARES.

Referendada em 30 de Junho de 1991.
O Primeiro-Ministro, *Aníbal António Cavaco Silva*.

27.5.2. Decreto-Lei n.º 454/91, de 28 de Dezembro[452]

Na sequência de um conjunto de acções destinadas a fomentar a utilização do cheque, foi publicado o Decreto-Lei n.º 530/75, de 25 de Setembro, que introduziu no nosso ordenamento jurídico uma medida administrativa com o objectivo de impedir o acesso àquele meio de pagamento a utilizadores que pusessem em causa o espírito de confiança inerente à sua normal circulação.

Cedo, porém, se revelaram algumas fraquezas do sistema assim implantado, que não impediu o preocupante acréscimo do número de cheques devolvidos por falta de provisão.

Daí a publicação do Decreto-Lei n.º 14/84, de 11 de Janeiro, em que, a par de alterações na tramitação processual relativa ao crime de emissão de cheques sem provisão, se introduziu uma nova disciplina da medida administrativa.

Importa reconhecer, porém, que também aqui os resultados obtidos ficaram muito aquém dos objectivos visados, defrontando-se o novo sistema com estrangulamentos que o simples reforço de meios não permite ultrapassar.

Para além disso, a implantação no nosso país do sistema de telecompensação de cheques torna inviável, na prática, o cumprimento do disposto no capítulo II do mencionado Decreto-Lei n.º 14/84.

Considera-se que, nas actuais circunstâncias, o instrumento mais adequado para se conseguir o aumento desejável da confiança neste meio de pagamento é uma colaboração mais activa por parte das instituições de crédito.

Tendo em vista alcançar tais objectivos, determina-se no presente diploma a obrigatoriedade de as instituições de crédito rescindirem as convenções de cheque com entidades que revelem utilizá-lo indevidamente. O Banco de Portugal, além do dever de verificar o cumprimento das obrigações agora impostas às instituições de crédito, fica incumbido de centralizar e difundir pelo sistema bancário a relação dos utilizadores do cheque que oferecem risco.

O persistente acréscimo dos crimes de emissão de cheques sem provisão, além de revelar a relativa inadaptação das medidas preventivas até agora ensaiadas pelo legislador, igualmente deixa transparecer a ineficácia das sanções penais estabelecidas para a prática de tais crimes.

A ineficácia da lei é, já de si, um resultado a que não pode ficar indiferente o legislador. Mas, porventura pior do que isso, pode dizer-se que comporta efeitos late-

---

[452] DR I Série-A, n.º 299, de 28-Dez.-1991, 6760-6764. O Decreto-Lei n.º 454/91, de 28 de Dezembro, foi alterado pelo Decreto-Lei n.º 316/97, de 19 de Novembro, em *vacatio* até 1-Jan.-1998; assim, optamos por publicar o Decreto-Lei n.º 454/91, na versão original, ainda em vigor; abaixo publicamos, na íntegra, o texto alterado.

rais perversos, a começar pelo descrédito do cheque como meio de pagamento e consequente clima de desconfiança generalizada no seu uso que não poupa os cidadãos honestos, que constituem a maioria dos utilizadores, e a terminar na excessiva absorção das polícias e dos tribunais, que se vêem confrontados com uma enorme quantidade de casos de emissão de cheques sem provisão, em detrimento da sua desejável disponibilidade para se ocuparem de outros tipos de criminalidade.

E nem sequer pode dizer-se que a obrigatoriedade da aceitação do cheque, imposta pelo Decreto-Lei n.º 184/74, de 4 de Maio, alterado pelo Decreto-Lei n.º 519-XI/79, de 29 de Dezembro, tenha constituído solução viável para lhe conferir aquela dignidade que se pretendia, já que é relativamente fácil torneá-la através de vários expedientes, por parte dos eventuais portadores, aos quais, aliás, é pelo menos problemático exigir que se confomem com riscos de lesão patrimonial, que andam frequentemente associados ao mau uso generalizado desse título.

O papel das instituições de crédito na prevenção do fenómeno do cheque sem provisão terá também de ser reforçado.

Em particular, será indispensável a introdução de alguma selectividade na entrega dos chamados "livros de cheques", que deve pressupor uma relação de confiança e um conhecimento mínimo do cliente.

O actual sistema de protecção penal do cheque carece de adequada revisão, na medida em que se tem mostrado incapaz de contrariar a realidade criminológica revelada no peso excessivo que a proliferação de crimes de emissão de cheque sem provisão representa no cômputo da criminalidade geral.

Tendo em conta recomendações dos peritos do Conselho da Europa e orientações de algumas legislações estrangeiras, está indicado que a revisão do actual sistema punitivo do cheque sem provisão aponte para um conjunto coerente de soluções de carácter preventivo e repressivo, do qual se espera que possa concorrer para a redução do fenómeno em termos razoáveis.

Entre os modelos despenalizadores conhecidos, justifica-se a consagração legislativa de uma solução idêntica à do direito francês, que impõe ao banco sacado o dever de pagar cheques de montante não superior a 100 FF, não obstante a inexistência ou insuficiência de provisão.

Tal disposição equivale a uma despenalização da emissão de cheques sem provisão nessas condições, solução que tem o apoio da doutrina e que pode contribuir decisivamente para a redução do volume da criminalidade relacionada com o uso de cheque. Também não anda longe das propostas despenalizadoras do Conselho da Europa, na parte em que assentam na distinção entre pequenos e grandes cheques, só estes últimos relevando da justiça penal.

Estabelece-se assim a obrigatoriedade de pagamento pelas instituições de crédito dos cheques que apresentem falta ou insuficiência de provisão, sendo que este facto não afasta as consequências administrativas previstas para a utilização indevida do cheque, pondo em causa o espírito de confiança que deve presidir à sua circulação.

Este tipo de solução vai implicar necessariamente a adopção de medidas acrescidas por parte da banca e a consequente co-responsabilização no combate ao fenómeno do cheque sem provisão.

A aplicação das penas do crime de burla ao sacador de cheque sem provisão, bem como ao que, após a emissão, procede ao levantamento de fundos que impossibilitem o pagamento ou proíba ao sacador este pagamento, é uma consequência da proximidade material desses comportamentos com os que integram aquela figura do direito penal clássico.

Os chamados "delitos do sacado" merecem também consagração legal.

Em todo o caso, a diferente gravidade do comportamento, em confronto com os crimes do sacador, aconselha a que se preveja uma pena sensivelmente menos severa, como a de multa, assim se honrando o princípio da proporcionalidade.

À punição dos crimes de cheque sem provisão devem acrescer sanções acessórias destinadas a reforçar efeitos preventivos de novas infracções, como já acontece, entre nós, com alguns crimes económicos.

Neste aspecto parecem particularmente adequadas a interdição temporária do uso de cheques e a publicidade da sentença, constituindo crime de desobediência qualificada a emissão de cheques enquanto durar a interdição.

Todavia, deve prever-se a reabilitação judicial do condenado em certas condições.

A sentença condenatória deve ser comunicada ao Banco de Portugal, que, por seu turno, deve informar as restantes instituições bancárias, que ficarão proibidas de entregar módulos de cheques ao condenado enquanto durar a interdição, sob pena de incorrer em contra-ordenação. Esta solução visa reforçar o efeito preventivo da sanção acessória.

Tendo desaparecido as razões conjunturais que presidiram à publicação dos diplomas que impunham a obrigatoriedade de aceitação de cheques até certos montantes, é altura oportuna para proceder à sua revogação.

Enfim, as infracções às normas relativas às restrições ao uso de cheques, na medida em que, pela sua natureza, não justificam tratamento nos quadros do ilícito criminal, são tratadas como contra-ordenações. Assim, ouvido o Banco de Portugal:

No uso da autorização legislativa conferido pela Lei n.° 30/91, de 20 de Julho, e nos termos das alíneas *a*) e *b*) do n.° 1 do artigo 201.° da Constituição, o Governo decreta o seguinte:

(*O texto actualizado do Decreto-Lei n.° 454/91, de 28 de Dezembro, sob o título oficial "Regime Jurídico do Cheque Sem Provisão", é abaixo publicado*)

Visto e aprovado em Conselho de Ministros de 29 de Agosto de 1991. – *Aníbal António Cavaco Silva – Luís Miguel Couceiro Pizarro Beleza – José Manuel Cardoso Borges Soeiro.*

Promulgado em 13 de Dezembro de 1991.
Publique-se.
O Presidente da República, MÁRIO SOARES.

Referendado em 16 de Dezembro de 1991.
O Primeiro-Ministro, *Aníbal António Cavaco Silva.*

27.5.3. Lei n.º 114/97 de 16 de Setembro[453]

Autoriza o Governo a alterar o Decreto-Lei n.º 454/91, de 28 de Dezembro (estabelece normas relativas ao uso do cheque)

A Assembleia da República decreta, nos termos dos artigos 164.º, alínea *e*), 168.º, n.º 1, alíneas *b*), *c*) e *d*), e 169.º, n.º 3, da Constituição, o seguinte:

ARTIGO 1.º

É concedida ao Governo autorização legislativa para introduzir alterações a artigos do Decreto-Lei n.º 454/91, de 28 de Dezembro.

ARTIGO 2.º

A legislação a aprovar pelo Governo ao abrigo do artigo anterior terá o seguinte sentido e extensão:

1 – Estabelecer a presunção de que põe em causa o espírito de confiança que deve presidir à circulação do cheque quem, agindo em nome próprio ou em representação de outrem, não proceder à regularização da situação depois de notificado para o efeito, nos termos referidos no artigo 3.º, n.º 1);

2 – Garantir que, no caso de contas com mais de um titular, a rescisão da convenção do cheque seja extensiva aos demais co-titulares que, notificados para demonstrarem em prazo razoável serem alheios aos actos que motivam a rescisão, não o façam;

3 – Prever que a decisão de rescisão da convenção de cheque contenha a ordem de devolução, no prazo de 10 dias úteis, dos módulos de cheque fornecidos e não utilizados;

4 – Proibir as instituições de crédito que hajam rescindido a convenção de cheque de celebrar nova convenção dessa natureza com a mesma entidade antes de decorridos dois anos a contar da data da decisão de rescisão da convenção, salvo autorização do Banco de Portugal;

5 – Permitir que o Banco de Portugal possa autorizar a celebração de uma nova convenção de cheque antes de decorrido o prazo de dois anos, quando circunstâncias especialmente ponderosas o justifiquem e mediante prova da regularização das situações que determinaram a rescisão da convenção;

---

[453] DR I Série-A, n.º 214, de 16-Set.-1997, 4972-4974.

27.5.3. Restrições ao uso do cheque

6 – Obrigar as instituições de crédito a comunicar ao Banco de Portugal os casos de:
   a) Rescisão da convenção de cheque;
   b) Apresentação a pagamento de cheque que não seja integralmente pago por se terem verificado as condições previstas no n.º 11) sem que tenha sido rescindida a convenção de cheque;
   c) Emissão de cheque sobre elas sacado, em data posterior à notificação da rescisão da convenção de cheque, pelas entidades com quem hajam rescindido a convenção;
   d) Não pagamento de cheque de valor não superior a 12 500$, emitido através de módulo por elas fornecido;
   e) Recusa de pagamento de cheques com inobservância das condições descritas no artigo 9.º do Decreto-Lei n.º 454/91, de 28 de Dezembro;

7 – Estabelecer que a recusa de pagamento de cheque de valor não superior a 12 500$ tem de ser justificada e igualmente prever que constitui justificação de recusa de pagamento a existência, nomeadamente, de sérios indícios de falsificação, furto, abuso de confiança ou apropriação ilegítima do cheque;

8 – Autorizar o Banco de Portugal a incluir numa listagem de utilizadores de cheques que oferecem risco todas as entidades que tenham sido objecto de uma rescisão de convenção de cheque;

9 – Consagrar que a inclusão na listagem referida no número anterior determina a imediata rescisão da convenção de idêntica natureza com qualquer outra instituição de crédito;

10 – Alargar a competência do Banco de Portugal para fixar os requisitos a observar pelas instituições de crédito na abertura de contas de depósito e no fornecimento de módulos de cheques, designadamente quanto à identificação dos respectivos titulares e representantes e ainda para transmitir às instituições de crédito instruções tendentes à aplicação uniforme do disposto no Decreto-Lei n.º 454/91, de 28 de Dezembro;

11 – Considerar como autor de crime de emissão de cheque sem provisão quem, causando prejuízo patrimonial ao tomador do cheque ou a terceiro:
   a) Emitir e entregar a outrem cheque para pagamento de quantia superior a 12 500$ que não seja integralmente pago por falta de provisão ou por irregularidade do saque;
   b) Antes ou após a emissão e entrega a outrem de cheque sacado pelo próprio ou por terceiro, nos termos e para os fins da alínea anterior, levantar os fundos necessários ao seu pagamento, proibir à instituição sacada o pagamento desse cheque, encerrar a conta sacada ou, por qualquer modo, alterar as condições da sua movimentação, assim impedindo o pagamento do cheque; ou
   c) Endossar cheque que recebeu, conhecendo as causas de não pagamento integral referidas nas alíneas anteriores, se o cheque for apresentado a pagamento nos termos e prazos estabelecidos pela Lei Uniforme Relativa ao Cheque;

12 – Estabelecer a punição de quem pratique os factos descritos no número anterior com pena de prisão até 3 anos ou com pena de multa ou, se o cheque for de valor elevado, com pena de prisão até 5 anos ou com pena de multa até 600 dias;

13 – Estabelecer que, para efeitos do disposto no número anterior, se considera valor elevado o montante constante de cheque que exceda o valor previsto no artigo 202.º, alínea *a*), do Código Penal;

14 – Não aplicar o disposto no n.º 11) aos cheques emitidos com data posterior à da sua entrega ao tomador;

15 – Prever a extinção da responsabilidade criminal pela regularização da situação nos termos e prazo a que se refere o artigo 3.º, n.º 1);

16 – Permitir a especial atenuação da pena quando o montante do cheque for pago, com reparação do dano causado, até ao início da audiência de julgamento em 1.ª instância;

17 – Aumentar para seis anos o limite máximo da sanção acessória de interdição do uso de cheque;

18 – Alterar o regime de publicidade da decisão condenatória, prevendo a sua inserção em publicação de divulgação corrente na área do domicílio do agente e do ofendido, bem como a afixação de edital, por período não inferior a um mês, nos lugares destinados ao efeito pela junta de freguesia do agente e do mandante ou do representado;

19 – Estabelecer que a queixa deve conter a indicação dos factos constitutivos da obrigação subjacente à emissão, da data de entrega do cheque ao tomador e dos respectivos elementos de prova;

20 – Estabelecer que, ainda que falte algum dos elementos referidos no número anterior, a queixa se considera apresentada para todos os efeitos legais, designadamente o previsto no artigo 115.º do Código Penal;

21 – Alterar o regime de contra-ordenações, aplicando às instituições de crédito:
a) Pela omissão dos deveres previstos nos n.º 6) e 10), uma coima que varia entre 150000$ e 2500000$; e
b) Pela não rescisão da convenção de cheque, pela celebração de nova convenção ou fornecimento de módulos de cheques com infracção do disposto no mesmo diploma, pela omissão de notificação para regularização de um cheque sem provisão no prazo de 30 dias úteis após a ocorrência dos factos que a determinam, pela recusa injustificada de pagamento de cheques de valor inferior ou igual a 12500$ e pela violação da obrigação de pagar qualquer cheque emitido através de módulo por elas fornecido nos casos de violação do dever de rescisão da convenção de cheque, após a rescisão da convenção de cheque com violação do dever a que se refere o n.º 4) a entidades que integrem a listagem referida no n.º 8), e em violação da interdição de uso de cheque fixada em decisão judicial, uma coima que varia entre 300000$ e 5000000$;

22 – Estabelecer a punição por negligência das contra-ordenações referidas no número anterior;

23 – Aumentar os montantes mínimos das coimas correspondentes às contra-ordenações referidas no n.º 21), quando praticadas pelos órgãos de pessoa colectiva ou equiparada, no exercício das suas funções, respectivamente para 400000$ e 800000$, em caso de dolo, e para 200000$ e 400000$, em caso de negligência;

24 – Atribuir ao Banco de Portugal parte do produto das coimas aplicadas.

27.5.3. Restrições ao uso do cheque

ARTIGO 3.º

É concedida ao Governo autorização legislativa para introduzir novos artigos no Decreto-Lei n.º 454/91, de 28 de Dezembro, com o seguinte sentido e extensão:

1 – Prever que a falta de pagamento do cheque apresentado para esse efeito, nos termos e prazos a que se refere a Lei Uniforme Relativa ao Cheque, obriga a instituição de crédito a notificar o sacador para, no prazo de 30 dias consecutivos, proceder à regularização da situação;

2 – Estabelecer que a notificação a que se refere o número anterior contém obrigatoriamente a indicação do termo do prazo e do local para a regularização da situação e a advertência de que a falta de regularização implica a rescisão da convenção de cheque e, consequentemente, a proibição de emitir novos cheques sobre a instituição sacada, a proibição de celebrar ou manter convenção de cheque com outras instituições de crédito e a inclusão na listagem de utilizadores de cheque que oferecem risco;

3 – Prever a regularização de não pagamento de cheque mediante depósito na instituição de crédito sacada, à ordem do portador, do valor do cheque e dos juros moratórios calculados à taxa legal acrescida de 10 pontos percentuais ou mediante o pagamento directo ao portador do cheque;

4 – Estabelecer que o procedimento criminal pelo crime referido no n.º 11) do artigo anterior depende de queixa e que compete ao Procurador-Geral da República, ouvido o departamento respectivo, autorizar a desistência de queixa, nos casos em que o Estado seja ofendido;

5 – Reforçar o dever de colaboração na investigação, estabelecendo que as instituições de crédito devem fornecer às autoridades judiciárias competentes todos os elementos necessários para a prova do motivo do não pagamento de cheque que lhes for apresentado para pagamento, nos termos e prazos da Lei Uniforme Relativa ao Cheque, através da emissão de uma declaração de insuficiência de saldo com indicação do valor deste, da indicação dos elementos de identificação do sacador e do envio de cópia da respectiva ficha bancária de assinaturas;

6 – Prever a obrigatoriedade de as instituições de crédito informarem as entidades com quem celebrarem convenção de cheque das obrigações referidas no número anterior.

ARTIGO 4.º

É concedida ao Governo autorização legislativa para introduzir disposições transitórias no Decreto-Lei n.º 454/91, de 28 de Dezembro, com o seguinte sentido e extensão:

1 – Permitir que, nos casos em que os processos por crime de emissão de cheque sem provisão cujo procedimento criminal se extinga por virtude das alterações ao artigo 11.º do Decreto-Lei n.º 454/91, de 28 de Dezembro, a acção civil por falta de pagamento possa ser instaurada no prazo de um ano a contar da data da notificação do arquivamento do processo ou da declaração judicial de extinção do procedimento criminal;

2 – Estabelecer que, para o efeito do disposto no número anterior, o tempo decorrido entre a data de apresentação da queixa e a data da notificação aí referida não prejudica o direito à instauração do procedimento criminal;

3 – Estabelecer que, para efeitos do disposto no n.º 1), a autoridade judiciária ordena, a requerimento do interessado e sem custas, a restituição do cheque e a passagem de certidão da decisão que põe termo ao processo;

4 – Permitir que, em processo pendente que se encontre em fase de julgamento e em que tenha sido formulado pedido de indemnização civil, o lesado possa requerer que o processo prossiga apenas para efeitos de julgamento do pedido civil, devendo ser notificado com a cominação da extinção da instância se o não requerer no prazo de 15 dias a contar da notificação.

ARTIGO 5.º

É concedida ao Governo autorização legislativa para:
1) Aplicar o regime previsto no artigo 5.º do Decreto-Lei n.º 454/91, de 28 de Dezembro, às notificações a que se refere o artigo 3.º, n.º 1 e 2, do presente diploma;
2) Introduzir alterações de redacção nos artigos 5.º, 6.º, 8.º, 9.º, 10.º, 12.º, n.º 1, alínea b), e 3, do Decreto-Lei n.º 454/91, de 28 de Dezembro.

ARTIGO 6.º

A presente autorização legislativa tem a duração de 90 dias.

Aprovada em 31 de Julho de 1997.
O Presidente da Assembleia da República, *António de Almeida Santos*.
Promulgada em 27 de Agosto de 1997.
Publique-se.
O Presidente da República, JORGE SAMPAIO.

Referendada em 2 de Setembro de 1997.
O Primeiro-Ministro, *António Manuel de Oliveira Guterres*.

27.5.4. Decreto-Lei n.º 316/97, de 19 de Novembro [454]

Vão decorridos mais de cinco anos sobre a publicação do Decreto-Lei n.º 454/91, de 28 de Dezembro, que introduziu profundas alterações no regime jurídico penal do cheque sem provisão.

Os resultados da sua aplicação não permitem afirmar que se tenham cumprido os objectivos da reforma, conhecidos, como são, a erosão da função do cheque, o seu descrédito como meio de pagamento e as dimensões assumidas pela emissão de cheques não pagos. Admite-se, porém, que, para a frustração dos objectivos então definidos, tenham contribuído a relativa novidade do regime, sobretudo no que respeita ao procedimento para a rescisão da convenção de cheque, e a generalização da utilização dos cheques pós-datados, utilizados como instrumentos creditícios e não, como é sua função específica, como simples meio de pagamento.

Procede-se agora a uma nova alteração, procurando extirpar as causas que mais terão contribuído para a menor eficácia do regime vigente, quer pela simplificação e clarificação dos deveres impostos às instituições bancárias e pela prescrição de sanções para o seu incumprimento, quer pelo aperfeiçoamento das normas incriminadoras (artigo 11.º), e tornando mais claro que o cheque emitido para garantia de pagamento ou emitido com data posterior à da sua entrega ao tomador não goza de tutela penal (artigo 11.º, n.º 3), por, em qualquer dos casos, não constituir meio de pagamento em sentido próprio.

O âmbito da incriminação (artigo 11.º) é restringido, por uma parte, e ampliado, por outra.

Restringido, na medida em que deixa de ser tutelado penalmente o cheque que não se destine ao pagamento imediato de quantia superior a 12 500$ – actualizando-se, assim, o valor constante do artigo 8.º –, ou porque mero instrumento de garantia ou porque emitido com data posterior à da sua entrega ao tomador. Pretende-se excluir da tutela penal os denominados cheques de garantia, os pós-datados e todos os que se não destinem ao pagamento imediato de uma obrigação subjacente.

Ampliado também, ao abranger na incriminação a falta de pagamento por irregularidade do saque, naturalmente se dolosa, e a criação voluntária pelo sacador ou terceiro de impedimentos ao pagamento do cheque, quer pelo encerramento da conta, quer pela alteração das condições da sua movimentação mediante o saque de cheques. Procura-se, por esta forma, pôr termo a divergências da jurisprudência e da doutrina relativamente ao âmbito dos impedimentos criados pelo sacador ou terceiro ao pagamento de cheque regularmente emitido e entregue para pagamento, cujo não

---

[454] DR I Série-A, n.º 268, de 19-Nov.-1997, 6278-6282.

pagamento não resultava verdadeiramente de falta de provisão na conta, mas de factos de análoga relevância aos já agora previstos no artigo 11.º, n.º 1, alíneas b) e c), do Decreto-Lei n.º 454/91, de 28 de Dezembro.

A tutela penal do cheque, ainda que com o âmbito limitado agora estabelecido, visa sobretudo a protecção do respectivo tomador, conformando-se o respectivo crime, qualquer que seja a modalidade da acção típica, como de natureza patrimonial, desde logo pela exigência do prejuízo patrimonial como seu elemento constitutivo.

Considerada a natureza patrimonial deste crime, e tendo-se também optado por estabelecer como limite máximo da pena aplicável a prisão até 5 anos ou a pena de multa até 600 dias, entendeu-se também ser razoável retomar a tradição emergente do Decreto n.º 13004, de 12 de Janeiro de 1927, exigindo a queixa como condição do procedimento criminal, independentemente do valor do cheque.

Ao conceder tutela penal ao cheque sem provisão, pareceu razoavelmente legítimo exigir do tomador especiais cuidados na aceitação de cheques e a imposição de ónus de colaboração processual. Sendo pressuposto da tutela que o cheque não pago há-de ter sido emitido e entregue para cumprimento de uma obrigação, não se julga desproporcionado exigir que o portador do cheque indique na queixa os factos constitutivos da obrigação subjacente, a data da entrega do cheque ao tomador e os respectivos elementos de prova. Pretende-se facilitar e abreviar a investigação criminal, que, desse modo, quase se pode limitar, na maioria dos casos, a prova documental, sem excluir outra prova legalmente admissível da obrigação subjacente, mas impondo sempre ao queixoso o ónus de a indicar, o que pode e deve constituir também um instrumento de cautela por parte do tomador do cheque, tudo revertendo em mais eficaz tutela.

Ainda com o propósito de facilitar a investigação do crime de emissão de cheque sem provisão, clarificam-se os deveres de colaboração das instituições de crédito com as autoridades judiciárias, uma vez que a investigação exige o acesso à documentação bancária pertinente.

Neste domínio seriam possíveis diversas opções, desde a simples derrogação da lei processual penal vigente até à atribuição de fé em juízo à declaração da instituição de crédito sacada, entre outras. Optou-se por estabelecer o dever de as instituições de crédito fornecerem os elementos necessários para a prova do motivo do não pagamento do cheque que lhes tenha sido apresentado para pagamento nos termos e prazos estabelecidos pela Lei Uniforme Relativa ao Cheque. Com esta solução, responsabilizam-se as instituições de crédito e não se restringe desproporcionadamente o segredo bancário, na medida em que apenas se exige a declaração de insuficiência de saldo, com indicação do respectivo valor, os elementos de identificação do sacador ou de quem impediu o pagamento do cheque e a cópia da respectiva ficha bancária de assinaturas. Por outro lado, a favor da tutela do segredo bancário, impõe-se às instituições de crédito o dever de informarem as pessoas com quem celebrarem convenções de cheque das obrigações de colaboração na investigação, que sobre aquelas impendem, resultantes do novo artigo 13.º-A, introduzido pelo presente diploma.

As alterações agora introduzidas ao Decreto-Lei n.º 454/91, de 28 de Dezembro, vão ter importantes incidências nos processos pendentes, que serão decididos de acordo com as regras gerais de natureza substantiva e processual. Considerou-se, porém, necessário acautelar as consequências civis da extinção do procedimento criminal e, por isso, se consagram disposições transitórias em ordem a facilitar o exercício da acção civil por falta de pagamento.

Foi ouvido o Banco de Portugal.

Assim:

No uso da autorização legislativa conferida pela Lei n.º 114/97, de 16 de Setembro, e nos termos do artigo 198.º, n.º 1, alíneas *a*) e *b*), da Constituição, o Governo decreta o seguinte:

ARTIGO 1.º

Os artigos 1.º, 2.º, 3.º, 5.º, 6.º, 7.º, 8.º, 9.º, 10.º, 11.º, 12.º, 13.º e 14.º do Decreto-Lei n.º 454/91, de 28 de Dezembro, passam a ter a seguinte redacção:

(O texto actualizado do Decreto-Lei n.º 454/91, de 28 de Dezembro, sob o título oficial "Regime Jurídico do Cheque Sem Provisão", é abaixo publicado)

ARTIGO 2.º

São aditados os seguintes artigos ao Decreto-Lei n.º 454/91, de 28 de Dezembro:

(Os preceitos aditados são inseridos no local próprio)

ARTIGO 3.º

1 – Nos processos por crime de emissão de cheque sem provisão cujo procedimento criminal se extinga por virtude do disposto neste diploma, a acção civil por falta de pagamento pode ser instaurada no prazo de um ano a contar da data da notificação do arquivamento do processo ou da declaração judicial de extinção do procedimento criminal.

2 – Para o efeito do disposto no número anterior, o tempo decorrido entre a data de apresentação da queixa e a data de notificação aí referida não prejudica o direito à instauração da acção civil.

3 – Para o efeito do disposto no n.º 1, a autoridade judiciária deve ordenar a requerimento do interessado e sem custas a restituição do cheque e a passagem de certidão da decisão que põe termo ao processo.

4 – Em processo pendente que se encontre na fase de julgamento, e em que tenha sido formulado pedido de indemnização civil, o lesado pode requerer que o processo prossiga apenas para efeitos de julgamento do pedido civil, devendo ser notificado com a cominação da extinção da instância se o não requerer no prazo de 15 dias a contar da notificação.

ARTIGO 4.º

O Decreto-Lei n.º 454/91, de 28 de Dezembro, é republicado em anexo com as alterações introduzidas pelo presente diploma, passando a constituir o regime jurídico do cheque sem provisão.

ARTIGO 5.º

O presente diploma entra em vigor no dia 1 de Janeiro de 1998.

Visto e aprovado em Conselho de Ministros de 9 de Outubro de 1997. – *António Manuel de Carvalho Ferreira Vitorino – António Manuel de Carvalho Ferreira Vitorino – António Luciano Pacheco de Sousa Franco – José Eduardo Vera Cruz Jardim.*

Promulgado em 5 de Novembro de 1997.
Publique-se.
O Presidente da República, JORGE SAMPAIO.

Referendado em 10 de Novembro de 1997.
O Primeiro-Ministro, *António Manuel de Oliveira Guterres.*

27.5.5. Lei n.º 25/2002, de 2 de Novembro[455]

Autoriza o Governo a alterar o Decreto-Lei n.º 454/91, de 28 de Dezembro (estabelece normas relativas ao uso do cheque), concedendo a todas as instituições de crédito o acesso à informação disponibilizada pelo Banco de Portugal relativa aos utilizadores de cheque que oferecem risco.

A Assembleia da República decreta, nos termos da alínea *d*) do artigo 161.º da Constituição, o seguinte:

ARTIGO 1.º
Objecto

Fica o Governo autorizado a alterar a redacção do artigo 3.º do Decreto-Lei n.º 454/91, de 28 de Dezembro (estabelece normas relativas ao uso do cheque), na redacção introduzida pelo Decreto-Lei n.º 316/97, de 19 de Dezembro.

ARTIGO 2.º
Sentido e extensão

No âmbito da autorização legislativa concedida nos termos do artigo anterior, pode o Governo:
a) Prever que o Banco de Portugal comunique a listagem de utilizadores de cheque que oferecem risco a todas as instituições de crédito previstas no artigo 3.º do Regime Geral das Instituições de Crédito e Sociedades Financeiras, aprovado pelo Decreto-Lei n.º 298/92, de 31 de Dezembro;
b) Estabelecer as condições em que o direito de acesso a essas informações pode ser exercido, depois de consultada a Comissão Nacional de Protecção de Dados.

ARTIGO 3.º
Duração

A presente autorização legislativa tem a duração de 180 dias.

---

[455] DR I Série-A, n.º 253, de 2-Nov.-2002, 7026.

Aprovada em 26 de Setembro de 2002.
O Presidente da Assembleia da República, *João Bosco Mota Amaral.*

Promulgada em 16 e Outubro de 2002.
Publique-se.
O Presidente da República, JORGE SAMPAIO.

Referendada em 22 de Outubro de 2002.
Publique-se.
O Primeiro-Ministro, *José Manuel Durão Barroso.*

27.5.6. Decreto-Lei n.º 323/2001, de 17 de Dezembro[456]

(...)

ARTIGO 11.º

Os artigos 2.º, 8.º, 11.º e 14.º do Decreto-Lei n.º 454/91, de 28 de Dezembro, com a redacção dada pelo Decreto-Lei n.º 316/97, de 10 de Novembro, passam a ter a seguinte redacção:

(As alterações foram inseridas no texto actualizado do Decreto-Lei n.º 454/91, de 28 de Dezembro, abaixo publicado sob o título oficial "Regime Jurídico do Cheque Sem Provisão)

(...)

---

[456] DR I Série-A, n.º 290, de 17-Dez.-2001, 8288-8297. O Decreto-Lei n.º 323/2001 encontra-se publicado acima, em 25.6.3.; cf., aí, o preâmbulo, a aprovação, a promulgação e a referenda do referido Decreto-Lei.

27.5.7. Decreto-Lei n.º 83/2003, de 24 de Abril[457]

Tem-se registado nos últimos anos um aumento significativo do recurso ao crédito por pessoas singulares. Incluída no contexto de resposta a preocupações referentes à prevenção do sobreendividamento, encontra-se a adopção de medidas que contribuam para que as entidades responsáveis pela concessão de crédito possam dispor de mais elementos relevantes na avaliação do risco de crédito.

Ainda que todas as instituições de crédito possam aceder às informações da Central de Riscos de Crédito do Banco de Portugal, tem sido reconhecido que apenas as que exercem actividades de captação de depósitos e de movimentação dos mesmos através de cheques têm acesso à informação do Banco de Portugal sobre utilizadores de cheque que oferecem risco. Daí resulta, para as demais instituições de crédito, a ausência de um elemento essencial para a análise, controlo e prevenção do risco de crédito, o que não se coaduna com os deveres prudenciais estabelecidos e cujo cumprimento é imposto uniformemente.

Sendo a informação relativa aos utilizadores de cheque que oferecem risco essencial para a eficácia da referida avaliação do risco de crédito, revela-se necessário autorizar o acesso, por parte de todas as instituições de crédito indicadas como tal no artigo 3.º do Regime Geral das Instituições de Crédito e Sociedades Financeiras, aprovado pelo Decreto-Lei n.º 298/92, de 31 de Dezembro, às informações do Banco de Portugal sobre inibidos do uso do cheque, relevantes para a avaliação do risco de crédito.

Foram ouvidos o Banco de Portugal, a Associação Portuguesa de Bancos, a Associação de Sociedades Financeiras para Aquisições a Crédito e a Comissão Nacional de Protecção de Dados.

Assim:

No uso da autorização legislativa conferida pela Lei n.º 25/2002, de 2 de Novembro, e nos termos da alínea b) do n.º 1 do artigo 198.º da Constituição, o Governo decreta o seguinte:

ARTIGO 1.º
Alteração ao Decreto-Lei n.º 454/91, de 28 de Dezembro

O artigo 3.º do Decreto-Lei n.º 454/91, de 28 de Dezembro, com a redacção introduzida pelo Decreto-Lei n.º 316/97, de 19 de Novembro, passa a ter a seguinte redacção:

---

[457] DR I Série-A, n.º 96, de 24-Abr.-2003, 2659.

27.5.7. Restrições ao uso do cheque

(*As alterações foram inseridas no texto actualizado do Decreto-Lei n.º 454/91, de 28 de Dezembro, abaixo publicado sob o título oficial "Regime Jurídico do Cheque Sem Provisão"*)

ARTIGO 2.º
Entrada em vigor

O presente diploma entra em vigor no dia seguinte ao da sua publicação.

Visto e aprovado em Conselho de Ministros de 27 de Março de 2003. – *José Manuel Durão Barroso – Maria Manuela Dias Ferreira Leite – Carlos Manuel Tavares da Silva.*

Promulgado em 10 de Abril de 2003.
Publique-se.
O Presidente da República, JORGE SAMPAIO.

Referendado em 14 de Abril de 2003.
O Primeiro-Ministro, *José Manuel Durão Barroso.*

27.5.8. *Regime Jurídico do Cheque Sem Provisão (Texto actualizado do Decreto-Lei n.º 454/91, de 28 de Dezembro)*

CAPÍTULO I
Das restrições ao uso de cheque

ARTIGO 1.º[458]
Rescisão da convenção de cheque

1 – As instituições de crédito devem rescindir qualquer convenção que atribua o direito de emissão de cheques, quer em nome próprio quer em representação de outrem, por quem, pela respectiva utilização indevida, revele pôr em causa o espírito de confiança que deve presidir à sua circulação.
2 – Para efeitos do disposto no número anterior, presume-se que põe em causa o espírito de confiança que deve presidir à circulação do cheque quem, agindo em nome próprio ou em representação de outrem, verificada a falta de pagamento do cheque apresentado para esse efeito, não proceder à regularização da situação, nos termos previstos no artigo 1.º-A.
3 – No caso de contas com mais de um titular, a rescisão da convenção do cheque é extensiva a todos os co-titulares, devendo, porém, ser anulada relativamente aos que demonstrem ser alheios aos actos que motivaram a rescisão.

---

[458] Redacção introduzida pelo artigo 1.º do Decreto-Lei n.º 316/97, de 19 de Novembro. A redacção original era a seguinte:
1 – ...
2 – Presume-se que põe em causa o espírito de confiança que deve presidir à circulação do cheque toda a entidade que, em nome próprio ou em representação de outrem, saque ou participe na emissão de um cheque sobre uma conta cujo saldo não apresente provisão suficiente e o emitente não proceda à sua regularização nos 10 dias seguintes à recepção da notificação pelo banco daquela situação.
3 – No caso de contas com mais de um titular, a rescisão da convenção do cheque deve ser extensiva a todos os co-titulares, podendo, porém, ser anulados relativamente aos que demonstrem ser alheios aos actos que motivaram a decisão.
4 – A decisão de rescisão da convenção de cheque será notificada, nos termos do artigo 5.º, pela instituição de crédito a todas as entidades abrangidas com tal decisão.
5 – ...
6 – A instituição de crédito que haja rescindido a convenção de cheque não pode celebrar nova convenção dessa natureza com a mesma entidade antes de decorridos pelo menos 6 ou 12 meses, consoante se trate ou não de primeira rescisão, salvo quando circunstâncias especialmente ponderosas o justifiquem e mediante prova do pagamento de todos os cheques ou da supressão de outras irregularidades que tenham constituído fundamento da decisão.

4 – A decisão de rescisão da convenção de cheque ordenará a devolução, no prazo de 10 dias úteis, dos módulos de cheque fornecidos e não utilizados e será notificada, nos termos do artigo 5.º, pela instituição de crédito a todas as entidades abrangidas com tal decisão.

5 – As entidades referidas no número anterior deixam de poder emitir ou subscrever cheques sobre a instituição autora da decisão a partir da data em que a notificação se considere efectuada.

6 – A instituição de crédito que haja rescindido a convenção de cheque não pode celebrar nova convenção dessa natureza com a mesma entidade antes de decorridos dois anos a contar da data da decisão de rescisão da convenção, salvo autorização do Banco de Portugal.

7 – O Banco de Portugal pode autorizar a celebração de uma nova convenção de cheque antes de decorrido o prazo estabelecido no número anterior, quando circunstâncias especialmente ponderosas o justifiquem e mediante prova da regularização das situações que determinaram a rescisão da convenção.

ARTIGO 1.º-A [459]
Falta de pagamento de cheque

1 – Verificada a falta de pagamento do cheque apresentado para esse efeito, nos termos e prazos a que se refere a Lei Uniforme Relativa ao Cheque, a instituição de crédito notifica o sacador para, no prazo de 30 dias consecutivos, proceder à regularização da situação.

2 A notificação a que se refere o número anterior deve, obrigatoriamente, conter:
a) A indicação do termo do prazo e do local para a regularização da situação;
b) A advertência de que a falta de regularização da situação implica a rescisão da convenção de cheque e, consequentemente, a proibição de emitir novos cheques sobre a instituição sacada, a proibição de celebrar ou manter convenção de cheque com outras instituições de crédito, nos termos do disposto no artigo 3.º, e a inclusão na listagem de utilizadores de cheque que oferecem risco.

3 – A regularização prevista no n.º 1 faz-se mediante consignação em depósito ou pagamento directamente ao portador do cheque, comprovado perante a instituição de crédito sacada, do valor do cheque e dos juros moratórios calculados à taxa legal, fixada nos termos do Código Civil, acrescida de 10 pontos percentuais.

ARTIGO 2.º [460]
Comunicações

As instituições de crédito são obrigadas a comunicar ao Banco de Portugal, no prazo e pela forma que este lhes determinar, todos os casos de:

---

[459] Aditado pelo artigo 2.º do Decreto-Lei n.º 316/97, de 19 de Novembro.
[460] Redacção introduzida pelo Decreto-Lei n.º 316/97, de 19 de Novembro. A redacção original era a seguinte:

a) Rescisão da convenção de cheque;
b) Apresentação a pagamento, nos termos e prazos da Lei Uniforme Relativa ao Cheque, de cheque que não seja integralmente pago por falta de provisão ou por qualquer dos factos previstos no artigo 11.º, n.º 1, sem que tenha sido rescindida a convenção de cheque;
c) Emissão de cheque sobre elas sacado, em data posterior à notificação a que se refere o artigo 1.º, n.º 4, pelas entidades com quem hajam rescindido a convenção de cheque;
d) Não pagamento de cheque de valor não superior a € 62,35[461], emitido através de módulo por elas fornecido;
e) Recusa de pagamento de cheques com inobservância do disposto no artigo 9.º, n.º 1.

ARTIGO 3.º [462]
Listagem

1 – As entidades que tenham sido objecto de rescisão de convenção de cheque ou que hajam violado o disposto no n.º 5 do artigo 1.º são incluídas numa listagem de utilizadores de cheque que oferecem risco a comunicar pelo Banco de Portugal a todas as instituições de crédito.

---

1 – As instituições de crédito são obrigadas a comunicar ao Banco de Portugal, no prazo e pela forma que este lhes determinar, todos os casos de:
a) Rescisão da convenção de cheque que hajam decidido e da celebração de nova convenção com as mesmas entidades;
b) Emissão de cheques sobre elas sacados, em data posterior à notificação a que se refere o n.º 4 do artigo 1.º, pelas entidades com quem hajam rescindido a convenção de cheque, disso notificando igualmente o sacador e os outros co-titulares da conta sacada.
2 – Com base nas comunicações das instituições de crédito, o Banco de Portugal registará todos os casos de entidades abrangidos pela rescisão.
[461] O artigo 11.º do Decreto-Lei n.º 323/2001, de 17 de Dezembro, converteu escudos em euros; anteriormente referia 12 500$.
[462] Redacção introduzida pelo Decreto-Lei n.º 83/2003, de 24 de Abril. A redacção anterior, dada pelo Decreto-Lei n.º 316/97, de 19 de Novembro, era a seguinte:
1 – As entidades que tenham sido objecto de rescisão de convenção de cheque ou que hajam violado o disposto no artigo 1.º, n.º 4, são incluídas numa listagem de utilizadores de cheque que oferecem risco, a comunicar pelo Banco de Portugal a todas as instituições de crédito.
2 – ...
3 – ...
A redacção original era a seguinte:
1 – As entidades que tenham sido objecto de duas ou mais rescisões de convenção de cheque, ou que hajam violado o disposto no n.º 5 do artigo 1.º, serão incluídas numa listagem de utilizadores de cheque que oferecem risco, a comunicar pelo Banco de Portugal a todas as instituições de crédito.
2 – Nenhuma instituição de crédito poderá confiar impressos de cheques a entidades que integrem a listagem referida no número anterior.
3 – As instituições de crédito que, à data da comunicação referida no n.º 1, mantenham convenção de cheque com as entidades que integrem a listagem referida no mesmo número deverão proceder à sua imediata rescisão, sendo aplicáveis, com as necessárias adaptações, os n.ºs 3, 4 e 5 do artigo 1.º.

27.5.8. Restrições ao uso do cheque

2 – A inclusão na listagem a que se refere o número anterior determina para qualquer outra instituição de crédito a imediata rescisão de convenção de idêntica natureza, bem como a proibição de celebrar nova convenção de cheque, durante os dois anos seguintes, contados a partir da data da decisão de rescisão da convenção.

3 – É correspondentemente aplicável o disposto no artigo 1.º, n.º 6.

4 – É expressamente autorizado o acesso de todas as instituições de crédito indicadas como tal no artigo 3.º do Regime Geral das Instituições de Crédito e Sociedades Financeiras, aprovado pelo Decreto-Lei n.º 298/92, de 31 de Dezembro, a todas as informações disponibilizadas pelo Banco de Portugal relativas aos utilizadores de cheque que oferecem risco, tendo em vista a avaliação do risco de crédito de pessoas singulares e colectivas.

5 – Compete ao Banco de Portugal regulamentar a forma e termos de acesso às informações quando estas se destinem à finalidade do número anterior, com base em parecer previamente emitido pela Comissão Nacional de Protecção de Dados.

6 – Todas as informações fornecidas pelo Banco de Portugal devem ser eliminadas, bem como quaisquer referências ou indicadores de efeito equivalente, logo que cesse o período de permanência de dois anos, haja decisão de remoção da listagem ou se verifique o termo de decisão judicial, excepto se o titular nisso expressamente consentir.

ARTIGO 4.º
Remoção da listagem

As entidades que integrem a listagem referida no artigo anterior não poderão, nos dois anos imediatamente posteriores à rescisão da convenção de cheques, celebrar nova convenção, excepto se, sob proposta de qualquer instituição de crédito ou a seu requerimento, o Banco de Portugal, face à existência de circunstâncias ponderosas, venha a decidir a remoção de nomes da aludida listagem.

ARTIGO 5.º
Notificações

1 – As notificações a que se referem os artigos 1.º, 1.º-A e 2.º efectuam-se por meio de carta registada expedida para o último domicílio declarado às instituições de crédito sacadas e presumem-se feitas, salvo prova em contrário, no terceiro dia posterior ao do registo ou no primeiro dia útil seguinte, se aquele o não for[463].

2 – A notificação tem-se por efectuada mesmo que o notificando recuse receber a carta ou não se encontre no domicílio indicado.

---

[463] Redacção introduzida pelo Decreto-Lei n.º 316/97, de 19 de Novembro. A redacção original era a seguinte:
  1 – As notificações a que se referem os artigos 1.º e 2.º efectuam-se por meio de carta registada expedida para o último domicílio declarado às instituições de crédito sacadas e presumem-se feitas, salvo prova em contrário, no 3.º dia posterior ao do registo ou no 1.º dia útil seguinte, se esse o não for.

ARTIGO 6.º
Movimentação de contas de depósito

1 – A rescisão da convenção de cheque não impede a movimentação de contas de depósito através de cheques avulsos, visados ou não, consoante se destinem a pagamentos ou a simples levantamentos, ainda que o sacador figure na listagem distribuída pelo Banco de Portugal, devendo ser facultados os impressos necessários para o efeito[464].

2 – Sem prejuízo do disposto neste capítulo, não poderá ser recusado o pagamento de cheques com fundamento na rescisão de convenção de cheque ou no facto de o sacador figurar na listagem difundida pelo Banco de Portugal, quando a conta sacada disponha de provisão para o efeito.

ARTIGO 7.º[465]
Competência do Banco de Portugal

Compete ao Banco de Portugal fixar os requisitos a observar pelas instituições de crédito na abertura de contas de depósito e no fornecimento de módulos de cheques, designadamente quanto à identificação dos respectivos titulares e representantes e, ainda, transmitir às instituições de crédito instruções tendentes à aplicação uniforme do disposto neste diploma.

CAPÍTULO II
Obrigatoriedade de pagamento

ARTIGO 8.º[466]
Obrigatoriedade de pagamento pelo sacado

1 – A instituição de crédito sacada é obrigada a pagar, não obstante a falta ou

---

[464] Redacção introduzida pelo Decreto-Lei n.º 316/97, de 19 de Novembro. A redacção original era a seguinte:

1 – A rescisão da convenção de cheque não impede a movimentação de cheques avulsos, visados ou não pelas instituições de crédito sacadas, consoante se destinem a pagamentos ou a simples levantamentos, ainda que o sacador figure nas listagens distribuídas pelo Banco de Portugal, devendo ser facultados os impressos necessários para o efeito.

[465] Redacção introduzida pelo Decreto-Lei n.º 316/97, de 19 de Novembro. A redacção original era a seguinte:

Compete ao Banco de Portugal fixar os requisitos a observar pelas instituições de crédito na abertura de contas de depósito e no fornecimento de impressos de cheques, designadamente quanto à identificação dos respectivos titulares e representantes, e ainda transmitir às instituições de crédito instruções tendentes à aplicação uniforme do disposto neste capítulo.

[466] Redacção introduzida pelo Decreto-Lei n.º 316/97, de 19 de Novembro. A redacção original era a seguinte:

1 – A instituição de crédito sacada é obrigada a pagar, não obstante a falta ou insuficiência de provisão, qualquer cheque emitido através de módulo por ela fornecido, de montante não superior a 5000$.

2 – O disposto neste artigo não se aplica quando a instituição sacada recusar o pagamento do cheque por motivo diferente da falta ou insuficiência de provisão.

27.5.8. Restrições ao uso do cheque

insuficiência de provisão, qualquer cheque emitido através de módulo por ela fornecido, de montante não superior a € 62,35[467].

2 – O disposto neste artigo não se aplica quando a instituição sacada recusar justificadamente o pagamento do cheque por motivo diferente da falta ou insuficiência de provisão.

3 – Para efeitos do previsto no número anterior, constitui, nomeadamente, justificação de recusa de pagamento a existência de sérios indícios de falsificação, furto, abuso de confiança ou apropriação ilegítima do cheque.

ARTIGO 9.º [468]
Outros casos de obrigatoriedade de pagamento pelo sacado

1 – Sem prejuízo do disposto no artigo 8.º, as instituições de crédito são ainda obrigadas a pagar qualquer cheque emitido através de módulo por elas fornecido:
 a) Em violação do dever de rescisão a que se refere o artigo 1.º, n.ºs 1 a 4;
 b) Após a rescisão da convenção de cheque, com violação do dever a que se refere o artigo 1.º, n.º 6;
 c) A entidades que integram a listagem referida no artigo 3.º;
 d) Em violação do disposto no artigo 12.º, n.º 5.

2 – Em caso de recusa de pagamento, a instituição sacada deve provar que observou as normas relativas ao fornecimento de módulos de cheque e à obrigação de rescisão da convenção de cheque.

ARTIGO 10.º [469]
Sub-rogação

A instituição de crédito sacada que pagar um cheque em observância do disposto neste capítulo fica sub-rogada nos direitos do portador até ao limite da quantia paga.

---

[467] O artigo 11.º do Decreto-Lei n.º 323/2001, de 17 de Dezembro, converteu escudos em euros; anteriormente referia 12 500$.

[468] Redacção introduzida pelo Decreto-Lei n.º 316/97, de 19 de Novembro. A redacção original era a seguinte:

1 – As instituições de crédito são ainda obrigadas a pagar, não obstante a falta ou insuficiência de provisão:
 a) Qualquer cheque emitido através de módulo por elas fornecido com violação do dever de rescisão a que se referem os n.ºs 1 a 5 do artigo l.º;
 b) Qualquer cheque emitido através de módulo por elas fornecido, após rescisão da convenção de cheque, com violação do dever a que se refere o n.º 6 do artigo 1.º;
 c) Qualquer cheque fornecido a entidades que integram a listagem a que se refere o artigo 33.º;
 d) Qualquer cheque fornecido com violação do disposto no n.º 9 do artigo 12.º.

2 – Em caso de recusa do pagamento, a instituição sacada deve provar que satisfaz as prescrições legais relativas à obrigação de rescisão da convenção de cheque e aos requisitos fixados pelo Banco de Portugal a que se refere o artigo 7.º.

[469] Redacção introduzida pelo Decreto-Lei n.º 316/97, de 19 de Novembro. A redacção original era a seguinte:

O sacado que pagar um cheque, a despeito da inexistência, insuficiência ou indisponibilidade da provisão, fica sub-rogado nos direitos do portador até ao limite da quantia paga.

CAPÍTULO III
Regime penal do cheque

ARTIGO 11.º[470]
Crime de emissão de cheque sem provisão

1 – Quem, causando prejuízo patrimonial ao tomador do cheque ou a terceiro:
   a) Emitir e entregar a outrem cheque para pagamento de quantia superior a € 62,35[471] que não seja integralmente pago por falta de provisão ou por irregularidade do saque;
   b) Antes ou após a entrega a outrem de cheque sacado pelo próprio ou por terceiro, nos termos e para os fins da alínea anterior, levantar os fundos necessários ao seu pagamento, proibir à instituição sacada o pagamento desse cheque, encerrar a conta sacada ou, por qualquer modo, alterar as condições da sua movimentação, assim impedindo o pagamento do cheque; ou
   c) Endossar cheque que recebeu, conhecendo as causas de não pagamento integral referidas nas alíneas anteriores;
se o cheque for apresentado a pagamento nos termos e prazos estabelecidos pela Lei Uniforme Relativa ao Cheque, é punido com pena de prisão até 3 anos ou com pena de multa ou, se o cheque for de valor elevado, com pena de prisão até 5 anos ou com pena de multa até 600 dias.

2 – Para efeitos do disposto no número anterior, considera-se valor elevado o montante constante de cheque não pago que exceda o valor previsto no artigo 202.º, alínea a), do Código Penal.

---

[470] Redacção introduzida pelo Decreto-Lei n.º 316/97, de 19 de Novembro. A redacção original era a seguinte:
1 – Será condenado nas penas previstas para o crime de burla, observando-se o regime geral de punição deste crime, quem, causando prejuízo patrimonial:
   a) Emitir e entregar a outrem cheque de valor superior ao indicado no artigo 8.º que não for integralmente pago por falta de provisão, verificada nos termos e prazos da Lei Uniforme Relativa ao Cheque;
   b) Levantar, após a entrega do cheque, os fundos necessários ao seu pagamento integral;
   c) Proibir à instituição sacada o pagamento de cheque emitido e entregue.
2 – Nas mesmas penas incorre quem endossar cheque que recebeu, conhecendo a falta de provisão e causando com isso a outra pessoa um prejuízo patrimonial.
3 – A responsabilidade pela prática do crime de emissão de cheques sem provisão extingue-se pelo pagamento, efectuado até ao primeiro interrogatório de arguido em processo penal, directamente pelo sacador ao portador do cheque, do montante deste, acrescido dos juros compensatórios e moratórios calculados à taxa máxima de juro praticada, no momento do pagamento, pela entidade bancária sacada, para operações activas de crédito, acrescido ainda de 10 pontos percentuais, podendo ser efectuado depósito à sua ordem se o portador do cheque recusar receber ou dar quitação.
4 – Os mandantes, ainda que pessoas colectivas, sociedades ou meras associações de facto, são civil e solidariamente responsáveis pelo pagamento de multas e indemnizações em que forem condenados os seus representantes, contanto que estes tenham agido nessa qualidade e no interesse dos representados.

[471] O artigo 11.º do Decreto-Lei n.º 323/2001, de 17 de Dezembro, converteu escudos em euros; anteriormente referia 12 500$.

3 – O disposto no n.º 1 não é aplicável quando o cheque seja emitido com data posterior à da sua entrega ao tomador.

4 – Os mandantes, ainda que pessoas colectivas, sociedades ou meras associações de facto, são civil e solidariamente responsáveis pelo pagamento de multas e de indemnizações em que forem condenados os seus representantes pela prática do crime previsto no n.º 1, contanto que estes tenham agido nessa qualidade e no interesse dos representados.

5 – A responsabilidade criminal extingue-se pela regularização da situação, nos termos e prazo previstos no artigo 1.º-A.

6 – Se o montante do cheque for pago, com reparação do dano causado, já depois de decorrido o prazo referido no n.º 5, mas até ao início da audiência de julgamento em 1ª instância, a pena pode ser especialmente atenuada.

ARTIGO 11.º-A[472]
Queixa

1 – O procedimento criminal pelo crime previsto no artigo anterior depende de queixa.

2 – A queixa deve conter a indicação dos factos constitutivos da obrigação subjacente à emissão, da data de entrega do cheque ao tomador e dos respectivos elementos de prova.

3 – Sem prejuízo de se considerar apresentada a queixa para todos os efeitos legais, designadamente o previsto no artigo 115.º do Código Penal, o Ministério Público, quando falte algum dos elementos referidos no número anterior, notificará o queixoso para, no prazo de 15 dias, proceder à sua indicação.

4 – Compete ao Procurador-Geral da República, ouvido o departamento respectivo, autorizar a desistência da queixa nos casos em que o Estado seja ofendido.

ARTIGO 12.º[473]
Sanções acessórias

1 – O tribunal pode aplicar, isolada ou cumulativamente, conforme os casos, as seguintes sanções acessórias a quem for condenado por crime de emissão de cheque sem provisão, previsto no artigo 11.º:

---

[472] Aditado pelo artigo 2.º do Decreto-Lei n.º 316/97, de 19 de Novembro.

[473] Redacção introduzida pelo Decreto-Lei n.º 316/97, de 19 de Novembro. A redacção original era a seguinte:

1 – A quem for condenado por crime de emissão de cheque sem provisão pode o tribunal aplicar as seguintes sanções acessórias:

  a) Interdição temporária do uso de cheque;
  b) Publicidade da decisão condenatória.

2 – A interdição temporária do uso de cheque terá a duração mínima de seis meses e a máxima de três anos.

3 – A publicidade da decisão condenatória faz-se, a expensas do condenado, em publicação perió-

a) Interdição do uso de cheque;
b) Publicidade da decisão condenatória.

2 – A interdição do uso de cheque terá a duração mínima de seis meses e a duração máxima de seis anos.

3 – A publicidade da decisão condenatória faz-se a expensas do condenado, em publicação de divulgação corrente na área do domicílio do agente e do ofendido, bem como através da afixação de edital, por período não inferior a um mês, nos lugares destinados para o efeito pela junta de freguesia do agente e do mandante ou do representado.

4 – A publicidade é feita por extracto de que constem os elementos da infracção e as sanções aplicadas, bem como a identificação do agente.

5 – A sentença que condenar em interdição do uso de cheque é comunicada ao Banco de Portugal, que informa todas as instituições de crédito de que devem abster-se de fornecer ao agente e aos seus mandatários módulos de cheque para movimentação das suas contas de depósito, salvo no caso previsto no artigo 6.º.

6 – A sentença que condenar em interdição do uso de cheque deve ordenar ao condenado que restitua às instituições de crédito que lhos forneceram todos os módulos de cheques que tiver em seu poder ou em poder dos seus mandatários.

7 – Incorre na pena do crime de desobediência quem não respeitar a injunção a que se refere o número anterior e na do crime de desobediência qualificada quem emitir cheques enquanto durar a interdição fixada na sentença[474].

8 – O condenado em interdição do uso de cheque poderá ser reabilitado judicialmente se, pelo menos por um período de dois anos depois de cumprida a pena principal, se tiver comportado por forma que torne razoável supor que não cometerá novos crimes da mesma natureza[475].

---

dica editada na área da comarca da prática da infracção ou, na sua falta, em publicação periódica da comarca mais próxima, bem como através da afixação de edital, por período não inferior a 30 dias, no local habitualmente destinado para o efeito.

4 – Em casos particularmente graves, pode o tribunal, também a expensas do condenado, ordenar que a publicidade seja feita no *Diário da República*, ou através de qualquer meio de comunicação social.

5 – A publicidade será feita por extracto de que constem os elementos da infracção e as sanções aplicadas, bem como a identificação do agente.

6 – A sentença que condenar em interdição temporária do uso de cheque deve ordenar ao condenado que restitua às instituições de crédito que lhos forneceram todos os módulos de cheques que tiver em seu poder ou em poder dos seus mandatários.

7 – Incorre na pena do crime de desobediência quem não respeitar a injunção a que se refere o número anterior e na do crime de desobediência qualificada quem emitir cheques enquanto durar a interdição fixada na sentença.

8 – O condenado em interdição do uso de cheque poderá ser reabilitado judicialmente se, pelo menos por um período de dois anos depois de cumprida a pena principal, se tiver comportado por forma que torne razoável supor que não cometerá novos crimes da mesma natureza.

9 – A sentença que condenar em interdição de uso de cheque é comunicado ao Banco de Portugal, que informará todas as instituições de crédito de que devem abster-se de fornecer ao condenado e aos seus mandatários cheques para movimentação das suas contas de depósito, salvo no caso previsto no artigo 6.º.

10 – A sentença que conceder a reabilitação é igualmente comunicada ao Banco de Portugal para informação a todas as instituições de crédito.

[474] Corresponde à redacção inicial.
[475] *Idem.*

9 – A sentença que conceder a reabilitação é igualmente comunicado ao Banco de Portugal para informação a todas as instituições de crédito[476].

ARTIGO 13.º[477]
Tribunal competente

É competente para conhecer do crime previsto neste diploma o tribunal da comarca onde se situa o estabelecimento da instituição de crédito em que o cheque for inicialmente entregue para pagamento.

ARTIGO 13.º-A[478]
Dever de colaboração na investigação

1 – As instituições de crédito devem fornecer às autoridades judiciárias competentes todos os elementos necessários para a prova do motivo do não pagamento de cheque que lhes for apresentado para pagamento nos termos e prazos da Lei Uniforme Relativa ao Cheque, através da emissão de declaração de insuficiência de saldo com indicação do valor deste, da indicação dos elementos de identificação do sacador e do envio de cópia da respectiva ficha bancária de assinaturas.

2 – As instituições de crédito têm o dever de informar as entidades com quem celebrarem convenção de cheque da obrigação referida no número anterior, quanto às informações que a essas entidades digam respeito.

CAPÍTULO IV
Contra-ordenações

ARTIGO 14.º[479]
Contra-ordenações

1 – Constitui contra-ordenação punível com coima de € 748,20 a € 12 469,95[480]:

---

[476] Correspondia ao anterior n.º 10.

[477] Redacção introduzida pelo Decreto-Lei n.º 316/97, de 19 de Novembro. A redacção original era a seguinte:

É competente para conhecer do crime de emissão de cheque sem provisão o tribunal da comarca onde se situa o estabelecimento de crédito em que o cheque for inicialmente entregue para pagamento.

[478] Aditado pelo artigo 2.º do Decreto-Lei n.º 316/97, de 19 de Novembro.

[479] Redacção introduzida pelo Decreto-Lei n.º 316/97, de 19 de Novembro. A redacção original era a seguinte:

1 – Constitui contra-ordenação punível com coima de 500$ a 1 500 000$:
  a) A não rescisão da convenção que atribua o direito de emissão de cheques ou a celebração de nova convenção de cheque com infracção do disposto no artigo 1.º;
  b) A omissão do dever de comunicação ao Banco de Portugal a que se refere o n.º 1 do artigo 2.º;

a) A omissão do dever de comunicação ao Banco de Portugal a que se refere o artigo 2.º;
b) A inobservância dos requisitos a que se refere o artigo 7.º.

2 – Constitui contra-ordenação punível com coima de € 1 496,39 a € 24 939,89[481]:

a) A não rescisão da convenção que atribua o direito de emissão de cheques, a celebração de nova convenção ou o fornecimento de módulos de cheques com infracção do disposto neste diploma;
b) A omissão, no prazo de 30 dias úteis após a ocorrência dos factos que a determinam, da notificação a que se refere o artigo 1.º-A, n.os 1 e 2;
c) A violação do disposto nos artigos 8.º, n.º 1, e 9.º, n.º 1;
d) A recusa, considerada injustificada, de pagamento de cheque, nos termos do artigo 8.º, n.º 2.

3 – As contra-ordenações previstas nos números anteriores são sempre puníveis a título de negligência.

4 – Se os factos referidos nos números anteriores forem praticados pelos órgãos de pessoa colectiva ou equiparada, no exercício das suas funções, o montante mínimo das coimas aplicadas é, respectivamente, de 400 000$ e 800 000$, em caso de dolo, e de 200 000$ e 400 000$, em caso de negligência.

5 – A instrução do processo de contra-ordenação e a aplicação da coima competem ao Banco de Portugal[482].

6 – O produto das coimas aplicadas é distribuído da seguinte forma:
a) 40% para o Banco de Portugal;
b) 60% para o Estado.

---

c) O fornecimento de módulos de cheques ou a omissão do dever de proceder à imediata rescisão, em infracção ao disposto nos n.os 2 e 3 do artigo 3.º;
d) A inobservância dos requisitos a que se refere o artigo 7.º;
e) O fornecimento de cheques contra o disposto no n.º 9 do artigo 12.º do presente diploma.

2 – Se os factos referidos no número anterior forem praticados pelos órgãos de pessoa colectiva ou equiparada, no exercício das suas funções, as coimas aplicadas a estes serão elevadas até 5 000 000$ em caso de dolo e até 2 500 000$ em caso de negligência.

3 – A instrução do processo de contra-ordenação e a aplicação da coima competem ao Banco de Portugal.

[480] O artigo 11.º do Decreto-Lei n.º 323/2001, de 17 de Dezembro, converteu escudos em euros; anteriormente referia 150 000$ a 2 500 000$.

[481] O artigo 11.º do Decreto-Lei n.º 323/2001, de 17 de Dezembro, converteu escudos em euros; anteriormente referia 300 000$ a 5 000 000$.

[482] Correspondia ao anterior n.º 3.

CAPÍTULO V
Disposições finais

ARTIGO 15.º
Norma revogatória

São revogados:
a) O Decreto-Lei n.º 182/74, de 2 de Maio, com as modificações introduzidas pelos Decretos-Leis n.ºs 184/74, de 4 de Maio, 218/74, de 18 de Maio, e 519-X1/79, de 29 de Dezembro;
b) O Decreto-Lei n.º 14/84, de 11 de Janeiro.

27.5.9. Aviso do Banco de Portugal n.° 1741-C/98, de 29 de Janeiro[483]

O regime jurídico do cheque sem provisão, aprovado pelo Decreto-Lei n.° 454/91, de 28 de Dezembro, foi recentemente alterado com a publicação do Decreto-Lei n.° 316/97, de 19 de Novembro, que entrou em vigor no dia 1 de Janeiro de 1998.

As modificações que este novo regime vem introduzir na circulação do cheque aumentam a responsabilidade das instituições de crédito e do Banco de Portugal neste domínio, tornam mais exigente o fornecimento de módulos de cheque e mandam incluir na listagem de utilizadores de cheque que oferecem risco qualquer entidade que tenha sido objecto de rescisão da convenção do seu uso.

Assim, o Banco de Portugal, no uso da competência que lhe foi conferida pelo artigo 7.° do Decreto-Lei n.° 454/91, de 28 de Dezembro, na redacção que lhe foi dada pelo Decreto-Lei n.° 316/97, de 19 de Novembro, estabelece o seguinte:

I – DISPOSIÇÕES GERAIS

1 – Este aviso aplica-se aos bancos, à Caixa Geral de Depósitos, às caixas económicas, à Caixa Central de Crédito Agrícola Mútuo e às caixas de crédito agrícola mútuo.

II – FORNECIMENTO DE IMPRESSOS DE CHEQUE

2 – As instituições de crédito não podem confiar módulos de cheque às entidades:
   a) Que tenham sido objecto de rescisão da convenção do seu uso há menos de dois anos;
   b) Que integrem a lista de utilizadores de cheque que oferecem risco divulgada pelo Banco de Portugal;
   c) Que estejam judicialmente interditas do uso de cheque, logo que de tal facto sejam informadas;
   d) Em cuja ficha de abertura de conta não conste a indicação de conferência dos elementos com base no bilhete de identidade civil, ou outro que legalmente o substitua para todos os efeitos, no caso de residentes, e documento equivalente ou passaporte, no caso de não residentes.

---

[483] DR II Série, 2.° Suplemento ao n.° 29, de 4-Fev.-1998.

3 – As entidades abrangidas pelo disposto no número anterior podem movimentar as contas respectivas através de cheques avulsos, visados ou não, consoante se destinem a pagamentos ou a simples levantamentos, devendo as instituições de crédito facultar os impressos necessários para o efeito, sem prejuízo da utilização de outros instrumentos de movimentação da conta que estas instituições entendam colocar à sua disposição.

4 – Os primeiros módulos de cheque devem ser entregues ao titular ou representante com poderes para movimentar a conta a que respeitam, mediante a apresentação de carta registada expedida para o domicílio indicado na ficha de abertura de conta e a exibição do respectivo bilhete de identidade ou documento que legalmente o substitua.

5 – Os titulares ou representantes com poderes para movimentar a conta são obrigados a comunicar imediatamente às instituições de crédito qualquer alteração nos elementos constantes na ficha de abertura de conta, designadamente a morada e o regime de movimentação, devendo as requisições de módulos de cheque ou os extractos de conta mencionar esta obrigação.

6 – As instituições de crédito têm o dever de informar as entidades com quem celebrarem convenção de cheque, no momento da entrega dos módulos respectivos, de que estão obrigadas a fornecer às autoridades judiciárias competentes, quanto às informações que a essas entidades digam respeito, declaração de insuficiência de saldo com indicação do valor deste, elementos de indicação do sacador e cópia da ficha de assinantes.

III – RESCISÃO DA CONVENÇÃO DE CHEQUE

7 – As instituições de crédito devem rescindir qualquer convenção que atribua o direito de emissão de cheque com quem, em nome próprio ou em representação de outrem, pela respectiva utilização indevida, revele pôr em causa o espírito de confiança que deve presidir à sua circulação. Considerar-se-ão, entre outras, as circunstâncias seguintes:

a) O sacador não comprovar no prazo legal, perante a instituição de crédito, que procedeu à regularização de cheque que havia sido devolvido por falta ou insuficiência de provisão, conta encerrada, saque irregular ou por conta bloqueada ou conta suspensa, se a data de emissão de cheque for posterior à data de bloqueamento ou suspensão;

b) O sacador não regularizar cheque pago pela instituição de crédito sacada em cumprimento da obrigação referida nos artigos 8.° e 9.° do Decreto-Lei n.° 454/91.

8 – As instituições de crédito devem ainda rescindir qualquer convenção que atribua o direito de emissão de cheque a quem integre a listagem de utilizadores de cheque que oferecem risco.

9 – A rescisão de convenção que resulte de acto praticado por representante de pessoa singular ou colectiva repercute-se no titular da conta a que respeite, se o representante tiver agido no âmbito dessa representação.

10 – Um cheque devolvido deve considerar-se regularizado se, na instituição de crédito sacada e no prazo de 30 dias consecutivos:
   a) O portador o reapresentar e receber o montante nele indicado;
   b) O sacador proceder a depósito, à ordem do portador, de fundos suficientes e imediatamente disponíveis ou cobertos por garantia;
   c) O sacador exibir prova do seu pagamento ao portador.

11 – Nos casos referidos nas alíneas b) e c) do número anterior, além da importância indicada no cheque, são devidos juros moratórios calculados à taxa legal, fixada nos termos do Código Civil, acrescida de 10 pontos percentuais.

12 – Para efeitos de cálculo dos juros moratórios referidos no artigo 1.º-A do Decreto-Lei n.º 454/91, são devidos juros a partir da apresentação do cheque a pagamento e até à data em que for efectuado o depósito à ordem do portador ou até à data em que for efectuado o pagamento.

13 – A importância depositada para consignação fica cativa, pelo período máximo de seis meses, até à apresentação do portador do cheque a que respeita em qualquer balcão da instituição de crédito sacada para levantamento daquela importância.

14 – O portador do cheque não pago poderá, querendo, desonerar o sacador do pagamento dos juros moratórios, do capital ou de ambos.

15 – A reapresentação de cheque a pagamento em qualquer instituição diferente da sacada não obriga a instituição sacada, no momento do pagamento, a liquidar também os juros consignados em depósito.

16 – O sacador que emita cheque a favor de si próprio não põe em causa o espírito de confiança que deve presidir à circulação do cheque, excepto se este tiver sido endossado.

17 – Um cheque pago pela instituição de crédito em cumprimento da obrigação enunciada nos artigos 8.º e 9.º do Decreto-Lei n.º 454/91, considera-se regularizado se, no prazo de 30 dias contados a partir de notificação para o efeito, o sacador proceder ao depósito da quantia nele indicada na sua conta ou em conta designada pela instituição de crédito.

18 – As instituições de crédito não poderão devolver cheques com fundamento na rescisão da convenção do seu uso ou no facto de o nome do sacador figurar na listagem de utilizadores de cheque que oferecem risco.

IV – EXTENSÃO DA RESCISÃO DE CONVENÇÃO A CO-TITULARES

19 – A rescisão de convenção é extensiva a todos os co-titulares da conta sobre a qual foi emitido o cheque que lhe deu causa; não é extensiva a co-titulares de outras contas nas quais também aqueles figurem.

20 – As instituições de crédito deverão anular a rescisão de convenção relativamente aos co-titulares que demonstrem ser alheios aos actos que a motivaram.

21 – Consideram-se indiciadores de que os co-titulares são alheios aos actos que motivaram a rescisão, entre outras, as circunstâncias seguintes:
   a) O titular emitente declarar assumir a responsabilidade exclusiva pela emissão do cheque não regularizado;

b) Os titulares estarem divorciados ou separados judicialmente;
c) O titular não emitente ter cedido a sua quota ou renunciado à gerência em sociedade comercial;
d) O titular não emitente ter renunciado à titularidade ou representação na conta de depósitos em causa;
e) O cheque não regularizado ser de montante anormal relativamente aos demais movimentos a débito na conta;
f) Os titulares terem dissolvido sociedade civil.

22 – As circunstâncias referidas nas alíneas *b)*, *c)*, *d)* e *f)* do número anterior só poderão ser consideradas se tiverem ocorrido em momento anterior à emissão do cheque que deu causa à rescisão.

23 – A devolução dos módulos de cheque pelos co-titulares não poderá ser exigida se, no prazo de 10 dias úteis contados a partir da notificação de rescisão, estes tiverem demonstrado o seu alheamento.

V – INFORMAÇÃO DIVULGADA PELO BANCO DE PORTUGAL

24 – Logo que tome conhecimento de que uma entidade foi objecto de rescisão de convenção de cheque, o Banco de Portugal incluí-la-á na listagem de utilizadores de cheque que oferecem risco, comunicando essa inclusão às instituições de crédito, com indicação da data de entrada respectiva.

25 – As comunicações judiciais relativas a sentença de interdição do uso de cheque ou a despacho que aplique medida de coacção de suspensão do exercício de emissão de cheque, bem como a cessação e reabilitação respectivas, são igualmente difundidas pelo Banco de Portugal às instituições de crédito, após comunicação do tribunal que contenha os elementos de identificação da entidade a que respeitam (nome completo, bilhete de identidade ou equivalente, data de nascimento e filiação).

26 – Se o Banco de Portugal não determinar a remoção, o período de permanência na listagem de utilizadores de cheque que oferecem risco é de dois anos, contados a partir da data de entrada, findo o qual as instituições de crédito deverão considerar que aqueles utilizadores deixaram de nela constar.

27 – Todas as entidades têm o direito de ser informadas sobre o que a seu respeito conste nas bases de dados do Banco de Portugal podendo, para o efeito, dirigir-se pessoalmente ou através de quem tenha poderes para a representar, por escrito ou presencialmente, aos locais de funcionamento do Banco de Portugal em Braga, Castelo Branco, Coimbra, Évora, Faro, Funchal, Lisboa, Ponta Delgada, Porto, Vila Real e Viseu.

VI – PEDIDO DE REMOÇÃO OU DE CELEBRAÇÃO DE NOVA CONVENÇÃO

28 – Qualquer entidade poderá requerer ao Banco de Portugal a remoção do seu nome ou denominação da listagem de utilizadores de cheque que oferecem risco,

após ter demonstrado junto das instituições de crédito sacadas que estão regularizados todos os cheques que emitiu e ter devolvido os módulos em seu poder, invocando, ainda razões que justifiquem a necessidade de movimentar as suas contas de depósitos através de cheque.

29 – Qualquer instituição de crédito pode requerer ao Banco de Portugal a remoção da listagem de utilizadores de cheque que oferecem risco ou a autorização para celebrar nova convenção de cheque, relativamente a entidades com quem tenha rescindido a convenção de cheque ou que, por iniciativa sua, tenham sido incluídas em tal listagem, desde que se encontrem preenchidos os requisitos previstos no número anterior.

30 – A decisão de remoção ou de autorização de celebração de convenção do Banco de Portugal será difundida por todas as instituições de crédito.

31 – As entidades que integrem a listagem de cheque que oferecem risco, bem como as instituições de crédito que não tinham com aquelas convenção de cheque à data da entrada na listagem não poderão solicitar ao Banco de Portugal autorização para celebrar nova convenção.

VII – OBRIGATORIEDADE DE PAGAMENTO DE CHEQUES

32 – Constituem recusa justificada de pagamento de cheque de montante não superior a 12 500$ o furto, o roubo, o extravio, o abuso de confiança, o endosso irregular, a rasura no extenso para caber no montante atingido pela obrigatoriedade de pagamento, a apropriação ilegítima do cheque e a existência de sérios indícios de falsificação.

33 – A revogação por justa causa, consubstanciada em documento assinado pelo sacador, e a apresentação fora do prazo, previsto na Lei Uniforme Relativa ao Cheque, também constituem recusa justificada de pagamento de cheque de montante não superior a 12 500$.

34 – O fornecimento de módulos de cheque em violação do dever de se abster de o fazer obriga a instituição de crédito a pagar qualquer cheque emitido através daqueles, independentemente do montante nele inscrito

VIII – DISPOSIÇÕES FINAIS

35 – Este aviso entra em vigor em 4 de Fevereiro de 1998.

29 de Janeiro de 1998. – O Ministro das Finanças, *António Luciano Pacheco de Sousa Franco*.

27.5.10. *Instrução do Banco de Portugal n.° 1/98*[484], *de 16 de Fevereiro*

Restrição ao uso de cheque

O Decreto-Lei n.° 454/91, de 28 de Dezembro, atribuiu ao Banco de Portugal competência para fixar os requisitos a observar no fornecimento de impressos de cheque e para transmitir às instituições de crédito as instruções tendentes à aplicação uniforme das disposições do referido diploma.

As alterações introduzidas no diploma acima mencionado pelo Decreto-Lei n.° 316/97, de 19 de Novembro, impõem a revisão das Instruções até agora em vigor para que estas se conformem com o novo regime jurídico dos cheques sem provisão.

Assim, ao abrigo do art. 7.° do Decreto-Lei n.° 454/91, na redacção que lhe foi dada pelo Decreto-Lei n.° 316/97, e da alínea *b*) do n.° 1 do art. 22.° da sua Lei Orgânica, o Banco de Portugal determina o seguinte:

I – ÂMBITO DE APLICAÇÃO

1. São destinatários das presentes Instruções:
   a) Os bancos;
   b) A Caixa Geral de Depósitos;
   c) As caixas económicas;
   d) A Caixa Central de Crédito Agrícola Mútuo;
   e) As caixas de crédito agrícola mútuo;

II – NOTIFICAÇÕES

A – Prazos

2. A notificação para regularização, prevista no art. 1.°-A do Decreto-Lei n.° 454/91, deve ser feita pela instituição sacada até ao fim do 5.° dia útil após:
   a) a devolução de cheque não truncado;
   b) a recepção da fotocópia de cheque truncado remetida pela instituição tomadora.

---

[484] Boletim Oficial do Banco de Portugal n.° 2/98, de 16 de Fevereiro.

Instrução do Banco de Portugal n.º 1/98, de 16 de Fevereiro **27.5.10.**

3. A notificação de rescisão, prevista no n.º 4 do art. 1.º do Decreto-Lei n.º 454/91, deve ser feita até ao fim do 5.º dia útil após o termo do prazo previsto no n.º 1 do art. 1.º-A do diploma mencionado.

4. A rescisão prevista no n.º 2 do art. 3.º do Decreto-Lei n.º 454/91 deve ser notificada nos termos indicados no art. 5.º do mesmo diploma e até ao fim do 5.º dia útil após a recepção da listagem de utilizadores de risco divulgada pelo Banco de Portugal.

B – Conteúdo

5. Na notificação para regularização de cheque não pago, as instituições de crédito devem fazer constar obrigatoriamente:
   a) A identificação do balcão, o número de conta sacada, o número do cheque e o valor respectivo;
   b) As modalidades de regularização admitidas, a indicação do prazo concedido para o fazer e os locais onde poderão proceder à demonstração da referida regularização;
   c) As consequências da não regularização do cheque devolvido, designadamente a rescisão da convenção de cheque, a proibição de emitir cheques, de celebrar ou manter convenção deste tipo com qualquer instituição de crédito, a inclusão na listagem de utilizadores de cheque que oferecem risco e, ainda, a impossibilidade de extinção da responsabilidade criminal nos casos em que tal responsabilidade possa existir.

6. Na notificação de rescisão da convenção de cheque, as instituições de crédito devem mencionar obrigatoriamente:
   a) As razões que a fundamentam (a não regularização de cheque no prazo indicado, a inclusão do nome ou denominação da entidade notificada na listagem de utilizadores de cheque que oferecem risco ou outra);
   b) A exigência da devolução, no prazo de dez dias úteis, dos módulos de cheque fornecidos e não utilizados em poder da entidade notificada;
   c) O dever desta se abster de emitir cheques sobre a instituição notificante ou qualquer outra;
   d) A possibilidade de movimentação da conta através dos instrumentos que a instituição de crédito entenda colocar ou manter à disposição da entidade notificada e, ainda, através de cheques avulsos, visados ou não, consoante se destinem a pagamentos ou simples levantamentos.

7. Na notificação de rescisão da convenção de cheque aos co-titulares abrangidos pela extensão referida no n.º 3 do art. 1.º do Decreto-Lei n.º 454/91, além dos elementos indicados no número anterior, as instituições de crédito devem mencionar obrigatoriamente:
   a) A possibilidade de demonstração de alheamento aos actos que motivaram a rescisão, através da apresentação dos meios de prova convenientes;

b) O dever que impende sobre a instituição sacada de anular a rescisão se os co-titulares tiverem demonstrado o seu alheamento aos actos que motivaram a rescisão e informar que, se tal demonstração suceder no prazo de dez dias úteis, a rescisão não será comunicada ao Banco de Portugal.

III – COMUNICAÇÕES

8. As instituições de crédito devem comunicar ao Banco de Portugal a celebração de nova convenção com entidades abrangidas pela rescisão e todos os casos previstos no artigo 2.º do Decreto-Lei n.º 454/91, até ao fim do 3.º dia útil seguinte à sua verificação.

9. Para o envio das comunicações previstas no número anterior, as instituições de crédito devem utilizar a rede de teleprocessamento de dados da SIBS – Sociedade Interbancária de Serviços (File Transfer System) e observar as definições, tabelas e procedimentos operacionais da aplicação informática que gere a informação processada, constantes no Manual de Descrição de Ficheiros, cuja divulgação e modificações são transmitidas através de Carta-Circular.

10. Para efeitos de contagem do prazo fixado no n.º 8 desta Instrução, os acontecimentos consideram-se verificados nas datas indicadas no manual referido no número anterior.

IV – CHEQUES TRUNCADOS APRESENTADOS NA COMPENSAÇÃO

11. A instituição de crédito sacada tem o dever de verificar a data de emissão e a identificação do sacador antes de desencadear os mecanismos de notificação e comunicação a que está obrigada.

12. A instituição tomadora de cheque truncado não pago deve entregar à instituição sacada, com protocolo e no prazo de 5 dias úteis após o conhecimento da devolução, fotocópia bem legível e em tamanho não inferior ao natural do cheque devolvido.

13. As instituições sacadas devem solicitar às instituições tomadoras a fotocópia de cheque pago em observância do preceituado nos artigos 8.º e 9.º do Decreto-Lei n.º 454/91, aplicando-se, neste caso, o disposto no número anterior a partir do conhecimento do pedido.

14. No caso de a instituição sacada não poder cumprir as suas obrigações de notificação e comunicação por não ter recebido a fotocópia de cheque truncado deverá, logo que possível, informar o Banco de Portugal, com conhecimento à instituição tomadora, da impossibilidade de o fazer indicando os elementos que permitam identificar o cheque e a instituição tomadora inadimplente.

V – LISTAGEM DE UTILIZADORES DE CHEQUE QUE OFERECEM RISCO

15. A difusão da identificação das entidades consideradas utilizadores de cheque que oferecem risco destina-se exclusivamente a informar as instituições de crédito, em cumprimento da lei, de que devem rescindir-lhes a convenção de cheque que esteja em vigor e de que não podem fornecer-lhes módulos de cheque, sob pena de serem responsáveis pelo pagamento dos montantes pelos quais sejam preenchidos e de incorrerem em procedimento contra-ordenacional.

16. As instituições de crédito que requeiram a remoção do nome ou denominação de entidades que constem na listagem de utilizadores de cheque que oferecem risco, devem:
 a) possuir prova de regularização dos cheques emitidos;
 b) confirmar a devolução dos módulos de cheque não emitidos; e
 c) invocar razões que justifiquem a necessidade de utilização de cheque.

17. Os pedidos de remoção da listagem de utilizadores de cheque que oferecem risco só serão admitidos se referirem todas as condições mencionadas no número anterior e se se acharem autenticados pelas assinaturas que, para o efeito, vinculem a instituição de crédito requerente.

VI – PEDIDO DE AUTORIZAÇÃO DE CELEBRAÇÃO DE CONVENÇÃO COM ENTIDADES QUE INTEGREM A LISTAGEM DE RISCO

18. Os pedidos de autorização de celebração de convenção apenas poderão ser apresentados junto do Banco de Portugal pelas instituições de crédito que rescindiram a convenção do uso de cheque, devendo observar as condições referidas no n.º 16 desta Instrução.

19. A decisão de autorização de celebração de convenção produz efeitos em relação a todas as instituições de crédito e será divulgada pelo mesmo meio de comunicação utilizado para informar da inclusão na listagem de utilizadores que oferecem risco.

VII – DISPOSIÇÕES FINAIS

20. As instituições de crédito devem comunicar ao Banco de Portugal a unidade de estrutura que funcionará como CENTRO DE CONTACTO (denominação, morada, telefone e telefax), interlocutor das dúvidas e esclarecimentos, de e para a sua rede de balcões, relacionados com a aplicação uniforme do Decreto-Lei n.º 454/91.

21. As instituições de crédito devem, ainda, fornecer ao Banco de Portugal a lista de assinaturas que as vinculem nos pedidos, requerimentos ou outros actos relacionados com a matéria da presente Instrução.

22. Quaisquer alterações nos elementos fornecidos ao abrigo dos n.ᵒˢ 20 e 21 devem ser comunicados ao Banco de Portugal no prazo de 15 dias.

23. A violação de preceitos desta Instrução constitui a contra-ordenação a que se refere a alínea *b)* do n.º 1 do art. 14.º do Decreto-Lei n.º 454/91.

24. Toda a correspondência e demais documentação relacionada com a matéria em apreço, bem como as dúvidas suscitadas na aplicação destas normas, deve ser dirigida ao

>Departamento de Operações de Crédito e Mercados (DOC)
>Rua Francisco Ribeiro, n.º 2 – 3.º
>1150 LISBOA

25. A presente Instrução entra em vigor em 4 de Fevereiro de 1998, e não dispensa a consulta do Decreto-Lei n.º 454/91 e do Aviso do Banco de Portugal que respeita a esta matéria.

27.5.11. *Instrução do Banco de Portugal n.º 1/2004, de 16 de Fevereiro*[485]

Acesso às informações relativas aos utilizadores de cheque que oferecem risco para avaliação do risco de crédito

As instituições de crédito indicadas como tal no artigo 3.º do Regime Geral das Instituições de Crédito, aprovado pelo Decreto-Lei n.º 298/92, de 31 de Dezembro, passaram a ter autorização para aceder às informações disponibilizadas pelo Banco de Portugal relativamente aos utilizadores de cheque que oferecem risco, quando estas informações se destinem à avaliação do risco de crédito de pessoas singulares e colectivas.

Esta alteração foi introduzida pelo Decreto-Lei n.º 83/2003, de 24 de Abril, que deu nova redacção ao regime jurídico do cheque sem provisão, instituído pelo Decreto-Lei n.º 454/91, de 28 de Dezembro, e modificado pelo Decreto-Lei n.º 316/97, de 19 de Novembro, competindo ao Banco de Portugal regulamentar a forma e termos de acesso às informações em apreço quando estas se destinem à finalidade mencionada.

Assim, em conformidade com o estabelecido no n.º 5 do artigo 3.º do Decreto-Lei n.º 454/91, aditado pelo Decreto-Lei n.º 83/2003, ouvida a Comissão Nacional de Protecção de Dados, o Banco de Portugal determina:

I – ÂMBITO DE APLICAÇÃO

1. São destinatários da presente Instrução todas as instituições de crédito indicadas como tal no artigo 3.º do Regime Geral das Instituições de Crédito e Sociedades Financeiras, aprovado pelo Decreto-Lei n.º 298/92, de 31 de Dezembro.

2. As instituições de crédito são obrigadas a observar as disposições constantes na presente Instrução e os procedimentos referidos nas cartas-circulares emitidas a coberto da mesma sempre que, para efeitos de avaliação do risco de crédito de pessoas singulares e colectivas, pretendam consultar as informações disponibilizadas pelo Banco de Portugal relativamente aos utilizadores de cheque que oferecem risco.

---

[485] Boletim Oficial do Banco de Portugal n.º 2/2004, de 16 de Fevereiro.

II – FORMA DE ACESSO

3. O acesso às informações relativas aos utilizadores de cheque que oferecem risco processa-se através do Sistema de Comunicação Electrónica BPnet, em conformidade com as disposições constantes na Instrução n.º 30/2002.

4. As instituições de crédito, depois de formalizada a sua adesão, devem identificar os utilizadores aos quais pretendem que seja concedido acesso, associando-os ao serviço específico "Restrição Uso Cheque", aplicação "Consulta Inibidos".

III – TERMOS DE ACESSO

5. As instituições de crédito apenas podem efectuar consultas se tiverem previamente em seu poder uma proposta de concessão de crédito, subscrita pela entidade sobre a qual incide a pesquisa, com data não superior a seis meses relativamente à data da consulta.

6. As instituições de crédito têm o dever de fornecer ao Banco de Portugal todos os elementos que este lhes solicitar, designadamente para efeitos de realização de auditorias e verificação da existência de proposta de crédito que tenha justificado a consulta, sem prejuízo dos elementos que outras entidades com competência para tal venham a exigir ou tenham exigido.

7. Para efeitos do disposto na primeira parte do número anterior, as instituições de crédito devem guardar todas as propostas de concessão de crédito pelo período de um ano, contado a partir da data da última consulta efectuada, sendo este, igualmente, o prazo de guarda de registo de todas as pesquisas efectuadas.

8. A informação prestada pelo Banco de Portugal no âmbito dos utilizadores de cheque que oferecem risco está sujeita à afectação de custos de adesão, funcionamento e manutenção de acessos, definidos por carta-circular e actualizados pela mesma via com a antecedência mínima de trinta dias.

9. As informações em apreço não poderão ser guardadas nos casos em que a proposta de concessão de crédito tenha sido recusada ou o contrato celebrado se encontre extinto por cumprimento ou qualquer outra forma legal de extinção.

10. As instituições de crédito têm o dever de eliminar todas as informações fornecidas pelo Banco de Portugal, bem como quaisquer referências de efeito equivalente, logo que cesse o período de permanência de dois anos, haja decisão de remoção da listagem ou se verifique o termo da decisão judicial, excepto se o titular nisso expressamente consentir.

11. Nos casos em que os titulares tenham consentido que as instituições de crédito não eliminem a informação consultada, estas estão obrigadas a efectuar nova consulta às bases de dados do Banco de Portugal sempre que o proponente:

a. apresente nova proposta de concessão de crédito;
b. reitere proposta anteriormente formulada;
c. afirme ter existido qualquer alteração na informação recolhida.

12. Entende-se por referências de efeito equivalente todos os processos, meios ou instrumentos que pretendam ou possam, directa ou indirectamente, servir para saber se determinada entidade constou na listagem de utilizadores de risco, designadamente, criação de campos específicos na base de dados, descritivos, símbolos, caracteres, cores, tipos ou tamanho de letra.

IV – DISPOSIÇÕES FINAIS

13. As informações relativas aos utilizadores de cheque que oferecem risco estão cobertas pelo dever de segredo bancário enunciado no Regime Geral das Instituições de Crédito e Sociedades Financeiras, sendo a sua violação punível nos termos da Lei.

14. Quaisquer pedidos de informação e de esclarecimento de dúvidas suscitadas na aplicação das disposições desta Instrução devem ser dirigidos ao

DPG – DEPARTAMENTO DE SISTEMAS DE PAGAMENTOS
Av. Almirante Reis, 71 – 7.º
1150-012 LISBOA

28. CARTÕES DE PAGAMENTO

AVISO DO BANCO DE PORTUGAL N.º 11/2001, DE 6 DE NOVEMBRO[486]

Considerando o disposto na alínea *a*) do artigo 4.º do Decreto-Lei n.º 166/95, de 15 de Julho:

O Banco de Portugal, nos termos do artigo 17.º da sua Lei Orgânica, determina o seguinte:

1.º Para efeitos deste aviso, considera-se:

a) "Cartão de crédito" qualquer instrumento de pagamento, para uso electrónico ou não, que seja emitido por uma instituição de crédito ou por uma sociedade financeira (adiante designadas por emitentes) que possibilite ao seu detentor (adiante designado por titular) a utilização de crédito outorgado pela emitente, em especial para a aquisição de bens ou de serviços;

b) "Cartão de débito" qualquer instrumento de pagamento, para uso electrónico, que possibilite ao seu detentor (adiante designado por titular) a utilização do saldo de uma conta de depósito junto da instituição de crédito que emite o cartão (a seguir designada por emitente), nomeadamente para efeitos de levantamento de numerário, aquisição de bens ou serviços e pagamentos, quer através de máquinas automáticas quer em estabelecimentos comerciais;

c) "Cartões" cartões de crédito ou de débito.

2.º Só podem emitir cartões de débito os bancos, as caixas económicas, a Caixa Central de Crédito Agrícola Mútuo e as caixas de crédito agrícola mútuo.

3.º As relações entre os emitentes e os titulares de cartões devem ser reguladas por contrato escrito (a seguir designado por contrato).

4.º O contrato pode assumir a forma de contrato de adesão, podendo, neste caso, o contrato ser constituído pelas condições gerais de utilização com carácter mais estável e por um anexo donde constem as condições susceptíveis de mais frequente modificação.

5.º Os contratos devem ser redigidos em língua portuguesa e em linguagem clara, facilmente compreensível por um declaratário normal, e devem dispor de uma apresentação gráfica que permita a sua leitura fácil por um leitor de acuidade visual média.

---

[486] DR I Série-B, n.º 269, de 20-Nov.-2001, 7443-7445.

6.º Sem prejuízo de outras normas aplicáveis, nomeadamente quanto aos contratos que assumam a forma de contrato de adesão do regime jurídico aplicável às cláusulas contratuais gerais, os documentos contratuais devem estabelecer todos os direitos e obrigações das partes contratantes, designadamente:
1) Os encargos, nomeadamente as anuidades, comissões e taxas de juro, que para o titular resultem da celebração do contrato ou da utilização do cartão;
2) A taxa de juro moratória ou o método utilizado para a sua determinação;
3) O modo de determinação da taxa de câmbio aplicável, para efeitos do cálculo do custo, para o titular, das operações liquidadas em moeda estrangeira;
4) O período de validade do cartão;
5) A quem incumbe o ónus da prova em caso de diferendo entre as partes;
6) Sobre quem recai a responsabilidade pela não execução ou pela execução defeituosa de uma operação;
7) As condições em que ao emitente é facultado o direito de exigir a restituição do cartão;
8) As taxas de juro aplicáveis para as utilizações a descoberto de cartões de débito, se permitidas, ou o método utilizado para a sua determinação;
9) As situações, se existirem, em que o direito à utilização do cartão é susceptível de caducar;
10) As consequências da ultrapassagem do limite de crédito fixado;
11) As formas e os prazos de pagamento dos saldos em dívida;
12) As situações em que as partes podem resolver o contrato e os seus efeitos;
13) O período de reflexão outorgado ao titular durante o qual este pode, sem quaisquer consequências patrimoniais, resolver o contrato.

7.º Considera-se que não respeitam o disposto nos pontos 1) e 8) do n.º 6.º as cláusulas que definam encargos ou taxas de juro por mera remissão para preçário existente nos balcões ou em outros locais ou suportes.

8.º Os contratos devem, ainda, prever que:
1) O titular é obrigado a adoptar todas as medidas adequadas a garantir a segurança do cartão, de modo a não permitir a sua utilização por terceiros e a notificar o emitente da perda, furto, roubo ou falsificação do cartão logo que de tais factos tome conhecimento;
2) O titular não pode ser responsabilizado por utilizações do cartão devidas aos factos a que se refere o ponto anterior depois de efectuada a notificação ao emitente, no caso de utilização electrónica do cartão, ou para alem de vinte e quatro horas depois da mesma notificação, noutros casos, salvo se, nestes últimos, forem devidas a dolo ou negligência grosseira do titular;
3) O emitente não pode alterar as condições contratuais sem avisar o titular, com um pré-aviso mínimo de 15 dias, ficando este com o direito de reaver a anuidade paga, na parte proporcional ao período ainda não decorrido, se pretender resolver o contrato por motivo de discordância com as alterações introduzidas;
4) A utilização do cartão antes de decorrido o prazo referido no ponto anterior constitui presunção de aceitação das alterações contratuais em causa;

5) O titular pode contactar o emitente, ou um seu representante, vinte e quatro horas por dia, pelo menos através de um número de telefone ou de um telefax a indicar no contrato;
6) A responsabilidade global decorrente das utilizações do cartão devidas a furto, roubo, perda ou falsificação verificadas antes da notificação a que se referem os pontos 1) e 2) não pode ultrapassar, salvo nos casos de dolo ou de negligência grosseira, no caso dos cartões de crédito, o valor, à data da primeira operação considerada irregular, do saldo disponível face ao limite de crédito que seja do conhecimento do titular e, no caso de cartões de débito, o valor do saldo disponível, na conta associada ao cartão, também à data da primeira operação considerada irregular, incluindo o resultante de crédito outorgado que seja, igualmente, do conhecimento do titular;
7) No caso de cartões de débito, o titular pode acordar com o emitente um limite global diário à responsabilidade prevista no ponto anterior, a que corresponderá, em tal hipótese, salvo convenção em contrário, um saldo diário disponível da respectiva conta, para efeito da sua movimentação através do cartão em causa, nunca superior ao valor daquele limite diário.

9.º Um contrato só se considera celebrado quando o titular recebe o cartão e uma cópia das condições contratuais por ele aceites.

10.º Os emitentes não podem conceder cartões sem a aceitação expressa do titular.

11.º A entrega aos titulares quer do cartão quer do respectivo código, se for caso disso, deve ser rodeada de especial cuidado, devendo ser adoptadas adequadas regras de segurança que impeçam a utilização do cartão por terceiros.

12.º A denominação do emitente, ou a sua sigla, se esta tiver suficiente notoriedade, deve claramente constar de todos os cartões e de todas as acções publicitárias a eles relativas.

13.º Os extractos de conta e outras fórmulas de informação aos titulares, no caso de utilização de cartões que envolva moeda estrangeira, devem evidenciar o valor da operação em moeda estrangeira e o respectivo contravalor em escudos/euros e, se for caso disso, as comissões e outros encargos aplicados.

14.º Os emitentes devem adaptar os seus contratos ao disposto neste aviso no prazo de 180 dias a contar da sua entrada em vigor.

15.º São revogados o aviso n.º 4/95, publicado no Diário da República, 2.ª série, de 28 de Julho de 1995, e a instrução n.º 47/96, publicada no Boletim de Normas e Informações do Banco de Portugal, de 17 de Junho de 1996.

16.º Este aviso entra em vigor no dia imediato ao da sua publicação.

6 de Novembro de 2001. – O Governador, *Vítor Constâncio.*

29. Crédito

29.1. MÚTUOS BANCÁRIOS

Decreto-Lei n.º 32:765, de 29 de Abril de 1943[487]

1.º Em conseqüência da revogação do Código de Processo Comercial pelo artigo 3.º do decreto-lei n.º 29:637, de 28 de Maio de 1939, o Grémio Nacional dos Bancos e Casas Bancárias representou ao Govêrno no sentido do restabelecimento do regime de prova estatuído no § 5.º do artigo 150.º daquele Código para o penhor constituído em garantia dos créditos de estabelecimentos bancários autorizados.

O Govêrno, tendo em vista facilitar a acção dêsses estabelecimentos na sua função de intermediários entre a oferta e a procura de capitais, sem menosprezar o princípio da exigência formal na declaração da vontade dos outorgantes, publicou o decreto-lei n.º 32:032, de 22 de Maio de 1942, cujo artigo único restabeleceu, com as excepções consignadas no seu § único, a suficiência de documento particular como meio de aprova de penhor constituído em garantia de créditos de estabelecimentos bancários, tivessem ou não a forma de sociedades anónimas.

2.º Como na representação do Grémio Nacional dos Bancos e Casas Bancárias apenas fôsse feita referência ao penhor, entendeu-se, como se disse no n.º 4 do relatório do aludido decreto-lei n.º 32:032, que às entidades bancárias não interessava o restabelecimento das facilidades de prova para o contrato principal, em virtude da possibilidade de se recorrer aos títulos de crédito.

Em nova representação veio, porém, ponderar o aludido Grémio que a possibilidade de recurso aos títulos de crédito não satisfaz todas as exigências da prática, uma vez que o regime legal a que aqueles títulos estão sujeitos pode não se conciliar com as necessidades ou com as razoáveis conveniências das pessoas que intervêm nas referidas operações, acrescentando que só por lapso restringiu as suas considerações, na primeira representação, à convenção pignoratícia.

3.º Este diploma visa, pois, a restabelecer a suficiência de documento particular como meio de prova de contratos de mútuo ou usura de estabelecimentos bancários, tenham ou não a natureza de mercantis, sejam ou não comerciantes as outras partes contratantes.

Por estas razões:

Usando da faculdade conferida pela 2ª parte do n.º 2 do artigo 109.º da Constituïção, o Governo decreta e eu promulgo, para valer como lei, o seguinte:

---

[487] DG I Série, n.º 85, de 29-Abr.-1943, 259-260.

29.1.

ARTIGO ÚNICO

Os contratos de mútuo ou usura, seja qual fôr o seu valor, quando feitos por estabelecimentos bancários autorizados, podem provar-se por escrito particular, ainda mesmo que a outra parte contratante não seja comerciante.

Publique-se e cumpra-se como nêle se contém.

Paços do Govêrno da República, 29 de Abril de 1943. – ANTÓNIO ÓSCAR DE FRAGOSO CARMONA – *António de Oliveira Salazar* – *Mário Pais de Sousa* – *Adriano Pais da Silva Vaz Serra* – *João Pinto da Costa Leite* – *Manuel Ortins de Bettencourt* – *Duarte Pacheco* – *Francisco José Vieira Machado* – *Mário de Figueiredo* – *Rafael da Silva Neves Duque*.

29.2. INFORMAÇÕES SOBRE TAXAS DE JURO E OUTROS CUSTOS

29.2.1. Decreto-Lei n.º 220/94, de 23 de Agosto[488]

Enquanto o mercado dos produtos e serviços financeiros foi regulado de forma administrativa, a procura que lhes era dirigida defrontava condições do lado da oferta padronizadas, pelo que não havia necessidade de um quadro legal específico sobre as obrigações de informação. Com a abolição dos limites das taxas de juro e com o acréscimo de concorrência no sector bancário, a transparência do mercado passou a depender de um conjunto de informações comparáveis que, salvo no domínio do crédito ao consumo, não estava assegurado.

O presente diploma vem estabelecer a informação mínima que as instituições de crédito devem prestar para permitir juízos comparativos e reforçar a concorrencialidade e a transparência do mercado de crédito. Houve, porém, a preocupação de, com esta nova obrigação uniforme de informação, não agravar os custos das instituições de crédito, fazendo-a assentar no fluxo de elementos que estas já remetem ao Banco de Portugal.

Uma vantagem adicional da revelação destes dados consiste na obtenção, por cada cliente, de uma instituição de crédito, do seu perfil de risco actualizado, na perspectiva do financiador.

Assim:

Nos termos da alínea a) do n.º 1 do artigo 201.º da Constituição, o Governo decreta o seguinte:

ARTIGO 1.º
Âmbito

O presente diploma estabelece o regime aplicável à informação que, em matéria de taxas de juro e outros custos das operações de crédito, deverá ser prestada aos seus clientes pelas seguintes instituições de crédito:

a) Bancos;
b) Caixa Geral de Depósitos;
c) Caixas Económicas;
d) Caixa Central de Crédito Agrícola Mútuo.

---

[488] DR I Série-A, n.º 194, de 23-Ago.-1994, 4870-4873.

29.2.1. Informações sobre taxas de juro e outros custos

ARTIGO 2.º
Definições

Para os efeitos do presente diploma entende-se:
a) "Operações de crédito": todos os contratos de concessão de crédito, seja qual for a modalidade que revistam, incluindo os descobertos em conta, mas com exclusão da locação financeira, do *factoring* e da prestação de garantias;
b) "Instituição de crédito": qualquer das instituições de crédito referidas no artigo anterior;
c) "Taxa nominal": a taxa de juro que, sem incluir impostos nem outros encargos, para uma espécie de operações de crédito ou para uma determinada operação de crédito, resulta da aplicação da fórmula contida no anexo n.º 1 ao presente diploma, que dele faz parte integrante;
d) "Taxa anual efectiva" (abreviadamente "TAE"): taxa de juro que, para uma espécie de operações de crédito ou para uma determinada operação de crédito, torna equivalentes, numa base anual, os valores actualizados do conjunto das prestações realizadas ou a realizar pela instituição de crédito e dos pagamentos realizados ou a realizar pelo cliente, calculada de acordo com as regras do artigo 4.º e com a fórmula constante do anexo n.º 2 ao presente diploma, que dele faz parte integrante;
e) "Taxas representativas": as taxas de juro que, com maior frequência, as instituições de crédito pratiquem para determinadas espécies de operações de crédito definidas em função da sua natureza, finalidade e prazo;
f) "Taxa de juro variável": a taxa de juro cuja modificação tenha sido previamente acordada entre a instituição de crédito e o cliente, qualquer que seja o mecanismo estabelecido, para o efeito, sempre que não sejam determinados, nesse acordo, os futuros valores da taxa de juro, mas não incluindo:
   i) As taxas de juro das operações de prazo igual ou inferior a um ano cuja modificação esteja prevista, mediante comunicação do novo valor, com antecedência razoável, pela instituição de crédito ao cliente, como condição para a renovação da operação;
   ii) As taxas de juro para operações de crédito de prazo superior a um ano em que a modificação da taxa de juro tenha sido acordada para produzir efeitos nos períodos subsequentes a certas datas previamente determinadas, mediante comunicação do novo valor, com antecedência razoável, pela instituição de crédito e desde que o cliente tenha a faculdade, em alternativa à manutenção da taxa de juro em vigor, de exigir o reembolso antecipado do crédito, sem qualquer penalização;
g) "Indexante": índice de referência cuja evolução determina, através de uma relação previamente convencionada, as alterações periódicas das taxas de juro variáveis das operações de crédito;
h) "Taxa de juro preferencial" ou *prime rate*: a taxa de juro que as instituições de crédito, em cada momento, pratiquem para os seus clientes de menor risco em operações de crédito de curto prazo, em escudos.

Decreto-Lei n.º 220/94, de 23 de Agosto   **29.2.1.**

ARTIGO 3.º
Divulgação das taxas representativas

1 – As instituições de crédito deverão afixar em todos os balcões e locais de atendimento do público, em lugar bem visível, um quadro, organizado segundo modelo a aprovar por aviso do Banco de Portugal, contendo a indicação das taxas representativas das espécies de operações de crédito constantes desse modelo que habitualmente pratiquem, bem como da taxa de juro preferencial.

2 – No quadro a que se refere o número anterior as taxas representativas serão indicadas, em colunas separadas e relativamente a cada espécie de operações, nas modalidades de taxa nominal e de TAE.

3 – A taxa de juro preferencial será apenas indicada na modalidade de taxa nominal.

4 – Os quadros a que se refere o presente artigo deverão ainda conter:
 a) Todos os indexantes utilizados habitualmente pela instituição de crédito, identificados individualmente por designações próprias;
 b) A informação de que se encontram disponíveis nos balcões folhetos com a indicação de todos os encargos e despesas a cargo dos clientes, incluídos ou não no cálculo da TAE, relativamente a cada espécie de operações de crédito indicadas no mesmo quadro;
 c) A indicação de que a informação é prestada ao abrigo do presente diploma, o qual deverá ser correctamente identificado;
 d) A informação de que qualquer reclamação relacionada com as informações contidas no quadro poderá ser apresentada aos serviços competentes do Banco de Portugal e, caso exista, ao serviço criado para o efeito na instituição de crédito.

ARTIGO 4.º
Cálculo da TAE

1 – Para cálculo da TAE, consideram-se como pagamentos efectuados ou a efectuar pelo cliente:
 a) O reembolso do capital;
 b) Os juros remuneratórios;
 c) Os montantes de saldos em contas de depósito exigidos ao cliente como condição para a concessão do crédito;
 d) Todas as comissões e outras prestações que devam ser pagas pelo cliente em conexão directa com a operação de crédito, quer se apresentem como condição para a celebração do respectivo contrato, quer como consequência deste ou da sua execução, desde que constituam receitas da instituição de crédito ou de outras instituições financeiras, incluindo, nomeadamente, os prémios de seguros exigidos pela instituição de crédito e as comissões ou preparos relativos à análise de operação, à preparação do processo, à constituição de garantias, à abertura de contas de crédito e a cobranças.

29.2.1. Informações sobre taxas de juro e outros custos

2 – Excluem-se do cálculo da TAE todos os pagamentos a efectuar pelo cliente que sejam meramente eventuais, designadamente os resultantes de incumprimento do contrato, bem como os resultantes de impostos, taxas ou emolumentos notariais ou de registo.

3 – O cálculo da TAE é efectuado no pressuposto de que a operação de crédito vigorará pelo período de tempo acordado e de que as respectivas obrigações serão cumpridas nos prazos e datas convencionados.

4 – Nas operações de crédito cujos contratos admitam a variação da taxa de juro ou o montante de outras despesas incluídas na TAE de acordo com critérios que não permitam a quantificação dessas modificações no momento do cálculo da TAE, esta será calculada no pressuposto de que a taxa de juro e as outras despesas em vigor se manterão inalteráveis até ao termo do contrato.

5 – Nas operações de crédito em que não é contratualmente definido um montante fixo para o capital mutuado, mas apenas um limite máximo do crédito que o cliente poderá utilizar, a TAE será calculada no pressuposto da utilização total do crédito.

6 – Se não forem fixados prazos para o reembolso do crédito, considera-se que a duração do crédito é de um ano com um único reembolso no final do prazo.

7 – Sempre que for obrigatória a indicação da TAE deverá acrescentar-se a informação de que se trata da taxa anual efectiva calculada nos termos do presente diploma.

ARTIGO 5.º
Informação a incluir nos contratos

1 – Sempre que os contratos que titulem as operações de crédito revistam forma escrita, ainda que por simples troca de correspondência, o respectivo texto deverá conter:

 a) A indicação da taxa nominal;
 b) A indicação da TAE calculada nos termos do artigo 4.º;
 c) O critério para a determinação da taxa de juro aplicável em situações de mora;
 d) As condições aplicáveis no caso de reembolso antecipado do crédito.

2 – Nas operações de crédito com taxa de juro variável, deverá ainda constar o indexante utilizado, o qual deverá corresponder a um dos indexantes individualizados de acordo com o disposto na alínea a) do n.º 4 do artigo 3.º e a respectiva relação com a taxa de juro nominal a praticar.

3 – Em casos especiais, justificados por particulares interesses dos contraentes, poderão estes acordar na adopção de indexantes específicos, que deverão ser indicados no respectivo contrato, ficando excluídos da aplicação do n.º 4 do artigo 3.º, desde que a natureza e características dos mesmos permitam o conhecimento directo pelo cliente da sua evolução.

4 – A falta de indicação do indexante, nos termos previstos nos n.os 2 e 3, determina a nulidade da estipulação de juros, aplicando-se a taxa de desconto do Banco de Portugal, salvo se tiver sido estipulada uma taxa de juro inicial inferior, a qual será aplicável enquanto se mantiver inferior à taxa de desconto do Banco de Portugal.

5 – Os valores em vigor da taxa nominal da TAE e do indexante deverão ser indicados em toda a correspondência enviada pela instituição de crédito ao cliente, no âmbito da execução da operação de crédito, designadamente nos extractos de conta e notas de débito.

ARTIGO 6.º
Taxas básicas

A afixação e divulgação das taxas básicas para os efeitos do n.º 1 do artigo 1.º do Decreto-Lei n.º 32/89, de 25 de Janeiro, deverá ser efectuada nos termos do disposto na alínea *a*) do n.º 4 do artigo 3.º.

ARTIGO 7.º
Publicidade

1 – Sem prejuízo das normas legais aplicáveis em geral à actividade publicitária, em todas as acções publicitárias promovidas pelas instituições de crédito relativamente a operações de crédito, seja qual for o meio utilizado, em que se faça referência à taxa de juro ou a outro valor relacionado com o custo do crédito, deverá indicar-se também a TAE correspondente.

2 – A TAE será indicada, se não for possível outro meio, através de um exemplo representativo.

ARTIGO 8.º
Crédito ao consumo

O disposto nos artigos 5.º e 7.º do presente diploma não se aplica às operações de crédito ao consumo sujeitas ao regime definido pelo Decreto-Lei n.º 359/91, de 21 de Setembro.

ARTIGO 9.º
Condições gerais para outras operações e serviços

Continua a reger-se por aviso do Banco de Portugal a informação a prestar pelas instituições de crédito e sociedades financeiras sobre as condições gerais das suas operações e serviços oferecidos ao público, em tudo o que se não encontrar regulado no presente diploma.

ARTIGO 10.º
Comunicações ao Banco de Portugal e fiscalização

1 – As instituições de crédito enviarão ao Banco de Portugal uma cópia do

quadro a que se refere o n.º 1 do artigo 3.º do presente diploma e do folheto referido na alínea b) do n.º 4 do mesmo preceito, nos termos e no prazo que forem estabelecidos no aviso aí mencionado, o qual regulamentará igualmente as condições em que deverão ser remetidas ao Banco de Portugal as alterações que venham a ser introduzidas no mesmo quadro e no folheto.

2 – Compete ao Banco de Portugal a fiscalização do cumprimento do disposto no presente diploma e a emissão, por aviso, das normas necessárias à sua execução.

ARTIGO 11.º
Fiscalização da informação sobre taxas representativas

1 – Sem prejuízo dos poderes gerais de fiscalização que lhe são conferidos pelo artigo precedente, o Banco de Portugal deverá proceder à comparação dos valores indicados nos quadros a que se refere o artigo 3.º com a informação que periodicamente lhe é enviada pelas instituições de crédito sobre valores médios das taxas de juro, relativa às espécies de operações de crédito correspondentes às incluídas no referido quadro.

2 – No caso de verificar a existência de discrepâncias significativas entre os valores indicados no quadro informativo e os valores médios a que se refere o número anterior, o Banco de Portugal solicitará à instituição de crédito uma explicação para as mesmas.

3 – A verificação, de modo reiterado, da discrepância referida no número anterior, sem que exista para a mesma uma justificação adequada, constitui violação do dever de informação, imposto pelo artigo 3.º, sobre as taxas representativas das operações de crédito, devendo o Banco de Portugal publicar, nos termos da alínea b) do n.º 1 do artigo 212.º do Regime Geral das Instituições de Crédito e Sociedades Financeiras, a punição definitiva que venha a ser aplicada à instituição de crédito.

ARTIGO 12.º
Sanções

As infracções às normas do presente diploma constituem contra-ordenação punível nos termos do Regime Geral das Instituições de Crédito e Sociedades Financeiras, aprovado pelo Decreto-Lei n.º 298/92, de 31 de Dezembro.

Visto e aprovado em Conselho de Ministros de 9 de Junho de 1994. – *Aníbal António Cavaco Silva – Eduardo de Almeida Catroga.*

Promulgado em 27 de Julho de 1994.
Publique-se.
O Presidente da República, MÁRIO SOARES.

Referendado em 29 de Julho de 1994.
O Primeiro-Ministro, *Aníbal António Cavaco Silva.*

ANEXO N.º 1
Definição de taxa nominal

1 – As taxas nominais a utilizar para efeitos de divulgação das taxas representativas praticadas pela instituição devem ser consistentes com a aplicação da seguinte fórmula:

$$TN = \frac{J_k}{C_k} \times \frac{base}{n} \times 100$$

em que:
J_k = valor do pagamento de juros de ordem k;
k = número de ordem do pagamento de juros;
C_k = capital em dívida na data anterior ao cálculo dos juros de ordem k;
base = total de dias por ano utilizados no cálculo do juro diário;
n = número de dias (em média) em que os juros são devidos aquando de cada pagamento, calculado de acordo com a base utilizada pelo banco.

2 – Nos casos em que sejam cobrados juros antecipados relativamente a operações onde haja lugar a uma única cobrança dos mesmos e um único reembolso do capital, em particular nas operações de desconto de letras, a taxa nominal a utilizar deverá estar de acordo com a fórmula seguinte:

$$TN = \frac{J}{C - J} \times \frac{base}{n} \times 100$$

em que:
C = capital mutuado.

3 – Nos restantes casos em que sejam praticados juros antecipados, a taxa nominal a utilizar será a que resulta da expressão anterior, passando C a representar o capital em dívida.

ANEXO N.º 2
Definição de taxa anual efectiva

1 – A taxa anual efectiva corresponde à solução em r da equação seguinte:

$$\sum_{k=1}^{m} \frac{R_k}{(1 + r)^{y_k}} = \sum_{q=1}^{p} \frac{D_q}{(1 + r)^{y_q}}$$

onde:
m representa o número total de recebimentos por parte do cliente;
k representa o número de ordem do recebimento;
R_k é o valor do recebimento de ordem k pelo cliente;
Y_k resulta da divisão entre o número de dias decorridos entre o recebimento de ordem k e o primeiro recebimento ou pagamento efectuado pelo cliente (numerador)

29.2.1. *Informações sobre taxas de juro e outros custos*

e o número total de dias do ano, devendo ambos ser determinados de acordo com a base anual utilizada pelo banco (360 ou 365 dias por ano);

p representa o número total de pagamentos efectuados pelo cliente;

q representa o número de ordem do pagamento;

D_q é o valor do pagamento de ordem *q* efectuado pelo cliente;

Y_q resulta da divisão entre o número de dias decorridos entre o pagamento de ordem *q* e o primeiro recebimento ou pagamento efectuado pelo cliente (numerador) e o número total de dias do ano, devendo ambos ser determinados de acordo com a base anual utilizada pelo banco (360 ou 365 dias por ano);

r x 100 é a taxa anual efectiva.

2 – Em operações onde o contrato não especifica um montante fixo de capital a emprestar ao mutuário, mas um limite máximo de crédito que este poderá utilizar, a taxa efectiva anual será calculada de acordo com os seguintes pressupostos:

a) Aplica-se a fórmula anterior, nos termos seguintes:

i) Considera-se *m* = 1;

ii) R_1 será o limite de crédito acordado;

iii) Considera-se existir um pagamento para cada data em que sejam calculados juros sobre o saldo em dívida, que deverá ser assumido como igual ao limite estabelecido no contrato;

iv) Todos os juros, comissões e demais encargos serão calculados assumindo que o mutuário faz uso da totalidade do limite de crédito que lhe é concedido;

v) Ao valor assim resultante para a variável *r* x 100 será dada a designação de TAE (mínima).

29.2.2. Aviso do Banco de Portugal n.º 1/95, de 16 de Fevereiro[489]

À data de entrada em vigor do aviso n.º 7/92, que foi publicado em 30-6-92, já o ordenamento jurídico português impunha, designadamente às instituições de crédito, deveres de informação ao público sobre as condições de realização de algumas operações e sobre o custo de alguns serviços prestados.

Mas a experiência havia mostrado ser insuficiente a disciplina que então vigorava, tendo-se proposto aquele aviso facultar à clientela das instituições a ele sujeitas meios efectivos de escolha das contra-partes que melhor satisfizessem as suas necessidades e interesses.

Facilmente se reconhece que a liberalização das condições de exercício da actividade financeira teria de ser acompanhada de edição de regras de transparência que, entre outros, facultassem a todos os interessados o conhecimento perfeito das condições contratuais.

A disciplina daquele aviso veio depois a ser completada pela publicação de instruções do Banco de Portugal, que definiram o tipo de quadro que as instituições de crédito e as sociedades financeiras deveriam afixar nos seus balcões, contendo a informação mínima que teria de ser prestada à clientela.

Com a publicação do Dec.-Lei 220/94, de 23-8, foram estabelecidas, para certas operações e para os bancos, Caixa Geral de Depósitos, caixas económicas e Caixa Central de Crédito Agrícola Mútuo, regras especiais de transparência, estando prevista a publicação de um aviso do Banco de Portugal para o complementar em alguns aspectos.

Entendeu-se oportuno, por razões de legibilidade, substituir o aviso n.º 7/92 por um novo texto, que, mantendo, no essencial, a disciplina por aquele instaurada, contempla igualmente os aspectos do referido Dec.-Lei 220/94, que, nos termos do art. 10.º, deveriam ser regulamentados por aviso do Banco de Portugal.

Assim, usando dos poderes que lhe são conferidos pelo n.º 2 do art. 75 e pelo art. 195 do Regime Geral das Instituições de Crédito e Sociedades Financeiras, e pelas als. *a)* e *b)* do n.º 1 do art. 22 e pela al. *f)* do art. 23.º da sua Lei Orgânica e tendo presente o disposto nos arts. 3.º, 6.º e 10.º do Dec.-Lei 220/94, de 23-8, o Banco de Portugal determina o seguinte:

(O texto actualizado do Aviso do Banco de Portugal n.º 1/95, de 16 de Fevereiro, é adiante publicado)

16-2-95. – O Ministro das Finanças, *Eduardo de Almeida Catroga.*

---

[489] DR II Série, n.º 41, 2.º Suplemento, de 17-Fev.-1995.

29.2.3. *Aviso do Banco de Portugal n.º 2/2002, de 27 de Março*[490]

Usando dos poderes que lhe são conferidos pelo n.º 2 do artigo 75.º e pelo artigo 195.º do Regime Geral das Instituições de Crédito e Sociedades Financeiras, o Banco de Portugal determina o seguinte:

1.º Ao aviso n.º 1/95, publicado no Diário da República, 2.ª série, de 17 de Fevereiro de 1995, é aditado um n.º 2.º-A com a seguinte redacção:

(O n.º aditado foi inserido no texto actualizado do Aviso do Banco de Portugal n.º 1/95, de 16 de Fevereiro, adiante publicado)

2.º O presente aviso entra em vigor no prazo de 30 dias a contar da sua publicação.

Lisboa, 27 de Março de 2002. – O Governador, *Vítor Constâncio.*

---

[490] DR I Série-B, n.º 88, de 15-Abr.-2002, 3696-3697.

29.2.4. *Aviso do Banco de Portugal n.º 7/2003, de 7 de Janeiro*[491]

Usando dos poderes que lhe são conferidos pelo n.º 2 do artigo 75.º e pelo artigo 195.º do Regime Geral das Instituições de Crédito e Sociedades Financeiras, o Banco de Portugal determina o seguinte:

1.º Ao aviso n.º 1/95, publicado no Diário da República, 2.ª série, de 17 de Fevereiro de 1995, é aditado um novo n.º 4.º-A, com a seguinte redacção:

(O preceito aditado foi inserido no texto actualizado do Aviso do Banco de Portugal n.º 1/95, de 16 de Fevereiro, abaixo publicado)

2.º O presente aviso entra em vigor no prazo de 60 dias a contar da data da sua publicação.

7 de Janeiro de 2003. – O Governador, Vítor Constâncio.

---

[491] DR I Série-B, n.º 12, de 15-Jan.-2003, 152.

29.2.5. Texto actualizado do Aviso do Banco de Portugal n.º 1/95, de 16 de Fevereiro

1.º Todas as instituições de crédito e todas as sociedades financeiras, a seguir designadas por instituições, devem manter disponíveis, em todos os balcões, em lugar de acesso directo e bem identificado, em linguagem clara e de fácil entendimento, informações permanentemente actualizadas das condições gerais com efeitos patrimoniais de realização das operações e dos serviços correntemente oferecidos.

2.º Quando as instituições se relacionem com a sua clientela fundamentalmente através de contactos à distância, a informação atrás referida deve ser remetida para o domicílio do cliente.

2.º-A As instituições que ofereçam produtos e serviços que possam ser solicitados ou adquiridos através da Internet devem possibilitar a consulta, nos ou através dos respectivos sítios, da informação referida no n.º 1.º, relativa a tais produtos e serviços[492].

3.º A informação a que se refere o n.º 1.º deve permitir, nomeadamente, conhecer a remuneração liquida efectiva dos depósitos e de outras aplicações financeiras e os encargos totais efectivos que resultam da realização das operações activas e da prestação de serviços pelas instituições.

4.º São, designadamente, relevantes para efeitos deste aviso as informações relativas a taxas de juro, impostos, comissões, prémios de transferência, portes, despesas de expediente e datas-valor das operações.

4.º-A[493] No que se refere a datas valor atribuídas a débitos e a créditos em contas de depósitos à ordem, nomeadamente para efeitos de contagem de juros e de disponibilização de quantias creditadas, a obrigação de publicitação constante no n.º 1.º abrangerá, designadamente, as seguintes situações:
1) Depósitos em numerário efectuados aos balcões ou fora deles;
2) Transferências entre contas da mesma instituição ou entre instituições diferentes;
3) Depósitos de valores sobre a própria instituição ou pendentes de boa cobrança apresentados no sistema de compensação interbancária (SICOI);

---

[492] Aditado pelo n.º 1.º do Aviso do Banco de Portugal n.º 2/2002, de 27-Mar.-2002.
[493] Aditado pelo n.º 1.º do Aviso do Banco de Portugal n.º 7/2003, de 7-Jan.-2003.

4) Valores à cobrança ou operações que envolvam a liquidação de fundos entre instituições;
5) Operações de desconto.

5.º Previamente à realização de qualquer operação ou à alteração das condições de operação já efectuada que importe encargos para um cliente, deve ser dado conhecimento ao interessado das respectivas condições, nomeadamente da taxa anual de encargos efectiva global resultante da inclusão de todos os elementos mencionados no n.º 4.º.

6.º Sem prejuízo do disposto na lei, designadamente no Dec.-Lei n.º 446/85, de 25-10, relativo às cláusulas contratuais gerais, e no Dec.-Lei 359/91, de 21-9, respeitante aos contratos de crédito ao consumo, as condições mencionadas no n.º 4.º devem constar da documentação relativa às operações.

7.º Em todos os balcões das instituições deve ser afixado, em local bem visível, um quadro, adaptado ao leque de operações que integre o objecto da respectiva instituição, que publicite, pelo menos, os elementos que constam do quadro que constitui o anexo n.º 1 a este diploma.

8.º – 1 – Os bancos, a Caixa Geral de Depósitos, as caixas económicas e a Caixa Central de Crédito Agrícola Mútuo devem substituir, no quadro a que se refere o número precedente, a secção sob a epígrafe "Crédito" pela do modelo que consta do anexo n.º 2 a este aviso, onde serão indicadas:
a) As taxas representativas de todas as espécies de operações de crédito que habitualmente pratiquem;
b) A taxa de juro preferencial (*prime rate*), quando, na prática comercial da instituição, este indicador seja utilizado;
c) Os indexantes, incluindo a taxa básica a que se refere o Dec.-Lei 32/89, de 25-1, utilizados nas operações de crédito com taxa variável, identificados pelas respectivas designações.

2 – As entidades referidas no ponto antecedente devem ainda acrescentar ao mesmo quadro as restantes secções que constam do anexo n.º 2.

3 – Se uma instituição dispuser de um serviço especialmente vocacionado para receber reclamações dos clientes, a identificação de tal serviço deve ser aditada à expressão que consta do terceiro parágrafo da última secção indicada no mesmo anexo n.º 2.

4 – As entidades abrangidas pelo presente número devem ainda remeter ao Banco de Portugal cópia da secção do quadro a que se refere o n.º 1 deste número e dos folhetos a que se refere a al. *b)* do n.º 4 do art. 3.º do Dec.-Lei 220/94, de 23-8, logo que se encontrem disponíveis, e das suas versões actualizadas, nos primeiros cinco dias dos meses de Março, Junho, Setembro e Dezembro de cada ano.

9.º É revogado o aviso n.º 7/92, publicado no *DR*, 2.ª, de 30-6-92.

10.º Este aviso entra em vigor 30 dias após a data da sua publicação.

29.2.5. *Informações sobre taxas de juro e outros custos*

ANEXO 1 AO AVISO N.º 1/95

DEPÓSITOS
DEPÓSITOS À ORDEM

	Periodicidade dos juros	Taxas nominais (1)		Taxa anual efectiva	Outras condições
		Líquida	Bruta	— Líquida	
(Saldo mínimo/médio/escalões.)					(Comissões e outros custos com efeitos patrimoniais relevantes.)

DEPÓSITOS A PRAZO

	Periodicidade dos juros	Taxas nominais (1)		Taxa anual efectiva	Outras condições
		Líquida	Bruta	— Líquida	
(Montante mínimo/prazos.)					(Comissões e outros custos com efeitos patrimoniais relevantes.)

DEPÓSITOS DE POUPANÇA
(Para cada tipo de depósitos de poupança)

	Periodicidade dos juros	Taxas nominais (1) (2)		Taxa anual efectiva	Outras condições
		Líquida	Bruta	— Líquida	
(Montante mínimo/prazos.) (Periodicidade das entregas, quando for o caso.)					(Comissões e outros custos com efeitos patrimoniais relevantes.)

CRÉDITO

	Periodicidade dos juros	Taxas anuais		Outras condições
		Nominal	Nominal (a) (3) bruta	
(Particulares/empresas.) (Prazos.)				(Comissões e outros custos com efeitos patrimoniais relevantes.)

Indexante

(a) Taxa básica da instituição ou outro indexante, se for o caso.

Texto actualizado do Aviso do Banco de Portugal n.º 1/95, de 16 de Fevereiro **29.2.5.**

CARTÕES DE CRÉDITO E DE DÉBITO

	Encargo anual	Taxas (3) Nominal	Taxas (3) Nominal (b) bruta	Outras condições
Cartões de débito............................ Cartões de crédito............................				(Entre outras condições, indicar taxa penalizadora aplicável.)

Indexante

(b) Taxa básica da instituição ou outro indexante, se for o caso.

PRODUTOS FINANCEIROS
FUNDOS DE INVESTIMENTO (4) (c)

	Comissões Subscrição (percentagem)	Comissões Resgate (percentagem)
(Identificação do fundo: nome e tipo - de tesouraria, de acções, de obrigações, misto, etc.)		

OUTROS PRODUTOS FINANCEIROS

	Taxa garantida Sim ____ % Não	Comissões Subscrição (percentagem)	Comissões Resgate (percentagem)
PPR (5) .... Produtos de capitalização de companhias de seguros (6) ......………...... Outros (7)			

(c) Taxas de remuneração dependentes das condições de mercado.

CÂMBIO DE NOTAS ESTRANGEIRAS

	Comissão (9) (percentagem e valor mínimo, se houver)	Outras despesas
Compra ou venda (8): Por caixa .... Por crédito/débito em conta		

775

29.2.5. *Informações sobre taxas de juro e outros custos*

CHEQUES DE VIAGEM

	Comissão (9) (percentagem e valor mínimo, se houver)	Outras despesas
Venda (por operação) (8)		
Compra (por operação): Por caixa .... Por crédito/débito em conta (10)		

PAGAMENTOS PERIÓDICOS

	Despesas (por operação)
(Indicação dos pagamentos periódicos mais correntes.)	

Tratamento fiscal

(1) Juros passíveis de IRS (...%).
(2) Juros isentos de IRS e dentro de que limites, quando for o caso.
(3) Sobre os juros acresce imposto de selo de ...%.
Nas operações de crédito ao consumo acresce ainda o imposto de selo de ...% sobre o capital em dívida.
(4), (5), (6) e (7) Regime fiscal respectivo em IRS, incluindo limitações ao resgate, se as houver, para poder usufruir dos benefícios fiscais.
(8) Nas vendas de moeda estrangeira acresce imposto do selo ... %.
(9) Acresce imposto do selo de ...% sobre a comissão, a qual é calculada sobre o valor/contravalor em escudos dos cheques negociados.
(10) Indicar nesta nota as datas-valor aplicadas.

ÚLTIMA DATA DE ACTUALIZAÇÃO

Encontra-se à disposição da clientela, neste balcão, o nosso tarifário contendo as condições praticadas para outros produtos e serviços, em execução do disposto no aviso n.º 1/95, publicado no *Diário da República*, 2.ª série, de 17 de Fevereiro de 1995.

ANEXO 2 AO AVISO N.º 1/95

CRÉDITO

	Taxas representativas		Taxa preferencial
	Taxa nominal	TAE	Nominal
(Tipo de operações mais habituais.)			

INDEXANTES UTILIZADOS NAS OPERAÇÕES DE CRÉDITO

INFORMAÇÕES COMPLEMENTARES

Encontra-se disponível, neste balcão, um folheto com a indicação de todos os encargos e despesas a cargo dos clientes, relativamente a cada espécie de operação de crédito indicada neste quadro.

A informação sobre as condições de realização das operações de crédito é prestada ao abrigo do Decreto-Lei n.º 220/94, de 23 de Agosto.

Qualquer reclamação relacionada com as informações que constem deste quadro pode ser dirigida ao Departamento de Supervisão Bancária do Banco de Portugal.

29.3. SERVIÇO DE CENTRALIZAÇÃO DE RISCOS DE CRÉDITO

DECRETO-LEI N.º 29/96, DE 11 DE ABRIL[494]

O Serviço de Centralização de Riscos do Crédito, criado pelo Decreto-Lei n.º 47909, de 7 de Setembro de 1967, para centralizar os elementos informativos respeitantes ao risco da concessão e aplicação de créditos, tem cumprido até hoje os seus objectivos, dando resposta à necessidade de as instituições de crédito e as sociedades financeiras avaliarem correctamente os riscos das suas operações.

Com a liberalização da prestação de serviços no espaço comunitário iniciada em 1993 e a possibilidade de os agentes económicos obterem financiamentos em qualquer dos países membros da União Europeia, deverão as instituições que concedem crédito poder dispor de instrumento capaz de responder às suas crescentes necessidades no domínio da avaliação do risco.

É, pois, conveniente manter a eficácia do Serviço de Centralização de Riscos do Crédito, melhorando qualitativa e quantitativamente a informação, através da recolha de dados relativos ao crédito interno a não residentes e ao crédito concedido em outros países a residentes nacionais.

A nova informação a tratar será conseguida num quadro de cooperação estreita de Portugal com outros países e, eventualmente, de adesão a um sistema de troca de dados centralizados, e exige a alteração do Decreto-Lei n.º 47 909, de 7 de Setembro de 1967, por forma a possibilitar a centralização das responsabilidades de crédito referidas e o intercâmbio de informação com organismos que, em outros países, tenham funções de centralização de riscos do crédito ou de supervisão bancária.

Entende-se, pois, introduzir expressamente na lei que a informação constante do Serviço de Centralização de Riscos do Crédito pode ser utilizada pelo Banco de Portugal para efeitos de supervisão.

Assim:
Nos termos da alínea *a*) do n.º 1 do artigo 201.º da Constituição, o Governo decreta o seguinte:

ARTIGO 1.º

1 – O Serviço de Centralização de Riscos do Crédito, assegurado pelo Banco de Portugal, de acordo com o artigo 22.º, n.º 1, alínea *b*), da sua Lei Orgânica, apro-

---

[494] DR I Série-A, n.º 86/96, de 11-Abr.-1996, 818-819.

vada pelo Decreto-Lei n.º 337/90, de 30 de Outubro, na redacção dada pelo Decreto-Lei n.º 231/95, de 12 de Setembro, tem por objecto centralizar os elementos informativos respeitantes aos riscos do crédito concedido por entidades sujeitas à supervisão daquele Banco ou por quaisquer outras entidades que, de algum modo, exerçam funções de crédito ou actividade com este directamente relacionada.

2 – Compete ao Banco de Portugal designar as entidades que devem participar no Serviço de Centralização de Riscos do Crédito, prestando as informações referidas no artigo 3.º, estabelecer as directivas que tiver por convenientes para o bom funcionamento do Serviço e divulgá-las pelas mesmas entidades.

3 – Em tudo o que se relacionar com informação recebida do Serviço de Centralização de Riscos do Crédito, as entidades referidas no número anterior ficam sujeitas, se não o estiverem já, às normas respeitantes a segredo profissional contidas no Regime Geral das Instituições de Crédito e Sociedades Financeiras aprovado pelo Decreto-Lei n.º 298/92, de 31 de Dezembro.

ARTIGO 2.º

O Serviço de Centralização de Riscos do Crédito abrange a informação recebida nos termos dos artigos 3.º e 6.º e relativa a operações de crédito, sob qualquer forma ou modalidade, de que sejam beneficiárias pessoas singulares ou colectivas, residentes ou não residentes.

ARTIGO 3.º

1 – As entidades participantes ficam obrigadas a fornecer ao Banco de Portugal, nos termos que vierem a ser determinados nas directivas a que se refere o n.º 2 do artigo 1.º, os elementos informativos requeridos, referentes a operações de crédito que tenham concedido, em Portugal ou no estrangeiro, ainda que através de sucursais financeiras exteriores.

2 – Salvo o disposto no número seguinte, estes elementos, bem como a informação recebida nos termos do artigo 6.º, não poderão ser utilizados para outros fins que não sejam os do Serviço de Centralização de Riscos do Crédito, os de supervisão das instituições a ela sujeitas, ou os de elaboração para estatística, como complemento dos elementos referidos no artigo 23.º, alínea *f*), da Lei Orgânica do Banco de Portugal, não podendo, em qualquer caso, a respectiva difusão ser feita em termos susceptíveis de violar o segredo bancário que deve proteger as operações de crédito em causa.

3 – A informação constante do Serviço de Centralização de Riscos do Crédito poderá ser utilizada no âmbito da cooperação nos termos do artigo 6.º.

4 – A informação divulgada pelo Banco de Portugal, constante do Serviço de Centralização de Riscos do Crédito, é da responsabilidade das entidades que a tenham transmitido, cabendo exclusivamente a estas proceder à sua alteração ou rectificação.

ARTIGO 4.º

1 – As entidades participantes poderão requerer ao Banco de Portugal que lhes seja dado conhecimento das operações registadas no Serviço de Centralização de Riscos do Crédito relativas às pessoas singulares ou colectivas que lhes hajam solicitado crédito.

2 – São condições de legitimidade do pedido de informação ser a entidade requerente credora actual da pessoa singular ou colectiva em causa, ou, não sendo credora, ter dela recebido pedido de concessão de crédito, podendo o Banco de Portugal, nas directivas a que se refere o n.º 2 do artigo 1.º, regulamentar estas condições e, bem assim, fixar condições complementares de legitimidade.

3 – O Banco de Portugal poderá fixar e cobrar uma comissão de contrapartida das informações que prestar.

ARTIGO 5.º

1 – As informações prestadas pelo Banco de Portugal às entidades participantes não poderão conter qualquer indicação acerca da localidade em que os créditos foram outorgados nem das entidades que os concederam.

2 – Estas informações serão exclusivamente destinadas às entidades participantes, sendo-lhes vedada a sua transmissão, total ou parcial, a terceiros.

ARTIGO 6.º

1 – O Banco de Portugal fará as diligências que tiver por convenientes para assegurar a cooperação na centralização de riscos de crédito, procedendo à troca das informações para o efeito necessárias com os organismos dos Estados membros da União Europeia e de quaisquer outros países encarregados da centralização de riscos do crédito.

2 – A cooperação a que se refere o número anterior, quando não resulte de disposições legais, de normas aplicáveis de direito comunitário ou de convenção internacional, poderá ser estabelecida, de modo geral, mediante acordos de informação mútua celebrados pelo Banco de Portugal com esses organismos ou estipulada caso a caso.

3 – O Banco de Portugal só poderá prestar informações de natureza confidencial a organismos estrangeiros desde que beneficiem de garantias de segredo pelo menos equivalentes às estabelecidas na lei portuguesa.

4 – O dever de segredo não impede que o Banco de Portugal, no desempenho das suas atribuições, utilize as informações confidenciais recebidas nos termos deste artigo para os fins referidos no artigo 3.º.

ARTIGO 7.º

O disposto no presente diploma não prejudica as obrigações de informação previstas no artigo 21.º do Decreto-Lei n.º 183/88, de 24 de Maio.

ARTIGO 8.º

1 – É revogado o Decreto-Lei n.º 47 909, de 7 de Setembro de 1967.
2 – Até ao estabelecimento das novas directivas, mantêm-se as normas regulamentares actualmente em vigor em tudo o que não contrarie o disposto no presente diploma.

Visto e aprovado em Conselho de Ministros de 7 de Março de 1996. – *António Manuel de Oliveira Guterres – António Luciano Pacheco de Sousa Franco.*

Promulgado em 25 de Março de 1996.
Publique-se.
O Presidente da República, JORGE SAMPAIO.

Referendado em 27 de Março de 1996.
O Primeiro-Ministro, *António Manuel de Oliveira Guterres.*

29.4. CRÉDITO AO CONSUMO

29.4.1. *Decreto-Lei n.º 359/91, de 21 de Setembro*[495]

Tem-se registado nos últimos anos um significativo desenvolvimento do fenómeno do crédito ao consumo, a que correspondem um crescimento notório da oferta e a adopção de novas formas de crédito.

Não raro, certas modalidades de crédito ao consumo têm associadas, de modo mais ou menos explícito, condições abusivas, pelo que se mostra necessário instituir regras mínimas de funcionamento, de modo a assegurar o cumprimento do objectivo constitucional e legalmente fixado de protecção dos direitos dos consumidores.

Desde logo importa garantir uma informação completa e verdadeira, susceptível de contribuir para uma correcta formação da vontade de contratar. Para o efeito, afigura-se imprescindível regular as condições em que se realiza a publicitação do crédito, sendo igualmente necessário estabelecer mecanismos que permitam ao consumidor conhecer o verdadeiro custo total do crédito que lhe é oferecido.

Foi com estes objectivos que a nível comunitário foram aprovadas as Directivas n.º 87/102/CEE, de 22 de Dezembro de 1986, e 90/88/CEE, de 22 de Fevereiro de 1990, transpostas para o direito interno pelo presente diploma, as quais, procurando harmonizar a legislação vigente nos diferentes Estados membros, contribuem para a eliminação de fenómenos indesejáveis de distorção da concorrência no espaço comunitário.

Decorre dos mencionados diplomas comunitários a adopção da taxa anual de encargos efectiva global, com base na qual será calculado o referido custo do crédito, tendo em atenção os encargos a suportar e o crédito a conceder, no contexto de uma mesma operação, em momentos diversos, permitindo-se, deste modo, uma análise comparativa de ofertas afins em todo o espaço comunitário.

A uniformização, no quadro da Comunidade Europeia, do método de cálculo desta taxa obrigou a que figurassem num anexo ao diploma, a título meramente indicativo, alguns exemplos da sua aplicação, reputados indispensáveis para a correcta utilização da mesma por parte dos destinatários do diploma ora publicado.

São igualmente definidos os requisitos do contrato de crédito, que constituirão um conjunto de garantias adicionais para o consumidor.

Assim:

Nos termos da alínea *a*) do n.º 1 do artigo 201.º da Constituição, o Governo decreta o seguinte:

---

[495] DR I Série-A, de 21-Set.-1991, 4998-5003.

(*O texto actualizado do Decreto-Lei n.° 359/91, de 21 de Setembro, é abaixo publicado*)

Visto e aprovado em Conselho de Ministros de 25 de Julho de 1991. – *Aníbal António Cavaco Silva – José Oliveira Costa – José António Leite de Araújo – Carlos Alberto Diogo Soares Borrego.*

Promulgado em 6 de Setembro de 1991.
Publique-se.
O Presidente da República, MÁRIO SOARES.

Referendado em 10 de Setembro de 1991.
O Primeiro-Ministro, *Aníbal António Cavaco Silva.*

29.4.2. Decreto-Lei n.º 101/2000, de 2 de Junho[496]

O Decreto-Lei n.º 359/91, de 21 de Setembro, transpôs para o direito interno as Directivas do Conselho das Comunidades Europeias n.os 87/102/CEE, de 22 de Dezembro de 1986, e 90/88/CEE, de 22 de Fevereiro de 1990, relativas à aproximação das disposições legislativas, regulamentares e administrativas dos Estados membros sobre o crédito ao consumo.

Entretanto, a Directiva n.º 98/7/CE, de 16 de Fevereiro de 1998, alterou a Directiva n.º 87/102/CEE , entre outras, fixando uma fórmula matemática única de cálculo da taxa anual de encargos efectiva global (TAEG).

Importa, agora, transpor para o direito interno aquela directiva, através da alteração do Decreto-Lei n.º 359/91, de 21 de Setembro, designadamente substituindo-se os seus anteriores anexos n.os 1 e 2 pelos constantes do presente diploma.

Assim:

Nos termos da alínea *a*) do n.º 1 do artigo 198.º da Constituição, o Governo decreta o seguinte:

ARTIGO 1.º
Âmbito

O presente diploma procede à transposição para a ordem jurídica interna da Directiva n.º 98/7/CE , do Parlamento e do Conselho, de 16 de Fevereiro de 1998, que altera a Directiva n.º 87/102/CEE, de 22 de Dezembro de 1986, relativa à aproximação das disposições legislativas, regulamentares e administrativas dos Estados membros sobre o crédito ao consumo.

ARTIGO 2.º
Alteração ao Decreto-Lei n.º 359/91, de 21 de Setembro

Os anexos n.os 1 e 2 do Decreto-Lei n.º 359/91, de 21 de Setembro, são substituídos pelos anexos I e II ao presente diploma.

(*Os Anexos I e II foram inseridos no texto actualizado do Decreto-Lei n.º 359/91, de 21 de Setembro, adiante publicado*)

---

[496] DR I Série-A, n.º 128, de 2-Jun.-2000, 2552-2554.

ARTIGO 3.°
Entrada em vigor

O presente diploma entra em vigor no dia seguinte ao da sua publicação.

Visto e aprovado em Conselho de Ministros de 20 de Abril de 2000. – *António Manuel de Oliveira Guterres – Joaquim Augusto Nunes Pina Moura – Joaquim Augusto Nunes Pina Moura – Armando António Martins Vara.*

Promulgado em 19 de Maio de 2000.
Publique-se.
O Presidente da República, JORGE SAMPAIO.

Referendado em 25 de Maio de 2000.
O Primeiro-Ministro, *António Manuel de Oliveira Guterres.*

29.4.3. *Texto actualizado do Decreto-Lei n.° 359/91, de 21 de Setembro*

CAPÍTULO I
Âmbito de aplicação

ARTIGO 1.°
Objecto

O presente diploma aplica-se aos contratos de crédito ao consumo e procede à transposição para o direito interno das Directivas do Conselho das Comunidades Europeias n.os 87/102/CEE, de 22 de Dezembro de 1986, e 90/88/CEE, de 22 de Fevereiro de 1990.

ARTIGO 2.°
Definições

1 – Para os efeitos da aplicação deste diploma entende-se por:
a) "Contrato de crédito", o contrato por meio do qual um credor concede ou promete conceder a um consumidor um crédito sob a forma de diferimento de pagamento, mútuo, utilização de cartões de crédito ou qualquer outro acordo de financiamento semelhante;
b) "Consumidor", a pessoa singular que, nos negócios jurídicos abrangidos pelo presente diploma, actua com objectivos alheios à sua actividade comercial ou profissional;
c) "Credor", a pessoa singular ou colectiva que, no exercício da sua actividade comercial ou profissional, concede o crédito;
d) "Custo total do crédito para o consumidor", a totalidade dos custos do crédito, incluindo juros e outras despesas que o consumidor deva pagar pelo crédito;
e) "Taxa anual de encargos efectiva global", o custo total do crédito para o consumidor, expresso em percentagem anual do montante do crédito concedido.

2 – Não é considerado contrato de crédito o contrato de prestação de serviço com carácter de continuidade, em que o consumidor tenha o direito de efectuar pagamentos parciais durante o período de prestação do serviço.

ARTIGO 3.º
Operações excluídas

O presente decreto-lei não se aplica aos contratos em que:
a) Uma das partes se obriga, contra retribuição, a conceder à outra o gozo temporário de uma coisa móvel de consumo duradouro, excepto se o locatário tiver o direito de adquirir a coisa locada, num prazo convencionado, eventualmente mediante o pagamento de um preço determinado ou determinável nos termos do próprio contrato;
b) O crédito concedido se destine predominantemente à aquisição, construção, beneficiação, recuperação ou ampliação de edifícios ou à aquisição de terrenos;
c) O montante do crédito concedido seja inferior a 30000$ ou superior a 6000000$;
d) O crédito seja concedido ou posto à disposição do consumidor sem juros ou outros encargos;
e) Não sejam cobrados juros, mas existam outros encargos, se o reembolso do crédito se efectuar numa só prestação;
f) O prazo de reembolso do crédito não ultrapasse três meses e o credor não seja uma instituição de crédito.

CAPÍTULO II
Regime geral

ARTIGO 4.º
Taxa anual de encargos efectiva global

1 – A taxa que torna equivalentes, numa base anual, os valores actualizados do conjunto dos empréstimos realizados ou a realizar pelo credor, por um lado, e dos reembolsos e encargos realizados ou a realizar pelo consumidor, por outro, designa-se taxa anual de encargos efectiva global, abreviadamente TAEG, e é calculada de acordo com a expressão matemática consistente do anexo n.º 1 ao presente diploma, que dele faz parte integrante.

2 – A TAEG é calculada no momento da celebração do contrato de crédito, sem prejuízo do disposto no artigo 5.º.

3 – O cálculo é efectuado no pressuposto de que o contrato de crédito vigorará pelo período de tempo acordado e de que as respectivas obrigações serão cumpridas nos prazos e datas convencionados.

4 – Sempre que na concessão de crédito haja intervenção de terceiro que, por qualquer modo, actue como intermediário do credor, os custos eventualmente cobrados a título de intermediação serão incluídos no cálculo da TAEG.

5 – No cálculo da TAEG não são incluídas as seguintes despesas:
a) As importâncias a pagar pelo consumidor em consequência do incumprimento de alguma das obrigações que lhe incumbem por força do contrato de crédito;

b) As despesas, diversas do preço, que, independentemente de se tratar de negócio celebrado a pronto ou a crédito, sejam suportadas pelo consumidor aquando da aquisição de bens ou serviços;

c) As despesas de transferência de fundos, bem como os encargos relativos à manutenção de uma conta destinada a receber os montantes debitados a título de reembolso do crédito, de pagamento dos juros e dos outros encargos, excepto se, não dispondo o consumidor de liberdade de escolha para o efeito, tais despesas forem anormalmente elevadas, sem prejuízo do disposto na alínea *a)* do número seguinte;

d) As quotizações devidas a título de inscrição em associações ou grupos e decorrentes de acordos distintos do contrato de crédito, embora tenham incidência sobre as condições do crédito;

e) As despesas de seguro ou de garantia, salvo o disposto na alínea *b)* do número seguinte.

6 – Incluem-se igualmente no cálculo da TAEG:

a) As despesas de cobrança dos reembolsos e pagamentos referidos na alínea *c)* do número anterior;

b) As despesas de seguro ou de garantia que se destinem a assegurar ao credor, em caso de morte, invalidez, doença ou desemprego do consumidor, o reembolso de uma quantia igual ou inferior ao montante total do crédito, incluindo os juros e outras despesas, e que sejam exigidas pelo credor como condição para a concessão do crédito.

7 – Sempre que os contratos de crédito contenham cláusulas que permitam alterar a taxa de juro e o montante ou o nível das outras despesas incluídas no cálculo da TAEG, mas não quantificáveis no momento do respectivo cálculo, a TAEG é calculada no pressuposto de que a taxa de juro e as outras despesas se manterão fixas relativamente ao nível inicial e de que serão aplicáveis até ao termo do contrato de crédito.

8 – No cálculo da TAEG procede-se supletivamente do seguinte modo:

a) Se o contrato não previr qualquer limite ao crédito, presume-se que o crédito concedido é de 300000$;

b) Se não forem fixados nem resultarem das cláusulas do contrato ou do meio de pagamento prazos para o reembolso do crédito concedido, presume-se que a sua duração é de um ano, com um único reembolso no final do prazo;

c) Se o contrato admitir várias datas de reembolso, presume-se que o crédito será posto à disposição e os reembolsos serão efectuados na data mais próxima prevista no contrato.

ARTIGO 5.º
Publicidade

1 – Sem prejuízo das normas legais aplicáveis em geral à actividade publicitária, toda a publicidade, ou qualquer oferta exibida nos estabelecimentos comerciais, em que um anunciante se proponha conceder crédito ou servir de intermediário

para a celebração de contratos de crédito e em que seja mencionada a taxa de juro ou outro valor relacionado com o custo do crédito deve indicar igualmente a TAEG.

2 – A TAEG será indicada, se não for possível outro meio, através de um exemplo representativo, como é ilustrado no anexo n.º 2 ao presente diploma e que dele faz parte integrante.

ARTIGO 6.º
Requisitos do contrato de crédito

1 – O contrato de crédito deve ser reduzido a escrito e assinado pelos contraentes, sendo obrigatoriamente entregue um exemplar ao consumidor no momento da respectiva assinatura.

2 – Para além dos requisitos exigidos em geral para os negócios jurídicos, do contrato de crédito devem constar também os seguintes elementos:
   a) A TAEG;
   b) Os elementos de custo referidos no artigo 4.º que não tenham sido incluídos no cálculo da TAEG, mas que devam ser suportados pelo consumidor;
   c) As condições em que pode ser alterada a TAEG;
   d) As condições de reembolso do crédito;
   e) A possibilidade de exercício do direito de cumprimento antecipado do contrato por parte do consumidor e o método de cálculo da correspondente redução do custo do crédito, nas condições previstas no artigo 8.º;
   f) O período de reflexão a que se refere o artigo 8.º;
   g) As garantias, incluindo as suas condições de utilização e o respectivo custo para o consumidor;
   h) O seguro exigido, se for o caso, e o respectivo custo, quando o consumidor não puder escolher a entidade seguradora.

3 – O contrato de crédito que tenha por objecto o financiamento da aquisição de bens ou serviços mediante pagamento em prestações deve indicar ainda:
   a) A descrição do bem ou serviço;
   b) A identificação do fornecedor do bem ou serviço;
   c) O preço a contado;
   d) O valor total das prestações, entendendo-se como tal a soma de todos os pagamentos que o consumidor deva efectuar nos termos do contrato;
   e) O número, o montante e a data de vencimento das prestações;
   f) O acordo sobre a reserva de propriedade.

4 – Para além dos elementos mencionados no n.º 2, os contratos de crédito que permitem a utilização de cartões de crédito devem ainda indicar:
   a) O limite máximo do crédito concedido;
   b) O modo de determinar as condições de reembolso quando não for possível fixá-las.

29.4.3. *Crédito ao consumo*

ARTIGO 7.º
Invalidade do contrato de crédito

1 – O contrato de crédito é nulo quando não for observado o prescrito no n.º 1 ou quando faltar algum dos elementos referidos nas alíneas *a*), *c*) e *d*) do n.º 2, nas alíneas *a*) a *e*) do n.º 3 e no n.º 4 do artigo anterior.

2 – O contrato de crédito é anulável quando faltar algum dos elementos referidos nas alíneas *b*), *e*), *f*) e *h*) do n.º 2 do artigo anterior.

3 – A não inclusão dos elementos referidos nas alíneas *g*) do n.º 2 e *f*) do n.º 3 do artigo anterior determina a respectiva inexigibilidade.

4 – A inobservância dos requisitos constantes do artigo anterior presume-se imputável ao credor e a invalidade do contrato só pode ser invocada pelo consumidor.

5 – O consumidor pode provar a existência do contrato por qualquer meio, desde que não tenha invocado a nulidade.

6 – Se o consumidor fizer uso da faculdade prevista no número anterior, é aplicável o disposto nas alíneas seguintes:
  a) Tratando-se de contrato de crédito para financiamento da aquisição de bens ou serviços mediante pagamento a prestações, a obrigação do consumidor quanto ao pagamento será reduzida ao preço a contado e o consumidor manterá o direito de realizar tal pagamento nos prazos convencionados;
  b) Nos restantes contratos, a obrigação do consumidor quanto ao pagamento será reduzida ao montante do crédito concedido e o consumidor manterá o direito a realizar o pagamento nas condições que tenham sido acordadas ou que resultem dos usos.

ARTIGO 8.º
Período de reflexão

1 – Com excepção dos casos previstos no n.º 5, a declaração negocial do consumidor relativa à celebração de um contrato de crédito só se torna eficaz se o consumidor não a revogar, em declaração enviada ao credor por carta registada com aviso de recepção e expedida no prazo de sete dias úteis a contar da assinatura do contrato, ou em declaração notificada ao credor, por qualquer outro meio, no mesmo prazo.

2 – A fim de facilitar o exercício do direito de revogação previsto no presente artigo, é anexado ao contrato de crédito um formulário da declaração de revogação, a subscrever, se for caso disso, pelo consumidor.

3 – A revogação efectuada nos termos do n.º 1 não envolve qualquer encargo ou obrigação para o consumidor, tendo este o direito à restituição de qualquer quantia que tenha pago, depois de deduzidas as importâncias desembolsadas pelo credor a título de impostos.

4 – O cumprimento do contrato de crédito por parte do credor e a entrega, por parte do vendedor, do bem objecto do respectivo financiamento, nos termos do n.º 1 do artigo 12.º, não são exigíveis enquanto se não tornar eficaz a declaração negocial do consumidor.

5 – Sem prejuízo do disposto no n.º 2, pode o consumidor, em caso de entrega imediata do bem, renunciar, através de declaração separada e exclusiva para o efeito, ao exercício do direito de revogação previsto no presente artigo.

ARTIGO 9.º
Cumprimento antecipado

1 – O consumidor tem direito de cumprir antecipadamente, parcial ou totalmente, o contrato de crédito, sendo-lhe calculado o valor do pagamento antecipado do montante em dívida com base numa taxa de actualização, que corresponderá a uma percentagem mínima de 90% da taxa de juro em vigor no momento da antecipação para o contrato em causa.

2 – No caso de cumprimento antecipado parcial, o direito consagrado no número anterior só pode ser exercido uma vez, se as partes não acordarem em sentido diverso no próprio contrato.

3 – O consumidor que pretender efectuar o cumprimento antecipado do contrato deve avisar o credor com a antecedência mínima de 15 dias.

4 – O credor pode, todavia, exigir os juros e outros encargos correspondentes a um período convencionado que não exceda a primeira quarta parte do prazo inicialmente previsto, quando o consumidor cumprir as suas obrigações antes do decurso daquele período.

5 – Tratando-se de contrato de crédito que tenha como objecto a venda de uma coisa ou o fornecimento de um serviço mediante pagamento em prestações, a antecipação entende-se sempre reportada à última ou às últimas prestações vincendas e não pode em caso algum implicar redução de custos relativamente à primeira prestação vincenda.

ARTIGO 10.º
Cessão de créditos

1 – À cessão de créditos é aplicável o regime constante dos artigos 577.º e seguintes do Código Civil.

2 – O consumidor pode opor ao cessionário todos os meios de defesa que lhe seria lícito invocar contra o cedente, nos termos do artigo 585.º do Código Civil, incluindo o direito à compensação.

ARTIGO 11.º
Utilização de títulos de crédito com função de garantia

1 – Se, em relação a um contrato de crédito ao consumo, o consumidor subscrever letras ou livranças com função de garantia, deve ser aposta naqueles títulos a expressão "não à ordem", ou outra equivalente, nos termos e com os efeitos previstos na legislação especial aplicável.

2 – A inobservância do disposto no número anterior presume-se imputável ao credor que, salvo o caso de culpa do consumidor, será responsável face a terceiros.

ARTIGO 12.º
Venda de bens ou prestação de serviços por terceiro

1 – Se o crédito for concedido para financiar o pagamento de um bem vendido por terceiro, a validade e eficácia do contrato de compra e venda depende da validade e eficácia do contrato de crédito, sempre que exista qualquer tipo de colaboração entre o credor e o vendedor na preparação ou na conclusão do contrato de crédito.

2 – O consumidor pode demandar o credor em caso de incumprimento ou de cumprimento defeituoso do contrato de compra e venda por parte do vendedor desde que, não tendo obtido do vendedor a satisfação do seu direito, se verifiquem cumulativamente as seguintes condições:

 a) Existir entre o credor e o vendedor um acordo prévio por força do qual o crédito é concedido exclusivamente pelo mesmo credor aos clientes do vendedor para a aquisição de bens fornecidos por este último;
 b) Ter o consumidor obtido o crédito no âmbito do acordo prévio referido na alínea anterior.

3 – O disposto nos números anteriores é aplicável, com as necessárias adaptações, aos créditos concedidos para financiar o pagamento do preço de um serviço prestado por terceiro.

CAPÍTULO III
Regimes especiais

ARTIGO 13.º
Concessão de crédito em conta corrente

1 – Nos contratos celebrados por instituições de crédito ou outras instituições financeiras e um consumidor para a concessão de crédito em conta corrente, independentemente da forma que assumam, o consumidor será informado por escrito, no momento da celebração do contrato ou em momento anterior, dos seguintes elementos:

 a) O eventual limite do crédito ou a forma de o determinar;
 b) A taxa de juro anual, os encargos aplicáveis aquando da celebração do contrato e as condições em que a taxa de juro e os encargos podem ser alterados;
 c) O período de reflexão, caso seja aplicável;
 d) Os termos de utilização do crédito e as condições de reembolso;
 e) As condições de cessação do contrato.

2 – Durante a vigência do contrato, o consumidor será informado por escrito de qualquer alteração da taxa de juro anual ou dos encargos aplicáveis, no momento em que se verificar tal alteração, podendo a informação ser prestada através de extracto de conta.

3 – As alterações referidas no número anterior só podem ser aplicadas a partir da data da comunicação ao consumidor.

ARTIGO 14.º
Concessão de crédito sob a forma de descoberto

1 – Na concessão de crédito sob a forma de descoberto susceptível de se prolongar por um período superior a três meses, o consumidor será informado da taxa de juro anual e dos encargos aplicáveis, bem como das condições em que a taxa de juro e os encargos podem ser alterados.

2 – A concessão de crédito através de contas de depósito que sejam configuradas de modo a conceder a possibilidade de o consumidor realizar levantamentos de fundos a descoberto por prazo superior a três meses fica sujeita ao regime constante do artigo anterior.

ARTIGO 15.º
Contratos de crédito celebrados por documento autêntico

Não são aplicáveis os artigos 8.º e 10.º a 12.º aos contratos de crédito celebrados por documento autêntico.

ARTIGO 16.º
Contratos de crédito garantidos por hipoteca sobre imóveis

Não são aplicáveis os artigos 8.º a 11.º aos contratos de crédito garantidos por hipoteca sobre imóveis que estejam abrangidos no âmbito de aplicação do presente decreto-lei.

CAPÍTULO IV
Disposições finais

ARTIGO 17.º
Contra-ordenações

1 – A infracção ao disposto no artigo 5.º constitui contra-ordenação punível com coima de 50000$ a 500000$ ou de 100000$ a 6000000$, consoante o infractor seja pessoa singular ou colectiva.

2 – Às contra-ordenações previstas no presente diploma aplicam-se as normas constantes do Código da Publicidade referentes à negligência, co-autoria, sanções acessórias, fiscalização, instrução de processos, aplicação de sanções e destino das receitas das coimas.

ARTIGO 18.º
Carácter injuntivo

1 – É nula qualquer convenção que exclua ou restrinja os direitos atribuídos ao consumidor pelo presente decreto-lei.

2 – O consumidor pode optar pela manutenção do contrato quando alguma das suas cláusulas for nula nos termos do número anterior.

ARTIGO 19.º
Fraude à lei

São irrelevantes as situações criadas com o intuito fraudulento de evitar a aplicação do disposto no presente diploma, designadamente as que consistam no fraccionamento do montante do crédito por contratos distintos.

ARTIGO 20.º
Aplicação no espaço

O disposto no presente diploma aplica-se, seja qual for a lei reguladora do contrato, se o consumidor tiver a sua residência habitual em Portugal, desde que a celebração do contrato tenha sido precedida de uma oferta ou de publicidade feita em Portugal e o consumidor tenha emitido no País a sua declaração negocial.

ARTIGO 21.º
Aplicação no tempo

O disposto no presente diploma aplica-se aos contratos de crédito que se celebrem ou renovem após a data da sua entrada em vigor.

ARTIGO 22.º
Disposição revogatória

São revogados os artigos 1.º a 3.º, 5.º a 8.º, 11.º e 12.º, os n.ºs 5 e 6 do artigo 13.º e o artigo 15.º do Decreto-Lei n.º 457/79, de 21 de Novembro, bem como quaisquer outras normas que contrariem o disposto no presente diploma.

ARTIGO 23.º
Entrada em vigor

1 – O presente decreto-lei entra em vigor 30 dias após a data da sua publicação, com excepção do artigo 4.º, o qual produz efeitos 120 dias após a mesma data.

2 – Enquanto não entrar em vigor o artigo 4.º, as exigências contidas nos arti-

gos 5.º e 6.º, n.º 2, alínea *a*), quanto à menção da taxa anual de encargos efectiva global, devem entender-se como referidas ao custo total do crédito para o consumidor.

ANEXO I[497]

Equação de base que traduz a equivalência entre os empréstimos, por um lado, e os reembolsos e encargos, por outro:

$$\sum_{K=1}^{K=m} \frac{A_k}{(1+i)^{t_k}} = \sum_{K'=1}^{K'=m'} \frac{A'_{k'}}{(1+i)^{t_{k'}}}$$

K – é número de ordem de um empréstimo;
K' – é o número de ordem de reembolso ou de um pagamento de encargos;
A_k – é o montante do empréstimo número K; $A'_{k'}$ – é o montante do reembolso ou do pagamento de encargos número K';
S – é o somatório;
m – é o número de ordem do último empréstimo;
m' – é o número de ordem do último reembolso ou do último pagamento de encargos;

---

[497] Redacção dada pelo artigo 2.º do Decreto-Lei n.º 101/2000, de 2 de Junho. A redacção original era a seguinte:

ANEXO N.º 1
Expressão matemática a utilizar no cálculo da taxa anual de encargos efectiva global

$$\sum_{k=1}^{m} \frac{A_k}{(1+i)^{t_k}} = \sum_{k'=1}^{m'} \frac{A'_{k'}}{(1+i)^{t_{k'}}}$$

Significado das letras e símbolos:
K – número de ordem de um empréstimo;
K' – número de ordem de um reembolso ou de um pagamento de encargos;
A_k – montante do empréstimo de ordem k;
$A'_{k'}$ – montante do reembolso ou do pagamento de encargos de ordem k';
S – sinal que indica um somatório;
m – número de ordem do último empréstimo;
m' – número de ordem do último reembolso ou do último pagamento de encargos;
t_k – número de anos (incluindo a parte fraccionária) que medeiam entre a data do empréstimo n.º 1 e as datas de cada um dos empréstimos posteriores (de 2 a m);
$t_{k'}$ – número de anos (incluindo a parte fraccionária) que medeiam entre a data do empréstimo n.º 1 e as datas de cada um dos reembolsos ou pagamentos de encargos (de 1 a m');
i – taxa anual de encargos efectiva

29.4.3. *Crédito ao consumo*

t_k – é o intervalo, expresso em anos e fracções de anos, entre a data do empréstimo n.º 1 e as dos empréstimos posteriores n.ºˢ 2 a m;

$t_{k'}$ – é o intervalo, expresso em anos e fracções de anos, entre a data do empréstimo n.º 1 e as dos reembolsos ou pagamentos de encargos n.ºˢ 1 a m';

i – é a taxa efectiva global que pode ser calculada (quer algebricamente, quer por aproximações sucessivas, quer por um programa de computador) quando os outros termos da equação são conhecidos, através do contrato ou de qualquer outra forma.

Observações:

a) Os pagamentos efectuados por ambas as partes em diferentes momentos não são forçosamente idênticos nem forçosamente efectuados a intervalos iguais;
b) A data inicial é a do primeiro empréstimo;
c) Os intervalos entre as datas utilizadas nos cálculos são expressos em anos ou fracções de ano. Considera-se que um ano tem 365 dias ou 365,25 dias, ou (nos anos bissextos) 366 dias, 52 semanas ou 12 meses normalizados. Considera-se que um mês normalizado tem 30,41666 dias (ou seja, 365/12);
d) Os resultados do cálculo serão expressos com uma precisão de, pelo menos, uma casa decimal.

Em caso de arredondamento para uma determinada casa decimal, aplicar-se-á a seguinte regra:

Se o número constante da casa decimal a seguir a essa determinada casa decimal for superior ou igual a 5, o algarismo nessa determinada casa decimal será acrescido de 1.

ANEXO II[498]

Exemplos de cálculo

A) **Cálculo da taxa anual de encargos efectiva global com base no calendário [1 ano = 365 dias (ou 366 dias nos anos bissextos)]**

Primeiro exemplo:

---

[498] Redacção dada pelo artigo 2.º do Decreto-Lei n.º 101/2000, de 2 de Junho. A redacção original era a seguinte:

ANEXO N.º 2

Exemplos de cálculo

1 – *Primeiro exemplo*. A soma emprestada é de 150 000$.

Esta soma é reembolsada num único pagamento de 180 000$, efectuado 18 meses após a data do empréstimo.

A equação neste caso é a seguinte:

ou seja:

$$150000 = \frac{180\,000}{(1+i)^{1,5}}$$

$$(1+i)^{1,5} = 1,2$$
$$1+i = 1,2^{1/1,5}$$
$$i = 0,129243\ldots$$

A taxa anual de encargos efectiva global será arredondada para 12,9%.

2 – *Segundo exemplo*. – A soma emprestada é de 150 000$.

O mutuante retém 2500$ para despesas de inquérito e de *dossier*, de modo que o empréstimo diz na realidade respeito apenas a 147 500$00.

O reembolso de 180 000 é efectuado 18 meses após a data do empréstimo.

A equação neste caso é a seguinte:

$$147500 = \frac{180000}{(1+i)^{1,5}}$$

ou seja:

$$(1+i)^{1,5} = \frac{180000}{147500} = 1,22033$$

$$1+i = 1,141967$$
$$i = 0,14197$$

A taxa anual de encargos efectiva global será arredondada para 14,2%.

3 – *Terceiro exemplo*. – A soma emprestada é de 150 000$.

O reembolso é efectuado em dois pagamentos de 90 000$ cada um, efectuados, respectivamente, um ano e dois anos depois.

A equação neste caso é a seguinte:

$$150\,000 = \frac{90000}{(1+i)^1} + \frac{90000}{(1+i)^2}$$

Resolvendo algebricamente, teremos $i = 0,1306623$.

A taxa anual de encargos efectiva global será arredondada para 13,1%.

4 – *Quarto exemplo*. – A soma emprestada é de 150 000$.

Os reembolsos são efectuados da seguinte forma:

3 meses depois (0,25 ano)	40 800$00
6 meses depois (0,50 ano)	40 800$00
12 meses depois (um ano)	81 600$00
Total	163 200$00

29.4.3.   *Crédito ao consumo*

A soma emprestada é S = 1000 euros em 1 de Janeiro de 1994.

Esta soma é reembolsada num único pagamento de 1200 euros efectuado em 1 de Julho de 1995, isto é, um ano e meio, ou 546 (= 365 + 181) dias, após a data do empréstimo.

A equação é a seguinte:

$$1000 = \frac{1200}{(1+i)^{546/365}}$$

Ou:

$(1+i)^{546/365} = 1,2$

$1+i = 1{,}129\ 620\ 4$

$i = 0{,}129\ 620\ 4$

A taxa será arredondada para 13% (ou 12,96%, se se preferir uma precisão de duas casas decimais).

Segundo exemplo:

A soma emprestada é S = 1000 euros, mas o mutuante retém 50 euros para despesas de inquérito e de dossier, pelo que o empréstimo é na realidade apenas de 950 euros; o reembolso de 1200 euros, como no primeiro exemplo, é efectuado em 1 de Julho de 1995.

A equação é a seguinte:

$$950 = \frac{1200}{(1+i)^{546/365}}$$

Ou:

$(1+i)^{546/365} = 1{,}262\ 157$

$1+i = 1{,}169\ 026$

$i = 0{,}169\ 026$

A taxa será arredondada para 16,9%.

A equação neste caso é a seguinte:

$$150\,000 = \frac{40800}{(1+i)^{0{,}25}} = \frac{40800}{(1+i)^{0{,}50}} = \frac{81600}{(1+i)^{1}}$$

Por aproximações sucessivas obtém-se $i = 0{,}131855$. A solução pode ser facilmente obtida usando uma calculadora financeira de bolso.

A taxa anual de encargos efectiva global será arredondada para 13,2%.

Terceiro exemplo:
A soma emprestada é de 1000 euros em 1 de Janeiro de 1994, reembolsáveis em dois pagamentos de 600 euros cada um, efectuados, respectivamente, um ano e dois anos depois.

A equação é a seguinte:

$$1000 = \frac{600}{(1+i)} + \frac{600}{(1+i)^{730/365}} = \frac{600}{1+i} + \frac{600}{(1+i)^2}$$

Resolvendo algebricamente, obtém-se $i = 0,1306623$, arredondado para 13,1% (ou 13,07%, se se preferir uma precisão de duas casas decimais).

Quarto exemplo:

A soma emprestada é $S = 1000$ euros em 1 de Janeiro de 1994 e os montantes a pagar pelo mutuário são os seguintes:

Euros
Passados 3 meses (0,25 anos/90 dias) 272
Passados 6 meses (0,5 anos/181 dias) 272
Passados 12 meses (1 ano/365 dias) 544

                              Total 1088

A equação é a seguinte:

$$1000 = \frac{272}{(1+i)^{90/365}} + \frac{272}{(1+i)^{181/365}} + \frac{544}{(1+i)^{365/365}}$$

Esta equação permite calcular i por aproximações sucessivas, que podem ser programadas numa calculadora de bolso.

O resultado será $i = 0,13226$, arredondado para 13,2% (ou 13,23%, se se preferir uma precisão de duas casas decimais).

B) **Cálculo da taxa anual de encargos efectiva global com base num ano normalizado (1 ano = 365 dias ou 365,25 dias, 52 semanas ou 12 meses iguais).**

Primeiro exemplo:
A soma emprestada é $S = 1000$ euros.
Esta soma é reembolsada num único pagamento de 1200 euros efectuado um ano e meio (isto é, 1,5 x 365 = 547,5 dias, 1,5 x 365,25 = 547,875 dias, 1,5 x 366 = 549 dias, 1,5 x 12 = 18 meses, ou 1,5 x 52 = 78 semanas) após a data do empréstimo.

A equação é a seguinte:

29.4.3. *Crédito ao consumo*

$$1000 = \frac{1200}{(1+i)^{547,5/365}} = \frac{1200}{(1+i)^{547,875/365,25}} = \frac{1200}{(1+i)^{18/12}} = \frac{1200}{(1+i)^{78/52}}$$

Ou:

$(1+i)^{1,5} = 1,2$

$1+i = 1,129\ 243$

$i = 0,129\ 243$

A taxa será arredondada para 12,9% (ou 12,92%, se se preferir uma precisão de duas casas decimais).

Segundo exemplo:

A soma emprestada é $S = 1000$ euros, mas o mutuante retém 50 euros para despesas de inquérito e de dossier, pelo que o empréstimo é na realidade apenas de 950 euros; o reembolso de 1200 euros, como no primeiro exemplo, é efectuado um ano e meio após a data do empréstimo.

A equação é a seguinte:

$$950 = \frac{1200}{(1+i)^{547,5/365}} = \frac{1200}{(1+i)^{547,875/365,25}} = \frac{1200}{(1+i)^{18/12}} = \frac{1200}{(1+i)^{78/52}}$$

Ou:

$(1+i)^{1,5} = 1,200/950 = 1,263\ 157$

$1+i = 1,168\ 526$

$i = 0,168\ 526$

A taxa será arredondada para 16,9% (ou 16,85%, se se preferir uma precisão de duas casas decimais).

Terceiro exemplo:

A soma emprestada é de 1000 euros, reembolsáveis em dois pagamentos de 600 euros cada um, efectuados, respectivamente, um ano e dois anos depois.

A equação é a seguinte:

$$1000 = \frac{600}{(1+i)^{365/365}} + \frac{600}{(1+i)^{730/365}} = \frac{600}{(1+i)^{365,25/365,25}} +$$

$$+ \frac{600}{(1+i)^{730,5/365,25}} =$$

$$= \frac{600}{(1+i)^{12/12}} + \frac{600}{(1+i)^{24/12}} = \frac{600}{(1+i)^{52/52}} + \frac{600}{(1+i)^{104/52}} =$$

$$= \frac{600}{(1+i)^{1}} + \frac{600}{(1+i)^{2}}$$

Resolvendo algebricamente, obtém-se $i = 0,13066$, arredondado para 13,1% (ou 13,07%, se se preferir uma precisão de duas casas decimais).

Quarto exemplo:

A soma emprestada é $S = 1000$ euros e os montantes a pagar pelo mutuário são os seguintes:

Euros

Passados 3 meses (0,25 anos/13 semanas/91,25 dias/91,3125 dias)	272
Passados 6 meses (0,5 anos/26 semanas/182,5 dias/182,625 dias)	272
Passados 12 meses (1 ano/52 semanas/365 dias/365,25 dias)	544
Total	1088

A equação é a seguinte:

$$1000 = \frac{272}{(1+i)^{91,25/365}} + \frac{272}{(1+i)^{182,5/365}} + \frac{544}{(1+i)^{365/365}} =$$

$$\frac{272}{(1+i)^{91,312\,5/365,25}} + \frac{272}{(1+i)^{182,625/365,25}} + \frac{544}{(1+i)^{365,25/365,25}} =$$

$$= \frac{272}{(1+i)^{13/52}} + \frac{272}{(1+i)^{26/52}} + \frac{544}{(1+i)^{52/52}} =$$

$$= \frac{272}{(1+i)^{0,25}} + \frac{272}{(1+i)^{0,5}} + \frac{544}{(1+i)^{1}}$$

Esta equação permite calcular i por aproximações sucessivas, que podem ser programadas numa calculadora de bolso.

O resultado será $i = 0,13185$, arredondado para 13,2% (ou 13,19%, se se preferir uma precisão de duas casas decimais).

29.5. CRÉDITO À HABITAÇÃO

29.5.1. Regime legal

29.5.1.1. *Decreto-Lei n.° 349/98, de 11 de Novembro*[499]

O Decreto-Lei n.° 328-B/86, de 30 de Setembro, tem vindo a regular a concessão de crédito à aquisição, construção, beneficiação, recuperação ou ampliação de habitação própria, secundária ou de arrendamento, nos regimes geral de crédito, crédito bonificado e crédito jovem bonificado.

O regime consagrado, sucessivamente alterado por diversos diplomas, no sentido do aperfeiçoamento das soluções técnicas e de adaptação à evolução da conjuntura económico-financeira, continua na generalidade a manter actualidade. Sem embargo, torna-se necessário introduzir novas regras que visam contribuir para um maior rigor na aplicação dos regimes de crédito bonificado que permitam reconduzi--los à filosofia e objectivos que presidiram à sua criação.

Com efeito, a acentuada descida das taxas de juro torna imperativo reequacionar, numa perspectiva de racionalização de afectação de recursos financeiros do Estado, o sistema de concessão de bonificações, por forma que o mesmo se adeqúe às necessidades reais de apoio à habitação, prevenindo excessos na sua utilização.

Por outro lado, torna-se ainda premente dar satisfação a exigências de moralização e de prevenção da fraude, consagrando-se soluções tendentes a uma disciplina mais rigorosa na concessão de crédito bonificado, quer na aquisição e construção, quer na realização de obras. A estas preocupações associam-se, em contrapartida, a adopção de medidas tendentes a possibilitar a mudança de regime e agilizar a mudança de instituição de crédito, tendo em conta o actual quadro concorrencial do sector, bem como a abertura do crédito bonificado a outras realidades como sejam a possibilidade de recurso ao mesmo para a realização de obras em partes comuns em edifícios habitacionais em regime de propriedade horizontal.

Por último, a dispersão legislativa actualmente existente aconselha que, quer por razões de ordem sistemática, quer por motivos de segurança jurídica, quer ainda de actualização terminológica, se proceda à elaboração de um novo diploma que consolide o regime de crédito à habitação.

Foram ouvidos os órgãos de governo próprios das Regiões Autónomas dos Açores e da Madeira.

---

[499] DR I Série-A, n.° 261/98, de 11-Nov.-1998, 6135-6141.

Assim:

Nos termos do n.º 5 do artigo 112.º e da alínea *a*) do n.º 1 do artigo 198.º da Constituição, o Governo decreta o seguinte:

(*O texto actualizado do Decreto-Lei n.º 349/98, de 11 de Novembro, é abaixo publicado*)

Visto e aprovado em Conselho de Ministros de 17 de Setembro de 1998. – *António Manuel de Oliveira Guterres* – *António Luciano Pacheco de Sousa Franco* – *João Cardona Gomes Cravinho* – *José Eduardo Vera Cruz Jardim*.

Promulgado em 13 de Outubro de 1998.
Publique-se.
O Presidente da República, JORGE SAMPAIO.

Referendado em 28 de Outubro de 1998.
O Primeiro-Ministro, *António Manuel de Oliveira Guterres*.

29.5.1.2. Decreto-Lei n.º 137-B/99, de 22 de Abril[500]

O Decreto-Lei n.º 349/98, de 11 de Novembro, veio aprovar o regime de concessão de crédito à habitação, construção, realização de obras de conservação ordinária, extraordinária e de beneficiação de habitação própria, secundária ou de arrendamento, nos regimes geral de crédito, crédito bonificado e crédito jovem bonificado.

Com o referido diploma foram introduzidas, designadamente, novas regras no sentido de uma aplicação mais rigorosa dos regimes de crédito bonificado, reequacionando-se também o sistema de concessão de bonificações de forma que o mesmo se adequasse às necessidades de apoio ao acesso à habitação pelos agregados familiares que efectivamente dele carecem.

Assim, importa referir também a previsão de medidas tendentes a flexibilizar a mudança de regime e de instituição de crédito, medidas que vieram a reforçar o quadro concorrencial no sector do crédito bancário, repercutindo-se, em especial, na oferta de condições de concessão de crédito mais favoráveis para os mutuários.

Afigura-se agora necessário prosseguir no sentido do aperfeiçoamento das soluções legais ora vigentes para a concessão de crédito bonificado à habitação, nomeadamente no que respeita às condições de acesso e âmbito dos regimes de crédito bonificado, tendo em atenção a necessidade de, por um lado, contribuir para a redução do endividamento excessivo das famílias e, por outro lado, consolidar mecanismos tendentes a assegurar uma maior transparência no mercado do sector.

Justifica-se ainda proceder à prorrogação do prazo transitório previsto no artigo 35.º do Decreto-Lei n.º 349/98 para a concessão de isenções emolumentares às operações de mudança de regime de crédito e de instituição de crédito, quer isoladamente quer em simultâneo, explicitando-se a referida previsão legal e facultando-se a um maior número de mutuários a possibilidade de renegociação dos seus contratos de empréstimo em ordem a obter condições de crédito mais vantajosas.

Foram ouvidos os órgãos de governo próprio das Regiões Autónomas.
Assim:
Nos termos da alínea a) do n.º 1 do artigo 198.º da Constituição, o Governo decreta, para valer como lei geral da República, o seguinte:

ARTIGO 1.º

Os artigos 8.º, 11.º, 12.º, 26.º e 31.º do Decreto-Lei n.º 349/98, de 11 de Novembro, passam a ter a seguinte redacção:

---

[500] DR I Série-A, 1.º Suplemento, n.º 94/99, de 22-Abr.-1999, 2160-(5)-2160-(7).

(As alterações foram introduzidas no texto actualizado do Decreto-Lei n.º 349/98, de 11 de Novembro, abaixo publicado)

ARTIGO 2.º

É aditado ao Decreto-Lei n.º 349/98, de 11 de Novembro, o artigo 26.º-A, com a seguinte redacção:

(O preceito aditado foi inserido no texto actualizado do Decreto-Lei n.º 349/98, de 11 de Novembro, abaixo publicado)

ARTIGO 3.º
Tratamento de dados

O tratamento e interconexão de dados necessários em matéria de acompanhamento, verificação e fiscalização de execução do disposto no Decreto-Lei n.º 349/98, de 11 de Novembro, serão objecto de diploma específico.

ARTIGO 4.º
Disposições transitórias

1 – Os mutuários em qualquer dos regimes de crédito bonificado contraídos ao abrigo dos Decretos-Leis n.ºs 328-B/86, de 30 de Setembro, e 349/98, de 11 de Novembro, ou que para estes tenham transitado, ficam obrigados, até dois meses antes da data do início do próximo período anual do empréstimo, a assinar declaração em como autorizam as entidades competentes para acompanhamento, verificação e fiscalização do cumprimento do disposto nos referidos regimes de crédito a acederem às informações relevantes, para efeitos do necessário à prossecução das respectivas atribuições.

2 – O incumprimento do disposto no número anterior, no prazo aí fixado, determina como consequência a perda das bonificações a que o mutuário teria direito na anuidade ou anuidades seguintes até ao termo da anuidade em que o empréstimo se encontre aquando da apresentação da autorização em falta.

ARTIGO 5.º
Produção de efeitos

1 – O disposto no n.º 5 do artigo 8.º do Decreto-Lei n.º 349/98, de 11 de Novembro, com a redacção introduzida pelo presente diploma, apenas começa a produzir efeitos decorrido o prazo de 60 dias após a entrada em vigor do presente decreto-lei.

2 – O disposto na alínea b) do n.º 8 do artigo 11.º do Decreto-Lei n.º 349/98, de 11 de Novembro, na redacção atribuída pelo presente diploma, e o estabelecido

nos n.ᵒˢ 1 e 2 do artigo anterior apenas produzem efeitos a partir da data da entrada em vigor do diploma a que se refere o artigo 3.º

3 – O estabelecido no n.º 1 do artigo 31.º do Decreto-Lei n.º 349/98, de 11 de Novembro, na redacção atribuída pelo presente diploma, produz efeitos desde 1 de Abril do ano em curso.

4 – As importâncias liquidadas pelos interessados a título de taxas ou emolumentos pela prática de actos notariais e registrais decorrentes das operações a que alude a disposição mencionada no número anterior, no período compreendido entre 1 de Abril e a data da entrada em vigor do presente diploma, poderão ser objecto de reembolso, devendo para o efeito os interessados proceder à apresentação dos correspondentes documentos comprovativos de liquidação junto da entidade onde as importâncias foram cobradas.

Visto e aprovado em Conselho de Ministros de 25 de Março de 1999. – *António Manuel de Oliveira Guterres – António Luciano Pacheco de Sousa Franco – João Cardona Gomes Cravinho – José Eduardo Vera Cruz Jardim.*

Promulgado em 16 de Abril de 1999.
Publique-se.
O Presidente da República, JORGE SAMPAIO.

Referendado em 21 de Abril de 1999.
O Primeiro-Ministro, *António Manuel de Oliveira Guterres.*

29.5.1.3. Decreto-Lei n.° 1-A/2000, de 11 de Novembro[501]

Com o Decreto-Lei n.° 137-B/99, de 22 de Abril, prosseguiu-se no sentido do aperfeiçoamento das soluções legais aplicáveis à concessão de crédito bonificado à habitação introduzidas pelo Decreto-Lei n.° 349/98, de 11 de Novembro, nomeadamente no que respeita às condições de acesso e âmbito dos regimes de crédito bonificado, tendo em atenção a necessidade de, por um lado, contribuir para a redução do endividamento excessivo das famílias e, por outro, consolidar mecanismos tendentes a assegurar uma maior transparência no mercado do sector.

Nesse âmbito, procedeu-se, designadamente, à prorrogação do prazo transitório previsto no artigo 31.° do Decreto-Lei n.° 349/98, para a concessão de isenções emolumentares às operações de mudança de regime de crédito e de instituição de crédito, quer isoladamente, quer em simultâneo, explicitando-se a referida previsão legal e facultando-se a um maior número de mutuários a possibilidade de renegociação dos seus contratos de empréstimo em ordem a, num novo contexto mais transparente e concorrencial do mercado, poderem obter condições de crédito mais vantajosas.

A actual conjuntura económico-financeira aconselha que, tendo presentes as mesmas finalidades, se consagre uma extensão do referido prazo transitório.

Assim:

Nos termos da alínea *a*) do n.° 1 do artigo 198.° da Constituição, o Governo decreta, para valer como lei geral da República, o seguinte:

ARTIGO 1.°

O artigo 31.° do Decreto-Lei n.° 349/98, de 11 de Novembro, com as alterações introduzidas pelo Decreto-Lei n.° 137-B/99, de 22 de Abril, passa a ter a seguinte redacção:

(*A alteração foi introduzida no texto actualizado do Decreto-Lei n.° 349/98, de 11 de Novembro, abaixo publicado*)

ARTIGO 2.°[502]
Produção de efeitos

As importâncias liquidadas pelos interessados a título de taxas ou emolumen-

---

[501] DR I Série-A, 1.° Suplemento, n.° 18, de 22-Jan.-2000, 240-(2).
[502] Na redacção do artigo 2.° do Decreto-Lei n.° 1-A/2000, verificou-se uma inexactidão que foi

29.5.1.3. *Crédito à habitação*

tos pela prática de actos notariais e registrais decorrentes das operações a que alude o n.º 1 do artigo 31.º do Decreto-Lei n.º 349/98, de 11 de Novembro, na nova redacção atribuída pelo presente diploma, no período compreendido entre 1 de Janeiro e a data da sua entrada em vigor, poderão ser objecto de reembolso, devendo para o efeito os interessados proceder à apresentação dos correspondentes documentos comprovativos de liquidação junto da entidade onde as importâncias foram cobradas.

Visto e aprovado em Conselho de Ministros de 16 de Dezembro de 1999. – *António Manuel de Oliveira Guterres – Jorge Paulo Sacadura Almeida Coelho – Joaquim Augusto Nunes Pina Moura – António Luís Santos Costa.*

Promulgado em 19 de Janeiro de 2000.
Publique-se.
O Presidente da República, JORGE SAMPAIO.

Referendado em 21 de Janeiro de 2000.
O Primeiro-Ministro, *António Manuel de Oliveira Guterres.*

---

rectificada pela Declaração de Rectificação n.º 4-F/2000, de 31 de Janeiro de 2000, publicada no DR I Série-A, n.º 25, 1.º Suplemento, 430-(4). Assim, onde se lia "As importâncias liquidadas pelos interessados a título ou emolumentos pela prática de actos notariais decorrentes das operações", deve ler-se "As importâncias liquidadas pelos interessados a título de taxas ou emolumentos pela prática de actos notariais e registrais decorrentes das operações".

29.5.1.4. Decreto-Lei n.° 320/2000, de 15 de Dezembro[503]

O tempo tem revelado que a legislação que regula o processo de concessão de crédito à aquisição, construção e beneficiação de habitação, bem como à aquisição de terrenos para construção de habitação própria, é passível de aperfeiçoamento no sentido de uma maior simplificação.

A maior simplicidade e clarificação legislativa traduzir-se-á essencialmente na eliminação de restrições anteriormente impostas, bem como no desaparecimento, para os novos contratos que envolvam crédito bonificado, de algumas das opções que, sendo previstas no antigo sistema, geravam custos administrativos que não eram compensados pela sua eventual capacidade redistributiva.

Contribuirá, de igual modo, para uma maior transparência no que se refere aos custos reais do crédito ao facilitar o acesso dos mutuários às regras que presidem ao crédito bonificado.

Assim:

Nos termos da alínea *a*) do n.° 1 do artigo 198.° da Constituição, o Governo decreta, para valer como lei geral da República, o seguinte:

ARTIGO 1.°
Alterações ao Decreto-Lei n.° 349/98, de 11 de Novembro

Os artigos 3.°, 4.°, 7.°, 8.°, 9.°, 11.°, 12.°, 13.°, 14.°, 17.°, 20.°, 23.°, 24.°, 26.°, 26.°-A, 27.°, 28.° e 32.° do Decreto-Lei n.° 349/98, de 11 de Novembro, na redacção introduzida pelo Decreto-Lei n.° 137-B/99, de 22 de Abril, e pelo Decreto-Lei n.° 1-A/2000, de 22 de Janeiro, passam a ter a seguinte redacção:

(*As alterações foram introduzidas no texto actualizado do Decreto-Lei n.° 349/98, de 11 de Novembro, abaixo publicado*)

ARTIGO 2.°
Aditamento ao Decreto-Lei n.° 349/98, de 11 de Novembro

São aditados ao Decreto-Lei n.° 349/98, de 11 de Novembro, os artigos 29.°-A e 29.°-B, com a seguinte redacção:

(*Os preceitos aditados foram inseridos no texto actualizado do Decreto-Lei n.° 349/98, de 11 de Novembro, abaixo publicado*)

---

[503] DR I Série-A, n.° 288, de 15-Dez.-2000, 7322-7333.

ARTIGO 3.º
Alterações à sistemática do Decreto-Lei n.º 349/98, de 11 de Novembro

1 – O capítulo VI do Decreto-Lei n.º 349/98, de 11 de Novembro, passa a ter como epígrafe "Regras complementares".

(*A alteração foi introduzida no texto actualizado do Decreto-Lei n.º 349/88, de 11 de Novembro, abaixo publicado*)

2 – É aditado ao Decreto-Lei n.º 349/98, de 11 de Novembro, o capítulo VII, com a epígrafe "Disposições finais e transitórias", que integra os artigos 31.º a 36.º

(*O aditamento foi inserido no texto actualizado do Decreto-Lei n.º 349/98, de 11 de Novembro, abaixo publicado*)

ARTIGO 4.º
Revogação

São revogados os artigos 13.º, n.º 4, 30.º, 33.º e 35.º do Decreto-Lei n.º 349/98, de 11 de Novembro.

(*A indicação de revogação foi inserida no texto actualizado do Decreto-Lei n.º 349/98, de 11 de Novembro, abaixo publicado*)

ARTIGO 5.º
Sucessão de regimes

1 – As alterações aos regimes de crédito bonificado à habitação introduzidas pelo presente diploma apenas se aplicam às operações de crédito contratadas após a data da sua entrada em vigor, com excepção das normas referidas nos números seguintes.

2 – O regime resultante da nova redacção dos artigos 3.º, 26.º, 26.º-A, 27.º, 28.º e 29.º-A é aplicável quer às novas operações de crédito à habitação bonificado quer a operações de crédito em curso à data da sua entrada em vigor.

3 – O regime resultante da nova redacção dos n.ºˢ 2 e 4 do artigo 12.º é aplicável às alienações que ocorram após a data da entrada em vigor do presente diploma.

ARTIGO 6.º
Alargamento do prazo dos empréstimos em curso

1 – O prazo dos empréstimos em curso à data da publicação do presente diploma pode, por acordo entre as partes, ultrapassar o limite previsto no n.º 1 do artigo 3.º do Decreto-Lei n.º 349/98, de 11 de Novembro.

2 – Aplicando-se o disposto no número anterior, nos empréstimos do regime bonificado deve considerar-se que:
   a) As taxas de bonificação têm em conta o período de tempo do empréstimo já decorrido;
   b) A produção de efeitos tem início na anuidade subsequente à alteração;
   c) O novo termo do empréstimo deve coincidir com o de uma anuidade.

ARTIGO 7.º
Regulamentação

Enquanto não for publicada a nova regulamentação em desenvolvimento do presente decreto-lei, mantém-se aplicável, na medida que o não contrarie, a regulamentação anterior.

ARTIGO 8.º
Entrada em vigor

O presente diploma entra em vigor decorridos 120 dias após a data da sua publicação, excepto quanto às seguintes disposições:
   a) Normas constantes do Decreto-Lei n.º 349/98, de 11 de Novembro, na redacção introduzida pelo presente diploma, que habilitam a emissão de regulamentação, que entram em vigor no dia imediato ao da publicação;
   b) Alínea b) do n.º 7 do artigo 11.º do Decreto-Lei n.º 349/98, de 11 de Novembro, na redacção introduzida pelo presente diploma, que entra em vigor na data correspondente à entrada em vigor do decreto-lei a que se refere o artigo 3.º do Decreto-Lei n.º 137-B/99, de 22 de Abril.

ARTIGO 9.º
Republicação

O Decreto-Lei n.º 349/98, de 11 de Novembro, alterado pelos Decretos-Leis n.ᵒˢ 137-B/99, de 22 de Abril, e 1-A/2000, de 22 de Janeiro, é republicado em anexo, na íntegra, com as alterações resultantes do presente diploma.

Visto e aprovado em Conselho de Ministros de 21 de Setembro de 2000. – *António Manuel de Oliveira Guterres – Jorge Paulo Sacadura Almeida Coelho – Joaquim Augusto Nunes Pina Moura.*

Promulgado em 31 de Outubro de 2000.
Publique-se.
O Presidente da República, JORGE SAMPAIO.

Referendado em 3 de Novembro de 2000.
O Primeiro-Ministro, *António Manuel de Oliveira Guterres.*

29.5.1.5. Decreto-Lei n.º 231/2002, de 2 de Novembro[504]

O acesso à habitação em Portugal vem, há mais de duas décadas, assentando na aquisição de habitação própria, através de recurso ao crédito.

Este movimento foi sendo acompanhado por uma progressiva e crescente liberalização do sector bancário, o que permitiu a criação de condições de concorrência suficientemente intensas para, juntamente com a exigência de elevados níveis de informação a prestar ao consumidor, conduzirem a um enfoque estratégico, da parte das instituições financeiras, centrado no preço e na sofisticação do produto.

A manutenção, nas actuais condições de mercado, de uma variável fixa, no seu limite superior, como seja o prazo da concessão de crédito à habitação, estabelecido em 30 anos, constitui um condicionamento injustificado ao funcionamento desse mesmo mercado, cujas condições de maturidade são sobejamente conhecidas.

Ademais, mantêm-se os poderes de intervenção, nos termos gerais, da entidade de supervisão, incidentes sobre os níveis de risco subjacentes à gestão de carteira, trazendo esta matéria para a sua sede natural da fiscalização agregada.

Entende, assim, o Governo não definir o prazo máximo de concessão de crédito à aquisição de habitação, passando este a estar na disponibilidade dos agentes do mercado, nos limites da lei e das competências da entidade de supervisão.

Assim:

Nos termos da alínea *a*) do n.º 1 do artigo 198.º da Constituição, o Governo decreta, para valer como lei geral da República, o seguinte:

ARTIGO 1.º
Alterações ao Decreto-Lei n.º 349/98, de 11 de Novembro

O artigo 3.º do Decreto-Lei n.º 349/98, de 11 de Novembro, na redacção introduzida pelo Decreto-Lei n.º 320/2000, de 15 de Dezembro, passa a ter a seguinte redacção:

(*A alteração foi introduzida no texto actualizado do Decreto-Lei n.º 349/98, de 11 de Novembro, abaixo publicado*)

---

[504] DR I Série-A, n.º 253, de 2-Nov.-2002, 7027.

ARTIGO 2.º
Entrada em vigor

O presente diploma entra em vigor no dia imediatamente a seguir ao da sua publicação.

Visto e aprovado em Conselho de Ministros de 25 de Setembro de 2002. – *José Manuel Durão Barroso – Maria Manuela Dias Ferreira Leite – Luís Francisco Valente de Oliveira.*

Promulgado em 16 de Outubro de 2002.
Publique-se.
O Presidente da República, JORGE SAMPAIO.

Referendado em 22 de Outubro de 2002.
O Primeiro-Ministro, *José Manuel Durão Barroso.*

29.5.1.6. *Texto actualizado do Decreto-Lei n.° 349/98, de 11 de Novembro*

CAPÍTULO I
Disposições comuns

ARTIGO 1.°
Âmbito

O presente diploma regula a concessão de crédito à:
a) Aquisição, construção e realização de obras de conservação ordinária, extraordinária e de beneficiação de habitação própria permanente, secundária ou para arrendamento;
b) Aquisição de terreno para construção de habitação própria permanente.

ARTIGO 2.°[505]
Regimes de crédito

1 – O sistema de crédito à aquisição, construção e realização de obras de conservação ordinária, extraordinária e de beneficiação de habitação própria é constituído pelos seguintes regimes:
a) Regime geral de crédito;
b) Regime de crédito bonificado;
c) Regime de crédito jovem bonificado.

2 – O sistema de poupança-habitação, regulado pelo Decreto-Lei n.° 382/89, de 6 de Novembro, com as alterações introduzidas pelos Decretos-Leis n.os 294/93, de 25 de Agosto, e 211/95, de 17 de Agosto, é articulável com qualquer dos regimes anteriores.

---

[505] A Declaração de Rectificação n.° 22-L/98, de 31 de Dezembro de 1998, publicada no DR I Série-A, n.° 301/98, 7.° Suplemento, 7384-(578), corrigiu uma inexactidão verificada na epígrafe do artigo 2.° da versão inicial do Decreto-Lei n.° 349/98. Assim, onde se lia "Regime de crédito", deve ler-se "Regimes de crédito".

ARTIGO 3.º[506]
Prazo dos empréstimos e cálculo dos juros

1 – O prazo dos empréstimos é livremente acordado entre as partes, podendo ser alterado ao longo de toda a sua vigência.

2 – O mutuário poderá antecipar, total ou parcialmente, a amortização do empréstimo, sem quaisquer encargos, com excepção dos expressamente previstos em disposição contratual.

3 – As instituições de crédito calcularão os juros pelo método das taxas equivalentes.

ARTIGO 4.º[507]
Definições

Para efeitos deste diploma considera-se:
a) "Interessado", toda a pessoa que pretenda adquirir, construir e realizar obras de conservação ordinária, extraordinária e de beneficiação para habitação permanente, secundária ou para arrendamento ou adquirir terreno para construção de habitação própria permanente;
b) 'Agregado familiar' o conjunto de pessoas constituído pelos cônjuges ou por duas pessoas que vivam em condições análogas às dos cônjuges, nos termos do artigo 2020.º do Código Civil, e seus ascendentes e descendentes em 1.º grau ou afins, desde que com eles vivam em regime de comunhão de mesa e habitação;
c) Também como 'agregado familiar', o conjunto constituído por pessoa solteira, viúva, divorciada ou separada judicialmente de pessoas e bens, seus

---

[506] Redacção dada pelo artigo 1.º do Decreto-Lei n.º 231/2002, de 2 de Novembro. A redacção anterior, dada pelo artigo 1.º do Decreto-Lei n.º 320/2000, de 15 de Dezembro, era a seguinte:

1 – O prazo dos empréstimos é livremente acordado entre as partes, podendo ser alterado ao longo de toda a sua vigência, tendo sempre como limite o prazo máximo de 30 anos.
(...)
A redacção inicial era a seguinte:
1 – O prazo dos empréstimos a que se refere o artigo anterior não pode exceder 30 anos.
(...)

[507] Redacção dada pelo artigo 1.º do Decreto-Lei n.º 320/2000, de 15 de Dezembro. A redacção inicial era a seguinte:
(...)
b) "Agregado familiar", o conjunto de pessoas constituído pelos cônjuges ou por duas pessoas que vivam em condições análogas às dos cônjuges, nos termos do artigo 2020.º do Código Civil, e seus ascendentes e descendentes em 1.º grau, incluindo enteados e adoptados, desde que com eles vivam em regime de comunhão de mesa e habitação;
c) Também como "agregado familiar" o conjunto constituído por pessoa solteira, viúva, divorciada ou separada judicialmente de pessoas e bens, seus ascendentes e descendentes do 1.º grau, incluindo enteados e adoptados, desde que igualmente com ela vivam em regime de comunhão de mesa e habitação;
(...)

ascendentes e descendentes do 1.º grau ou afins, desde que com ela vivam em comunhão de mesa e habitação;
d) "Fogo", todo o imóvel que, obedecendo aos requisitos legais exigidos, se destina a habitação segundo o condicionalismo expresso neste decreto-lei;
e) "Habitação própria permanente", aquela onde o mutuário ou este e o seu agregado familiar irão manter, estabilizado, o seu centro de vida familiar;
f) "Rendimento anual bruto do agregado familiar", o rendimento auferido, sem dedução de quaisquer encargos, durante o ano civil anterior;
g) "Rendimento anual bruto corrigido do agregado familiar", o valor que resulta da relação que se estabelece entre o rendimento anual bruto e a dimensão do agregado familiar;
h) "Salário mínimo nacional anual", o valor mais elevado da remuneração mínima mensal garantida para a generalidade dos trabalhadores no ano civil a que respeitam os rendimentos em causa e conhecido à data da apresentação do pedido de empréstimo, multiplicado por 14 meses;
i) "Taxa de esforço", a relação entre a prestação mensal relativa ao 1.º ano de vida do empréstimo correspondente à amortização do capital e juros em dívida a que fica sujeito o agregado familiar e um duodécimo do seu rendimento anual bruto;
j) "Partes comuns dos edifícios habitacionais", as enunciadas no artigo 1421.º do Código Civil;
l) "Obras de conservação ordinária, extraordinária ou de beneficiação", as como tal definidas no artigo 11.º do Regime do Arrendamento Urbano, aprovado pelo Decreto-Lei n.º 321-B/90, de 15 de Outubro, com as devidas adaptações.

CAPÍTULO II
Regime geral de crédito

ARTIGO 5.º
Acesso

Têm acesso ao regime geral de crédito os agregados familiares que afectem o produto dos empréstimos à aquisição, construção e realização de obras de conservação ordinária, extraordinária e de beneficiação em fogo ou em partes comuns de edifício destinado a habitação permanente, secundária ou para arrendamento.

ARTIGO 6.º
Instituições de crédito competentes

As instituições de crédito têm competência para conceder financiamentos de acordo com o presente regime geral de crédito à habitação e dentro dos limites fixados nos artigos 3.º e 4.º do Decreto-Lei n.º 34/86, de 3 de Março, para os bancos comerciais e de investimento.

ARTIGO 7.º[508]
Condições de empréstimo

1 – A taxa de juro contratual aplicável será livremente negociada entre as partes.

2 – Sem prejuízo de quaisquer outros sistemas de amortização dos empréstimos, devem as instituições de crédito competentes apresentar aos interessados o sistema de prestações constantes.

---

[508] Redacção dada pelo artigo 1.º do Decreto-Lei n.º 320/2000, de 15 de Dezembro. A redacção original era a seguinte:
1 – ...
2 – Sem prejuízo de quaisquer outros regimes de amortização dos empréstimos, devem as instituições de crédito competentes apresentar aos interessados o regime de prestações progressivas e o regime de prestações constantes.
3 – O regime de amortização por prestações progressivas com capitalização parcial de juros caracteriza-se da seguinte forma:
  a) As prestações de reembolso e pagamento de juros mantêm-se constantes durante cada período de 12 meses, podendo ser mensais, ou ter qualquer outra periodicidade, conforme for acordado entre as partes;
  b) As prestações pagas durante um ano serão equivalentes a um montante resultante da soma das seguintes parcelas:
Reembolso do capital, calculado por divisão do saldo em dívida pelo número de anos que faltam para o término do prazo do empréstimo;
Uma parte dos juros devidos, sendo o valor restante adicionado ao capital em dívida.
4 – Nos empréstimos sujeitos a taxa de juro variável, no caso de variação da taxa de juro contratual:
  a) Tendo em conta a alínea a) do n.º 3 do presente artigo, no regime de amortização por prestações progressivas, o capital em dívida altera-se a partir do mês seguinte ao da alteração da taxa;
  b) No regime de amortização por prestações constantes, as prestações alteram-se a partir do mês seguinte ao da alteração da taxa.
5 – O plano de amortização para o prazo restante do empréstimo será estabelecido com base no saldo em dívida no final do mês em que se verificou a alteração da taxa de juro, mantendo-se, no caso das prestações progressivas, as datas de variação anual do valor das prestações.
6 – Nos empréstimos sujeitos a taxa de juro fixa, para além das alterações anuais decorrentes da progressividade no caso da modalidade de prestações progressivas, as prestações apenas se podem alterar a partir do mês seguinte àquele em que finda o período de vigência da taxa de juro fixa, renovando-se automaticamente no fim desse período, com aplicação da taxa de juro variável que entretanto vigorar, passando a aplicar-se o disposto nos n.ºs 4 e 5, excepto quando o mutuário, com a antecedência mínima de 30 dias sobre aquela data, declarar expressamente a vontade de manter o regime de taxa fixa.
7 – Para efeitos do disposto no número anterior, só serão possíveis amortizações extraordinárias aos empréstimos desde que coincidentes com o fim de um período de vigência de taxa fixa e haja renovação com taxa fixa ou a partir dessa data, quando o mutuário passar ao regime de taxa variável.
8 – Para os efeitos do disposto nos n.ºs 6 e 7 deste artigo, as instituições de crédito devem informar os mutuários, com a antecedência mínima de dois meses relativamente ao fim de vigência do período de taxa fixa, das modalidades de taxa de juro variável praticadas no âmbito do crédito à habitação, devendo simultaneamente remeter cópia dessa informação à Direcção-Geral do Tesouro ou, nas Regiões Autónomas, às respectivas entidades processadoras das bonificações.

CAPÍTULO III
Regime de crédito bonificado

ARTIGO 8.º[509]
Acesso e permanência no regime bonificado

1 – O acesso ao regime de crédito bonificado depende do preenchimento cumulativo das seguintes condições:

---

[509] Redacção dada pelo artigo 1.º do Decreto-Lei n.º 320/2000, de 15 de Dezembro. A redacção anterior, dada pelo artigo 1.º do Decreto-Lei n.º 137-B/99, de 22 de Abril, era a seguinte:

Artigo 8.º
Acesso

1 – Podem ter acesso ao regime bonificado os agregados familiares que preencham as seguintes condições:
 a) Afectem o produto dos empréstimos à aquisição, construção e realização de obras de conservação ordinária e extraordinária de habitação própria permanente;
 b) Nenhum dos seus membros seja titular de outro empréstimo em qualquer regime de crédito regulado no presente diploma para aquisição, construção e realização de obras de conservação ordinária, extraordinária e de beneficiação, salvo quando se trate de um novo empréstimo para conclusão de construção ou para realização de obras de conservação ordinária e extraordinária, neste caso desde que as mesmas sejam objecto de avaliação pela instituição de crédito mutuante e tenham decorrido pelo menos três anos a contar da data da celebração do contrato do empréstimo anterior para aquisição, construção ou realização de obras, devendo a respectiva conclusão ser comprovada pela instituição de crédito mutuante;
 c) Não afectem o produto do empréstimo à aquisição de fogo da propriedade de ascendentes ou descendentes do interessado.

2 – Podem ainda ter acesso ao regime de crédito bonificado os agregados familiares que afectem o produto dos empréstimos à realização de obras de beneficiação de habitação própria permanente em edifícios habitacionais cuja construção tenha sido concluída até à data da entrada em vigor do Regulamento Geral das Edificações Urbanas, aprovado pelo Decreto-Lei n.º 38382, de 7 de Agosto de 1951, impostas pela necessidade de dar cumprimento às normas legais em vigor.

3 – Nos casos previstos no n.º 2 do presente artigo, existindo empréstimo anterior, aplicam-se as condições estabelecidas na alínea b) do n.º 1, com excepção do limite de prazo nela fixado.

4 – Os empréstimos para aquisição ou construção de fogo previstos no n.º 1 podem abranger, respectivamente, a aquisição ou construção de garagem individual ou ainda de um lugar de parqueamento em garagem colectiva coberta, desde que a garagem ou parqueamento não constituam uma fracção autónoma distinta, mediante condições a regulamentar na portaria a que se refere o n.º 1 do artigo 11.º

5 – O acesso ao regime de crédito bonificado implica para os titulares do empréstimo, sem prejuízo das excepções expressamente previstas no presente diploma:
 a) A impossibilidade de contracção de quaisquer outros empréstimos para a mesma finalidade em qualquer outro regime de crédito; e
 b) Dar como garantia o imóvel, antes de decorrido o prazo de cinco anos a contar da data da celebração do contrato de empréstimo à aquisição ou construção de habitação em regime de crédito bonificado, para efeitos de empréstimo com finalidade distinta.

A redacção original era a seguinte:

Artigo 8.º
Acesso

1 – ...
(...)

Texto actualizado do Decreto-Lei n.º 349/98, de 11 de Novembro **29.5.1.6.**

   a) O produto do empréstimo tem de ser afecto a uma das seguintes finalidades:
      i) Aquisição ou construção de habitação própria permanente, podendo incluir garagem individual ou lugar de parqueamento em garagem colectiva coberta, desde que a garagem ou parqueamento não constitua uma fracção autónoma;
      ii) Realização de obras de conservação ordinária e extraordinária de habitação própria permanente;
      iii) Realização de obras de beneficiação de habitação própria permanente em edifícios cuja construção tenha sido concluída até à data da entrada em vigor do Regulamento Geral das Edificações Urbanas, aprovado pelo Decreto-Lei n.º 38382, de 7 de Agosto de 1951, impostas pela necessidade de dar cumprimento às normas legais em vigor;
      iv) Realização de obras de conservação ordinária e extraordinária ou de beneficiação em partes comuns, nos termos do artigo 9.º;
   b) O empréstimo não pode ser afecto à aquisição de fogo da propriedade de ascendentes ou descendentes do interessado;
   c) Nenhum dos interessados pode ser titular de outro empréstimo em qualquer dos regimes de crédito para as finalidades descritas no artigo 1.º, salvo se estiver abrangido pelas excepções previstas no n.º 2 deste artigo.

2 – São enquadráveis no regime de crédito bonificado os seguintes empréstimos cumulativos:
   a) Empréstimo para aquisição e simultaneamente para realização de obras de conservação ordinária, extraordinária ou de beneficiação de habitação própria permanente, nos termos do n.º 3 do artigo 22.º;
   b) Empréstimo para aquisição, construção ou realização de obras de conservação ordinária, extraordinária ou de beneficiação de habitação própria permanente e empréstimo para realização de obras, desde que as mesmas sejam objecto de avaliação pela instituição de crédito mutuante e a respectiva conclusão seja comprovada por esta e, no caso de se destinarem a conservação ordinária e extraordinária, tenham decorrido pelo menos três anos a contar da data da celebração do contrato de empréstimo anterior;
   c) Empréstimo para construção de habitação própria permanente e empréstimo para a respectiva conclusão;
   d) Empréstimo para aquisição, realização de obras de conservação ordinária, extraordinária ou de beneficiação de habitação própria permanente e empréstimo para obras em partes comuns.

3 – O acesso e a permanência no regime de crédito bonificado implica para os titulares ou titular e respectivo cônjuge a impossibilidade de:
   a) Contrair quaisquer outros empréstimos para a aquisição, construção e realização de obras de conservação ordinária, extraordinária e de beneficiação de habitação própria permanente, secundária ou para arrendamento, bem como aquisição de terreno para construção de habitação própria permanente, em qualquer outro regime de crédito;

2 – ...
3 – ...

b) Dar como garantia o imóvel, antes de decorrido o prazo de cinco anos a contar da data da celebração do contrato de empréstimo à aquisição ou construção de habitação em regime de crédito bonificado, para efeitos de empréstimo com finalidade distinta das previstas na alínea anterior; e

c) Antes de decorrido o prazo previsto na alínea anterior, emitir procurações que confiram poderes genéricos ou específicos para alienar ou onerar o imóvel.

4 – O incumprimento das condições previstas nos números anteriores determina a imediata integração do mutuário no regime geral de crédito, sem prejuízo, sendo caso disso, da aplicabilidade do regime quanto a falsas declarações.

ARTIGO 9.º[510]
Obras em partes comuns

1 – Os agregados familiares proprietários de fracções autónomas que constituam a sua habitação própria permanente podem ter acesso aos regimes de crédito bonificado para realização de obras de conservação ordinária, extraordinária ou de beneficiação nas partes comuns dos edifícios habitacionais a suportar pelos condóminos de acordo com a lei aplicável.

2 – As obras de beneficiação a que alude o número anterior são as referidas no ponto *iii)* da alínea *a)* do n.º 1 do artigo 8.º.

3 – As demais condições necessárias à aplicação do disposto no n.º 1 do presente artigo serão objecto de regulamentação por portaria conjunta do Ministro das Finanças e do ministro responsável pela matéria relativa à habitação.

ARTIGO 10.º
Instituições de crédito competentes

1 – São competentes para efectuar operações de crédito ao abrigo do regime bonificado as instituições de crédito para tal autorizadas por despacho do Ministro das Finanças.

2 – As instituições de crédito referidas no artigo 6.º são também competentes para a concretização de operações de crédito neste regime, desde que os empréstimos concedidos sejam efectuados ao abrigo de sistemas poupança-habitação regulados pelo Decreto-Lei n.º 382/89, de 6 de Novembro, com as alterações introduzidas pelos Decretos-Leis n.ºs 294/93, de 25 de Agosto, e 211/95, de 17 de Agosto.

---

[510] Redacção dada pelo artigo 1.º do Decreto-Lei n.º 320/2000, de 15 de Dezembro. A redacção original era a seguinte:

1 – ...

2 – As obras de beneficiação a que alude o número anterior são as referidas no n.º 2 do artigo 8.º

3 – As demais condições necessárias à aplicação do disposto no n.º 1 do presente artigo serão objecto de regulamentação por portaria conjunta dos Ministros das Finanças e do Equipamento, do Planeamento e da Administração do Território.

ARTIGO 11.º[511]
Condições do empréstimo

1 – Por portaria do Ministro das Finanças e do ministro responsável pela matéria relativa à habitação, serão fixados os valores máximos da habitação a adquirir

---

[511] Redacção dada pelo artigo 1.º do Decreto-Lei n.º 320/2000, de 15 de Dezembro. A redacção anterior, dada pelo artigo 1.º do Decreto-Lei n.º 137-B/99, de 22 de Abril, era a seguinte:
(...)
8 – O acesso ao regime de crédito bonificado depende cumulativamente:
a) De requerimento a apresentar na instituição de crédito, devendo ser instruído com a última nota demonstrativa de liquidação do imposto sobre o rendimento das pessoas singulares, acompanhada da declaração de rendimentos que lhe diga respeito ou, no caso de o mutuário estar dispensado da sua apresentação, de outros elementos oficiais comprovativos emitidos pela respectiva repartição de finanças;
b) De declaração dos interessados, sob compromisso de honra, em como não são titulares de outro empréstimo em qualquer regime de crédito regulado no presente diploma, salvo as excepções neste previstas, bem como em que autorizam as entidades competentes para o acompanhamento, verificação e fiscalização do cumprimento do disposto no presente diploma a acederem às informações necessárias para o efeito.
(...)
A redacção original era a seguinte:
1 – Por portaria dos Ministros das Finanças e do Equipamento, do Planeamento e da Administração do Território, serão fixados os valores máximos da habitação a adquirir ou construir, bem como o custo máximo das obras de conservação ordinária e extraordinária ou de beneficiação a realizar, para efeitos de acesso a crédito à habitação bonificado.
2 – Sem prejuízo do disposto no número anterior, o montante do empréstimo não poderá ser superior a 90% do valor da habitação a adquirir ou construir, ou do custo das obras de conservação ordinária e extraordinária ou de beneficiação, conforme avaliação feita pela instituição de crédito mutuante, ou do valor da transacção, se este for menor, nem a um montante do qual resulte uma primeira prestação que corresponda a uma taxa de esforço superior a um valor a fixar na portaria referida no número anterior.
3 – Os empréstimos permitidos pela alínea b) do n.º 1 e pelo n.º 2 do artigo 8.º não podem exceder um montante cuja prestação, adicionada à prestação do empréstimo em dívida existente àquela data, origine um valor superior ao que corresponderia à aplicação da taxa de esforço fixada na portaria referida no n.º 2 do presente artigo, nem ultrapassar o prazo para o termo do primeiro empréstimo.
4 – O estatuído no número anterior é aplicável aos empréstimos previstos no artigo 9.º do presente diploma.
5 – A taxa de juro contratual aplicável será livremente negociada entre as partes.
6 – O sistema de amortização é o definido nos n.ºs 2 a 4 do artigo 7.º do presente diploma, nos termos e condições a definir na portaria a que se refere o n.º 1 do presente artigo.
7 – Os mutuários beneficiam de uma bonificação de juro em condições a definir na portaria a que se refere o n.º 1 do presente artigo e que terá em conta o rendimento anual bruto corrigido do agregado familiar.
8 – O acesso a regime de crédito bonificado depende de requerimento a apresentar na instituição de crédito, devendo ser instruído com a última nota demonstrativa de liquidação do imposto sobre o rendimento das pessoas singulares, acompanhada da declaração de rendimentos que lhe diga respeito ou, no caso do mutuário estar dispensado da sua apresentação, de outros elementos oficiais comprovativos emitidos pela respectiva repartição de finanças.
9 – A bonificação de juro será reajustada em condições a fixar na portaria a que se refere o n.º 1 do presente artigo, em função das variações do rendimento anual bruto e da dimensão do agregado familiar.
10 – Os mutuários podem, em qualquer anuidade, no decurso do período de vida do empréstimo, optar pelo regime de prestações constantes ou progressivas, conforme o caso, competindo às instituições de crédito decidir sobre a sua oportunidade.

29.5.1.6.   *Crédito à habitação*

ou a construir, bem como o custo máximo das obras de conservação ordinária e extraordinária ou de beneficiação a realizar, para efeitos de acesso a credito à habitação bonificado.

2 – Sem prejuízo do disposto no número anterior, o montante do empréstimo não poderá ser superior a 90% do valor da habitação a adquirir ou construir, ou do custo das obras de conservação ordinária e extraordinária ou de beneficiação, conforme avaliação feita pela instituição de crédito mutuante, ou do valor da transacção, se este for menor, nem a um montante do qual resulte uma primeira prestação que corresponda a uma taxa de esforço superior a um valor a fixar na portaria referida no número anterior.

3 – Qualquer empréstimo cumulativo não pode exceder um montante cuja prestação, adicionada à prestação do empréstimo em dívida existente àquela data, origine um valor superior ao que corresponderia à aplicação da taxa de esforço fixada na portaria referida no n.º 2 do presente artigo.

4 – A taxa de juro contratual aplicável será livremente negociada entre as partes.

5 – O sistema de amortização é o de prestações constantes, com bonificação decrescente, nos termos a definir na portaria a que se refere o n.º 1 do presente artigo.

6 – Os mutuários beneficiam de uma bonificação de juro em condições a definir na portaria a que se refere o n.º 1 do presente artigo e que terá em conta o rendimento anual bruto corrigido do agregado familiar.

7 – O acesso ao regime de crédito bonificado depende, cumulativamente:
  a) De requerimento a apresentar na instituição de crédito, devendo ser instruído com declaração comprovativa da composição do agregado familiar, conforme modelo a fixar na portaria a que se refere o n.º 1 deste artigo, e com a última nota demonstrativa de liquidação do imposto sobre o rendimento das pessoas singulares, acompanhada da declaração de rendimentos que lhe diga respeito ou, no caso de o mutuário estar dispensado da sua apresentação, de outros elementos oficiais comprovativos emitidos pela respectiva repartição de finanças;
  b) De declaração dos interessados, sob compromisso de honra, em como não são titulares de outro empréstimo em qualquer regime de crédito regulado no presente diploma, salvo as excepções nele previstas, bem como em que autorizam as entidades competentes para o acompanhamento, verificação e fiscalização do cumprimento do disposto no presente diploma a acederem às informações necessárias para o efeito.

ARTIGO 12.º[512]
Alienação do imóvel

1 – Os mutuários do regime bonificado não podem alienar o fogo durante o prazo de cinco anos após a data da concessão de empréstimo para aquisição, construção ou realização de obras em habitação própria permanente.

---

[512] Redacção dada pelo artigo 1.º do Decreto-Lei n.º 320/2000, de 15 de Dezembro. A redacção anterior, dada pelo artigo 1.º do Decreto-Lei n.º 137-B/99, de 22 de Abril, era a seguinte:

2 – Em caso de alienação do fogo antes de decorrer o prazo fixado no número anterior, os mutuários, na data da alienação, ficam obrigados a reembolsar a instituição de crédito do montante das bonificações entretanto usufruídas, acrescido de 10%.

3 – A instituição de crédito fará reverter para o Estado o reembolso do montante das bonificações e respectivo acréscimo a que se refere o número anterior.

4 – Não se aplicará o disposto nos n.ºs 1 e 2 quando a alienação do fogo seja determinada pelas seguintes razões, devidamente comprovadas perante a instituição de crédito mutuante:
   a) Mobilidade profissional de um dos titulares do empréstimo ou do cônjuge ou alteração da dimensão do agregado familiar, desde que o produto da venda seja afecto à aquisição ou construção de nova habitação própria permanente, até à concorrência do respectivo preço;
   b) Perda de emprego ou morte de um dos titulares do empréstimo.

5 – Para efeitos do presente artigo, entende-se por 'perda de emprego' a situação dos trabalhadores que, tendo disponibilidade para o trabalho, estejam há mais de seis meses desempregados e inscritos nos respectivos centros de emprego.

6 – O estabelecido no n.º 1 é igualmente aplicável às situações de amortização antecipada total do empréstimo.

7 – Nos casos de amortização antecipada total do empréstimo, uma eventual alienação do fogo determina a aplicação dos n.ºs 2 e 4, com a ressalva de que a

---

Artigo 12.º
Outras condições

1 – Os mutuários do regime bonificado não poderão alienar o fogo adquirido, construído, conservado ou beneficiado durante o prazo de cinco anos após a data de concessão do empréstimo.

2 – Em caso de alienação do fogo antes de decorrer o prazo fixado no número anterior, os mutuários, na data da alienação, ficam obrigados a reembolsar a instituição de crédito do montante das bonificações entretanto usufruídas, acrescido de 20%.

3 – ...

4 – Não se aplicará o disposto nos n.ºs 1 e 2 quando a alienação do fogo seja determinada:
   a) Por razões comprovadas de mobilidade profissional ou pela alteração da dimensão do agregado familiar e desde que o produto da sua venda seja afecto à aquisição da nova habitação própria permanente, até à concorrência do respectivo preço;
   b) Por outras razões ponderosas e avaliadas caso a caso pela Direcção-Geral do Tesouro, ou, nas Regiões Autónomas, pela respectiva entidade processadora das bonificações.

5 – Por portaria dos Ministros das Finanças e do Equipamento, do Planeamento e da Administração do Território serão regulamentadas as demais condições que se mostrem necessárias à aplicação do disposto no presente artigo.

A redacção original era a seguinte:

1 – ...

2 – Em caso de alienação do fogo antes de decorrer o prazo fixado no número anterior, os mutuários deverão reembolsar a instituição de crédito do montante das bonificações entretanto usufruídas acrescido de 20%.

3 – A instituição de crédito fará reverter para o Estado o reembolso das bonificações a que se refere o número anterior.

4 – ...
   a) ...
   b) ...

comprovação da situação prevista no n.º 4 e o reembolso são efectuados junto da Direcção-Geral do Tesouro.

8 – Por portaria do Ministro das Finanças e do ministro responsável pela matéria relativa à habitação, serão regulamentadas as demais condições que se mostrem necessárias à aplicação do disposto no presente artigo.

ARTIGO 13.º[513]
Comprovação anual das condições de acesso

1 – Os mutuários deverão fazer a comprovação do rendimento anual bruto e da composição do agregado familiar junto da instituição de crédito mutuante nos termos a regulamentar na portaria a que se refere o n.º 1 do artigo 11.º

2 – A comprovação a que se refere o número anterior deve ser feita mediante a apresentação dos documentos comprovativos da composição e dos rendimentos do agregado familiar previstos na alínea *a*) do n.º 7 do artigo 11.º

3 – A falta de comprovação a que se refere o n.º 1 determina a perda das bonificações a que os mutuários tenham direito no período anual seguinte do contrato.

CAPÍTULO IV
Regime de crédito jovem bonificado

ARTIGO 14.º[514]
Acesso

Ao regime de crédito jovem bonificado têm acesso os agregados familiares que preencham as condições definidas nos artigos 8.º e 9.º quando, à data da aprovação do empréstimo, nenhum dos titulares tenha mais de 30 anos de idade.

---

[513] Redacção dada pelo artigo 1.º do Decreto-Lei n.º 320/2000, de 15 de Dezembro. A redacção original era a seguinte:

1 – ...

2 – A comprovação a que se refere o número anterior deve ser feita mediante a apresentação dos documentos comprovativos da composição e dos rendimentos do agregado familiar previstos no n.º 8 do artigo 11.º

3 – ...

4 – A prestação de falsas declarações quanto ao rendimento anual bruto e composição do agregado familiar determina a imediata integração dos mutuários nas condições do regime geral de crédito para além da obrigatoriedade de reembolso das bonificações nos termos do n.º 2 do artigo 12.º

[514] Redacção dada pelo artigo 1.º do Decreto-Lei n.º 320/2000, de 15 de Dezembro. A redacção original era a seguinte:

Ao regime de crédito jovem bonificado têm acesso os agregados familiares que preencham as condições definidas nos artigos 8.º e 9.º quando, à data da aprovação do empréstimo, nenhum dos membros tenha mais de 30 anos de idade ou, tratando-se de uma pessoa só, após a maioridade e não tendo mais de 30 anos.

ARTIGO 15.º
Instituições de crédito competentes

São competentes para efectuar operações de crédito ao abrigo do presente regime as instituições de crédito mencionados no artigo 10.º.

ARTIGO 16.º
Condições de empréstimo

As condições de empréstimo são as definidas nos artigos 11.º, 12.º e 13.º, com as seguintes alterações:
 a) É elevada a percentagem máxima de financiamento estabelecida no n.º 2 do artigo 11.º para 100%;
 b) Quando a taxa de esforço relativa à primeira prestação for superior ao valor fixado na portaria a que se refere o artigo 11.º, n.º 2, poderão os mutuários, sem prejuízo da garantia hipotecária, oferecer fiança prestada por ascendentes ou, excepcionalmente, por outras pessoas idóneas;
 c) Os mutuários beneficiarão de uma bonificação de juros em condições a definir na portaria a que se refere o n.º 1 do artigo 11.º;
 d) A prestação de fiança prevista na alínea b) não prejudica a concessão da bonificação referida na alínea anterior.

ARTIGO 17.º[515]
Empréstimos intercalares

1 – As instituições de crédito poderão conceder empréstimos intercalares para pagamento do sinal ao vendedor ao abrigo do regime de crédito jovem bonificado até 20% do preço da habitação, por um prazo não superior a um ano.
2 – O pedido para a concessão daquele financiamento deve ser documentado com cópia autêntica do contrato-promessa de compra e venda, celebrado com o formalismo previsto no artigo 410.º do Código Civil.
3 – A fiança prestada por quaisquer das pessoas referidas na alínea b) do artigo 16.º é também aplicável a estes empréstimos.
4 – Os financiamentos concedidos nos termos deste artigo serão amortizados no momento da celebração do contrato de empréstimo definitivo.
5 – A taxa de juro contratual aplicável será livremente negociada entre as partes.
6 – Os juros decorrentes dos empréstimos intercalares são suportados pelo mutuário, até à data da respectiva amortização.

---

[515] Redacção dada pelo artigo 1.º do Decreto-Lei n.º 320/2000, de 15 de Dezembro. A redacção original era a seguinte:
(...)
6 – Os juros calculados nos termos do número anterior integrarão o montante do empréstimo definitivo.

CAPÍTULO V
Aquisição de terreno

ARTIGO 18.º
Acesso

Têm acesso a financiamento intercalar para aquisição de terreno os agregados familiares que o destinem à construção de habitação própria permanente.

ARTIGO 19.º
Instituições de crédito competentes

As instituições de crédito referidas no artigo 6.º têm competência para conceder financiamentos à aquisição de terreno nas condições aí definidas.

ARTIGO 20.º[516]
Condições do empréstimo

1 – A taxa de juro é livremente negociada entre as partes.
2 – Os financiamentos para aquisição de terrenos serão amortizados por contrapartida do financiamento a conceder no momento da celebração do contrato de empréstimo à construção.

ARTIGO 21.º
Instrução dos pedidos

O pedido para a concessão do financiamento deverá ser acompanhado dos seguintes documentos:
a) Cópia autêntica do contrato-promessa de compra e venda;

---

[516] Redacção dada pelo artigo 1.º do Decreto-Lei n.º 320/2000, de 15 de Dezembro. A redacção original era a seguinte:
1 – As instituições de crédito terão em conta, no montante dos empréstimos a conceder, a localização do terreno, a dimensão do agregado familiar e o limite a fixar pela portaria a que se refere o artigo 11.º, n.º 2.
2 – Os juros serão liquidados e pagos mensalmente, sendo a respectiva taxa livremente negociada entre as partes.
3 – Os financiamentos para aquisição de terrenos serão amortizados por contrapartida do financiamento a conceder no momento da celebração do contrato de empréstimo à construção.
4 – Salvo prorrogação do prazo de início de construção concedida pela respectiva câmara municipal, o financiamento deverá ser integralmente amortizado no termo do prazo de um ano contado a partir da data do contrato-promessa de compra e venda.
5 – Em qualquer caso, o prazo de amortização não pode exceder dois anos contados da data do contrato-promessa.
6 – Durante o prazo referido no número anterior não é permitida a alienação do prédio ou a constituição de quaisquer ónus ou encargos não relacionados com a garantia do empréstimo.

Texto actualizado do Decreto-Lei n.° 349/98, de 11 de Novembro **29.5.1.6.**

b) Planta da localização;
c) Declaração, passada pela câmara municipal, sobre a viabilidade da construção, com a indicação das características fundamentais do fogo a construir;
d) Cópia autêntica do alvará de loteamento, se existir;
e) Declaração de compromisso de início da construção no prazo máximo de um ano.

CAPÍTULO VI[517]
Regras complementares

ARTIGO 22.°[518]
Apreciação e decisão dos pedidos

1 – As instituições de crédito, uma vez concluída a instrução dos processos, procederão à apreciação e decisão sobre os mesmos em conformidade com as regras e condições fixadas no presente diploma.

2 – Os pedidos de empréstimo destinados à aquisição, construção, conservação ordinária, extraordinária e beneficiação de fogos para habitação própria ou de terrenos para a construção de habitação própria permanente serão apreciados pelas instituições de crédito, mediante avaliação, salvo se se tratar de fogos construídos ao abrigo de programas habitacionais da administração central ou local, caso em que aquelas instituições a poderão dispensar, aceitando o valor atribuído pelo organismo promotor.

3 – A aprovação de um empréstimo para aquisição de habitação própria permanente, secundária ou para arrendamento e, cumulativamente, para a sua conservação ordinária, extraordinária ou beneficiação, apenas pode ter lugar desde que a utilização da parte do empréstimo relativo às obras, bem como o início destas últimas, ocorra após a aquisição do imóvel, devendo a respectiva conclusão ser confirmada pela instituição de crédito mutuante.

4 – A aprovação dos empréstimos obedecerá ainda às indispensáveis regras de segurança da operação de crédito.

ARTIGO 23.°[519]
Garantia do empréstimo

1 – Os empréstimos serão garantidos por hipoteca da habitação adquirida, construída ou objecto das obras financiadas, incluindo o terreno.

---

[517] A epígrafe do presente capítulo foi alterada pelo n.° 1 do artigo 3.° do Decreto-Lei n.° 320/2000. Era a seguinte a epígrafe inicial: Disposições finais e transitórias.
[518] Na redacção dada ao n.° 3 do artigo 22.° da versão inicial do Decreto-Lei n.° 349/98, verificou-se uma inexactidão que foi rectificada pela Declaração de Rectificação n.° 22-L/98, de 31 de Dezembro de 2000, publicada no DR I Série-A, n.° 301/98, 7.° Suplemento, 7384-(578). Assim, onde se lia "ou beneficiação apenas", deve ler-se "ou beneficiação, apenas".
[519] Redacção dada pelo artigo 1.° do Decreto-Lei n.° 320/2000, de 15 de Dezembro. A redacção original era a seguinte:

2 – Em reforço da garantia prevista no número anterior, poderá ser constituído seguro de vida, do mutuário e cônjuge, de valor não inferior ao montante do empréstimo, ou outras garantias consideradas adequadas ao risco do empréstimo pela instituição de crédito mutuante.

3 – No regime geral de crédito, a garantia hipotecária a que se refere o n.º 1 pode ser substituída, parcial ou totalmente, por hipoteca de outro prédio ou por penhor de títulos cotados na bolsa de valores e, em casos excepcionais, por qualquer outra garantia considerada adequada ao risco do empréstimo pela instituição de crédito mutuante.

4 – No caso do penhor dos títulos, observar-se-á o seguinte:
   a) O valor dos títulos, dado pela sua cotação, não poderá ser inferior, em qualquer momento de vida do empréstimo, a 125% do respectivo saldo;
   b) O penhor poderá, no caso de não ser satisfeito o limite definido na alínea precedente, ser reforçado por hipoteca ou por entrega de novos títulos.

ARTIGO 24.º[520]
Fixação e publicação das condições

1 – As instituições de crédito devem afixar e tornar públicas as condições dos empréstimos a conceder ao abrigo do presente decreto-lei, mencionando, designadamente, os seguintes elementos:
   a) Regimes de crédito praticados;
   b) Prazo dos empréstimos, regimes optativos de amortização e demais condições;

---

1 – ...
2 – ...
3 – A garantia hipotecária a que se refere o n.º 1 poderá ser substituída, parcial ou totalmente, por hipoteca de outro prédio ou por penhor de títulos cotados na bolsa de valores e, em casos excepcionais, por qualquer outra garantia considerada adequada ao risco do empréstimo pela instituição de crédito mutuante.
4 – ...
a) ...
b) ...
5 – Nos casos em que o regime de amortização conduza ao aumento de saldo devedor do empréstimo, a hipoteca a que se alude no n.º 1 poderá ser registada pelo montante máximo que se prevê venha a atingir aquele saldo, sendo o registo gratuito na parte que exceder o capital mutuado.
  [520] Redacção dada pelo artigo 1.º do Decreto-Lei n.º 320/2000, de 15 de Dezembro. A redacção original era a seguinte:
1 – ...
a) ...
b) ...
c) Esforço financeiro por cada 1000 contos mutuados em cada um dos regimes oferecidos;
d) Preço dos serviços prestados, comissões e outros encargos a suportar pelos mutuários.
2 – As instituições de crédito devem dar conhecimento ao Banco de Portugal e à Direcção-Geral do Tesouro ou às entidades competentes nas Regiões Autónomas, no prazo de 20 dias úteis, das condições a que se refere o número anterior e de quaisquer alterações.

c) Preço dos serviços prestados, comissões e outros encargos a suportar pelos mutuários.

2 – As instituições de crédito devem dar conhecimento ao Banco de Portugal e à Direcção-Geral do Tesouro das condições a que se refere o número anterior e de quaisquer alterações.

3 – As instituições de crédito devem apresentar ao mutuário uma simulação do plano financeiro do empréstimo, a qual terá em conta as condições vigentes à data da aprovação do crédito.

ARTIGO 25.º
Sistema poupança-habitação

Os pedidos de empréstimo ao abrigo do sistema poupança-habitação previsto no Decreto-Lei n.º 382/89, de 6 de Novembro, com as alterações introduzidas pelos Decretos-Leis n.os 294/93, de 25 de Agosto, e 211/95, de 17 de Agosto, terão prioridade.

ARTIGO 26.º[521]
Pagamento das bonificações

1 – Para pagamento das bonificações fica o Ministro das Finanças autorizado a inscrever as correspondentes dotações no Orçamento do Estado.

---

[521] Redacção dada pelo artigo 1.º do Decreto-Lei n.º 320/2000, de 15 de Dezembro. A redacção anterior, dada pelo artigo 1.º do Decreto-Lei n.º 137-B/99, de 22 de Abril, era a seguinte:
1 – Para pagamento das bonificações fica o Ministro das Finanças autorizado a inscrever as correspondentes dotações no Orçamento do Estado.
2 – Serão transferidas para as Regiões Autónomas dos Açores e da Madeira as importâncias correspondentes ao pagamento das bonificações concedidas nos respectivos territórios nos termos da legislação nacional aplicável.
A redacção original era a seguinte:
1 – ...
2 – ...
3 – Para os efeitos do n.º 1 deste artigo, a Direcção-Geral do Tesouro acompanhará e verificará o cumprimento pelas instituições de crédito mutuantes das obrigações subjacentes à atribuição de crédito bonificado no âmbito do presente diploma, em articulação com a Direcção-Geral dos Impostos.
4 – As instituições de crédito remeterão às Direcções-Gerais do Tesouro e dos Impostos todos os elementos por estas considerados necessários ao exercício da competência conferida nos termos do número anterior.
5 – A solicitação do Ministro das Finanças, a Inspecção-Geral de Finanças promoverá inspecções regulares e por amostragem para verificação do cumprimento do disposto no presente diploma e respectiva regulamentação.
6 – Por despacho normativo dos Ministros das Finanças e do Equipamento, do Planeamento e da Administração do Território, será fixado o modelo da informação a prestar pelas instituições de crédito relativamente a cada um dos contratos celebrados.
7 – A Direcção-Geral do Tesouro promoverá a publicação na 2.ª série do Diário da República de relatórios trimestrais contendo informação estatística sobre as operações de crédito contratadas ao abrigo do presente diploma e respectiva análise detalhada.
8 – As competências conferidas à Direcção-Geral do Tesouro nos termos dos n.os 3 e 4 do presente

29.5.1.6. Crédito à habitação

2 – Serão transferidas para as Regiões Autónomas dos Açores e da Madeira as importâncias correspondentes ao pagamento das bonificações concedidas nos respectivos territórios nos termos da legislação nacional aplicável.

3 – As instituições de crédito só podem reclamar as bonificações a cargo do Estado se os mutuários tiverem as suas prestações devidamente regularizadas.

4 – A Direcção-Geral do Tesouro não procede ao pagamento das bonificações correspondentes a empréstimos que verifique não observarem os requisitos e condições fixados no presente diploma e respectiva regulamentação.

5 – Em caso de dúvida quanto ao preenchimento dos requisitos e condições legais, a Direcção-Geral do Tesouro pode suspender o pagamento das bonificações dos empréstimos em causa até ao completo esclarecimento pela instituição de crédito mutuante.

6 – O disposto nos n.os 4 e 5 do presente artigo aplica-se às entidades pagadoras das bonificações relativas a crédito bonificado concedido nos territórios das Regiões Autónomas dos Açores e da Madeira.

ARTIGO 26.º-A[522]
Acompanhamento, verificação e obrigações de informação

1 – Para efeitos do n.º 1 do artigo anterior, a Direcção-Geral do Tesouro acompanha e verifica o cumprimento pelas instituições de crédito mutuantes das obrigações subjacentes à atribuição de crédito bonificado no âmbito do presente diploma, em articulação com a Direcção-Geral dos Impostos.

2 – As instituições de crédito remeterão às Direcções-Gerais do Tesouro e dos Impostos todos os elementos por estas considerados necessários ao exercício da competência conferida nos termos do número anterior.

3 – A solicitação do Ministro das Finanças, a Inspecção-Geral de Finanças promoverá inspecções regulares e por amostragem para verificação do cumprimento do disposto no presente diploma e respectiva regulamentação.

---

artigo serão exercidas quanto a crédito bonificado concedido nos territórios das Regiões Autónomas dos Açores e da Madeira pelas respectivas entidades pagadoras das bonificações.

[522] Aditado pelo pelo artigo 2.º do Decreto-Lei n.º 137-B/99, de 22 de Abril.
A sua redacção foi alterada pelo artigo 1.º do Decreto-Lei n.º 329/2000, de 15 de Dezembro. Era a seguinte a redacção inicial:

1 – ...
2 – ...
3 – ...
4 – Por despacho normativo dos Ministros das Finanças e do Equipamento, do Planeamento e da Administração do Território será fixado o modelo da informação a prestar pelas instituições de crédito relativamente a cada um dos contratos celebrados.
5 – ...
6 – As competências conferidas à Direcção-Geral do Tesouro nos termos dos n.os 1 e 2 do presente artigo são exercidas quanto a crédito bonificado concedido nos territórios das Regiões Autónomas dos Açores e da Madeira pelas respectivas entidades pagadoras das bonificações.

4 – Por despacho normativo do Ministro das Finanças e do ministro responsável pela matéria relativa à habitação será fixado o modelo da informação a prestar pelas instituições de crédito, relativamente a cada um dos contratos celebrados.

5 – A Direcção-Geral do Tesouro promove a publicação na 2.ª série do Diário da República de relatórios trimestrais contendo informação estatística sobre as operações de crédito contratadas ao abrigo do presente diploma e respectiva análise detalhada.

ARTIGO 27.º[523]
Taxa de referência para o cálculo de bonificações

O método de apuramento da 'taxa de referência para o cálculo de bonificações', a suportar pelo Orçamento do Estado ao abrigo do presente diploma, será fixado por portaria do Ministro das Finanças e do ministro responsável pela matéria relativa à habitação.

ARTIGO 28.º[524]
Mudança do regime de crédito e de instituição de crédito mutuante

1 – Na vigência de empréstimos à aquisição, construção, conservação ordiná-

---

[523] Redacção dada pelo artigo 1.º do Decreto-Lei n.º 320/2000, de 15 de Dezembro. A redacção original era a seguinte:
A "taxa de referência para o cálculo de bonificações", a suportar pelo Orçamento do Estado ao abrigo do presente diploma, será fixada por portaria do Ministro das Finanças.
[524] Redacção dada pelo artigo 1.º do Decreto-Lei n.º 320/2000, de 15 de Dezembro. A redacção original era a seguinte:
1 – ...
a) ...
b) ...
2 – Nas situações previstas no número anterior, os montantes dos empréstimos não podem ser superiores ao saldo em dívida na data da alteração, nem os respectivos prazos superiores ao tempo em falta para o termo dos prazos dos empréstimos vigentes.
3 – ...
4 – ...
5 – Para além do disposto nos números anteriores, no caso de mudança de regime geral de crédito para um dos regimes de crédito bonificado, o saldo em dívida não pode ser superior a um valor do qual resulte uma prestação que seja superior àquela que corresponderia à aplicação da taxa de esforço fixada na portaria a que se refere o n.º 2 do artigo 11.º
6 – Para efeitos do disposto no n.º 1, no caso de transição para um dos regimes de crédito bonificado, as taxas de bonificação têm em conta o período de tempo do empréstimo já decorrido, podendo a instituição de crédito mutuante, se a transição ocorrer no decurso de uma anuidade, decidir sobre a oportunidade de opção por outro regime de amortização, bem como aplicar a percentagem de bonificação correspondente à anuidade seguinte.
7 – ...
8 – Nos casos previstos na alínea *b*) do n.º 1 do presente artigo, a anterior instituição de crédito fornecerá à nova instituição de crédito todos os elementos necessários à verificação das condições decorrentes do presente artigo, designadamente o saldo em dívida, o regime de amortização, o período de tempo

ria, extraordinária ou beneficiação de habitação própria permanente regulados no presente diploma, os mutuários podem optar por:
  a) Outro regime de crédito dentro da mesma instituição de crédito mutuante;
  b) Outra instituição de crédito mutuante, ao abrigo do mesmo ou de outro regime de crédito.

2 – Nas situações previstas no número anterior, os montantes dos empréstimos não podem ser superiores ao capital em dívida na data da alteração.

3 – A apreciação e decisão dos pedidos de empréstimo pelas instituições de crédito processa-se em conformidade com as condições dos empréstimos e requisitos previstos para o acesso aos respectivos regimes, com as necessárias adaptações.

4 – Não é admitida a mudança de regime geral para um dos regimes de crédito bonificado se o valor da habitação adquirida ou construída ou o custo das obras realizadas ultrapassarem os valores máximos fixados na portaria a que se refere o n.º 1 do artigo 11.º.

5 – Para além do disposto nos números anteriores, no caso de mudança do regime geral de crédito para um dos regimes de crédito bonificado, o capital em dívida não pode ser superior a um valor do qual resulte uma prestação que seja superior àquela que corresponderia à aplicação da taxa de esforço fixada na portaria a que se refere o n.º 2 do artigo 11.º.

6 – Para efeitos do disposto no n.º 1, no caso de transição para um dos regimes de crédito bonificado, as taxas de bonificação têm em conta o período de tempo do empréstimo já decorrido, devendo a instituição de crédito mutuante:
  a) Aplicar o sistema de amortização de prestações constantes com bonificação decrescente;
  b) Aplicar a percentagem de bonificação correspondente à anuidade seguinte; e
  c) Considerar um prazo de empréstimo que permita fazer coincidir o respectivo termo com o de uma anuidade.

7 – O estabelecido nos números anteriores não se aplica à mudança de instituição de crédito no âmbito do regime geral de crédito.

8 – Nos casos previstos na alínea b) do n.º 1 do presente artigo, a anterior instituição de crédito fornecerá à nova instituição de crédito todos os elementos necessários à verificação das condições decorrentes do presente artigo, designadamente o capital em dívida e o período de tempo do empréstimo já decorrido, bem como o montante das bonificações auferidas ao longo da vigência do empréstimo.

9 – O Ministro das Finanças e o ministro responsável pela matéria relativa à habitação, por portaria conjunta, poderão fixar outras condições a que devam obedecer as operações de crédito previstas neste artigo.

---

do empréstimo já decorrido e o tempo em falta para o termo dos prazos dos empréstimos vigentes, bem como, no caso de a transição ocorrer nos primeiros cinco anos após a data da concessão do empréstimo, os montantes das bonificações.

9 – Os Ministros das Finanças e do Equipamento, do Planeamento e da Administração do Território, por portaria conjunta, poderão fixar outras condições a que devam obedecer as operações de crédito previstas neste artigo.

ARTIGO 29.º
Amortização antecipada

1 – Nas operações de crédito bonificado já contratadas, em caso de amortização antecipada, total ou parcial, os mutuários suportarão apenas as comissões ou outros encargos da mesma natureza previstos contratualmente.

2 – Em caso de amortização antecipada, total ou parcial, de novos empréstimos contratados nos regimes de crédito bonificado, as comissões ou outros encargos da mesma natureza a suportar pelos mutuários não poderão ser superiores a 1% do capital a amortizar, desde que expressamente fixados no contrato.

ARTIGO 29.º-A[525]
Falsas declarações

A prestação de falsas declarações atinentes às condições de acesso e permanência nos regimes bonificados determina a imediata integração dos mutuários nas condições do regime geral de crédito, para além da obrigatoriedade de reembolso ao Estado das bonificações auferidas ao longo da vigência do empréstimo, acrescidas de 25%.

ARTIGO 29.º-B[526]
Inscrição no registo predial

1 – Do registo predial de imóveis que sejam adquiridos, construídos, conservados ou beneficiados com recurso a crédito à habitação bonificado devem constar os ónus previstos nos artigos 8.º, n.º 3, e 12.º do presente diploma.

2 – A caducidade dos ónus pelo mero decurso do prazo determina o averbamento oficioso desse facto.

3 – A declaração de levantamento dos ónus é emitida pela instituição de crédito mutuante ou, na situação prevista no n.º 7 do artigo 12.º, pela Direcção-Geral do Tesouro.

4 – No caso de transmissão da propriedade do imóvel, a declaração do levantamento do ónus deve ser obrigatoriamente exibida perante o notário no acto de celebração da escritura.

5 – O cancelamento do ónus, devidamente comprovado pela declaração referida no n.º 3 do presente artigo, é registado a pedido dos interessados.

ARTIGO 30.º[527]
Cumprimento

Sem prejuízo do disposto no artigo 26.º, a competência para a verificação do

---

[525] Aditado pelo artigo 2.º do Decreto-Lei n.º 320/2000, de 15 de Dezembro.
[526] Aditado pelo artigo 2.º do Decreto-Lei n.º 320/2000, de 15 de Dezembro.
[527] Revogado pelo artigo 4.º do Decreto-Lei n.º 320/2000, de 15 de Dezembro. Mantém-se a sua inserção no texto, em itálico.

29.5.1.6. *Crédito à habitação*

cumprimento das disposições deste diploma, os poderes de fiscalização e o regime sancionatório por violação às normas do presente decreto-lei serão definidos em diploma específico.

CAPÍTULO VII[528]
Disposições finais e transitórias

ARTIGO 31.º[529]
Isenções emolumentares

1 – Até 31 de Dezembro de 2000, ficam isentos de quaisquer taxas ou emolumentos todos os actos notariais e registrais decorrentes, quer da mudança de regime de crédito, quer de instituição de crédito mutuante, quer ainda de mudança simultânea de regime e de instituição de crédito mutuante.

2 – A isenção emolumentar prevista no número anterior não abrange os emolumentos pessoais nem as importâncias afectas à participação emolumentar devida aos notários, conservadores e oficiais do registo e do notariado pela sua intervenção nos actos.

ARTIGO 32.º[530]
Transição de regime

Os empréstimos contratados ao abrigo dos Decretos-Leis n.ºs 435/80, de 2 de Outubro, e 459/83, de 30 de Dezembro, poderão transitar, a solicitação dos mutuá-

---

[528] O presente capítulo VII, que passou a integrar os artigos 31.º a 36.º, já existentes, foi aditado pelo n.º 2 do artigo 3.º do Decreto-Lei n.º 320/2000.

[529] Redacção dada pelo artigo 1.º do Decreto-Lei n.º 1-A/2000, de 22 de Janeiro. A redacção anterior, dada pelo artigo 1.º do Decreto-Lei n.º 137-B/99, de 22 de Abril, era a seguinte:
1 – Até 31 de Dezembro de 1999, ficam isentos de quaisquer taxas ou emolumentos todos os actos notariais e registrais decorrentes quer da mudança de regime de crédito, quer de instituição de crédito mutuante, quer ainda de mudança simultânea de regime e de instituição de crédito mutuante.
2 – ...
A redacção original era a seguinte:
1 – Até 31 de Março de 1999, ficam isentos de quaisquer taxas ou emolumentos todos os actos notariais e registrais decorrentes da mudança de regime de crédito e de instituição de crédito mutuante.
2 – ...
Na redacção dada ao n.º 1 pelo Decreto-Lei n.º 1-A/2000, verificou-se uma inexactidão que foi rectificada pela Declaração de Rectificação n.º 4-F/2000, de 31 de Janeiro de 2000, publicada no DR I Série-A, n.º 25, 1.º Suplemento, 430-(4). Assim, onde se lia "todos os actos notariais decorrentes", deve ler-se "todos os actos notariais e registrais decorrentes".

[530] Redacção dada pelo artigo 1.º do Decreto-Lei n.º 320/2000, de 15 de Dezembro. A redacção original era a seguinte:
Os empréstimos contratados ao abrigo dos Decretos-Leis n.ºs 435/80, de 2 de Outubro, e 459/83, de 30 de Dezembro, poderão transitar, a solicitação dos mutuários, para o regime instituído pelo presente diploma, em condições a definir em portaria conjunta dos Ministros das Finanças e do Equipamento, do Planeamento e da Administração do Território.

rios, para o regime instituído pelo presente diploma, em condições a definir em portaria conjunta do Ministro das Finanças e do ministro responsável pela matéria relativa à habitação.

ARTIGO 33.º[531]
Aplicação do Decreto-Lei n.º 137/98, de 16 de Maio

O disposto na alínea c) do artigo 8.º, no n.º 2 do artigo 12.º, na alínea c) do artigo 15.º e no n.º 3 do artigo 23.º do Decreto-Lei n.º 328-B/86, de 30 de Setembro, na redacção introduzida pelo Decreto-Lei n.º 137/98, de 16 de Maio, não se aplica às novas operações de crédito cujos pedidos de concessão de empréstimo tenham sido autorizados pelas instituições de crédito até à data da entrada em vigor do Decreto-Lei n.º 137/98, de 16 de Maio, desde que os respectivos contratos sejam celebrados no prazo máximo de 90 dias a contar daquela data.

ARTIGO 34.º
Norma revogatória

1 – São revogados os seguintes diplomas:
 a) Decreto-Lei n.º 328-B/86, de 30 de Setembro;
 b) Decreto-Lei n.º 224/89, de 5 de Julho;
 c) Decreto-Lei n.º 292/90, de 21 de Setembro;
 d) Decreto-Lei n.º 150-B/91, de 22 de Abril;
 e) Decreto-Lei n.º 250/93, de 14 de Julho;
 f) Decreto-Lei n.º 137/98, de 16 de Maio;
 g) Portaria n.º 672/93, de 19 de Julho.

2 – As disposições constantes de outros diplomas que remetam para normas dos decretos-leis revogados nos termos do número anterior consideram-se feitas para as disposições correspondentes do presente diploma.

ARTIGO 35.º[532]
Situações transitórias

1 – Sem prejuízo do disposto no artigo seguinte, o estabelecido nos artigos 8.º, 11.º, n.ºs 1, 3 e 8, e 16.º não se aplica às novas operações de crédito cujos pedidos de concessão de empréstimo tenham sido autorizados pelas instituições de crédito até à data da entrada em vigor deste diploma, desde que os respectivos contratos sejam celebrados até 90 dias após a entrada em vigor deste diploma.

---

[531] Revogado pelo artigo 4.º do Decreto-Lei n.º 320/2000, de 15 de Dezembro. Mantém-se a sua inserção no texto, em itálico.

[532] Revogado pelo artigo 4.º do Decreto-Lei n.º 320/2000, de 15 de Dezembro. Mantém-se a sua inserção no texto, em itálico.

29.5.1.6.   *Crédito à habitação*

2 – *Enquanto não for publicada a regulamentação em desenvolvimento do presente decreto-lei, mantém-se aplicável, na medida que o não contrarie, a regulamentação aprovada ao abrigo do regime criado pelo Decreto-Lei n.º 328-B/86, de 30 de Setembro.*

ARTIGO 36.º
Entrada em vigor

O presente diploma entra em vigor no dia imediato ao da sua publicação.

29.5.2. Extinção dos regimes de crédito bonificado à habitação

29.5.2.1. *Lei n.º 16-A/2002, de 31 de Maio*[533]

Primeira alteração à Lei n.º 109-B/2001, de 27 de Dezembro (aprova o Orçamento do Estado para 2002)

A Assembleia da República decreta, nos termos da alínea *g*) do artigo 161.º da Constituição, para valer como lei geral da República, o seguinte:

CAPÍTULO I
Alteração ao Orçamento do Estado para 2002

ARTIGO 1.º
Alteração ao Orçamento do Estado para 2002

1 – É alterado o Orçamento do Estado de 2002, aprovado pela Lei n.º 109-B/2001, de 27 de Dezembro, na parte relativa aos mapas I a IV anexos a essa lei, quer no que respeita à apresentação da orgânica do XV Governo Constitucional, quer nos termos dos artigos seguintes.

2 – A alteração referida no número anterior consta dos mapas I a IV anexos à presente lei, que substituem os mapas I a IV da Lei n.º 109-B/2001, de 27 de Dezembro.

(...)

ARTIGO 5.º
Crédito bonificado para habitação

1 – É vedada a contratação de novas operações de crédito bonificado à aquisição, construção e realização de obras de conservação ordinária, extraordinária e de beneficiação de habitação própria permanente, ao abrigo do disposto no Decreto-Lei n.º 349/98, de 11 de Novembro, na sua actual redacção.

2 – Ficam salvaguardadas do disposto no número anterior as operações de crédito que já se tenham iniciado à data da entrada em vigor da presente lei e que se

---

[533] DR I Série-A, 1.º Suplemento, n.º 125, de 31-Mai.-2002, 4776(2)-4776(17).

29.5.2.1. *Crédito à habitação*

encontrem em fase de contratação e cujas escrituras públicas ou contratos de compra e venda titulados por documento particular, nos termos legais, venham a ser celebradas até 30 de Setembro de 2002.

3 – Para efeitos do disposto no número anterior, entende-se por início das operações de crédito e em fase de contratação, a solicitação a uma instituição financeira, por escrito, do crédito bonificado para habitação, com a apresentação do respectivo contrato-promessa de compra e venda celebrado também por escrito.

(...)

Aprovada em 15 de Maio de 2002.
O Presidente da Assembleia da República, *João Bosco Mota Amaral*.

Promulgada em 28 de Maio de 2002.
Publique-se.
O Presidente da República, JORGE SAMPAIO.

Referendada em 29 de Maio de 2002.
O Primeiro-Ministro, *José Manuel Durão Barroso*.

29.5.2.2. *Despacho n.° 549/2002, de 4 de Junho*[534]

Ministério das Finanças, Ministério da Justiça, Ministério das Obras Públicas, Transportes e Habitação.

Crédito bonificado à habitação

Esclarece, no seguimento do estabelecido nos n.os 2 e 3 do artigo 5.° da Lei n.° 16-A/2002, de 31 de Maio, que:

– Encontram-se salvaguardadas as operações de crédito destinadas a qualquer das finalidades referidas no n.° 1 do artigo 5.°, cujos pedidos de concessão tenham sido autorizados pelas instituições de crédito até 4 de Junho de 2002, após comprovação da verificação das condições de acesso aos regimes bonificados, estabelecidos pelo Decreto-Lei n.° 349/98, de 11 de Novembro.

– Encontram-se, igualmente, salvaguardados os pedidos de empréstimo bonificado para aquisição de habitação própria permanente apresentados até 4 de Junho de 2002, que ainda não tenham sido objecto de autorização, desde que os interessados procedam à entrega de contrato-promessa de compra e venda celebrado até àquela data.

– A contratação das operações de crédito salvaguardadas nos termos dos números anteriores, quer se efectue por escritura pública, quer por documento particular nos termos legais, apenas pode ter lugar até 30 de Setembro de 2002.

---

[534] DR II Série, n.° 149, de 1-Jul.-2002, 11843.

29.5.2.3. Decreto-Lei n.° 305/2003, de 9 de Dezembro[535]

O Decreto-Lei n.° 349/98, de 11 de Novembro, com as alterações constantes dos Decretos-Leis n.os 137-B/99, de 22 de Abril, 1-A/2000, de 22 de Janeiro, 320/2000, de 15 de Dezembro, e 231/2002, de 2 de Novembro, regula a concessão de crédito à aquisição, construção, conservação e beneficiação de habitação, quer em regime geral quer em regime bonificado ou jovem bonificado.

O artigo 5.° da Lei n.° 16-A/2002, de 31 de Maio (primeira alteração à Lei do Orçamento do Estado para 2002), veio vedar a contratação de novas operações de crédito em qualquer dos regimes bonificados, salvaguardando apenas as situações em que, à data da entrada em vigor da lei, os peticionários de crédito já tivessem criado legítimas expectativas sobre a respectiva concessão.

O artigo 7.° da Lei n.° 32-B/2002, de 30 de Dezembro (Orçamento do Estado para 2003), renovou aquela determinação, continuando assim vedada, durante 2003, a contratação de novas operações de crédito nos regimes bonificados.

Permanecendo válidos os fundamentos que justificaram a decisão de vedar o acesso aos regimes bonificados, parece de toda a conveniência, em termos de segurança jurídica, transformar essas determinações anuais num dispositivo de aplicação permanente.

Assim:

Nos termos da alínea *a*) do n.° 1 do artigo 198.° da Constituição, o Governo decreta o seguinte:

ARTIGO 1.°
Crédito bonificado para habitação

São revogados os regimes de crédito bonificado e crédito jovem bonificado, relativamente à contratação de novas operações de crédito, destinadas à aquisição, construção e realização de obras de conservação ordinária, extraordinária e de beneficiação de habitação própria permanente, regulado pelo Decreto-Lei n.° 349/98, de 11 de Novembro, na sua actual redacção.

---

[535] DR I Série-A, n.° 283, de 9-Dez.-2003, 8294.

ARTIGO 2.º
Entrada em vigor

O presente diploma entra em vigor em 1 de Janeiro de 2004.

Visto e aprovado em Conselho de Ministros de 10 de Outubro de 2003. – *José Manuel Durão Barroso – Maria Manuela Dias Ferreira Leite – António Pedro de Nobre Carmona Rodrigues.*

Promulgado em 20 de Novembro de 2003.
Publique-se.
O Presidente da República, JORGE SAMPAIO.

Referendado em 24 de Novembro de 2003.
O Primeiro-Ministro, *José Manuel Durão Barroso.*

29.5.3. Informações a prestar pelas instituições de crédito no âmbito do crédito à habitação

29.5.3.1. *Lei n.° 21/2003, de 26 de Junho*[536]

Autoriza o Governo a legislar em matéria de tratamento e interconexão dos dados constantes das informações a prestar pelas instituições de crédito mutuantes em relação aos contratos de empréstimo à habitação bonificados.

A Assembleia da República decreta, nos termos da alínea *d*) do artigo 161.° da Constituição, o seguinte:

ARTIGO 1.°
Objecto

Fica o Governo autorizado a legislar em matéria de tratamento e interconexão dos dados constantes das informações a prestar pelas instituições de crédito mutuantes em relação a cada um dos contratos de empréstimo bonificado à habitação, de acordo com as disposições seguintes.

ARTIGO 2.°
Sentido

A presente lei de autorização é concedida para permitir o acompanhamento, verificação e fiscalização do cumprimento do disposto no Decreto-Lei n.° 349/98, de 11 de Novembro, alterado pelos Decretos-Leis n.os 137-B/99, de 22 de Abril, e 320/2000, de 15 de Dezembro, e respectiva regulamentação.

Artigo 3.°
Extensão

No desenvolvimento da presente lei de autorização, deve o Governo:
a) Designar as entidades que não sendo directamente responsáveis pelo tratamento de dados pessoais a eles poderão aceder, nos termos e para os efeitos previstos nos n.os 1 e 3 do artigo 26.°-A do Decreto-Lei n.° 349/98, de 11 de Novembro, aditado pelo Decreto-Lei n.° 137-B/99, de 22 de Abril;

---

[536] DR I Série-A, n.° 145, de 26-Jun.-2003, 3663-3665.

b) Permitir e designar as entidades às quais será permitido inter-relacionar os dados referidos na alínea anterior com os dados constantes dos seus próprios sistemas informáticos, vendando-lhes a utilização daqueles dados para fim diverso do estritamente indispensável à confirmação da informação relativa aos rendimentos do agregado familiar relevantes para enquadramento na classe de bonificação de juro a suportar pelo Estado;
c) Estabelecer as condições, garantias e limites a observar no acesso, tratamento, transmissão e conservação dos dados, no respeito pela Lei n.º 67/98, de 26 de Outubro;
d) Garantir o acesso e rectificação dos dados que digam respeito aos respectivos titulares, nos termos do n.º 1 do artigo 11.º da Lei n.º 67/98, de 26 de Outubro.

ARTIGO 4.º
Duração

A presente lei de autorização tem a duração de 90 dias.

Aprovada em 15 de Maio de 2003.
O Presidente da Assembleia da República, *João Bosco Mota Amaral.*

Promulgada em 6 de Junho de 2003.
Publique-se.
O Presidente da República, JORGE SAMPAIO.

Referendada em 11 de Junho de 2003.
O Primeiro-Ministro, *José Manuel Durão Barroso.*

29.5.3.2. Decreto-Lei n.° 279/2003, de 8 de Novembro[537]

O Decreto-Lei n.° 349/98, de 11 de Novembro, regula o regime de crédito à aquisição, construção e realização de obras de conservação ordinária e extraordinária ou de beneficiação de habitação própria, secundária ou de arrendamento nos regimes geral de crédito, crédito bonificado e crédito jovem bonificado.

Nos termos do n.° 4 do artigo 26.°-A do referido diploma, na redacção introduzida pelo Decreto-Lei n.° 320/2000, de 15 de Dezembro, por despacho normativo do Ministro das Finanças e do ministro responsável pela matéria relativa à habitação é fixado o modelo de informação a prestar pelas instituições de crédito mutuantes relativamente a cada um dos contratos celebrados.

O tratamento da referida informação, para efeitos de acompanhamento, verificação e fiscalização do cumprimento do disposto nos regimes jurídicos de concessão de crédito bonificado e jovem bonificado à habitação, implica a criação de uma base de dados que se pretende agora regulamentar, de acordo com o disposto no artigo 3.° do Decreto-Lei n.° 137-B/99, de 22 de Abril.

A entrada em vigor do presente diploma determinará o início da produção de efeitos das normas que regulam a declaração a assinar pelos interessados, beneficiários de crédito bonificado à habitação, na qual autorizam as entidades competentes para acompanhamento, verificação e fiscalização do regime jurídico do crédito bonificado a acederem às informações necessárias ao exercício dessas funções.

Foram ouvidos os órgãos de governo próprios das Regiões Autónomas, bem como a Comissão Nacional de Protecção de Dados e a Associação Portuguesa de Bancos.

Assim:

No uso da autorização legislativa concedida pelo artigo 1.° da Lei n.° 21/2003, de 26 de Junho, e nos termos da alínea *b*) do n.° 1 do artigo 198.° da Constituição, o Governo decreta o seguinte:

ARTIGO 1.°
Objecto e finalidade

1 – O presente diploma estabelece as regras gerais a que devem obedecer o tratamento e a interconexão dos dados constantes das informações a prestar pelas instituições de crédito mutuantes em relação a cada um dos contratos de empréstimo bonificado à habitação.

---

[537] DR I Série-A, n.° 259, de 8-Nov.-2003, 7489-7490.

2 – A recolha e o tratamento dos dados previstos no presente diploma visam permitir o acompanhamento, verificação e fiscalização do cumprimento do disposto no Decreto-Lei n.º 349/98, de 11 de Novembro, com as alterações introduzidas pelos Decretos-Leis n.ºs 137-B/99, de 22 de Abril, e 320/2000, de 15 de Dezembro, e respectiva regulamentação.

ARTIGO 2.º
Criação, responsável e subcontratante

1 – É criada uma base de dados junto da Direcção-Geral do Tesouro, entidade à qual é cometida a responsabilidade pelo respectivo tratamento.

2 – Por contrato ou outro acto jurídico vinculativo, pode ser encarregue outro organismo público de tratar os dados pessoais por conta do responsável, desde que ofereça garantias suficientes em relação às medidas de segurança técnica e de organização do tratamento a efectuar.

3 – O subcontratante previsto no número anterior fica também submetido às obrigações constantes da Lei n.º 67/98, de 26 de Outubro, e, designadamente, ao dever de sigilo.

ARTIGO 3.º
Titulares e categorias de dados

1 – Consideram-se titulares dos dados os mutuários de empréstimos concedidos ao abrigo dos regimes de crédito à habitação bonificado e jovem bonificado e os membros do respectivo agregado familiar.

2 – As categorias de dados objecto de tratamento são as fixadas no despacho normativo a que se refere o n.º 4 do artigo 26.º-A do Decreto-Lei n.º 349/98, de 11 de Novembro, na redacção introduzida pelo Decreto-Lei n.º 320/2000, de 15 de Dezembro, designadamente:

　a) Dados que se mantêm constantes ao longo da vida do contrato de crédito bonificado à habitação:
　　i) Informações gerais sobre o contrato, tais como o tipo de operação, código do banco e do balcão, número, finalidade e data da celebração do contrato, taxa de juro, montante contratual, existência de fiadores e utilização de conta poupança-habitação;
　　ii) Informações sobre o imóvel, tais como a localização, existência de garagem, valor da habitação, da construção ou das obras, bem como a data de conclusão da construção para os empréstimos cuja finalidade seja a realização de obras de beneficiação;
　　iii) Informações sobre o contrato anterior, em caso de transferência de instituição de crédito, tais como o código do banco e do balcão, número e data de celebração do contrato inicial;
　b) Dados passíveis de alteração no decurso do contrato:

29.5.3.2. *Informações a prestar no âmbito do crédito à habitação*

    i) Informações sobre o contrato, tais como o regime de crédito, data do termo, periodicidade das prestações, classe de bonificação, sistema de amortização e fase do empréstimo;

    ii) Informações sobre o agregado familiar, tais como o grau de parentesco, número de contribuinte, sexo, data de nascimento, rendimento anual bruto e documentos justificativos desse rendimento e ano a que respeitam os rendimentos;

  c) Dados relativos à execução do contrato, tais como o tipo de movimento, situação do empréstimo, data de vencimento da prestação, data e valor do movimento, taxa de juro anual, saldo em dívida ou total utilizado no início do período, valor da bonificação, no período e na anuidade e valor da devolução das bonificações e respectivos acréscimos.

ARTIGO 4.º
Transmissão de dados

1 – A Direcção-Geral dos Impostos e a Inspecção-Geral de Finanças podem aceder aos dados previstos no presente diploma, nos termos e para os efeitos previstos nos n.ºs 1 e 3 do artigo 26.º-A do Decreto-Lei n.º 349/98, de 11 de Novembro, aditado pelo Decreto-Lei n.º 137-B/99, de 22 de Abril.

2 – Sempre que os dados digam respeito a imóvel localizado na Região Autónoma dos Açores ou na Região Autónoma da Madeira são transmitidos, depois de verificados, aos respectivos serviços competentes para efeito do pagamento das bonificações.

ARTIGO 5.º
Interconexão de dados

1 – A Direcção-Geral dos Impostos fica autorizada, através de processamento informático, a relacionar os dados regulados no presente diploma com os dados dos seus próprios sistemas informáticos, para efeitos do estritamente indispensável à confirmação da informação relativa aos rendimentos do agregado familiar relevantes para enquadramento na classe de bonificação de juro a suportar pelo Estado.

2 – É vedado à Direcção-Geral dos Impostos utilizar os dados a que aceda nos termos do presente diploma para qualquer fim diverso do fixado no número anterior.

3 – Em caso de verificação de divergência entre os elementos referentes aos rendimentos do agregado familiar declarados para enquadramento nos regimes de crédito à habitação bonificados e os constantes dos seus sistemas informáticos, a Direcção-Geral dos Impostos limitar-se-á a comunicar a natureza da divergência à Direcção-Geral do Tesouro para os efeitos do artigo 29.º-A do Decreto-Lei n.º 349/98, de 11 de Novembro, aditado pelo Decreto-Lei n.º 320/2000, de 15 de Dezembro.

ARTIGO 6.º
Medidas de segurança

1 – A transmissão da informação é efectuada por via electrónica, sendo assegurada a autenticação das entidades bem como o controlo de acesso entre os sistemas informáticos intervenientes.

2 – O acesso aos dados só é permitido a pessoas, devidamente credenciadas pelas entidades intervenientes, mediante atribuição de código de utilizador e de palavra-passe.

ARTIGO 7.º
Conservação dos dados

Os dados constantes da base de dados serão conservados até ao limite de cinco anos após o termo de cada contrato de empréstimo à habitação bonificado ou jovem bonificado.

ARTIGO 8.º
Direito de acesso e rectificação

1 – É reconhecido o direito de acesso dos titulares às informações que lhes digam respeito registadas na base de dados prevista no presente diploma, nos termos do n.º 1 do artigo 11.º da Lei n.º 67/98, de 26 de Outubro, devendo a Direcção-Geral do Tesouro facultar este acesso no prazo de 10 dias a contar da data de entrada do respectivo requerimento nesta Direcção-Geral.

2 – O titular dos dados tem direito a exigir a correcção das informações inexactas e a inclusão das informações total ou parcialmente omissas.

3 – A prova da inexactidão cabe aos titulares, quando a informação tenha sido fornecida por ele próprio à instituição de crédito mutuante, bem como quando não tenha cumprido a obrigação legal de comunicar qualquer alteração que tenha ocorrido.

4 – Nas situações previstas nos n.ºs 2 e 3 deste artigo, deve a Direcção-Geral do Tesouro promover para que seja dada satisfação ao requerimento do titular dos dados ou comunicar-lhe o que tiver por conveniente no prazo de 30 dias.

ARTIGO 9.º
Sigilo

Os responsáveis pelo tratamento dos dados, bem como todas as pessoas que, no exercício das suas funções, tenham conhecimento dos dados pessoais tratados ao abrigo deste diploma, ficam obrigados a sigilo profissional, mesmo após o termo das suas funções.

29.5.3.2. *Informações a prestar no âmbito do crédito à habitação*

ARTIGO 10.º
Direito subsidiário

Em tudo o que não estiver expressamente regulado no presente diploma é aplicável o disposto na Lei n.º 67/98, de 26 de Outubro.

ARTIGO 11.º
Entrada em vigor

O presente diploma entra em vigor 60 dias após a sua publicação.

Visto e aprovado em Conselho de Ministros de 11 de Setembro de 2003. – *José Manuel Durão Barroso – Maria Manuela Dias Ferreira Leite – António Pedro de Nobre Carmona Rodrigues.*

Promulgado em 23 de Outubro de 2003.
Publique-se.
O Presidente da República, JORGE SAMPAIO.

Referendado em 30 de Outubro de 2003.
O Primeiro-Ministro, *José Manuel Durão Barroso.*

29.5.3.3. Despacho Normativo n.º 25/2004, de 7 de Maio[538]

O Decreto-Lei n.º 349/98, de 11 de Novembro, aprovou o regime jurídico da concessão do crédito à aquisição, construção e realização de obras em habitação, nos regimes geral de crédito, crédito bonificado e crédito jovem bonificado.

Nos termos do n.º 4 do artigo 26.º-A do referido diploma, na actual redacção introduzida pelo Decreto-Lei n.º 320/2000, de 15 de Dezembro, ficou estabelecido que, por despacho normativo do Ministro das Finanças e do ministro responsável pela matéria relativa à habitação, fosse fixado o modelo de informação a prestar pelas instituições de crédito mutuantes relativamente a cada um dos contratos de empréstimo em vigor ao abrigo do mesmo diploma.

O tratamento da referida informação, para efeitos de acompanhamento, verificação e fiscalização do cumprimento do disposto nos regimes jurídicos de concessão de crédito bonificado e jovem bonificado, implica a criação de uma base de dados, a qual se encontra regulamentada pelo Decreto-Lei n.º 279/2003, de 8 de Novembro.

Assim:

Nos termos do disposto no n.º 4 do artigo 26.º-A do Decreto-Lei n.º 349/98, de 11 de Novembro, na redacção introduzida pelo Decreto-Lei n.º 320/2000, de 15 de Dezembro, e do disposto no Decreto-Lei n.º 279/2003, de 8 de Novembro, determina-se o seguinte:

1 – A informação a prestar pelas instituições de crédito mutuantes, relativamente a cada um dos contratos de crédito bonificado à habitação em vigor ao abrigo do Decreto-Lei n.º 349/98, de 11 de Novembro, é a constante do mapa anexo ao presente despacho e que dele faz parte integrante.

2 – Cabe à Direcção-Geral do Tesouro definir as normas técnicas a que se deve subordinar a apresentação da informação a prestar.

3 – A informação a que alude o n.º 1 será enviada à Direcção-Geral do Tesouro de acordo com a seguinte periodicidade:

   a) Informação relativa ao contrato:
      i) No mês seguinte ao da celebração de cada contrato é enviada a informação constante dos n.ºs 1 e 2 do mapa anexo;
      ii) No mês seguinte ao de uma alteração do contrato é enviada a informação constante do n.º 2.1 do mapa anexo;
      iii) Anualmente é actualizada a informação referida no n.º 2.2 do mapa anexo;

---

[538] DR I Série-B, n.º 119, de 21-Mai.-2004, 3237-3242

29.5.3.3. *Informações a prestar no âmbito do crédito à habitação*

　　iv) Em relação aos contratos celebrados nas Regiões Autónomas, a informação referida nas alíneas *i*), *ii*) e *iii*) é também enviada à Direcção-Geral do Tesouro com a mesma forma e periodicidade, sem prejuízo das competências próprias das entidades pagadoras das bonificações nas Regiões Autónomas;

　b) Informação relativa à execução do contrato. – A informação constante do n.º 3 do mapa anexo é enviada no mês seguinte àquele em que se vence a prestação de cada contrato;

　c) O envio da informação referida nas alíneas *a*) e *b*) é efectuado mensalmente, de uma só vez, englobando todos os contratos celebrados ou alterados no mês anterior e aqueles cuja prestação se tenha vencido no mesmo período.

4 – O primeiro envio da informação prevista no presente despacho engloba obrigatoriamente todos os elementos respeitantes aos contratos bonificados em vigor, com excepção da informação relativa à constituição e rendimento do agregado familiar, a qual será enviada no 1.º mês da anuidade que se inicie após aquele primeiro envio.

5 – Se o primeiro envio de informação respeitante à execução de um contrato bonificado ocorrer no decurso de uma anuidade, os elementos informativos têm de abranger todas as prestações vencidas desde o início dessa anuidade.

6 – No caso de erros ou omissões relativos a qualquer dos elementos exigidos para cada um dos contratos nos termos dos números anteriores, o pagamento à instituição de crédito mutuante da correspondente bonificação a cargo do Estado depende sempre do respectivo suprimento.

7 – Relativamente ao regime geral de crédito à habitação, será remetida à Direcção-Geral do Tesouro, no mês seguinte ao termo de cada trimestre, informação discriminada por continente e por cada uma das Regiões Autónomas sobre:

　a) O número de contratos celebrados e o respectivo montante, desagregada por mês;

　b) O saldo global em dívida, reportado ao final do trimestre a que respeita.

8 – O presente despacho normativo entra em vigor a 1 de Novembro de 2004, data a partir da qual se torna obrigatório o envio da informação nos termos definidos no presente despacho, devendo até essa data manter-se o envio de informação nos termos actualmente praticados.

Ministérios das Finanças e das Obras Públicas, Transportes e Habitação, 7 de Maio de 2004. – A Ministra de Estado e das Finanças, *Maria Manuela Dias Ferreira Leite*. – O Ministro das Obras Públicas, Transportes e Habitação, *António Pedro de Nobre Carmona Rodrigues*.

ANEXO

1 – Dados constantes ao longo da vida do contrato (integra-se neste ponto a informação estável do contrato):

1.1 – Informação geral sobre o contrato:

Tipo de informação	Conteúdo	Observações
Código do banco		
Código do balcão		
Número do contrato		
Tipo de operação	01 — Operação em curso. 02 — Transferência de outra IC de regime bonificado para o mesmo regime bonificado, ou mudança com manutenção do regime bonificado, dentro da mesma IC, desde que implique a alteração do número do contrato. 50 — Substituição. 99 — Fim de contrato (com ou sem liquidação total antecipada).	
Código do banco		
Código do balcão		
Número do contrato		
Tipo de operação	01 — Operação em curso. 02 — Transferência de outra IC de regime bonificado para o mesmo regime bonificado, ou mudança com manutenção do regime bonificado, dentro da mesma IC, desde que implique a alteração do número do contrato. 50 — Substituição. 99 — Fim de contrato (com ou sem liquidação total antecipada).	

1.2 – Informação sobre o contrato anterior [informação a disponibilizar sempre que se verifique uma alteração do número do contrato (uma transferência de instituição de crédito ou uma mudança dentro da mesma instituição), ocorrida após a data de entrada em vigor do presente despacho normativo]:

Tipo de informação	Conteúdo	Observações
Código do banco anterior		
Código do balcão anterior		
Número do contrato anterior		
Data de formalização do contrato inicial ...		Esta informação é igualmente disponibilizada nas situações deste tipo ocorridas antes da data de entrada em vigor do despacho normativo.

2 – Dados passíveis de alteração ao longo da vida do contrato (neste ponto é considerada a informação passível de ser alterada ao longo da vida do contrato. Estes elementos são enviados quando é celebrado um contrato e sempre que se verifique alteração ao mesmo, devendo o respectivo envio processar-se no mês seguinte àquele em que a alteração teve lugar):

2.1 – Informação sobre o contrato:

29.5.3.3. *Informações a prestar no âmbito do crédito à habitação*

Tipo de informação	Conteúdo	Observações
Código do banco		
Código do balcão		
Número do contrato		
Tipo de operação	01 — Operação em curso. 02 — Transferência de outra IC de regime bonificado para o mesmo regime bonificado, ou mudança com manutenção do regime bonificado, dentro da mesma IC, desde que implique a alteração do número do contrato. 50 — Substituição. 99 — Fim de contrato (com ou sem liquidação total antecipada).	
Regime de crédito actual	01 — Regime geral. 02 — Regime jovem bonificado. 03 — Regime bonificado. 04 — Regime de crédito à habitação para deficientes. 99 — Outro regime.	Os códigos 01, 04 e 99 implicam fim do controlo previsto.
Data do termo do contrato		
Periodicidade das prestações	M — Mensal. T — Trimestral. S — Semestral. A — Anual.	
Classe de bonificação	1 — Classe 1. 2 — Classe 2. 3 — Classe 3. 4 — Classe 4. 0 — Quando, por circunstâncias diversas, houver perda da bonificação.	
Sistema de amortização	1 — Prestações progressivas. 2 — Prestações constantes com bonificação constante. 3 — Prestações constantes com bonificação decrescente.	
Fase do empréstimo	1 — Utilização. 2 — Reembolso.	
Valor de Z		A indicar para os contratos com o sistema de amortização progressiva e sistema de amortização constante com bonificação constante.

2.2 – Agregado familiar (estes elementos deverão ser enviados sempre que é celebrado um contrato e confirmados no início de cada anuidade. A título excepcional, para os contratos celebrados até à entrada em vigor do despacho normativo, a informação relativa à constituição e rendimento do agregado familiar será enviada no 1.º mês da anuidade que se inicie após aquela data de entrada em vigor):

Por cada membro do agregado familiar:

Tipo de informação	Conteúdo	Observações
Código do banco		
Código do balcão		
Número do contrato		
Tipo de operação	01 — Operação em curso. 02 — Transferência de outra IC de regime bonificado para o mesmo regime bonificado, ou mudança com manutenção do regime bonificado, dentro da mesma IC, desde que implique a alteração do número do contrato. 50 — Substituição. 99 — Fim de contrato (com ou sem liquidação total antecipada).	
Grau de parentesco	T — Titular. A — Ascendente. D — Descendente. C — Cônjuge. S — Pessoa que vive nas condições descritas no artigo 2020.º do Código Civil.	
Número de contribuinte		De preenchimento obrigatório para todos os membros do agregado familiar com mais de 1 ano de idade.
Tipo de informação	Conteúdo	Observações
Data de nascimento		
Sexo		
Rendimento anual bruto		
Tipo de documento justificativo do rendimento do agregado familiar.	1 — Nota de liquidação do IRS. 2 — Documento emitido pela repartição de finanças.	
Ano a que respeitam os rendimentos		

3 – Dados a enviar mensalmente (neste ponto é considerada a informação relativa à execução do contrato, mesmo que numa determinada anuidade se verifique perda de bonificação):

29.5.3.3. *Informações a prestar no âmbito do crédito à habitação*

Tipo de informação	Conteúdo	Observações
Código do banco		
Código do balcão		
Número do contrato		
Tipo de operação	01 — Operação em curso. 02 — Transferência de outra IC de regime bonificado para o mesmo regime bonificado, ou mudança com manutenção do regime bonificado, dentro da mesma IC, desde que implique a alteração do número do contrato. 50 — Substituição. 99 — Fim de contrato (com ou sem liquidação total antecipada).	
Tipos de movimento	01 — Fase de utilização	É utilizado para identificar uma entrega de valores ao mutuário de um empréstimo em fase de utilização.
	02 — Juros de empréstimo em fase de utilização.	É utilizado para identificar o lançamento dos juros a cargo do mutuário e respectiva bonificação.
	03 — Fase de reembolso	É utilizado para identificar o lançamento da prestação do mutuário e respectiva bonificação.
	04 — Amortização parcial extraordinária	
	05 — Amortização total extraordinária devido a transferência dando por findo o contrato.	
	06 — Amortização total extraordinária, dando por findo o contrato de acordo com o n.º 4 do artigo 12.º do Decreto-Lei n.º 349/98.	
	07 — Amortização total extraordinária, dando por findo o contrato devido a alienação antes de decorridos cinco anos, por outros motivos.	É utilizado quando se verifique uma alienação antes de decorridos cinco anos e não estejam em causa as condições descritas no código 06.
	08 — Amortização total extraordinária, dando por findo o contrato devido a outras situações.	É preenchido quando não se verifiquem as condições descritas nos códigos 05, 06 e 07.

Despacho Normativo n.º 25/2004, de 7 de Maio   **29.5.3.3.**

Tipo de informação	Conteúdo	Observações
Situação do empréstimo	1 — Regular. 2 — Mora. 3 — Regularização de situações de mora.	Quando se verifique a regularização de situações de mora, será enviado um registo por cada prestação a regularizar. Aplica-se aos tipos de movimentos dos códigos 02 ou 03.
Data de vencimento		
Data do movimento		Corresponde à data valor da operação contabilística.
Valor da *tranche* entregue ao mutuário		Esta informação corresponde ao valor entregue ao mutuário de um empréstimo em fase de utilização. Aplica-se ao tipo de movimento do código 01.
Valor pago pelo mutuário		Corresponde aos juros pagos pelo mutuário de um empréstimo em fase de utilização ou ao valor da prestação do mutuário, paga num empréstimo em fase de reembolso ou ao valor das amortizações extraordinárias totais ou parciais. Aplica-se aos tipos de movimento dos códigos 02 a 08.
Taxa de juro efectiva anual		Aplica-se aos tipos de movimento dos códigos 02 ou 03 e aos tipos de movimento dos códigos 05 a 08 desde que a data de movimento seja coincidente com a data do vencimento.
Saldo em dívida ou total utilizado no início do período.		
Valor da bonificação sem capitalização		

Bonificação anual ou bonificação correspondente ao período da anuidade em que se verificou uma amortização total.		A preencher nos seguintes casos:
		  No registo relativo à última prestação de uma anuidade correspondente a prestações em situação regular;
		  Quando se verifica uma amortização total do contrato;
		  Quando, no decurso de uma anuidade, houver regularização de prestações correspondentes a anuidades anteriores.
		Para os contratos em fase de reembolso corresponde ao somatório das bonificações e das respectivas capitalizações. A capitalização é calculada tendo em conta a taxa em vigor no início de cada período subsequente de contagem de juros.
		Para os contratos em fase de utilização, corresponde ao somatório das bonificações calculadas tendo em conta a taxa de referência para o cálculo de bonificações.
		Aplica-se aos tipos de movimento dos códigos 02, 03 e 05 a 08.

Valor da devolução das bonificações acrescida de 10%.		A preencher no caso de se verificar uma alienação que dê lugar a devolução de bonificações nos termos do artigo 12.º do Decreto-Lei n.º 349/98, de 11 de Novembro. Aplica-se ao tipo de movimento do código 07.
Valor da devolução das bonificações acrescida de 25%.		A preencher no caso de se verificar prestação de falsas declarações que dê lugar a devolução de bonificações nos termos do artigo 29.º-A do Decreto-Lei n.º 349/98, de 11 de Novembro. Aplica-se aos tipos de movimento dos códigos 02 e 03.

29.5.3.4. *Instrução do Banco de Portugal n.º 27/2003, de 17 de Novembro*[539]

O Jornal Oficial das Comunidades Europeias publicou, em 10 de Março de 2001, a Recomendação da Comissão n.º 2001/193/CE (Recomendação), que versa sobre as informações a prestar pelas instituições mutuantes antes da celebração de contratos de empréstimo à habitação

Como é referido nos considerandos da Recomendação, a celebração de um contrato de empréstimo à habitação é frequentemente o compromisso financeiro mais importante dos clientes das instituições de crédito, sendo fundamental que as condições aplicáveis na Comunidade sejam transparentes e comparáveis.

Dentro do espírito que presidiu à elaboração da Recomendação, o Banco de Portugal, pela Carta Circular n.º 20/2001/DSB, de 2 de Agosto de 2001, sublinhou a importância da observação dos procedimentos constantes daquele instrumento comunitário.

Embora se reconheça que a maioria das instituições aderiu ao Código de Conduta Voluntário que resultou das negociações, sob os auspícios da Comissão, entre as associações e federações representantes dos credores e dos mutuários, verifica-se, porém, que alguns dos objectivos visados com a publicação da referida Carta Circular não terão sido plenamente conseguidos.

Por outro lado, quer o Decreto-Lei n.º 220/94, de 23 de Agosto, quer o Aviso n.º 1/95, de 16 de Fevereiro, tiveram por objectivo que aos clientes das instituições de crédito e sociedades financeiras sejam disponibilizadas informações que lhes permitam, por um lado, formular juízos comparativos sobre as condições financeiras que o mercado oferece para as operações ou serviços que pretendem contratar e, por outro lado, conhecer, de forma adequada, os custos efectivos associados àquelas operações ou serviços. São essas, aliás, as razões da introdução, no mencionado decreto-lei, do conceito de taxa anual efectiva (TAE) e dos requisitos em matéria de prestação de informações aos clientes a respeito da mesma taxa.

A transposição para o nosso direito dos procedimentos mais relevantes da Recomendação, que se mostrem adequados ao nosso sistema jurídico, pode contribuir para que os clientes das instituições de crédito formulem um juízo mais consistente sobre os compromissos que se propõem assumir no âmbito de um crédito hipotecário e gerar um quadro mais preciso, para ambas as partes, das condições do negócio.

A consolidação num documento, a assinar pelas partes numa fase pré-contratual, dos parâmetros fundamentais do contrato que os interessados se propõem negociar é também um factor de redução da conflitualidade entre as instituições e os seus

---

[539] Boletim Oficial do Banco de Portugal n.º 11/2003, de 17 de Novembro.

clientes o que contribui para reforçar o ambiente de confiança e de estabilidade do sistema financeiro.

Aproveita-se o ensejo para incorporar na presente Instrução o essencial de duas cartas-circulares emitidas sobre aspectos ligados à transparência no domínio dos empréstimos à habitação.

Assim, no uso da competência que lhe é atribuída pelo artigo 17.º da sua Lei Orgânica, o Banco de Portugal determina:

1. A presente Instrução aplica-se à actividade da concessão de empréstimos à habitação.

2. Para efeitos da presente Instrução:
 a) É considerado empréstimo à habitação qualquer crédito concedido para aquisição ou para transformação de um bem imóvel, destinado à habitação do adquirente ou do proprietário, garantido por hipoteca ou por qualquer outra garantia especial;
 b) TAE é a taxa anual efectiva, prevista na alínea *d)* do art.º 2.º do Decreto- -Lei n.º 220/94, de 23 de Agosto.

2. Sem prejuízo de outra informação disponível ao público, nas negociações preliminares à celebração de um empréstimo à habitação, as instituições de crédito devem habilitar os interessados com a seguinte informação mínima de carácter geral:
 a) Descrição dos tipos de empréstimo à habitação disponíveis, acompanhada por uma breve apresentação das diferenças entre produtos com taxa fixa e com taxa variável com indicação das principais implicações para o cliente;
 b) Garantias exigidas (por exemplo, hipoteca, fiança, seguro de vida, penhor de títulos);
 c) Custo, se for o caso, da apreciação de uma proposta de concessão do crédito, nomeadamente, os resultantes de avaliações a efectuar e informação sobre se tais custos serão cobrados mesmo no caso de recusa da proposta pela instituição mutuante;
 d) Outros custos conexos, tais como, custos administrativos, custos de seguro, encargos legais, custos com intermediários, etc.;
 e) Opções oferecidas para o reembolso do empréstimo (incluindo o número, periodicidade e montante das prestações, se for caso disso);
 f) Possibilidade ou não de reembolso antecipado (em caso afirmativo, devem ser precisadas as respectivas condições, nomeadamente no que toca aos custos a suportar pelos mutuários);
 g) Informação geral relativa à existência de benefícios fiscais em relação aos juros dos empréstimos, ou outras subvenções públicas disponíveis, ou indicação do local onde poderão ser obtidas informações mais pormenorizadas;
 h) Indicação sobre a adesão ou não da instituição de crédito a um código de conduta e, se for o caso, sobre o local onde pode ser facilmente consultado.

4. No caso de não ser possível concretizar com exactidão alguma da informa-

29.5.3.4. Informações a prestar no âmbito do crédito à habitação

ção enunciada no número anterior, esta deve ser fornecida por estimativa, com a indicação expressa desse facto.

5. A informação relativa ao serviço da dívida de um empréstimo a taxa variável deve incluir um exemplo que mostre o impacto da subida da taxa de juro de 1 e de 2 pontos percentuais.

6. As instituições mutuantes devem incluir a informação enunciada nos números precedentes num único documento.

7. Logo que seja autorizado um empréstimo à habitação a instituição mutuante deve elaborar uma Ficha de Informação Normalizada, que inclua pelo menos os seguintes elementos:
   a) Identificação do mutuário;
   b) Descrição do produto, indicando, nomeadamente a(s) garantia(s) exigida(s);
   c) Taxa nominal, indicando o tipo de taxa e a duração do período de taxa fixa, se for o caso, especificando a forma como a taxa varia, nomeadamente a periodicidade da sua revisão, precisando se a taxa variável se encontra ou não ligada a um índice e fornecendo pormenores relativos ao eventual mecanismo de indexação;
   d) TAE;
   e) Montante do crédito concedido e moeda de denominação;
   f) Duração do contrato;
   g) Número e periodicidade das prestações;
   h) Montante de cada prestação, indicando a componente de capital e de juros nela incluída;
   i) Indicação dos custos iniciais que o mutuário deverá suportar independentemente da celebração do contrato; tais custos podem incluir, por exemplo, custos administrativos, honorários jurídicos, avaliação do imóvel, etc.;
   j) Indicação de custos adicionais que decorram da eventual subscrição de seguros;
   k) Informações relativas à possibilidade e às modalidades de reembolso antecipado, incluindo indicações sobre todos os encargos aplicáveis;
   l) Plano de amortização resumido, que inclua, pelo menos, o montante das prestações mensais ou trimestrais (se for caso disso) durante o primeiro ano e a evolução dos montantes anuais relativamente ao período total do empréstimo. Este plano deve incluir os montantes relativos ao reembolso do capital, ao pagamento dos juros, ao capital em dívida, ao montante de cada prestação e ao total do capital e dos juros;
   m) Plano de amortização nos termos referidos na alínea l), com taxas de juro acrescidas de 1 e 2 pontos percentuais;
   n) Indicação, se for o caso, da obrigação de abertura de uma conta bancária e de domiciliação de ordenado(s) junto da instituição mutuante;
   o) Período de reflexão ou indicação de que o mutuário renunciou expressamente a essa faculdade.

Instrução do Banco de Portugal n.º 27/2003, de 17 de Novembro **29.5.3.4.**

8. A Ficha prevista no número anterior deve ser assinada por ambas as partes, sendo um exemplar destinado ao cliente.

9. No caso de a concessão do crédito implicar a imposição abertura de uma conta de depósitos à ordem e a sua manutenção durante a vida do empréstimo, as despesas relativas a comissões de gestão, manutenção ou outras de igual natureza, eventualmente praticadas pelas instituições de crédito, devem ser tidas em consideração para efeitos de cálculo da TAE.

10. As contas de depósito exclusivamente ligadas ao serviço da dívida dos empréstimos à habitação só podem ser oneradas com quaisquer comissões, ou as comissões eventualmente praticadas aumentar de custo, nos mesmos termos em que seja possível, face ao contrato celebrado, modificar a taxa de juro do empréstimo.

11. A presente Instrução entre em vigor 60 dias após a data da sua publicação.

29.5.4. Crédito a deficientes

29.5.4.1. *Decreto-Lei n.º 43/76, de 20 de Janeiro*[540]

O Estado Português considera justo o reconhecimento do direito à plena reparação de consequências sobrevindas no cumprimento do dever militar aos que foram chamados a servir em situação de perigo ou perigosidade e estabelece que as novas disposições sobre a reabilitação e assistência devidas aos deficientes das forças armadas (DFA) passem a conter o reflexo da consideração que os valores morais e patrióticos por eles representados devem merecer por parte da Nação.

As leis promulgadas até 25 de Abril de 1974 não definem de forma completa o conceito de DFA, o que deu lugar a situações contraditórias, como a marginalização dos inválidos da 1.ª Grande Guerra e dos combatentes das campanhas ultramarinas, e criou injustiças aos que se deficientaram nas campanhas pós-1961, além de outros. Do espírito dessas leis, em geral, não fez parte a preocupação fundamental de encaminhar os deficientes para a reabilitação e integração social, não se fez justiça no tratamento assistencial e não se respeitou o princípio da actualização de pensões e outros abonos, o que provocou, no seu conjunto, situações económicas e sociais lamentáveis.

O presente diploma parte do princípio de que a integração social e as suas fases precedentes, constituindo um caminho obrigatório e um dever nacional, não exclusivamente militar, devem ser facultadas aos DFA, com o fim de lhes criar condições para a colocação em trabalho remunerado. Dele igualmente consta a materialização da obrigação de a Nação lhes prestar assistência económica e social, garantindo a sobrevivência digna, porque estão em jogo valores morais estabelecidos na sequência do reconhecimento e reparação àqueles que no cumprimento do dever militar se diminuíram, com consequências permanentes na sua capacidade geral de ganho, causando problemas familiares e sociais.

A execução da política nacional sobre reabilitação e integração social compete à Comissão Permanente de Reabilitação (CPR), enquanto não for criado o Secretariado Nacional de Reabilitação. Nas esferas militares aquela é coadjuvada pela Comissão Militar de Reabilitação e Assistência (CMRA), cuja missão específica é contribuir para a solução dos problemas dos DFA e, complementarmente, prestar-lhes auxílio sob todas as formas ao seu alcance, estabelecendo outras medidas tendentes ao aperfeiçoamento e rapidez dos processos de reabilitação e integração social ou tomando parte activa nos circuitos e meios de assistência aos seus deficientes.

---

[540] DR I Série, n.º 16/76, de 20 de Janeiro, 97-103.

O direito à opção entre o serviço activo que dispense plena validez e as pensões de reforma extraordinária ou de invalidez será agora possível para todos os DFA, quer sejam dos quadros permanentes ou do complemento, com plena independência do posto ou graduação, bastando que as autoridades militares considerem suficiente a sua capacidade geral de ganho restante e verifiquem estar resolvidos favoravelmente os problemas da reabilitação profissional militar. No entanto, o estabelecido no Decreto-Lei n.º 210/73 sobre o direito de opção pelo serviço activo é mantido em vigor ainda e enquanto houver DFA cujas datas de início de acidente sejam relacionadas com as campanhas do ultramar pós-1961, a fim de contemplar todos esses casos do mesmo modo, como é justo.

Entre as inovações a destacar neste decreto-lei avultam o alargamento do regime jurídico dos DFA aos casos que, embora não relacionados com campanha ou equivalente, justifiquem, pelo seu circunstancialismo, o mesmo critério de qualificação; a aplicação do princípio de actualização de todas as pensões e abonos devidos aos DFA, sempre que houver alteração de vencimentos e outros abonos do activo; a instituição do abono suplementar de invalidez, em função da percentagem de incapacidade e do salário mínimo nacional que vigorar, como compensação pelos danos morais e físicos sofridos; a atribuição de uma prestação suplementar de invalidez, de valor independente do posto, a fim de minorar os encargos resultantes de reconhecida necessidade de acompanhante, e a permissão de acumulação das pensões devidas aos DFA com outras remunerações que percebam, até ao limite autorizado pela lei geral.

É também concedido a todos os DFA um conjunto de direitos e regalias sociais e económicas, a título assistencial e como suporte de condições sociais e familiares mais adequadas, considerando, embora, que os mais atingidos deverão desfrutar de regalias mais amplas, em razão da sua maior necessidade.

É reconhecido o direito à concessão de pensão de preço de sangue, independentemente da causa da morte do DFA.

Nestes termos:

Usando da faculdade conferida pelo artigo 3.º, n.º 1, alínea 3), da Lei Constitucional n.º 6/75, de 26 de Março, o Governo decreta e eu promulgo, para valer como lei, o seguinte:

ARTIGO 1.º
Definição de deficiente das forças armadas

1 – O Estado reconhece o direito à reparação que assiste aos cidadãos portugueses que, sacrificando-se pela Pátria, se deficientaram ou se deficientem no cumprimento do serviço militar e institui as medidas e os meios que, assegurando as adequadas reabilitação e assistência, concorrem para a sua integração social.

2 – É considerado deficiente das forças armadas portuguesas o cidadão que:
No cumprimento do serviço militar e na defesa dos interesses da Pátria adquiriu uma diminuição na capacidade geral de ganho;
quando em resultado de acidente ocorrido:

29.5.4.1. *Crédito a deficientes*

Em serviço de campanha ou em circunstâncias directamente relacionadas com o serviço de campanha, ou como prisioneiro de guerra;
Na manutenção da ordem pública;
Na prática de acto humanitário ou de dedicação à causa pública; ou
No exercício das suas funções e deveres militares e por motivo do seu desempenho, em condições de que resulte, necessariamente, risco agravado equiparável ao definido nas situações previstas nos itens anteriores;
vem a sofrer, mesmo a posteriori, uma diminuição permanente, causada por lesão ou doença, adquirida ou agravada, consistindo em:
Perda anatómica; ou
Prejuízo ou perda de qualquer órgão ou função, tendo sido, em consequência, declarado, nos termos da legislação em vigor:
Apto para o desempenho de cargos ou funções que dispensem plena validez; ou
Incapaz do serviço activo; ou
Incapaz de todo o serviço militar.

3 – Não é considerado DFA o militar que contrair ou sofrer doenças ou acidentes intencionalmente provocados pelo próprio, provenientes de acções ou omissões por ele cometidas contra ordens expressas superiores ou em desrespeito das condições de segurança determinadas por autoridades competentes, desde que não justificadas.

ARTIGO 2.º
Interpretação de conceitos contidos no artigo 1.º

1 – Para efeitos de definição constante do n.º 2 do artigo 1.º deste decreto-lei, considera-se que:
   a) A diminuição das possibilidades de trabalho para angariar meios de subsistência, designada por "incapacidade geral de ganho", deve ser calculada segundo a natureza ou gravidade da lesão ou doença, a profissão, o salário, a idade do deficiente, o grau de reabilitação à mesma ou outra profissão, de harmonia com o critério das juntas de saúde de cada ramo das forças armadas, considerada a tabela nacional de incapacidade;
   b) É fixado em 30% o grau de incapacidade geral de ganho mínimo para o efeito da definição de deficiente das forças armadas e aplicação do presente decreto-lei.

2 – O "serviço de campanha ou campanha" tem lugar no teatro de operações onde se verifiquem operações de guerra, de guerrilha ou de contraguerrilha e envolve as acções directas do inimigo, os eventos decorrentes de actividade indirecta de inimigo e os eventos determinados no decurso de qualquer outra actividade terrestre, naval ou aérea de natureza operacional.

3 – As "circunstâncias directamente relacionadas com o serviço de campanha" têm lugar no teatro de operações onde ocorram operações de guerra, guerrilha ou de contraguerrilha e envolvem os eventos directamente relacionados com a actividade operacional que pelas suas características impliquem perigo em circunstâncias de contacto possível com o inimigo e os eventos determinados no decurso de qualquer

outra actividade de natureza operacional, ou em actividade directamente relacionada, que pelas suas características próprias possam implicar perigosidade.

4 – "O exercício de funções e deveres militares e por motivo do seu desempenho, em condições de que resulte, necessariamente, risco agravado equiparável ao definido nas situações previstas nos itens anteriores", engloba aqueles casos especiais, não previsíveis, que, pela sua índole, considerado o quadro de causalidade, circunstâncias e agentes em que se desenrole, seja identificável com o espírito desta lei.

A qualificação destes casos compete ao Ministro da Defesa Nacional, após parecer da Procuradoria-Geral da República.

ARTIGO 3.º
Manutenção da qualidade de DFA

Os cidadãos a quem, ao abrigo do presente diploma, seja reconhecida a qualidade de deficiente das forças armadas e que, por força de leis gerais ou especiais já promulgadas ou a promulgar, venham a perder a qualidade de militares continuarão, independentemente deste facto, a ser considerados DFA e a usufruir dos direitos e regalias, bem como a obrigar-se aos deveres que neste diploma lhes são consignados.

ARTIGO 4.º
Reabilitação dos deficientes das forças armadas

1 – A reabilitação consiste no desenvolvimento e completo aproveitamento das capacidades restantes dos DFA e é continuada até que seja recuperado o máximo possível de eficiência física, mental e vocacional, com o fim de obter, por meio de trabalho remunerado, a melhor posição económica e social compatível.

2 – Sendo um direito que assiste aos DFA, a reabilitação constitui um processo global e contínuo; efectiva-se pela reabilitação médica e vocacional, é complementada pela educação especial e culmina com a integração nos meios familiar, profissional e social.

3 – Finda a reabilitação médica, os DFA serão obrigatoriamente presentes a uma junta técnica de reabilitação, do âmbito da CPR, que avaliará as suas capacidades profissionais, encaminhando-os para os centros de reabilitação respectivos, nacionais ou estrangeiros, quando julgado necessário.

4 – A reabilitação do DFA deve ser conduzida, sempre que possível, na família e no próprio meio social e profissional. O internamento será restringido aos casos em que não possa ser efectivada em regime ambulatório ou domiciliário.

5 – Quando o DFA não puder ingressar nos quadros normais de trabalho, deverá ser colocado em qualquer modalidade de trabalho protegido, a fim de exercer actividade profissional compatível com o grau das suas possibilidades.

6 – Do pleno direito à reabilitação decorre para o DFA o dever de exercer a actividade profissional para que foi reabilitado, o que terá de comprovar sempre que a entidade competente o solicite.

7 – Sempre que a CPR constate que determinado DFA não se encontra no exercício das suas actividades profissionais, diligenciará no sentido de, no mais curto espaço de tempo, o colocar em trabalho remunerado e compatível, através do órgão competente do Ministério do Trabalho.

8 – Sempre que os DFA, por negligência ou culpabilidade comprovada em processo de inquérito, se neguem a colaborar no referido no número anterior, poderá ser-lhes descontado até um terço do total da pensão, por decisão do órgão competente a criar na CPR.

9 – Será fornecido gratuitamente aos DFA todo o equipamento protésico, plástico, de locomoção, auxiliar de visão e outros considerados como complementos ou substitutos da função ou órgão lesado ou perdido.

10 – Em todas as circunstâncias será garantida a manutenção ou substituição do material referido no número anterior, sempre que necessário e a expensas do Estado.

ARTIGO 5.º
Assistência social aos deficientes das forças armadas

1 – A assistência social é da responsabilidade do Estado e tem por objectivo evitar ou eliminar dificuldades de natureza familiar, social e económica em que possam vir a achar-se os DFA que, em primeira prioridade, não sejam reabilitáveis ou cuja reabilitação não tem possibilidade de vir a ser satisfatória e, em segunda prioridade, tenham restrita capacidade geral de ganho.

2 – Os DFA cuja reabilitação não é ou não tem possibilidade de vir a ser satisfatória podem ser colocados no domicílio e receber apoio assistencial especial ou ser internados em estabelecimentos apropriados, consoante o seu desejo manifesto.

3 – Os DFA gozarão de medidas de protecção, tais como facilidades no acesso aos alojamentos, aos transportes, aos locais de trabalho e a outros locais públicos.

4 – Compete às autoridades militares, através da CMRA, adoptar as medidas previstas neste diploma que, coordenadas com a acção no mesmo sector de outros Ministérios, terão por fim assegurar justa e adequada protecção e auxílio aos DFA, de acordo com os conceitos de reabilitação e assistência expressos neste decreto-lei.

ARTIGO 6.º
Juntas de saúde e juntas extraordinárias de recurso

1 – Logo que concluída a reabilitação médica, os militares serão presentes às juntas de saúde de cada ramo das forças armadas, que julgarão da sua aptidão para todo o serviço ou verificarão a diminuição permanente, nos termos e pelas causas constantes dos artigos 1.º e 2.º deste Decreto-Lei, exprimindo-a em percentagem de incapacidade.

2 – Para os efeitos do julgamento a que se refere o artigo anterior, as juntas de saúde devem ter prévio conhecimento do despacho que, em conformidade com o n.º 2 do artigo 1.º deste decreto-lei, mereceu o apuramento das circunstâncias em que se produziu o acidente, competindo ao estabelecimento hospitalar onde aquela junta se

reúna providenciar, em tempo oportuno, para que, no processo do militar que lhe seja presente, conste cópia autêntica do despacho referido.

3 – Os DFA podem requerer revisão do processo, dentro dos dez anos posteriores à data da fixação da pensão, uma vez em cada semestre, nos dois primeiros anos, e uma vez por ano, nos anos imediatos, quando a sua capacidade geral de ganho sofra agravamento, por qualquer motivo que não seja dos referidos no n.º 3 do artigo 1.º deste diploma, a fim de serem reclassificados quanto à nova percentagem de incapacidade.

4 – Todas as deliberações das juntas de saúde referidas nos números anteriores carecem de homologação do Chefe do Estado-Maior do respectivo ramo das forças armadas.

ARTIGO 7.º
Direito de opção pela continuação no serviço activo

1 – *a*) Quando a JS concluir sobre a diminuição permanente do DFA, e após ter-lhe atribuído a correspondente percentagem de incapacidade, pronunciar-se-á sobre a sua capacidade geral de ganho restante.

    1) Se esta for julgada compatível com o desempenho de cargos ou funções que dispensem plena validez, informá-lo-á de que poderá optar pela continuação na situação do activo em regime que dispense plena validez, ou pela passagem à situação de reforma extraordinária ou de beneficiário de pensão de invalidez, devendo o DFA prestar imediatamente a declaração relativa a essa opção.

    2) Se não for julgada compatível com o desempenho de cargos ou funções que dispensem plena validez, o DFA, caso discorde, pode prestar declaração de desejar submeter-se a reabilitação vocacional e profissional militar, a qual será objecto de reconhecimento por parte da comissão de reclassificação, cujas missão e composição serão reguladas por portaria.

    3) O DFA será, de seguida, sujeito a exame por parte da JER, a qual se pronunciará, então, em definitivo, tomando também em consideração aquele parecer da comissão de reclassificação (CR);

b) No caso de o DFA optar pela continuação na situação do activo, em regime que dispense plena validez, as juntas remeterão o processo para a comissão de reclassificação, a fim de esta se ocupar dos trâmites relacionados com o seu destino funcional;

c) O exercício do direito de opção a que se refere a alínea *a*) deste artigo é definitivo para os oficiais, sargentos e praças do QP, mas carece do reconhecimento expresso pela comissão de reclassificação, quanto aos resultados positivos da reabilitação vocacional e profissional militar, no caso dos oficiais, sargentos e praças dos quadros do complemento do Exército e Força Aérea e não permanentes da Armada;

d) Quando aquela comissão de reclassificação não puder reconhecer resultados favoráveis na reabilitação vocacional ou nos esforços desenvolvidos na

29.5.4.1. Crédito a deficientes

reabilitação profissional militar pelo DFA, este terá passagem à situação de beneficiário da pensão de invalidez.

2 – Os DFA, se militares do quadro permanente, de graduação igual ou superior a:

Praças do Exército;
Praças da Força Aérea; e
Marinheiros da Armada;

que pelas JS ou JER forem dados como aptos para o desempenho de cargos ou funções que dispensem plena validez, podem optar pela continuação na situação do activo, em regime que dispense plena validez, ou pela passagem à situação de reforma extraordinária.

3 – Os DFA, se militares dos:

QC do Exército e Força Aérea; ou
Quadros não permanentes da Armada;
de posto igual ou superior a:
Soldado recruta do Exército ou Força Aérea; ou Segundo-grumete da Armada;

que pelas JS ou JER forem dados como aptos para o desempenho de cargos ou funções que dispensem plena validez e que pela comissão de reclassificação forem considerados com adequada reabilitação vocacional e profissional militar podem optar pela continuação na situação do activo, em regime que dispense plena validez, ou pela situação de beneficiário da pensão de invalidez.

4 – Os DFA, se do QP, de graduação igual ou superior a:

Praças do Exército; ou
Praças da Força Aérea; ou
Marinheiros da Armada;
e do QC do Exército ou da Força Aérea e dos quadros não permanentes da Armada, de posto igual ou superior a:
Soldado recruta do Exército ou Força Aérea; ou Segundo-grumete da Armada;

que pelas JS ou JER forem dados como aptos para o desempenho de cargos ou funções que dispensem plena validez, mas que não optaram pela continuação na situação do activo em regime que dispense plena validez, ou incapazes do serviço activo ou incapazes de todo o serviço militar, têm passagem à situação de reforma extraordinária ou à de beneficiário de pensão de invalidez.

ARTIGO 8.º
Militares não considerados DFA

Os militares que se diminuíram e não forem considerados nos termos deste decreto-lei como DFA serão encaminhados, após a conclusão da sua reabilitação médica, para os serviços de reabilitação e integração social e assistência, beneficiando do regime geral dos acidentados civis de trabalho, sem prejuízo dos benefícios directos que possam receber por parte das forças armadas, enquanto estiverem nas fileiras.

ARTIGO 9.º
Cálculo da pensão de reforma extraordinária ou de invalidez

O montante da pensão de reforma extraordinária ou da pensão de invalidez devido aos militares considerados DFA nos termos deste diploma será sempre calculado por inteiro.

ARTIGO 10.º
Abono suplementar de invalidez

1 – Aos DFA reconhecidos nos termos deste diploma que percebam:
Vencimento, após opção pelo serviço activo; ou
Pensão de reforma extraordinária; ou
Pensão de invalidez;
é concedido um abono suplementar de invalidez, de montante independente do seu posto, como forma de compensação da diminuição da sua capacidade geral de ganho e que representa uma reparação pecuniária por parte da Nação.

2 – O quantitativo do abono suplementar de invalidez agora instituído é calculado pelo produto da percentagem de incapacidade arbitrada ao DFA pela JS e homologada ministerialmente, pelo valor da remuneração mínima mensal devida por trabalho em tempo completo, conforme a legislação que vigorar.

ARTIGO 11.º
Prestação suplementar de invalidez

1 – Aos DFA a quem for atribuída uma percentagem de incapacidade igual ou superior a 90% e que tenham sofrido lesões profundas ou limitação de movimentos que lhes impossibilitem a liberdade de acção é devido o pagamento de prestação suplementar de invalidez, de montante independente dos seus postos, que se destina a custear os encargos da utilização de serviços de acompanhante, caso a sua necessidade se reconheça.

2 – A prestação suplementar de invalidez é calculada pelo produto da percentagem de incapacidade arbitrada ao DFA pela JS e homologada ministerialmente, pelo valor da remuneração mínima mensal devida por trabalho em tempo completo, conforme a legislação que vigorar.

3 – A verificação da necessidade de utilizar os serviços de acompanhante será feita pela JS, sendo esta decisão revista cada três anos.

4 – A prestação suplementar de invalidez não será abonada enquanto os DFA estiverem hospitalizados ou internados a expensas do Estado.

ARTIGO 12.º
Actualização automática de pensões e abonos dos DFA

1 – As pensões dos mutilados e inválidos da guerra de 1914-1918, as dos actuais deficientes fixadas independentemente da percentagem de incapacidade e as pensões de reforma extraordinária ou de invalidez atribuídas aos DFA serão actualizadas automaticamente com relação aos correspondentes vencimentos dos militares do mesmo posto ou graduação na situação do activo, tomando-se para as praças, como base, o pré mensal de marinheiros dos quadros permanentes da Armada.
2 – Da mesma forma, o abono suplementar de invalidez será automaticamente actualizado sempre que se verificar alteração ao salário mínimo nacional.
3 – Igualmente, o mesmo princípio de actualização automática será aplicado à prestação suplementar de invalidez e outros abonos que eventualmente venham a ser atribuídos aos DFA, a fim de acompanhar a subida do custo de vida.
4 – A actualização automática das pensões, abonos e prestação suplementar não dispensa o pedido do interessado, mediante requerimento que deverá dar entrada na Caixa Geral de Aposentações.

ARTIGO 13.º
Acumulação de pensões e vencimentos

1 – Os beneficiários de pensões de reforma extraordinária ou de invalidez concedidas nos termos deste diploma não são abrangidos pelo disposto nos artigos 78.º e 79.º e na alínea *b*) do n.º 1 do artigo 82.º do Decreto-Lei n.º 498/72, de 9 de Dezembro, e nos artigos 23.º e 24.º do Decreto-Lei n.º 26115, de 23 de Novembro de 1935, podendo, quando exercerem funções remuneradas, excepto ao serviço das forças armadas, acumular a totalidade daquelas pensões, com a remuneração do cargo em que forem providos.
2 – Aos DFA que, tendo sido beneficiários de qualquer tipo de pensão, por conta de deficiência contraída, e nos termos dos artigos 78.º e 79.º e alínea *b*) do n.º 1 do artigo 82.º do Decreto-Lei n.º 498/72, de 9 de Dezembro, ou de outra legislação análoga que lhes tenha sido anteriormente aplicada, tiveram que renunciar ao direito à pensão, por exercerem funções remuneradas no Estado ou organismos públicos, serão de novo fixadas as pensões nos quantitativos que lhes forem devidos nos termos deste diploma.
3 – Nos casos em que a acumulação da pensão com o vencimento correspondente ao cargo exercido exceder o limite legal máximo, a parte em excesso reverterá para a Junta Nacional de Pensões.

ARTIGO 14.º
Direitos e regalias dos DFA

1 – A todos os DFA, se reconhecidos nos termos deste diploma, é concedido um conjunto de direitos de natureza social e económica, na dependência da sua per-

centagem de incapacidade, como suporte de condições familiares e sociais mais adequadas à sua situação, os quais, sendo pessoais e intransmissíveis, são os discriminados nos números seguintes.

2 – Direito ao uso de cartão de DFA:

a) O cartão de DFA não substitui o bilhete de identidade civil ou militar, mas destina-se a consignar o conjunto de direitos de natureza social e económica que, em função da percentagem de incapacidade, são próprios de cada DFA, devendo ser exibido pelo portador sempre que solicitado, a fim de se evidenciar ou demonstrar a legalidade do uso ou gozo desses direitos;

b) O cartão de DFA será emitido pela direcção do serviço de pessoal do ramo das forças armadas a que o militar pertencer na data em que for considerado DFA, tarjado a vermelho, numerado, e conterá no verso a indicação dos direitos dos DFA consignados legalmente.

No anverso figurarão, além da fotografia do portador e seus elementos de identificação, o grupo sanguíneo, o factor RH, a percentagem de incapacidade, a data da homologação ministerial e a data da emissão;

c) Os titulares do cartão de DFA devem devolvê-lo à entidade que os emitiu:

Para efeitos de substituição, quando ocorra qualquer alteração dos dados constantes do cartão;

Quando for determinado superiormente por ter cessado o direito ao respectivo uso;

d) As DSP de cada um dos três ramos das forças armadas devem enviar até ao dia 15 de Janeiro de cada ano, ao Ministério da Defesa Nacional, as listas actualizadas de DFA, a fim de este Ministério delas dar conhecimento à Direcção-Geral de Transportes Terrestres.

3 – Alojamento e alimentação por conta do Estado quando em deslocações justificadas por adaptação protésica ou tratamento hospitalar:

a) Quando o DFA tiver necessidade de adaptação de próteses ou outro tratamento hospitalar, apresentar-se-á à autoridade médico-militar da área da sua residência, que, uma vez comprovada tal necessidade, lhe passará guia de consulta para o hospital ou centro de reabilitação adequado e providenciará junto da unidade ou estabelecimento militar respectivo para que seja garantido o transporte necessário, considerando a situação do DFA;

b) O DFA ficará internado no hospital ou centro referidos, ou, caso tal não seja aconselhável ou possível, apresentado na companhia ou depósito de adidos, messe ou similar, com direito a alojamento e alimentação por conta do Estado, bem assim como o transporte para os locais de tratamento, caso se justifique.

4 – Redução nos transportes dos caminhos de ferro e voos TAP de cabotagem:

a) O DFA tem direito à redução de 75% sobre as tarifas gerais dos transportes nos caminhos de ferro nacionais, a qual se realizará pela simples apresentação do cartão de DFA nas bilheteiras dessas empresas;

b) O DFA tem direito à redução de 50% nos bilhetes dos TAP respeitantes a viagens nas linhas de cabotagem daquela companhia, a qual se realizará pela simples apresentação do cartão de DFA nas agências da empresa.

5 – Tratamento e hospitalização gratuitos em estabelecimentos do Estado:

Os DFA têm direito a tratamento médico-cirúrgico e medicamentoso e/ou hospitalização gratuitos em estabelecimento hospitalar do Estado, bem como a quaisquer meios auxiliares de diagnóstico, quando a natureza da moléstia que justifique o tratamento ou internamento estiver directamente relacionada com a lesão que determinou a deficiência.

6 – Isenção de selo de propinas de frequência e exame em estabelecimento de ensino oficial e uso gratuito de livros e material escolar:

  a) Os DFA são admitidos nos estabelecimentos não militares de ensino oficial de todos os graus e ramos, com isenção de selo de propinas de frequência e exame;
  b) Os DFA têm direito ao uso gratuito de livros e material escolar.

7 – Prioridade na nomeação para cargos públicos ou para cargos de empresas com participação maioritária do Estado:

  a) O DFA tem preferência, em igualdade de condições com outros candidatos, no provimento em quaisquer lugares do Estado, dos institutos públicos, incluindo os organismos de coordenação económica, das autarquias locais, das instituições de previdência social, das pessoas colectivas de utilidade pública administrativa e das empresas com participação financeira maioritária do Estado;
  b) As colocações devem ser requeridas pelos interessados, com conhecimento da CMRA, directamente à entidade a quem compete a nomeação para provimento do lugar.

8 – Concessões especiais para aquisição de habitação própria:

O DFA tem direito à aquisição ou construção de habitação própria nas mesmas condições que vierem a ser estabelecidas para os trabalhadores das instituições de crédito nacionalizadas.

9 – Direito a associação nos Serviços Sociais das Forças Armadas (SSFA):

O DFA passa a ter direito à inscrição como sócio nos SSFA para todos os fins consignados no seu estatuto.

ARTIGO 15.º
Extensão de regalias para os DFA com percentagem de incapacidade igual ou superior a 60%

1 – Aos DFA com percentagem de incapacidade igual ou superior a 60% é concedida a extensão de regalias, em razão da sua maior necessidade, referida nos números seguintes.

2 – Isenção de taxa e emolumentos na aquisição de automóvel utilitário:

  a) Aos DFA com percentagem de incapacidade igual ou superior a 60% é conferido o direito à isenção total de taxas, direitos e emolumentos na aquisição de automóvel ligeiro de passageiros para uso próprio, de modelo utilitário;
  b) A isenção de que trata a alínea anterior não pode ser fruída por cada DFA beneficiário deste direito para mais do que um veículo em cada cinco anos,

exceptuando-se os casos de acidente involuntário com danos irrecuperáveis, roubo ou outro motivo extraordinário que conduza à eliminação da viatura em circunstâncias justificadas, a comprovar pela autoridade militar competente;
c) No caso de venda do automóvel assim adquirido antes de completado o período de cinco anos, o DFA beneficiário terá de repor ao Estado o montante da taxa e dos emolumentos proporcional ao período que faltar para o termo daquele prazo.

3 – Adaptação de automóvel do DFA:
Será custeada pelo Estado e realizada em estabelecimento fabril dependente das forças armadas a transformação e adaptação dos automóveis ligeiros de passageiros de uso privativo dos DFA com percentagem de incapacidade igual ou superior a 60%.

4 – Isenção do imposto sobre uso e fruição de veículos:
Os veículos utilitários ligeiros cujo único proprietário é DFA com incapacidade igual ou superior a 60% são isentos do imposto anual sobre veículos, determinado pela legislação em vigor, devendo para o efeito observar-se o que consta em diploma especial sobre o assunto.

5 – Recolhimento em estabelecimento assistencial do Estado:
Os DFA com percentagem de incapacidade igual ou superior a 60% poderão ser recolhidos em estabelecimentos assistenciais do Estado, por sua expressa vontade.

ARTIGO 16.º
Pensão de preço de sangue

1 – Será sempre concedida pensão de preço de sangue por morte dos DFA que tenham percentagem de incapacidade igual ou superior a 60%, mesmo que a morte não tenha resultado da causa determinante da deficiência.

2 – Para reconhecimento dos beneficiários hábeis da pensão de preço de sangue a conceder por morte dos DFA seguir-se-á o disposto na legislação própria.

ARTIGO 17.º
Regalia concedida aos beneficiários da pensão de preço de sangue dos DFA

Passa a ser atribuído aos beneficiários da pensão de preço de sangue dos DFA enquanto julgados hábeis pelo Decreto-Lei n.º 47084, de 9 de Julho de 1966, o direito à assistência pelos Serviços Sociais das Forças Armadas, nos termos do estatuto respectivo, com obrigação de inscrição como sócio.

ARTIGO 18.º
Disposições finais

O presente diploma é aplicável aos:

29.5.4.1. *Crédito a deficientes*

1 – Cidadãos considerados, automaticamente, DFA:
a) Os inválidos da 1.ª Guerra Mundial, de 1914-1918, e das campanhas ultramarinas anteriores;
b) Os militares no activo que foram contemplados pelo Decreto-Lei n.º 44995, de 24 de Abril de 1963, e que pelo n.º 18 da Portaria n.º 619/73, de 12 de Setembro, foram considerados abrangidos pelo disposto no Decreto-Lei n.º 210/73, de 9 de Maio;
c) Os considerados deficientes ao abrigo do disposto no Decreto-Lei n.º 210/73, de 9 de Maio.

2 – Cidadãos que, nos termos e pelas causas constantes do n.º 2 do artigo 1.º, venham a ser reconhecidos DFA após revisão do processo.

3 – Militares que venham a contrair deficiência em data ulterior à publicação deste decreto-lei e forem considerados DFA.

A resolução genérica das dúvidas que este diploma venha a suscitar na sua aplicação compete ao Ministro da Defesa Nacional, em coordenação com o Chefe do Estado-Maior-General das Forças Armadas e/ou com o Ministro das Finanças, quando for caso disso.

Todos os direitos, regalias e deveres dos DFA ficam definidos no presente decreto-lei, com expressa revogação do Decreto-Lei n.º 210/73, de 9 de Maio, excepto os seus artigos 1.º e 7.º

O presente decreto-lei produzirá efeitos a partir de 1 de Setembro de 1975, data a partir da qual terão eficácia os direitos que reconhece aos DFA.

Visto e aprovado em Conselho de Ministros. – *José Baptista Pinheiro de Azevedo – Francisco Salgado Zenha – Jorge de Carvalho Sá Borges.*

Promulgado em 9 de Janeiro de 1976.
Publique-se.
O Presidente da República, FRANCISCO DA COSTA GOMES.

29.5.4.2. Decreto-Lei n.º 230/80, de 16 de Julho[541]

O Decreto-Lei n.º 43/76, de 20 de Janeiro, visando possibilitar a inserção na sociedade dos deficientes das forças armadas, concedeu aos aludidos deficientes um conjunto de direitos e regalias.

De entre os benefícios concedidos consta o previsto no n.º 8 do artigo 14.º do citado diploma legal, nos termos do qual os deficientes das forças armadas usufruem das mesmas condições de crédito para aquisição ou construção de habitação própria que vigorarem para os trabalhadores das instituições de crédito nacionalizadas.

Considerando justificar-se a adopção de idêntica providência para os deficientes civis e militares não abrangidos pelo mencionado normativo:

O Governo decreta, nos termos da alínea *a*) do n.º 1 do artigo 201.º da Constituição, o seguinte:

Artigo único. Aos deficientes civis e aos deficientes das forças armadas não compreendidos no artigo 1.º do Decreto-Lei n.º 43/76, de 20 de Janeiro, uns e outros com grau de incapacidade igual ou superior a 60%, é atribuído o direito à aquisição ou construção de habitação própria nas condições previstas no n.º 8 do artigo 14.º do referido diploma legal.

Visto e aprovado em Conselho de Ministros de 25 de Junho de 1980. – *Francisco Sá Carneiro.*

Promulgado em 7 de Julho de 1980.
Publique-se.
O Presidente da República, ANTÓNIO RAMALHO EANES.

---

[541] DR I Série, n.º 162/80, de 16 de Julho, 1706.

29.5.4.3. Decreto-Lei n.º 541/80, de 10 de Novembro[542]

O Decreto-Lei n.º 230/80, de 16 de Julho, equiparou os deficientes civis e os deficientes das forças armadas com grau de incapacidade igual ou superior a 60% aos deficientes das forças armadas compreendidos no artigo 1.º do Decreto-Lei n.º 43/76, de 20 de Janeiro, para o efeito da atribuição de condições especiais de crédito para aquisição ou construção de habitação própria.

Tendo presente a necessidade de dar cabal consecução ao objectivo pretendido através do citado diploma legal:

O Governo decreta, nos termos da alínea *a*) do n.º 1 do artigo 201.º da Constituição, o seguinte:

Artigo único. O disposto no artigo único do Decreto-Lei n.º 230/80, de 16 de Julho, retroage os seus efeitos à data da entrada em vigor do Decreto-Lei n.º 43/76, de 20 de Janeiro.

Visto e aprovado em Conselho de Ministros de 21 de Outubro de 1980. – *Francisco Sá Carneiro.*

Promulgado em 28 de Outubro de 1980.
Publique-se.
O Presidente da República, ANTÓNIO RAMALHO EANES.

---

[542] DR I Série, n.º 260, de 10-Nov.-1980, 3810.

29.5.4.4. Decreto-Lei n.º 98/86, de 17 de Maio[543]

O Decreto-Lei n.º 43/76, de 20 de Janeiro, e o Decreto-Lei n.º 230/80, de 16 de Julho, estabeleceram direitos e regalias aos deficientes das Forças Armadas e civis, entre os quais o direito de acesso à aquisição ou construção de habitação própria nas condições estabelecidas para os trabalhadores das instituições de crédito nacionalizadas. Importa agora regulamentar a assunção pelo Estado dos encargos decorrentes do diferencial de juros entre os que são pagos pelos mutuários e os que seriam a seu cargo em condições normais de mercado.

Assim:

O Governo decreta, nos termos da alínea *a*) do n.º 1 do artigo 201.º da Constituição, o seguinte:

Artigo 1.º O Estado liquidará às instituições de crédito mutuantes de financiamentos realizados ao abrigo do n.º 8 do artigo 14.º do Decreto-Lei n.º 43/76, de 20 de Janeiro, e do artigo único do Decreto-Lei n.º 230/80, de 16 de Julho, a diferença entre os juros remuneratórios a cargo dos mutuários e os juros correspondentes à aplicação das taxas de juro cobradas pelas mesmas instituições em empréstimos de igual natureza mas não destinados a deficientes.

Art. 2.º Para efeitos de controle e pagamento do diferencial de juros a que se refere o artigo 1.º, as instituições de crédito devem remeter à Direcção-Geral do Tesouro todos os elementos de caracterização das operações de crédito abrangidas pelo presente decreto-lei necessários à determinação dos encargos do Estado e à obtenção de correspondente cobertura orçamental.

Art. 3.º A liquidação dos encargos vencidos até 31 de Dezembro de 1985 terá lugar a partir da entrada em vigor do presente diploma.

Art. 4.º Fica autorizada a Direcção-Geral do Tesouro a inscrever anualmente no cap. 60 "Despesas excepcionais" do orçamento do Ministério das Finanças as dotações necessárias ao pagamento do diferencial de juros a cargo do Estado a que se refere o presente decreto-lei.

Visto e aprovado em Conselho de Ministros de 26 de Março de 1986. – *Aníbal António Cavaco Silva – Miguel José Ribeiro Cadilhe.*

---

[543] DR I Série, n.º 113/86, de 17 de Maio, 1161.

29.5.4.4. *Crédito a deficientes*

Promulgado em 24 de Abril de 1986.
Publique-se.
O Presidente da República, MÁRIO SOARES.

Referendado em 7 de Maio de 1986.
O Primeiro-Ministro, *Aníbal António Cavaco Silva.*

29.5.5. Compra e venda com mútuo

29.5.5.1. *Decreto-Lei n.º 255/93, de 15 de Julho* [544]

Na esteira das recentes medidas que têm vindo a ser adoptadas por forma a facilitar o acesso à habitação, e numa atitude consentânea com a evolução do mercado imobiliário, urge simplificar o regime de formalização dos contratos de compra e venda de imóveis destinados à habitação com mútuo, com ou sem hipoteca, sempre que a entidade mutuante seja uma instituição de crédito autorizada a conceder crédito à habitação, mas sempre com a preocupação de salvaguarda dos interesses dos intervenientes, da segurança negocial e da certeza jurídica.

De acordo com o estabelecido nos artigos 875.º do Código Civil e 89.º do Código do Notariado, a compra e venda respeitante a imóvel só é válida se for efectuada por escritura pública.

A celeridade que caracteriza a vida moderna exige que se encontre um meio de conjugar o rigor e a certeza dos actos praticados pelos cidadãos com a necessidade de simplificar o grau de formalização dos actos e os procedimentos administrativos.

Este desiderato está subjacente à política do Governo no que concerne à transformação e modernização dos registos e do notariado, globalmente orientada para assegurar e potenciar maiores acréscimos de eficiência e eficácia dos cartórios e das conservatórias, com as inerentes vantagens de melhoria da qualidade dos serviços prestados aos utentes.

Esta é, também, a intenção das presentes soluções, que visam substituir a escritura pública por um documento particular de modelo próprio, não só na compra e venda de habitação com recurso ao crédito concedido por instituição autorizada, mas também em outros negócios jurídicos que normalmente lhe são acessórios.

Pelo presente diploma cria-se um novo regime para a formalização dos contratos de compra e venda, com mútuo, garantido ou não por hipoteca de prédios urbanos destinados à habitação, contratos esses que geralmente aparecem inter-relacionados e que, sem pôr em causa os valores de certeza e segurança do comércio jurídico imobiliário, possa dar resposta à dinâmica actual.

Estabelece-se, assim, a possibilidade de a transmissão pela via da compra e venda, de prédio urbano destinado à habitação, quando acompanhada de contrato de mútuo, com ou sem hipoteca, em que a entidade mutuante seja uma instituição de crédito, ser efectuada através de documento particular de modelo próprio.

---

[544] DR I Série-A, n.º 164, de 15-Jul.-1993, 3843-3845.

29.5.5.1. *Compra e venda com mútuo*

Por outro lado, atendendo à evolução do mercado financeiro e às condições diversificadas dos empréstimos para aquisição de habitação que o mesmo actualmente proporciona, e numa óptica de simplificação e de facilitação de uma maior fluidez das transferências de empréstimos, permite-se que os contratos de mútuo com hipoteca relativos ao mesmo edifício ou fracção autónoma celebrados pelo respectivo proprietário com instituição de crédito autorizada a conceder crédito à habitação tenham também lugar mediante documento particular.

Igual simplificação se estende, por razões idênticas, à sub-rogação nos direitos e garantias do credor hipotecário por outra instituição de crédito quando o crédito tenha sido concedido para aquisição de uma habitação.

Paralelamente, estabelecem-se, pelo presente diploma, outras medidas no domínio do direito registral no sentido de uma maior simplificação e celeridade processuais quando na presença de tais contratos.

Assim, e numa acção complementar às inovações ora introduzidas, os registos provisórios de prédios destinados à habitação, requeridos com o fundamento nas alíneas *g*) e *i*) do n.º 1 do artigo 92.º do Código do Registo Predial, passam a gozar de um regime especial, sendo considerados como prioritários, gozando de urgência gratuita, todos os registos provisórios referentes a imóveis destinados à habitação e que se insiram no âmbito do presente diploma.

Por outro lado, passa a ser dispensado o documento comprovativo, por parte da repartição de finanças, da impossibilidade de estabelecer a correspondência matricial. Para tanto, passou a dar-se maior realce às declarações complementares das partes interessadas, seguindo-se idêntico regime para as alterações de denominações da via pública e numeração policial.

Estende-se, por sua vez, o prazo de validade de documentos para efeitos de prova matricial, quando a mesma já tenha sido feita perante a conservatória ou no acto sujeito a registo.

Como também se permite, neste tipo de processos, aquando da sua instrução e em caso disso, que os duplicados que serviram de base à participação do imposto sucessório, apresentados na repartição de finanças para efeitos de imposto sucessório, sejam suficientes para servir de prova de que se encontram assegurados os direitos do fisco.

Por fim, permite-se, também, para comodidade dos utentes, com carácter genérico, que se possam passar a efectuar, sem restrições, quaisquer pedidos de registos pelo correio junto das conservatórias do registo predial.

Assim:

Nos termos da alínea *a*) do n.º 1 do artigo 201.º da Constituição, o Governo decreta o seguinte:

ARTIGO 1.º
Âmbito

O presente diploma regula a compra e venda com mútuo, com ou sem hipoteca, referente a prédio urbano destinado a habitação, ou fracção autónoma para o mesmo fim, desde que o mutuante seja uma instituição de crédito autorizada a conceder crédito à habitação.

ARTIGO 2.º
Forma

1 – Os contratos referidos no artigo anterior podem ser efectuados por documento particular, com reconhecimento de assinaturas, segundo o modelo a aprovar por portaria conjunta dos Ministros das Finanças, da Justiça e das Obras Públicas, Transportes e Comunicações.
2 – O disposto no número anterior é igualmente aplicável aos contratos de mútuo com hipoteca nos quais se titulem novos empréstimos relativos ao mesmo prédio ou fracção, celebrados pelo respectivo proprietário, com instituição de crédito autorizada a conceder crédito à habitação.
3 – Pode igualmente efectuar-se, por documento particular, a sub-rogação nos direitos e garantias do credor hipotecário, nos termos do artigo 591.º do Código Civil, quando o crédito tenha sido concedido para os fins previstos no artigo anterior, por outra instituição de crédito autorizada a conceder crédito à habitação.
4– Os documentos particulares referidos nos números anteriores têm a natureza de título executivo.

ARTIGO 3.º
Registo obrigatório

A transferência de propriedade efectuada pela forma referida no artigo 2.º está sujeita a registo obrigatório, devendo a instituição de crédito promover o respectivo registo na conservatória do registo predial competente.

ARTIGO 4.º
Alteração matricial ou toponímica

Para os efeitos do presente diploma, a prova de correspondência em caso de alteração matricial ou toponímica faz-se nos seguintes termos:
 a) Em caso de substituição das matrizes, a prova da correspondência matricial, se não resultar dos documentos apresentados, pode ser suprida por declaração complementar dos interessados;
 b) Em caso de alteração de denominação de vias públicas e de numeração policial, a prova da correspondência entre a antiga e a nova denominação ou numeração, se não resultar dos documentos apresentados, pode ser feita por certificação, gratuita, da câmara municipal ou por declaração complementar dos interessados.

ARTIGO 5.º
Prova matricial

No âmbito do presente diploma, para a realização de qualquer registo pode comprovar-se o teor da inscrição matricial do prédio por documento emitido com uma antecedência não superior a um ano.

ARTIGO 6.º
Obrigações fiscais

1 – Para efeitos de registo no âmbito do presente diploma, o imposto sobre sucessões e doações considera-se assegurado desde que seja apresentado o duplicado da relação de bens entregue na repartição de finanças competente e dela conste o prédio a que o registo se refere.

2 – Às instituições de crédito compete verificar o correcto preenchimento do modelo referido no n.º 1 do artigo 2.º, liquidar os impostos que forem devidos pela prática dos mesmos actos e proceder à sua entrega nos cofres do Estado, nos termos previstos nos respectivos diplomas legais e no Código do Notariado, bem como dar cumprimento ao disposto no artigo 203.º daquele Código.

ARTIGO 7.º
Prioridade e urgência

Para os efeitos do presente diploma, os registos provisórios requeridos ao abrigo das alíneas *g*) e *i*) do n.º 1 do artigo 92.º do Código do Registo Predial gozam de um regime de prioridade ou urgência gratuita.

ARTIGO 8.º
Emolumentos

No âmbito de aplicação do presente regime, os emolumentos cobrados pelos registos provisórios por natureza de aquisição e respectiva hipoteca são devolvidos em 50%, a requerimento do interessado, se os registos definitivos não forem feitos por impossibilidade de obtenção do financiamento ou por qualquer outro motivo, devidamente comprovado, alheio à vontade do requerente.

ARTIGO 9.º
Alteração do Código do Registo Predial

O artigo 65.º do Código do Registo Predial, aprovado pelo Decreto-Lei n.º 224/84, de 6 de Julho, passa a ter a seguinte redacção:

(*O Código do Registo Predial não é objecto da presente publicação*)

ARTIGO 10.º
Entrada em vigor

O presente diploma entra em vigor 30 dias após a publicação da portaria conjunta a que se refere o n.º 1 do artigo 2.º.

Visto e aprovado em Conselho de Ministros de 24 de Junho de 1993. – *Aníbal António Cavaco Silva – Jorge Braga de Macedo – Álvaro José Brilhante Laborinho Lúcio – Joaquim Martins Ferreira do Amaral.*

Promulgado em 8 de Julho de 1993.
Publique-se.
O Presidente da República, MÁRIO SOARES.

Referendado em 11 de Julho de 1993.
O Primeiro-Ministro, *Aníbal António Cavaco Silva.*

29.5.5.2. Portaria n.º 669-A/93, de 16 de Julho[545]

O Decreto-Lei n.º 255/93, de 15 de Julho, determina que os contratos de compra e venda com mútuo, com ou sem hipoteca, bem como o de mútuo com hipoteca, referentes a prédio urbano ou fracção autónoma destinados a habitação, possam ser celebrados através de documento particular, segundo modelos aprovados, desde que o mutuante seja uma instituição de crédito autorizada a conceder crédito habitação.

Assim:

Manda o Governo, pelos Ministros das Finanças, da Justiça e das Obras Públicas, Transportes e Comunicações, em execução do disposto no n.º 1 do artigo 2.º do Decreto-Lei n.º 255/93, de 15 de Julho, o seguinte:

(*O texto actualizado da Portaria n.º 669-A/93, de 16 de Julho, é abaixo publicado*)

Ministérios das Finanças, da Justiça e das Obras Públicas, Transportes e Comunicações.

Assinada em 16 de Julho de 1993.

Pelo Ministro das Finanças, *José Monteiro Fernandes Braz*, Secretário de Estado do Tesouro. – Pelo Ministro da Justiça, *Maria Eduarda de Almeida Azevedo*, Secretária de Estado da Justiça. – O Ministro das Obras Públicas, Transportes e Comunicações, *Joaquim Martins Ferreira do Amaral*.

---

[545] DR I Série-B, 1.º Suplemento ao n.º 165/93, de 16 de Julho, 3870(2)-3870(5).

29.5.5.3. Portaria n.° 882/94, de 1 de Outubro[546]

Decorrido um ano após a publicação da Portaria n.° 669-A/93, de 16 de Julho, que regulamentou o diploma que veio permitir a celebração, mediante documento particular, de contratos de compra e venda com mútuo, com ou sem hipoteca, referentes a prédio urbano ou fracção autónoma destinado a habitação, cumpre introduzir algumas alterações que a aplicação prática deste novo mecanismo aconselha.

Assim:

Manda o Governo, pelos Ministros das Finanças, da Justiça e das Obras Públicas, Transportes e Comunicações, em execução do disposto no n.° 1 do artigo 2.° do Decreto-Lei n.° 255/93, de 15 de Julho, o seguinte:

1.° Os n.os 4.°, 5.° e 7.° da Portaria n.° 669-A/93, de 16 de Julho, passam a ter a seguinte redacção:

(*As alterações foram introduzidas no texto da Portaria n.° 669-A/93, de 16 de Julho, abaixo publicada*)

2.° Os campos D e E dos modelos A e B aprovados pela Portaria n.° 669-A/93, de 16 de Julho, são integralmente substituídos, nos termos dos modelos que ora se publicam em anexo e que constituem parte integrante da presente portaria.

Ministérios das Finanças, da Justiça e das Obras Públicas, Transportes e Comunicações.

Assinada em 19 de Setembro de 1994.

Pelo Ministro das Finanças, *Francisco Adelino Gusmão Esteves de Carvalho*, Secretário de Estado das Finanças. – Pelo Ministro da Justiça, *Maria Eduarda de Almeida Azevedo*, Secretária de Estado da Justiça. – Pelo Ministro das Obras Públicas, Transportes e Comunicações, *Carlos Alberto Pereira da Silva Costa*, Secretário de Estado da Habitação.

---

[546] DR I Série-B, n.° 228/94, de 1 de Outubro, 6041-6044.

29.5.5.4. *Texto actualizado da Portaria n.º 669-A/93, de 16 de Julho*

1.º São aprovados os seguintes modelos, anexos à presente portaria e que dela fazem parte integrante, a adoptar pelas instituições de crédito autorizadas a conceder crédito habitação:
 a) Modelo A, para a compra e venda com mútuo e hipoteca;
 b) Modelo B, para a compra e venda com mútuo;
 c) Modelo C, para mútuo com hipoteca.

2.º Cabe às instituições de crédito a elaboração dos documentos, de acordo com os modelos aprovados pela presente portaria.

3.º Os documentos são preenchidos com os necessários duplicados, destinando-se um dos exemplares e respectivos documentos anexos, após o reconhecimento das assinaturas de todos os intervenientes, a ser entregue na conservatória do registo predial competente, com vista à efectivação do registo, devendo a ficar arquivados.

4.º Não são permitidas quaisquer emendas, rasuras ou entrelinhas no preenchimento dos documentos, admitindo-se o uso de algarismos nas referências numéricas[547].

5.º No preenchimento dos documentos referidos no n.º 2.º, nos espaços destinados à identificação dos outorgantes, devem ser mencionados os seguintes elementos[548]:
 a) Nome completo, estado civil, naturalidade, residência habitual dos outorgantes, bem como das pessoas singulares por estes representadas, a firma e o tipo das sociedades e as denominações das pessoas colectivas que os outor-

---

[547] Redacção dada pelo n.º 1.º da Portaria n.º 882/94, de 1 de Outubro. A redacção original era a seguinte:
 4.º Não são permitidas quaisquer emendas, rasuras ou entrelinhas no preenchimento dos documentos referidos no n.º 2.º

[548] Redacção dada pelo n.º 1.º da Portaria n.º 882/94, de 1 de Outubro. A redacção original era a seguinte:
 5.º ...
 a) Nome completo, estado civil, naturalidade, residência habitual dos outorgantes, bem como das pessoas singulares por estes representadas, as firmas das sociedades e as denominações das pessoas colectivas que os outorgantes representem, com indicação da respectiva sede e, ainda, a menção do nome do cônjuge e do regime de bens, sendo casado, ou, sendo solteiro, a indicação de ser maior;
 b) Número de contribuinte, caso seja pessoa singular, ou número de identificação de pessoa colectiva e respectivo número de matrícula na conservatória do registo comercial, caso seja pessoa colectiva.

gantes representem, com indicação da respectiva sede, e ainda a menção do nome do cônjuge e do regime de bens, sendo casado, ou, sendo solteiro, a indicação de ser maior;
b) Nacionalidade, se algum dos outorgantes não for português, salvo se intervier na qualidade de representante;
c) Número de contribuinte, caso seja pessoa singular, ou, tratando-se de pessoa colectiva, o seu número de identificação, respectivo número de matrícula na conservatória do registo comercial e montante do capital social, quando devido.

6.º Os espaços destinados ao preenchimento de cada modelo podem ser dimensionados, de acordo com o respectivo conteúdo.

7.º São obrigatoriamente preenchidos todos os espaços referidos no número anterior, devendo inutilizar-se os não inteiramente ocupados pelo texto e trancar-se os campos alternativos ou as quadrículas não utilizadas[549].

---

[549] Redacção dada pelo n.º 1.º da Portaria n.º 882/94, de 1 de Outubro. A redacção original era a seguinte:
7.º São obrigatoriamente preenchidos todos os espaços referidos no número anterior, devendo trancar-se os campos alternativos não utilizados e o campo referente à autorização do cônjuge, quando não necessário.

29.5.5.4.   *Compra e venda com mútuo*

MINISTÉRIO DAS FINANÇAS
MINISTÉRIO DA JUSTIÇA
MINISTÉRIO DAS OBRAS PÚBLICAS, TRANSPORTES E COMUNICAÇÕES

**— COMPRA E VENDA —
COM MÚTUO E HIPOTECA**

MODELO A

1. VENDEDOR (ES) — PRIMEIRO (S) OUTORGANTE (S)

_____
_____
_____
_____
_____
_____
_____
_____
_____
_____
_____

(Elementos de identificação previstos no número 5 da Portaria n.º 669-A/93, de 16 de Julho, com as alterações introduzidas pela Portaria n.º   )

2. COMPRADOR (ES) — SEGUNDO (S) OUTORGANTE (S)

_____
_____
_____
_____
_____
_____
_____
_____
_____
_____
_____
_____
_____

(Elementos de identificação previstos no número 5 da Portaria n.º 669-A/93, de 16 de Julho, com as alterações introduzidas pela Portaria n.º   )

3. REPRESENTANTE (S) DA INSTITUIÇÃO DE CRÉDITO — TERCEIRO (S) OUTORGANTE (S)

_____
_____
_____
_____
_____
_____
_____
_____
_____
_____

Que outorga(m) na qualidade de procurador(es), e em representação do Banco _____, com sede em _____, com o capital social de _____, matriculado na Conservatória do Registo Comercial de _____ sob o n.º _____, titular do cartão de identificação de pessoa colectiva n.º _____

(Elementos de identificação previstos no número 5 da Portaria n.º 669-A/93, de 16 de Julho, com as alterações introduzidas pela Portaria n.º   )

Texto actualizado da Portaria n.º 669-A/93, de 16 de Julho **29.5.5.4.**

Pelo presente documento o(s) primeiro(s) outorgante(s), na qualidade em que outorga(m) vende(m) livre de ónus ou encargos, ao(s) segundo(s) outorgante(s) marido/mulher / ou ao(s) representado(s) do segundo outorgante,

o prédio, destinado a habitação sito em _____
freguesia de _____ concelho de _____

ou

fracção autónoma designada pela(s) letra(s) _____ correspondente destinada a habitação do prédio urbano submetido ao regime de propriedade horizontal situado em _____

freguesia de _____ concelho de _____

descrito na Conservatória do Registo Predial de _____ sob o número _____ a folhas de _____ do livro _____ e inscrito a favor do(s) vendedor(es) pela inscrição n.º _____ do livro G _____

ou

descrito na Conservatória do Registo Predial de _____ sob o número _____ da freguesia de _____ inscrito a favor do(s) vendedor(es) pela inscrição G _____

e

inscrito na matriz respectiva sob o artigo _____ com o valor patrimonial de _____

ou

ainda omisso na respectiva matriz mas tendo sido apresentada a respectiva participação para a sua inscrição em _____

Esta venda é feita pelo preço de _____, que o(s) primeiro(s) outorgante(s) já recebeu(ram) do(s) segundo(s) outorgante(s) /ou do(s) seu(s) representado(s).

O(s) segundo(s) outorgante(s), na qualidade em que outorga(m), aceita(m) a presente venda nos termos exarados e declara(m) que o prédio se destina a habitação _____

Declara(m) o(s) terceiro(s) outorgante(s):
Que o Banco seu representado e o(s) referido(s) segundo(s) outorgante(s), celebram entre si um contrato de empréstimo destinando-se o respectivo montante ao pagamento do preço da referida compra e venda.

O empréstimo é regulado pelas cláusulas e condições constantes do documento complementar anexo e, ainda, pelas seguintes cláusulas:

PRIMEIRA

Pelo presente documento o(s) segundo(s) outorgante(s) /ou o(s) representado(s) do(s) segundo(s) outorgante(s) desde já se confessa(m) devedor(es) ao Banco que o(s) terceiro(s) outorgante(s) representa(m), da quantia de _____
_____ que neste acto recebeu(ram) de empréstimo, para aquisição do prédio / ou da fracção autónoma atrás identificado(a), e registado(a) provisoriamente a seu favor na Conservatória do Registo Predial de _____
_____ pela inscrição n.º _____ o(a) qual se destina a habitação, a que foi atribuído o valor de _____, de acordo com a avaliação efectuada pelo Banco em _____

SEGUNDA

O(s) terceiro(s) outorgante(s) aceita(m), para o Banco que representa(m), a confissão de dívida, nos termos exarados.

O(s) cônjuge(s) do(s) ▢ primeiro(s) e/ou ▢ segundo(s) outorgante(s) presta(m) o seu consentimento ao presente acto.

(riscar a quadrícula que não interessa)

29.5.5.4. *Compra e venda com mútuo*

DOCUMENTOS EXIBIDOS PERANTE A INSTITUIÇÃO DE CRÉDITO:

A - Título de registo emitido em _____ pela Conservatória do Registo Predial de _____, conferido em _____ pela mesma Conservatória e, ainda, pela Repartição de Finanças de _____ em _____.

ou

B - Certidão passada pela mencionada Conservatória em _____ comprovativa do número de descrição _____ e inscrições em vigor.

e

C - Caderneta Predial emitida pela Repartição de Finanças de _____, conferida em _____ comprovativa do artigo matricial do mencionado prédio / fracção autónoma e do seu valor patrimonial

ou

Certidão de teor passada pela Repartição de Finanças / _____.º Bairro Fiscal de _____ comprovativa de ter sido pedida a inscrição na matriz do prédio atrás referido.

D - Licença de utilização n.º _____ emitida por _____ em _____.

ou

Licença de construção n.º _____ emitida pela Câmara Municipal de _____ em _____, válida até _____.

ou

Documento _____ comprovativo do prédio/fracção autónoma ser anterior à entrada em vigor do RGEU, aprovado pelo D.L. n.º 38382, de 7/8/51

ou

☐ Declaração emitida pela Câmara Municipal comprovativa do prédio / fracção ser sua propriedade.

DOCUMENTOS ANEXOS AO PRESENTE CONTRATO:

E - Conhecimento de Sisa n.º _____ emitido em _____ pela Repartição de Finanças de _____

ou

☐ Isento de Sisa nos termos do número vinte e dois do artigo décimo primeiro do Código do Imposto Municipal de Sisa e do Imposto sobre Sucessões e Doações, ou nos termos do D.L. n.º 140 - A / 86 de 17 de Junho.

(Em caso de isenção assinale na quadrícula supra, riscando o que não interessa)

F - ☐ Documento complementar anexo contendo as cláusulas e condições do empréstimo e hipoteca assinado pelo(s) segundo(s) e terceiro(s) outorgante(s) ou pelo(s) representante(s) deste(s).

G - ☐ Documento(s) comprovativo(s) dos poderes de representação do(s) primeiro(s) outorgante(s): _____

contendo os necessários poderes para este acto.

☐ Documento(s) comprovativo(s) dos poderes de representação do segundo outorgante: _____

contendo os necessários poderes para este acto.

☐ Documento(s) comprovativo(s) dos poderes de representação do(s) terceiro(s) outorgante(s): _____

contendo os necessários poderes para este acto.

Data _____, _____ de _____ de 19 _____

Texto actualizado da Portaria n.º 669-A/93, de 16 de Julho **29.5.5.4.**

MINISTÉRIO DAS FINANÇAS
MINISTÉRIO DA JUSTIÇA
MINISTÉRIO DAS OBRAS PÚBLICAS, TRANSPORTES E COMUNICAÇÕES

— COMPRA E VENDA —
COM MÚTUO
MODELO B

1. VENDEDOR (ES) — PRIMEIRO (S) OUTORGANTE (S)

(Elementos de identificação previstos no número 5 da Portaria n.º 669 - A / 93, de 16 de Julho, com as alterações introduzidas pela Portaria n.º ....).

2. COMPRADOR (ES) — SEGUNDO (S) OUTORGANTE (S)

(Elementos de identificação previstos no número 5 da Portaria n.º 669 - A / 93, de 16 de Julho, com as alterações introduzidas pela Portaria n.º ....).

3. REPRESENTANTE (S) DA INSTITUIÇÃO DE CRÉDITO — TERCEIRO (S) OUTORGANTE (S)

Que outorga(m) na qualidade de procurador(es), e em representação do Banco _____ , com sede em _____ , com o capital social de _____ , matriculado na Conservatória do Registo Comercial de _____ sob o n.º _____ , titular do cartão de identificação de pessoa colectiva n.º _____ .

(Elementos de identificação previstos no número 5 da Portaria n.º 669 - A / 93, de 16 de Julho, com as alterações introduzidas pela Portaria n.º ....).

889

29.5.5.4. *Compra e venda com mútuo*

Pelo presente documento o(s) primeiro(s) outorgante(s), na qualidade em que outorga(m) vende(m) livre de ónus ou encargos, ao(s) segundo(s) outorgante(s) marido/mulher / ou ao(s) representado(s) do segundo outorgante.

o prédio, destinado a habitação sito em _____
freguesia de _____ concelho de _____
ou _____
fracção autónoma designada pela(s) letra(s) _____ correspondente _____
destinada a habitação do prédio urbano submetido ao regime de propriedade horizontal situado em _____
freguesia de _____ concelho de _____

descrito na Conservatória do Registo Predial de _____ sob o número _____
a folhas de _____ do livro _____ e inscrito a favor do(s) vendedor(es) pela inscrição n.º _____
do livro G _____
ou _____
descrito na Conservatória do Registo Predial de _____ sob o número _____
da freguesia de _____ inscrito a favor do(s) vendedor(es) pela inscrição G _____

e

inscrito na matriz respectiva sob o artigo _____ com o valor patrimonial de _____
ou _____
ainda omisso na respectiva matriz mas tendo sido apresentada a respectiva participação para a sua inscrição em _____

Esta venda é feita pelo preço de _____ , que o(s) primeiro(s) outorgante(s) já recebeu(ram) do(s) segundo(s) outorgante(s) /ou do(s) seu(s) representado(s).

O(s) segundo(s) outorgante(s), na qualidade em que outorga(m), aceita(m) a presente venda nos termos exarados e declara(m) que o prédio se destina a habitação _____

Declara(m) o(s) terceiro(s) outorgante(s):
Que o Banco seu representado e o(s) referido(s) segundo(s) outorgante(s), celebram entre si um contrato de empréstimo destinando-se o respectivo montante ao pagamento do preço da referida compra e venda.

O empréstimo é regulado pelas cláusulas e condições constantes do documento complementar anexo e, ainda, pelas seguintes cláusulas:

PRIMEIRA

Pelo presente documento o(s) segundo(s) outorgante(s) /ou o(s) representado(s) do(s) segundo(s) outorgante(s) desde já se confessa(m) devedor(es) ao Banco que o(s) terceiro(s) outorgante(s) representa(m), da quantia de _____ que neste acto recebeu(ram) de empréstimo, para aquisição do prédio / ou da fracção autónoma atrás identificado(a), e registado(a) provisoriamente a seu favor na Conservatória do Registo Predial de _____ pela inscrição n.º _____ o(a) qual se destina a habitação, a que foi atribuído o valor de _____ , de acordo com a avaliação efectuada pelo Banco em _____ .

SEGUNDA

O(s) terceiro(s) outorgante(s) aceita(m), para o Banco que representa(m), a confissão de dívida, nos termos exarados.

O(s) cônjuge(s) do(s) primeiro(s) e/ou segundo(s) outorgante(s) presta(m) o seu consentimento ao presente acto.

(riscar a quadrícula que não interessa)

890

Texto actualizado da Portaria n.º 669-A/93, de 16 de Julho **29.5.5.4.**

DOCUMENTOS EXIBIDOS PERANTE A INSTITUIÇÃO DE CRÉDITO:

A - Título de registo emitido em _____ pela Conservatória do Registo Predial de _____, conferido em _____, pela mesma Conservatória e, ainda, pela Repartição de Finanças de _____ em _____.

ou

B - Certidão passada pela mencionada Conservatória em _____ comprovativa do número de descrição _____ e inscrições em vigor.

e

C - Caderneta Predial emitida pela Repartição de Finanças de _____, conferida em _____ comprovativa do artigo matricial do mencionado prédio / fracção autónoma e do seu valor patrimonial.

ou

Certidão de teor passada pela Repartição de Finanças / _____.º Bairro Fiscal de _____ comprovativa de ter sido pedida a inscrição na matriz do prédio atrás referido.

D - Licença de utilização n.º _____ emitida por _____ em _____.

ou

Licença de construção n.º _____ emitida pela Câmara Municipal de _____ em _____, válida até _____.

ou

Documento _____ comprovativo do prédio/fracção autónoma ser anterior à entrada em vigor do RGEU, aprovado pelo D.L. n.º 38382, de 7/8/51.

ou

☐ Declaração emitida pela Câmara Municipal comprovativa do prédio / fracção ser sua propriedade.

DOCUMENTOS ANEXOS AO PRESENTE CONTRATO:

E - Conhecimento de Sisa n.º _____ emitido em _____ pela Repartição de Finanças de _____

ou

☐ Isento de Sisa nos termos do número vinte e dois do artigo décimo primeiro do Código do Imposto Municipal de Sisa e do Imposto sobre Sucessões e Doações ou nos termos do D.L. n.º 140 - A / 86 de 17 de Junho.

(Em caso de isenção assinale na quadrícula supra, riscando o que não interessa)

F - ☐ Documento complementar anexo contendo as cláusulas e condições do empréstimo assinado pelo(s) segundo(s) e terceiro(s) outorgante(s) ou pelo(s) representante(s) deste(s).

G - ☐ Documento(s) comprovativo(s) dos poderes de representação do(s) primeiro(s) outorgante(s): _____

contendo os necessários poderes para este acto.

☐ Documento(s) comprovativo(s) dos poderes de representação do segundo outorgante: _____

contendo os necessários poderes para este acto.

☐ Documento(s) comprovativo(s) dos poderes de representação do(s) terceiro(s) outorgante(s): _____

contendo os necessários poderes para este acto.

Data _____, _____ de _____ de 19 _____

29.5.5.4. *Compra e venda com mútuo*

ASSINATURAS:

PRIMEIRO(S) OUTORGANTE(S)

SEGUNDO(S) OUTORGANTE(S)

TERCEIRO(S) OUTORGANTE(S)

RECONHECIMENTO DAS ASSINATURAS

ASSINATURAS:

PRIMEIRO(S) OUTORGANTE(S)

SEGUNDO(S) OUTORGANTE(S)

TERCEIRO(S) OUTORGANTE(S)

RECONHECIMENTO DAS ASSINATURAS

29.5.5.4. *Compra e venda com mútuo*

MINISTÉRIO DAS FINANÇAS
MINISTÉRIO DA JUSTIÇA
MINISTÉRIO DAS OBRAS PÚBLICAS, TRANSPORTES E COMUNICAÇÕES

MÚTUO COM HIPOTECA
MODELO C

1. PRIMEIRO (S) OUTORGANTE (S)

_____

(Elementos de identificação previstos no número 5 da Portaria n.º ....).

2. REPRESENTANTE (S) DA INSTITUIÇÃO DE CRÉDITO — SEGUNDO (S) OUTORGANTE (S)

_____

Que outorga(m) na qualidade de procurador(es), e em representação do Banco _____, com sede em _____, com o capital social de _____, matriculado na Conservatória do Registo Comercial de _____ sob o n.º _____, titular do cartão de identificação de pessoa colectiva n.º _____.

(Elementos de identificação previstos no número 5 da Portaria n.º ....).

894

Declaram o(s) Primeiro(s) Outorgante(s):
Que por _____ celebrado(a) em _____ adquiriram

o prédio, destinado a habitação sito em _____
freguesia de _____ concelho de _____

ou

fracção autónoma designada pela(s) letra(s) _____ correspondente _____
destinada a habitação do prédio urbano submetido ao regime de propriedade horizontal situado em _____

freguesia de _____ concelho de _____

descrito na Conservatória do Registo Predial de _____ sob o número _____
a folhas de _____ do livro _____ e inscrito a seu favor pela inscrição n.º _____
do livro G _____

ou

descrito na Conservatória do Registo Predial de _____ sob o número _____
da freguesia de _____ inscrito a seu favor pela inscrição G _____

e

inscrito na matriz respectiva sob o artigo _____ com o valor patrimonial de _____

ou

ainda omisso na respectiva matriz mas tendo sido apresentada a respectiva participação para a sua inscrição em _____

A referida compra foi efectuada com recurso ao crédito por contrato de empréstimo celebrado com a instituição de crédito _____ e de que resultou para garantia do cumprimento das obrigações nesse contrato assumidas a inscrição hipotecária n.º _____ fls. _____ do livro C _____

Declaram os mesmos Outorgantes:
Para liquidação integral do referido empréstimo, os primeiros outorgantes / ou os representantes do primeiro outorgante e o Banco representado dos segundos outorgantes celebram entre si um contrato de empréstimo, constituindo os primeiros outorgantes a favor do mesmo Banco a hipoteca sobre o prédio / ou fracção autónoma designada pela letra _____ atrás devidamente identificado(a).

O empréstimo e a hipoteca são regulados pelas cláusulas e condições constantes do documento complementar anexo e, ainda, pelas seguintes cláusulas:

PRIMEIRA

Pelo presente documento o(s) primeiro(s) outorgante(s) /ou o(s) representado(s) do primeiro outorgante desde já se confessa(m) devedor(es) ao Banco que o(s) segundo(s) outorgante(s) representa(m), da quantia de _____ _____ que neste acto recebeu(ram) de empréstimo, para liquidação do anterior empréstimo atrás referido.

SEGUNDA

A referida hipoteca já se encontra provisoriamente registada a favor do Banco pela inscrição n.º _____ do _____ na Conservatória do Registo Predial de _____

TERCEIRA

O(a) segundo(s) outorgante(s) aceita(m), para o Banco que representa(m), a confissão de dívida, nos termos exarados.

O cônjuge do primeiro Outorgante presta o seu consentimento ao presente acto.

29.5.5.4. *Compra e venda com mútuo*

DOCUMENTOS EXIBIDOS PERANTE A INSTITUIÇÃO DE CRÉDITO:

A - Título de registo emitido em _____ pela Conservatória do Registo Predial de _____, conferido em _____, pela mesma Conservatória e, ainda, pela Repartição de Finanças de _____ em _____

ou

B - Certidão passada pela mencionada Conservatória em _____ comprovativa do número de descrição _____ e inscrições em vigor.

e

C - Caderneta Predial emitida pela Repartição de Finanças de _____, conferida em _____ comprovativa do artigo matricial do mencionado prédio / fracção autónoma e do seu valor patrimonial.

ou

Certidão de teor passada pela Repartição de Finanças / _____.º Bairro Fiscal de _____ comprovativa de ter sido pedida a inscrição na matriz do prédio atrás referido.

DOCUMENTOS ANEXOS AO PRESENTE CONTRATO:

D - Documento complementar anexo contendo as cláusulas e condições do empréstimo e hipoteca assinado pelo(s) primeiro(s) e segundo(s) outorgante(s) ou pelo(s) representante(s) deste(s).

E - ☐ Documento(s) comprovativo(s) dos poderes de representação do(s) primeiro(s) outorgante(s): _____

contendo os necessários poderes para este acto.

☐ Documento(s) comprovativo(s) dos poderes de representação do segundo outorgante: _____

contendo os necessários poderes para este acto.

Data _____, _____ de _____ de 19 _____

ASSINATURAS:

PRIMEIRO(S) OUTORGANTE(S)

SEGUNDO(S) OUTORGANTE(S)
O(S) REPRESENTANTE(S) DA INSTITUIÇÃO DE CRÉDITO

RECONHECIMENTO DAS ASSINATURAS:

29.6. LOCAÇÃO FINANCEIRA

29.6.1. *Decreto-Lei n.º 149/95, de 24 de Junho* [550]

A entrada em vigor do Regime Geral das Instituições de Crédito e Sociedades Financeiras, aprovado pelo Decreto-Lei n.º 298/92, de 31 de Dezembro, regulando os aspectos fundamentais comuns às instituições do mercado financeiro, deixou em aberto a actualização das leis especiais reguladoras de vários tipos de instituições de crédito e dos diplomas que disciplinam contratos que constituam o objecto da actividade dessas sociedades, nomeadamente o contrato de locação financeira.

O presente diploma vem introduzir significativas alterações no regime jurídico do contrato de locação financeira, visando adaptá-lo às exigências de um mercado caracterizado pela crescente internacionalização da economia portuguesa e pela sua integração no mercado único europeu. As empresas portuguesas deverão dispor de um instrumento contratual adaptado a estas realidades, de modo a não verem diminuída a capacidade de concorrência perante as suas congéneres estrangeiras.

Assim, a reforma introduzida no regime jurídico do contrato de locação financeira visa, fundamentalmente, harmonizá-lo com as normas dos países comunitários, afastando a concorrência desigual com empresas desses países e a consequente extradição de actividades que é vantajoso que se mantenham no âmbito da economia nacional.

Nesta ordem de ideias, salientam-se as seguintes inovações principais:

Alarga-se o objecto do contrato a quaisquer bens susceptíveis de serem dados em locação;

Simplifica-se a forma do contrato, limitando-a a simples documento escrito;

Possibilita-se que o valor residual da coisa locada atinja valores próximos de 50% do seu valor total;

Reduzem-se os prazos mínimos da locação financeira, podendo a locação de coisas móveis ser celebrada por um prazo de 18 meses e a de imóveis por um prazo de 7 anos;

Enunciam-se mais completamente os direitos e deveres do locador e do locatário, de modo a assegurar uma maior certeza dos seus direitos e, portanto, a justiça da relação.

Assim:

Nos termos da alínea *a*) do n.º 1 do artigo 201.º da Constituição, o Governo decreta o seguinte:

---

[550] DR I Série-A, n.º 89, de 24-Jun.-1995, 4091-4094.

(O texto actualizado do Decreto-Lei n.º 149/95, de 24 de Junho, é abaixo publicado)

Visto e aprovado em Conselho de Ministros de 9 de Fevereiro de 1995. *Aníbal António Cavaco Silva – Eduardo de Almeida Catroga – Álvaro José Brilhante Laborinho Lúcio.*

Promulgado em 6 de Junho de 1995.
Publique-se.
O Presidente da República, MÁRIO SOARES.

Referendado em 7 de Junho de 1995.
O Primeiro-Ministro, *Aníbal António Cavaco Silva.*

29.6.2. Decreto-Lei n.º 265/97, de 2 de Outubro [551]

Tem-se entendido que o Decreto-Lei n.º 10/91, de 9 de Janeiro, o qual estabelece o regime do contrato de locação financeira de imóveis para a habitação, não foi alterado pelo Decreto-Lei n.º 149/95, de 24 de Junho, constituindo direito especial.

Considerou-se que, face à quantidade de contratos de locação financeira de imóveis para habitação registados, por um lado, e, por outro, pelo respectivo regime jurídico, não se justificava que este tipo de contratos não fosse sujeito ao regime geral. Por isso, foi revogado o Decreto-Lei n.º 10/91 e foram introduzidas algumas alterações no Decreto-Lei n.º 149/95 – designadamente prevendo situações de propriedade horizontal –, por forma que o regime geral melhor acomode os contratos que tenham aquele objecto.

Estabelece-se, assim, um regime jurídico uniforme para o contrato de locação financeira, independentemente do respectivo objecto.

Relativamente à forma dos contratos passou a exigir-se a certificação notarial de existência da licença de construção ou de utilização para os contratos que tenham por objecto imóveis enquanto para aqueles que tenham por objecto móveis sujeitos a registo passou a exigir-se a formalidade prevista no artigo 2.º do Decreto-Lei n.º 250/96, de 24 de Dezembro.

Estendeu-se ainda a aplicabilidade da providência cautelar de entrega judicial e cancelamento de registo aos contratos que têm por objecto bens imóveis.

Assim:

Nos termos da alínea *a*) do n.º 1 do artigo 201.º da Constituição, o Governo decreta o seguinte:

ARTIGO 1.º

Os artigos 3.º, 10.º, 11.º, 20.º e 21.º do Decreto-Lei n.º 149/95, de 24 de Junho, passam a ter a seguinte redacção:

(As alterações foram introduzidas no texto do Decreto-Lei n.º 149/95, de 24 de Junho, abaixo publicado)

ARTIGO 2.º

É revogado o Decreto-Lei n.º 10/91, de 9 de Janeiro.

---

[551] DR I Série-A, n.º 228, de 2-Out.-1997, 5388-5389.

Visto e aprovado em Conselho de Ministros de 7 de Agosto de 1997. – *António Manuel de Oliveira Guterres – António Luciano Pacheco de Sousa Franco – João Cardona Gomes Cravinho – José Luís Lopes da Mota.*

Promulgado em 15 de Setembro de 1997.
Publique-se.
O Presidente da República, JORGE SAMPAIO.

Referendado em 18 de Setembro de 1997.
O Primeiro-Ministro, *António Manuel de Oliveira Guterres.*

29.6.3. *Decreto-Lei n.° 285/2001, de 3 de Novembro*[552]

(...)

ARTIGO 1.°
Alteração ao Decreto-Lei n.° 149/95, de 24 de Junho

O artigo 6.° do Decreto-Lei n.° 149/95, de 24 de Junho, passa a ter a seguinte redacção:

(As alterações foram inseridas no texto actualizado do Decreto-Lei n.° 149/95, de 24 de Junho, abaixo publicado)

(...)

ARTIGO 5.°
Revogações

São revogados os artigos 4.°, 5.°, 16.° e 20.° do Decreto-Lei n.° 149/95, de 24 de Junho.

(Foi feita referência a estas revogações no texto actualizado do Decreto-Lei n.° 149/95, de 24 de Junho, abaixo publicado)

(...)

---

[552] DR I Série-A, n.° 255, de 3-Nov.-2001, 7000-7001. Cf. *supra* 3.7., o preâmbulo, a aprovação, a promulgação e a referenda do presente Decreto-Lei.

29.6.4. *Texto actualizado do Decreto-Lei n.º 149/95, de 24 de Junho*

ARTIGO 1.º
Noção

Locação financeira é o contrato pelo qual uma das partes se obriga, mediante retribuição, a ceder à outra o gozo temporário de uma coisa, móvel ou imóvel, adquirida ou construída por indicação desta, e que o locatário poderá comprar, decorrido o período acordado, por um preço nele determinado ou determinável mediante simples aplicação dos critérios nele fixados.

ARTIGO 2.º
Objecto

1 – A locação financeira tem como objecto quaisquer bens susceptíveis de serem dados em locação.

2 – Quando o locador construa, em regime de direito de superfície, sobre terreno do locatário, este direito presume-se perpétuo, sem prejuízo da faculdade de aquisição pelo proprietário do solo, nos termos gerais.

ARTIGO 3.º[553]
Forma e publicidade

1 – Os contratos de locação financeira podem ser celebrados por documento particular, exigindo-se, no caso de bens imóveis, reconhecimento presencial das assinaturas das partes e a certificação, pelo notário, da existência da licença de utilização ou de construção.

2 – A assinatura das partes nos contratos de locação financeira de bens móveis sujeitos a registo deve conter a indicação, feita pelo respectivo signatário, do número, data e entidade emitente do bilhete de identidade ou documento equivalente emitido pela autoridade competente de um dos países da União Europeia ou do passaporte.

---

[553] Redacção introduzida pelo Decreto-Lei n.º 265/97, de 2 de Outubro. A redacção original era a seguinte:

1 – Os contratos de locação financeira podem ser celebrados por documento particular, exigindo-se, no caso de bens imóveis, reconhecimento notarial presencial das assinaturas das partes.

2 – A locação financeira de bens imóveis ou de móveis registáveis fica sujeita a inscrição na competente conservatória.

3 – A locação financeira de bens referidos nos números anteriores fica sujeita a registo na conservatória compente.

ARTIGO 4.º[554]
Rendas e valor residual

1 – A renda deve permitir, dentro do período de vigência do contrato, a recuperação de mais de metade do capital correspondente ao valor do bem locado e cobrir todos os encargos e a margem de lucro do locador, correspondendo o valor residual do bem ao montante não recuperado.
2 – Compete ao Banco de Portugal estabelecer os limites mínimos e máximos do valor residual, tendo em atenção, designadamente, a evolução da economia portuguesa e do sector da actividade de locação financeira.
3 – Enquanto o Banco de Portugal não fizer uso da competência a que se refere o número antecedente, o valor residual não pode ser inferior a 2% do valor do bem locado e, relativamente aos bens móveis, não pode ser superior a 25%.
4 – A data de vencimento da primeira renda não pode ultrapassar o decurso de um ano sobre a data a partir da qual o contrato produz efeitos.
5 – Entre o vencimento de cada renda não pode mediar mais de um ano.
6 – O valor de cada renda não pode ser inferior ao valor dos juros correspondentes ao período a que a renda respeite.

ARTIGO 5.º
Redução das rendas

Se, por força de incumprimento de prazos ou de quaisquer outras cláusulas contratuais por parte do fornecedor dos bens ou do empreiteiro ou ainda de funcionamento defeituoso ou de rendimento inferior ao previsto dos equipamentos locados, se verificar, nos termos da lei civil, uma redução do preço das coisas fornecidas ou construídas, deve a renda a pagar pelo locatário ser proporcionalmente reduzida.

ARTIGO 6.º[555]
Prazo

1 – O prazo de locação financeira de coisas móveis não deve ultrapassar o que corresponde ao período presumível de utilização económica da coisa.

---

[554] O artigo 5.º do Decreto-Lei n.º 285/2001, de 3 de Novembro, revogou os artigos 4.º e 5.º; manteve-se a sua inserção no texto, em itálico.
[555] Redacção introduzida pelo artigo 1.º do Decreto-Lei n.º 285/2001, de 3 de Novembro. A redacção original era a seguinte:
1 – A locação financeira de coisas móveis não pode ser celebrada por prazo inferior a 18 meses, sendo de 7 anos o prazo mínimo da locação financeira de imóveis.

2 – O contrato de locação financeira não pode ter duração superior a 30 anos, considerando-se reduzido a este limite quando superior.

3 – Não havendo estipulação de prazo, o contrato de locação financeira considera-se celebrado pelo prazo de 18 meses ou de 7 anos, consoante se trate de bens móveis ou de bens imóveis.

ARTIGO 7.º
Destino do bem findo o contrato

Findo o contrato por qualquer motivo e não exercendo o locatário a faculdade de compra, o locador pode dispor do bem, nomeadamente vendendo-o ou dando-o em locação ou locação financeira ao anterior locatário ou a terceiro.

ARTIGO 8.º
Vigência

1 – O contrato de locação financeira produz efeitos a partir da data da sua celebração.

2 – As partes podem, no entanto, condicionar o início da sua vigência à efectiva aquisição ou construção, quando disso seja caso, dos bens locados, à sua tradição a favor do locatário ou a quaisquer outros factos.

ARTIGO 9.º
Posição jurídica do locador

1 – São, nomeadamente, obrigações do locador:
a) Adquirir ou mandar construir o bem a locar;
b) Conceder o gozo do bem para os fins a que se destina;
c) Vender o bem ao locatário, caso este queira, findo o contrato.

2 – Para além dos direitos e deveres gerais previstos no regime da locação que não se mostrem incompatíveis com o presente diploma, assistem ao locador financeiro, em especial e para além do estabelecido no número anterior, os seguintes direitos:
a) Defender a integridade do bem, nos termos gerais de direito;
b) Examinar o bem, sem prejuízo da actividade normal do locatário;
c) Fazer suas, sem compensações, as peças ou outros elementos acessórios incorporados no bem pelo locatário.

---

2 – O prazo de locação financeira de coisas móveis não deve ultrapassar o que corresponder ao período presumível de utilização económica da coisa.

3 – O contrato de locação financeira não pode ter duração superior a 30 anos, considerando-se reduzido a este limite quando superior.

4 – Não havendo estipulação de prazo, aplicam-se os prazos previstos no n.º 1.

29.6.4. Locação financeira

ARTIGO 10.º
Posição jurídica do locatário

1 – São, nomeadamente, obrigações do locatário:
a) Pagar as rendas;
b) Pagar, em caso de locação de fracção autónoma, as despesas correntes necessárias à função das partes comuns de edifício e aos serviços de interesse comum[556];
c) Facultar ao locador o exame do bem locado;
d) Não aplicar o bem a fim diverso daquele a que ele se destina ou movê-lo para local diferente do contratualmente previsto, salvo autorização do locador;
e) Assegurar a conservação do bem e não fazer dele uma utilização imprudente;
f) Realizar as reparações, urgentes ou necessárias, bem como quaisquer obras ordenadas pela autoridade pública;
g) Não proporcionar a outrem o gozo total ou parcial do bem por meio da cessão onerosa ou gratuita da sua posição jurídica, sublocação ou comodato, excepto se a lei o permitir ou o locador a autorizar;
h) Comunicar ao locador, dentro de 15 dias, a cedência do gozo do bem quando permitida ou autorizada, nos termos da alínea anterior[557];
i) Avisar imediatamente o locador, sempre que tenha conhecimento de vícios no bem ou saiba que o ameaça algum perigo ou que terceiros se arrogam direitos em relação a ele, desde que o facto seja ignorado pelo locador;
j) Efectuar o seguro do bem locado, contra o risco da sua perda ou deterioração e dos danos por ela provocados;
l) Restituir o bem locado, findo o contrato, em bom estado, salvo as deteriorações inerentes a uma utilização normal, quando não opte pela sua aquisição.

2 – Para além dos direitos e deveres gerais previstos no regime da locação que não se mostrem incompatíveis com o presente diploma, assistem ao locatário financeiro, em especial, os seguintes direitos:
a) Usar e fruir o bem locado;
b) Defender a integridade do bem e o seu gozo, nos termos do seu direito;
c) Usar das acções possessórias, mesmo contra o locador;
d) Onerar, total ou parcialmente, o seu direito, mediante autorização expressa do locador;
e) Exercer, na locação de fracção autónoma, os direitos próprios do locador, com excepção dos que, pela sua natureza, somente por aquele possam ser exercidos[558];
f) Adquirir o bem locado, findo o contrato, pelo preço estipulado.

---

[556] Alínea introduzida pelo Decreto-Lei n.º 265/97, de 2 de Outubro, alterando a numeração das alíneas seguintes.

[557] Redacção introduzida pelo Decreto-Lei n.º 265/97, de 2 de Outubro; a versão original era a seguinte:
g) Comunicar ao locador, dentro de 15 dias, a cedência do gozo do bem, nos termos da alínea anterior;

[558] Alínea introduzida pelo Decreto-Lei n.º 265/97, de 2 de Outubro, provocando a alteração da numeração da alínea seguinte.

ARTIGO 11.º
Transmissão das posições jurídicas

1 – Tratando-se de bens de equipamento, é permitida a transmissão entre vivos, da posição do locatário, nas condições previstas pelo artigo 115.º do Decreto-Lei n.º 321-B/90, de 15 de Outubro, e a transmissão por morte, a título de sucessão legal ou testamentária, quando o sucessor prossiga a actividade profissional do falecido.

2 – Não se tratando de bens de equipamento, a posição do locatário pode ser transmitida nos termos previstos para a locação [559].

3 – Em qualquer dos casos previstos nos números anteriores, o locador pode opor-se à transmissão da posição contratual, provando não oferecer o cessionário garantias bastantes à execução do contrato [560].

4 – O contrato de locação financeira subsiste para todos os efeitos nas transmissões da posição contratual do locador, ocupando o adquirente a mesma posição jurídica do seu antecessor.

ARTIGO 12.º
Vícios do bem locado

O locador não responde pelos vícios do bem locado ou pela sua inadequação face aos fins do contrato, salvo o disposto no artigo 1034.º do Código Civil.

ARTIGO 13.º
Relações entre o locatário e o vendedor ou o empreiteiro

O locatário pode exercer contra o vendedor ou o empreiteiro, quando disso seja caso, todos os direitos relativos ao bem locado ou resultantes do contrato de compra e venda ou de empreitada.

ARTIGO 14.º
Despesas

Salvo estipulação em contrário, as despesas de transporte e respectivo seguro, montagem, instalação e reparação do bem locado, bem como as despesas necessárias para a sua devolução ao locador, incluindo as relativas aos seguros, se indispensáveis, ficam a cargo do locatário.

---

[559] Numeração introduzida pelo Decreto-Lei n.º 265/97, de 2 de Outubro.
[560] Alteração introduzida pelo Decreto-Lei n.º 265/97, de 2 de Outubro; no original, este número era o 2 e tinha a seguinte redacção:

2 – Em qualquer dos casos, pode o locador opor-se à transmissão da posição contratual, provando não oferecer o cessionário garantias bastantes à execução do contrato.

ARTIGO 15.º
Risco

Salvo estipulação em contrário, o risco de perda ou deterioração do bem corre por conta do locatário.

ARTIGO 16.º[561]
Mora no pagamento das rendas

1 – A mora no pagamento de uma prestação de renda por um prazo superior a 60 dias permite ao locador resolver o contrato, salvo convenção em contrário a favor do locatário.

2 – O locatário pode precludir o direito à resolução, por parte do locador, procedendo ao pagamento do montante em dívida, acrescido de 50%, no prazo de oito dias contados da data em que for notificado pelo locador da resolução do contrato.

ARTIGO 17.º
Resolução do contrato

O contrato de locação financeira pode ser resolvido por qualquer das partes, nos termos gerais, com fundamento no incumprimento das obrigações da outra parte, não sendo aplicáveis as normas especiais, constantes de lei civil, relativas à locação.

ARTIGO 18.º
Casos específicos de resolução do contrato

O contrato de locação financeira pode ainda ser resolvido pelo locador nos casos seguintes:
 a) Dissolução ou liquidação da sociedade locatária;
 b) Verificação de qualquer dos fundamentos de declaração de falência do locatário.

ARTIGO 19.º
Garantias

Podem ser constituídas a favor do locador quaisquer garantias, pessoais ou reais, relativas aos créditos de rendas e dos outros encargos ou eventuais indemnizações devidas pelo locatário.

---

[561] O artigo 5.º do Decreto-Lei n.º 285/2001, de 3 de Novembro, revogou o artigo 16.º; manteve-se a sua inserção, em itálico.

ARTIGO 20.º[562]
Antecipação das rendas

A antecipação das rendas, a título de garantia, não pode ser superior a 6 ou a 18 meses, conforme o contrato tenha por objecto, respectivamente, bens móveis ou imóveis.

ARTIGO 21.º
**Providência cautelar de entrega judicial
e cancelamento de registo**

1 – Se, findo o contrato por resolução ou pelo decurso do prazo sem ter sido exercido o direito de compra, o locatário não proceder à restituição do bem ao locador, pode este requerer ao tribunal providência cautelar consistente na sua entrega imediata ao requerente e no cancelamento do respectivo registo de locação financeira, caso se trate de bem sujeito a registo.

2 – Com o requerimento, o locador oferecerá prova sumária dos requisitos previstos no número anterior.

3 – O tribunal ouvirá o requerido sempre que a audiência não puser em risco sério o fim ou a eficácia da providência.

4 – O tribunal ordenará a providência requerida se a prova produzida revelar a probabilidade séria da verificação dos requisitos referidos no n.º 1, podendo, no entanto, exigir que o locador preste caução adequada[563].

5 – A caução pode consistir em depósito bancário à ordem do tribunal ou em qualquer outro meio legalmente admissível.

6 – Decretada a providência e independentemente da interposição de recurso pelo locatário, o locador pode dispor do bem, nos termos previstos no artigo 7.º.

7 – São subsidiariamente aplicáveis a esta providência as disposições gerais sobre providências cautelares, previstas no Código de Processo Civil, em tudo o que não estiver especialmente regulado no presente diploma[564].

---

[562] Redacção introduzida pelo Decreto-Lei n.º 265/97, de 2 de Outubro. A redacção original era a seguinte:

A antecipação das rendas, a título de garantia, não pode ser superior a um semestre, devendo ser acordada e cumprida no início da vigência do contrato.

Posteriormente, o artigo 5.º do Decreto-Lei n.º 285/2001, de 3 de Novembro, revogou o artigo 20.º; manteve-se a sua inserção no texto, em itálico.

[563] Redacção introduzida pelo Decreto-Lei n.º 265/97, de 2 de Outubro. A redacção original era a seguinte:

4 – O tribunal ordenará a providência requerida se a prova produzida revelar a probabilidade séria da verificação dos requisitos referidos no n.º 2, podendo, no entanto, exigir que o locador preste caução adequada.

[564] Correspondia ao anterior n.º 8; o anterior n.º 7 foi revogado pelo Decreto-Lei n.º 265/, 97, de 2 de Outubro; dizia o seguinte:

7 – No caso previsto no número anterior, o locatário tem direito a ser indemnizado dos prejuízos que sofrer se, por decisão transitada em julgado, a providência vier a ser julgada injustificada pelo tribunal ou caducar.

8 – O disposto nos números anteriores é aplicável a todos os contratos de locação financeira, qualquer que seja o seu objecto[565].

ARTIGO 22.º
Operações anteriores ao contrato

Quando, antes de celebrado um contrato de locação financeira, qualquer interessado tenha procedido à encomenda de bens, com vista a contrato futuro, entende-se que actua por sua conta e risco, não podendo o locador ser, de algum modo, responsabilizado por prejuízos eventuais decorrentes da não conclusão do contrato, sem prejuízo do disposto no artigo 227.º do Código Civil.

ARTIGO 23.º
Operações de natureza similar

Nenhuma entidade pode realizar, de forma habitual, operações de natureza similar ou com resultados económicos equivalentes aos dos contratos de locação financeira.

ARTIGO 24.º
Disposições finais

1 – O disposto no artigo 21.º é imediatamente aplicável aos contratos celebrados antes da sua entrada em vigor e às acções já propostas em que não tenha sido decretada providência cautelar destinada a obter a entrega imediata do bem locado.

2 – Aos contratos de locação financeira celebrados nos termos do Decreto-Lei n.º 10/91, de 9 de Janeiro, não é aplicável o disposto no artigo 21.º.

ARTIGO 25.º
Norma revogatória

É revogado o Decreto-Lei n.º 171/79, de 6 de Junho.

---

[565] Introduzido pelo Decreto-Lei n.º 265/97, de 2 de Outubro; no original, correspondia ao n.º 9, assim redigido:
9 – O disposto nos números anteriores não é aplicável aos contratos de locação financeira que tenham por objecto bens imóveis.

30. Garantias e títulos especiais

30.1. PENHOR BANCÁRIO

30.1.1. *Decreto-Lei n.º 29:833, de 17 de Agosto de 1939*[566]

1 – No sistema do Código Civil a entrega da cousa ao credor ou a terceiro é elemento essencial do contrato de penhor (artigos 855.º e 858.º) e idêntica exigência se encontra no artigo 398.º do Código Comercial com relação ao penhor mercantil. Neste ponto seguiram ambos os Códigos as ideias tradicionais, em contraste com a técnica geral de os direitos se constituírem e transmitirem por simples consenso ou por consenso reduzido a escrito. Aqui exigiu-se a entrega, sem dúvida porque a entrega da cousa era, à falta de inscrição em registo próprio, o modo melhor de assegurar a publicidade necessária para levar ao conhecimento de terceiros a existência do penhor e assim se estabelecer sem injustiça a sua oponibilidade.

Mas cedo as exigências da actividade económica e o correlativo desenvolvimento das formas jurídicas determinaram inevitáveis derogações ao sistema rígido do Código Civil.

Logo com o Código Comercial de 1888 se admitiram formas simbólicas de entrega do penhor mercantil, tais como a tradição da guia de transporte ou do conhecimento de carga dos objectos transportados. E do mesmo passo se recorreu ao mecanismo dos armazéns gerais: o penhor pode ser constituído pelo simples endôsso das cautelas, emitidas pelos armazéns gerais em que os géneros e mercadorias sejam postos em depósito.

Por outro lado, organizaram-se regimes especiais de penhor, em que a entrega é de necessidade substituída por outras formalidades: no penhor de créditos simples adoptou-se a notificação aos respectivos devedores; no penhor de títulos de crédito à ordem ou nominativos as próprias formalidades que normalmente se destinam à sua transmissão (endôsso nuns casos, pertence e averbamento nos outros); no penhor de créditos hipotecários e no penhor de cotas o registo nas conservatórias do registo predial e do registo comercial; no penhor da propriedade literária e artística o registo na Biblioteca Nacional.

2 – Todavia, tais processos não satisfazem a todas as necessidades do crédito nem às exigências sempre crescentes da actividade económica.

---

[566] DG I Série, n.º 192, de 17-Ago.-1939, 889-891.

30.1.1. *Penhor bancário*

Em certos casos o produtor precisa de realizar, no todo ou em parte, o valor do produto, mas os mercados não estão em condições de o absorver ou os preços em curso não são aceitáveis. Desenha-se então, como solução necessária e prática, o recurso ao crédito sob garantia real: se der em penhor os produtos, o produtor conseguirá realizar uma parte do valor (sendo o penhor, de algum modo, sob o ponto de vista económico, uma venda antecipada). Porém, a necessidade de o produtor ser privado da detenção dos produtos a empenhar representa um embaraço sério, que muitas vezes torna inviável a operação.

Em outros casos o recurso ao crédito só é possível se os próprios instrumentos de produção forem dados em garantia; e, tratando-se de bens imobiliários, é ainda o instituto pignoratício que terá de ser utilizado. Mas isto só é realizável se o penhor puder constituir-se sem prejuízo de continuar a actividade que com tais instrumentos de produção se exerce. Assim sucede designadamente com a indústria hoteleira e similares.

Nos primeiros casos não convém ao prestamista retirar o penhor do poder do devedor, por dificuldades de armazenamento e transporte, nos segundos não pode o devedor continuar a sua actividade se fôr privado da detenção dos objectos. Contudo, em qualquer dos casos é necessário garantir os direitos do credor e também a boa fé de terceiros.

O processo desejável seria estabelecer um registo próprio e converter-se o penhor em hipoteca mobiliária, como se fez para os navios e para a propriedade automóvel, mas o sistema do registo só a raras cousas móveis é susceptível de aplicação.

3 – Daqui o ter-se orientado a nossa legislação no sentido da garantia penal. O devedor continua na detenção do objecto, mas, por meio de um verdadeiro constituto possessório, fica colocado na situação de depositário, com as correspondentes sanções penais.

Melhor explicando: pelo contrato do penhor o dono da cousa constitue em favor do credor o direito pignoratício e é o credor quem fica com a respectiva posse em nome próprio; mas, pelo mesmo acto, é atribuída a detenção da cousa ao próprio dono, que agora passa a ser mero possuïdor em nome alheio e qualificado de fiel depositário.

A segurança dos interêsses do credor e o acautelamento dos terceiros de boa fé contra a possibilidade de duplo penhor residem nas sanções penais que ficam impendentes.

Esta doutrina, que informou já a lei de 27 de Abril de 1901 (artigo 69.°, n.° 8, e § único), transitou para outros diplomas legais, entre êles para o decreto de 1 de Março de 1911 (artigo 26.°), para a lei n.° 215, de 30 de Junho de 1914 (artigos 28.° e outros) e para os decretos n.ᵒˢ 5:219, de 8 de Março de 1919, 5:809, de 30 de Maio de 1919, 8:162, de 29 de Maio de 1922, 17:215, de 10 de Agosto de 1929, 17:509, de 25 de Outubro de 1929, 17:594, de 11 de Novembro de 1929, 18:195, de 12 de Abril de 1930, e 25:732, de 12 de Agosto de 1935. Muitas modalidades de crédito agrícola e industrial se encontram hoje submetidas a êste novo regime de penhor.

Tendo em atenção todas estas circunstâncias e ainda a conveniência de fomentar o crédito e de facilitar a criação de novas actividades, a consolidação das existentes e o desenvolvimento económico geral, impõe-se tornar extensivo aos penhores para garantia de quaisquer operações bancárias o regime estabelecido nos diplomas legais acima citados.

É o que se faz no presente decreto.

4 – As disposições legais que entre nós têm estabelecido o regime excepcional de a cousa empenhada poder continuar em poder do dono não adoptaram um sistema uniforme quanto ao modo de definir a garantia penal que em tais casos fica assistindo ao penhor: uma vezes mandam aplicar o artigo 453.º do Código Penal (abuso de confiança); outras vezes mandam observar o artigo 422.º do mesmo Código; outras ainda limitam-se a cominar as sanções que impendem no infiel depositário, sem especificar quais elas sejam nem quais os pressupostos da sua aplicação.

Nenhum dêstes sistemas se afigura absolutamente satisfatório e todos deixam certas dúvidas sôbre o exacto alcance das remissões feitas para a legislação penal. Além disso não previnem todas as hipóteses.

Por isso pareceu preferível, no caso presente, definir em concreto o aspecto penal, embora em disposições que de modo manifesto se inspiram nas do Código Penal e "de pleno" se integram no seu sistema.

5 – Ocorrerá preguntar se, depois de tantas derogações à doutrina do Código Civil sôbre penhor, ainda existirá um conceito unitário desta garantia real. Porventura será possível hoje reconduzir à unidade a pluralidade de configurações que leis sucessivas foram atribuindo à garantia pignoratícia? Não haverá já, sob o nome ilusório de *penhor*, diferentes tipos de garantia essencialmente distintos e irredutíveis e não virá o presente decreto agravar mais essa desagregação do conceito do penhor?

A elaboração de conceitos não é função directa do legislador; mas convém aqui observar que, a despeito de todas as suas várias modalidades, a unidade conceitual do instituto pignoratício persiste. Ainda há pouco ela foi acentuada entre nós e encontra-se neste traço, que é comum a todos os regimes legais do penhor: a constituïção da garantia pignoratícia pressupõe o *desapossamento do objecto empenhado* e êste desapossamento pode verificar-se pelos diversos modos de transmissão da posse que existem em direito. Um dêles é o constituto possessório, a que, nos termos expostos, se amolda o regime adoptado por êste diploma.

Usando da faculdade conferida pela 2ª parte do n.º 2.º do artigo 109.º da Constituïção, o Govêrno decreta e eu promulgo, nos termos do § 2.º do seu artigo 80.º, para valer como lei, o seguinte:

ARTIGO 1.º

O penhor que fôr constituído em garantia de créditos de estabelecimentos bancários autorizados produzirá os seus efeitos, quer entre as partes, quer em relação a terceiros, sem necessidade de o dono do objecto empenhado fazer entrega dêle ao credor ou a outrem.

§ 1.º Se o objecto empenhado ficar em poder do dono, êste será considerado, quanto ao direito pignoratício, possuidor em nome alheio; e as penas de furto ser-lhe-ão impostas se alienar, modificar, destruir ou desencaminhar o objecto sem autorização escrita do credor, e bem assim se o empenhar novamente sem que no novo contrato se mencione, de modo expresso, a existência do penhor ou penhôres anteriores que, em qualquer caso, preferem por ordem de datas.

§ 2.º Tratando-se de objecto pertencente a uma pessoa colectiva, o disposto no parágrafo antecedente aplicar-se-á àqueles a quem incumbir a sua administração.

ARTIGO 2.º

O contrato de penhor regulado neste decreto constará de documento autêntico ou de documento autenticado e os seus efeitos contar-se-ão da data do documento no primeiro caso e da data do reconhecimento autêntico no segundo.

§ único. No documento transcrever-se-ão obrigatòriamente as disposições dos §§ 1.º e 2.º do artigo 1.º, cumprindo ao notário assegurar a observância do presente preceito.

ARTIGO 3.º

Ressalva-se o penhor de créditos, de títulos de crédito, de cotas e de cousas imateriais, que, mesmo quando dado em garantia de operações bancárias, continuará submetido ao regime até agora em vigor.

Publique-se e cumpra-se como nêle se contém.

Paços do Govêrno da República, 17 de Agosto de 1939. – ANTÓNIO DE OLIVEIRA SALAZAR – *Mário Pais de Sousa – Manuel Rodrigues Júnior – Manuel Ortins de Bettencourt – Duarte Pacheco – António Faria Carneiro Pacheco – João Pinto da Costa Leite – Rafael da Silva Neves Duque.*

30.1.2. Decreto-Lei n.° 32:032, de 22 de Maio de 1942 [567]

1 – O Grémio Nacional dos Bancos e Casas Bancárias representou ao Govêrno no sentido de se simplificarem as formalidades do penhor constituído em favor de estabelecimentos bancários, alegando que a revogação, pelo novo Código de Processo Civil, do artigo 150.°, § 5.°, do Código de Processo Comercial criou uma situação que, dificultando a acção dos estabelecimentos de crédito, não favorece a economia nacional.

2 – Os estabelecimentos bancários, na sua função de intermediários entre a oferta e a procura de capital, têm a cada passo de exigir daqueles a quem fornecem crédito a prestação de garantias que tornem mais sólida a operação.

Atendendo a esta grande freqüência com que surge na vida dos bancos e institutos similares o fenómeno das garantias, e atendendo outrossim ao largo papel que uns e outros são chamados a desempenhar na economia nacional, é de aconselhar que se simplifiquem, na medida do possível, as formalidades dos actos jurídicos por que se constituem em seu favor essas garantias.

Na medida do possível, disse-se. Não deve, com efeito, esquecer-se que a obrigatoriedade da observância de certas formalidades, como pressuposto da validade dos actos jurídicos ou produção dos seus efeitos em relação a terceiros, tem vantagens, sendo mesmo, não raro, imperioso estabelecê-las.

Assim é que a necessidade de formas solenes, tornando mais embaraçosa e mais lenta a prática do acto, leva os interessados a melhor reflectirem sôbre a sua conveniência; e imprimindo ao acto um maior cunho de certeza, e contornos mais bem definidos, emquanto assegura uma clara e completa expressão da vontade e separa das simples negociações ou debates preliminares os termos definitivos do negócio, evita muitas discussões futuras sôbre a sua existência e conteúdo. Além disso, supre, dentro de certos limites, os inconvenientes da falta de uma publicidade adequada, sempre que não seja possível organizar especialmente formalidades destinadas a êsse fim de publicidade e o acto jurídico vise a constituir situações que devam ser respeitadas por terceiros.

É à luz destas ideas que cumpre rever, sob determinado aspecto, o que está actualmente legislado em matéria de formalidades do penhor.

3 – Preceituava o § 5.° do artigo 150.° do Código de Processo Comercial de 1905:

---

[567] DG I Série, n.° 118, de 22-Mai.-1942, 415-416.

30.1.2. Penhor bancário

Os contratos de mútuo, incluindo os caucionados com penhor, quando feitos por sociedades anónimas, podem provar-se por escrito particular, seja qual fôr o valor da quantia mutuada, e ainda mesmo que a outra parte contratante não seja comerciante.

Esta disposição, porém, deixou de vigorar com a revogação daquele Código pelo artigo 3.° do decreto-lei n.° 29:637, que aprovou o novo Código de Processo Civil. E assim os institutos bancários, revestindo a forma de sociedades anónimas, viram cessar os benefícios da aplicação de um preceito que dispensava a exigência de documento autêntico ou autenticado, contida na parte final do artigo 858.° do Código Civil, sempre que se tratasse de estabelecer em seu favor a garantia pignoratícia para assegurar o pagamento de crédito resultante de mútuo.

É certo que, ao abrigo do artigo 400.° do Código Comercial, não carece ainda hoje de se rodear dessas formalidades, para produzir efeitos em relação a terceiros, o penhor dado a bancos e casas bancárias quando o dono do objecto seja também comerciante, bastando que se prove por escrito quando seja por quantia excedente a 200$.

Nem sempre, porém, é cousa fácil averiguar com celeridade e segurança se o outro contraente é comerciante; e, além disso, é freqüente na vida bancária a prestação da garantia pignoratícia por entidades que não têm essa qualidade.

4 – As razões expostas tornam aconselhável restabelecer, em alguns dos seus aspectos, o disposto no § 5.° do artigo 150.° do antigo Código de Processo Comercial, cuja doutrina não foi reproduzida no vigente Código de Processo Civil por ser matéria de direito substantivo.

Não se vê, contudo, vantagem em restaurar aquele preceito no que concerne às formalidades do mútuo, estabelecendo regime diferente do que resulta dos artigos 1534.° do Código Civil e 396.° do Código Comercial. Na verdade o problema não tem, quanto ao contrato principal, a mesma acuïdade que reveste a respeito do contrato acessório do penhor, uma vez que a possibilidade de lançar mão dos títulos de crédito torna desnecessária a observância do formalismo imposto na lei civil, mesmo nos casos em que o devedor não seja comerciante.

Por outro lado, a referência a sociedades anónimas deve ser substituída pela referência a estabelecimentos bancários, pois estes é que, pela sua função, mais vezes são chamados a intervir em contratos de penhor e nem todos êles são sociedades anónimas.

5 – Cumpre, no entanto, ressalvar os casos em que, à sombra do decreto-lei n.° 29:833, de 17 de Agosto de 1939, o dono do objecto empenhado o conserva em seu poder, e bem assim os casos de penhor de crédito hipotecário e de cotas sociais.

O penhor, como todos os direitos reais, deve estar submetido a um regime tam perfeito quanto possível da publicidade, para que da sua oponibilidade a terceiros não resultem graves injustiças. Ora quando se verifique a hipótese prevista naquele diploma o proprietário da cousa não perde o contacto material com ela; o objecto empenhado não é entregue ao credor, como normalmente acontece; e, portanto, nada há, sob êste aspecto, que chame a atenção de terceiros e os advirta de que o objecto, embora permanecendo na mão do devedor, já não constitue um valor disponível do seu património. Dêste modo, são de manter as formalidades exigidas no referido decreto-lei, pois representam pelo menos garantia de uma certa publicidade.

Quanto ao penhor de créditos hipotecários e de cotas, a razão que levou a prescrever para êle escritura pública tanto vale nas hipóteses gerais como na de o credor ser um estabelecimento bancário.

Usando da faculdade conferida pela 2ª parte do n.º 2 do artigo 109.º da Constituïção, o Govêrno decreta e eu promulgo, para valer como lei, o seguinte:

ARTIGO ÚNICO

Para que o penhor constituído em garantia de créditos de estabelecimentos bancários autorizados produza efeitos em relação a terceiros, basta que conste de documento particular, ainda que o dono do objecto empenhado não seja comerciante.

§ único. Ressalva-se o estabelecido na legislação anterior quanto ao penhor de créditos hipotecários e de cotas sociais, e bem assim o preceituado no artigo 2.º do decreto-lei n.º 29:833, de 17 de Agosto de 1939.

Publique-se e cumpra-se como nêle se contém.

Paços do Govêrno da República, 22 de Maio de 1942. – ANTÓNIO ÓSCAR DE FRAGOSO CARMONA – *António de Oliveira Salazar – Mário Pais de Sousa – Adriano Pais da Silva Vaz Serra – João Pinto da Costa Leite – Manuel Ortins de Bettencourt – Duarte Pacheco – Francisco José Vieira Machado – Mário de Figueiredo – Rafael da Silva Neves Duque.*

30.2. OBRIGAÇÕES HIPOTECÁRIAS

30.2.1. *Decreto-Lei n.º 125/90, de 16 de Abril*[568]

O presente diploma propõe-se alargar o universo dos instrumentos financeiros postos à disposição dos agentes económicos, com a criação das denominadas obrigações hipotecárias, bem conhecidas e largamente utilizadas em grande parte dos Estados membros das Comunidades Europeias.

Trata-se, essencialmente, de títulos que conferem ao respectivo portador um privilégio creditório sobre os créditos hipotecários de que sejam titulares as entidades emitentes.

Neste sentido, o presente regime excepciona o disposto no Código Civil quanto à hierarquia dos privilégios creditórios. Esta excepção, no entendimento do Governo, justifica-se plenamente como condição de eficácia a este novo instrumento financeiro, e não acarreta quaisquer prejuízos de segurança jurídica visto estar confinado a bens sobre que, à data, não incidam quaisquer ónus ou encargos.

Refira-se, ainda, que a presente medida se insere no contexto mais alargado da revisão global em curso ao regime jurídico da hipoteca.

As instituições de crédito e parabancárias que se encontrem nas condições estabelecidas no diploma passam, assim, a dispor de uma nova modalidade de captação de recursos, por simples afectação ao seu reembolso dos créditos hipotecários de que disponham. Aos investidores é facultado o acesso a um produto financeiro de risco consideravelmente reduzido. O sector imobiliário, designadamente o segmento da habitação, beneficiará de um novo factor de dinamização que o sistema pode produzir.

O produto foi concebido com preocupações de desburocratização e flexibilidade. Neste quadro, os formalismos exigíveis foram reduzidos ao mínimo. Não foram, todavia, descuidados os mecanismos de prudência e de controlo adequados à salvaguarda dos interesses dos investidores e do sistema.

Assim:

Nos termos da alínea *a*) do n.º 1 do artigo 201.º da Constituição, o Governo decreta o seguinte:

(O texto actualizado do Decreto-Lei n.º 125/90, de 16 de Abril, é abaixo publicado)

---

[568] DR I Série, n.º 88, de 16-Abr.-1990, 1808-1810.

Visto e aprovado em Conselho de Ministros de 22 de Fevereiro de 1990. – *Aníbal António Cavaco Silva* – *Luís Miguel Couceiro Pizarro Beleza* – *Joaquim Fernando Nogueira.*

Promulgado em 2 de Abril de 1990.
Publique-se.
O Presidente da República, MÁRIO SOARES.

Referendado em 5 de Abril de 1990.
O Primeiro-Ministro, *Aníbal António Cavaco Silva.*

30.2.2. Decreto-Lei n.º 17/95, de 27 de Janeiro [569]

O Decreto-Lei n.º 125/90, de 16 de Abril, veio regular pela primeira vez, na nossa ordem jurídica, as denominadas "obrigações hipotecárias", instrumento financeiro bem conhecido e já largamente utilizado em grande parte dos Estados membros da União Europeia.

O novo produto foi concebido com preocupações de desburocratização e flexibilidade.

No entanto, a experiência colhida durante a sua vigência torna aconselhável a introdução de algumas alterações de forma a eliminar certos constrangimentos que não se justificam nas circunstâncias actuais.

Assim:

Nos termos da alínea *a*) do n.º 1 do artigo 201.º da Constituição, o Governo decreta o seguinte:

ARTIGO ÚNICO

Os artigos 2.º a 7.º, 10.º, 11.º, 14.º, 15.º, 16.º e 18.º do Decreto-Lei n.º 125/90, de 16 de Abril, passam a ter a seguinte redacção:

(As alterações foram inseridas no texto do Decreto-Lei n.º 125/90, de 16 de Abril, abaixo publicado)

Visto e aprovado em Conselho de Ministros de 24 de Novembro de 1994. – *Aníbal António Cavaco Silva – Eduardo de Almeida Catroga*.

Promulgado em 28 de Dezembro de 1994.
Publique-se.
O Presidente da República, MÁRIO SOARES.

Referendado em 2 de Janeiro de 1995.
O Primeiro-Ministro, *Aníbal António Cavaco Silva*.

---

[569] DR I Série-A, n.º 23, de 27-Jan.-1995, 479-480.

30.2.3. Decreto-Lei n.° 343/98, de 6 de Novembro[570]

A substituição do escudo pelo euro é uma decorrência de regras comunitárias constitucionalmente vigentes em Portugal. A própria transição do escudo para o euro e diversos mecanismos de adaptação encontram, nas fontes comunitárias, a sua sede jurídico-positiva.

Não obstante, cabe ao legislador português proceder a adaptações na ordem interna. Nalguns casos, as próprias regras cometem aos Estados membros a concretização de diversos aspectos; noutros, as particularidades do direito interno recomendam normas de acompanhamento e de complementação Trata-se, aliás, de uma prática seguida por outros Estados participantes.

Nas alterações ao Código Civil tem-se o cuidado de deixar intocada a linguagem própria desse diploma, limitando ao mínimo as modificações introduzidas. Aproveita-se para actualizar os limites que conferem natureza formal, simples ou agravada, ao mútuo e à renda vitalícia. Idêntica orientação é seguida no tocante às adaptações introduzidas nos Códigos Sociedades Comerciais e Cooperativo. Os novos capitais sociais mínimos, dotados de um regime transitório favorável, constituem uma primeira aproximação aos correspondentes valores adoptados noutros ordenamentos europeus. Mantém-se o paralelismo do estabelecimento individual de responsabilidade limitada com as sociedades por quotas.

No contexto da adaptação dos instrumentos regulamentares do ordenamento jurídico português à introdução do euro, procede-se à alteração do artigo 406.° do Código do Mercado de Valores Mobiliários, que visa acomodar a decisão das bolsas de cotar os valores e liquidar transacções em euros logo a partir de 4 de Janeiro de 1999. Contudo, a liquidação em euros não impede que os créditos e débitos em conta, tanto de intermediários financeiros como de investidores, sejam feitos em escudos, irrelevando para tal a moeda em que os valores mobiliários se encontrem denominados.

Igualmente se regula no presente diploma a redenominação de valores mobiliários, isto é, a alteração para euros da unidade monetária em que se expressa o respectivo valor nominal, a ocorrer voluntariamente de 1 de Janeiro de 1999 a 31 de Dezembro de 2001 ou obrigatoriamente em 1 de Janeiro de 2002. Visa-se, assim, complementar o quadro comunitário corporizado nos Regulamentos (CE) n.° 974/98, do Conselho, de 3 de Maio, e 1103/97, do Conselho, de 17 de Junho, explicitando-se princípios gerais que devem nortear o processo de redenominação durante aquele período transitório e estipulando-se regras especiais quanto a determinados tipos de valores mobiliários.

---

[570] DR I Série-A, n.° 257/98, de 6 de Novembro, 5939-5946.

30.2.3

Na realidade, o enquadramento jurídico do processo de redenominação de qualquer valor mobiliário deve ser enformado por determinados princípios gerais: o princípio da liberdade, de iniciativa do emitente quanto ao momento e ao método de redenominação a adoptar; o princípio da unidade de redenominação, pelo qual se veda a hipótese de utilização de diversos métodos na redenominação de acções de uma mesma sociedade ou na redenominação de valores mobiliários representativos de dívida pertencentes a uma mesma emissão ou categoria; o princípio da informação, consubstanciado na necessidade de cada entidade emitente comunicar a sua decisão de redenominar à Comissão do Mercado de Valores Mobiliários, bem como a de publicar essa decisão em jornal de grande circulação e nos boletins de cotações das bolsas em que os valores mobiliários a redenominar são negociados; o princípio da simplificação do processo de redenominação, que atende à preocupação de não se sobrecarregar as entidades emitentes com custos acrescidos e processos formais morosos, dispensando-se, por conseguinte, no quadro do processo de redenominação, o cumprimento de diversos requisitos de ordem formal e o pagamento de determinados emolumentos; finalmente, o princípio da neutralidade, pelo qual se pretende assegurar que o processo de redenominação, concretamente o método de redenominação escolhido pela entidade em causa, não implique alterações significativas na situação jurídico-económica da entidade que optou por redenominar valores mobiliários.

Aliás, este princípio da neutralidade explica muitas das soluções do presente diploma. De facto, opta-se conscientemente por privilegiar um determinado método de redenominação que, de entre uma multiplicidade de métodos possíveis, surge como o mais idóneo para garantir uma influência mínima na vida jurídico-financeira das entidades emitentes: trata-se da redenominação através da utilização de um método padrão para a redenominação, quer de acções, quer de obrigações e outros valores mobiliários representativos de dívida.

Concretamente, no que diz respeito à redenominação de acções, entende-se por método padrão a mera aplicação da taxa de conversão ao valor nominal unitário das acções emitidas e arredondamento ao cêntimo. Esta operação não altera o número de acções emitidas, mas exige um ligeiro ajustamento do capital social.

No que se refere às obrigações e a outros valores mobiliários representativos de dívida, e na linha do que se passa na grande maioria dos mercados obrigacionistas europeus, o método padrão corresponde à aplicação da taxa de conversão à posição do credor, com uma consequente conversão do valor nominal em cêntimo (vulgarmente denominado por método bottom up por carteira, com renominalização ao cêntimo).

Na sequência do Decreto-Lei n.º 138/98, de 16 de Maio, o presente diploma consagra um regime especial para a redenominação da dívida pública directa do Estado, remetendo para aquele diploma a disciplina da redenominação da dívida denominada em escudos, ao mesmo tempo que estabelece o enquadramento para a redenominação da dívida denominada em moedas de outros Estados membros participantes.

Aproveita-se, ainda, a oportunidade para incluir a regulamentação genérica respeitante à área aduaneira e dos impostos especiais sobre o consumo, em complemento do regime fiscal constante do referido decreto-lei.

Foram ouvidos a Associação Nacional de Municípios Portugueses, o Banco de Portugal, a Comissão do Mercado de Valores Mobiliários e os órgãos de governo próprio das Regiões Autónomas.

Assim, nos termos da alínea *a*) do n.° 1 do artigo 198.° e do n.° 5 do artigo 112.° da Constituição, o Governo decreta o seguinte:

(...)

ARTIGO 7.°
Decreto-Lei n.° 125/90, de 16 de Abril

Sem prejuízo da validade das emissões anteriores a 1 de Janeiro de 1999, o artigo 9.° do Decreto-Lei n.° 125/90, de 16 de Abril, passa a ter a seguinte redacção:

(A alteração foi inserida no texto actualizado do Decreto-Lei n.° 125/90, de 16 de Abril, abaixo publicado)

(...)

Visto e aprovado em Conselho de Ministros de 3 de Setembro de 1998. – *António Manuel de Oliveira Guterres – Luís Filipe Marques Amado – António Luciano Pacheco de Sousa Franco – João Cardona Gomes Cravinho – José Eduardo Vera Cruz Jardim – Joaquim Augusto Nunes de Pina Moura – Eduardo Luís Barreto Ferro Rodrigues.*

Promulgado em 23 de Outubro de 1998.
Publique-se.
O Presidente da República, JORGE SAMPAIO.

Referendado em 28 de Outubro de 1998.
O Primeiro-Ministro, *António Manuel de Oliveira Guterres.*

30.2.4. Texto actualizado do Decreto-Lei n.° 125/90, de 16 de Abril

ARTIGO 1.°
Noções

Para efeitos do presente diploma, entende-se por:
a) Entidades emitentes – as instituições autorizadas a emitir obrigações hipotecárias, nos termos do artigo 2.°;
b) Obrigações hipotecárias – os títulos de crédito que incorporam a obrigação de a entidade emitente pagar ao titular, nos termos das condições de emissão, determinada importância correspondente a capital e juros e que conferem o privilégio indicado no n.° 1 do artigo 6.°;
c) Créditos hipotecários – os créditos concedidos pelas entidades emitentes nas condições estabelecidas no artigo 11.°;
d) Titular – o possuidor de obrigações hipotecárias à data do exercício de direitos;
e) Bens hipotecados – os imóveis onerados por hipotecas que garantem créditos afectos ao cumprimento de obrigações hipotecárias.

ARTIGO 2.°[571]
Entidades emitentes

Podem emitir obrigações hipotecárias, nos termos do presente diploma, as instituições de crédito legalmente autorizadas a conceder créditos garantidos por hipoteca, para financiamento da construção ou aquisição de imóveis, e que disponham de fundos próprios não inferiores a 1 500 000 000$.

---

[571] Redacção dada pelo artigo único do Decreto-Lei n.° 17/95, de 27 de Janeiro. A redacção original era a seguinte:

Artigo 2.°
Entidades emitentes

1 – Podem emitir obrigações hipotecárias, nos termos do presente diploma, as instituições de crédito ou parabancárias legalmente autorizadas a conceder créditos garantidos por hipoteca, para financiamento da construção ou aquisição de imóveis, e que disponham de fundos próprios não inferiores a 1 500 000 000$.

2 – O Banco de Portugal definirá os elementos que, para efeitos do presente diploma, podem integrar os fundos próprios das entidades emitentes.

ARTIGO 3.º [572]
Deliberação de emissão

1 – A emissão de obrigações hipotecárias deverá ser objecto de deliberação expressa do órgão de administração da entidade emitente, da qual conste a justificação da emissão e características das obrigações a emitir, bem como as condições efectivas da emissão.

2 – A emissão deverá ter lugar no prazo máximo de seis meses após a deliberação referida no número anterior, que caducará no termo desse prazo.

ARTIGO 4.º [573]
Formalidades da emissão

1 – A emissão e a oferta pública de subscrição de obrigações hipotecárias não estão sujeitas a autorização administrativa ou a registo público.

2 – As instituições emitentes deverão, previamente a qualquer oferta pública de subscrição de obrigações hipotecárias, publicar num jornal de grande circulação um prospecto contendo, em termos sintéticos, toda a informação relevante sobre as características das obrigações e as condições da emissão, nomeadamente o montante total da emissão, a indicação do privilégio creditório conferido pelo n.º 1 do artigo 6.º e as menções das alíneas *a)*, *b)* e *e)* a *j)* do n.º 1 do artigo 5.º.

3 – O prospecto referido no número anterior deve ser enviado ao Banco de Portugal, antes de iniciada a colocação das obrigações, e posto à disposição do público em todos os locais onde se proceda à subscrição, durante toda a duração desta.

---

[572] Redacção dada pelo artigo único do Decreto-Lei n.º 17/95, de 27 de Janeiro. A redacção original era a seguinte:

Artigo 3.º
Deliberação de emissão

1 – ...

2 – A emissão dos títulos deverá ter lugar no prazo máximo de seis meses após a deliberação, sob pena de caducidade.

[573] Redacção dada pelo artigo único do Decreto-Lei n.º 17/95, de 27 de Janeiro. A redacção original era a seguinte:

Artigo 4.º
Autorização da emissão

1 – A emissão de obrigações hipotecárias carece de autorização prévia a conceder pelo Ministro das Finanças, ouvido o Banco de Portugal.

2 – O pedido de autorização será apresentado ao Ministro das Finanças, acompanhado da acta da deliberação a que se refere o n.º 1 do artigo anterior.

3 – A emissão considera-se tacitamente aprovada nos termos propostos, se não houver decisão expressa do Ministro das Finanças no prazo de 60 dias a contar da data da apresentação do pedido.

ARTIGO 5.º[574]
Menções dos títulos

1 – Dos títulos a emitir devem constar, em conformidade com a deliberação da entidade emitente:
   a) Referências da entidade emitente a que alude o artigo 171.º do Código das Sociedades Comerciais;
   b) Data da deliberação de proceder à respectiva emissão;
   c) Data da emissão;
   d) Número de ordem;
   e) Valor nominal;
   f) Prazo;
   g) Taxa ou taxas de juro;
   h) Datas de vencimento dos juros;
   i) Datas ou períodos em que poderá proceder-se à respectiva amortização;
   j) A modalidade, nominativa ou ao portador, da obrigação;
   l) Assinaturas que obriguem a entidade emitente.

2 – Os títulos de obrigações hipotecárias podem revestir a forma escritural, aplicando-se o disposto no Código do Mercado de Valores Mobiliários, devendo, neste caso, o respectivo registo mencionar os elementos aludidos no número anterior.

3 – Os títulos de obrigações hipotecárias podem ser divididos ou concentrados, consoante o que for deliberado para cada emissão, sendo os encargos suportados pelos respectivos titulares, se nada se estipular em contrário.

ARTIGO 6.º[575]
Privilégio creditório

1 – Os titulares de obrigações hipotecárias gozam de privilégio creditório especial sobre os créditos hipotecários afectos à respectiva emissão, com precedência

---

[574] Redacção dada pelo artigo único do Decreto-Lei n.º 17/95, de 27 de Janeiro. A redacção original era a seguinte:

Artigo 5.º
Menções dos títulos

1 – ...
2 – Os títulos de obrigações hipotecárias podem revestir a forma escritural, aplicando-se, com as devidas adaptações, o disposto no Decreto-Lei n.º 229-D/88, de 4 de Julho, devendo, neste caso, o respectivo registo mencionar os elementos aludidos no número anterior.
3 – ...

[575] Redacção dada pelo artigo único do Decreto-Lei n.º 17/95, de 27 de Janeiro. A redacção original era a seguinte:

Artigo 6.º
Privilégio creditório

1 – ...
2 – ...

sobre quaisquer outros credores, para efeitos de reembolso do capital e recebimento dos juros correspondentes aos respectivos títulos.

2 – As hipotecas que garantam créditos hipotecários prevalecem sobre quaisquer privilégios creditórios imobiliários.

3 – O privilégio creditório estabelecido no n.º 1 não carece de inscrição no registo predial.

4 – O extracto de inscrição da hipoteca deverá conter a menção especial de que o crédito por ela garantido fica afecto ao cumprimento de obrigações hipotecárias, sempre que tal afectação resulte do título constitutivo ou de declaração da entidade emitente anexa ao pedido de registo.

5 – No caso de hipotecas já constituídas, a menção a que se refere o número anterior será efectuada por averbamento com base em declaração da entidade emitente.

6 – O cancelamento do ónus de afectação é efectuado com base em declaração da instituição credora.

7 – Pelos actos de registo referidos nos n.ᵒˢ 5 e 6, bem como pelo cancelamento dos registos de ónus de afectação que tenham sido lavrados ao abrigo deste diploma, não são devidos quaisquer emolumentos em função do valor do facto inscrito.

ARTIGO 7.º [576]
Disciplina legal

Não são aplicáveis à emissão de obrigações hipotecárias:
a) O capítulo IV do título IV do Código das Sociedades Comerciais;
b) O artigo 3.º, alínea *l*), do Código do Registo Comercial;
c) O capítulo II do título II do Código do Mercado de Valores Mobiliários.

---

3 – Será registado pelas conservatórias do registo predial competentes, aquando da inscrição da hipoteca respectiva, perante declaração constante do título constitutivo, que o crédito que esta garante fica afecto ao cumprimento de obrigações hipotecárias.

4 – No caso de hipotecas já constituídas a favor das entidades emitentes à data de entrada em vigor do presente diploma, o registo a que se refere o número anterior será feito por averbamento, perante a declaração a que se refere o mesmo número.

5 – O privilégio creditório estabelecido no n.º 1 não carece de inscrição no registo predial.

[576] Redacção dada pelo artigo único do Decreto-Lei n.º 17/95, de 27 de Janeiro. A redacção original era a seguinte:

Artigo 7.º
Disciplina legal

Não são aplicáveis à emissão de obrigações hipotecárias:
a) ...
b) ...
c) O Decreto-Lei n.º 23/87, de 13 de Janeiro;
d) A Portaria n.º 281/87, de 7 de Abril.

ARTIGO 8.º
Prazo de reembolso

As obrigações hipotecárias não podem ser emitidas com um prazo de reembolso inferior a 3 nem superior a 30 anos.

ARTIGO 9.º
Forma de emissão

1 – A emissão de obrigações hipotecárias pode ser efectuada de forma contínua ou por séries, de acordo com as necessidades financeiras da entidade emitente e com a procura dos aforradores.

2 – Cada emissão não pode ser inferior a 1 000 000 de euros[577].

ARTIGO 10.º [578]
Taxas de juro

1 – As emissões de obrigações hipotecárias de cupão zero ou taxa de juro fixa apenas podem ter por suporte créditos hipotecários que vençam juros a taxa fixa.

2 – Nas emissões com taxa variável, a taxa de juro dos créditos hipotecários afectos e a das obrigações hipotecárias devem ser definidas em relação ao mesmo valor de referência.

ARTIGO 11.º [579]
Requisitos dos créditos hipotecários

1 – Apenas podem ser afectos à garantia de obrigações hipotecárias créditos

---

[577] Redacção dada pelo artigo 7.º do Decreto-Lei n.º 343/98, de 6 de Novembro. A redacção original era a seguinte:

2 – Cada emissão não pode ser inferior a 200 milhões de escudos, nem cada obrigação ter um valor nominal inferior a 1000$.

[578] Redacção dada pelo artigo único do Decreto-Lei n.º 17/95, de 27 de Janeiro. A redacção original era a seguinte:

Artigo 10.º
Taxas de juro

1– As emissões de obrigações hipotecárias de cupão zero ou taxa de juro fixa apenas podem ter por suporte créditos hipotecários que vençam juros a taxa fixa e que não sejam susceptíveis de reembolso antecipado.

2 – ...

[579] Redacção dada pelo artigo único do Decreto-Lei n.º 17/95, de 27 de Janeiro. A redacção original era a seguinte:

Artigo 11.º
Requisitos dos créditos hipotecários

1 – ...

vincendos, de que sejam sujeitos activos as entidades emitentes, garantidos por primeiras hipotecas constituídas sobre bens que pertençam em propriedade plena ao devedor hipotecário e sobre os quais não incida qualquer outro ónus ou encargo, sem prejuízo do disposto no n.º 4.

2 – O montante de um crédito hipotecário não pode exceder o valor do bem hipotecado.

3 – Não se consideram créditos hipotecários os créditos garantidos por bens ou direitos que, pela sua natureza ou regime jurídico, não constituam um valor estável e duradouro.

4 – São considerados créditos hipotecários os garantidos por fiança de uma instituição de crédito ou por adequado contrato de seguro, com contragarantia por hipoteca que reúna as condições indicados no n.º 1.

ARTIGO 12.º
Seguro dos bens hipotecados

1 – Na ausência de contrato de seguro adequado aos riscos inerentes à natureza do bem hipotecado efectuado pelo proprietário do mesmo, devem as entidades emitentes proceder à sua celebração, suportando, nesse caso, os respectivos encargos.

2 – O contrato de seguro a que se refere o número anterior deverá garantir um capital não inferior ao valor de avaliação previsto no artigo seguinte.

3 – A indemnização que eventualmente venha a ter lugar é directamente paga pelo segurador ao credor hipotecário, até ao limite do capital do crédito hipotecário.

ARTIGO 13.º
Avaliação dos bens hipotecados

1 – O valor dos bens hipotecados a que se refere o n.º 2 do artigo 11.º é fixado pela entidade emitente, de acordo com os seguintes critérios:
   a) Se forem prédios urbanos, o valor de mercado de bens de características, uso e localização semelhantes;
   b) Se forem prédios rústicos:
      i) O seu emprego útil segundo as possibilidades de facto e de direito;
      ii) Os proveitos previsíveis da exploração agrícola, florestal, pecuária ou outra similar.

2 – Sem prejuízo do referido no número anterior, o valor dos terrenos é determinado tendo ainda em atenção o grau de urbanização, aproveitamento urbanístico, características naturais e localização.

---

2 – O montante de um crédito hipotecário não pode exceder 80% do valor do bem hipotecado.
3 – ...
4 – São considerados créditos hipotecários os créditos garantidos por fiança de uma instituição de crédito ou parabancária ou por adequado contrato de seguro, com contragarantia por hipoteca que reúna as condições indicados no n.º 1.

ARTIGO 14.º [580]
Relatório de avaliação

A avaliação referida no artigo anterior é objecto de relatório circunstanciado, da exclusiva responsabilidade da entidade emitente.

ARTIGO 15.º [581]
Limites

1 – Relativamente a cada entidade emitente, o valor nominal global das obrigações hipotecárias em circulação não pode ultrapassar 80% do valor global dos créditos hipotecários indicados no artigo 11.º, afectos às referidas obrigações.

2 – Se, por qualquer causa, o limite referido no número anterior for ultrapassado, a entidade emitente deve, dentro dos cinco dias úteis seguintes à verificação do facto, regularizar a situação através de um dos seguintes procedimentos:
 a) Afectação de novos créditos hipotecários;
 b) Aquisição no mercado secundário das obrigações excedentes;
 c) Depósito de dinheiro ou de títulos de dívida pública no Banco de Portugal, no valor do excesso, o qual fica exclusivamente afecto ao serviço da dívida obrigacionista.

3 – As obrigações hipotecárias, enquanto estiverem na posse da entidade que as emitiu, não gozam do regime previsto no presente diploma.

4 – O vencimento médio das obrigações hipotecárias emitidas por uma entidade não pode ultrapassar a vida média dos créditos hipotecários que lhes estão afectos.

5 – O montante global dos juros a pagar anualmente em consequência de obrigações hipotecárias não pode exceder o montante dos juros anuais a cobrar dos mutuários dos créditos hipotecários afectos àquelas obrigações.

---

[580] Redacção dada pelo artigo único do Decreto-Lei n.º 17/95, de 27 de Janeiro. A redacção original era a seguinte:

Artigo 14.º
Relatório de avaliação
A avaliação de bens é objecto de relatório circunstanciado, subscrito por revisor oficial de contas, sem prejuízo de caber à entidade emitente a responsabilidade daquela avaliação.

[581] Redacção dada pelo artigo único do Decreto-Lei n.º 17/95, de 27 de Janeiro. A redacção original era a seguinte:

Artigo 15.º
Limites

1 – ...
2 – ...
 a) Outorga de novos créditos hipotecários;
 b) ...
 c) ...
3 – ...
4 – ...
5 – ...

ARTIGO 16.º [582]
Registo dos créditos hipotecários

1 – A entidade emitente manterá um registo próprio, actualizado, de todos os créditos hipotecários de que seja titular, afectos a obrigações hipotecárias, o qual deve ser enviado trimestralmente ao Banco de Portugal.

2 – Do registo referido no número anterior devem constar, em relação a cada crédito, designadamente, as seguintes indicações:
   a) Montante ainda em dívida;
   b) Taxa de juro;
   c) Prazo de amortização;
   d) Cartório notarial onde foi celebrada a respectiva escritura de hipoteca;
   e) Referências relativas à inscrição definitiva das hipotecas na conservatória do registo predial.

3 – Os créditos constantes do registo a que se refere o n.º 1 só podem ser alienados ou onerados na medida em que a entidade emitente proceda à afectação de novos créditos hipotecários às obrigações em questão, nos termos do presente diploma.

ARTIGO 17.º
Regime de contabilização

1 – O Banco de Portugal determinará as regras de contabilização a respeitar pelas entidades emitentes, com vista a, em cada momento, poderem ser verificados os valores das obrigações hipotecárias emitidas, em circulação, e amortizadas.

2 – As entidades emitentes informarão mensalmente o Banco de Portugal do número e do valor das obrigações hipotecárias por si emitidas, em circulação.

---

[582] Redacção dada pelo artigo único do Decreto-Lei n.º 17/95, de 27 de Janeiro. A redacção original era a seguinte:

Artigo 16.º
Registo dos créditos hipotecários

1 – ...
2 – ...
   a) ...
   b) ...
   c) ...
   d) Cartórios notariais onde foram celebradas as escrituras de constituição das hipotecas integradas no universo afecto a cada emissão;
   e) ...
3 – ...

30.2.4

ARTIGO 18.º [583]
Mercado secundário

1 – As obrigações hipotecárias podem ser admitidas à cotação nas bolsas de valores nos termos da regulamentação em vigor.

2 – As obrigações hipotecárias podem integrar o património dos fundos de investimento imobiliário, nas condições que vierem a ser definidas na regulamentação própria, e são equiparadas a títulos cotados em bolsas de valores nacionais para efeitos de composição das reservas das instituições de segurança social.

3 – As obrigações hipotecárias são consideradas como obrigações emitidas por entidades portuguesas, para efeitos de composição dos activos que representam ou caucionam as provisões técnicas das seguradoras, bem como dos activos representativos dos fundos de pensões.

4 – As entidades emitentes podem livremente comprar e vender as obrigações hipotecárias por si emitidas com vista a assegurar a liquidez do mercado secundário.

---

[583] Redacção dada pelo artigo único do Decreto-Lei n.º 17/95, de 27 de Janeiro. A redacção original era a seguinte:

Artigo 18.º
Mercado secundário

1 – ...

2 – Independentemente de estarem ou não cotadas, as obrigações hipotecárias têm o regime dos títulos cotados em bolsas de valores nacionais, para efeitos de composição dos activos dos fundos de investimento e das reservas das instituições de segurança social.

3 – ...

4 – ...

30.3. OBRIGAÇÕES DE CAIXA

30.3.1. Decreto-Lei n.º 408/91, de 17 de Outubro [584]

O Decreto-Lei n.º 117/83, de 25 de Fevereiro, regulou, pela primeira vez, na nossa ordem jurídica, a emissão do instrumento financeiro designado por obrigações de caixa.

Este regime veio a ser sucessivamente modificado e integrado, de modo a dotá-lo de maior flexibilidade, por um lado, e a colocar esta forma de financiamento ao serviço de outras instituições financeiras não abrangidas na previsão inicial, por outro.

Julga-se chegado o momento de reformular integralmente esse regime jurídico, tendo em vista simplificar a emissão dos títulos em causa e eliminar os constrangimentos que não se justificam nas circunstâncias actuais.

De facto, não pode deixar de notar-se que este instrumento financeiro se encontra à disposição apenas de entidades cuja constituição carece de prévia autorização das autoridades monetárias, que se encontram submetidas à supervisão do Banco de Portugal e que estão obrigadas a respeitar rácios prudenciais.

Assim:

Nos termos da alínea *a*) do n.º 1 do artigo 201.º da Constituição, o Governo decreta o seguinte:

(O texto actualizado do Decreto-Lei n.º 408/91, de 17 de Outubro, é abaixo publicado)

Visto e aprovado em Conselho de Ministros de 29 de Agosto de 1991. – *Aníbal António Cavaco Silva – Luís Miguel Couceiro Pizarro Beleza.*

Promulgado em 3 de Outubro de 1991.
Publique-se.
O Presidente da República, MÁRIO SOARES.

Referendado em 7 de Outubro de 1991.
O Primeiro-Ministro, *Aníbal António Cavaco Silva.*

---

[584] DR I Série-A, n.º 239, de 17-Out.-1991, 5397-5398.

30.3.2. *Decreto-Lei n.° 343/98, de 6 de Novembro*[585]

(...)

ARTIGO 8.°
Decreto-Lei n.° 408/91, de 17 de Outubro

O artigo 6.° do Decreto-Lei n.° 408/91, de 17 de Outubro, passa a ter a seguinte redacção:

(A alteração foi introduzida no texto actualizado do Decreto-Lei n.° 408/91, de 17 de Outubro, abaixo publicado)

(...)

---

[585] DR I Série-A, n.° 257/98, de 6-Nov.-1998, 5939-5946. Cf. *supra*, 30.2.3., o preâmbulo, a aprovação, a promulgação e a referenda do presente Decreto-Lei.

30.3.3. Decreto-Lei n.° 181/2000, de 10 de Agosto [586]

A experiência de aplicação do regime jurídico das obrigações de caixa, aprovado pelo Decreto-Lei n.° 408/91, de 17 de Outubro, alterado pelo Decreto-Lei n.° 343/98, de 6 de Novembro, revelou a necessidade de se estabelecerem as condições de emissão e as condições de apresentação do prospecto do referido instrumento financeiro, tendo em vista assegurar aos respectivos subscritores o reembolso do capital em montante não inferior ao respectivo valor nominal.

Nesses termos, prevê-se que, por aviso, o Banco de Portugal possa, quando as necessidades de protecção dos investidores assim o imponham, definir limites à remuneração das obrigações de caixa, obrigando a que a taxa de juro, se variável, se relacione com a evolução de indicadores relevantes, obstando assim a que o montante do reembolso seja inferior ao respectivo valor nominal.

Aproveita-se ainda para, face à recente entrada em vigor do novo Código dos Valores Mobiliários, aprovado pelo Decreto-Lei n.° 486/99, de 13 de Novembro, rever alguma terminologia e o próprio conteúdo do regime, tendo em vista a respectiva harmonização com o Código e respectiva regulamentação.

Assim:

Nos termos da alínea *a*) do n.° 1 do artigo 198.° da Constituição, o Governo decreta o seguinte:

ARTIGO 1.°

Os artigos 2.°, 3.°, 5.°, 6.°, 10.° e 11.° do Decreto-Lei n.° 408/91, de 17 de Outubro, alterado pelo Decreto-Lei n.° 343/98, de 6 de Novembro, passam a ter a seguinte redacção:

(As alterações foram introduzidas no texto actualizado do Decreto-Lei n.° 408/91, de 17 de Outubro, abaixo publicado)

ARTIGO 2.°

São revogados os n.ᵒˢ 2 e 3 do artigo 11.° do Decreto-Lei n.° 408/91, de 17 de Outubro.

---

[586] DR I Série-A, n.° 184, de 10-Ago.-2000, 3883-3884.

30.3.3. Obrigações de caixa

Visto e aprovado em Conselho de Ministros de 7 de Julho de 2000. – *António Manuel de Oliveira Guterres – Joaquim Augusto Nunes Pina Moura.*

Promulgado em 27 de Julho de 2000.
Publique-se.
O Presidente da República, JORGE SAMPAIO.

Referendado em 1 de Agosto de 2000.
O Primeiro-Ministro, em exercício, *Jaime José Matos da Gama.*

30.3.4. Texto actualizado do Decreto-Lei n.º 408/91, de 17 de Outubro

ARTIGO 1.º
Noção

As obrigações de caixa são valores mobiliários que incorporam a obrigação de a entidade emitente pagar ao seu titular uma certa importância, em prazo não inferior a dois anos, e os correspondentes juros.

ARTIGO 2.º[587]
Entidades emitentes

Podem emitir obrigações de caixa as instituições de crédito com fundos próprios não inferiores a 2500000 euros.

ARTIGO 3.º[588]
Disciplina legal

1 – A emissão de obrigações de caixa bem como a respectiva oferta pública de subscrição regem-se, exclusivamente, pelo disposto no presente diploma.

2 – O Banco de Portugal pode, por aviso, estabelecer condições de emissão das obrigações de caixa e da apresentação do prospecto, nomeadamente nos casos em que, atendendo ao respectivo valor nominal, seja provável a sua subscrição por pequenos investidores, obrigando a que a taxa de juro, se variável, se relacione com a evolução de indicadores relevantes, por forma que o montante do reembolso não seja inferior ao respectivo valor de emissão.

---

[587] Redacção dada pelo artigo 1.º do Decreto-Lei n.º 181/2000, de 17 de Outubro. A redacção original era a seguinte:

1 – Podem emitir obrigações de caixa as instituições de crédito, as sociedades de investimento, as sociedades de locação financeira, as sociedades de *factoring* e as sociedades financeiras para aquisição a crédito.

2 – As entidades emitentes devem possuir fundos próprios de montante não inferior a 500 000 000$.

[588] O artigo 1.º do Decreto-Lei n.º 181/2000, de 17 de Outubro, aditou o actual n.º 2, tendo o corpo do artigo passado a n.º 1.

ARTIGO 4.º
Autorizações

A emissão e a oferta pública de subscrição de obrigações de caixa não dependem de qualquer autorização administrativa.

ARTIGO 5.º[589]
Formalidades

1 – As instituições referidas no artigo 2.º, antes da realização das operações referidas no artigo 4.º, devem publicar um prospecto através do qual informem os destinatários das operações dos respectivos elementos essenciais, nomeadamente dos seguintes:
  a) Montante global das obrigações e forma de representação;
  b) Valor nominal e preço de subscrição, bem como especificação de outras despesas a cargo do subscritor;
  c) Moeda de denominação do empréstimo;
  d) Data em que se prevê a entrega dos títulos, se aplicável;
  e) Taxa de juro nominal utilizada e seu modo de cálculo, data a partir da qual se procede ao pagamento dos juros, datas de vencimento e prazo de prescrição da obrigação de pagamento dos juros;
  f) Taxa de rentabilidade efectiva;
  g) Duração do empréstimo, datas e modalidades de amortização, prazo de prescrição de reembolso do capital mutuado;
  h) Datas e modalidades do exercício de opção de reembolso antecipado;
  i) Natureza e âmbito das garantias e eventuais cláusulas de subordinação do empréstimo;
  j) Sendo caso disso, pedido de admissão das obrigações à negociação em mercado regulamentado.
  a) Número total de obrigações e sua forma de representação;
  b) Condições de pagamento;
  c) Prazo;
  d) Taxa de juro;
  e) Periodicidade do vencimento dos juros;

---

[589] Redacção dada pelo artigo 1.º do Decreto-Lei n.º 181/2000, de 17 de Outubro. A redacção original era a seguinte:
1 – ...
  a) Número total de obrigações e sua forma de representação;
  b) Condições de pagamento;
  c) Prazo;
  d) Taxa de juro;
  e) Periodicidade do vencimento dos juros;
  f) Regime de reembolso antecipado, bem como a forma e as condições em que poderá ter lugar.
2 – ...
3 – ...

f) Regime de reembolso antecipado, bem como a forma e as condições em que poderá ter lugar.

2 – O prospecto referido no número anterior deve ser enviado ao Banco de Portugal, antes de iniciada a colocação das obrigações.

3 – A emissão de obrigações de caixa não está sujeita ao registo a que se refere a alínea *l)* do artigo 3.º do Código do Registo Comercial.

ARTIGO 6.º [590]
Representação

1 – As obrigações de caixa têm o valor nominal de 50 euros ou de múltiplos desse valor e podem ser representadas por títulos nominativos ou ao portador.

2 – Podem também ser emitidas obrigações de caixa sob a forma escritural, registando-se a sua colocação e movimentação em contas abertas em nome dos respectivos titulares nos livros da instituição emitente.

3 – A produção dos efeitos de transmissão dos títulos nominativos ou das obrigações emitidas sob a forma escritural só se opera relativamente à entidade emitente após comunicação a esta, efectuada pelo transmissário.

ARTIGO 7.º
Amortização e reembolso antecipados

1 – As obrigações de caixa são emitidas a prazo fixo, podendo, no entanto, as instituições emitentes conceder aos seus titulares a faculdade de solicitarem o reembolso antecipado, o qual não poderá efectuar-se antes de decorridos 12 meses após a data da emissão das obrigações e implicará a amortização das mesmas.

2 – Sem prejuízo do disposto no número anterior quanto ao reembolso antecipado, as obrigações de caixa não podem ser adquiridas pela instituição emitente antes de decorrido o prazo de dois anos sobre a data de emissão.

---

[590] Redacção dada pelo artigo 1.º do Decreto-Lei n.º 181/2000, de 17 de Outubro. A redacção anterior, dada pelo artigo 8.º do Decreto-Lei n.º 343/98, de 6 de Novembro, era a seguinte:
 1 – As obrigações de caixa poderão ser representadas por títulos nominativos ou ao portador.
 2 – ...
 3 – ...
A redacção original era a seguinte:

Artigo 6.º
Valor nominal e representação

 1 – As obrigações de caixa terão o valor nominal de 10 000$ ou de múltiplos desse valor e poderão ser representadas por títulos nominativos ou ao portador.
 2 – ...
 3 – ...

30.3.4. Obrigações de caixa

ARTIGO 8.º
Menções dos títulos

Dos títulos representativos das obrigações de caixa constarão sempre:
a) A entidade emitente;
b) O nome do subscritor, quando se trate de título nominativo;
c) A data de emissão;
d) O número de ordem;
e) O valor nominal;
f) O prazo;
g) A taxa ou taxas de juro a aplicar;
h) As datas de vencimento semestral ou anual dos juros a liquidar;
i) A data ou período em que poderá ser efectuada a amortização e respectivas condições;
j) As assinaturas que obriguem a sociedade.

ARTIGO 9.º
Formas de emissão

A emissão de obrigações de caixa pode ser efectuada de forma contínua ou por séries, de acordo com as necessidades financeiras da instituição emitente e com a procura dos aforradores.

ARTIGO 10.º[591]
Admissão à negociação

A admissão das obrigações de caixa à negociação em mercado regulamentado rege-se pelo disposto no Código dos Valores Mobiliários.

ARTIGO 11.º[592]
Regime de contabilidade

A contabilidade das entidades emitentes deve expressar os valores das obrigações emitidas, amortizadas e em circulação.

---

[591] Redacção dada pelo artigo 1.º do Decreto-Lei n.º 181/2000, de 17 de Outubro. A redacção original era a seguinte:

Artigo 10.º
Admissão à cotação

As obrigações de caixa poderão ser admitidas à cotação nas bolsas de valores, nos termos definidos no Código do Mercado de Valores Mobiliários.

[592] Redacção dada pelo artigo 1.º do Decreto-Lei n.º 181/2000, de 17 de Outubro. A redacção original era a seguinte:

ARTIGO 12.º
Revogações e remissões

1 – É revogado o Decreto-Lei n.º 117/83, de 25 de Fevereiro, e o aviso n.º 12/86, publicado no *Diário da República*, 1ª série, de 24 de Julho de 1986.

2 – Sempre que instrumentos normativos em vigor remetam para o Decreto-Lei n.º 117/83, devem considerar-se as remissões como referidas ao presente diploma.

Artigo 11.º
Regime de contabilização

    1 – A contabilidade das instituições emitentes de obrigações de caixa deve expressar os valores das obrigações emitidas, amortizadas e em circulação.
    2 – Devem igualmente as mesmas instituições possuir:
    a) Para as obrigações representadas por títulos ao portador, um livro de registo onde constem:
        i) Os números de emissão atribuídos;
        ii) O valor nominal;
        iii) A taxa ou taxas de juro;
        iv) A data ou período em que a obrigação deve ser amortizada;
        v) Os nomes dos gestores ou procuradores que assinaram os títulos;
    b) Para as obrigações representadas por títulos nominativos e para as emitidas sob a forma escritural:
    Um livro de averbamento no qual constem, além dos elementos citados na alínea anterior, o nome dos subscritores das obrigações e posteriores titulares, bem como dos beneficiários dos juros e das amortizações, quando se trate de pessoas diferentes dos detentores das obrigações.
    O artigo 2.º do Decreto-Lei n.º 181/2000, de 17 de Outubro, revoga expressamente os n.os 2 e 3 do presente artigo; no entanto, eles já haviam sido eliminados pela nova redacção dada ao preceito pelo artigo 1.º.

30.4. TÍTULOS DE DÍVIDA DE CURTO PRAZO (PAPEL COMERCIAL)

DECRETO-LEI N.º 69/2004, DE 25 DE MARÇO[593]

O regime jurídico dos valores representativos de dívida de curto prazo, vulgarmente denominados "papel comercial", foi fixado no Decreto-Lei n.º 181/92, de 22 de Agosto, tendo sido ulteriormente alterado pelos Decretos-Leis n.ºs 231/94, de 14 de Setembro, 343/98, de 6 de Novembro, e 26/2000, de 3 de Março.

À luz do desenvolvimento dos mercados de capitais e monetários, torna-se aconselhável a revisão do regime jurídico do "papel comercial", no sentido de criar condições de funcionamento do respectivo mercado mais eficientes e mais próximas das da realidade europeia, e com o particular objectivo de contribuir para o reforço da dinamização do mercado de capitais em Portugal.

O presente diploma substitui integralmente o regime jurídico em vigor, ocupando-se, apenas, da disciplina relativa a valores mobiliários com prazo inferior a um ano, para os quais se mantém a dispensa de registo comercial e a possibilidade de serem emitidos de forma contínua ou por séries. Fora do âmbito de aplicação deste decreto-lei ficam os valores mobiliários de prazo igual ou superior a um ano aos quais é aplicável o regime do Código dos Valores Mobiliários.

Das alterações introduzidas merece especial destaque a não exigibilidade de rating ou de prestação de garantia quando se trate de emitentes com capitais próprios ou património líquido não inferiores a 5 milhões de euros ou sempre que o valor nominal unitário da emissão seja igual ou superior a (euro) 50000.

Por outro lado, acompanhando alterações introduzidas no Código dos Valores Mobiliários, é transferida para a Comissão do Mercado de Valores Mobiliários a competência regulamentar e fiscalizadora. Mantém-se, para a emissão e oferta à subscrição pública e particular, um sistema simplificado de informação ao mercado, prevendo-se a possibilidade de registo em qualquer dos sistemas centralizados de valores mobiliários.

Foram ouvidos o Banco de Portugal, a Comissão do Mercado de Valores Mobiliários, a Associação Portuguesa de Bancos, a Associação Portuguesa das Sociedades Gestoras de Patrimónios e de Fundos de Investimento, a Euronext Lisbon – Sociedade Gestora de Mercados Regulamentados, S. A., e a OPEX – Sociedade Gestora de Mercado de Valores Mobiliários não Regulamentado, S. A.

Assim:

Nos termos da alínea *a)* do n.º 1 do artigo 198.º da Constituição, o Governo decreta o seguinte:

---

[593] DR I Série-A, n.º 72, de 25 de Março, 1804-1808.

TÍTULO I
Disposições gerais

ARTIGO 1.º
Objecto e âmbito

1 – O presente diploma regula a disciplina aplicável aos valores mobiliários de natureza monetária designados por papel comercial.

2 – São papel comercial os valores mobiliários representativos de dívida emitidos pelas entidades referidas no n.º 1 do artigo seguinte por prazo inferior a um ano.

ARTIGO 2.º
Capacidade

1 – Têm capacidade para emitir papel comercial as sociedades comerciais ou civis sob a forma comercial, as cooperativas, as empresas públicas e as demais pessoas colectivas de direito público ou privado.

2 – As entidades emitentes de papel comercial, com excepção das instituições de crédito, das sociedades financeiras, das empresas de seguros e das sociedades gestoras de fundos de pensões, não podem obter, com a emissão deste tipo de valor mobiliário, recursos financeiros superiores ao triplo dos seus capitais próprios ou, no caso de entidades que não estejam sujeitas à adopção do plano oficial de contabilidade, ao triplo do seu património líquido.

ARTIGO 3.º
Capital próprio, património líquido e fundos próprios

Para efeitos do presente diploma, entende-se por:
a) "Capitais próprios" o somatório do capital realizado, deduzidas as acções próprias, com as reservas, os resultados transitados e os ajustamentos de partes de capital em filiais e associadas;
b) "Património líquido" a diferença entre o montante total líquido dos bens activos detidos e o total das responsabilidades assumidas e não liquidadas.
c) "Fundos próprios" os montantes indicados no Aviso do Banco de Portugal n.º 12/92, de 29 de Dezembro, calculados nas condições aí estabelecidas;

TÍTULO II
Emissão

ARTIGO 4.º
Requisitos de emissão

1 – Para a emissão de papel comercial, devem as entidades emitentes preencher um dos seguintes requisitos:
   a) Evidenciar no último balanço aprovado e sujeito a certificação legal de contas ou a auditoria efectuada por revisor oficial de contas, consoante o caso, capitais próprios ou património líquido não inferior a 5 milhões de euros ou o seu contravalor em euros, caso esses capitais ou património sejam expressos em moeda diferente do euro; ou
   b) Apresentar notação de risco da emissão do programa de emissão a que se refere o n.º 1 do artigo 7.º ou notação de risco de curto prazo do emitente, atribuída por sociedade de notação de risco registada na Comissão do Mercado de Valores Mobiliários; ou
   c) Obter, a favor dos detentores, garantia autónoma à primeira interpelação que assegure o cumprimento das obrigações de pagamento decorrentes da emissão ou do programa a que se refere o n.º 1 do artigo 7.º

2 – A exigência dos requisitos a que se refere o número anterior não se aplica ao papel comercial cujo valor nominal unitário seja igual ou superior a (euro) 50000 ou o seu contravalor em euros, caso seja expresso em moeda diferente do euro.

ARTIGO 5.º
Garantias

A garantia a que se refere a alínea c) do n.º 1 do artigo anterior só pode ser prestada por instituição de crédito:
   a) Cujo objecto abranja a prestação de garantias; e
   b) Cujos fundos próprios não sejam inferiores a 5 milhões de euros, ou o seu contravalor em euros, se aqueles forem expressos numa outra moeda.

ARTIGO 6.º
Tipicidade

Salvo disposição legal em contrário, é proibida a emissão de valores mobiliários de natureza monetária de prazo inferior a um ano que não cumpram o disposto no presente diploma.

ARTIGO 7.º
Modalidades de emissão

1 – O papel comercial pode ser objecto de emissão simples ou, de acordo com o programa de emissão, contínua ou por séries.

2 – À emissão de papel comercial não é aplicável o disposto no artigo 169.º do Código dos Valores Mobiliários e no artigo 349.º do Código das Sociedades Comerciais.

ARTIGO 8.º
Registo da emissão

1 – A emissão de papel comercial deve ser registada junto da respectiva entidade emitente ou em conta aberta junto de intermediário financeiro que, para o efeito, a represente.

2 – Do registo de emissão de papel comercial constam, com as devidas adaptações, as menções a que se refere o artigo 44.º do Código dos Valores Mobiliários.

3 – A emissão de papel comercial não está sujeita a registo comercial.

ARTIGO 9.º
Reembolso

1 – O papel comercial pode ser reembolsado antes do fim do prazo de emissão, nos termos previstos nas condições de emissão ou do programa de emissão.

2 – A aquisição de papel comercial pela respectiva entidade emitente equivale ao seu reembolso.

ARTIGO 10.º
Forma de representação

O papel comercial pode ser nominativo ou ao portador registado e deve observar a forma escritural.

ARTIGO 11.º
Registo de titularidade

A titularidade do papel comercial é registada nos termos dos artigos 61.º e seguintes do Código dos Valores Mobiliários.

TÍTULO III
Ofertas e admissão

ARTIGO 12.º
Modalidades e registo simplificado

1 – À qualificação da oferta de papel comercial como pública ou particular é aplicável, com as devidas adaptações, o disposto nos artigos 109.º e 110.º do Código dos Valores Mobiliários, sendo sempre havida como particular a oferta cujo valor nominal unitário seja o previsto no n.º 2 do artigo 4.º

2 – A realização de oferta pública de papel comercial dirigida especificamente a pessoas com residência ou estabelecimento em Portugal está sujeita a registo prévio simplificado na Comissão do Mercado de Valores Mobiliários, podendo o mesmo respeitar à emissão ou ao programa de emissão a que se refere o n.º 1 do artigo 7.º.

3 – O registo ou a sua recusa devem ser comunicados ao emitente no prazo de três dias úteis.

4 – O lançamento de ofertas públicas de distribuição de papel comercial exige a emissão de certificação legal de contas ou de auditoria às contas do emitente efectuada por um revisor oficial de contas ou por uma sociedade revisora oficial de contas, pelo menos no que respeita ao exercício imediatamente anterior, e o cumprimento de um dos requisitos previstos nas alíneas b) e c) do n.º 1 do artigo 4.º.

5 – À publicidade da oferta é aplicável, com as devidas adaptações, o disposto nos artigos 121.º e 122.º do Código dos Valores Mobiliários.

ARTIGO 13.º
Instrução do pedido de registo

O pedido de registo é instruído com cópia da nota informativa a elaborar nos termos do artigo 17.º

ARTIGO 14.º
Retirada da oferta

1 – A Comissão do Mercado de Valores Mobiliários deve ordenar a retirada da oferta se verificar que esta enferma de alguma ilegalidade ou violação de regulamento insanáveis.

2 – A decisão de retirada é divulgada pela Comissão do Mercado de Valores Mobiliários, a expensas do oferente, nos mesmos termos em que foi divulgada a nota informativa.

ARTIGO 15.º
Assistência e colocação

1 – As ofertas públicas de papel comercial devem ser realizadas com intervenção de intermediário financeiro, legalmente habilitado para o efeito, que presta, pelo menos, os seguintes serviços:
   a) Assistência e colocação nas ofertas públicas de distribuição;
   b) Pagamento, por conta e ordem da entidade emitente, dos direitos patrimoniais decorrentes da emissão.

2 – As ofertas particulares de papel comercial emitido por entidade sem certificação legal de contas ou auditoria às contas efectuada por um revisor oficial de contas ou por uma sociedade revisora oficial de contas exigem a intervenção de um intermediário financeiro que, em qualquer caso e independentemente de outros deveres impostos por lei, deve proceder à prévia verificação da observância do limite estabelecido no n.º 2 do artigo 2.º.

ARTIGO 16.º
Admissão à negociação

1 – O papel comercial pode ser admitido à negociação em mercado de valores mobiliários.

2 – A Comissão do Mercado de Valores Mobiliários pode definir por regulamento, sob proposta da entidade gestora do mercado, a informação a prestar pela entidade emitente, em complemento da constante da nota informativa a que se refere o artigo 17.º, que se revele necessária para a negociação em mercado.

TÍTULO IV
Deveres de informação

ARTIGO 17.º
Nota informativa

1 – As entidades que emitam papel comercial devem elaborar uma nota informativa que tem por objecto a emissão ou o programa de emissão, contendo informação sobre a sua situação patrimonial, económica e financeira, da qual devem constar obrigatoriamente:
   a) Os elementos a que se refere o artigo 171.º do Código das Sociedades Comerciais;
   b) A identificação das pessoas responsáveis pela qualidade da informação contida na nota informativa;
   c) As características genéricas do programa de emissão, nomeadamente no respeitante a montantes, prazos, denominação e cadência da emissão do papel comercial;

d) O modo de determinação dos juros e, nas ofertas públicas, os termos da sua divulgação;

e) A natureza e âmbito de eventuais garantias prestadas à emissão;

f) Informação sobre a notação de risco atribuída por empresa de notação de risco registada na Comissão do Mercado de Valores Mobiliários, caso exista;

g) O código de identificação do papel comercial objecto da oferta, caso exista;

h) O regime fiscal aplicável;

i) O balanço, a demonstração de resultados e a demonstração da origem e da aplicação de fundos da entidade emitente relativos aos três últimos exercícios anteriores ao do programa da emissão ou apenas aos exercícios decorridos desde a constituição do emitente com contas aprovadas;

j) A indicação sumária da dependência da entidade emitente relativamente a quaisquer factos que tenham importância significativa para a sua actividade e sejam susceptíveis de afectar a rentabilidade do emitente no prazo abrangido pelo programa de emissão até à data do último reembolso, designadamente alvarás, patentes, contratos ou novos processos de fabrico.

2 – A nota informativa de oferta pública de papel comercial deve ainda incluir, na sua capa, uma descrição dos factores de risco inerentes à oferta, ao emitente ou às suas actividades e uma descrição das limitações relevantes do investimento proposto, bem como, caso exista, a notação de risco atribuída à emissão ou ao programa de emissão.

3 – Respeitando a nota informativa a um programa de emissão, a entidade emitente deve elaborar, previamente a cada emissão, uma informação complementar na medida do necessário para a individualização da mesma.

4 – Sempre que a entidade emitente seja uma sociedade em relação de domínio, as informações referidas nas alíneas *i)* e *j)* do n.º 1 devem ser facultadas autonomamente no que respeita à sociedade e, de forma consolidada, ao grupo.

5 – Deve ser elaborada nova nota informativa, de que constem todos os elementos previstos nos números anteriores, sempre que ocorra qualquer circunstância susceptível de influir de maneira relevante na avaliação da capacidade financeira da entidade emitente ou do garante.

6 – O disposto nos artigos 116.º e 156.º do Código dos Valores Mobiliários não se aplica às entidades emitentes de papel comercial.

ARTIGO 18.º
Idioma

1 – A nota informativa de oferta particular não está sujeita ao disposto no artigo 6.º do Código dos Valores Mobiliários.

2 – À nota informativa de ofertas públicas de papel comercial é aplicável o disposto nos artigos 163.º-A e 237.º-A do Código dos Valores Mobiliários.

ARTIGO 19.º
Divulgação

A nota informativa é divulgada gratuitamente aos investidores:
a) Nas ofertas públicas de papel comercial até ao início da oferta através de disponibilização junto do emitente e das entidades colocadoras e por meio do sistema de difusão de informação da Comissão do Mercado de Valores Mobiliários;
b) Nas ofertas particulares de papel comercial, junto do emitente, antes do início do período de subscrição da emissão.

ARTIGO 20.º
Responsabilidade pelo conteúdo da informação

Aplica-se à informação incluída na nota informativa de ofertas públicas de papel comercial o disposto nos artigos 149.º e seguintes do Código dos Valores Mobiliários.

TÍTULO V
Disposições finais e transitórias

ARTIGO 21.º
Regulamentação

Compete à Comissão do Mercado de Valores Mobiliários elaborar os regulamentos necessários à concretização do disposto no presente diploma e aos demais aspectos relacionados com o papel comercial, nomeadamente sobre as seguintes matérias:
a) Instrução do pedido de registo;
b) Forma de liquidação dos juros relativos à emissão de papel comercial;
c) Condições de rateio;
d) Caducidade do registo da oferta;
e) Adaptação do conteúdo da nota informativa às entidades emitentes de papel comercial que se encontrem, com outras sociedades, em relação de domínio;
f) Termos em que deve ser divulgada a oferta pública de papel comercial;
g) Termos em que devem ser divulgados os factos relevantes respeitantes aos emitentes.

ARTIGO 22.º
Supervisão

Compete à Comissão do Mercado de Valores Mobiliários fiscalizar o cumprimento do presente diploma e a supervisão dos mercados onde seja negociado papel comercial.

ARTIGO 23.º
Informação estatística

A informação estatística relativa à emissão de papel comercial é prestada ao Banco de Portugal nos termos a definir por este.

ARTIGO 24.º
Direito transitório

O presente diploma é aplicável às emissões de papel comercial deliberadas em data posterior à da sua entrada em vigor e, bem assim, às emissões de papel comercial efectuadas ao abrigo de novos programas ou de programas renovados em data posterior à da sua entrada em vigor.

ARTIGO 25.º
Revogação

São revogados o Decreto-Lei n.º 181/92, de 22 de Agosto, com as alterações introduzidas pelos Decretos-Leis n.ºs 231/94, de 14 de Setembro, 343/98, de 6 de Novembro, e 26/2000, de 3 de Março, e a Portaria n.º 815-A/94, de 14 de Setembro.

ARTIGO 26.º
Entrada em vigor

O presente diploma entra em vigor 30 dias após a sua publicação.

Visto e aprovado em Conselho de Ministros de 11 de Fevereiro de 2004. – *José Manuel Durão Barroso – Maria Manuela Dias Ferreira Leite – Maria Celeste Ferreira Lopes Cardona.*

Promulgado em 12 de Março de 2004.
Publique-se.
O Presidente da República, JORGE SAMPAIO.

Referendado em 15 de Março de 2004.
O Primeiro-Ministro, *José Manuel Durão Barroso.*

30.5. REGIME JURÍDICO DOS CONTRATOS DE GARANTIA FINANCEIRA

DECRETO-LEI N.º 105/2004, DE 8 DE MAIO[594]

O presente decreto-lei transpõe para a ordem jurídica portuguesa a Directiva n.º 2002/47/CE, do Parlamento Europeu e do Conselho, de 6 de Junho, relativa aos acordos de garantia financeira. Este diploma surge na continuidade da Directiva n.º 98/26/CE, do Parlamento Europeu e do Conselho, de 19 de Maio, relativa ao carácter definitivo da liquidação nos sistemas de pagamento e de liquidação de valores mobiliários e insere-se no âmbito de objectivos genéricos de limitação dos riscos sistémicos inerentes ao funcionamento dos referidos sistemas, assim como de criação de condições para o aumento da liquidez nos mercados financeiros.

Ao realizar a transposição, o presente diploma consagra, entre nós, o contrato de garantia financeira, que se define e caracteriza a partir dos elementos previstos nos artigos 3.º a 7.º do presente diploma (sujeitos do contrato, objecto das garantias, necessidade de desapossamento e requisitos probatórios), sendo desses elementos contratuais que se depreende a sua natureza financeira. Com efeito, o leque de entidades que pode assumir-se como prestador ou beneficiário da garantia financeira (grosso modo, instituições financeiras), a natureza do objecto susceptível de ser prestado em garantia financeira (instrumentos financeiros ou numerário), assim como as obrigações passíveis de serem garantidas por este tipo de contrato (obrigações cuja prestação consista numa liquidação em numerário ou na entrega de instrumentos financeiros), explicam o seu carácter financeiro, resultante das disposições consagradas no título I deste diploma.

O contrato de garantia financeira não é, contudo, uniforme nos seus efeitos, podendo revestir tanto a modalidade de alienação fiduciária em garantia como a de penhor financeiro, consoante implique, ou não, a transmissão da propriedade do objecto da garantia para o respectivo beneficiário. A relevância dessa distinção justifica, aliás, a estrutura do diploma que, nos seus títulos II e III, regula, respectivamente, as especificidades ora do penhor financeiro (contrato de garantia financeira sem transmissão da propriedade), ora da alienação fiduciária em garantia (contrato de garantia financeira com transmissão da propriedade).

---

[594] DR I Série-A, n.º 108, de 8 de Maio, 2939-2944.

30.5. Regime jurídico dos contratos de garantia financeira

A possibilidade de as partes convencionarem a transmissão da propriedade a título de garantia resulta de expressa imposição da directiva agora transposta e constitui um dos aspectos mais inovadores do regime aprovado. Com a consagração de uma nova forma de transmissão de propriedade, ainda que a título de garantia, é alargado o *numerus clausus* pressuposto pelo artigo 1306.º do Código Civil, o que permitirá o reconhecimento da validade das alienações fiduciárias em garantia e o fim da insegurança jurídica que resultava da necessária requalificação desses acordos como meros contratos de penhor.

No que respeita ao contrato de penhor financeiro, merece ser realçada a possibilidade de as partes convencionarem, a favor do beneficiário da garantia, o direito de disposição sobre o objecto desta. Trata-se de uma faculdade que, no caso de instrumentos financeiros, permitirá aumentar a liquidez dos respectivos mercados.

Outra das novidades mais significativas deste diploma respeita ainda ao contrato de penhor financeiro e corresponde à aceitação do pacto comissório, em desvio da regra consagrada no artigo 694.º do Código Civil. Com efeito, desde que as partes o convencionem e acordem na forma de avaliação dos instrumentos financeiros dados em garantia, permite-se excepcionalmente que o beneficiário execute a garantia por apropriação do objecto desta, ficando obrigado a restituir o montante correspondente à diferença entre o valor do objecto da garantia e o montante da dívida. Este «direito de apropriação» visa dar resposta à necessidade de existência de mecanismos de execução das garantias sobre activos financeiros que, não pressupondo necessariamente a venda destes, permitam ver reduzidos os riscos decorrentes da potencial desvalorização do bem.

Prerrogativa comum aos contratos de alienação fiduciária em garantia e ao penhor financeiro é a possibilidade de as partes convencionarem que, em caso de incumprimento pelo prestador da garantia, se vence antecipadamente a obrigação de restituição e que esta pode ser objecto de compensação.

A directiva ora transposta, além de cláusulas de transposição obrigatória, contém também disposições de transposição facultativa para os Estados membros. Relativamente a estas, não se fez uso da possibilidade de excluir do âmbito de aplicação deste diploma determinadas garantias financeiras como, por exemplo, as que incidem sobre acções próprias do prestador da garantia. O não exercício da referida possibilidade de exclusão (*opt-out*) significa que tais garantias podem estar sujeitas ao âmbito de aplicação do presente diploma, sem prejuízo do regime fixado no Código das Sociedades Comerciais para a aquisição e alienação de acções próprias que, com as necessárias adaptações, é susceptível de aplicação.

Também não se fez uso da possibilidade dada aos Estados membros de excluir do âmbito de aplicação do diploma de transposição os contratos de garantia financeira em que uma das partes fosse uma pessoa colectiva não sujeita a supervisão prudencial. Tais contratos estão, portanto, abrangidos pelo presente decreto-lei, desde que a outra parte no contrato seja uma instituição sujeita a tal supervisão.

São ainda de assinalar como objectivos deste regime a simplificação do processo de celebração deste tipo de contratos, a celeridade a conferir à execução da garantia, bem como o alargamento do leque de situações em que a validade e eficácia dos mesmos contratos é ressalvada em prol da segurança jurídica.

Estas preocupações são legítimas, mesmo em situações que envolvam a possibilidade de insolvência de uma das partes no contrato, caso em que o diploma consagra um conjunto de disposições de carácter excepcional face ao regime comum estabelecido no Código da Insolvência e Recuperação de Empresas que, nos aspectos que poderiam constituir um entrave à execução da garantia, não são aplicáveis. Consagra-se assim a validade dos contratos de garantia celebrados e das prestações em garantia efectuadas no dia da abertura de processos de insolvência, no dia da adopção de medidas de saneamento e mesmo num período de tempo anterior a estas situações, não valendo neste âmbito a presunção de invalidade dos contratos celebrados nos chamados «períodos suspeitos».

Ao transpor a Directiva comunitária n.º 2002/47/CE, o presente diploma não pretende consagrar exaustivamente o regime jurídico dos contratos de garantia financeira, limitando-se, portanto, a introduzir as disposições que assumem especialidades ou representam excepções face ao regime comum que vigora, nomeadamente, para o penhor e para outros contratos de garantia. Do mesmo modo, o presente diploma não reproduz normas da directiva que traduzem meras faculdades das partes contratantes já decorrentes do direito vigente, como seja a possibilidade de tais contratos serem celebrados mediante subscrição ou aceitação de cláusulas contratuais gerais ou de serem acessórios de um outro contrato principal. Ainda neste sentido, o presente diploma transpõe apenas as definições da directiva que, pelo seu carácter inovador, se revelam indispensáveis à compreensão da globalidade do regime ora introduzido.

Por fim, os contratos de garantia financeira abrangidos pelo presente diploma terão naturalmente vocação para dar resposta a relações contratuais plurilocalizadas, assim se justificando a existência, neste diploma, de uma norma de conflitos específica que elege como elemento de conexão o sítio da localização da conta de referência.

Foram ouvidos o Banco de Portugal, a Comissão do Mercado de Valores Mobiliários, o Instituto de Seguros de Portugal, a Associação Portuguesa de Bancos e a Associação Portuguesa de Fundos de Investimento, Pensões e Patrimónios.

Assim:

Nos termos da alínea *a*) do n.º 1 do artigo 198.º da Constituição, o Governo decreta o seguinte:

TÍTULO I
Disposições gerais

ARTIGO 1.º
Objecto

O presente diploma transpõe para a ordem jurídica interna a Directiva n.º 2002/47/CE, do Parlamento Europeu e do Conselho, de 6 de Junho, relativa aos acordos de garantia financeira.

ARTIGO 2.º
Noção e modalidades

1 – Para efeitos do presente diploma, são contratos de garantia financeira os que preencham os requisitos previstos nos artigos 3.º a 7.º

2 – São modalidades de contratos de garantia financeira, designadamente, a alienação fiduciária em garantia e o penhor financeiro, que se distinguem consoante tenham, ou não, por efeito a transmissão da propriedade com função de garantia.

3 – É modalidade de contrato de alienação fiduciária em garantia o contrato de reporte.

ARTIGO 3.º
Sujeitos

1 – O presente diploma é aplicável aos contratos de garantia financeira cujo prestador e beneficiário pertençam a uma das seguintes categorias:
  a) Entidades públicas, incluindo os organismos do sector público do Estado responsáveis pela gestão da dívida pública ou que intervenham nesse domínio e os autorizados a deter contas de clientes;
  b) Banco de Portugal, outros bancos centrais, Banco Central Europeu, Fundo Monetário Internacional, Banco de Pagamentos Internacionais, bancos multilaterais de desenvolvimento nos termos referidos no Aviso do Banco de Portugal n.º 1/93 e Banco Europeu de Investimento;
  c) Instituições sujeitas a supervisão prudencial, incluindo:
    i) Instituições de crédito, tal como definidas no n.º 1 do artigo 2.º do Regime Geral das Instituições de Crédito e Sociedades Financeiras, aprovado pelo Decreto-Lei n.º 298/92, de 31 de Dezembro;
    ii) Empresas de investimento, tal como referidas no n.º 2 do artigo 293.º do Código dos Valores Mobiliários, aprovado pelo Decreto-Lei n.º 486/99, de 13 de Novembro;
    iii) Instituições financeiras, tal como definidas no n.º 4 do artigo 13.º do Regime Geral das Instituições de Crédito e Sociedades Financeiras;
    iv) Empresas de seguros, tal como definidas na alínea *b)* do artigo 2.º do Decreto-Lei n.º 94-B/98, de 17 Abril;
    v) Organismos de investimento colectivo, tal como definidas no artigo 1.º do Decreto-Lei n.º 252/2003, de 17 de Outubro;
    vi) Entidades gestoras de organismos de investimento colectivo, tal como definidas no n.º 1 do artigo 29.º do Decreto-Lei n.º 252/2003, de 17 de Outubro;
  d) Uma contraparte central, um agente de liquidação ou uma câmara de compensação, tal como definidos, respectivamente, nas alíneas *e)*, *f)* e *g)* do artigo 2.º do Decreto-Lei n.º 221/2000, de 9 de Setembro, no que aos sistemas de pagamento diz respeito, e no artigo 268.º do Código dos Valores Mobiliários, incluindo instituições similares regulamentadas no âmbito da legisla-

ção nacional que operem nos mercados de futuros e opções, nos mercados de instrumentos financeiros derivados não abrangidos pela referida legislação e nos mercados de natureza monetária;
e) Uma pessoa que não seja pessoa singular, que actue na qualidade de fiduciário ou de representante por conta de uma ou mais pessoas, incluindo quaisquer detentores de obrigações ou de outras formas de títulos de dívida, ou qualquer instituição tal como definida nas alíneas *a*) a *d*);
f) Pessoas colectivas, desde que a outra parte no contrato pertença a uma das categorias referidas nas alíneas *a*) a *d*).

2 – A capacidade para a celebração de contratos de garantia financeira é a que resulta das normas especialmente aplicáveis às entidades referidas no n.º 1.

ARTIGO 4.º
Obrigações financeiras garantidas

Para efeitos do presente diploma, entende-se por obrigações financeiras garantidas quaisquer obrigações abrangidas por um contrato de garantia financeira cuja prestação consista numa liquidação em numerário ou na entrega de instrumentos financeiros.

ARTIGO 5.º
Objecto das garantias financeiras

O presente diploma é aplicável às garantias financeiras que tenham por objecto:
a) «Numerário», entendido como o saldo disponível de uma conta bancária, denominada em qualquer moeda, ou créditos similares que confiram direito à restituição de dinheiro, tais como depósitos no mercado monetário;
b) «Instrumentos financeiros», entendidos como valores mobiliários, instrumentos do mercado monetário e créditos ou direitos relativos a quaisquer dos instrumentos financeiros referidos.

ARTIGO 6.º
Desapossamento

1 – O presente diploma é aplicável às garantias financeiras cujo objecto seja efectivamente prestado.

2 – Considera-se prestada a garantia financeira cujo objecto tenha sido entregue, transferido, registado ou que de outro modo se encontre na posse ou sob o controlo do beneficiário da garantia ou de uma pessoa que actue em nome deste, incluindo a composse ou o controlo conjunto com o proprietário.

ARTIGO 7.º
Prova

1 – O presente diploma é aplicável aos contratos de garantia financeira e às garantias financeiras cuja celebração e prestação sejam susceptíveis de prova por documento escrito.

2 – O registo em suporte electrónico ou em outro suporte duradouro equivalente cumpre a exigência de prova por documento escrito.

3 – A prova da prestação da garantia financeira deve permitir identificar o objecto correspondente.

4 – É suficiente para identificar o objecto da garantia financeira:
 a) Nas garantias financeiras sobre numerário, para o penhor financeiro, o registo na conta do prestador e, para a alienação fiduciária em garantia, o registo do crédito na conta do beneficiário;
 b) Nas garantias financeiras sobre valores mobiliários escriturais, para o penhor financeiro, o registo na conta do titular ou, nos termos da lei, na conta do beneficiário e, para a alienação fiduciária em garantia, o registo da aquisição fiduciária.

ARTIGO 8.º
Formalidades

1 – Sem prejuízo do disposto nos artigos 6.º e 7.º, a validade, a eficácia ou a admissibilidade como prova de um contrato de garantia financeira e da prestação de uma garantia financeira não dependem da realização de qualquer acto formal.

2 – Sem prejuízo do acordado pelas partes, a execução da garantia pelo beneficiário não está sujeita a nenhum requisito, nomeadamente a notificação prévia ao prestador da garantia da intenção de proceder à execução.

TÍTULO II
Penhor financeiro

ARTIGO 9.º
Direito de disposição

1 – O contrato de penhor financeiro pode conferir ao beneficiário da garantia o direito de disposição sobre o objecto desta.

2 – O direito de disposição confere ao beneficiário da garantia financeira os poderes de alienar ou onerar o objecto da garantia prestada, nos termos previstos no contrato, como se fosse seu proprietário.

3 – O exercício do direito de disposição depende, relativamente aos valores mobiliários escriturais, de menção no respectivo registo em conta e, relativamente aos valores mobiliários titulados, de menção na conta de depósito.

ARTIGO 10.º
Efeitos do exercício do direito de disposição

1 – Exercido o direito de disposição, deve o beneficiário da garantia, até à data convencionada para o cumprimento das obrigações financeiras garantidas:
 a) Restituir ao prestador objecto equivalente ao objecto da garantia financeira original, em caso de cumprimento das obrigações financeiras garantidas por parte deste; ou
 b) Quando o contrato de penhor financeiro o preveja e em caso de cumprimento pelo prestador da garantia, entregar-lhe quantia em dinheiro correspondente ao valor que o objecto da garantia tem no momento do vencimento da obrigação de restituição, nos termos acordados pelas partes e segundo critérios comerciais razoáveis; ou
 c) Quando o contrato de penhor financeiro o preveja, livrar-se da sua obrigação de restituição por meio de compensação, sendo o crédito do prestador avaliado nos termos da alínea anterior.

2 – O disposto no número anterior não é prejudicado pelo cumprimento antecipado das obrigações financeiras garantidas.

3 – O objecto equivalente substitui, para todos os efeitos, a garantia financeira original e considera-se como tendo sido prestado no momento da prestação desta.

4 – Os direitos que o beneficiário tenha ao abrigo do penhor financeiro relativamente à garantia financeira original mantêm-se relativamente ao objecto equivalente.

ARTIGO 11.º
Pacto comissório

1 – No penhor financeiro, o beneficiário da garantia pode proceder à sua execução, fazendo seus os instrumentos financeiros dados em garantia:
 a) Se tal tiver sido convencionado pelas partes;
 b) Se houver acordo das partes relativamente à avaliação dos instrumentos financeiros.

2 – O beneficiário da garantia fica obrigado a restituir ao prestador o montante correspondente à diferença entre o valor do objecto da garantia e o montante das obrigações financeiras garantidas.

3 – O disposto na alínea b) do n.º 1 não prejudica qualquer obrigação legal de proceder à realização ou avaliação da garantia financeira e ao cálculo das obrigações financeiras garantidas de acordo com critérios comerciais razoáveis.

ARTIGO 12.º
Vencimento antecipado e compensação

1 – As partes podem convencionar o vencimento antecipado da obrigação de

restituição do beneficiário da garantia e o cumprimento da mesma por compensação, caso ocorra um facto que desencadeie a execução.

2 – Entende-se por facto que desencadeia a execução o não cumprimento do contrato ou qualquer facto a que as partes atribuam efeito análogo.

ARTIGO 13.º
Objecto equivalente

Para efeitos do presente diploma, entende-se por objecto equivalente:
  i) No caso de numerário, um pagamento do mesmo montante e na mesma moeda;
  ii) No caso de instrumentos financeiros, instrumentos financeiros do mesmo emitente ou devedor, que façam parte da mesma emissão ou categoria e tenham o mesmo valor nominal, sejam expressos na mesma moeda e tenham a mesma denominação, ou outros instrumentos financeiros, quando o contrato de garantia financeira o preveja, na ocorrência de um facto respeitante ou relacionado com os instrumentos financeiros prestados enquanto garantia financeira original.

TÍTULO III
Alienação fiduciária em garantia

ARTIGO 14.º
Deveres do beneficiário da garantia

Nos contratos de alienação fiduciária em garantia, deve o beneficiário, até à data convencionada para o cumprimento das obrigações financeiras garantidas:
  a) Restituir ao prestador a garantia financeira prestada ou objecto equivalente;
  b) Entregar ao prestador quantia em dinheiro correspondente ao valor que o objecto da garantia tem no momento do vencimento da obrigação de restituição, nos termos acordados pelas partes e segundo critérios comerciais razoáveis;
  c) Livrar-se da sua obrigação por meio de compensação, avaliando-se o crédito do prestador nos termos da alínea anterior.

ARTIGO 15.º
Vencimento antecipado e compensação

O disposto no artigo 12.º é aplicável aos contratos de alienação fiduciária em garantia.

TÍTULO IV
Liquidação e saneamento

ARTIGO 16.º
Processo de liquidação e medidas de saneamento

Para efeitos do presente diploma e relativamente ao prestador ou ao beneficiário da garantia, entende-se por:
 a) «Processo de liquidação» o processo colectivo que inclui a realização de activos e a repartição do produto dessa realização entre os credores, os accionistas ou os membros, consoante o caso, e que implica a intervenção de uma autoridade administrativa ou judicial, incluindo os casos em que esse processo é encerrado mediante uma concordata ou qualquer outra medida análoga, independentemente de se basear ou não numa insolvência e de ter carácter voluntário ou obrigatório;
 b) «Medidas de saneamento» as medidas que implicam a intervenção de uma autoridade administrativa ou judicial e destinadas a preservar ou restabelecer a situação financeira e que afectam os direitos preexistentes de terceiros, incluindo, nomeadamente, as medidas que envolvem uma suspensão de pagamentos, uma suspensão das medidas de execução ou uma redução dos montantes dos créditos.

ARTIGO 17.º
Validade dos contratos e das garantias financeiras

1 – Os contratos de garantia financeira celebrados e as garantias financeiras prestadas ao abrigo desses contratos não podem ser resolvidos pelo facto de o contrato ter sido celebrado ou a garantia financeira prestada:
 a) No dia da abertura de um processo de liquidação ou da adopção de medidas de saneamento, desde que antes de proferido o despacho, a sentença ou decisão equivalente;
 b) Num determinado período anterior definido por referência:
  i) À abertura de um processo de liquidação ou à adopção de medidas de saneamento;
  ii) À tomada de qualquer outra medida ou à ocorrência de qualquer outro facto no decurso desse processo ou dessas medidas.

2 – Não podem ser declarados nulos ou anulados os seguintes actos quando praticados no período referido no número anterior:
 a) A prestação de nova garantia no caso de variação do montante das obrigações financeiras garantidas ou a prestação de garantia financeira adicional em situação de variação do valor da garantia financeira;
 b) A substituição da garantia financeira por objecto equivalente.

ARTIGO 18.º
Eficácia dos contratos

1 – Em situação de abertura ou prossecução de um processo de liquidação ou de adopção de medidas de saneamento relativas ao prestador ou ao beneficiário da garantia, os contratos de garantia financeira produzem efeitos nas condições e segundo os termos convencionados pelas partes.

2 – Os contratos de garantia financeira celebrados e as garantias financeiras prestadas após a abertura de processos de liquidação e a adopção de medidas de saneamento relativas ao prestador da garantia financeira são eficazes perante terceiros desde que o beneficiário da garantia prove que não tinha nem deveria ter conhecimento da abertura desse processo ou da adopção dessas medidas.

ARTIGO 19.º
Actos fraudulentos

A validade dos actos a que se referem os artigos 17.º e 18.º não é ressalvada sempre que os mesmos tenham sido praticados intencionalmente em detrimento de outros credores.

ARTIGO 20.º
Vencimento antecipado e compensação

O vencimento antecipado e a compensação previstos nos artigos 12.º e 15.º não são prejudicados:
 a) Pela abertura ou prossecução de um processo de liquidação relativamente ao prestador ou ao beneficiário da garantia;
 b) Pela adopção de medidas de saneamento relativamente ao prestador e ou beneficiário da garantia;
 c) Pela cessão, apreensão judicial ou actos de outra natureza nem por qualquer alienação de direitos respeitante ao beneficiário ou ao prestador da garantia.

TÍTULO V
Disposições finais e transitórias

ARTIGO 21.º
Norma de conflitos

São reguladas pela lei do país em que está localizada a conta na qual é feito o registo da garantia as seguintes matérias:
 a) A qualificação e os efeitos patrimoniais da garantia que tenha por objecto valores mobiliários escriturais;

b) Os requisitos relativos à celebração de um contrato de garantia financeira que tenha por objecto valores mobiliários escriturais;
c) A prestação de uma garantia que tenha por objecto valores mobiliários escriturais ao abrigo de determinado contrato de garantia financeira;
d) As formalidades necessárias à oponibilidade a terceiros do contrato de garantia financeira e da prestação da garantia financeira;
e) A relação entre o direito de propriedade ou outro direito de determinada pessoa a uma garantia financeira que tenha por objecto valores mobiliários e outro direito de propriedade concorrente;
f) A qualificação de uma situação como de aquisição do objecto da garantia pela posse de terceiro de boa fé;
g) As formalidades necessárias à execução de uma garantia que tenha por objecto valores mobiliários escriturais.

ARTIGO 22.º
Direito subsidiário

Em tudo que não vier previsto no presente diploma aplicam-se os regimes comum ou especial estabelecidos para outras modalidades de penhor ou reporte.

ARTIGO 23.º
Aplicação no tempo

O presente diploma aplica-se aos contratos de garantia financeira celebrados após a sua entrada em vigor.

ARTIGO 24.º
Entrada em vigor

O presente diploma entra em vigor 30 dias após a sua publicação.

Visto e aprovado em Conselho de Ministros de 24 de Março de 2004. – *José Manuel Durão Barroso – Maria Manuela Dias Ferreira Leite – Maria Teresa Pinto Basto Gouveia.*

Promulgado em 26 de Abril de 2004.
Publique-se.
O Presidente da República, JORGE SAMPAIO.

Referendado em 27 de Abril de 2004.
O Primeiro-Ministro, *José Manuel Durão Barroso.*

31. Disposições subsidiárias do Código Civil

LIVRO I
PARTE GERAL

(...)

TÍTULO II
Das relações jurídicas

(...)

SUBTÍTULO III
Dos factos jurídicos

(...)

SECÇÃO II
Objecto negocial. Negócios usurários

ARTIGO 280.º
(Requisitos do objecto negocial)

1 – É nulo o negócio jurídico cujo objecto seja física ou legalmente impossível, contrário à lei ou indeterminável.
2 – É nulo o negócio contrário à ordem pública, ou ofensivo dos bons costumes.

ARTIGO 281.º
(Fim contrário à lei ou à ordem pública, ou ofensivo dos bons costumes)

Se apenas o fim do negócio jurídico for contrário à lei ou à ordem pública, ou ofensivo dos bons costumes, o negócio só é nulo quando o fim for comum a ambas as partes.

ARTIGO 282.º [595]
(Negócios usurários)

1 – É anulável, por usura, o negócio jurídico, quando alguém, explorando a situação de necessidade, inexperiência, ligeireza, dependência, estado mental ou fraqueza de carácter de outrem, obtiver deste, para si ou para terceiro, a promessa ou a concessão de benefícios excessivos ou injustificados.
2 – Fica ressalvado o regime especial estabelecido nos artigos 559.º-A e 1146.º.

ARTIGO 283.º
(Modificação dos negócios usurários)

1 – Em lugar da anulação, o lesado pode requerer a modificação do negócio segundo juízos de equidade.
2 – Requerida a anulação, a parte contrária tem a faculdade de opor-se ao pedido, declarando aceitar a modificação do negócio nos termos do número anterior.

ARTIGO 284.º
(Usura criminosa)

Quando o negócio usurário constituir crime, o prazo para o exercício do direito de anulação ou modificação não termina enquanto o crime não prescrever; e, se a responsabilidade criminal se extinguir por causa diferente da prescrição ou no juízo penal for proferida sentença que transite em julgado, aquele prazo conta-se da data da extinção da responsabilidade criminal ou daquela em que a sentença transitar em julgado, salvo se houver de contar-se a partir de momento posterior, por força do disposto no n.º 1 do artigo 287.º.

(...)

---

[595] Redacção dada pelo artigo 1.º do Decreto-Lei n.º 262/83, de 16 de Junho. A redacção original era a seguinte:

Artigo 282.º
(Negócios usurários)

1 – É anulável, por usura, o negócio jurídico, quando alguém, aproveitando conscientemente a situação de necessidade, inexperiência, dependência ou deficiência psíquica de outrem, obteve deste, para si ou para terceiro, a promessa ou concessão de benefícios manifestamente excessivos ou injustificados.
2 – Fica ressalvado o regime especial estabelecido para o mútuo no artigo 1146.º.

LIVRO II
DIREITO DAS OBRIGAÇÕES

TÍTULO I
Das obrigações em geral

(...)

CAPÍTULO III
Modalidades das obrigações

(...)

SECÇÃO VI
Obrigações pecuniárias

SUBSECÇÃO I
Obrigações de quantidade

ARTIGO 550.º
(Princípio nominalista)

O cumprimento das obrigações pecuniárias faz-se em moeda que tenha curso legal no País à data em que for efectuado e pelo valor nominal que a moeda nesse momento tiver, salvo estipulação em contrário.

ARTIGO 551.º
(Actualização das obrigações pecuniárias)

Quando a lei permitir a actualização das prestações pecuniárias, por virtude das flutuações do valor da moeda, atender-se-á, na falta de outro critério legal, aos índices dos preços, de modo a restabelecer, entre a prestação e a quantidade de mercadorias a que ela equivale, a relação existente na data em que a obrigação se constituiu.

SUBSECÇÃO II
Obrigações de moeda específica

ARTIGO 552.º
(Validade das obrigações de moeda específica)

O curso legal ou forçado da nota de banco não prejudica a validade do acto pelo qual alguém se comprometa a pagar em moeda metálica ou em valor dessa moeda.

ARTIGO 553.º
(Obrigações de moeda específica sem quantitativo expresso
em moeda corrente)

Quando for estipulado o pagamento em certa espécie monetária, o pagamento deve ser feito na espécie estipulada, existindo ela legalmente, embora tenha variado de valor após a data em que a obrigação foi constituída.

ARTIGO 554.º
(Obrigações de moeda específica ou de certo metal
com quantitativo expresso em moeda corrente)

Quando o quantitativo da obrigação é expresso em dinheiro corrente, mas se estipula que o cumprimento será efectuado em certa espécie monetária ou em moedas de certo metal, presume-se que as partes querem vincular-se ao valor corrente que a moeda ou as moedas do metal escolhido tinham à data da estipulação.

ARTIGO 555.º
(Falta de moeda estipulada)

1 – Quando se tiver estipulado o cumprimento em determinada espécie monetária, em certo metal ou em moedas de certo metal, e se não encontrem as espécies ou as moedas estipuladas em quantidade bastante, pode o pagamento ser feito, quanto à parte da dívida que não for possível cumprir nos termos acordados, em moeda corrente que perfaça o valor dela, segundo a cotação que a moeda escolhida ou as moedas do metal indicado tiverem na bolsa no dia do cumprimento.

2 – Se as moedas estipuladas ou as moedas do metal indicado não tiverem cotação na bolsa, atender-se-á ao valor corrente ou, na falta deste, ao valor corrente do metal; a esse mesmo valor se atenderá, quando a moeda, devido à sua raridade, tenha atingido uma cotação ou preço corrente anormal, com que as partes não hajam contado no momento em que a obrigação se constituiu.

ARTIGO 556.º
(Moeda específica sem curso legal)

1 – Sempre que a espécie monetária estipulada ou as moedas do metal estipulado não tenham já curso legal na data do cumprimento, deve a prestação ser feita em moeda que tenha curso legal nessa data, de harmonia com a norma de redução que a lei tiver estabelecido ou, na falta de determinação legal, segundo a relação de valores correntes na data em que a nova moeda for introduzida.

2 – Quando o quantitativo da obrigação tiver sido expresso em moeda corrente, estipulando-se o pagamento em espécies monetárias, em certo metal ou em moedas de certo metal, e essas moedas carecerem de curso legal na data do cumprimento, observar-se-á a doutrina do número anterior, uma vez determinada a quantidade dessas moedas que constituía o montante da prestação em dívida.

ARTIGO 557.º
**(Cumprimento em moedas de dois ou mais metais
ou de um entre vários metais)**

1 – No caso de se ter convencionado o cumprimento em moedas de um entre dois ou mais metais, a determinação da pessoa a quem a escolha pertence é feita de acordo com as regras das obrigações alternativas.

2 – Quando se estipular o cumprimento da obrigação em moedas de dois ou mais metais, sem se fixar a proporção de umas e outras, cumprirá o devedor entregando em partes iguais moedas dos metais especificados.

SUBSECÇÃO III[596]
Obrigações em moeda com curso legal apenas no estrangeiro

ARTIGO 558.º
Termos do cumprimento

1 – A estipulação do cumprimento em moeda com curso legal apenas no estrangeiro não impede o devedor de pagar em moeda com curso legal no País, segundo o câmbio do dia do cumprimento e do lugar para este estabelecido, salvo se essa faculdade houver sido afastada pelos interessados[597].

2 – Se, porém, o credor estiver em mora, pode o devedor cumprir de acordo com o câmbio da data em que a mora se deu.

---

[596] Nova epígrafe dada pelo artigo 1.º do Decreto-Lei n.º 343/98, de 6 de Novembro. A epígrafe original era a seguinte:
Obrigações em moeda estrangeira
[597] Redacção dada pelo artigo 2.º do Decreto-Lei n.º 343/98, de 6 de Novembro. A redacção oiginal era a seguinte:
1 – A estipulação do cumprimento em moeda estrangeira não impede o devedor de pagar em moeda nacional, segundo o câmbio do dia do cumprimento e do lugar para este estabelecido, salvo se essa faculdade houver sido afastada pelos interessados.

SECÇÃO VII
Obrigações de juros

ARTIGO 559.º [598]
(Taxa de juro)

1 – Os juros legais e os estipulados sem determinação de taxa ou quantitativo são os fixados em portaria conjunta dos Ministros da Justiça e das Finanças e do Plano.

2 – A estipulação de juros a taxa superior à fixada nos termos do número anterior deve ser feita por escrito, sob pena de serem apenas devidos na medida dos juros legais.

ARTIGO 559.º-A [599]
(Juros usurários)

É aplicável o disposto no artigo 1146.º a toda a estipulação de juros ou quaisquer outras vantagens em negócios ou actos de concessão, outorga, renovação, desconto ou prorrogação do prazo de pagamento de um crédito e em outros análogos.

ARTIGO 560.º
(Anatocismo)

1 – Para que os juros vencidos produzam juros é necessária convenção posterior ao vencimento; pode haver também juros de juros, a partir da notificação judicial feita ao devedor para capitalizar os juros vencidos ou proceder ao seu pagamento sob pena de capitalização.

2 – Só podem ser capitalizados os juros correspondentes ao período mínimo de um ano.

3 – Não são aplicáveis as restrições dos números anteriores, se forem contrárias a regras ou usos particulares do comércio.

---

[598] Redacção dada pelo artigo 1.º do Decreto-Lei n.º 200-C/83, de 24 de Junho. A redacção original era a seguinte:

Artigo 559.º

1 – São de cinco por cento ao ano os juros legais e os estipulados sem determinação de taxa ou quantitativo.

2 – A estipulação de juros a taxa superior deve ser feita por escrito, sob pena de serem apenas devidos na medida dos juros legais.

[599] Aditado pelo artigo 1.º do Decreto-Lei n.º 262/83, de 16 de Junho.

ARTIGO 561.º
(Autonomia do crédito de juros)

Desde que se constitui, o crédito de juros não fica necessariamente dependente do crédito principal, podendo qualquer deles ser cedido ou extinguir-se sem o outro.

(...)

CAPÍTULO IV
Transmissão de créditos e de dívidas

SECÇÃO I
Cessão de créditos

ARTIGO 577.º
(Admissibilidade da cessão)

1 – O credor pode ceder a terceiro uma parte ou a totalidade do crédito, independentemente do consentimento do devedor, contanto que a cessão não seja interdita por determinação da lei ou convenção das partes e o crédito não esteja, pela própria natureza da prestação, ligado à pessoa do credor.

2 – A convenção pela qual se proíba ou restrinja a possibilidade da cessão não é oponível ao cessionário, salvo se este a conhecia no momento da cessão.

ARTIGO 578.º
(Regime aplicável)

1 – Os requisitos e efeitos da cessão entre as partes definem-se em função do tipo de negócio que lhe serve de base.

2 – A cessão de créditos hipotecários, quando não seja feita em testamento e a hipoteca recaia sobre bens imóveis, deve necessariamente constar de escritura pública.

ARTIGO 579.º
(Proibição da cessão de direitos litigiosos)

1 – A cessão de créditos ou outros direitos litigiosos feita, directamente ou por interposta pessoa, a juízes ou magistrados do Ministério Público, funcionários de justiça ou mandatários judiciais é nula, se o processo decorrer na área em que exercem habitualmente a sua actividade ou profissão; é igualmente nula a cessão desses créditos ou direitos feita a peritos ou outros auxiliares da justiça que tenham intervenção no respectivo processo.

2 – Entende-se que a cessão é efectuada por interposta pessoa, quando é feita ao cônjuge do inibido ou a pessoa de quem este seja herdeiro presumido, ou quando é feita a terceiro, de acordo com o inibido, para o cessionário transmitir a este a coisa ou direito cedido.

3 – Diz-se litigioso o direito que tiver sido contestado em juízo contencioso, ainda que arbitral, por qualquer interessado.

ARTIGO 580.º
(Sanções)

1 – A cessão feita com quebra do disposto no artigo anterior, além de nula, sujeita o cessionário à obrigação de reparar os danos causados, nos termos gerais.

2 – A nulidade da cessão não pode ser invocada pelo cessionário.

ARTIGO 581.º
(Excepções)

A proibição da cessão dos créditos ou direitos litigiosos não tem lugar nos casos seguintes:
 a) Quando a cessão for feita ao titular de um direito de preferência ou de remição relativo ao direito cedido;
 b) Quando a cessão se realizar para defesa de bens possuídos pelo cessionário;
 c) Quando a cessão se fizer ao credor em cumprimento do que lhe é devido.

ARTIGO 582.º
(Transmissão de garantias e outros acessórios)

1 – Na falta de convenção em contrário, a cessão do crédito importa a transmissão, para o cessionário, das garantias e outros acessórios do direito transmitido, que não sejam inseparáveis da pessoa do cedente.

2 – A coisa empenhada que estiver na posse do cedente será entregue ao cessionário, mas não a que estiver na posse de terceiro.

ARTIGO 583.º
(Efeitos em relação ao devedor)

1 – A cessão produz efeitos em relação ao devedor desde que lhe seja notificada, ainda que extrajudicialmente, ou desde que ele a aceite.

2 – Se, porém, antes da notificação ou aceitação, o devedor pagar ao cedente ou celebrar com ele algum negócio jurídico relativo ao crédito, nem o pagamento nem o negócio é oponível ao cessionário, se este provar que o devedor tinha conhecimento da cessão.

ARTIGO 584.º
(Cessão a várias pessoas)

Se o mesmo crédito for cedido a várias pessoas, prevalece a cessão que primeiro for notificada ao devedor ou que por este tiver sido aceita.

ARTIGO 585.º
(Meios de defesa oponíveis pelo devedor)

O devedor pode opor ao cessionário, ainda que este os ignorasse, todos os meios de defesa que lhe seria lícito invocar contra o cedente, com ressalva dos que provenham de facto posterior ao conhecimento da cessão.

ARTIGO 586.º
(Documentos e outros meios probatórios)

O cedente é obrigado a entregar ao cessionário os documentos e outros meios probatórios do crédito, que estejam na sua posse e em cuja conservação não tenha interesse legítimo.

ARTIGO 587.º
(Garantia da existência do crédito e da solvência do devedor)

1 – O cedente garante ao cessionário a existência e a exigibilidade do crédito ao tempo da cessão, nos termos aplicáveis ao negócio, gratuito ou oneroso, em que a cessão se integra.

2 – O cedente só garante a solvência do devedor se a tanto expressamente se tiver obrigado.

ARTIGO 588.º
(Aplicação das regras da cessão a outras figuras)

As regras da cessão de créditos são extensivas, na parte aplicável, à cessão de quaisquer outros direitos não exceptuados por lei, bem como à transferência legal ou judicial de créditos.

(...)

CAPÍTULO VI
Garantias especiais das obrigações

SECÇÃO I
Prestação de caução

ARTIGO 623.º
(Caução imposta ou autorizada por lei)

1 – Se alguém for obrigado ou autorizado por lei a prestar caução, sem se designar a espécie que ela deve revestir, pode a garantia ser prestada por meio de depósito de dinheiro, títulos de crédito, pedras ou metais preciosos, ou por penhor, hipoteca ou fiança bancária.

2 – Se a caução não puder ser prestada por nenhum dos meios referidos, é lícita a prestação de outra espécie de fiança, desde que o fiador renuncie ao benefício da excussão.

3 – Cabe ao tribunal apreciar a idoneidade da caução, sempre que não haja acordo dos interessados.

ARTIGO 624.º
(Caução resultante de negócio jurídico ou determinação do tribunal)

1 – Se alguém for obrigado ou autorizado por negócio jurídico a prestar caução, ou esta for imposta pelo tribunal, é permitido prestá-la por meio de qualquer garantia, real ou pessoal.

2 – É aplicável, nestes casos, o disposto no n.º 3 do artigo anterior.

ARTIGO 625.º
(Falta de prestação de caução)

1 – Se a pessoa obrigada à caução a não prestar, o credor tem o direito de requerer o registo de hipoteca sobre os bens do devedor, ou outra cautela idónea, salvo se for diferente a solução especialmente fixada na lei.

2 – A garantia limita-se aos bens suficientes para assegurar o direito do credor.

ARTIGO 626.º
(Insuficiência ou impropriedade da caução)

Quando a caução prestada se torne insuficiente ou imprópria, por causa não imputável ao credor, tem este o direito de exigir que ela seja reforçada ou que seja prestada outra forma de caução.

SECÇÃO II
Fiança

SUBSECÇÃO I
Disposições gerais

ARTIGO 627.º
(Noção. Acessoriedade)

1 – O fiador garante a satisfação do direito de crédito, ficando pessoalmente obrigado perante o credor.
2 – A obrigação do fiador é acessória da que recai sobre o principal devedor.

ARTIGO 628.º
(Requisitos)

1 – A vontade de prestar fiança deve ser expressamente declarada pela forma exigida para a obrigação principal.
2 – A fiança pode ser prestada sem conhecimento do devedor ou contra a vontade dele, e à sua prestação não obsta o facto de a obrigação ser futura ou condicional.

ARTIGO 629.º
(Mandato de crédito)

1 – Aquele que encarrega outrem de dar crédito a terceiro, em nome e por conta do encarregado, responde como fiador, se o encargo for aceito.
2 – O autor do encargo tem a faculdade de revogar o mandato enquanto o crédito não for concedido, assim como a todo o momento o pode denunciar, sem prejuízo da responsabilidade pelos danos que haja causado.
3 – É lícito ao encarregado recusar o cumprimento do encargo, sempre que a situação patrimonial dos outros contraentes ponha em risco o seu futuro direito.

ARTIGO 630.º
(Subfiança)

Subfiador é aquele que afiança o fiador perante o credor.

ARTIGO 631.º
(Âmbito da fiança)

1 – A fiança não pode exceder a dívida principal nem ser contraída em condi-

ções mais onerosas, mas pode ser contraída por quantidade menor ou em menos onerosas condições.

2 – Se exceder a dívida principal ou for contraída em condições mais onerosas, a fiança não é nula, mas apenas redutível aos precisos termos da dívida afiançada.

ARTIGO 632.º
(Invalidade da obrigação principal)

1 – A fiança não é válida se o não for a obrigação principal.

2 – Sendo, porém, anulada a obrigação principal, por incapacidade ou por falta ou vício da vontade do devedor, nem por isso a fiança deixa de ser válida, se o fiador conhecia a causa da anulabilidade ao tempo em que a fiança foi prestada.

ARTIGO 633.º
(Idoneidade do fiador. Reforço da fiança)

1 – Se algum devedor estiver obrigado a dar fiador, não é o credor forçado a aceitar quem não tiver capacidade para se obrigar ou não tiver bens suficientes para garantir a obrigação.

2 – Se o fiador nomeado mudar de fortuna, de modo que haja risco de insolvência, tem o credor a faculdade de exigir o reforço da fiança.

3 – Se o devedor não reforçar a fiança ou não oferecer outra garantia idónea dentro do prazo que lhe for fixado pelo tribunal, tem o credor o direito de exigir o imediato cumprimento da obrigação.

SUBSECÇÃO II
Relações entre o credor e o fiador

ARTIGO 634.º
(Obrigação do fiador)

A fiança tem o conteúdo da obrigação principal e cobre as consequências legais e contratuais da mora ou culpa do devedor.

ARTIGO 635.º
(Caso julgado)

1 – O caso julgado entre credor e devedor não é oponível ao fiador, mas a este é lícito invocá-lo em seu benefício, salvo se respeitar a circunstâncias pessoais do devedor que não excluam a responsabilidade do fiador.

2 – O caso julgado entre credor e fiador aproveita ao devedor, desde que respeite à obrigação principal, mas não o prejudica o caso julgado desfavorável.

ARTIGO 636.º
(Prescrição: interrupção, suspensão e renúncia)

1 – A interrupção da prescrição relativamente ao devedor não produz efeito contra o fiador, nem a interrupção relativa a este tem eficácia contra aquele; mas, se o credor interromper a prescrição contra o devedor e der conhecimento do facto ao fiador, considera-se a prescrição interrompida contra este na data da comunicação.

2 – A suspensão da prescrição relativamente ao devedor não produz efeito em relação ao fiador, nem a suspensão relativa a este se repercute naquele.

3 – A renúncia à prescrição por parte de um dos obrigados também não produz efeito relativamente ao outro.

ARTIGO 637.º
(Meios de defesa do fiador)

1 – Além dos meios de defesa que lhe são próprios, o fiador tem o direito de opor ao credor aqueles que competem ao devedor, salvo se forem incompatíveis com a obrigação do fiador.

2 – A renúncia do devedor a qualquer meio de defesa não produz efeito em relação ao fiador.

ARTIGO 638.º
(Benefício da excussão)

1 – Ao fiador é lícito recusar o cumprimento enquanto o credor não tiver excutido todos os bens do devedor sem obter a satisfação do seu crédito.

2 – É lícita ainda a recusa, não obstante a excussão de todos os bens do devedor, se o fiador provar que o crédito não foi satisfeito por culpa do credor.

ARTIGO 639.º
(Benefício da excussão, havendo garantias reais)

1 – Se, para segurança da mesma dívida, houver garantia real constituída por terceiro, contemporânea da fiança ou anterior a ela, tem o fiador o direito de exigir a execução prévia das coisas sobre que recai a garantia real.

2 – Quando as coisas oneradas garantam outros créditos do mesmo credor, o disposto no número anterior só é aplicável se o valor delas for suficiente para satisfazer a todos.

3 – O autor da garantia real, depois de executado, não fica sub-rogado nos direitos do credor contra o fiador.

ARTIGO 640.º
(Exclusão dos benefícios anteriores)

O fiador não pode invocar os benefícios constantes dos artigos anteriores:
a) Se houver renunciado ao benefício da excussão e, em especial, se tiver assumido a obrigação de principal pagador;
b) Se o devedor ou o dono dos bens onerados com a garantia não puder, em virtude de facto posterior à constituição da fiança, ser demandado ou executado no território continental ou das ilhas adjacentes.

ARTIGO 641.º
(Chamamento do devedor à demanda)

1 – O credor, ainda que o fiador goze do benefício da excussão, pode demandá-lo só ou juntamente com o devedor; se for demandado só, ainda que não goze do benefício da excussão, o fiador tem a faculdade de chamar o devedor à demanda, para com ele se defender ou ser conjuntamente condenado.
2 – Salvo declaração expressa em contrário no processo, a falta de chamamento do devedor à demanda importa renúncia ao benefício da excussão.

ARTIGO 642.º
(Outros meios de defesa do fiador)

1 – Ao fiador é lícito recusar o cumprimento enquanto o direito do credor puder ser satisfeito por compensação com um crédito do devedor ou este tiver a possibilidade de se valer da compensação com uma dívida do credor.
2 – Enquanto o devedor tiver o direito de impugnar o negócio donde provém a sua obrigação, pode igualmente o fiador recusar o cumprimento.

ARTIGO 643.º
(Subfiador)

O subfiador goza do benefício da excussão, tanto em relação ao fiador como em relação ao devedor.

SUBSECÇÃO III
Relações entre o devedor e o fiador

ARTIGO 644.º
(Sub-rogação)

O fiador que cumprir a obrigação fica sub-rogado nos direitos do credor, na medida em que estes foram por ele satisfeitos.

ARTIGO 645.º
(Aviso do cumprimento ao devedor)

1 – O fiador que cumprir a obrigação deve avisar do cumprimento o devedor, sob pena de perder o seu direito contra este no caso de o devedor, por erro, efectuar de novo a prestação.

2 – O fiador que, nos termos do número anterior, perder o seu direito contra o devedor pode repetir do credor a prestação feita, como se fosse indevida.

ARTIGO 646.º
(Aviso do cumprimento ao fiador)

O devedor que cumprir a obrigação deve avisar o fiador, sob pena de responder pelo prejuízo que causar se culposamente o não fizer.

ARTIGO 647.º
(Meios de defesa)

O devedor que consentir no cumprimento pelo fiador ou que, avisado por este, lhe não der conhecimento, injustificadamente, dos meios de defesa que poderia opor ao credor fica impedido de opor esses meios contra o fiador.

ARTIGO 648.º
(Direito à liberação ou à prestação de caução)

É permitido ao fiador exigir a sua liberação, ou a prestação de caução para garantia do seu direito eventual contra o devedor, nos casos seguintes:
   a) Se o credor obtiver contra o fiador sentença exequível;
   b) Se os riscos da fiança se agravarem sensivelmente;
   c) Se, após a assunção da fiança, o devedor se houver colocado na situação prevista na alínea *b)* do artigo 640.º;
   d) Se o devedor se houver comprometido a desonerar o fiador dentro de certo prazo ou verificado certo evento e já tiver decorrido o prazo ou se tiver verificado o evento previsto;
   e) Se houverem decorrido cinco anos, não tendo a obrigação principal um termo, ou se, tendo-o, houver prorrogação legal imposta a qualquer das partes.

SUBSECÇÃO IV
Pluralidade de fiadores

ARTIGO 649.º
(Responsabilidade para com o credor)

1 – Se várias pessoas tiverem, isoladamente, afiançado o devedor pela mesma dívida, responde cada uma delas pela satisfação integral do crédito, excepto se foi convencionado o benefício da divisão; são aplicáveis, naquele caso, com as ressalvas necessárias, as regras das obrigações solidárias.

2 – Se os fiadores se houverem obrigado conjuntamente, ainda que em momentos diferentes, é lícito a qualquer deles invocar o benefício da divisão, respondendo, porém, cada um deles, proporcionalmente, pela quota do confiador que se encontre insolvente.

3 – É equiparado ao fiador insolvente aquele que não puder ser demandado, nos termos da alínea *b*) do artigo 640.º.

ARTIGO 650.º
(Relações entre fiadores e subfiadores)

1 – Havendo vários fiadores, e respondendo cada um deles pela totalidade da prestação, o que tiver cumprido fica sub-rogado nos direitos do credor contra o devedor e, de harmonia com as regras das obrigações solidárias, contra os outros fiadores.

2 – Se o fiador, judicialmente demandado, cumprir integralmente a obrigação ou uma parte superior à sua quota, apesar de lhe ser lícito inocar o benefício da divisão, tem o direito de reclamar dos outros as quotas deles, no que haja pago a mais, ainda que o devedor não esteja insolvente.

3 – Se o fiador, podendo embora invocar o benefício da divisão, cumprir voluntariamente a obrigação nas condições previstas no número anterior, o seu regresso contra os outros fiadores só é admitido depois de excutidos todos os bens do devedor.

4 – Se algum dos fiadores tiver um subfiador, este não responde, perante os outros fiadores, pela quota do seu afiançado que se mostre insolvente, salvo se o contrário resultar do acto da subfiança.

SUBSECÇÃO V
Extinção da fiança

ARTIGO 651.º
(Extinção da obrigação principal)

A extinção da obrigação principal determina a extinção da fiança.

ARTIGO 652.º
(Vencimento da obrigação principal)

1 – Se a obrigação principal for a prazo, o fiador que gozar do benefício da excussão pode exigir, vencida a obrigação, que o credor proceda contra o devedor dentro de dois meses, a contar do vencimento, sob pena de a fiança caducar; este prazo não termina sem decorrer um mês sobre a notificação feita ao credor.

2 – Sob igual cominação pode o fiador que goze do benefício da excussão exigir a interpelação do devedor, quando dela depender o vencimento da obrigação e houver decorrido mais de um ano sobre a assunção da fiança.

ARTIGO 653.º
(Liberação por impossibilidade de sub-rogação)

Os fiadores, ainda que solidários, ficam desonerados da obrigação que contraíram, na medida em que, por facto positivo ou negativo do credor, não puderem ficar sub-rogados nos direitos que a este competem.

ARTIGO 654.º
(Obrigação futura)

Sendo a fiança prestada para garantia de obrigação futura, tem o fiador, enquanto a obrigação se não constituir, a possibilidade de liberar-se da garantia, se a situação patrimonial do devedor se agravar em termos de pôr em risco os seus direitos eventuais contra este, ou se tiverem decorrido cinco anos sobre a prestação da fiança, quando outro prazo não resulte da convenção.

ARTIGO 655.º
(Fiança do locatário)

1 – A fiança pelas obrigações do locatário abrange apenas, salvo estipulação em contrário, o período inicial de duração do contrato.

2 – Obrigando-se o fiador relativamente aos períodos de renovação, sem se limitar o número destes, a fiança extingue-se, na falta de nova convenção, logo que haja alteração da renda ou decorra o prazo de cinco anos sobre o início da primeira prorrogação.

(...)

SECÇÃO IV
Penhor

SUBSECÇÃO I
Disposições gerais

ARTIGO 666.º
(Noção)

1 – O penhor confere ao credor o direito à satisfação do seu crédito, bem como dos juros, se os houver, com preferência sobre os demais credores, pelo valor de certa coisa móvel, ou pelo valor de créditos ou outros direitos não susceptíveis de hipoteca, pertencentes ao devedor ou a terceiro.
2 – É havido como penhor o depósito a que se refere o n.º 1 do artigo 623.º.
3 – A obrigação garantida pelo penhor pode ser futura ou condicional.

ARTIGO 667.º
(Legitimidade para empenhar. Penhor constituído por terceiro)

1 – Só tem legitimidade para dar bens em penhor quem os puder alienar.
2 – É aplicável ao penhor constituído por terceiro o disposto no artigo 717.º.

ARTIGO 668.º
(Regimes especiais)

As disposições desta secção não prejudicam os regimes especiais estabelecidos por lei para certas modalidades de penhor.

SUBSECÇÃO II
Penhor de coisas

ARTIGO 669.º
(Constituição do penhor)

1 – O penhor só produz os seus efeitos pela entrega da coisa empenhada, ou de documento que confira a exclusiva disponibilidade dela, ao credor ou a terceiro.
2 – A entrega pode consistir na simples atribuição da composse ao credor, se essa atribuição privar o autor do penhor da possibilidade de dispor materialmente da coisa.

ARTIGO 670.º
(Direitos do credor pignoratício)

Mediante o penhor, o credor pignoratício adquire o direito:
a) De usar, em relação à coisa empenhada, das acções destinadas à defesa da posse, ainda que seja contra o próprio dono;
b) De ser indemnizado das benfeitorias necessárias e úteis e de levantar estas últimas, nos termos do artigo 1273.º;
c) De exigir a substituição ou o reforço do penhor ou o cumprimento imediato da obrigação, se a coisa empenhada perecer ou se tornar insuficiente para segurança da dívida, nos termos fixados para a garantia hipotecária.

ARTIGO 671.º
(Deveres do credor pignoratício)

O credor pignoratício é obrigado:
a) A guardar e administrar como um proprietário diligente a coisa empenhada, respondendo pela sua existência e conservação;
b) A não usar dela sem consentimento do autor do penhor, excepto se o uso for indispensável à conservação da coisa;
c) A restituir a coisa, extinta a obrigação a que serve de garantia.

ARTIGO 672.º
(Frutos da coisa empenhada)

1 – Os frutos da coisa empenhada serão encontrados nas despesas feitas com ela e nos juros vencidos, devendo o excesso, na falta de convenção em contrário, ser abatido no capital que for devido.
2 – Havendo lugar à restituição de frutos, não se consideram estes, salvo convenção em contrário, abrangidos pelo penhor.

ARTIGO 673.º
(Uso da coisa empenhada)

Se o credor usar da coisa empenhada contra o disposto na alínea b) do artigo 671.º, ou proceder de forma que a coisa corra o risco de perder-se ou deteriorar-se, tem o autor do penhor o direito de exigir que ele preste caução idónea ou que a coisa seja depositada em poder de terceiro.

ARTIGO 674.º
(Venda antecipada)

1 – Sempre que haja receio fundado de que a coisa empenhada se perca ou

deteriore, tem o credor, bem como o autor do penhor, a faculdade de proceder à venda antecipada da coisa, mediante prévia autorização judicial.

2 – Sobre o produto da venda fica o credor com os direitos que lhe cabiam em relação à coisa vendida, podendo o tribunal, no entanto, ordenar que o preço seja depositado.

3 – O autor do penhor tem a faculdade de impedir a venda antecipada da coisa oferecendo outra garantia real idónea.

ARTIGO 675.º[600]
(Execução do penhor)

1 – Vencida a obrigação, adquire o credor o direito de se pagar pelo produto da venda executiva da coisa empenhada, podendo a venda ser feita extraprocessualmente, se as partes assim o tiverem convencionado.

2 – É lícito aos interessados convencionar que a coisa empenhada seja adjudicada ao credor pelo valor que o tribunal fixar.

ARTIGO 676.º
(Cessão da garantia)

1 – O direito de penhor pode ser transmitido independentemente da cessão do crédito, sendo aplicável neste caso, com as necessárias adaptações, o disposto sobre a transmissão da hipoteca.

2 – À entrega da coisa empenhada ao cessionário é aplicável o disposto no n.º 2 do artigo 582.º.

ARTIGO 677.º
(Extinção do penhor)

O penhor extingue-se pela restituição da coisa empenhada, ou do documento a que se refere o n.º 1 do artigo 669.º, e ainda pelas mesmas causas por que cessa o direito da hipoteca, com excepção da indicada na alínea *b)* do artigo 730.º.

ARTIGO 678.º
(Remissão)

São aplicáveis ao penhor, com as necessárias adaptações, os artigos 692.º, 694.º a 699.º, 701.º e 702.º.

---

[600] Redacção dada pelo artigo 5.º do Decreto-Lei n.º 38/2003, de 8 de Março. A redacção original era a seguinte:
1 – Vencida a obrigação, adquire o credor o direito de se pagar pelo produto da venda judicial da coisa empenhada, podendo a venda ser feita extrajudicialmente, se as partes assim o tiverem convencionado.
2 – ...

SUBSECÇÃO III
Penhor de direitos

ARTIGO 679.º
(Disposições aplicáveis)

São extensivas ao penhor de direitos, com as necessárias adaptações, as disposições da subsecção anterior, em tudo o que não seja contrariado pela natureza especial desse penhor ou pelo preceituado nos artigos subsequentes.

ARTIGO 680.º
(Objecto)

Só é admitido o penhor de direitos quando estes tenham por objecto coisas móveis e sejam susceptíveis de transmissão.

ARTIGO 681.º
(Forma e publicidade)

1 – A constituição do penhor de direitos está sujeita à forma e publicidade exigidas para a transmissão dos direitos empenhados.
2 – Se, porém, tiver por objecto um crédito, o penhor só produz os seus efeitos desde que seja notificado ao respectivo devedor, ou desde que este o aceite, salvo tratando-se de penhor sujeito a registo, pois neste caso produz os seus efeitos a partir do registo.
3 – A ineficácia do penhor por falta de notificação ou registo não impede a aplicação, com as necessárias correcções, do disposto no n.º 2 do artigo 583.º.

ARTIGO 682.º
(Entrega de documentos)

O titular do direito empenhado deve entregar ao credor pignoratício os documentos comprovativos desse direito que estiverem na sua posse e em cuja conservação não tenha interesse legítimo.

ARTIGO 683.º
(Conservação do direito empenhado)

O credor pignoratício é obrigado a praticar os actos indispensáveis à conservação do direito empenhado e a cobrar os juros e mais prestações acessórias compreendidas na garantia.

ARTIGO 684.º
(**Relações entre o obrigado e o credor pignoratício**)

Dado em penhor um direito por virtude do qual se possa exigir uma prestação, as relações entre o obrigado e o credor pignoratício estão sujeitas às disposições aplicáveis, na cessão de créditos, às relações entre o devedor e o cessionário.

ARTIGO 685.º
(**Cobrança de créditos empenhados**)

1 – O credor pignoratício deve cobrar o crédito empenhado logo que este se torne exigível, pasando o penhor a incidir sobre a coisa prestada em satisfação desse crédito.

2 – Se, porém, o crédito tiver por objecto a prestação de dinheiro ou de outra coisa fungível, o devedor não pode fazê-la senão aos dois credores conjuntamente; na falta de acordo entre os interessados, tem o obrigado a faculdade de usar da consignação em depósito.

3 – Se o mesmo crédito for objecto de vários penhores, só o credor cujo direito prefira aos demais tem legitimidade para cobrar o crédito empenhado; mas os outros têm a faculdade de compelir o devedor a satisfazer a prestação ao credor preferente.

4 – O titular do crédito empenhado só pode receber a respectiva prestação com o consentimento do credor pignoratício, extinguindo-se neste caso o penhor.

SECÇÃO V
Hipoteca

SUBSECÇÃO I
Disposições gerais

ARTIGO 686.º
(**Noção**)

1 – A hipoteca confere ao credor o direito de ser pago pelo valor de certas coisas imóveis, ou equiparadas, pertencentes ao devedor ou a terceiro, com preferência sobre os demais credores que não gozem de privilégio especial ou de prioridade de registo.

2 – A obrigação garantida pela hipoteca pode ser futura ou condicional.

ARTIGO 687.º
(**Registo**)

A hipoteca deve ser registada, sob pena de não produzir efeitos, mesmo em relação às partes.

ARTIGO 688.º
(Objecto)

1 – Só podem ser hipotecados:
a) Os prédios rústicos e urbanos;
b) O domínio directo e o domínio útil dos bens enfitêuticos;
c) O direito de superfície;
d) O direito resultante de concessões em bens do domínio público, observadas as disposições legais relativas à transmissão dos direitos concedidos;
e) O usufruto das coisas e direitos constantes das alíneas anteriores;
f) As coisas móveis que, para este efeito, sejam por lei equiparadas às imóveis.

2 – As partes de um prédio susceptíveis de propriedade autónoma sem perda da sua natureza imobiliária podem ser hipotecadas separadamente.

ARTIGO 689.º
(Bens comuns)

1 – É também susceptível de hipoteca a quota de coisa ou direito comum.

2 – A divisão da coisa ou direito comum, feita com o consentimento do credor, limita a hipoteca à parte que for atribuída ao devedor.

ARTIGO 690.º
(Bens excluídos)

Não pode ser hipotecada a meação dos bens comuns do casal, nem tão-pouco a quota de herança indivisa.

ARTIGO 691.º [601]
(Extensão)

1 – A hipoteca abrange:
a) As coisas imóveis referidas nas alíneas c) a e) do n.º 1 do artigo 204.º;
b) As acessões naturais;
c) As benfeitorias, salvo o direito de terceiros.

---

[601] Redacção dada pelo artigo único do Decreto-Lei n.º 225/84, de 6 de Julho. A redacção original era a seguinte:

Artigo 691.º
(Extensão)

A hipoteca abrange:
a) As coisas imóveis referidas nas alíneas c) a e) do n.º 1 do artigo 204.º;
b) As acessões naturais;
c) As benfeitorias, salvo o direito de terceiros.

2 – Na hipoteca de fábricas, consideram-se abrangidos pela garantia os maquinismos e demais móveis inventariados no título constitutivo, mesmo que não sejam parte integrante dos respectivos imóveis.

3 – Os donos e possuidores de maquinismos, móveis e utensílios destinados à exploração de fábricas, abrangidos no registo de hipoteca dos respectivos imóveis, não os podem alienar ou retirar sem consentimento escrito do credor e incorrem na responsabilidade própria dos fiéis depositários.

ARTIGO 692.º
(Indemnizações devidas)

1 – Se a coisa ou direito hipotecado se perder, deteriorar ou diminuir de valor, e o dono tiver direito a ser indemnizado, os titulares da garantia conservam, sobre o crédito respectivo ou as quantias pagas a título de indemnização, as preferências que lhes competiam em relação à coisa onerada.

2 – Depois de notificado da existência da hipoteca, o devedor da indemnização não se libera pelo cumprimento da sua obrigação com prejuízo dos direitos conferidos no número anterior.

3 – O disposto nos números precedentes é aplicável às indemnizações devidas por expropriação ou requisição, bem como por extinção do direito de superfície, ao preço da remição do foro e aos casos análogos.

ARTIGO 693.º
(Acessórios do crédito)

1 – A hipoteca assegura os acessórios do crédito que constem do registo.

2 – Tratando-se de juros, a hipoteca nunca abrange, não obstante convenção em contrário, mais do que os relativos a três anos.

3 – O disposto no número anterior não impede o registo de nova hipoteca em relação a juros em dívida.

ARTIGO 694.º
(Pacto comissório)

É nula, mesmo que seja anterior ou posterior à constituição da hipoteca, a convenção pela qual o credor fará sua a coisa onerada no caso de o devedor não cumprir.

ARTIGO 695.º
(Cláusula de inalienabilidade dos bens hipotecados)

É igualmente nula a convenção que proíba o respectivo dono de alienar ou onerar os bens hipotecados, embora seja lícito convencionar que o crédito hipotecário se vencerá logo que esses bens sejam alienados ou onerados.

ARTIGO 696.º
(Indivisibilidade)

Salvo convenção em contrário, a hipoteca é indivisível, subsistindo por inteiro sobre cada uma das coisas oneradas e sobre cada uma das partes que as constituam, ainda que a coisa ou o crédito seja dividido ou este se encontre parcialmente satisfeito.

ARTIGO 697.º
(Penhora dos bens)

O devedor que for dono da coisa hipotecada tem o direito de se opor não só a que outros bens sejam penhorados na execução enquanto se não reconhecer a insuficiência da garantia, mas ainda a que, relativamente aos bens onerados, a execução se estenda além do necessário à satisfação do direito do credor.

ARTIGO 698.º
(Defesa do dono da coisa ou do titular do direito)

1 – Sempre que o dono da coisa ou o titular do direito hipotecado seja pessoa diferente do devedor, é-lhe lícito opor ao credor, ainda que o devedor a eles tenha renunciado, os meios de defesa que o devedor tiver contra o crédito, com exclusão das excepções que são recusadas ao fiador.
2 – O dono ou o titular a que o número anterior se refere tem a faculdade de se opor à execução enquanto o devedor puder impugnar o negócio donde provém a sua obrigação, ou o credor puder ser satisfeito por compensação com um crédito do devedor, ou este tiver a possibilidade de se valer da compensação com uma dívida do credor.

ARTIGO 699.º
(Hipoteca e usufruto)

1 – Extinguindo-se o usufruto constituído sobre a coisa hipotecada, o direito do credor hipotecário passa a exercer-se sobre a coisa, como se o usufruto nunca tivesse sido constituído.
2 – Se a hipoteca tiver por objecto o direito de usufruto, considera-se extinta com a extinção deste direito.
3 – Porém, se a extinção do usufruto resultar de renúncia, ou da transferência dos direitos do usufrutuário para o proprietário, ou da aquisição da propriedade por parte daquele, a hipoteca subsiste, como se a extinção do direito se não tivesse verificado.

ARTIGO 700.º
(Administração da coisa hipotecada)

O corte de árvores ou arbustos, a colheita de frutos naturais e a alienação de partes integrantes ou coisas acessórias abrangidas pela hipoteca só são eficazes em relação ao credor hipotecário se forem anteriores ao registo da penhora e couberem nos poderes de administração ordinária.

ARTIGO 701.º
(Substituição ou reforço da hipoteca)

1 – Quando, por causa não imputável ao credor, a coisa hipotecada perecer ou a hipoteca se tornar insuficiente para segurança da obrigação, tem o credor o direito de exigir que o devedor a substitua ou reforce; e, não o fazendo este nos termos declarados na lei de processo, pode aquele exigir o imediato cumprimento da obrigação ou, tratando-se de obrigação futura, registar hipoteca sobre outros bens do devedor.

2 – Não obsta ao direito do credor o facto de a hipoteca ter sido constituída por terceiro, salvo se o devedor for estranho à sua constituição; porém, mesmo neste caso, se a diminuição da garantia for devida a culpa do terceiro, o credor tem o direito de exigir deste a substituição ou o reforço, ficando o mesmo sujeito à cominação do número anterior em lugar do devedor.

ARTIGO 702.º
(Seguro)

1 – Quando o devedor se comprometa a segurar a coisa hipotecada e não a segure no prazo devido ou deixe rescindir o contrato por falta de pagamento dos respectivos prémios, tem o credor a faculdade de segurá-la à custa do devedor; mas, se o fizer por um valor excessivo, pode o devedor exigir a redução do contrato aos limites convenientes.

2 – Nos casos previstos no número anterior, pode o credor reclamar, em lugar do seguro, o imediato cumprimento da obrigação.

ARTIGO 703.º
(Espécies de hipoteca)

As hipotecas são legais, judiciais ou voluntárias.

SUBSECÇÃO II
Hipotecas legais

ARTIGO 704.º
(Noção)

As hipotecas legais resultam imediatamente da lei, sem dependência da vontade das partes, e podem constituir-se desde que exista a obrigação a que servem de segurança.

ARTIGO 705.º
(Credores com hipoteca legal)

Os credores que têm hipoteca legal são:
a) O Estado e as autarquias locais, sobre os bens cujos rendimentos estão sujeitos à contribuição predial, para garantia do pagamento desta contribuição;
b) O Estado e as demais pessoas colectivas públicas, sobre os bens dos encarregados da gestão de fundos públicos, para garantia do cumprimento das obrigações porque se tornem responsáveis;
c) O menor, o interdito e o inabilitado, sobre os bens do tutor, curador e administrador legal, para assegurar a responsabilidade que nestas qualidades vierem a assumir;
d) O credor por alimentos;
e) O co-herdeiro, sobre os bens adjudicados ao devedor de tornas, para garantir o pagamento destas;
f) O legatário de dinheiro ou outra coisa fungível, sobre os bens sujeitos ao encargo do legado ou, na sua falta, sobre os bens que os herdeiros responsáveis houveram do testador.

ARTIGO 706.º
(Registo da hipoteca a favor de incapazes)

1 – A determinação do valor da hipoteca estabelecida a favor do menor, interdito ou inabilitado, para efeito do registo, e a designação dos bens sobre que há-de ser registada cabem ao conselho de família.
2 – Têm legitimidade para requerer o registo o tutor, curador ou administrador legal, os vogais do conselho de família e qualquer dos parentes do incapaz.

ARTIGO 707.º
(Substituição por outra caução)

1 – O tribunal pode autorizar, a requerimento do devedor, a substituição da hipoteca legal por outra caução.

2 – Não tendo o devedor bens susceptíveis de hipoteca, suficientes para garantir o crédito, pode o credor exigir outra caução, nos termos do artigo 625.º, salvo nos casos das hipotecas destinadas a garantir o pagamento das tornas ou do legado de dinheiro ou outra coisa fungível.

ARTIGO 708.º
(Bens sujeitos à hipoteca legal)

Sem prejuízo do direito de redução, as hipotecas legais podem ser registadas em relação a quaisquer bens do devedor, quando não forem especificados por lei ou no título respectivo os bens sujeitos à garantia.

ARTIGO 709.º
(Reforço)

O credor só goza do direito de reforçar as hipotecas previstas nas alíneas *e*) e *f*) do artigo 705.º se a garantia puder continuar a incidir sobre os bens aí especificados.

SUBSECÇÃO III
Hipotecas judiciais

ARTIGO 710.º
(Constituição)

1 – A sentença que condenar o devedor à realização de uma prestação e dinheiro ou outra coisa fungível é título bastante para o registo de hipoteca sobre quaisquer bens do obrigado, mesmo que não haja transitado em julgado.
2 – Se a prestação for ilíquida, pode a hipoteca ser registada pelo quantitativo provável do crédito.
3 – Se o devedor for condenado a entregar uma coisa ou a prestar um facto, só pode ser registada a hipoteca havendo conversão da prestação numa indemnização pecuniária.

ARTIGO 711.º
(Sentenças estrangeiras)

As sentenças dos tribunais estrangeiros, revistas e confirmadas em Portugal, podem titular o registo da hipoteca judicial, na medida em que a lei do país onde foram proferidas lhes reconheça igual valor.

SUBSECÇÃO IV
Hipotecas voluntárias

ARTIGO 712.º
(Noção)

Hipoteca voluntária é a que nasce de contrato ou declaração unilateral.

ARTIGO 713.º
(Segunda hipoteca)

A hipoteca não impede o dono dos bens de os hipotecar de novo; neste caso, extinta uma das hipotecas, ficam os bens a garantir, na sua totalidade, as restantes dívidas hipotecárias.

ARTIGO 714.º
(Forma)

O acto de constituição ou modificação da hipoteca voluntária, quando recaia sobre bens imóveis, deve constar de escritura pública ou de testamento.

ARTIGO 715.º
(Legitimidade para hipotecar)

Só tem legitimidade para hipotecar quem puder alienar os respectivos bens.

ARTIGO 716.º
(Hipotecas gerais)

1 – São nulas as hipotecas voluntárias que incidam sobre todos os bens do devedor ou de terceiro sem os especificar.
2 – A especificação deve constar do título constitutivo da hipoteca.

ARTIGO 717.º
(Hipoteca constituída por terceiro)

1 – A hipoteca constituída por terceiro extingue-se na medida em que, por facto positivo ou negativo do credor, não possa dar-se a sub-rogação daquele nos direitos deste.
2 – O caso julgado proferido em relação ao devedor produz efeitos relativamente a terceiro que haja constituído a hipoteca, nos termos em que os produz em relação ao fiador.

SUBSECÇÃO V
Redução da hipoteca

ARTIGO 718.º
(Modalidades)

A hipoteca pode ser reduzida voluntária ou judicialmente.

ARTIGO 719.º
(Redução voluntária)

A redução voluntária só pode ser consentida por quem puder dispor da hipoteca, sendo aplicável à redução o regime estabelecido para a renúncia à garantia.

ARTIGO 720.º
(Redução judicial)

1 – A redução judicial tem lugar, nas hipotecas legais e judiciais, a requerimento de qualquer interessado, quer no que concerne aos bens, quer no que respeita à quantia designada como montante do crédito, excepto se, por convenção ou sentença, a coisa onerada ou a quantia assegurada tiver sido especialmente indicada.
2 – No caso previsto na parte final do número anterior, ou no de hipoteca voluntária, a redução judicial só é admitida:
a) Se, em consequência do cumprimento parcial ou outra causa de extinção, a dívida se encontrar reduzida a menos de dois terços do seu montante inicial;
b) Se, por virtude de acessões naturais ou benfeitorias, a coisa ou o direito hipotecado se tiver valorizado em mais de um terço do seu valor à data da constituição da hipoteca.
3 – A redução é realizável, quanto aos bens, ainda que a hipoteca tenha por objecto uma só coisa ou direito, desde que a coisa ou direito seja susceptível de cómoda divisão.

SUBSECÇÃO VI
Transmissão dos bens hipotecados

ARTIGO 721.º
(Expurgação da hipoteca)

Aquele que adquiriu bens hipotecados, registou o título de aquisição e não é pessoalmente responsável pelo cumprimento das obrigações garantidas tem o direito de expurgar a hipoteca por qualquer dos modos seguintes:
a) Pagando integralmente aos credores hipotecários as dívidas a que os bens estão hipotecados;

b) Declarando que está pronto a entregar aos credores, para pagamento dos seus créditos, até à quantia pela qual obteve os bens, ou aquela em que os estima, quando a aquisição tenha sido feita por título gratuito ou não tenha havido fixação de preço.

ARTIGO 722.º
(Expurgação no caso de revogação de doação)

O direito de expurgação é extensivo ao doador ou aos seus herdeiros, relativamente aos bens hipotecados pelo donatário, que venham ao poder daqueles em consequência da revogação da liberalidade por superveniência de filhos ou ingratidão do donatário, ou da sua redução por inoficiosidade.

ARTIGO 723.º
(Direitos dos credores quanto à expurgação)

1 – A sentença que declarar os bens livres de hipotecas em consequência de expurgação não será proferida sem se mostrar que foram citados todos os credores hipotecários.
2 – O credor que, tendo a hipoteca registada, não for citado nem comparecer espontaneamente em juízo não perde os seus direitos de credor hipotecário, seja qual for a sentença proferida em relação aos outros credores.
3 – Se o requerente da expurgação não depositar a importância devida, nos termos da lei de processo, fica o requerimento sem efeito e não pode ser renovado, sem prejuízo da responsabilidade do requerente pelos danos causados aos credores.

ARTIGO 724.º
(Direitos reais que renascem pela venda judicial)

1 – Se o adquirente da coisa hipotecada tinha, anteriormente à aquisição, algum direito real sobre ela, esse direito renasce no caso de venda em processo de execução ou de expurgação da hipoteca e é atendido em harmonia com as regras legais relativas a essa venda.
2 – Renascem do mesmo modo e são incluídas na venda as servidões que, à data do registo da hipoteca, oneravam algum prédio do terceiro adquirente em benefício do prédio hipotecado.

ARTIGO 725.º
(Exercício antecipado do direito hipotecário contra o adquirente)

O credor hipotecário pode, antes do vencimento do prazo, exercer o seu direito contra o adquirente da coisa ou direito hipotecado se, por culpa deste, diminuir a segurança do crédito.

ARTIGO 726.º
(Benfeitorias e frutos)

Para os efeitos dos artigos 1269.º, 1270.º e 1275.º, o terceiro adquirente é havido como possuidor de boa fé, na execução, até ao registo da penhora, e, na expurgação da hipoteca, até à venda judicial da coisa ou direito.

SUBSECÇÃO VII
Transmissão da hipoteca

ARTIGO 727.º
(Cessão da hipoteca)

1 – A hipoteca que não for inseparável da pessoa do devedor pode ser cedida sem o crédito assegurado, para garantia de crédito pertencente a outro credor do mesmo devedor, com observância das regras próprias da cessão de créditos; se, porém, a coisa ou direito hipotecado pertencer a terceiro, é necessário o consentimento deste.
2 – O credor com hipoteca sobre mais de uma coisa ou direito só pode cedê-la à mesma pessoa e na sua totalidade.

ARTIGO 728.º
(Valor da hipoteca cedida)

1 – A hipoteca cedida garante o novo crédito nos limites do crédito originariamente garantido.
2 – Registada a cessão, a extinção do crédito originário não afecta a subsistência da hipoteca.

ARTIGO 729.º
(Cessão do grau hipotecário)

É também permitida a cessão do grau hipotecário a favor de qualquer outro credor hipotecário posteriormente inscrito sobre os mesmos bens, observadas igualmente as regras respeitantes à cessão do respectivo crédito.

SUBSECÇÃO VIII
Extinção da hipoteca

ARTIGO 730.º
(Causas da extinção)

A hipoteca extingue-se:
a) Pela extinção da obrigação a que serve de garantia;

b) Por prescrição, a favor de terceiro adquirente do prédio hipotecado, decorridos vinte anos sobre o registo da aquisição e cinco sobre o vencimento da obrigação;
c) Pelo perecimento da coisa hipotecada, sem prejuízo do disposto nos artigos 692.º e 701.º;
d) Pela renúncia do credor.

ARTIGO 731.º [602]
(Renúncia à hipoteca)

1 – A renúncia à hipoteca deve ser expressa e exarada em documento autenticado, não carecendo de aceitação do devedor ou do autor da hipoteca para produzir os seus efeitos.

2 – Os administradores de patrimónios alheios não podem renunciar às hipotecas constituídas em benefício das pessoas cujos patrimónios administram.

ARTIGO 732.º
(Renascimento da hipoteca)

Se a causa extintiva da obrigação ou a renúncia do credor à garantia for declarada nula ou anulada, ou ficar por outro motivo sem efeito, a hipoteca, se a inscrição tiver sido cancelada, renasce apenas desde a data da nova inscrição.

(...)

---

[602] Redacção dada pelo artigo 1.º do Decreto-Lei n.º 163/95, de 13 de Julho. A redacção original era a seguinte:

Artigo 731.º
(Renúncia à hipoteca)

1 – A renúncia à hipoteca deve ser expressa e está sujeita à forma exigida para a sua constituição; mas não carece, para produzir os seus efeitos, de aceitação do devedor ou do autor da hipoteca.
2 – ...

CAPÍTULO VII
Cumprimento e não cumprimento das obrigações

(...)

SECÇÃO II
Não cumprimento

(...)

SUBSECÇÃO II
Falta de cumprimento e mora imputáveis ao devedor

(...)

DIVISÃO III
Mora do devedor

ARTIGO 804.º
(Princípios gerais)

1 – A simples mora constitui o devedor na obrigação de reparar os danos causados ao credor.

2 – O devedor considera-se constituído em mora quando, por causa que lhe seja imputável, a prestação, ainda possível, não foi efectuada no tempo devido.

ARTIGO 805.º [603]
(Momento da constituição em mora)

1 – O devedor só fica constituído em mora depois de ter sido judicial ou extrajudicialmente interpelado para cumprir.

2 – Há, porém, mora do devedor, independentemente de interpelação:

a) Se a obrigação tiver prazo certo;

---

[603] Redacção dada pelo artigo 1.º do Decreto-Lei n.º 262/83, de 16 de Junho. A redacção original era a seguinte:

Artigo 805.º
(Momento da constituição em mora)

1 – ...
2 – ...
3 – Se o crédito for ilíquido, não há mora enquanto se não tornar líquido, salvo se a falta de liquidez for imputável ao devedor.

b) Se a obrigação provier de facto ilícito;
c) Se o próprio devedor impedir a interpelação, considerando-se interpelado, neste caso, na data em que normalmente o teria sido.

3 – Se o crédito for ilíquido, não há mora enquanto se não tornar líquido, salvo se a falta de liquidez for imputável ao devedor; tratando-se, porém, de responsabilidade por facto ilícito ou pelo risco, o devedor constitui-se em mora desde a citação, a menos que já haja então mora, nos termos da primeira parte deste número.

ARTIGO 806.º
(Obrigações pecuniárias)

1 – Na obrigação pecuniária a indemnização corresponde aos juros a contar do dia da constituição em mora.

2 – Os juros devidos são os juros legais, salvo se antes da mora for devido um juro mais elevado ou as partes houverem estipulado um juro moratório diferente do legal.

3 – Pode, no entanto, o credor provar que a mora lhe causou dano superior aos juros referidos no número anterior e exigir a indemnização suplementar correspondente, quando se trate de responsabilidade por facto ilícito ou pelo risco[604].

ARTIGO 807.º
(Risco)

1 – Pelo facto de estar em mora, o devedor torna-se responsável pelo prejuízo que o credor tiver em consequência da perda ou deterioração daquilo que deveria entregar, mesmo que estes factos lhe não sejam imputáveis.

2 – Fica, porém, salva ao devedor a possibilidade de provar que o credor teria sofrido igualmente os danos se a obrigação tivesse sido cumprida em tempo.

ARTIGO 808.º
(Perda do interesse do credor ou recusa do cumprimento)

1 – Se o credor, em consequência da mora, perder o interesse que tinha na prestação, ou esta não for realizada dentro do prazo que razoavelmente for fixado pelo credor, considera-se para todos os efeitos não cumprida a obrigação.

2 – A perda do interesse na prestação é apreciada objectivamente.

(...)

---

[604] O n.º 3 foi aditado pelo artigo 1.º do Decreto-Lei n.º 262/83, de 16 de Junho.

TÍTULO II
Dos contratos em especial

(...)

CAPÍTULO VII
Mútuo

ARTIGO 1142.º
(Noção)

Mútuo é o contrato pelo qual uma das partes empresta à outra dinheiro ou outra coisa fungível, ficando a segunda obrigada a restituir outro tanto do mesmo género e qualidade.

ARTIGO 1143.º [605]
(Forma)

O contrato de mútuo de valor superior a 20000 euros só é válido se for celebrado por escritura pública e o de valor superior a 2000 euros se o for por documento assinado pelo mutuário.

ARTIGO 1144.º
(Propriedade das coisas mutuadas)

As coisas mutuadas tornam-se propriedade do mutuário pelo facto da entrega.

---

[605] Redacção dada pelo artigo 2.º do Decreto-Lei n.º 343/98, de 6 de Novembro. A redacção anterior, dada pelo artigo 1.º do Decreto-Lei n.º 163/95, de 13 de Julho, era a seguinte:
O contrato de mútuo de valor superior a 3 000 000$ só é válido se for celebrado por escritura pública e o de valor superior a 200 000$ se o for por documento assinado pelo mutuário.
O preceito tinha sido alterado pelo artigo 2.º do Decreto-Lei n.º 190/85, de 24 de Julho, cuja entrada em vigor foi diferida pelo Decreto-Lei n.º 381-B/85, de 28 de Setembro, para 1 de Janeiro de 1986, sendo a redacção precedente a seguinte:

Artigo 1143.º
(Forma)

O contrato de mútuo de valor superior a 200 000$ só é válido se for celebrado por escritura pública, e o de valor superior a 50 000$ se o for por documento assinado pelo mutuário.
A redacção original era:

Artigo 1143.º
(Forma)

O contrato de mútuo de valor superior a vinte mil escudos só é válido se for celebrado por escritura pública, e o de valor superior a dez mil escudos se o for por documento assinado pelo mutuário.

ARTIGO 1145.º
(Gratuidade ou onerosidade do mútuo)

1 – As partes podem convencionar o pagamento de juros como retribuição do mútuo; este presume-se oneroso em caso de dúvida.

2 – Ainda que o mútuo não verse sobre dinheiro, observar-se-á, relativamente a juros, o disposto no artigo 559.º e, havendo mora do mutuário, o disposto no artigo 806.º.

ARTIGO 1146.º [606]
(Usura)

1 – É havido como usurário o contrato de mútuo em que sejam estipulados juros anuais que excedam os juros legais, acrescidos de 3% ou 5%, conforme exista ou não garantia real.

2 – É havida também como usurária a cláusula penal que fixar como indemnização devida pela falta de restituição do empréstimo relativamente ao tempo de mora mais do que o correspondente a 7% ou 9% acima dos juros legais, conforme exista ou não garantia real.

3 – Se a taxa de juros estipulada ou o montante da indemnização exceder o máximo fixado nos números precedentes, considera-se reduzido a esses máximos, ainda que seja outra a vontade dos contraentes.

4 – O respeito dos limites máximos referidos neste artigo não obsta à aplicabilidade dos artigos 282.º a 284.º.

ARTIGO 1147.º
(Prazo no mútuo oneroso)

No mútuo oneroso o prazo presume-se estipulado a favor de ambas as partes, mas o mutuário pode antecipar o pagamento, desde que satisfaça os juros por inteiro.

---

[606] Redacção dada pelo artigo 1.º do Decreto-Lei n.º 262/83, de 16 de Junho. A redacção original era a seguinte:

Artigo 1146.º
(Usura)

1 – É havido como usurário o contrato de mútuo em que sejam estipulados juros anuais superiores a oito ou dez por cento, conforme exista ou não garantia real.

2 – É havida também como usurária a cláusula penal que fixe como indemnização devida pela falta de restituição do empréstimo relativamente ao tempo de mora mais do que o correspondente a doze ou catorze por cento ao ano, conforme exista ou não garantia real.

3 – ...

ARTIGO 1148.º
(Falta de fixação de prazo)

1 – Na falta de estipulação de prazo, a obrigação do mutuário, tratando-se de mútuo gratuito, só se vence trinta dias após a exigência do seu cumprimento.

2 – Se o mútuo for oneroso e se não se tiver fixado prazo, qualquer das partes pode pôr termo ao contrato, desde que o denuncie com uma antecipação mínima de tinta dias.

3 – Tratando-se, porém, de empréstimo, gratuito ou oneroso, de cereais ou outros produtos rurais a favor de lavrador, presume-se feito até à colheita seguinte dos produtos semelhantes.

4 – A doutrina do número anterior é aplicável aos mutuários que, não sendo lavradores, recolhem pelo arrendamento de terras próprias frutos semelhantes aos que receberam de empréstimo.

ARTIGO 1149.º
(Impossibilidade de restituição)

Se o mútuo recair em coisa que não seja dinheiro e a restituição se tornar impossível ou extremamente difícil por causa não imputável ao mutuário, pagará este o valor que a coisa tiver no momento e lugar do vencimento da obrigação.

ARTIGO 1150.º
(Resolução do contrato)

O mutuante pode resolver o contrato, se o mutuário não pagar os juros no seu vencimento.

ARTIGO 1151.º
(Responsabilidade do mutuante)

É aplicável à responsabilidade do mutuante, no mútuo gratuito, o disposto no artigo 1134.º.

(...)

CAPÍTULO XI
Depósito

SECÇÃO I
Disposições gerais

ARTIGO 1185.º
(Noção)

Depósito é o contrato pelo qual uma das partes entrega à outra uma coisa, móvel ou imóvel, para que a guarde, e a restitua quando for exigida.

ARTIGO 1186.º
(Gratuidade ou onerosidade do depósito)

É aplicável ao depósito o disposto no artigo 1158.º.

SECÇÃO II
Direitos e obrigações do depositário

ARTIGO 1187.º
(Obrigações do depositário)

O depositário é obrigado:
a) A guardar a coisa depositada;
b) A avisar imediatamente o depositante, quando saiba que algum perigo ameaça a coisa ou que terceiro se arroga direitos em relação a ela, desde que o facto seja desconhecido do depositante;
c) A restituir a coisa com os seus frutos.

ARTIGO 1188.º
(Turbação da detenção ou esbulho da coisa)

1 – Se o depositário for privado da detenção da coisa por causa que lhe não seja imputável, fica exonerado das obrigações de guarda e restituição, mas deve dar conhecimento imediato da privação ao depositante.

2 – Independentemente da obrigação imposta no número anterior, o depositário que for privado da detenção da coisa ou perturbado no exercício dos seus direitos pode usar, mesmo contra o depositante, dos meios facultados ao possuidor nos artigos 1276.º e seguintes.

ARTIGO 1189.º
(Uso da coisa e subdepósito)

O depositário não tem o direito de usar a coisa depositada nem de a dar em depósito a outrem, se o depositante o não tiver autorizado.

ARTIGO 1190.º
(Guarda da coisa)

O depositário pode guardar a coisa de modo diverso do convencionado, quando haja razões para supor que o depositante aprovaria a alteração, se conhecesse as circunstâncias que a fundamentam; mas deve participar-lhe a mudança logo que a comunicação seja possível.

ARTIGO 1191.º
(Depósito cerrado)

1 – Se o depósito recair sobre coisa encerrada nalgum invólucro ou recipiente, deve o depositário guardá-la e restituí-la no mesmo estado, sem a devassar.
2 – No caso de o invólucro ou recipiente ser violado, presume-se que na violação houve culpa do depositário; e, se este não ilidir a presunção, presumir-se-á verdadeira a descrição feita pelo depositante.

ARTIGO 1192.º
(Restituição da coisa)

1 – O depositário não pode recusar a restituição ao depositante com o fundamento de que este não é proprietário da coisa nem tem sobre ela outro direito.
2 – Se, porém, for proposta por terceiro acção de reivindicação contra o depositário, este, enquanto não for julgada definitivamente a acção, só pode liberar-se da obrigação de restituir consignando em depósito a coisa.
3 – Se chegar ao conhecimento do depositário que a coisa provém de crime, deve participar imediatamente o depósito à pessoa a quem foi subtraída ou, não sabendo quem é, ao Ministério Público; e só poderá restituir a coisa ao depositante se dentro de quinze dias, contados da participação, ela não lhe for reclamada por quem de direito.

ARTIGO 1193.º
(Terceiro interessado no depósito)

Se a coisa foi depositada também no interesse de terceiro e este comunicou ao depositário a sua adesão, o depositário não pode exonerar-se restituindo a coisa ao depositante sem consentimento do terceiro.

ARTIGO 1194.º
(Prazo de restituição)

O prazo de restituição da coisa tem-se por estabelecido a favor do depositante; mas, sendo o depósito oneroso, o depositante satisfará por inteiro a retribuição do depositário, mesmo quando exija a restituição da coisa antes de findar o prazo estipulado, salvo se para isso tiver justa causa.

(...)

LIVRO IV
DIREITO DA FAMÍLIA

(...)

TÍTULO II
Do casamento

(...)

CAPÍTULO IX
Efeitos do casamento quanto às pessoas e aos bens dos cônjuges

(...)

ARTIGO 1680.º [607]
(Depósitos bancários)

Qualquer que seja o regime de bens, pode cada um dos cônjuges fazer depósitos bancários em seu nome exclusivo e movimentá-los livremente.

---

[607] Redacção dada pelo artigo 72.º do Decreto-Lei n.º 496/77, de 25 de Novembro; a redacção original do Código Civil era a seguinte:

Artigo 1680.º
(Depósitos bancários)

1 – No exercício do governo doméstico, ou como administradora de parte ou da totalidade dos bens do casal, a mulher pode livremente movimentar, em seu nome exclusivo, depósitos bancários, qualquer que seja o regime de bens.

2 – O estabelecimento bancário não responde em face do marido, nem perante terceiro, pelos pagamentos feitos à mulher, ou à sua ordem, por conta de depósitos efectuados em nome exclusivo dela, salvo se for notificado de diligência judicial que afecte esses depósitos.

PARTE III
DIREITO COMUNITÁRIO

I – DIREITO EUROPEU INSTITUCIONAL

32. Tratado que Institui a Comunidade Europeia

32.1. DECRETO DO PRESIDENTE DA REPÚBLICA N.º 61/2001, DE 18 DE DEZEMBRO[608]

O Presidente da República decreta, nos termos do artigo 135.º, alínea *b*), da Constituição, o seguinte:

É ratificado o Tratado de Nice, Que Altera o Tratado da União Europeia, os Tratados Que Instituem as Comunidades Europeias e Alguns Actos Relativos a Esses Tratados, assinado em Nice em 26 de Fevereiro de 2001, incluindo os protocolos, a acta final e as respectivas declarações, aprovado, para ratificação, pela Resolução da Assembleia da República n.º 79/2001, em 25 de Outubro de 2001.

Assinado em 5 de Dezembro de 2001.
Publique-se.
O Presidente da República, JORGE SAMPAIO.

Referendado em 10 de Dezembro de 2001.
O Primeiro-Ministro, *António Manuel de Oliveira Guterres*.

---

[608] DR I Série-A, n.º 291, de 18-Dez.-2001, 8302.

32.2. RESOLUÇÃO DA ASSEMBLEIA DA REPÚBLICA N.º 79/2001, DE 25 DE OUTUBRO[609]

Aprova, para ratificação, o Tratado de Nice, Que Altera o Tratado da União Europeia, os Tratados Que Instituem as Comunidades Europeias e Alguns Actos Relativos a Esses Tratados, assinado em Nice em 26 de Fevereiro de 2001.

A Assembleia da República resolve, nos termos da alínea i) do artigo 161.º e do n.º 5 do artigo 166.º da Constituição, aprovar, para ratificação, o Tratado de Nice, Que Altera o Tratado da União Europeia, os Tratados Que Instituem as Comunidades Europeias e Alguns Actos Relativos a Esses Tratados, assinado em Nice em 26 de Fevereiro de 2001, incluindo os protocolos, a Acta Final e as respectivas declarações, cujo texto na versão autêntica em língua portuguesa segue em anexo.

Aprovada em 25 de Outubro de 2001.
O Presidente da Assembleia da República, *António de Almeida Santos*.

(...)

ARTIGO 2.º

O Tratado que institui a Comunidade Europeia é alterado nos termos das disposições constantes do presente artigo.

(...)

5 – O artigo 100.º passa a ter a seguinte redacção:
6 – O n.º 4 do artigo 111.º passa a ter a seguinte redacção:
7 – O n.º 4 do artigo 123.º passa a ter a seguinte redacção:

(*As alterações foram inseridas no texto do Tratado que Institui a Comunidade Europeia, abaixo publicado*)

(...)

ARTIGO 5.º

O Protocolo Relativo aos Estatutos do Sistema Europeu de Bancos Centrais e

---

[609] DR I Série-A, n.º 291, de 18-Dez.-2001, 8302-8337.

do Banco Central Europeu é alterado nos termos das disposições constantes do presente artigo.

Ao artigo 10.º é aditado o seguinte número:

(*A alteração foi inserida no texto do Protocolo Relativo aos Estatutos do Sistema Europeu de Bancos Centrais e do Banco Central Europeu, abaixo publicado*)

(...)

32.3. TRATADO QUE INSTITUI A COMUNIDADE EUROPEIA [610]

(...)

PARTE I
Os princípios

ARTIGO 8.º (ex-artigo 4.º-A)

São instituídos, de acordo com os procedimentos previstos no presente Tratado, um Sistema Europeu de Bancos Centrais, adiante designado por SEBC, e um Banco Central Europeu, adiante designado por BCE, os quais actuarão nos limites das atribuições que lhes são conferidas pelo presente Tratado e pelos Estatutos do SEBC e do BCE, adiante designados por Estatutos do SEBC, que lhe vêm anexos.

(...)

TÍTULO VII (ex-título VI)
A política económica e monetária

CAPÍTULO 1
A política económica

ARTIGO 98.º (ex-artigo 102.º-A)

Os Estados membros conduzirão as suas políticas económicas no sentido de contribuir para a realização dos objectivos da Comunidade, tal como se encontram definidos no artigo 2.º, e no âmbito das orientações gerais a que se refere o n.º 2 do artigo 99.º. Os Estados membros e a Comunidade actuarão de acordo com o princípio de uma economia de mercado aberto e de livre concorrência, favorecendo uma repartição eficaz dos recursos, e em conformidade com os princípios estabelecidos no artigo 4.º.

---

[610] DR I Série-A, n.º 42, de 19-Fev.-1999, 864-982.

ARTIGO 99.º (ex-artigo 103.º)

1 – Os Estados membros consideram as suas políticas económicas uma questão de interesse comum e coordená-las-ão no Conselho, de acordo com o disposto no artigo 98.º.

2 – O Conselho, deliberando por maioria qualificada, sob recomendação da Comissão, elabora um projecto de orientações gerais das políticas económicas dos Estados membros e da Comunidade e apresentará um relatório ao Conselho Europeu com as suas conclusões.

O Conselho Europeu, deliberando com base no relatório do Conselho, discutirá uma conclusão sobre as orientações gerais das políticas económicas dos Estados membros e da Comunidade.

Com base nessa conclusão, o Conselho, deliberando por maioria qualificada, aprovará uma recomendação que estabeleça essas orientações gerais. O Conselho informará o Parlamento Europeu da sua recomendação.

3 – A fim de garantir uma coordenação mais estreita das políticas económicas e uma convergência sustentada dos comportamentos das economias dos Estados membros, o Conselho, com base em relatórios apresentados pela Comissão, acompanhará a evolução económica em cada Estado membro e na Comunidade e verificará a compatibilidade das políticas económicas com as orientações gerais a que se refere o n.º 2, procedendo regularmente a uma avaliação global da situação.

Para efeitos desta supervisão multilateral, os Estados membros enviarão informações à Comissão acerca das medidas importantes por eles tomadas no domínio das suas políticas económicas e quaisquer outras informações que considerem necessárias.

4 – Sempre que se verificar, no âmbito do procedimento a que se refere o n.º 3, que as políticas económicas de determinado Estado membro não são compatíveis com as grandes orientações a que se refere o n.º 2 ou que são susceptíveis de comprometer o bom funcionamento da união económica e monetária, o Conselho, deliberando por maioria qualificada, sob recomendação da Comissão, pode dirigir as recomendações necessárias ao Estado membro em causa. O Conselho, deliberando por maioria qualificada, sob proposta da Comissão, pode decidir tornar públicas as suas recomendações.

O Presidente do Conselho e a Comissão apresentarão um relatório ao Parlamento Europeu sobre os resultados da supervisão multilateral. O Presidente do Conselho pode ser convidado a comparecer perante a competente Comissão do Parlamento Europeu, se o Conselho tiver tornado públicas as suas recomendações.

5 – O Conselho, deliberando de acordo com o procedimento previsto no artigo 252.º, pode aprovar as regras do procedimento de supervisão multilateral a que se referem os n.ºs 3 e 4 do presente artigo.

ARTIGO 100.º (ex-artigo 103.º-A)[611]

1 – Sem prejuízo de quaisquer outros procedimentos previstos no presente

---

[611] Redacção dada pelo n.º 5 do artigo 1.º do Tratado de Nice que altera o Tratado da União Euro-

Tratado, o Conselho, deliberando por maioria qualificada, sob proposta da Comissão, pode decidir das medidas apropriadas à situação económica, nomeadamente em caso de dificuldades graves no aprovisionamento de certos produtos.

2 – Sempre que um Estado membro se encontre em dificuldades ou sob grave ameaça de dificuldades devidas a calamidades naturais ou ocorrências excepcionais que não possa controlar, o Conselho, deliberando por maioria qualificada, sob proposta da Comissão, pode, sob certas condições, conceder ajuda financeira comunitária ao Estado membro em questão. O Presidente do Conselho informará o Parlamento Europeu da decisão tomada.

ARTIGO 101.º (ex-artigo 104.º)

1 – É proibida a concessão de créditos sob a forma de descobertos ou sob qualquer outra forma pelo BCE ou pelos bancos centrais nacionais dos Estados membros, adiante designados "bancos centrais nacionais", em benefício de instituições ou organismos da Comunidade, governos centrais, autoridades regionais, locais, ou outras autoridades públicas, outros organismos do sector público ou empresas públicas dos Estados membros, bem como a compra directa de títulos de dívida a essas entidades, pelo BCE ou pelos bancos centrais nacionais.

2 – As disposições do n.º 1 não se aplicam às instituições de crédito de capitais públicos às quais, no contexto da oferta de reservas pelos bancos centrais, será dado, pelos bancos centrais nacionais e pelo BCE, o mesmo tratamento que às instituições de crédito privadas.

ARTIGO 102.º (ex-artigo 104.º-A)

1 – São proibidas quaisquer medidas não baseadas em considerações de ordem prudencial que possibilitem o acesso privilegiado às instituições financeiras por parte das instituições ou organismos da Comunidade, dos governos centrais, das autoridades regionais ou locais, ou outras autoridades públicas, de outros organismos do sector público ou de empresas públicas dos Estados membros.

---

peia, os Tratados que Instituem as Comunidades Europeias e alguns actos relativos a esses Tratados, aprovado para ratificação pela Resolução da Assembleia da República n.º 79/2001, de 25 de Outubro de 2001 – DR I Série-A, n.º 291, de 18-Dez.-2001, 8302-8337.

A redacção original era a seguinte:

1 – Sem prejuízo de quaisquer outros procedimentos previstos no presente Tratado, o Conselho, deliberando por unanimidade, sob proposta da Comissão, pode decidir das medidas apropriadas à situação económica, em especial em caso de dificuldades graves no aprovisionamento de certos produtos.

2 – Sempre que um Estado membro se encontre em dificuldades ou sob grave ameaça de dificuldades devidas a ocorrências excepcionais que não possa controlar, o Conselho, deliberando por unanimidade, sob proposta da Comissão, pode, sob certas condições, conceder ajuda financeira comunitária ao Estado membro em questão. Caso essas graves dificuldades sejam devidas a calamidades naturais, o Conselho deliberará por maioria qualificada. O Presidente do Conselho informará o Parlamento Europeu da decisão tomada.

2 – O Conselho, deliberando de acordo com o procedimento previsto no artigo 252.º, estabelecerá, até 1 de Janeiro de 1994, as definições para a aplicação da proibição a que se refere o n.º 1.

ARTIGO 103.º (ex-artigo 104.º-B)

1 – Sem prejuízo das garantias financeiras mútuas para a execução conjunta de projectos específicos, a Comunidade não é responsável pelos compromissos dos governos centrais, das autoridades regionais ou locais, ou de outras autoridades públicas, dos outros organismos do sector público ou das empresas públicas de qualquer Estado membro, nem assumirá esses compromissos. Sem prejuízo das garantias financeiras mútuas para a execução conjunta de projectos específicos, os Estados membros não são responsáveis pelos compromissos dos governos centrais, das autoridades regionais ou locais, ou de outras autoridades públicas, dos outros organismos do sector público ou das empresas públicas de outros Estados membros, nem assumirão esses compromissos.

2 – O Conselho, deliberando de acordo com o procedimento previsto no artigo 252.º, pode, se necessário, estabelecer definições para a aplicação das proibições a que se referem o artigo 101.º e o presente artigo.

ARTIGO 104.º (ex-artigo 104.º-C)

1 – Os Estados membros devem evitar défices orçamentais excessivos.

2 – A Comissão acompanhará a evolução da situação orçamental e do montante da dívida pública nos Estados membros, a fim de identificar desvios importantes. Examinará, em especial, o cumprimento da disciplina orçamental com base nos dois critérios seguintes:

   a) Se a relação entre o défice orçamental programado ou verificado e o produto interno bruto excede um valor de referência, excepto:
 - se essa relação tiver baixado de forma substancial e contínua e tiver atingido um nível que se aproxime do valor de referência; ou, em alternativa,
 - se o excesso em relação ao valor de referência for meramente excepcional e temporário e se aquela relação continuar perto do valor de referência;

   b) Se a relação entre a dívida pública e o produto interno bruto excede um valor de referência, excepto se essa relação se encontrar em diminuição significativa e se se estiver a aproximar, de forma satisfatória, do valor de referência.

Os valores de referência encontram-se especificados no Protocolo Relativo ao Procedimento Aplicável em Caso de Défice Excessivo, anexo ao presente Tratado.

3 – Se um Estado membro não cumprir os requisitos constantes de um ou de ambos estes critérios, a Comissão preparará um relatório. O relatório da Comissão analisará igualmente se o défice orçamental excede as despesas públicas de investimento e tomará em consideração todos os outros factores pertinentes, incluindo a situação económica e orçamental a médio prazo desse Estado membro.

A Comissão pode ainda preparar um relatório se, apesar de os requisitos estarem a ser preenchidos de acordo com os critérios enunciados, for de opinião de que existe um risco de défice excessivo em determinado Estado membro.

4 – O Comité a que se refere o artigo 114.º formulará um parecer sobre o relatório da Comissão.

5 – Se a Comissão considerar que em determinado Estado membro existe ou poderá ocorrer um défice excessivo, enviará um parecer ao Conselho.

6 – O Conselho, deliberando por maioria qualificada, sob recomendação da Comissão, e tendo considerado todas as observações que o Estado membro interessado pretenda fazer, decidirá, depois de ter avaliado globalmente a situação, se existe ou não um défice excessivo.

7 – Sempre que, nos termos do n.º 6, o Conselho decida que existe um défice excessivo, dirigirá recomendações ao Estado membro em causa com o objectivo de pôr fim àquela situação num dado prazo. Sem prejuízo do disposto no n.º 8, essas recomendações não serão tornadas públicas.

8 – Sempre que verificar que, na sequência das suas recomendações, não foram tomadas medidas eficazes no prazo estabelecido, o Conselho pode tornar públicas as suas recomendações.

9 – Se um Estado membro persistir em não pôr em prática as recomendações do Conselho, este pode decidir notificar esse Estado membro para, num dado prazo, tomar medidas destinadas a reduzir o défice para um nível que o Conselho considerar necessário para obviar à situação.

Nesse caso, o Conselho pode pedir ao Estado membro em causa que lhe apresente relatórios de acordo com um calendário específico, a fim de analisar os esforços de ajustamento desse Estado membro.

10 – O direito de intentar acções previsto nos artigos 226.º e 227.º não pode ser exercido no âmbito dos n.ºs 1 a 9 do presente artigo.

11 – Se um Estado membro não cumprir uma decisão tomada nos termos do n.º 9, o Conselho pode decidir aplicar, ou eventualmente intensificar, uma ou mais das seguintes medidas:
– exigir que o Estado membro em causa divulgue informações complementares, a determinar pelo Conselho, antes de emitir obrigações e títulos;
– convidar o Banco Europeu de Investimento a reconsiderar a sua política de empréstimos em relação ao Estado membro em causa;
– exigir do Estado membro em causa a constituição, junto da Comunidade, de um depósito não remunerado de montante apropriado, até que, na opinião do Conselho, o défice excessivo tenha sido corrigido;
– impor multas de importância apropriada.

O Presidente do Conselho informará o Parlamento Europeu das decisões tomadas.

12 – O Conselho revogará parte ou a totalidade das decisões a que se referem os n.ºs 6 a 9 e 11 na medida em que considere que o défice excessivo no Estado membro em causa foi corrigido. Se o Conselho tiver previamente tornado públicas as suas recomendações, deve, logo que a decisão tomada ao abrigo do n.º 8 tiver sido revogada, fazer uma declaração pública de que deixou de existir um défice excessivo no Estado membro em causa.

13 – Ao tomar as decisões do Conselho a que se referem os n.ᵒˢ 7 a 9, 11 e 12, este delibera sob recomendação da Comissão, por maioria de dois terços dos votos dos seus membros, ponderados nos termos do n.º 2 do artigo 205.º, com exclusão dos votos do representante do Estado membro em causa.

14 – O Protocolo Relativo ao Procedimento Aplicável em Caso de Défice Excessivo, anexo ao presente Tratado, contém outras disposições relacionadas com a aplicação do procedimento descrito no presente artigo.

O Conselho, deliberando por unanimidade, sob proposta da Comissão, e após consulta do Parlamento Europeu e do BCE, aprovará as disposições apropriadas, que substituirão o referido Protocolo.

Sem prejuízo das demais disposições do presente número, o Conselho, deliberando por maioria qualificada, sob proposta da Comissão, e após consulta do Parlamento Europeu, estabelecerá, até 1 de Janeiro de 1994, regras e definições para a aplicação das disposições do citado Protocolo.

CAPÍTULO 2
A política monetária

ARTIGO 105.º (ex-artigo 105.º)

1 – O objectivo primordial do SEBC é a manutenção da estabilidade dos preços. Sem prejuízo do objectivo da estabilidade dos preços, o SEBC apoiará as políticas económicas gerais na Comunidade tendo em vista contribuir para a realização dos objectivos da Comunidade tal como se encontram definidos no artigo 2.º. O SEBC actuará de acordo com o princípio de uma economia de mercado aberto e de livre concorrência, incentivando a repartição eficaz dos recursos e observando os princípios definidos no artigo 4.º.

2 – As atribuições fundamentais cometidas ao SEBC são:
– a definição e execução da política monetária da Comunidade;
– a realização de operações cambiais compatíveis com o disposto no artigo 111.º;
– a detenção e gestão das reservas cambiais oficiais dos Estados membros;
– a promoção do bom funcionamento dos sistemas de pagamentos.

3 – O terceiro travessão do n.º 2 não obsta à detenção e gestão, pelos governos dos Estados membros, de saldos de tesouraria em divisas.

4 – O BCE será consultado:
– sobre qualquer proposta de acto comunitário nos domínios das suas atribuições;
– pelas autoridades nacionais sobre qualquer projecto de disposição legal nos domínios das suas atribuições, mas nos limites e condições definidos pelo Conselho de acordo com o procedimento previsto no n.º 6 do artigo 107.º.

O BCE pode apresentar pareceres sobre questões do âmbito das suas atribuições às competentes instituições ou organismos da Comunidade ou às autoridades nacionais.

5 – O SEBC contribuirá para a boa condução das políticas desenvolvidas pelas autoridades competentes no que se refere à supervisão prudencial das instituições de crédito e à estabilidade do sistema financeiro.

6 – O Conselho, deliberando por unanimidade, sob proposta da Comissão e após consulta do BCE, e depois de ter recebido parecer favorável do Parlamento Europeu, pode conferir ao BCE atribuições específicas no que diz respeito às políticas relativas à supervisão prudencial das instituições de crédito e de outras instituições financeiras, com excepção das empresas de seguros.

ARTIGO 106.º (ex-artigo 105.º-A)

1 – O BCE tem o direito exclusivo de autorizar a emissão de notas de banco na Comunidade. O BCE e os bancos centrais nacionais podem emitir essas notas. As notas de banco emitidas pelo BCE e pelos bancos centrais nacionais são as únicas com curso legal na Comunidade.

2 – Os Estados membros podem emitir moedas metálicas, sem prejuízo da aprovação pelo BCE do volume da respectiva emissão. O Conselho, deliberando de acordo com o procedimento previsto no artigo 252.º e após consulta do BCE, pode adoptar medidas para harmonizar as denominações e especificações técnicas de todas as moedas metálicas destinadas à circulação, na medida do necessário para permitir a sua fácil circulação dentro da Comunidade.

ARTIGO 107.º (ex-artigo 106.º)

1 – O SEBC é constituído pelo BCE e pelos bancos nacionais.

2 – O BCE tem personalidade jurídica.

3 – O SEBC é dirigido pelos órgãos de decisão do BCE, que são o Conselho do BCE e a Comissão Executiva.

4 – Os Estatutos do SEBC constam de um Protocolo anexo ao presente Tratado.

5 – Os artigos 5.º 1, 5.º 2, 5.º 3, 17.º, 18.º, 19.º 1, 22.º, 23.º, 24.º, 26.º, 32.º 2, 32.º 3, 32.º 4, 32.º 6, 33.º 1, *a*), e 36.º dos Estatutos do SEBC podem ser alterados pelo Conselho, deliberando quer por maioria qualificada, sob recomendação do BCE, após consulta da Comissão, quer por unanimidade, sob proposta da Comissão e após consulta do BCE. Em qualquer dos casos é necessário o parecer favorável do Parlamento Europeu.

6 – O Conselho, deliberando por maioria qualificada, quer sob proposta da Comissão e após consulta do Parlamento Europeu e do BCE quer deliberando sob recomendação do BCE e após consulta do Parlamento Europeu e da Comissão, adoptará as disposições a que se referem os artigos 4.º, 5.º 4, 19.º 2, 20.º, 28.º 1, 29.º 2, 30.º 4 e 34.º 3 dos Estatutos do SEBC.

ARTIGO 108.º (ex-artigo 107.º)

No exercício dos poderes e no cumprimento das atribuições e deveres que lhes são conferidos pelo presente Tratado e pelos Estatutos do SEBC, o BCE, os bancos centrais nacionais, ou qualquer membro dos respectivos órgãos de decisão não podem solicitar ou receber instruções das instituições ou organismos comunitários, dos governos dos Estados membros ou de qualquer outra entidade. As instituições e organismos comunitários, bem como os governos dos Estados membros, comprometem-se a respeitar este princípio e a não procurar influenciar os membros dos órgãos de decisão do BCE ou dos bancos centrais nacionais no exercício das suas funções.

ARTIGO 109.º (ex-artigo 108.º)

Cada um dos Estados membros assegurará, o mais tardar até à data da instituição do SEBC, a compatibilidade da respectiva legislação nacional, incluindo os estatutos do seu banco central nacional, com o presente Tratado e com os Estatutos do SEBC.

ARTIGO 110.º (ex-artigo 108.º-A)

1 – Para o desempenho das atribuições cometidas ao SEBC, o BCE, de acordo com as disposições do presente Tratado e nas condições definidas nos Estatutos do SEBC:
– adopta regulamentos na medida do necessário para o exercício das funções definidas no primeiro travessão do artigo 3.º 1, nos artigos 19.º 1, 22.º ou 25.º 2 dos Estatutos do SEBC e nos casos previstos nos actos do Conselho a que se refere o n.º 6 do artigo 107.º;
– toma as decisões necessárias para o desempenho das atribuições cometidas ao SEBC ao abrigo do presente Tratado e dos Estatutos do SEBC;
– formula recomendações e emite pareceres.

2 – O regulamento tem carácter geral. É obrigatório em todos os seus elementos e directamente aplicável em todos os Estados membros.

As recomendações e os pareceres não são vinculativos.

A decisão é obrigatória em todos os seus elementos para os destinatários que designar.

Os artigos 253.º a 256.º são aplicáveis aos regulamentos e decisões do BCE.

O BCE pode decidir publicar as suas decisões, recomendações e pareceres.

3 – Nos limites e condições fixados pelo Conselho, de acordo com o procedimento previsto no n.º 6 do artigo 107.º, o BCE pode aplicar multas ou sanções pecuniárias temporárias às empresas em caso de incumprimento de obrigações decorrentes dos seus regulamentos e decisões.

ARTIGO 111.º (ex-artigo 109.º)[612]

1 – Em derrogação do disposto no artigo 300.º, o Conselho, deliberando por

---

[612] Redacção dada pelo n.º 6 do artigo 1.º do Tratado de Nice que altera o Tratado da União

unanimidade, sob recomendação do BCE ou da Comissão e após consulta do BCE, numa tentativa para chegar a um consenso com este último, compatível com o objectivo da estabilidade dos preços, e após consulta do Parlamento Europeu, de acordo com os mecanismos processuais referidos no n.º 3, pode celebrar acordos formais relativos a um sistema de taxas de câmbio do ecu em relação às moedas não comunitárias. O Conselho, deliberando por maioria qualificada, sob recomendação do BCE ou da Comissão e após consulta do BCE, numa tentativa para chegar a um consenso com este último compatível com o objectivo da estabilidade dos preços, pode adoptar, ajustar ou abandonar as taxas, centrais do ecu no sistema de taxas de câmbio. O Presidente do Conselho informará o Parlamento Europeu acerca da adopção, ajustamento ou abandono das taxas centrais do ecu.

2 – Na falta de um sistema de taxas de câmbio em relação a uma ou mais moedas não comunitárias a que se refere o n.º 1, o Conselho, deliberando por maioria qualificada, quer sob recomendação da Comissão e após consulta do BCE quer sob recomendação do BCE, pode formular orientações gerais para uma política de taxas de câmbio em relação a essas moedas. Essas orientações gerais não podem prejudicar o objectivo primordial do SEBC de manutenção da estabilidade dos preços.

3 – Em derrogação do disposto no artigo 300.º, sempre que a Comunidade tiver de negociar acordos relativos a questões monetárias ou ao regime cambial com um ou mais Estados ou organizações internacionais, o Conselho, deliberando por maioria qualificada, sob recomendação da Comissão, e após consulta do BCE, decide sobre os mecanismos para a negociação e para a celebração dos referidos acordos. Esses mecanismos devem assegurar que a Comunidade expresse uma posição única. A Comissão será plenamente associada a essas negociações.

Os acordos celebrados de acordo com o presente número vinculam as instituições da Comunidade, o BCE e os Estados membros.

4 – Sem prejuízo do disposto no n.º 1, o Conselho, deliberando por maioria qualificada, sob proposta da Comissão e após consulta ao BCE, decide sobre a posição da Comunidade a nível internacional relativamente às questões que se revistam de especial interesse para a União Económica e Monetária e sobre a sua representação de acordo com a repartição de competências prevista nos artigos 99.º e 105.º.

5 – Sem prejuízo da competência comunitária e dos acordos da Comunidade relativos à união económica e monetária, os Estados membros podem negociar nas instâncias internacionais e celebrar acordos internacionais.

Europeia, os Tratados que instituem as Comunidades Europeias e alguns actos relativos a esses Tratados, aprovado para ratificação pela Resolução da Assembleia da República n.º 79/2001, de 25 de Outubro de 2001 – DR I Série-A, n.º 291, de 18-Dez.-2001, 8302-8337.

A redacção original era a seguinte:

(...)

4 – Sem prejuízo do disposto no n.º 1, o Conselho, deliberando por maioria qualificada, sob proposta da Comissão e após consulta do BCE, decide sobre a posição da Comunidade ao nível internacional relativamente às questões que se revistam de especial interesse para a união económica e monetária e, deliberando por unanimidade, decide sobre a sua representação de acordo com a repartição de competências previstas nos artigos 99.º e 105.º.

(...)

CAPÍTULO 3
Disposições institucionais

ARTIGO 112.º (ex-artigo 109.º-A)

1 – O conselho do BCE é composto pelos membros da comissão executiva do BCE e pelos governadores dos bancos centrais nacionais.

2 – *a)* A comissão executiva é composta pelo presidente, pelo vice-presidente e por quatro vogais.

b) O presidente, o vice-presidente e os vogais da comissão executiva são nomeados, de entre personalidades de reconhecida competência e com experiência profissional nos domínios monetário ou bancário, de comum acordo, pelos governos dos Estados membros, a nível de chefes de Estado ou de governo, sob recomendação do Conselho e após este ter consultado o Parlamento Europeu e o conselho do BCE.

A duração do respectivo mandato é de oito anos, não renováveis.

Só nacionais dos Estados membros podem ser membros da comissão executiva.

ARTIGO 113.º (ex-artigo 109.º-B)

1 – O Presidente do Conselho e um membro da Comissão podem participar, sem direito de voto, nas reuniões do conselho do BCE.

O Presidente do Conselho pode submeter moções à deliberação do conselho do BCE.

2 –O presidente do BCE será convidado a participar nas reuniões do Conselho sempre que este delibere sobre questões relativas aos objectivos e atribuições do SEBC.

3 – O BCE enviará anualmente ao Parlamento Europeu, ao Conselho, à Comissão e ainda ao Conselho Europeu um relatório sobre as actividades do SEBC e sobre a política monetária do ano anterior e do ano em curso. O presidente do BCE apresentará esse relatório ao Conselho e ao Parlamento Europeu, que, com base nesse relatório, pode proceder a um debate de carácter geral.

O presidente do BCE e os outros membros da comissão executiva podem, a pedido do Parlamento Europeu ou por sua própria iniciativa, ser ouvidos pelas competentes comissões do Parlamento Europeu.

ARTIGO 114.º (ex-artigo 109.º-C)

1 – Com o objectivo de promover a coordenação das políticas dos Estados membros na medida do necessário ao funcionamento do mercado interno, é instituído um Comité Monetário, de natureza consultiva[613].

---

[613] O texto publicado refere, certamente por lapso, "... do mercado interno, incluído ...".

O Comité tem as seguintes funções:
- acompanhar a situação monetária e financeira dos Estados membros e da Comunidade, bem como o sistema geral de pagamentos dos Estados membros, e apresentar regularmente o correspondente relatório ao Conselho e à Comissão;
- formular pareceres, quer a pedido do Conselho ou da Comissão quer por iniciativa própria, destinados a estas instituições;
- sem prejuízo do disposto no artigo 207.º, contribuir para a preparação dos trabalhos do Conselho a que se referem os artigos 59.º e 60.º, os n.ᵒˢ 2, 3, 4 e 5 do artigo 99.º, os artigos 100.º, 102.º, 103.º e 104.º, o n.º 2 do artigo 116.º, o n.º 6 do artigo 117.º, os artigos 119.º e 120.º, o n.º 2 do artigo 121.º e o n.º 1 do artigo 122.º;
- examinar, pelo menos uma vez por ano, a situação relativa aos movimentos de capitais e à liberdade de pagamentos, tal como resultam da aplicação do presente Tratado e das medidas adoptadas pelo Conselho, devendo este exame englobar todas as medidas respeitantes aos movimentos de capitais e aos pagamentos; o Comité informará a Comissão e o Conselho dos resultados deste exame.

Os Estados membros e a Comissão nomearão, cada um, dois membros do Comité Monetário.

2 – No início da terceira fase é instituído um Comité Económico e Financeiro. O Comité Monetário a que se refere o n.º 1 é dissolvido.

O Comité Económico e Financeiro tem as seguintes funções:
- formular pareceres, quer a pedido do Conselho ou da Comissão quer por iniciativa própria, destinados a estas instituições;
- acompanhar a situação económica e financeira dos Estados membros e da Comunidade e apresentar regularmente o correspondente relatório ao Conselho e à Comissão, nomeadamente sobre as relações financeiras com países terceiros e instituições internacionais;
- sem prejuízo do disposto no artigo 207.º, contribuir para a preparação dos trabalhos do Conselho a que se referem os artigos 59.º e 60.º, os n.ᵒˢ 2, 3, 4 e 5 do artigo 99.º, os artigos 100.º, 102.º, 103.º e 104.º, o n.º 6 do artigo 105.º, o n.º 2 do artigo 106.º, os n.ᵒˢ 5 e 6 do artigo 107.º, os artigos 111.º e 119.º, os n.ᵒˢ 2 e 3 do artigo 120.º, o n.º 2 do artigo 122.º e os n.ᵒˢ 4 e 5 do artigo 123.º, e exercer outras funções consultivas e preparatórias que lhe forem confiadas pelo Conselho;
- examinar, pelo menos uma vez por ano, a situação relativa aos movimentos de capitais e à liberdade de pagamentos, tal como resultam da aplicação do Tratado e das medidas do Conselho, devendo este exame englobar todas as medidas respeitantes aos movimentos de capitais e aos pagamentos; o Comité informará a Comissão e o Conselho dos resultados deste exame.

Os Estados membros, a Comissão e o BCE nomearão, cada um, no máximo, dois membros do Comité.

3 – O Conselho, deliberando por maioria qualificada sob proposta da Comissão e após consulta do BCE e do Comité a que se refere o presente artigo, estabelecerá

disposições pormenorizadas relativas à composição do Comité Económico e Financeiro. O Presidente do Conselho informará o Parlamento Europeu dessa decisão[614].

4 – Além das funções previstas no n.º 2, o Comité, se e enquanto existirem Estados membros que beneficiem de uma derrogação nos termos dos artigos 122.º e 123.º, acompanhará a situação monetária e financeira e o sistema geral de pagamentos desses Estados membros e apresentará regularmente o correspondente relatório ao Conselho e à Comissão.

ARTIGO 115.º (ex-artigo 109.º-D)

O Conselho ou qualquer dos Estados membros pode solicitar à Comissão que apresente uma recomendação ou uma proposta, conforme o caso, relativamente a questões do âmbito de aplicação do n.º 4 do artigo 99.º, do artigo 104.º, com excepção do seu n.º 14, dos artigos 111.º, 121.º e 122.º e dos n.ºs 4 e 5 do artigo 123.º. A Comissão analisa esse pedido e apresenta sem demora as suas conclusões ao Conselho.

CAPÍTULO 4
Disposições transitórias

ARTIGO 116.º (ex-artigo 109.º-E)

1 – A segunda fase da realização da união económica e monetária tem início em 1 de Janeiro de 1994.
2 – Antes dessa data:
a) Cada Estado membro deve:
 – adoptar, se necessário, medidas adequadas para dar cumprimento às proibições previstas no artigo 56.º, sem prejuízo do artigo 101.º, e no n.º 1 do artigo 102.º;
 – adoptar, se necessário, tendo em vista permitir a avaliação prevista na alínea *b*), programas plurianuais destinados a assegurar a convergência duradoura necessária à realização da união económica e monetária, em especial no que se refere à estabilidade dos preços e à solidez das finanças públicas;
b) O Conselho, com base em relatório da Comissão, deve avaliar os progressos alcançados em matéria de convergência económica e monetária, em especial no que diz respeito à estabilidade dos preços e à solidez das finanças públicas, bem como os progressos alcançados com a aplicação da legislação comunitária relativa ao mercado interno.
3 – O disposto no artigo 101.º, no n.º 1 do artigo 102.º, no n.º 1 do artigo 103.º e no artigo 104.º, com excepção dos seus n.ºs 1, 9, 11 e 14, é aplicável a partir do início da segunda fase.

---

[614] O texto publicado refere, certamente por lapso, "O Conselho, deliberado ...".

O disposto no n.º 2 do artigo 100.º, nos n.ᵒˢ 1, 9 e 11 do artigo 104.º, nos artigos 105.º, 106.º, 108.º, 111.º, 112.º e 113.º e nos n.ᵒˢ 2 e 4 do artigo 114.º é aplicável a partir do início da terceira fase.

4 – Na segunda fase, os Estados membros envidarão esforços para evitar défices orçamentais excessivos.

5 – No decurso da segunda fase, cada Estado membro deve, se for caso disso, iniciar o processo conducente à independência do seu banco central, nos termos do artigo 109.º.

ARTIGO 117.º (ex-artigo 109.º-F)

1 – No início da segunda fase, é instituído e entra em funções um Instituto Monetário Europeu, a seguir designado por "IME", que tem personalidade jurídica e é dirigido e gerido por um conselho, composto por um presidente e pelos governadores dos bancos centrais nacionais, um dos quais será vice-presidente.

O presidente é nomeado, de comum acordo, pelos governos dos Estados membros a nível de chefes de Estado ou de governo, sob recomendação do conselho do IME e após consulta do Parlamento Europeu e do Conselho. O presidente é escolhido de entre personalidades de reconhecida competência e com experiência profissional nos domínios monetário ou bancário. Só pode ser presidente do IME um nacional dos Estados membros. O conselho do IME designa o vice-presidente[615].

Os Estatutos do IME constam de um protocolo anexo ao presente Tratado[616].

2 – O IME deve:
– reforçar a cooperação entre os bancos centrais nacionais;
– reforçar a coordenação das políticas monetárias dos Estados membros com o objectivo de garantir a estabilidade dos preços;
– supervisar o funcionamento do Sistema Monetário Europeu;
– proceder a consultas sobre questões da competência dos bancos centrais nacionais, que afectem a estabilidade das instituições e mercados financeiros;
– assumir as atribuições do Fundo Europeu de Cooperação Monetária, que é dissolvido; as modalidades de dissolução constam dos Estatutos do IME;

---

[615] A redacção anterior, dada pelo Tratado da União Europeia, assinado em Maastricht, em 7 de Fevereiro de 1992, aprovado pela resolução da Assembleia da República n.º 40/92, de 10 de Dezembro, era o seguinte:

O presidente é nomeado, de comum acordo, pelos governos dos Estados membros a nível de chefes de Estado ou de governo, sob recomendação do Comité de Governadores dos bancos centrais dos Estados membros, a seguir designado por "Comité de Governadores" ou do conselho do IME, conforme o caso, e após consulta do Parlamento Europeu e do Conselho. O presidente é escolhido de entre personalidades de reconhecida competência e com experiência profissional nos domínios monetário ou bancário. Só pode ser presidente do IME um nacional dos Estados membros. O conselho do IME designa o vice-presidente.

[616] Da redacção anterior, dada pelo Tratado da União Europeia, assinado em Maastricht, em 7 de Fevereiro de 1992, aprovado pela Resolução da Assembleia da República n.º 40/92, de 10 de Dezembro, constava um quarto parágrafo no n.º 1 cuja redacção era a seguinte:

O Comité de Governadores é dissolvido no início da segunda fase.

– promover a utilização do ECU e supervisar a sua evolução, incluindo o bom funcionamento do respectivo sistema de compensação.

3 – Para a preparação da terceira fase, o IME deve:
– preparar os instrumentos e procedimentos necessários para a execução de uma política monetária única na terceira fase;
– promover, sempre que necessário, a harmonização das normas e práticas que regulam a recolha, organização e divulgação de estatísticas no domínio das suas atribuições;
– preparar as normas para as operações a realizar pelos bancos centrais nacionais no quadro do SEBC;
– promover a eficácia dos pagamentos transnacionais;
– supervisar a preparação técnica das notas de banco denominadas em ECU.

O mais tardar até 31 de Dezembro de 1996, o IME definirá o quadro administrativo, organizativo e logístico necessário para que o SEBC desempenhe as suas atribuições na terceira fase. Esse quadro será submetido a decisão do BCE, aquando da sua instituição.

4 – O IME, deliberando por maioria de dois terços dos membros do respectivo conselho, pode:
– formular pareceres ou recomendações sobre a orientação global das políticas monetária e cambial, bem como sobre as medidas a elas relativas adoptadas em cada Estado membro;
– apresentar pareceres ou recomendações aos governos e ao Conselho sobre políticas que possam afectar a situação monetária interna ou externa na Comunidade e, em especial, o funcionamento do Sistema Monetário Europeu;
– formular recomendações às autoridades monetárias dos Estados membros sobre a condução das respectivas políticas monetárias.

5 – O IME, deliberando por unanimidade, pode decidir tornar públicos os seus pareceres e recomendações.

6 – O IME será consultado pelo Conselho sobre qualquer proposta de acto comunitário no domínio das suas atribuições.

Nos limites e condições fixados pelo Conselho, deliberando por maioria qualificada, sob proposta da Comissão e após consulta, conforme o caso, do Parlamento Europeu e do IME, este será consultado pelas autoridades dos Estados membros sobre qualquer projecto de disposição legal no domínio das suas atribuições[617].

7 – O Conselho, deliberando por unanimidade, sob proposta da Comissão e após consulta do Parlamento Europeu e do IME, pode conferir ao IME outras atribuições relacionadas com a preparação da terceira fase.

8 – Sempre que o presente Tratado atribua um papel consultivo ao BCE, as referências ao BCE devem ser entendidas, antes da instituição do BCE, como referências ao IME[618].

---

[617] A redacção anterior, dada pelo Tratado da União Europeia, assinado em Maastricht, em 7 de Fevereiro de 1992, aprovado pela Resolução da Assembleia da República n.º 40/92, de 10 de Dezembro, referia "... disposição regulamentar no domínio ...".

[618] Da redacção anterior, dada pelo Tratado da União Europeia, assinado em Maastricht, em 7 de

9 – Durante a segunda fase, a sigla "BCE" utilizada nos artigos 230.º, 232.º, 233.º, 234.º, 237.º e 288.º deve ser entendida como uma referência ao IME.

ARTIGO 118.º (ex-artigo 109.º-G)

A composição do cabaz de moedas do ECU permanece inalterada.

A partir do início da terceira fase, o valor do ECU é irrevogavelmente fixado de acordo com o disposto no n.º 4 do artigo 123.º.

ARTIGO 119.º (ex-artigo 109.º-H)

1 – Se algum Estado membro se encontrar em dificuldades, ou sob grave ameaça de dificuldades relativamente à sua balança de pagamentos, quer estas resultem de um desequilíbrio global da sua balança quer do tipo de divisas de que dispõe, e se tais dificuldades forem susceptíveis de, designadamente, comprometerem o funcionamento do mercado comum ou a progressiva realização da sua política comercial comum, a Comissão procederá imediatamente à análise da situação desse Estado, bem como da acção que ele empreendeu ou pode empreender, nos termos do presente Tratado, recorrendo a todos os meios de que dispõe. A Comissão indicará as medidas cuja adopção recomenda ao Estado em causa.

Se a acção empreendida por um Estado membro e as medidas sugeridas pela Comissão não se afigurarem suficientes para remover as dificuldades ou ameaças de dificuldades existentes, a Comissão recomendará ao Conselho, após consulta do Comité a que se refere o artigo 114.º, a concessão de assistência mútua e os métodos adequados para o efeito.

A Comissão manterá o Conselho regularmente informado da situação e da maneira como esta evolui.

2 – O Conselho, deliberando por maioria qualificada, concederá a assistência mútua; adoptará as directivas ou decisões, fixando as condições e modalidades dessa assistência, que pode assumir, designadamente, a forma de:

a) Acção concertada junto de outras organizações internacionais a que os Estados membros podem recorrer;

b) Medidas necessárias para evitar desvios de tráfego, sempre que o Estado em dificuldades mantenha ou restabeleça restrições quantitativas relativamente a países terceiros;

c) Concessão de créditos limitados por parte de outros Estados membros, sob condição de que estes dêem o seu acordo.

3 – Se a assistência mútua recomendada pela Comissão não for concedida pelo Conselho ou se a assistência mútua concedida e as medidas tomadas forem insufi-

---

Fevereiro de 1992, aprovado pela Resolução da Assembleia da República n.º 40/92, de 10 de Dezembro, constava um segundo parágrafo no n.º 8 cuja redacção era a seguinte:

Sempre que o presente Tratado atribua um papel consultivo ao IME, as referências ao IME devem ser entendidas, até 1 de Janeiro de 1994, como referências ao Comité de Governadores.

cientes, a Comissão autorizará o Estado em dificuldades a tomar medidas de protecção, de que fixará as condições e modalidades.

O Conselho, deliberando por maioria qualificada, pode revogar esta autorização e modificar estas condições e modalidades.

4 – Sem prejuízo do disposto no n.º 6 do artigo 122.º, o presente artigo deixa de ser aplicado a partir do início da terceira fase.

ARTIGO 120.º (ex-artigo 109.º-I)

1 – Em caso de crise súbita na balança de pagamentos e se não for imediatamente tomada uma decisão, na acepção do n.º 2 do artigo 119.º, o Estado membro em causa pode, a título cautelar, tomar as medidas de protecção necessárias. Estas devem provocar o mínimo de perturbações no funcionamento do mercado comum e não exceder o estritamente indispensável para sanar as dificuldades súbitas que se tenham manifestado.

2 – A Comissão e os outros Estados membros devem ser informados destas medidas de protecção, o mais tardar no momento da sua entrada em vigor. A Comissão pode recomendar ao Conselho a concessão de assistência mútua nos termos do artigo 119.º.

3 – Sob parecer da Comissão e após consulta do Comité a que se refere o artigo 114.º, o Conselho, deliberando por maioria qualificada, pode decidir que o Estado em causa deve modificar, suspender ou suprimir as medidas de protecção acima referidas.

4 – Sem prejuízo do disposto no n.º 6 do artigo 122.º, o presente artigo deixa de ser aplicável a partir do início da terceira fase.

ARTIGO 121.º (ex-artigo 109.º-J)

1 – A Comissão e o IME apresentarão relatórios ao Conselho sobre os progressos alcançados pelos Estados membros no cumprimento das suas obrigações relativas à realização da união económica e monetária. Esses relatórios devem conter um estudo da compatibilidade da legislação nacional de cada Estado membro, incluindo os estatutos do seu banco central nacional, com o disposto nos artigos 108.º e 109.º do presente Tratado e nos Estatutos do SEBC. Os relatórios analisarão igualmente a realização de um elevado grau de convergência sustentada, com base na observância, por cada Estado membro, dos seguintes critérios:
 – a realização de um elevado grau de estabilidade dos preços, que será expresso por uma taxa de inflação que esteja próxima da taxa, no máximo, dos três Estados membros com melhores resultados em termos de estabilidade dos preços;
 – a sustentabilidade das suas finanças públicas, que será traduzida pelo facto de ter alcançado uma situação orçamental sem défice excessivo, determinado nos termos do n.º 6 do artigo 104.º;
 – a observância, durante pelo menos dois anos, das margens normais de flutua-

ção previstas no mecanismo de taxas de câmbio do Sistema Monetário Europeu, sem ter procedido a uma desvalorização em relação à moeda de qualquer outro Estado membro;

– o carácter duradouro da convergência alcançada pelo Estado membro e da sua participação no mecanismo de taxas de câmbio do Sistema Monetário Europeu deve igualmente reflectir-se nos níveis das taxas de juro a longo prazo.

Os quatro critérios a que se refere o presente número e os respectivos períodos durante os quais devem ser respeitados vêm desenvolvidos num protocolo anexo ao presente Tratado. Os relatórios da Comissão e do IME devem ter, de igual modo, em conta o desenvolvimento do ECU, os resultados da integração dos mercados, o nível e a evolução da balança de transacções correntes e a análise da evolução dos custos unitários de trabalho e de outros índices de preços.

2 – Com base nestes relatórios, o Conselho, deliberando por maioria qualificada, sob recomendação da Comissão, avaliará:

– relativamente a cada Estado membro, se preenche as condições necessárias para a adopção de uma moeda única;
– se a maioria dos Estados membros preenche as condições necessárias para a adopção de uma moeda única;
– e transmitirá, sob a forma de recomendação, as suas conclusões ao Conselho, reunido a nível de chefes de Estado ou de governo. O Parlamento Europeu será consultado e transmitirá o seu parecer ao Conselho, reunido a nível de chefes de Estado ou de governo.

3 – Tendo em devida conta os relatórios a que se refere o n.º 1 e o parecer do Parlamento Europeu a que se refere o n.º 2, o Conselho, reunido a nível de chefes de Estado ou de governo, deliberando por maioria qualificada, o mais tardar até 31 de Dezembro de 1996:

– decidirá, com base nas recomendações do Conselho a que se refere o n.º 2, se a maioria dos Estados membros satisfaz as condições necessárias para a adopção de uma moeda única;
– decidirá se é conveniente que a Comunidade passe para a terceira fase;
– e, em caso afirmativo:
– fixará a data para o início da terceira fase.

4 – Se, no final de 1997, não tiver sido fixada a data para o início da terceira fase, esta tem início em 1 de Janeiro de 1999. Até 1 de Julho de 1998, o Conselho, reunido a nível de chefes de Estado ou de governo, e depois de repetido o procedimento previsto nos n.os 1 e 2, com excepção do segundo travessão do n.º 2, tendo em conta os relatórios a que se refere o n.º 1 e o parecer do Parlamento Europeu, e deliberando por maioria qualificada, com base nas recomendações do Conselho a que se refere o n.º 2, confirmará quais os Estados membros que satisfazem as condições necessárias para adopção de uma moeda única.

ARTIGO 122.º (ex-artigo 109.º-K)

1 – Se tiver sido tomada a decisão de fixar a data, de acordo com o disposto no

n.º 3 do artigo 121.º, o Conselho, com base nas suas recomendações a que se refere o n.º 2 do artigo 121.º, deliberando por maioria qualificada, sob recomendação da Comissão, decidirá se alguns Estados membros e, em caso afirmativo, quais, devem beneficiar de uma derrogação tal como definida no n.º 3 do presente artigo. Esses Estados membros serão adiante designados por "Estados membros que beneficiam de uma derrogação".

Se o Conselho tiver confirmado quais os Estados membros que satisfazem as condições necessárias para a adopção de uma moeda única, de acordo com o disposto no n.º 4 do artigo 121.º, os Estados membros que não satisfaçam essas condições beneficiarão de uma derrogação tal como definida no n.º 3 do presente artigo. Esses Estados membros serão adiante designados por "Estados membros que não beneficiam de uma derrogação".

2 – Pelo menos de dois em dois anos, ou a pedido de um Estado membro que beneficie de uma derrogação, a Comissão e o BCE apresentarão relatórios ao Conselho, de acordo com o procedimento previsto no n.º 1 do artigo 121.º. Após ter consultado o Parlamento Europeu e debatido a questão no Conselho, reunido a nível de chefes de Estado ou de governo, o Conselho, deliberando por maioria qualificada, sob proposta da Comissão, decidirá quais são os Estados membros que beneficiam de uma derrogação e que preenchem as condições necessárias com base nos critérios fixados no n.º 1 do artigo 121.º e revogará as derrogações dos Estados membros em causa.

3 – A derrogação prevista no n.º 1 implica que os seguintes artigos não sejam aplicáveis ao Estado membro em causa: n.ºs 9 e 11 do artigo 104.º, n.ºs 1, 2, 3 e 5 do artigo 105.º, artigos 106.º, 110.º e 111.º e n.º 2, alínea *b*), do artigo 112.º. A exclusão desse Estado membro e do seu banco central nacional dos direitos e obrigações no âmbito do SEBC consta do capítulo IX dos Estatutos do SEBC.

4 – Nos n.ºs 1, 2 e 3 do artigo 105.º, nos artigos 106.º, 110.º e 111.º e no n.º 2, alínea *b*), do artigo 112.º, por "Estados membros" deve entender-se "Estados membros que não beneficiam de uma derrogação".

5 – Os direitos de voto dos Estados membros que beneficiem de uma derrogação serão suspensos em relação às decisões do Conselho a que se referem os artigos do presente Tratado enumerados no n.º 3. Neste caso, em derrogação do disposto no artigo 205.º e no n.º 1 do artigo 250.º, a maioria qualificada é definida como dois terços dos votos dos representantes dos Estados membros que não beneficiam de uma derrogação, ponderados de acordo com o disposto no n.º 2 do artigo 205.º, e é exigida a unanimidade desses Estados membros para todos os actos que exijam unanimidade.

6 – O disposto nos artigos 119.º e 120.º continua a ser aplicável aos Estados membros que beneficiam de uma derrogação.

ARTIGO 123.º (ex-artigo 109.º-L)[619]

1 – Imediatamente após ter sido tomada a decisão sobre a data de início da

---

[619] Redacção dada pelo n.º 7 do artigo 1.º do Tratado de Nice que altera o Tratado da União

terceira fase, nos termos do disposto no n.º 3 do artigo 121.º ou, se for esse o caso, imediatamente após 1 de Julho de 1998[620]:
– o Conselho adoptará as disposições a que se refere o n.º 6 do artigo 107.º;
– os governos dos Estados membros que não beneficiem de uma derrogação nomearão, de acordo com o procedimento previsto no artigo 50.º dos Estatutos do SEBC, o presidente, o vice-presidente e os vogais da comissão executiva do BCE. Se existirem Estados membros que beneficiem de uma derrogação, o número de membros da comissão executiva pode ser menor que o previsto no artigo 11.º dos Estatutos do SEBC, mas em caso algum será inferior a quatro.

Logo que a comissão executiva for nomeada, o SEBC e o BCE consideram-se instituídos e devem preparar-se para o seu pleno funcionamento de acordo com as disposições do presente Tratado e dos Estatutos do SEBC. O pleno exercício das suas competências tem início no primeiro dia da terceira fase.

2 – Logo que o BCE esteja instituído, assumirá, se necessário, as atribuições do IME. O IME entra em liquidação aquando da instituição do BCE; as modalidades de liquidação constam dos Estatutos do IME.

3 – Sem prejuízo do disposto no n.º 3 do artigo 107.º do presente Tratado, se e enquanto existirem Estados membros que beneficiem de uma derrogação, o conselho geral do BCE, a que se refere o artigo 45.º dos Estatutos do SEBC constitui um terceiro órgão de decisão do BCE.

4 – Na data de início da terceira fase, o Conselho, deliberando por unanimidade dos Estados membros que não beneficiem de uma derrogação, sob proposta da Comissão e após consulta ao BCE, determina as taxas de conversão às quais as suas moedas ficam irrevogavelmente fixadas e as taxas, irrevogavelmente fixadas, a que o ECU substitui essas moedas, e o ECU será uma moeda de direito próprio. Esta medida, só por si, não modifica o valor externo do ECU. O Conselho, deliberando por maioria qualificada dos referidos Estados membros, sob proposta da Comissão e após consulta ao BCE, toma as outras medidas necessárias à rápida introdução do ECU como moeda única desses Estados membros. É aplicável o disposto no n.º 5, segundo período, do artigo 122.º.

Europeia, os Tratados que instituem as Comunidades Europeias e alguns actos relativos a esses Tratados, aprovado para ratificação pela Resolução da Assembleia da República n.º 79/2001, de 25 de Outubro de 2001 – DR I Série-A, n.º 291, de 18-Dez.-2001, 8302-8337.

A redacção original era a seguinte:
(...)
4 – Na data de início da terceira fase, o Conselho, deliberando por unanimidade dos Estados membros que não beneficiem de uma derrogação, sob proposta da Comissão, e após consulta do BCE, determina as taxas de conversão às quais as suas moedas ficam irrevogavelmente fixadas e as taxas, irrevogavelmente fixadas, a que o ECU substitui essas moedas, e o ECU será uma moeda de direito próprio. Esta medida, só por si, não modifica o valor externo do ECU. O Conselho, deliberando segundo o mesmo procedimento, toma igualmente as outras medidas necessárias para a rápida introdução do ECU como moeda única desses Estados membros.
(...)
[620] O texto publicado refere, certamente por lapso, "... no n.º 3 do artigo 12.º ...".

5 – Se, de acordo com o procedimento previsto no n.º 2 do artigo 122.º, for decidido revogar uma derrogação, o Conselho, deliberando por unanimidade dos Estados membros que não beneficiam de uma derrogação e do Estado membro em causa, sob proposta da Comissão e após consulta do BCE, fixa a taxa à qual o ECU substitui a moeda do Estado membro em causa e toma as outras medidas necessárias para a introdução do ECU como moeda única no Estado membro em causa.

ARTIGO 124.º (ex-artigo 109.º-M)

1 – Até ao início da terceira fase, cada Estado membro tratará a sua política cambial como uma questão de interesse comum. Ao fazê-lo, os Estados membros terão em conta a experiência adquirida no âmbito da cooperação no Sistema Monetário Europeu (SME) e com a evolução do ECU, respeitando as competências existentes.

2 – A partir do início da terceira fase e enquanto existirem Estados membros que beneficiem de uma derrogação, aplica-se à política cambial desses Estados membros, por analogia, o disposto no n.º 1.

33. PROTOCOLO RELATIVO AOS ESTATUTOS DO SISTEMA EUROPEU DE BANCOS CENTRAIS E DO BANCO CENTRAL EUROPEU[621]

As Altas Partes Contratantes, desejando fixar os Estatutos do Sistema Europeu de Bancos Centrais e do Banco Central Europeu, a que se refere o artigo 4.°-A do Tratado que institui a Comunidade Europeia, acordam nas disposições seguintes, que vêm anexas ao Tratado que institui a Comunidade Europeia:

CAPÍTULO I
Constituição do SEBC

ARTIGO 1.°
O Sistema Europeu de Bancos Centrais

1.° 1 – O Sistema Europeu de Bancos Centrais (SEBC) e o Banco Central Europeu (BCE) são instituídos de acordo com o disposto no artigo 4.°-A do presente Tratado; exercerão as suas funções e actividades em conformidade com as disposições do Tratado e dos presentes Estatutos.

1.° 2 – De acordo com o disposto no n.° 1 do artigo 106.° do presente Tratado, o SEBC é constituído pelo BCE e pelos bancos centrais dos Estados membros (bancos centrais nacionais). O Institut Monétaire Luxemburgeois será o banco central do Luxemburgo.

CAPÍTULO II
Objectivos e atribuições do SEBC

ARTIGO 2.°
Objectivos

De acordo com o disposto no n.° 1 do artigo 105.° do presente Tratado, o objectivo primordial do SEBC é a manutenção da estabilidade dos preços. Sem prejuízo do objectivo da estabilidade dos preços, o SEBC apoiará as políticas económicas gerais na Comunidade, tendo em vista contribuir para a realização dos objectivos da

---

[621] DR I Série-A, n.° 300, de 30-Dez.-1992, 6026(54)-6026(63).

Comunidade, tal como se encontram fixados no artigo 2.º do presente Tratado. O SEBC actuará de acordo com o princípio de uma economia de mercado aberto e de livre concorrência, incentivando uma repartição eficaz dos recursos e observando os princípios definidos no artigo 3.º-A do presente Tratado.

ARTIGO 3.º
Atribuições

3.º 1 – De acordo com o disposto no n.º 2 do artigo 105.º do presente Tratado, as atribuições básicas fundamentais cometidas ao SEBC são:
 A definição e execução da política monetária da Comunidade;
 A realização de operações cambiais compatíveis com o disposto no artigo 109.º do presente Tratado;
 A detenção e gestão das reservas cambiais oficiais dos Estados membros;
 A promoção do bom funcionamento dos sistemas de pagamentos.

3.º 2 – De acordo com o disposto no n.º 3 do artigo 105.º do presente Tratado, o terceiro travessão do n.º 1 não obsta à detenção e gestão, pelos governos dos Estados membros, de saldos de tesouraria em divisas.

3.º 3 – De acordo com o disposto no n.º 5 do artigo 105.º do presente Tratado, o SEBC contribuirá para a boa condução das políticas desenvolvidas pelas autoridades competentes no que se refere à supervisão prudencial das instituições de crédito e à estabilidade do sistema financeiro.

ARTIGO 4.º
Funções consultivas

De acordo com o disposto no n.º 4 do artigo 105.º do presente Tratado:
a) O BCE será consultado:
   – sobre qualquer proposta de acto comunitário nos domínios das suas atribuições;
   – pelas autoridades nacionais sobre qualquer projecto de disposição legal nos domínios das suas atribuições, mas nos limites e condições definidos pelo Conselho de acordo com o procedimento previsto no artigo 42.º;
b) O BCE pode apresentar pareceres sobre questões do âmbito das suas atribuições às competentes instituições ou organismos comunitários ou às autoridades nacionais.

ARTIGO 5.º
Compilação de informação estatística

5.º 1 – Para cumprimento das atribuições cometidas ao SEBC, o BCE, coadjuvado pelos bancos centrais nacionais, coligirá a informação estatística necessária, a fornecer quer pelas autoridades nacionais competentes quer directamente pelos agentes económicos. Para este efeito, o BCE cooperará com as instituições ou organismos comunitários e com as autoridades competentes dos Estados membros ou de países terceiros, bem como com organizações internacionais.

5.º 2 – Os bancos centrais nacionais exercerão, na medida do possível, as funções descritas no artigo 5.º 1.

5.º 3 – O BCE promoverá, sempre que necessário, a harmonização das normas e práticas que regulam a recolha, organização e divulgação de estatísticas nos domínios da sua competência.

5.º 4 – O Conselho definirá, de acordo com o procedimento previsto no artigo 42.º, as pessoas singulares e colectivas sujeitas à obrigação de prestar informações, o regime de confidencialidade e as disposições adequadas para a respectiva aplicação.

ARTIGO 6.º
Cooperação internacional

6.º 1 – No domínio da cooperação internacional que envolva as atribuições cometidas ao SEBC, o BCE decidirá sobre a forma como o SEBC será representado.

6.º 2 – O BCE e, com o acordo deste, os bancos centrais nacionais podem participar em instituições monetárias internacionais.

6.º 3 – As disposições dos artigos 6.º 2 e 6.º 3 não prejudicam o disposto no n.º 4 do artigo 109.º do presente Tratado.

CAPÍTULO III
Organização do SEBC

ARTIGO 7.º
Independência

De acordo com o disposto no artigo 107.º do presente Tratado, no exercício dos poderes e no cumprimento das atribuições e deveres que lhes são cometidos pelo presente Tratado e pelos presentes Estatutos, o BCE, os bancos centrais nacionais ou qualquer membro dos respectivos órgãos de decisão não podem solicitar ou receber instruções das instituições ou organismos comunitários, dos governos dos Estados membros ou de qualquer outra entidade. As instituições e organismos comunitários, bem como os governos dos Estados membros, comprometem-se a respeitar este princípio e não procurar influenciar os membros dos órgãos de decisão do BCE ou dos bancos centrais nacionais no exercício das suas funções.

ARTIGO 8.º
Princípio geral

O SEBC é dirigido pelos órgãos de decisão do BCE.

ARTIGO 9.º
O Banco Central Europeu

9.º 1 – O BCE, que, de acordo com o disposto no n.º 2 do artigo 106.º do presente Tratado, tem personalidade jurídica, goza, em cada um dos Estados membros, da mais ampla capacidade jurídica reconhecida às pessoas colectivas pelas legislações nacionais, podendo designadamente adquirir ou alienar bens móveis e imóveis e estar em juízo.

9.º 2 – O BCE assegurará que as atribuições cometidas ao SEBC nos n.ᵒˢ 2, 3 e 5 do artigo 105.º do presente Tratado sejam executadas quer através das suas próprias actividades, nos termos dos presentes Estatutos, quer através dos bancos centrais nacionais, nos termos do artigo 12.º 1 e do artigo 14.º.

9.º 3 – De acordo com o disposto no n.º 3 do artigo 106.º do presente Tratado, os órgãos de decisão do BCE são o conselho do BCE e a comissão executiva.

ARTIGO 10.º[622]
O conselho do BCE

10.º 1 – De acordo com o disposto no n.º 1 do artigo 109.º-A do presente Tratado, o conselho do BCE é composto pelos membros da comissão executiva e pelos governadores dos bancos centrais nacionais.

10.º 2 – Cada membro do Conselho do BCE dispõe de um voto. A partir da data em que o número de membros do Conselho do BCE se torne superior a 21, cada membro da Comissão Executiva dispõe de um voto, sendo de 15 o número de governadores com direito a voto. Estes últimos direitos de voto serão objecto de atribuição e de rotação de acordo com o seguinte:

– A partir da data em que o número de governadores se torne superior a 15, e até atingir os 22, os governadores serão distribuídos por dois grupos, com

---

[622] O actual n.º 6 foi aditado pelo artigo 5.º do Tratado de Nice que altera o Tratado da União Europeia, os Tratados que instituem as Comunidades Europeias e alguns actos relativos a esses Tratados, aprovado para ratificação pela Resolução da Assembleia da República n.º 79/2001, de 25 de Outubro de 2001 – DR I Série-A, n.º 291, de 18-Dez.-2001, 8302-8337.

Posteriormente, pelo artigo 1.º da Decisão do Conselho, de 21 de Março de 2003, aprovada para ratificação pela Resolução da Assembleia da República n.º 35/2004, de 15 de Abril, publicada no DR I Série-A n.º 101, de 29-Abr.-2004, 2655-2657, foi alterado o n.º 2, cuja redacção original era a seguinte:

10.º 2 – Sem prejuízo do disposto no n.º 3, apenas os membros do conselho do BCE presentes nas reuniões têm direito de voto. Em derrogação desta norma, o regulamento interno a que se refere o artigo 12.º 3 pode prever que os membros do conselho do BCE possam votar por teleconferência. Aquele regulamento deve, por outro lado, prever que um membro do conselho do BCE impedido de votar durante um longo período possa nomear um suplente para o substituir no conselho do BCE.

Sem prejuízo do disposto no artigo 10.º 3 e no artigo 11.º 3, cada membro do conselho do BCE dispõe de um voto. Salvo disposição em contrário dos presentes Estatutos, o conselho do BCE delibera por maioria simples. Em caso de empate, o presidente tem voto de qualidade.

Para que o conselho do BCE possa deliberar é necessário um quórum de dois terços dos membros. Na falta de quórum, o presidente pode convocar uma reunião extraordinária, na qual podem ser tomadas decisões sem o quórum acima mencionado.

base numa classificação por tamanho da parcela que couber aos Estados membros a que pertençam os respectivos bancos centrais nacionais no produto interno bruto agregado a preços de mercado e no balanço agregado total das instituições financeiras monetárias dos Estados membros que adoptaram o euro. Às parcelas do produto interno bruto agregado a preços de mercado e do balanço agregado total das instituições financeiras monetárias são respectivamente atribuídas ponderações de cinco sextos e um sexto. O primeiro grupo compõe-se de cinco governadores, sendo o segundo grupo composto pelos restantes governadores. A frequência dos direitos de voto dos governadores afectos ao primeiro grupo não será inferior à frequência dos direitos de voto dos do segundo grupo. Sem prejuízo da frase que antecede, ao primeiro grupo são atribuídos 4 direitos de voto e ao segundo 11 direitos de voto;

– A partir da data em que o número de governadores atinja 22, estes serão distribuídos por três grupos, de acordo com uma classificação baseada nos critérios acima expostos. O primeiro grupo é composto por cinco governadores, sendo-lhe atribuídos quatro direitos de voto. O segundo grupo será composto por metade do número total de governadores, sendo qualquer fracção arredondada por excesso para o número inteiro mais próximo e sendo-lhe atribuídos oito direitos de voto. O terceiro grupo é composto pelos restantes governadores, sendo-lhe atribuídos três direitos de voto;
– No seio de cada grupo, os governadores têm direito a voto por períodos de igual duração;
– Aplica-se o disposto no artigo 29.º, n.º 2, ao cálculo das parcelas no produto interno bruto agregado a preços de mercado. O balanço agregado total das instituições financeiras monetárias é calculado de acordo com o regime estatístico vigente na Comunidade Europeia no momento do cálculo;
– Sempre que o produto interno bruto agregado a preços de mercado seja adaptado de acordo com o disposto no artigo 29.º, n.º 3, ou sempre que o número de governadores aumente, o tamanho e ou a composição dos grupos serão ajustados em conformidade com os princípios acima expostos;
– O Conselho do BCE, deliberando por uma maioria de dois terços da totalidade dos seus membros, com e sem direito a voto, tomará todas as medidas necessárias para dar execução aos princípios acima referidos e poderá decidir adiar o início da aplicação do sistema rotativo até à data em que o número de governadores se tornar superior a 18.

O direito a voto será exercido presencialmente. Em derrogação desta norma, o regulamento interno a que se refere o artigo 12.º, n.º 3, pode prever que os membros do Conselho do BCE possam votar por teleconferência. Aquele regulamento deve, por outro lado, prever que um membro do Conselho do BCE impedido de votar durante um longo período possa nomear um suplente para o substituir no Conselho do BCE.

As disposições dos números anteriores não obstam ao direito a voto de que todos os membros do Conselho do BCE, com e sem direito a voto, dispõem ao abrigo do disposto nos artigos 10.º, n.ºs 3 e 6, e 41.º, n.º 2.

Salvo disposição em contrário contida nos presentes Estatutos, o Conselho do

BCE delibera por maioria simples dos membros com direito a voto. Em caso de empate, o Presidente tem voto de qualidade.

Para que o Conselho do BCE possa deliberar é necessário um quórum de dois terços dos membros com direito a voto. Na falta de quórum, o Presidente pode convocar uma reunião extraordinária, na qual podem ser tomadas decisões sem o quórum acima mencionado.

10.º 3 – Relativamente a quaisquer decisões a tomar nos termos dos artigos 28.º, 29.º, 30.º, 32.º, 33.º e 51.º, os votos dos membros do conselho do BCE serão ponderados de acordo com as participações dos bancos centrais nacionais no capital subscrito do BCE. A ponderação dos votos dos membros da comissão executiva será igual a zero. Uma decisão que exija maioria qualificada considera-se tomada se os votos a favor representarem pelo menos dois terços do capital subscrito do BCE e provierem de pelo menos metade dos accionistas. Em caso de impedimento de um governador, este pode designar um suplente para exercer o seu voto ponderado.

10.º 4 – O teor dos debates é confidencial. O conselho do BCE pode decidir tornar público o resultado das suas deliberações.

10.º 5 – O conselho do BCE reúne pelo menos 10 vezes por ano.

10.º 6 – O n.º 2 do artigo 10.º pode ser alterado pelo Conselho, reunido a nível de Chefes de Estado de Governo, deliberando por unanimidade, quer sob recomendação do BCE e após consulta ao Parlamento Europeu e à Comissão quer sob recomendação da Comissão e após consulta ao Parlamento Europeu e ao BCE. O Conselho recomendará a adopção dessas alterações pelos Estados membros. As alterações entrarão em vigor depois de terem sido ratificadas por todos os Estados membros, de acordo com as respectivas normas constitucionais.

Qualquer recomendação feita pelo BCE nos termos do presente número requer uma decisão unânime do Conselho do BCE.

ARTIGO 11.º
A comissão executiva

11.º 1 – De acordo com o disposto no n.º 2, alínea *a*), do artigo 109.º-A do presente Tratado, a comissão executiva é composta pelo presidente, pelo vice-presidente e por quatro vogais.

Os seus membros exercem as funções a tempo inteiro. Nenhum membro pode, salvo derrogação concedida, a título excepcional, pelo conselho do BCE, exercer qualquer outra actividade profissional, remunerada ou não.

11.º 2 – De acordo com o disposto no n.º 2, alínea *b*), do artigo 109.º-A do presente Tratado, o presidente, o vice-presidente e os vogais da comissão executiva são nomeados, de entre personalidades de reconhecida competência e com experiência profissional nos domínios monetário ou bancário, de comum acordo, pelos governos dos Estados membros a nível de chefes de Estado ou de Governo, sob recomendação do Conselho e após este ter consultado o Parlamento Europeu e o conselho do BCE.

A sua nomeação é feita por um período de oito anos e o mandato não é renovável.

Só nacionais dos Estados membros podem ser membros da comissão executiva.

11.º 3 – As condições de emprego dos membros da comissão executiva, nomeadamente os respectivos vencimentos, pensões e outros benefícios da segurança social, são reguladas por contratos celebrados com o BCE e são fixadas pelo conselho do BCE, sob proposta de um *comité* composto por três membros nomeados pelo conselho do BCE e três membros nomeados pelo Conselho. Os membros da comissão executiva não têm direito de voto relativamente aos assuntos referidos no presente número.

11.º 4 – Qualquer membro da comissão executiva que deixe de preencher os requisitos necessários ao exercício das suas funções ou tenha cometido falta grave, pode ser demitido pelo Tribunal de Justiça, a pedido do conselho do BCE ou da comissão executiva.

11.º 5 – Cada membro da comissão executiva presente nas reuniões tem direito a participar na votação e dispõe, para o efeito, de um voto. Salvo disposição em contrário, a comissão executiva delibera por maioria simples dos votos expressos. Em caso de empate, o presidente tem voto de qualidade. Os mecanismos de votação são especificados no regulamento interno previsto no artigo 12.º 3.

11.º 6 – A comissão executiva é responsável pela gestão das actividades correntes do BCE.

11.º 7 – Em caso de vaga na comissão executiva, proceder-se-á à nomeação de um novo membro de acordo com o disposto no artigo 11.º 2.

ARTIGO 12.º
Responsabilidade dos órgãos de decisão

12.º 1 – O conselho do BCE adopta as orientações e toma as decisões necessárias ao desempenho das atribuições cometidas no SEBC pelo presente Tratado e pelos presentes Estatutos. O conselho do BCE define a política monetária da Comunidade, incluindo, quando for caso disso, as decisões respeitantes a objectivos monetários intermédios, taxas de juro básicas e aprovisionamento de reservas no SEBC, estabelecendo as orientações necessárias à respectiva execução.

A comissão executiva executará a política monetária de acordo com as orientações e decisões estabelecidas pelo conselho do BCE. Para tal, a comissão executiva dará as instruções necessárias aos bancos centrais nacionais. Além disso, poderão ser delegadas na comissão executiva certas competências, caso o conselho do BCE assim o decida.

Na medida em que tal seja considerado possível e adequado e sem prejuízo do disposto no presente artigo, o BCE recorrerá aos bancos centrais nacionais para que estes efectuem operações que sejam do âmbito das atribuições do SEBC.

12.º 2 – A comissão executiva preparará as reuniões do conselho do BCE.

12.º 3 – O conselho do BCE adoptará um regulamento interno, que determinará a organização interna do BCE e dos seus órgãos de decisão.

12.º 4 – O conselho do BCE exercerá as funções consultivas a que se refere o artigo 4.º.

12.º 5 – O conselho do BCE tomará as decisões a que se refere o artigo 6.º.

ARTIGO 13.º
O presidente

13.º 1 – O presidente ou, na sua ausência, o vice-presidente, preside ao conselho e à comissão executiva do BCE.

13.º 2 – Sem prejuízo do disposto no artigo 39.º, o presidente, ou quem por ele for designado, assegura a representação externa do BCE.

ARTIGO 14.º
Bancos centrais nacionais

14.º 1 – De acordo com o disposto no artigo 108.º do presente Tratado, cada Estado membro assegurará, o mais tardar à data da instituição do SEBC, a compatibilidade da respectiva legislação nacional, incluindo os estatutos do seu banco central nacional, com o presente Tratado e com os presentes Estatutos.

14.º 2 – Os Estatutos dos bancos centrais nacionais devem prever, designadamente, que o mandato de um governador de um banco central nacional não seja inferior a cinco anos.

Um governador só pode ser demitido das suas funções se deixar de preencher os requisitos necessários ao exercício das mesmas ou se tiver cometido falta grave. O governador em causa ou o conselho do BCE podem interpor recurso da decisão de demissão para o Tribunal de Justiça com fundamento em violação do presente Tratado ou de qualquer norma jurídica relativa à sua aplicação. Esses recursos devem ser interpostos no prazo de dois meses a contar, conforme o caso, da publicação da decisão ou da sua notificação ao recorrente ou, na falta desta, do dia em que o recorrente tiver tomado conhecimento da decisão.

14.º 3 – Os bancos centrais nacionais constituem parte integrante do SEBC, devendo actuar em conformidade com as orientações e instruções do BCE. O conselho do BCE tomará as medidas adequadas para assegurar o cumprimento das orientações e instruções do BCE e pode exigir que lhe seja prestada toda a informação necessária.

14.º 4 – Os bancos centrais nacionais podem exercer outras funções além das referidas nos presentes Estatutos, salvo se o conselho do BCE decidir, por maioria de dois terços dos votos expressos, que essas funções interferem com os objectivos e atribuições do SEBC. Cabe aos bancos centrais nacionais a responsabilidade e o risco pelo exercício dessas funções que não são consideradas funções do SEBC.

ARTIGO 15.º
Obrigação de apresentar relatórios

15.º 1 – O BCE elaborará e publicará, pelo menos trimestralmente, relatórios sobre as actividades do SEBC.

15.º 2 – Todas as semanas será publicada uma informação sobre a situação financeira consolidada do SEBC.

15.º 3 – De acordo com o disposto no n.º 3 do artigo 109.º-B do presente Tratado, o BCE enviará anualmente ao Parlamento Europeu, ao Conselho, à Comissão e ainda ao Conselho Europeu um relatório sobre as actividades do SEBC e sobre a política monetária do ano anterior e do ano em curso.

15.º 4 – Os relatórios e informações referidos no presente artigo são postos gratuitamente à disposição dos interessados.

ARTIGO 16.º
Notas de banco

De acordo com o disposto no n.º 1 do artigo 105.º-A do presente Tratado, o conselho do BCE tem o direito exclusivo de autorizar a emissão de notas de banco na Comunidade. O BCE e os bancos centrais nacionais podem emitir essas notas. As notas de banco emitidas pelo BCE e pelos bancos centrais nacionais são as únicas com curso legal na Comunidade.

O BCE respeitará, tanto quanto possível, as práticas existentes relativas à emissão e características das notas de banco.

CAPÍTULO IV
Funções monetárias e operações asseguradas pelo SEBC

ARTIGO 17.º
Contas no BCE e nos bancos centrais nacionais

A fim de realizarem as suas operações, o BCE e os bancos centrais nacionais podem abrir contas em nome de instituições de crédito, de entidades do sector público e de outros intervenientes no mercado e aceitar activos, nomeadamente títulos em conta corrente, como garantia.

ARTIGO 18.º
Operações de *open market* e de crédito

18.º 1 – A fim de alcançarem os objectivos e de desempenharem as atribuições do SEBC, o BCE e os bancos centrais nacionais podem:
– intervir nos mercados financeiros, quer comprando e vendendo firme (à vista e a prazo) ou ao abrigo de acordos de recompra quer emprestando ou tomando de empréstimo activos e instrumentos negociáveis, denominados em moedas da Comunidade ou em moedas não comunitárias, bem como metais preciosos;
– efectuar operações de crédito com instituições de crédito ou com outros intervenientes no mercado, sendo os empréstimos adequadamente garantidos.

18.º 2. O BCE definirá princípios gerais para as operações de *open market* e de crédito a realizar por si próprio ou pelos bancos centrais nacionais, incluindo princípios para a divulgação das condições em que estão dispostos a efectuar essas operações.

ARTIGO 19.º
Reservas mínimas

19.º 1 – Sem prejuízo do disposto no artigo 2.º, o BCE pode exigir que as instituições de crédito estabelecidas nos Estados membros constituam reservas mínimas junto do BCE e dos bancos centrais nacionais para prossecução dos objectivos de política monetária. Podem ser fixadas pelo conselho do BCE regras relativas ao cálculo e determinação das reservas mínimas obrigatórias. Em caso de não cumprimento, o BCE pode cobrar juros, a título de penalização, e impor outras sanções de efeito equivalente.

19.º 2 – Para efeitos de aplicação do presente artigo, o Conselho definirá, de acordo com o procedimento previsto no artigo 42.º, a base para as reservas mínimas e os rácios máximos admissíveis entre essas reservas e a respectiva base, bem como as sanções adequadas em casos de não cumprimento.

ARTIGO 20.º
Outros instrumentos de controlo monetário

O conselho do BCE pode, por maioria de dois terços dos votos expressos, decidir recorrer a quaisquer outros métodos operacionais de controlo monetário que considere adequados, respeitando o disposto no artigo 2.º.

O conselho define, de acordo com o procedimento previsto no artigo 42.º, o âmbito desses métodos caso imponham obrigações a terceiros.

ARTIGO 21.º
Operações com entidades do sector público

21.º 1 – De acordo com disposto no artigo 104.º do presente Tratado, é proibida a concessão de créditos sob a forma de descobertos ou sob qualquer forma, pelo BCE ou pelos bancos centrais nacionais, em benefício de instituições ou organismos da Comunidade, governos centrais, autoridades regionais, locais ou outras autoridades públicas, outros organismos do sector público ou a empresas públicas dos Estados membros; é igualmente proibida a compra directa de títulos de dívida a essas entidades, pelo BCE ou pelos bancos centrais nacionais.

21.º 2 – O BCE e os bancos centrais nacionais podem actuar como agentes fiscais das entidades referidas no artigo 21.º 1.

21.º 3 – As disposições do presente artigo não se aplicam às instituições de crédito de capitais públicos às quais, no contexto da oferta de reservas pelos bancos centrais, será dado, pelos bancos centrais nacionais e pelo BCE, o mesmo tratamento que às instituições de crédito privadas.

ARTIGO 22.º
Sistemas de compensação e de pagamentos

O BCE e os bancos centrais nacionais podem conceder facilidades e o BCE pode adoptar regulamentos, a fim de assegurar a eficiência e a solidez dos sistemas de compensação e de pagamentos no interior da Comunidade e com países terceiros.

ARTIGO 23.º
Operações externas

O BCE e os bancos centrais nacionais podem:
– estabelecer relações com bancos centrais e instituições financeiras de países terceiros e, quando for caso disso, com organizações internacionais;
– comprar e vender, à vista e a prazo, todos os tipos de activos cambiais e metais preciosos. O termo "activo cambial" inclui os títulos e todos os outros activos expressos na moeda de qualquer país ou em unidades de conta, independentemente da forma como sejam detidos;
– deter e gerir os activos a que se refere o presente artigo;
– efectuar todos os tipos de operações bancárias com países terceiros e com organizações internacionais, incluindo operações activas e passivas.

ARTIGO 24.º
Outras operações

Além das operações decorrentes das suas atribuições, o BCE e os bancos centrais nacionais podem efectuar operações com fins administrativos ou destinadas ao respectivo pessoal.

CAPÍTULO V
A supervisão prudencial

ARTIGO 25.º
Supervisão prudencial

25.º 1 – O BCE pode dar parecer e ser consultado pelo Conselho, pela Comissão e pelas autoridades competentes dos Estados membros sobre o âmbito e a aplicação da legislação comunitária relativa à supervisão prudencial das instituições de crédito e à estabilidade do sistema financeiro.

25.º 2 – De acordo com uma decisão do Conselho tomada nos termos do n.º 6 do artigo 105.º do presente Tratado, o BCE pode exercer funções específicas no que diz respeito às políticas relativas à supervisão prudencial das instituições de crédito e de outras instituições financeiras, com excepção das empresas de seguros.

CAPÍTULO VI
Disposições financeiras do SEBC

ARTIGO 26.º
Contas anuais

26.º 1 – O exercício do BCE e dos bancos centrais nacionais tem início em 1 de Janeiro e termina em 31 de Dezembro.

26.º 2 – As contas anuais do BCE são elaboradas pela comissão executiva de acordo com os princípios fixados pelo conselho do BCE. As contas são aprovadas pelo conselho do BCE, e, em seguida, publicadas.

26.º 3 – Para efeitos de análise e de gestão, a comissão executiva elaborará um balanço consolidado do SEBC, que incluirá os activos e as responsabilidades, abrangidos pelo SEBC, dos bancos centrais nacionais.

26.º 4 – Para efeitos de aplicação do presente artigo, o conselho do BCE fixará as regras necessárias para a uniformização dos processos contabilísticos e das declarações das operações efectuadas pelos bancos centrais nacionais.

ARTIGO 27.º
Auditoria

27.º 1 – As contas do BCE e dos bancos centrais nacionais são fiscalizadas por auditores externos independentes, designados mediante recomendação do conselho do BCE e aprovados pelo Conselho. Os auditores têm plenos poderes para examinar todos os livros e contas do BCE e dos bancos centrais nacionais, assim como para obter informações completas sobre as suas operações.

27.º 2 – O disposto no artigo 188.º-C do presente Tratado é exclusivamente aplicável à análise da eficácia operacional da gestão do BCE.

ARTIGO 28.º
Capital do BCE

28.º 1 – O capital do BCE, operacional no momento da instituição do BCE, é de 5000 milhões de ecus. Este capital pode ser aumentado por decisão do conselho do BCE, tomada pela maioria qualificada prevista no artigo 10.º 3, nos limites e condições definidos pelo Conselho de acordo com o procedimento previsto no artigo 42.º.

28.º 2 – Os bancos centrais nacionais são os únicos subscritores e detentores do capital do BCE. A subscrição é efectuada de acordo com a tabela de repartição estabelecida de acordo com o disposto no artigo 29.º.

28.º 3 – O conselho do BCE, deliberando por maioria qualificada, nos termos do artigo 10.º 3, determina o montante e a forma de realização do capital.

28.º 4 – Sem prejuízo do disposto no artigo 10.º 5, as participações dos bancos centrais nacionais no capital subscrito do BCE não podem ser cedidas, dadas em garantia ou penhoradas.

28.º 5 – Se a tabela de repartição referida no artigo 29.º for adaptada, os bancos centrais nacionais podem transferir entre si as participações de capital necessárias para assegurar que a distribuição dessas participações corresponde à tabela adaptada. O conselho do BCE determinará os termos e condições dessas transferências.

ARTIGO 29.º
Tabela de repartição para subscrição de capital

29.º 1 – Um vez instituídos o SEBC e o BCE, de acordo com o procedimento a que se refere o n.º 1 do artigo 109.º-L do presente Tratado é fixada a tabela de repartição para subscrição do capital do BCE. A cada banco central nacional é atribuída uma ponderação nessa tabela, cujo valor é igual à soma de:
- 50% da parcela do respectivo Estado membro na população da Comunidade no penúltimo ano antes da instituição do SEBC;
- 50% da parcela do respectivo Estado membro no produto interno bruto comunitário a preços de mercado verificado nos últimos cinco anos que precedem o penúltimo ano antes da instituição do SEBC.

As percentagens serão arredondadas por excesso para o múltiplo mais próximo de 0,05%.

29.º 2 – Os dados estatísticos a utilizar na aplicação deste artigo são facultados pela Comissão de acordo com as regras adoptadas pelo Conselho, nos termos do procedimento previsto no artigo 42.º.

29.º 3 – As ponderações atribuídas aos bancos centrais nacionais devem ser adaptadas de cinco em cinco anos após a instituição do SEBC, por analogia com o disposto no artigo 29.º 1. A tabela de repartição adaptada produzirá efeitos a partir do primeiro dia do ano seguinte.

29.º 4 – O conselho do BCE tomará quaisquer outras medidas necessárias à aplicação do presente artigo.

ARTIGO 30.º
Transferência de activos de reserva para o BCE

30.º 1 – Sem prejuízo do disposto no artigo 28.º, o BCE será dotado pelos bancos centrais nacionais de activos de reserva que não sejam moedas comunitárias, ecus, posições de reserva no FMI nem DSE, até um montante equivalente a 50 000 milhões de ecus. O conselho do BCE decidirá quanto à proporção a exigir pelo BCE na sequência da sua instituição e quanto aos montantes a exigir posteriormente. O BCE tem o pleno direito de deter e gerir os activos de reserva para ele transferidos e de os utilizar para os efeitos previstos nos presentes Estatutos.

30.º 2 – As contribuições de cada banco central nacional são fixadas proporcionalmente à respectiva participação no capital subscrito do BCE.

30.º 3 – A cada banco central nacional é atribuído pelo BCE um crédito equivalente à sua contribuição. O conselho do BCE determina a denominação e remuneração desses créditos.

30.º 4 – Além do limite fixado no n.º 1, o BCE pode exigir novas contribuições em activos de reserva, de acordo com o artigo 30.º 2, nos limites e condições definidos pelo conselho de acordo com o procedimento previsto no artigo 42.º.

30.º 5 – O BCE pode deter e gerir posições de reserva no FMI e DSE, bem como estabelecer o agrupamento em fundo comum destes activos.

30.º 6 – O conselho do BCE tomará quaisquer outras medidas necessárias à aplicação do presente artigo.

ARTIGO 31.º
**Activos de reserva detidos
pelos bancos centrais nacionais**

31.º 1 – Os bancos centrais nacionais podem efectuar as transacções necessárias ao cumprimento das obrigações por eles assumidas para com organizações internacionais de acordo com o artigo 23.º.

31.º 2 – Todas as restantes operações em activos de reserva que permaneçam nos bancos centrais nacionais após as transferências mencionadas no artigo 30.º, bem como as transacções efectuadas pelos Estados membros com os seus saldos de tesouraria em divisas, ficam sujeitas, acima de um certo limite, a estabelecer no âmbito do disposto no artigo 31.º 3, à aprovação do BCE, a fim de assegurar a sua compatibilidade com as políticas cambial e monetária da Comunidade.

31.º 3 – O conselho do BCE adoptará orientações com vista a facilitar essas operações.

ARTIGO 32.º
**Distribuição dos proveitos monetários
dos bancos centrais nacionais**

32.º 1 – Os proveitos que resultem para os bancos centrais nacionais do exercício das funções do SEBC relativas à política monetária (adiante designados por "proveitos monetários") serão repartidos no final de cada exercício de acordo com o disposto no presente artigo.

32.º 2 – Sem prejuízo do disposto no artigo 32.º 3, o montante dos proveitos monetários de cada banco central nacional é igual ao montante dos respectivos proveitos anuais resultantes dos activos detidos em contrapartida das notas em circulação e das responsabilidades decorrentes dos depósitos constituídos pelas instituições de crédito. Esses activos devem ser individualizados pelos bancos centrais nacionais de acordo com orientações a fixar pelo conselho do BCE.

32.º 3 – Se, após o início da terceira fase, a estrutura das contas dos bancos centrais nacionais não permitir, no entender do conselho do BCE, a aplicação do artigo 32.º 2, o conselho do BCE pode decidir, por maioria qualificada e em derrogação do artigo 32.º 2, que os proveitos monetários sejam calculados de acordo com um método alternativo por um período não superior a cinco anos.

32.º 4 – O montante dos proveitos monetários de cada banco central nacional será reduzido no montante equivalente aos juros pagos por esse banco central sobre as responsabilidades decorrentes dos depósitos constituídos pelas instituições de crédito de acordo com o disposto no artigo 19.º.

O conselho do BCE pode decidir que os bancos centrais nacionais sejam indemnizados por custos resultantes da emissão de notas de banco ou, em circunstâncias excepcionais, por perdas derivadas de operações de política monetária efectuadas por conta do SEBC. A indemnização assumirá uma forma que seja considerada adequada pelo conselho do BCE; estes montantes podem ser objecto de compensação com os proveitos monetários dos bancos centrais nacionais.

32.º 5 – O total dos proveitos monetários dos bancos centrais nacionais será repartido entre os bancos centrais nacionais proporcionalmente às participações que tiverem realizado no capital do BCE, sem prejuízo das decisões tomadas pelo conselho do BCE ao abrigo do disposto no artigo 33.º 2.

32.º 6 – A compensação e o pagamento dos saldos resultantes da repartição dos proveitos monetários serão efectuados pelo BCE em conformidade com as orientações fixadas pelo conselho do BCE.

32.º 7 – O conselho do BCE tomará quaisquer outras medidas necessárias à aplicação do presente artigo.

ARTIGO 33.º
Distribuição dos lucros e perdas líquidas do BCE

33.º 1 – O lucro líquido do BCE será aplicado da seguinte forma:
a) Um montante a determinar pelo conselho do BCE, que não pode ser superior a 20% do lucro líquido, será transferido para o fundo de reserva geral, até ao limite de 100% do capital;
b) O remanescente do lucro líquido será distribuído aos accionistas do BCE proporcionalmente às participações que tiverem realizado.

33.º 2 – Na eventualidade de o BCE registar perdas, estas podem ser cobertas pelo fundo de reserva geral do BCE e, se necessário, por decisão do conselho do BCE, pelos proveitos monetários do exercício financeiro correspondente, proporcionalmente e até aos montantes repartidos entre os bancos centrais nacionais, de acordo com o disposto no artigo 32.º 5.

CAPÍTULO VII
Disposições gerais

ARTIGO 34.º
Actos jurídicos

34.º 1 – De acordo com o disposto no artigo 108.º-A do presente Tratado, o BCE:
– adopta regulamentos na medida do necessário para a execução das funções definidas no artigo 3.º 1, primeiro travessão, no artigo 19.º 1, no artigo 22.º ou no artigo 25.º 2 e nos casos que forem previstos no acto do Conselho a que se refere o artigo 42.º;
– toma as decisões necessárias para o desempenho das atribuições cometidas ao SEBC ao abrigo do presente Tratado e dos presentes Estatutos;
– formula recomendações e emite pareceres.

34.º 2 – O regulamento tem carácter geral. É obrigatório em todos os seus elementos e directamente aplicável em todos os Estados membros.

As recomendações e pareceres não são vinculativos. A decisão é obrigatória em todos os seus elementos para os destinatários que designar.

Os artigos 190.º a 192.º do presente Tratado são aplicáveis aos regulamentos e decisões do BCE.

O BCE pode decidir publicar as suas decisões, recomendações e pareceres.

34.º 3 – Nos limites e condições fixados pelo Conselho de acordo com o procedimento previsto no artigo 42.º, o BCE pode aplicar multas ou sanções pecuniárias temporárias às empresas em caso de incumprimento de obrigações decorrentes dos seus regulamentos e decisões.

ARTIGO 35.º
Fiscalização jurisdicional e assuntos afins

35.º 1 – Os actos ou omissões do BCE podem ser fiscalizados ou interpretados pelo Tribunal de Justiça nos casos e nas condições estabelecidos no presente Tratado. O BCE pode instaurar processos nos casos e nas condições estabelecidos no presente Tratado.

35.º 2 – Os litígios entre o BCE, por um lado, e os seus credores, devedores ou quaisquer terceiros, por outro, serão resolvidos pelos órgãos jurisdicionais nacionais competentes, sem prejuízo da competência atribuída ao Tribunal de Justiça.

35.º 3 – O BCE está sujeito ao regime de responsabilidade previsto no artigo 215.º do presente Tratado. Os bancos centrais nacionais estão sujeitos aos regimes de responsabilidade previstos nas respectivas legislações nacionais.

35.º 4 – O Tribunal de Justiça é competente para decidir com fundamento em cláusula compromissória constante de um contrato de direito público ou privado celebrado pelo BCE ou por sua conta.

35.º 5 – Qualquer decisão do BCE de intentar uma acção perante o Tribunal de Justiça é tomada conselho do BCE.

35.° 6 – O Tribunal de Justiça é competente para decidir dos litígios relativos ao cumprimento por um banco central nacional das obrigações decorrentes dos presentes Estatutos. Se o BCE considerar que um banco central nacional não cumpriu qualquer das obrigações que lhe incumbem por força dos presentes Estatutos, formulará sobre a questão um parecer fundamentado, depois de dar ao banco central nacional a oportunidade de apresentar as suas observações. Se o banco central nacional em causa não proceder em conformidade com esse parecer no prazo fixado pelo BCE, este pode recorrer ao Tribunal de Justiça.

ARTIGO 36.°
Pessoal

36.° 1 – O Conselho do BCE, sob proposta da comissão executiva, definirá o regime aplicável ao pessoal do BCE.

36.° 2 – O Tribunal de Justiça é competente para decidir sobre todo e qualquer litígio entre o BCE e os seus agentes nos limites e condições previstos no regime que a estes é aplicável.

ARTIGO 37.°
Sede

Até ao final de 1992, será tomada uma decisão sobre a localização da sede do BCE. Esta decisão é tomada, de comum acordo, pelos governos dos Estados membros a nível de chefes de Estado ou de Governo.

ARTIGO 38.°
Segredo profissional

38.° 1 – Os membros dos órgãos de decisão e o pessoal do BCE e dos bancos centrais nacionais são obrigados, mesmo após a cessação das suas funções, a não divulgar informações que, pela sua natureza, estejam abrangidas pelo segredo profissional.

38.° 2 – As pessoas que tenham acesso a dados abrangidos por legislação comunitária que imponha a obrigação de segredo ficam sujeitas a essa legislação.

ARTIGO 39.°
Forma de obrigar o BCE

O BCE obriga-se perante terceiros pela assinatura do seu presidente ou de dois membros da comissão executiva ou ainda pelas assinaturas de dois membros do pessoal do BCE devidamente autorizados pelo presidente a assinar em nome do BCE.

ARTIGO 40.º [623]
Privilégios e imunidades

O BCE goza, no território dos Estados membros, dos privilégios e imunidades necessários ao cumprimento da sua missão, nas condições definidas no Protocolo Relativo aos Privilégios e Imunidades das Comunidades Europeias.

CAPÍTULO VIII
Alteração dos estatutos e legislação complementar

ARTIGO 41.º
Procedimento de alteração simplificado

41.º 1 – De acordo com o disposto no n.º 5 do artigo 106.º do presente Tratado, os artigos 5.º 1, 5.º 2, 5.º 3, 17.º, 18.º, 19.º 1, 22.º, 23.º, 24.º, 26.º, 32.º 2, 32.º 4 e 32.º 6, a alínea *a*) do artigo 33.º 1 e o artigo 36.º dos presentes Estatutos podem ser alterados pelo Conselho, deliberando quer por maioria qualificada, sob recomendação do BCE e após consulta da Comissão, quer por unanimidade, sob proposta da Comissão e após consulta do BCE. Em qualquer dos casos é exigida a concordância do Parlamento Europeu.

41.º 2 – Qualquer recomendação formulada pelo BCE ao abrigo do disposto no presente artigo exige decisão unânime do conselho do BCE.

ARTIGO 42.º
Legislação complementar

De acordo com o disposto no n.º 6 do artigo 106.º do presente Tratado, imediatamente após a decisão sobre a data de início da terceira fase, o Conselho, deliberando por maioria qualificada, quer sob proposta da Comissão e após consulta do Parlamento Europeu e do BCE quer sob recomendação do BCE e após consulta do Parlamento Europeu e da Comissão, adoptará as disposições referidas no artigo 4.º e nos artigos 5.º 4, 19.º 2, 20.º, 28.º 1, 29.º 2, 30.º 4 e 34.º 3 dos presentes Estatutos.

---

[623] Redacção dada pelo artigo 6.º do Tratado de Amesterdão, aprovado pela Resolução da Assembleia da República n.º 7/99, de 6 de Janeiro. A redacção anterior, dada pelo Tratado da União Europeia, assinado em Maastricht, em 7 de Fevereiro de 1992, aprovado pela Resolução da Assembleia da República n.º 40/92, de 10 de Dezembro, era a seguinte:

Artigo 40.º
(...)

O BCE goza, no território dos Estados membros, dos privilégios e imunidades necessários ao cumprimento da sua missão, nas condições definidas no Protocolo Relativo aos Privilégios e Imunidades das Comunidades Europeias, anexo ao Tratado que institui um Conselho Único e uma Comissão Única das Comunidades Europeias.

CAPÍTULO IX
Disposições transitórias e outras relativas ao SEBC

ARTIGO 43.º
Disposições gerais

43.º 1 – Uma derrogação nos termos do n.º 1 do artigo 109.º-K do presente Tratado implica, no que respeita ao Estado membro em causa, a exclusão de quaisquer direitos conferidos ou obrigações impostas nas seguintes disposições dos presentes Estatutos: artigos 3.º, 6.º, 9.º 2, 12.º 1, 14.º 3, 16.º, 18.º, 19.º, 20.º, 22.º, 23.º, 26.º 2, 27.º, 30.º, 31.º, 32.º, 33.º, 34.º, 50.º e 52.º.

43.º 2 – Os bancos centrais dos Estados membros que beneficiem de uma derrogação nos termos do n.º 1 do artigo 109.º-K do presente Tratado mantêm em matéria de política monetária os poderes que lhes são atribuídos pela legislação nacional.

43.º 3 – De acordo com o disposto no n.º 4 do artigo 109.º-K do presente Tratado, por "Estados membros" deve entender-se "Estados membros que não beneficiam de uma derrogação" nas seguintes disposições dos presentes Estatutos: artigos 3.º, 11.º 2, 19.º, 34.º 2 e 50.º.

43.º 4 – Por "bancos centrais nacionais" deve entender-se "bancos centrais de Estados membros que não beneficiam de uma derrogação" nas seguintes disposições dos presentes Estatutos: artigos 9.º 2, 10.º 1, 10.º 3, 12.º 1, 16.º, 17.º, 18.º, 22.º, 23.º, 27.º, 30.º, 31.º, 32.º, 33.º 2 e 52.º.

43.º 5 – Por "accionistas" deve entender-se, no artigo 10.º 3 e no artigo 33.º 1 "bancos centrais dos Estados membros que não beneficiam de uma derrogação".

43.º 6 – Por "capital subscrito do BCE" deve entender-se, no artigo 10.º 3 e no artigo 30.º 2 "capital do BCE subscrito pelos bancos centrais dos Estados membros que não beneficiam de uma derrogação".

ARTIGO 44.º
Atribuições transitórias do BCE

O BCE assumirá as atribuições do IME que, em virtude das derrogações de que beneficiem um ou mais Estados membros, devam ainda ser desempenhadas na terceira fase.

O BCE dará o seu parecer na preparação da revogação das derrogações referidas no artigo 109.º-K do presente Tratado.

ARTIGO 45.º
Conselho geral do BCE

45.º 1 – Sem prejuízo do disposto no n.º 3 do artigo 106.º do presente Tratado, é constituído um conselho geral do BCE como terceiro órgão de decisão do BCE.

45.º 2 – O conselho geral é composto pelo presidente e pelo vice-presidente do

BCE e pelos governadores dos bancos centrais nacionais. Os vogais da comissão executiva podem participar, sem direito de voto, nas reuniões do conselho geral.

45.º 3 – As funções do conselho geral são as enumeradas *in extenso* no artigo 47.º dos presentes Estatutos.

ARTIGO 46.º
Regulamento interno do conselho geral

46.º 1 – O presidente ou, na sua ausência, o vice-presidente do BCE preside ao conselho geral do BCE.

46.º 2 – Nas reuniões do conselho geral podem participar, sem direito de voto, o Presidente do Conselho e um membro da Comissão.

46.º 3 – O presidente preparará as reuniões do conselho geral.

46.º 4 – Em derrogação do disposto no artigo 12.º 3, o conselho geral aprova o seu regulamento interno.

46.º 5 – O BCE assegurará o secretariado do conselho geral.

ARTIGO 47.º
Funções do conselho geral

47.º 1 – O conselho geral deve:
– desempenhar as atribuições referidas no artigo 44.º;
– contribuir para as funções consultivas a que se referem os artigos 4.º e 25.º 1.

47.º 2 – O conselho geral colaborará:
– na compilação da informação estatística referida no artigo 5.º;
– na elaboração dos relatórios do BCE referidos no artigo 15.º;
– na fixação das regras necessárias ao cumprimento do disposto no artigo 26.º, como referido no artigo 26.º 4;
– na tomada de quaisquer outras medidas necessárias ao cumprimento do disposto no artigo 29.º, como referido no seu n.º 4;
– na definição do regime aplicável ao pessoal do BCE a que se refere o artigo 36.º.

47.º 3 – O conselho geral colaborará na preparação necessária para a fixação irrevogável das taxas de câmbio das moedas dos Estados membros que beneficiem de uma derrogação em relação às moedas ou moeda dos Estados membros que não beneficiem de uma derrogação, tal como previsto no n.º 5 do artigo 109.º-L do presente Tratado.

47.º 4 – O conselho geral será informado pelo presidente do BCE das decisões do conselho do BCE.

ARTIGO 48.º
Disposições transitórias relativas ao capital do BCE

De acordo com o disposto no artigo 29.º 1, a cada banco central nacional é atribuída uma ponderação na tabela de repartição para subscrição do capital do BCE. Em derrogação do artigo 28.° 3, os bancos centrais dos Estados membros que beneficiem de uma derrogação não são obrigados a realizar o capital que tenham subscrito, a menos que o conselho geral, deliberando por uma maioria que represente, no mínimo, dois terços do capital subscrito do BCE e, pelo menos, metade dos accionistas decida que dele terá de ser realizada uma percentagem mínima como contribuição para cobertura dos custos de funcionamento do BCE.

ARTIGO 49.°
Realização diferida do capital, das reservas e das provisões do BCE

49.° 1 – Os bancos centrais dos Estados membros cuja derrogação tenha sido revogada devem realizar a participação no capital do BCE que tenham subscrito nos mesmos termos que os outros bancos centrais dos Estados membros que não beneficiem de uma derrogação e devem transferir para o BCE activos de reserva, de acordo com o disposto no artigo 30.° 1. O montante a transferir será calculado multiplicando o valor em ecus, às taxas de câmbio correntes, dos activos de reserva que já tenham sido transferidos para o BCE nos termos do artigo 30.° 1, pelo quociente entre o número de acções já pagas pelo banco central nacional em causa e o número de acções já pagas pelos restantes bancos centrais nacionais.

49.° 2 – Além do pagamento a efectuar em cumprimento do disposto no artigo 49.° 1, o banco central em causa deve contribuir para as reservas do BCE para as provisões equivalentes a reservas e para o montante ainda a afectar às reservas e provisões correspondente ao saldo da conta de lucros e perdas apurado em 31 de Dezembro do ano anterior à revogação da derrogação. O valor da contribuição será calculado multiplicando o montante das reservas, tal como acima definidas e tal como constam do balanço aprovado do BCE, pelo quociente entre o número de acções subscritas pelo banco central em causa e o número de acções já pagas pelos restantes bancos centrais.

ARTIGO 50.°
Nomeação inicial dos membros da comissão executiva

Aquando da instalação da comissão executiva do BCE, o presidente, o vice-presidente e os vogais da comissão executiva serão nomeados de comum acordo pelos governos dos Estados membros, a nível de chefes de Estado ou de governo, sob recomendação do Conselho e após consulta do Parlamento Europeu e do conselho do IME. O presidente da comissão executiva é nomeado por um período de oito anos. Em derrogação do disposto no artigo 11.° 2, o vice-presidente é nomeado por um período de quatro anos e os vogais são nomeados por períodos de cinco a oito anos.

Essas nomeações não são renováveis. O número de membros da comissão executiva pode ser menos que o previsto no artigo 11.° 1, mas em caso algum será inferior a quatro.

ARTIGO 51.º
Derrogação do artigo 32.º

51.º 1 – Se, após o início da terceira fase, o conselho do BCE decidir que do cumprimento do disposto no artigo 32.º dos presentes Estatutos resultam significativas alterações nas posições relativas dos bancos centrais nacionais no que se refere aos proveitos, o montante dos proveitos a distribuir ao abrigo do referido artigo deve ser reduzido numa percentagem uniforme não superior a 60% no primeiro exercício subsequente ao início da terceira fase e decrescente de pelo menos 12% em cada um dos exercícios seguintes.

51.º 2 – O disposto no artigo 51.º 1 será aplicável, no máximo, durante cinco exercícios completos após o início da terceira fase.

ARTIGO 52.º
Câmbio de notas de banco denominadas em moedas da Comunidade

Após a fixação irrevogável das taxas de câmbio, o conselho do BCE tomará as providências necessárias para garantir que as notas de banco denominadas em moedas com taxas de câmbio irrevogavelmente fixadas sejam cambiadas pelos bancos centrais nacionais ao seu valor facial.

ARTIGO 53.º
Aplicabilidade das disposições transitórias

Se existirem Estados membros que beneficiem de uma derrogação, e enquanto essa situação se mantiver, são aplicáveis os artigos 43.º a 48.º.

34. DECISÃO DO BANCO CENTRAL EUROPEU, DE 19 DE FEVEREIRO DE 2004[624]

Que adopta o Regulamento Interno do Banco Central Europeu

O CONSELHO DO BANCO CENTRAL EUROPEU,

Tendo em conta os Estatutos do Sistema Europeu de Bancos Centrais e do Banco Central Europeu e, nomeadamente, o disposto no seu artigo 12.°-3,

DECIDE:

ARTIGO ÚNICO

O Regulamento Interno do Banco Central Europeu, alterado em 22 de Abril de 1999, com as alterações que posteriormente lhe foram introduzidas pela Decisão BCE/1999/6, de 7 de Outubro de 1999, que altera o Regulamento Interno do Banco Central Europeu[(1)], é substituído pelas disposições que se seguem, as quais entram em vigor no dia 1 de Março de 2004.

[(1)] JO L 314 de 8.12.1999, p. 32.

REGULAMENTO INTERNO DO BANCO CENTRAL EUROPEU

CAPÍTULO PRELIMINAR

ARTIGO 1.°
Definições

O presente Regulamento Interno complementa o Tratado que estabelece a Comunidade Europeia e os Estatutos do Sistema Europeu de Bancos Centrais e do Banco Central Europeu. Os termos constantes do presente Regulamento Interno têm mesmo o significado que no Tratado e nos Estatutos. Por "Eurosistema" entende-se

---

[624] JOCE n.° L-80, de 18-Mar.-2004, 33-41.

o Banco Central Europeu (BCE) e os bancos centrais nacionais dos Estados-Membros cuja moeda é o euro.

CAPÍTULO I
O Conselho do BCE

ARTIGO 2.º
Data e local das reuniões do Conselho do BCE

2.1. A data das reuniões é decidida pelo Conselho do BCE, sob proposta do presidente. Em princípio, o Conselho reunirá periodicamente, de acordo com um calendário determinado com a devida antecedência pelo Conselho antes do início de cada ano civil.

2.2. O presidente convocará uma reunião do Conselho a pedido de, pelo menos, três dos seus membros.

2.3. O presidente poderá igualmente convocar reuniões do Conselho do BCE sempre que o considere necessário.

2.4. As reuniões do Conselho do BCE terão normalmente lugar nas instalações do BCE.

2.5. As reuniões poderão igualmente decorrer sob a forma de teleconferências, salvo em caso de objecção de, pelo menos, três governadores.

ARTIGO 3.º
Participação nas reuniões do Conselho do BCE

3.1. Salvo disposição em contrário, apenas os membros do Conselho do BCE, o presidente do Conselho da União Europeia e um membro da Comissão das Comunidades Europeias podem assistir às reuniões do Conselho do BCE.

3.2. Cada governador poderá normalmente fazer-se acompanhar por uma pessoa.

3.3. Sem prejuízo do disposto no artigo 4.º, em caso de impedimento de um governador este poderá designar, por escrito, um suplente. A comunicação escrita desse facto deverá ser enviada ao presidente com a devida antecedência em relação à reunião. O referido suplente poderá normalmente fazer-se acompanhar por uma pessoa.

3.4. O presidente designará como secretário um membro do pessoal do BCE. O secretário assistirá a Comissão Executiva na preparação das reuniões do Conselho do BCE e redigirá as respectivas actas.

3.5. O Conselho do BCE, se o julgar conveniente, poderá igualmente convidar outras pessoas a participar nas suas reuniões.

ARTIGO 4.º
Votação

4.1. Para que o Conselho do BCE possa deliberar é exigido um quórum de dois terços dos seus membros. Não existindo quórum, o presidente poderá convocar uma reunião extraordinária, na qual poderão ser tomadas decisões independentemente da existência de quórum.

4.2. O Conselho do BCE procederá à votação a pedido do presidente. O presidente dará igualmente início a um processo de votação a pedido de qualquer membro do Conselho.

4.3. As abstenções não impedirão a adopção pelo Conselho do BCE de decisões tomadas ao abrigo do artigo 41.º-2 dos Estatutos.

4.4. No caso de um membro do Conselho do BCE ficar impedido de votar por um período prolongado (isto é, por mais de um mês), esse membro poderá designar um suplente que o substitua como membro do Conselho.

4.5. De acordo artigo 10.º 3 dos Estatutos, em caso de impedimento de um governador para votar uma decisão a tomar ao abrigo do disposto nos artigos 28.º, 29.º, 30.º, 32.º, 33.º e 51.º dos Estatutos, o suplente que tiver sido por ele designado exercerá o seu voto ponderado.

4.6. O presidente poderá proceder a uma votação secreta a pedido de, pelo menos, três membros do Conselho do BCE. No caso de os membros do Conselho serem afectados pessoalmente por uma decisão prevista nos artigos 11.º-1, 11.º-3 ou 11.º-4 dos Estatutos, proceder-se-á a uma votação secreta. Nesses casos, os membros do Conselho em questão não participarão na votação.

4.7. As decisões também poderão ser tomadas por procedimento escrito, salvo em caso de objecção de, pelo menos, três membros do Conselho do BCE. O procedimento escrito exigirá: i) normalmente, um prazo mínimo de cinco dias úteis para que a questão possa ser apreciada por cada um dos membros do Conselho, ii) a assinatura pessoal de cada membro do Conselho (ou do seu suplente, nos termos do artigo 4.º-4), e ainda iii) o registo de qualquer decisão desse tipo na acta da reunião seguinte do Conselho do BCE.

ARTIGO 5.º
Organização das reuniões do Conselho do BCE

5.1. O Conselho do BCE aprovará a ordem do dia das suas reuniões. A Comissão Executiva deverá elaborar uma ordem do dia provisória, a qual será enviada, juntamente com a respectiva documentação, aos membros do Conselho e a outros participantes autorizados com, pelo menos, oito dias de antecedência, excepto em situações de emergência, nas quais a Comissão Executiva deverá agir de acordo com as circunstâncias. O Conselho poderá decidir retirar ou acrescentar rubricas à ordem do dia provisória, sob proposta do presidente ou de qualquer outro membro do Conselho. A pedido de, pelo menos, três membros do Conselho, uma rubrica poderá ser retirada da ordem do dia se os respectivos documentos não tiverem sido enviados aos membros do Conselho em tempo útil.

5.2. As actas das reuniões do Conselho do BCE serão submetidas à aprovação dos respectivos membros por ocasião da reunião seguinte (ou mais cedo, caso necessário, através de procedimento escrito) e deverão ser assinadas pelo presidente.

5.3. O Conselho do BCE pode estabelecer normas internas quanto ao processo de decisão em situações de emergência.

CAPÍTULO II
Comissão executiva

ARTIGO 6.º
Data e local das reuniões da Comissão Executiva

6.1. A data das reuniões é decidida pela Comissão Executiva, sob proposta do presidente.

6.2. O presidente pode convocar reuniões da Comissão Executiva sempre que o considerar necessário.

ARTIGO 7.º
Votação

7.1. Para que a Comissão Executiva possa deliberar, de acordo com o disposto no artigo 11.º-5 dos Estatutos, é exigida uma maioria qualificada de dois terços dos seus membros. Não existindo quórum, o presidente pode convocar uma reunião extraordinária, na qual poderão ser tomadas decisões independentemente da existência de quórum.

7.2. As decisões podem igualmente ser tomadas por procedimento escrito, salvo em caso de objecção de, pelo menos, dois membros da Comissão Executiva.

7.3. Os membros da Comissão Executiva que sejam afectados pessoalmente por uma decisão prevista nos artigos 11.º-1, 11.º-3 ou 11.º-4 dos Estatutos não poderão participar na votação.

ARTIGO 8.º
Organização das reuniões da Comissão Executiva

A Comissão Executiva decidirá sobre a organização das suas reuniões.

CAPÍTULO III
Organização do Banco Central Europeu

ARTIGO 9.º
Comités do SEBC/Eurosistema

9.1. Compete ao Conselho estabelecer e dissolver comités. Os comités apoiarão o trabalho dos órgãos de decisão do BCE e darão conta das suas actividades ao Conselho do BCE através da Comissão Executiva.

9.2. Os comités serão compostos por um máximo de dois membros pertencentes a cada um dos bancos centrais nacionais do Eurosistema e ao BCE, designados, respectivamente, por cada um dos governadores e pela Comissão Executiva. O Conselho do BCE estipulará os mandatos dos comités e designará os respectivos presidentes. Por regra, o presidente será um membro do pessoal do BCE. Tanto o Conselho como a Comissão Executiva têm o direito de solicitar aos comités a realização de estudos sobre matérias específicas. O BCE assegurará apoio administrativo aos comités.

9.3. O banco central nacional de cada Estado-Membro não participante pode igualmente designar até dois membros do seu pessoal para participarem nas reuniões de um comité, quando tais reuniões digam respeito a matéria que se enquadre no âmbito das competências do Conselho Geral e sempre que tal seja considerado conveniente pelo presidente de um comité e pela Comissão Executiva.

9.4. Poderão ser igualmente convidados a tomar parte nas reuniões de um comité peritos de instituições e organismos comunitários ou outras terceiras entidades sempre que o presidente de um comité e a Comissão Executiva o entendam oportuno.

ARTIGO 9.ºA

O Conselho do BCE poderá decidir estabelecer comités *ad hoc* com funções consultivas específicas.

ARTIGO 10.º
Estrutura interna

10.1. Após consulta do Conselho do BCE, a Comissão Executiva tomará uma decisão relativamente ao número, nome e competências respectivas de cada um dos serviços do BCE. Esta decisão será tornada pública.

10.2. Todos os serviços do BCE serão colocados sob a direcção da Comissão Executiva. A Comissão Executiva decidirá acerca das responsabilidades individuais dos seus membros relativamente aos serviços do BCE, devendo informar o Conselho do BCE, o Conselho Geral e o pessoal do BCE das suas decisões. Uma decisão deste tipo exige a presença de todos os membros da Comissão Executiva, não podendo ser tomada contra o voto do presidente.

ARTIGO 11.º
Pessoal do BCE

11.1. Cada membro do pessoal do BCE deverá ser informado acerca da sua posição na estrutura do BCE, da sua linha hierárquica e, bem assim, das responsabilidades que lhe são atribuídas no exercício das suas funções.

11.2. Sem prejuízo do disposto nos artigos 36.º e 47.º dos Estatutos, a Comissão Executiva instituirá regras de organização (a seguir designadas por "circulares administrativas"), a cuja observância o pessoal do BCE fica obrigado.

11.3. A Comissão Executiva adoptará e actualizará um código de conduta para orientação dos seus membros e para os membros do pessoal do BCE.

CAPÍTULO IV
**Participação do Conselho Geral nas Tarefas
do Sistema Europeu de Bancos Centrais**

ARTIGO 12.º
Relações entre o Conselho do BCE e o Conselho Geral

12.1. Ao Conselho Geral do BCE será dada a oportunidade de apresentar as suas observações antes de o Conselho do BCE aprovar:
– os pareceres previstos nos artigos 4.º e 25.º-1 dos Estatutos,
– as recomendações em matéria de estatísticas, de acordo com o disposto no artigo 42.º dos Estatutos,
– o relatório anual,
– as regras necessárias à uniformização dos processos contabilísticos e de apresentação das declarações sobre as operações efectuadas,
– as medidas necessárias à aplicação do artigo 29.º dos Estatutos,
– as condições de emprego do pessoal do BCE,
– um parecer do BCE no contexto da preparação para a fixação irrevogável das taxas de câmbio, tal como previsto no n.º 5 do artigo 123.º do Tratado, ou no que se refere aos actos jurídicos comunitários a adoptar caso seja decidido revogar uma derrogação.

12.2. Sempre que, nos termos do artigo 12.°-1 acima, for solicitada ao Conselho Geral a apresentação das suas observações, ser-lhe-á concedido um período de tempo razoável para o fazer, que não deverá ser inferior a 10 dias úteis. Em caso de urgência, a justificar no pedido, esse prazo poderá ser reduzido para cinco dias úteis. O presidente poderá decidir recorrer a um procedimento escrito.

12.3. De acordo com o disposto no artigo 47.°-4 dos Estatutos, o presidente deverá informar o Conselho Geral das decisões aprovadas pelo Conselho do BCE.

ARTIGO 13.°
Relações entre a Comissão Executiva e o Conselho Geral

13.1. O Conselho Geral do BCE terá oportunidade de apresentar as suas observações antes de a Comissão Executiva:
– executar os actos jurídicos do Conselho do BCE relativamente aos quais, em conformidade com artigo do 12.°-1 acima, é necessária a contribuição do Conselho Geral,
– aprovar, por força dos poderes delegados pelo Conselho do BCE em conformidade com o artigo 12.°-1 dos Estatutos, actos jurídicos relativamente aos quais, de acordo com o disposto no artigo 12.°-1 do presente Regulamento Interno, é necessária a contribuição do Conselho Geral.

13.2. Sempre que, nos termos do artigo 13.°-1 acima, for solicitada ao Conselho Geral a apresentação das suas observações, ser-lhe-á concedido um período de tempo razoável para o fazer, que não deverá ser inferior a 10 dias úteis. Em caso de urgência, a justificar no pedido, esse prazo poderá ser reduzido para cinco dias úteis. O Presidente poderá decidir recorrer a um procedimento escrito.

CAPÍTULO V
Disposições processuais específicas

ARTIGO 14.°
Delegação de poderes

14.1. A delegação de competências do Conselho na Comissão Executiva, nos termos da última frase do segundo parágrafo do artigo 12.°-1 dos Estatutos, deverá ser notificada às partes interessadas ou tornada pública, se for caso disso, relativamente às decisões tomadas por delegação que produzam efeitos legais em relação a terceiros. Os actos que forem adoptados através de delegação de poderes deverão ser prontamente notificados ao Conselho do BCE.

14.2. A lista de assinaturas autorizadas do BCE, estabelecida nos termos de decisões aprovadas ao abrigo do artigo 39.° dos Estatutos, deverá ser distribuída às partes interessadas.

ARTIGO 15.º
Procedimento orçamental

15.1. O Conselho do BCE, agindo sob proposta da Comissão Executiva e em conformidade com os princípios por si estabelecidos, adoptará, até ao final de cada exercício, o orçamento do BCE para o exercício seguinte.

15.2. Para apoio às questões relacionadas com o orçamento do BCE, o Conselho do BCE criará um comité orçamental e definirá o seu mandato e respectiva composição.

ARTIGO 16.º
Apresentação de relatórios e contas anuais

16.1. O Conselho do BCE aprovará o relatório anual exigido nos termos do artigo 15.º-3 dos Estatutos.

16.2. É delegada na Comissão Executiva a competência para a aprovação e publicação dos relatórios elaborados trimestralmente nos termos do artigo 15.º-1 dos Estatutos, das situações financeiras consolidadas elaboradas nos termos do artigo 15.º-2 dos Estatutos e do balanço consolidado elaborado nos termos do artigo 26.º-3 dos Estatutos, assim como de outros relatórios.

16.3. A Comissão Executiva deverá, em conformidade com os princípios fixados pelo Conselho, elaborar as contas anuais do BCE no decurso do primeiro mês do exercício seguinte. As contas anuais serão apresentadas ao auditor externo.

16.4. O Conselho do BCE aprovará as contas anuais do BCE no primeiro trimestre do ano seguinte. O relatório do auditor externo deverá ser apresentado ao Conselho antes da aprovação das contas.

ARTIGO 17.º
Instrumentos jurídicos do BCE

17.1. Os regulamentos do BCE são aprovados pelo Conselho do BCE e assinados, em sua representação, pelo presidente.

17.2. As orientações do BCE são aprovadas pelo Conselho do BCE e posteriormente notificadas numa das línguas oficiais das Comunidades Europeias e assinadas pelo presidente, em representação do Conselho do BCE. As orientações devem indicar os motivos em que se fundamentam. A notificação aos bancos centrais nacionais poderá ser feita por fax, correio electrónico, telex ou carta. Todas as orientações do BCE a publicar oficialmente serão traduzidas nas línguas oficiais das Comunidades Europeias.

17.3. O Conselho do BCE poderá delegar os seus poderes normativos na Comissão Executiva para efeitos de execução dos seus regulamentos e das suas orientações. O regulamento ou a orientação em causa especificará as matérias a executar, assim como os limites e o âmbito dos poderes delegados.

17.4. As decisões e recomendações do BCE são aprovadas pelo Conselho do BCE ou pela Comissão Executiva no âmbito das suas competências, devendo ser assinadas pelo presidente. As decisões do BCE que imponham sanções a terceiros serão assinadas pelo presidente, pelo vice-presidente ou por quaisquer outros dois membros da Comissão Executiva. As decisões e recomendações do BCE indicarão os motivos em que se fundamentam. As recomendações relativas ao direito derivado previstas no artigo 42.º dos Estatutos são aprovadas pelo Conselho do BCE.

17.5. Sem prejuízo do segundo parágrafo do artigo 44.º e do primeiro travessão do artigo 47.º-1 dos Estatutos, os pareceres do BCE são aprovados pelo Conselho do BCE. No entanto, em circunstâncias excepcionais e quando pelo menos três governadores não manifestarem o desejo de o Conselho conservar a sua competência para a adopção de pareceres específicos, os pareceres do BCE poderão ser adoptados pela Comissão Executiva, sendo respeitados os comentários formulados pelo Conselho e tida em conta a contribuição do Conselho Geral. Os pareceres do BCE deverão ser assinados pelo presidente.

17.6. As instruções do BCE são aprovadas pela Comissão Executiva e posteriormente notificadas numa das línguas oficiais das Comunidades Europeias e assinadas, em representação da Comissão Executiva, pelo presidente ou por dois dos membros da Comissão Executiva. A notificação aos bancos centrais nacionais poderá ser feita por fax, correio electrónico, telex ou carta. Todas as instruções do BCE a publicar oficialmente serão traduzidas nas línguas oficiais das Comunidades Europeias.

17.7. Todos os instrumentos jurídicos do BCE serão numerados sequencialmente por forma a facilitar a sua identificação. A Comissão Executiva assegurará o arquivo seguro dos originais, notificará os destinatários ou as autoridades nacionais e encarregar-se-á da publicação no *Jornal Oficial da União Europeia*, em todas as línguas oficiais da União Europeia, quando se trate de regulamentos do BCE, pareceres do BCE sobre propostas de legislação comunitária ou de instrumentos jurídicos do BCE cuja publicação tenha sido expressamente decidida.

17.8. Os princípios estabelecidos no Regulamento n.º 1 do Conselho, de 15 de Abril de 1958, que estabelece o regime linguístico da Comunidade Económica Europeia[2], serão aplicados aos actos jurídicos do BCE a que se refere o artigo 34.º dos Estatutos.

---

[2] JO 17 de 6.10.1958, p. 385/58.

ARTIGO 18.º
Procedimento previsto no n.º 2 do artigo 106.º do Tratado

A autorização prevista no n.º 2 do artigo 106.º do Tratado é aprovada pelo Conselho numa decisão única aplicável a todos os Estados-Membros participantes no decurso do último trimestre de cada ano, com efeitos para o ano seguinte.

ARTIGO 19.º
Aquisições

19.1. Na aquisição de bens e serviços para o BCE deverão ser respeitados os princípios da publicidade, transparência, igualdade de oportunidades, não discriminação e gestão eficaz.

19.2. Excepto no que se refere ao princípio da gestão eficaz, poderão ser derrogados os princípios acima enunciados em casos de urgência, por razões de segurança ou sigilo, no caso de haver apenas um único fornecedor, para fornecimentos dos bancos centrais nacionais ao BCE e para garantir a continuidade de um fornecedor.

ARTIGO 20.º
Selecção, nomeação e promoção do pessoal

20.1. Todos os membros do pessoal do BCE serão seleccionados, nomeados e promovidos pela Comissão Executiva.

20.2. Os membros do pessoal do BCE serão seleccionados, nomeados e promovidos tomando em devida conta os princípios da qualificação profissional, publicidade, transparência, igualdade de oportunidades e não discriminação. As regras e os procedimentos de recrutamento e de promoção interna serão desenvolvidos através de circulares administrativas.

ARTIGO 21.º
Regime aplicável ao pessoal

21.1. As relações laborais entre o BCE e o seu pessoal regem-se pelas condições de emprego e pelas regras aplicáveis ao pessoal.

21.2. O Conselho do BCE aprovará as condições de emprego, mediante proposta da Comissão Executiva e após consulta ao Conselho Geral.

21.3. A Comissão Executiva aprovará as regras aplicáveis ao pessoal, em aplicação das condições de emprego.

21.4. O Comité de Pessoal deverá ser consultado antes da aprovação de novas condições de emprego ou de novas regras aplicáveis ao pessoal. Os seus pareceres serão apresentados, respectivamente, ao Conselho do BCE ou à Comissão Executiva.

ARTIGO 22.º
Comunicações e anúncios

As comunicações gerais e o anúncio de decisões tomadas pelos órgãos de decisão do BCE podem ser efectuadas através do *website* do BCE, do *Jornal Oficial da União Europeia*, dos serviços de comunicação normalmente utilizados pelos mercados financeiros ou por quaisquer outros meios de comunicação.

ARTIGO 23.º
Confidencialidade dos documentos do BCE e acesso aos mesmos

23.1. O teor dos debates dos órgãos de decisão do BCE e de qualquer comité ou grupo por eles instituído é confidencial, salvo se o Conselho do BCE autorizar o presidente a tornar públicos os resultados das suas deliberações.

23.2. O acesso do público à documentação elaborada ou conservada em poder do BCE reger-se-á por uma decisão do Conselho do BCE.

23.3. Os documentos elaborados pelo BCE serão classificados e tratados de acordo com as regras estabelecidas em circular administrativa. O acesso aos mesmos será livre decorridos 30 anos, salvo decisão em contrário por parte dos órgãos de decisão.

CAPÍTULO VI
Disposição final

ARTIGO 24.º
Alterações ao presente Regulamento Interno

O Conselho do BCE poderá alterar o presente regulamento interno. O Conselho poderá propor alterações e a Comissão Executiva poderá aprovar regras complementares no âmbito da sua competência.

Feito em Franckfurt am Main, em 19 de Fevereiro de 2004

O presidente do BCE
Jean-Claude TRICHET

35. DECISÃO DA COMISSÃO, DE 5 DE NOVEMBRO DE 2003[625]

Que institui o Comité Bancário Europeu

A COMISSÃO DAS COMUNIDADES EUROPEIAS,

Tendo em conta o Tratado que institui a Comunidade Europeia,

Considerando o seguinte:

(1) Em Junho de 2001, a Comissão adoptou as Decisões 2001/527/CE[1] e 2001/528/CE[2], que instituíram o Comité das Autoridades de Regulamentação dos Mercados Europeus de Valores Mobiliários e o Comité Europeu dos Valores Mobiliários, respectivamente.

[1] JO L 191 de 13.7.2001, p. 43.
[2] JO L 191 de 13.7.2001, p. 45.

(2) Nas suas resoluções de 5 de Fevereiro e 21 de Novembro de 2002, o Parlamento Europeu aprovou a abordagem regulamentar a quatro níveis, preconizada no relatório final do Comité de Sábios sobre a regulamentação dos mercados europeus de valores mobiliários, e pronunciou-se pela extensão de alguns aspectos desta abordagem aos sectores bancário e dos seguros, na condição de o Conselho assumir um compromisso claro no sentido de assegurar um equilíbrio institucional adequado.

(3) Em 3 de Dezembro de 2002, o Conselho convidou a Comissão a aplicar estes mecanismos nos sectores bancário e dos seguros e pensões complementares de reforma e a instituir, com a brevidade possível, novos comités com poderes consultivos em relação a estes domínios.

(4) A Directiva 2000/12/CE do Parlamento Europeu e do Conselho, de 20 de Março de 2000, relativa ao acesso à actividade das instituições de crédito e ao seu exercício[3], que instituiu o Comité Consultivo Bancário com vista a prestar aconselhamento à Comissão no desenvolvimento da legislação e assisti-la no exercício dos seus poderes de execução no domínio bancário.

[3] JO L 126 de 26.5.2000, p. 1.

[625] JOCE n.º L-3, de 7-Jan.-2004, 36-37.

(5) A Comissão propôs uma directiva que altera, nomeadamente, Directiva 2000/12/CE, a Directiva 93/6/CEE do Conselho, de 15 de Março de 1993, relativa à adequação dos fundos próprios das empresas de investimento e instituições de crédito[4], a Directiva 94/19/CE do Parlamento Europeu e do Conselho, de 30 de Maio de 1994, relativa aos sistemas de garantia de depósitos[5], e a Directiva 2002/87/CE do Parlamento Europeu e do Conselho, de 16 de Dezembro de 2002, relativa à supervisão complementar de instituições de crédito, empresas de seguros e empresas de investimento de um conglomerado financeiro e que altera as Directivas 73/239/CEE, 79/267/CEE, 92/49/CEE, 92/96/CEE, 93/6/CEE e 93/22/CEE do Conselho e as Directivas 98/78/CE e 2000/12/CE do Parlamento Europeu e do Conselho[6], com vista a revogar as funções consultivas do Comité Consultivo Bancário.

[4] JO L 141 de 11.6.1993, p. 1.
[5] JO L 135 de 31.5.1994, p. 5.
[6] JO L 35 de 11.2.2003, p. 1.

(6) Uma tal alteração impõe a criação correspondente e em simultâneo de um novo grupo consultivo destinado a prestar aconselhamento à Comissão no que diz respeito ao desenvolvimento da legislação bancária comunitária, o qual será designado "Comité Bancário Europeu".

(7) A fim de evitar duplicações, a decisão entrará em vigor em simultâneo com qualquer Directiva que revogue as funções puramente consultivas do Comité Consultivo Bancário.

(8) Sempre que o Comité Bancário Europeu prestar aconselhamento sobre disposições aplicáveis tanto às instituições de crédito como às empresas de investimento, a sua composição deve assegurar que seja tomada em linha de conta a perspectiva das empresas de investimento.

(9) A instituição do Comité Bancário Europeu não deve excluir outras modalidades de cooperação entre as diferentes autoridades envolvidas na regulamentação e supervisão das instituições de crédito, em especial no quadro do Comité das Autoridades Europeias de Supervisão Bancária, instituído pela Decisão 2004/5/CE da Comissão[7],

[7] Ver página 28 do presente Jornal Oficial.

ADOPTOU A PRESENTE DECISÃO:

ARTIGO 1.º

É instituído por esse meio um grupo consultivo sobre actividades bancárias na Comunidade, denominado "Comité Bancário Europeu", a seguir designado por "comité".

ARTIGO 2.º

O comité prestará aconselhamento à Comissão, a seu pedido, sobre questões de política relacionadas com as actividades bancárias, bem como sobre propostas da Comissão neste domínio.

ARTIGO 3.º

O comité será composto por representantes de alto nível dos Estados-Membros. O comité será presidido por um representante da Comissão.

O presidente do Comité das Autoridades Europeias de Supervisão Bancária, instituído pela Decisão da Comissão 2003/.../CE, participará nas reuniões do comité na qualidade de observador. O Banco Central Europeu será representado na qualidade de observador.

A Comissão pode convidar peritos e observadores para participarem nas reuniões.

O Secretariado será assegurado pela Comissão.

ARTIGO 4.º

O comité adoptará o seu regulamento interno. O comité reunir-se-á em intervalos regulares e sempre que a situação o impuser. A Comissão pode convocar uma reunião de emergência, caso considere que a situação o impõe.

ARTIGO 5.º

A presente decisão entra em vigor no mesmo dia da entrada em vigor de qualquer directiva que revogue as funções puramente consultivas do Comité Consultivo Bancário.

Feito em Bruxelas, em 5 de Novembro de 2003.

Pela Comissão
Frederik BOLKESTEIN
Membro da Comissão

36. DECISÃO DA COMISSÃO, DE 5 DE NOVEMBRO DE 2003[626]

Que institui o Comité das Autoridades Europeias de Supervisão Bancária

A COMISSÃO DAS COMUNIDADES EUROPEIAS,

Tendo em conta o Tratado que institui a Comunidade Europeia,

Considerando o seguinte:

(1) Em Junho de 2001, a Comissão adoptou as Decisões 2001/527/CE[(1)] e 2001/528/CE[(2)], que instituíram o Comité das Autoridades de Regulamentação dos Mercados Europeus de Valores Mobiliários e o Comité Europeu dos Valores Mobiliários, respectivamente.

[(1)] JO L 191 de 13.7.2001, p. 43.
[(2)] JO L 191 de 13.7.2001, p. 45.

(2) Nas suas resoluções de 5 de Fevereiro de 2002 e de 21 de Novembro de 2002, o Parlamento Europeu aprovou o enquadramento regulamentar a quatro níveis, preconizado no relatório final do Comité de Sábios sobre a regulamentação dos mercados europeus de valores mobiliários, e pronunciou-se pela extensão de alguns aspectos desse enquadramento aos sectores bancário e dos seguros, na condição de o Conselho assumir um compromisso claro relativamente a uma reforma que assegure um equilíbrio institucional adequado.

(3) Em 3 de Dezembro de 2002, o Conselho convidou a Comissão a estabelecer disposições semelhantes e a criar o mais rapidamente possível novos comités de carácter consultivo nos sectores bancário, dos seguros e das pensões complementares de reforma.

(4) Deve ser criado um órgão independente de reflexão, debate e aconselhamento da Comissão nos domínios da regulamentação e da supervisão bancária.

(5) Esse órgão, que será denominado Comité das Autoridades Europeias de Supervisão Bancária (a seguir designado "comité"), deve contribuir igualmente para

[626] JOCE n.º L-3, de 7-Jan.-2004, 28-29.

uma aplicação coerente e atempada da legislação comunitária nos Estados-Membros e para a convergência das práticas de supervisão em toda a Comunidade.

(6) O Comité das Autoridades Europeias de Supervisão Bancária deve promover a cooperação no sector bancário, incluindo o intercâmbio de informações.

(7) A criação do comité não prejudica a organização da supervisão bancária a nível nacional e da Comunidade.

(8) A composição do comité deve reflectir a organização da supervisão bancária e ter em conta o papel dos bancos centrais no que respeita à estabilidade geral do sector bancário a nível nacional e da Comunidade. Os direitos das diferentes categorias de participantes devem ser claramente definidos. Nomeadamente, a presidência e o direito de voto devem ser reservados às autoridades de supervisão competentes de cada Estado-Membro. A participação em debates confidenciais sobre instituições individuais objecto de supervisão poderá ser restringida, sempre que adequado, às autoridades competentes de supervisão e aos bancos centrais investidos de responsabilidades operacionais específicas para a supervisão das instituições de crédito individuais em causa.

(9) O comité fixará as suas modalidades de funcionamento e manterá ligações operacionais estreitas com a Comissão e com o comité instituído pela Decisão 2004/10/CE da Comissão, de 5 de Novembro de 2003, que institui um Comité Bancário Europeu[3].

---

[3] Ver página 36 do presente Jornal Oficial.

(10) O comité deve cooperar com os outros comités do sector financeiro, em especial com o comité criado nos termos do Decisão 2004/10/CE da Comissão, com o Comité de Supervisão Bancária do Sistema Europeu de Bancos Centrais e com o Grupo de Contacto das Autoridades Europeias de Supervisão Bancária. Em especial, o comité deve ter a possibilidade de convidar observadores de outros comités dos sectores bancário e financeiro.

(11) O comité deve proceder a consultas alargadas e numa fase precoce dos seus trabalhos, junto dos operadores de mercado, dos consumidores e dos utilizadores finais, de forma aberta e transparente.

(12) Sempre que o comité prestar um aconselhamento sobre as disposições aplicáveis tanto às instituições de crédito como às empresas de investimento, deve consultar as autoridades competentes para a supervisão de empresas de investimento que ainda não estejam representadas no comité,

ADOPTOU A PRESENTE DECISÃO:

ARTIGO 1.º

É instituído um grupo consultivo independente no domínio da supervisão bancária na Comunidade, denominado "Comité das Autoridades Europeias de Supervisão Bancária" (a seguir designado "comité").

ARTIGO 2.º

O papel do comité consistirá em aconselhar a Comissão a seu pedido, no prazo que esta pode fixar em função da urgência da questão, ou por iniciativa do próprio Comité, nomeadamente sobre os projectos de medidas de execução a elaborar no domínio da actividade bancária.

O comité contribuirá para uma aplicação coerente das directivas comunitárias e para a convergência das práticas de supervisão dos Estados-Membros em toda a Comunidade.

O comité promoverá a cooperação em matéria de supervisão, incluindo o intercâmbio de informações sobre instituições individuais objecto de supervisão.

ARTIGO 3.º

O comité será composto por representantes de alto nível:
a) Das autoridades públicas nacionais competentes no domínio da supervisão das instituições de crédito (a seguir denominadas "autoridades competentes de supervisão".
b) Dos bancos centrais nacionais investidos de responsabilidades operacionais específicas na supervisão das instituições de crédito individuais, juntamente com uma "autoridade competente de supervisão".
c) Dos bancos centrais que não estão directamente envolvidos na supervisão das instituições de crédito individuais, incluindo o Banco Central Europeu.

Cada Estado-Membro designará representantes de alto nível para participarem nas reuniões do Comité. O Banco Central Europeu designará um representante de alto nível para o mesmo efeito.

A Comissão estará presente nas reuniões do comité e designará um representante de alto nível para participar nos seus debates.

Sempre que se verificar um intercâmbio de informações confidenciais sobre uma instituição individual objecto de supervisão, a participação nesta discussão pode ser restringida às autoridades competentes de supervisão e aos bancos centrais nacionais investidos de responsabilidades operacionais específicas na supervisão das instituições de crédito individuais em causa.

O comité procederá à eleição do seu presidente de entre os representantes das autoridades de supervisão competentes.

O comité pode convidar peritos e observadores para participarem nas suas reuniões.

ARTIGO 4.º

O comité manterá ligações operacionais estreitas com a Comissão e com o Comité instituído pela Decisão 2004/10/CE da Comissão.

O comité pode constituir grupos de trabalho. A Comissão será convidada a participar nesses grupos de trabalho.

ARTIGO 5.º

Antes de transmitir o seu parecer à Comissão, o Comité deve proceder a consultas alargadas e numa fase precoce dos seus trabalhos junto dos operadores do mercado, dos consumidores e dos utilizadores finais, de forma aberta e transparente.

Sempre que o comité prestar um aconselhamento sobre as disposições aplicáveis tanto às instituições de crédito como às empresas de investimento, deve consultar as autoridades competentes para a supervisão de empresas de investimento que ainda não estejam representadas no comité.

ARTIGO 6.º

O comité apresentará um relatório anual à Comissão.

ARTIGO 7.º

O comité adoptará o seu regulamento interno e fixará as suas modalidades de funcionamento, incluindo o exercício do direito de voto. Apenas terão direito de voto os representantes das autoridades de supervisão.

ARTIGO 8.º

O comité assumirá as suas funções em 1 de Janeiro de 2004.

Feito em Bruxelas, em 5 de Novembro de 2003.

Pela Comissão
Frederik BOLKESTEIN
Membro da Comissão

II – DIREITO EUROPEU MATERIAL

37. Directriz n.º 93/6/CEE, do Conselho, de 15 de Março de 1993 (Directriz Adequação dos Fundos Próprios) [627]

Relativa à adequação dos fundos próprios das empresas de investimento e das instituições de crédito

O CONSELHO DAS COMUNIDADES EUROPEIAS,

Tendo em conta o Tratado que institui a Comunidade Económica Europeia e, nomeadamente, o n.º 2, primeiro e terceiro períodos, do seu artigo 57.º,

Tendo em conta a proposta da Comissão[1],

Em cooperação com o Parlamento Europeu[2],

Tendo em conta o parecer do Comité Económico e Social[3],

Considerando que o objectivo principal da Directiva 93/22/CEE do Conselho, de 10 de Maio de 1993, relativa a serviços de investimento no domínio dos valores mobiliários[4], é permitir que as empresas de investimento autorizadas pelas autoridades competentes dos respectivos Estados-membros de origem e supervisionadas pelas mesmas autoridades estabeleçam sucursais e prestem livremente serviços noutros Estados-membros; que a referida directiva prevê, nesse sentido, uma coordenação das normas relativas à autorização e ao exercício das actividades das empresas de investimento;

---

[1] JO n.º C 152 de 21.6.1990, p. 6 e JO n.º C 50 de 25.2.1992, p. 5.
[2] JO n.º C 326 de 16.12.1991, p. 89 e JO n.º C 337 de 21.12.1992, p. 114.
[3] JO n.º C 69 de 18.3.1991, p. 1.
[4] Ver página 27 do presente Jornal Oficial.

Considerando que a referida directiva não estabelece, contudo, normas comuns para os fundos próprios das empresas de investimento nem fixa os montantes do capital inicial das referidas empresas; que não cria um enquadramento comum para

---

[627] JOCE n.º L 141, de 11-Jun.-1993, 27-46.

a fiscalização dos riscos incorridos pelas mesmas empresas; que, em várias das suas disposições, faz referência a outra iniciativa comunitária, cujo objectivo consistiria precisamente em adoptar medidas coordenadas nestes domínios;

Considerando que a abordagem adoptada tem por único objectivo garantir a harmonização essencial necessária e suficiente para assegurar o reconhecimento dos sistemas mútuos de autorização e de supervisão prudencial; que a adopção de medidas de coordenação no respeitante à definição dos fundos próprios das empresas de investimento, a fixação dos montantes do capital inicial e a criação de um enquadramento comum para o acompanhamento dos riscos das empresas de investimento constituem aspectos essenciais da harmonização necessária à consecução do reconhecimento mútuo no contexto do mercado financeiro interno;

Considerando que é necessário fixar diferentes montantes de capital inicial consoante a gama de actividades que as empresas de investimento estão autorizadas a desenvolver;

Considerando que as empresas de investimento já existentes deveriam ser autorizadas, sob determinadas condições, a prosseguir as suas actividades mesmo que não satisfaçam o requisito mínimo de capital inicial estabelecido para as novas empresas;

Considerando que os Estados-membros podem igualmente estabelecer normas mais restritivas do que as previstas na presente directiva;

Considerando que a presente directiva se integra num esforço internacional mais amplo de aproximação das normas em vigor no tocante à supervisão das empresas de investimento e das instituições de crédito (adiante conjuntamente designados por "instituições");

Considerando que as normas básicas relativas aos fundos próprios das instituições são um elemento-chave do mercado interno no sector dos serviços de investimento, já que os fundos próprios contribuem para assegurar a continuidade das instituições e para proteger os investidores;

Considerando que, num mercado financeiro comum, as instituições, quer sejam empresas de investimento ou instituições de crédito, entram em concorrência directa entre si;

Considerando que, por esse motivo, se torna aconselhável garantir um tratamento igual das instituições de crédito e das empresas de investimento;

Considerando que, no que respeita às instituições de crédito, foram já definidas normas comuns para a supervisão e a fiscalização dos riscos de crédito, constantes da Directiva 89/647/CEE, de 18 de Dezembro de 1989, relativa a uma rácio de solvabilidade das instituições de crédito[5];

---

[5] JO n.° L 386 de 30.12.1990, p. 14. Directiva com a última redacção que lhe foi dada pela Directiva 92/39/CEE (JO n.° L 110 de 28.4.1992, p. 52).

Considerando que é necessário desenvolver normas comuns no tocante aos riscos de mercado das instituições de crédito e prever um enquadramento complementar para a supervisão dos riscos incorridos pelas instituições e, nomeadamente, os riscos de mercado, e mais especialmente os riscos de posição, os riscos de liquidação e de contraparte e os riscos cambiais;

Considerando que é necessário criar o conceito de "carteira de negociação" que inclua as posições em valores mobiliários e outros instrumentos financeiros detidos para efeitos de negociação e sujeitos sobretudo a riscos de mercado e a outros riscos relacionados com determinados serviços financeiros prestados aos clientes;

Considerando que é conveniente que as instituições com uma actividade de carteira de negociação pouco significativa, tanto em termos absolutos como em termos relativos, tenham a possibilidade de aplicar a Directiva 89/647/CEE, em vez dos requisitos estabelecidos nos anexos I e II da presente directiva;

Considerando que importa, na fiscalização do risco de liquidação-entrega, ter em consideração a existência de sistemas que ofereçam uma protecção adequada, diminuindo tal risco;

Considerando que, em qualquer caso, as instituições devem dar cumprimento ao disposto na presente directiva no respeitante à cobertura dos riscos cambiais em que incorram na globalidade das suas actividades; que deverão ser exigidos requisitos de capital mais baixos contra posições em divisas estreitamente correlacionadas, quer essa correlação se encontre confirmada estatisticamente, quer decorra de acordos interestatais vinculativos, nomeadamente na perspectiva da criação da união monetária europeia;

Considerando que a existência, em todas as instituições, de sistemas internos de fiscalização e controlo do risco de taxa de juro em toda a sua actividade constitui uma forma especialmente importante de minimizar esse risco; que, por conseguinte, se torna necessário que tais sistemas sejam submetidos à apreciação das autoridades competentes;

Considerando que a Directiva 92/121/CEE do Conselho, de 21 de Dezembro de 1992, relativa à fiscalização e ao controlo dos grandes riscos das instituições de crédito[6], não visa estabelecer normas comuns no respeitante à fiscalização dos grandes riscos relacionados com as actividades sujeitas principalmente a riscos de mercado; que a directiva mencionada faz referência a uma outra iniciativa comunitária destinada a instaurar a necessária coordenação de métodos neste domínio;

---

[6] JO n.º L 29 de 5.2.1993, p. 1.

Considerando que é necessário adoptar normas comuns para a fiscalização e o controlo dos grandes riscos das empresas de investimento;

Considerando que a definição de fundos próprios das instituições de crédito já foi feita na Directiva 89/299/CEE do Conselho, de 17 de Abril de 1989, relativa aos fundos próprios das instituições de crédito[7];

[7] JO n.º L 124 de 5.5.1989, p. 16. Directiva com a última redacção que lhe foi dada pela Directiva 92/39/CEE (JO n.º L 110 de 28.4.1992, p. 52).

Considerando que a base para a definição dos fundos próprios das instituições deveria inspirar-se nessa definição;

Considerando, no entanto, que, para efeitos da presente directiva, existem motivos para que a definição de fundos próprios das instituições possa diferir da definição dada na directiva acima mencionada, a fim de ter em conta as características específicas das actividades desenvolvidas por essas instituições que envolvam principalmente riscos de mercado;

Considerando que a Directiva 92/30/CEE do Conselho, de 6 de Abril de 1992, relativa à fiscalização das instituições de crédito numa base consolidada[8], enuncia o princípio da consolidação; que a referida directiva não define regras comuns no que respeita à consolidação das instituições financeiras envolvidas em actividades sujeitas principalmente a riscos de mercado; que a directiva em questão faz referência a uma outra iniciativa da Comunidade destinada a instaurar medidas coordenadas nesse domínio;

[8] JO n.º L 110 de 28.4.1992, p. 52.

Considerando que a Directiva 92/30/CEE não é aplicável a grupos que incluam empresas de investimento, mas não instituições de crédito; que foi, contudo, considerado aconselhável criar um enquadramento comum para a introdução da supervisão das empresas de investimento numa base consolidada;

Considerando que poderá ser necessário proceder regularmente a adaptações técnicas às regras pormenorizadas estabelecidas na presente directiva, para ter em conta a evolução no sector dos serviços de investimento; que a Comissão deverá propor as adaptações eventualmente necessárias para o efeito;

Considerando que o Conselho deverá adoptar, numa fase posterior, disposições para a adaptação da presente directiva ao progresso técnico, em conformidade com a Decisão 87/373/CEE do Conselho, de 13 de Julho de 1987, que fixa as modalidades de exercício da competência de execução atribuída à Comissão[9]; que, entretanto, o Conselho deverá efectuar ele próprio essas adaptações, sob proposta da Comissão;

[9] JO n.º L 197 de 18.7.1987, p. 33.

Considerando que se deveria prever a avaliação da presente directiva no prazo máximo de três anos a contar da data de início da sua aplicação, à luz da experiência, da evolução dos mercados financeiros e dos trabalhos das entidades regulamentadoras em fóruns internacionais; que essa avaliação deve igualmente contemplar a eventual revisão da lista dos domínios susceptíveis de adaptação técnica;

Considerando que a presente directiva e a Directiva 93/22/CEE estão tão intimamente relacionadas que o início da sua aplicação em datas diferentes poderia levar a distorções de concorrência,

ADOPTOU A PRESENTE DIRECTIVA:

ARTIGO 1.º

1. Os Estados-membros aplicarão as disposições da presente directiva às empresas de investimento e às instituições de crédito, definidas no artigo 2.º.

2. Qualquer Estado-membro pode impor requisitos suplementares ou mais severos às empresas de investimento e instituições de crédito por ele autorizadas.

DEFINIÇÕES

ARTIGO 2.º

Para efeitos da presente directiva, entende-se por:
1. *Instituições de crédito*: todas as instituições na acepção do primeiro travessão do artigo 1.º da Primeira Directiva 77/780/CEE do Conselho, de 12 de Dezembro de 1977, relativa à coordenação das disposições legislativas, regulamentares e administrativas respeitantes ao acesso à actividade das instituições de crédito e ao seu exercício[10] que estejam sujeitas aos requisitos previstos na Directiva 89/647/CEE;
2. *Empresas de investimento*: todas as instituições na acepção do ponto 2 do artigo 1.º da Directiva 93/22/CEE que estão sujeitas aos requisitos previstos na mesma directiva, com excepção:
 – das instituições de crédito,
 – das empresas locais definidas no ponto 20
 e
 – das empresas cuja actividade consista unicamente na recepção ou transmissão de ordens de investidores sem deterem dinheiros ou valores mobiliários pertencentes aos seus clientes e que por esse motivo nunca poderão ficar em débito para com os seus clientes;
3. *Instituições*: as instituições de crédito e as empresas de investimento;
4. *Empresas de investimento reconhecidas de países terceiros*: as empresas autorizadas num país terceiro que, caso estivessem estabelecidas na Comunidade, seriam abrangidas pela definição de empresa de investimento constante do ponto 2 e que estão sujeitas a, e cumprem, regras prudenciais consideradas pelas autoridades competentes como sendo pelo menos tão rigorosas como as estabelecidas na presente directiva;

5. *Instrumentos financeiros*: os instrumentos referidos na secção B do anexo da Directiva 93/22/CEE;

6. *Carteira de negociação* de uma instituição: carteira constituída:
   a) Pelas posições próprias em instrumentos financeiros que sejam detidos para revenda e/ou que sejam tomados pela instituição com o objectivo de beneficiar a curto prazo de diferenças reais e/ou esperadas entre os respectivos preços de compra e de venda, ou de outras variações de preço ou de taxa de juro, as posições compensadas em instrumentos financeiros resultantes de compras e vendas simultâneas, ou as posições tomadas com o objectivo de cobrir os riscos de outros elementos da carteira de negociação;

   e
   b) Pelos riscos decorrentes de transacções por liquidar, transacções incompletas e instrumentos derivados do mercado de balcão, a que se referem os n.os 1, 2, 3 e 5 do anexo II; os riscos decorrentes de vendas com acordo de recompra e de concessão de empréstimos de valores mobiliários incluídos na carteira de negociação, na acepção do subponto *i*), a que se refere a alínea *a*) tal como descritos no ponto 4 do anexo II, e desde que as autoridades competentes o aprovem, os riscos decorrentes de compras com acordo de revenda e de operações de contracção de empréstimos de valores mobiliários, descritos no mesmo ponto 4, que satisfazem cumulativamente quer as condições enunciadas nas subalíneas *i*), *ii*), *iii*) e *v*) do anexo II quer as condições enunciadas nas subalíneas *iv*) e *v*) seguintes:
      i) as exposições são avaliadas diariamente aos preços de mercado de acordo com os procedimentos previstos no anexo II,
      ii) a caução é ajustada por forma a ter em conta as alterações significativas no valor dos valores mobiliários implicados no acordo ou transacção em questão, segundo regras aceitáveis pelas autoridades competentes,
      iii) o acordo ou transacção estabelece que os créditos da instituição sejam automática e imediatamente compensados com os créditos da sua contraparte no caso de incumprimento por parte desta última,
      iv) o acordo ou transacção em questão tem carácter interprofissional,
      v) esses acordos e transacções estão limitados à sua utilização aceite e adequada, com exclusão de transacções artificiais, em especial as que não tenham carácter de curto prazo;
   c) os créditos relativos a taxas, comissões, juros, dividendos e margens sobre instrumentos derivados transaccionados em bolsa que estejam directamente relacionados com os elementos incluídos na carteira a que se refere o ponto 6 do anexo II.

   A inclusão de determinados elementos na carteira de negociação ou a sua exclusão da mesma deverão efectuar-se em conformidade com critérios objectivos, incluindo, sempre que adequado, as normas contabilísticas da instituição em questão, cabendo às autoridades competentes analisar esses critérios e a sua correcta aplicação;

7. *Empresa-mãe, filial* e *instituição financeira* serão definidas de acordo com o artigo 1.º da Directiva 92/30/CEE;

8. *Companhia financeira*: uma instituição cujas filiais são exclusiva ou principalmente instituições de crédito, empresas de investimento ou outras instituições financeiras, sendo pelo menos uma dessas filiais uma instituição de crédito ou uma empresa de investimento;

9. *Ponderações de risco*: os coeficientes de ponderação do risco de crédito aplicáveis às contrapartes relevantes nos termos da Directiva 89/647/CEE. Contudo, aos activos representativos de créditos e de outros riscos sobre empresas de investimento ou sobre empresas de investimento reconhecidas de países terceiros e aos riscos incorridos sobre câmaras de compensação e bolsas reconhecidas será atribuída a mesma ponderação que a atribuída sempre que a contraparte relevante seja uma instituição de crédito;

10. "Instrumentos derivados do mercado de balcão": os elementos extrapatrimoniais relativamente aos quais se aplicam, nos termos do primeiro parágrafo do n.° 3 do artigo 6.° da Directiva 89/647/CEE, os métodos expostos no anexo II da referida directiva[628];

11. *Mercado regulamentado*: um mercado que corresponde à definição dada no ponto 13 do artigo l.° da Directiva 93/22/CEE;

12. *Elementos qualificados*: as posições longas e curtas nos activos referidos no n.° 1, alínea b), do artigo 6.° da Directiva 89/647/CEE e nos instrumentos de dívida emitidos por empresas de investimento ou por empresas de investimento reconhecidas de países terceiros. Incluem-se ainda as posições longas e curtas em títulos de dívida se tais títulos satisfizerem as seguintes condições: os títulos devem ter sido admitidos à cotação em pelo menos um mercado regulamentado de um Estado-membro ou num bolsa de valores de um país terceiro, desde que essa bolsa seja reconhecida pelas autoridades competentes do Estado-membro em questão; e sejam considerados pela instituição como sendo suficientemente líquidos e como estando sujeitos, devido à solvabilidade do emitente, a um risco de incumprimento de grau comparável ou inferior ao dos activos referidos no n.° 1, alínea b), do artigo 6.° da Directiva 89/647/CEE; a classificação dos valores mobiliários como elementos qualificados fica sujeita à avaliação das autoridades competentes, que deverão recusar a classificação atribuída pela instituição caso considerem que esses valores mobiliários estão sujeitos a um grau excessivo de risco de incumprimento para serem elementos qualificados.

Sem prejuízo do que ficou estabelecido supra, e na pendência de uma coordenação posterior, as autoridades competentes podem reconhecer como elementos qualificados os valores mobiliários que são suficientemente líquidos e que apresentam, devido à solvabilidade do emitente, um risco de incumprimento de grau comparável ou inferior ao dos activos referidos no n.° 1, alínea b), do artigo 6.° da Directiva 89/647/CEE. O risco de incumprimento inerente a esses valores mobiliários deve ser avaliado a este nível por, pelo menos, duas sociedades de notação de riscos de crédito reconhecidas pelas autoridades competentes, ou por uma única sociedade desse tipo desde que outra sociedade de notação reconhecida pelas autoridades competentes não tenha atribuído a esses valores mobiliários um nível inferior.

---

[628] Redacção dada pelo n.° 1 do artigo 3.° da Directriz n.° 98/33/CE, de 22 de Junho de 1998.

Todavia, as autoridades competentes podem dispensar o recurso à notação se a considerarem inapropriada atendendo, por exemplo, às características do mercado, do emitente ou da emissão, ou de uma combinação dessas características.

Além disso, as autoridades competentes impõem às instituições a ponderação máxima indicada no quadro 1, constante do ponto 14 do anexo I, quanto aos valores mobiliários que apresentem um risco particular em virtude de uma solvabilidade insuficiente do emitente e/ou de uma liquidez insuficiente.

As autoridades competentes de cada Estado-membro fornecem regularmente informações ao Conselho e à Comissão sobre os métodos utilizados para avaliar os elementos qualificados, designadamente no que diz respeito aos métodos para avaliar a liquidez da emissão e a solvabilidade do emitente;

13. *Elementos das administrações centrais*: posições longas e curtas nos activos referidos no n.º 1, alínea *a*), do artigo 6.º da Directiva 89/647/CEE e as posições a que foi atribuído um coeficiente de ponderação de 0%, nos termos do artigo 7.º da mesma directiva;

14. *Título convertível*: um valor mobiliário que pode ser trocado, por opção do seu detentor, por outro valor mobiliário, geralmente uma acção da entidade emitente;

15. *"Warrant"*: um instrumento que confere ao seu detentor o direito de adquirir, até à data em que expira o *warrant,* um certo número de acções ordinárias ou obrigações, a um determinado preço. A liquidação pode efectuar-se mediante entrega dos próprios valores mobiliários ou do seu equivalente em numerário;

16. *"Warrant" coberto*: um instrumento emitido por uma entidade diferente do emitente do subjacente, que confere ao detentor o direito de adquirir um certo número de acções ordinárias, ou obrigações, a um preço determinado, ou um direito que garante um lucro ou evita um prejuízo em relação às flutuações de um índice relacionado com qualquer dos instrumentos financeiros enumerados na secção B do anexo da Directiva 93/22/CEE, até à data de expiração do *warrant*;

17. *Venda com acordo de recompra* e *Compra com acordo de revenda*: um acordo pelo qual uma instituição ou a sua contraparte transferem valores mobiliários ou direitos garantidos relacionados com a titularidade de valores mobiliários em que essa garantia é emitida por uma bolsa reconhecida que detém os direitos aos valores mobiliários e o acordo não permite a uma instituição transferir ou dar em garantia um determinado valor mobiliário a mais que uma contraparte em simultâneo, sujeito ao compromisso de os recomprar (ou valores mobiliários substitutos da mesma natureza) a um preço determinado e numa determinada data fixa, ou a fixar, pela empresa que efectua a transferência, é uma "venda com acordo de recompra" para uma instituição que venda os valores mobiliários e uma "compra com acordo de revenda" para a instituição que os adquira.

Considera-se que uma compra com acordo de revenda tem carácter interprofissional quando a contraparte está sujeita a coordenação prudencial a nível comunitário ou é uma instituição de crédito da zona A na acepção da Directiva 89/647/CEE ou é uma empresa de investimento reconhecida de um país terceiro ou quando o acordo é celebrado com uma câmara de compensação ou bolsa reconhecidas;

18. *Concessão de empréstimo de valores mobiliários* e *Contracção de empréstimo de valores mobiliários*: uma transacção em que uma instituição ou a contra-

parte transferem valores mobiliários contra uma garantia adequada sujeita ao compromisso de que o mutuário devolverá valores mobiliários equivalentes numa dada data futura ou quando solicitado a fazê-lo pela entidade que procede à transferência, é uma "concessão de empréstimo de valores mobiliários" para a instituição que transfere os valores mobiliários e uma "contracção de empréstimo de valores mobiliários" para a instituição para a qual aqueles são transferidos.

Considera-se que a contracção de um empréstimo de valores mobiliários tem carácter interprofissional quando a contraparte está sujeita a coordenação prudencial a nível comunitário ou é uma instituição de crédito da zona A na acepção da Directiva 89/647/CEE ou é uma empresa de investimentos reconhecida de um país terceiro e/ou quando é celebrado com uma câmara de compensação ou bolsa reconhecidas;

19. *Membro compensador*: um membro da bolsa e/ou da câmara de compensação que tem uma relação contratual directa com a contraparte central (que garante a boa execução das operações); os membros não compensadores devem canalizar as suas operações por intermédio de um membro compensador;

20. *Empresa local*: uma empresa que negoceia unicamente por conta própria numa bolsa de futuros sobre instrumentos financeiros ou de opções, ou que negoceia ou fixa um preço para outros membros da mesma bolsa, e que se encontra coberta pela garantia de um membro compensador da referida bolsa. A responsabilidade pela garantia da boa execução dos contratos celebrados por essa empresa deve ser assumida por um membro compensador da mesma bolsa, devendo esses contratos ser tidos em conta no cálculo dos requisitos globais de capital do membro compensador partindo do princípio de que as posições da empresa local estão totalmente separadas das do membro compensador;

21. *Delta*: a variação esperada no preço de uma opção resultante de uma pequena variação do preço do instrumento subjacente à opção;

22. Para efeitos do disposto no ponto 4 do anexo I, *posição longa* será a posição em que a instituição fixou a taxa de juro que irá receber numa data futura e *posição curta* a posição em que fixou a taxa de juro que irá pagar numa data futura;

23. *Fundos próprios*: os fundos próprios na acepção da Directiva 89/299/CEE. No entanto, esta definição pode ser alterada nas circunstâncias descritas no anexo V;

24. *Capital inicial*: os elementos referidos no n.º 1, pontos 1 e 2, do artigo 2.º da Directiva 89/299/CEE;

25. *Fundos próprios de base*: os elementos referidos nos pontos 1, 2 e 4 menos os referidos nos pontos 9, 10 e 11 do n.º 1 do artigo 2.º da Directiva 89/299/CEE;

26. *Capital*: os fundos próprios;

27. *Duração modificada*: a duração calculada de acordo com a fórmula constante do ponto 26 do anexo I.

---

[10] JO n.º L 322 de 17.12.1977, p. 30. Directiva com a última redacção que lhe foi dada pela Directiva 89/646/CEE (JO n.º L 386 de 30.12.1989, p. 1).

CAPITAL INICIAL

ARTIGO 3.º

1. As empresas de investimento que detenham dinheiros e/ou valores mobiliários dos clientes, e que prestem um ou mais dos serviços seguidamente indicados, devem possuir um capital inicial de 125000 ecus:
   – recepção e transmissão das ordens dos investidores relativas a instrumentos financeiros,
   – execução das ordens dos investidores relativas a instrumentos financeiros,
   – gestão de carteiras individuais de investimento em instrumentos financeiros,
na condição de essas empresas não negociarem instrumentos financeiros por conta própria e não assumirem compromissos de tomada firme de emissões de instrumentos financeiros.

A detenção de posições extra-carteira de negociação em instrumentos financeiros com vista ao investimento de fundos próprios não deverá ser considerada negociação por conta própria para os efeitos do primeiro parágrafo ou no contexto do n.º 2.

Todavia, as autoridades competentes podem permitir que as empresas de investimento que executem ordens de investidores relativas a instrumentos financeiros detenham esses instrumentos por conta própria se:
   – essas posições forem tomadas unicamente em resultado do facto de a empresa de investimento não poder conciliar as ordens dos investidores, e
   – o valor de mercado total das posições não exceder 15% do capital inicial da empresa de investimento, e
   – a empresa satisfizer os requisitos enunciados nos artigos 4.º e 5.º e
   – essas posições tiverem um carácter acidental e provisório e se limitarem ao tempo estritamente necessário à execução da operação em causa.

2. Os Estados-membros podem reduzir o montante previsto no n.º 1 para 50000 ecus se a empresa não estiver autorizada a deter dinheiros ou valores mobiliários dos clientes, nem a negociar por conta própria, nem a assumir compromissos de tomada firme de emissões.

3. Todas as outras empresas de investimento devem ter um capital inicial de 730000 ecus.

4. As empresas referidas no segundo e terceiro travessões do ponto 2 do artigo 2.º devem ter um capital inicial de 50000 ecus na medida em que beneficiem da liberdade de estabelecimento e/ou de prestação de serviços ao abrigo dos artigos 14.º ou 15.º da Directiva 93/22/CEE.

5. Sem prejuízo do disposto nos n.ºs 1 a 4, os Estados-membros podem manter a autorização para as empresas de investimento e empresas abrangidas pelo n.º 4 existentes antes da aplicação da presente directiva cujos fundos próprios sejam infe-

riores aos níveis de capital inicial que lhes são prescritos nos n.ºs 1 a 4. Os fundos próprios de todas essas empresas não podem ser inferiores ao nível de referência mais elevado calculado após a data de notificação da presente directiva. O nível de referência é o nível médio diário dos fundos próprios calculado no decurso do período de seis meses que precede a data de cálculo. Este nível de referência será calculado de seis em seis meses para o período anterior correspondente.

6. Se o controlo de uma empresa abrangida pelo n.° 5 passar a ser exercido por uma pessoa singular ou colectiva que não seja a pessoa que o exercia anteriormente, os fundos próprios dessa empresa devem atingir, pelo menos, o nível para ela estabelecido nos n.ºs 1 a 4, excepto nas situações seguintes:

   i) No caso da primeira transferência por herança após o início da aplicação da directiva, sob reserva de aprovação pelas autoridades competentes e por período não superior a dez anos a contar da data da transferência em causa;

   ii) No caso de uma mudança de *partner* numa *partnership,* enquanto pelo menos um dos *partners* à data de início de aplicação da presente directiva permanecer na *partnership* e por período não superior a dez anos a contar da data de início de aplicação da directiva.

7. Contudo, em determinadas circunstâncias específicas e com o consentimento das autoridades competentes, quando se verifique uma fusão de duas ou mais empresas de investimento e/ou de empresas abrangidas pelo n.° 4, os fundos próprios da empresa resultante dessa fusão não terão de atingir o nível para ela prescrito nos n.ºs 1 a 4. No entanto, durante o período em que não forem atingidos os níveis referidos nos n.ºs 1 a 4, os fundos próprios da nova empresa não podem ser inferiores aos fundos próprios totais das empresas objecto de fusão à data em que esta tenha ocorrido.

8. Os fundos próprios das empresas de investimento e das empresas abrangidas pelo n.° 4 não podem ser inferiores ao nível prescrito nos n.ºs 1 a 5 e 7. Contudo, se tal vier a verificar-se, as autoridades competentes podem, quando as circunstâncias o justifiquem, conceder a essas empresas um prazo limitado para rectificarem a sua situação ou cessarem as suas actividades.

COBERTURA DE RISCOS

ARTIGO 4.°

1. As autoridades competentes imporão às instituições a obrigação de deterem fundos próprios que sejam permanentemente superiores ou iguais à soma:

   i) Dos requisitos de capital, calculados de acordo com os anexos I, II e VI, no que se refere à carteira de negociação;

   ii) Dos requisitos de capital, calculados de acordo com o anexo III, em relação ao conjunto da sua actividade;

iii) Dos requisitos de capital previstos na Directiva 89/647/CEE para o conjunto da sua actividade, com excepção tanto da actividade de carteira de negociação como dos activos ilíquidos, se estes forem deduzidos dos fundos próprios ao abrigo do ponto 2d) do anexo V;
iv) Os requisitos de capital previstos no n.º 2.

Independentemente do montante do requisito de capital referido nas alíneas *i)* a *iv)*, o requisito de fundos próprios das empresas de investimento nunca pode ser inferior ao requisito enunciado no anexo IV.

2. As autoridades competentes exigirão que as instituições cubram, por meio de fundos próprios adequados, os riscos decorrentes da actividade que não se incluam no âmbito de aplicação da presente directiva ou da Directiva 89/647/CEE e que sejam considerados como idênticos aos riscos tratados por essas directivas.

3. Se os fundos próprios detidos por uma instituição baixarem para um montante inferior ao dos seus requisitos de fundos próprios calculados de acordo com o n.º 1, as autoridades competentes assegurar-se-ão de que a instituição em causa tomará as medidas adequadas para corrigir esta situação o mais rapidamente possível.

4. As autoridades competentes imporão às instituições a obrigação de criar sistemas de fiscalização e de controlo dos riscos de taxa de juro inerentes ao conjunto da sua actividade, estando esses sistemas sujeitos à apreciação das autoridades competentes.

5. As instituições são obrigadas a demonstrar às suas autoridades competentes que dispõem de sistemas adequados para, em qualquer momento, calcular com razoável rigor a situação financeira da instituição.

6. Sem prejuízo do disposto no n.º 1, as autoridades competentes podem autorizar as instituições a calcular os requisitos de capital, no que se refere à actividade da sua carteira de negociação, em conformidade com o disposto na Directiva 89/647/CEE e não em conformidade com os anexos I e II da presente directiva, desde que:
i) A actividade de carteira de negociação dessas instituições não exceda normalmente 5 % da sua actividade global;
e
ii) A totalidade das posições da sua carteira de negociação não exceda normalmente o montante de 15 milhões de ecus;
e
iii) A actividade de carteira de negociação dessas instituições nunca exceda 6% da sua actividade global e as posições da mesma nunca excedam 20 milhões de ecus.

7. A fim de determinar, para efeitos do disposto nas alíneas *i)* e *iii)* do n.º 6, o valor relativo da carteira de negociação no conjunto da actividade global, as autoridades competentes podem basear-se no volume global dos elementos patrimoniais e extrapatrimoniais do balanço, ou na conta de ganhos e perdas, ou nos fundos

próprios das instituições em questão, ou numa combinação destes critérios. Na avaliação dos elementos patrimoniais e extrapatrimoniais, os instrumentos de dívida deverão ser avaliados pelo seu preço de mercado ou pelo seu valor nominal, os títulos de capital pelo seu preço de mercado e os instrumentos derivados de acordo com o valor nominal ou de mercado dos instrumentos subjacentes. As posições longas e as posições curtas devem ser somadas independentemente do seu sinal.

8. Se uma instituição exceder qualquer dos limites estabelecidos nas alíneas *i*) e *ii*) do n.º 6 por mais do que um curto período ou se exceder qualquer dos limites estabelecidos na alínea *iii*) do mesmo número, deve passar a cumprir os requisitos estabelecidos na alinea *i*) do n.º 1 do artigo 4.º e não os previstos na Directiva 89/647/CEE, sobre a actividade da sua carteira de negociação, e notificar de tal facto as autoridades competentes.

FISCALIZAÇÃO E CONTROLO DOS GRANDES RISCOS

ARTIGO 5.º

1. As instituições devem fiscalizar e controlar os seus grandes riscos de acordo com a Directiva 92/121/CEE.

2. Sem prejuízo do n.º 1, as instituições que calcularem os requisitos de capital sobre a sua carteira de negociação de acordo com os anexos I e II, devem fiscalizar e controlar os seus grandes riscos de acordo com a Directiva 92/121/CEE, sem prejuízo das alterações estabelecidas no anexo VI da presente directiva.

AVALIAÇÃO DAS POSIÇÕES PARA EFEITOS DE INFORMAÇÃO

ARTIGO 6.º

1. As instituições avaliarão diariamente as suas carteiras de negociação a preços de mercado, salvo se estiverem sujeitas ao disposto no n.º 6 do artigo 4.º.

2. Na ausência de preços de mercado imediatamente disponíveis, nomeadamente no caso de emissões no mercado primário, as autoridades competentes podem dispensar o cumprimento do disposto do n.º 1 e exigir às instituições que utilizem outros métodos de avaliação, desde que esses métodos sejam suficientemente prudentes e tenham sido aprovados pelas autoridades competentes.

SUPERVISÃO NUMA BASE CONSOLIDADA

ARTIGO 7.º[629]
Princípios gerais

1. Os requisitos de capital enumerados nos artigos 4.º e 5.º respeitantes às instituições que não são empresas-mãe nem filiais de tais empresas serão aplicados numa base individual.

2. Os requisitos enumerados nos artigos 4.º e 5.º respeitantes:
– às instituições que tenham como filial uma instituição de crédito na acepção da Directiva 92/30/CEE ou uma empresa de investimento ou outra instituição financeira, ou que detenham uma participação em tais entidades
e
– às instituições cuja empresa-mãe seja uma companhia financeira,
serão aplicados numa base consolidada de acordo com os métodos estabelecidos na directiva acima referida e nos n.ºs 7 a 14 do presente artigo.

3. Quando um grupo abrangido pelo n.º 2 não incluir uma instituição de crédito, será aplicável a Directiva 92/30/CEE, com as seguintes adaptações:
– *companhia financeira*: uma instituição financeira cujas filiais são exclusiva ou principalmente empresas de investimento ou outras instituições financeiras, sendo pelo menos uma dessas filiais uma empresa de investimento, e que não é uma companhia financeira mista na acepção da Directiva 2002/87/CE do Parlamento Europeu e do Conselho, de 16 de Dezembro de 2002, relativa à supervisão complementar de instituições de crédito, empresas de seguros e empresas de investimento de um conglomerado financeiro[*].

(*) JO L 35 de 11.2.2003.

– *companhia mista*: uma empresa-mãe que não é uma companhia financeira ou uma empresa de investimento ou uma companhia financeira mista na acepção da Directiva 2002/87/CE, sendo pelo menos uma das filiais uma empresa de investimento,
– *autoridades competentes*: as autoridades nacionais habilitadas, por força de disposições legislativas ou regulamentares, a supervisionar as empresas de investimento,

---

[629] O artigo 26.º da Directriz n.º 2002/87/CE, do Parlamento Europeu e do Conselho, de 16 de Dezembro de 2002, deu nova redacção aos primeiro e segundo travessões do n.º 3. Era a seguinte a redacção original:
– *companhia financeira*: uma instituição financeira cujas filiais sejam exclusiva ou principalmente empresas de investimento ou outras instituições financeiras, sendo pelo menos uma dessas filiais uma empresa de investimento,
– *companhia mista*: uma empresa-mãe que não seja uma companhia financeira ou uma empresa de investimento, entre cujas filiais se inclua pelo menos uma empresa de investimento.

– as referências a *instituições de crédito* são substituídas por referências a *empresas de investimento*,
– o segundo parágrafo do n.º 5 do artigo 3.º não é aplicável,
– as referências feitas nos n.ᵒˢ 1 e 2 do artigo 4.º e no n.º 5 do artigo 7.º da Directiva 92/30/CEE à Directiva 77/780/CEE são substituídas por referências à Directiva 93/22/CEE,
– as referências feitas no n.º 9 do artigo 3.º e no n.º 3 do artigo 8.º da Directiva 92/30/CEE ao *Comité consultivo bancário* são substituídas por referências ao Conselho e à Comissão,
– a primeira frase do n.º 4 do artigo 7.º da Directiva 92/30/CEE é substituída pela seguinte frase:

4. As autoridades competentes que exercem ou que têm mandato para exercer a supervisão numa base consolidada de grupos abrangidos pelo n.º 3, podem, enquanto se aguarda posterior coordenação relativa à supervisão numa [*base*] consolidada desses grupos e sempre que as circunstâncias o justifiquem, renunciar a esta obrigação desde que cada empresa de investimento nesse grupo:
   i) Aplique a definição de fundos próprios dada no n.º 9 do anexo V;
   ii) Satisfaça os requisitos estabelecidos nos artigos 4.º e 5.º numa base individual;
   iii) Crie sistemas de fiscalização e controlo das origens de capital e de financiamento de todas as instituições financeiras pertencentes ao grupo.

5. As autoridades competentes exigirão que as empresas de investimento de um grupo sujeito à derrogação referida no n.º 4 as notifiquem dos riscos, incluindo os riscos associados com a composição e a origem do seu capital e do seu financiamento, que possam afectar a situação financeira dessas empresas de investimento. Se as autoridades competentes considerarem que a situação financeira dessas empresas de investimento não está suficientemente protegida, exigirão que essas empresas tomem medidas, incluindo se necessário limitações às transferências de capital dessas empresas para as entidades do grupo.

6. Sempre que as autoridades competentes renunciem à obrigação de supervisão numa base consolidada nos termos do n.º 4, tomarão outras medidas adequadas para controlar os riscos, nomeadamente os grandes riscos, incorridos pelo grupo no seu conjunto, incluindo os das empresas que não estejam situadas num Estado--membro.

7. Os Estados-membros podem dispensar a aplicação, numa base individual ou subconsolidada, dos requisitos a que se referem os artigos 4.º e 5.º a uma instituição que, como empresa-mãe, esteja sujeita à supervisão numa base consolidada, e a qualquer filial dessa instituição que esteja sujeita à sua autorização e supervisão e esteja abrangida pela supervisão numa base consolidada da instituição que é a empresa-mãe.

Admite-se o mesmo direito de dispensa nos casos em que a empresa-mãe é uma companhia financeira que tem a sua sede no mesmo Estado-membro que a instituição, desde que esteja sujeita à mesma supervisão que a exercida sobre as instituições de crédito ou empresas de investimento, e em particular aos requisitos previstos nos artigos 4.º e 5.º.

Em ambos os casos referidos, se o direito de dispensa for exercido, devem ser tomadas medidas para garantir uma repartição adequada dos fundos próprios no interior do grupo.

8. No caso de uma instituição filial de uma empresa-mãe ser uma instituição que foi autorizada e esteja situada noutro Estado-membro, as autoridades competentes que concederam a referida autorização devem aplicar as regras estabelecidas nos artigos 4.º e 5.º a essa instituição numa base individual ou, se for caso disso, numa base subconsolidada.

9. Sem prejuízo do n.º 8, as autoridades competentes responsáveis pela autorização da filial de uma empresa-mãe que seja uma instituição podem, por acordo bilateral, delegar as suas responsabilidades de supervisão da adequação de fundos próprios e dos grandes riscos nas autoridades competentes que autorizaram e supervisionam a empresa-mãe. A Comissão deve ser informada regularmente da existência e conteúdo de tais acordos. A comissão enviará essas informações às autoridades competentes dos outros Estados-membros bem como ao Comité consultivo bancário e ao Conselho, excepto quando se tratar de grupos abrangidos pelo n.º 3 supra.

Cálculo dos requisitos consolidados

10. Sempre que o direito de dispensa previsto nos n.ºs 7 e 9 não for exercido, as autoridades competentes podem, para efeitos do cálculo numa base consolidada dos requisitos de capital referidos no anexo I e dos riscos sobre clientes referidos no anexo VI, autorizar que as posições líquidas na carteira de negociação de uma instituição compensem posições na carteira de negociação de outra instituição, de acordo com as regras estabelecidas respectivamente no anexo I e no anexo VI.

Além disso, as autoridades competentes podem autorizar que posições em divisas sujeitas ao anexo III de uma instituição compensem posições em divisas sujeitas ao anexo III, noutra instituição, de acordo com as regras estabelecidas no anexo III.

11. As autoridades competentes podem igualmente autorizar a compensação relativamente à carteira de negociação e às posições em divisas de empresas situadas em países terceiros, desde que se encontrem simultaneamente cumpridas as seguintes condições:

  i) Tais empresas terem sido autorizadas num país terceiro e obedecerem à definição de instituição de crédito contida no primeiro travessão do artigo 1.º da Directiva 77/780/CEE ou serem empresas de investimento reconhecidas de países terceiros;

ii) Tais empresas cumprirem, numa base individual, regras de adequação de capital equivalentes às estabelecidas na presente directiva;

iii) Não existir nos países em questão qualquer regulamentação que possa afectar significativamente a transferência de fundos no interior do grupo.

12. As autoridades competentes podem igualmente autorizar a compensação descrita no n.º 10 entre instituições pertencentes a um grupo que tenham sido autorizadas no Estado-membro em questão, desde que:

i) Exista uma repartição do capital satisfatória no interior do grupo;

ii) O quadro regulamentar, jurídico ou contratual no qual as instituições operam seja de molde a garantir o apoio financeiro recíproco no interior do grupo.

13. Além disso, as autoridades competentes podem autorizar a compensação descrita no n.º 10 entre instituições pertencentes ao grupo que satisfaçam as condições referidas no n.º 12 e qualquer instituição incluída no mesmo grupo que tenha sido autorizada noutro Estado-membro desde que esta instituição seja obrigada a satisfazer os seus requisitos de capital previstos nos artigos 4.º e 5.º numa base individual.

Definição de fundos próprios consolidados

14. Para efeitos do cálculo dos fundos próprios numa base consolidada, é aplicável o artigo 5.º da Directiva 89/299/CEE.

15. As autoridades competentes incumbidas da supervisão numa base consolidada podem reconhecer a validade das definições específicas de fundos próprios aplicáveis às instituições de acordo com o anexo V, para efeitos de cálculo dos respectivos fundos próprios consolidados.

DEVER DE INFORMAÇÃO

ARTIGO 8.º

1. Os Estados-membros exigirão que as empresas de investimento e as instituições de crédito forneçam às autoridades competentes do Estado-membro de origem todas as informações necessárias para poder apreciar a observância das regras adoptadas em conformidade com a presente directiva. Os Estados-membros assegurarão ainda que os mecanismos de controlo interno e os procedimentos administrativos e contabilísticos das instituições permitam, a todo o momento, a verificação da observância das referidas regras.

2. As empresas de investimento serão obrigadas a prestar informações às autoridades competentes, segundo as regras que estas fixarem, pelo menos mensalmente,

no caso das empresas abrangidas pelo n.º 3 do artigo 3.º, pelo menos trimestralmente, no caso das empresas abrangidas pelo n.º 1 do artigo 3.º, e pelo menos semestralmente, no caso das empresas abrangidas pelo n.º 2 do artigo 3.º.

3. Sem prejuízo do n.º 2, será exigido às empresas de investimento abrangidas pelos n.ºs 1 e 3 do artigo 3.º que forneçam semestralmente informações numa base consolidada ou subconsolidada.

4. As instituições de crédito serão obrigadas a prestar informações às autoridades competentes, segundo as regras que estas fixarem, com a mesma frequência que a prevista pela Directiva 89/647/CEE.

5. As autoridades competentes obrigarão as instituições a informá-las imediatamente de qualquer caso em que as suas contrapartes em vendas com acordo de recompra e compras com acordo de revenda ou em transacções de concessão ou de contracção de empréstimos de valores mobiliários faltem ao cumprimento das suas obrigações. A Comissão fará relatório ao Conselho sobre estes casos e respectivas implicações para o tratamento desses acordos e transacções na presente directiva, o mais tardar três anos após a data referida no artigo 12.º. Esse relatório descreverá ainda o modo como as instituições satisfazem quaisquer das condições *i*) a *v*) do artigo 2.º, ponto 6, alínea *b*), que lhes sejam aplicáveis, em particular a condição *v*). Além disso, o relatório [deve conter] todas as alterações que se tenham registado, em relação a essas instituições, no volume da respectiva actividade tradicional de concessão de créditos e na concessão de créditos através de compras com acordo de revenda e de transacções de contracção de empréstimos de valores mobiliários. Se a Comissão concluir com base nesse relatório, bem como noutras informações, que são necessárias novas salvaguardas por forma a evitar abusos, apresentará as propostas adequadas.

AUTORIDADES COMPETENTES

ARTIGO 9.º

1. Os Estados-membros designarão as autoridades que devem desempenhar as funções previstas na presente directiva. Do facto informarão a Comissão, indicando qualquer eventual repartição de funções.

2. As autoridades a que se refere o n.º 1 devem ser autoridades públicas ou organismos oficialmente reconhecidos, pelo direito nacional ou por autoridades públicas, como fazendo parte do sistema de supervisão vigente no Estado-membro em questão.

3. As autoridades em questão devem ser investidas de todos poderes necessários ao desempenho das suas atribuições, nomeadamente a de apreciar a forma como é constituída a carteira de negociação.

4. As autoridades competentes dos vários Estados-membros trabalharão em estreita colaboração para desempenharem as funções previstas pela presente directiva, especialmente quando os serviços de investimento forem prestados em regime de prestação de serviços ou através da criação de sucursais num ou vários Estados--membros. A pedido de qualquer uma delas, facultar-se-ão mutuamente todas as informações susceptíveis de facilitar a supervisão da adequação dos fundos próprios das empresas de investimento e das instituições de crédito e, especialmente, a verificação da observância das regras previstas na presente directiva. A troca de informações sobre empresas de investimento entre autoridades competentes que seja efectuada ao abrigo da presente directiva será sujeita à obrigação de sigilo profissional prevista no artigo 25.° da Directiva 93/22/CEE e, no que diz respeito às instituições de crédito, será sujeita à obrigação prevista no artigo 12.° da Directiva 77/780/CEE do Conselho, alterada pela Directiva 89/646/CEE.

ARTIGO 10.°

Enquanto se aguarda a adopção de uma outra directiva que estabeleça disposições para a adaptação da presente directiva ao progresso técnico nas áreas seguidamente especificadas, o Conselho, deliberando por maioria qualificada, sob proposta da Comissão, procederá, em conformidade com a Decisão 87/373/CEE do Conselho, à adopção das adaptações que se revelarem necessárias tendo em vista:
– a clarificação das definições constantes do artigo 2.°, a fim de garantir uma aplicação uniforme da presente directiva em toda a Comunidade,
– a clarificação das definições constantes do artigo 2.°, a fim de ter em conta a evolução verificada nos mercados financeiros,
– a alteração dos montantes de capital inicial estabelecidos no artigo 3.° e do montante estabelecido no n.° 6 do artigo 4.°, a fim de ter em conta a evolução registada nos domínios económico e monetário,
– a harmonização da terminologia e da redacção das definições, em consonância com actos posteriores aplicáveis às instituições e matérias conexas.

DISPOSIÇÕES TRANSITÓRIAS

ARTIGO 11.°

1. Os Estados-membros podem autorizar empresas de investimento sujeitas ao disposto no n.° 1 do artigo 30.° da Directiva 93/22/CEE, cujos fundos próprios sejam, à data da entrada em vigor da presente directiva, inferiores aos níveis que lhes são aplicáveis por força do disposto nos n.ᵒˢ 1 a 3 do artigo 3.°. No entanto, os fundos próprios dessas empresas de investimento devem, a partir desse momento, satisfazer as condições estabelecidas nos n.ᵒˢ 5 a 8 do artigo 3.° supra.

2. Sem prejuízo do disposto no ponto 14 do anexo I, os Estados-membros podem estabelecer, em relação às obrigações a que tenha sido atribuído um coefi-

ciente de ponderação de 10% na Directiva 89/647/CEE, ao abrigo do n.º 2 do artigo 11.º da mesma directiva, um requisito para risco específico igual a metade do requisito para risco específico aplicável aos elementos qualificados com o mesmo prazo de vida residual que essas obrigações.

DISPOSIÇÕES FINAIS

ARTIGO 12.º

1. Os Estados-membros porão em vigor as disposições legislativas, regulamentares e administrativas necessárias para dar cumprimento à presente directiva o mais tardar até à data prevista no artigo 31.º, segundo parágrafo, da Directiva 93/22/CEE. Do facto informarão imediatamente a Comissão.

Sempre que os Estados-membros adoptarem tais disposições, estas devem incluir uma referência à presente directiva ou ser acompanhadas dessa referência aquando da sua publicação oficial. As modalidades dessa referência serão estabelecidas pelos Estados-membros.

2. Os Estados-membros comunicarão à Comissão o texto das principais disposições de direito interno que adoptem no domínio regido pela presente directiva.

ARTIGO 13.º

A Comissão apresentará ao Conselho, logo que possível, propostas de requisitos de capital em relação à negociação de matérias-primas e aos instrumentos derivados de matérias-primas e em relação às unidades de participação em fundos de investimento.

O Conselho deverá pronunciar-se sobre as propostas da Comissão o mais tardar seis meses antes do início de aplicação da presente directiva.

CLÁUSULA DE REVISÃO

ARTIGO 14.º

O mais tardar três anos após a data referida no artigo 12.º, o Conselho, deliberando sob proposta da Comissão, procederá à análise e, se necessário, à revisão da directiva à luz da experiência adquirida na sua aplicação, tendo em conta a inovação no mercado e, em especial, os trabalhos das entidades regulamentadoras em fóruns internacionais.

ARTIGO 15.°

Os Estados-membros são os destinatários da presente directiva.

Feito em Bruxelas, em 15 de Março de 1993.

Pelo Conselho
O Presidente
M. JELVED

ANEXO I
Riscos de posição

INTRODUÇÃO

Cálculo de posições líquidas

1. A posição líquida da instituição em cada um dos diferentes instrumentos é constituída pelo excedente das suas posições longas (curtas) relativamente às suas posições curtas (longas) nas mesmas emissões de títulos de capital, de títulos de dívida ou de títulos convertíveis e contratos idênticos relativos a futuros financeiros, opções, *warrants* e *warrants* cobertos. No cálculo das posições líquidas, as autoridades competentes podem permitir que as posições em instrumentos derivados sejam tratadas, de acordo com o método especificado nos pontos 4 a 7 infra, como posições no(s) valor(es) mobiliário(s) subjacente(s) (ou nocionais). No caso de a carteira da instituição incluir os seus próprios instrumentos de dívida, estes últimos não serão tomados em consideração no cálculo do risco específico a que se refere o ponto 14.

2. Não é permitido proceder ao cálculo da posição líquida entre um título convertível e uma posição compensatória no instrumento que lhe está subjacente, a menos que as autoridades competentes adoptem uma orientação ao abrigo da qual seja tida em consideração a probabilidade de um dado título convertível vir a ser convertido, ou tenham estabelecido um requisito de capital que dê cobertura a qualquer perda potencial susceptível de resultar da conversão.

3. Todas as posições líquidas, independentemente do seu sinal, devem ser convertidas diariamente, antes da sua agregação, na moeda em que são expressas as contas da instituição, à taxa de câmbio vigente para operações à vista.

Instrumentos especiais

4. As operações a futuro sobre taxas de juro, os contratos a prazo relativos a taxas de juro (FRA) e os compromissos a prazo de compra ou de venda de instrumentos de dívida serão tratados como combinações de posições longas e curtas. Deste modo, uma posição longa em operações a futuro sobre taxas de juro deve ser tratada como uma combinação de um empréstimo contraído, que se vence na data de entrega do contrato a futuro, e uma detenção de um activo com uma data de vencimento igual à do instrumento ou posição nocional subjacente ao contrato a futuro em questão. De

igual modo, um FRA vendido será tratado como uma posição longa com uma data de vencimento igual à data de liquidação, acrescida do período contratual, e uma posição curta com uma data de vencimento igual à data de liquidação. A contracção do empréstimo e a detenção do activo serão incluídos na coluna correspondente à administração central do quadro I, constante do ponto 14, a fim de calcular o requisito de capital para o risco específico inerente aos futuros sobre taxas de juro e aos FRA. Os compromissos a prazo de compra de instrumentos de dívida serão tratados como a combinação de um empréstimo contraído, que se vence na data de entrega, e uma posição longa (à vista) no próprio instrumento de dívida. O empréstimo será incluído na coluna correspondente à administração central do quadro I para efeitos de risco específico, e o instrumento de dívida será incluído na coluna adequada nesse mesmo quadro. As autoridades competentes podem permitir que o requisito de capital relativo a um futuro transaccionado em bolsa seja igual à margem requerida pela bolsa, se considerarem que a margem constitui uma medida precisa do risco associado ao futuro e que o método utilizado no cálculo da margem é equivalente ao método de cálculo estabelecido no presente anexo.

5. As opções sobre taxas de juro, instrumentos de dívida, títulos de capital, índices de acções, futuros sobre instrumentos financeiros, *swaps* e divisas serão tratadas, para efeitos do presente anexo, como se fossem posições com um valor igual ao do montante do instrumento subjacente a que se refere a opção, multiplicado pelo respectivo delta. Poder-se-á determinar a posição líquida entre estas posições e quaisquer posições compensadas em valores mobiliários idênticos aos subjacentes ou de instrumentos derivados. O delta utilizado será o da bolsa em questão, ou o calculado pelas autoridades competentes ou, caso não existam ou para as opções do mercado de balcão, o que for calculado pela própria instituição, desde que as autoridades competentes considerem que o modelo utilizado pela instituição é razoável.

Contudo, as autoridades competentes podem também estipular que as instituições calculem os seus deltas seguindo uma metodologia indicada pelas autoridades competentes. As autoridades competentes exigirão uma protecção contra os demais riscos, associados às opções, para além do risco delta.

As autoridades competentes podem permitir que o requisito relativo a uma opção subscrita negociada em bolsa seja igual à margem requerida pela bolsa, se considerarem que a margem constitui uma medida precisa do risco associado à opção e que o método utilizado no cálculo da margem é equivalente ao método de cálculo estabelecido infra no presente anexo para tais opções. Além disso, podem permitir que o requisito correspondente a uma opção adquirida, negociada em bolsa ou no mercado do balcão, seja o mesmo que para o instrumento que lhe está subjacente, na condição de que o requisito daí decorrente não exceda o valor de mercado da opção. O requisito relativo a uma opção subscrita no mercado de balcão será calculado em função do instrumento que lhe está subjacente.

6. Os *warrants* e os *warrants* cobertos serão tratados do mesmo modo que o previsto no ponto 5 para as opções.

7. Os *swaps* serão tratados, para efeitos de risco da taxa de juro, da mesma forma que os instrumentos das contas patrimoniais do balanço. Deste modo, um *swap* de taxa de juro, ao abrigo do qual uma instituição recebe juros a uma taxa variável e paga juros a uma taxa fixa, será tratado como equivalente a uma posição longa num instrumento de taxa variável com um prazo de vida equivalente ao período que decorre até à refixação da taxa de juro e a uma posição curta num instrumento de taxa fixa com o mesmo prazo de vida que o próprio *swap*.

8. Todavia, as instituições que avaliam ao valor de mercado e fazem a gestão do risco de taxa de juro dos instrumentos derivados referidos nos pontos 4 a 7 com base no *cash flow* actualizado podem utilizar modelos de sensibilidade para o cálculo das posições atrás referidas e deverão utilizá-los para qualquer obrigação que seja amortizada durante o seu prazo de vida residual, em vez de através de um reembolso final do capital. O modelo e a sua utilização pela empresa terão que ser autorizados pelas autoridades competentes. Deverão resultar destes modelos posições com a mesma sensibilidade às variações da taxa de juro que os *cash flows* subjacentes. Esta sensibilidade deve ser avaliada com base em movimentos independentes de uma amostra de taxas, no âmbito da curva de rendimento, com pelo menos um ponto de sensibilidade em cada um dos intervalos de vencimento constantes do quadro 2 do ponto 18. As posições serão incluídas no cálculo dos requisitos de capital, de acordo com o disposto nos pontos 15 a 30.

9. As instituições que não utilizem modelos nos termos do ponto 8 podem, em alternativa, mediante aprovação das autoridades competentes, tratar como completamente compensadas quaisquer posições em instrumentos derivados referidos nos pontos 4 a 7 que satisfaçam pelos menos as seguintes condições:
   i) As posições tenham o mesmo valor e sejam expressas na mesma divisa;
   ii) As taxas de referência (para as posições de taxa variável) ou cupões (para as posições de taxa fixa) estejam estreitamente alinhados;
   iii) A data de refixação da taxa de juro ou, para as posições de cupão de taxa fixa, o prazo de vida residual situa-se dentro dos seguintes limites:
   – menos de um mês: mesmo dia,
   – entre um mês e um ano: 7 dias,
   – mais de um ano: 30 dias.

10. A entidade que transfere os valores mobiliários, ou os direitos garantidos relativos à titularidade dos valores mobiliários, numa venda com acordo de recompra, e o mutuante dos valores mobiliários, num empréstimo de valores mobiliários, incluirá esses valores mobiliários no cálculo do seu requisito de capital nos termos deste anexo, desde que os valores mobiliários em causa satisfaçam os critérios estabelecidos no ponto 6, alínea *a*) do artigo 2.º

11. As posições em unidades de participação em fundos de investimento ficarão sujeitas aos requisitos de capital estabelecidos na Directiva 89/647/CEE, e não aos requisitos relativos a riscos de posição previstos no presente anexo.

Riscos gerais e específicos

12. O risco de posição num instrumento de dívida ou num título de capital (ou num instrumento derivado de instrumento de dívida ou de título de capital) será repartido em dois componentes para efeitos do cálculo do respectivo requisito de capital aplicável. O primeiro componente corresponde ao seu risco específico – ou seja, o risco de uma variação do preço do instrumento em questão devida a factores associados ao seu emitente ou ao emitente do instrumento subjacente no caso de um instrumento derivado. O segundo componente cobre o seu risco geral, isto é, o risco de uma variação do preço do instrumento devida a uma variação do nível das taxas de juro (no caso de um instrumento de dívida negociado ou de um seu derivado) ou (no caso de um título de capital ou de um instrumento seu derivado) a um movimento global no mercado dos títulos de capital, que não esteja directamente relacionado com as características específicas dos valores mobiliários em causa.

INSTRUMENTOS DE DÍVIDA NEGOCIADOS

13. A instituição classifica as suas posições líquidas com base na divisa em que estão expressas e calcula o requisito de capital para o risco específico e geral, separadamente, por divisa.

Risco específico

14. A instituição imputará as suas posições líquidas, calculadas em conformidade com o ponto 1, às categorias adequadas constantes do quadro 1, com base nos respectivos prazos de vida residuais, multiplicando em seguida esses valores pelos coeficientes de ponderação apresentados. O requisito de capital relativo ao risco específico será então calculado através da soma das posições ponderadas (independentemente do facto de serem longas ou curtas).

QUADRO 1

Elementos da administração central	Elementos qualificados			Outros elementos
	0 a 6 meses	+ de 6 a 24 meses	+ de 24 meses	
0,00 %	0,25%	1,00%	1,60%	8,00%

Risco geral

a) Em função do prazo de vida

15. O método de cálculo dos requisitos de capital relativos ao risco geral compreende duas etapas principais. Em primeiro lugar, todas as posições serão ponderadas em função do seu prazo de vida (conforme explicado no ponto 16), de modo a

obter o correspondente requisito de capital. Em segundo lugar, pode-se permitir que este requisito seja reduzido sempre que forem simultaneamente detidas posições ponderadas opostas dentro do mesmo intervalo de prazos de vida. Será igualmente autorizada uma redução do requisito de capital sempre que as posições ponderadas opostas pertencerem a intervalos de prazos de vida diferentes, dependendo o valor da redução do facto de as duas posições estarem ou não incluídas na mesma zona, bem como das zonas específicas em que se incluem. No total existem três zonas (grupos de intervalos de prazos de vida).

16. A instituição imputará as suas posições líquidas aos intervalos de prazos de vida adequados na segunda ou terceira colunas, conforme o caso, do quadro 2 constante do ponto 18. Para tal, a instituição basear-se-á no prazo de vida residual, no caso de instrumentos de taxa de juro fixa, e no prazo a decorrer até à refixação da taxa de juro, no caso de instrumentos cuja taxa de juro é variável antes do vencimento final. Deverá igualmente distinguir os instrumentos de dívida com um cupão de 3% ou mais dos que têm um cupão inferior a 3% e assim imputá-los à segunda ou à terceira colunas do quadro 2. A instituição multiplicará então cada um desses valores pelo coeficiente de ponderação indicado para o intervalo de prazos de vida em questão na quarta coluna do quadro 2.

17. A instituição procederá em seguida à soma das posições longas ponderadas e à soma das posições curtas ponderadas em cada intervalo de prazos de vida. O montante das primeiras que for compensado pelas últimas, para um dado intervalo de prazos de vida, constituirá a posição ponderada compensada desse intervalo e a posição residual, longa ou curta, constituirá a posição ponderada não compensada desse mesmo intervalo. Em seguida, será calculado o total das posições ponderadas compensadas em todos os intervalos.

18. Para determinar as posições longas ponderadas não compensadas em cada zona do quadro 2, a instituição calculará os totais das posições longas ponderadas não compensadas nos intervalos incluídos em cada zona. De igual modo, os totais das posições curtas ponderadas não compensadas para cada intervalo de prazos de vida de uma determinada zona serão somados para calcular a posição curta ponderada não compensada nessa zona. A parte da posição longa ponderada não compensada nessa zona que for compensada pela posição curta ponderada não compensada dessa mesma zona, constitui a posição ponderada compensada dessa zona. A parte da posição longa ponderada não compensada, ou curta ponderada não compensada, numa zona, que portanto não pode ser compensada, constituirá a posição ponderada não compensada dessa zona.

Directriz n.º 93/6/CEE, do Conselho, de 15 de Março de 1993

QUADRO 2

Zona	Intervalo de prazos de vida Cupão de menos de 3 %	Cupão de mais de 3 %	Ponderação (%)	Variação presumível da taxa de juro (%)
(1)	(2)	(3)	(4)	(5)
Um	0 ≤ 1 mês	0 ≤ 1 mês	0,00	–
	> 1 ≤ 3 meses	> 1 ≤ 3 meses	0,20	1,00
	> 3 ≤ 6 meses	> 3 ≤ 6 meses	0,40	1,00
	> 6 ≤ 12 meses	> 6 ≤ 12 meses	0,70	
Dois	> 1 ≤ 2 anos	> 1,0 ≤ 1,9 anos	1,25	0,90
	> 2 ≤ 3 anos	> 1,9 ≤ 2,8 anos	1,75	0,80
	> 3 ≤ 4 anos	> 2,8 ≤ 3,6 anos	2,25	0,75
Três	> 4 ≤ 5 anos	> 3,6 ≤ 4,3 anos	2,75	0,75
	> 5 ≤ 7 anos	> 4,3 ≤ 5,7 anos	3,25	0,70
	> 7 ≤ 10 anos	> 5,7 ≤ 7,3 anos	3,75	0,65
	> 10 ≤ 15 anos	> 7,3 ≤ 9,3 anos	4,50	0,60
	> 15 ≤ 20 anos	> 9,3 ≤ 10,6 anos	5,25	0,60
	> 20 anos	> 10,6 ≤ 12,0 anos	6,00	0,60
		> 12,0 ≤ 20,0 anos	8,00	0,60
		> 20 anos	12,50	0,60

19. O montante da posição longa (curta) ponderada não compensada na zona um que é compensada pela posição curta (longa) ponderada não compensada na zona dois é então calculado, sendo designado, no ponto 23, por posição ponderada compensada entre as zonas um e dois. O mesmo cálculo será em seguida efectuado em relação à parte remanescente da posição ponderada não compensada da zona dois e à posição ponderada não compensada da zona três, a fim de calcular a posição ponderada compensada entre as zonas dois e três.

20. A instituição pode, caso o deseje, inverter a ordem enunciada no ponto 19, para calcular a posição ponderada compensada entre as zonas dois e três antes de proceder a igual cálculo entre as zonas um e dois.

21. O remanescente da posição ponderada não compensada da zona um será então compensado com o que remanescer na zona três, após esta zona ter sido compensada com a zona dois, de modo a obter a posição ponderada compensada entre as zonas um e três.

22. As posições residuais existentes após os três cálculos separados de compensação previstos nos pontos 19, 20 e 21 serão então somadas.

23. O requisito de capital da instituição será calculado pela soma de:
 a) 10% da soma das posições ponderadas compensadas em todos os intervalos de prazos de vida;
 b) 40% da posição ponderada compensada da zona um;
 c) 30% da posição ponderada compensada da zona dois;

d) 30% da posição ponderada compensada da zona três;
e) 40% da posição ponderada compensada entre as zonas um e dois e entre as zonas dois e três (ver ponto 19);
f) 150% da posição ponderada compensada entre as zonas um e três;
g) 100% das posições residuais ponderadas não compensadas.

b) Em *função da duração*

24. As autoridades competentes dos Estados-membros podem, de um modo geral ou numa base individual, permitir que as instituições utilizem um sistema de cálculo do requisito de capital para o risco geral associado aos instrumentos de dívida que seja baseado na duração, em alternativa ao sistema enunciado nos pontos 15 a 23, desde que as instituições o façam de forma consistente.

25. Neste sistema, a instituição utiliza o valor de mercado de cada instrumento de dívida de taxa e procede então ao cálculo da sua taxa de rendimento até ao vencimento, que é a taxa de desconto implícita para esse instrumento. No caso dos instrumentos de taxa variável, a instituição, utilizando o valor de mercado de cada instrumento, procederá em seguida ao cálculo da sua taxa de rendimento, partindo do princípio de que o capital é devido a partir do próximo momento em que a taxa de juro puder ser modificada.

26. A instituição procederá então ao cálculo da "duração modificada" de cada instrumento de dívida a partir da seguinte fórmula:

$$\text{duração modificada} = \frac{\text{duração (D)}}{(1+r)}$$

em que

$$D = \frac{\sum_{t=1}^{m} \frac{tC_t}{(1+r)^t}}{\sum_{t=1}^{m} \frac{C_t}{(1+r)^t}}$$

e

r = taxa de rendimento até ao vencimento (cf. ponto 25)
C_t = pagamento em numerário no momento t
m = prazo de vida total (cf. ponto 25).

27. A instituição imputará cada instrumento de dívida na zona apropriada do quadro 3 infra. Para o efeito, basear-se-á na duração modificada de cada instrumento.

QUADRO 3

Zonas	Duração modificada	Juro presumível
	(em anos)	(alteração em %)
(1)	(2)	(3)
1	0 – 1,0	1,0
2	1,0 – 3,6	0,85
3	3,6	0,7

28. A instituição calculará então, para cada instrumento, a posição ponderada pela duração, multiplicando o seu valor de mercado pela sua duração modificada e pela alteração presumível da taxa de juro de um instrumento com essa duração modificada específica (cf. coluna 3 do quadro 3).

29. A instituição determinará as suas posições longas e curtas, ponderadas pela duração, dentro de cada zona. O montante das posições longas compensado pelas posições curtas de cada zona constitui a posição compensada ponderada pela duração para essa zona. A instituição procederá então ao cálculo das posições não compensadas ponderadas pela duração para cada zona. Em seguida, aplicará o método previsto nos pontos 19 a 22 para as posições ponderadas não compensadas.

30. O requisito de capital da instituição será então calculado pela soma de:
 a) 2% da posição ponderada pela duração compensada em cada zona;
 b) 40% das posições ponderadas pela duração compensadas entre as zonas um e dois e entre as zonas dois e três;
 c) 150% das posições ponderadas pela duração compensadas entre as zonas um e três;
 d) 100% das posições residuais ponderadas pela duração não compensadas.

TÍTULOS DE CAPITAL

31. A instituição somará – de acordo com o ponto 1 – todas as suas posições longas líquidas e todas as suas posições curtas líquidas. A soma destes dois valores representa a sua posição bruta global. O excedente de um valor sobre o outro representa a sua posição líquida global.

Risco específico

32. A instituição multiplicará a sua posição bruta global por 4% de modo a calcular o seu requisito de capital para cobertura do risco específico.

33. Sem prejuízo do disposto no ponto 32, as autoridades competentes podem permitir que o requisito de capital para cobertura do risco específico seja de 2%, em

vez de 4%, da posição bruta global, no caso das carteiras de títulos de capital que a instituição detenha e que satisfaçam as seguintes condições:
  i) Os títulos de capital não podem ser de emitentes que tenham emitido instrumentos de dívida negociáveis, que no presente impliquem um requisito de 8%, nos termos do quadro I do ponto 14;
  ii) Os títulos de capital devem ser considerados como tendo liquidez elevada pelas autoridades competentes, de acordo com critérios objectivos;
  iii) Nenhuma posição individual poderá representar mais do que 5% do valor de toda a carteira de títulos de capital da instituição. Contudo, as autoridades competentes podem autorizar posições individuais até 10%, desde que o total dessas posições não exceda 50% da carteira.

Risco geral

34. O requisito de capital para a cobertura do risco geral obtém-se multiplicando a posição líquida global por 8%.

Futuros sobre índices de acções

35. Os futuros sobre índices de acções e os equivalentes (ponderados em função do delta) das opções de futuros sobre índices de acções e das opções sobre índices de acções, a seguir genericamente designados por "futuros sobre índices de acções", podem ser decompostos em posições em cada um dos títulos de capital que os constituem. Estas posições podem ser tratadas como posições subjacentes nos títulos de capital em causa; por conseguinte, e sob reserva da aprovação das autoridades competentes, podem calcular-se as posições líquidas entre essas posições e as posições inversas nos próprios títulos de capital subjacentes.

36. As autoridades competentes zelarão por que todas as instituições que tenham calculado as suas posições líquidas num ou mais títulos de capital que constituam um futuro sobre um índice de acções, em relação à posição ou posições no próprio futuro de índice de acções, possuam capital adequado para cobrir o risco de prejuízo resultante da diferença eventual entre a evolução do valor do futuro e a dos títulos de capital que o constituem; o mesmo se aplica a instituições que detenham posições inversas em futuros sobre índices de acções, cujo prazo de vida e/ou composição não sejam idênticos.

37. Sempre que o disposto nos pontos 35 e 36 não seja aplicável, os futuros sobre índices de acções negociados em bolsa e que, no entender das autoridades competentes, representam índices largamente diversificados, são sujeitos a um requisito de capital de 8% para a cobertura do risco geral, mas não à imposição de qualquer requisito para a cobertura do risco específico. Estes futuros sobre índices de acções são incluídos no cálculo da posição líquida global prevista no ponto 31, mas não serão tidos em conta no cálculo da posição bruta global prevista no mesmo ponto.

38. Se um futuro sobre índices de acções não for decomposto nas suas posições subjacentes, será tratado como um título de capital individual. No entanto, o risco específico relativo a este título de capital individual pode ser ignorado se o futuro sobre índice de acções em causa for negociado em bolsa e representar, no entender das autoridades competentes, um índice largamente diversificado.

TOMADA FIRME

39. No caso de tomada firme de títulos de dívida e de capital, as autoridades competentes podem autorizar uma instituição a aplicar o processo seguidamente exposto, para efeitos de cálculo dos seus requisitos de capital. Em primeiro lugar, a instituição calculará as suas posições líquidas, deduzindo as posições de tomada firme subscritas ou subtomadas por terceiros com base num acordo formal; em segundo lugar, reduzirá as suas posições líquidas, aplicando os seguintes factores de redução:

– dia útil 0: 100%
– 1.º dia útil: 90%
– 2.º a 3.º dias úteis: 75%
– 4.º dia útil: 50%
– 5.º dia útil: 25%
– após o 5.º dia útil: 0%

O "dia útil 0" será o dia útil no qual a instituição tenha assumido o compromisso incondicional de aceitar uma determinada quantidade de valores mobiliários, a um preço acordado.

Em terceiro lugar, calculará o requisito de capital, utilizando as posições de tomada firme reduzidas. As autoridades competentes assegurar-se-ão de que a instituição detém capital suficiente para cobertura do risco de prejuízo que existe entre a data do compromisso inicial e o 1.º dia útil.

ANEXO II
Risco de liquidação e de contraparte

RISCO DE LIQUIDAÇÃO/ENTREGA

1. No caso de transacções em que os instrumentos de dívida e os títulos de capital (com exclusão das vendas com acordo de recompra e das compras com acordo de revenda e das operações de concessão e de contracção de empréstimos de valores mobiliários) estejam por liquidar após a data acordada para a respectiva entrega, a instituição deve calcular a diferença de preço à qual se encontra exposta. Esta consiste na diferença entre o preço de liquidação acordado para os instrumentos de dívida ou os títulos de capital em questão e o seu valor corrente de mercado, na medida em que essa diferença possa envolver uma perda para a instituição. Esta

deverá multiplicar esta diferença pelo factor correspondente da coluna A do quadro constante do ponto 2, para calcular o seu requisito de capital.

2. Sem prejuízo do n.° 1, uma instituição pode, com o acordo das autoridades competentes, calcular o seu requisito de capital multiplicando o preço de liquidação acordado para cada transacção que não estiver liquidada entre cinco e 45 dias úteis após a data acordada pelo factor correspondente da coluna B do quadro infra. A partir do 46.° dia útil após a data acordada, deverá considerar que o requisito é de 100% da diferença de preços a que está exposta, tal como consta na coluna A.

Número de dias úteis após a data acordada para liquidação	Coluna A (%)	Coluna B (%)
5 –15	8	0,5
16 – 30	50	4,0
31 – 45	75	9,0
46 ou mais	100	ver ponto 2

RISCO DE CONTRAPARTE

Transacções incompletas

3.1. Uma instituição é obrigada a deter capital para cobrir o risco de contraparte se:
  i) Tiver pago valores mobiliários antes de os ter recebido ou se tiver entregue valores mobiliários antes de ter recebido o respectivo pagamento
  e
  ii) No caso de transacções transfronteiras, tiverem decorrido um ou mais dias após ter efectuado este pagamento ou entrega.

3.2. O requisito de capital será de 8% do valor dos valores mobiliários ou dinheiro devidos à instituição multiplicado pela ponderação de risco aplicável à contraparte relevante.

Vendas com acordo de recompra e compras com acordo de revenda e concessão e contracção de empréstimos de valores mobiliários

4.1. No caso de vendas com acordo de recompra e de concessão de empréstimos de valores mobiliários em que os valores mobiliários transferidos sejam elementos da carteira da negociação, a instituição calculará a diferença entre o valor de mercado dos valores mobiliários e o montante do empréstimo contraído pela instituição ou o valor de mercado da caução, quando esta diferença for positiva. No caso de compras com acordo de revenda e de contracção de empréstimos de valores mobiliários, a instituição calculará a diferença entre o montante do empréstimo concedido pela instituição ou o valor de mercado da caução e o valor de mercado dos valores mobiliários por ela recebidos, quando esta diferença for positiva.

As autoridades competentes tomarão medidas a fim de assegurar que o excesso da caução prestado seja aceitável.

Além disso, as autoridades competentes poderão permitir que as instituições não incluam o excesso da caução nos cálculos descritos no primeiro parágrafo, se a afectação desse montante for feita de tal modo que o cedente tenha sempre a garantia de que o mesmo lhe será devolvido em caso de incumprimento da sua contraparte.

Os juros vencidos serão incluídos no cálculo do valor de mercado dos empréstimos concedidos ou contraídos e da caução.

4.2. O requisito de capital será de 8% do valor resultante do ponto 4.1. multiplicado pelo coeficiente de ponderação de risco aplicável à contraparte relevante.

Instrumentos derivados do mercado de balcão

5. Para efeitos de cálculo do requisito de capital relativo aos instrumentos derivados do mercado de balcão, as instituições aplicarão o disposto no anexo II da Directiva 89/647/CEE. Os coeficientes de ponderação do risco aplicáveis às contrapartes em causa, serão determinados segundo o ponto 9 do artigo 2.° da presente directiva.

Até 31 de Dezembro de 2006, as autoridades competentes dos Estados-membros podem isentar da aplicação dos métodos descritos no anexo II os contratos relativos aos instrumentos derivados do mercado de balcão objecto de compensação por câmaras de compensação reconhecidas pelas autoridades competentes, quando estas actuem na qualidade de contraparte legal e todos os participantes garantam plenamente, numa base diária, o risco que apresentam para a câmara de compensação, fornecendo uma protecção contra o risco actual e o risco futuro potencial. As autoridades competentes deverão certificar-se de que as garantias constituídas fornecem o mesmo nível de protecção que as garantias que respeitam os requisitos do ponto 7 da alínea a) do n.° 1 do artigo 6.° da Directiva 89/647/CEE, e de que é eliminada a possibilidadede o risco para a câmara de compensação exceder o valor de mercado das garantias constituídas. Os Estados-membros informarão a Comissão do uso que fizerem desta faculdade[630].

OUTROS

6. Os requisitos de capital estabelecidos pela Directiva 89/647/CEE aplicar-se-ão aos créditos relativos a taxas, comissões, juros, dividendos e margens sobre operações a futuro ou contratos de opções negociados em bolsa que não estejam abrangidos nem pelo presente anexo nem pelo anexo I, nem deduzidos dos fundos próprios nos termos do ponto 2.d) do anexo V e que estejam directamente relacionados com os elementos incluídos na carteira de negociação.

---

[630] Redacção dada pelo n.° 2 do artigo 3.° da Directriz n.° 98/33/CE, de 22 de Junho de 1998.

As ponderações de risco aplicáveis às contrapartes relevantes serão determinadas em conformidade com o ponto 9 do artigo 2.º da presente directiva.

ANEXO III
Riscos cambiais

1. Se a posição global líquida em divisas de uma instituição, calculada de acordo com os procedimentos adiante estabelecidos, exceder 2% dos seus fundos próprios totais, a instituição multiplicará o excedente por 8%, a fim de calcular o seu requisito de fundos próprios para cobertura do risco cambial.

2. Proceder-se-á a um cálculo em duas fases.

3.1. Em primeiro lugar, calcula-se a posição aberta líquida da instituição em cada moeda (incluindo a moeda em que são expressas as contas). Esta posição consistirá na adição dos seguintes elementos (positivos ou negativos):
– a posição líquida à vista (isto é, todos os elementos do activo menos todos os elementos do passivo, incluindo os juros vencidos, na divisa em questão),
– a posição líquida a prazo (isto é, todos os montantes a receber menos todos os montantes a pagar ao abrigo de operações cambiais a prazo, incluindo as operações a futuro sobre divisas e o capital dos *swaps* de divisas que não foram incluídos na posição à vista),
– as garantias irrevogáveis (e instrumentos semelhantes) de que se tenha conhecimento virão a ser accionadas,
– as receitas e despesas futuras líquidas ainda não vencidas, mas que já estão inteiramente cobertas (segundo o critério das instituições que elaboram os documentos destinados às autoridades competentes e com o acordo prévio destas últimas, as receitas e despesas futuras líquidas, que ainda não foram contabilizadas, mas que já foram integralmente cobertas por operações cambiais a prazo, podem ser incluídas neste cálculo. A instituição deverá observar esse critério de forma contínua),
– o equivalente delta (ou calculado com base no delta) líquido do total da carteira de opções sobre divisas,
– o valor de mercado de outras opções (que não sejam sobre divisas),
– podem excluir-se do cálculo das posições abertas líquidas em divisas quaisquer posições deliberadamente tomadas por uma instituição para se proteger contra o efeito adverso das taxas de câmbio sobre a *ratio* dos seus fundos próprios. Estas posições devem ser de natureza não operacional ou estrutural e a sua exclusão, ou qualquer variação das condições em que esta se processar, carece da autorização das autoridades competentes. Poderá ser aplicado o mesmo tratamento às posições detidas por uma instituição, respeitantes a elementos já deduzidos no cálculo dos fundos próprios, desde que sejam observadas as mesmas condições que as acima referidas.

3.2. As autoridades competentes podem autorizar as instituições a utilizar o valor actual líquido no cálculo da posição aberta líquida em cada moeda.

4. Em segundo lugar, as posições curtas e longas líquidas em cada divisa, excepto na divisa em que são expressas as contas da empresa, serão convertidas, à taxa de câmbio à vista, na divisa em que são expressas as contas. São então adicionadas separadamente de modo a formar, respectivamente, o total das posições curtas líquidas e o total das posições longas líquidas. O mais elevado destes dois totais constituirá a posição líquida global em divisas da instituição.

5. Sem prejuízo dos n.ºs 1 e 4 supra e enquanto se aguarda coordenação posterior, as autoridades competentes podem determinar, ou permitir, que as instituições utilizem procedimentos alternativos para a aplicação do presente anexo.

6. Em primeiro lugar, as autoridades competentes podem autorizar as instituições a satisfazer requisitos de capital, relativos a posições em divisas estreitamente correlacionadas, inferiores aos que resultariam da aplicação dos pontos 1 a 4 a essas posições. As autoridades competentes só podem considerar que um par de divisas é estreitamente correlacionado se a probabilidade de um prejuízo – calculado com base nos dados relativos às taxas de câmbio diárias dos três ou cinco anos precedentes – se verificar em posições iguais e opostas nessas divisas nos dez dias úteis seguintes, no montante equivalente a 4% ou menos do valor da posição compensada em questão (calculada na divisa em que são expressas as contas da empresa), for de, pelo menos, 99% quando o período de observação utilizado for de três anos, ou de 95% quando o período de observação utilizado for de cinco anos. Os requisitos de fundos próprios relativos às posições compensadas em duas divisas estreitamente correlacionadas será de 4% multiplicado pelo valor da posição compensada. O requisito de capital relativo às posições não compensadas em divisas estreitamente correlacionadas e a todas as posições noutras divisas será de 8%, multiplicado pelo mais elevado dos valores resultantes da soma das posições líquidas curtas, ou das posições líquidas longas, nessas divisas, após exclusão das posições compensadas em divisas estreitamente correlacionadas.

7. Em segundo lugar, as autoridades competentes podem permitir que as instituições apliquem um método diferente do exposto nos pontos 1 a 6 para efeitos do presente anexo. Os requisitos de capital resultante deste método devem ser suficientes:
  i) Para ultrapassar as perdas eventuais que teriam ocorrido em 95% ou mais dos períodos deslizantes de dez dias úteis nos últimos cinco anos, ou então, em 99% dos períodos deslizantes de dez dias úteis nos últimos três anos, no caso de a instituição ter começado cada período com as suas posições actuais;
  ou
  ii) Com base numa análise dos movimentos da taxa de câmbio verificada em todos os períodos deslizantes de dez dias úteis no decurso dos cinco últimos anos, para ultrapassar as perdas prováveis durante o próximo período

de detenção de dez dias úteis seguintes, em 95% ou mais das situações, ou então, para ultrapassar as perdas prováveis em 99 % ou mais das situações, caso a análise dos movimentos das taxas de câmbio abranja apenas os últimos três anos;

iii) Independentemente da dimensão de i) e ii), para ultrapassar 2% da posição aberta líquida calculada nos termos do ponto 4.

8. Em terceiro lugar, as autoridades competentes podem permitir que as instituições excluam, de qualquer dos métodos descritos nos n.os 1 a 7 que apliquem, as posições em divisas sujeitas a um acordo entre Estados que seja juridicamente vinculativo e que vise limitar as variações relativas a outras divisas cobertas pelo mesmo acordo. As instituições calcularão as suas posições compensadas nessas divisas e submetê-las-ão a um requisito de capital não inferior a metade da variação máxima permitida pelo acordo intergovernamental em questão relativamente às divisas em causa. As posições não compensadas nestas divisas serão tratadas em pé de igualdade com as outras divisas.

Sem prejuízo do disposto no parágrafo anterior, as autoridades competentes poderão permitir que o requisito de capital relativo às posições compensadas em divisas dos Estados-membros que participam na segunda fase da União Monetária Europeia seja de 1,6%, multiplicado pelo valor dessas posições compensadas.

9. As autoridades competentes notificarão o Conselho e a Comissão de quaisquer métodos que estabeleçam, ou autorizem, relativamente aos pontos 6 a 8.

10. A Comissão apresentará ao Conselho um relatório sobre os métodos referidos no ponto 9 e, se necessário, e tendo em conta a evolução a nível internacional, proporá um tratamento mais harmonizado dos riscos cambiais.

11. As posições líquidas em divisas compósitas podem ser decompostas nas moedas integrantes, de acordo com as quotas em vigor.

ANEXO IV
Outros riscos

As empresas de investimento serão obrigadas a possuir fundos próprios de montante equivalente a um quarto das suas despesas gerais fixas do ano anterior. As autoridades competentes podem ajustar este requisito, caso tenha ocorrido uma alteração significativa na actividade da empresa desde o ano anterior. Enquanto a empresa não tiver completado um ano de actividade, e a partir do dia em que esta tenha início, o requisito será de um quarto do valor das despesas gerais fixas previstas no seu plano de actividades previsional, a menos que as autoridades exijam um ajustamento desse plano.

ANEXO V
Fundos próprios

1. Os fundos próprios das empresas de investimento e das instituições de crédito serão definidos nos termos da Directiva 89/299/CEE do Conselho.

No entanto, para efeitos da presente directiva, as empresas de investimento não dotadas de uma das formas jurídicas referidas no n.° 1 do artigo 1.° da Quarta Directiva 78/660/CEE do Conselho, de 25 de Julho de 1978, baseada no n.° 3, alínea *g*), do artigo 54.° do Tratado e relativa às contas anuais de certas formas de sociedades[11], serão mesmo assim consideradas como estando abrangidas pelo âmbito da Directiva 86/635/CEE do Conselho, de 8 de Dezembro de 1986, relativa às contas anuais e às contas consolidadas dos bancos e outras instituições financeiras[12].

[11] JO n.° L 222 de 14-Ago.-1978, 11, com a última redacção que lhe foi dada pela Directriz n.° 90/605/CEE (JOCE n.° L 317 de 16-Nov.-1990, 60).
[12] JO n.° L 372, de 31-Dez.-1986, 1.

2. Sem prejuízo do disposto no ponto 1, as autoridades competentes podem permitir às instituições que estão obrigadas a satisfazer os requisitos de capital estabelecidos nos anexos I, II, III, IV e VI, a utilização de uma definição alternativa de fundos próprios apenas para efeitos de satisfação desses requisitos. Nenhuma parte desses fundos próprios assim definidos poderá ser utilizada simultaneamente para satisfazer outros requisitos de fundos próprios. Esta outra definição compreende os elementos *a*), *b*) e *c*), com dedução do elemento *d*), sendo tal dedução deixada ao critério das autoridades competentes:

a) Os fundos próprios tal como definidos na Directiva 89/299/CEE, com exclusão unicamente do n.° 1, pontos 12 e 13, do artigo 2.° da Directiva 89/299/CEE no caso das empresas de investimento que são obrigadas a deduzir o elemento *d*) do total dos elementos *a*), *b*) e *c*);

b) Os lucros líquidos da carteira de negociação da instituição, líquidos de quaisquer encargos ou dividendos previsíveis, menos as perdas líquidas registadas na sua restante actividade, desde que nenhum destes montantes tenha já sido incluído no elemento *a*), ao abrigo dos pontos 2 ou 11 do n.° 1 do artigo 2.° da Directiva 89/299/CEE;

c) Os empréstimos subordinados, e/ou os elementos referidos no ponto 5, que respeitem as condições estabelecidas nos pontos 3 a 7;

d) Os activos ilíquidos, tal como definidos no ponto 8.

3. Os empréstimos subordinados a que se refere a alínea *c*) do ponto 2 terão um prazo de vida inicial de pelo menos dois anos. Serão integralmente realizados e o contrato de empréstimo não poderá incluir cláusulas que disponham que, em determinadas circunstâncias, que não a liquidação da instituição, a dívida se torna reembolsável antes da data de reembolso acordada, a menos que as autoridades competentes aprovem esse reembolso. Nem o capital nem os juros referentes aos empréstimos subordinados poderão ser reembolsados, se esse reembolso implicar que os fundos

próprios da instituição em questão passem a situar-se abaixo de 100% dos seus requisitos globais.

Além disso, as instituições notificarão as autoridades competentes de todos os reembolsos destes empréstimos subordinados, logo que os fundos próprios da instituição passem abaixo de 120% dos seus requisitos globais.

4. Os empréstimos subordinados referidos na alínea *c*) do ponto 2 não podem exceder um limite máximo de 150% dos fundos próprios de base destinados a satisfazer os requisitos estabelecidos nos anexos I, II, III, IV e VI e só devem aproximar-se deste valor máximo em circunstâncias especiais, que as autoridades competentes considerem aceitáveis.

5. As autoridades competentes podem autorizar as instituições a substituir os empréstimos subordinados referidos nos pontos 3 e 4 pelos elementos constantes dos pontos 3, 5, 6, 7 e 8 do n.º 1 do artigo 2.º da Directiva 89/299/CEE.

6. As autoridades competentes podem autorizar as empresas de investimento a exceder o limite máximo estabelecido para os empréstimos subordinados referidos no ponto 4, se o considerarem adequado do ponto de vista prudencial e desde que o total desses empréstimos subordinados e dos elementos referidos no ponto 5 não exceda 200% dos fundos próprios de base disponíveis para satisfazer os requisitos estabelecidos nos anexos I, II, III, IV e VI, ou 250% do mesmo montante caso as empresas de investimento procedam à dedução da alínea *d*) do ponto 2 no cálculo dos seus fundos próprios.

7. As autoridades competentes podem autorizar as instituições de crédito a exceder o limite máximo estabelecido para os empréstimos subordinados referidos no ponto 4, se o considerarem adequado do ponto de vista prudencial e desde que o total desses empréstimos subordinados e dos elementos referidos no ponto 5 não exceda 250% dos fundos próprios de base disponíveis para satisfazer os requisitos estabelecidos nos anexos I, II, III e VI.

8. Os activos ilíquidos incluem:
– as imobilizações corpóreas (excepto na medida em que se autorize que os terrenos e edifícios possam responder pelos empréstimos que garantem),
– as participações, incluindo os créditos subordinados, em instituições de crédito ou instituições financeiras que possam ser incluídas nos fundos próprios dessas instituições, excepto se tiverem sido deduzidas nos termos dos pontos 12 e 13 do n.º 1, artigo 2.º, da Directiva 89/299/CEE ou nos termos do ponto 9. iv) do presente anexo.

Sempre que sejam detidas temporariamente acções numa instituição de crédito ou numa instituição financeira para efeito de uma operação de assistência financeira tendente à sua reorganização ou saneamento, as autoridades competentes podem dispensar aquela obrigação. Podem igualmente dispensá-la relativamente às acções incluídas na carteira de negociação da empresa de investimento,

– as participações e outros investimentos, não imediatamente negociáveis, em empresas que não sejam instituições de crédito nem outras instituições financeiras,
– os prejuízos de filiais,
– os depósitos efectuados, exceptuando-se os reembolsáveis no prazo de noventa dias, excluindo-se igualmente os pagamentos relacionados com contratos respeitantes a opções ou operações a futuro sujeitos à imposição de margens,
– empréstimos e outros montantes a receber, exceptuando-se os reembolsáveis no prazo de 90 dias,
– as existências físicas, a menos que estejam sujeitas aos requisitos de capital estabelecidos no n.º 2 do artigo 4.º e desde que tais requisitos não sejam menos severos que os resultantes do n.º 1, alínea *iii*), do artigo 4.º.

9. As empresas de investimento incluídas num grupo abrangido pela renúncia referida no n.º 4 do artigo 7.º devem calcular os seus fundos próprios em conformidade com os pontos 1 a 8, sujeitos às seguintes alterações:

   i) Devem ser deduzidos os activos ilíquidos referidos na alínea *d*) do ponto 2;
   ii) A exclusão referida no ponto 2.a) não deve abranger os componentes dos pontos 12 e 13 do n.º 1 do artigo 2.º da Directiva 89/299/CEE que a empresa de investimento detenha em empresas incluídas no âmbito da consolidação tal como definido no n.º 2 do artigo 7.º;
   iii) Os limites referidos no n.º 1, alíneas *a*) e *b*), do artigo 6.º da Directiva 89/299/CEE devem ser calculados relativamente aos fundos próprios de base com dedução dos componentes dos pontos 12 e 13 do n.º 1 do artigo 2.º da Directiva 89/299/CEE descritos na alínea *ii*) supra, que são elementos dos fundos próprios de base das empresas em questão;
   iv) Os componentes dos pontos 12 e 13 do n.º 1 do artigo 2.º da Directiva 89/299/CEE, referidos na alínea *iii*) supra, deverão ser deduzidos dos fundos próprios de base em vez de o serem do total de todos os elementos, tal como disposto no n.º 1, alínea *c*), do artigo 6.º da mesma directiva, nomeadamente para efeitos dos pontos 4 a 7 do presente anexo.

ANEXO VI
Grandes riscos

1. As instituições a que se refere o n.º 2 do artigo 5.º devem acompanhar e controlar os seus riscos em relação a um cliente ou grupos de clientes ligados entre si de acordo com o disposto na Directiva 92/121/CEE, sem prejuízo das alterações adiante referidas.

2. Os riscos decorrentes da carteira de negociação em relação a um cliente devem ser calculados pela soma dos elementos *i*), *ii*) e *iii*) seguintes:

   i) O excedente – se for positivo – das posições longas da instituição em relação às posições curtas em todos os instrumentos financeiros emitidos pelo cliente em causa (a posição líquida em cada um dos diferentes instrumentos será calculada de acordo com os métodos definidos no anexo I);

ii) No caso de tomada firme de títulos de dívida ou de capital, os riscos da instituição serão os seus riscos líquidos (que são calculados pela dedução das posições de tomada firme subscritas ou subtomadas por terceiros com base em acordo formal) e às quais se aplicam os factores de redução estabelecidos no ponto 39 do anexo I.

Na pendência de coordenação posterior, as autoridades competentes exigirão que as instituições introduzam sistemas de acompanhamento e controlo dos seus riscos relativos a tomadas firmes entre o momento do compromisso inicial e o dia útil um, tendo em conta a natureza dos riscos incorridos nos mercados em questão;

iii) Os riscos decorrentes de transacções, acordos e contratos, tal como referidos no anexo II, em relação ao cliente em questão, sendo esses riscos calculados de acordo com o modo estabelecido no mesmo anexo, não se aplicando os coeficientes de ponderação para o risco de contraparte.

3. Em seguida, os riscos em relação a grupos de clientes ligados entre si decorrentes da carteira de negociação serão calculados adicionando os riscos relativos a cada um dos clientes do grupo, calculados nos termos do ponto 2.

4. Os riscos totais relativos a um cliente ou a grupos de clientes ligados entre si devem ser calculados pela soma dos riscos decorrentes da carteira de negociação com os riscos extra-carteira de negociação tendo em conta os pontos 6 a 12 do artigo 4.º da Directiva 92/121/CEE. Para calcularem os riscos extra-carteira de negociação, as instituições devem considerar nulo o risco decorrente dos activos deduzidos dos seus fundos próprios nos termos do ponto 2.d), do anexo V.

5. Os riscos totais das instituições em relação a um cliente ou a grupos de clientes ligados entre si, calculados nos termos do ponto 4, devem ser comunicados nos termos do artigo 3.º da Directiva 92/121/CEE.

6. Essa soma dos riscos em relação a um cliente ou a um grupo de clientes deve ser limitada em conformidade com o artigo 4.º da Directiva 92/121/CEE, sem prejuízo das disposições transitórias do artigo 6.º da mesma directiva.

7. Sem prejuízo do ponto 6, as autoridades competentes podem autorizar que os activos representativos de créditos e de outros riscos sobre empresas de investimento, sobre empresas de investimento reconhecidas de países terceiros e sobre câmaras de compensação e bolsas de instrumentos financeiros reconhecidas, fiquem sujeitos ao mesmo tratamento que o previsto nos n.ºs 7, alínea i), 9 e 10 do artigo 4.º da Directiva 92/121/CEE para riscos idênticos sobre instituições de crédito.

8. As autoridades competentes podem autorizar que os limites previstos no artigo 4.º da Directiva 92/121/CEE sejam excedidos, desde que estejam reunidas ao mesmo tempo as seguintes condições:

1. O risco extra-carteira de negociação em relação ao cliente ou grupo de clientes em questão não exceda os limites previstos na Directiva 92/121/CEE, calculados em relação aos fundos próprios na acepção da Directiva 89/299/CEE, por forma a que o excesso tenha origem unicamente na carteira de negociação;

2. A empresa satisfaça um requisito adicional de capital respeitante ao excesso relativamente aos limites estabelecidos nos n.os 1 e 2 do artigo 4.º da Directiva 92/121/CEE. Calcula-se esse requisito seleccionando os elementos do risco total da carteira de negociação em relação ao cliente ou grupo de clientes em questão a que se apliquem os mais elevados requisitos para risco específico do anexo I e/ou os requisitos do anexo II e cuja soma seja igual ao montante do excesso referido na condição 1 supra; sempre que o excesso não se tenha mantido durante mais de dez dias, o requisito adicional de capital respeitante a esses elementos será de 200% dos requisitos referidos na frase anterior.

A partir de dez dias após a ocorrência do excesso, os elementos do excesso seleccionados segundo os critérios acima referidos serão imputados à linha adequada na coluna 1 do quadro seguinte por ordem crescente dos requisitos para risco específico do anexo I e/ou dos requisitos do anexo II. A instituição deve então satisfazer um requisito adicional de capital igual à soma dos requisitos para risco específico do anexo I e/ou dos requisitos do anexo II respeitantes a esses elementos, multiplicada pelo factor correspondente da coluna 2;

QUADRO

Excesso em relação aos limites (com base numa percentagem de fundos próprios)	Factores
(1)	(2)
Parte do excesso até 40%	200%
Parte do excesso entre 40% e 60%	300%
Parte do excesso entre 60% e 80%	400%
Parte do excesso entre 80% e 100%	500%
Parte do excesso entre 100% e 250%	600%
Parte do excesso acima de 250%	900%

3. Durante o período de dez dias subsequentes à verificação do excesso, os riscos da carteira de negociação relativos ao cliente em questão ou ao grupo de clientes ligados entre si não excedam 500% dos fundos próprios da instituição;

4. A totalidade dos excessos que se mantenham durante mais de dez dias não tenham um valor agregado superior a 600% dos fundos próprios da instituição;

5. As instituições devem comunicar trimestralmente às autoridades competentes todos os casos em que os limites estabelecidos nos n.os 1 e 2 do artigo 4.º da Directiva 92/121/CEE tenham sido excedidos durante os três meses precedentes. Em relação a cada caso em que os limites tenham sido excedidos, devem ser comunicados o montante do excesso e o nome do cliente em questão.

9. As autoridades competentes estipularão procedimentos – que notificarão ao Conselho e à Comissão – para evitar que as instituições se furtem deliberadamente a

satisfazer o requisito adicional de capital a que, de outro modo, estariam sujeitas, em relação aos riscos que excederem os limites estabelecidos nos n.ºˢ 1 e 2 do artigo 4.º da Directiva 92/121/CEE, se os mesmos se mantiverem durante mais de dez dias, através de uma transferência temporária dos riscos em questão para outra sociedade do mesmo grupo ou não, e/ou através do recurso a transacções fictícias para camuflar o risco durante o período de dez dias e criar um novo risco. As instituições deverão manter sistemas que garantam que qualquer transferência que tenha este efeito seja imediatamente notificada às autoridades competentes.

10. As autoridades competentes podem permitir que as instituições que estejam autorizadas a utilizar a definição alternativa de fundos próprios constante do ponto 2 do anexo V utilizem essa definição para efeitos dos pontos 5, 6 e 8 do presente anexo, desde que as referidas instituições, ademais, estejam obrigadas a cumprir todas as obrigações estabelecidas nos artigos 3.º e 4.º da Directiva 92/121/CEE, no que se refere aos riscos incorridos fora do âmbito da sua carteira de negociação, por meio da utilização de fundos próprios na acepção da Directiva 89/299/CEE.

38. Directriz n.º 93/22/CEE, do Conselho, de 10 de Maio de 1993 (Directriz Serviços de Investimento) [631]

Relativa aos serviços de investimento no domínio dos valores mobiliários

O CONSELHO DAS COMUNIDADES EUROPEIAS,

Tendo em conta o Tratado que institui a Comunidade Económica Europeia e, nomeadamente, o n.º 2 do seu artigo 57.º,

Tendo em conta a proposta da Comissão[1],

Em cooperação com o Parlamento Europeu[2],

Tendo em conta o parecer do Comité Económico e Social[3],

[1] JO n.º C 43 de 22.2.1989, p. 7 e JO n.º C 42 de 22.2.1990, p. 7.
[2] JO n.º C 304 de 4.12.1989, p. 39 e JO n.º C 115 de 26.4.1993.
[3] JO n.º C 298 de 27.11.1989, p. 6.

Considerando que a presente directiva constitui um instrumento essencial para a realização do mercado interno, decidida pelo Acto Único Europeu e programada pelo Livro Branco da Comissão, sob o duplo aspecto da liberdade de estabelecimento e da liberdade de prestação de serviços, no sector das empresas de investimento;

Considerando que as empresas que prestam os serviços de investimento abrangidos pela presente directiva devem ser sujeitas a uma autorização emitida pelo Estado-membro de origem da empresa de investimento tendo em vista assegurar a protecção dos investidores e a estabilidade do sistema financeiro;

Considerando que a orientação adoptada consiste em realizar apenas a harmonização essencial, necessária e suficiente para se obter o reconhecimento mútuo das autorizações e dos sistemas de controlo prudencial, que permita a concessão de uma autorização única válida em toda a Comunidade e a aplicação do princípio do controlo pelo Estado-membro de origem; que, por força do reconhecimento mútuo, as empresas de investimento autorizadas no seu Estado-membro de origem podem

[631] JOCE n.º l 141, de 11-Jun.-1993, 27-46.

exercer em toda a Comunidade a totalidade ou parte das actividades compreendidas na sua autorização e abrangidas pela presente directiva, através do estabelecimento de uma sucursal ou em regime de prestação de serviços;

Considerando que os princípios do reconhecimento mútuo e do controlo pelo Estado-membro de origem exigem que as autoridades competentes de cada Estado--membro não concedam ou retirem a autorização nos casos em que, a partir de elementos como o conteúdo do plano de actividades, a localização ou as actividades efectivamente exercidas, se conclua inequivocamente que a empresa de investimento optou pelo sistema jurídico de um Estado-membro com o intuito de se subtrair a normas mais severas em vigor noutro Estado-membro em cujo território tenciona exercer ou exerce a maior parte das suas actividades; que, para efeitos da aplicação da presente directiva, uma empresa de investimento que seja um pessoa colectiva deve ser autorizada no Estado-membro onde se situa a sua sede estatutária; que uma empresa de investimento que não seja uma pessoa colectiva deve ser autorizada no Estado-membro onde se situa a sua administração central; que, por outro lado, os Estados-membros devem exigir que a administração central de uma empresa de investimento esteja sempre situada no seu Estado-membro de origem e que ela nele opere de maneira efectiva;

Considerando que, no interesse da protecção dos investidores, é necessário assegurar nomeadamente o controlo interno da empresa, quer através de uma direcção bicéfala quer, quando tal não seja exigido pela directiva, através de outros mecanismos que assegurem um resultado equivalente;

Considerando que, para garantir a igualdade das condições de concorrência, é necessário que as empresas de investimento que não as instituições de crédito disponham da mesma liberdade para criar sucursais e prestar serviços transfronteiras que a prevista na Directiva 89/646/CEE do Conselho, de 15 de Dezembro de 1989, relativa à coordenação das disposições legislativas, regulamentares e administrativas respeitantes ao acesso à actividade das instituições de crédito e ao seu exercício[4];

---

[4] JO n.º L 386 de 30.12.1989, p. 1. Directiva com a última redacção que lhe foi dada pela Directiva 92/30/CEE (JO n.º L 110 de 28.4.1992, p.52).

Considerando que uma empresa de investimento apenas se pode valer da presente directiva para efectuar operações de câmbios a contado ou a prazo firme se essas operações se efectuarem a título de serviços relacionados com a prestação de serviços de investimento; que, por conseguinte, a utilização de uma sucursal unicamente para efectuar essas operações de câmbio constituiria um desvio em relação ao mecanismo da directiva;

Considerando que uma empresa de investimento autorizada no seu Estado--membro de origem pode desenvolver as suas actividades em toda a Comunidade pelos meios que considere apropriados; que a empresa pode, para este efeito, se o julgar necessário, recorrer a agentes vinculados que recebam e transmitam ordens por sua conta e sob a sua responsabilidade total e incondicional; que, nessas condições, a actividade desses agentes deve ser considerada como sendo a da empresa; considerando, por outro lado, que esta directiva não obsta a que o Estado-membro de origem sujeite o estatuto desses agentes a requisitos especiais; que, no caso de a empresa de investimento exercer uma actividade transfronteiras, o Estado-membro de acolhimento deve tratar esses agentes como sendo a própria empresa; que, além disso, a prospecção porta-a-porta de investidores em valores mobiliários não deve ser abrangida pela presente directiva e que a sua regulamentação deve depender das disposições nacionais;

Considerando que por valores mobiliários se entende as categorias de títulos habitualmente negociadas no mercado de capitais como, por exemplo, os títulos da dívida pública, as acções, os valores negociáveis que permitem a aquisição de acções por subscrição ou troca, os certificados de acções, as obrigações emitidas em série, os *warrants* sobre índices e os títulos que permitem adquirir tais obrigações por subscrição;

Considerando que por instrumentos do mercado monetário se entende as categorias de instrumentos habitualmente negociadas no mercado monetário como, por exemplo, os bilhetes do Tesouro, os certificados de depósito e o papel comercial;

Considerando que a definição extremamente lata de valores mobiliários e de instrumentos do mercado monetário consagrada na presente directiva é apenas válida para esta directiva e que como tal em nada prejudica as diferentes definições de instrumentos financeiros consagradas nas legislações nacionais para outros fins, nomeadamente de ordem fiscal; que, por outro lado, a definição de valores mobiliários apenas abrange os instrumentos negociáveis e que, por conseguinte, as acções ou os valores equivalentes a acções emitidos por organismos tais como as "Building Societies" ou as "Industrial and Provident Societies", cuja propriedade só pode, na prática, ser transferida através da sua recompra pelo organismo emitente, não estão abrangidos por esta definição;

Considerando que se deve entender por instrumentos equivalentes a um futuro sobre instrumentos financeiros os contratos que são objecto de uma liquidação em dinheiro calculada por referência às flutuações de um ou outro dos seguintes elementos: taxas de juro ou de câmbio, valor de qualquer dos instrumentos enunciados na secção B do anexo, um índice relativo a um ou outro destes instrumentos;

Considerando que, na acepção da presente directiva, a actividade de recepção e transmissão de ordens inclui igualmente a colocação em contacto de dois ou mais investidores, permitindo assim a realização de uma operação entre esses investidores;

Considerando que nenhuma disposição da presente directiva prejudica as disposições comunitárias ou, na sua falta, as disposições nacionais que regulamentam a oferta pública dos instrumentos abrangidos pela presente directiva; que o mesmo se verifica em relação à comercialização e à distribuição desses instrumentos;

Considerando que os Estados-membros conservam a inteira responsabilidade pela aplicação das medidas da respectiva política monetária, sem prejuízo das medidas necessárias ao reforço do sistema monetário europeu;

Considerando que há que excluir as empresas de seguros cujas actividades são objecto de uma supervisão apropriada pelas autoridades competentes em matéria de supervisão prudencial e que são coordenadas a nível comunitário, bem como as empresas que exerçam actividades de resseguro e de retrocessão;

Considerando que as empresas que não prestam serviços a terceiros mas cuja actividade consista em prestar um serviço de investimento exclusivamente à sua empresa-mãe, às suas filiais ou a uma outra filial da sua empresa-mãe, não devem ser abrangidas pela presente directiva;

Considerando que a presente directiva se destina a abranger as empresas cuja actividade habitual consiste na prestação a terceiros de serviços de investimento a título profissional, sendo conveniente, como tal, excluir do seu âmbito de aplicação todas as pessoas cuja actividade profissional seja outra (por exemplo, advogados, notários) e que apenas prestem serviços de investimento a título acessório no âmbito dessa outra actividade profissional, na condição de que essa actividade esteja regulamentada e que essa regulamentação não exclua a prestação, a título acessório, de serviços de investimento; que convém, igualmente, pela mesma razão, excluir do seu âmbito de aplicação as pessoas que apenas prestem serviços de investimento a produtores ou utilizadores de matérias-primas e na medida do necessário à realização das transacções sobre estes produtos sempre que essas transacções constituam a sua actividade principal;

Considerando que as empresas cujos serviços de investimento consistam exclusivamente em gerir um regime de participação dos trabalhadores e que, a esse título, não prestam serviços de investimento a terceiros, não devem ser abrangidas pelas disposições da presente directiva;

Considerando que há que excluir do âmbito de aplicação da directiva os bancos centrais e outros organismos com vocação similar bem como os organismos públicos responsáveis pela gestão da dívida pública ou que participem nessa gestão – incluindo-se, na noção de gestão da dívida pública, a colocação da mesma; que não ficam, nomeadamente, abrangidos por esta exclusão os organismos de capitais públicos cujas atribuições tenham carácter comercial ou estejam ligadas a tomadas de participação;

Considerando que há que excluir as empresas ou as pessoas cuja actividade se limite à recepção e transmissão de ordens a determinadas contrapartes sem deterem fundos ou títulos pertencentes aos seus clientes; que, por conseguinte, não beneficiarão da liberdade de estabelecimento e da liberdade de prestação de serviços nas condições previstas na presente directiva, ficando assim sujeitos, sempre que queiram operar noutro Estado-membro, às disposições pertinentes estabelecidas por este último;

Directriz n.º 93/22/CEE, do Conselho, de 10 de Maio de 1993

Considerando que há que excluir os organismos de investimento colectivo, quer sejam ou não coordenados a nível comunitário, bem como os depositários e os gestores desses organismos na medida em que estejam sujeitos a uma regulamentação específica directamente adaptada às suas actividades;

Considerando que, se as associações criadas pelos fundos de pensões dum Estado-membro para permitir a gestão dos seus activos se limitarem a essa gestão sem prestarem serviços de investimento a terceiros e se os próprios fundos de pensões estiverem sujeitos ao controlo das autoridades responsáveis pela supervisão das empresas de seguros, não se afigura necessário que essas associações fiquem sujeitas às condições de acesso e de exercício estabelecidas pela presente directiva;

Considerando que não é conveniente aplicar a presente directiva aos "agenti di cambio", tal como definidos na lei italiana, dado que pertencem a uma categoria para a qual não está prevista nenhuma nova autorização, dado que a sua actividade se limita ao território nacional e que não apresenta riscos de distorções de concorrência;

Considerando que os direitos conferidos às empresas de investimento pela presente directiva não interferem com o direito dos Estados-membros, dos bancos centrais e dos outros organismos nacionais com vocação similar dos Estados-membros de escolherem as suas contrapartes com base em critérios objectivos e não discriminatórios;

Considerando que caberá às autoridades competentes do Estado-membro de origem supervisionar a solidez financeira das empresas de investimento em aplicação da Directiva 93/6/CEE do Conselho, de 15 de Março de 1993, relativa à adequação dos fundos próprios das empresas de investimento e das instituições de crédito[5], que coordena as regras aplicáveis no domínio do risco de mercado;

---

[5] Ver página 1 do presente Jornal Oficial.

Considerando que o Estado-membro de origem pode, regra geral, estipular regras mais severas do que as fixadas na presente directiva, em particular em matéria de condições de autorização, de requisitos prudenciais e de regras de declaração e de transparência;

Considerando que o exercício das actividades que não são abrangidas pela presente directiva se regula pelas disposições gerais do Tratado relativas ao direito de estabelecimento e à livre prestação de serviços;

Considerando que, por forma a proteger os investidores, convém, designadamente, assegurar a defesa dos direitos de propriedade e outros direitos de natureza análoga do investidor sobre os valores, bem como dos seus direitos sobre os fundos confiados à empresa, distinguindo-os dos da empresa; que, todavia, este princípio não impede a empresa de operar em seu nome no interesse do investidor, sempre que o próprio tipo da operação o requeira e o investidor o consinta, como, por exemplo, no caso de empréstimos de títulos;

Considerando que os processos existentes em matéria de autorização das sucursais de empresas de investimento autorizadas em países terceiros continuam a aplicar-se-lhes; que essas sucursais não beneficiam da liberdade de prestação de serviços nos termos do segundo parágrafo do artigo 59.º do Tratado nem da liberdade de estabelecimento em Estados-membros diferentes daqueles em que se encontrem estabelecidas; que, todavia, os pedidos de autorização de uma filial ou de aquisição de uma participação por parte de uma empresa regulada pela lei de um país terceiro estão sujeitos a um processo que tem por objectivo garantir que as empresas de investimento da Comunidade beneficiem de um regime de reciprocidade nos países terceiros em questão;

Considerando que as autorizações de empresas de investimento concedidas pelas autoridades nacionais competentes nos termos da presente directiva terão um âmbito comunitário, e já não unicamente nacional, e que as cláusulas de reciprocidade existentes deixarão de produzir efeitos; que se torna assim necessário instituir um processo flexível que permita avaliar a reciprocidade numa base comunitária; que esse processo não tem por objectivo fechar os mercados financeiros da Comunidade, mas, dado que a Comunidade se propõe manter os seus mercados financeiros abertos ao resto do mundo, melhorar a liberalização dos mercados financeiros globais nos países terceiros; que, para o efeito, a presente directiva prevê processos de negociação com países terceiros e, em última instância, a possibilidade de tomar medidas que consistam em suspender novos pedidos de autorização ou em limitar as novas autorizações;

Considerando que um dos objectivos da presente directiva é assegurar a protecção dos investidores; que para esse fim se afigura apropriado tomar em consideração as diferentes necessidades de protecção das diversas categorias de investidores e o seu nível de qualificação profissional;

Considerando que os Estados-membros devem providenciar no sentido de que nada obste a que as actividades que beneficiam do reconhecimento mútuo possam ser exercidas do mesmo modo que no Estado-membro de origem, desde que não contrariem as disposições legislativas e regulamentares de protecção do interesse geral em vigor no Estado-membro de acolhimento;

Considerando que nenhum Estado-membro pode limitar o direito dos investidores, que tenham residência habitual ou estejam estabelecidos nesse Estado-membro, a que lhes sejam prestados quaisquer serviços de investimento por uma empresa de investimento abrangida pela presente directiva, situada fora desse Estado-membro e que actue fora dele;

Considerando que, em alguns Estados-membros, a função de compensação e de liquidação pode ser desempenhada por organismos distintos dos mercados onde as transacções são realizadas e que, por conseguinte, sempre que na presente directiva se mencione o acesso aos mercados regulamentados ou a qualidade de membro destes, essas noções devem ser interpretadas como incluindo o acesso aos organismos que asseguram as funções de compensação e de liquidação para os mercados regulamentados e a qualidade de membro desses organismos;

Considerando que os Estados-membros devem assegurar no seu território um tratamento não discriminatório de todas as empresas de investimento que tenham sido autorizadas num Estado-membro, bem como de todos os instrumentos financeiros cotados num mercado regulamentado de um Estado-membro; que a esse título, nomeadamente, todas as empresas de investimento devem dispor das mesmas possibilidades de se tornarem membros dos mercados regulamentados ou de a eles terem acesso e que, por conseguinte, independentemente do modo de organização das transacções nos Estados-membros, convém abolir, de acordo com as condições definidas na presente directiva, as limitações técnicas e jurídicas do acesso aos mercados regulamentados nos termos do disposto na presente directiva;

Considerando que certos Estados-membros só autorizam as instituições de crédito a tornarem-se membros dos seus mercados regulamentados de forma indirecta através da criação de uma filial especializada; que a possibilidade dada pela presente directiva às instituições de crédito de se tornarem directamente membros dos mercados regulamentados sem que para tal tenham de criar filiais especializadas constitui uma reforma importante para esses Estados-membros, cujas consequências necessitam de ser exaustivamente reavaliadas em função da evolução dos mercados financeiros; que, atendendo a esses elementos, o relatório que a Comissão apresentará ao Conselho sobre esta matéria, o mais tardar até 31 de Dezembro de 1988, deverá ter em conta todos os factores que permitam a este último apreciar novamente as consequências decorrentes para os referidos Estados-membros e, nomeadamente, os riscos de conflitos de interesses e o grau de protecção do investidor;

Considerando que é da maior importância que a harmonização dos sistemas de garantia entrem em aplicação na mesma data que a presente directiva; que, por outro lado, os Estados-membros de acolhimento mantêm, até à data em que uma directiva que assegure a harmonização dos sistemas de garantia se torne aplicável, a faculdade de impor a aplicação do seu sistema de garantia igualmente às empresas de investimento, incluindo as instituições de crédito, autorizadas pelos outros Estados-membros, quando o Estado-membro de origem não tiver um sistema de garantia ou este não oferecer um nível de protecção equivalente;

Considerando que a estrutura dos mercados regulamentados deve continuar a estar dependente do direito nacional sem que tal constitua um obstáculo à liberalização do acesso aos mercados regulamentados dos Estados-membros de acolhimento para as empresas de investimento autorizadas a prestar os serviços em causa no seu Estado-membro de origem; que, em aplicação desse princípio, as legislações da República Federal da Alemanha e dos Países Baixos regulam, respectivamente, a actividade de "Kursmakler" e de "hoekman", por forma a impedir que estes exerçam a sua função em paralelo com outras funções; que há portanto que constatar que o "Kursmakler" e o "hoekman" não estão habilitados a prestar os seus serviços nos outros Estados-membros; que ninguém, independentemente do seu Estado-membro de origem, pode pretender actuar como "Kursmakler" ou "hoekman" sem que lhe sejam impostas regras de incompatibilidade idênticas às que resultam do estatuto de "Kursmakler" ou de "hoekman";

Considerando que convém ter em mente que a presente directiva não pode ter por efeito afectar as disposições decorrentes da Directiva 79/279/CEE do Conselho, de 5 de Março de 1979, relativa à coordenação das condições de admissão de valores mobiliários à cotação oficial numa bolsa de valores[6];

---

(6) JO n.º L 66 de 16.3.1979, p. 21. Directiva com a última redacção que lhe foi dada pelo Acto de Adesão de Espanha e de Portugal.

Considerando que a estabilidade e o bom funcionamento do sistema financeiro e a protecção do investidor pressupõem o direito e a responsabilidade do Estado-membro de acolhimento não só de prevenir e punir qualquer actuação da empresa de investimento no seu território contrária às normas de conduta e às demais disposições legislativas e regulamentares que tiver adoptado por razões de interesse geral, como também de actuar em caso de urgência; considerando ainda que as autoridades competentes do Estado-membro de acolhimento devem poder contar, no exercício das suas responsabilidades, com a colaboração mais estreita possível das autoridades competentes do Estado-membro de origem, em particular no caso de a actividade ser exercida em regime de livre prestação de serviços; que as autoridades competentes do Estado-membro de origem têm o direito de ser informadas pelas autoridades competentes do Estado-membro de acolhimento das medidas que incluam sanções a um empresa ou restrições às actividades de uma empresa que estas últimas tenham tomado em relação às empresas de investimento por si autorizadas a fim de desempenharem com eficácia as suas atribuições em matéria de supervisão prudencial; que, para esse efeito, há que assegurar a cooperação entre as autoridades competentes dos Estados-membros de origem e de acolhimento;

Considerando que, com o duplo objectivo de proteger os investidores e de garantir o bom funcionamento do mercados de valores mobiliários, há que assegurar a transparência das transacções e que as regras previstas para o efeito na presente directiva para os mercados regulamentados se devem aplicar tanto às empresas de investimento como às instituições de crédito sempre que estas intervenham no mercado;

Considerando que a análise dos problemas que se levantam nos domínios abrangidos pelas directivas do Conselho relativas aos serviços de investimento e aos valores mobiliários, tanto no que se refere à aplicação das medidas existentes como na perspectiva de uma coordenação mais avançada, exige a cooperação das autoridades nacionais e da Comissão no âmbito de um comité; que a criação de um comité desse tipo não prejudica outras formas de cooperação entre autoridades de controlo neste domínio;

Considerando que pode ser necessário introduzir periodicamente alterações técnicas às regras pormenorizadas da presente directiva, para ter em conta a evolução registada no sector dos serviços de investimento; que a Comissão procederá às alterações necessárias, após submeter o assunto à apreciação do comité a criar no domínio do mercados de valores mobiliários.

ADOPTOU A PRESENTE DIRECTIVA:

TÍTULO I
Definições e âmbito de aplicação

ARTIGO 1.º

Na acepção da presente directiva, entende-se por:
1. *Serviço de investimento,* qualquer serviço prestado a terceiros referido na secção A do anexo e relativo a qualquer dos instrumentos enunciados na secção B do anexo.
2. *Empresa de investimento,* qualquer pessoa colectiva que exerça habitualmente uma profissão ou actividade que consista na prestação a terceiros de serviços de investimento a título profissional.

Para efeitos da presente directiva, os Estados-membros poderão incluir na noção de empresa de investimento empresas que não sejam pessoas colectivas, desde que:
– o seu regime jurídico garanta aos interesses de terceiros um nível de protecção equivalente ao proporcionado pelas pessoas colectivas

e
– sejam objecto de uma supervisão prudencial equivalente e adaptada à sua estrutura jurídica.

No entanto, as pessoas singulares que prestem serviços que envolvam a detenção de fundos ou valores mobiliários de terceiros só poderão ser consideradas como empresas de investimento na acepção da presente directiva quando, sem prejuízo de outros requisitos estipulados pela presente directiva, bem como pela Directiva 93/6/CEE, respeitem as seguintes condições:
– os direitos de propriedade de terceiros sobre os valores e fundos que lhes pertençam devem ser salvaguardados, nomeadamente no caso de insolvabilidade da empresa ou dos seus proprietários, de penhora, compensação ou outras acções intentadas por credores da empresa ou pelos seus proprietários,
– a empresa de investimento deve ser sujeita a regras relativas à supervisão da sua solvabilidade e da dos seus proprietários,
– as contas anuais da empresa de investimento devem ser controladas por uma ou mais pessoas para tal habilitadas por força da legislação nacional,
– quando a empresa tiver um único proprietário, deve exigir-se deste último que tome as disposições necessárias à protecção dos investidores em caso de cessação das actividades da empresa por sua morte ou incapacidade ou por qualquer outro facto semelhante.

Até 31 de Dezembro de 1997, a Comissão deverá elaborar um relatório sobre a aplicação dos segundo e terceiro parágrafos do presente número, propondo, caso se justifique, a sua alteração ou supressão.

Sempre que uma pessoa exerça uma actividade referida na alínea *a*) do ponto 1 da secção A do anexo da presente directiva e que essa actividade seja exercida unicamente por conta e sob a responsabilidade total e incondicional de uma empresa de investimento, essa actividade será considerada como actividade da própria empresa de investimento e não como actividade dessa pessoa.

3. *Instituição de crédito*, uma instituição de crédito na acepção do primeiro travessão do artigo 1.º da Directiva 77/780/CEE do Conselho, de 12 de Dezembro de 1977, relativa à coordenação das disposições legislativas, regulamentares e administrativas respeitantes ao acesso à actividade dos estabelecimentos de crédito e ao seu exercício[7], com excepção das instituições referidas no n.º 2 do artigo 2.º da mesma directiva.

4. *Valores mobiliários*:
– acções e outros valores equivalentes a acções,
– obrigações e outros títulos de dívida
negociáveis no mercado de capitais e
– quaisquer outros valores habitualmente negociados que confiram o direito à aquisição desses valores mobiliários por subscrição ou troca ou que dêem origem a uma liquidação em dinheiro,
com exclusão dos meios de pagamento;

5. *Instrumentos do mercado monetário*, as categorias de instrumentos habitualmente negociados no mercado monetário.

6. *Estado-membro de origem*:
a) Quando a empresa de investimento for uma pessoa singular, o Estado-membro onde essa pessoa tenha a sua administração central;
b) Quando a empresa de investimento for uma pessoa colectiva, o Estado-membro onde esteja situada a sua sede estatutária, ou se, em conformidade com a sua lei nacional não tiver sede estatutária, o Estado-membro onde esteja situada a sua administração central;
c) Se se tratar de um mercado, o Estado-membro onde esteja situada a sede estatutária do organismo que assegura as negociações, ou se, em conformidade com a sua lei nacional, não tiver sede estatutária, o Estado-membro onde esteja situada a administração central desse organismo.

7. *Estado-membro de acolhimento*, o Estado-membro onde uma empresa de investimento tenha uma sucursal ou no qual preste serviços.

8. *Sucursal*, um local de actividade que constitui uma parte desprovida de personalidade jurídica de uma empresa de investimento e que presta serviços de investimento para os quais a empresa de investimento obteve uma autorização; vários locais de actividade instalados num mesmo Estado-membro por uma empresa de investimento com a sua sede estatutária noutro Estado-membro serão considerados como uma só sucursal.

9. *Autoridades competentes*, as autoridades que cada Estado-membro designa por força do artigo 22.º.

10. *Participação qualificada*, a detenção numa empresa de investimento de uma participação directa ou indirecta que represente pelo menos 10% do capital ou dos direitos de voto ou que permita exercer uma influência significativa na gestão da empresa em que se detém uma participação.

Para efeitos da aplicação da presente definição, no contexto dos artigos 4.° e 9.° e das outras taxas de participação referidas no artigo 9.°, são tomados em consideração os direitos de voto referidos no artigo 7.° da Directiva 88/627/CEE[8].

11. *Empresa-mãe*, uma empresa-mãe na acepção dos artigos 1.° e 2.° da Directiva 83/349/CEE[9].

12. *Filial*, uma empresa filial na acepção dos artigos 1.° e 2.° da Directiva 83/349/CEE; qualquer empresa filial de uma empresa filial é igualmente considerada filial da empresa de que essas empresas dependem.

13. *Mercado regulamentado*, um mercado de instrumentos financeiros referidos na secção B do anexo,
- inscrito na lista referida no artigo 16.°, estabelecida pelo Estado-membro que é o Estado-membro de origem na acepção do ponto 6, alínea c), do artigo 1.°,
- de funcionamento regular,
- caracterizado pelo facto de existirem disposições estabelecidas ou aprovadas pelas autoridades competentes que definam as condições de funcionamento do mercado, as condições de acesso ao mercado, bem como, sempre que a Directiva 79/279/CEE for aplicável, as condições de admissão à cotação fixadas por essa directiva e, sempre que essa directiva não for aplicável, as condições a satisfazer por estes instrumentos financeiros para poderem ser efectivamente negociados no mercado,
- que imponha o cumprimento de todas as obrigações de declaração e de transparência estipuladas em aplicação dos artigos 20.° e 21.° da presente directiva.

14. *Controlo*, o controlo na acepção do artigo 1.° Directiva 83/349/CEE.

15. "Relações estreitas": uma situação em que duas ou mais pessoas singulares ou colectivas se encontrem ligadas através de[632]:

   a) Uma participação, ou seja, o facto de deter, directamente ou através de uma relação de controlo, 20% ou mais dos direitos de voto ou do capital de uma empresa; ou

   b) Uma relação do controlo, ou seja, a relação existente entre uma empresa--mãe e uma filial, tal como prevista nos n.os 1 e 2 do artigo 1.° da Directiva 83/349/CEE, ou uma relação da mesma natureza entre qualquer pessoa singular ou colectiva e uma empresa; uma empresa filial de uma empresa filial é igualmente considerada como filial da empresa-mãe de que essas empresas dependem.

É igualmente considerada como constituindo uma relação estreita entre duas ou mais pessoas singulares ou colectivas uma situação em que essas pessoas se

---

[632] A presente definição foi aditada pelo n.° 1 do artigo 2.° da Directriz n.° 95/26/CE, de 29 de Junho de 1995.

encontrem ligadas de modo duradouro a uma mesma pessoa através de uma relação de controlo.

(7) JO n.º L 322 de 17.12.1977, p. 30. Directiva com a última redacção que lhe foi dada pela Directiva 89/646/CEE (JO n.º L 386 de 30.12.1989, p. 1).
(8) JO n.º L 348 de 17.12.1988, p. 62.
(9) JO n.º L 193 de 18.7.1983, p. 1. Directiva com a última redacção que lhe foi dada pela Directiva 90/605/CEE (JO n.º L 317 de 16.11.1990, p. 60).

ARTIGO 2.º

1. A presente directiva é aplicável a todas as empresas de investimento. Todavia, apenas o n.º 4 do presente artigo, o n.º 2 do artigo 8.º, os artigos 10.º e 11.º, o primeiro parágrafo do artigo 12.º, os n.ᵒˢ 3 e 4 do artigo 14.º, os artigos 15.º, 19.º e 20.º são aplicáveis às instituições de crédito cuja autorização, concedida no termos das Directivas 77/780/CEE e 89/646/CEE, abranja um ou mais dos serviços de investimento constantes da secção A do anexo à presente directiva.

2. A presente directiva não é aplicável:
   a) Às empresas de seguros, na acepção do artigo 1.º da Directiva 73/239/CEE[10] ou do artigo 1.º da Directiva 79/267/CEE[11], nem às empresas que exerçam a actividades de resseguro e de retrocessão referidas na Directiva 64/225/CEE[12];
   b) Às empresas que prestem serviços de investimento exclusivamente à sua empresa-mãe, às suas filiais ou outra filial da sua empresa-mãe;
   c) Às pessoas que prestem um serviço de investimento, se essa actividade for exercida de forma acessória no âmbito de uma actividade profissional, e se esta última for regulada por disposições legais ou regulamentares ou por um código deontológico que regule a profissão e estes não excluírem a prestação desse serviço;
   d) Às empresas cujos serviços de investimento consistam exclusivamente na gestão de um regime de participação dos trabalhadores;
   e) Às empresas cujos serviços de investimento consistam em fornecer tanto os serviços referidos na alínea *b)* supra como os referidos na alínea *d)*;
   f) Aos bancos centrais dos Estados-membros e outros organismos nacionais com vocação similar e a outros organismos públicos responsáveis pela gestão da dívida pública ou que participem nessa gestão;
   g) Às empresas
   – que não podem deter fundos ou títulos pertencentes aos seus clientes e que, por esse motivo, nunca poderão ficar em débito para com os seus clientes,
   e
   – que apenas podem prestar um serviço de investimento que consiste em receber e transmitir ordens respeitantes a valores mobiliários e a unidades de participação em organismos de investimento colectivo,
   e
   – que, quando prestam esse serviço, apenas podem transmitir ordens

Directriz n.º 93/22/CEE, do Conselho, de 10 de Maio de 1993 **38.**

　　i) a empresas de investimento autorizadas nos termos da presente directiva,
　　ii) a instituições de crédito autorizadas nos termos das Directivas 77/780/CEE e 89/646/CEE,
　　iii) a sucursais de empresas de investimento ou de instituições de crédito que tenham sido autorizadas num país terceiro e que estejam sujeitas a regras prudenciais que as autoridades competentes considerem pelo menos tão rigorosas como as enunciadas na presente directiva ou nas Directivas 89/646/CEE e 93/6/ CEE e que a elas se conformem,
　　iv) a organismos de investimento colectivo autorizados pela legislação de um Estado-membro a colocar unidades de participação junto do público, bem como aos membros dos órgãos de gestão desses organismos,
　　v) a sociedades de investimento de capital fixo, na acepção do n.º 4 do artigo 15.º da Directiva 77/91/CEE[13], cujos títulos estejam cotados ou sejam negociados num mercado regulamentado num Estado-membro,
　　– e cuja actividade esteja sujeita, a nível nacional, a normas regulamentares ou a um código deontológico;
　h) Aos organismos de investimento colectivo, coordenados ou não a nível comunitário, bem como aos depositários e gestores desses organismos;
　i) Às pessoas cuja actividade principal consista na negociação de matérias-primas entre si ou com produtores ou utilizadores desses produtos para fins profissionais e que apenas prestem serviços de investimento a essas contrapartes e na medida do necessário ao exercício da sua actividade principal;
　j) Às empresas cujos serviços de investimento consistam exclusivamente em negociar unicamente por conta própria num mercado de futuros financeiros ou de opções ou em negociar ou fixar um preço para outros membros do mesmo mercado que se encontrem cobertas pela garantia de um membro compensador do referido mercado; a responsabilidade pela execução dos contratos celebrados por essas empresas deve ser assumida por um membro compensador do mesmo mercado;
　k) Às associações criadas por fundos de pensões dinamarqueses cuja única finalidade seja a de gerir os activos dos fundos de pensões participantes;
　l) Aos "*agenti di cambio*" cujas actividades e funções se regulam pelo Decreto Real italiano n.º 222 de 7 de Março de 1925, bem como pelas disposições posteriores que o alteram, e que tenham sido autorizados a prosseguir a sua actividade ao abrigo do artigo 19.º da Lei italiana n.º 1 de 2 de Janeiro de 1991.

　　3. O mais tardar, até 31 de Dezembro de 1998 e, posteriormente, a intervalos regulares, a Comissão elaborará um relatório sobre a aplicação do n.º 2, em conjugação com a secção A do anexo e, se necessário, proporá alterações à definição das exclusões e dos serviços abrangidos, à luz da aplicação da presente directiva.

　　4. Os direitos conferidos pela presente directiva não se aplicam à prestação de serviços como contraparte do Estado, do banco central ou dos outros organismos nacionais com vocação similar de um Estado-membro, na prossecução das políticas

de gestão da moeda, das taxas de câmbio, da dívida pública e das reservas do Estado-membro em questão.

(10) JO n.º L 228 de 16.8.1973, p. 3. Directiva com a última redacção que lhe foi dada pela Directiva 90/619/CEE (JO n.º L 330 de 29.11.1990, p. 50).
(11) JO n.º L 63 de 13.3.1979, p. 1. Directiva com a última redacção que lhe foi dada pela Directiva 90/618/CEE (JO n.º L 330 de 29.11.1990, p. 44).
(12) JO n.º 56 de 4.4.1964, p. 878/64.
(13) JO n.º L 26 de 31.1.1977. Directiva com a última redacção que lhe foi dada pelo Acto de Adesão de Espanha e de Portugal.

TÍTULO II
Condições de acesso à actividade

ARTIGO 3.º

1. Cada Estado-membro fará com que o acesso à actividade das empresas de investimento de que seja o Estado-membro de origem dependa de uma autorização. Essa autorização será concedida pelas autoridades competentes desse Estado, designadas nos termos do artigo 22.º. Na autorização serão especificados os serviços de investimento referidos na secção A do anexo que a empresa está autorizada a prestar. A autorização pode, além disso, abranger um ou mais dos serviços auxiliares referidos na secção C do anexo. A autorização, na acepção da presente directiva, não pode em caso algum ser concedida unicamente para os serviços referidos apenas na secção C do anexo.

2. Os Estados-membros exigirão:
– às empresas de investimento que sejam pessoas colectivas e que, nos termos do respectivo direito nacional, tenham uma sede estatutária, que a sua administração central se situe no Estado-membro em que está instalada a sua sede estatutária;
– às restantes empresas de investimento, cuja administração central se situe no Estado-membro que tiver emitido a autorização e no qual operem de forma efectiva.

3. Sem prejuízo das outras condições gerais previstas na legislação nacional, as autoridades competentes só concederão a autorização se:
– a empresa de investimento, tendo em conta a natureza do serviço de investimento em questão, possuir um capital inicial suficiente, nos termos das regras estipuladas na Directiva 93/6/CEE;
– as pessoas que efectivamente dirigem a actividade da empresa de investimento satisfizerem as condições exigidas no que se refere a idoneidade e experiência.

A orientação da actividade da empresa deve ser determinada por pelo menos duas pessoas que satisfaçam as referidas condições. No entanto, desde que exista um dispositivo apropriado que assegure um resultado equivalente, nomeadamente no que se refere ao último travessão do terceiro parágrafo do n.º 2 do artigo 1.º, as autoridades competentes podem igualmente conceder a autorização a empresas de investimento que sejam pessoas singulares ou, tendo em conta a natureza e o volume da sua actividade, a empresas de investimento que sejam pessoas colectivas que, de acordo com os seus estatutos e leis nacionais, sejam dirigidas por uma única pessoa singular.

Além disso, sempre que existam relações estreitas entre a empresa de investimento e outras pessoas singulares ou colectivas, as autoridades competentes só concederão a autorização se essas relações não entravarem o bom exercício das suas funções de supervisão[633].

As autoridades competentes recusarão igualmente a autorização se as disposições legislativas, regulamentares ou administrativas de um país terceiro a que estejam sujeitas uma ou mais pessoas singulares ou colectivas com as quais a empresa tenha relações estreitas, ou dificuldades inerentes à sua aplicação, entravem o bom exercício das suas funções de supervisão.

As autoridades competentes exigirão que as empresas de investimento lhes prestem as informações que solicitarem para se certificarem do cumprimento permanente das condições previstas no presente número.

4. Os Estados-membros exigirão além disso que o pedido de autorização seja acompanhado de um plano de actividades em que venham indicados, nomeadamente, o tipo de operações previstas e a estrutura organizativa da empresa de investimento.

5. O requerente será informado da recusa ou concessão da autorização no prazo de seis meses a contar da apresentação do pedido completo. A recusa da autorização será fundamentada.

6. Se a autorização for concedida, a empresa de investimento pode iniciar imediatamente a sua actividade.

7. As autoridades competentes apenas podem revogar a autorização concedida a uma empresa de investimento abrangida pela presente directiva se essa empresa de investimento:

a) Não fizer uso da autorização num prazo de doze meses, renunciar expressamente à autorização ou tiver cessado a prestação de serviços de investimento há mais de seis meses, a menos que o Estado-membro em causa preveja a caducidade da autorização nesses casos;
b) Tiver obtido a autorização por meio de declarações falsas ou por qualquer outra forma irregular;
c) Deixar de preencher as condições de concessão da autorização;
d) Deixar de estar em conformidade com as disposições da Directiva 93/6/CEE;

---

[633] A presente disposição e as duas seguintes foram aditadas pelo n.º 2 do artigo 2.º da Directriz n.º 95/26/CE, de 29 de Junho de 1995.

e) Tiver infringido de maneira grave e reiterada as disposições adoptadas em execução dos artigos 10.° e 11.°;

f) Se encontrar em qualquer dos outros casos em que a legislação nacional prevê a revogação da autorização.

ARTIGO 4.°

As autoridades competentes não concederão a autorização de acesso à actividade a uma empresa de investimento antes de terem sido informadas da identidade dos accionistas ou sócios, directos ou indirectos, pessoas singulares ou colectivas, que nela detenham uma participação qualificada e do montante dessa participação.

As autoridades competentes recusarão a autorização se, atendendo à necessidade de garantir uma gestão sã e prudente da empresa de investimento, não se encontrarem convencidas da adequação dos referidos accionistas ou sócios.

ARTIGO 5.°

Os Estados-membros não aplicarão às sucursais de empresas de investimento, cuja sede estatutária se situa fora da Comunidade e que iniciem ou já exerçam a sua actividade, disposições que impliquem um tratamento mais favorável do que o concedido às sucursais de empresas de investimento com sede estatutária num Estado-membro.

ARTIGO 6.°

Proceder-se-á a uma consulta prévia das autoridades competentes do outro Estado-membro em questão, para autorização de uma empresa de investimento que seja:

– filial de uma empresa de investimento ou de uma instituição de crédito autorizada noutro Estado-membro,

ou

– filial da empresa-mãe de uma empresa de investimento ou de uma instituição de crédito autorizada noutro Estado-membro,

ou

– controlada pelas mesmas pessoas singulares ou colectivas que controlam uma empresa de investimento ou uma instituição de crédito autorizada noutro Estado-membro.

As autoridades competentes de um Estado-Membro envolvido, responsáveis pela supervisão das instituições de crédito ou empresas de seguros são consultadas previamente em relação à concessão de uma autorização a uma empresa de investimento que seja[634]:

---

[634] O n.° 1 do artigo 27.° da Directriz n.° 2002/87/CE, do Parlamento Europeu e do Conselho, de 16 de Dezembro de 2002, aditou o parágrafo a que se refere a presente nota e os seguintes.

a) Uma filial de uma instituição de crédito ou de uma empresa de seguros autorizadas na Comunidade; ou

b) Uma filial de uma empresa-mãe de uma instituição de crédito ou de uma empresa de seguros autorizadas na Comunidade; ou

c) Controlada pela mesma pessoa singular ou colectiva que controla uma instituição de crédito ou uma empresa de seguros autorizadas na Comunidade.

As autoridades competentes relevantes referidas no primeiro e segundo parágrafos consultam-se mutuamente quando avaliarem a adequação dos accionistas e a idoneidade e competência dos dirigentes envolvidos na gestão de outra entidade do mesmo grupo. Comunicam igualmente entre si quaisquer informações relativas à adequação dos accionistas e à idoneidade e competência dos dirigentes, na medida em que essas informações sejam de interesse para as outras autoridades competentes envolvidas, para a concessão de uma autorização ou para a avaliação permanente da conformidade com as condições de exercício da actividade.

TÍTULO III
Relações com países terceiros

ARTIGO 7.º

1. As autoridades competentes dos Estados-membros informarão a Comissão:

a) De qualquer autorização de uma filial, directa ou indirecta, de uma ou mais empresas-mãe sujeitas à lei de um país terceiro;

b) De qualquer aquisição, por uma das empresas-mãe acima referidas, de uma participação numa empresa de investimento comunitária que torne esta última sua filial.

Em ambos os casos, a Comissão informará o Conselho, na pendência da criação pelo Conselho, sob proposta da Comissão, de um comité em matéria de valores mobiliários.

Na notificação à Comissão, pelas autoridades competentes, das autorizações concedidas a filiais directas ou indirectas de uma ou mais empresas-mãe sujeitas à lei de um país terceiro, deve ser especificada a estrutura do grupo.

2. Os Estados-membros informarão a Comissão das dificuldades de ordem geral encontradas pelas suas empresas de investimento para se estabelecerem ou prestarem serviços de investimento num país terceiro.

3. A Comissão elaborará, inicialmente, o mais tardar seis meses antes do início da aplicação da presente directiva e, posteriormente, a intervalos regulares, um relatório sobre o tratamento, na acepção dos n.ºs 4 e 5, dado às empresas de investimento comunitárias nos países terceiros no que se refere ao estabelecimento e ao exercício de actividades de serviços de investimento, bem como à aquisição de participações

em empresas de investimento de países terceiros. A Comissão apresentará tais relatórios ao Conselho, eventualmente acompanhados de propostas adequadas.

4. Sempre que, com base nos relatórios referidos no n.º 3 ou noutras informações, a Comissão verifique que um país terceiro não concede às empresas de investimento comunitárias um acesso efectivo ao mercado comparável ao concedido pela Comunidade às empresas de investimento desse país terceiro, pode apresentar propostas ao Conselho para obter deste um mandato de negociação adequado, para obter condições de concorrência comparáveis para as empresas de investimento comunitárias. O Conselho decidirá por maioria qualificada.

5. Sempre que, com base nos relatórios referidos no n.º 3 ou noutras informações, a Comissão verifique que as empresas de investimento comunitárias não beneficiam num país terceiro do tratamento nacional que lhes confira condições de concorrência idênticas àquelas de que dispõem as empresas de investimento desse país e que não estão preenchidas as condições de acesso efectivo ao mercado, pode iniciar negociações para obviar a essa situação.

Nas circunstâncias descritas no primeiro parágrafo, e para além de se encetarem negociações, poder-se-á também decidir em qualquer momento, em conformidade com o procedimento a prever na directiva pela qual o Conselho instituirá o comité referido no n.º 1, que as autoridades competentes dos Estados-membros limitem ou suspendam as suas decisões sobre os pedidos de autorização pendentes ou futuros e a aquisição de participações, directas ou indirectas, por empresas-mãe sujeitas à lei do país terceiro em questão. O período de vigência dessas medidas não pode exceder três meses.

Antes de decorrido este prazo de três meses, e de acordo com os resultados das negociações, o Conselho pode decidir por maioria qualificada, sob proposta da Comissão, se as referidas medidas devem continuar a ser aplicadas.

Tais limitações ou suspensões não podem ser aplicáveis à criação de filiais por empresas de investimento devidamente autorizadas na Comunidade, ou pelas suas filiais, nem à aquisição de participações em empresas de investimento comunitárias por essas empresas de investimento ou filiais.

6. Sempre que a Comissão verifique a existência de uma das situações referidas nos n.os 4 e 5, os Estados-membros informá-la-ão, a seu pedido:
   a) De qualquer pedido de autorização de uma filial, directa ou indirecta, de uma ou mais empresas-mãe sujeitas à lei do país terceiro em questão;
   b) De qualquer projecto de aquisição de uma participação, que lhes seja apresentado nos termos do artigo 9.º, por uma empresa desse tipo numa empresa de investimento comunitária que tornaria esta última sua filial.

Esta obrigação de informação cessa logo que se chegue a um acordo com o país terceiro referido nos n.os 4 ou 5, ou quando as medidas referidas nos segundo e terceiro parágrafos do n.º 5 deixem de ser aplicáveis.

7. As medidas adoptadas nos termos do presente artigo devem ser conformes com as obrigações que incumbem à Comunidade por força de acordos internacionais, bilaterais ou multilaterais, que regulam o acesso à actividade de empresa de investimento e o seu exercício.

TÍTULO IV
Condições de exercício

ARTIGO 8.º

1. As autoridades competentes do Estado-membro de origem exigirão que as empresas de investimento por elas autorizadas cumpram de forma contínua as condições referidas no n.º 3 do artigo 3.º.

2. As autoridades competentes do Estado-membro de origem exigirão que as empresas de investimento por elas autorizadas respeitem as regras previstas na Directiva 93/6/CEE.

3. Sem prejuízo das disposições da presente directiva que prevejam a competência das autoridades do Estado-membro de acolhimento, cabe às autoridades competentes do Estado-membro de origem a supervisão prudencial das empresas de investimento, quer estas estabeleçam ou não uma sucursal ou prestem ou não serviços noutro Estado-membro.

ARTIGO 9.º[635]

1. Os Estados-membros estabelecerão que qualquer pessoa que pretenda adquirir, directa ou indirectamente, uma participação qualificada numa empresa de investimento deve informar previamente desse facto as autoridades competentes, indicando o montante dessa participação. Qualquer pessoa que pretenda aumentar a sua participação qualificada de tal modo que a percentagem dos direitos de voto ou das partes do capital por si detida atinja ou exceda os limiares de 20%, 33% ou 50%, ou que a empresa de investimento se transforme em sua filial, deve igualmente informar as autoridades competentes.

---

[635] Redacção dada pelo n.º 2 do artigo 27.º da Directriz n.º 2002/87/CE, do Parlamento Europeu e do Conselho, de 16 de Dezembro de 2002. Era a seguinte a redacção original:
(...)
2. Se o adquirente das participações referidas no n.º 1 for uma empresa de investimento autorizada noutro Estado-membro, ou a empresa-mãe de uma empresa de investimento autorizada noutro Estado-membro, ou uma pessoa que controle uma empresa de investimento autorizada noutro Estado-membro e se, em resultado dessa aquisição, a empresa em causa se transformar numa filial do adquirente ou passar a estar sujeita ao controlo deste, a apreciação da aquisição deve ser sujeita à consulta prévia referida no artigo 6.º.
(...)

Sem prejuízo do n.º 2, as autoridades competentes dispõem de um prazo máximo de três meses a contar da data da notificação prevista no primeiro parágrafo para se oporem ao referido projecto se, atendendo à necessidade de garantir uma gestão sã e prudente da empresa de investimento, não estiverem convencidas da adequação da pessoa referida no primeiro parágrafo. Se não se opuserem ao referido projecto, podem fixar um prazo máximo para a sua execução.

2. Se o adquirente de uma participação referida no n.º 1 for uma empresa de investimento, uma instituição de crédito ou uma empresa de seguros autorizadas noutro Estado-Membro, ou a empresa-mãe de uma empresa de investimento, uma instituição de crédito ou uma empresa de seguros autorizadas noutro Estado-Membro, ou uma pessoa singular ou colectiva que controle uma empresa de investimento, uma instituição de crédito ou uma empresa de seguros autorizadas noutro Estado-Membro, e se, por força desta aquisição, a empresa na qual o adquirente tenciona deter uma participação passar a ser uma filial do adquirente ou a ser controlada por este, a avaliação da sua aquisição fica sujeita ao procedimento de consulta prévia previsto no artigo 6.º.

3. Os Estados-membros estabelecerão que qualquer pessoa que pretenda ceder, directa ou indirectamente, uma participação qualificada numa empresa de investimento deve informar previamente desse facto as autoridades competentes e indicar o montante da referida participação. Qualquer pessoa que pretenda reduzir a sua participação qualificada de tal modo que a percentagem dos direitos de voto ou das partes do capital por si detida diminua para um nível inferior a 20%, 33% ou 50%, ou que a empresa de investimento deixe de ser sua filial, deve igualmente informar as autoridades competentes.

4. As empresas de investimento informarão as autoridades competentes das aquisições ou cessões de participações no seu capital que levem a que essas participações excedam ou passem a situar-se aquém de um dos limiares referidos nos n.ºs 1 e 3, logo que delas tenham conhecimento.

As empresas de investimento comunicarão igualmente às autoridades competentes, pelo menos uma vez por ano, a identidade dos accionistas ou sócios que possuam participações qualificadas, bem como o montante dessas participações, tal como constam, nomeadamente, das informações dadas nas assembleias gerais anuais dos accionistas ou sócios ou das informações recebidas por força da disposições aplicáveis às sociedades cotadas numa bolsa de valores.

5. Os Estados-membros exigirão que, no caso de a influência exercida pelas pessoas referidas no n.º 1 ser susceptível de prejudicar uma gestão sã e prudente da empresa de investimento, as autoridades competentes tomem as medidas adequadas para pôr termo a tal situação. Essas medidas podem consistir, nomeadamente em injunções, em sanções aplicáveis aos administradores e dirigentes ou na suspensão do exercício dos direitos de voto correspondentes às acções ou partes detidas pelos accionistas ou sócios em questão.

Devem ser aplicadas medidas semelhantes às pessoas que não cumpram a obrigação de informação prévia estatuída no n.º 1. Se, não obstante a oposição das autoridades competentes, for adquirida uma participação, os Estados-membros, independentemente da aplicação de outras sanções, estipularão quer a suspensão do exercício dos direitos de voto correspondentes quer a nulidade dos votos expressos ou a possibilidade da sua anulação.

ARTIGO 10.º

O Estado-membro de origem estabelecerá regras prudenciais que devem ser observadas de forma contínua pela empresa de investimento. Essas regras exigirão, nomeadamente, que a empresa de investimento:
– possua uma boa organização administrativa e contabilística, mecanismos de controlo e segurança no domínio informático, bem como processos de controlo interno adequados, incluindo, nomeadamente, um regime das operações pessoais dos assalariados da empresa,
– tome disposições adequadas em relação aos valores pertencentes aos investidores, por forma a salvaguardar os direitos de propriedade destes, nomeadamente em caso de insolvabilidade da empresa, e a evitar que a empresa de investimento utilize os valores dos investidores por conta própria sem o consentimento explícito destes últimos,
– tome disposições adequadas em relação aos fundos pertencentes aos investidores, por forma a salvaguardar os direitos destes e a evitar, excepto no caso das instituições de crédito, que a empresa de investimento utilize por conta própria os fundos dos investidores,
– assegure que o registo das operações efectuadas seja pelo menos suficiente para permitir às autoridades do Estado-membro de origem verificar o cumprimento das regras prudenciais por cuja aplicação são responsáveis; esses registos devem ser conservados por um período a determinar pelas autoridades competentes,
– esteja estruturada e organizada de modo a reduzir ao mínimo o risco de os interesses dos clientes serem lesados por conflitos de interesses entre a empresa e os seus clientes ou entre os próprios clientes. No entanto, caso seja criada uma sucursal, as respectivas regras de organização não poderão estar em contradição com as normas de conduta estabelecidas pelo Estado-membro de acolhimento em matéria de conflitos de interesses.

ARTIGO 11.º

1. Os Estados-membros estabelecerão normas de conduta que as empresas de investimento serão obrigadas a cumprir em qualquer momento. Essas normas devem traduzir pelo menos os princípios enunciados nos travessões do presente número e devem ser aplicadas tendo em consideração a condição profissional da pessoa a quem é prestado o serviço. Os Estados-membros aplicarão igualmente essas normas, sem-

pre que o julgarem conveniente, aos serviços auxiliares referidos na secção C do anexo. Estes princípios obrigarão a empresa de investimento a:
- no exercício da sua actividade, actuar com lealdade e equidade na defesa dos interesses dos seus clientes e da integridade do mercado,
- actuar com a competência, o cuidado e a diligência que se impõem, no interesse dos seus clientes e da integridade do mercado,
- possuir e utilizar eficazmente os recursos e os processos necessários para levar a bom termo as suas actividades,
- informar-se sobre a situação financeira dos seus clientes, a sua experiência em matéria de investimentos e os seus objectivos em relação aos serviços pedidos,
- comunicar de modo apropriado as informações úteis no âmbito das negociações com os seus clientes,
- esforçar-se por suprimir os conflitos de interesses e, quando estes não possam ser evitados, assegurar que os clientes sejam tratados equitativamente,
- cumprir todas as regulamentações aplicáveis ao exercício das suas actividades, de modo a promover o melhor possível os interesses dos seus clientes e a integridade do mercado.

2. Sem prejuízo das decisões a tomar no âmbito de uma harmonização das normas de conduta, a aplicação e o controlo da sua observância continuam a ser da competência do Estado-membro em que é prestado o serviço.

3. Sempre que uma empresa de investimento executar uma ordem, o critério da condição profissional do investidor, para efeitos da aplicação das normas referidas no n.º 1, será apreciado em relação ao investidor que está na origem da ordem, quer esta tenha sido colocada directamente pelo próprio investidor ou indirectamente por intermédio de uma empresa de investimento que preste o serviço referido no ponto 1. *a*) da secção A do anexo.

ARTIGO 12.º

A empresa é obrigada a comunicar aos investidores, antes de iniciar uma relação de negócios com os mesmos, qual o fundo de garantia ou a protecção equivalente aplicável à operação ou operações previstas, a cobertura oferecida por um ou outro desses sistemas ou a inexistência de qualquer fundo ou garantia.

O Conselho toma nota do facto de que a Comissão anunciou a apresentação de propostas respeitantes à harmonização dos sistemas de garantia relativos às operações das empresas de investimento o mais tardar em 31 de Julho de 1993. O Conselho pronunciar-se-á com a maior brevidade possível, tendo em conta o objectivo de assegurar que os sistemas que são objecto dessas propostas sejam aplicáveis na data de início de aplicação da presente directiva.

Directriz n.º 93/22/CEE, do Conselho, de 10 de Maio de 1993 **38.**

ARTIGO 13.º

O disposto na presente directiva não obsta a que as empresas de investimento autorizadas noutro Estado-membro façam publicidade dos seus serviços por todos os meios de comunicação disponíveis no Estado-membro de acolhimento, desde que respeitem as normas, adoptadas por razões de interesse geral, que regulam a forma e o conteúdo dessa publicidade.

TÍTULO V
Liberdade de estabelecimento e liberdade de prestação de serviços

ARTIGO 14.º

1. Os Estados-membros assegurarão que os serviços de investimento e os demais serviços referidos na secção C do anexo possam ser prestados no seu território, de acordo com o disposto nos artigos 17.º, 18.º e 19.º tanto pela criação de uma sucursal como em regime de prestação de serviços, por qualquer empresa de investimento autorizada e controlada pelas autoridades competentes de outro Estado-membro nos termos da presente directiva, desde que os referidos serviços se encontrem abrangidos pela autorização.

A presente directiva não prejudica as competências dos Estados-membros de acolhimento em relação às unidades de participação de organismos de investimento colectivo que não se encontrem abrangidos pela Directiva 85/611/CEE[14].

2. Os Estados-membros não podem sujeitar a criação de uma sucursal ou a prestação de serviços referidas no n.º 1 à obrigação de obter uma autorização ou de fornecer uma dotação em capital ou a qualquer outra medida de efeito equivalente.

3. Um Estado-membro pode exigir que as transacções relativas aos serviços referidos no n.º 1 sejam efectuadas num mercado regulamentado, caso se encontrem preenchidos todos os critérios a seguir mencionados:
   – o investidor reside habitualmente ou está estabelecido nesse Estado-membro,
   – a empresa de investimento efectua a transacção quer através de um estabelecimento principal ou de uma sucursal situados nesse Estado-membro quer em regime de livre prestação de serviços nesse Estado-membro,
   – a transacção refere-se a um instrumento negociado num mercado regulamentado desse Estado-membro.

4. Sempre que um Estado-membro aplique o disposto no n.º 3, concederá aos investidores que residam habitualmente ou estejam estabelecidos nesse Estado-membro o direito de derrogar a obrigação imposta nos termos do n.º 3 e de mandar efectuar fora de um mercado regulamentado as transacções referidas no n.º 3. Os Estados-

-membros podem fazer depender o exercício desse direito de uma autorização explícita, que atenda às diferentes necessidades dos investidores em matéria de protecção e nomeadamente à capacidade dos investidores profissionais e institucionais para acautelarem da melhor forma os seus interesses. Essa autorização deve em todo o caso poder ser dada em condições tais que não ponham em causa a pronta execução das ordens do investidor.

5. A Comissão apresentará um relatório sobre a aplicação do disposto nos n.ºs 3 e 4, o mais tardar em 31 de Dezembro de 1998, propondo, se o considerar necessário, alterações a essas disposições.

---

(14) JO n.º L 375 de 31.12.1985, p. 3. Directiva com a última redacção que lhe foi dada pela Directiva 88/220/CEE (JO n.º L 100 de 19.4.1988, p. 31).

ARTIGO 15.º

1. Sem prejuízo do exercício da liberdade de estabelecimento e da liberdade de prestação de serviços referidas no artigo 14.º, os Estados-membros de acolhimento assegurarão que as empresas de investimento autorizadas pelas autoridades competentes do seu Estado-membro de origem a prestar os serviços referidos na alínea *b)* do ponto 1 e no ponto 2 da secção A do anexo possam, nos Estados-membros de acolhimento, tornar-se membros dos mercados regulamentados em que sejam prestados serviços semelhantes, ou a eles ter acesso, directa ou indirectamente, bem como ter acesso aos sistemas de compensação e de liquidação acessíveis aos membros dos mercados regulamentados, ou tornar-se membros desses sistemas.

Os Estados-membros abolirão as normas ou leis nacionais ou os estatutos dos mercados regulamentados que limitem o número de pessoas admitidas. Se, devido à sua estrutura jurídica ou às suas capacidades técnicas, o acesso a um mercado regulamentado for limitado, os Estados-membros procederão de forma a que essa estrutura e essas capacidades sejam regularmente adaptadas.

2. A qualidade de membro de um mercado regulamentado ou o acesso ao mesmo pressupõem o respeito dos requisitos de adequação de fundos próprios pelas empresas de investimento e o respectivo controlo pelo Estado-membro de origem nos termos da Directiva 93/6/CEE.

Os Estados-membros de acolhimento só estão habilitados a impor requisitos suplementares em matéria de capital relativamente à parte não abrangida pela referida directiva.

O acesso a um mercado regulamentado, a admissão à qualidade de membro ou a sua manutenção dependem do cumprimento das regras desse mercado regulamentado no que se refere à constituição e à administração do mercado regulamentado, bem como do cumprimento das regras relativas às operações nesse mercado, das normas profissionais impostas ao pessoal que trabalha nesse mercado ou em ligação com o mesmo e das regras e procedimento dos sistemas de compensação e de liquidação. As modalidades de aplicação dessas regras e procedimentos podem ser adaptadas de modo adequado, nomeadamente para assegurar o efectivo cumprimento das obrigações que delas resultam, sem deixar no entanto de assegurar a observância do disposto no artigo 28.º.

3. Para dar cumprimento às obrigações estipuladas no n.º 1, os Estados-membros de acolhimento devem facultar às empresas de investimento referidas naquele número a possibilidade de se tornarem membros dos seus mercados regulamentados ou de a eles terem acesso:
 – quer directamente, através da criação de uma sucursal no Estado-membro de acolhimento,
 – quer indirectamente, através da criação de uma filial no Estado-membro de acolhimento ou da aquisição de uma empresa existente no Estado de acolhimento que já seja membro dos referidos mercados ou que a eles já tenha acesso.

Todavia, os Estados-membros que, no momento da adopção da presente directiva, aplicarem uma legislação que apenas autorize as instituições de crédito a tornarem-se membros de um mercado regulamentado, ou a ele terem acesso, por intermédio de uma filial especializada, podem continuar a impor essa obrigação até 31 de Dezembro de 1996, de forma não discriminatória, às instituições de crédito originárias de outros Estados, no que respeita ao acesso a esse mercado regulamentado.

O Reino de Espanha, a República Helénica e a República Portuguesa podem prolongar esse período até 31 de Dezembro de 1999. Um ano antes dessa data, a Comissão fará um relatório, tendo em conta a experiência adquirida com a aplicação do presente artigo e apresentará, se for caso disso, uma proposta. O Conselho, deliberando por maioria qualificada sobre essa proposta, pode decidir da revisão deste regime.

4. Sem prejuízo do disposto nos n.os 1, 2 e 3, sempre que o mercado regulamentado do Estado-membro de acolhimento funcionar sem que seja exigida uma presença física, as empresas de investimento referidas no n.º 1 podem, nessa mesma base, tornar-se seus membros ou ter acesso a esse mercado sem necessitarem de ter um estabelecimento no Estado-membro de acolhimento. A fim de permitir que as suas empresas de investimento sejam admitidas num mercado regulamentado de um Estado de acolhimento nos termos do presente número, o Estado-membro de origem autorizará esses mercados regulamentados a instalar, no seu território, os meios necessários para o efeito.

5. O disposto no presente artigo não interfere na faculdade dos Estados-membros de autorizarem ou proibirem a criação de novos mercados no seu território.

6. O presente artigo não prejudica:
 – na República Federal da Alemanha, a regulamentação da actividade de "Kursmakler",
 – nos Países Baixos, a regulamentação da actividade de "hoekman".

ARTIGO 16.º

Compete a cada Estado-membro, para efeitos do reconhecimento mútuo e da execução da presente directiva, estabelecer a lista dos mercados regulamentados que estejam em conformidade com a sua regulamentação e dos quais seja o Estado de origem e comunicá-la, para informação, aos outros Estados-membros e à Comissão, acompanhada das regras de organização e de funcionamento desses mercados regulamentados. Qualquer alteração a essa lista ou a essas regras deverá igualmente ser comunicada. Pelo menos uma vez por ano, a Comissão publicará no *Jornal Oficial das Comunidades Europeias* as listas dos mercados regulamentados e a respectiva actualização.

A Comissão deverá, até 31 de Dezembro de 1996, elaborar um relatório sobre as informações assim recebidas e propor, caso se justifiquem, alterações à definição de mercado regulamentado na acepção da presente directiva.

ARTIGO 17.º

1. Para além das condições previstas no artigo 3.º, uma empresa de investimento que pretenda estabelecer uma sucursal no território de outro Estado-membro deve notificar desse facto as autoridades competentes do Estado-membro de origem.

2. Os Estados-membros exigirão que a empresa de investimento que pretenda estabelecer uma sucursal noutro Estado-membro faça acompanhar a notificação referida no n.º 1 das seguintes informações:
   a) O Estado-membro em cujo território pretende estabelecer a sucursal;
   b) Um plano de actividades que indique, nomeadamente, os tipos de operações previstas e a estrutura orgânica da sucursal;
   c) O endereço onde os documentos lhe possam ser reclamados, no Estado--membro de acolhimento;
   d) O nome dos dirigentes da sucursal.

3. Num prazo de três meses a contar da recepção de todas as informações referidas no n.º 2, as autoridades competentes do Estado-membro de origem comunicarão essas informações às autoridades competentes do Estado-membro de acolhimento e informarão desse facto a empresa de investimento interessada, excepto se, tendo em conta as actividades previstas, tiverem dúvidas relativamente à adequação da estrutura administrativa ou à situação financeira da empresa de investimento.

As autoridades competentes fornecerão, além disso, esclarecimentos sobre os sistemas de garantia destinados a assegurar a protecção dos investidores da sucursal.

Sempre que as autoridades competentes do Estado-membro de origem recusarem fornecer as informações referidas no n.º 2 às autoridades competentes do Estado-membro de acolhimento, devem comunicar as razões dessa recusa à empresa de investimento em causa, num prazo de três meses a contar da recepção de todas as informações. Da recusa ou da falta de resposta caberá recurso para os tribunais do Estado-membro de origem.

4. As autoridades competentes do Estado-membro de acolhimento disporão, antes de a sucursal da empresa de investimento dar início às suas actividades, de dois meses a contar da recepção das informações referidas no n.° 3 para organizar a supervisão da empresa de investimento nos termos do artigo 19.° e para indicar, se necessário, as condições, incluindo as normas de conduta, de acordo com as quais, por razões de interesse geral, essas actividades devem ser exercidas no Estado-membro de acolhimento.

5. Logo que receba uma comunicação das autoridades competentes do Estado--membro de acolhimento ou logo que tenha decorrido o prazo fixado no n.° 4 sem que estas tenham enviado qualquer comunicação, a sucursal pode ser constituída e dar início às suas actividades.

6. Em caso de alteração do conteúdo de uma das informações notificadas nos termos das alíneas b), c) e d) do n.° 2, a empresa de investimento comunicará por escrito essa alteração às autoridades competentes do Estado-membro de origem e do Estado-membro de acolhimento, pelo menos um mês antes de efectuar essa alteração, de forma a permitir que as autoridades competentes do Estado-membro de origem, nos termos do n.° 3, e as autoridades competentes do Estado-membro de acolhimento, nos termos do n.° 4, se pronunciem sobre essa alteração.

7. Em caso de alteração das informações notificadas nos termos do segundo parágrafo do n.° 3, as autoridades do país de origem informarão desse facto as autoridades do país de acolhimento.

ARTIGO 18.°

1. Qualquer empresa de investimento que deseje exercer pela primeira vez as suas actividades no território de outro Estado-membro em regime de livre prestação de serviços deve notificar as autoridades competentes do Estado-membro de origem:
   – do Estado-membro em que pretende operar,
   – de um plano de actividades em que indique, nomeadamente, o serviço ou serviços de investimento que tenciona prestar.

2. As autoridades competentes do Estado-membro de origem enviarão a notificação referida no n.° 1, no prazo de um mês a contar da sua recepção, às autoridades competentes do Estado-membro de acolhimento. A empresa de investimento poderá então dar início à prestação do serviço ou serviços de investimento em causa no Estado-membro de acolhimento.

As autoridades competentes do Estado-membro de acolhimento comunicarão à empresa de investimento, se for caso disso, logo após a recepção da notificação referida no n.º 1, as condições, incluindo as normas de conduta, às quais, por razões de interesse geral, os prestadores de serviços de investimento em causa devem obedecer no Estado-membro de acolhimento.

3. Em caso de alteração do conteúdo das informações notificadas nos termos do n.º 1, segundo travessão, a empresa de investimento comunicará, por escrito, essa alteração às autoridades competentes do Estado-membro de origem e do Estado--membro de acolhimento antes de efectuar a alteração, para que as autoridades competentes do Estado-membro de acolhimento possam, se for caso disso, indicar à empresa qualquer alteração ou complemento em relação às informações comunicadas de acordo com o n.º 2.

ARTIGO 19.º

1. Os Estados-membros de acolhimento podem, para efeitos estatísticos, exigir que todas as empresas de investimento com sucursais no seu território apresentem periodicamente às respectivas autoridades competentes um relatório acerca das operações efectuadas no seu território.

No exercício das responsabilidades que lhes incumbem no âmbito da condução da política monetária, sem prejuízo das medidas necessárias ao reforço do sistema monetário europeu, os Estados-membros de acolhimento podem exigir de todas as sucursais, estabelecidas no seu território, de empresas de investimento originárias de outros Estados-membros, as informações que para esse efeito exigem das empresas de investimento nacionais.

2. No exercício das responsabilidades que lhes incumbem nos termos da presente directiva, os Estados-membros de acolhimento podem exigir das sucursais das empresas de investimento as mesmas informações que para esse efeito exigem das empresas nacionais.

Os Estados-membros de acolhimento podem exigir das empresas de investimento que operem em regime de livre prestação de serviços no seu território as informações necessárias para fiscalizar o cumprimento, por parte dessas empresas, das normas dos Estados-membros de acolhimento que lhes sejam aplicáveis, sem que essas exigências possam exceder as que esses mesmos Estados-membros impõem às empresas estabelecidas no que respeita à fiscalização do cumprimento dessas mesmas normas.

3. Se as autoridades competentes do Estado-membro de acolhimento verificarem que uma empresa de investimento que tem uma sucursal ou que opera em regime de prestação de serviços no seu território não cumpre as disposições legislativas ou regulamentares adoptadas nesse Estado em execução das disposições da presente directiva e relativas aos poderes das autoridades competentes do Estado-membro de acolhimento, exigirão à empresa de investimento em causa que ponha termo a essa situação irregular.

4. Se a empresa de investimento em causa não sanar a situação de incumprimento, as autoridades competentes do Estado-membro de acolhimento informarão desse facto as autoridades competentes do Estado-membro de origem. Estas tomarão, o mais rapidamente possível, todas as medidas adequadas para que a empresa de investimento em causa ponha termo à situação irregular. A natureza destas medidas será comunicada às autoridades competentes do Estado-membro de acolhimento.

5. Se, apesar das medidas tomadas pelo Estado-membro de origem ou em virtude do carácter inadequado dessas medidas ou da omissão desse Estado-membro, a empresa de investimento continuar a infringir as disposições legislativas e regulamentares referidas no n.º 3, em vigor no Estado-membro de acolhimento, este último pode, depois de informar desse facto as autoridades competentes do Estado-membro de origem, tomar as medidas adequadas para prevenir ou punir novas irregularidades e, se necessário, impedir a referida empresa de investimento de efectuar novas operações no seu território. Os Estados-membros assegurarão que os documentos necessários à adopção dessas medidas possam ser notificados, no seu território, às empresas de investimento.

6. O disposto nos números anteriores não afecta a possibilidade de os Estados--membros de acolhimento adoptarem medidas adequadas para prevenir ou punir no seu território, actos que sejam contrários às normas de conduta adoptadas em aplicação do artigo 11.º, bem como a outras disposições legislativas e regulamentares por eles adoptadas por razões de interesse geral. Essa possibilidade inclui a de impedir uma empresa de investimento em infracção de efectuar novas operações no seu território.

7. Qualquer medida tomada em aplicação dos n.ᵒˢ 4, 5 e 6 e que implique sanções ou restrições às actividades de uma empresa de investimento deve ser devidamente fundamentada e comunicada à empresa de investimento interessada. Dessas medidas caberá recurso para os tribunais do Estado-membro que as tiver tomado.

8. Antes de accionar o procedimento previsto nos n.ᵒˢ 3, 4 e 5, as autoridades competentes do Estado-membro de acolhimento podem, em caso de urgência, tomar as medidas cautelares necessárias à protecção dos interesses dos investidores e de outras pessoas a quem sejam prestados serviços. A Comissão e as autoridades competentes dos outros Estados-membros interessados devem ser informados dessas medidas o mais rapidamente possível.

A Comissão, após consulta às autoridades competentes dos Estados-membros interessados, pode decidir que o Estado-membro em causa tenha de alterar ou revogar essas medidas.

9. Em caso de revogação da autorização, as autoridades competentes do Estado--membro de acolhimento serão informadas desse facto e tomarão as medidas adequadas para impedir que a empresa de investimento em causa efectue novas operações no seu território e para salvaguardar os interesses dos investidores. De dois em dois

anos, a Comissão apresentará um relatório sobre tais casos a um comité constituído em devida altura no âmbito dos valores negociáveis.

10. Os Estados-membros comunicarão à Comissão o número e a natureza dos casos em que se tenha verificado uma recusa nos termos do artigo 17.º ou em que tenham sido tomadas medidas nos termos do n.º 5. De dois em dois anos, a Comissão apresentará um relatório sobre esses casos a um comité constituído em devida altura no âmbito dos valores negociáveis.

ARTIGO 20.º

1. Para assegurar que as autoridades responsáveis pelos mercados e pela supervisão disponham das informações necessárias ao exercício das suas atribuições, os Estados-membros de origem exigirão, no mínimo:
   a) Sem prejuízo das disposições adoptadas em execução do artigo 10.º, que as empresas de investimento mantenham à disposição das autoridades, pelo menos durante cinco anos, os dados pertinentes sobre as transacções relativas aos serviços referidos no n.º 1 do artigo 14.º que tenham efectuado sobre instrumentos negociados num mercado regulamentado, quer tais transacções tenham ou não sido efectuadas num mercado regulamentado;
   b) Que as empresas de investimento declarem a uma autoridade competente do seu Estado-membro de origem todas as transacções referidas na alínea *a)*, caso as mesmas se refiram a:
   – acções ou outros instrumentos que dêem acesso ao capital,
   – obrigações ou outros instrumentos equivalentes a obrigações,
   – contratos a prazo normalizados relativos a acções,
   – opções normalizadas relativas a acções.

Essa declaração deverá encontrar-se à disposição da referida autoridade no mais breve prazo possível. O prazo será fixado pela mesma autoridade. Quando tal se justificar por razões processuais ou de ordem prática, o prazo poderá ser prorrogado até ao final do dia útil seguinte, mas sem nunca exceder tal limite.

A declaração deve conter, nomeadamente, a designação e o número dos instrumentos comprados ou vendidos, a data e hora da transacção e o respectivo preço, bem como a possibilidade de identificar a empresa de investimento.

Os Estados-membros de origem podem prever que, no caso das obrigações e títulos equivalentes a obrigações, a exigência referida na presente alínea se aplique somente ao conjunto das transacções sobre o mesmo instrumento.

2. Sempre que uma empresa de investimento efectuar uma transacção num mercado regulamentado de um Estado-membro de acolhimento, o Estado-membro de origem pode renunciar às suas próprias exigências em matéria de declaração se a empresa de investimento estiver sujeita a exigências de declaração equivalentes

respeitantes à mesma transacção em relação às autoridades de que esse mercado depende.

3. Os Estados-membros estabelecerão que as declarações referidas na alínea *b)* do n.° 1 sejam efectuadas quer pela própria empresa de investimento ou por um sistema de confronto de ordens *(trade matching system)*, quer por intermédio das autoridades de uma bolsa de valores ou de outro mercado regulamentado.

4. Os Estados-membros assegurarão que a informação disponível por força do presente artigo esteja igualmente disponível para efeitos da correcta aplicação do artigo 23.°.

5. Cada Estado-membro pode, de modo não discriminatório, adoptar ou manter, relativamente às matérias reguladas pelo presente artigo, disposições mais rigorosas quanto ao fundo e quanto à forma sobre a conservação e a declaração dos dados relativos às transacções:
 – efectuadas num mercado regulamentado de que seja o Estado-membro de origem, ou
 – realizadas por empresas de investimento de que seja o Estado-membro de origem.

ARTIGO 21.°

1. Para permitir aos investidores apreciar em qualquer momento as condições de uma transacção que tencionem realizar e verificar posteriormente as condições em que essa transacção foi efectuada, as autoridades competentes devem adoptar, para cada um dos mercados regulamentados que tiverem incluído na lista prevista no artigo 16.°, medidas destinadas a facultar aos investidores as informações referidas no n.° 2. De acordo com as obrigações estipuladas no n.° 2, as autoridades competentes definirão a forma e os prazos precisos em que a informação deve ser prestada, bem como os meios através dos quais essa informação deve ser facultada, tendo em conta a natureza, a dimensão e as necessidades do mercado em causa e dos investidores que operam nesse mercado.

2. Em relação a cada instrumento, as autoridades competentes exigirão pelo menos:
 a) A publicação, no início de cada dia de funcionamento do mercado, do preço médio ponderado, do preço mais elevado, do preço mais baixo e das quantidades negociadas no mercado regulamentado em causa durante todo o dia de funcionamento anterior;
 b) Além disso, em relação aos mercados em contínuo baseados no confronto de ordens e em relação aos mercados com afixação de preços, a publicação:
 – após cada hora de funcionamento do mercado, do preço médio ponderado e das quantidades negociadas no mercado regulamentado em causa durante um período de funcionamento de seis horas que termine de modo a que, antes da publicação, haja um intervalo de funcionamento do mercados de duas horas

e
- de vinte em vinte minutos, do preço médio ponderado, do preço mais elevado e do preço mais baixo, no mercado regulamentado em causa, calculados em relação a um período de funcionamento de duas horas que termine de modo a que, antes da publicação, haja um intervalo de funcionamento do mercado de uma hora.

Sempre que os investidores tiverem acesso prévio a informações sobre os preços e as quantidades em que se podem efectuar transacções:
   i) essas informações devem estar permanentemente disponíveis durante as horas de funcionamento do mercado,
   ii) as condições indicadas para um preço e uma quantidade determinados devem ser aquelas em que o investidor pode efectuar essa transacção.

As autoridades competentes podem adiar ou suspender a publicação sempre que tal se justifique devido a circunstâncias de mercado excepcionais ou ainda, no caso de mercados de pequena dimensão, para preservar o anonimato das empresas e dos investidores. As autoridades competentes podem aplicar disposições especiais nos casos de transacções excepcionais de grande dimensão em relação à dimensão média das transacções do título em questão nesse mercado ou de títulos muito ilíquidos definidos segundo critérios objectivos e tornados públicos. As autoridades competentes podem ainda aplicar disposições mais flexíveis, nomeadamente quanto aos prazos de publicação, no que respeita às transacções de obrigações ou de instrumentos equivalentes a obrigações.

3. Cada Estado-membro pode adoptar ou manter, relativamente às matérias reguladas pelo presente artigo, disposições mais rigorosas ou disposições adicionais, relativas ao conteúdo e à forma, sobre as informações a prestar aos investidores referentes às transacções efectuadas nos mercados regulamentados de que seja o Estado--membro de origem, desde que tais disposições sejam aplicáveis independentemente do Estado-membro em que se situar o emitente do instrumento financeiro ou de Estado-membro em cujo mercado regulamentado o instrumento financeiro tenha sido admitido à cotação pela primeira vez.

4. A Comissão deve apresentar, o mais tardar em 31 de Dezembro de 1997, um relatório sobre a aplicação do presente artigo; o Conselho, deliberando por maioria qualificada sob proposta da Comissão, pode decidir alterar o presente artigo.

TÍTULO VI
Autoridades responsáveis pela autorização e pela supervisão

ARTIGO 22.º

1. Os Estados-membros designarão as autoridades competentes que devem

desempenhar as funções previstas na presente directiva. Desse facto informarão a Comissão, indicando a eventual repartição de funções.

2. As autoridades referidas no n.º 1 devem ser autoridades públicas ou organismos oficialmente reconhecidos pela lei nacional ou por autoridades públicas expressamente habilitadas para esse fim pela lei nacional.

3. As autoridades em questão devem ser investidas de todos os poderes necessários ao desempenho das sua atribuições.

ARTIGO 23.º

1. Quando, num mesmo Estado-membro, existirem várias autoridades competentes, essas autoridades devem colaborar estreitamente na supervisão das actividades das empresas de investimento que operam nesse Estado-membro.

2. Os Estados-membros devem igualmente garantir que se estabeleça uma colaboração entre as autoridades competentes e as autoridades públicas responsáveis pela supervisão dos mercados financeiros, das instituições de crédito e outras instituições financeiras e das empresas de seguros, no que se refere aos organismos sujeitos à supervisão destas autoridades.

3. Quando, através da prestação de serviços ou da criação de sucursais, as empresas de investimento operem num ou mais Estados-membros diferentes do seu Estado-membro de origem, as autoridades competentes de todos os Estados-membros interessados devem colaborar estreitamente para cumprirem mais eficazmente as respectivas responsabilidades nos domínios abrangidos pela presente directiva.

Essas autoridades devem transmitir entre si, a pedido, todas as informações relativas à gestão e estrutura de propriedade dessas empresas de investimento que possam contribuir para facilitar a sua supervisão, bem como todas as informações que possam facilitar o controlo dessas empresas. Em particular, as autoridades do Estado--membro de origem devem cooperar de modo a assegurar a recolha das informações referidas no n.º 2 do artigo 19.º pelas autoridades do Estado-membro de acolhimento.

Na medida em que se revele necessário para o exercício dos seus poderes de supervisão, as autoridades competentes do Estado-membro de origem serão informadas pelas autoridades competentes do Estado-membro de acolhimento de todas as medidas que incluam sanções impostas a uma empresa de investimento ou restrições à actividade de uma empresa de investimento tomadas pelo Estado-membro de acolhimento em execução do n.º 6 do artigo 19.º.

ARTIGO 24.º

1. Os Estados-membros de acolhimento assegurarão que, sempre que uma empresa de investimento autorizada noutro Estado-membro exercer a sua actividade

no Estado-membro de acolhimento por intermédio de uma sucursal, as autoridades competentes do Estado-membro de origem possam, após informação das autoridades competentes do Estado-membro de acolhimento, proceder por si mesmas ou por intermédio de pessoas por si mandatadas para esse efeito à verificação *in loco* das informações referidas no n.º 3 do artigo 23.º.

2. As autoridades competentes do Estado-membro de origem podem igualmente solicitar às autoridades competentes do Estado-membro de acolhimento que se proceda a essa verificação. As autoridades às quais esse pedido tiver sido apresentado devem, no âmbito das suas competências, dar-lhe seguimento, procedendo elas próprias à verificação ou permitindo que sejam as autoridades requerentes a efectuá-la, ou ainda permitindo que um revisor de contas ou um perito o faça.

3. O presente artigo não prejudica o direito das autoridades competentes do Estado-membro de acolhimento de procederem, no exercício das responsabilidades que lhes incumbem por força da presente directiva, à verificação *in loco* das sucursais estabelecidas no seu território.

ARTIGO 25.º

1. Os Estados-membros estabelecerão que todas as pessoas que exerçam, ou tenham exercido, uma actividade por conta das autoridades competentes, bem como os revisores de contas ou os peritos encarregados pelas autoridades competentes, estejam obrigados ao segredo profissional. Este segredo implica que as informações confidenciais que recebam a título profissional não possam ser divulgadas a nenhuma pessoa ou autoridade, excepto sob forma resumida ou agregada, de modo a que as empresas individuais de investimento não possam ser identificadas, ressalvados os casos abrangidos pelo direito penal.

Todavia, quando uma empresa de investimento tiver sido declarada falida ou a sua liquidação tiver sido ordenada judicialmente, as informações confidenciais que não se refiram a terceiros envolvidos em tentativas de recuperação dessa empresa de investimento podem ser divulgadas em processos de direito civil ou comercial.

2. O n.º 1 não obsta a que as autoridades competentes dos diferentes Estados-membros procedam às trocas de informações previstas na presente e noutras directivas aplicáveis às empresas de investimento. Essas informações ficam igualmente abrangidas pelo segredo profissional referido no n.º 1.

3. Os Estados-membros só podem celebrar com as autoridades competentes de países terceiros acordos de cooperação que prevejam trocas de informações se as informações comunicadas beneficiarem de garantias de segredo profissional pelo menos equivalentes às indicadas no presente artigo.

4. As autoridades competentes que recebam informações confidenciais nos termos dos n.ᵒˢ 1 ou 2 apenas podem utilizá-las no exercício das suas funções:

– para verificar se as condições de acesso à actividade das empresas de investimento se encontram preenchidas e para facilitar a supervisão, numa base individual ou numa base consolidada, das condições de exercício da actividade, especialmente em relação aos requisitos de adequação de fundos próprios previstos pela Directiva 93/6/CEE, à organização administrativa e contabilística e aos mecanismos de controlo interno, ou
– para impor sanções, ou
– no âmbito de recursos administrativos contra decisões das autoridades competentes, ou
– em processos judiciais intentados nos termos do artigo 26.º.

5. O disposto nos n.ᵒˢ 1 e 4 não obsta à troca de informações:
 a) No interior do mesmo Estado-membro, quando existam várias autoridades competentes; ou
 b) No interior do mesmo Estado-membro ou entre Estados-membros, entre as autoridades competentes e
– as autoridades investidas da função pública de supervisão das instituições de crédito, das outras instituições financeiras e das empresas de seguros, bem como as autoridades encarregadas da supervisão dos mercados financeiros,
– os organismos incumbidos da liquidação e declaração de falência de empresas de investimento e de processos afins, ou
– as pessoas incumbidas da revisão legal das contas das empresas de investimento e das demais instituições financeiras, no exercício das suas funções de supervisão, e não obsta igualmente à comunicação, aos organismos responsáveis pela gestão de sistemas de garantia, das informações necessárias ao desempenho das suas funções. Tais informações ficam sujeitas ao segredo profissional referido no n.º 1.

5a. Sem prejuízo do disposto nos n.ᵒˢ 1 a 4, os Estados-membros podem autorizar trocas de informações entre as autoridades competentes e[636]:
– as autoridades com competência para a supervisão dos organismos intervenientes na liquidação e falência de empresas financeiras e noutros processos análogos, ou
– as autoridades com competência para a supervisão das pessoas encarregadas da revisão legal das contas das empresas de seguros, das instituições de crédito, das empresas de investimento e de outras instituições financeiras.

Os Estados-membros que façam uso da faculdade prevista no primeiro parágrafo exigirão que sejam preenchidas as seguintes condições mínimas:
– as informações devem destinar-se ao exercício das funções de supervisão a que se refere o primeiro parágrafo,
– as informações recebidas neste contexto ficarão sujeitas ao segredo profissional a que se refere o n.º 1,

---

[636] Aditado pelo n.º 2 do artigo 4.º da Directriz n.º 95/26/CE, de 29 de Junho de 1995.

– se as informações forem provenientes de outro Estado-membro, só podem ser comunicadas com o acordo explícito das autoridades competentes que as transmitiram e, se for o caso, exclusivamente para os fins relativamente aos quais as referidas autoridades tiverem dado o seu acordo.

Os Estados-membros comunicarão à Comissão e aos outros Estados-membros a identidade das autoridades que podem receber informações nos termos do presente número.

5b. Sem prejuízo do disposto nos n.ºs 1 a 4, os Estados-membros, com o objectivo de reforçar a estabilidade do sistema financeiro, incluindo a integridade deste, podem autorizar a troca de informações entre as autoridades competentes ou organismos encarregados por lei da detecção das infracções ao direito das sociedades e das investigações sobre essas infracções[637].

Os Estados-membros que façam uso da faculdade prevista no primeiro parágrafo exigirão que sejam preenchidas as seguintes condições mínimas:
– as informações devem destinar-se ao exercício da função a que se refere o primeiro parágrafo,
– as informações recebidas neste contexto ficarão sujeitas ao segredo profissional a que se refere o n.º 1,
– se as informações forem provenientes de outro Estado-membro, só poderão ser divulgadas com o acordo explícito das autoridades competentes que as comunicaram e, se for o caso, exclusivamente para os fins relativamente aos quais as referidas autoridades tiverem dado o seu acordo.

Se num Estado-membro os organismos previstos no primeiro parágrafo exercerem as suas funções de detecção ou de investigação recorrendo, por força das suas competências específicas, a pessoas mandatadas para o efeito que não pertençam à função pública, a possibilidade de troca de informações prevista no primeiro parágrafo poderá ser tornada extensiva a essas pessoas, nas condições especificadas no segundo parágrafo.

Para efeitos de aplicação do último travessão do segundo parágrafo, os organismos a que se refere o primeiro parágrafo comunicarão às autoridades competentes que tenham enviado as informações, a identidade e o mandato preciso das pessoas a quem devem ser transmitidas essas informações.

Os Estados-membros comunicarão à Comissão e aos outros Estados-membros a identidade dos organismos que podem receber informações nos termos do presente número.

A Comissão elaborará, até 31 de Dezembro do ano 2000, um relatório sobre a aplicação do presente número.

---

[637] Aditado pelo n.º 3 do artigo 4.º da Directriz n.º 95/26/CE, de 29 de Junho de 1995.

6. O disposto no presente artigo não obsta a que uma autoridade competente transmita[638]:
- aos bancos centrais e outros organismos de vocação semelhante, enquanto autoridades monetárias,
- eventualmente, a outras autoridades com competência para a supervisão dos sistemas de pagamento, informações destinadas ao exercício das suas funções, nem a que essas autoridades ou organismos comuniquem às autoridades competentes as informações de que necessitem para efeitos de aplicação do n.º 4. As informações recebidas neste contexto ficarão sujeitas ao segredo profissional a que se refere o presente artigo.

7. O disposto no presente artigo não obsta a que as autoridades competentes comuniquem as informações referidas nos n.os 1 a 4 a uma câmara de compensação ou a qualquer outro organismo semelhante reconhecido pela lei nacional e destinado a garantir serviços de compensação ou de liquidação de contratos num dos mercados do respectivo Estado-membro, se considerarem que essa comunicação é necessária para assegurar o funcionamento regular desses organismos em relação a qualquer incumprimento, mesmo potencial, que se verifique por parte de um interveniente nesse mercado. As informações recebidas neste âmbito ficam sujeitas ao segredo profissional referido no n.º 1. Os Estados-membros devem no entanto assegurar que as informações recebidas nos termos do n.º 2 não possam ser divulgadas no caso referido neste número sem o consentimento expresso das autoridades competentes que tiverem prestado as informações.

8. Além disso, sem prejuízo do disposto nos n.os 1 e 4, os Estados-membros podem autorizar, nos termos de disposições legais, a comunicação de certas informações a outros departamentos das respectivas administrações centrais responsáveis pela legislação relativa à supervisão das instituições de crédito, das instituições financeiras, das empresas de investimento e das empresas de seguros, bem como aos inspectores mandatados por esses departamentos.

Contudo, essas informações apenas poderão ser fornecidas quando tal se revelar necessário por razões de controlo prudencial.

No entanto, os Estados-membros estabelecerão que as informações recebidas nos termos dos n.os 2 e 5, bem como as informações obtidas através das verificações *in loco* referidas no artigo 24.º, nunca poderão ser comunicadas, nos casos referidos no presente número, sem a anuência expressa das autoridades competentes que tiverem comunicado essas informações ou das autoridades competentes do Estado--membro no qual tiver sido efectuada a verificação *in loco*.

---

[638] Redacção dada pelo n.º 4 do artigo 4.º da Directriz n.º 95/26/CE, de 29 de Junho de 1995. Era a seguinte a redacção original:
    6. O disposto no presente artigo não obsta igualmente a que uma autoridade competente transmita aos bancos centrais que não exerçam a supervisão individual das instituições de crédito ou das empresas de investimento as informações que lhes sejam necessárias enquanto autoridades monetárias. As informações recebidas neste contexto ficam abrangidas pelo segredo profissional referido no n.º 1.

9. Se num Estado-membro estiver prevista, no momento da adopção da presente directiva, a troca de informações entre autoridades para fins do controlo do cumprimento das leis em matéria de supervisão prudencial, de organização, funcionamento e comportamento das sociedades comerciais e das regulamentações dos mercados financeiros, esse Estado-membro pode continuar a autorizar essa transmissão de informações até à coordenação de todas as disposições que regulam a troca de informações entre autoridades para todo o sector financeiro e, de qualquer modo, o mais tardar até 1 Julho de 1996.

No entanto, os Estados-membros devem assegurar que, quando as informações provenham de outro Estado-membro, estas não possam ser prestadas nas condições referidas no primeiro parágrafo sem o consentimento expresso das autoridades competentes que tiverem prestado as referidas informações e que apenas sejam utilizadas para os fins para os quais essas mesmas autoridades tiverem dado o seu acordo.

O Conselho procederá à coordenação referida no primeiro parágrafo, com base numa proposta da Comissão. O Conselho toma nota do facto de a Comissão anunciar a apresentação de propostas para esse efeito, o mais tardar, até 31 de Julho de 1993. O Conselho pronunciar-se-á no mais curto prazo, tendo por objectivo assegurar que a regulamentação que é objecto dessas propostas se torne aplicável na data de início de aplicação da presente directiva.

ARTIGO 25.° A[639]

1. Os Estados-membros determinarão as seguintes condições mínimas:
    a) Quaisquer pessoas autorizadas na acepção da Directiva 84/253/CEE[(*)] que exerçam junto de uma empresa de investimento as funções descritas no artigo 51.° da Directiva 78/660/CEE[(**)], no artigo 37.° da Directiva 83/349/CEE ou no artigo 31.° da Directiva 85/611/CEE ou quaisquer outras funções legais, têm a obrigação de comunicar rapidamente às autoridades competentes qualquer facto ou decisão respeitante a essa empresa de que tenham tido conhecimento no desempenho das suas funções, que seja susceptível de:
    – constituir uma violação de fundo das disposições legislativas, regulamentares e administrativas que estabelecem as condições de autorização ou que regem de modo específico o exercício da actividade das empresas financeiras, ou
    – afectar a continuidade da exploração da empresa financeira, ou
    – acarretar a recusa da certificação das contas ou a emissão de reservas;
    b) A mesma obrigação se aplica a essas pessoas no que respeita aos factos e decisões de que venham a ter conhecimento no contexto de funções como as descritas na alínea a), exercidas numa empresa que mantenha uma relação estreita decorrente de uma relação de controlo com a empresa financeira na qual essas pessoas desempenham as referidas funções.

---

[639] Aditado pelo do artigo 5.° da Directriz n.° 95/26/CE, de 29 de Junho de 1995.

2. A divulgação de boa-fé às autoridades competentes, pelas pessoas autorizadas na acepção da Directiva 84/253/CEE, de factos ou decisões referidas no n.º 1, não constitui violação de nenhuma restrição à divulgação de informações imposta por contrato ou por disposição legislativa, regulamentar ou administrativa e não acarreta para essas pessoas qualquer tipo de responsabilidade.

(*) JO n.º L 126 de 12.5.1984, p. 20.
(**) JO n.º L 222 de 14.8.1978, p. 1. Directiva com a última redacção que lhe foi dada pela Directiva 90/605/CEE (JO n.º L 317 de 16.11.1990, p. 60).

ARTIGO 26.º

Os Estados-membros assegurarão que das decisões tomadas em relação a uma empresa de investimento, nos termos das disposições legislativas, regulamentares ou administrativas adoptadas em conformidade com a presente directiva, caiba recurso para os tribunais; o mesmo é aplicável no caso de não ter sido tomada uma decisão no prazo de seis meses a contar da data de apresentação de um pedido de autorização acompanhado de todos os elementos exigidos pelas disposições em vigor.

ARTIGO 27.º

Sem prejuízo dos processos de revogação da autorização e das disposições de direito penal, os Estados-membros estabelecerão que as respectivas autoridades competentes podem adoptar medidas ou impor sanções expressamente destinadas a pôr termo às infracções verificadas ou às suas causas, em relação às empresas de investimento que infrinjam as disposições legislativas, regulamentares ou administrativas que regulam a supervisão ou o exercício da sua actividade, ou em relação às pessoas que efectivamente controlem a actividade dessas empresas.

ARTIGO 28.º

Os Estados-membros assegurarão que não seja feita qualquer discriminação na aplicação do disposto na presente directiva.

TÍTULO VII
Disposições finais

ARTIGO 29.º

Enquanto se aguarda a adopção de uma outra directiva que estabeleça as disposições para a adaptação da presente directiva ao progresso técnico nas áreas adiante enunciadas, o Conselho adoptará, nos termos da Decisão 87/373/CEE[15], por maioria qualificada e sob proposta da Comissão, as adaptações eventualmente necessárias:

– ao alargamento do conteúdo da lista constante da secção C do anexo;
– à adaptação da terminologia das listas constantes do anexo para atender à evolução dos mercados financeiros;
– nas áreas em que as autoridades competentes devam trocar informações, tal como enumeradas no artigo 23.°;
– à clarificação das definições, de modo a assegurar a aplicação uniforme da presente directiva na Comunidade;
– à clarificação das definições, de modo a ter em conta a evolução dos mercados financeiros na aplicação da presente directiva;
– à adaptação da terminologia e à formulação das definições em função de medidas posteriores relativas às empresas de investimento e domínios conexos;
– às outras tarefas previstas no n.° 5 do artigo 7.°.

(15) JO n.° L 197 de 18.7.1987, p. 33.

ARTIGO 30.°

1. As empresas de investimento já autorizadas no seu Estado-membro de origem a prestar serviços de investimento antes de 31 de Dezembro de 1995 consideram-se autorizadas para efeitos da presente directiva se a legislação do referido Estado-membro tiver subordinado o seu acesso à actividade à observância de condições equivalentes às enunciadas no n.° 3 do artigo 3.° e no artigo 4.°.

2. As empresas de investimento já em actividade em 31 de Dezembro de 1995 e que não se incluam nas referidas no n.° 1 podem manter-se em actividade sob condição de obterem, até 31 de Dezembro de 1995, nos termos das disposições do Estado-membro de origem, autorização para prosseguir a actividade em conformidade com as disposições adoptadas em aplicação da presente directiva.

Só a concessão desta autorização permitirá a essas empresas beneficiar das disposições da presente directiva em matéria de liberdade de estabelecimento e de prestação de serviços.

3. Se as empresas de investimento tiverem iniciado a sua actividade noutros Estados-membros, antes da data de adopção da presente directiva, através de sucursais ou em regime de prestação de serviços, as autoridades do Estado-membro de origem procederão à comunicação – na acepção dos n.ᵒˢ 1 e 2 do artigo 17.° e do artigo 18.° – às autoridades dos outros Estados-membros interessados, entre 1 de Julho e 31 de Dezembro de 1995, da lista das empresas que respeitam o disposto na presente directiva e que exercem a sua actividade nesses Estados, especificando qual a actividade exercida.

4. As pessoas singulares que, à data de adopção da presente directiva, estiverem autorizadas a prestar serviços de investimento num Estado-membro são conside-

radas autorizadas na acepção da presente directiva, desde que cumpram os requisitos referidos no segundo travessão do segundo parágrafo do n.º 2 do artigo 1.º e nos quatro travessões do terceiro parágrafo do n.º 2 do artigo 1.º.

ARTIGO 31.º

Os Estados-membros adoptarão, o mais tardar em 1 de Julho de 1995, as disposições legislativas, regulamentares e administrativas necessárias para dar cumprimento à presente directiva.

Essas disposições entrarão em vigor o mais tardar em 31 de Dezembro de 1995. Os Estados-membros informarão imediatamente a Comissão desse facto.

Sempre que os Estados-membros adoptem as disposições referidas no primeiro parágrafo, estas incluirão uma referência à presente directiva ou serão acompanhadas dessa referência na sua publicação oficial. As modalidades dessa referência serão aprovadas pelos Estados-membros.

ARTIGO 32.º

Os Estados-membros são os destinatários da presente directiva.

Feito em Bruxelas, em 10 de Maio de 1993.

Pelo Conselho
O Presidente
N. HELVEG PETERSEN

ANEXO

SECÇÃO A
Serviços

1. *a*) Recepção e transmissão, por conta de investidores, de ordens relativas a um ou mais dos instrumentos referidos na secção B.
b) Execução dessas ordens por conta de terceiros.
2. Negociação por conta própria de qualquer dos instrumentos referidos na secção B.
3. Gestão de carteiras de investimento, numa base discricionária e individualizada e no âmbito de um mandato conferido pelos investidores, sempre que essas carteiras incluam um ou mais dos instrumentos referidos na secção B.
4. Tomada firme em relação às emissões da totalidade ou de parte dos instrumentos referidos na secção B e/ou colocação dessas emissões.

SECÇÃO B
Instrumentos

1. *a*) Valores mobiliários.
b) Unidades de participação em organismos de investimento colectivo.
2. Instrumentos do mercado monetário.
3. Futuros sobre instrumentos financeiros, incluindo instrumentos equivalentes que dêem origem a uma liquidação em dinheiro.
4. Contratos a prazo relativos a taxas de juros (FRAs).
5. *Swaps* de taxas de juro, de divisas ou *swaps* relativos a um índice sobre acções *(equity swaps)*.
6. Opções destinadas à compra ou à venda de qualquer instrumento abrangido pela presente secção do anexo, incluindo os instrumentos equivalentes que dêem origem a uma liquidação em dinheiro. Estão nomeadamente incluídas nesta categoria as opções sobre divisas e sobre taxas de juro.

SECÇÃO C
Serviços auxiliares

1. Custódia e administração de um ou mais dos instrumentos enunciados na secção B.

2. Aluguer de cofres.
3. Concessão de créditos ou de empréstimos a investidores para lhes permitir efectuar transacções sobre um ou mais dos instrumentos enunciados na secção B, transacções essas em que intervenha a empresa que concede o crédito ou o empréstimo.
4. Consultoria a empresas em matéria de estrutura do capital, de estratégia industrial e de questões conexas e consultoria e serviços em matéria de fusão e aquisição de empresas.
5. Serviços ligados à tomada firme.
6. Conselhos de investimento no que respeita a um ou mais dos instrumentos referidos na secção B.
7. Serviço de câmbios sempre que este serviço estiver relacionado com a prestação de serviços de investimento.

39. Directriz n.º 94/19/CE, do Parlamento Europeu e do Conselho, de 30 de Maio de 1994 (Directriz Garantia dos Depósitos)⁶⁴⁰

Relativa aos sistemas de garantia de depósitos

O PARLAMENTO EUROPEU E O CONSELHO DA UNIÃO EUROPEIA,

Tendo em conta o Tratado que institui a Comunidade Europeia e, nomeadamente, o n.º 2, primeiro e terceiro períodos, do seu artigo 57.º,

Tendo em conta a proposta da Comissão[1],

Tendo em conta o parecer do Comité Económico e Social[2],

Deliberando nos termos do procedimento previsto no artigo 189.º-B do Tratado[3],

---

[1] JO n.º C 163 de 30.6.1992, p. 6, e JO n.º C 178 de 30.6.1993, p. 14.
[2] JO n.º C 332 de 16.12.1992, p. 13.
[3] JO n.º C 115 de 26.4.1993, p. 96, e decisão do Parlamento Europeu de 9 de Março de 1994 (JO n.º C 91 de 28.3.1994).

Considerando que, em conformidade com os objectivos do Tratado, é conveniente promover o desenvolvimento harmonioso da actividade das instituições de crédito em toda a Comunidade através da supressão de todas as restrições à liberdade de estabelecimento e à livre prestação de serviços, reforçando simultaneamente a estabilidade do sistema bancário e a protecção dos aforradores;

Considerando que, paralelamente à supressão das restrições à actividade das instituições de crédito, é conveniente tomar as devidas precauções relativamente à situação susceptível de se verificar em caso de indisponibilidade dos depósitos de uma instituição de crédito que tenha sucursais noutros Estados-membros; que é indispensável assegurar um nível mínimo harmonizado de protecção dos depósitos, independentemente da sua localização no interior da Comunidade; que esta protecção dos depósitos é tão importante quanto as regras prudenciais para a realização do mercado único bancário;

---

⁶⁴⁰ JOCE n.º L 135, de 31-Mai.-1994, 5-13.

Considerando que, em caso de encerramento de uma instituição de crédito insolvente, os depositantes das sucursais situadas num Estado-membro que não o da sede social da instituição de crédito devem ser protegidos pelo mesmo sistema de garantia que os outros depositantes da instituição;

Considerando que, para as instituições de crédito, o custo da participação num sistema de garantia é muito inferior ao que resultaria do levantamento em massa dos depósitos bancários, não só de uma instituição em dificuldades, mas também de instituições com uma situação sã, na sequência de perda de confiança dos depositantes na solidez do sistema bancário;

Considerando que o seguimento dado pelos Estados-membros à Recomendação 87/63/CEE da Comissão, de 22 de Dezembro de 1986, relativa à instituição, na Comunidade, de sistemas de garantia de depósitos[4], não permitiu atingir completamente o resultado desejado; que esta situação se pode vir a revelar prejudicial ao bom funcionamento do mercado único;

Considerando que a Segunda Directiva 89/646/CEE do Conselho, de 15 de Dezembro de 1989, relativa à coordenação das disposições legislativas, regulamentares e administrativas respeitantes ao acesso à actividade das instituições de crédito e ao seu exercício e que altera a Directiva 77/780/CEE[5], que prevê um sistema de autorização única das instituições de crédito e a sua supervisão pelas autoridades do Estado-membro de origem, entrou em vigor em 1 de Janeiro de 1993;

---

[4] JO n.º L 33 de 4.2.1987, p. 16.
[5] JO n.º L 386 de 30.12.1989, p. 1. Directiva alterada pela Directiva 92/30/CEE (JO n.º L 110 de 28.4.1992, p. 52).

Considerando que o estabelecimento de sucursais num Estado-membro de acolhimento deixou de estar sujeito a autorização, dado que a autorização única é válida em toda a Comunidade, e que o controlo da solvabilidade dessas sucursais é assegurado pelas autoridades competentes do Estado-membro de origem; que esta situação justifica que todas as sucursais de uma mesma instituição de crédito, criadas na Comunidade, sejam cobertas por um sistema de garantia único; que esse sistema apenas pode ser aquele que existe, para essa categoria de instituições, no Estado da sede social, em virtude, nomeadamente, da ligação existente entre a supervisão da solvabilidade de uma sucursal e a sua participação num sistema de garantia de depósitos;

Considerando que a harmonização se deve limitar aos principais elementos dos sistemas de garantia de depósitos, devendo assegurar, num prazo muito curto, um pagamento ao abrigo da garantia, calculado com base num nível mínimo harmonizado;

Considerando que os sistemas de garantia de depósitos devem intervir logo que ocorra a indisponibilidade dos depósitos;

Considerando que é conveniente excluir da cobertura, nomeadamente, os depósitos que as instituições de crédito fazem em seu nome e por sua própria conta; que tal em nada deverá prejudicar os direitos do sistema de garantia de tomar as medidas necessárias para a recuperação de uma instituição de crédito que se encontre em dificuldades;

Considerando que, em si mesma, a harmonização dos sistemas de garantia de depósitos na Comunidade não põe em causa a existência dos sistemas instituídos concebidos para proteger as instituições de crédito, nomeadamente por meio de uma garantia da sua solvabilidade e liquidez, destinada a evitar que os depósitos constituídos junto dessas instituições de crédito, incluindo as suas sucursais estabelecidas noutros Estados-membros, possam tornar-se indisponíveis; que, sob certas condições, as autoridades competentes poderão considerar que esses sistemas alternativos, que oferecem um tipo de protecção diferente, satisfazem os objectivos da presente directiva; que cabe a essas autoridades competentes verificar o cumprimento das referidas condições;

Considerando que diversos Estados-membros possuem sistemas de protecção de depósitos da responsabilidade de organizações profissionais; que outros Estados--membros possuem sistemas instituídos e regulamentados por lei e que certos sistemas, se bem que instituídos de forma contratual, são parcialmente regulamentados por lei; que esta diversidade de situação apenas coloca problemas em matéria de adesão obrigatória e de exclusão do sistema; que é necessário, por conseguinte, prever disposições que limitem os poderes dos sistemas nesta matéria;

Considerando que a manutenção na Comunidade de sistemas que oferecem uma cobertura dos depósitos superior ao mínimo harmonizado pode conduzir a que, no mesmo território, existam disparidades nas indemnizações e condições de concorrência desiguais entre as instituições nacionais e as sucursais de instituições de outros Estados-membros; que, para obviar a estas desvantagens, as sucursais devem ser autorizadas a aderir ao sistema do país de acolhimento, de modo a poderem oferecer aos seus depositantes as mesmas garantias que as oferecidas pelo sistema do país onde se encontram estabelecidas; que é conveniente que, após alguns anos, a Comissão apresente um relatório sobre a utilização que as sucursais tiverem feito desta opção e sobre as possíveis dificuldades com que elas ou os sistemas de garantia poderão ter deparado na execução destas disposições; que não se exclui que o próprio sistema do país de origem possa oferecer essa cobertura complementar, sujeita às condições que esse sistema tenha estabelecido;

Considerando que o mercado pode ser perturbado por sucursais de instituições de crédito que ofereçam níveis de cobertura mais elevados que os oferecidos pelas instituições de crédito autorizadas no Estado-membro de acolhimento; que não é conveniente que o nível ou o âmbito da cobertura oferecida pelos sistemas de garantia se transformem num instrumento de concorrência; que, por conseguinte, pelo menos durante um período inicial, é necessário estipular que o nível e o âmbito da cobertura oferecida pelo sistema de um Estado-membro de origem aos depositantes de sucursais situadas noutro Estado-membro não devem exceder o nível e o âmbito máximos oferecidos pelo sistema correspondente no Estado-membro de acolhimento; que, após alguns anos, devem ser analisadas as eventuais perturbações de mercado, com base na experiência adquirida e à luz da evolução do sector bancário;

Considerando que a presente directiva exige, em princípio, que todas as instituições de crédito adiram a um sistema de garantia de depósitos; que as directivas que regulamentam a admissão das instituições de crédito cuja sede social se situe em países terceiros, nomeadamente a Directiva 77/780/CEE do Conselho, de 12 de Dezembro de 1977, relativa à coordenação das disposições legislativas, regulamentares e administrativas respeitantes ao acesso à actividade dos estabelecimentos de crédito e ao seu exercício[6], permitem aos Estados-membros decidir se as sucursais dessas instituições de crédito podem exercer a sua actividade no seu território, e em que condições; que essas sucursais não beneficiarão da liberdade de prestação de serviços ao abrigo do segundo parágrafo do artigo 59.º do Tratado, nem da liberdade de estabelecimento num Estado-membro que não seja aquele em que se encontram estabelecidas; que, por conseguinte, um Estado-membro que admita essas sucursais deve decidir como aplicar às mesmas os princípios contidos na presente directiva de um modo conforme com o n.º 1 do artigo 9.º da Directiva 77/780/CEE e com a necessidade de proteger os depositantes e manter a integridade do sistema financeiro; que é fundamental que os depositantes dessas sucursais tenham pleno conhecimento das disposições que lhes são aplicáveis em matéria de garantia;

---

[6] JO n.º L 322 de 17.12.1977, p. 30. Directiva com a última redacção que lhe foi dada pela Directiva 89/646/CEE (JO n.º L 386 de 30.12.1989, p. 1).

Considerando, por um lado, que o nível mínimo de garantia a estabelecer pela presente directiva não deve deixar sem protecção uma percentagem elevada de depósitos, tanto no interesse da protecção dos consumidores como da estabilidade do sistema financeiro; que, por outro lado, seria inadequado impor em toda a Comunidade um nível de protecção que poderia em certos casos ter o efeito de incentivar uma gestão pouco sólida das instituições de crédito; que o custo do financiamento dos sistemas deve ser tido em consideração; que se afigura razoável fixar o nível mínimo de garantia em 20000 ecus; que poderão ser necessárias disposições transitórias de carácter limitado para possibilitar aos sistemas conformarem-se com o referido valor;

Considerando que alguns Estados-membros oferecem aos depositantes uma cobertura dos seus depósitos mais elevada que o nível mínimo harmonizado de garantia previsto pela presente directiva; que não se afigura conveniente exigir que esses sistemas, alguns dos quais recentemente instituídos em aplicação da Recomendação 87/63/CEE, sejam alterados relativamente a este ponto;

Considerando que um Estado-membro deve ter a possibilidade de excluir da garantia prestada pelos sistemas de garantia de depósitos determinadas categorias de depósitos ou depositantes, especificamente enunciados, se considerar que os mesmos não necessitam de protecção especial;

Considerando que, em certos Estados-membros, para se incentivar os depositantes a ponderarem cuidadosamente a qualidade das instituições de crédito, os depósitos indisponíveis não são reembolsados na totalidade; tais práticas devem ser limitadas no que respeita aos depósitos que se situem abaixo do nível mínimo harmonizado;

Considerando que foi adoptado o princípio de um limite mínimo harmonizado por depositante e não por depósito; que, nesta perspectiva, é importante tomar em consideração os depósitos efectuados por depositantes que não sejam identificados como titulares da conta ou que não sejam os seus únicos titulares; que, por conseguinte, o limite deve aplicar-se a cada depositante identificável; que, todavia, tal não deverá aplicar-se aos organismos de investimento colectivo sujeitos a regras especiais de protecção que não existem para os depósitos acima referidos;

Considerando que a informação dos depositantes é um elemento fundamental para a sua protecção e deve, pois, ser igualmente objecto de um certo número de disposições vinculativas; que, contudo, a utilização não regulamentada, para fins publicitários, de referências ao montante e ao âmbito do sistema de garantia de depósitos pode prejudicar a estabilidade do sistema bancário ou a confiança dos depositantes; que os Estados-membros devem, por conseguinte, adoptar regras no sentido de restringir tais referências;

Considerando que, em casos especiais, em certos Estados-membros nos quais não existe sistema de garantia de depósitos para determinadas categorias de instituições de crédito que apenas captam uma parte ínfima dos depósitos, a criação de um tal sistema pode por vezes exigir um lapso de tempo maior que o fixado para a transposição da directiva; que, nesses casos, pode justificar-se uma derrogação transitória à obrigação de aderir a um sistema de garantia de depósitos; que, todavia, caso essas instituições de crédito operem no estrangeiro, os Estados-membros terão o direito de exigir que elas participem num sistema de garantia por eles instituído;

Considerando que, no contexto da presente directiva, não é indispensável harmonizar os métodos de financiamento dos sistemas que garantem os depósitos ou as próprias instituições de crédito, dado que, por um lado, o custo do financiamento desses sistemas deve, em princípio, ser suportado pelas próprias instituições de crédito e que, por outro lado, as capacidades de financiamento desses sistemas devem ser proporcionais às obrigações que sobre elas recaem; que, todavia, tal não deve pôr em perigo a estabilidade do sistema bancário do Estado-membro em questão;

Considerando que a presente directiva não pode ter como efeito tornar os Estados-membros ou as suas autoridades competentes responsáveis perante os depositantes, a partir do momento em que tiverem assegurado a instauração ou o reconhecimento oficial de um ou mais sistemas que garantam os depósitos ou as próprias instituições de crédito e que assegurem a indemnização ou a protecção dos depositantes nas condições estipuladas na presente directiva;

Directriz n.º 94/19/CE, do Parlamento Europeu e do Conselho, de 30 de Maio de 1994 **39.**

Considerando que a garantia dos depósitos constitui um elemento fundamental de realização do mercado interno e um complemento indispensável do sistema de supervisão das instituições de crédito, em virtude da solidariedade que cria entre todas as instituições de uma mesma praça financeira em caso de suspensão de pagamentos por parte de qualquer delas,

ADOPTARAM A PRESENTE DIRECTIVA:

ARTIGO 1.º

Para efeitos da aplicação da presente directiva, entende-se por:
1. "Depósito": os saldos credores resultantes de fundos existentes numa conta ou de situações transitórias decorrentes de operações bancárias normais, que devem ser restituídos pela instituição de crédito nas condições legais e contratuais aplicáveis, e as dívidas representadas por títulos emitidos pela instituição de crédito.

As partes sociais das *building societies* do Reino Unido e da Irlanda, com excepção das que têm natureza de capital e são abrangidas pelo artigo 2.º, devem ser tratadas como depósitos.

As obrigações que satisfaçam as condições enunciadas no n.º 4 do artigo 22.º da Directiva 85/611/CEE do Conselho, de 20 de Dezembro de 1985, que coordena as disposições legislativas, regulamentares e administrativas respeitantes a alguns organismos de investimento colectivo em valores mobiliários (OICVM)[7], não são consideradas depósitos.

Para efeitos de cálculo de um saldo credor, os Estados-membros aplicarão as regras e regulamentações relativas à compensação e à reconvenção, de acordo com as condições legais e contratuais aplicáveis ao depósito.

2. "Conta colectiva": uma conta aberta em nome de duas ou mais pessoas, ou sobre a qual duas ou mais pessoas têm direitos, que pode ser movimentada pela assinatura de uma ou mais de entre elas.

3. "Depósito indisponível": o depósito que, tendo-se vencido e sendo exigível, não tiver sido pago por uma instituição de crédito ao abrigo das condições legais e contratuais que lhe sejam aplicáveis, quando:
   i) As autoridades competentes tiverem verificado que, na sua opinião, a instituição de crédito em causa não parece ter, nesse momento, por razões directamente relacionadas com a sua situação financeira, possibilidade de restituir os depósitos, nem perspectivas de proximamente vir a poder fazê-lo.

   As autoridades competentes procedem a essa verificação o mais rapidamente possível e, o mais tardar, 21 dias após se terem certificado pela primeira vez de que a instituição de crédito não restituiu os depósitos vencidos e exigíveis;

   ii) Ou uma autoridade judicial tiver proferido uma decisão, por razões directamente relacionadas com a situação financeira da instituição de crédito, que tenha por consequência suspender o exercício dos direitos dos depositantes a reclamarem créditos sobre a instituição, caso tal decisão ocorra antes de ser efectuada a verificação acima referida.

4. "Instituição de crédito": uma empresa cuja actividade consiste em receber do público depósitos ou outros fundos reembolsáveis e em conceder créditos por sua própria conta.

5. "Sucursal": um local de actividade que constitui uma parte, desprovida de personalidade jurídica, de uma instituição de crédito e efectua directamente todas ou algumas das operações inerentes à actividade das instituições de crédito; todas as sucursais, independentemente do seu número, estabelecidas no mesmo Estado-membro por uma instituição de crédito que tenha a sua sede social noutro Estado-membro serão consideradas como uma única sucursal.

---

(7) JO n.º L 375 de 31.12.1985, p. 3. Directiva com a última redacção que lhe foi dada pela Directiva 88/220/CEE (JO n.º L 100 de 19.4.1988, p. 31).

ARTIGO 2.º

Encontram-se excluídos de qualquer reembolso pelos sistemas de garantia os seguintes depósitos:
– sob reserva do disposto no n.º 3 do artigo 8.º, os depósitos feitos por outras instituições de crédito em seu próprio nome e por sua própria conta,
– todos os instrumentos abrangidos pela definição de "fundos próprios" constante do artigo 2.º da Directiva 89/299/CEE do Conselho, de 17 de Abril de 1989, relativa aos fundos próprios das instituições de crédito[8],
– os depósitos decorrentes de operações em relação às quais tenha sido proferida uma condenação penal por branqueamento de capitais, na acepção do artigo 1.º da Directiva 91/308/CEE do Conselho, de 10 de Junho de 1991, relativa à prevenção da utilização do sistema financeiro para efeitos de branqueamento de capitais[9].

---

(8) JO n.º L 124 de 5.5.1989, p. 16. Directiva com a última redacção que lhe foi dada pela Directiva 92/16/CEE (JO n.º L 75 de 21.3.1992, p. 48).
(9) JO n.º L 166 de 28.6.1991, p. 77.

ARTIGO 3.º

1. Cada Estado-membro tomará todas as medidas para que sejam instituídos e oficialmente reconhecidos, no seu território, um ou mais sistemas de garantia de depósitos. Salvo nas circunstâncias previstas no segundo parágrafo e no n.º 4, nenhuma instituição de crédito autorizada nesse Estado-membro ao abrigo do disposto no artigo 3.º da Directiva 77/780/CEE poderá aceitar depósitos se não for membro de um desses sistemas.

Todavia, os Estados-membros poderão dispensar uma instituição de crédito da

obrigação de pertencer a um sistema de garantia de depósitos se ela pertencer a um sistema que proteja a própria instituição de crédito e, nomeadamente, garanta a respectiva liquidez e solvabilidade, assegurando assim aos depositantes uma protecção pelo menos equivalente à oferecida por um sistema de garantia de depósitos, e que, no entender das autoridades competentes, satisfaça as seguintes condições:
- o sistema existe e está oficialmente reconhecido no momento da adopção da presente directiva,
- o sistema tem como objecto evitar que os depósitos junto das instituições de crédito pertencentes a esse sistema possam tornar-se indisponíveis e possui os meios necessários para o efeito,
- o sistema não consiste numa garantia prestada às instituições de crédito pelo próprio Estado-membro ou pelas suas autoridades locais ou regionais,
- o sistema assegura aos depositantes uma informação nos termos e condições definidos no artigo 9.º da presente directiva.

Os Estados-membros que utilizem esta faculdade notificarão a Comissão desse facto; os Estados-membros devem comunicar, nomeadamente, as características desses sistemas de protecção e as instituições de crédito por eles cobertas, bem como quaisquer posteriores alterações às informações comunicadas. A Comissão informará disso o Comité consultivo bancário.

2. Se uma instituição de crédito não cumprir as obrigações que lhe incumbem como membro de um sistema de garantia de depósitos, as autoridades competentes que tiverem emitido a respectiva autorização serão notificadas e, em colaboração com o sistema de garantia, tomarão todas as medidas necessárias, incluindo a imposição de sanções, por forma a assegurar que a instituição de crédito cumpra as suas obrigações.

3. Se essas medidas forem insuficientes para assegurar o cumprimento das obrigações por parte da instituição de crédito, o sistema pode, sempre que a legislação nacional permita a exclusão de um membro e com o consentimento expresso das autoridades competentes, notificar a instituição de crédito, com uma antecedência mínima de doze meses, da sua intenção de a excluir da qualidade de membro do sistema. Os depósitos efectuados antes do termo do período de pré-aviso continuarão a estar plenamente garantidos pelo sistema. Se, no termo do período de pré-aviso, a instituição de crédito não tiver cumprido as suas obrigações, o sistema de garantia pode proceder à exclusão, obtido novamente o consentimento expresso das autoridades competentes.

4. Sempre que a legislação nacional o permita, e com o consentimento expresso das autoridades competentes que tiverem emitido a respectiva autorização, uma instituição de crédito excluída de um sistema de garantia de depósitos pode continuar a aceitar depósitos se, antes da sua exclusão, tiver estabelecido mecanismos de garantia alternativos que assegurem aos depositantes um nível e um âmbito de protecção pelo menos equivalentes aos que forem oferecidos pelos sistemas reconhecidos oficialmente.

5. Se uma instituição de crédito notificada da intenção de exclusão nos termos do n.º 3 não conseguir estabelecer mecanismos alternativos que satisfaçam as condições referidas no n.º 4, as autoridades competentes que tiverem emitido a respectiva autorização revogá-la-ão imediatamente.

ARTIGO 4.º

1. Os sistemas de garantia de depósitos introduzidos e oficialmente reconhecidos num Estado-membro, em conformidade com o n.º 1 do artigo 3.º, garantirão os depositantes das sucursais estabelecidas por instituições de crédito noutros Estados-membros.

Até 31 de Dezembro de 1999, o nível e o âmbito, incluindo a percentagem, da cobertura fornecida não devem exceder o nível e o âmbito de cobertura máximos oferecidos pelo sistema de garantia correspondente no território do Estado-membro de acolhimento.

Antes dessa data, a Comissão elaborará um relatório com base na experiência adquirida com a aplicação do segundo parágrafo e ponderará a necessidade de manter este regime em vigor. Se necessário, a Comissão apresentará uma proposta de directiva ao Parlamento Europeu e ao Conselho destinada a prorrogar a sua vigência.

2. Sempre que o nível ou o âmbito, incluindo a percentagem, da cobertura oferecida pelo sistema de garantia do Estado-membro de acolhimento exceder o nível ou o âmbito da cobertura fornecida no Estado-membro em que a instituição de crédito está autorizada, o Estado-membro de acolhimento deve assegurar que exista, no seu território, um sistema de garantia de depósitos oficialmente reconhecido a que a sucursal possa aderir voluntariamente a fim de complementar a garantia de que os seus depositantes já beneficiam devido ao facto de ser membro do sistema do Estado-membro de origem.

O sistema a que a sucursal venha a aderir deve cobrir a categoria de instituições a que pertence ou aquela que melhor lhe corresponda no Estado-membro de acolhimento.

3. Os Estados-membros devem assegurar que sejam estabelecidas condições objectivas e genericamente aplicáveis para a adesão de sucursais ao sistema de um Estado-membro de acolhimento nos termos do n.º 2. A admissão deve ficar subordinada ao cumprimento das obrigações inerentes à qualidade de membro, incluindo, em especial, o pagamento de quaisquer contribuições ou outros encargos. Para efeitos da aplicação deste número, os Estados-membros reger-se-ão pelos princípios orientadores que constam do anexo II.

4. Se uma sucursal que tiver beneficiado de adesão voluntária prevista no n.º 2 não cumprir as obrigações que lhe incumbem enquanto membro do sistema de garantia de depósitos, as autoridades competentes que tiverem emitido a autorização

Directriz n.° 94/19/CE, do Parlamento Europeu e do Conselho, de 30 de Maio de 1994 **39.**

serão notificadas e, em colaboração com o sistema de garantia, tomarão todas as medidas necessárias para assegurar o cumprimento das obrigações acima referidas.

Se essas medidas não forem suficientes para assegurar que a sucursal cumpra as referidas obrigações, o sistema de garantia pode excluir a sucursal, findo um período de pré-aviso adequado não inferior a doze meses e com o consentimento das autoridades competentes que tiverem emitido a autorização. Os depósitos efectuados antes da data da exclusão continuarão a ser garantidos pelo sistema a que a sucursal aderiu voluntariamente, até à data em que se vencerem. Os depositantes serão informados da retirada da cobertura complementar.

5. A Comissão apresentará até 31 de Dezembro de 1999, o mais tardar, um relatório sobre a aplicação dos n.ºs 2, 3 e 4 e, se necessário proporá as alterações adequadas.

ARTIGO 5.°

Os depósitos constituídos no momento da revogação da autorização de uma instituição de crédito autorizada nos termos do artigo 3.° da Directiva 77/780/CEE continuarão cobertos pelo sistema de garantia.

ARTIGO 6.°

1. Os Estados-membros devem certificar-se que as sucursais estabelecidas por instituições de crédito cuja sede social se situe fora da Comunidade têm uma cobertura equivalente à estabelecida na presente directiva.

Se tal não acontecer, os Estados-membros podem dispor, sem prejuízo do n.° 1 do artigo 9.° da Directiva 77/780/CEE, que as sucursais estabelecidas por instituições de crédito cuja sede social se situe fora da Comunidade devem aderir a um sistema de garantia de depósitos existente no seu território.

2. Aos depositantes, actuais ou potenciais, das sucursais estabelecidas por instituições de crédito cuja sede social se situe fora da Comunidade, serão fornecidas pela instituição de crédito todas as informações pertinentes relativas às disposições em matéria de garantia aplicáveis aos seus depósitos.

3. As informações referidas no n.° 2 devem ser divulgadas na ou nas línguas oficiais do Estado-membro onde a sucursal está estabelecida, de acordo com o previsto na legislação nacional, e ser redigidas de forma clara e compreensível.

ARTIGO 7.°

1. Os sistemas de garantia de depósitos devem estipular que o conjunto dos depósitos de um mesmo depositante deve ser garantido até 20000 ecus no caso de os depósitos ficarem indisponíveis.

Até 31 de Dezembro de 1999, os Estados-membros onde, no momento da adopção da presente directiva, os depósitos não estiverem garantidos até 20 000 ecus, podem manter o montante máximo previsto nos seus sistemas de garantia, sem que esse montante possa ser inferior a 15 000 ecus.

2. Os Estados-membros podem estabelecer que determinados depositantes ou depósitos sejam excluídos desta garantia ou que lhes seja atribuído um nível de garantia inferior. A lista dessas exclusões consta do anexo I.

3. O presente artigo não obsta à manutenção ou à adopção de disposições que ofereçam uma cobertura de depósitos mais elevada ou mais ampla. Nomeadamente, os sistemas de garantia de depósitos podem, por razões de carácter social, cobrir totalmente certas categorias de depósitos.

4. Os Estados-membros podem limitar a garantia prevista no n.° 1 ou a referida no n.° 3 a uma percentagem do montante dos depósitos. Contudo, a percentagem garantida deve ser igual ou superior a 90% do total dos depósitos, enquanto o montante a pagar a título da garantia não atingir o montante referido no n.° 1.

5. O montante indicado no n.° 1 será objecto de uma reanálise periódica, pelo menos de cinco em cinco anos, pela Comissão. Esta apresentará, se for caso disso, uma proposta de directiva ao Parlamento Europeu e ao Conselho para adaptar o montante indicado no n.° 1, tendo nomeadamente em conta a evolução do sector bancário e a situação económica e monetária na Comunidade. A primeira reanálise só terá lugar cinco anos após o termo do período referido no segundo parágrafo do n.° 1.

6. Os Estados-membros devem assegurar que o direito a indemnização dos depositantes possa ser objecto de recurso do depositante contra o sistema de garantia de depósitos.

ARTIGO 8.°

1. Os limites referidos nos n.ºs 1, 3 e 4 do artigo 7.° serão aplicáveis ao total dos depósitos efectuados junto da mesma instituição de crédito, independentemente do número de depósitos, da divisa e da localização na Comunidade.

2. A parte imputável a cada depositante de uma conta colectiva será tomada em consideração no cálculo dos limites previstos nos n.ºs 1, 3 e 4 do artigo 7.°.

Na ausência de disposições específicas, a conta será repartida em partes iguais pelos depositantes.

Os Estados-membros podem dispor que os depósitos numa conta à qual tenham acesso duas ou mais pessoas na qualidade de sócio de uma sociedade ou de membro de uma associação ou de qualquer agrupamento de natureza similar, destituídos de personalidade jurídica, possam ser agregados e tratados como se tivessem sido feitos por um único depositante, para efeitos do cálculo dos limites previstos nos n.os 1, 3 e 4 do artigo 7.º.

3. Sempre que o depositante não for o titular do direito aos montantes depositados nessa conta, será coberto pela garantia o titular do direito, desde que este titular tenha sido identificado ou seja identificável antes da data em que as autoridades competentes procederem à verificação referida no ponto 3, alínea *i*), do artigo 1.º ou a autoridade judicial proferir a decisão referida na alínea *ii*). Caso o direito tenha vários titulares, a parte imputável a cada um deles, nos termos das disposições segundo as quais os montantes são geridos, será tomada em consideração no cálculo dos limites previstos nos n.os 1, 3 e 4 do artigo 7.º.

A presente disposição não é aplicável aos organismos de investimento colectivo.

ARTIGO 9.º

1. Os Estados-membros devem assegurar que as instituições de crédito divulguem junto dos depositantes actuais e potenciais as informações necessárias que lhes permitam identificar o sistema de garantia de depósitos de que a instituição e as suas sucursais são membros no interior da Comunidade ou qualquer mecanismo alternativo previsto nos termos do n.º 1, segundo parágrafo, ou do n.º 4 do artigo 3.º. Os depositantes devem ser informados sobre as disposições do sistema de garantia de depósitos ou de qualquer mecanismo alternativo aplicável, incluindo o montante e o âmbito da cobertura prestada pelo sistema de garantia. Estas informações devem ser divulgadas de uma forma facilmente compreensível.

A pedido do interessado, devem também ser prestadas informações sobre as condições de indemnização e sobre as formalidades que devem ser cumpridas para obter a indemnização.

2. As informações previstas no n.º 1 devem ser redigidas, de acordo com o previsto na legislação nacional, na ou nas línguas oficiais do Estado-membro onde a sucursal se encontra estabelecida.

3. Os Estados-membros devem estabelecer regras limitativas da utilização, para fins publicitários, das informações previstas no n.º 1, por forma a evitar que essa utilização prejudique a estabilidade do sistema bancário ou a confiança dos depositantes. Em especial, os Estados-membros podem restringir essa publicidade a uma referência factual ao sistema a que pertence a instituição de crédito.

ARTIGO 10.º

1. No prazo de três meses a contar da data em que as autoridades competentes procederem à verificação referida no ponto 3, alínea *i*), do artigo 1.º ou em que a

autoridade judicial proferir a decisão referida na alínea *ii*), os sistemas de garantia de depósitos devem encontrar-se em condições de pagar aos depositantes os créditos, relativos aos depósitos indisponíveis, que tiverem sido devidamente verificados.

2. Em circunstâncias absolutamente excepcionais e em casos particulares, o sistema de garantia pode solicitar às autoridades competentes uma prorrogação do prazo. A prorrogação não pode exceder três meses. A pedido do sistema de garantia, as autoridades competentes podem conceder no máximo duas novas prorrogações, cada uma delas por período não superior a três meses.

3. O prazo estabelecido nos n.ᵒˢ 1 e 2 não pode ser invocado pelo sistema de garantia para recusar o benefício da garantia a um depositante que não tenha podido fazer valer atempadamente o seu direito a beneficiar de um pagamento a título da garantia.

4. Os documentos relativos às condições e formalidades a cumprir para beneficiar de um pagamento a título da garantia referido no n.° 1 devem ser redigidos de forma pormenorizada, de acordo com o previsto na legislação nacional, na ou nas línguas oficiais do Estado-membro onde se encontra constituído o depósito garantido.

5. Sem prejuízo do prazo estabelecido nos n.ᵒˢ 1 e 2, quando um depositante ou qualquer pessoa que seja titular do direito aos montantes detidos numa conta, ou parte interessada nesses montantes, tenha sido pronunciada por um delito decorrente ou relacionado com o branqueamento de capitais, tal como definido no artigo 1.° da Directiva 91/308/CEE, o sistema de garantia pode suspender todos os pagamentos na pendência de sentença do Tribunal.

ARTIGO 11.°

Sem prejuízo de quaisquer outros direitos que lhes caibam ao abrigo da legislação nacional, os sistemas que efectuem pagamentos a título da garantia ficarão sub--rogados na titularidade dos direitos dos depositantes no processo de liquidação, em montante igual ao dos pagamentos que tenham efectuado.

ARTIGO 12.°

Em derrogação do artigo 3.°, as instituições de crédito autorizadas na Espanha ou na Grécia que constam do anexo III estão isentas da obrigação de aderir a um sistema de garantia de depósitos até 31 de Dezembro de 1999.

Essas instituições de crédito devem informar expressamente os seus depositantes actuais e potenciais do facto de que não são membros de um sistema de garantia de depósitos.

Durante esse período, caso essas instituições estabeleçam ou tenham estabelecido uma sucursal num outro Estado-membro, este último pode exigir que essa sucursal adira, nas condições fixadas nos n.ºs 2, 3 e 4 do artigo 4.°, a um sistema de protecção de depósitos instituído no seu território.

ARTIGO 13.°

A Comissão indicará, na lista das instituições de crédito autorizadas que é obrigada a elaborar nos termos do n.° 7 do artigo 3.° da Directiva 77/780/CEE, o estatuto de cada instituição de crédito relativamente ao disposto na presente directiva.

ARTIGO 14.°

1. Os Estados-membros adoptarão e publicarão as disposições legislativas, regulamentares e administrativas necessárias para dar cumprimento à presente directiva o mais tardar em 1 de Julho de 1995. Do facto informarão imediatamente a Comissão.

Quando os Estados-membros adoptarem essas disposições, estas deverão incluir uma referência à presente directiva ou ser acompanhadas dessa referência na publicação oficial. As modalidades dessa referência serão estabelecidas pelos Estados-membros.

2. Os Estados-membros comunicarão à Comissão o texto das principais disposições de direito interno que adoptarem no domínio regido pela presente directiva.

ARTIGO 15.°

A presente directiva entra em vigor na data da sua publicação no *Jornal Oficial das Comunidades Europeias*.

ARTIGO 16.°

Os Estados-membros são os destinatários da presente directiva.

Feito em Bruxelas, em 30 de Maio de 1994.

Pelo Parlamento Europeu *O Presidente*
O Presidente *Pelo Conselho*
E. KLEPSCHG. ROMEOS

ANEXO I
Lista das exclusões referidas no n.º 2 do artigo 7.º

1. Depósitos das instituições financeiras, na acepção do n.º 6 do artigo 1.º da Directiva 89/646/CEE.
2. Depósitos das empresas seguradoras.
3. Depósitos do Estado e das administrações centrais.
4. Depósitos das autoridades provinciais, regionais, locais e municipais.
5. Depósitos dos organismos de investimento colectivo.
6. Depósitos dos fundos de pensões ou de reforma.
7. Depósitos dos administradores, dos dirigentes, dos sócios responsáveis a título pessoal, dos titulares de pelo menos 5% do capital da instituição de crédito, das pessoas incumbidas da revisão legal das contas da instituição de crédito e dos depositantes com estatuto semelhante noutras empresas do mesmo grupo.
8. Depósitos de familiares próximos e de terceiros que actuem por conta dos depositantes referidos no ponto 7.
9. Depósitos de outras empresas do mesmo grupo.
10. Depósitos não nominativos.
11. Depósitos relativamente aos quais o depositante tenha obtido da instituição de crédito, a título individual, taxas e vantagens financeiras que tenham contribuído para agravar a situação financeira dessa instituição de crédito.
12. Títulos de dívida emitidos pela instituição de crédito e débitos emergentes de aceites próprios e de promissórias em circulação.
13. Depósitos em moedas que não sejam:
    – moedas dos Estados-membros,
    – ecus.
14. Depósitos de empresas que, pelas suas dimensões, não estejam autorizadas a elaborar balanços sintéticos nos termos do artigo 11.º da Quarta Directiva 78/660/CEE do Conselho, de 25 de Julho de 1978, baseada no n.º 3, alínea *g*), do artigo 54.º do Tratado, relativa às contas anuais de certas formas de sociedades.

ANEXO II
Princípios orientadores

Sempre que uma sucursal solicitar a adesão a um sistema no Estado-membro de acolhimento para efeitos de cobertura complementar, o sistema do Estado-membro de acolhimento estabelecerá bilateralmente com o sistema do Estado-membro de origem as regras e procedimentos adequados para o pagamento de indemnizações aos depositantes da referida sucursal. Serão aplicáveis, quer na elaboração desses procedimentos quer na fixação dos requisitos da qualidade de membro que essa sucursal deverá satisfazer (tal como referido no n.º 2 do artigo 4.º), os seguintes princípios:

a) O sistema do Estado-membro de acolhimento conservará todos os direitos para impor as suas regras objectivas e genericamente aplicáveis às instituições de crédito participantes; poderá exigir a prestação de informações pertinentes e terá o direito de verificar essas informações junto das autoridades competentes do Estado-membro de origem;
b) O sistema do Estado-membro de acolhimento satisfará todos os pedidos de indemnização complementar após recepção de uma declaração das autoridades competentes do Estado-membro de origem indicando que os depósitos se encontram indisponíveis. O sistema do Estado-membro de acolhimento conservará todos os direitos para verificar o direito do depositante à indemnização, de acordo com as suas próprias normas e procedimentos, antes de pagar a indemnização complementar;
c) Os sistemas dos Estados-membros de origem e de acolhimento devem prestar mutuamente toda a colaboração por forma a assegurar que os depositantes recebam as indemnizações prontamente e nos montantes devidos. Nomeadamente, devem chegar a acordo quanto à forma como a existência de um débito do depositante para com a instituição de crédito, que possa dar origem a uma compensação no âmbito de qualquer um dos sistemas, afectará a indemnização paga ao depositante por cada sistema;
d) O sistema do Estado-membro de acolhimento terá o direito de reclamar das sucursais o pagamento de uma quota-parte dos encargos emergentes da cobertura complementar, numa base adequada que tenha em conta a garantia financiada pelo sistema do Estado-membro de origem. Para facilitar a operação de determinação do montante devido, o sistema do Estado-membro de acolhimento terá o direito de partir do princípio de que a sua responsabilidade se limitará, em qualquer circunstância, ao excedente da garantia por si oferecida em relação à garantia oferecida pelo sistema do Estado-membro de origem, independentemente de o Estado-membro de origem efectivamente pagar ou não qualquer indemnização relativamente aos depósitos constituídos no território do Estado-membro de acolhimento.

ANEXO III
Lista das instituições de crédito a que se refere o artigo 12.°

a) As categorias especializadas de instituições de crédito espanholas, cujo estatuto jurídico está actualmente a ser objecto de reforma, autorizadas sob a designação de:
– Entidades de Financiación o Factoring,
– Sociedades de Arrendamiento Financiero,
– Sociedades de Crédito Hipotecario;
b) As instituições de crédito públicas espanholas seguintes:
– Banco de Crédito Agrícola, SA,
– Banco Hipotecario de España, SA,
– Banco de Crédito Local, SA;

c) As cooperativas de crédito gregas seguintes:
  – Cooperativa de Crédito de Lamia,
  – Cooperativa de Crédito de Ioannina,
  – Cooperativa de Crédito de Xylocastron,
  bem como as cooperativas de crédito similares, de entre as abaixo mencionadas, que estejam autorizadas ou cujo processo de autorização esteja a decorrer à data de adopção da presente directiva:
  – Cooperativa de Crédito de Chaniá,
  – Cooperativa de Crédito de Iraklion,
  – Cooperativa de Crédito de Magnisía,
  – Cooperativa de Crédito de Larissa,
  – Cooperativa de Crédito de Patras,
  – Cooperativa de Crédito de Salónica.

40. Directriz n.° 95/26/CE do Parlamento Europeu e do Conselho, de 29 de Junho de 1995[641]

Altera as Directrizes 77/780/CEE e 89/646/CEE no domínio das instituições de crédito, as Directrizes 73/239/CEE e 92/49/CEE no domínio dos seguros não-vida, as Directrizes 79/267/CEE e 92/96/CEE no domínio do seguro de vida, a Directriz 93/22/CEE no domínio das empresas de investimento e a Directriz 85/611/CEE do Conselho no domínio dos organismos de investimento colectivo em valores mobiliários (OICVM), a fim de reforçar a supervisão prudencial

O PARLAMENTO EUROPEU E O CONSELHO DA UNIÃO EUROPEIA,

Tendo em conta o Tratado que institui a Comunidade Europeia e, nomeadamente, o n.° 2, primeiro e terceiro períodos do seu artigo 57.°,

Tendo em conta a proposta da Comissão[1],

Tendo em conta o parecer do Comité Económico e Social[2],

Deliberando nos termos do procedimento previsto no artigo 189.°-B do Tratado[3], com base no projecto comum aprovado pelo Comité de conciliação em 11 de Maio de 1995,

1. Considerando que determinados acontecimentos têm demonstrado que é adequado alterar em certos pontos as directivas do Conselho que definem o quadro geral em que as instituições de crédito, as empresas de seguros, as empresas de investimento em valores mobiliários e os organismos de investimento colectivo em valores mobiliários (OICVM) podem exercer as suas actividades, ou seja, as Directivas 77/780/CEE[4] e 89/646/CEE, as Directivas 73/239/CEE[5] e 92/49/CEE, as Directivas 79/267/CEE[6] e 92/96/CEE, a Directiva 93/22/CEE[7] e a Directiva 85/611/CEE[8] a fim de reforçar o âmbito da supervisão prudencial; que é desejável adoptar medidas semelhantes no conjunto do sector dos serviços financeiros;

---

[1] JO n.° C 229 de 25. 8. 1993, p. 10.
[2] JO n.° C 52 de 19. 2. 1994, p. 15.

[641] JOCE n.° L 168, de 18-Jul.-1995, 7-13.

(3) Parecer do Parlamento Europeu de 9 de Março de 1993 (JO n.º C 91 de 28.3.1994, p. 61), posição comum do Conselho de 6 de Junho de 1994 e decisão do Parlamento Europeu de 26 de Outubro de 1994 (JO n.º C 323 de 21.11.1994, p. 56).
(4) JO n.º L 322 de 17.12.1977, p. 30. Directiva com a última redacção que lhe foi dada pela Directiva 89/646/CEE (JO n.º L 386 de 30.12.1989, p. 1).
(5) JO n.º L 228 de 16.8.1973, p. 3. Directiva com a última redacção que lhe foi dada pela Directiva 92/49/CEE (JO n.º L 228 de 11.8.1992, p. 1).
(6) JO n.º L 63 de 13.3.1979, p. 1. Directiva com a última redacção que lhe foi dada pela Directiva 92/96/CEE (JO n.º L 360 de 9.12.1992, p. 1).
(7) JO n.º L 141 de 11.6.1993, p. 27.
(8) JO n.º L 375 de 31.12.1985, p. 3. Directiva com a última redacção que lhe foi dada pela Directiva 88/220/CEE (JO n.º L 100 de 19.4.1988, p. 31).

2. Considerando que estas directivas fixam nomeadamente as condições a preencher para que as autoridades competentes concedam a autorização de acesso à actividade;

3. Considerando que as autoridades competentes não devem conceder ou manter a autorização a uma empresa financeira sempre que as relações estreitas que liguem esta a outras pessoas singulares ou colectivas possam entravar o bom exercício das suas funções de supervisão; que as empresas financeiras já autorizadas devem igualmente satisfazer as exigências das autoridades competentes neste domínio;

4. Considerando que a definição de "relações estreitas" dada na presente directiva é constituída por critérios mínimos e não obsta a que os Estados-membros tenham igualmente em vista situações diferentes das previstas por essa definição;

5. Considerando que o simples facto de adquirir uma percentagem significativa do capital de uma sociedade não constitui uma participação a tomar em conta para efeitos da presente directiva se essa aquisição for feita apenas como investimento temporário e não permitir exercer influência sobre a estrutura e a política financeira da empresa;

6. Considerando que a referência ao bom exercício, pelas autoridades de controlo, das respectivas funções de supervisão inclui a supervisão numa base consolidada, que deve ser exercida sobre as empresas financeiras sempre que o direito comunitário preveja esse tipo de supervisão; que, nesse caso, as autoridades a quem é pedida a autorização devem poder identificar as autoridades competentes para a supervisão numa base consolidada dessa empresa financeira;

7. Considerando que os princípios do reconhecimento mútuo e do controlo exercido pelo Estado-membro de origem exigem que as autoridades competentes de cada Estado-membro não concedam ou retirem a autorização nos casos em que, a partir de elementos tais como o conteúdo do plano de actividades, a localização ou as actividades efectivamente exercidas, se conclua inequivocamente que a empresa financeira optou pelo sistema jurídico de um Estado-membro com o intuito de se subtrair a normas mais rigorosas em vigor noutro Estado-membro em cujo território tenciona exercer ou exerce a maior parte da sua actividade; que uma empresa financeira que seja uma pessoa colectiva deve ser autorizada no Estado-membro onde se situa a respectiva sede estatutária; que uma empresa financeira que não seja uma pessoa colectiva deve ter uma administração central no Estado-membro onde foi autorizada; que, além disso, os Estados-membros devem exigir que a administração

Directriz n.º 95/26/CE do Parlamento Europeu e do Conselho, de 29 de Junho de 1995 **40.**

central de uma empresa financeira esteja sempre situada no seu Estado-membro de origem e que essa empresa aí opere de maneira efectiva;

    8. Considerando que convém prever a possibilidade de trocas de informações entre as autoridades competentes e as autoridades ou organismos que contribuam, por força das suas funções, para o reforço da estabilidade do sistema financeiro; que, para preservar o carácter confidencial das informações transmitidas, a lista dos destinatários das informações deve ser estritamente confidencial;

    9. Considerando que certos actos, tais como fraudes, delitos de iniciados e outros semelhantes, são susceptíveis, mesmo quando abranjam outras empresas diferentes das empresas financeiras, de afectar a estabilidade do sistema financeiro, incluindo a sua integridade;

    10. Considerando que é necessário prever as condições em que serão autorizadas estas trocas de informações;

    11. Considerando que, sempre que se preveja que só podem ser divulgadas informações com o acordo explícito das autoridades competentes, estas podem eventualmente subordinar o seu acordo à observância de condições estritas;

    12. Considerando que é igualmente conveniente autorizar as trocas de informações entre, por um lado, as autoridades competentes e, por outro, os bancos centrais e outros organismos de vocação semelhante, enquanto autoridades monetárias, e eventualmente outras autoridades públicas com competência para a supervisão dos sistemas de pagamento;

    13. Considerando que é necessário introduzir na Directiva 85/611/CEE o mesmo regime de segredo profissional para as autoridades com competência para a autorização e a supervisão dos OICVM e das empresas que contribuem para as suas actividades, bem como as mesmas possibilidades de trocas de informações que as previstas para as autoridades com competência para a autorização e a supervisão das instituições de crédito, das empresas de investimento e das empresas de seguros;

    14. Considerando que a presente directiva coordena o conjunto das disposições que regem a troca de informações entre autoridades relativamente a todo o sector financeiro, prevista na Directiva 93/22/CEE;

    15. Considerando que, a fim de reforçar a supervisão prudencial das empresas financeiras e a protecção dos clientes das empresas financeiras, é necessário prever uma disposição segundo a qual um revisor deve informar rapidamente as autoridades competentes sempre que, nos casos previstos na presente directiva, no exercício das suas funções, tenha conhecimento de determinados factos susceptíveis de afectar gravemente a situação financeira, ou a sua organização administrativa e contabilística de uma empresa financeira;

    16. Considerando que, tendo em conta o objectivo a atingir, é desejável que os Estados-membros determinem que esta obrigação é aplicável sempre que tais factos sejam constatados por um revisor no exercício das suas funções numa empresa que tenha relações estreitas com uma empresa financeira;

    17. Considerando que a obrigação, imposta aos revisores, de comunicar às autoridades competentes, quando for caso disso, determinadas informações relativas a uma empresa financeira constatadas no exercício das suas funções numa empresa

não financeira, não altera a natureza das suas funções nessa empresa, nem a forma como devem desempenhar as respectivas funções nessa empresa;

18. Considerando que a adopção da presente directiva constitui o meio mais adequado para realizar os objectivos prosseguidos e, designadamente, para reforçar os poderes das autoridades competentes; que a presente directiva se limita ao mínimo requerido para atingir esses objectivos e não excede o necessário para o efeito,

ADOPTARAM A PRESENTE DIRECTIVA:

ARTIGO 1.º

Sempre que a expressão "empresa financeira" seja utilizada na presente directiva, é substituída pelo seguinte:
– *"instituição de crédito", quando a presente directiva altera as Directivas 77/780/CEE e 89/646/CEE*,[642]
– "empresa de seguros", quando a presente directiva altera as Directivas 73/239/CEE, 92/49/CEE, 79/267/CEE e 92/96/CEE,
– "empresa de investimento", quando a presente directiva altera a Directiva 93/22/CEE,
– "organismo de investimento colectivo em valores mobiliários (OICVM) ou empresas que concorrem para a sua actividade", quando a presente directiva altera a Directiva 85/611/CEE.

ARTIGO 2.º

1. É aditada a seguinte definição:
– ao artigo 1.º da Directiva 77/780/CEE, sob a forma de um quinto travessão,
– ao artigo 1.º da Directiva 92/49/CEE, sob a forma de uma alínea *l*),
– ao artigo 1.º da Directiva 92/96/CEE, sob a forma de uma alínea *m*),
(*As Directrizes 77/780/CEE, 92/49/CEE e 92/96/CEE não são objecto da presente publicação*)
– ao artigo 1.º da Directiva 93/22/CEE, sob a forma de um ponto 15:
(*A alteração foi inserida no local próprio*)

2. São aditadas as seguintes disposições aos:
– n.º 2 do artigo 3.º da Directiva 77/780/CEE,
(*A Directriz 77/780/CEE não é objecto da presente publicação*)
– n.º 3 do artigo 3.º da Directiva 93/22/CEE,
(*A alteração foi inserida no local próprio*)

---

[642] Revogado pelo Anexo V, Parte A, da Directriz n.º 2000/12/CE, do Parlamento e do Conselho, de 20 de Março, JOCE n.º L 126, de 26-Mai.-2000, 1-59. Manteve-se a sua inserção no texto, em itálico.

- n.º 1 do artigo 8.º da Directiva 73/239/CEE,
- n.º 1 do artigo 8.º da Directiva 79/267/CEE:

(*As Directrizes 73/239/CEE e 79/267/CEE, não são objecto da presente publicação*)

ARTIGO 3.º

1. Ao artigo 8.º da Directiva 73/239/CEE e ao artigo 8.º da Directiva 79/267/CEE, é aditada a seguinte disposição:
(*As Directrizes 73/239/CEE e 79/267/CEE, não são objecto da presente publicação*)

2. Ao artigo 3.º da Directiva 77/780/CEE, é aditado o seguinte número:
(*A Directriz 77/780/CEE não é objecto da presente publicação*)

ARTIGO 4.º

1. Ao artigo 16.º da Directiva 92/49/CEE e ao artigo 15.º da Directiva 92/96/CEE é aditado o seguinte número:
(*As Directrizes 92/49/CEE e 92/96/CEE não são objecto da presente publicação*)

2. Ao artigo 12.º da Directiva 77/780/CEE e ao artigo 25.º da Directiva 93/22/CEE é aditado o seguinte número:
(*A Directriz 77/780/CEE não é objecto da presente publicação*)

3. Ao artigo 12.º da Directiva 77/780/CEE, ao artigo 16.º da Directiva 92/49/CEE, ao artigo 25.º da Directiva 93/22/CEE e ao artigo 15.º da Directiva 92/96/CEE é aditado o seguinte número:
(*A alteração foi inserida no local próprio da Directriz 93/22/CEE. As Directrizes 77/780/CEE, 92/49/CEE e 92/96/CEE não são objecto da presente publicação*)

4. O n.º 6 do artigo 12.º da Directiva 77/780/CEE e o n.º 6 do artigo 25.º da Directiva 93/22/CEE passam a ter a seguinte redacção:
(*A alteração foi inserida no local próprio da Directriz 93/22/CEE. A Directriz 77/780/CEE não é objecto da presente publicação*)

5. Ao artigo 16.º da Directiva 92/49/CEE e ao artigo 15.º da Directiva 92/96/CEE é aditado o seguinte número:
(*As Directrizes 92/49/CEE e 92/96/CEE não são objecto da presente publicação*)

6. Ao artigo 12.º da Directiva 77/780/CEE é aditado o seguinte número:
(*A Directriz 77/780/CEE não é objecto da presente publicação*)

7. Os n.ºs 2, 3 e 4 do artigo 50.º da Directiva 85/611/CEE passam a ter a seguinte redacção:
(*A Directriz 85/611/CEE não é objecto da presente publicação*)

ARTIGO 5.º

São aditados:
- à Directiva 77/780/CEE, um artigo 12.º-A,
- à Directiva 92/49/CEE, um artigo 16.º-A,
- à Directiva 92/96/CEE, um artigo 15.º-A,
(*As Directrizes 77/780/CEE, 92/49/CEE e 92/96/CEE não são objecto da presente publicação*)
- à Directiva 93/22/CEE, um artigo 25.º-A,
(*O preceito aditado foi inserido no local próprio*).
- à Directiva 85/611/CEE, um artigo 50.º-A,
(*A Directriz 85/611/CEE não é objecto da presente publicação*)
com a seguinte redacção:

ARTIGO 6.º

1. Os Estados-membros porão em vigor as disposições legislativas, regulamentares e administrativas necessárias para dar cumprimento à presente directiva o mais tardar até 18 de Julho de 1996. Do facto informarão imediatamente a Comissão.

Quando os Estados-membros adoptarem as disposições a que se refere o primeiro parágrafo, estas deverão incluir uma referência à presente directiva ou ser acompanhadas dessa referência na publicação oficial. As modalidades dessa referência serão estabelecidas pelos Estados-membros.

2. Os Estados-membros comunicarão à Comissão o texto das disposições essenciais de direito interno que adoptarem no domínio abrangido pela presente directiva.

ARTIGO 7.º

Os Estados-membros são destinatários da presente directiva.

Feito em Bruxelas, em 29 de Junho de 1995.

Pelo Parlamento Europeu
O Presidente
K. HÄNSCH

O Presidente
M. BARNIER
Pelo Conselho

41. Directriz n.º 98/26/CE, do Parlamento Europeu e do Conselho, de 19 de Maio de 1998

Relativa ao carácter definitivo da liquidação nos sistemas de pagamentos e de liquidação de valores mobiliários

O PARLAMENTO EUROPEU E O CONSELHO DA UNIÃO EUROPEIA,

Tendo em conta o Tratado que institui a Comunidade Europeia, nomeadamente o artigo 100.º A,

Tendo em conta a proposta da Comissão[1],

Tendo em conta o parecer do Instituto Monetário Europeu[2],

Tendo em conta o parecer do Comité Económico e Social[3],

Deliberando nos termos do artigo 189 C do Tratado[4],

---

[1] JO C 207 de 18. 7. 1996, p. 13 e JO C 259 de 26. 8. 1997, p. 6.
[2] Parecer emitido em 21 de Novembro de 1996.
[3] JO C 56 de 24. 2. 1997, p. 1.
[4] Parecer do Parlamento Europeu de 9 de Abril de 1997 (JO C 132 de 28. 4. 1997, p. 74), posição comum do Conselho de 13 de Outubro de 1997 (JO C 375 de 10. 12. 1997, p. 34), e decisão do Parlamento Europeu de 29 de Janeiro de 1998, (JO C 56 de 23. 2. 1998). Decisão do Conselho de 27 de Abril de 1998.

(1) Considerando que o relatório Lamfalussy de 1990 dirigido aos governadores dos bancos centrais dos países do Grupo dos Dez demonstrou a importância dos riscos sistémicos inerentes aos sistemas de pagamentos que funcionam com base em vários tipos jurídicos de compensação *(netting)* de pagamentos, em particular os multilaterais; que a redução da incerteza jurídica associada à participação em sistemas com liquidação pelo valor bruto em tempo real é de uma importância fundamental, dado o crescente desenvolvimento desses sistemas;
(2) Considerando que é também da máxima importância minorar os riscos associados à participação nos sistemas de liquidação de operações sobre valores mobiliários, em particular nos casos em que existe uma estreita ligação entre esses sistemas e os sistemas de pagamentos;
(3) Considerando que a presente directiva se destina a contribuir para reforçar a eficácia do funcionamento dos mecanismos transfronteiras de pagamento e de liquidação de valores mobiliários na Comunidade, bem como para reduzir os

seus custos, fortalecendo assim a liberdade de circulação de capitais no mercado interno; que a presente directiva se inscreve, portanto, no quadro dos progressos feitos no sentido da realização do mercado interno, nomeadamente no domínio da liberdade de prestação de serviços e da liberalização dos movimentos de capitais, com vista à realização da união económica e monetária;

(4) Considerando que é desejável que a legislação dos Estados-membros vise minimizar as perturbações dos sistemas decorrentes de processos de falência intentados contra participantes nesses sistemas;

(5) Considerando que continua pendente no Conselho uma proposta de directiva relativa ao saneamento e à liquidação das instituições de crédito, apresentada em 1985 e alterada em 8 de Fevereiro de 1988; que a Convenção relativa aos processos de falência, estabelecida em 23 de Novembro de 1995 pelos Estados--membros reunidos no Conselho, exclui expressamente do seu âmbito de aplicação as empresas de seguros, as instituições de crédito e as empresas de investimento;

(6) Considerando que a presente directiva se destina a abranger os sistemas de pagamentos e de liquidação de operações sobre valores mobiliários, tanto nacionais como com um carácter transfronteiras; que a directiva é aplicável aos sistemas comunitários e às garantias constituídas pelos seus participantes, comunitários ou de países terceiros, no quadro da sua participação nesses sistemas;

(7) Considerando que os Estados-membros podem aplicar as disposições da presente directiva às suas próprias instituições que participem directamente em sistemas de países terceiros e às garantias constituídas no quadro da participação nesses sistemas;

(8) Considerando que os Estados-membros devem poder considerar como abrangido pela presente directiva um sistema cuja actividade principal seja a liquidação de operações sobre valores mobiliários, mesmo que o sistema também opere, em medida limitada, com instrumentos derivados sobre matérias-primas;

(9) Considerando que a redução do risco sistémico requer, em especial, o carácter definitivo da liquidação e a exigibilidade das garantias constituídas; que, por garantia, se entende qualquer meio fornecido por um participante aos restantes participantes num sistema de pagamentos e/ou de liquidação de operações sobre valores mobiliários para garantir os direitos e obrigações decorrentes da participação nesse sistema, incluindo os contratos de reporte e similares, as garantias legais e as transferências fiduciárias; que a regulamentação, pelo direito nacional, dos tipos de garantias que podem ser utilizados não é afectada pela definição de garantia da presente directiva;

(10) Considerando que a presente directiva, ao abranger as garantias constituídas no quadro das operações efectuadas pelos bancos centrais dos Estados-membros, na sua qualidade de bancos centrais, incluindo as operações de política monetária, apoia o Instituto Monetário Europeu nas suas funções de promover a eficácia dos pagamentos transfronteiras, na perspectiva da preparação da terceira fase da união económica e monetária, contribuindo desse modo para configurar o quadro jurídico de que deverá dispor o futuro Banco Central Europeu para realizar a sua política;

(11) Considerando que deve ser garantida a produção de efeitos jurídicos das ordens de transferência e da sua compensação *(netting)* nas legislações de todos os Estados-membros, bem como a sua oponibilidade a terceiros;
(12) Considerando que as disposições relativas ao carácter definitivo da compensação não devem obstar a que os sistemas verifiquem, antes de se efectuar a compensação, se as ordens que entraram no sistema obedecem às regras desse sistema e permitem a liquidação por esse sistema;
(13) Considerando que a presente directiva não impede um participante ou um terceiro de exercerem, relativamente a uma ordem de transferência que tenha sido introduzida num sistema, qualquer direito ou qualquer pretensão a uma cobrança ou a uma restituição, decorrente da transacção subjacente, nomeadamente em caso de fraude ou de erro técnico, desde que esse direito ou pretensão não acarrete a reforma da compensação nem conduza à revogação da ordem de transferência no sistema;
(14) Considerando que é necessário garantir que as ordens de transferência não possam ser revogadas após o momento definido pelas regras do sistema;
(15) Considerando que é necessário que um Estado-membro notifique imediatamente os outros Estados-membros da abertura de um processo de falência contra um participante no sistema;
(16) Considerando que os processos de falência não devem ter efeitos retroactivos sobre os direitos e obrigações dos participantes no sistema;
(17) Considerando que a presente directiva tem ainda em vista determinar, em caso de abertura de um processo de falência contra um participante num sistema, a legislação sobre falência aplicável aos direitos e obrigações do participante decorrentes da sua participação nesse sistema;
(18) Considerando que as garantias constituídas devem ser preservadas dos efeitos da legislação sobre falência aplicável ao participante insolvente;
(19) Considerando que o disposto no n.º 2 do artigo 9.º é aplicável apenas a um registo, conta ou sistema de depósito centralizado que evidencie a existência de direitos sobre os valores em questão, ou a entrega ou transferência desses valores;
(20) Considerando que o disposto no n.º 2 do artigo 9.º tem por objectivo assegurar que, se o participante, o banco central de um Estado-membro ou o futuro Banco Central Europeu beneficiar de uma garantia válida e eficaz ao abrigo da legislação do Estado-membro em que se situe o registo, conta ou sistema de depósito centralizado pertinente, a validade e a exigibilidade dessa garantia em relação a esse sistema, ao respectivo operador e a qualquer outra pessoa que reclame um crédito, directa ou indirectamente, através do sistema, serão determinadas unicamente pela legislação desse Estado-membro;
(21) Considerando que o disposto no n.º 2 do artigo 9.º não tem por objectivo afectar a aplicação e os efeitos da legislação do Estado-membro em que os valores mobiliários estejam constituídos ou do Estado-membro em que esses valores possam de outra forma estar situados (incluindo, sem restrições, a legislação relativa à criação, propriedade ou transferência desses valores ou dos direitos sobre esses valores) e não pode ser interpretado como significando que uma

garantia nos termos referidos será directamente exigível ou susceptível de ser reconhecida em qualquer um desses Estados-membros de um modo contrário à sua legislação;

(22) Considerando que é desejável que os Estados-membros se esforcem por estabelecer ligações suficientes entre todos os sistemas de liquidação de valores mobiliários abrangidos pela presente directiva, a fim de promover a máxima transparência e segurança jurídica das transacções relativas a valores mobiliários;

(23) Considerando que a adopção da presente directiva constitui a forma mais adequada de realizar os objectivos acima referidos, não excedendo o necessário para esse efeito,

ADOPTARAM A PRESENTE DIRECTIVA:

SECÇÃO I
Âmbito de aplicação e definições

ARTIGO 1.º

O disposto na presente directiva é aplicável:

a) A qualquer sistema, definido no artigo 2.º, alínea a), regulado pela legislação de um Estado-membro, que realize operações em qualquer moeda, em ecus ou em as moedas que o sistema converta entre si;
b) A qualquer participante nesse sistema;
c) As garantias constituídas no quadro:
  – da participação num sistema, ou
  – das operações dos bancos centrais dos Estados-membros na sua qualidade de bancos centrais.

ARTIGO 2.º

Para efeitos da presente directiva, entende-se por:

a) "Sistema" um acordo formal:
  – entre três ou mais participantes, sem contar com um eventual agente de liquidação, uma eventual contraparte central, uma eventual câmara de compensação ou um eventual participante indirecto, com regras comuns e procedimentos padronizados para a execução de ordens de transferência entre os participantes,
  – regulado pela legislação de um Estado-membro escolhida pelos participantes; contudo, os participantes apenas podem escolher a legislação de um Estado-membro em que pelo menos um deles tenha a sua sede e
  – designado, sem prejuízo de outras condições mais rigorosas de aplicação geral previstas na legislação nacional, como sistema e notificado à Comissão pelo Estado-membro cuja legislação é aplicável, depois de esse Estado-membro se ter certificado da adequação das regras do sistema.

Directriz n.º 98/26/CE, do Parlamento Europeu e do Conselho, de 19 de Maio de 1998 **41.**

Nas mesmas condições do primeiro parágrafo, os Estados-membros podem designar como sistema de pagamentos um acordo formal, cuja actividade consista na execução de ordens de transferência tal, como definidas no segundo travessão da alínea *i*) e que, em medida limitada, execute ordens relacionadas com outros instrumentos financeiros, quando os Estados-membros considerarem que essa designação se justifica em termos de risco sistémico.

Os Estados-membros podem ainda, caso a caso, designar como sistema um dos referidos acordos formais entre dois participantes, sem contar com um eventual agente de liquidação, uma eventual contraparte central, uma eventual câmara de compensação ou um eventual participante indirecto, quando considerarem que essa designação se justifica em termos de risco sistémico;

b) "Instituição":
- uma instituição de crédito, tal como definida no primeiro travessão do artigo 1.º da Directiva 77/780/CEE[5], incluindo as instituições enumeradas no n.º 2 do seu artigo 2.º, ou
- uma empresa de investimento, tal como definida no n.º 2 do artigo 1.º da Directiva 93/22/CEE[6], excluindo as instituições enumeradas no n.º 2, alíneas *a*) a *k*), do seu artigo 2.º, ou
- um organismo público ou uma empresa que beneficie de garantia estatal, ou
- qualquer empresa com sede fora da Comunidade e cujas funções correspondam às das instituições de crédito ou das empresas de investimento da Comunidade, na acepção do primeiro e segundo travessões, que participe num sistema e que seja responsável pela execução das obrigações financeiras decorrentes de ordens de transferência emitidas no âmbito desse sistema.

Se um sistema for supervisado nos termos da legislação nacional e apenas executar ordens de transferência tal como definidas no segundo travessão da alínea *i*), bem como os pagamentos decorrentes dessas ordens, os Estados-membros têm a faculdade de decidir que as empresas que participem nesse sistema e que estejam incumbidas da execução das obrigações financeiras decorrentes de ordens de transferência emitidas no âmbito desse sistema, podem ser consideradas instituições, desde que pelo menos três dos outros participantes nesse sistema pertençam as categorias referidas no primeiro parágrafo e que essa decisão se justifique em termos de risco sistémico;

c) "Contraparte central": uma entidade intermediária entre as instituições de um sistema e que actua como contraparte exclusiva dessas instituições no que respeita às suas ordens de transferência;

d) "Agente de liquidação": uma entidade que assegura, às instituições e/ou à contraparte central que participam nos sistemas, contas de liquidação, através das quais são liquidadas as ordens de transferência emitidas no quadro desses sistemas e que pode, eventualmente, conceder crédito a essas instituições e/ou contrapartes centrais para efeitos de liquidação;

e) "Câmara de compensação": uma entidade incumbida do cálculo das posições líquidas das instituições, uma eventual contraparte central e/ou um eventual agente de liquidação;

f) "Participante": uma instituição, uma contraparte central, um agente de liquidação ou uma câmara de compensação.

De acordo com as regras do sistema, o mesmo participante pode actuar como contraparte central, agente de liquidação ou câmara de compensação ou exercer uma parte ou a totalidade dessas funções.

Para efeitos da presente directiva, os Estados-membros podem considerar um participante indirecto como participante, quando entenderem que essa designação se justifica em termos de risco sistémico e desde que o participante indirecto seja conhecido do sistema;

g) "Participante indirecto": uma instituição de crédito, tal como definida no primeiro travessão da alínea *b)*, que tenha uma relação contratual com uma instituição que participe num sistema que execute ordens de transferência, tal como definidas no primeiro travessão da alínea *i)*, relação essa que permita à instituição de crédito acima referida executar ordens de transferência através do sistema;

h) "Valores mobiliários": todos os instrumentos referidos na secção B do anexo da Directiva 93/22/CEE;

i) "Ordem de transferência":
   – uma instrução de um participante para colocar um certo montante pecuniário à disposição de um destinatário, através do lançamento nas contas de uma instituição de crédito, de um banco central ou de um agente de liquidação, ou uma instrução que resulte na assunção ou execução de uma obrigação de pagamento tal como definida pelas regras do sistema, ou
   – uma instrução de um participante para transferir a titularidade de um ou mais valores mobiliários ou o direito relativo a um ou mais valores mobiliários através da inscrição num registo, ou sob outra forma;

j) "Processo de falência": qualquer medida colectiva prevista na legislação de um Estado-membro ou de um país terceiro para efeitos da liquidação do participante ou da sua reestruturação, desde que tal medida implique a suspensão ou limitação das transferências ou pagamentos;

k) "Compensação" *(netting)*: a conversão dos créditos e obrigações decorrentes de ordens de transferência que um ou mais participantes emitem a favor de outro ou outros participantes, ou que dele ou deles recebem, num único crédito (líquido ou numa única obrigação líquida, de forma que apenas será exigível esse crédito líquido ou devida essa obrigação líquida;

l) "Conta de liquidação": uma conta num banco central, num agente de liquidação ou numa contraparte central utilizada para depósito de fundos e valores mobiliários, bem como para a liquidação de transacções entre participantes num sistema;

m) "Garantia": qualquer activo realizável dado em penhor (incluindo dinheiro dado em penhor), de um contrato de reporte ou similar, ou de qualquer outro modo, com o objectivo de garantir direitos e obrigações que possam eventualmente decorrer do funcionamento de um sistema, ou fornecido aos bancos centrais dos Estados-membros ou ao futuro Banco Central Europeu.

(5) Primeira Directiva 77/780/CEE do Conselho, de 12 de Dezembro de 1977, relativa à coordenação das disposições legislativas, regulamentares e administrativas respeitantes ao acesso à actividade dos estabelecimentos de crédito e ao seu exercício (JO L 322 de 17. 12. 1977, p. 30). Directiva com a última redacção que lhe foi dada pela Directiva 96/13/CE (JO L 66 de 16. 3. 1996, p. 15).

(6) Directiva 93/22/CEE do Conselho, de 10 de Maio de 1993, relativa aos serviços de investimento no domínio dos valores mobiliários (JO L 141 de 11. 6. 1993, p. 27). Directiva com a última redacção que lhe foi dada pela Directiva 97/9/CE (JO L 84 de 26. 3. 1997, p. 22).

SECÇÃO II
Compensação e ordens de transferência

ARTIGO 3.°

1. As ordens de transferência e a compensação têm efeitos jurídicos e, mesmo em caso de falência de um participante, serão oponíveis a terceiros, desde que as ordens de transferência tenham sido introduzidas no sistema antes do momento da abertura do processo de falência tal como definido no n.° 1 do artigo 6.°.

Sempre que, excepcionalmente, as ordens de transferência tenham sido introduzidas no sistema após a abertura do processo de falência e tenham sido executadas no dia dessa abertura, só produzirão efeitos jurídicos e serão oponíveis a terceiros se o agente de liquidação, a contraparte central ou a câmara de compensação puderem provar, após o momento de execução, que não tinham conhecimento nem obrigação de ter conhecimento da abertura do processo de falência.

2. Nenhuma lei, regulamento, regra ou prática em matéria de anulação de contratos e transacções celebrados antes do momento da abertura de um processo de falência tal como definido no n.° 1 do artigo 6.° pode conduzir à reforma de uma compensação.

3. O momento da introdução de uma ordem de transferência num sistema será definido pelas regras aplicáveis desse sistema. Se o direito nacional previr condições que regulamentem o sistema quanto ao momento da introdução, as regras desse sistema devem estar em conformidade com essas condições.

ARTIGO 4.°

Os Estados-membros podem estabelecer que a abertura de um processo de falência de um participante não obste a que os fundos ou valores mobiliários disponíveis na conta de liquidação desse participante sejam utilizados para satisfazer as obrigações do participante no âmbito do sistema no dia da abertura do processo de falência. Além disso, os Estados-membros podem também prever que seja utilizada uma linha de crédito desse participante relacionada com o sistema, contra uma garantia existente e disponível, para lhe permitir cumprir as suas obrigações no âmbito desse sistema.

ARTIGO 5.º

Uma ordem de transferência não pode ser revogada por um participante no sistema, nem por terceiros, a partir do momento definido nas regras aplicáveis a esse sistema.

SECÇÃO III
Disposições relativas aos processos de falência

ARTIGO 6.º

1. Para efeitos da presente directiva, o momento da abertura de um processo de falência será o momento em que a autoridade judicial ou administrativa competente proferir a sua decisão.
2. Quando for proferida uma decisão nos termos do n.º 1, a autoridade judicial ou administrativa competente notificará imediatamente essa decisão à autoridade competente designada pelo seu Estado-membro.
3. O Estado-membro referido no n.º 2 notificará imediatamente os outros Estados-membros.

ARTIGO 7.º

Um processo de falência não terá efeitos retroactivos sobre os direitos e obrigações de um participante decorrentes da sua participação no sistema ou a ela associados antes do momento da abertura desse processo tal como definido no n.º 1 do artigo 6.º.

ARTIGO 8.º

Se for aberto um processo de falência de um participante num sistema, os direitos e obrigações decorrentes da sua participação ou associados a essa participação serão determinados pela legislação aplicável ao sistema.

SECÇÃO IV
Preservação dos direitos dos titulares de garantias contra os efeitos da falência da parte que constituiu as garantias

ARTIGO 9.º

1. Os direitos
   – de um participante beneficiário das garantias constituídas a seu favor no quadro de um sistema, e

– dos bancos centrais dos Estados-membros ou do futuro Banco Central Europeu beneficiários das garantias constituídas a seu favor, não serão afectados por um processo de falência contra o participante ou a contraparte dos bancos centrais dos Estados-membros ou do futuro Banco Central Europeu que constituiu as garantias. Estas poderão ser realizadas para satisfação desses direitos.

2. Quando forem dados valores mobiliários (incluindo direitos sobre valores mobiliários) como garantia aos participantes e/ou aos bancos centrais dos Estados--membros ou ao futuro Banco Central Europeu nos termos referidos no n.º 1 e o direito destes (ou o de qualquer mandatário, agente ou terceiro actuando em seu nome) relativamente aos valores esteja legalmente inscrito num registo, conta ou sistema de depósito centralizado situado num Estado-membro, a determinação dos direitos dessas entidades como titulares da garantia relativa a esses valores regular--se-á pela legislação desse Estado-membro.

SECÇÃO V
Disposições finais

ARTIGO 10.º

Os Estados-membros designarão os sistemas que devem ser incluídos no âmbito de aplicação da presente directiva e deles notificarão a Comissão; informarão igualmente a Comissão das autoridades que tiverem designado nos termos do n.º 2 do artigo 6.º.

O sistema indicará ao Estado-membro cuja legislação seja aplicável quais os participantes no sistema, incluindo quaisquer eventuais participantes indirectos, assim como qualquer alteração que se verifique nessa participação.

Para além da indicação prevista no segundo parágrafo, os Estados-membros poderão sujeitar os sistemas sob a sua jurisdição a supervisão ou autorização.

Qualquer pessoa com um interesse legítimo pode requerer a qualquer instituição que a informe sobre os sistemas em que participa e sobre as disposições essenciais que regulam o funcionamento desses sistemas.

ARTIGO 11.º

1. Os Estados-membros porão em vigor as disposições legislativas, regulamentares e administrativas necessárias para dar cumprimento à presente directiva até 11 de Dezembro de 1999. Do facto informarão imediatamente a Comissão.

Quando os Estados-membros adoptarem essas disposições, estas deverão incluir uma referência à presente directiva ou ser acompanhadas dessa referência na publicação oficial. As modalidades dessa referência serão adoptadas pelos Estados--membros.

2. Os Estados-membros comunicarão à Comissão o texto das disposições de direito interno que adoptarem nas matérias reguladas pela presente directiva. Nas

suas comunicações, os Estados-membros apresentarão um quadro de correspondências que indique as disposições nacionais em vigor ou que estejam a ser introduzidas que correspondem a cada um dos artigos da presente directiva.

ARTIGO 12.º

O mais tardar três anos a contar da data referida no n.º 1 do artigo 11.º, a Comissão apresentará um relatório ao Parlamento Europeu e ao Conselho sobre a aplicação da presente directiva, acompanhado, se for caso disso, de propostas de revisão.

ARTIGO 13.º

A presente directiva entra em vigor na data da sua publicação no *Jornal Oficial das Comunidades Europeias*.

ARTIGO 14.º

Os Estados-membros são os destinatários da presente directiva.

Feito em Bruxelas, em 19 de Maio de 1998.

Pelo Parlamento Europeu	*Pelo Conselho*
O Presidente	*O Presidente*
J. M. GIL-ROBLES	G. BROWN

42. Directriz n.º 2000/12/CE, do Parlamento Europeu e do Conselho, de 20 de Março de 2000[643]

Relativa ao acesso à actividade das instituições de crédito e ao seu exercício

O PARLAMENTO EUROPEU E O CONSELHO DA UNIÃO EUROPEIA,

Tendo em conta o Tratado que institui a Comunidade Europeia e, nomeadamente, o n.º 2, primeiro e terceiro períodos, do seu artigo 47.º,
Tendo em conta a proposta da Comissão,
Tendo em conta o parecer do Comité Económico e Social[1],
Deliberando nos termos do artigo 251.º do Tratado[2],

---

[1] JO C 157 de 25.5.1998, p. 13.
[2] Parecer do Parlamento Europeu de 18 de Janeiro de 2000 (ainda não publicado no Jornal Oficial) e decisão do Conselho de 13 de Março de 2000 (ainda não publicada no Jornal Oficial).

Considerando o seguinte:
(1) A Directiva 73/183/CEE do Conselho, de 28 de Junho de 1973, relativa à supressão das restrições à liberdade de estabelecimento e à livre prestação de serviços em matéria de actividades não assalariadas dos bancos e outras instituições financeiras[3], a primeira Directiva (77/780/CEE) do Conselho, de 12 de Dezembro de 1977, relativa à coordenação das disposições legislativas, regulamentares e administrativas respeitantes ao acesso à actividade dos estabelecimentos de crédito e ao seu exercício[4], a Directiva 89/299/CEE do Conselho, de 17 de Abril de 1989, relativa aos fundos próprios das instituições de crédito[5], a segunda Directiva (89/646/CEE) do Conselho, de 15 de Dezembro de 1989, relativa à coordenação das disposições legislativas, regulamentares e administrativas respeitantes ao acesso à actividade das instituições de crédito e ao seu exercício[6], a Directiva 89/647/CEE do Conselho, de 18 de Dezembro de 1989, relativa a um rácio de solvabilidade das instituições de crédito[7], a Directiva 92/30/CEE do Conselho, de 6 de Abril de 1992, relativa à supervisão das instituições de crédito numa base consolidada[8] e a Directiva 92/121/CEE do Conselho, de 21 de Dezembro de 1992, relativa à supervisão e ao controlo dos grandes riscos das instituições de crédito[9] foram por diversas vezes alteradas de modo substancial;

---

[643] JOCE n.º L 126, de 26-Mai.-2000, 1-59.

por uma questão de lógica e clareza, é conveniente proceder à codificação das referidas directivas num único texto.

---

(3) JO L 194 de 16.7.1973, p. 1.
(4) JO L 322 de 17.12.1977, p. 30. Directiva com a última redacção que lhe foi dada pela Directiva 98/33/CE (JO L 204 de 21.7.1998, p. 29).
(5) JO L 124 de 5.5.1989, p. 16. Directiva com a última redacção que lhe foi dada pela Directiva 92/30/CEE (JO L 110 de 28.4.1992, p. 52).
(6) JO L 386 de 30.12.1989, p. 1. Directiva com a última redacção que lhe foi dada pela Directiva 95/26/CE (JO L 168 de 18.7.1995, p. 7).
(7) JO L 386 de 30.12.1989, p. 14. Directiva com a última redacção que lhe foi dada pela Directiva 98/33/CE.
(8) JO L 110 de 28.4.1992, p. 52.
(9) JO L 29 de 5.2.1993, p. 1. Directiva alterada pelo Acto de Adesão de 1994.

(2) Em aplicação do Tratado, é proibido qualquer tratamento discriminatório em matéria de estabelecimento e de prestação de serviços, em razão, respectivamente, da nacionalidade ou de a empresa não estar estabelecida no Estado-Membro em que a prestação for executada.
(3) A fim de facilitar o acesso à actividade das instituições de crédito e o seu exercício, é necessário eliminar as diferenças mais perturbadoras entre as legislações dos Estados-Membros no que se refere ao regime a que estas instituições estão sujeitas.
(4) A presente directiva constitui um instrumento essencial da realização do mercado interno decidida pelo Acto Único Europeu e programada pelo livro branco da Comissão, sob o duplo aspecto da liberdade de estabelecimento e da liberdade de prestação de serviços, no sector das instituições de crédito.
(5) Os trabalhos de coordenação em matéria de instituições de crédito devem, tanto para a protecção da poupança, como para criar as condições de igualdade de concorrência entre estas instituições, aplicar-se ao conjunto destas. É preciso, porém, ter em conta, se for caso disso, as diferenças objectivas existentes entre os seus estatutos e as suas funções próprias previstas pelas legislações nacionais.
(6) É necessário, portanto, que o âmbito de aplicação dos trabalhos de coordenação seja o mais amplo possível e abranja todas as instituições cuja actividade consista em recolher do público fundos reembolsáveis, tanto sob a forma de depósitos como sob outras formas, como a emissão contínua de obrigações e de outros títulos comparáveis, e em conceder créditos por sua própria conta. Devem prever-se excepções relativamente a certas instituições de crédito às quais a presente directiva não se pode aplicar. A presente directiva não prejudica a aplicação das legislações nacionais em que se prevejam autorizações especiais complementares que permitam às instituições de crédito exercer actividades específicas ou efectuar tipos específicos de operações.
(7) A filosofia adoptada consiste na realização da harmonização essencial, necessária e suficiente para obter um reconhecimento mútuo das autorizações e dos sistemas de supervisão prudencial que permita a concessão de uma autorização única válida em toda a Comunidade e a aplicação do princípio da supervisão pelo Estado-Membro de origem. Pelo que a exigência de um programa de actividade

não pode, nesta óptica, ser considerada senão como um elemento que conduza as autoridades competentes a decidir com base numa informação mais rigorosa, no quadro de critérios objectivos. É possível, no entanto, uma certa flexibilidade no que se refere às exigências relativas às formas jurídicas das instituições de crédito e à protecção das denominações.

(8) São necessárias exigências financeiras equivalentes, a satisfazer pelas instituições de crédito, para assegurar garantias similares aos aforradores, bem como condições de concorrência equitativas entre os estabelecimentos de uma mesma categoria. Enquanto se aguarda uma melhor coordenação, convirá estabelecer relações de estrutura apropriadas de modo a permitir, no quadro da cooperação entre autoridades nacionais, observar, segundo métodos unificados, a situação de categorias de instituições de crédito comparáveis; este modo de proceder é adequado para facilitar a aproximação progressiva dos sistemas de coeficientes definidos e aplicados pelos Estados-Membros. É todavia necessário distinguir os coeficientes que visam assegurar a solidez da gestão das instituições de crédito, daqueles que têm finalidades de política económica e monetária.

(9) Os princípios de reconhecimento mútuo e do controlo exercido pelo Estado--Membro de origem exigem que as autoridades competentes de cada Estado--Membro não concedam ou retirem a autorização nos casos em que, a partir de elementos como o conteúdo do plano de actividades, a localização ou as actividades efectivamente exercidas, se conclua inequivocamente que a instituição de crédito optou pelo sistema jurídico de um Estado-Membro com o intuito de se subtrair às normas mais rigorosas em vigor noutro Estado-Membro em cujo território tenciona exercer ou exerce a maior parte da sua actividade. Uma instituição de crédito que seja uma pessoa colectiva deve ser autorizada no Estado--Membro onde se situa a respectiva sede estatutária; uma instituição de crédito que não seja uma pessoa colectiva deve ter uma administração central no Estado-Membro onde foi autorizada. Além disso, os Estados-Membros devem exigir que a administração central de uma instituição de crédito esteja sempre situada no seu Estado-Membro de origem e que aí opere de maneira efectiva.

(10) As autoridades competentes não devem conceder ou manter uma autorização a uma instituição de crédito sempre que as relações estreitas que liguem esta a outras pessoas singulares ou colectivas possam entravar o bom exercício das suas funções de supervisão. As instituições de crédito já autorizadas devem igualmente satisfazer as exigências das autoridades competentes neste domínio. A definição de "relações estreitas" da presente directiva é constituída por critérios mínimos e não obsta a que os Estados-Membros tenham igualmente em vista situações diferentes das previstas por essa definição. O simples facto de adquirir uma percentagem significativa do capital de uma sociedade não constitui uma participação a tomar em conta na acepção da noção de "relações estreitas" se essa aquisição for feita apenas como investimento temporário e não permitir exercer influência sobre a estrutura e a política financeira da empresa.

(11) A referência ao bom exercício, pelas autoridades de controlo, das respectivas funções de supervisão inclui a supervisão num base consolidada, que deve ser exercida sobre as instituições de crédito sempre que o direito comunitário pre-

veja esse tipo de supervisão. Nesse caso, as autoridades a quem é pedida a autorização devem poder identificar as autoridades competentes para a supervisão numa base consolidada dessa instituição de crédito.

(12) O Estado-Membro de origem pode estabelecer, por seu lado, regras mais severas do que as fixadas no n.° 1, primeiro parágrafo, e no n.° 2 do artigo 5.° e nos artigos 7.°, 16.°, 30.°, 51.° e 65.°, no que respeita às instituições autorizadas pelas autoridades competentes desse mesmo Estado-Membro.

(13) A supressão da autorização exigida para as sucursais de instituições de crédito comunitárias implica necessariamente a supressão do fundo de dotação.

(14) A perspectiva adoptada visa, graças ao reconhecimento mútuo, permitir às instituições de crédito autorizadas num Estado-Membro de origem o exercício, em toda a Comunidade, da totalidade ou parte das actividades que figuram no anexo I, através do estabelecimento de uma sucursal, ou por via da prestação de serviços. O exercício das actividades não constantes da citada lista beneficia das liberdades de estabelecimento e de prestação de serviços, nos termos das disposições gerais do Tratado.

(15) No entanto, é conveniente alargar o benefício do reconhecimento mútuo às actividades constantes da referida lista, quando sejam exercidas por uma instituição financeira filial de uma instituição de crédito, desde que essa filial seja incluída na supervisão em base consolidada à qual está sujeita a empresa-mãe e preencha requisitos estritos.

(16) O Estado-Membro de acolhimento pode, para o exercício do direito de estabelecimento e da liberdade de prestação de serviços, impor a observância das disposições específicas das suas próprias legislações e regulamentações nacionais às instituições que não sejam autorizadas como instituições de crédito no Estado-Membro de origem ou às actividades que não figuram na citada lista desde que, por um lado, essas disposições sejam compatíveis com o direito comunitário e se justifiquem por razões de interesse geral e que, por outro, essas instituições ou essas actividades não estejam sujeitas a regras equivalentes por força da legislação ou regulamentação do Estado-Membro de origem.

(17) Os Estados-Membros devem providenciar no sentido de que não exista qualquer obstáculo a que as actividades que beneficiem do reconhecimento mútuo possam ser exercidas do mesmo modo que no Estado-Membro de origem, desde que estas não contrariem as disposições legais de interesse geral em vigor no Estado-Membro de acolhimento.

(18) Existe uma ligação necessária entre o objectivo prosseguido pela presente directiva e a liberalização do movimento de capitais realizada por meio de outros actos legislativos comunitários. De qualquer modo, as medidas de liberalização dos serviços bancários devem estar em harmonia com as medidas de liberalização dos movimentos de capitais.

(19) O regime aplicado às sucursais das instituições de crédito, que tenham a sede fora da área da Comunidade, deve ser análogo em todos os Estados-Membros. É importante prever que esse regime não possa ser mais favorável que o das sucursais das instituições provenientes de um Estado-Membro. É conveniente definir que a Comunidade pode concluir acordos com países terceiros prevendo

a aplicação de disposições que concedam a essas sucursais um tratamento idêntico em todo o seu território, tendo em consideração o princípio da reciprocidade. As sucursais das instituições de crédito, que tenham a sede fora da área da Comunidade, não beneficiam da liberdade de prestação de serviços por força do segundo parágrafo do artigo 49.° do Tratado nem da liberdade de estabelecimento em Estados-Membros diferentes daquele em que se encontrem estabelecidas. Todavia, os pedidos de autorização de uma filial ou de tomada de uma participação por parte de uma empresa regida pela lei de um país terceiro estão sujeitos a um processo que tem por objectivo garantir que as instituições de crédito da Comunidade beneficiem de um regime de reciprocidade nos países terceiros em questão.

(20) As autorizações de instituições de crédito que sejam concedidas pelas autoridades nacionais competentes têm um âmbito comunitário, de acordo com as disposições da presente directiva, e já não nacional, e as cláusulas de reciprocidade existentes deixaram, em consequência, de produzir efeitos a partir desse momento. Torna-se assim necessário um procedimento flexível que permita avaliar a reciprocidade numa base comunitária. O objectivo deste procedimento não é fechar os mercados financeiros da Comunidade, mas como a Comunidade se propõe manter os seus mercados financeiros abertos ao resto do mundo, melhorar a liberalização dos mercados financeiros globais noutros países terceiros. Para o efeito, a presente directiva prevê procedimentos de negociação com países terceiros ou em último caso, a possibilidade de tomar medidas que consistem em suspender novos pedidos de autorização ou em limitar novas autorizações.

(21) É conveniente que sejam celebrados acordos, numa base de reciprocidade, entre a Comunidade e os países terceiros, para permitir o exercício concreto da supervisão consolidada numa base geográfica tão ampla quanto possível.

(22) A responsabilidade em matéria de supervisão da estabilidade financeira das instituições de crédito e, em especial, da sua solvabilidade, compete à autoridade competente do Estado-Membro de origem daquelas. A autoridade competente do Estado-Membro de acolhimento mantém as suas responsabilidades em matéria de supervisão da liquidez e da política monetária. A supervisão do risco de mercado deve ser objecto de uma estreita cooperação entre as autoridades competentes dos Estados-Membros de origem e de acolhimento.

(23) O funcionamento harmonioso do mercado interno bancário necessita, para além das normas jurídicas, de uma cooperação estreita e regular entre as autoridades competentes dos Estados-Membros. No que respeita ao exame individual dos problemas relativos a uma instituição de crédito, o Grupo de Contacto criado entre as autoridades de controlo dos bancos continua a ser a instância mais adequada. Este grupo constitui uma instância adequada para informação recíproca prevista no artigo 28.°.

(24) De qualquer modo, este procedimento de informação recíproca não substitui a colaboração bilateral instituída pelo artigo 28.° Sem prejuízo das competências de controlo próprio, a autoridade competente do Estado-Membro de acolhimento pode continuar, quer no caso de urgência, por sua iniciativa, quer por iniciativa

da autoridade competente do Estado-Membro de origem, a verificar se a actividade de uma instituição no seu território é conforme às leis e aos princípios da boa organização administrativa e contabilística e de um adequado controlo interno.

(25) Convém permitir trocas de informações entre as autoridades competentes e as autoridades ou organismos que contribuam, por força das suas funções, para o reforço da estabilidade do sistema financeiro. Para preservar o carácter confidencial das informações transmitidas, a lista dos destinatários das informações deve ser mantida estritamente confidencial.

(26) Certos actos, como fraudes, delitos de iniciados e outros semelhantes, são susceptíveis, mesmo quando abranjam outras empresas diferentes das instituições de crédito, de afectar a estabilidade do sistema financeiro, incluindo a sua integridade.

(27) É necessário prever as condições em que serão autorizadas as trocas de informações acima referidas.

(28) Sempre que se preveja que só podem ser divulgadas informações com o acordo explícito das autoridades competentes, estas podem eventualmente subordinar o seu acordo à observância de condições estritas.

(29) É igualmente conveniente autorizar as trocas de informações entre, por um lado, as autoridades competentes e, por outro, os bancos centrais e outros organismos de vocação semelhante, enquanto autoridades monetárias, e eventualmente outras autoridades públicas com competência para supervisão dos sistemas de pagamento.

(30) Para reforçar a supervisão prudencial das instituições de crédito e a protecção dos clientes das mesmas, é necessário prever uma disposição segundo a qual um revisor deve informar rapidamente as autoridades competentes sempre que, nos casos previstos na presente directiva, tenha, no exercício das suas funções, conhecimento de determinados factos susceptíveis de afectar gravemente a situação financeira ou a organização administrativa e contabilística de uma instituição de crédito. Tendo em conta o objectivo a atingir, é desejável que os Estados-Membros determinem que esta obrigação é aplicável sempre que esses factos sejam constatados por um revisor no exercício das suas funções numa empresa que tenha relações estreitas com uma instituição de crédito. A obrigação, imposta aos revisores, de comunicar às autoridades competentes, quando for caso disso, determinados factos e decisões relativos a uma instituição de crédito constatados no exercício das suas funções numa empresa não financeira, não altera a natureza das suas funções nessa empresa, nem a forma como devem desempenhar as respectivas funções nessa empresa.

(31) A existência de regras de base comuns relativas aos fundos próprios das instituições de crédito constitui um elemento-chave na criação de um mercado interno no sector bancário, dado que os fundos próprios permitem assegurar a continuidade da actividade das instituições de crédito e proteger a poupança. Essa harmonização reforça a supervisão exercida sobre as instituições de crédito e facilita as restantes acções de coordenação no sector bancário.

(32) Essas regras devem aplicar-se a todas as instituições de crédito autorizadas na Comunidade.
(33) Os fundos próprios de uma instituição de crédito podem servir para absorver as perdas que não forem cobertas por um suficiente volume de lucros. Além disso, os fundos próprios constituem, para as autoridades competentes, um importante critério, em especial para avaliar a solvabilidade das instituições de crédito, bem como para outros fins de supervisão.
(34) Num mercado interno no domínio bancário, as instituições de crédito estão em concorrência directa entre si, pelo que as definições e as regras relativas aos fundos próprios devem ser equivalentes. Para o efeito, os critérios aplicados na determinação da composição dos fundos próprios não devem ser deixados unicamente à apreciação dos Estados-Membros. Por conseguinte, a adopção de regras de base comuns servirá da melhor forma possível os interesses da Comunidade, na medida em que evitará distorções na concorrência, reforçando ao mesmo tempo o sistema bancário da Comunidade.
(35) A definição de fundos próprios prevista na presente directiva compreende o maior número possível de elementos e montantes limitativos, deixando-se à discrição dos Estados-Membros a utilização de todos ou parte desses elementos ou a fixação de plafonds inferiores aos montantes limitativos.
(36) A presente directiva especifica os critérios a que devem obedecer certos elementos dos fundos próprios, deixando aos Estados-Membros a liberdade de aplicar disposições mais rigorosas.
(37) Numa primeira fase, as regras de base comuns são definidas de forma suficientemente genérica para abranger o conjunto dos elementos que constituem os fundos próprios nos vários Estados-Membros.
(38) A presente directiva estabelece uma distinção, em função da qualidade dos elementos que compõem os fundos próprios, entre, por um lado, os elementos que constituem os fundos próprios de base e, por outro, os elementos que constituem os fundos próprios complementares.
(39) A fim de ter em conta o facto de que os elementos que constituem os fundos próprios complementares não têm a mesma qualidade que os que constituem os fundos próprios de base, é conveniente não incorporar aqueles primeiros elementos nos fundos próprios por um montante superior a 100% dos fundos próprios de base. Além disso, a incorporação de determinados elementos dos fundos próprios complementares deve ficar limitada a 50% dos fundos próprios de base.
(40) Para evitar distorções de concorrência, as instituições públicas de crédito não devem incluir no cálculo dos seus fundos próprios as garantias que lhes sejam concedidas pelos Estados-Membros ou pelas autoridades locais.
(41) Quando, no âmbito da supervisão, seja necessário determinar a importância dos fundos próprios consolidados de um grupo de instituições de crédito, esse cálculo deve ser efectuado nos termos da presente directiva.
(42) A técnica contabilística específica a utilizar para o cálculo dos fundos próprios e do rácio de solvabilidade, bem como para a determinação da concentração dos riscos deve ter em conta o disposto na Directiva 86/635/CEE do Conselho, de

8 de Dezembro de 1986, relativa às contas anuais e às contas consolidadas dos bancos e outras instituições financeiras[10], que contém certas adaptações da Directiva 83/349/CEE do Conselho, de 13 de Junho de 1983, baseada no n.º 2, alínea g), do artigo 44.º do Tratado e relativa às contas consolidadas[11].

[10] JO L 372 de 31.12.1986, p. 1.
[11] JO L 193 de 18.7.1983, p. 1. Directiva com a última redacção que lhe foi dada pela Directiva 90/605/CEE (JO L 317 de 16.11.1990, p. 60).

(43) As disposições relativas aos fundos próprios enquadram-se no esforço internacional desenvolvido a uma mais vasta escala, no sentido de uma aproximação das normas vigentes nos principais países em matéria de adequação de fundos próprios.

(44) A Comissão elaborará um relatório e procederá periodicamente à análise das disposições relativas aos fundos próprios a fim de as reforçar e desse modo atingir uma maior convergência na definição comum dos fundos próprios. Essa convergência permitirá melhorar a adequação dos fundos próprios das instituições de crédito da Comunidade.

(45) As disposições relativas ao rácio de solvabilidade resultam dos trabalhos do Comité Consultivo Bancário, que tem a responsabilidade de apresentar à Comissão quaisquer sugestões, tendo em vista a coordenação dos coeficientes aplicáveis nos Estados-Membros.

(46) O estabelecimento de um rácio de solvabilidade adequado é de fulcral importância para a supervisão das instituições de crédito.

(47) Um rácio, em que os elementos do activo e extrapatrimoniais sejam ponderados em função do respectivo grau de risco de crédito, constitui uma medida de solvabilidade particularmente útil.

(48) A fixação de normas comuns sobre os fundos próprios em função de elementos do activo e extrapatrimonais sujeitos a risco de crédito constitui, por conseguinte, um dos elementos essenciais da harmonização necessária à obtenção de um reconhecimento mútuo das técnicas de supervisão e, desse modo, da concretização do mercado interno no domínio bancário.

(49) A este propósito, as disposições relativas ao rácio de solvabilidade devem ser consideradas em articulação com outros instrumentos específicos que harmonizam igualmente as técnicas fundamentais de supervisão das instituições de crédito.

(50) As instituições de crédito têm de concorrer directamente entre si num mercado interno no domínio bancário e as normas comuns de solvabilidade sob a forma de um rácio mínimo têm como efeito evitar distorções de concorrência e reforçar o sistema bancário da Comunidade.

(51) A presente directiva estabelece diferentes coeficientes de ponderação a atribuir às garantias emitidas pelas diferentes instituições financeiras. A Comissão compromete-se, por conseguinte, a analisar se a presente directiva, considerada no seu conjunto, distorce significativamente a concorrência entre as instituições de crédito e as empresas de seguros e a considerar, em função dessa análise, se se justifica tomar medidas para corrigir essa situação.

(52) O anexo III estabelece o tratamento a dar aos elementos extrapatrimonais no contexto do cálculo dos requisitos de fundos próprios impostos às instituições de crédito. Tendo em vista o bom funcionamento do mercado interno, e em particular com o objectivo de garantir condições iguais de concorrência, os Estados--Membros devem procurar assegurar uma apreciação uniforme dos acordos de novação e de compensação contratual por parte das suas autoridades competentes. O anexo III tem em conta os trabalhos de uma instância internacional de supervisão bancária, respeitantes ao reconhecimento da compensação bilateral, em especial a possibilidade de calcular os requisitos de fundos próprios para cobertura de determinadas operações, com base num montante líquido e não num montante bruto, desde que existam acordos juridicamente vinculativos que garantam que o risco de crédito se limita ao montante líquido. As regras adoptadas a um nível internacional mais amplo irão permitir melhorar, num vasto grupo de países terceiros, o tratamento prudencial dos instrumentos derivados do mercado de balcão das instituições e grupos de instituições de crédito que exercem a sua actividade a nível internacional e em concorrência com as instituições de crédito comunitárias. Esta melhoria traduz-se numa cobertura obrigatória pelos fundos próprios mais adequada, uma vez que toma em consideração o facto de os acordos de compensação reconhecidos pelas autoridades competentes terem por efeito a redução dos riscos de crédito potenciais futuros. A compensação de instrumentos derivados do mercado de balcão efectuada por câmaras de compensação actuando como contraparte central desempenha um papel importante em alguns Estados-Membros. É conveniente reconhecer os benefícios dessa compensação em termos de redução do risco de crédito e do risco sistémico com ele relacionado no tratamento prudencial do risco de crédito. É necessário garantir plenamente os riscos actuais e os riscos potenciais futuros inerentes aos contratos relativos a instrumentos derivados do mercado de balcão e eliminar a possibilidade de o risco para a câmara de compensação exceder o valor de mercado das garantias constituídas, por forma a que os instrumentos derivados do mercado de balcão objecto de compensação usufruam transitoriamente do mesmo tratamento prudencial que os instrumentos derivados negociados em bolsa. As autoridades competentes devem certificar-se do nível das margens iniciais e de manutenção exigidas e da qualidade e do nível de protecção proporcionados pela garantia constituída. O anexo III faculta às instituições de crédito constituídas nos Estados--Membros uma possibilidade equivalente de reconhecimento das compensações bilaterais pelas autoridades competentes, proporcionando-lhes assim condições de concorrência idênticas. As regras em questão são equilibradas e adequadas ao reforço da aplicação das medidas de supervisão prudencial às instituições de crédito. As autoridades competentes dos Estados-Membros devem certificar-se de que o cálculo dos factores de risco de crédito potencial se baseia em montantes nacionais efectivos e não em montantes aparentes.

(53) O rácio mínimo previsto na presente directiva reforça o nível dos fundos próprios das instituições de crédito da Comunidade. A taxa de 8% foi fixada na sequência de um inquérito estatístico sobre as exigências de capital em vigor no início de 1988.

(54) É conveniente harmonizar as regras fundamentais de fiscalização dos grandes riscos das instituições de crédito. Deve ser deixada aos Estados-Membros a possibilidade de adoptarem disposições mais estritas do que as previstas na presente directiva.

(55) A fiscalização e o controlo dos riscos das instituições de crédito fazem parte integrante da fiscalização dessas instituições. Uma excessiva concentração de riscos em relação a um único cliente ou grupo de clientes ligados entre si pode resultar em perdas inaceitáveis; uma situação dessas pode-se revelar prejudicial à solvabilidade de uma instituição de crédito.

(56) Com efeito, num mercado interno no domínio bancário, as instituições de crédito estão em concorrência directa entre si, pelo que as obrigações em matéria de supervisão aplicáveis no conjunto da Comunidade devem ser equivalentes. Para esse fim, os critérios aplicados para a determinação da concentração dos riscos devem ser objecto de regras juridicamente vinculativas a nível da Comunidade e não podem ser deixados inteiramente ao arbítrio dos Estados-Membros. A adopção de regras comuns será, assim, a forma de melhor servir os interesses da Comunidade, pois evitará diferenças nas condições de concorrência, reforçando, ao mesmo tempo, o sistema bancário da Comunidade.

(57) As disposições relativas a um rácio de solvabilidade das instituições de crédito contêm uma nomenclatura dos riscos de crédito suportados pelas instituições de crédito. Justifica-se, portanto, recorrer também a essa nomenclatura para a definição dos riscos na acepção da limitação dos grandes riscos. Não é, contudo, adequado remeter, por princípio, para os coeficientes de ponderação e graus de risco estabelecidos nas referidas disposições. Com efeito, esses coeficientes de ponderação e graus de risco foram concebidos a fim de estabelecer uma exigência de solvabilidade geral para cobrir o risco de crédito das instituições de crédito. No âmbito de uma regulamentação relativa aos grandes riscos, o objectivo consiste em limitar o risco máximo de perdas de uma instituição de crédito sobre um cliente ou um grupo de clientes ligados entre si. Há, pois, que adoptar uma metodologia prudente que consiste em considerar, como regra geral, os riscos pelo seu valor nominal, sem aplicar coeficientes de ponderação ou graus de risco.

(58) Impõe-se uma especial prudência sempre que uma instituição de crédito incorra em riscos sobre a sua empresa-mãe ou sobre as outras filiais dessa empresa. A gestão dos riscos assumidos pelas instituições de crédito deve ser conduzida de forma plenamente autónoma, no estrito respeito dos princípios de uma sã gestão bancária, não devendo em caso algum sofrer a influência de considerações estranhas a esses princípios. O disposto na presente directiva prevê que, no caso de a influência exercida por pessoas que detenham directa ou indirectamente uma participação qualificada numa instituição de crédito ser susceptível de se processar em detrimento de uma gestão sã e prudente da instituição, as autoridades competentes tomam as medidas adequadas para pôr termo a essa situação. No domínio dos grandes riscos, é igualmente conveniente prever normas específicas no que se refere aos riscos assumidos por uma instituição de crédito sobre as empresas do seu próprio grupo, nomeadamente, normas que fixem em relação a estes riscos limites mais estritos do que para os outros riscos. Esses

limites mais estritos não deverão, contudo, ser aplicados sempre que a empresa-mãe seja uma companhia financeira ou uma instituição de crédito e as outras filiais sejam instituições de crédito, instituições financeiras ou empresas de serviços bancários auxiliares, desde que todas estas empresas sejam incluídas na supervisão em base consolidada da instituição de crédito. Neste caso, a supervisão em base consolidada do conjunto assim constituído permite uma supervisão suficientemente eficaz, sem que seja indispensável prever normas mais rigorosas de limitação dos riscos. Deste modo, os grupos bancários serão igualmente incentivados a organizar as respectivas estruturas, de forma a permitir o exercício da supervisão em base consolidada, resultado esse desejável por permitir a instituição de uma supervisão mais completa.

(59) Para que a supervisão numa base consolidada seja eficaz, deve poder ser aplicada a todos os grupos bancários incluindo aqueles em que a empresa-mãe não é uma instituição de crédito; as autoridades competentes devem ser dotadas dos instrumentos jurídicos necessários ao exercício dessa supervisão.

(60) Quanto aos grupos cujas actividades são diversificadas e cuja empresa-mãe controle pelo menos uma filial que seja uma instituição de crédito, as autoridades competentes devem estar habilitadas a avaliar a situação financeira da instituição de crédito no contexto desses grupos. Os Estados-Membros podem, até coordenação posterior, estipular as técnicas de consolidação adequadas, com vista à realização do objectivo prosseguido pela presente directiva. As autoridades competentes devem, pelo menos, dispor dos meios necessários para obter de todas as empresas do grupo as informações necessárias ao exercício das suas atribuições; deve ser instituída uma colaboração entre as autoridades reponsáveis pela supervisão dos diferentes sectores financeiros no caso dos grupos de empresas que exercem actividades financeiras variadas.

(61) Os Estados-Membros podem ainda recusar ou retirar a autorização bancária no caso de determinadas estruturas de grupo que considerem inadequadas ao exercício das actividades bancárias, nomeadamente, devido ao facto de essas estruturas não poderem ser supervisionadas de forma satisfatória. As autoridades competentes dispõem, para este fim, dos poderes referidos no n.° 1, primeiro parágrafo, e n.° 2 do artigo 7.°, n.° 1, alínea c), do artigo 14.° e no artigo 16.°, a fim de garantir uma gestão sã e prudente das instituições de crédito.

(62) Os Estados-Membros podem igualmente instaurar a supervisão, segundo técnicas apropriadas, dos grupos que possuam estruturas não abrangidas pela presente directiva. Será necessário completar as disposições da presente directiva para abranger essas estruturas, caso estas se venham a generalizar.

(63) A supervisão numa base consolidada deve englobar todas as actividades definidas no anexo I. Assim sendo, todas as empresas que exercem essas actividades devem ser incluídas na supervisão numa base consolidada. Por conseguinte, a definição de instituição financeira deve englobar essas actividades.

(64) A Directiva 86/635/CEE fixou as regras de consolidação em matéria de contas consolidadas publicadas pelas instituições de crédito, conjuntamente com a Directiva 83/349/CEE. É desde então possível especificar melhor os métodos a utilizar na supervisão prudencial exercida numa base consolidada.

(65) A supervisão das instituições de crédito numa base consolidada deve ter, nomeadamente, por objectivo a protecção dos interesses dos depositantes dessas mesmas instituições e garantir a estabilidade do sistema financeiro.

(66) O exame dos problemas que se levantam nos domínios abrangidos pela presente directiva bem como pelas outras directivas relativas à actividade das instituições de crédito, em particular na perspectiva de uma coordenação mais avançada, exige a cooperação das autoridades competentes e da Comissão no quadro de um comité consultivo. Esse Comité Consultivo Bancário das autoridades competentes dos Estados-Membros não exclui outras formas de cooperação entre autoridades de fiscalização no domínio do acesso e da supervisão das instituições de crédito e, nomeadamente, a cooperação instituída no quadro do grupo de contacto criado entre as autoridades de fiscalização dos bancos.

(67) Pode ser necessário introduzir periodicamente modificações técnicas nas regras de execução contidas na presente directiva, a fim de corresponder a uma nova evolução no sector bancário. Consequentemente, a Comissão deve efectuar as alterações necessárias, após consulta do Comité Consultivo Bancário, dentro dos limites dos poderes de execução delegados à Comissão pelas disposições do Tratado. As medidas necessárias à execução da presente directiva devem ser aprovadas nos termos da Decisão 1999/468/CE do Conselho, de 28 de Junho de 1999, que fixa as regras de exercício das competências de execução atribuídas à Comissão[12].

---

[12] JO L 184 de 17.7.1999, p. 23. (Rectificação: JO L 269 de 19.10.1999, p. 45)

(68) O n.º 1 do artigo 36.º da presente directiva permite que os compromissos solidários dos mutuários das instituições de crédito constituídas sob a forma de sociedades cooperativas ou de fundos sejam tratados de modo análogo aos elementos dos fundos próprios enunciados no n.º 2, ponto 7, do artigo 34.º O Governo dinamarquês manifestou o veemente desejo de que as suas poucas instituições de crédito hipotecário constituídas sob a forma de sociedades cooperativas ou de fundos sejam transformadas em sociedades anónimas. É indispensável, a fim de facilitar essa transformação ou de a tornar possível, estabelecer uma derrogação temporária que permita a essas instituições a inclusão de parte dos compromissos solidários nos fundos próprios. Esta derrogação temporária não deve provocar distorções de concorrência entre as instituições de crédito.

(69) A aplicação de um coeficiente de ponderação de 20% à detenção de obrigações hipotecárias por uma instituição de crédito pode causar pertubações em mercados financeiros nacionais onde esses instrumentos desempenham um papel preponderante. Neste caso, serão tomadas medidas provisórias para aplicar um coeficiente de ponderação dos riscos de 10% a esses activos. O mercado da titularização está em rápido desenvolvimento; é pois desejável que a Comissão analise em conjunto com os Estados-Membros o tratamento prudencial dos títulos garantidos por activos e apresente, antes de 22 de Junho de 1999, propostas destinadas a adaptar a legislação existente de forma a definir um tratamento prudencial adequado dos títulos garantidos por activos. As autoridades

competentes podem autorizar um coeficiente de ponderação de 50% aos activos garantidos por hipotecas sobre escritórios e instalações comerciais de vários ramos até 31 de Dezembro de 2006. Os bens imóveis sobre que recai a hipoteca devem ser sujeitos a critérios rigorosos de avaliação e a uma reavaliação regular para ter em conta a evolução do mercado imobiliário de espaços comerciais. Esses mesmos imóveis devem estar ocupados ou ter sido arrendados pelo proprietário. Os empréstimos para promoção imobiliária estão excluídos do coeficiente de ponderação de 50%.

(70) A fim de assegurar uma aplicação harmoniosa das disposições relativas aos grandes riscos, convém permitir que os Estados-Membros procedam à aplicação dos novos limites em duas fases; para as pequenas instituições de crédito, pode-se justificar um período transitório mais longo, dado que uma aplicação mais rápida da norma dos 25% poderia reduzir de forma demasiado brusca a sua actividade de crédito.

(71) Por outro lado, encontra-se actualmente em curso a harmonização das condições de saneamento e liquidação das instituições de crédito.

(72) Deve-se iniciar igualmente a harmonização dos instrumentos necessários ao controlo dos riscos de liquidez.

(73) A presente directiva não deve prejudicar as obrigações dos Estados-Membros relativas aos prazos de transposição previstos na parte B do anexo V,

ADOPTARAM A PRESENTE DIRECTIVA:

ÍNDICE

TÍTULO I	DEFINIÇÕES E ÂMBITO DE APLICAÇÃO
Artigo 1.º	Definições
Artigo 2.º	Âmbito de aplicação
Artigo 3.º	Interdição da actividade de recepção do público de depósitos ou outros fundos reembolsáveis por empresas que não sejam instituições de crédito
TÍTULO II	CONDIÇÕES DE ACESSO À ACTIVIDADE DAS INSTITUIÇÕES DE CRÉDITO E DO SEU EXERCÍCIO
Artigo 4.º	Autorização
Artigo 5.º	Capital inicial
Artigo 6.º	Responsáveis da direcção e localização da administração central das instituições de crédito
Artigo 7.º	Accionistas e associados
Artigo 8.º	Programa de actividades e estrutura da organização
Artigo 9.º	Necessidades económicas
Artigo 10.º	Recusa de autorização
Artigo 11.º	Notificação da autorização à Comissão
Artigo 12.º	Consulta prévia às autoridades competentes dos outros Estados-Membros
Artigo 13.º	Sucursais de instituições de crédito autorizadas noutro Estado-Membro
Artigo 14.º	Revogação da autorização
Artigo 15.º	Denominação
Artigo 16.º	Participação qualificada numa instituição de crédito
Artigo 17.º	Organização e procedimentos de controlo interno

TÍTULO III	**DISPOSIÇÕES RELATIVAS AO LIVRE ESTABELECIMENTO E À LIVRE PRESTAÇÃO DE SERVIÇOS**
Artigo 18.°	Instituições de crédito
Artigo 19.°	Instituições financeiras
Artigo 20.°	Exercício do direito de estabelecimento
Artigo 21.°	Exercício da livre prestação de serviços
Artigo 22.°	Poderes das autoridades competentes do Estado-Membro de acolhimento
TÍTULO IV	**RELAÇÕES COM PAÍSES TERCEIROS**
Artigo 23.°	Notificação das filiais de empresas de países terceiros e das condições de acesso aos mercados desses países
Artigo 24.°	Sucursais de instituições de crédito com sede social fora da Comunidade
Artigo 25.°	Cooperação em matéria de supervisão numa base consolidada com as autoridades competentes de países terceiros
TÍTULO V	**PRINCÍPIOS E INSTRUMENTOS TÉCNICOS DA SUPERVISÃO PRUDENCIAL**
Capítulo 1	**Princípio da supervisão prudencial**
Artigo 26.°	Competência de supervisão do Estado-Membro de origem
Artigo 27.°	Competências do Estado-Membro de acolhimento
Artigo 28.°	Cooperação em matéria de supervisão
Artigo 29.°	Verificação *in loco* das sucursais estabelecidas num outro Estado-Membro
Artigo 30.°	Troca de informações e segredo profissional
Artigo 31.°	Obrigações das pessoas encarregadas do controlo legal das contas anuais e das contas consolidadas
Artigo 32.°	Poder de sanção das autoridades competentes
Artigo 33.°	Recurso jurisdicional
Capítulo 2	**Instrumentos técnicos da supervisão prudencial**
Secção 1	*Fundos próprios*
Artigo 34.°	Princípios gerais
Artigo 35.°	Outros elementos
Artigo 36.°	Outras disposições relativas aos fundos próprios
Artigo 37.°	Cálculo dos fundos próprios numa base consolidada
Artigo 38.°	Deduções e limites
Artigo 39.°	Prova às autoridades competentes
Secção 2	*Rácio de solvabilidade*
Artigo 40.°	Princípios gerais
Artigo 41.°	Numerador: fundos próprios
Artigo 42.°	Denominador: activos e elementos extrapatrimoniais ponderados em função do risco
Artigo 43.°	Ponderação dos riscos
Artigo 44.°	Ponderação dos créditos sobre as administrações regionais ou locais dos Estados--Membros
Artigo 45.°	Outras ponderações
Artigo 46.°	Organismos administrativos e empresas com fins não lucrativos
Artigo 47.°	Nível do rácio de solvabilidade
Secção 3	*Grandes riscos*
Artigo 48.°	Notificação dos grandes riscos
Artigo 49.°	Limites aplicáveis aos grandes riscos
Artigo 50.°	Supervisão dos grandes riscos numa base consolidada ou não consolidada
Secção 4	*Participações qualificadas fora do domínio financeiro*
Artigo 51.°	Limitações das participações qualificadas não financeiras
Capítulo 3	**Supervisão numa base consolidada**
Artigo 52.°	Supervisão numa base consolidada das instituições de crédito
Artigo 53.°	Autoridades competentes incumbidas do exercício da supervisão numa base consolidada

Directriz n.° 2000/12/CE, do Parlamento e do Conselho, de 20 de Março de 2000 **42.**

Artigo 54.°   Forma e extensão da consolidação
Artigo 55.°   Informações a fornecer pelas companhias mistas e suas filiais
Artigo 56.°   Medidas destinadas a facilitar a supervisão numa base consolidada

TÍTULO VI   COMITÉ CONSULTIVO BANCÁRIO
Artigo 57.°   Composição e função do Comité Consultivo Bancário
Artigo 58.°   Exame das condições de autorização
Artigo 59.°   Rácio de observação

TÍTULO VII   PODERES DE EXECUÇÃO
Artigo 60.°   Adaptações técnicas

TÍTULO VIII   DISPOSIÇÕES TRANSITÓRIAS E FINAIS
Capítulo 1   **Disposições transitórias**
Artigo 61.°   (Disposições transitórias relativas ao artigo 36.°)
Artigo 62.°   (Disposições transitórias relativas ao artigo 43.°)
Artigo 63.°   (Disposições transitórias relativas ao artigo 47.°)
Artigo 64.°   (Disposições transitórias relativas ao artigo 49.°)
Artigo 65.°   (Disposições transitórias relativas ao artigo 51.°)
Capítulo 2   **Disposições finais**
Artigo 66.°   Informação da Comissão
Artigo 67.°   Directivas revogadas
Artigo 68.°   Entrada em vigor
Artigo 69.°   Destinatários

ANEXO I   LISTA DAS OPERAÇÕES QUE BENEFICIAM DE RECONHECIMENTO MÚTUO
ANEXO II   CLASSIFICAÇÃO DOS ELEMENTOS EXTRAPATRIMONIAIS
ANEXO III   REGIME DOS ELEMENTOS EXTRAPATRIMONIAIS
ANEXO IV   TIPOS DE ELEMENTOS EXTRAPATRIMONIAIS
ANEXO V
Parte A   Directivas revogadas e suas sucessivas alterações (referidas no artigo 66.°)
Parte B   Prazos de transposição (referidos no artigo 66.°)
ANEXO VI   QUADRO DE CORRESPONDÊNCIA

TÍTULO I
Definições e âmbito de aplicação

ARTIGO 1.°[644]
Definições

Para efeitos da presente directiva, entende-se por:
1. "Instituição de crédito":

---

[644] O primeiro parágrafo do n.° 1 do presente artigo foi alterado pelo n.° 1 do artigo 1.° da Directriz n.° 2000/28/CE, do Parlamento Europeu e do Conselho, de 18 de Setembro de 2000. Era a seguinte a sua redacção inicial:

1. "Instituição de crédito": uma empresa cuja actividade consiste em receber do público depósitos ou outros fundos reembolsáveis e em conceder créditos por sua própria conta.

Posteriormente, a Directriz n.° 2002/87/CE, do Parlamento Europeu e do Conselho, de 16 de Dezembro de 2002, introduziu alterações no artigo 1.°. Assim, a alínea *a*) do n.° 1 do artigo 29.° deu nova redacção ao ponto 9. Era a seguinte a redacção original:

1201

a) Uma empresa cuja actividade consiste em receber do público depósitos ou outros fundos reembolsáveis e em conceder créditos por sua própria conta; ou

b) Uma instituição de moeda electrónica na acepção da Directiva 2000/46/CE do Parlamento Europeu e do Conselho, de 18 de Setembro de 2000 relativa ao acesso à actividade das instituições de moeda electrónica e ao seu exercício, bem como à sua supervisão prudencial[*].

---

[*] JO L 275 de 27.10.2000, p. 39.

Para efeitos da supervisão numa base consolidada, são consideradas instituições de crédito, qualquer instituição de crédito na acepção do primeiro parágrafo, qualquer empresa privada ou pública que corresponda à definição do primeiro parágrafo e que tenha sido autorizada num país terceiro.

Para efeitos da supervisão e do controlo dos grandes riscos, são consideradas instituições de crédito, qualquer instituição de crédito na acepção do primeiro parágrafo, incluindo as suas sucursais num país terceiro e qualquer empresa privada ou pública, incluindo as suas sucursais, que corresponda à definição do primeiro parágrafo e que tenha sido autorizada num país terceiro.

2. "Autorização": acto emanado das autoridades, qualquer que seja a sua forma, de que resulte a faculdade de exercer a actividade de instituição de crédito.

3. "Sucursal": um centro de exploração que constitua uma parte, desprovida de personalidade jurídica, de uma instituição de crédito e efectue directamente, no todo ou em parte, as operações inerentes à actividade de instituição de crédito; vários centros de exploração criados no mesmo Estado-Membro por uma instituição de crédito com sede social noutro Estado-Membro serão considerados como uma única sucursal.

4. "Autoridades competentes": as autoridades nacionais habilitadas, nos termos de uma lei ou regulamento, a controlar as instituições de crédito.

5. "Instituição financeira": uma empresa que não seja uma instituição de crédito cuja actividade principal consista em tomar participações ou em exercer uma ou mais das actividades referidas nos pontos 2 a 12 da lista do anexo.

6. "Estado-Membro de origem": o Estado-Membro no qual uma instituição de crédito tenha sido autorizada nos termos dos artigos 4.º a 11.º

7. "Estado-Membro de acolhimento": o Estado-Membro no qual uma instituição de crédito tenha uma sucursal ou preste serviços.

---

9. "Participação" para efeitos da supervisão numa base consolidada: o facto de deter, directa ou indirectamente, 20% ou mais dos direitos de voto ou do capital de uma empresa.

A alínea *b*) do n.º 1 do artigo 29.º da mesma Directriz deu nova redacção aos pontos 21 e 22. Era a seguinte a redacção original:

21. "Companhia financeira": qualquer instituição financeira cujas empresas filiais sejam exclusiva ou principalmente uma ou várias instituições de crédito ou instituições financeiras, sendo pelo menos uma destas filiais uma instituição de crédito.

22. "Companhia mista": qualquer empresa-mãe que não seja uma companhia financeira ou uma instituição de crédito e em cujas filiais se inclua, pelo menos, uma instituição de crédito.

8. "Controlo": a relação que existe entre uma empresa-mãe e uma filial, tal como prevista no artigo 1.º da Directiva 83/349/CEE, ou uma relação da mesma natureza entre qualquer pessoa singular ou colectiva e uma empresa.

9. "Participação para efeitos da supervisão numa base consolidada e para efeitos dos pontos 15 e 16 do n.º 2 do artigo 34.º": uma participação na acepção do primeiro período do artigo 17.º da Directiva 78/660/CEE ou o facto de deter, directa ou indirectamente, 20% ou mais dos direitos de voto ou do capital de uma empresa.

10. "Participação qualificada": a detenção, numa empresa, de forma directa ou indirecta, de pelo menos 10% do capital ou dos direitos de voto ou que inclua a possibilidade de exercer uma influência significativa na gestão da empresa em que exista uma participação.

11. "Capital inicial": o capital na acepção do n.º 2, pontos 1 e 2, do artigo 34.º

12. "Empresa-mãe": uma empresa-mãe na acepção dos artigos 1.º e 2.º da Directiva 83/349/CEE.

Para efeitos da supervisão numa base consolidada e da supervisão dos grandes riscos, são consideradas como empresa-mãe, qualquer empresa-mãe na acepção do n.º 1 do artigo 1.º da Directiva 83/349/CEE, bem como qualquer empresa que exerça efectivamente, na opinião das autoridades competentes, uma influência dominante sobre outra empresa.

13. "Filial": uma empresa filial, na acepção dos artigos 1.º e 2.º da Directiva 83/349/CEE.

Para efeitos da supervisão numa base consolidada e da supervisão dos grandes riscos, são consideradas como filial, qualquer empresa filial, na acepção do n.º 1 do artigo 1.º da Directiva 83/349/CEE, bem como qualquer empresa sobre a qual uma empresa-mãe exerça efectivamente, na opinião das autoridades competentes, uma influência dominante.

Qualquer empresa filial de uma empresa filial é igualmente considerada como filial da empresa-mãe de que essas empresas dependem.

14. "Zona A": todos os Estados-Membros e todos os outros países membros de pleno direito da Organização de Cooperação e Desenvolvimento Económico (OCDE) e ainda os países que tenham celebrado acordos especiais de empréstimo com o Fundo Monetário Internacional (FMI) e no âmbito dos acordos gerais de empréstimo (AGE) do FMI. Todos os países que procedam ao reescalonamento da sua dívida externa oficial são, contudo, excluídos da "Zona A" por um período de cinco anos.

15. "Zona B": todos os países que não sejam os da Zona A.

16. "Instituições de crédito da Zona A": todas as instituições de crédito autorizadas nos Estados-Membros, nos termos do artigo 4.º, incluindo as suas sucursais nos países terceiros e todas as empresas privadas ou públicas que correspondam à definição do primeiro parágrafo do ponto 1, autorizadas noutros países da Zona A, incluindo as suas sucursais.

17. "Instituições de crédito da Zona B": todas as empresas, privadas ou públicas, autorizadas fora da Zona A que correspondam à definição do primeiro parágrafo do ponto 1, incluindo as suas sucursais na Comunidade.

18. "Sector não bancário": o conjunto de todos os mutuários que não sejam

instituições de crédito, tal como definidas nos pontos 16 e 17, bancos centrais, administrações centrais, regionais e locais, as Comunidades Europeias, o Banco Europeu de Investimento (BEI) ou os bancos multilaterais de desenvolvimento, tal como definidos no ponto 19.

19. "Bancos multilaterais de desenvolvimento": o Banco Internacional para a Reconstrução e Desenvolvimento e a Sociedade Financeira Internacional, o Banco Inter-Americano de Desenvolvimento, o Banco Asiático de Desenvolvimento, o Banco Africano de Desenvolvimento, o Fundo de Restabelecimento do Conselho da Europa, o "Nordic Investment Bank", o Banco de Desenvolvimento das Caraíbas, o Banco Europeu de Reconstrução e Desenvolvimento, o Fundo Europeu de Investimento e a Sociedade Interamericana de Investimento.

20. "Elementos extrapatrimoniais de 'risco elevado', 'risco médio', 'risco médio/baixo' e 'risco baixo'": os elementos extrapatrimoniais referidos no n.º 2 do artigo 43.º e que constam do anexo II.

21. "Companhia financeira": uma instituição financeira cujas filiais são exclusiva ou principalmente instituições de crédito ou instituições financeiras, sendo pelo menos uma destas filiais uma instituição de crédito, e que não é uma companhia financeira mista na acepção da Directiva 2002/87/CE do Parlamento Europeu e do Conselho, de 16 de Dezembro de 2002, relativa à supervisão complementar de instituições de crédito, empresas de seguros e empresas de investimento de um conglomerado financeiro[*].

---

[*] JO L 35 de 11.2.2003.

22. "Companhia mista": uma empresa-mãe que não é uma companhia financeira ou uma instituição de crédito ou uma companhia financeira mista na acepção da Directiva 2002/87/CE, sendo pelo menos uma das filiais uma instituição de crédito.

23. "Empresa de serviços bancários auxiliares": qualquer empresa cuja actividade principal consista na detenção ou na gestão de imóveis, na gestão de serviços informáticos, ou em qualquer outra actividade similar que tenha um carácter auxiliar relativamente à actividade principal de uma ou várias instituições de crédito.

24. "Riscos" para efeitos dos artigos 48.º, 49.º e 50.º: os activos e os elementos extrapatrimoniais enumerados no artigo 43.º e nos anexos II e IV, sem aplicação dos coeficientes de ponderação ou graus de risco previstos nessas disposições; os riscos referidos no anexo IV serão calculados segundo um dos métodos descritos no anexo III, sem aplicação dos coeficientes de ponderação previstos em função da contraparte; podem ser excluídos da definição de risco, mediante aprovação das autoridades competentes, todos os elementos cobertos a 100% por fundos próprios desde que estes últimos não entrem no cálculo do rácio de solvabilidade e dos outros rácios de supervisão previstos na presente directiva e em outros actos comunitários. Os riscos não incluem:

– no caso das operações cambiais, os riscos incorridos no decurso do processo normal de liquidação no período de 48 horas após o pagamento,
ou

– no caso das operações de compra e venda de títulos, os riscos incorridos no decurso do processo normal de liquidação no período de cinco dias úteis a contar do momento em que o pagamento for efectuado ou em que os títulos forem entregues, consoante o que se verificar primeiro.

25. "Grupo de clientes ligados entre si":
– duas ou mais pessoas, singulares ou colectivas, que constituam, até prova em contrário, uma única entidade do ponto de vista do risco, porque uma delas detém, directa ou indirectamente, o poder de controlo sobre a outra ou as outras,

ou

– duas ou mais pessoas, singulares ou colectivas, entre as quais não exista qualquer relação de controlo na acepção do primeiro travessão, mas que devam ser consideradas como uma única entidade do ponto de vista do risco por estarem de tal forma ligadas que, na eventualidade de uma delas deparar com problemas financeiros, a outra ou todas as outras terão provavelmente dificuldades de reembolso.

26. "Relação estreita": uma relação em que duas ou mais pessoas singulares ou colectivas se encontrem ligadas através de:

   a) Uma participação, ou seja, o facto de deter, directamente ou através de uma relação de controlo, 20% ou mais dos direitos de voto ou do capital de uma empresa;

   ou

   b) Uma relação de controlo, ou seja, a relação existente entre uma empresa-mãe e uma filial, tal como prevista nos n.ºs 1 e 2 do artigo 1.º da Directiva 83/349/CEE, ou uma relação da mesma natureza entre qualquer pessoa singular ou colectiva e uma empresa; uma empresa filial de uma empresa filial é igualmente considerada como filial da empresa-mãe de que essas empresas dependem.

É igualmente considerada como constituindo uma relação estreita entre duas ou mais pessoas singulares ou colectivas, uma situação em que essas pessoas se encontrem ligadas de modo duradouro a uma mesma pessoa através de uma relação de controlo.

27. "Mercado reconhecido": um mercado reconhecido pelas autoridades competentes que:

   i) Funcione regularmente;

   ii) Obedeça a regras, estabelecidas ou aprovadas pelas respectivas autoridades do país de origem do mercado, que definam as condições de funcionamento do mercado, as condições de acesso ao mercado e as condições a que tem de obedecer um contrato antes de poder ser efectivamente negociado no mercado;

   iii) Disponha de um mecanismo de compensação que preveja que os contratos enumerados no anexo IV sejam sujeitos à exigência de margens diárias, que forneçam, na opinião das autoridades competentes, uma protecção adequada.

ARTIGO 2.º
Âmbito de aplicação

1. A presente directiva diz respeito ao acesso à actividade das instituições de crédito e ao seu exercício. A presente directiva aplica-se a todas as instituições de crédito.

2. Os artigos 25.º e 52.º a 56.º são também aplicáveis às companhias financeiras e às companhias mistas que tenham a sua sede na Comunidade.

Para efeitos do disposto nos artigos 25.º e 52.º a 56.º, são consideradas instituições financeiras as instituições excluídas a título permanente pelo n.º 3, com excepção, contudo, dos bancos centrais dos Estados-Membros.

3. A presente directiva não diz respeito à actividade:
 – dos bancos centrais dos Estados-Membros,
 – dos serviços de cheques postais,
 – na Bélgica, do "Institut de Réescompte et de Garantie/Herdiscontering-en Waarborginstituut",
 – na Dinamarca, do "Dansk Eksportfinansieringsfond" do "Danmarks Skibskreditfond", e do "Dansk Landbrugs Realkreditfond",
 – na Alemanha, da "Kreditanstalt für Wiederaufbau", dos organismos que, nos termos do "Wohnungsgemeinnützigkeitsgesetz", são reconhecidos como órgãos da política nacional em matéria de habitação e cujas operações bancárias não constituem a actividade preponderante, bem como dos organismos que, por força dessa lei, são reconhecidos como organismos de interesse público em matéria de habitação,
 – na Grécia da "Ελληνική Τράπεζα Βιομηχανικής Αναπτύξεως" (Ellinikí Trápeza Viomichanikís Anaptýxeos), do "Ταμείο Παρακαταηκών και Δανείων" (Tamío Parakatathikón kai Daneíon) e do "Ταχυδρομικό Ταμιευτήριο" (Tachydromikó Tamieftírio),
 – em Espanha, do "Instituto de Crédito Oficial",
 – em França, da "Caisse des dépôts et consignations",
 – na Irlanda, das "Credit Unions" e das "Friendly Societies",
 – em Itália, da "Cassa Depositi e Prestiti",
 – nos Países Baixos, da "Nederlandse Investeringsbank voor Ontwikkelingslanden NV", da "NV Noordelijke Ontwikkelingsmaatschappij", da "NV Industriebank Limburgs Instituut voor ontwikkeling en financiering" e da "Overijsselse Ontwikkelingsmaatschappji NV",
 – na Áustria, das empresas reconhecidas como associações de construção civil de interesse público e da "Österreichische Kontrollbank AG",
 – em Portugal, das caixas económicas existentes em 1 de Janeiro de 1986 exceptuando, por um lado, as que revestem a forma de sociedades anónimas e, por outro, a "Caixa Económica Montepio Geral",
 – na Finlândia, da "Teollisen yhteistyön rahasto Oy/Fonden för industriellt samarbete Ab", e da "Kera Oy/Kera Ab",

- na Suécia, da "Svenska Skeppshypotekslassan",
- no Reino Unido, do "National Savings Bank", da "Commonwealth Development Finance Company Ltd", da "Agricultural Mortgage Corporation Ltd", da "Scottish Agricultural Securities Corporation Ltd", dos "Crown Agents for Overseas Governments and Administrations", das "Credit Unions", e dos "Municipal Banks".

4. Sob proposta da Comissão, que consultará para esse efeito o comité previsto no artigo 57.º, a seguir denominado "Comité Consultivo Bancário", o Conselho decidirá qualquer eventual alteração da lista indicada no n.º 3.

5. As instituições de crédito que, a 15 de Dezembro de 1977, existam num mesmo Estado-Membro e que estejam filiadas de modo permanente num organismo central que as fiscaliza e que esteja estabelecido nesse mesmo Estado-Membro, podem ser dispensadas das condições do n.º 1 do artigo 6.º, bem como dos artigos 8.º e 59.º se, o mais tardar até 15 de Dezembro de 1979, o direito nacional dispuser que:
- os compromissos do organismo central e das instituições nele filiadas constituem compromissos solidários ou que os compromissos destas instituições são totalmente garantidos pelo organismo central,
- a solvabilidade e a liquidez do organismo central e de todas as instituições nele filiadas são fiscalizados no seu conjunto com base em contas consolidadas,
- a direcção do organismo central está habilitada a dar instruções à direcção das instituições nele filiadas.

As instituições de crédito de âmbito local que estejam filiadas posteriormente a 15 de Dezembro de 1977, num organismo central, na acepção do primeiro parágrafo, podem beneficar das condições aí fixadas se constituírem uma extensão normal da rede dependente do organismo central.

Desde que se trate de instituições de crédito que não sejam as que forem criadas em regiões recentemente subtraídas do mar ou que tenham resultado da fusão ou da cisão de instituições existentes integradas no organismo central, o Conselho pode, sob proposta da Comissão que consultará para o efeito o Comité Consultivo Bancário, fixar regras suplementares para a aplicação do segundo parágrafo, incluindo a revogação das isenções previstas no primeiro parágrafo, sempre que considerar que a filiação de novas instituições que beneficiem do regime previsto no segundo parágrafo seria susceptível da afectar de forma negativa a concorrência. O Conselho decidirá por maioria qualificada.

6. As instituições de crédito que, da forma definida no primeiro parágrafo do n.º 5, estejam filiadas num organismo central situado no mesmo Estado-Membro podem também ser isentas do disposto no artigo 5.º, nos artigos 40.º a 51.º e no artigo 65.º, desde que, sem prejuízo da aplicação dessas disposições ao organismo central, o conjunto constituído pelo organismo central e pelas instituições nele filiadas esteja sujeito às referidas disposições numa base consolidada.

Em caso de isenção, os artigos 13.º, 18.º, 19.º, os n.ºs 1 a 6 do artigo 20.º e os artigos 21.º e 22.º aplicam-se ao conjunto constituído pelo organismo central e pelas instituições nele filiadas.

ARTIGO 3.º
**Interdição da actividade de recepção do público de depósitos
ou outros fundos reembolsáveis por empresas
que não sejam instituições de crédito**

Os Estados-Membros proibirão que pessoas ou empresas que não sejam instituições de crédito exerçam, a título profissional, a actividade de recepção do público de depósitos ou outros fundos reembolsáveis. Esta proibição não se aplica à recepção de depósitos ou outros fundos reembolsáveis por um Estado-Membro, por autoridades regionais ou locais de um Estado-Membro ou por organismos públicos internacionais de que façam parte um ou mais Estados-Membros, nem aos casos expressamente referidos nas legislações nacionais ou comunitária, desde que essas actividades estejam sujeitas a regulamentações e controlos que tenham por objectivo a protecção dos depositantes e dos investidores e aplicáveis a esses casos.

TÍTULO II
Condições de acesso à actividade das Instituições de Crédito e do seu Exercício

ARTIGO 4.º
Autorização

Os Estados-Membros estabelecerão que as instituições de crédito devem obter uma autorização antes de iniciar as suas actividades. Os Estados-Membros fixarão as condições, sem prejuízo do disposto nos artigos 5.º a 9.º, e notificá-las-ão à Comissão, bem como ao Comité Consultivo Bancário.

ARTIGO 5.º
Capital inicial

1. Sem prejuízo de outras condições gerais exigidas pelas regulamentações nacionais, as autoridades competentes não concederão a autorização quando a instituição de crédito não apresente fundos próprios específicos ou quando o capital inicial for inferior a cinco milhões de euros.

Os Estados-Membros podem permitir a continuação da actividade das instituições de crédito que não satisfaçam a condição relativa aos fundos próprios específicos e que existam a 15 de Dezembro de 1979. Os Estados-Membros podem dispensar essas empresas da obrigação de respeitar a condição prevista no n.º 1, primeiro parágrafo, do artigo 6.º

2. Todavia, os Estados-Membros terão a faculdade de conceder a autorização a categorias especiais de instituições de crédito cujo capital inicial seja inferior ao exigido no número anterior. Neste caso:
   a) O capital inicial não deve ser inferior a 1 milhão de euros;
   b) Os Estados-Membros interessados devem notificar a Comissão das razões pelas quais fazem uso da faculdade prevista no presente número;
   c) Quando da publicação na lista referida no artigo 11.º, o nome da instituição de crédito deve ser seguido de uma anotação indicativa de que esta não atinge o capital mínimo no n.º 1.

3. Os fundos próprios de uma instituição de crédito não podem tornar-se inferiores ao montante do capital inicial exigido por força dos n.ºs 1 e 2 no momento da respectiva autorização.

4. Os Estados-Membros podem decidir que as instituições de crédito existentes a 1 de Janeiro de 1993 e cujos fundos próprios não atinjam os níveis fixados pelos n.ºs 1 e 2 para o capital inicial possam prosseguir o exercício das suas actividades. Neste caso, os fundos próprios não podem tornar-se inferiores ao montante máximo que tenham atingido a partir de 22 de Dezembro de 1989.

5. Se o controlo de uma instituição de crédito que se inclua na categoria referida no número anterior for tomado por uma pessoa singular ou colectiva diferente da que anteriormente controlava a instituição, os fundos próprios dessa instituição devem pelo menos atingir o nível fixado para o capital inicial nos n.ºs 1 e 2.

6. Em certas circunstâncias específicas e com o consentimento das autoridades competentes, sempre que ocorrer uma fusão entre duas ou mais instituições de crédito pertencentes à categoria referida no n.º 4, os fundos próprios da instituição resultante da fusão não podem descer a um nível inferior ao do total dos fundos próprios das instituições fusionadas à data da fusão, enquanto não tiverem sido atingidos os níveis adequados previstos nos n.ºs 1 e 2.

7. Se, nos casos referidos nos n.ºs 3, 4 e 6, se verificar uma diminuição dos fundos próprios, as autoridades competentes podem, sempre que as circunstâncias o justifiquem, conceder um prazo limitado para que a instituição regularize a sua situação ou cesse as suas actividades.

ARTIGO 6.º
Responsáveis da direcção e localização da administração central das instituições de crédito

1. As autoridades competentes apenas concederão a autorização à instituição

de crédito desde que, pelo menos, duas pessoas determinem efectivamente a orientação da actividade da instituição de crédito.

Além disso, as autoridades não concederão a autorização quando essas pessoas não possuam a honorabilidade necessária ou a experiência adequada para exercer essas funções.

2. Os Estados-Membros exigirão:
- que a administração central das instituições de crédito que sejam pessoas colectivas e que, nos termos do respectivo direito nacional, tenham uma sede estatutária, se situe no mesmo Estado-Membro que a respectiva sede estatutária,
- que a administração central das demais instituições de crédito se situe no Estado-Membro que tiver emitido a autorização e no qual estas operem de forma efectiva.

ARTIGO 7.º
Accionistas e associados

1. As autoridades competentes não concederão a uma instituição de crédito a autorização de acesso à actividade antes de terem obtido a comunicação da identidade dos accionistas ou associados, directos ou indirectos, pessoas singulares ou colectivas, que nela detenham uma participação qualificada e do montante dessa participação.

Para fins de aplicação da noção de participação qualificada no presente artigo, são tomados em consideração os direitos de voto previstos no artigo 7.º da Directiva 88/627/CEE do Conselho[13].

2. As autoridades competentes recusarão a autorização se, atendendo à necessidade de garantir uma gestão sã e prudente da instituição de crédito, não se encontrarem convencidas da idoneidade dos referidos accionistas e/ou associados.

3. Além disso, sempre que existam relações estreitas entre a instituição de crédito e outras pessoas singulares ou colectivas, as autoridades competentes só concederão a autorização se essas relações não entravarem o bom exercício das suas funções de supervisão.

As autoridades competentes recusarão igualmente a autorização se as disposições legislativas, regulamentares ou administrativas de um país terceiro a que estejam sujeitas uma ou mais pessoas singulares ou colectivas com as quais a instituição de crédito tenha relações estreitas, ou dificuldades inerentes à sua aplicação, entravem o bom exercício das suas funções de supervisão.

As autoridades competentes exigirão que as instituições de crédito lhes prestem as informações que solicitarem para se certificarem do cumprimento permanente das condições previstas no presente número.

(13) Directiva 88/627/CEE do Conselho, de 12 de Dezembro de 1988, relativa às informações a publicar por ocasião da aquisição ou alienação de uma participação importante numa sociedade cotada na bolsa (JO L 348 de 17.12.1988, p. 62).

ARTIGO 8.º
Programa de actividades e estrutura da organização

Os Estados-Membros estabelecerão que o pedido de autorização deve ser acompanhado de um programa de actividades em que sejam indicadas, nomeadamente, a natureza das operações consideradas e a estrutura da organização da instituição.

ARTIGO 9.º
Necessidades económicas

Os Estados-Membros não podem estabelecer que o pedido de autorização seja examinado em função das necessidades económicas do mercado.

ARTIGO 10.º
Recusa de autorização

Qualquer recusa de autorização deve ser fundamentada e notificada ao requerente no prazo de seis meses a contar da recepção do pedido ou, se este for incompleto, no prazo de seis meses a contar da apresentação pelo requerente dos esclarecimentos necessários à decisão. A decisão será em qualquer caso tomada no prazo de 12 meses a contar da recepção do pedido.

ARTIGO 11.º
Notificação da autorização à Comissão

A Comissão será notificada de todas as autorizações. Todas as instituições de crédito serão inscritas numa lista, cuja publicação no Jornal Oficial das Comunidades Europeias, bem como as actualizações, serão efectuadas pela Comissão.

ARTIGO 12.º
Consulta prévia às autoridades competentes dos outros Estados-Membros

Deve ser objecto de consulta prévia às autoridades competentes do outro Estado-Membro a autorização de qualquer instituição de crédito que seja:
– quer filial de uma instituição de crédito autorizada noutro Estado-Membro,

— quer filial da empresa-mãe de uma instituição de crédito autorizada noutro Estado-Membro,
— quer controlada pelas mesmas pessoas singulares ou colectivas que controlem uma instituição de crédito autorizada noutro Estado-Membro.

As autoridades competentes de um Estado-Membro envolvido, responsáveis pela supervisão das empresas de seguros ou empresas de investimento, são consultadas previamente à concessão de uma autorização a uma instituição de crédito que seja[645]:

a) Uma filial de uma empresa de seguros ou de uma empresa de investimento autorizadas na Comunidade; ou
b) Uma filial de uma empresa-mãe de uma empresa de seguros ou de uma empresa de investimento autorizadas na Comunidade; ou
c) Controlada pela mesma pessoa singular ou colectiva que controla uma empresa de seguros ou uma empresa de investimento autorizadas na Comunidade.

As autoridades competentes relevantes referidas no primeiro e segundo parágrafos consultam-se mutuamente quando avaliarem a adequação dos accionistas e a idoneidade e competência dos dirigentes envolvidos na gestão de outra entidade do mesmo grupo. Comunicam igualmente entre si quaisquer informações relativas à adequação dos accionistas e à idoneidade e competência dos dirigentes, na medida em que essas informações sejam de interesse para as outras autoridades competentes envolvidas, para a concessão de uma autorização ou para a avaliação permanente da conformidade com as condições de exercício da actividade.

ARTIGO 13.º
Sucursais de instituições de crédito autorizadas noutro Estado-Membro

A autorização e o capital de dotação não podem ser exigidos pelos Estados-Membros de acolhimento no que respeita às sucursais de instituições de crédito autorizadas noutros Estados-Membros. O estabelecimento e a supervisão dessas sucursais obedecerão ao disposto no artigo 17.º, nos n.ºs 1 a 6 do artigo 20.º e nos artigos 22.º e 26.º.

ARTIGO 14.º
Revogação da autorização

1. As autoridades competentes apenas podem revogar a autorização a uma instituição de crédito quando a instituição:

---

[645] O n.º 2 do artigo 29.º da Directriz n.º 2002/87/CE, do Parlamento Europeu e do Conselho, de 16 de Dezembro de 2002, aditou o parágrafo a que se refere a presente nota e os seguintes.

a) Não fizer uso da autorização num prazo de 12 meses, renunciar expressamente a fazê-lo ou cessar o exercício da sua actividade durante um período superior a seis meses, a não ser que o Estado-Membro em causa preveja que nestes casos a autorização caducará;
b) Tiver obtido a autorização por meio de falsas declarações ou de qualquer outra forma irregular;
c) Não satisfizer as condições às quais a autorização estiver ligada;
d) Deixar de possuir fundos próprios suficientes ou deixar de oferecer a garantia de poder satisfazer as suas obrigações para com os seus credores e, em particular, já não proporcionar segurança aos fundos que lhe foram confiados;
e) Se encontrar nos outros casos de revogação previstos na regulamentação nacional.

2. Qualquer revogação de autorização deverá ser fundamentada e comunicada aos interessados; a Comissão será notificada da revogação.

ARTIGO 15.º
Denominação

As instituições de crédito podem, no exercício da sua actividade, utilizar no território da Comunidade a mesma denominação que utilizam no Estado-Membro da sua sede social, não obstante as disposições relativas ao uso dos termos "banco", "caixa económica" ou outras denominações similares que possam existir no Estado--Membro de acolhimento. No caso em que exista um risco de confusão, os Estados--Membros de acolhimento podem exigir, para fins de clarificação, a junção à denominação de uma referência explicativa.

ARTIGO 16.º[646]
Participação qualificada numa instituição de crédito

1. Os Estados-Membros legislarão no sentido de que qualquer pessoa singular ou colectiva que pretenda deter, directa ou indirectamente, uma participação qualificada numa instituição de crédito deva informar previamente do facto as autoridades competentes e comunicar o montante dessa participação. A referida pessoa singular

---

[646] Redacção dada pelo n.º 3 do artigo 29.º da Directriz n.º 2002/87/CE, do Parlamento Europeu e do Conselho, de 16 de Dezembro de 2002. Era a seguinte a redacção original:
(...)
2. Se o adquirente das participações referidas no número anterior for uma instituição de crédito autorizada noutro Estado-Membro ou a empresa-mãe de uma instituição de crédito autorizada noutro Estado--Membro, ou uma pessoa singular ou colectiva que controle uma instituição de crédito autorizada noutro Estado-Membro, e se, por força da aquisição, a instituição em que o adquirente tencione deter uma participação se transformar numa filial ou ficar sujeita ao seu controlo, a apreciação da aquisição deve ser objecto da consulta prévia referida no artigo 12.º.
(...)

ou colectiva deve igualmente informar as autoridades competentes da sua eventual intenção de aumentar a respectiva participação qualificada de modo tal que a percentagem de direitos de voto ou de partes de capital por ela detida atinja ou ultrapasse os limiares de 20%, 33% ou 50% ou que a instituição de crédito se transforme em sua filial.

Sem prejuízo do disposto no n.º 2, as autoridades competentes disporão de um prazo máximo de três meses a contar da data da informação prevista no parágrafo anterior para se oporem ao referido projecto se, atendendo à necessidade de garantir uma gestão sã e prudente da instituição de crédito, não estiverem convencidas da adequação da referida pessoa singular ou colectiva. Quando não houver oposição, as autoridades podem fixar um prazo máximo para a realização do projecto a que se refere o parágrafo anterior.

2. Se o adquirente de uma participação referida no n.º 1 for uma instituição de crédito, uma empresa de seguros ou uma empresa de investimento autorizadas noutro Estado-Membro, ou a empresa-mãe de uma instituição de crédito, empresa de seguros ou empresa de investimento autorizadas noutro Estado-Membro, ou uma pessoa singular ou colectiva que controle uma instituição de crédito, empresa de seguros ou empresa de investimento autorizadas noutro Estado-Membro, e se, por força da aquisição, a instituição na qual o adquirente tenciona deter uma participação passar a ser uma filial sua ou a ficar sujeita ao seu controlo, a avaliação da aquisição fica sujeita ao procedimento de consulta prévia previsto no artigo 12.º

3. Os Estados-Membros legislarão no sentido de que qualquer pessoa singular ou colectiva que tencione deixar de deter, directa ou indirectamente, uma participação qualificada numa instituição de crédito deva informar previamente do facto as autoridades competentes e comunicar o novo montante da sua participação. A referida pessoa singular ou colectiva deve igualmente informar as autoridades competentes da sua eventual intenção de diminuir a respectiva participação qualificada de modo tal que a proporção de direitos de voto ou partes de capital por ela detida desça a um nível inferior aos limiares de 20%, 33% ou 50% ou que a instituição deixe de ser sua filial.

4. As instituições de crédito comunicarão às autoridades competentes, logo que delas tiverem conhecimento, as aquisições ou cessões de participação no capital em consequência das quais a sua participação ultrapasse, para mais ou para menos, um dos limiares referidos nos n.ºs 1 e 3.

As instituições de crédito comunicarão igualmente, pelo menos uma vez por ano, a identidade dos accionistas ou sócios que possuam participações qualificadas e o montante dessas participações, com base designadamente nos dados registados na assembleia geral anual dos accionistas ou sócios, ou tal como resultem das informações recebidas ao abrigo das obrigações relativas às sociedades cotadas numa bolsa de valores.

Directriz n.º 2000/12/CE, do Parlamento e do Conselho, de 20 de Março de 2000 **42.**

5. Os Estados-Membros legislarão no sentido de que, no caso de a influência exercida pelas pessoas referidas no n.º 1 ser susceptível de se fazer em detrimento de uma gestão sã e prudente da instituição, as autoridades competentes tomem as medidas apropriadas para pôr termo a tal situação. Essas medidas podem consistir, nomeadamente, em injunções, em sanções aplicáveis ao dirigentes ou na suspensão do exercício dos direitos de voto correspondentes às acções ou outras partes do capital social detidas pelos accionistas ou sócios em questão.

Serão aplicadas medidas semelhantes às pessoas singulares ou colectivas que não observem a obrigação de informação prévia referida no n.º 1 do presente artigo. Sempre que, apesar da oposição das autoridades competentes, for adquirida uma participação, os Estados-Membros, independentemente de outras sanções a adoptar, estabelecerão a suspensão do exercício dos direitos de voto correspondentes, ou a nulidade ou anulabilidade dos votos expressos.

6. Para efeitos da noção de participação qualificada e de outras taxas de participação previstas no presente artigo, são tomados em consideração os direitos de voto previstos no artigo 7.º da Directiva 88/627/CEE.

ARTIGO 17.º
Organização e procedimento de controlo interno

A autoridade competente do Estado-Membro de origem exigirá que cada instituição de crédito disponha de uma boa organização administrativa e contabilística e de procedimentos de controlo interno adequados.

TÍTULO III
**Disposições relativas ao livre estabelecimento
e à livre prestação de serviços**

ARTIGO 18.º
Instituições de crédito

Os Estados-Membros legislarão no sentido de que as actividades referidas na lista do anexo I possam ser exercidas nos respectivos territórios, nos termos dos n.ᵒˢ 1 a 6 do artigo 20.º, dos n.ᵒˢ 1 e 2 do artigo 21.º e do artigo 22.º, através do estabelecimento de uma sucursal ou por meio de prestação de serviços, por qualquer instituição de crédito autorizada e supervisionada pelas autoridades competentes de outro Estado-Membro, sob reserva de essas actividades se encontrarem abrangidas pela autorização.

ARTIGO 19.º
Instituições financeiras

Os Estados-Membros estabelecerão igualmente que as actividades da lista do anexo I possam ser exercidas nos respectivos territórios, nos termos dos n.ᵒˢ 1 a 6 do artigo 20.º, dos n.ᵒˢ 1 e 2 do artigo 21.º e do artigo 22.º, através do estabelecimento de uma sucursal ou por meio de prestação de serviços, por qualquer instituição financeira de outro Estado-Membro, filial de uma instituição de crédito, ou filial comum de várias instituições de crédito, cujo estatuto legal permita o exercício dessas actividades e preencha cumulativamente as seguintes condições:
- a ou as empresas-mãe serem autorizadas como instituições de crédito no Estado-Membro a cuja ordem jurídica a filial se encontra sujeita,
- as actividades em questão serem efectivamente exercidas no território do mesmo Estado-Membro,
- a ou as empresas-mãe deterem 90% ou mais dos direitos de voto correspondentes à detenção de partes do capital social ou de acções da filial,
- a ou as empresas-mãe deverem, a contento das autoridades competentes, justificar da gestão prudente da filial e se terem declarado, com o acordo das autoridades competentes do Estado-Membro de origem, solidariamente garantes dos compromissos assumidos pela filial,
- a filial ser efectivamente incluída, em especial no que respeita às actividades em questão, na supervisão em base consolidada a que está sujeita a respectiva empresa-mãe ou cada uma das empresas-mãe, conforme os artigos 52.º a 56.º, nomeadamente no que se refere ao cálculo do rácio de solvabilidade, ao controlo dos grandes riscos e à limitação das participações prevista no artigo 51.º.

Estas condições devem ser verificadas pelas autoridades competentes do Estado--Membro de origem, as quais passarão à filial um atestado, que deverá ser apenso às notificações referidas nos n.ᵒˢ 1 a 6 do artigo 20.º e nos n.ᵒˢ 1 e 2 do artigo 21.º.

As autoridades competentes do Estado-Membro de origem assegurarão a supervisão da filial nos termos do n.º 3 do artigo 5.º e dos artigos 16.º, 17.º, 26.º, 28.º, 29.º, 30.º e 32.º.

As disposições referidas no presente artigo aplicam-se, mutatis mutandis, às filiais. Em particular, onde se lê: "instituições de crédito" deve ler-se "instituições financeiras que preencham as condições referidas no artigo 19.º"" e onde se lê "autorização" deve ler-se "estatuto legal".

O n.º 3, segundo parágrafo, do artigo 20.º deve ler-se do seguinte modo:"A autoridade competente do Estado-Membro de origem comunicará igualmente o montante dos fundos próprios da instituição financeira filial e o rácio de solvabilidade consolidada da instituição de crédito que constitui a respectiva empresa-mãe."

Se a instituição financeira que beneficie das disposições do presente artigo deixar de preencher alguma das condições fixadas, o Estado-Membro de origem deve informar do facto as autoridades competentes do Estado-Membro de acolhimento e a actividade desenvolvida por essa instituição no Estado-Membro de acolhimento ficará sujeita à legislação deste último.

ARTIGO 20.º
Exercício do direito de estabelecimento

1. Qualquer instituição de crédito que pretenda estabelecer uma sucursal no território de outro Estado-Membro deve notificar desse facto as autoridades competentes do Estado-Membro de origem.

2. Os Estados-Membros exigirão que a instituição de crédito que pretenda estabelecer uma sucursal noutro Estado-Membro faça acompanhar a notificação referida no número anterior das seguintes informações:
   a) Estado-Membro em cujo território tenciona estabelecer a sucursal;
   b) Programa de actividades, no qual serão nomeadamente indicados o tipo de operações que tem em vista e a estrutura organizativa da sucursal;
   c) Endereço onde os documentos lhe possam ser reclamados, no Estado-Membro de acolhimento;
   d) Nome dos dirigentes responsáveis pela sucursal.

3. A menos que, tendo em conta o projecto em questão, a autoridade competente do Estado-Membro de origem tenha razões para duvidar da adequação das estruturas administrativas ou da situação financeira da instituição de crédito, comunicará as informações referidas no número anterior à autoridade competente do Estado-Membro de acolhimento, no prazo de três meses a contar da recepção de todas essas informações, e informará do facto a instituição visada.

A autoridade competente do Estado-Membro de origem comunicará igualmente o montante dos fundos próprios e do rácio de solvabilidade da instituição de crédito.

Sempre que as autoridades competentes do Estado-Membro de origem recusem comunicar as informações mencionadas no número anterior às autoridades competentes do Estado-Membro de acolhimento, darão a conhecer as razões dessa recusa à instituição de crédito em causa, no prazo de três meses a contar da recepção de todas as informações. A recusa, ou a falta de resposta, pode ser objeto de recurso judicial no Estado-Membro de origem.

4. Antes de a sucursal da instituição de crédito iniciar o exercício das suas actividades, a autoridade competente do Estado-Membro de acolhimento disporá de um período de dois meses a contar da data de recepção da comunicação referida no número anterior para organizar a supervisão da instituição de crédito nos termos do artigo 22.º e para assinalar, se for caso disso, as condições em que, por razões de interesse geral, essas actividades devem ser exercidas no Estado-Membro de acolhimento.

5. A partir da recepção de uma comunicação da autoridade competente do Estado-Membro de acolhimento ou, em caso de silêncio desta, decorrido o prazo previsto no n.º 4, a sucursal pode ser estabelecida e iniciar as suas actividades.

6. Em caso de modificação do conteúdo de uma das informações notificadas nos termos das alíneas *b*), *c*) e *d*) do n.º 2, a instituição de crédito notificará por escrito a modificação em causa às autoridades competentes do Estado-Membro de origem e do Estado-Membro de acolhimento, pelo menos um mês antes de proceder a essa modificação, a fim de que a autoridade competente do Estado-Membro de origem se pronuncie nos termos do n.º 3 e de que a autoridade competente do Estado--Membro de acolhimento se pronuncie nos termos do n.º 4.

7. As sucursais que tenham iniciado a sua actividade, de acordo com as disposições do Estado-Membro de acolhimento, antes de 1 de Janeiro de 1993, serão consideradas como tendo sido objecto do procedimento previsto nos n.os 1 a 5 do presente artigo. A partir desta data, essas sucursais regular-se-ão pelo disposto no n.º 6 do presente artigo e nos artigos 18.º, 19.º, 22.º e 29.º.

ARTIGO 21.º
Exercício da liberdade de prestação de serviços

1. As instituições de crédito que desejem exercer, pela primeira vez, as suas actividades no território de outro Estado-Membro no âmbito da livre prestação de serviços, devem notificar a autoridade competente do Estado-Membro de origem das actividades que pretendem exercer, de entre as constantes da lista do anexo I.

2. A autoridade competente do Estado-Membro de origem comunicará à autoridade competente do Estado-Membro de acolhimento a notificação referida no n.º 1, no prazo de um mês a contar da sua recepção.

3. O presente artigo não prejudica os direitos adquiridos pelas instituições de crédito que operavam mediante prestação de serviços antes de 1 de Janeiro de 1993.

ARTIGO 22.º
Poderes das autoridades competentes do Estado-Membro de acolhimento

1. O Estado-Membro de acolhimento pode exigir, para efeitos estatísticos, que qualquer instituição de crédito que tenha uma sucursal no seu território apresente às autoridades competentes desse Estado um relatório periódico acerca das operações efectuadas no seu território.

Para o exercício das responsabilidades que lhe incumbem por força do artigo 27.º, o Estado-Membro de acolhimento pode exigir das sucursais de instituições de crédito originárias de outros Estados-Membros as mesmas informações que exige, para esse efeito, das instituições de crédito nacionais.

2. Sempre que as autoridades competentes do Estado-Membro de acolhimento verificarem que uma instituição que tem uma sucursal ou que opera em regime de prestação de serviços no seu território não observa as disposições legais adoptadas pelas autoridades competentes desse Estado-Membro em aplicação das disposições da presente directiva que prevejam a competência das autoridades de acolhimento, essas autoridades exigirão à instituição em causa que ponha termo a essa situação irregular.

3. Se a instituição em causa não adoptar as medidas necessárias, as autoridades competentes do Estado-Membro de acolhimento informarão as autoridades competentes do Estado-Membro de origem desse facto. Estas tomarão, o mais rapidamente possível, todas as medidas adequadas para que a instituição em causa ponha termo a essa situação irregular. A natureza destas medidas será comunicada às autoridades competentes do Estado-Membro de acolhimento.

4. Se, apesar das medidas assim tomadas pelas autoridades competentes do Estado-Membro de origem ou porque essas medidas se afigurem inadequadas ou não tenham sido tomadas nesse Estado, a instituição persistir em violar as disposições legais referidas no n.º 2, em vigor no Estado-Membro de acolhimento, este último pode, após informar desse facto as autoridades competentes do Estado-Membro de origem, tomar as medidas adequadas para prevenir ou reprimir novas irregularidades e, na medida em que isso se revele necessário, impedir a instituição em causa de iniciar novas operações no seu território. Os Estados-Membros providenciarão para que os documentos necessários à tomada dessas medidas possam ser levados ao conhecimento, no seu território, das instituições de crédito.

5. O disposto nos n.os 1 a 4 não afecta a possibilidade de o Estado-Membro de acolhimento tomar medidas destinadas a evitar ou reprimir as irregularidades cometidas no seu território que sejam contrárias as disposições legais por ele adoptadas por razões de interesse geral. Essa possibilidade inclui a de impedir essa instituição de iniciar novas operações no seu território.

6. Todas as medidas adoptadas em aplicação do disposto nos n.os 3, 4 e 5 e que incluam sanções e restrições ao exercício da prestação de serviços, devem ser devidamente fundamentadas e comunicadas à instituição interessada. Essas medidas podem ser objecto de recurso judicial, a interpor perante os tribunais do Estado-Membro que as tiver tomado.

7. Antes de iniciar o procedimento previsto nos n.os 2, 3 e 4, as autoridades competentes do Estado-Membro de acolhimento podem, em caso de urgência, tomar as medidas cautelares indispensáveis à protecção dos interesses dos depositantes, investidores ou outras pessoas a quem sejam fornecidos serviços. A Comissão e as autoridades competentes dos outros Estados-Membros interessados devem ser informadas dessas medidas no mais curto prazo.

A Comissão, após consulta às autoridades competentes dos Estados-Membros interessados, pode decidir que o Estado-Membro em causa tenha de alterar ou abolir essas medidas.

8. O Estado-Membro de acolhimento pode tomar medidas adequadas para evitar ou reprimir as irregularidades no seu território, exercendo as competências que lhe são atribuídas por força da presente directiva. Esta possibilidade inclui a de impedir uma instituição de iniciar novas operações no seu território.

9. Em caso de revogação da autorização, as autoridades competentes do Estado-Membro de acolhimento serão informadas desse facto e adoptarão as medidas apropriadas para impedir que a instituição em causa inicie novas operações no respectivo território e para salvaguardar os interesses dos depositantes. De dois em dois anos, a Comissão enviará um relatório sobre esses casos ao Comité Consultivo Bancário.

10. Os Estados-Membros comunicarão à Comissão o número e a natureza dos casos em que se tenha verificado uma recusa nos termos dos n.ºs 1 a 6 do artigo 20.º, ou em que tenham sido tomadas medidas nos termos do n.º 4 do presente artigo. De dois em dois anos, a Comissão enviará um relatório sobre esses casos ao Comité Consultivo Bancário.

11. O disposto no presente artigo não obsta a que as instituições de crédito cuja sede se situe noutro Estado-Membro façam publicidade aos seus serviços através de todos os meios de comunicação disponíveis no Estado-Membro de acolhimento, desde que observem as normas que eventualmente rejam a forma e o conteúdo desta publicidade, adoptadas por razões de interesse geral.

TÍTULO IV
Relações com países terceiros

ARTIGO 23.º
Notificação das filiais de empresas de países terceiros e das condições de acesso aos mercados desses países

1. As autoridades competentes dos Estados-Membros informarão a Comissão:
   a) De qualquer autorização de filial directa ou indirecta, cuja ou cujas empresas--mãe estejam sujeitas à ordem jurídica de um país terceiro. A Comissão informará desse facto o Comité Consultivo Bancário;
   b) De qualquer tomada de participação de uma empresa-mãe numa instituição de crédito da Comunidade, tornando-a assim sua filial. A Comissão informará desse facto o Comité Consultivo Bancário.

Sempre que for concedida uma autorização a uma filial directa ou indirecta de uma ou mais empresas-mãe sujeitas à ordem jurídica de um país terceiro, a estrutura do grupo deve ser especificada na notificação que as autoridades competentes enviarão à Comissão, nos termos do artigo 11.º.

2. Os Estados-Membros informarão a Comissão sobre quaisquer dificuldades de ordem geral com que as suas instituições de crédito deparem para se estabelecerem ou exercerem as suas actividades bancárias num país terceiro.

3. A Comissão elaborará, periodicamente, um relatório em que se analise o tratamento dado nos países terceiros às instituições de crédito da Comunidade, na acepção dos n.ºˢ 4 e 5, no que se refere ao estabelecimento e ao exercício das suas actividades bancárias, bem como às tomadas de participação em instituições de crédito de países terceiros. A Comissão transmitirá estes relatórios ao Conselho, acompanhando-os eventualmente de propostas adequadas.

4. Sempre que a Comissão verificar, com base nos relatórios referidos no n.º 3 ou noutras informações, que um país terceiro não concede às instituições de crédito comunitárias um acesso efectivo ao mercado comparável ao concedido pela Comunidade às instituições de crédito desse país terceiro, pode apresentar propostas ao Conselho no sentido de obter um mandato de negociação adequado para obter oportunidades de concorrência comparáveis para as instituições de crédito da Comunidade. O Conselho decidirá por maioria qualificada.

5. Sempre que a Comissão verificar, com base nos relatórios referidos no n.º 3 ou noutras informações, que as instituições de crédito comunitárias não beneficiam num país terceiro do tratamento nacional que oferece as mesmas oportunidades de concorrência que às instituições de crédito nacionais e que as condições de acesso efectivo ao mercado não se encontram preenchidas, pode iniciar negociações destinadas a obviar a essa situação.

Nas circunstâncias referidas no parágrafo anterior, pode igualmente ser decidido, em qualquer altura e cumulativamente com a iniciativa das negociações, nos termos do n.º 2 do artigo 60.º, que as autoridades competentes dos Estados-Membros devam limitar ou suspender as suas decisões sobre pedidos de autorização já depositados no momento da decisão ou posteriormente, e as tomadas de participação por parte de empresas-mãe directas ou indirectas sujeitas à ordem jurídica do país terceiro em causa. A duração das medidas referidas não pode ultrapassar três meses.

Antes do termo do referido prazo de três meses e em função dos resultados da negociação, o Conselho pode decidir, por maioria qualificada, sob proposta da Comissão, se essas medidas continuam a ser aplicadas.

Uma limitação ou suspensão desse tipo não pode ser aplicada à criação de filiais por instituições de crédito ou suas filiais devidamente autorizadas na Comunidade, nem à tomada de participações, por parte de tais estabelecimentos ou filiais, numa instituição de crédito da Comunidade.

6. Sempre que a Comissão proceder à verificação referida nos n.ºˢ 4 e 5, os Estados-Membros informá-la-ão, a seu pedido:
   a) De qualquer pedido de autorização de uma filial directa ou indirecta efec-

tuado por uma ou mais empresas-mãe sujeitas à legislação do país terceiro em questão;
b) De qualquer projecto de tomada de participação que lhes seja apresentado por força do artigo 16.° por uma empresa desse tipo numa instituição de crédito comunitária, que a tornasse sua filial.

Esta obrigação de informação cessa a partir do momento em que tenha sido celebrado um acordo com um dos países terceiros mencionados nos n.ºs 4 ou 5 ou quando as medidas referidas no n.° 5 deixarem de ser aplicáveis.

7. As medidas adoptadas nos termos do presente artigo devem ser conformes às obrigações que incumbem à Comunidade por força de acordos internacionais, bilaterais ou multilaterais, que regulamentam o acesso à actividade das instituições de crédito e o seu exercício.

ARTIGO 24.°
Sucursais de instituições de crédito com sede social fora da Comunidade

1. Os Estados-Membros não aplicarão às sucursais de instituições de crédito com sede social fora da Comunidade, para o acesso à sua actividade e para o seu exercício, disposições que conduzam a um tratamento mais favorável do que aquele a que estiverem sujeitas as sucursais de instituições de crédito com sede social na Comunidade.

2. As autoridades competentes notificarão a Comissão e o Comité Consultivo Bancário das autorizações de sucursais concedidas às instituições de crédito com sede social fora da Comunidade.

3. Sem prejuízo do disposto no n.° 1, a Comunidade pode, mediante acordos concluídos nos termos do Tratado com um ou vários países terceiros, estabelecer a aplicação de disposições que, com base no princípio da reciprocidade, concedam às sucursais de uma instituição de crédito com sede social fora da área da Comunidade o mesmo tratamento sobre o conjunto do território da Comunidade.

ARTIGO 25.°
Cooperação em matéria de supervisão numa base consolidada com as autoridades competentes de países terceiros

1. A Comissão pode submeter à apreciação do Conselho, a pedido de qualquer Estado-Membro ou por sua própria iniciativa propostas que visem a negociação de acordos com um ou mais países terceiros, relativos às regras de execução da supervisão numa base consolidada:
— às instituições de crédito cuja empresa-mãe tenha sede num país terceiro, e

- às instituições de crédito situadas num país terceiro cuja empresa-mãe seja uma instituição de crédito ou uma companhia financeira com sede na Comunidade.

2. Os acordos referidos no n.º 1 destinar-se-ão, em especial, a garantir a possibilidade:
- por um lado, de as autoridades competentes dos Estados-Membros obterem as informações necessárias à supervisão, com base na situação financeira consolidada, de uma instituição de crédito ou de uma companhia financeira situada na Comunidade e que tenha como filial uma instituição de crédito ou uma instituição financeira situada fora da Comunidade ou que detenha uma participação em tais instituições,
- por outro, de as autoridades competentes de países terceiros obterem as informações necessárias à supervisão das empresas-mãe cuja sede social esteja situada no seu território e que tenham como filial uma instituição de crédito ou uma instituição financeira situada num ou mais Estados-Membros, ou que detenham participações em tais instituições.

3. A Comissão analisará com o Comité Consultivo Bancário o resultado das negociações referidas no n.º 1, bem como a situação delas decorrente.

TÍTULO V
Princípios e instrumentos técnicos da supervisão prudencial

CAPÍTULO 1
Princípios da supervisão prudencial

ARTIGO 26.º
Competência de supervisão do Estado-Membro de origem

1. A supervisão prudencial das instituições de crédito, incluindo a das actividades por elas exercidas, nos termos dos artigos 18.º e 19.º, incumbe às autoridades competentes do Estado-Membro de origem, sem prejuízo das disposições da presente directiva que prevejam a competência das autoridades do Estado-Membro de acolhimento.

2. O disposto no n.º 1 não prejudica a supervisão numa base consolidada por força da presente directiva.

ARTIGO 27.º
Competências do Estado-Membro de acolhimento

Até posterior coordenação, o Estado-Membro de acolhimento continua encar-

1223

regado, em colaboração com a autoridade competente do Estado-Membro de origem, da supervisão da liquidez das sucursais das instituições de crédito. Sem prejuízo das medidas necessárias ao reforço do sistema monetário europeu, o Estado-Membro de acolhimento conservará a inteira responsabilidade pelas medidas resultantes da execução da sua política monetária. Estas medidas não podem prever um tratamento discriminatório ou restritivo pelo facto de a instituição de crédito ter sido autorizada noutro Estado-Membro.

ARTIGO 28.º
Cooperação em matéria de supervisão

As autoridades competentes dos Estados-Membros em causa colaborarão estreitamente a fim de fiscalizar a actividade das instituições de crédito que actuam, nomeadamente por neles terem criado sucursais, num ou em vários Estados-Membros que não sejam o da sua sede social. Essas autoridades comunicarão entre si todas as informações relativas à direcção, gestão e propriedade dessas instituições de crédito, susceptíveis de facilitar a sua supervisão e o exame das condições da sua autorização, bem como todas as informações susceptíveis de facilitar a supervisão dessas instituições, especialmente em matéria de liquidez, de solvabilidade, de garantia dos depósitos, de limitação dos grandes riscos, de organização administrativa e contabilística e de controlo interno.

ARTIGO 29.º
**Verificação in loco das sucursais estabelecidas
num outro Estado-Membro**

1. Os Estados-Membros de acolhimento estabelecerão que, quando uma instituição de crédito autorizada noutro Estado-Membro exerça a sua actividade por intermédio de uma sucursal, a autoridade competente do Estado-Membro de origem possa, depois de ter previamente informado do facto a autoridade competente do Estado-Membro de acolhimento, proceder, directamente ou por intermédio de pessoas que tenha mandatado para o efeito, à verificação in loco das informações referidas no artigo 28.º.

2. A autoridade competente do Estado-Membro de origem pode igualmente recorrer, para a fiscalização das sucursais, a outro dos procedimentos previstos no n.º 7 do artigo 56.º.

3. O presente artigo não prejudica o direito da autoridade competente do Estado-Membro de acolhimento de proceder à verificação in loco das sucursais estabelecidas no seu território, com vista ao exercício das responsabilidades que lhe incumbem por força da presente directiva.

ARTIGO 30.º
Troca de informações e segredo profissional

1. Os Estados-Membros estabelecerão que todas as pessoas que exerçam ou tenham exercido uma actividade para as autoridades competentes, bem como os revisores ou peritos mandatados pelas autoridades competentes, fiquem sujeitos a segredo profissional. Este segredo implica que as informações confidenciais que recebam a título profissional não podem ser divulgadas a nenhuma pessoa ou autoridade, excepto de forma sumária ou agregada, de modo a que as instituições individuais não possam ser identificadas, sem prejuízo dos casos que pertençam ao foro penal.

Contudo, nos casos relativos a instituições de crédito que tenham sido declaradas em estado de falência ou cuja liquidação compulsiva tenha sido ordenada judicialmente, as informações confidenciais que não digam respeito a terceiros implicados em tentativas de recuperação da instituição podem ser divulgadas no âmbito dos processos civil ou comercial.

2. O disposto no número anterior não obsta a que as autoridades competentes dos diferentes Estados-Membros procedam às trocas de informações previstas na presente directiva assim como em outras directivas aplicáveis às instituições de crédito. Essas informações ficam abrangidas pelo segredo profissional referido no n.º 1.

3. Os Estados-Membros só podem celebrar acordos de cooperação que prevejam trocas de informações com as autoridades competentes de países terceiros ou com autoridades ou organismos deste países definidos nos n.os 5 e 6, se as informações comunicadas beneficiarem de garantias de segredo profissional no mínimo equivalentes às referidas no presente artigo. Estas trocas de informações deverão ter por objectivo o desempenho das funções de supervisão das autoridades ou organismos mencionados.

Quando as informações tiverem origem noutro Estado-Membro, apenas poderão ser divulgadas com o acordo expresso das autoridades competentes que as tenham transmitido e, se for caso disso, exclusivamente para os efeitos para os quais essas autoridades deram o seu acordo.

4. As autoridades competentes que recebam informações confidenciais ao abrigo do disposto nos n.os 1 e 2 apenas podem utilizá-las no exclusivo exercício das suas funções:
  – para o exame das condições de acesso à actividade das instituições de crédito e para facilitar o controlo, numa base individual e numa base consolidada, das condições de exercício da actividade, especialmente em matéria de supervisão da liquidez, da solvabilidade, dos grandes riscos, da organização administrativa e contabilística e do controlo interno,
  ou
  – para a imposição de sanções,
  ou

- no âmbito de um recurso administrativo contra uma decisão da autoridade competente,

ou

- no âmbito de processos judiciais iniciados por força do artigo 33.º ou de disposições especiais previstas pela presente directiva assim como por outras directivas adoptadas em matéria de instituições de crédito.

5. O disposto nos n.ºs 1 e 4 não obsta à troca de informações entre as autoridades competentes, no interior de um mesmo Estado-Membro, quando nele existam várias autoridades competentes, ou entre Estados-Membros:
   - e as autoridades investidas da missão pública de supervisão das outras instituições financeiras e das companhias de seguros, bem como as autoridades encarregadas da supervisão dos mercados financeiros,
   - e os órgãos implicados na liquidação e na falência das instituições de crédito e noutros processos análogos,
   - e as pessoas encarregadas do controlo legal das contas das instituições de crédito e das outras instituições financeiras,

para cumprimento da sua missão de supervisão, e não obstam igualmente à transmissão, aos organismos encarregados da gestão dos sistemas de garantia dos depósitos, das informações necessárias ao cumprimento da sua função. As informações recebidas por essas autoridades, organismos e pessoas ficam sujeitas ao segredo profissional a que se refere o n.º 1.

6. Sem prejuízo do disposto nos n.ºs 1 a 4, os Estados-Membros podem autorizar trocas de informações entre as autoridades competentes e:
   - as autoridades com competência para a supervisão dos organismos intervenientes na liquidação e falência das instituições de crédito e noutros processos análogos,

ou

   - as autoridades com competência para supervisão das pessoas encarregadas da revisão legal das contas das empresas de seguros, das instituições de crédito, das empresas de investimento e de outras instituições financeiras.

Os Estados-Membros que façam uso da faculdade prevista no primeiro parágrafo exigirão que sejam preenchidas as seguintes condições mínimas:
   - as informações devem destinar-se ao exercício das funções de supervisão a que se refere o primeiro parágrafo,
   - as informações recebidas nesse contexto ficarão sujeitas ao segredo profissional a que se refere o n.º 1,
   - se as informações forem provenientes de outro Estado-Membro, só podem ser comunicadas com o acordo explícito das autoridades competentes que as transmitiram e, se for caso disso, exclusivamente para os efeitos para os quais essas autoridades deram o seu acordo.

Os Estados-Membros comunicarão à Comissão e aos outros Estados-Membros a identidade das autoridades que podem receber informações nos termos do presente número.

7. Sem prejuízo do disposto nos n.ᵒˢ 1 a 4, os Estados-Membros, com o objectivo de reforçar a estabilidade do sistema financeiro, incluindo a integridade deste, podem autorizar a troca de informações entre as autoridades competentes e as autoridades ou organismos encarregados por lei da detecção das infracções ao direito das sociedades e das investigações sobre essas infracções.

Os Estados-Membros que façam uso da faculdade prevista no primeiro parágrafo exigirão que sejam preenchidas as seguintes condições mínimas:
- as informações devem destinar-se ao exercício da função a que se refere o primeiro parágrafo,
- as informações recebidas neste contexto ficarão sujeitas ao segredo profissional a que se refere o n.º 1,
- se as informações forem provenientes de outro Estado-Membro, só poderão ser divulgadas com o acordo explícito das autoridades competentes que as comunicaram e, se for o caso, exclusivamente para os fins relativamente aos quais as referidas autoridades tiverem dado o seu acordo.

Se num Estado-Membro os organismos previstos no primeiro parágrafo exercerem as suas funções de detecção ou de investigação recorrendo, por força das suas competências específicas, a pessoas mandatadas para o efeito que não pertençam à função pública, a possibilidade de troca de informações previstas no primeiro parágrafo poderá ser tornada extensiva a essas pessoas, nas condições especificadas no segundo parágrafo.

Para efeitos do terceiro travessão do segundo parágrafo, as autoridades ou os organismos a que se refere o primeiro parágrafo comunicarão às autoridades competentes que tenham enviado as informações, a identidade e o mandato preciso das pessoas a quem serão transmitidas essas informações.

Os Estados-Membros comunicarão à Comissão e aos outros Estados-Membros a identidade das autoridades ou organismos que podem receber informações nos termos do presente número.

A Comissão elaborará, até 31 de Dezembro do ano 2000, um relatório sobre a aplicação do presente número.

8. O disposto no presente artigo não obsta a que uma autoridade competente transmita:
- aos bancos centrais e outros organismos de vocação semelhante, enquanto autoridades monetárias,
- eventualmente, a outras autoridades com competência para a supervisão dos sistemas de pagamento,

informações destinadas ao exercício das suas funções, nem a que essas autoridades ou organismos comuniquem às autoridades competentes as informações de que necessitem para efeitos do n.° 4. As informações recebidas neste contexto ficarão sujeitas ao segredo profissional a que se refere o presente artigo.

9. Além disso, e não obstante as disposições dos n.ᵒˢ 1 e 4, os Estados-Membros podem autorizar, por força de disposições legislativas, a comunicação de certas informações a outros departamentos das respectivas administrações centrais responsáveis pela legislação de supervisão das instituições de crédito, das instituições financeiras, dos serviços de investimento e das companhias de seguros, bem como aos inspectores mandatados por estes departamentos.

Estas comunicações só podem no entanto ser efectuadas quando isso se revele necessário por razões de controlo prudencial.

Todavia, os Estados-Membros legislarão no sentido de que as informações recebidas ao abrigo dos n.ᵒˢ 2 e 5, e as obtidas por meio das verificações in loco, referidas nos n.ᵒˢ 1 e 2 do artigo 29.°, não possam em caso algum ser objecto das comunicações referidas no presente número, salvo autorização expressa da autoridade competente que tiver comunicado as informações ou da autoridade competente do Estado-Membro onde a verificação in loco tenha sido efectuada.

10. O disposto no presente artigo não obsta a que as autoridades competentes comuniquem as informações a que se referem os n.ᵒˢ 1 a 4 a uma câmara de compensação ou a qualquer outro organismo semelhante reconhecido pela lei nacional para garantir serviços de compensação ou de liquidação de contratos num dos mercados do respectivo Estado-Membro, se considerarem que essa comunicação é necessária para assegurar o funcionamento regular desses organismos em relação ao incumprimento, mesmo potencial, por parte dos intervenientes nesse mercado. As informações recebidas neste contexto ficam sujeitas ao segredo profissional a que se refere o n.° 1. Os Estados-Membros devem, no entanto, assegurar que as informações recebidas nos termos do n.° 2 não possam ser divulgadas, no caso previsto no presente número, sem o consentimento expresso das autoridades competentes que as tenham comunicado.

ARTIGO 31.°
Obrigações das pessoas encarregadas do controlo legal das contas anuais e das contas consolidadas

1. Os Estados-Membros determinarão as seguintes condições mínimas:
    a) As pessoas autorizadas na acepção da Directiva 84/253/CEE do Conselho[14], que exerçam junto de uma instituição de crédito as funções descritas no artigo 51.° da Directiva 78/660/CEE do Conselho[15], no artigo 37.° da Directiva 83/349/CEE, no artigo 31.° da Directiva 85/611/CEE do Conselho[16] ou quaisquer outras funções legais, têm a obrigação de comunicar

rapidamente às autoridades competentes qualquer facto ou decisão respeitante a essa instituição de que tenham tido conhecimento no desempenho das suas funções, que seja susceptível de:
– constituir uma violação de fundo das disposições legislativas, regulamentares ou administrativas que estabelecem as condições de autorização ou que regem de modo específico o exercício da actividade das instituições de crédito,
ou
– afectar a continuidade da exploração da instituição de crédito,
ou
– acarretar a recusa da certificação das contas ou a emissão de reservas;
b) A mesma obrigação se aplica a essas pessoas no que respeita aos factos e decisões de que venham a ter conhecimento no contexto de funções como as descritas na alínea a), exercidas numa empresa que mantenha uma relação estreita decorrente de uma relação de controlo com a instituição de crédito na qual essas pessoas desempenham as referidas funções.

2. A divulgação de boa fé às autoridades competentes, pelas pessoas autorizadas na acepção da Directiva 84/253/CEE, de factos ou decisões referidos no n.º 1, não constitui violação de nenhuma restrição à divulgação de informações imposta por contrato ou por disposição legislativa, regulamentar ou administrativa e não acarreta para essas pessoas qualquer tipo de responsabilidade.

---

(14) Oitava Directiva (84/253/CEE) do Conselho, de 10 de Abril de 1984, fundada no n.º 2, alínea g), do artigo 44.º do Tratado CEE, relativa à aprovação das pessoas encarregadas da fiscalização legal dos documentos contabilísticos (JO L 126 de 12.5.1984, p. 20).
(15) Quarta Directiva (78/660/CEE) do Conselho, de 25 de Julho de 1978, baseada no artigo 44.º, n.º 2, alínea g) do Tratado e relativa às contas anuais de certas formas de sociedade (JO L 222 de 14.8.1978, p. 11). Directiva com a última redacção que lhe foi dada pela Directiva 1999/60/CE (JO L 62 de 26.6.1999, p. 65).
(16) Directiva 85/611/CEE do Conselho, de 20 de Dezembro de 1985, que coordena as disposições legislativas, regulamentares e administrativas respeitantes a alguns organismos de investimento colectivo em valores mobiliários (OICVM) (JO L 375 de 31.12.1985, p. 3). Directiva com a última redacção que lhe foi dada pela Directiva 95/26/CE (JO L 168 de 18.7.1995, p. 7).

ARTIGO 32.º
Poder de sanção das autoridades competentes

Sem prejuízo dos processos de revogação da autorização e das disposições de direito penal, os Estados-Membros disporão no sentido de que as respectivas autoridades competentes possam aplicar sanções às instituições de crédito ou aos respectivos dirigentes responsáveis que infrinjam disposições legislativas, regulamentares ou administrativas em matéria de controlo ou de exercício da actividade, ou tomar, em relação a eles, medidas cuja aplicação vise pôr termo às infracções verificadas ou às suas causas.

ARTIGO 33.º
Recurso jurisdicional

Os Estados-Membros estabelecerão que as decisões tomadas a respeito de uma instituição de crédito em aplicação das disposições legislativas, regulamentares e administrativas aprovadas nos termos da presente directiva, podem ser objecto de recurso jurisdicional; o mesmo é aplicável no caso de não ter sido tomada uma decisão no prazo de seis meses a seguir à sua introdução, relativamente a um pedido de autorização acompanhado de todos os elementos requeridos pelas disposições em vigor.

ARTIGO 33.º A[647]

O artigo 3.º da Directiva 2000/46/CE é aplicável às instituições de crédito.

CAPÍTULO 2
Instrumentos técnicos da supervisão prudencial

SECÇÃO 1
Fundos próprios

ARTIGO 34.º[648]
Princípios gerais

1. Sempre que um Estado-Membro, em execução da legislação comunitária

---

[647] Aditado pelo n.º 2 do artigo 1.º da Directriz n.º 2000/28/CE, do Parlamento Europeu e do Conselho, de 18 de Setembro de 2000.

[648] O n.º 4 do artigo 29.º da Directriz n.º 2002/87/CE, do Parlamento Europeu e do Conselho, de 16 de Dezembro de 2002, deu nova redacção ao n.º 2 do presente artigo:
  – a alínea *a*) substituiu os pontos 12 e 13 do primeiro parágrafo e aditou os pontos 14 a 16; era a seguinte a redacção original dos referidos pontos 12 e 13:
12. As participações noutras instituições de crédito e em instituições financeiras superiores a 10% do capital dessas instituições, bem como os créditos subordinados e os instrumentos referidos no artigo 35.º que a instituição de crédito detenha sobre instituições de crédito e sobre instituições financeiras nas quais detenha uma participação superior a 10% do respectivo capital.
  Sempre que haja detenção temporária de acções de uma outra instituição de crédito ou de uma instituição financeira para efeitos de uma operação de assistência financeira destinada a recuperar e a salvar essa instituição, a autoridade competente pode autorizar derrogações à presente disposição.
13. As participações noutras instituições de crédito e em instituições financeiras inferiores ou iguais a 10% do capital dessas instituições, bem como os créditos subordinados e os instrumentos referidos no artigo 35.º que a instituição de crédito detenha sobre outras instituições de crédito ou sobre instituições financeiras que não as referidas no ponto 12 relativamente ao montante total dessas participações, créditos subordinados e instrumentos que ultrapasse 10% dos fundos próprios da instituição de crédito calculados antes da dedução dos elementos do ponto 12 e do presente ponto.
  – a alínea *b*) deu nova redacção ao segundo parágrafo que foi substituído por um conjunto de quatro parágrafos; era a seguinte a redacção original:

relativa à supervisão prudencial a exercer sobre uma instituição de crédito em actividade, adoptar, por via legislativa, regulamentar ou administrativa, uma disposição que utilize o termo fundos próprios ou se refira a esse conceito, esse mesmo Estado-Membro providenciará para que esse termo ou esse conceito coincidam com a definição dada nos números 2, 3 e 4 e nos artigos 35.º a 38.º.

2. Sob reserva dos limites definidos no artigo 38.º, os fundos próprios não consolidados das instituições de crédito são constituídos pelos seguintes elementos:

1. O capital, na acepção do artigo 22.º da Directiva 86/635/CEE, na medida em que tenha sido realizado, acrescido dos prémios de emissão, mas com exclusão das acções preferenciais cumulativas.
2. As reservas, na acepção do artigo 23.º da Directiva 86/635/CEE, e os resultados transitados por afectação do resultado final. Os Estados-Membros só podem autorizar a tomada em consideração dos lucros intercalares antes de ter sido tomada uma decisão formal, se esses lucros tiverem sido verificados por pessoas encarregadas do controlo das contas e se se provar, a contento das autoridades competentes, que o respectivo montante foi apurado em conformidade com os princípios que constam da Directiva 86/635/CEE e é líquido de qualquer encargo previsível e previsão para dividendos.
3. Os fundos para riscos bancários gerais, na acepção do artigo 38.º da Directiva 86/635/CEE.
4. As reservas de reavaliação, na acepção do artigo 33.º da Directiva 78/660/CEE.
5. As correcções de valor, na acepção do n.º 2 do artigo 37.º da Directiva 86/635/CEE.
6. Os outros elementos, na acepção do artigo 35.º
7. Os compromissos dos membros das instituições de crédito constituídas sob a forma de sociedade cooperativa e os compromissos solidários dos mutuários de certas instituições de crédito com o estatuto de fundos, referidos no n.º 1 do artigo 36.º
8. As acções preferenciais cumulativas remíveis em data certa, assim como os empréstimos subordinados referidos no n.º 3 do artigo 36.º

Em conformidade com o artigo 38.º, serão deduzidos os seguintes elementos:
9. As acções próprias detidas pela instituição de crédito pelo seu valor de inscrição no activo.
10. Os activos incorpóreos na acepção do ponto 9, do artigo 4.º "Activo" da Directiva 86/635/CEE.
11. Os resultados negativos de certa importância do exercício em curso.

Os Estados-Membros podem prever que, para o cálculo dos fundos próprios não consolidados, as empresas-mãe sujeitas a supervisão numa base consolidada possam não deduzir as suas participações noutras instituições de crédito ou em instituições financeiras incluídas na consolidação. A presente disposição é válida para o conjunto das regras prudenciais harmonizadas pelos actos comunitários.

12. As participações noutras instituições de crédito e em instituições financeiras superiores a 10% do capital dessas instituições.
13. Os créditos subordinados e os instrumentos referidos no artigo 35.º e no n.º 3 do artigo 36.º que a instituição de crédito detenha sobre instituições de crédito ou sobre instituições financeiras nas quais detenha uma participação superior a 10% do respectivo capital.
14. As participações noutras instituições de crédito e em instituições financeiras inferiores ou iguais a 10% do capital dessas instituições, os créditos subordinados e os instrumentos referidos no artigo 35.º e no n.º 3 do artigo 36.º que a instituição de crédito detenha sobre instituições de crédito ou sobre instituições financeiras que não as referidas nos pontos 12 e 13 do presente parágrafo relativamente ao montante total dessas participações, créditos subordinados e instrumentos que ultrapasse 10% dos fundos próprios da instituição de crédito, calculados antes da dedução dos elementos dos pontos 12 a 16 do presente parágrafo.
15. As participações na acepção do ponto 9 do artigo 1.º detidas por uma instituição de crédito em:
    – empresas de seguros na acepção do artigo 6.º da Directiva 73/239/CEE, do artigo 6.º da Directiva 79/267/CEE ou da alínea *b*) do artigo 1.º da Directiva 98/78/CE do Parlamento Europeu e do Conselho[*],
    – empresas de resseguros na acepção da alínea *c*) do artigo 1.º da Directiva 98/78/CE,
    – sociedades gestoras de participações no sector dos seguros na acepção da alínea *i*) do artigo 1.º da Directiva 98/78/CE.

---

[*] JO L 330 de 5.12.1998, S. 1.

16. Cada um dos seguintes elementos que a instituição de crédito detenha relativamente às entidades definidas no ponto 15 em que detém uma participação:
    – os instrumentos referidos no n.º 3 do artigo 16.º da Directiva 73/239/CEE,
    – os instrumentos referidos no n.º 3 do artigo 18.º da Directiva 79/267/CEE.

Sempre que haja detenção temporária de acções de uma outra instituição de crédito, instituição financeira, empresa de seguros ou de resseguros ou sociedade gestora de participações no sector dos seguros para efeitos de uma operação de assistência financeira, destinada a sanear e recuperar essa entidade, a autoridade competente pode autorizar derrogações às disposições em matéria de dedução a que se referem os pontos 12 a 16.

Em alternativa à dedução dos elementos referidos nos pontos 15 e 16, os Estados-Membros podem autorizar as suas instituições de crédito a aplicar, mutatis mutandis, os métodos 1, 2 ou 3 do anexo I da Directiva 2002/87/CE. O método 1

("Consolidação contabilística") só é aplicado se a autoridade competente estiver segura do nível de gestão integrada e controlo interno das entidades a incluir no âmbito da consolidação. O método escolhido é aplicado de modo consistente ao longo do tempo.

Os Estados-Membros podem prever que, para o cálculo dos fundos próprios numa base individual, as instituições de crédito sujeitas a supervisão numa base consolidada nos termos do capítulo 3, ou a supervisão complementar em conformidade com a Directiva 2002/87/CE, possam não deduzir os elementos referidos nos pontos 12 a 16 que sejam detidos em instituições de crédito, instituições financeiras, empresas de seguros ou de resseguros ou sociedades gestoras de participações no sector de seguros abrangidos pela consolidação ou pela supervisão complementar.

A presente disposição é válida para o conjunto das regras prudenciais harmonizadas por actos comunitários.

3. O conceito de fundos próprios definido nos pontos 1 a 8 do n.º 2 compreende o maior número possível de elementos e de montantes. Ficam ao critério dos Estados-Membros a utilização desses elementos ou a fixação de plafonds inferiores, bem como a dedução de outros elementos que não os enumerados nos pontos 9 a 13 do n.º 2. No entanto, os Estados-Membros devem prever um reforço da convergência com vista à adopção de uma definição comum dos fundos próprios.

Para esse efeito, o mais tardar até 1 de Janeiro de 1996, a Comissão apresentará ao Parlamento Europeu e ao Conselho um relatório sobre a aplicação do presente artigo e dos artigos 35.º a 39.º, acompanhado, se for caso disso, de propostas de alterações que considere necessárias. O mais tardar até 1 de Janeiro de 1998, o Parlamento Europeu e o Conselho, deliberando segundo o procedimento estabelecido pelo artigo 251.º do Tratado e após consulta ao Comité Económico e Social, procederão à análise da definição de fundos próprios com vista à aplicação uniforme da definição comum.

4. Os elementos enumerados nos pontos 1 a 5 do n.º 2 devem poder ser utilizados imediatamente e sem restrição pela instituição de crédito para cobrir riscos ou perdas logo que esses riscos ou perdas se verificarem. O seu montante deve estar isento de qualquer imposto previsível no momento em que é calculado ou ser correctamente ajustado, na medida em que esse imposto reduza o montante até ao qual esses elementos são susceptíveis de ser afectados à cobertura de riscos ou perdas.

ARTIGO 35.º
Outros elementos

1. O conceito de fundos próprios utilizado por um Estado-Membro pode incluir outros elementos, desde que se trate de elementos que, independentemente da sua denominação jurídica ou contabilística, apresentem as seguintes características:

a) Possam ser utilizados livremente pela instituição de crédito para cobrir riscos normalmente ligados ao exercício da actividade bancária, sempre que as perdas ou menos-valias ainda não tenham sido identificadas;
b) A sua existência conste da contabilidade interna;
c) O seu montante seja fixado pela direcção da instituição de crédito, verificado por revisores de contas independentes, comunicado às autoridades competentes e sujeito à supervisão dessas autoridades.

2. Podem igualmente ser considerados como outros elementos os títulos de duração indeterminada e outros instrumentos que preencham as seguintes condições:
a) Não possam ser reembolsáveis por iniciativa do portador ou sem o acordo prévio da autoridade competente;
b) O respectivo contrato de emissão dê à instituição de crédito a possibilidade de diferir o pagamento dos juros do empréstimo;
c) Os direitos do credor sobre a instituição de crédito estejam totalmente subordinados aos de todos os credores não subordinados;
d) Os documentos que regulam a emissão dos títulos prevejam a capacidade de a dívida e os juros não pagos absorverem os prejuízos, permitindo assim à instituição de crédito prosseguir a sua actividade;
e) Sejam tomados em conta apenas os montantes efectivamente realizados.

Acrescentam-se, como complemento, as acções preferenciais cumulativas, que não as referidas no n.º 2, ponto 8, do artigo 34.º.

ARTIGO 36.º
Outras disposições relativas aos fundos próprios

1. Os compromissos dos membros das instituições de crédito constituídas sob a forma de sociedades cooperativas referidos no n.º 2, ponto 7, do artigo 34.º são constituídos pelo capital não realizado dessas sociedades e pelos compromissos legais dos membros dessas sociedades cooperativas no sentido de efectuarem pagamentos adicionais não reembolsáveis no caso de perdas sofridas pela instituição de crédito, caso em que os pagamentos devem poder ser imediatamente exigíveis.

No caso das instituições de crédito com o estatuto de fundos, os compromissos solidários dos mutuários são assimilados aos elementos que precedem.

O conjunto desses elementos pode ser incluído nos fundos próprios, desde que, nos termos da legislação nacional, sejam tomados em consideração nos fundos próprios das instituições deste tipo.

2. Os Estados-Membros não podem incluir nos fundos próprios das instituições de crédito públicas as garantias que eles próprios ou as respectivas autoridades locais concedam a essas instituições.

3. Os Estados-Membros ou as autoridades competentes podem incluir nos fundos próprios as acções preferenciais cumulativas remíveis em data certa referidas no n.º 2, ponto 8, do artigo 34.º, assim como os empréstimos subordinados referidos naquela mesma disposição, se existirem acordos com força vinculativa nos termos dos quais, em caso de falência ou liquidação da instituição de crédito, esses empréstimos tenham prioridade inferior aos créditos de todos os outros credores e não tenham de ser reembolsados enquanto as dívidas pendentes nesse momento não tiverem sido liquidadas.

Os empréstimos subordinados devem igualmente preencher as seguintes condições:
 a) Apenas sejam tidos em conta os fundos efectivamente realizados;
 b) Tenham um prazo de vencimento inicial de pelo menos cinco anos; após esse prazo, podem ser objecto de reembolso; se a data de vencimento da dívida não estiver fixada, só sejam reembolsáveis mediante um pré-aviso de cinco anos, excepto se deixarem de ser considerados fundos próprios ou se tiver sido formalmente requerido o acordo prévio das autoridades competentes para o seu reembolso antecipado. As autoridades competentes podem autorizar o reembolso antecipado desses fundos desde que o pedido nesse sentido tenha sido feito por iniciativa do emitente e a solvabilidade da instituição de crédito não seja afectada;
 c) O montante até ao qual podem ser incluídos nos fundos próprios seja progressivamente reduzido durante, pelo menos, os últimos cinco anos do prazo de vencimento;
 d) O contrato de empréstimo não inclua quaisquer cláusulas que determinem que, em circunstâncias determinadas que não a liquidação da instituição de crédito, a dívida deva ser reembolsada antes do prazo de vencimento acordado.

ARTIGO 37.º
Cálculo dos fundos próprios numa base consolidada

1. Sempre que o cálculo tiver de ser efectuado numa base consolidada, os elementos enunciados no n.º 2 do artigo 34.º serão considerados segundo os respectivos montantes consolidados nos termos das regras fixadas pelos artigos 52.º a 56.º Além disso, para o cálculo dos fundos próprios, podem ser equiparados a reservas consolidadas, quando forem de crédito ("negativos"), os seguintes elementos:
 – participações minoritárias, na acepção do artigo 21.º da Directiva 83/349/CEE, em caso de utilização do método da integração global,
 – diferença de primeira consolidação, na acepção dos artigos 19.º, 30.º e 31.º da Directiva 83/349/CEE,
 – diferenças de conversão incluídas nas reservas consolidadas nos termos do n.º 6 do artigo 39.º da Directiva 86/635/CEE,
 – diferença resultante da inscrição de determinadas participações segundo o método descrito no artigo 33.º da Directiva 83/349/CEE.

2. Quando forem de débito ("positivos"), os elementos acima descritos devem ser deduzidos no cálculo dos fundos próprios consolidados.

ARTIGO 38.º
Deduções e limites

1. Os elementos referidos no n.º 2, pontos 4 a 8, do artigo 34.º estão sujeitos aos seguintes limites:
   a) O total dos elementos dos pontos 4 a 8 não pode ultrapassar um máximo equivalente a 100% dos elementos dos pontos 1 mais 2 e 3 menos 9, 10 e 11;
   b) O total dos elementos dos pontos 7 e 8 não pode ultrapassar um máximo equivalente a 50% dos elementos dos pontos 1 mais 2 e 3 menos 9, 10 e 11;
   c) O total dos elementos dos pontos 12 e 13 será deduzido do total dos elementos.

2. As autoridades competentes podem autorizar as instituições de crédito a exceder, em circunstâncias temporárias e excepcionais, os limites previstos no n.º 1.

ARTIGO 39.º
Prova às autoridades competentes

O cumprimento das condições referidas nos n.ºs 2, 3 e 4 do artigo 34.º e nos artigos 35.º a 38.º deve ser comprovado de acordo com as exigências das autoridades competentes.

SECÇÃO 2
Rácio de solvabilidade

ARTIGO 40.º
Princípios gerais

1. O rácio de solvabilidade exprime a proporção existente entre os fundos próprios, definidos nos termos do artigo 41.º, e os elementos do activo e extrapatrimoniais ponderados em função do risco, de acordo com o estabelecido no artigo 42.º.

2. O rácio de solvabilidade de instituições de crédito que não sejam empresas-mãe, na acepção do artigo 1.º da Directiva 83/349/CEE, ou filiais das mesmas empresas será calculado numa base individual.

3. O rácio de solvabilidade de instituições de crédito que sejam empresas-mãe será calculado numa base consolidada, de acordo com os métodos definidos na presente directiva, bem como na Directiva 86/635/CEE.

4. As autoridades competentes responsáveis pela autorização e supervisão da

Directriz n.º 2000/12/CE, do Parlamento e do Conselho, de 20 de Março de 2000 **42.**

empresa-mãe que seja uma instituição de crédito podem, igualmente, exigir o cálculo de um rácio parcialmente consolidado ou não consolidado da mesma, bem como de qualquer filial desta que dependa da sua autorização e supervisão. Se não for efectuado esse controlo da repartição adequada do capital no interior do grupo bancário, devem ser tomadas outras medidas para assegurar este objectivo.

5. Sem prejuízo do cumprimento do disposto nos n.os 2, 3 e 4 do presente artigo e nos n.os 8 e 9 do artigo 52.º pelas instituições de crédito, as autoridades competentes providenciarão no sentido de que os rácios sejam calculados, pelo menos, duas vezes por ano, quer pela própria instituição de crédito, que fornecerá às autoridades competentes os resultados obtidos e todos os elementos de cálculo necessários, quer pelas autoridades competentes, com base nos dados fornecidos pelas instituições de crédito.

6. A avaliação dos elementos do activo e extrapatrimoniais deve ser efectuada nos termos do disposto na Directiva 86/635/CEE.

ARTIGO 41.º
Numerador: fundos próprios

Os fundos próprios, tal como definidos pela presente directiva, constituem o numerador do rácio de solvabilidade.

ARTIGO 42.º
Denominador: activos e elementos extrapatrimoniais ponderados em função do risco

1. São atribuídos às rubricas do activo, nos termos do disposto nos artigos 43.º e 44.º e, excepcionalmente, nos artigos 45.º, 62.º e 63.º, graus de risco de crédito expressos em coeficientes percentuais de ponderação. O valor de balanço de cada activo é, então, multiplicado pelo coeficiente de ponderação apropriado, de modo a obter-se um valor ponderado.

2. No caso dos elementos extrapatrimoniais referidos no anexo II, será efectuado um cálculo em duas etapas, descrito no n.º 2 do artigo 43.º

3. No caso dos elementos extrapatrimoniais referidos no n.º 3 do artigo 43.º, os custos potenciais de substituição de contratos em caso de incumprimento da contraparte serão calculados por aplicação de um dos dois métodos descritos no anexo III. Esses custos serão multiplicados pela ponderação relativa à contraparte referida no n.º 1 do artigo 43.º, com excepção do coeficiente de ponderação de 100% aí previsto, que será substituído por um coeficiente de ponderação de 50%, obtendo--se assim valores ajustados ao risco.

4. A soma dos valores ponderados dos elementos do activo e extrapatrimoniais, referidos nos n.os 2 e 3, constitui o denominador do rácio de solvabilidade.

ARTIGO 43.º
Ponderação dos riscos

1. Devem ser aplicados aos elementos do activo abaixo indicados os coeficientes de ponderação a seguir referidos, podendo no entanto as autoridades competentes estabelecer outros coeficientes mais elevados, se o considerarem adequado.
   a) *Coeficiente de ponderação zero*
      1. Caixa e elementos equivalentes.
      2. Elementos do activo constitutivos de créditos sobre administrações centrais e bancos centrais da zona A.
      3. Elementos do activo representativos de créditos sobre as Comunidades Europeias.
      4. Elementos do activo representativos de créditos que gozem da garantia expressa das administrações centrais e bancos centrais da zona A, bem como das Comunidades Europeias.
      5. Elementos do activo representativos de créditos sobre administrações centrais e bancos centrais da zona B, expressos na moeda nacional dos mutuários e financiados nessa mesma moeda.
      6. Elementos do activo representativos de créditos que gozem de garantia expressa das administrações centrais e bancos centrais da zona B, expressos e financiados na moeda nacional comum ao garante e ao mutuário.
      7. Elementos do activo que as autoridades competentes considerem total e completamente cobertos por garantias, sob a forma de títulos emitidos por administrações centrais ou bancos centrais da zona A, pelas Comunidades Europeias ou ainda por depósitos em numerário, junto da instituição mutuante ou por certificados de depósito ou instrumentos similares emitidos por esta última e nela colocados.
   b) *Coeficiente de ponderação de 20%*
      1. Elementos do activo representativos de créditos sobre o BEI.
      2. Elementos do activo representativos de créditos sobre bancos multilaterais de desenvolvimento.
      3. Elementos do activo representativos de créditos que gozem de garantia expressa do BEI.
      4. Elementos do activo representativos de créditos que gozem de garantia expressa de bancos multilaterais de desenvolvimento.
      5. Elementos do activo representativos de créditos sobre autoridades regionais e locais da zona A, sem prejuízo do disposto no artigo 44.º.
      6. Elementos do activo representativos de créditos que gozem de garantia expressa de autoridades regionais e locais da zona A, sem prejuízo do disposto no artigo 44.º
      7. Elementos do activo representativos de créditos sobre instituições de crédito da zona A que não constituam fundos próprios dessas instituições.
      8. Elementos do activo representativos de créditos com prazo de vencimento inferior ou igual a um ano, sobre instituições de crédito da zona

B, que não sejam títulos emitidos por essas instituições e reconhecidos como fazendo parte dos seus fundos próprios.
9. Elementos do activo que gozem de garantia expressa de instituições de crédito da zona A.
10. Elementos do activo representativos de créditos com prazo de vencimento inferior ou igual a um ano, que gozem de garantia expressa de instituições de crédito da zona B.
11. Elementos do activo que as autoridades competentes considerem total e completamente cobertos por garantias sob a forma de títulos emitidos pelo BEI ou por bancos multilaterais de desenvolvimento.
12. Valores líquidos em cobrança.

c) *Coeficiente de ponderação de 50%*
1. Empréstimos que as autoridades competentes considerem total e completamente garantidos por hipoteca sobre imóveis destinados a habitação que sejam ou venham a ser ocupados ou arrendados pelo mutuário, e empréstimos total e integralmente garantidos, a contento das autoridades competentes, por acções de empresas finlandesas de construção de imóveis destinados à habitação, que actuem de acordo com a Lei finlandesa da construção de habitações, de 1991, em relação a imóveis para habitação destinados a ser habitados ou arrendados pela pessoa que contraiu o empréstimo;

"Títulos garantidos por créditos hipotecários" que possam ser equiparados aos empréstimos referidos no primeiro parágrafo ou no n.º 1 do artigo 62.º, desde que as autoridades competentes considerem, tendo em conta o quadro jurídico vigente em cada Estado-Membro, que são equivalentes em termos de risco de crédito. Sem prejuízo dos tipos de títulos que podem ser incluídos neste ponto 1 e que preenchem as condições nele estabelecidas, os "títulos garantidos por créditos hipotecários" podem abranger instrumentos na acepção da secção B, alíneas a) e b), do ponto 1 do anexo da Directiva 93/22/CEE do Conselho[17]. As autoridades competentes devem em especial assegurar que:

i) Esses títulos sejam completa e directamente garantidos por um conjunto de créditos hipotecários da mesma natureza que os definidos no primeiro parágrafo ou no n.º 1 do artigo 62.º e que sejam perfeitamente válidos e eficazes aquando da criação desses títulos;

ii) Exista uma garantia especial adequada com elevado grau de prioridade onerando os bens hipotecados subjacentes ao título, detida directamente pelos investidores em títulos garantidos por créditos hipotecários ou, em seu nome, por um administrador fiduciário ou representante mandatado, na proporção dos títulos por eles detidos.

2. Contas de regularização: estes elementos do activo estão sujeitos a um coeficiente de ponderação correspondente à contraparte, nos casos em que a instituição de crédito estiver apta a determinar esse coeficiente de acordo com o disposto na Directiva 86/635/CEE; caso contrário, se a ins-

tituição de crédito não puder determinar a contraparte, aplicará a esses elementos do activo um coeficiente de ponderação único de 50%.

d) *Coeficiente de ponderação de 100%*

1. Elementos do activo representativos de créditos sobre administrações centrais e bancos centrais da zona B, excepto quando forem expressos na moeda nacional dos mutuários e financiados nessa mesma moeda.
2. Elementos do activo representativos de créditos sobre administrações regionais e locais da zona B.
3. Elementos do activo representativos de créditos, com prazo de vencimento superior a um ano, sobre instituições de crédito da zona B.
4. Elementos do activo representativos de créditos sobre os sectores não bancários da zona A e da zona B.
5. Activos corpóreos, na acepção dos activos a que se refere o ponto 10 do artigo 4.° "Activo" da Directiva 86/635/CEE.
6. Carteiras de acções, de participações e de outros elementos constitutivos de fundos próprios de outras instituições de crédito que não sejam deduzidos dos fundos próprios das instituições mutuantes.
7. Todos os restantes elementos do activo, excepto quando forem deduzidos dos fundos próprios.

2. Aos elementos extrapatrimoniais que não sejam abrangidos pelo n.° 3 do presente artigo aplicar-se-á o seguinte tratamento: os elementos serão inicialmente agrupados em função dos graus de risco constantes do anexo II. Os elementos de risco elevado serão considerados pelo seu valor total; os elementos de risco médio serão considerados por 50% do seu valor; os elementos de risco médio/baixo serão considerados por 20% do seu valor; o valor dos elementos que apresentem um risco baixo será reduzido a zero. A segunda fase consistirá em multiplicar os valores dos elementos extrapatrimoniais, corrigidos pelo método acima descrito, pelos coeficientes de ponderação atribuídos às contrapartes respectivas, de acordo com o tratamento previsto para os activos no n.° 1 do presente artigo e no artigo 44.° No caso de vendas de activos com acordos de recompra e de compra de activos a prazo fixo, os coeficientes de ponderação dizem respeito aos próprios activos em causa e não às contrapartes nas transacções. Pode ser aplicado um coeficiente de ponderação de 20% à fracção não realizada do capital subscrito do Fundo Europeu de Investimento.

3. Os métodos descritos no anexo III aplicam-se aos elementos extrapatrimoniais enumerados no anexo IV, com exepção dos seguintes:
– contratos negociados em mercados reconhecidos,
– contratos relativos a taxas de câmbio (com excepção dos contratos relativos ao ouro) com prazo de vencimento inicial igual ou inferior a 14 dias de calendário.

Até 31 de Dezembro de 2006, as autoridades competentes dos Estados-Membros podem isentar da aplicação dos métodos descritos no anexo III os contratos relativos aos instrumentos derivados do mercado de balcão objecto de compensação por câmaras de compensação reconhecidas pelas autoridades competentes quando estas actuem na qualidade de contraparte legal e todos os participantes garantam plenamente, numa base diária, o risco que apresentam para a câmara de compensação, fornecendo uma protecção contra o risco actual e o risco futuro potencial. As autoridades competentes devem certificar-se de que as garantias constituídas fornecem o mesmo nível de protecção que as garantias que respeitam os requisitos do ponto 7 da alínea a) do n.° 1 e de que é eliminada a possibilidade de o risco para a câmara de compensação exceder o valor de mercado das garantias constituídas. Os Estados-Membros informarão a Comissão do uso que fizerem desta faculdade.

4. Quando os elementos extrapatrimoniais beneficiarem de garantias expressas, devem ser ponderados tal como se tivessem sido contratados por conta do garante e não da contraparte real. Quando o risco decorrente das transacções extrapatrimoniais estiver total e completamente garantido, a contento das autoridades competentes, por um dos elementos do activo, reconhecidos como garantia adequada no ponto 7 da alínea *a*) e no ponto 11 da alínea *b*) do n.° 1, aplicar-se-ão os coeficientes de ponderação de 0% ou 20%, consoante a garantia em questão.

Os Estados-Membros podem aplicar um coeficiente de ponderação de 50% aos elementos extrapatrimoniais constituídos por cauções ou garantias com carácter de substitutos de créditos e que sejam integralmente garantidos, a contento das autoridades competentes, por hipotecas que satisfaçam as condições estabelecidas no ponto 1 da alínea *c*) do n.° 1, sob reserva de que o garante beneficie de um direito directo sobre essa garantia.

5. Quando os elementos do activo e os elementos extrapatrimoniais forem afectados de um coeficiente de ponderação mais baixo devido à existência de uma garantia explícita ou de uma garantia aceitável para as autoridades competentes, o coeficiente de ponderação mais baixo só é aplicável à parte garantida ou integralmente coberta pela garantia.

---

[17] Directiva 93/22/CEE do Conselho, de 10 de Maio de 1993, relativa aos serviços de investimento no domínio dos valores mobiliários (JO L 141 de 11.6.1993, p. 27). Directiva com a última redacção que lhe foi dada pela Directiva 97/9/CE (JO L 84 de 26.3.1997, p. 22).

ARTIGO 44.°
Ponderação dos créditos sobre as administrações regionais ou locais dos Estados-Membros

1. Sem prejuízo dos requisitos previstos no n.° 1, alínea *b*), do artigo 43.°, os Estados-Membros podem fixar um coeficiente de ponderação de 0% para as suas próprias administrações regionais e locais, caso não exista uma diferença significativa de risco entre os créditos sobre estas entidades e os créditos sobre as suas administrações centrais, devido aos poderes de exigir receitas de que disponham as administrações regionais e locais e à existência de disposições institucionais específicas

que reduzam as possibilidades de falta de pagamento por parte destas últimas. Aos créditos sobre as administrações regionais e locais em questão e aos elementos extrapatrimoniais negociados por sua conta, bem como aos créditos sobre terceiros e aos elementos extrapatrimoniais negociados por conta de terceiros e garantidos pelas referidas administrações regionais e locais ou garantidos, a contento das autoridades competentes, por uma garantia sob a forma de títulos emitidos por essas administrações regionais ou locais, aplicar-se-á um coeficiente de ponderação zero, fixado de acordo com estes critérios.

2. Os Estados-Membros notificarão a Comissão sempre que considerarem justificada a atribuição de um coeficiente de ponderação zero, de acordo com os critérios referidos no número anterior. A Comissão difundirá essa informação e os restantes Estados-Membros podem dar às instituições de crédito, sujeitas à supervisão das suas autoridades competentes, a possibilidade de aplicarem um coeficiente de ponderação zero nas suas relações com as referidas administrações regionais e locais ou quando sejam detentoras de créditos garantidos por essas mesmas administrações, incluindo as garantias sob a forma de títulos.

ARTIGO 45.º
Outras ponderações

1. Sem prejuízo do n.º 1 do artigo 44.º, os Estados-Membros podem aplicar um coeficiente de ponderação de 20% aos elementos do activo que se encontrem garantidos, a contento das autoridades competentes, por uma garantia sob a forma de títulos emitidos pelas administrações regionais ou locais da zona A, por depósitos junto de instituições de crédito da zona A, com excepção da instituição mutuante, ou por certificados de depósito ou instrumentos similares emitidos por essas instituições de crédito.

2. Os Estados-Membros podem aplicar uma ponderação de 10% aos créditos sobre as instituições especializadas nos mercados interbancários e da dívida pública no Estado-Membro de origem da sede, sujeitas a uma estreita supervisão das autoridades competentes, sempre que os referidos elementos do activo se encontrem total e completamente garantidos, a contento das autoridades competentes do Estado-Membro de origem, por uma combinação dos elementos do activo referidos no n.º 1, alíneas a) e b), do artigo 43.º, reconhecida por aquelas autoridades como garantia adequada.

3. Os Estados-Membros notificarão a Comissão das disposições adoptadas em aplicação dos n.ºs 1 e 2 e dos motivos que justificam estas disposições. A Comissão transmitirá estas informações aos Estados-Membros. A Comissão procederá periodicamente à análise das implicações das referidas disposições, a fim de garantir que estas não dêem origem a distorções de concorrência.

ARTIGO 46.º
Organismos administrativos e empresas com fins não lucrativos

Para efeitos do n.º 1, alínea b), do artigo 43.º, as autoridades competentes podem incluir no conceito de "administração regional e autoridade local" organismos administrativos com fins não lucrativos, responsáveis perante as administrações regionais ou as autoridades locais e empresas com fins não lucrativos, pertencentes a administrações centrais, administrações regionais ou autoridades locais ou autoridades que, na opinião da autoridade competente, garantam as mesmas responsabilidades que as administrações regionais e as autoridades locais.

As autoridades competentes podem ainda incluir no conceito de "administração regional e autoridade local" as igrejas e as comunidades religiosas que assumam a forma de pessoa colectiva de direito público, desde que estas cobrem impostos em conformidade com legislação que lhes confira esse direito. No entanto, neste caso, não se aplica a possibilidade prevista no artigo 44.º.

ARTIGO 47.º
Nível do rácio de solvabilidade

1. A instituições de crédito devem manter permanentemente o rácio definido no artigo 40.º a um nível de, pelo menos, 8%.

2. Sem prejuízo do disposto no n.º 1, as autoridades competentes podem, se o considerarem adequado, estabelecer rácios mínimos superiores.

3. No caso de o rácio descer a um nível inferior a 8%, as autoridades competentes assegurarão que a instituição de crédito em questão tome, tão rapidamente quanto possível, as medidas adequadas para que esse rácio volte a atingir o nível mínimo estabelecido.

SECÇÃO 3
Grandes riscos

ARTIGO 48.º
Notificação dos grandes riscos

1. Um risco assumido por uma instituição de crédito em relação a um cliente ou grupo de clientes ligados entre si é considerado como um grande risco quando o seu valor atinja ou exceda 10% dos seus fundos próprios.

2. As instituições de crédito devem notificar as autoridades competentes de todos os grandes riscos, tal como são definidos no n.º 1. Para a realização dessa notificação, os Estados-Membros optarão por uma das seguintes fórmulas:

– notificação, pelo menos uma vez por ano, de todos os grandes riscos, acompanhada da comunicação ao longo do ano de todos os novos grandes riscos e de qualquer aumento nos grandes riscos existentes de pelo menos 20% relativamente à última comunicação efectuada,
– notificação, pelo menos quatro vezes por ano, de todos os grandes riscos.

3. Podem, todavia, ser dispensados da notificação, na acepção do n.º 2, os riscos isentos por força do n.º 7, alíneas *a*), *b*), *c*), *d*), *f*), *g*) e *h*), do artigo 49.º A frequência da notificação prevista no n.º 2, segundo travessão, pode ser reduzida para duas vezes por ano no que se refere aos riscos referidos no n.º 7, alíneas *e*) e *i*) a *s*), bem como nos n.ᵒˢ 8, 9 e 10 do artigo 49.º

4. As autoridades competentes exigirão que todas as instituições de crédito usem procedimentos administrativos e contabilísticos correctos e disponham de mecanismos de controlo interno adequados para a identificação e a contabilização de todas os grandes riscos e das alterações supervenientes aos mesmos, em conformidade com as definições e exigências da presente directiva, e para a supervisão desses riscos, tendo em conta a política de riscos da própria instituição de crédito.

Sempre que uma instituição de crédito invoque o benefício do n.º 3, conservará provas dos motivos invocados durante um ano a contar do facto gerador da dispensa, a fim de permitir às autoridades competentes verificar o fundamento desta.

ARTIGO 49.º
Limites aplicáveis aos grandes riscos

1. Em relação a um mesmo cliente ou a um mesmo grupo de clientes ligados entre si, as instituições de crédito não podem assumir riscos cujo montante total exceda 25% dos seus fundos próprios.

2. Quando esse cliente ou grupo de clientes ligados entre si for a empresa-mãe ou a filial da instituição de crédito e/ou uma ou mais filiais dessa empresa-mãe, a percentagem prevista no n.º 1 é reduzida para 20%. Todavia, os Estados-Membros podem isentar deste limite de 20% os riscos assumidos sobre esses clientes, desde que prevejam um controlo especial dos riscos em causa através de outras medidas ou processos. Os Estados-Membros informarão a Comissão e o Comité Consultivo Bancário do teor dessas medidas ou processos.

3. As instituições de crédito não podem assumir grandes riscos cujo montante agregado exceda 800% dos seus fundos próprios.

4. Os Estados-Membros podem prever o estabelecimento de limites mais estritos que os previstos nos n.ᵒˢ 1, 2 e 3.

5. Uma instituição de crédito deve, no que respeita aos riscos por si assumidos, respeitar de modo permanente os limites fixados nos n.ᵒˢ 1, 2 e 3. Se, num caso

Directriz n.º 2000/12/CE, do Parlamento e do Conselho, de 20 de Março de 2000 **42.**

excepcional, os riscos assumidos ultrapassarem esses limites, tal deverá ser imediatamente notificado às autoridades competentes que poderão, sempre que as circunstâncias o justifiquem, conceder um prazo limitado para que a instituição de crédito passe a respeitar os limites previstos.

6. Os Estados-Membros podem isentar, total ou parcialmente, da aplicação dos n.ºs 1, 2, e 3 os riscos assumidos por uma instituição de crédito sobre a sua empresa-mãe, sobre as outras filiais da empresa-mãe e sobre as suas próprias filiais, desde que essas empresas estejam incluídas na supervisão numa base consolidada a que está sujeita a própria instituição de crédito, em conformidade com a presente directiva ou com normas equivalentes vigentes num país terceiro.

7. Os Estados-Membros podem isentar total ou parcialmente da aplicação dos n.ºs 1, 2 e 3 os seguintes riscos:
  a) Activos representativos de créditos sobre as administrações centrais ou sobre os bancos centrais da zona A;
  b) Activos representativos de créditos sobre as Comunidades Europeias;
  c) Activos representativos de créditos que gozem da garantia expressa das administrações centrais ou dos bancos centrais da zona A, bem como das Comunidades Europeias;
  d) Outros riscos sobre, ou garantidos por, as administrações centrais ou os bancos centrais da zona A ou as Comunidades Europeias;
  e) Activos representativos de créditos e outros riscos sobre as administrações centrais ou sobre os bancos centrais da zona B, expressos e, sendo o caso, financiados na moeda nacional do mutuário;
  f) Activos e outros riscos caucionados, a contento das autoridades competentes, por títulos emitidos pelas administrações centrais ou pelos bancos centrais da zona A, pelas Comunidades Europeias ou pelas administrações regionais ou locais dos Estados-Membros em relação aos quais é aplicada uma ponderação de 0% em matéria de solvabilidade, nos termos do artigo 44.º;
  g) Activos e outros riscos caucionados, a contento das autoridades competentes, por depósitos em numerário junto da instituição mutuante ou de uma instituição de crédito que seja a empresa-mãe ou uma filial da instituição mutuante;
  h) Activos e outros riscos caucionados, a contento das autoridades competentes, por certificados de depósito emitidos pela instituição mutuante ou por uma instituição de crédito que seja a empresa-mãe ou uma filial da instituição mutuante e depositados em qualquer delas;
  i) Activos representativos de créditos e outros riscos sobre instituições de crédito, com prazo igual ou inferior a um ano, que não façam parte dos fundos próprios dessas instituições de crédito;
  j) Activos representativos de créditos e outros riscos, com prazo inferior ou igual a um ano, sobre instituições que, não sendo instituições de crédito, satisfaçam as condições enunciadas no n.º 2 do artigo 45.º e garantidos nos termos desse mesmo n.º 2.

k) Efeitos comerciais e outros títulos de dívida equivalentes, com prazo inferior ou igual a um ano, que contenham a assinatura de outra instituição de crédito;
l) Obrigações definidas no n.º 4 do artigo 22.º da Directiva 85/611/CEE;
m) Até coordenação posterior, participações nas companhias de seguros referidas no n.º 3 do artigo 51.º até ao limite máximo de 40% dos fundos próprios da instituição de crédito participante;
n) Activos representativos de créditos sobre instituições de crédito regionais ou centrais às quais a instituição de crédito mutuante se encontre associada no âmbito de uma rede, por força de disposições legais ou estatutárias, e que estejam incumbidas, nos termos dessas disposições, de proceder à compensação da liquidez a nível da rede;
o) Riscos caucionados, a contento das autoridades competentes, por outros títulos que não os referidos na alínea f), desde que esses títulos não sejam emitidos pela própria instituição de crédito, pela sua empresa-mãe ou por uma filial destas, nem pelo cliente ou grupo de clientes ligados entre si em questão. Os títulos dados em caução devem ser avaliados pelo valor de mercado, ter um sobrevalor em relação aos riscos garantidos e ser, quer cotados numa bolsa, quer efectivamente negociáveis e regularmente cotados num mercado que funcione por intermédio de operadores profissionais reconhecidos e que assegure, a contento das autoridades competentes do Estado-Membro de origem da instituição de crédito, a possibilidade de determinar um preço objectivo que permita verificar, em qualquer momento, o sobrevalor destes títulos. O sobrevalor exigido é de 100%; todavia, esse sobrevalor será de 150% no caso das acções e de 50% no caso das obrigações emitidas por instituições de crédito, pelas administrações regionais ou locais dos Estados-Membros não previstas no artigo 44.º e no caso das obrigações emitidas pelo Banco Europeu de Investimento e pelos bancos multilaterais de desenvolvimento. Os títulos dados em caução não podem constituir fundos próprios de instituições de crédito;
p) Empréstimos garantidos, a contento das autoridades competentes, por hipoteca sobre imóveis destinados a habitação ou por acções de empresas finlandesas de construção de habitação que actuem de acordo com a Lei finlandesa de construção de habitação, de 1991 ou legislação posterior equivalente, e operações de locação financeira sobre imóveis destinados a habitação nos termos das quais o locador conserve a propriedade plena da habitação locada enquanto o locatário não exercer a sua opção de compra, em ambos os casos até ao montante de 50% do valor do imóvel destinado a habitação em causa. O valor desse imóvel será calculado, a contento das autoridades competentes, com base em critérios de avaliação rigorosos e definidos por disposições legislativas, regulamentares ou administrativas. A avaliação realizar-se-á pelo menos uma vez por ano. Para efeitos desta alínea, entende-se por imóvel destinado a habitação o imóvel que seja ou venha a ser ocupado ou cedido em arrendamento pelo mutuário;
q) 50% dos elementos extrapatrimoniais de risco médio/baixo referidos no anexo II;

Directriz n.º 2000/12/CE, do Parlamento e do Conselho, de 20 de Março de 2000 **42.**

    r) Mediante acordo das autoridades competentes e com excepção das garantias sobre créditos distribuídos, as garantias com fundamento legal ou regulamentar dadas aos seus próprios clientes associados pelas sociedades de garantia mútua que tenham o estatuto de instituição de crédito sob reserva de um coeficiente de ponderação de 20% do seu montante.

Os Estados-Membros informarão a Comissão da utilização desta possibilidade, a fim de assegurar que a mesma não implique distorções de concorrência;

    s) Elementos extrapatrimoniais de baixo risco referidos no anexo II, desde que tenha sido concluído um acordo com o cliente ou grupo de clientes ligados entre si nos termos do qual o risco só poderá ser incorrido na condição de ter sido verificado que não implicará que sejam excedidos os limites aplicáveis nos termos dos n.ºs 1, 2 e 3.

8. Os Estados-Membros podem, para efeitos da aplicação dos n.ºs 1, 2 e 3, atribuir um coeficiente de ponderação de 20% aos activos representativos de créditos sobre administrações regionais e locais dos Estados-Membros e a outros riscos sobre essas administrações ou por elas garantidos; porém, nas condições previstas no artigo 44.º, os Estados-Membros podem reduzir esse coeficiente a 0%.

9. Os Estados-Membros podem, para efeitos dos n.ºs 1, 2 e 3, atribuir um coeficiente de ponderação de 20% aos activos representativos de créditos e a outros riscos sobre instituições de crédito com prazo superior a um ano mas inferior ou igual a três anos, e um coeficiente de ponderação de 50% aos activos representativos de créditos sobre instituições de crédito com prazo superior a três anos, desde que estes últimos sejam representados por instrumentos de dívida emitidos por uma instituição de crédito e desde que esses instrumentos de dívida sejam, na opinião das autoridades competentes, efectivamente negociáveis num mercado constituído por operadores profissionais e cotados diariamente nesse mercado, ou desde que a sua emissão tenha sido autorizada pelas autoridades competentes do Estado-Membro de origem da instituição de crédito emissora. Em qualquer dos casos, estes activos não podem representar fundos próprios.

10. Em derrogação do disposto na alínea *i*) do n.º 7 e no n.º 9, os Estados-Membros podem atribuir um coeficiente de ponderação de 20% aos activos representativos de créditos e outros riscos sobre instituições de crédito, independentemente do seu prazo.

11. Sempre que um risco sobre um cliente esteja garantido por terceiro ou caucionado por títulos emitidos por terceiro, nas condições definidas na alínea *o*) do n.º 7, os Estados-Membros podem:

– considerar o risco como tendo sido incorrido sobre o terceiro e não sobre o cliente, se o risco estiver directa e incondicionalmente garantido por esse terceiro, a contento das autoridades competentes,

– considerar o risco como tendo sido incorrido sobre o terceiro e não sobre o cliente, se o risco referido na alínea *o*) do n.º 7 estiver caucionado nas condições mencionadas nessa alínea.

12. O mais tardar até 1 de Janeiro de 1999, o Conselho, com base num relatório da Comissão, analisará o tratamento dos riscos interbancários previsto na alínea *i*) do n.º 7 e nos n.ºs 9 e 10. O Conselho, sob proposta da Comissão, decidirá as eventuais alterações a introduzir.

ARTIGO 50.º
Supervisão dos grandes riscos numa base consolidada ou não consolidada

1. Sempre que a instituição de crédito não seja uma empresa-mãe nem uma filial, o cumprimento das obrigações constantes dos artigos 48.º e 49.º ou de qualquer outra disposição comunitária aplicável neste domínio será supervisionado numa base não consolidada.

2. Nos outros casos, o cumprimento das obrigações fixadas nos artigos 48.º e 49.º ou em qualquer outra disposição comunitária aplicável neste domínio será supervisionado numa base consolidada nos termos dos artigos 52.º a 56.º.

3. Os Estados-Membros podem não submeter à supervisão do cumprimento das obrigações fixadas nos artigos 48.º e 49.º ou em qualquer outra disposição comunitária aplicável neste domínio, numa base individual ou subconsolidada, as instituições de crédito que, enquanto empresas-mãe, estejam sujeitas a supervisão numa base consolidada, bem como quaisquer filiais dessas instituições de crédito que estejam sujeitas à sua autorização e supervisão e que estejam incluídas na supervisão numa base consolidada.

Os Estados-Membros podem igualmente não exercer essa supervisão quando a empresa-mãe for uma companhia financeira estabelecida no mesmo Estado-Membro que a instituição de crédito, desde que essa companhia financeira esteja sujeita ao mesmo tipo de supervisão que as instituições de crédito.

Nos casos referidos no primeiro e no segundo parágrafos, haverá que tomar medidas para assegurar a distribuição satisfatória dos riscos entre as empresas do grupo.

SECÇÃO 4
Participações qualificadas fora do domínio financeiro

ARTIGO 51.º[649]
Limitações das participações qualificadas não financeiras

1. Uma instituição de crédito não pode deter uma participação cujo montante

---

[649] Redacção dada pelo n.º 5 do artigo 29.º da Directriz n.º 2002/87/CE, do Parlamento Europeu e do Conselho, de 16 de Dezembro de 2002. A redacção original era a seguinte:

ultrapasse 15% dos seus fundos próprios numa sociedade que não seja uma instituição de crédito, uma instituição financeira ou uma sociedade cuja actividade se encontre referida no n.° 2, alínea f), do artigo 43.° da Directiva 86/635/CEE.

2. O montante total das participações qualificadas em sociedades que não sejam instituições de crédito, instituições financeiras ou sociedades cujas actividades se encontrem referidas no n.° 2, alínea f), do artigo 43.° da Directiva 86/635/CEE, não pode ultrapassar 60% dos fundos próprios da instituição de crédito.

3. Os Estados-Membros podem não aplicar os limites fixados nos n.os 1 e 2 às participações em empresas de seguros, tal como definidas nas Directivas 73/239/CEE e 79/267/CEE, ou em empresas de resseguros, tal como definidas na Directiva 98/78/CE.

4. As acções ou partes do capital social detidas temporariamente por força de uma operação de assistência financeira destinada ao saneamento ou à recuperação de uma empresa ou em virtude da tomada firme de uma emissão de títulos durante o período normal dessa tomada firme, ou em nome próprio mas por conta de terceiros, não serão consideradas participações qualificadas para efeitos do cálculo dos limites fixados nos n.os 1 e 2. As acções ou partes do capital social que não tenham o carácter de imobilizações financeiras na acepção do n.° 2 do artigo 35.° da Directiva 86/635/CEE, não serão consideradas participações qualificadas.

5. Os limites fixados nos n.os 1 e 2 apenas podem ser ultrapassados em circunstâncias excepcionais. Neste caso, todavia, a autoridade competente exigirá que a instituição de crédito aumente os seus fundos próprios ou tome outras medidas de efeito equivalente.

6. Os Estados-Membros podem prever que as autoridades competentes não apliquem os limites fixados nos n.os 1 e 2 quando prevejam que os excedentes de participação qualificada relativamente aos referidos limites devem ser cobertos a 100% por fundos próprios e que estes não entrem no cálculo do rácio de solvabilidade. Se existirem excedentes em relação aos limites fixados nos n.os 1 e 2, o montante a cobrir pelos fundos próprios será o mais elevado dos excedentes.

(...)
3. Os Estados-Membros podem não aplicar às participações em companhias de seguros, na acepção da Directiva 73/239/CEE[18] e da Directiva 79/267/CEE[19], os limites estabelecidos nos n.os 1 e 2.
(...)
[18] Primeira Directiva (73/239/CEE) do Conselho, de 24 de Julho de 1973, relativa à coordenação das disposições legislativas, regulamentares e administrativas respeitantes ao acesso à actividade de seguro directo não vida e ao seu exercício (JO L 228 de 16.8.1973, p. 3). Directiva com a última redacção que lhe foi dada pela Directiva 95/26/CE.
[19] Primeira Directiva (79/267/CEE) do Conselho, de 5 de Março de 1979, relativa à coordenação das disposições legislativas, regulamentares e administrativas respeitantes ao acesso à actividade de seguro directo de vida e ao seu exercício (JO L 63 de 13.3.1979, p. 1). Directiva com a última redacção que lhe foi dada pela Directiva 95/26/CE.

CAPÍTULO 3
Supervisão numa base consolidada

ARTIGO 52.°[650]
Supervisão numa base consolidada das instituições de crédito

1. Todas as instituições de crédito que tenham como filial uma instituição de crédito ou uma instituição financeira ou que detenham uma participação nessas instituições estão sujeitas a supervisão com base na sua situação financeira consolidada, na medida e segundo as regras previstas no artigo 54.° Esta supervisão é aplicada, pelo menos, aos domínios referidos nos n.os 5 e 6.

2. Todas as instituições de crédito cuja empresa-mãe seja uma companhia financeira estão sujeitas a supervisão com base na situação financeira consolidada da companhia financeira, na medida e segundo as regras previstas no artigo 54.° Esta supervisão é aplicada, pelo menos, aos domínios referidos nos n.os 5 e 6. Sem prejuízo do disposto no artigo 54.°A, a consolidação da situação financeira da companhia financeira não implica para as autoridades competentes a obrigação de sujeitarem a supervisão numa base individual a companhia financeira.

3. Os Estados-Membros ou as autoridades competentes incumbidas de exercer a supervisão numa base consolidada, nos termos do artigo 53.°, podem renunciar, nos casos a seguir enumerados, à inclusão na consolidação de uma instituição de crédito ou de uma instituição financeira ou de uma empresa de serviços bancários auxiliares que seja uma filial ou na qual seja detida uma participação:
- quando a empresa a incluir estiver situada num país terceiro em que existam obstáculos jurídicos à transferência de informação necessária,
- quando a empresa a incluir apresentar, na opinião das autoridades competentes, um interesse pouco significativo relativamente aos objectivos da supervisão das instituições de crédito e, de qualquer forma, quando o total do balanço da empresa a incluir for inferior ao mais baixo dos dois montantes seguintes: 10 milhões de euros ou 1% do total do balanço da empresa-mãe ou da empresa possuidora da participação. Se várias empresas satisfizerem os critérios acima mencionados, devem, não obstante, ser incluídas na consolidação, caso o conjunto dessas empresas apresente um interesse não negligenciável relativamente aos objectivos referidos,

ou
- quando, na opinião das autoridades competentes incumbidas de exercer a supervisão numa base consolidada, a consolidação da situação financeira da

---

[650] O n.° 6 do artigo 29.° da Directriz n.° 2002/87/CE, do Parlamento Europeu e do Conselho, de 16 de Dezembro de 2002, deu nova redacção à última frase do n.° 2 do presente artigo. A redacção original era a seguinte:
(...) A consolidação da situação financeira da companhia financeira não implica de modo algum que as autoridades competentes sejam obrigadas a exercer uma função de supervisão sobre a companhia financeira considerada individualmente.

empresa a incluir seja inadequada ou susceptível de induzir em erro do ponto de vista dos objectivos da supervisão das instituições de crédito.

4. Quando, num dos casos previstos no segundo e terceiro travessões do n.º 3, as autoridades competentes de um Estado-Membro não incluírem uma instituição de crédito filial na supervisão numa base consolidada, as autoridades competentes do Estado-Membro em que se situa essa instituição podem solicitar à empresa-mãe as informações necessárias para facilitar o exercício da supervisão dessa instituição de crédito.

5. A supervisão da solvabilidade, da adequação dos fundos próprios aos riscos de mercado e o controlo dos grandes riscos, são efectuados numa base consolidada, nos termos do presente artigo e dos artigos 53.º a 56.º Se necessário, os Estados-Membros aprovarão as medidas necessárias para incluir as companhias financeiras na supervisão consolidada, nos termos do n.º 2.

A observância dos limites fixados nos n.os 1 e 2 do artigo 51.º será objecto de supervisão e de controlo com base na situação financeira consolidada ou subconsolidada da instituição de crédito.

6. As autoridades competentes estipularão que, no conjunto de empresas abrangidas pela supervisão numa base consolidada a que estão sujeitas as instituições de crédito nos termos dos n.os 1 e 2 supra, existam procedimentos de controlo interno adequados à produção de informações e esclarecimentos úteis para o exercício da supervisão numa base consolidada.

7. Sem prejuízo das disposições específicas contidas noutras directivas, os Estados-Membros podem não aplicar numa base subconsolidada ou individual as regras enunciadas no n.º 5 às instituições de crédito que, enquanto empresas-mãe, estejam sujeitas a supervisão numa base consolidada, bem como a qualquer filial dessas instituições de crédito que dependa da sua autorização e supervisão e esteja incluída na supervisão numa base consolidada da instituição de crédito que seja a empresa-mãe. Admite-se a mesma faculdade de isenção sempre que a empresa-mãe seja uma companhia financeira com sede no mesmo Estado-Membro que a instituição de crédito, desde que sujeita à supervisão que for exercida sobre as instituições de crédito e, nomeadamente, às regras enunciadas no n.º 5.

Em ambos os casos referidos no primeiro parágrafo, devem ser tomadas medidas que garantam uma repartição adequada do capital dentro do grupo bancário.

Caso as autoridades competentes apliquem essas normas numa base individual, podem, para o cálculo dos fundos próprios, recorrer à disposição prevista no n.º 2, último parágrafo, do artigo 34.º.

8. Quando uma instituição de crédito, filial de uma empresa-mãe que seja uma instituição de crédito, tiver sido autorizada e estiver situada noutro Estado-Membro,

as autoridades competentes que concederam essa autorização aplicarão a essa instituição as regras enunciadas no n.º 5 numa base individual ou, se for caso disso, subconsolidada.

9. Não obstante o disposto no n.º 8, as autoridades competentes responsáveis pela autorização de uma filial de uma empresa-mãe que seja uma instituição de crédito podem delegar a sua responsabilidade de supervisão, por acordo bilateral, nas autoridades competentes que tenham autorizado e fiscalizem a empresa-mãe para que estas se encarreguem da supervisão da filial nos termos do disposto na presente directiva. A Comissão deve ser informada da existência e do conteúdo de tais acordos e transmitir essa informação às autoridades competentes dos outros Estados-Membros e ao Comité Consultivo Bancário.

10. Os Estados-Membros estipularão que as suas autoridades competentes incumbidas de exercer a supervisão numa base consolidada possam solicitar às filiais de qualquer instituição de crédito ou companhia financeira não incluída na supervisão numa base consolidada as informações referidas no artigo 55.º Nesse caso, são aplicáveis os procedimentos de transmissão e de verificação das informações previstos no mesmo artigo 55.º.

ARTIGO 53.º
Autoridades competentes incumbidas do exercício da supervisão numa base consolidada

1. Sempre que a empresa-mãe for uma instituição de crédito, a supervisão numa base consolidada será exercida pelas autoridades competentes que tenham concedido a autorização referida no artigo 4.º

2. Sempre que uma instituição de crédito tiver como empresa-mãe uma companhia financeira, a supervisão numa base consolidada será exercida pelas autoridades competentes que tiverem concedido a autorização referida no artigo 4.º

Contudo, sempre que instituições de crédito autorizadas em mais de um Estado-Membro tiverem como empresa-mãe a mesma companhia financeira, a supervisão numa base consolidada será exercida pelas autoridades competentes da instituição de crédito autorizada no Estado-Membro em que tiver sido constituída a companhia financeira.

Caso não exista uma instituição de crédito filial autorizada no Estado-Membro em que a companhia financeira foi constituída, as autoridades competentes dos Estados-Membros em causa (incluindo as do Estado-Membro onde a companhia financeira foi constituída) concertar-se-ão para designar, de comum acordo, as que, de entre elas, exercerão a supervisão numa base consolidada. Na falta de tal acordo, a supervisão numa base consolidada será exercida pelas autoridades competentes que concederam a autorização à instituição de crédito que possui o total do balanço mais elevado; em caso de igualdade dos totais dos balanços, a supervisão, numa base consolidada, será exercida pelas autoridades competentes que concederam em primeiro lugar a autorização referida no artigo 4.º.

3. As autoridades competentes em questão podem derrogar, de comum acordo, as regras previstas nos primeiro e segundo parágrafos do n.º 2.

4. Os acordos referidos no terceiro parágrafo do n.º 2 e no n.º 3 preverão as medidas concretas de cooperação e de transmissão das informações que permitirão atingir os objectivos da supervisão numa base consolidada.

5. Sempre que exista nos Estados-Membros mais do que uma autoridade competente para a supervisão prudencial das instituições de crédito ou das instituições financeiras, os Estados-Membros tomarão as medidas necessárias à organização da coordenação entre as mesmas.

ARTIGO 54.º[651]
Forma e extensão da consolidação

1. As autoridades competentes incumbidas do exercício da supervisão numa base consolidada devem, para fins de supervisão, exigir a consolidação integral das instituições de crédito e das instituições financeiras que sejam filiais da empresa-mãe.

Todavia, pode ser determinada a consolidação proporcional nos casos em que, na opinião das autoridades competentes, a responsabilidade da empresa-mãe que detém uma parte do capital esteja limitada a essa parte do capital, em virtude da responsabilidade dos outros accionistas ou sócios e da solvabilidade satisfatória destes últimos. A responsabilidade dos outros accionistas e sócios deve ser claramente estabelecida, se necessário através de compromissos explicitamente subscritos.

Nos casos em que existam relações entre as empresas na acepção do n.º 1 do artigo 12.º da Directiva 83/349/CEE, as autoridades competentes determinam as modalidades da consolidação.

2. As autoridades competentes incumbidas do exercício da supervisão numa base consolidada devem, para fins de supervisão, exigir a consolidação proporcional das participações detidas nas instituições de crédito ou instituições financeiras dirigidas por uma empresa incluída na consolidação em conjunto com uma ou várias empresas não incluídas na consolidação, sempre que desse facto resultar uma limitação da responsabilidade das referidas empresas em função da parte de capital que detêm.

---

[651] O n.º 7 do artigo 29.º da Directriz n.º 2002/87/CE, do Parlamento Europeu e do Conselho, de 16 de Dezembro de 2002, alterou o presente artigo. Assim: a alínea *a*) aditou ao n.º 1 um terceiro parágrafo e a alínea b) suprimiu o terceiro travessão do n.º 4, sendo a seguinte a redacção original:
– quando duas ou várias instituições de crédito ou instituições financeiras tiverem órgãos de administração, de direcção ou de supervisão compostos maioritariamente pelas mesmas pessoas.

3. Nos casos de participações ou de outros vínculos em capital diferentes dos referidos nos n.os 1 e 2, as autoridades competentes determinarão se a consolidação deve ser efectuada e sob que forma. Poderão, designadamente, permitir ou estipular a utilização do método de equivalência. Este método não constitui, contudo, uma inclusão das empresas em causa na supervisão numa base consolidada.

4. Sem prejuízo dos n.os 1, 2 e 3, as autoridades competentes determinarão se e sob que forma a consolidação deve ser efectuada nos seguintes casos:
- quando uma instituição de crédito exercer, na opinião das autoridades competentes, uma influência considerável sobre uma ou várias instituições de crédito ou instituições financeiras sem, no entanto, deter uma participação ou outros vínculos em capital nessas instituições,
- quando duas ou várias instituições de crédito ou instituições financeiras estiverem sob direcção única sem que esta tenha de ser estabelecida por contrato ou por cláusulas estatutárias.

As autoridades competentes podem, em especial, permitir ou estipular a utilização do método previsto no artigo 12.° da Directiva 83/349/CEE. Este método não constitui, todavia, uma inclusão das empresas em causa na supervisão numa base consolidada.

5. Quando a supervisão numa base consolidada for estipulada em aplicação dos n.os 1 e 2 do artigo 52.°, as empresas de serviços bancários auxiliares serão incluídas na consolidação nos mesmos casos e de acordo com os métodos estipulados nos n.os 1 a 4, do presente artigo.

ARTIGO 54.°A[652]
Órgão de gestão das companhias financeiras

Os Estados-Membros exigem das pessoas que dirigem efectivamente as companhias financeiras que tenham a idoneidade e competência necessárias para desempenhar essas funções.

ARTIGO 55.°
Informações a fornecer pelas companhias mistas e suas filiais

1. Até à coordenação posterior dos métodos de consolidação, os Estados-Membros providenciarão para que, sempre que a empresa-mãe de uma ou várias instituições de crédito for uma companhia mista, as autoridades competentes responsáveis pela autorização e supervisão dessas instituições de crédito exijam da companhia mista e das suas filiais, quer dirigindo-se directamente a elas, quer através das

---

[652] Aditado pelo n.° 8 do artigo 29.° da Directriz n.° 2002/87/CE, do Parlamento Europeu e do Conselho, de 16 de Dezembro de 2002.

instituições de crédito filiais, a comunicação de todas as informações úteis para o exercício da supervisão das instituições de crédito filiais.

2. Os Estados-Membros providenciarão para que as suas autoridades competentes possam proceder ou mandar proceder por revisores externos à verificação no local das informações recebidas das companhias mistas e das suas filiais. Se a companhia mista ou uma das suas filiais for uma empresa seguradora, poder-se-á também recorrer ao processo previsto no n.º 4 do artigo 56.º. Se a companhia mista ou uma das suas filiais estiver situada num Estado-Membro que não seja aquele em que se situa a instituição de crédito filial, a verificação das informações no local far-se-á segundo o processo previsto no n.º 7 do artigo 56.º.

ARTIGO 55.º A[653]
Operações intragrupo com as companhias mistas

Sem prejuízo das disposições do título V, capítulo II, secção 3, da presente directiva, os Estados-Membros zelam por que, sempre que a empresa-mãe de uma ou mais instituições de crédito for uma companhia mista, as autoridades competentes responsáveis pela supervisão destas instituições de crédito exercem uma supervisão global das operações que estas efectuem com a companhia mista e as suas filiais.

As autoridades competentes exigem às instituições de crédito que possuam processos de gestão dos riscos e mecanismos de controlo interno adequados, incluindo procedimentos de prestação de informações e contabilísticos sólidos que lhes permitam identificar, medir, acompanhar e controlar, de modo adequado, as operações com a companhia mista sua empresa-mãe e as suas filiais. As autoridades competentes exigem às instituições de crédito que lhes notifiquem quaisquer operações significativas com essas entidades, que não os casos referidos no artigo 48.º. Estes procedimentos e operações significativas são objecto de supervisão por parte das autoridades competentes.

Sempre que estas operações intragrupo constituírem uma ameaça para a situação financeira de uma instituição de crédito, a autoridade competente responsável pela supervisão desta instituição toma as medidas adequadas.

ARTIGO 56.º[654]
Medidas destinadas a facilitar a supervisão numa base consolidada

1. Os Estados-Membros tomarão as medidas necessárias para que nenhum obstáculo de natureza jurídica impeça as empresas incluídas na supervisão numa

---

[653] Aditado pelo n.º 9 do artigo 29.º da Directriz n.º 2002/87/CE, do Parlamento Europeu e do Conselho, de 16 de Dezembro de 2002.

[654] O n.º 10 do artigo 29.º da Directriz n.º 2002/87/CE, do Parlamento Europeu e do Conselho, de 16 de Dezembro de 2002, aditou a actual última frase ao n.º 7 do presente artigo.

base consolidada, ou as companhias mistas e respectivas filiais, ou as filiais previstas no n.º 10 do artigo 52.º, de trocarem entre si as informações úteis para o exercício da supervisão, nos termos dos artigos 52.º a 55.º e do presente artigo.

2. Quando uma empresa-mãe e a ou as instituições de crédito que são suas filiais estiverem situadas em Estados-Membros diferentes, as autoridades competentes de cada Estado-Membro comunicarão entre si todas as informações úteis susceptíveis de permitir ou facilitar o exercício da supervisão numa base consolidada.

Quando as autoridades competentes do Estado-Membro em que a empresa-mãe está situada não exercerem elas próprias a supervisão numa base consolidada por força do disposto no artigo 53.º, podem ser convidadas pelas autoridades competentes incumbidas de exercer essa supervisão a solicitar à empresa-mãe as informações úteis para o exercício da supervisão numa base consolidada e a transmiti-las às referidas autoridades.

3. Os Estados-Membros autorizarão a troca das informações referidas no n.º 2 entre as respectivas autoridades competentes, no pressuposto de que, no caso de companhias financeiras, instituições financeiras ou empresas de serviços bancários auxiliares, a recolha ou a posse de informações não significa de modo algum que as autoridades competentes exerçam uma função de supervisão sobre essas instituições ou empresas consideradas individualmente.

De igual modo, os Estados-Membros autorizarão a troca das informações referidas no artigo 55.º entre as respectivas autoridades competentes, no pressuposto de que a recolha ou a posse de informações não implica de modo nenhum que as autoridades competentes exerçam uma função de supervisão sobre a companhia mista e suas filiais que não sejam instituições de crédito, ou sobre as filiais referidas no n.º 10 do artigo 52.º.

4. Quando uma instituição de crédito, uma companhia financeira ou uma companhia mista controlarem uma ou mais filiais que sejam empresas de seguros ou outras empresas que ofereçam serviços de investimento sujeitas a um regime de autorização, as autoridades competentes e as autoridades investidas da função pública de supervisão das empresas de seguros ou das referidas outras empresas que ofereçam serviços de investimento colaborarão estreitamente. Sem prejuízo das respectivas competências, essas autoridades comunicarão entre si todas as informações susceptíveis de facilitar a realização das suas atribuições e de permitir o controlo da actividade e da situação financeira do conjunto das empresas sujeitas à sua supervisão.

5. As infomações recebidas no âmbito da supervisão numa base consolidada e, designadamente, as trocas de informações entre autoridades competentes previstas pela presente directiva, estão sujeitas a segredo profissional nos termos do artigo 30.º

6. As autordades competentes incumbidas do exercício da supervisão numa base consolidada estabelecerão uma lista das companhias financeiras referidas no n.º

2 do artigo 52.° Esta lista será comunicada às autoridades competentes dos outros Estados-Membros e à Comissão.

7. Se, no âmbito da aplicação da presente directiva, as autoridades competentes de um Estado-Membro desejarem, em determinados casos, verificar informações respeitantes a uma instituição de crédito, a uma companhia financeira, a uma instituição financeira, a uma empresa de serviços bancários auxiliares, a uma companhia mista ou a uma filial referida no artigo 55.°, ou a uma filial referida no n.° 10 do artigo 52.°, situadas noutro Estado-Membro, devem solicitar às autoridades competentes do outro Estado-Membro que seja efectuada essa verificação. As autoridades competentes que tiverem recebido o pedido devem, nos limites da sua competência, dar-lhe o devido seguimento, quer procedendo elas próprias a essa verificação, quer permitindo que as autoridades que apresentaram o pedido a efectuem, quer ainda permitindo que um revisor ou um perito a realize. Quando não efectue ela própria a verificação, a autoridade competente que apresentou o pedido pode, se o desejar, participar na verificação.

8. Os Estados-Membros determinarão que, sem prejuízo das respectivas disposições de direito penal, possam ser aplicadas às companhias financeiras e às companhias mistas ou aos seus dirigentes responsáveis que infrinjam disposições legislativas, regulamentares ou administrativas aprovadas em aplicação do presente artigo e dos artigos 52.° a 55.°, sanções ou medidas destinadas a pôr fim às infracções verificadas ou às suas causas. Em determinandos casos, estas medidas poderão exigir a intervenção das autoridades judiciais. As autoridades competentes cooperarão estreitamente entre si a fim de que as referidas sanções ou medidas permitam obter os efeitos pretendidos, em especial quando a sede social da companhia financeira ou da companhia mista não for o local em que se situa a sua administração central ou o seu estabelecimento principal.

ARTIGO 56.°A[655]
Empresas-mãe sediadas em países terceiros

Quando uma instituição de crédito, cuja empresa-mãe seja uma instituição de crédito ou uma companhia financeira sediada fora da Comunidade, não estiver sujeita a supervisão numa base consolidada em conformidade com o disposto no artigo 52.°, as autoridades competentes verificam se a instituição de crédito está sujeita, por parte de uma autoridade competente do país terceiro, a uma supervisão numa base consolidada equivalente daquela regida pelos princípios estabelecidos no artigo 52.° A verificação é efectuada pela autoridade competente que seria responsável pela supervisão numa base consolidada caso fosse aplicável o quarto parágrafo, a pedido da empresa-mãe ou de qualquer uma das entidades regulamentadas autori-

---

[655] Aditado pelo n.° 11 do artigo 29.° da Directriz n.° 2002/87/CE, do Parlamento Europeu e do Conselho, de 16 de Dezembro de 2002.

zadas na Comunidade ou por iniciativa própria. A referida autoridade competente consulta as demais autoridades competentes envolvidas.

O Comité Consultivo Bancário pode formular orientações gerais destinadas a avaliar em que medida os regimes de supervisão numa base consolidada das autoridades competentes dos países terceiros atingem os objectivos da supervisão numa base consolidada, conforme definidos no presente capítulo, relativamente às instituições de crédito cuja empresa-mãe esteja sediada fora da Comunidade. O comité procede à revisão dessas orientações e tem em conta todas as alterações aos regimes de supervisão numa base consolidada aplicados por essas autoridades competentes.

A autoridade competente que efectuar a verificação referida no segundo parágrafo tem em conta essas orientações. Para este efeito, a autoridade consulta o comité antes de tomar uma decisão.

Na ausência de uma supervisão equivalente, os Estados-Membros aplicam à instituição de crédito, por analogia, o disposto no artigo 52.º.

Em alternativa, os Estados-Membros autorizam as suas autoridades competentes a recorrer a outras técnicas de supervisão adequadas que permitam atingir os objectivos da supervisão numa base consolidada das instituições de crédito. Estes métodos devem ser aprovados pela autoridade competente que seria responsável pela supervisão numa base consolidada, depois de consultadas as demais autoridades competentes envolvidas. As autoridades competentes podem exigir nomeadamente a constituição de uma companhia financeira sediada na Comunidade e aplicar à posição consolidada dessa companhia financeira as disposições sobre a supervisão numa base consolidada. Estes métodos devem ainda permitir a prossecução dos objectivos da supervisão numa base consolidada, tal como definidos no presente capítulo, devendo ser notificados às restantes autoridades competentes envolvidas e à Comissão.

TÍTULO VI
Comité consultivo bancário

ARTIGO 57.º
Composição e função do Comité Consultivo Bancário

1. É instituído junto da Comissão um Comité Consultivo Bancário das autoridades competentes dos Estados-Membros.

2. O Comité Consultivo Bancário tem por missão assistir a Comissão nas suas funções de assegurar uma boa aplicação da presente directiva. Além disso, desempenhará as outras tarefas prescritas na presente directiva e ajudará a Comissão na elaboração de novas propostas a apresentar ao Conselho no que respeita à coordenação a promover no domínio das instituições de crédito.

3. O Comité Consultivo Bancário não se encarregará do estudo de problemas concretos relativos a instituições de crédito individualmente consideradas.

4. O Comité Consultivo Bancário é constituído por três representantes, no máximo, de cada Estado-Membro e da Comissão. Esses representantes podem ser acompanhados, ocasionalmente e sob reserva de acordo prévio do Comité, por conselheiros. O Comité pode igualmente convidar pessoas qualificadas e peritos a participar nas suas reuniões. As tarefas de secretariado serão asseguradas pela Comissão.

5. O Comité Consultivo Bancário aprova o seu regulamento interno e elege um presidente entre os representantes dos Estados-Membros. Reúne-se a intervalos regulares e sempre que a situação o exigir. A Comissão pode pedir que o Comité reúna de urgência se lhe parecer que a situação o exige.

6. As deliberações do Comité Consultivo Bancário e os seus resultados são confidenciais, a não ser que o Comité decida de outra forma.

ARTIGO 58.º
Exame das condições de autorização

O Comité Consultivo Bancário examinará o conteúdo dado pelos Estados-Membros às condições previstas no n.º 1 do artigo 5.º e no n.º 1 do artigo 6.º, as outras condições que aqueles apliquem eventualmente, bem como as indicações que devem figurar no programa de actividades, e apresentará, se for caso disso, sugestões à Comissão com vista a uma coordenação mais pormenorizada.

ARTIGO 59.º
Rácio de observação

1. Enquanto se aguarda uma coordenação subsequente, as autoridades competentes estabelecerão a título de observação e, se for caso disso, em complemento dos eventuais coeficientes que apliquem, relações entre as diferentes rubricas do activo e/ou do passivo das instituições de crédito, com vista a verificar a solvabilidade e a liquidez das instituições de crédito e as outras condições úteis para a protecção das poupanças.

Para esse efeito, o Comité Consultivo Bancário determinará o conteúdo dos diversos elementos das relações de observação a que se refere o primeiro parágrafo e fixará o método a aplicar para o seu cálculo.

Se for caso disso, o Comité Consultivo Bancário basear-se-á nas consultas técnicas que se efectuarem entre as autoridades de supervisão das categorias de instituições em causa.

2. As relações estabelecidas a título de observação nos termos do n.º 1 serão calculadas, pelo menos, de seis em seis meses.

3. O Comité Consultivo Bancário examinará os resultados das análises efectuadas pelas autoridades de supervisão a que se refere o n.º 1, terceiro parágrafo com base nos cálculos previstos no n.º 2.

4. O Comité Consultivo Bancário poderá apresentar à Comissão quaisquer sugestões tendo em vista a coordenação dos coeficientes aplicáveis nos Estados-Membros.

TÍTULO VII
Poderes de execução

ARTIGO 60.º
Adaptações técnicas

1. Sem prejuízo, no que respeita aos fundos próprios, do relatório referido no n.º 3, segundo parágrafo, do artigo 34.º, as alterações de carácter técnico relativas aos seguintes pontos da presente directiva, serão adoptadas nos termos do n.º 2:
   – a clarificação das definições, para ter em conta na aplicação da presente directiva, a evolução dos mercados financeiros,
   – a clarificação das definições, para garantir uma aplicação uniforme da presente directiva na Comunidade,
   – o alinhamento da terminologia e da formulação das definições pelas dos actos ulteriores relativos às instituições de crédito e matérias conexas.
   – a definição de zona A no ponto 14 do artigo 1.º,
   – a definição de bancos multilaterais de desenvolvimento no ponto 19 do artigo 1.º,
   – alteração do montante do capital inicial requerido no artigo 5.º, para ter em conta os desenvolvimentos económicos e monetários,
   – alteração do conteúdo da lista referida nos artigos 18.º e 19.º e constante do anexo I ou adaptação da terminologia da lista, a fim de ter em conta o desenvolvimento dos mercados financeiros,
   – domínios nos quais as autoridades competentes devem trocar informações, referidos no artigo 28.º,
   – a modificação da definição dos activos, constantes do artigo 43.º, a fim de tomar em conta os desenvolvimentos dos mercados financeiros,
   – a lista e a classificação dos elementos extrapatrimoniais constantes dos anexos II e IV e o respectivo tratamento para efeitos do cálculo do rácio, tal como referido nos artigos 42.º, 43.º, e 44.º e no anexo III,
   – uma redução temporária do rácio mínimo, estabelecido no artigo 47.º ou das ponderações fixadas no artigo 43.º, a fim de tomar em conta circunstâncias específicas,
   – clarificação das isenções previstas nos n.ºs 5 a 10 do artigo 49.º

2. A comissão é assistida por um comité.

Sempre que se faça referência ao presente número, são aplicáveis os artigos 5.° e 7.° da Decisão 1999/468/CE, tendo-se em conta o disposto no seu artigo 8.°

O prazo previsto no n.° 6 do artigo 5.° da Decisão 1999/468/CE é três meses.

O comité aprovará o seu regulamento interno.

TÍTULO VIII
Disposições transitórias e finais

CAPÍTULO 1
Disposições transitórias

ARTIGO 61.°
Disposições transitórias relativas ao artigo 36.°

As autoridades dinamarquesas podem autorizar as suas instituições de crédito hipotecário constituídas antes de 1 de Janeiro de 1990 sob a forma de sociedades cooperativas ou de fundos, e transformadas em sociedades anónimas, a continuar a incluir nos seus fundos próprios os compromissos solidários dos seus membros ou dos mutuários referidos no n.° 1 do artigo 36.°, devendo os créditos sobre estes últimos ser equiparados aos referidos compromissos solidários, sob reserva dos seguintes limites:

a) A base de cálculo da parcela dos compromissos solidários dos mutuários é constituída pelo total das rubricas previstas no n.° 2 do artigo 34.°, pontos 1 e 2 menos os elementos visados no n.° 2 do artigo 34.°, pontos 9, 10 e 11;

b) A base de cálculo em 1 de Janeiro de 1991 ou, no caso de transformação numa data posterior, na data da transformação, é a base máxima de cálculo. A base de cálculo não poderá exceder em caso algum a base máxima de cálculo;

c) A partir de 1 de Janeiro de 1997, a base máxima de cálculo deverá ser reduzida em metade do produto das emissões de novo capital, tal como definido no n.° 2, ponto 1 do artigo 34.°, realizadas após essa data,

e

d) O montante máximo dos compromissos solidários dos mutuários a ser incluído nos fundos próprios não poderá exceder em caso algum:
50% em 1991 e 1992,
45% em 1993 e 1994,
40% em 1995 e 1996,
35% em 1997,
30% em 1998,

20% em 1999,
10% em 2000
e
0% após 1 de Janeiro de 2001
da base de cálculo.

ARTIGO 62.º
Disposições transitórias relativas ao artigo 43.º

1. Até 31 de Dezembro de 2006, as autoridades competentes dos Estados-Membros podem autorizar as suas instituições de crédito a aplicar uma ponderação de risco de 50% aos empréstimos que considerem estar total e completamente garantidos por hipotecas sobre imóveis polivalentes destinados a escritórios ou comércio, situados no território dos Estados-Membros que permitem uma ponderação de risco de 50%, nas seguintes condições:
   i) A ponderação de risco de 50% aplica-se à parte do empréstimo que não excede o limite calculado nos termos das alíneas *a*) ou *b*):
   a) 50% do valor comercial do imóvel em questão.
   O valor comercial do imóvel deve ser calculado por dois avaliadores independentes que efectuem avaliações independentes no momento em que o empréstimo é feito. O empréstimo deve ser baseado no valor mais baixo das duas avaliações.
   O imóvel será reavaliado pelo menos uma vez por ano por um avaliador. Para empréstimos que não excedam 1 milhão de euros e 5% dos fundos próprios da instituição de crédito, o imóvel será reavaliado pelo menos de três em três anos por um avaliador;
   b) 50% do valor comercial do imóvel ou 60% do valor do empréstimo hipotecário, segundo o valor mais baixo, nos Estados-Membros que estabeleceram critérios rigorosos de avaliação do valor dos empréstimos hipotecários, definidos em disposições legais ou regulamentares.
   Por "valor do empréstimo hipotecário" entende-se o valor do bem imóvel determinado por um avaliador que faça uma avaliação prudente da possibilidade de futura comercialização do imóvel, tendo em conta os seus elementos duradouros, as condições normais e locais de mercado, a utilização actual e as utilizações alternativas adequadas do imóvel. Os elementos especulativos não devem ser tomados em consideração na avaliação do valor do empréstimo hipotecário. O valor do empréstimo hipotecário deve ser documentado de forma transparente e clara.
   Pelo menos de três em três anos ou se o mercado registar uma descida superior a 10%, o valor do empréstimo hipotecário e, em particular, as hipóteses consideradas para a evolução do mercado em causa devem ser reavaliados.
   Tanto na alínea *a*) como na alínea *b*), entende-se por "valor comercial" o preço pelo qual o bem imóvel poderá ser vendido mediante contrato

privado entre um vendedor interessado e um comprador com capacidade para realizar a transacção, à data da avaliação, no pressuposto de que o imóvel é posto à venda publicamente, de que as condições de mercado permitem uma transmissão regular do bem e de que se dispõe de um período normal, tendo em conta a natureza do imóvel, para a negociação da venda;

ii) A ponderação de risco de 100% aplica-se à parte do empréstimo que excede os limites fixados na alínea *i*);

iii) O imóvel deve estar ocupado ou ter sido arrendado pelo proprietário.

O primeiro parágrafo não impede as autoridades competentes de um Estado--Membro que aplique uma ponderação de risco mais elevado no seu território permitirem, nas condições acima definidas, a aplicação de uma ponderação de risco de 50% a este tipo de empréstimos no território dos Estados-Membros que permitam uma ponderação de risco de 50%.

As autoridades competentes dos Estados-Membros podem permitir que as suas instituições de crédito apliquem uma ponderação de risco de 50% aos empréstimos em curso em 21 de Julho de 2000 desde que estejam preenchidas as condições enunciadas no presente número. Nesse caso, o imóvel será avaliado de acordo com os critérios de avaliação acima estabelecidos, o mais tardar em 21 de Julho de 2003.

Para os empréstimos concedidos antes de 31 de Dezembro de 2006, a ponderação de risco de 50% continua a ser aplicável até ao seu vencimento, se a instituição de crédito estiver vinculada ao cumprimento dos termos contratuais.

Até 31 de Dezembro de 2006, as autoridades competentes dos Estados-Membros podem também autorizar as suas instituições de crédito a aplicar a ponderação de risco de 50% à parte dos empréstimos que considerem estar total e completamente garantidas por acções de empresas finlandesas de construção de habitações que actuem de acordo com a lei finlandesa da construção de habitações de 1991 ou com a legislação posterior equivalente, desde que estejam preenchidas as condições estabelecidas no presente número.

Os Estados-Membros informarão a Comissão da aplicação do disposto no presente número.

2. Os Estados-Membros podem aplicar uma ponderação de risco de 50% às operações de locação financeira imobiliária celebradas antes de 31 de Dezembro de 2006, que incidam sobre bens para uso profissional situados no país da sede social e reguladas por disposições legais pelas quais o proprietário conserve a propriedade integral do bem locado até o locatário exercer o seu direito de opção de compra. Os Estados-Membros informarão a Comissão da aplicação deste número.

3. O n.º 3 do artigo 43.º não prejudica o reconhecimento, pelas autoridades competentes, dos contratos bilaterais de novação celebrados:

- para a Bélgica, antes de 23 de Abril de 1996,
- para a Dinamarca, antes de 1 de Junho de 1996,
- para a Alemanha, antes de 30 de Outubro de 1996,
- para a Grécia, antes de 27 de Março de 1997,
- para a Espanha, antes de 7 de Janeiro de 1997,
- para a França, antes de 30 de Maio de 1996,
- para a Irlanda, antes de 27 de Junho de 1996,
- para a Itália, antes de 30 de Julho de 1996,
- para o Luxemburgo, antes de 29 de Maio de 1996,
- para os Países Baixos, antes de 1 de Julho de 1996,
- para a Áustria, antes de 30 de Dezembro de 1996,
- para Portugal, antes de 15 de Janeiro de 1997,
- para a Finlândia, antes de 21 de Agosto de 1996,
- para a Suécia, antes de 1 de Junho de 1996, e
- para o Reino Unido, antes de 30 de Abril de 1996.

ARTIGO 63.º
Disposições transitórias relativas ao artigo 47.º

1. As instituições de crédito cujo rácio mínimo não atingia, em 1 de Janeiro de 1991, os 8% previstos no n.º 1 do artigo 47.º devem aproximar-se progressivamente deste nível, através de patamares sucessivos. Enquanto não tiverem atingido este objectivo, não podem permitir que o nível do rácio desça a um nível inferior ao do patamar atingido. Se, no entanto, se verificar uma flutuação deste tipo, esta deve ser temporária, devendo ainda o respectivo motivo ser comunicado às autoridades competentes.

2. Durante um período que não poderá exceder cinco anos a contar de 1 de Janeiro de 1993, os Estados Membros podem aplicar a ponderação de 10% às obrigações definidas no n.º 4 do artigo 22.º da Directiva 85/611/CEE e mantê-la para as instituições de crédito quando e se o considerarem necessário para evitar perturbações graves no funcionamento dos respectivos mercados. Estas derrogações devem ser participadas à Comissão.

3. O disposto no n.º 1 do artigo 47.º não será aplicável ao Banco da Agricultura da Grécia durante um período que não pode ultrapassar sete anos, a contar de 1 de Janeiro de 1993. Não obstante, aquela instituição deve aproximar-se do nível referido no n.º 1 do artigo 47.º por etapas sucessivas, de acordo com o método descrito no n.º 1 do presente artigo.

ARTIGO 64.º
Disposições transitórias relativas ao artigo 49.º

1. Se, à data de 5 de Fevereiro de 1993, uma instituição de crédito tiver já

aceite um risco ou riscos que excedam os limites aplicáveis aos grandes riscos ou o limite aplicável ao agregado de grandes riscos, previstos no artigo 49.º, as autoridades competentes exigirão que a instituição de crédito em causa tome as medidas necessárias para reduzir o risco ou os riscos em questão ao nível previsto no artigo 49.º.

2. O processo de redução do risco ou riscos ao nível autorizado será concebido, adoptado, implementado e concluído dentro do prazo que as autoridades competentes julgarem compatível com o princípio de uma boa gestão e de uma concorrência leal. As autoridades competentes informarão a Comissão e o Comité Consultivo Bancário do calendário do processo geral adoptado.

3. As instituições de crédito não podem tomar medidas que tenham como efeito aumentar os riscos referidos no n.º 1 em relação ao nível a que se situavam em 5 de Fevereiro de 1993.

4. O prazo aplicável por força do n.º 2 expirará, o mais tardar, em 31 de Dezembro de 2001. Os riscos com prazo de vencimento mais longo em relação aos quais a instituição mutuante seja obrigada a respeitar as condições contratuais podem ser prosseguidos até ao seu vencimento.

5. Até 31 de Dezembro de 1998, os Estados-Membros podem elevar o limite estabelecido no n.º 1 do artigo 49.º a 40% e o limite previsto no n.º 2 do artigo 49.º a 30%. Nesse caso, e sem prejuízo do disposto nos n.ºs 1 a 4, o prazo para reduzir os riscos existentes no final desse período aos níveis previstos no artigo 49.º expira em 31 de Dezembro de 2001.

6. No que se refere às instituições de crédito cujos fundos próprios não sejam superiores a sete milhões de euros, e unicamente no caso de tais instituições, os Estados-Membros podem prorrogar por cinco anos os prazos previstos no n.º 5. Os Estados-Membros que fizerem uso da faculdade prevista no presente número devem tomar medidas para evitar distorções de concorrência e informar a Comissão e o Comité Consultivo Bancário das disposições que tomarem para o efeito.

7. Nos casos a que se referem os n.ºs 5 e 6, um risco pode considerar-se grande risco se o seu valor for igual ou superior a 15% dos fundos próprios.

8. Até 31 de Dezembro de 2001, os Estados-Membros podem substituir a frequência de notificação dos grandes riscos referida no n.º 2, segundo travessão, do artigo 48.º por uma frequência de, pelo menos, duas vezes por ano.

9. Os Estados-Membros podem isentar total ou parcialmente da aplicação dos n.ºs 1, 2 e 3 do artigo 49.º os riscos assumidos por uma instituição de crédito que consistam em empréstimos hipotecários na acepção do n.º 1 do artigo 62.º concedidos antes de 1 de Janeiro de 2002, bem como as operações de locação financeira imobiliária na acepção no n.º 2 do artigo 62.º celebradas antes de 1 de Janeiro de 2002, em ambos os casos até 50% do valor dos bens imóveis em causa.

O mesmo se aplica aos empréstimos garantidos, a contento das autoridades competentes, por acções de empresas finlandesas de construção de imóveis destinados a habitação, que actuem de acordo com a Lei finlandesa da construção de habitação, de 1991, ou legislação posterior equivalente, semelhantes às hipotecas a que se refere o primeiro parágrafo.

ARTIGO 65.º
Disposições transitórias relativas ao artigo 51.º

As instituições de crédito que, em 1 de Janeiro de 1993, ultrapassavam os limites fixados nos n.os 1 e 2 do artigo 51.º disporão de um prazo até 1 de Janeiro de 2003, para darem cumprimento ao disposto nesses números.

CAPÍTULO 2
Disposições finais

ARTIGO 66.º
Informação da Comissão

Os Estados-Membros comunicarão à Comissão os textos das principais disposições legislativas, regulamentares e administrativas que adoptarem nas matérias reguladas pela presente directiva.

ARTIGO 67.º
Directivas revogadas

1. As Directivas 73/183/CEE, 77/780/CEE, 89/299/CEE, 89/646/CEE, 89/647/CEE, 92/30/CEE e 92/121/CEE, tais como alteradas pelas directivas que constam da parte A do anexo V são revogadas, sem prejuízo das obrigações dos Estados-Membros relativamente aos prazos de transposição das referidas directivas que constam da parte B do anexo V.

2. As remissões para as directivas revogadas devem entender-se como sendo feitas para a presente directiva e passam a ler-se nos termos da tabela de correspondência que consta do anexo VI.

ARTIGO 68.º
Entrada em vigor

A presente directiva entra em vigor 20 dias depois da sua publicação no Jornal Oficial das Comunidades Europeias.

ARTIGO 69.º
Destinatários

Os Estados-Membros são os destinatários da presente directiva.

Feito em Bruxelas, em 20 de Março de 2000.

Pelo Parlamento Europeu Pelo Conselho
A Presidente O Presidente
N. FONTAINE J. GAMA

ANEXO I
**Lista das operações que beneficiam
de reconhecimento mútuo**

1. Recepção de depósitos ou de outros fundos reembolsáveis
2. Empréstimos[1]
3. Locações financeiras
4. Operações de pagamento
5. Emissão e gestão de meios de pagamento (cartões de crédito, cheques de viagem, cartas de crédito)
6. Concessões de garantias e outros compromissos
7. Transacções efectuadas por conta da própria instituição de crédito ou por conta da respectiva clientela sobre:
    a) Instrumentos do mercado monetário (cheques, letras e livranças, certificados de depósito, etc.)
    b) Mercado de câmbios
    c) Instrumentos financeiros a prazo e opções
    d) Instrumentos sobre divisas ou sobre taxas de juro
    e) Valores mobiliários
8. Participações em emissões de títulos e prestação de serviços relativos a essa participação
9. Consultadoria às empresas em matéria de estruturas do capital, de estratégia industrial e de questões conexas, e consultadoria, bem como serviços no domínio da fusão e da compra de empresas
10. Intermediação nos mercados interbancários
11. Gestão ou consultadoria em gestão de patrimónios
12. Conservação e administração de valores mobiliários
13. Informações comerciais
14. Aluguer de cofres.

---

[1] Incluindo nomeadamente:

- crédito ao consumo,
- crédito hipotecário,
- factoring com ou sem recurso,
- financiamento de transacções comerciais (incluindo o desconto sem recurso).

ANEXO II
Classificação dos elementos extrapatrimoniais

Risco elevado
- Garantias com a natureza de substitutos de crédito
- Aceites
- Endossos de letras e livranças em que não conste a assinatura de outra instituição de crédito
- Transacções com recurso a favor do comprador
- Cartas de crédito irrevogáveis stand-by com a natureza de substitutos de crédito
- Compra de activos a prazo fixo
- Depósitos prazo contra prazo (forward forward deposits)
- Parcela por realizar de acções e títulos parcialmente realizados
- Outros elementos que igualmente apresentem risco elevado

Risco médio
- Créditos documentários, emitidos e confirmados (ver igualmente risco médio//baixo)
- Garantias e indemnizações (incluindo as garantias de contratos de direito público, de boa execução de contratos e as garantias aduaneiras e fiscais) e garantias que não tenham a natureza de substitutos de crédito
- Vendas de activos com acordo de recompra, como definidas nos n.os 3 e 5 do artigo 12.º da Directiva 86/635/CEE
- Cartas de crédito irrevogáveis stand-by que não tenham a natureza de substitutos de crédito
- Linhas de crédito não utilizadas (acordos de concessão de empréstimos, de compra de títulos, de concessão de garantias e de aceites) com um prazo de vencimento inicial superior a um ano
- Facilidades de emissão de letras e livranças [Note issuance facilities (NIF)] e facilidades renováveis com tomada firme [Revolving underwriting facilities (RUF)]
- Outros elementos que igualmente apresentem risco médio

Risco médio/baixo
- Créditos documentários em relação aos quais os documentos de embarque sirvam de garantia e outras transacções de liquidação potencialmente automática
- Outros elementos que igualmente apresentem risco médio/baixo

Risco baixo
- Linhas de crédito não utilizadas (acordos de concessão de empréstimos, de compra de títulos, de concessão de garantias e de aceites) com um prazo de vencimento inicial inferior ou igual a um ano ou que possam ser incondicionalmente anuladas em qualquer momento e sem pré-aviso
- Outros elementos que igualmente apresentem risco baixo

Os Estados-Membros comprometem-se a informar a Comissão logo que aceitem a introdução de qualquer novo elemento extrapatrimonial num dos últimos travessões de cada uma das classes de risco. Este elemento será definitivamente classificado a nível comunitário logo que esteja concluído o processo previsto no artigo 60.º.

ANEXO III
Regime dos elementos extrapatrimoniais

1. ESCOLHA DO MÉTODO

A fim de avaliar os ricos de créditos associados aos contratos enumerados nos pontos 1 e 2 do anexo IV, as instituições de crédito podem, com o acordo das respectivas autoridades competentes, escolher um dos métodos a seguir referidos. As instituições de crédito que devem observar o disposto no n.º 1 do artigo 6.º da Directiva 93/6/CEE[1] são obrigadas a utilizar o método 1 a seguir estabelecido. Para avaliar os riscos de crédito associados aos contratos enumerados no ponto 3 do anexo IV, todas as instituições de crédito devem utilizar o método 1 a seguir estabelecido.

---

[1] Directiva 93/6/CEE do Conselho, de 15 de Março de 1993, relativa à adequação dos fundos próprios das empresas de investimento e das instituições de crédito (JO L 141 de 11.6.1993, p. 1.) Directiva alterada pela Directiva 98/33/CE (JO L 204 de 21.7.1998, p. 29).

2. MÉTODOS

Método 1: Perspectiva da "avaliação ao preço de mercado"

Etapa a): Obtenção do custo de substituição de todos os contratos de valor positivo através da determinação do preço corrente de mercado dos contratos (avaliação ao preço de mercado).

Etapa b): Com vista a quantificar o risco de crédito futuro potencial[2], os montantes do capital nacional ou os valores subjacentes serão multiplicados pelas seguintes percentagens:

---

[2] Excepto no caso de *swaps* de taxas de juro "variável/variável" na mesma divisa, em que está calculado apenas o custo de substituição.

QUADRO 1[a][b]

Vencimento residual[c]	Contratos sobre taxas de juro	Contratos sobre taxas de câmbio e ouro	Contratos sobre títulos de capital	Contratos sobre metais preciosos à excepção do ouro	Contratos sobre mercadorias que não sejam metais preciosos
Um ano ou menos	0%	1%	6%	7%	10%
Mais de um ano e não mais de cinco anos	0,5%	5%	8%	7%	12%
Mais de cinco anos	1,5%	7,5%	10%	8%	15%

(a) Os contratos que não sejam abrangidos por uma das cinco categorias referidas no presente quadro deverão ser tratados como contratos sobre produtos de base que não sejam metais preciosos.
(b) No caso de contratos que prevejam múltiplas trocas de capital, as percentagens devem ser multiplicadas pelo número de pagamentos ainda por efectuar nos termos nele previstos.
(c) No caso de contratos que prevejam a liquidação das posições obtidas na sequência de determinadas datas de pagamento e cujas condições sejam reformuladas a fim de que o seu valor de mercado seja nulo nas referidas datas, considera-se que o prazo de vencimento residual será o prazo que decorrerá até à data de reformulação seguinte. No caso de contratos sobre taxas de juro que satisfaçam estes critérios e que tenham um vencimento residual superior a um ano, a percentagem não deverá ser inferior a 0,5%.

Para calcular o risco futuro potencial de acordo com a etapa *b*), as autoridades competentes podem permitir que, até 31 de Dezembro de 2006, as instituições de crédito apliquem as seguintes percentagens em vez das referidas no quadro 1, desde que as instituições recorram à opção estabelecida no artigo 11.°A da Directiva 93/6/CEE em relação aos contratos abrangidos pelas alíneas *b*) e *c*) do ponto 3 do anexo IV.

QUADRO 1A

Vencimento residual	Metais preciosos (excepto ouro)	Metais de base	Produtos agrícolas (perecíveis)	Outros, incluindo produtos energéticos
Um ano ou menos	2%	2,5%	3%	4%
Mais de um ano e não mais de cinco anos	5%	4%	5%	6%
Mais de cinco anos	7,5%	8%	9%	10%

Etapa c): A soma do custo da substituição actual e do risco de crédito futuro potencial é multiplicada pelas ponderações de risco atribuídas no artigo 43.° às contrapartes em questão.
Método 2: Perspectiva do "risco inicial"
Etapa a): O montante do capital nacional de cada instrumento é multiplicado pelas percentagens seguintes:

QUADRO 2

Vencimento inicial[1]	Contratos sobre taxas de juro	Contratos sobre taxas de câmbio e sobre ouro
Um ano ou menos	0,5%	2%
Mais de um ano e não mais de dois anos	1%	5%
Por cada ano suplementar	1%	3%

(1) No caso dos contratos relativos a taxas de juro, as instituições de crédito poderão escolher, sob reserva do assentimento das autoridades competentes, o vencimento inicial ou o vencimento residual.

Etapa b): O risco inicial assim obtido é multiplicado pelas ponderações de risco atribuídas no artigo 43.º às contrapartes em questão.

Para os métodos 1 e 2, as autoridades competentes deverão garantir que o montante teórico a considerar constitui uma medida adequada de avaliação dos riscos inerentes ao contrato. Sempre que, por exemplo, o contrato preveja uma multiplicação dos fluxos de caixa, o montante teórico deve ser ajustado a fim de tomar em conta os efeitos da multiplicação sobre a estrutura de risco desse contrato.

3. CONTRATOS DE NOVAÇÃO E ACORDOS DE COMPENSAÇÃO (COMPENSAÇÃO CONTRATUAL)

a) **Tipos de compensação que podem ser reconhecidos pelas autoridades competentes**

Para efeitos do disposto no presente ponto, entende-se por "contraparte", qualquer entidade (incluindo as pessoas singulares) habilitada a celebrar acordos de compensação contratual.

As autoridades competentes podem reconhecer como factores de redução de risco os seguintes tipos de compensação contratual:

i) Contratos bilaterais de novação entre uma instituição de crédito e a sua contraparte, nos termos dos quais os direitos e obrigações recíprocos são automaticamente compensados, de tal modo que a novação implica a fixação de um montante líquido único cada vez que exista novação, dando assim origem a um novo contrato único, juridicamente vinculativo, que extingue os contratos anteriores;

ii) Outros acordos bilaterais de compensação entre a instituição de crédito e a sua contraparte;

b) **Condições de reconhecimento**

As autoridades competentes apenas podem reconhecer a compensação contratual como factor de redução de risco, se se encontrarem preenchidas as seguintes condições:

i) A instituição de crédito tiver celebrado com a sua contraparte um acordo de compensação contratual que crie uma obrigação jurídica única, abrangendo todas as operações incluídas, de tal modo que, na eventualidade

de incumprimento da contraparte, por mora, falência ou liquidação, ou por qualquer outra circunstância semelhante, a instituição de crédito tenha o direito de receber ou a obrigação de pagar apenas o montante líquido da soma dos valores positivos e negativos não realizados, avaliados a preços de mercado, de todas as operações abrangidas;
ii) A instituição de crédito deve ter posto à disposição das autoridades competentes pareceres jurídicos, escritos e devidamente fundamentados, que permitam concluir que, na eventualidade de um litígio, os tribunais e as autoridades administrativas competentes entenderiam que, nos casos descritos em i), os direitos e obrigações da instituição de crédito se limitariam ao montante líquido da soma, referido em i), nos termos:
– da legislação aplicável no território em que a contraparte está sediada e, no caso de estar em causa uma sucursal estrangeira de uma empresa, também nos termos da legislação aplicável no território em que se situa essa sucursal,
– da legislação que regula as operações específicas abrangidas, e
– da legislação que regula qualquer contrato ou acordo necessário para dar execução à compensão contratual;
iii) A instituição de crédito deve ter criado mecanismos adequados para que a validade jurídica da sua compensação contratual seja verificada de modo permanente à luz de eventuais alterações das legislações aplicáveis.

As autoridades competentes, se necessário após consulta de outras autoridades competentes pertinentes, devem estar convencidas da validade jurídica da compensação contratual face às diferentes legislações aplicáveis. Se alguma das autoridades competentes não se considerar convencida a este respeito, o acordo de compensação contratual não será reconhecido como factor de redução de risco em relação a qualquer das contrapartes.

As autoridades competentes poderão aceitar pareceres jurídicos fundamentados, elaborados por tipos de compensação contratual.

Os contratos que incluam uma disposição que permita a uma contraparte não faltosa efectuar apenas pagamentos limitados ou não efectuar quaisquer pagamentos à massa falida, mesmo se o faltoso for credor líquido (cláusula de excepção ou *walkaway clause*), não serão reconhecidos como factores de redução de risco.

As autoridades competentes podem reconhecer como factores de redução do risco os acordos de compensação que abrangem contratos sobre taxas de câmbio de duração inicial igual ou inferior a 14 dias de calendário, opções vendidas e elementos extrapatrimoniais semelhantes, aos quais não é aplicável o disposto no presente anexo, em virtude de o risco de crédito a eles inerente ser nulo ou negligenciável. Se, consoante o valor de mercado destes contratos for positivo ou negativo, a respectiva inclusão num outro acordo de compensação resultar num aumento ou

numa diminuição dos requisitos de capital, as autoridades competentes obrigarão as respectivas instituições de crédito a utilizarem um método coerente;
c) **Efeitos do reconhecimento**
   i) *Contratos de novação*
   Podem ponderar-se os montantes líquidos únicos estabelecidos pelos contratos de novação, em lugar dos montantes brutos envolvidos. Assim, aplicando o método 1:
   – Etapa *a*): o custo de substituição actual,
   e
   – Etapa *b*): os montantes totais do capital nacional ou os valores subjacentes
   podem ser determinados tendo em conta o contrato de novação. Aplicando o método 2 para a etapa a), o montante do capital nacional pode ser calculado tendo em conta o contrato de novação; aplicam-se as percentagens que figuram no quadro 2;
   ii) *Outros acordos de compensação*
Aplicando o método 1:
   – na etapa *a*): o custo de substituição actual dos contratos incluídos num acordo de compensação pode ser obtido tendo em conta o custo de substituição líquido teórico actual que resulta do acordo; no caso de a operação de compensação resultar numa obrigação líquida para a instituição de crédito que calcula o custo de substituição líquido, considera-se que o custo de substituição actual é igual a "0",
   – na etapa *b*): o montante do risco de crédito potencial futuro relativo a todos os contratos incluídos num acordo de compensação pode ser reduzido de acordo com a seguinte equação:

$$RCP_{red} = 0{,}4 * RCP_{bruto} + 0{,}6 * RVLB * RCP_{bruto}$$

em que:
   – RCP_{red} = é o montante reduzido do risco de crédito potencial futuro relativo a todos os contratos celebrados com uma dada contraparte e incluídos num acordo de compensação bilateral juridicamente válido,
   – RCP_{bruto} = é a soma dos montantes dos riscos de crédito potenciais futuros relativos a todos os contratos celebrados com uma dada contraparte e incluídos num acordo de compensação bilateral juridicamente válido, calculados mediante a multiplicação do capital teórico pelas percentagens indicadas no quadro 1,
   – RVLB = é o "rácio valor líquido/bruto"; de acordo com o critério das autoridades competentes, o seu valor poderá ser um dos seguintes:
      i) Cálculo individualizado: o quociente entre o custo de substituição líquido para todos os contratos celebrados com uma dada contraparte e incluídos num acordo de

compensação bilateral juridicamente válido (numerador) e o custo de substituição bruto para todos os contratos celebrados com essa contraparte e incluídos num acordo de compensação bilateral juridicamente válido (denominador);

ou

ii) Cálculo agregado: o quociente entre a soma dos custos de substituição líquidos calculados numa base bilateral para todas as contrapartes, tomando em consideração os contratos incluídos em acordos de compensação juridicamente válidos (numerador) e os custos de substituição brutos de todos os contratos incluídos em acordos de compensação juridicamente válidos (denominador).

Se os Estados-Membros permitirem às instituições de crédito a opção por um dos métodos, o método escolhido deve ser utilizado de forma coerente.

Para o cálculo do risco de crédito potencial futuro de acordo com a fórmula acima referida, os contratos perfeitamente correspondentes incluídos num acordo de compensação podem ser considerados como um único contrato, cujo capital teórico é equivalente ao respectivo montante líquido. São perfeitamente correspondentes os contratos a prazo sobre divisas ou contratos semelhantes cujo capital teórico é equivalente aos fluxos de caixa, no caso de estes serem exigíveis na mesma data-valor e serem expressos total ou parcialmente na mesma moeda.

Na aplicação do método 2, na etapa a):

– os contratos perfeitamente correspondentes incluídos num acordo de compensação podem ser considerados como um único contrato, cujo capital teórico é equivalente ao respectivo montante líquido; os montantes do capital teórico são multiplicados pelas percentagens constantes do quadro 2,

– para todos os demais contratos abrangidos pelo acordo de compensação, as percentagens aplicáveis podem ser reduzidas de acordo com o indicado no quadro 3.

QUADRO 3

Vencimento inicial[1]	Contratos sobre taxas de juro	Contratos sobre divisas
Um ano ou menos	0,35%	1,50%
Mais de um ano e não mais de dois anos	0,75%	3,75%
Por cada ano suplementar	0,75%	2,25%

(1) No caso dos contratos relativos a taxas de juro, as instituições de crédito poderão escolher, sob reserva do assentimento das autoridades competentes, o vencimento inicial ou o vencimento residual.

ANEXO IV
Tipos de elementos extrapatrimoniais

1. **Contratos sobre taxas de juro**:
   a) *Swaps* de taxas de juro na mesma divisa;
   b) *Swaps* de taxas de juro variáveis de natureza diferente ("swaps de base");
   c) Contratos a prazo relativos a taxas de juro;
   d) Operações a futuro sobre taxas de juro;
   e) Opções sobre taxas de juro adquiridas;
   f) Outros contratos de natureza idêntica.

2. **Contratos sobre taxas de câmbio e contratos sobre ouro**:
   a) *Swaps* de taxas de juro em divisas diferentes;
   b) Contratos a prazo sobre divisas;
   c) Futuros sobre divisas;
   d) Opções sobre divisas adquiridas;
   e) Outros contratos de natureza idêntica;
   f) Contratos sobre outro, de natureza idêntica aos das alíneas a) a e).

3. **Contratos de natureza idêntica aos referidos nas alíneas a) a e) do ponto 1 e nas alíneas a) a d) do ponto 2 relativos a outros elementos de referência ou índices relacionados com**:
   a) Títulos de capital;
   b) Metais preciosos com excepção do ouro;
   c) Mercadorias que não sejam metais preciosos;
   d) Outros contratos de natureza similar.

ANEXO V

PARTE A
DIRECTIVAS REVOGADAS E SUAS SUCESSIVAS ALTERAÇÕES
(referidas no artigo 67.°)

Directiva 73/183/CEE do Conselho
Directiva 77/780/CEE do Conselho
Directiva 85/345/CEE do Conselho
Directiva 86/137/CEE do Conselho
Directiva 86/524/CEE do Conselho
Directiva 89/646/CEE do Conselho
Directiva 95/26/CE do Parlamento Europeu e do Conselho

Unicamente o primeiro travessão do artigo 1.°; n.° 1, primeiro travessão, e n.° 2, primeiro travessão, do artigo 2.°; n.° 2 do artigo 3.°; n.os 2, 3 e 4, no que respeita às referências feitas à Directiva 77/780/CEE, e n.° 6 do artigo 4.° e o primeiro travessão do artigo 5.°.

Directiva 96/13/CE do Conselho
Directiva 98/33/CE do Parlamento Europeu e do Conselho (artigo 1.°)
Directiva 89/299/CEE do Conselho
Directiva 91/633/CEE do Conselho
Directiva 92/16/CEE do Conselho
Directiva 92/30/CEE do Conselho
Directiva 89/646/CEE do Conselho
Directiva 92/30/CEE do Conselho
Directiva 95/26/CE do Parlamento Europeu e do Conselho
Unicamente o primeiro travessão do artigo 1.°
Directiva 89/647/CEE do Conselho
Directiva 91/31/CEE da Comissão
Directiva 92/30/CEE do Conselho
Directiva 94/7/CE da Comissão
Directiva 95/15/CE da Comissão
Directiva 95/67/CE da Comissão
Directiva 96/10/CE do Parlamento Europeu e do Conselho
Directiva 98/32/CE do Parlamento Europeu e do Conselho
Directiva 98/33/CE do Parlamento Europeu e do Conselho (artigo 2.°)
Directiva 92/30/CEE do Conselho
Directiva 92/121/CEE do Conselho

PARTE B
PRAZOS DE TRANSPOSIÇÃO
(referidos no artigo 67.°)

Directiva		Data-limite de transposição
73/183/CEE (JO L 194 de 16.7.1973, p. 1)		2.1.1975
77/780/CEE (JO L 322 de 17.12.1977, p. 30)		15.12.1979
85/345/CEE (JO L 183 de 16.7.1985, p. 19)		15.7.1985
86/137/CEE (JO L 106 de 23.4.1986, p. 35)		–
86/524/CEE (JO L 309 de 4.11.1986, p. 15)		31.12.1986
89/299/CEE (JO L 124 de 5.5.1989, p. 16)		1.1.1993
89/646/CEE (JO L 386 de 30.12.1989, p. 1)	(artigo 6.°, n.° 2)	1.1.1990
	(outras disposições)	1.1.1993
89/647/CEE (JO L 386 de 30.12.1989, p. 14)		1.1.1991
91/31/CEE (JO L 17 de 23.1.1991, p. 20)		31.3.1991
91/633/CEE (JO L 339 de 11.12.1991, p. 16)		31.12.1992
92/16/CEE (JO L 75 de 31.3.1992, p. 48)		31.12.1992
92/30/CEE (JO L 110 de 28.4.1992, p. 52)		31.12.1992
92/121/CEE (JO L 29 de 5.2.1993, p. 1)		31.12.1993
94/7/CE (JO L 89 de 6.4.1994, p. 17)		25.11.1994
95/15/CE (JO L 125 de 8.6.1995, p. 23)		30.9.1995
95/26/CE (JO L 168 de 18.7.1995, p. 7)		18.7.1996
95/67/CE (JO L 314 de 28.12.1995, p. 72)		1.7.1996

96/10/CE (JO L 85 de 3.4.1996, p. 17)	30.6.1996
96/13/CE (JO L 66 de 16.3.1996, p. 15)	15.4.1996
98/32/CE (JO L 204 de 21.7.1998, p. 26)	21.7.2000
98/33/CE (JO L 204 de 21.7.1998, p. 29)	21.7.2000

ANEXO VI
TABELA DE CORRESPONDÊNCIA

Presente directiva	Directiva 77/780/CEE	Directiva 89/299/CEE	Directiva 89/646/CEE	Directiva 89/647/CEE	Directiva 92/30/CEE	Directiva 92/121/CEE	Directiva 96/10/CE
Artigo 1.º, ponto 1	Artigo 1.º, primeiro travessão				Artigo 1.º, primeiro travessão	Artigo 1.º, alínea a)	
Artigo 1.º, ponto 2	Artigo 1.º, segundo travessão						
Artigo 1.º, ponto 3			Artigo 1.º, ponto 3				
Artigo 1.º, pontos 4 a 8			Artigo 1.º, pontos 5 a 9				
Artigo 1.º, ponto 9					Artigo 1.º, sétimo travessão	Artigo 1.º, alínea c)	
Artigo 1.º, pontos 10 e 11			Artigo 1.º, pontos 10 e 11		Artigo 1.º, oitavo travessão	Artigo 1.º, alínea d)	
Artigo 1.º, ponto 12			Artigo 1.º, ponto 12				
Artigo 1.º, ponto 13			Artigo 1.º, ponto 13				
Artigo 1.º, pontos 14 a 17				Artigo 2.º, n.º 1, segundo a quinto travessão			
Artigo 1.º, pontos 18 a 20				Artigo 2.º, n.º 1, sexto a oitavo travessão	Artigo 1.º, terceiro a quinto travessão		
Artigo 1.º, pontos 21 a 23						Artigo 1.º, alínea h)	
Artigo 1.º, ponto 24						Artigo 1.º, alínea m)	
Artigo 1.º, ponto 25							
Artigo 1.º, ponto 26	Artigo 1.º, quinto travessão						
Artigo 1.º, ponto 27				Artigo 2.º, n.º 1, nono travessão			
Artigo 2.º, n.º 1	Artigo 2.º, n.º 1		Artigo 2.º, n.º 1	Artigo 1.º, n.º 1	Artigo 2.º		
Artigo 2.º, n.º 2	Artigo 2.º, n.º 2						
Artigo 2.º, n.º 3							

42.   *Directriz Actividade das Instituições de Crédito*

Presente directiva	Directiva 77/780/CEE	Directiva 89/299/CEE	Directiva 89/646/CEE	Directiva 89/647/CEE	Directiva 92/30/CEE	Directiva 92/121/CEE	Directiva 96/10/CE
Artigo 2.º, n.º 4	Artigo 2.º, n.º 3		Artigo 2.º, n.º 3				
Artigo 2.º, n.º 5, primeiro, segundo e terceiro parágrafos	Artigo 2.º, n.º 4, alíneas a), b) e c)		Artigo 3.º			Artigo 2.º, segundo parágrafo, alínea b)	
Artigo 2.º, n.º 6			Artigo 4.º, n.º 1	Artigo 1.º, n.º 3			
Artigo 3.º	Artigo 3.º, n.º 1		Artigo 4.º, n.º 2, frase introdutória e alíneas a), b) e c)				
Artigo 4.º	Artigo 3.º, n.º 2, primeiro parágrafo		Artigo 10.º, n.ºs 1 a 5				
Artigo 5.º, n.º 1, primeiro parágrafo	Artigo 10.º, n.º 1, terceiro parágrafo						
Artigo 5.º, n.º 1, segundo parágrafo			Artigo 5.º, primeiro parágrafo, artigo 1.º ponto 10, segundo parágrafo e artigo 5.º, segundo parágrafo				
Artigo 5.º, n.º 2	Artigo 3.º, n.º 2, primeiro parágrafo, terceiro travessão e segundo parágrafo						
Artigo 5.º, n.ºs 3 a 7	Artigo 3.º, n.º 2A						
Artigo 6.º, n.º 1	Artigo 3.º, n.º 2, terceiro, quarto e quinto parágrafos						
Artigo 6.º, n.º 2	Artigo 3.º, n.º 4		Artigo 7.º				
Artigo 7.º, n.ºs 1 e 2	Artigo 3.º, n.º 3, alínea a)		Artigo 6.º, n.º 1				
Artigo 7.º, n.º 3	Artigo 3.º, n.º 6						
Artigo 8.º	Artigo 3.º, n.º 7						
Artigo 9.º							
Artigo 10.º							
Artigo 11.º							
Artigo 12.º							
Artigo 13.º							

Directriz n.º 2000/12/CE, do Parlamento e do Conselho, de 20 de Março de 2000 42.

Presente directiva	Directiva 77/780/CEE	Directiva 89/299/CEE	Directiva 89/646/CEE	Directiva 89/647/CEE	Directiva 92/30/CEE	Directiva 92/121/CEE	Directiva 96/10/CE
Artigo 14.º, n.º 1	Artigo 8.º, n.º 1						
Artigo 14.º, n.º 2	Artigo 8.º, n.º 5						
Artigo 15.º	Artigo 5.º						
Artigo 16.º, n.ᵒˢ 1 a 5			Artigo 11.º, n.ᵒˢ 1 a 5				
Artigo 16.º, n.º 6			Artigo 1.º, ponto 10, segundo parágrafo				
Artigo 17.º			Artigo 13.º, n.º 2				
Artigo 18.º			Artigo 18.º, n.º 1				
Artigo 19.º			Artigo 18.º, n.º 2				
Artigo 20.º, n.ᵒˢ 1 a 6			Artigo 19.º				
Artigo 20.º, n.º 7			Artigo 23.º, n.º 1				
Artigo 21.º, n.ᵒˢ 1 e 2			Artigo 20.º				
Artigo 21.º, n.º 3			Artigo 23.º, n.º 2				
Artigo 22.º			Artigo 21.º				
Artigo 23.º, n.º 1			Artigo 8.º				
Artigo 23.º, n.ᵒˢ 2 a 7			Artigo 9.º				
Artigo 24.º	Artigo 9.º						
Artigo 25.º			Artigo 13.º, n.ᵒˢ 1 e 3				
Artigo 26.º			Artigo 14.º, n.º 2				
Artigo 27.º	Artigo 7.º, n.º 1						
Artigo 28.º			Artigo 15.º				
Artigo 29.º							
Artigo 30.º, n.ᵒˢ 1 a 5	Artigo 12.º, n.ᵒˢ 1 a 5						
Artigo 30.º, n.º 6	Artigo 12.º, n.º 5A						
Artigo 30.º, n.º 7	Artigo 12.º, n.º 5B						
Artigo 30.º, n.º 8	Artigo 12.º, n.º 6					Artigo 8.º	
Artigo 30.º, n.º 9	Artigo 12.º, n.º 7						
Artigo 30.º, n.º 10	Artigo 12.º, n.º 8						

Presente directiva	Directiva 77/780/CEE	Directiva 89/299/CEE	Directiva 89/646/CEE	Directiva 89/647/CEE	Directiva 92/30/CEE	Directiva 92/121/CEE	Directiva 96/10/CE
Artigo 31.º	Artigo 12.º A						
Artigo 32.º	Artigo 13.º						
Artigo 33.º							
Artigo 34.º, n.º 1		Artigo 1.º, n.º 1					
Artigo 34.º, n.ºs 2 a 4		Artigo 2.º, n.ºs 1 a 3					
Artigo 35.º		Artigo 3.º					
Artigo 36.º		Artigo 4.º					
Artigo 37.º		Artigo 5.º					
Artigo 38.º		Artigo 6.º, n.ºs 1 e 4					
Artigo 39.º		Artigo 7.º					
Artigo 40.º				Artigo 3.º, n.ºs 1 a 4, 7 e 8			
Artigo 41.º				Artigo 4.º			
Artigo 42.º				Artigo 5.º			
Artigo 43.º				Artigo 6.º			
Artigo 44.º				Artigo 7.º			
Artigo 45.º				Artigo 8.º			
Artigo 46.º				Artigo 2.º, n.º 2			
Artigo 47.º				Artigo 10.º			
Artigo 48.º			Artigo 17.º				
Artigo 49.º							
Artigo 50.º							
Artigo 51.º, n.ºs 1 a 5			Artigo 12.º, n.ºs 1 a 5				
Artigo 51.º, n.º 6			Artigo 12.º, n.º 8				
Artigo 52.º, n.ºs 1 a 7					Artigo 3.º, n.ºs 1 a 7	Artigo 3.º; Artigo 4.º, n.ºs 1 a 7, alínea r), segundo parágrafo, primeira frase e n.ºs 7, alínea s) a 12; Artigo 5.º, n.ºs 1 a 3	

Presente directiva	Directiva 77/780/CEE	Directiva 89/299/CEE	Directiva 89/646/CEE	Directiva 89/647/CEE	Directiva 92/30/CEE	Directiva 92/121/CEE	Directiva 96/10/CE
Artigo 52.º, n.ºˢ 8 e 9				Artigo 3.º, n.ºˢ 5 e 6	Artigo 3.º, n.ºˢ 8 e 9	Artigo 5.º, n.ºˢ 4 e 5	
Artigo 52.º, n.º 10					Artigo 3.º, n.º 10		
Artigo 53.º					Artigo 4.º		
Artigo 54.º					Artigo 5.º		
Artigo 55.º					Artigo 6.º		
Artigo 56.º					Artigo 7.º		
Artigo 57.º	Artigo 11.º						
Artigo 58.º	Artigo 3.º, n.º 5						
Artigo 59.º	Artigo 6.º						
Artigo 60.º		Artigo 8.º	Artigo 22.º	Artigo 9.º		Artigo 7.º	
Artigo 61.º		Artigo 4.º A					
Artigo 62.º, n.ºˢ 1 e 2				Artigo 11.º, n.ºˢ 4 e 5		Artigo 6.º, n.ºˢ 1 a 9	
Artigo 62.º, n.º 3				Artigo 11.º, n.ºˢ 1 a 3			
Artigo 63.º		Artigo 9.º, n.º 2	Artigo 12.º, n.º 7	Artigo 12.º, n.º 2			
Artigo 64.º			Artigo 24.º, n.º 3				
Artigo 65.º							
Artigo 66.º							Artigo 2.º
Artigo 67.º							
Artigo 68.º							
Artigo 69.º							
Anexo I			Anexo	Anexo I			
Anexo II				Anexo II			
Anexo III				Anexo III			
Anexo IV							
Anexo V							
Anexo VI							

43. Directriz n.º 2000/28/CE, do Parlamento Europeu e do Conselho, de 18 de Setembro de 2000[656]

Que altera a Directiva 2000/12/CE do Conselho relativa ao acesso à actividade das instituições de crédito e ao seu exercício

O PARLAMENTO EUROPEU E O CONSELHO DA UNIÃO EUROPEIA,

Tendo em conta o Tratado que institui a Comunidade Europeia e, nomeadamente, o n.º 2, primeiro e terceiro períodos, do seu artigo 47.º,

Tendo em conta a proposta da Comissão[1],

Tendo em conta o parecer do Comité Económico e Social[2],

Tendo em conta o parecer do Banco Central Europeu[3],

Deliberando nos termos do artigo 251.º do Tratado[4],

---

[1] JO C 317 de 15.10.1998, p. 12.
[2] JO C 101 de 12.4.1999, p. 64.
[3] JO C 189 de 6.7.1999, p. 7.
[4] Parecer do Parlamento Europeu de 15 de Abril de 1999 (JO C 219 de 30.7.1999, p. 421), confirmado em 27 de Outubro de 1999, posição comum do Conselho de 29 de Novembro de 1999 (JO C 26 de 28.1.2000, p. 12) e decisão do Parlamento Europeu de 11 de Abril de 2000 (ainda não publicada no Jornal Oficial).

Considerando o seguinte:

(1) Segundo os objectivos do Tratado, é desejável promover um desenvolvimento harmonioso das actividades das instituições de crédito em toda a Comunidade, nomeadamente no que diz respeito à emissão de moeda electrónica.

(2) Determinadas instituições circunscrevem a sua actividade sobretudo à emissão de moeda electrónica. A fim de evitar qualquer distorção de concorrência entre emitentes de moeda electrónica, mesmo em termos de aplicação de medidas de política monetária, é conveniente que estas instituições, sujeitas a disposições

---

[656] JOCE n.º L 275, de 27-Out.-2000, 37-38.

específicas adequadas que tomam em consideração as suas características especiais, sejam abrangidas pelo âmbito de aplicação da Directiva 2000/12/CE[5].

[5] Directiva 2000/12/CE do Parlamento Europeu e do Conselho, de 20 de Março de 2000, relativa ao acesso à actividade das instituições de crédito e ao seu exercício (JO L 126 de 26.5.2000, p. 1).

(3) É, por conseguinte, conveniente tornar a definição de instituição de crédito prevista no artigo 1.º da Directiva 2000/12/CE extensiva a estas instituições.

(4) A Directiva 2000/46/CE do Parlamento Europeu e do Conselho, de 18 de Setembro de 2000, relativa ao acesso à actividade das instituições de moeda electrónica e ao seu exercício, bem como à sua supervisão prudencial[6], define as instituições de moeda electrónica.

[6] Ver página 39 do presente Jornal Oficial.

(5) É necessário que a moeda electrónica seja reembolsável, para garantir a confiança dos portadores,

ADOTARAM A PRESENTE DIRECTIVA:

ARTIGO 1.º

A Directiva 2000/12/CE é alterada do seguinte modo:

1. No artigo 1.º, o primeiro parágrafo do ponto 1 passa a ter a seguinte redacção:

(*A alteração foi inserida no texto da Directriz n.º 2000/12/CE, acima publicada*)

2. É inserido um novo artigo no título V:

(*O preceito aditado foi inserido no texto da Directriz n.º 2000/12/CE, acima publicada*)

ARTIGO 2.º

1. Os Estados-Membros devem por em vigor as disposições legislativas, regulamentares e administrativas necessárias para dar cumprimento à presente directiva o mais tardar em 27 de Abril de 2002 e informar imediatamente a Comissão desse facto.

Quando os Estados-Membros aprovarem essas disposições, estas devem incluir uma referência à presente directiva ou ser acompanhadas dessa referência quando da sua publicação oficial. As modalidades dessa referência serão aprovadas pelos Estados-Membros.

2. Os Estados-Membros comunicarão à Comissão o texto das principais disposições de direito interno que aprovarem nas matérias reguladas pela presente directiva.

ARTIGO 3.°

A presente directiva entra em vigor na data da sua publicação no Jornal Oficial das Comunidades Europeias.

ARTIGO 4.°

Os Estados-Membros são os destinatários da presente directiva.

Feito em Bruxelas, em 18 de Setembro de 2000.

Pelo Parlamento Europeu
A Presidente
N. FONTAINE

Pelo Conselho
O Presidente
H. VÉDRINE

44. Directriz n.º 2000/46/CE, do Parlamento Europeu e do Conselho, de 18 de Setembro de 2000[657]

Relativa ao acesso à actividade das instituições de moeda electrónica e ao seu exercício, bem como à sua supervisão prudencial

O PARLAMENTO EUROPEU E O CONSELHO DA UNIÃO EUROPEIA,

Tendo em conta o Tratado que institui a Comunidade Europeia e, nomeadamente, o n.º 2, primeiro e terceiro períodos, do seu artigo 47.º,

Tendo em conta a proposta da Comissão[1],

Tendo em conta o parecer do Comité Económico e Social[2],

Tendo em conta o parecer do Banco Central Europeu[3],

Deliberando nos termos do artigo 251.º do Tratado[4],

---

[1] JO C 317 de 15.10.1998, p. 7.
[2] JO C 101 de 12.4.1999, p. 64.
[3] JO C 189 de 6.7.1999, p. 7.
[4] Parecer do Parlamento Europeu de 15 de Abril de 1999 (JO C 219 de 30.7.1999, p. 415), confirmado em 27 de Outubro de 1999, posição comum do Conselho de 29 de Novembro de 1999 (JO C 26 de 28.1.2000, p. 1) e decisão do Parlamento Europeu de 11 de Abril de 2000 (ainda não publicada no Jornal Oficial). Decisão do Conselho de 16 de Junho de 2000.

Considerando o seguinte:

(1) Na acepção do primeiro parágrafo do ponto 1, alínea b), do artigo 1.º da Directiva 2000/12/CE[5], as instituições de crédito possuem um âmbito de actividades limitado.

---

[5] Directiva 2000/12/CE do Parlamento Europeu e do Conselho, relativa ao acesso à actividade das instituições de crédito e ao seu exercício (JO L 126 de 26.5.2000, p. 1). Directiva alterada pela Directiva 2000/28/CE (ver p. 37 do presente Jornal Oficial).

---

[657] JOCE n.º L 275, de 27-Out.-2000, 39-43.

(2) É conveniente tomar em consideração as características específicas destas instituições e tomar as medidas necessárias para coordenar e harmonizar as disposições legislativas, regulamentares e administrativas dos Estados-Membros, no que diz respeito ao acesso à actividade das instituições de moeda electrónica e ao seu exercício, bem como à sua supervisão prudencial.

(3) Para efeitos da presente directiva, a moeda electrónica pode ser considerada como um substituto electrónico das moedas e notas de banco, que é armazenado num suporte electrónico tal como um cartão inteligente ou na memória de um computador e se destina geralmente a efectuar pagamentos electrónicos de quantias limitadas.

(4) A abordagem adoptada destina-se apenas a assegurar a harmonização essencial necessária e suficiente para garantir o reconhecimento mútuo da autorização e da supervisão prudencial das instituições de moeda electrónica, a fim de permitir a concessão de uma licença única, reconhecida em toda a Comunidade e destinada a garantir a confiança dos portadores e a aplicação do princípio da supervisão prudencial pelo Estado-Membro de origem.

(5) No contexto mais amplo do comércio electrónico em rápido desenvolvimento, é desejável instituir um enquadramento regulamentar que permita explorar todas as vantagens potenciais da moeda electrónica e que, em especial, evite o aparecimento de entraves à inovação tecnológica; a presente directiva institui, por conseguinte, um quadro jurídico neutro do ponto de vista tecnológico, que harmoniza a supervisão prudencial das instituições de moeda electrónica na medida do necessário para garantir uma gestão destas instituições em bases sãs e prudentes, bem como, em especial, a sua integridade financeira.

(6) As instituições de crédito, por força do ponto 5 do anexo I da Directiva 2000/12/CE, são já autorizadas a emitir e a gerir meios de pagamento incluindo a moeda electrónica e a desenvolver essas actividades à escala comunitária no âmbito do reconhecimento mútuo e do sistema global de supervisão prudencial que lhes é aplicável de acordo com as directivas bancárias comunitárias.

(7) Justifica-se e é desejável a introdução de um regime específico em matéria de supervisão prudencial para as instituições de moeda electrónica, que, embora se baseie no regime de supervisão prudencial aplicável às outras instituições de crédito, nomeadamente, na Directiva 2000/12/CE, excepto os capítulos 2 e 3 do título V, diverge deste último devido ao facto de a emissão de moeda electrónica não constituir por si só, em virtude do seu carácter específico enquanto substituto electrónico das moedas e notas de banco, uma actividade de recepção de depósitos nos termos do artigo 3.º da Directiva 2000/12/CE, se os fundos recebidos forem imediatamente convertidos em moeda electrónica.

(8) A recepção de fundos do público em troca de moeda electrónica, que resulte num saldo credor depositado numa conta da instituição emitente, constitui uma recep-

ção de depósitos ou outros fundos reembolsáveis para efeitos da Directiva 2000/12/CE.

(9) É necessário que a moeda electrónica seja reembolsável, para garantir a confiança dos portadores; o carácter reembolsável não implica, em si, que os fundos recebidos em troca de moeda electrónica sejam considerados como depósitos ou outros fundos reembolsáveis para efeitos da Directiva 2000/12/CE.

(10) O reembolso deve ser sempre entendido como sendo por valor nominal.

(11) Tendo em conta os riscos específicos associados à emissão de moeda electrónica, este regime de supervisão prudencial deve responder a essas características e ser, consequentemente, menos pesado do que o aplicável às instituições de crédito, nomeadamente no que diz respeito a requisitos mais baixos em matéria de fundos próprios iniciais e à não aplicação do disposto na Directiva 93/6/CEE[6] e nas secções II e III do capítulo 2 do título V da Directiva 2000/12/CE.

[6] Directiva 93/6/CEE do Conselho, de 15 de Março de 1993, relativa à adequação dos fundos próprios das empresas de investimento e das instituições de crédito (JO L 141 de 11.6.1993, p. 1). Directiva com a última redacção que lhe foi dada pela Directiva 98/33/CE (JO L 204 de 21.7.1998, p. 29).

(12) Todavia, é necessário manter a igualdade das condições de concorrência entre instituições de moeda electrónica e outras instituições de crédito que procedam à emissão de moeda electrónica e, deste modo, assegurar uma concorrência leal entre um leque mais vasto de instituições em benefício dos portadores; este objectivo é atingido, uma vez que o carácter menos pesado do regime de supervisão prudencial aplicável às instituições de moeda electrónica é compensado por regras mais estritas do que as aplicáveis às outras instituições de crédito, sobretudo no que diz respeito às restrições impostas às actividades que as instituições de moeda electrónica podem exercer, nomeadamente, limites prudentes em termos de investimento, destinados a assegurar que as suas responsabilidades financeiras correspondentes à moeda electrónica em circulação sejam sempre cobertas por activos caracterizados por um baixo nível de risco e um grau de liquidez suficiente.

(13) Enquanto se aguarda a harmonização da supervisão prudencial de actividades subcontratadas ("outsourcing") pelas instituições de crédito, é conveniente que as instituições de moeda electrónica prossigam uma gestão sã e prudente e disponham de procedimentos de controlo. Atendendo à possibilidade de as empresas não sujeitas à supervisão prudencial exercerem funções operacionais ou outras funções acessórias ligadas à emissão de moeda electrónica, é essencial que as instituições de moeda electrónica disponham de estruturas internas que possam responder aos riscos financeiros e não financeiros a que estão expostas.

(14) A emissão de moeda electrónica pode afectar a estabilidade do sistema financeiro e o funcionamento regular dos sistemas de pagamento. É necessária uma estreita cooperação na avaliação da integridade dos sistemas de moeda electrónica.

(15) É conveniente conferir às autoridades competentes a possibilidade de dispensar as instituições de moeda electrónica que operem unicamente no território do seu Estado-Membro de alguns ou de todos os requisitos impostos pela presente directiva.

(16) A aprovação da presente directiva constitui o meio mais adequado para realizar os objectivos visados. A presente directiva limita-se ao mínimo necessário para a realização dos referidos objectivos e não excede o necessário para o efeito.

(17) Devem ser tomadas disposições para a revisão da presente directiva em função da experiência adquirida com a evolução do mercado e a protecção dos portadores de moeda electrónica.

(18) O Comité Consultivo Bancário foi consultado sobre a aprovação da presente directiva,

ADOPTARAM A PRESENTE DIRECTIVA:

ARTIGO 1.º
Âmbito de aplicação, definições e restrições às actividades

1. A presente directiva é aplicável às instituições de moeda electrónica.

2. A presente directiva não é aplicável às instituições a que se refere o n.º 3 do artigo 2.º da Directiva 2000/12/CE.

3. Para efeitos da presente directiva, entende-se por:
a) "Instituição de moeda electrónica", uma empresa ou qualquer outra pessoa colectiva, que não uma instituição de crédito definida na alínea a) do primeiro parágrafo do ponto 1 do artigo 1.º da Directiva 2000/12/CE, que emite meios de pagamento sob a forma de moeda electrónica;
b) "Moeda electrónica", um valor monetário, representado por um crédito sobre o emitente, e que seja
   i) Armazenado num suporte electrónico,
   ii) Emitido contra a recepção de fundos de um valor não inferior ao valor monetário emitido,
   iii) Aceite como meio de pagamento por outras empresas que não a emitente.

4. Os Estados-Membros proibirão que pessoas ou empresas que não uma instituição de crédito definida no primeiro parágrafo do ponto 1 do artigo 1.º da Directiva 2000/12/CE exerçam actividades comerciais de emissão de moeda electrónica.

5. As actividades das instituições de moeda electrónica além da emissão de moeda electrónica limitar-se-ão à:
   a) Prestação de serviços financeiros e não financeiros estreitamente relacionados como a gestão de moeda electrónica, mediante a realização de funções operacionais e outras funções acessórias associadas à sua emissão, bem como a emissão e a gestão de outros meios de pagamento, excluindo a concessão de crédito sob qualquer forma; e
   b) Armazenagem de dados no suporte electrónico em nome de outras empresas ou instituições públicas.

As instituições de moeda electrónica não podem deter quaisquer participações noutras empresas, salvo se estas exercerem funções operacionais ou outras funções acessórias associadas à moeda electrónica emitida ou distribuída pela instituição em causa.

ARTIGO 2.º
Aplicação das directivas bancárias

1. Salvo indicação expressa em contrário, apenas as referências às instituições de crédito constantes das Directivas 91/308/CEE [7] e 2000/12/CE, excepto o capítulo 2 do título V desta última, são aplicáveis às instituições de moeda electrónica.

2. Os artigos 5.º, 11.º, 13.º e 19.º, o n.º 7 do artigo 20.º e os artigos 51.º e 59.º da Directiva 2000/12/CE não são aplicáveis. As disposições relativas ao reconhecimento mútuo previstas na Directiva 2000/12/CE não são aplicáveis às actividades das instituições de moeda electrónica, excepto no que se refere à emissão de moeda electrónica.

3. A recepção de fundos, na acepção do n.º 3, alínea b), subalínea ii), do artigo 1.º, não constitui um depósito ou outros fundos reembolsáveis nos termos do artigo 3.º da Directiva 2000/12/CE, se os fundos recebidos forem imediatamente convertidos em moeda electrónica.

---

[7] Directiva 91/308/CEE do Conselho, de 10 de Junho de 1991, relativa à prevenção da utilização do sistema financeiro para efeitos de branqueamento de capitais (JO L 166 de 28.6.1991, p. 77).

ARTIGO 3.º
Carácter reembolsável

1. Os portadores de moeda electrónica podem, durante o período de validade, pedir ao emitente o respectivo reembolso por valor nominal em moedas e notas de

banco ou por transferência para uma conta, sem outros encargos que não os estritamente necessários para efectuar essa operação.

2. O contrato entre o emitente e o portador estabelecerá claramente as condições de reembolso.

3. O contrato pode estipular um limite mínimo de reembolso. Esse limite não pode exceder 10 euros.

ARTIGO 4.º
Requisitos de capital inicial e de fundos próprios permanentes

1. O capital inicial das instituições de moeda electrónica, definido nos primeiro e segundo parágrafos do n.º 2 do artigo 34.º da Directiva 2000/12/CE, não deve ser inferior a 1 milhão de euros. Sem prejuízo do disposto nos n.ºˢ 2 e 3, os fundos próprios destas instituições, definidos na Directiva 2000/12/CE, não devem ser inferiores àquele montante.

2. Os fundos próprios das instituições de moeda electrónica devem ser sempre iguais ou superiores a 2% do montante actual, ou do montante médio dos últimos seis meses, consoante o que for mais elevado, do total das responsabilidades financeiras resultantes da moeda electrónica em circulação.

3. Os fundos próprios de uma instituição de moeda electrónica que ainda não tenha completado um período de actividade de seis meses, incluindo o dia de início, devem ser iguais ou superiores a 2% do montante actual, ou do montante previsto para um período de seis meses, das suas responsabilidades financeiras associadas à moeda electrónica em circulação, consoante o que for mais elevado. O montante total das responsabilidades financeiras resultantes da moeda electrónica em circulação previsto para um período de seis meses constará do plano de actividades da instituição, sem prejuízo de um eventual ajustamento exigido pelas autoridades competentes.

ARTIGO 5.º
Restrições aos investimentos

1. As instituições de moeda electrónica devem investir um montante pelo menos equivalente às suas responsabilidades financeiras resultantes da moeda electrónica em circulação exclusivamente nos seguintes activos:
   a) Activos aos quais seja aplicável, nos termos do n.º 1, pontos 1, 2, 3 e 4 da alínea *a*), do artigo 43.º e do n.º 1 do artigo 44.º da Directiva 2000/12/CE, um coeficiente de ponderação de risco de crédito igual a zero e caracterizados por um grau de liquidez suficiente;
   b) Depósitos à ordem junto de instituições de crédito da zona A definidas na Directiva 2000/12/CE; e

c) Instrumentos de dívida que:
   i) Apresentem um grau de liquidez suficiente;
   ii) Não sejam abrangidos pelo disposto na alínea a) do n.º 1;
   iii) Sejam reconhecidos pelas autoridades competentes como elementos qualificados na acepção do n.º 12 do artigo 2.º da Directiva 93/6/CEE;
   iv) Sejam emitidos por empresas que não detenham uma participação qualificada, tal como definida no artigo 1.º da Directiva 2000/12/CE, na instituição de moeda electrónica em causa, ou que devam ser incluídas nas contas consolidadas dessas empresas.

2. Os investimentos referidos na alínea b) e c) do n.º 1 não devem exceder um montante igual a 20 vezes os fundos próprios da instituição de moeda electrónica em causa, devendo ser sujeitos a restrições pelo menos tão rigorosas como as aplicáveis às instituições de crédito por força da secção III do capítulo 2 do título V da Directiva 2000/12/CE.

3. Para efeitos de cobertura dos riscos de mercado decorrentes da emissão de moeda electrónica e dos investimentos referidos no n.º 1, as instituições de moeda electrónica podem recorrer a elementos extrapatrimoniais de liquidez suficiente relativos a taxas de juro ou a taxas de câmbio sob a forma de instrumentos derivados negociados no mercado regulamentado (ou seja, excluindo o mercado de balcão), sempre que estejam sujeitos à exigência de margens diárias ou a contratos de taxas de câmbio de duração inicial igual ou inferior a 14 dias de calendário. A utilização de instrumentos derivados nos termos do primeiro período só é admissível na condição de o objectivo prosseguido e, na medida do possível, o resultado obtido consistir na eliminação total dos riscos de mercado.

4. Os Estados-Membros devem impor restrições adequadas aos riscos de mercado em que as instituições de moeda electrónica possam incorrer devido aos investimentos referidos no n.º 1.

5. Para efeitos do n.º 1, os activos serão avaliados pelo seu custo de aquisição ou pelo valor de mercado, consoante o valor que for mais baixo.

6. Se o valor dos activos referidos no n.º 1 for inferior ao montante das responsabilidades financeiras resultantes da moeda electrónica em circulação, as autoridades competentes garantirão que a instituição de moeda electrónica em causa tome as medidas necessárias para obviar rapidamente a essa situação. Para o efeito, e apenas por um período transitório, as autoridades competentes podem autorizar esta instituição a proceder à cobertura das suas responsabilidades financeiras resultantes da moeda electrónica em circulação por outros activos que não os previstos no n.º 1, até ao montante máximo de 5% destas responsabilidades ou do montante total dos seus fundos próprios, consoante o valor que for menos elevado.

ARTIGO 6.º
Verificação dos requisitos específicos pelas autoridades competentes

As autoridades competentes devem garantir que os cálculos que provam o cumprimento dos artigos 4.º e 5.º sejam realizados pelo menos duas vezes por ano, quer pelas próprias instituições de moeda electrónica, que os comunicarão, assim como quaisquer dados parciais requeridos, às autoridades competentes, quer por estas últimas, utilizando os dados fornecidos pelas instituições de moeda electrónica.

ARTIGO 7.º
Gestão sã e prudente

As instituições de moeda electrónica devem efectuar uma gestão sã e prudente, ter procedimentos administrativos e contabilísticos fiáveis, dispor de mecanismos de controlo interno adequados, os quais se devem coadunar com os riscos financeiros e não financeiros em que incorra a instituição, incluindo riscos técnicos e de processamento, bem como os riscos relacionados com a sua cooperação com outras empresas que desempenhem funções operacionais ou outras funções acessórias ligadas às suas actividades.

ARTIGO 8.º
Derrogações

1. Os Estados-Membros podem permitir que as suas autoridades competentes dispensem as instituições de moeda electrónica da aplicação de algumas ou de todas as disposições da presente directiva e da aplicação da Directiva 2000/12/CE quando:
   a) A totalidade das actividades dessa instituição abrangidas pelo n.º 3, alínea a), do artigo 1.º da presente directiva produza um montante total de responsabilidades financeiras resultantes da moeda electrónica em circulação que não exceda, normalmente, 5 milhões de euros e, nunca, 6 milhões de euros; ou
   b) A moeda electrónica emitida por essa instituição seja aceite como meio de pagamento apenas pelas filiais da instituição que realizem funções operacionais ou outras funções acessórias relacionadas com a moeda electrónica emitida ou distribuída pela instituição, pela empresa-mãe da instituição, ou por quaisquer outras filiais dessa empresa-mãe; ou
   c) A moeda electrónica emitida por essa instituição seja aceite em pagamento apenas por um número limitado de empresas, que possam distinguir-se claramente:
      i) Pela sua localização nas mesmas instalações ou noutro local de área limitada,
      ii) Pela sua estreita relação financeira e comercial com a instituição emitente, tal como um sistema comum de comercialização ou distribuição.

As cláusulas contratuais subjacentes devem estabelecer que a capacidade máxima de armazenagem no suporte electrónico colocado à disposição dos portadores para efeitos de pagamento não pode exceder 150 euros.

2. As instituições de moeda electrónica abrangidas por uma derrogação concedida ao abrigo do n.º 1 não beneficiam das disposições de reconhecimento mútuo previstas na Directiva 2000/12/CE.

3. Os Estados-Membros devem exigir que todas as instituições de moeda electrónica que beneficiem de derrogações da presente directiva e da Directiva 2000/12/CE apresentem periodicamente um relatório das suas actividades com o montante total das responsabilidades financeiras resultantes da moeda electrónica.

ARTIGO 9.º
Protecção dos direitos adquiridos

Presumem-se autorizadas as instituições de moeda electrónica sujeitas à presente directiva que tenham iniciado a sua actividade, segundo o regime aplicável no Estado-Membro onde se situa a sua sede, antes da entrada em vigor das disposições adoptadas em execução da presente directiva ou da data referida no n.º 1 do artigo 10.º, consoante a que se verificar primeiro. Os Estados-Membros devem exigir que essas instituições apresentem todas as informações relevantes às autoridades competentes para que estas possam apreciar, num prazo de seis meses a contar da data de entrada em vigor das disposições adoptadas em execução da presente directiva, se as instituições satisfazem as exigências da presente directiva, determinar, se for caso disso, as medidas a tomar a fim de assegurar a sua observância ou decidir da conveniência de uma revogação da autorização. Se essas exigências não forem satisfeitas num prazo de seis meses a contar da data referida no n.º 1 do artigo 10.º, a instituição de moeda electrónica não beneficiará do reconhecimento mútuo a partir dessa data.

ARTIGO 10.º
Execução

1. Os Estados-Membros devem pôr em vigor as disposições legislativas, regulamentares e administrativas necessárias para dar cumprimento à presente directiva o mais tardar em 27 de Abril de 2002 e informar imediatamente a Comissão desse facto.

Quando os Estados-Membros aprovarem essas disposições, estas devem incluir uma referência à presente directiva ou ser acompanhadas dessa referência quando da sua publicação oficial. As modalidades dessa referência serão aprovadas pelos Estados-Membros.

2. Os Estados-Membros devem comunicar à Comissão o texto das principais disposições de direito interno que aprovarem nas matérias reguladas pela presente directiva.

ARTIGO 11.º
Revisão

O mais tardar em 27 de Abril de 2005, a Comissão apresentará ao Parlamento Europeu e ao Conselho um relatório sobre a aplicação da presente directiva, especialmente sobre
– medidas destinadas a proteger os portadores de moeda electrónica, incluindo a eventual necessidade de introduzir um sistema de garantia,
– requisitos de fundos próprios,
– derrogações,
– eventual necessidade de proibir o pagamento de juros sobre fundos recebidos em troca de moeda electrónica, eventualmente acompanhado de propostas de revisão.

ARTIGO 12.º
Entrada em vigor

A presente directiva entra em vigor na data da sua publicação no *Jornal Oficial das Comunidades Europeias*.

ARTIGO 13.º

Os Estados-Membros são os destinatários da presente directiva.

Feito em Bruxelas, em 18 de Setembro de 2000.

Pelo Parlamento Europeu	*Pelo Conselho*
A Presidente	*O Presidente*
N. FONTAINE	H. VÉDRINE

45. Directriz n.º 2001/24/CE, do Parlamento Europeu e do Conselho, de 4 de Abril de 2001[658]

Relativa ao saneamento e à liquidação das instituições de crédito

O PARLAMENTO EUROPEU E O CONSELHO DA UNIÃO EUROPEIA,

Tendo em conta o Tratado que institui a Comunidade Europeia, e, nomeadamente o n.º 2 do seu artigo 47.º,

Tendo em conta a proposta da Comissão [1],

Tendo em conta o parecer do Comité Económico e Social [2],

Tendo em conta o parecer do Instituto Monetário Europeu [3],

Deliberando nos termos do artigo 251.º do Tratado [4],

---

[1] JO C 356 de 31.12.1985, p. 55 e JO C 36 de 8.2.1988, p. 1.
[2] JO C 263 de 20.10.1986, p. 13.
[3] JO C 332 de 30.10.1998, p. 13.
[4] Parecer do Parlamento Europeu de 13 de Março de 1987 (JO C 99 de 13.4.1987, p. 211), confirmado em 2 de Dezembro de 1993 (JO C 342 de 20.12.1993, p. 30), posição comum do Conselho de 17 de Julho de 2000 (JO C 300 de 20.10.2000, p. 13) e decisão do Parlamento Europeu de 16 de Janeiro de 2001 (ainda não publicada no Jornal Oficial). Decisão do Conselho de 12 de Março de 2001.

Considerando o seguinte:

(1) De acordo com os objectivos do Tratado, dever-se-á promover o desenvolvimento harmonioso e equilibrado das actividades económicas no conjunto da Comunidade, suprimindo todos os obstáculos à liberdade de estabelecimento e à liberdade de prestação de serviços no interior da Comunidade.

(2) Paralelamente à supressão desses obstáculos, deve ser dada atenção especial à situação que pode surgir em caso de dificuldades numa instituição de crédito, nomeadamente quando a referida instituição tenha sucursais noutros Estados-Membros.

---

[658] JOCE n.º L 125, de 5-Mai.-2001, 15-23.

(3) A presente directiva insere-se num contexto legislativo comunitário criado pela Directiva 2000/12/CE, do Parlamento Europeu e do Conselho, de 20 de Março de 2000 relativa ao acesso à actividade das instituições de crédito e ao seu exercício[5], de onde resulta que, durante o seu período de actividade, a instituição de crédito e as suas sucursais formam uma única entidade, sujeita à supervisão das autoridades competentes do Estado-Membro que concedeu a autorização válida para o conjunto da Comunidade.

[5] JO L 126 de 26.5.2000, p. 1. Directiva com a última redacção que lhe foi dada pela Directiva 2000/28/CE (JO L 275 de 27.10.2000, p. 37).

(4) Será particularmente inoportuno renunciar a essa unidade que a instituição forma com as suas sucursais quando for necessário adoptar medidas de saneamento ou instaurar um processo de liquidação.

(5) A aprovação da Directiva 94/19/CE do Parlamento Europeu e do Conselho, de 30 de Maio de 1994, relativa aos sistemas de garantia de depósitos[6], que introduziu o princípio da adesão obrigatória das instituições de crédito a um sistema de garantia do Estado-Membro de origem, vem reforçar a necessidade do reconhecimento mútuo das medidas de saneamento e dos processos de liquidação.

[6] JO L 135 de 31.5.1994, p. 5.

(6) Convém confiar às autoridades administrativas ou judiciais do Estado-Membro de origem a competência exclusiva para decidir e aplicar as medidas de saneamento previstas na legislação e nos usos em vigor nesse Estado-Membro; dada a dificuldade em harmonizar as legislações e usos dos Estados-Membros, torna-se necessário recorrer ao reconhecimento mútuo, pelos Estados-Membros, das medidas adoptadas por cada um deles para restabelecer a viabilidade das instituições por eles autorizadas.

(7) É imprescindível garantir que as medidas de saneamento das instituições de crédito adoptadas pelas autoridades administrativas ou judiciais do Estado-Membro de origem, bem como as medidas adoptadas pelas pessoas ou órgãos designados por essas autoridades para gerir essas medidas de saneamento, incluindo as medidas que impliquem a possibilidade de uma suspensão de pagamentos, de uma suspensão de medidas de execução ou de redução de créditos, bem como qualquer outra medida susceptível de afectar os direitos pré-existentes de terceiros, produzam os seus efeitos em todos os Estados-Membros.

(8) Determinadas medidas, nomeadamente as que afectam o funcionamento da estrutura interna das instituições de crédito ou os direitos dos dirigentes ou dos accionistas, não necessitam de ser abrangidas pela presente directiva para produzirem todos os seus efeitos nos Estados-Membros, na medida em que, segundo as regras de Direito Internacional Privado, a lei aplicável é a do Estado de origem.

(9) Determinadas medidas, nomeadamente as relacionadas com a preservação das condições de autorização, já beneficiam do reconhecimento mútuo, ao abrigo da Directiva 2000/12/CE, na medida em que não prejudiquem os direitos de terceiros existentes no momento da sua adopção.

(10) Neste contexto, as pessoas que participam no funcionamento da estrutura interna das instituições de crédito e os dirigentes e accionistas dessas instituições, considerados nessas qualidades, não devem ser tidos como terceiros para efeitos da presente directiva.

(11) Nos Estados-Membros onde existam sucursais, é necessária uma publicidade que informe terceiros da aplicação de medidas de saneamento, quando essas medidas forem susceptíveis de dificultar o exercício de alguns dos seus direitos.

(12) O princípio da igualdade de tratamento entre os credores, quanto às suas possibilidades de recurso, obriga a que as autoridades administrativas ou judiciais do Estado-Membro de origem adoptem as medidas necessárias para que os credores do Estado-Membro de acolhimento possam exercer os seus direitos de recurso no prazo previsto para esse efeito.

(13) Dever-se-á prever uma certa coordenação do papel das autoridades administrativas ou judiciais no que se refere às medidas de saneamento e aos processos de liquidação das sucursais das instituições de crédito com sede estatutária fora da Comunidade situadas em diferentes Estados-Membros.

(14) Na falta ou em caso de malogro das medidas de saneamento, as instituições de crédito em situação de crise devem ser liquidadas. Nesse caso, dever-se-ão prever determinadas disposições que visem o reconhecimento mútuo dos processos de liquidação e dos seus efeitos na Comunidade.

(15) O importante papel desempenhado pelas autoridades competentes do Estado--Membro de origem, antes da abertura do processo de liquidação, pode-se prolongar durante a liquidação, a fim de permitir que o processo de liquidação decorra correctamente.

(16) A igualdade dos credores exige que a instituição de crédito seja liquidada de acordo com os princípios da unidade e universalidade, que requerem a competência exclusiva das autoridades administrativas e judiciais do Estado-Membro de origem e o reconhecimento das suas decisões que devem poder produzir em todos os outros Estados-Membros, sem qualquer formalidade, os efeitos que a lei lhes atribui no Estado-Membro de origem, salvo disposição em contrário da presente directiva.

(17) A excepção relativa aos efeitos das medidas de saneamento e dos processos de liquidação sobre determinados contratos e direitos limita-se a esses efeitos e não abrange as restantes questões relativas às medidas de saneamento e aos

processos de liquidação, como a produção, a verificação, a admissão e a graduação dos créditos relativos a esses contratos e a esses direitos e as regras de distribuição do produto da venda dos bens, que são regulados pela legislação do Estado-Membro de origem.

(18) A liquidação voluntária é possível se a instituição de crédito estiver solvente. No entanto, se for caso disso, as autoridades administrativas ou judiciais do Estado-Membro de origem podem determinar a adopção de medidas de saneamento ou iniciar um processo de liquidação, mesmo depois da abertura de uma liquidação voluntária.

(19) A revogação da autorização bancária deve ser uma das consequências necessárias da abertura do processo de liquidação de uma instituição de crédito. Todavia, essa revogação não deve impedir a prossecução de certas actividades da instituição, na medida em que sejam necessárias ou adequadas para efeitos da liquidação. A prossecução da actividade pode, contudo, ser condicionada pelo Estado-Membro de origem ao acordo e ao controlo das suas autoridades competentes.

(20) A informação individual dos credores conhecidos é tão essencial como a publicidade para lhes permitir, se necessário, reclamar os seus créditos ou apresentar as observações relativas aos mesmos nos prazos prescritos. Por esse facto, não deve existir nenhuma discriminação em prejuízo dos credores domiciliados num Estado-Membro diverso do Estado-Membro de origem, baseada no seu local de residência ou na natureza dos seus créditos. A informação dos credores deve prosseguir regularmente e de forma apropriada durante o processo de liquidação.

(21) Exclusivamente para efeitos de aplicação da presente directiva às medidas de saneamento e aos processos de liquidação de sucursais, situadas na Comunidade, de instituições de crédito com sede social num país terceiro, a definição de "Estado-Membro de origem", "autoridades competentes" e "autoridades administrativas ou judiciais" são as do Estado-Membro em que se situa a sucursal.

(22) Sempre que uma instituição de crédito com sede social fora da Comunidade possua sucursais em vários Estados-Membros, cada sucursal beneficiará, para efeitos da presente directiva, de um tratamento individual, devendo, nesse caso, as autoridades administrativas ou judiciais e as autoridades competentes, bem como os administradores e liquidatários, esforçar-se por coordenar as suas acções.

(23) Se é importante reconhecer o princípio segundo o qual a lei do Estado-Membro de origem determina todos os efeitos das medidas de saneamento ou dos processos de liquidação, sejam eles processuais ou materiais, deve-se, no entanto, tomar em consideração que esses efeitos podem entrar em conflito com as

regras normalmente aplicáveis no âmbito da actividade económica e financeira da instituição de crédito e das suas sucursais nos outros Estados-Membros. O reenvio para a lei de outro Estado-Membro constitui, em certos casos, uma atenuação indispensável do princípio da aplicabilidade da lei do Estado de origem.

(24) Essa atenuação é particularmente necessária a fim de proteger os trabalhadores vinculados à instituição por um contrato de trabalho, garantir a segurança das transacções relativas a certos bens e preservar a integridade dos mercados regulamentados que funcionam segundo o direito de um Estado-Membro e nos quais são negociados instrumentos financeiros.

(25) As transacções efectuadas no âmbito de sistemas de pagamento e sistemas de liquidação encontram-se abrangidas pela Directiva 98/26/CE do Parlamento Europeu e do Conselho, de 19 de Maio de 1998, relativa ao carácter definitivo da liquidação nos sistemas de pagamentos e de liquidação de valores mobiliários[7].

---

[7] JO L 166 de 11.6.1998, p. 45.

(26) A aprovação da presente directiva não põe em causa as disposições da Directiva 98/26/CE, segundo a qual um processo de insolvência não deve ter quaisquer efeitos sobre a oponibilidade das ordens validamente introduzidas num sistema, nem sobre as garantias dadas a um sistema.

(27) Em relação a certas medidas de saneamento ou processos de liquidação, está prevista a nomeação de uma pessoa incumbida de gerir essas medidas ou esses processos. O reconhecimento da sua nomeação e dos seus poderes em todos os outros Estados-Membros é um elemento essencial para a aplicação das decisões adoptadas no Estado-Membro de origem. Importa, contudo, precisar os limites que circunscrevem o exercício dos poderes dessa pessoa quando actua fora do Estado-Membro de origem.

(28) Importa proteger os credores que tenham contratado com a instituição de crédito, antes da adopção de uma medida de saneamento ou da abertura de um processo de liquidação, contra as disposições relativas à nulidade, anulação ou inoponibilidade previstas na lei do Estado-Membro de origem, quando o beneficiário da transacção fizer prova de que, na lei aplicável a essa transacção, não existe nenhum meio que, no caso vertente, permita impugnar o acto em causa.

(29) Importa salvaguardar a confiança dos terceiros adquirentes no conteúdo dos registos ou das contas em relação a certos activos inscritos nesses registos ou contas e, por extensão, dos adquirentes de bens imóveis, mesmo depois da abertura do processo de liquidação ou da adopção de uma medida de saneamento. O único meio de preservar essa confiança consiste em submeter a validade da aquisição à lei do lugar em que se situa o imóvel ou à do Estado sob cuja autoridade são mantidos o registo ou a conta.

(30) Os efeitos das medidas de saneamento e dos processos de liquidação sobre acções pendentes são, por excepção à aplicação da lex concursus, regulados pela lei do Estado-Membro da instância. Segundo a norma geral estabelecida na presente directiva, os efeitos dessas medidas e processos sobre cada execução decorrente das referidas acções são regulados pela legislação do Estado-Membro de origem.

(31) Importa prever que as autoridades administrativas ou judiciais do Estado-Membro de origem informem, sem demora, as autoridades competentes do Estado-Membro de acolhimento da adopção de qualquer medida de saneamento ou da abertura de um processo de liquidação, se possível antes da adopção da medida ou da abertura do processo ou, não sendo possível, imediatamente depois.

(32) Considerando que o segredo profissional, na acepção do artigo 30.º da Directiva 2000/12/CE, é, em todos os processos de informação ou de consulta, um elemento essencial que deve, por isso, ser respeitado por todas as autoridades administrativas que participem nesses processos, permanecendo, nesse ponto, as autoridades judiciais, sujeitas às disposições nacionais que lhes são aplicáveis,

ADOPTARAM A PRESENTE DIRECTIVA:

TÍTULO I
Âmbito de aplicação e definições

ARTIGO 1.º
Âmbito de aplicação

1. A presente directiva é aplicável às instituições de crédito e às suas sucursais criadas num Estado-Membro que não o da sede estatutária, tal como definidas nos primeiro e terceiro pontos do artigo 1.º da Directiva 2000/12/CE, sem prejuízo das condições e isenções previstas no n.º 3 do artigo 2.º da referida directiva.

2. As disposições da presente directiva que tenham por objecto as sucursais de uma instituição de crédito com sede estatutária fora da Comunidade só são aplicáveis se essa instituição de crédito possuir sucursais em, pelo menos, dois Estados-Membros da Comunidade.

ARTIGO 2.º
Definições

Para efeitos da presente directiva, entende-se por:

- "Estado-Membro de origem": o Estado-Membro de origem na acepção do ponto 6 do artigo 1.º da Directiva 2000/12/CE;
- "Estado-Membro de acolhimento": o Estado-Membro de acolhimento na acepção do ponto 7 do artigo 1.º da Directiva 2000/12/CE;
- "Sucursal": uma sucursal na acepção do ponto 3 do artigo 1.º da Directiva 2000/12/CE;
- "Autoridades competentes": as autoridades competentes na acepção do artigo 1.º, ponto 4, da Directiva 2000/12/CE;
- "Administrador": qualquer pessoa ou órgão nomeado pelas autoridades administrativas ou judiciais que tenha por função gerir medidas de saneamento;
- "Autoridades administrativas ou judiciais": as autoridades administrativas ou judiciais dos Estados-Membros competentes em matéria de medidas de saneamento ou de processos de liquidação;
- "Medidas de saneamento": medidas destinadas a preservar ou restabelecer a situação financeira de uma instituição de crédito, susceptíveis de afectar direitos preexistentes de terceiros, incluindo medidas que impliquem a possibilidade de suspensão de pagamentos, suspensão de medidas de execução ou redução dos créditos;
- "Liquidatário": qualquer pessoa ou órgão nomeado pelas autoridades administrativas ou judiciais que tenha por função gerir processos de liquidação;
- "Processo de liquidação": processo colectivo aberto e controlado pelas autoridades administrativas ou judiciais de um Estado-Membro com o objectivo de proceder à liquidação dos bens, sob fiscalização dessas autoridades, inclusive quando esse processo é concluído por uma concordata ou outra medida análoga;
- "Mercado regulamentado"; um mercado regulamentado, na acepção do n.º 13 do artigo 1.º da Directiva 93/22/CEE;
- "Instrumentos": todos os instrumentos referidos na secção B do anexo à Directiva 93/22/CEE.

TÍTULO II
Medidas de saneamento

A. *Instituições de crédito com sede estatutária na Comunidade*

ARTIGO 3.º
Adopção de medidas de saneamento – lei aplicável

1. Só as autoridades administrativas ou judiciais do Estado-Membro de origem têm competência para determinar a aplicação, numa instituição de crédito, inclusivamente em relação às sucursais estabelecidas noutros Estados-Membros, de uma ou mais medidas de saneamento.

2. Salvo disposição em contrário da presente directiva, as medidas de saneamento são aplicadas de acordo com as leis, regulamentos e procedimentos aplicáveis no Estado-Membro de origem.

As referidas medidas produzem todos os seus efeitos de acordo com a legislação desse Estado-Membro, em toda a Comunidade, sem nenhuma outra formalidade, inclusivamente em relação a terceiros nos outros Estados-Membros, mesmo que as normas do Estado-Membro de acolhimento que lhes sejam aplicáveis não prevejam tais medidas ou sujeitem a sua aplicação a condições que não se encontrem preenchidas.

As medidas de saneamento produzirão os seus efeitos em toda a Comunidade logo que produzam os seus efeitos no Estado-Membro em que foram tomadas.

ARTIGO 4.º
Informações a prestar às autoridades competentes do Estado-Membro de acolhimento

As autoridades administrativas ou judiciais do Estado-Membro de origem devem informar sem demora, por todos os meios adequados, as autoridades competentes do Estado-Membro de acolhimento da sua decisão de aprovar quaisquer medidas de saneamento e dos efeitos concretos que essa medida poderá acarretar, se possível antes de serem aprovadas ou, não sendo possível, imediatamente depois. A comunicação é efectuada pelas autoridades competentes do Estado-Membro de origem.

ARTIGO 5.º
Informações a prestar às autoridades competentes do Estado-Membro de origem

Se as autoridades administrativas ou judiciais do Estado-Membro de acolhimento considerarem necessária a aplicação, no seu território, de uma ou mais medidas de saneamento, devem informar desse facto as autoridades competentes do Estado-Membro de origem. A comunicação é efectuada pelas autoridades competentes do Estado-Membro de acolhimento.

ARTIGO 6.º
Publicação

1. Se a aplicação das medidas de saneamento determinadas nos termos dos n.ºs 1 e 2 do artigo 3.º for susceptível de afectar os direitos de terceiros num Estado-Membro de acolhimento e se, no Estado-Membro de origem, for possível interpor recurso da decisão de aplicação de tais medidas, as autoridades administrativas ou ju-

diciais do Estado-Membro de origem, o administrador ou qualquer pessoa habilitada para o efeito no Estado-Membro de origem devem publicar um extracto da sua decisão no Jornal Oficial das Comunidades Europeias e em dois jornais de circulação nacional de cada um dos Estados-Membros de acolhimento, por forma, nomeadamente, a permitir o exercício atempado dos direitos de recurso.

2. O extracto da decisão referido no n.º 1 será enviado, o mais rapidamente possível e pelas vias mais adequadas, ao Serviço das Publicações Oficiais das Comunidades Europeias e a dois jornais de circulação nacional de cada Estado-Membro de acolhimento.

3. O Serviço das Publicações Oficiais das Comunidades Europeias publicará o extracto o mais tardar doze dias após o seu envio.

4. O extracto da decisão a publicar deve mencionar, na ou nas línguas oficiais dos Estados-Membros em causa, designadamente, o objecto e o fundamento jurídico da decisão tomada, os prazos de recurso, em particular e de forma facilmente compreensível o termo desses prazos e, de forma precisa, o endereço das autoridades ou do órgão jurisdicional competentes para conhecer do recurso.

5. As medidas de saneamento são aplicáveis independentemente das medidas previstas nos n.os 1 a 3 e produzem todos os seus efeitos em relação aos credores, salvo disposição em contrário das autoridades administrativas ou judiciais do Estado--Membro de origem ou da legislação desse Estado relativa a essas medidas.

ARTIGO 7.º
Dever de informar os credores conhecidos e direito de reclamar créditos

1. Quando a legislação do Estado-Membro de origem exigir a reclamação de um crédito para efeitos do seu reconhecimento, ou previr uma notificação obrigatória da medida aos credores que tenham o seu domicílio, a sua residência habitual ou a sua sede estatutária nesse Estado, as autoridades administrativas ou judiciais do Estado-Membro de origem ou o administrador informarão também os credores conhecidos que tenham o seu domicílio, a sua residência habitual ou a sua sede estatutária nos outros Estados-Membros, de acordo com as regras previstas no artigo 14.º e no n.º 1 do artigo 17.º da presente directiva.

2. Quando a legislação do Estado-Membro de origem conferir aos credores que tenham o seu domicílio, a sua residência habitual ou a sua sede estatutária nesse Estado o direito de reclamarem os seus créditos ou apresentarem observações relativas aos seus créditos, os credores que tenham o seu domicílio, a sua residência habitual ou a sua sede estatutária nos outros Estados-Membros também beneficiam desse direito, de acordo com as regras previstas no artigo 16.º e no n.º 2 do artigo 17.º da presente directiva.

B. Instituições de crédito com sede estatutária fora da Comunidade

ARTIGO 8.º
Sucursais de instituições de crédito de países terceiros

1. As autoridades administrativas ou judiciais do Estado-Membro de acolhimento de uma sucursal de uma instituição de crédito com sede estatutária fora da Comunidade devem informar sem demora, por todos os meios adequados, as autoridades competentes dos outros Estados-Membros de acolhimento onde a instituição tenha criado sucursais constantes da lista referida no artigo 11.º da Directiva 2000/12/CE, lista essa que é publicada anualmente no Jornal Oficial das Comunidades Europeias, da sua decisão de aprovar quaisquer medidas de saneamento e dos efeitos concretos que essas medidas poderão acarretar, se possível antes de serem aprovadas ou, não sendo possível, imediatamente depois. A comunicação é efectuada pelas autoridades competentes do Estado-Membro de acolhimento cujas autoridades administrativas ou judiciais tenham decidido a aplicação da medida.

2. As autoridades administrativas ou judiciais referidas no n.º 1 esforçar-se-ão por coordenar as suas acções.

TÍTULO III
Processo de liquidação

A. Instituições de crédito com sede estatutária na Comunidade

ARTIGO 9.º
**Abertura de um processo de liquidação
– Informações a prestar às outras autoridades competentes**

1. Só as autoridades administrativas ou judiciais do Estado-Membro de origem responsáveis pela liquidação têm competência para decidir da abertura de um processo de liquidação de uma instituição de crédito, inclusivamente em relação às sucursais estabelecidas noutros Estados-Membros.

Uma decisão de abertura de um processo de liquidação proferida pelas autoridades administrativas ou judiciais do Estado-Membro de origem será reconhecida, sem qualquer outra formalidade, no território de todos os outros Estados-Membros, neles produzindo efeitos logo que a decisão produza os seus efeitos no Estado-Membro de abertura do processo.

2. As autoridades administrativas ou judiciais do Estado-Membro de origem devem informar sem demora, por todos os meios adequados, as autoridades competentes do Estado-Membro de acolhimento da sua decisão de abrir um processo de

Directriz n.º 2001/24/CE, do Parlamento e do Conselho, de 4 de Abril de 2001 **45.**

liquidação e dos efeitos concretos que esse processo poderá acarretar, se possível antes da abertura ou, não sendo possível, imediatamente depois. A comunicação é efectuada pelas autoridades competentes do Estado de origem.

ARTIGO 10.º
Legislação aplicável

1. Salvo disposição em contrário da presente directiva, a instituição de crédito será liquidada de acordo com as leis, regulamentos e procedimentos aplicáveis no Estado-Membro de origem.

2. São determinados pela lei do Estado-Membro de origem, designadamente:
 a) Os bens que fazem parte da massa falida e o destino a dar aos bens adquiridos pela instituição de crédito após a abertura do processo de liquidação;
 b) Os poderes respectivos da instituição de crédito e do liquidatário;
 c) As condições de oponibilidade de uma compensação;
 d) Os efeitos do processo de liquidação sobre os contratos em vigor nos quais a instituição de crédito seja parte;
 e) Os efeitos do processo de liquidação sobre as acções intentadas por credores individuais, com excepção dos processos pendentes previstos no artigo 32.º;
 f) Os créditos a reclamar no passivo da instituição de crédito e o destino a dar aos créditos nascidos após a abertura do processo de liquidação;
 g) As regras relativas à reclamação, verificação e aprovação dos créditos;
 h) As regras de distribuição do produto da liquidação dos bens, a graduação dos créditos e os direitos dos credores que tenham sido parcialmente satisfeitos após a abertura do processo dc liquidação em virtude de um direito real ou por efeito de uma compensação;
 i) As condições e os efeitos do encerramento do processo de liquidação, nomeadamente por concordata;
 j) Os direitos dos credores após o encerramento do processo de liquidação;
 k) A imputação das custas e despesas do processo de liquidação;
 l) As regras referentes à nulidade, à anulação ou à inoponibilidade dos actos prejudiciais ao conjunto dos credores.

ARTIGO 11.º
**Consulta das autoridades competentes
antes da liquidação voluntária**

1. As autoridades competentes do Estado-Membro de origem serão consultadas, pela forma mais adequada, antes de os órgãos estatuários de uma instituição de crédito tomarem qualquer decisão de liquidação voluntária.

2. A liquidação voluntária de uma instituição de crédito não obsta à adopção de uma medida de saneamento ou à abertura de um processo de liquidação.

ARTIGO 12.º
Revogação da autorização de uma instituição de crédito

1. Se, na falta ou após o malogro de medidas de saneamento, for determinada a abertura de um processo de liquidação relativamente a uma instituição de crédito, a autorização dessa instituição será revogada, observando-se, nomeadamente, o procedimento previsto no n.º 9 do artigo 22.º da Directiva 2000/12/CE.

2. A revogação da autorização referida no n.º 1 não impede que a ou as pessoas incumbidas da liquidação prossigam algumas das actividades da instituição de crédito na medida em que tal seja necessário ou adequado para efeitos da liquidação.

O Estado-Membro de origem pode determinar que essas actividades sejam exercidas com o acordo e sob o controlo das autoridades competentes desse Estado--Membro.

ARTIGO 13.º
Publicação

Os liquidatários ou quaisquer autoridades administrativas ou judiciais asseguram a publicidade da decisão de abertura da liquidação através da publicação, no Jornal Oficial das Comunidades Europeias e em pelo menos dois jornais de circulação nacional de cada Estado-Membro de acolhimento, de um extracto da decisão que a pronuncia.

ARTIGO 14.º
Informação dos credores conhecidos

1. Quando for aberto um processo de liquidação, as autoridades administrativas ou judiciais do Estado-Membro de origem ou o liquidatário devem informar rápida e individualmente os credores conhecidos que tenham o seu domicílio, a sua residência habitual ou a sua sede estatutária nos outros Estados-Membros, salvo nos casos em que a legislação do Estado de origem não exija a reclamação do crédito para o seu reconhecimento.

2. Essa informação, prestada mediante o envio de uma nota, incidirá nomeadamente sobre os prazos a observar, as sanções previstas relativamente a esses prazos, o órgão ou a autoridade habilitados a receber a reclamação dos créditos ou as observações relativas aos créditos e as outras medidas que tenham sido determinadas. Essa nota indicará igualmente se os credores cujos créditos gozem de um privilégio ou de uma garantia real devem reclamar esses créditos.

ARTIGO 15.º
Cumprimento das obrigações

Quem tenha cumprido uma obrigação em benefício de uma instituição de crédito que não seja uma pessoa colectiva e seja objecto de um processo de liquidação aberto noutro Estado-Membro, e o devesse ter feito em benefício do liquidatário desse processo, ficará liberado quando não tenha tido conhecimento da abertura do processo. Quem tenha cumprido a referida obrigação antes da execução das medidas de publicidade referidas no artigo 13.º presume-se, até prova em contrário, não ter tido conhecimento da abertura do processo de liquidação; quem a tenha cumprido após a execução das medidas de publicidade previstas no artigo 13.º presume-se, até prova em contrário, ter tido conhecimento da abertura do processo.

ARTIGO 16.º
Direito de reclamação de créditos

1. Os credores que tenham o seu domicílio, a sua residência habitual ou a sua sede estatutária num Estado-Membro que não o Estado-Membro de origem, incluindo as autoridades públicas dos Estados-Membros, têm o direito de proceder à reclamação dos seus créditos ou de apresentar por escrito observações relativas a esses créditos.

2. Os créditos de todos os credores que tenham domicílio, residência habitual ou sede estatutária num Estado-Membro que não o Estado-Membro de origem beneficiam do mesmo tratamento e são graduados da mesma forma que os créditos de natureza equivalente susceptíveis de ser reclamados por credores que tenham a sua residência habitual, o seu domicílio ou a sua sede estatutária no Estado-Membro de origem.

3. Excepto nos casos em que a legislação do Estado-Membro de origem preveja a apresentação de observações relativas aos créditos, os credores devem enviar cópia dos documentos comprovativos, quando existam, e indicar a natureza dos créditos, a data da sua constituição e o seu montante; devem igualmente informar se reivindicam, em relação a esses créditos, um privilégio, uma garantia real ou uma reserva de propriedade, e quais os bens sobre os quais incide essa garantia.

ARTIGO 17.º
Línguas

1. A informação prevista nos artigos 13.º e 14.º será prestada na língua ou numa das línguas oficiais do Estado-Membro de origem. Utilizar-se-á para esse efeito, um formulário em que figurará, em todas as línguas oficiais da UE, o título "Aviso de Reclamação de Créditos. Prazos Legais a Observar", ou, quando a legislação do Estado-Membro de origem preveja a apresentação das observações relativas

aos créditos, "Aviso de Apresentação das Observações relativas a Créditos. Prazos Legais a Observar".

2. Todos os credores que tenham o seu domicílio, a sua residência habitual ou a sua sede estatutária num Estado-Membro que não o Estado-Membro de origem podem reclamar os respectivos créditos, ou apresentar as observações relativas aos seus créditos, na língua ou numa das línguas oficiais desse outro Estado-Membro. Nesse caso, a reclamação dos créditos, ou a apresentação das observações sobre os seus créditos intitular-se-á Reclamação de Créditos ou Apresentação das Observações relativas aos Créditos na língua ou numa das línguas oficiais do Estado-Membro de origem. Além disso, pode-lhes ser exigida uma tradução, nessa mesma língua, da reclamação dos créditos ou da apresentação das observações relativas aos créditos.

ARTIGO 18.º
Informação regular dos credores

Os liquidatários devem informar regularmente os credores, de forma adequada, em especial sobre o andamento da liquidação.

B. *Instituições de crédito com sede estatutária fora da Comunidade*

ARTIGO 19.º
Sucursais de instituições de crédito de países terceiros

1. As autoridades administrativas ou judiciais do Estado-Membro de acolhimento de uma sucursal de uma instituição de crédito com sede estatuária fora da Comunidade devem informar sem demora, por todos os meios adequados, as autoridades competentes dos outros Estados-Membros de acolhimento onde a instituição tenha criado sucursais constantes da lista referida no artigo 11.º da Directiva 2000/12/CE, lista essa que é publicada anualmente no Jornal Oficial das Comunidades Europeias, da sua decisão de abrir um processo de liquidação e dos efeitos concretos que esse processo poderá acarretar, se possível antes de este ter início ou, não sendo possível, imediatamente depois. A comunicação é efectuada pelas autoridades competentes do Estado-Membro de acolhimento referido em primeiro lugar.

2. As autoridades administrativas ou judiciais que determinem a abertura de um processo de liquidação de uma sucursal de uma instituição de crédito com sede estatutária fora da Comunidade informarão as autoridades competentes dos outros Estados-Membros de acolhimento da abertura do processo de liquidação e da revogação da autorização.

A comunicação será efectuada pelas autoridades competentes do Estado-Membro de acolhimento que tiver determinado a abertura do processo.

3. As autoridades administrativas ou judiciais referidas no n.º 1 esforçar-se-ão por coordenar as suas acções.

Os eventuais liquidatários esforçar-se-ão igualmente por coordenar as suas acções.

TÍTULO IV
Disposições comuns às medidas de saneamento e aos processos de liquidação

ARTIGO 20.º
Efeitos sobre certos contratos e direitos

Os efeitos de uma medida de saneamento ou da abertura de um processo de liquidação sobre:
 a) Os contratos e relações de trabalho regulam-se exclusivamente pela lei do Estado-Membro aplicável ao contrato de trabalho;
 b) Os contratos que conferem direitos de gozo sobre um bem imóvel ou o direito à sua aquisição regulam-se exclusivamente pela lei do Estado-Membro em cujo território está situado esse imóvel. Essa lei determina se um bem é móvel ou imóvel;
 c) Os direitos relativos a um bem imóvel, a um navio ou a uma aeronave, sujeitos a inscrição num registo público, regulam-se exclusivamente pela lei do Estado-Membro sob cuja autoridade é mantido esse registo.

ARTIGO 21.º
Direitos reais de terceiros

1. A aplicação de medidas de saneamento ou a abertura de processos de liquidação não afectam os direitos reais de credores ou de terceiros sobre bens corpóreos ou incorpóreos, móveis ou imóveis – tanto bens específicos, como conjuntos de bens não específicos cuja composição esteja sujeita a alterações –, pertencentes a instituições de crédito e que, no momento da aplicação dessas medidas ou da abertura desses processos, se encontrem no território de outro Estado-Membro.

2. Os direitos referidos no n.º 1 são, nomeadamente:
 a) O direito de realizar ou de fazer realizar os activos e de obter satisfação do crédito através do produto ou dos rendimentos desses activos, nomeadamente em virtude de cauções ou hipotecas;
 b) O direito exclusivo de cobrança de dívidas, nomeadamente por caução ou cessão da dívida a título de garantia;
 c) O direito de reivindicar o bem e/ou exigir a sua restituição da parte de quem os possua ou utilize contra a vontade de quem a ele tem direito;
 d) O direito real sobre os rendimentos de um bem.

3. O direito, inscrito em registo público e oponível a terceiros, que permita obter um direito real na acepção do n.º 1, é considerado um direito real.

4. O n.º 1 não obsta às acções de nulidade, anulação ou inoponibilidade previstas no n.º 2, alínea *l*), do artigo 10.º.

ARTIGO 22.º
Reserva de propriedade

1. A aplicação de medidas de saneamento ou a abertura de processos de liquidação em relação a instituições de crédito que adquiram activos não afectam os direitos do vendedor com fundamento na reserva de propriedade se, no momento da aplicação dessas medidas ou da abertura desses processos os activos se encontrarem no território de um Estado-Membro distinto do da aplicação dessas medidas ou da abertura desses processos.

2. A aplicação de medidas de saneamento ou a abertura de processos de liquidação em relação a instituições de crédito que vendam um activo após a sua entrega não constituem fundamento para a rescisão da venda nem impedem a aquisição da propriedade daquele activo pelo comprador, se, no momento da aplicação dessas medidas ou da abertura desses processos, esse activo se situar no território de um Estado-Membro distinto do da aplicação dessas medidas ou da abertura desses processos.

3. O n.os 1 e 2 não obstam às acções de nulidade, anulação ou inoponibilidade previstas no n.º 2, alínea *l*), do artigo 10.º.

ARTIGO 23.º
Compensação

1. A adopção de medidas de saneamento ou a abertura de processos de liquidação não afectam o direito dos credores à compensação dos seus créditos contra os da instituição de crédito desde que essa compensação seja autorizada pela lei aplicável aos créditos da instituição de crédito.

2. O n.º 1 não obsta às acções de nulidade, anulação ou inoponibilidade previstas no n.º 2, alínea *l*), do artigo 10.º.

ARTIGO 24.º
Lex rei sitae

O exercício dos direitos de propriedade sobre instrumentos ou de outros direitos sobre esses instrumentos, cuja existência ou transferência implique a inscrição num registo, numa conta ou num sistema de depósito centralizado pertencente ou situado num Estado-Membro, regula-se pela lei do Estado-Membro a que pertence ou em que se situa o registo, a conta ou o sistema de depósito centralizado em que esses direitos estão inscritos.

ARTIGO 25.º
Convenções de compensação e de novação

As convenções de compensação e de novação ("netting agreements") regulam-se exclusivamente pela lei aplicável ao contrato que as regula.

ARTIGO 26.º
Acordos de recompra

Sem prejuízo no disposto no artigo 24.º, os acordos de recompra ("repurchase agreements") regulam-se exclusivamente pela lei aplicável ao contrato que os regula.

ARTIGO 27.º
Mercados regulamentados

Sem prejuízo do disposto no artigo 24.º, as transacções efectuadas no quadro de um mercado regulamentado regulam-se exclusivamente pela lei aplicável ao contrato que as regula.

ARTIGO 28.º
Prova da nomeação do liquidatário

1. A prova da nomeação do administrador ou do liquidatário é efectuada mediante a apresentação de uma cópia autenticada da decisão da sua nomeação, ou de qualquer outro certificado emitido pelas autoridades administrativas ou judiciais do Estado-Membro de origem.

Pode ser exigida uma tradução na língua oficial ou numa das línguas oficiais do Estado-Membro em cujo território o administrador ou o liquidatário pretende agir. Não será exigida qualquer legalização ou outra formalidade análoga.

2. Os administradores e os liquidatários estão habilitados a exercer no território de todos os Estados-Membros todos os poderes que estão habilitados a exercer no território do Estado-Membro de origem. Podem, além disso, designar pessoas encarregadas de os coadjuvar ou, se for caso disso, de os representar no decurso da execução da medida de saneamento ou do processo de liquidação, nomeadamente nos Estados-Membros de acolhimento e, em especial, a fim de facilitar a superação das eventuais dificuldades dos credores do Estado-Membro de acolhimento.

3. No exercício dos seus poderes, o administrador ou o liquidatário observará a lei dos Estados-Membros em cujo território pretende agir, em particular no que respeita às regras de liquidação dos bens e à informação dos trabalhadores assalariados. Esses poderes não poderão incluir o uso da força, nem o direito de dirimir litígios ou diferendos.

ARTIGO 29.º
Inscrição em registo público

1. O administrador, o liquidatário ou as autoridades administrativas ou judiciais do Estado-Membro de origem podem solicitar que uma medida de saneamento ou a decisão de abertura de um processo de liquidação seja inscrita no registo predial, no registo comercial ou em qualquer outro registo público existente nos outros Estados-Membros.

No entanto, qualquer Estado-Membro pode prever a inscrição obrigatória. Nesse caso, as pessoas ou autoridades referidas no primeiro parágrafo devem tomar as medidas necessárias para assegurar essa inscrição.

2. Os encargos decorrentes da inscrição são considerados como custas e despesas do processo.

ARTIGO 30.º
Actos prejudiciais

1. O artigo 10.º não é aplicável em relação às regras relativas à nulidade, à anulação ou à inoponibilidade dos actos jurídicos prejudiciais ao conjunto dos credores quando o beneficiário desses actos apresente prova de que:
   – o acto prejudicial ao conjunto dos credores se regula pela lei de um Estado--Membro que não o Estado-Membro de origem e de que,
   – no caso em apreço, essa mesma lei não permite a impugnação do acto por nenhum meio.

2. Quando uma medida de saneamento, decretada por uma autoridade judicial, prever regras relativas à nulidade, à anulação ou à inoponibilidade dos actos prejudiciais ao conjunto dos credores, praticados antes da adopção da medida, o n.º 2 do artigo 4.º não é aplicável nos casos previstos no n.º 1 do presente artigo.

ARTIGO 31.º
Protecção de terceiros

Quando, por acto celebrado após a adopção de uma medida de saneamento ou a abertura de um processo de liquidação, a instituição de crédito dispuser, a título oneroso:

– de um bem imóvel,
– de um navio ou de uma aeronave sujeitos a inscrição num registo público, ou
– de instrumentos ou de direitos sobre esses instrumentos cuja existência ou transferência pressuponha a sua inscrição num registo, numa conta ou num sistema de depósitos centralizado pertencentes ou situados num Estado--Membro, a validade desse acto regula-se pela lei do Estado-Membro em cujo território está situado esse bem imóvel, ou sob cuja autoridade são mantidos esse registo, essa conta ou esse sistema de depósitos.

ARTIGO 32.º
Processos pendentes

Os efeitos de medidas de saneamento ou de um processo de liquidação sobre um processo pendente relativo a um bem ou direito de que a instituição de crédito tenha sido privada regulam-se exclusivamente pela lei do Estado-Membro em que se encontra pendente o processo.

ARTIGO 33.º
Sigilo profissional

Todas as pessoas incumbidas de receber ou prestar informações no âmbito dos processos de informação ou de consulta previstos nos artigos 4.º, 5.º, 8.º, 9.º, 11.º e 19.º estão vinculadas ao sigilo profissional, de acordo com as regras e condições previstas no artigo 30.º da Directiva 2000/12/CE, com excepção das autoridades judiciárias, às quais se aplicarão as disposições nacionais em vigor.

TÍTULO V
Disposições finais

ARTIGO 34.º
Execução

1. Os Estados-Membros devem pôr em vigor as disposições legislativas, regulamentares e administrativas necessárias para dar cumprimento à presente directiva em 5 de Maio de 2004 e informar imediatamente a Comissão desse facto.

As disposições nacionais adoptadas em aplicação da presente directiva são aplicáveis apenas às medidas de saneamento adoptadas ou aos processos de liquidação abertos após a data referida no primeiro parágrafo. As medidas adoptadas e os processos abertos antes dessa data continuam a regular-se pela lei que lhes era aplicável à data de adopção ou da abertura.

2. Quando os Estados-Membros adoptarem essas disposições, estas deverão

incluir uma referência à presente directiva ou ser acompanhadas dessa referência aquando da sua publicação oficial. As modalidades dessa referência serão estabelecidas pelos Estados-Membros.

3. Os Estados-Membros comunicarão à Comissão o texto das principais disposições de direito interno que aprovarem nas matérias reguladas pela presente directiva.

ARTIGO 35.º
Entrada em vigor

A presente directiva entra em vigor no dia da sua publicação no Jornal Oficial das Comunidades Europeias.

ARTIGO 36.º
Destinatários

Os Estados-Membros são os destinatários da presente directiva.

Feito no Luxemburgo, em 4 de Abril de 2001.

Pelo Parlamento Europeu *Pelo Conselho*
A Presidente *O Presidente*
N. FONTAINE B. ROSENGREN

46. Directriz n.º 2002/87/CE, do Parlamento Europeu e do Conselho, de 16 de Dezembro de 2002

Relativa à supervisão complementar de instituições de crédito, empresas de seguros e empresas de investimento de um conglomerado financeiro e que altera as Directivas 73/239/CEE, 79/267/CEE, 92/49/CEE, 92/96/CEE, 93/6/CEE e 93/22/CEE do Conselho e as Directivas 98/78/CE e 2000/12/CE do Parlamento Europeu e do Conselho

O PARLAMENTO EUROPEU E O CONSELHO DA UNIÃO EUROPEIA,

Tendo em conta o Tratado que institui a Comunidade Europeia e, nomeadamente, o n.º 2 do seu artigo 47.º,

Tendo em conta a proposta da Comissão[1],

Tendo em conta o parecer do Comité Económico e Social[2],

Após consulta ao Comité das Regiões,

Tendo em conta o parecer do Banco Central Europeu[3],

Deliberando nos termos do artigo 251.º do Tratado[4],

---

[1] JO C 213 E de 31.7.2001, p. 227.
[2] JO C 36 de 8.2.2002, p. 1
[3] JO C 271 de 26.9.2001, p. 10.
[4] Parecer do Parlamento Europeu de 14 de Março de 2002 (ainda não publicado no Jornal Oficial), posição comum do Conselho de 12 de Setembro de 2002 (JO C 253 E de 22.10.2002, p. 1) e decisão do Parlamento Europeu de 20 de Novembro de 2002 (ainda não publicada no Jornal Oficial).

Considerando o seguinte:

(1) A legislação comunitária em vigor prevê um conjunto global de regras sobre a supervisão prudencial das instituições de crédito, empresas de seguros e empresas de investimento numa base individual e de instituições de crédito, empresas de seguros e empresas de investimento que façam parte respectivamente de um grupo bancário/de investimento ou de um grupo segurador, isto é, grupos com actividades financeiras homogéneas.

(2) A recente evolução dos mercados financeiros conduziu à criação de grupos financeiros que fornecem serviços e produtos em diferentes sectores dos mercados financeiros, denominados conglomerados financeiros. Até agora não existia qualquer forma de supervisão prudencial, a nível do grupo, das instituições de crédito, empresas de seguros e empresas de investimento que pertencem a tais conglomerados, nomeadamente quanto à solvência, à concentração dos riscos a nível do conglomerado, às operações intragrupo, aos processos internos de gestão de riscos a nível do conglomerado, e à aptidão e idoneidade dos dirigentes. Alguns destes conglomerados encontram-se entre os maiores grupos financeiros activos nos mercados financeiros e prestam serviços a nível mundial. Se tais conglomerados, nomeadamente as instituições de crédito, empresas de seguros e empresas de investimento que pertencem a estes conglomerados, forem confrontados com dificuldades financeiras, estas poderiam desestabilizar seriamente o sistema financeiro e afectar os depositantes, os tomadores de seguros e os investidores.

(3) O Plano de Acção para os Serviços Financeiros elaborado pela Comissão identifica uma série de acções necessárias para assegurar a realização do mercado único de serviços financeiros e anuncia a elaboração de legislação prudencial complementar sobre os conglomerados financeiros, susceptível de colmatar as lacunas existentes na legislação sectorial actual e de ter em conta os riscos prudenciais adicionais, por forma a garantir mecanismos sólidos em matéria de supervisão dos grupos financeiros com actividades financeiras intersectoriais. Um objectivo tão ambicioso só pode ser alcançado por etapas. A introdução de uma supervisão complementar das instituições de crédito, empresas de seguros e empresas de investimento de um conglomerado financeiro é uma dessas etapas.

(4) Outros fóruns internacionais identificaram igualmente a necessidade de desenvolver conceitos adequados em matéria de supervisão para os conglomerados financeiros.

(5) Para ser eficaz, a supervisão complementar das instituições de crédito, empresas de seguros e empresas de investimento de um conglomerado financeiro deve ser aplicada a todos os conglomerados, cujas actividades financeiras intersectoriais sejam significativas, como é o caso quando certos limiares são alcançados, independentemente da forma como estejam estruturados. A supervisão complementar deve cobrir todas as actividades financeiras identificadas pela legislação sectorial e todas as entidades que desenvolvem prioritariamente actividades neste domínio devem ser incluídas no âmbito da supervisão complementar, incluindo as sociedades de gestão de activos.

(6) As decisões de não incluir determinada entidade no âmbito da supervisão complementar devem ser tomadas tendo em conta, entre outros factores, se essa entidade está ou não incluída na supervisão a nível do grupo nos termos das regras sectoriais.

(7) As autoridades competentes devem ter poderes para avaliar, a nível do grupo, a

situação financeira das instituições de crédito, empresas seguradoras e empresas de investimento que fazem parte de um conglomerado financeiro, nomeadamente quanto à solvência (incluindo a eliminação da utilização múltipla dos instrumentos de fundos próprios), à concentração dos riscos e às operações intragrupo.

(8) Os conglomerados financeiros são muitas vezes geridos com base em áreas de negócio que não coincidem perfeitamente com a estrutura jurídica do conglomerado. De modo a ter em conta esta tendência, deverão ser desenvolvidos os requisitos em termos de dirigentes, nomeadamente no que se refere à gestão de uma companhia financeira mista.

(9) Todos os conglomerados financeiros sujeitos a supervisão complementar devem ter um coordenador nomeado de entre as autoridades competentes envolvidas.

(10) As atribuições do coordenador não deverão afectar as atribuições e responsabilidades das autoridades competentes previstas nas regras sectoriais.

(11) As autoridades competentes envolvidas, e em especial o coordenador, devem dispor dos meios necessários para obter das entidades de um conglomerado financeiro, ou de outras autoridades competentes, as informações necessárias para a execução da sua supervisão complementar.

(12) Há uma necessidade premente de uma maior cooperação entre as autoridades responsáveis pela supervisão das instituições de crédito, empresas de seguros e empresas de investimento, incluindo o desenvolvimento de acordos de cooperação ad hoc entre as autoridades envolvidas na supervisão das entidades que pertençam ao mesmo conglomerado financeiro.

(13) As instituições de crédito, as empresas de seguros e as empresas de investimento que estejam sediadas na Comunidade podem fazer parte de um conglomerado financeiro cuja empresa-mãe esteja sediada fora da Comunidade. É, pois, necessário que essas entidades regulamentadas estejam sujeitas a um regime de supervisão complementar equivalente e adequado que atinja objectivos e resultados semelhantes aos prosseguidos pela presente directiva. Para o efeito, são da maior importância a transparência das regras e o intercâmbio de informações com autoridades de países terceiros sempre que as circunstâncias o exijam.

(14) Só pode presumir-se a existência de um regime de supervisão complementar equivalente e adequado se as autoridades de supervisão do país terceiro tiverem acordado em cooperar com as autoridades competentes interessadas quanto às modalidades e objectivos do exercício da supervisão complementar das entidades regulamentadas de um conglomerado financeiro.

(15) A presente directiva não exige que as autoridades competentes comuniquem ao

Comité dos Conglomerados Financeiros as informações sujeitas a uma obrigação de confidencialidade nos termos desta directiva ou de outras directivas sectoriais.

(16) Atendendo a que o objectivo da acção encarada, nomeadamente o estabelecimento de regras relativas à supervisão complementar das instituições de crédito, empresas de seguros e empresas de investimento de um conglomerado financeiro, não pode ser suficientemente realizado pelos Estados-Membros e pode, pois, devido à dimensão e aos efeitos da acção prevista, ser melhor alcançado a nível comunitário, a Comunidade pode tomar medidas em conformidade com o princípio da subsidiariedade consagrado no artigo 5.° do Tratado. Em conformidade com o princípio da proporcionalidade consagrado no mesmo artigo, a presente directiva não excede o necessário para alcançar aquele objectivo. Dado que a presente directiva define normas mínimas, os Estados-Membros podem estabelecer regras mais estritas.

(17) A presente directiva respeita os direitos fundamentais e observa os princípios reconhecidos, nomeadamente pela Carta dos Direitos Fundamentais da União Europeia.

(18) As medidas necessárias à execução da presente directiva serão aprovadas nos termos da Decisão 1999/468/CE do Conselho, de 28 de Junho de 1999, que fixa as regras do exercício das competências de execução atribuídas à Comissão[5].

---

[5] JO L 184 de 17.7.1999, p. 23 (rectificação no JO L 269 de 19.10.1999, p. 45).

(19) Ocasionalmente, poderão ser necessárias orientações técnicas e medidas de execução das normas estabelecidas na presente directiva, por forma a tomar em consideração a evolução dos mercados financeiros. Nessa conformidade, a Comissão deverá ser autorizada a adoptar medidas de execução, desde que estas não alterem os elementos essenciais da presente directiva.

(20) As regras sectoriais existentes relativas às instituições de crédito, empresas de seguros e empresas de investimento deverão ser minimamente complementadas, nomeadamente para evitar uma arbitragem regulamentar entre as regras sectoriais e as regras relativas aos conglomerados financeiros. Assim, importa alterar respectivamente a primeira Directiva 73/239/CEE do Conselho, de 24 de Julho de 1973, relativa à coordenação das disposições legislativas, regulamentares e administrativas respeitantes ao acesso à actividade de seguro directo não vida e ao seu exercício[6], a primeira Directiva 79/267/CEE do Conselho, de 5 de Março de 1979, relativa à coordenação das disposições legislativas, regulamentares e administrativas, respeitantes ao acesso à actividade de seguro directo de vida e ao seu exercício[7], a Directiva 92/49/CEE do Conselho, de 18 de Junho de 1992, relativa à coordenação das disposições legislativas, regulamentares e administrativas respeitantes ao seguro directo não vida (terceira directiva sobre o seguro não vida)[8], a Directiva 92/96/CEE do Conselho, de 10

Directriz n.º 2002/87/CE, do Parlamento e do Conselho, de 16 de Dezembro de 2002 **46.**

de Novembro de 1992, que estabelece a coordenação das disposições legislativas, regulamentares e administrativas relativas ao seguro directo vida (terceira directiva sobre o seguro vida)[9], a Directiva 93/6/CEE do Conselho, de 15 de Março de 1993, relativa à adequação dos fundos próprios das empresas de investimento e das instituições de crédito[10], e a Directiva 93/22/CEE do Conselho, de 10 de Maio de 1993, relativa aos serviços de investimento no domínio dos valores mobiliários[11], bem como a Directiva 98/78/CE do Parlamento Europeu e do Conselho, de 27 de Outubro de 1998, relativa à fiscalização complementar das empresas de seguros que fazem parte de um grupo segurador[12] e a Directiva 2000/12/CE do Parlamento Europeu e do Conselho, de 20 de Março de 2000, relativa ao acesso à actividade das instituições de crédito e ao seu exercício[13]. Esta harmonização só pode ser conseguida por etapas, devendo assentar numa análise cuidada.

---

[6] JO L 228 de 16.8.1973, p. 3. Directiva com a última redacção que lhe foi dada pela Directiva 2002/13/CE do Parlamento Europeu e do Conselho (JO L 77 de 20.3.2002, p. 17).
[7] JO L 63 de 13.3.1979, p. 1. Directiva com a última redacção que lhe foi dada pela Directiva 2002/12/CE do Parlamento Europeu e do Conselho (JO L 77 de 20.3.2002, p. 11).
[8] JO L 228 de 11.8.1992, p. 1. Directiva com a última redacção que lhe foi dada pela Directiva 2000/64/CE do Parlamento Europeu e do Conselho (JO L 290 de 17.11.2000, p. 27).
[9] JO L 360 de 9.12.1992, p. 1. Directiva com a última redacção que lhe foi dada pela Directiva 2000/64/CE.
[10] JO L 141 de 11.6.1993, p. 1. Directiva com a última redacção que lhe foi dada pela Directiva 98/33/CE do Parlamento Europeu e do Conselho (JO L 204 de 21.7.1998, p. 29).
[11] JO L 141 de 11.6.1993, p. 27. Directiva com a última redacção que lhe foi dada pela Directiva 2000/64/CE.
[12] JO L 330 de 5.12.1998, p. 1.
[13] JO L 126 de 26.5.2000, p. 1. Directiva alterada pela Directiva 2000/28/CE (JO L 275 de 27.10.2000, p. 37).

(21) A fim de avaliar a necessidade e de preparar uma futura harmonização no que se refere ao tratamento das sociedades de gestão de activos no âmbito das regras sectoriais, a Comissão apresentará um relatório sobre as práticas dos Estados-Membros nesta matéria,

ADOPTARAM A PRESENTE DIRECTIVA:

CAPÍTULO I
Objectivo e definições

ARTIGO 1.º
Objectivo

A presente directiva estabelece disposições relativas à supervisão complementar das entidades regulamentadas que tenham obtido uma autorização ao abrigo do artigo 6.º da Directiva 73/239/CEE, do artigo 6.º da Directiva 79/267/CEE, do n.º 1 do artigo 3.º da Directiva 93/22/CEE ou do artigo 4.º da Directiva 2000/12/CE e que pertençam a um conglomerado financeiro. A presente directiva altera igualmente as regras sectoriais pertinentes aplicáveis às entidades regulamentadas pelas directivas acima mencionadas.

ARTIGO 2.º
Definições

Para efeitos da presente directiva, entende-se por:

1. "Instituição de crédito", uma instituição de crédito na acepção do segundo parágrafo do ponto 1 do artigo 1.º da Directiva 2000/12/CE.

2. "Empresa de seguros", uma empresa de seguros na acepção do artigo 6.º da Directiva 73/239/CEE, do artigo 6.º da Directiva 79/267/CEE ou da alínea b) do artigo 1.º da Directiva 98/78/CE.

3. "Empresa de investimento", uma empresa de investimento na acepção do n.º 2 do artigo 1.º da Directiva 93/22/CEE, incluindo as empresas referidas no n.º 4 do artigo 2.º da Directiva 93/6/CEE.

4. "Entidade regulamentada", uma instituição de crédito, uma empresa de seguros ou uma empresa de investimento.

5. "Sociedade de gestão de activos", uma sociedade de gestão na acepção do n.º 2 do artigo 1.ºA da Directiva 85/611/CEE do Conselho, de 20 de Dezembro de 1985, que coordena as disposições legislativas, regulamentares e administrativas respeitantes a alguns organismos de investimento colectivo em valores mobiliários (OICVM)[14], bem como uma sociedade cuja sede social se situe fora da Comunidade e que necessitaria de autorização nos termos do n.º 1 do artigo 5.º da mesma directiva, caso a sede social se situasse no território da Comunidade.

6. "Empresa de resseguros", uma empresa de resseguros na acepção da alínea c) do artigo 1.º da Directiva 98/78/CE.

7. "Regras sectoriais", a legislação comunitária relativa à supervisão prudencial das entidades regulamentadas estabelecida nomeadamente nas Directivas 73/239/CEE, 79/267/CEE, 98/78/CE, 93/6/CEE, 93/22/CEE e 2000/12/CE.

8. "Sector financeiro", o sector composto por uma ou mais das seguintes entidades:
   a) Instituições de crédito, instituições financeiras ou empresas de serviços bancários auxiliares na acepção dos pontos 5 e 23 do artigo 1.º da Directiva 2000/12/CE (sector bancário);
   b) Empresas de seguros, empresas de resseguros ou sociedades gestoras de participações no sector dos seguros na acepção da alínea i) do artigo 1.º da Directiva 98/78/CE (sector dos seguros);

c) Empresas de investimento ou instituições financeiras na acepção do ponto 7 do artigo 2.º da Directiva 93/6/CEE (sector dos serviços de investimento);
d) Companhias financeiras mistas.

9. "Empresa-mãe", uma empresa-mãe na acepção do artigo 1.º da sétima Directiva 83/349/CEE do Conselho, de 13 de Junho de 1983, relativa às contas consolidadas[15], e qualquer empresa que, no parecer das autoridades competentes, exerça efectivamente uma influência dominante sobre outra empresa.

10. "Empresa filial", uma empresa filial na acepção do artigo 1.º da Directiva 83/349/CEE e qualquer empresa sobre a qual, no parecer das autoridades competentes, é efectivamente exercida uma influência dominante por uma empresa-mãe; todas as filiais de filiais devem ser igualmente consideradas filiais da empresa-mãe.

11. "Participação", uma participação na acepção do primeiro período do artigo 17.º da quarta Directiva 78/660/CEE do Conselho, de 25 de Julho de 1978, relativa às contas anuais de certas formas de sociedades[16], ou o facto de deter, directa ou indirectamente, 20% ou mais dos direitos de voto ou do capital de uma empresa.

12. "Grupo", um grupo de empresas constituído por uma empresa-mãe, pelas suas filiais e pelas entidades em que a empresa-mãe e as suas filiais detenham uma participação, bem como pelas empresas ligadas entre si por uma relação na acepção do n.º 1 do artigo 12.º da Directiva 83/349/CEE.

13. "Relação estreita", uma relação em que duas ou mais pessoas singulares ou colectivas se encontrem ligadas através de:
a) Uma participação, ou seja, o facto de deter, directamente ou através de uma relação de controlo, 20% ou mais dos direitos de voto ou do capital de uma empresa; ou
b) Uma relação de controlo, ou seja, a relação existente entre uma empresa-mãe e uma filial, tal como prevista nos n.ºs 1 e 2 do artigo 1.º da Directiva 83/349/CEE, ou uma relação da mesma natureza entre qualquer pessoa singular ou colectiva e uma empresa; considera-se que a filial de uma filial é igualmente filial da empresa-mãe de que ambas dependem.

É igualmente considerada como constituindo uma relação estreita entre duas ou mais pessoas singulares ou colectivas, uma situação em que essas pessoas se encontrem ligadas de modo duradouro a uma mesma pessoa através de uma relação de controlo.

14. "Conglomerado financeiro", um grupo que satisfaz, sob reserva do disposto no artigo 3.º, as seguintes condições:
a) O grupo é liderado por uma entidade regulamentada na acepção do artigo 1.º ou, pelo menos, uma das filiais do grupo é uma entidade regulamentada na acepção do artigo 1.º;

b) Quando o grupo é liderado por uma entidade regulamentada na acepção do artigo 1.º, esta é uma empresa-mãe de uma entidade do sector financeiro, uma entidade que detém uma participação numa entidade do sector financeiro ou uma entidade ligada a uma entidade do sector financeiro por uma relação na acepção do n.º 1 do artigo 12.º da Directiva 83/349/CEE;
c) Nos casos em que o grupo não é liderado por uma entidade regulamentada na acepção do artigo 1.º, quando as actividades do grupo decorrem principalmente no sector financeiro na acepção do n.º 1 do artigo 3.º;
d) Pelo menos uma das entidades do grupo pertence ao sector dos seguros e pelo menos uma ao sector bancário ou ao sector dos serviços de investimento;
e) As actividades consolidadas e/ou agregadas das entidades do grupo no sector dos seguros e as actividades consolidadas e/ou agregadas das entidades no sector bancário e dos serviços de investimento são ambas significativas na acepção do n.º 2 ou do n.º 3 do artigo 3.º;

É considerado um conglomerado financeiro qualquer subgrupo de um grupo na acepção do ponto 12, que satisfaça os critérios do presente ponto.

15. "Companhia financeira mista", uma empresa-mãe, que não é uma entidade regulamentada, a qual em conjunto com as suas filiais, de que pelo menos uma é uma entidade regulamentada sediada na Comunidade, e com quaisquer outras entidades, constitui um conglomerado financeiro.

16. "Autoridades competentes", as autoridades nacionais dos Estados-Membros dotadas dos poderes legais ou regulamentares para supervisionar as instituições de crédito, e/ou as empresas de seguros, e/ou as empresas de investimento, quer individualmente, quer a nível do grupo.

17. "Autoridades competentes relevantes"
a) As autoridades competentes dos Estados-Membros responsáveis pela supervisão sectorial a nível do grupo de qualquer das entidades regulamentadas de um conglomerado financeiro;
b) O coordenador nomeado em conformidade com o artigo 10.º, se for diferente das autoridades referidas na alínea *a)*;
c) Outras autoridades competentes interessadas, consideradas relevantes na opinião das autoridades referidas nas alíneas *a)* e *b)*; essa opinião deve ter especialmente em conta a quota de mercado das entidades regulamentadas do conglomerado financeiro noutros Estados-Membros, em particular se for superior a 5%, e a importância que qualquer entidade regulamentada de outro Estado-Membro possa ter nesse conglomerado.

18. "Operações intragrupo", todas as operações em que as entidades regulamentadas pertencentes a um conglomerado financeiro recorrem directa ou indirectamente a outras empresas do mesmo grupo ou a qualquer pessoa singular ou

colectiva ligada às empresas pertencentes a esse grupo por "relações estreitas" para cumprimento de uma obrigação, contratual ou não, e a título oneroso ou não.

19. "Concentração de riscos", qualquer exposição a riscos que implique eventuais perdas a suportar pelas entidades de um conglomerado financeiro, desde que essa exposição seja suficientemente elevada para pôr em perigo a solvência ou a situação financeira geral das entidades regulamentadas do conglomerado financeiro; essa exposição pode resultar de riscos de contraparte/de crédito, de investimento, de seguro, de mercado ou de outros riscos ou de uma combinação ou interacção destes riscos.

---

[14] JO L 375 de 31.12.1985, p. 3. Directiva com a última redacção que lhe foi dada pela Directiva 2001/108/CE do Parlamento Europeu e do Conselho (JO L 41 de 13.2.2002, p. 35).

[15] JO L 193 de 18.7.1983, p. 1. Directiva com a última redacção que lhe foi dada pela Directiva 2001/65/CE do Parlamento Europeu e do Conselho (JO L 283 de 27.10.2001, p. 28).

[16] JO L 222 de 14.8.1978, p. 11. Directiva com a última redacção que lhe foi dada pela Directiva 2001/65/CE do Parlamento e do Conselho.

ARTIGO 3.º
Limiares para a identificação de um conglomerado financeiro

1. Considera-se que as actividades de um grupo ocorrem principalmente no sector financeiro, na acepção da alínea c) do ponto 14 do artigo 2.º, se o rácio entre o total do balanço das entidades do sector financeiro regulamentadas e não regulamentadas do grupo e o total do balanço de todo o grupo exceder 40%.

2. As actividades em diferentes sectores financeiros são significativas, na acepção da alínea e) do ponto 14 do artigo 2.º, se, para cada sector financeiro, a média do rácio entre o total do balanço desse sector financeiro e o total do balanço das entidades do sector financeiro do grupo e do rácio entre os requisitos de solvência do mesmo sector financeiro e os requisitos de solvência totais das entidades do sector financeiro do grupo exceder 10%.

Para efeitos da presente directiva, o sector financeiro de menor dimensão num conglomerado financeiro é o sector com a média mais baixa e o sector financeiro mais importante de um conglomerado financeiro é o sector com a média mais elevada. Para calcular a média, bem como para calcular qual o sector de menor dimensão e qual o sector mais importante, o sector bancário e o sector dos serviços de investimento são considerados em conjunto.

3. As actividades intersectoriais consideram-se também significativas, na acepção da alínea e) do ponto 14 do artigo 2.º, se o total do balanço do sector financeiro de menor dimensão do grupo exceder 6 mil milhões de euros. Se o grupo não atingir o limiar referido no n.º 2, as autoridades competentes relevantes podem decidir de comum acordo não considerar o grupo um conglomerado financeiro ou não aplicar o disposto nos artigos 7.º, 8.º ou 9.º se forem de opinião de que a inclusão do grupo no âmbito da presente directiva ou a aplicação das referidas disposições não é

necessária, não seria adequada ou induziria em erro relativamente aos objectivos de supervisão complementar, por exemplo, quando:
  a) A dimensão relativa do seu sector financeiro de menor dimensão, calculada quer em termos da média a que se refere o n.º 2, quer do total do balanço ou ainda dos requisitos de solvência desse sector financeiro, não excede 5%; ou
  b) A quota de mercado, calculada em termos de total do balanço no sector bancário ou no dos serviços de investimento e em termos de prémios brutos emitidos no sector dos seguros, não excede 5% em nenhum Estado--Membro.

As decisões tomadas de acordo com o presente número são notificadas às restantes autoridades competentes interessadas.

4. Para efeitos da aplicação dos n.ºs 1, 2 e 3, as autoridades competentes relevantes podem, de comum acordo:
  a) Excluir uma entidade do cálculo dos rácios, nos casos referidos no n.º 5 do artigo 6.º;
  b) Tomar em consideração o cumprimento dos limiares previstos nos n.ºs 1 e 2 durante três anos consecutivos, de modo a evitar alterações súbitas de regime, e não ter em conta esse cumprimento se se verificarem alterações significativas da estrutura do grupo.

Sempre que um conglomerado financeiro tenha sido identificado nos termos dos n.ºs 1 e 2, as decisões a que se refere o primeiro parágrafo do presente número, são tomadas com base numa proposta apresentada pelo coordenador desse conglomerado financeiro.

5. Para efeitos de aplicação dos n.ºs 1, 2 e 3, as autoridades competentes relevantes podem, em casos excepcionais e de comum acordo, substituir o critério baseado no total do balanço por um ou mais dos seguintes parâmetros ou acrescentar um destes parâmetros ou ambos, se considerarem que os mesmos assumem especial importância para efeitos da supervisão complementar nos termos da presente directiva: estrutura dos proveitos e rubricas extrapatrimoniais.

6. Para efeitos de aplicação dos n.ºs 1 e 2, se os rácios neles referidos forem inferiores respectivamente a 40% e 10% para os conglomerados já sujeitos a supervisão complementar, aplica-se, durante os três anos subsequentes, um rácio mais baixo, respectivamente de 35% e 8%, por forma a evitar alterações súbitas de regime.

Do mesmo modo, para efeitos de aplicação do n.º 3, se o total do balanço do sector financeiro de menor dimensão do grupo for inferior a 6 mil milhões de euros para os conglomerados já sujeitos a supervisão complementar, aplica-se, durante os três anos subsequentes, um valor mais baixo de 5 mil milhões de euros, por forma a evitar alterações súbitas de regime.

Durante o período referido no presente número, o coordenador pode, com o acordo das demais autoridades competentes relevantes, decidir que os rácios mais baixos ou o montante mais baixo referidos no presente número deixem de se aplicar.

7. Os cálculos a que se refere o presente artigo relativamente ao total do balanço são efectuados com base no total do balanço agregado das entidades do grupo, de acordo com as respectivas contas anuais. Para efeitos destes cálculos, deve ser tomado em consideração o montante do total do balanço das empresas em que o grupo detenha uma participação correspondente à quota-parte proporcional agregada detida pelo grupo. Porém, quando se encontrem disponíveis contas consolidadas, estas são tomadas em consideração, em vez das contas agregadas.

Os requisitos de solvência referidos nos n.os 2 e 3 são calculados de acordo com o disposto nas regras sectoriais relevantes.

ARTIGO 4.º
Identificação de um conglomerado financeiro

1. As autoridades competentes que tenham autorizado entidades regulamentadas identificam, com base nos artigos 2.º, 3.º e 5.º, qualquer grupo abrangido pelo âmbito de aplicação da presente directiva.

Para esse efeito:
– as autoridades competentes que tenham autorizado entidades regulamentadas do grupo cooperam estreitamente entre si, se tal se revelar necessário,
– se determinada autoridade competente considerar que uma entidade regulamentada por si autorizada é membro de um grupo que pode ser considerado um conglomerado financeiro, que não tenha ainda sido identificado como tal nos termos da presente directiva, a autoridade competente informa de tal facto as demais autoridades competentes interessadas.

2. O coordenador nomeado em conformidade com o artigo 10.º informa a empresa-mãe que lidera o grupo ou, na falta de empresa-mãe, a entidade regulamentada com o total do balanço mais elevado no sector financeiro mais importante de um grupo, de que o grupo foi identificado como conglomerado financeiro e da nomeação do coordenador. O coordenador informa igualmente as autoridades competentes que autorizaram as entidades regulamentadas do grupo e as autoridades competentes dos Estados-Membros em que a companhia financeira mista tem a sua sede, bem como a Comissão.

CAPÍTULO II
Supervisão complementar

SECÇÃO I
Âmbito de aplicação

ARTIGO 5.º
Âmbito de aplicação da supervisão complementar das entidades regulamentadas referidas no artigo 1.º

1. Sem prejuízo das disposições em matéria de supervisão constantes das regras sectoriais, os Estados-Membros tomam as medidas necessárias para que as entidades regulamentadas, referidas no artigo 1.º, sejam sujeitas a supervisão complementar, na medida e na forma estabelecidas na presente directiva.

2. As seguintes entidades regulamentadas são sujeitas a supervisão complementar a nível do conglomerado financeiro em conformidade com os artigos 6.º a 17.º:
   a) Quaisquer entidades regulamentadas que liderem um conglomerado financeiro;
   b) Quaisquer entidades regulamentadas cuja empresa-mãe seja uma companhia financeira mista sediada na Comunidade;
   c) Quaisquer entidades regulamentadas ligadas a outra entidade do sector financeiro por uma relação na acepção do n.º 1 do artigo 12.º da Directiva 83/349/CEE.

Sempre que um conglomerado financeiro for um subgrupo de outro conglomerado financeiro, que satisfaça os requisitos do primeiro parágrafo, os Estados-Membros podem aplicar as disposições dos artigos 6.º a 17.º às entidades regulamentadas exclusivamente no âmbito deste último grupo e qualquer referência na directiva aos conceitos de grupo e de conglomerado financeiro entende-se como uma referência a este último grupo.

3. Quaisquer entidades regulamentadas que não estejam sujeitas a supervisão complementar em conformidade com o n.º 2 e cuja empresa-mãe seja uma entidade regulamentada ou uma companhia financeira mista sediada fora da Comunidade ficam sujeitas a supervisão complementar a nível do conglomerado financeiro, na medida e na forma previstas no artigo 18.º.

4. Nos casos em que pessoas detêm participações no capital de uma ou mais entidades regulamentadas ou têm com elas ligações de capital, ou exercem uma influência significativa sobre tais entidades sem deterem uma participação ou uma ligação de capital, com exclusão dos casos referidos nos n.ºs 2 e 3, as autoridades competentes relevantes determinam, de comum acordo e nos termos do direito nacional, se e em que medida as entidades regulamentadas são sujeitas a supervisão complementar e se estas constituem um conglomerado financeiro.

Para se aplicar essa supervisão complementar, pelo menos uma das entidades deve ser uma das entidades regulamentadas referidas no artigo 1.º e devem ser satisfeitas as condições referidas nas alíneas d) e e) do ponto 14 do artigo 2.º As autoridades competentes relevantes tomam a sua decisão, tendo em conta os objectivos da supervisão complementar, nos termos previstos na presente directiva.

Para efeitos de aplicação do primeiro parágrafo aos "grupos cooperativos", as autoridades competentes tomam em consideração os compromissos financeiros públicos desses grupos relativamente a outras instituições financeiras.

5. Sem prejuízo do disposto no artigo 13.º, o exercício da supervisão complementar a nível do conglomerado financeiro não implica para as autoridades competentes a obrigação de sujeitarem a supervisão numa base individual as companhias financeiras mistas, as entidades regulamentadas de países terceiros de um conglomerado financeiro ou as entidades não regulamentadas de um conglomerado financeiro.

SECÇÃO 2
Situação financeira

ARTIGO 6.º
Adequação dos fundos próprios

1. Sem prejuízo das regras sectoriais, é exercida uma supervisão complementar sobre a adequação dos fundos próprios das entidades regulamentadas de um conglomerado financeiro, em conformidade com as regras estabelecidas nos n.os 2 a 5 do presente artigo, no artigo 9.º, na secção 3 do presente capítulo e no anexo I.

2. Os Estados-Membros exigem às entidades regulamentadas de um conglomerado financeiro que garantam a disponibilidade de fundos próprios cujo montante, a nível do conglomerado financeiro, seja pelo menos igual aos requisitos de adequação de fundos próprios calculados em conformidade com o anexo I.

Os Estados-Membros exigem igualmente às entidades regulamentadas que adoptem uma política de adequação dos fundos próprios a nível do conglomerado financeiro.

Os requisitos referidos no primeiro e segundo parágrafos são objecto de supervisão por parte do coordenador em conformidade com a secção 3.

O coordenador assegura que o cálculo referido no primeiro parágrafo seja realizado pelo menos uma vez por ano, pelas entidades regulamentadas ou pela companhia financeira mista.

Os resultados do cálculo e os dados pertinentes para o cálculo são submetidos ao coordenador pela entidade regulamentada, na acepção do artigo 1.º, que lidera o conglomerado financeiro ou, se o conglomerado financeiro não for liderado por uma entidade regulamentada na acepção do artigo 1.º, pela companhia financeira mista ou pela entidade regulamentada do conglomerado financeiro identificado pelo coordenador após consulta das demais autoridades competentes relevantes e do conglomerado financeiro.

3. Para efeitos do cálculo dos requisitos de adequação dos fundos próprios referidos no primeiro parágrafo do n.º 2, as seguintes entidades são incluídas no âmbito da supervisão complementar, na forma e na medida definidas no anexo I:
   a) Instituições de crédito, instituições financeiras ou empresas de serviços bancários auxiliares na acepção dos pontos 5 e 23 do artigo 1.º da Directiva 2000/12/CE;
   b) Empresas de seguros, empresas de resseguros ou sociedades gestoras de participações no sector dos seguros na acepção da alínea *i)* do artigo 1.º da Directiva 98/78/CE;
   c) Empresas de investimento ou instituições financeiras na acepção do ponto 7 do artigo 2.º da Directiva 93/6/CEE;
   d) Companhias financeiras mistas.

4. Ao calcular, em conformidade com o método 1 ("Consolidação contabilística") indicado no anexo I, os requisitos de adequação complementar dos fundos próprios de um conglomerado financeiro, o montante dos fundos próprios e os requisitos de solvência das entidades do grupo são calculados aplicando as regras sectoriais correspondentes relativas à forma e ao âmbito da consolidação, tal como fixadas, nomeadamente, no artigo 54.º da Directiva 2000/12/CE e no ponto 1.B do anexo I da Directiva 98/78/CE.

Ao aplicar os métodos 2 ou 3 ("Dedução e agregação" ou "Dedução do valor contabilístico/de um requisito") indicados no anexo I, o cálculo toma em consideração a parte proporcional detida pela empresa-mãe ou pela empresa que detém a participação noutra entidade do grupo. Por "parte proporcional" entende-se a proporção do capital subscrito que é detido, directa ou indirectamente, por essa empresa.

5. O coordenador pode decidir não incluir uma determinada entidade no âmbito do cálculo dos requisitos de adequação complementar dos fundos próprios nos seguintes casos:
   a) Se a entidade estiver estabelecida num país terceiro em que existam obstáculos jurídicos à transferência das informações necessárias, sem prejuízo das regras sectoriais sobre a obrigação das autoridades competentes de recusarem a autorização sempre que seja impedido o exercício efectivo das suas funções de supervisão;
   b) Quando a entidade apresentar um interesse negligenciável relativamente aos objectivos da supervisão complementar de entidades regulamentadas de um conglomerado financeiro;

c) Quando a inclusão da entidade for inadequada ou susceptível de induzir em erro do ponto de vista dos objectivos da supervisão complementar.

Contudo, quando estiver prevista a exclusão de várias entidades em conformidade com a alínea *b)* do primeiro parágrafo, estas têm que ser incluídas se no seu conjunto apresentarem um interesse não negligenciável.

No caso referido na alínea *c)* do primeiro parágrafo, o coordenador, salvo em caso de urgência, consulta as demais autoridades competentes relevantes antes de tomar a decisão.

Sempre que o coordenador decidir não incluir uma entidade regulamentada no âmbito do cálculo, em aplicação das alíneas *b)* e *c)* do primeiro parágrafo, as autoridades competentes do Estado-Membro onde aquela estiver estabelecida podem requerer à entidade que lidera o conglomerado financeiro que lhes forneça informações susceptíveis de facilitar a supervisão da entidade regulamentada.

ARTIGO 7.º
Concentração de riscos

1. Sem prejuízo das regras sectoriais, a supervisão complementar das concentrações de riscos das entidades regulamentadas de um conglomerado financeiro é efectuada em conformidade com as regras estabelecidas nos n.ºs 2 a 4 do presente artigo, no artigo 9.º, na secção 3 do presente capítulo e no anexo II.

2. Os Estados-Membros exigem às entidades regulamentadas ou as companhias financeiras mistas que notifiquem regularmente, e pelo menos anualmente, ao coordenador quaisquer concentrações de riscos importantes à escala do referido conglomerado financeiro, em conformidade com as regras do presente artigo e do anexo II. As informações necessárias são fornecidas ao coordenador pela entidade regulamentada, na acepção do artigo 1.º, que lidere o conglomerado financeiro ou, se o conglomerado financeiro não for liderado por uma entidade regulamentada na acepção do artigo 1.º, pela companhia financeira mista ou pela entidade regulamentada do conglomerado financeiro identificado pelo coordenador após consulta das demais autoridades competentes relevantes e do conglomerado financeiro.

Estas concentrações de riscos devem ser objecto de supervisão por parte do coordenador em conformidade com a secção 3.

3. Na pendência de uma coordenação ulterior da legislação comunitária, os Estados-Membros podem estabelecer limites quantitativos ou autorizar as autoridades competentes a fixá-los, ou ainda tomar outras medidas de supervisão que permitam alcançar os objectivos da supervisão complementar, no que respeita a qualquer concentração de riscos a nível de um conglomerado financeiro.

4. Sempre que um conglomerado financeiro for liderado por uma companhia financeira mista, as regras sectoriais relativas à concentração de riscos do sector financeiro mais importante do conglomerado financeiro, se existirem, aplicam-se a todo este sector, incluindo a companhia financeira mista.

ARTIGO 8.º
Operações intragrupo

1. Sem prejuízo das regras sectoriais, a supervisão complementar das operações intragrupo das entidades regulamentadas de um conglomerado financeiro é efectuada em conformidade com as regras estabelecidas nos n.ºs 2 a 4 do presente artigo, no artigo 9.º, na secção 3 do presente capítulo e no anexo II.

2. Os Estados-Membros exigem às entidades regulamentadas ou as companhias financeiras mistas que notifiquem regularmente, e pelo menos anualmente, ao coordenador todas as operações intragrupo significativas de entidades regulamentadas no quadro de um conglomerado financeiro, em conformidade com as regras do presente artigo e do anexo II. Enquanto não existir uma definição dos limiares referidos no último período do primeiro parágrafo do anexo II, considera-se significativa uma operação intragrupo cujo valor exceda, pelo menos, 5% do valor total dos requisitos de adequação dos fundos próprios a nível de um conglomerado financeiro.

As informações necessárias são fornecidas ao coordenador pela entidade regulamentada, na acepção do artigo 1.º, que lidere o conglomerado financeiro ou, se o conglomerado financeiro não for liderado por uma entidade regulamentada na acepção do artigo 1.º, pela companhia financeira mista ou pela entidade regulamentada do conglomerado financeiro identificado pelo coordenador após consulta das demais autoridades competentes relevantes e do conglomerado financeiro.

Estas operações intragrupo devem ser objecto de supervisão por parte do coordenador.

3. Na pendência de uma coordenação ulterior da legislação comunitária, os Estados-Membros podem estabelecer limites quantitativos e requisitos qualitativos ou autorizar as autoridades competentes a fixá-los, ou ainda tomar outras medidas de supervisão que permitam alcançar os objectivos da supervisão complementar, no que respeita às operações intragrupo de entidades regulamentadas a nível de um conglomerado financeiro.

4. Sempre que um conglomerado financeiro for liderado por uma companhia financeira mista, as regras sectoriais relativas às operações intragrupo do sector financeiro mais importante do conglomerado financeiro aplicam-se a todo este sector, incluindo a companhia financeira mista.

ARTIGO 9.º
**Processos de gestão dos riscos
e mecanismos de controlo interno**

1. Os Estados-Membros exigem às entidades regulamentadas que possuam, a nível do conglomerado financeiro, processos de gestão dos riscos e mecanismos de controlo interno adequados, incluindo procedimentos administrativos e contabilísticos sólidos.

2. Os processos de gestão dos riscos incluem:
a) A boa gestão e governação, com a aprovação e a revisão periódica das estratégias e políticas pelos órgãos de direcção adequados a nível do conglomerado financeiro relativamente a todos os riscos que assumem;
b) Uma política apropriada de adequação dos fundos próprios que permita antecipar o impacto da sua estratégia de negócio no perfil de risco e nos requisitos de fundos próprios determinados de acordo com o artigo 6.º e o anexo I;
c) Procedimentos adequados que garantam a boa integração dos sistemas de acompanhamento do risco na respectiva organização e que sejam tomadas todas as medidas necessárias para assegurar que os sistemas implementados em todas as empresas abrangidas pela supervisão complementar sejam consistentes, permitindo que os riscos sejam medidos, acompanhados e controlados a nível do conglomerado financeiro.

3. Os mecanismos de controlo interno incluem:
a) Mecanismos adequados referentes à adequação de fundos próprios que permitam identificar e medir todos os riscos materiais incorridos e estabelecer uma relação adequada entre os fundos próprios e os riscos;
b) Procedimentos de prestação de informações e contabilísticos sólidos que lhes permitam identificar, medir, acompanhar e controlar as operações intragrupo e as concentrações de riscos.

4. Os Estados-Membros tomam medidas para que, nas empresas incluídas no âmbito da supervisão complementar em aplicação do artigo 5.º, existam mecanismos de controlo interno adequados para a produção de quaisquer dados e informações pertinentes para a supervisão complementar.

5. Os processos e mecanismos a que se referem os n.ᵒˢ 1 a 4 são objecto de supervisão por parte do coordenador.

SECÇÃO 3
Medidas para facilitar a supervisão complementar

ARTIGO 10.º
Autoridade competente responsável pelo exercício da supervisão complementar (coordenador)

1. A fim de garantir uma supervisão complementar adequada das entidades regulamentadas de um conglomerado financeiro, é nomeado um único coordenador, responsável pela coordenação e pelo exercício da supervisão complementar. Esse coordenador é escolhido de entre as autoridades competentes dos Estados-Membros interessados, incluindo as do Estado-Membro em que a companhia financeira mista tenha a sua sede.

2. A nomeação baseia-se nos seguintes critérios:
   a) Quando um conglomerado financeiro for liderado por uma entidade regulamentada, a função de coordenador é desempenhada pela autoridade competente que autorizou essa entidade regulamentada ao abrigo das regras sectoriais em causa;
   b) Quando um conglomerado financeiro não for liderado por uma entidade regulamentada, a função de coordenador é desempenhada pela autoridade competente identificada em conformidade com os seguintes princípios:
      i) quando a empresa-mãe de uma entidade regulamentada for uma companhia financeira mista, a função de coordenador é desempenhada pela autoridade competente que autorizou essa entidade regulamentada ao abrigo das regras sectoriais em causa,
      ii) quando várias entidades regulamentadas sediadas na Comunidade tiverem como empresa-mãe a mesma companhia financeira mista e uma dessas entidades regulamentadas tiver sido autorizada no Estado--Membro em que a companhia financeira mista tem a sua sede, a função de coordenador é desempenhada pela autoridade competente do Estado--Membro que autorizou a referida entidade regulamentada.
      Quando várias entidades regulamentadas que operam em diferentes sectores financeiros tiverem sido autorizadas no Estado-Membro em que a companhia financeira mista tem a sua sede, a função de coordenador é desempenhada pela autoridade competente da entidade regulamentada que opera no sector financeiro mais importante.
      Quando o conglomerado financeiro for liderado por várias companhias financeiras mistas sediadas em diferentes Estados-Membros e exista uma entidade regulamentada em cada um destes Estados-Membros, a função de coordenador é desempenhada pela autoridade competente da entidade regulamentada com o total do balanço mais elevado, se essas entidades operarem no mesmo sector financeiro, ou pela autoridade competente da entidade regulamentada que opera no sector financeiro mais importante,

iii) quando várias entidades regulamentadas sediadas na Comunidade tiverem como empresa-mãe a mesma companhia financeira mista e que nenhuma dessas entidades regulamentadas tiver sido autorizada no Estado-Membro em que a companhia financeira mista tem a sua sede, a função de coordenador é desempenhada pela autoridade competente que autorizou a entidade regulamentada com o total do balanço mais elevado do sector financeiro mais importante,
iv) quando o conglomerado financeiro for um grupo sem uma empresa-mãe, ou em qualquer outro caso, a função de coordenador é desempenhada pela autoridade competente que autorizou a entidade regulamentada com o total do balanço mais elevado do sector financeiro mais importante.

3. Em casos especiais, as autoridades competentes relevantes podem, de comum acordo, não aplicar os critérios a que se refere o n.º 2, se a sua aplicação for inadequada, tendo em conta a estrutura do conglomerado e a importância relativa das suas actividades em diferentes países, e nomear uma autoridade competente diferente como coordenador. Nesses casos, antes de tomarem uma decisão, as autoridades competentes dão ao conglomerado financeiro a oportunidade de dar a conhecer a sua opinião sobre essa decisão.

ARTIGO 11.º
Funções do coordenador

1. As tarefas a realizar pelo coordenador relativamente à supervisão complementar são as seguintes:
   a) Coordenar a recolha e difusão das informações pertinentes ou essenciais, tanto a nível das questões correntes como das situações de emergência, incluindo a divulgação das informações importantes para o exercício da supervisão por uma autoridade competente ao abrigo das regras sectoriais;
   b) Avaliar a situação financeira de um conglomerado financeiro e proceder à sua supervisão;
   c) Avaliar a conformidade com as regras relativas à adequação dos fundos próprios, a concentração de riscos e as operações intragrupo referidas nos artigos 6.º, 7.º e 8.º;
   d) Avaliar a estrutura, a organização e os sistemas de controlo interno do conglomerado financeiro tal como definidos no artigo 9.º;
   e) Planificar e coordenar as actividades de supervisão, tanto a nível das questões correntes como das situações de emergência, em cooperação com as autoridades competentes relevantes envolvidas;
   f) Realizar quaisquer outras tarefas ou tomar medidas ou decisões atribuídas ao coordenador pela presente directiva ou em consequência da aplicação da presente directiva.

A fim de facilitar e fundamentar a supervisão complementar numa ampla base jurídica, o coordenador e as demais autoridades competentes relevantes e, se necessário, outras autoridades competentes interessadas estabelecem acordos de coordenação. Nesses acordos podem ser confiadas tarefas suplementares ao coordenador e especificadas as regras do processo de tomada de decisões entre as autoridades competentes relevantes, tal como referido nos artigos 3.° e 4.°, no n.° 4 do artigo 5.°, no artigo 6.°, no n.° 2 do artigo 12.° e nos artigos 16.° e 18.°, bem como as regras de cooperação com outras autoridades competentes.

2. Quando necessite de informações já prestadas a outra autoridade competente de acordo com as regras sectoriais, o coordenador deveria, sempre que possível, dirigir-se a essa autoridade, a fim de evitar a duplicação da prestação de informações às diferentes autoridades envolvidas na supervisão.

3. Sem prejuízo da possibilidade prevista na legislação comunitária de delegação de determinadas competências e responsabilidades específicas em matéria de supervisão, a presença de um coordenador responsável pelas tarefas específicas da supervisão complementar das entidades regulamentadas de um conglomerado financeiro em nada afecta as tarefas e responsabilidades que incumbem às autoridades competentes ao abrigo das regras sectoriais.

ARTIGO 12.°
Cooperação e intercâmbio de informações entre as autoridades competentes

1. As autoridades competentes responsáveis pela supervisão das entidades regulamentadas de um conglomerado financeiro e a autoridade competente nomeada como coordenador para o conglomerado financeiro em questão operam em estreita cooperação entre si. Sem prejuízo das suas responsabilidades respectivas, tal como definidas pelas regras sectoriais, estas autoridades, independentemente de estarem ou não estabelecidas no mesmo Estado-Membro, trocam quaisquer informações essenciais ou pertinentes para a execução das tarefas de supervisão das demais autoridades ao abrigo das regras sectoriais e da presente directiva. A este respeito, as autoridades competentes e o coordenador devem comunicar, sempre que tal lhes for pedido, todas as informações pertinentes e, por sua iniciativa, todas as informações essenciais.

Esta cooperação deve assegurar, no mínimo, a recolha e troca de informações relativas aos seguintes domínios:
 a) Identificação da estrutura do grupo, de todas as entidades importantes do conglomerado financeiro e das autoridades competentes das entidades regulamentadas do grupo;
 b) Política estratégica do conglomerado financeiro;
 c) Situação financeira do conglomerado financeiro, nomeadamente em termos de adequação dos fundos próprios, operações intragrupo, concentrações de riscos e rendibilidade;
 d) Principais accionistas e dirigentes do conglomerado financeiro;

e) Organização, gestão dos riscos e sistemas de controlo interno a nível do conglomerado financeiro;
f) Procedimentos de recolha de informações junto das entidades de um conglomerado financeiro e verificação destas informações;
g) Dificuldades enfrentadas pelas entidades regulamentadas, ou por outras entidades do conglomerado financeiro, susceptíveis de afectar seriamente as entidades regulamentadas;
h) Sanções importantes e outras medidas excepcionais tomadas pelas autoridades competentes ao abrigo das regras sectoriais ou das disposições da presente directiva.

As autoridades competentes podem trocar aquelas informações com as seguintes autoridades, sempre que tal for necessário para a execução das respectivas tarefas relativas a entidades regulamentadas de um conglomerado financeiro, em conformidade com as regras sectoriais: bancos centrais, Sistema Europeu de Bancos Centrais e Banco Central Europeu.

2. Sem prejuízo das respectivas responsabilidades, definidas nos termos das regras sectoriais, as autoridades competentes interessadas consultam-se mutuamente antes de tomarem uma decisão sobre os assuntos a seguir referidos, sempre que essas decisões sejam relevantes para as funções de supervisão exercidas pelas outras autoridades competentes:
a) Alterações a nível da estrutura dos accionistas, da organização ou da gestão das entidades regulamentadas de um conglomerado financeiro que requeiram uma aprovação ou autorização das autoridades competentes;
b) Sanções importantes e outras medidas excepcionais tomadas pelas autoridades competentes.

A autoridade competente pode decidir não efectuar uma consulta em caso de urgência ou quando tal consulta possa comprometer a eficácia das decisões. Nesse caso, a autoridade competente em questão informa sem demora as demais autoridades competentes.

3. O coordenador pode convidar as autoridades competentes do Estado-Membro onde tem a sua sede uma empresa-mãe, que não exerçam elas próprias a supervisão complementar em conformidade com o artigo 10.°, a pedirem a esta empresa-mãe quaisquer informações pertinentes para o exercício das suas funções de coordenação, tal como definidas no artigo 11.°, e a comunicarem-lhe as referidas informações.

Sempre que as informações referidas no n.° 2 do artigo 14.° já tiverem sido comunicadas à autoridade competente, em conformidade com as regras sectoriais, as autoridades competentes responsáveis pelo exercício da supervisão complementar podem dirigir-se a essa autoridade para obter as informações em questão.

4. Os Estados-Membros autorizam a troca de informações entre as suas autoridades competentes e entre as suas autoridades competentes e outras autoridades, tal

como referido nos n.ᵒˢ 1, 2 e 3. A recolha ou a posse de informações relativas a entidades de um conglomerado financeiro que não sejam entidades regulamentadas não implica para as autoridades competentes a obrigação de sujeitarem a supervisão numa base individual aquelas entidades.

As informações recebidas no quadro da supervisão complementar e nomeadamente qualquer intercâmbio de informações entre as autoridades competentes e entre as autoridades competentes e outras autoridades previsto na presente directiva ficam sujeitos às disposições que regem o sigilo profissional e a comunicação de informações confidenciais estabelecidas nas regras sectoriais.

ARTIGO 13.º
Órgão de gestão das companhias financeiras mistas

Os Estados-Membros exigem das pessoas que dirigem efectivamente as companhias financeiras mistas que tenham a idoneidade e competência necessárias para desempenhar essas funções.

ARTIGO 14.º
Acesso às informações

1. Os Estados-Membros tomam medidas para que, na sua ordem jurídica, não exista qualquer obstáculo jurídico susceptível de impedir as pessoas singulares e colectivas, incluídas no âmbito da supervisão complementar, quer sejam ou não entidades regulamentadas, de trocarem entre si quaisquer informações pertinentes para a supervisão complementar.

2. Os Estados-Membros zelam por que as suas autoridades competentes responsáveis pela supervisão complementar tenham acesso a quaisquer informações pertinentes para efeitos da supervisão complementar, mediante contacto directo ou indirecto das entidades, regulamentadas ou não regulamentadas, de um conglomerado financeiro.

ARTIGO 15.º
Verificação

Sempre que, em aplicação da presente directiva, as autoridades competentes pretendam verificar, em casos específicos, as informações relativas a uma entidade, regulamentada ou não, de um conglomerado financeiro que esteja estabelecida num outro Estado-Membro, solicitarão às autoridades competentes do referido Estado--Membro que procedam a esta verificação.

No âmbito das suas competências, as autoridades a quem for dirigido o pedido respondem a tal solicitação, procedendo elas próprias à verificação, autorizando um auditor ou um perito a efectuá-la ou autorizando a autoridade que apresentou o pedido a realizá-la.

Quando não efectue ela própria a verificação, a autoridade competente que apresentou o pedido pode, se o desejar, participar na verificação.

ARTIGO 16.º
Medidas de execução

Se as entidades regulamentadas de um conglomerado financeiro não satisfizerem as condições enunciadas nos artigos 6.º a 9.º, ou se essas condições estiverem preenchidas mas a solvência estiver comprometida, ou ainda se as operações no interior do grupo ou as concentrações de riscos constituírem uma ameaça para a situação financeira das entidades regulamentadas, são tomadas as medidas necessárias para sanar a situação o mais rapidamente possível:
– por parte do coordenador, no que diz respeito às companhias financeiras mistas,
– por parte das autoridades competentes, no que diz respeito às entidades regulamentadas; para tal, o coordenador informa as autoridades competentes das suas conclusões.

Sem prejuízo do disposto no n.º 2 do artigo 17.º, os Estados-Membros podem decidir quais as medidas que as respectivas autoridades competentes podem tomar no que respeita às companhias financeiras mistas.

As autoridades competentes envolvidas, incluindo o coordenador, coordenam, se for caso disso, as suas acções de supervisão.

ARTIGO 17.º
Competências adicionais das autoridades competentes

1. Na pendência de uma maior harmonização das regras sectoriais, os Estados-Membros zelam pela atribuição de competências às suas autoridades competentes que lhes permitam tomar quaisquer medidas de supervisão consideradas necessárias para impedir que as entidades regulamentadas de um conglomerado financeiro possam contornar as regras sectoriais.

2. Sem prejuízo das disposições do seu direito penal, os Estados-Membros tomam medidas para que as sanções e as medidas destinadas a pôr cobro a infracções ou às causas de tais infracções possam ser impostas a companhias financeiras mistas ou aos seus gestores efectivos que infrinjam disposições legislativas, regulamentares ou administrativas aprovadas para aplicação das disposições da presente directiva. Em determinados casos, tais medidas podem requerer a intervenção dos tribunais. As autoridades competentes operam em estreita cooperação por forma a assegurar que essas sanções e medidas produzam os efeitos desejados.

SECÇÃO 4
Países terceiros

ARTIGO 18.º
Empresas-mãe sediadas fora da Comunidade

1. Sem prejuízo das regras sectoriais, no caso referido no n.º 3 do artigo 5.º, as autoridades competentes verificam se as entidades regulamentadas cuja empresa-mãe esteja sediada fora da Comunidade estão sujeitas, por parte de uma autoridade competente do país terceiro, a uma supervisão equivalente à prevista nas disposições da presente directiva relativas à supervisão complementar das entidades regulamentadas a que se refere o n.º 2 do artigo 5.º A verificação é efectuada pela autoridade competente que seria o coordenador caso fossem aplicáveis os critérios enunciados no n.º 2 do artigo 10.º, a pedido da empresa-mãe ou de qualquer das entidades regulamentadas autorizadas na Comunidade, ou por iniciativa própria. A referida autoridade competente consulta as demais autoridades competentes relevantes e tem em conta as orientações aplicáveis preparadas pelo Comité dos Conglomerados Financeiros nos termos do n.º 5 do artigo 21.º Para este efeito, a autoridade competente consulta o comité antes de tomar uma decisão.

2. Na ausência de uma supervisão equivalente tal como referida no n.º 1, os Estados-Membros aplicam às entidades regulamentadas, por analogia, as disposições sobre a supervisão complementar das entidades regulamentadas referidas no n.º 2 do artigo 5.º Em alternativa, as autoridades competentes podem recorrer a um dos métodos previstos no n.º 3.

3. Os Estados-Membros autorizam as suas autoridades competentes a aplicar outros métodos que garantam uma supervisão complementar adequada das entidades regulamentadas de um conglomerado financeiro. Estes métodos são aprovados pelo coordenador, depois de consultadas as demais autoridades competentes relevantes. As autoridades competentes podem exigir nomeadamente a constituição de uma companhia financeira mista sediada na Comunidade e aplicar às entidades regulamentadas do conglomerado financeiro liderado por esta companhia financeira as disposições da presente directiva. Estes métodos devem permitir igualmente a prossecução dos objectivos da supervisão complementar, tal como definidos na presente directiva, sendo notificados às demais autoridades competentes envolvidas e à Comissão.

ARTIGO 19.º
Cooperação com as autoridades competentes de países terceiros

1. Os pontos 1 e 2 do artigo 25.º da Directiva 2000/12/CE e o artigo 10.ºA da Directiva 98/78/CE aplicam-se mutatis mutandis à negociação de acordos com um ou mais países terceiros, relativamente às modalidades de exercício da supervisão complementar das entidades regulamentadas de um conglomerado financeiro.

2. A Comissão, o Comité Consultivo Bancário, o Comité de Seguros e o Comité dos Conglomerados Financeiros avaliam o resultado das negociações referidas no n.º 1 e a situação daí resultante.

CAPÍTULO III
Competências atribuídas à comissão e processos de comitologia

ARTIGO 20.º
Competências atribuídas à Comissão

1. A Comissão adopta, nos termos do n.º 2 do artigo 21.º, as adaptações técnicas a introduzir na presente directiva nas seguintes áreas:
   a) Formulação mais precisa das definições referidas no artigo 2.º, por forma a ter em conta a evolução dos mercados financeiros na aplicação da presente directiva;
   b) Formulação mais precisa das definições referidas no artigo 2.º, por forma a garantir uma aplicação uniforme da presente directiva na Comunidade;
   c) Harmonização da terminologia e reformulação das definições da presente directiva de acordo com actos comunitários subsequentes relativos às entidades regulamentadas e a questões conexas;
   d) Definição mais precisa dos métodos de cálculo referidos no anexo I, por forma a ter em conta a evolução dos mercados financeiros e das técnicas prudenciais;
   e) Coordenação das disposições aprovadas nos termos dos artigos 7.º e 8.º e do anexo II, a fim de incentivar uma aplicação uniforme no âmbito da Comunidade.

2. A Comissão informa o público de quaisquer propostas apresentadas nos termos do presente artigo e consulta as partes interessadas antes de apresentar os projectos de medidas ao Comité dos Conglomerados Financeiros a que se refere o artigo 21.º.

ARTIGO 21.º
Comité

1. A Comissão é assistida por um Comité dos Conglomerados Financeiros, a seguir designado "comité".

2. Sempre que se faça referência ao presente número, são aplicáveis os artigos 5.º e 7.º da Decisão 1999/468/CE, tendo-se em conta o disposto no seu artigo 8.º.

O prazo previsto no n.º 6 do artigo 5.º da Decisão 1999/468/CE é de três meses.

3. O comité aprovará o seu regulamento interno.

4. Sem prejuízo das medidas de execução já adoptadas, após um período de quatro anos a contar da entrada em vigor da presente directiva, a aplicação das suas disposições que determinam a aprovação de regras técnicas e decisões nos termos do n.º 2 será suspensa. Sob proposta da Comissão, o Parlamento Europeu e o Conselho podem renovar as disposições em questão nos termos do artigo 251.º do Tratado e, para o efeito, revê-las-ão antes do termo do referido período.

5. O comité pode formular orientações gerais destinadas a avaliar em que medida os regimes de supervisão complementar das autoridades competentes dos países terceiros atingem os objectivos da supervisão complementar, conforme definidos na presente directiva, relativamente às entidades regulamentadas de um conglomerado financeiro cuja empresa-mãe esteja sediada fora da Comunidade. O comité procede à revisão dessas orientações e tem em conta todas as alterações à supervisão complementar efectuada pelas referidas autoridades competentes.

6. Os Estados-Membros informam o comité sobre os princípios que aplicam em matéria de supervisão das operações intragrupo e de concentração de riscos.

CAPÍTULO IV
Alteração de directivas existentes

ARTIGO 22.º
Alterações a introduzir na Directiva 73/239/CEE

A Directiva 73/239/CEE é alterada do seguinte modo:

1. É inserido o seguinte artigo:

2. Ao n.º 2 do artigo 16.º são aditados os seguintes parágrafos:

(A *Directriz 73/239/CEE não é objecto da presente publicação*)

ARTIGO 23.º
Alterações a introduzir na Directiva 79/267/CEE

A Directiva 79/267/CEE é alterada do seguinte modo:

1. É inserido o seguinte artigo:

2. Ao n.º 2 do artigo 18.º são aditados os seguintes parágrafos:

(A *Directriz 79/267/CEE não é objecto da presente publicação*)

ARTIGO 24.º
Alterações a introduzir na Directiva 92/49/CEE

A Directiva 92/49/CEE é alterada do seguinte modo:

1. No artigo 15.º é inserido o seguinte número:

2. No artigo 16.º, o n.º 5C passa a ter a seguinte redacção:

(*A Directriz 92/49/CEE não é objecto da presente publicação*)

ARTIGO 25.º
Alterações a introduzir na Directiva 92/96/CEE

A Directiva 92/96/CEE é alterada do seguinte modo:

1. No artigo 14.º é inserido o seguinte número:

2. No artigo 15.º, o n.º 5C passa a ter a seguinte redacção:

(*A Directriz 92/96/CEE não é objecto da presente publicação*)

ARTIGO 26.º
Alterações a introduzir na Directiva 93/6/CEE

No n.º 3 do artigo 7.º da Directiva 93/6/CEE, os primeiro e segundo travessões passam a ter a seguinte redacção:

(*A alteração foi inserida no texto da Directriz n.º 93/6/CEE, do Conselho, de 15 de Março de 1993, acima publicada*)

ARTIGO 27.º
Alterações a introduzir na Directiva 93/22/CEE

A Directiva 93/22/CEE é alterada do seguinte modo:

1. No artigo 6.º são aditados os seguintes parágrafos:

2. O n.º 2 do artigo 9.º passa a ter a seguinte redacção:

(*As alterações foram inseridas no texto da Directriz n.º 93/22/CEE, do Conselho, de 10 de Maio de 1993, acima publicada*)

ARTIGO 28.º
Alterações a introduzir na Directiva 98/78/CE

A Directiva 98/78/CE é alterada do seguinte modo:

1. No artigo 1.º, as alíneas g), h), i) e j) passam a ter a seguinte redacção:

2. Ao n.º 3 do artigo 6.º é aditada a seguinte frase:

3. O primeiro parágrafo do n.º 2 do artigo 8.º passa a ter a seguinte redacção:

4. São inseridos os seguintes artigos:

5. No ponto 1.B do anexo I é aditado o seguinte parágrafo:

6. No ponto 2 do anexo I é aditado o seguinte parágrafo:

(A Directriz 98/78/CE não é objecto da presente publicação)

ARTIGO 29.º
Alterações a introduzir na Directiva 2000/12/CE

A Directiva 2000/12/CE é alterada do seguinte modo:

1. O artigo 1.º é alterado do seguinte modo:
a) O ponto 9 passa a ter a seguinte redacção:
b) Os pontos 21 e 22 passam a ter a seguinte redacção:

(As alterações foram inseridas no texto da Directriz n.º 2000/12/CE, do Parlamento Europeu e do Conselho, de 20 de Março de 2000, acima publicada)

2. No artigo 12.º são aditados os seguintes parágrafos:

(Os parágrafos aditados foram inseridos no texto da Directriz n.º 2000/12/CE, do Parlamento Europeu e do Conselho, de 20 de Março de 2000, acima publicada)

3. O n.º 2 do artigo 16.º passa a ter a seguinte redacção:

4. O n.º 2 do artigo 34.º é alterado do seguinte modo:
a) No primeiro parágrafo, os pontos 12 e 13 são substituídos pelo seguinte texto:
b) O segundo parágrafo passa a ter a seguinte redacção:

5. O n.º 3 do artigo 51.º passa a ter a seguinte redacção:

6. No n.º 2 do artigo 52.º, a última frase passa a ter a seguinte redacção:

(As alterações foram inseridas no texto da Directriz n.º 2000/12/CE, do Parlamento Europeu e do Conselho, de 20 de Março de 2000, acima publicada)

7. O artigo 54.º é alterado do seguinte modo:
a) Ao n.º 1 é aditado o seguinte parágrafo:

b) No primeiro parágrafo do n.º 4, é suprimido o terceiro travessão.

(*As alterações foram inseridas no texto da Directriz n.º 2000/12/CE, do Parlamento Europeu e do Conselho, de 20 de Março de 2000, acima publicada*)

8. É inserido o seguinte artigo:

9. É inserido o seguinte artigo:

(*Os preceitos aditados foram inseridos no texto da Directriz n.º 2000/12/CE, do Parlamento Europeu e do Conselho, de 20 de Março de 2000, acima publicada*)

10. Ao n.º 7 do artigo 56.º é aditada a seguinte frase:

(*A frase aditada foi inserida no texto da Directriz n.º 2000/12/CE, do Parlamento Europeu e do Conselho, de 20 de Março de 2000, acima publicada*)

11. É inserido o seguinte artigo:

(*O preceito aditado foi inserido no texto da Directriz n.º 2000/12/CE, do Parlamento Europeu e do Conselho, de 20 de Março de 2000, acima publicada*)

CAPÍTULO V
Sociedades de gestão de activos

ARTIGO 30.º
Sociedades de gestão de activos

Na pendência de uma maior coordenação das regras sectoriais, os Estados-Membros zelam pela inclusão das sociedades de gestão de activos:

a) No âmbito da supervisão numa base consolidada das instituições de crédito e das empresas de investimento, e/ou no âmbito da supervisão complementar das empresas de seguros pertencentes a um grupo segurador; e

b) Quando o grupo for um conglomerado financeiro, no âmbito da supervisão complementar na acepção da presente directiva.

Para efeitos de aplicação do primeiro parágrafo, os Estados-Membros determinam, ou conferir às suas autoridades competentes competência para determinar, as regras sectoriais (sector bancário, sector dos seguros ou sector dos serviços de investimento) segundo as quais as sociedades de gestão de activos serão incluídas na supervisão numa base consolidada e/ou complementar referida na alínea *a*) do primeiro parágrafo. Para efeitos desta disposição, aplicam-se por analogia às sociedades de gestão de activos as regras sectoriais aplicáveis à forma e ao âmbito da inclusão das instituições financeiras (quando as sociedades de gestão de activos estejam incluídas no âmbito da supervisão numa base consolidada das instituições de crédito e empresas de investimento) e das empresas de resseguros (quando as sociedades de gestão de activos estejam incluídas no âmbito da supervisão complementar das empresas de seguros). Para efeitos da supervisão complementar a que se refere a alínea *b*) do primeiro parágrafo, a sociedade de gestão de activos é tratada como parte do sector em que está incluída por força da alínea *a*) do primeiro parágrafo.

Quando uma sociedade de gestão de activos fizer parte de um conglomerado financeiro, entende-se, para efeitos da presente directiva, que qualquer referência à noção de entidade regulamentada, à noção de autoridades competentes ou à noção de autoridades competentes relevantes inclui, respectivamente, as sociedades de gestão de activos e as autoridades competentes responsáveis pela supervisão das sociedades de gestão de activos. O mesmo se aplica, por analogia, aos grupos referidos na alínea *a*) do primeiro parágrafo.

CAPÍTULO VI
Disposições transitórias e finais

ARTIGO 31.º
Relatório da Comissão

1. Até de 11 de Agosto de 2007, a Comissão apresentará ao Comité dos Conglomerados Financeiros referido no artigo 21.º um relatório sobre as práticas nos Estados-Membros e, se necessário, sobre a necessidade de uma maior harmonização relativamente:
 – à inclusão das sociedades de gestão de activos na supervisão a nível do grupo,
 – à escolha e aplicação dos métodos relativos aos requisitos de adequação dos fundos próprios constantes do anexo I,
 – à definição de operações intragrupo significativas e de concentração de riscos significativa, bem como à supervisão das operações intragrupo e da concentração de riscos a que se refere o anexo II, em especial no que diz respeito à introdução de limites quantitativos e de requisitos qualitativos para esse efeito,
 – a periodicidade com que os conglomerados financeiros devem efectuar os cálculos da adequação dos fundos próprios referidos no n.º 2 do artigo 6.º e informar o coordenador de uma concentração de riscos significativa, conforme referido no n.º 2 do artigo 7.º.

Antes de apresentar quaisquer propostas, a Comissão consultará o comité.

2. No prazo de um ano após se ter chegado a acordo a nível internacional sobre as regras para eliminar a dupla utilização de fundos próprios em grupos financeiros, a Comissão analisará o modo de alinhar o disposto na presente directiva com esses acordos internacionais e, se necessário, apresentará propostas adequadas.

ARTIGO 32.º
Transposição

Os Estados-Membros devem pôr em vigor as disposições legislativas, regulamentares e administrativas necessárias para dar cumprimento à presente directiva antes de 11 de Agosto de 2004 e informar imediatamente a Comissão desse facto.

Os Estados-Membros zelam por que as disposições a que se refere o primeiro parágrafo comecem a aplicar-se à supervisão das contas do exercício social que se inicie em 1 de Janeiro de 2005 ou durante esse ano.

Quando os Estados-Membros aprovarem essas disposições, estas devem conter uma referência à presente directiva ou ser acompanhadas dessa referência aquando da sua publicação oficial. As modalidades dessa referência serão aprovadas pelos Estados-Membros.

ARTIGO 33.º
Entrada em vigor

A presente directiva entra em vigor no dia da sua publicação no Jornal Oficial da União Europeia.

ARTIGO 34.º
Destinatários

Os Estados-Membros são os destinatários da presente directiva.

Feito em Bruxelas, em 16 de Dezembro de 2002.

Pelo Parlamento Europeu	Pelo Conselho
O Presidente	O Presidente
P. Cox	M. Fischer Boel

ANEXO I
Adequação dos fundos próprios

O cálculo dos requisitos de adequação complementar dos fundos próprios das entidades regulamentadas pertencentes a um conglomerado financeiro, tal como referida no n.º 1 do artigo 6.º, será realizado em conformidade com os princípios técnicos e com um dos métodos descritos no presente anexo.

Sem prejuízo do disposto no parágrafo seguinte, os Estados-Membros autorizarão as suas autoridades competentes, quando estas assumam o papel de coordenador em relação a determinado conglomerado financeiro, a decidir, após consultas com as restantes autoridades competentes relevantes e com o próprio conglomerado, qual o método a aplicar a esse conglomerado financeiro.

Os Estados-Membros podem exigir que o cálculo seja efectuado segundo um dos métodos descritos no presente anexo, no caso de um conglomerado financeiro ser liderado por uma entidade regulamentada autorizada nesse Estado-Membro. Quando um conglomerado financeiro não for liderado por uma entidade regulamentada na acepção do artigo 1.º, os Estados-Membros autorizarão a aplicação de qualquer dos métodos descritos no presente anexo, excepto se as autoridades competentes relevantes estiverem situadas no mesmo Estado-Membro, podendo este Estado-Membro, nesse caso, exigir a aplicação de um dos métodos.

I. Princípios técnicos

1. Âmbito e forma de cálculo dos requisitos de adequação complementar dos fundos próprios

Independentemente do método utilizado, se a entidade for uma filial e tiver um défice de solvência ou se, no caso de uma entidade não regulamentada do sector financeiro, tiver um défice de solvência nocional, deverá ser tomado em consideração o défice de solvência total da filial. Se neste caso, no entender do coordenador, a responsabilidade da empresa-mãe que detém uma parte do capital estiver limitada de forma estrita e sem ambiguidade a essa parte do capital, o coordenador poderá permitir que o défice de solvência da filial seja tomado em consideração numa base proporcional.

Nos casos em que não existam ligações de capital entre as entidades de um conglomerado financeiro, o coordenador, depois de consultar as restantes autoridades competentes relevantes, determinará a parte proporcional a considerar, tendo em conta a responsabilidade decorrente das relações existentes.

2. Outros princípios técnicos

Independentemente do método utilizado para o cálculo dos requisitos de adequação complementar dos fundos próprios das entidades regulamentadas de um conglomerado financeiro, tal como estabelecido no ponto II, o coordenador e, se necessário, as restantes autoridades competentes envolvidas, zelam por que sejam aplicados os seguintes princípios:

    i) importa suprimir a utilização múltipla de elementos elegíveis para o cálculo dos fundos próprios a nível do conglomerado financeiro ("utilização múltipla de capitais") e a criação inadequada de fundos próprios no âmbito do grupo; para garantir a eliminação da utilização múltipla de capitais e da criação de fundos próprios no âmbito do grupo, as autoridades competentes devem aplicar por analogia os princípios pertinentes estipulados nas regras sectoriais relevantes,

ii) na pendência de uma maior harmonização das regras sectoriais, os requisitos de solvência aplicáveis aos diferentes sectores financeiros representados num conglomerado financeiro devem estar cobertos por elementos de fundos próprios, em conformidade com as regras sectoriais correspondentes; quando se verifique um défice de fundos próprios a nível do conglomerado financeiro, só os elementos de fundos próprios elegíveis ao abrigo de todas as regras sectoriais ("fundos próprios intersectoriais") poderão ser considerados para efeitos de verificação do respeito pelos requisitos complementares de solvência. Sempre que as regras sectoriais prevejam limites à elegibilidade de determinados instrumentos de fundos próprios susceptíveis de serem considerados como fundos próprios intersectoriais, estes limites aplicam-se, por analogia, ao cálculo dos fundos próprios ao nível do conglomerado financeiro.

Ao calcular os fundos próprios a nível do conglomerado financeiro, as autoridades competentes devem também ter em conta a disponibilidade e a possibilidade de transferência dos fundos próprios entre as diferentes entidades jurídicas do grupo, tendo em conta os objectivos fixados pelas regras relativas à adequação dos fundos próprios.

Se, no caso de uma entidade não regulamentada do sector financeiro, for calculado um défice de solvência nocional em conformidade com o ponto II do presente anexo, entende-se por requisito de solvência nocional o requisito de fundos próprios que uma tal entidade deveria observar para respeitar as regras sectoriais pertinentes se se tratasse de uma entidade regulamentada desse sector financeiro específico; no caso de sociedades de gestão de activos, esse requisito de solvência significa o requisito de capital constante da alínea a) do n.º 1 do artigo 5.ºA da Directiva 85/611/CEE; o requisito de solvência nocional de uma companhia financeira mista deve ser calculado em conformidade com as regras sectoriais do sector financeiro mais importante do conglomerado financeiro.

II. Métodos de cálculo

Método 1: Método da "consolidação contabilística"

O cálculo dos requisitos de adequação complementar dos fundos próprios das entidades regulamentadas de um conglomerado financeiro é efectuado a partir das contas consolidadas.

Os requisitos de adequação complementar dos fundos próprios são a diferença entre:

i) os fundos próprios do conglomerado financeiro calculados a partir da posição consolidada do grupo; os elementos a considerar são aqueles que estão em conformidade com as regras sectoriais pertinentes, e

ii) a soma dos requisitos de solvência para cada sector financeiro diferente representado no grupo; os requisitos de solvência para cada sector financeiro diferente são calculados em conformidade com as regras sectoriais correspondentes.

As regras sectoriais referidas são nomeadamente o capítulo 3 do título V da Directiva 2000/12/CE, relativamente às instituições de crédito, a Directiva 98/78/CE, relativamente às empresas de seguros, e a Directiva 93/6/CEE, relativamente às instituições de crédito e às empresas de investimento.

No caso das entidades não regulamentadas do sector financeiro que não estejam incluídas nos cálculos dos requisitos de solvência supramencionados, calcular-se-á um requisito de solvência nocional.

A diferença não deverá ser negativa.

Método 2: Método de "dedução e agregação"

O cálculo dos requisitos de adequação complementar dos fundos próprios das entidades regulamentadas de um conglomerado financeiro é efectuado a partir das contas de cada uma das entidades do grupo.

Os requisitos de adequação complementar dos fundos próprios são a diferença entre:

i) a soma dos fundos próprios de cada entidade do sector financeiro regulamentada e não regulamentada do conglomerado financeiro; os elementos a considerar são os que estão em conformidade com as regras sectoriais pertinentes, e

ii) a soma:
– dos requisitos de solvência para cada entidade do sector financeiro regulamentada e não regulamentada do grupo; os requisitos de solvência devem ser calculados em conformidade com as regras sectoriais pertinentes, e
– do valor contabilístico das participações noutras entidades do grupo.

No caso das entidades não regulamentadas do sector financeiro, calcular-se-á um requisito de solvência nocional. Os requisitos de fundos próprios e de solvência serão tidos em conta pela sua parte proporcional, conforme estabelecido no n.º 4 do artigo 6.º e em conformidade com o ponto I do presente anexo.

A diferença não deverá ser negativa.

Método 3: Método da "dedução do valor contabilístico/de um requisito"

O cálculo dos requisitos de adequação complementar dos fundos próprios das entidades regulamentadas de um conglomerado financeiro é efectuado a partir das contas de cada uma das entidades do grupo.

Os requisitos de adequação complementar dos fundos próprios é a diferença entre:
   i) os fundos próprios da empresa-mãe ou da entidade que lidera o conglomerado financeiro; os elementos a considerar são os que estão em conformidade com as regras sectoriais pertinentes; e
   ii) a soma:
      – do requisito de solvência da empresa-mãe ou da empresa que lidera o conglomerado referida em i), e
      – do valor contabilístico das participações desta noutras entidades do grupo ou o requisito de solvência destas entidades, consoante o valor que for mais elevado; estes requisitos de solvência serão tidos em conta pela sua parte proporcional, conforme estabelecido no n.º 4 do artigo 6.º e em conformidade com o ponto I do presente anexo.

No caso das entidades não regulamentadas do sector financeiro, calcular-se-á um requisito de solvência nocional. Ao avaliar os elementos elegíveis para o cálculo dos requisitos de adequação complementar dos fundos próprios, as participações poderão ser avaliadas pelo método de equivalência patrimonial, em conformidade com a opção prevista na alínea *b*) do n.º 2 do artigo 59.º da Directiva 78/660/CEE.

A diferença não deverá ser negativa.

Método 4: Combinação dos métodos 1, 2 e 3

As autoridades competentes poderão permitir uma combinação dos métodos 1, 2 e 3 ou uma combinação de dois destes métodos.

ANEXO II
Aplicação técnica das disposições relativas às operações intragrupo e à concentração de riscos

Após consulta às restantes autoridades competentes relevantes, o coordenador determinará o tipo de operações e de riscos sobre os quais as entidades regulamentadas de um dado conglomerado financeiro deverão prestar informações, em conformidade com o disposto no n.º 2 do artigo 7.º e no n.º 2 do artigo 8.º sobre os procedimentos de prestação de informações relativas às operações intragrupo e à concentração de riscos. Ao definir ou ao dar a sua opinião sobre o tipo de operações e riscos, o coordenador e as autoridades competentes relevantes terão em conta a estrutura específica do grupo e da gestão dos riscos do conglomerado financeiro.

Para determinar quais as operações intragrupo e concentrações de riscos que são significativas e que deverão ser notificadas em conformidade com o disposto nos artigos 7.º e 8.º, o coordenador, após consulta às restantes autoridades competentes relevantes e ao próprio conglomerado, definirá limiares adequados baseados nos fundos próprios regulamentares e/ou nas provisões técnicas.

Ao proceder à supervisão das operações intragrupo e das concentrações de riscos, o coordenador estará particularmente atento ao eventual risco de contágio no conglomerado financeiro, ao risco de conflito de interesses, ao risco de as regras sectoriais serem contornadas e ao nível e volume dos riscos.

Os Estados-Membros podem autorizar as suas autoridades competentes a aplicar, a nível do conglomerado financeiro, as disposições das regras sectoriais sobre as operações intragrupo e a concentração de riscos, nomeadamente para impedir que as regras sectoriais sejam contornadas.

PARTE IV

REGIME DO EURO

I. REGRAS COMUNITÁRIAS

47. Regulamento n.º 1103/97/CE, do Conselho, de 17 de Junho de 1997[659]

Relativo a certas disposições respeitantes à introdução do euro

O CONSELHO DA UNIÃO EUROPEIA,

Tendo em conta o Tratado que institui a Comunidade Europeia e, nomeadamente, o seu artigo 235.º,

Tendo em conta a proposta da Comissão[1],

Tendo em conta o parecer do Parlamento Europeu[2],

Tendo em conta o parecer do Instituto Monetário Europeu[3],

---

[1] JO n.º C 369 de 7.12.1996, p. 8.
[2] JO n.º C 380 de 16.12.1996, p. 49.
[3] Parecer emitido em 29 de Novembro de 1996.

(1) Considerando que, na reunião de Madrid realizada em 15 e 16 de Dezembro de 1995, o Conselho Europeu confirmou que a terceira fase da União Económica e Monetária terá início em 1 de Janeiro de 1999, tal como previsto no n.º 4 do artigo 109.ºJ do Tratado; que os Estados-membros que adoptarem o euro como moeda única em conformidade com o Tratado são definidos, para os efeitos do presente regulamento, como "Estados-membros participantes";

(2) Considerando que, na reunião do Conselho Europeu em Madrid, foi decidido que o termo "ecu" utilizado pelo Tratado para fazer referência à unidade monetária europeia é um termo genérico; que os Governos dos quinze Estados-membros acordaram em comum que esta decisão constitui a interpretação aprovada e definitiva das disposições pertinentes do Tratado; que a designação dada à moeda europeia será "euro"; que o euro, enquanto moeda dos Estados-membros participantes, será dividido em 100 subunidades designadas "cent"; que, além disso, o Conselho Europeu considerou que a designação da moeda única deve ser a mesma em todas as línguas oficiais da União Europeia, tendo em conta a existência de diferentes alfabetos;

---

[659] JOCE N.º L 162, de 19-Jun.-1997, 1-3.

(3) Considerando que, a fim de definir o enquadramento jurídico do euro, o Conselho adoptará, com base no n.º 4, terceiro período, do artigo 109.º-L do Tratado, um regulamento relativo à introdução do euro, logo que sejam conhecidos os Estados-membros participantes; que o Conselho, deliberando na data de início da terceira fase nos termos do n.º 4, primeiro período, do artigo 109.º-L do Tratado, determinará as taxas de conversão irrevogavelmente fixadas;

(4) Considerando que, para o funcionamento do mercado comum e a transição para a moeda única, é necessário proporcionar segurança jurídica aos cidadãos e às empresas de todos os Estados-membros, no que diz respeito a certas disposições respeitantes à introdução do euro, com bastante antecedência em relação ao início da terceira fase; que esta segurança jurídica num estádio antecipado permitirá que os cidadãos e as empresas se preparem para actuarem em boas condições;

(5) Considerando que o n.º 4, terceiro período, do artigo 109.º-L do Tratado, que permite ao Conselho, deliberando por unanimidade dos Estados-membros participantes, tomar outras medidas necessárias para a rápida introdução da moeda única, apenas pode servir de fundamento jurídico quando tiver sido confirmado, nos termos do n.º 4 do artigo 109.º-J do Tratado, quais os Estados-membros que satisfazem as condições necessárias para a adopção de uma moeda única; que é por conseguinte necessário utilizar o artigo 235.º como fundamento jurídico para as disposições cuja adopção é urgente por razões de segurança jurídica; que, consequentemente, o presente regulamento e o referido regulamento relativo à introdução do euro estabelecerão, conjuntamente, o enquadramento jurídico do euro, cujos princípios foram acordados pelo Conselho Europeu em Madrid; que a introdução do euro diz respeito às operações correntes de toda a população dos Estados-membros participantes; que, a fim de assegurar uma transição equilibrada, em especial para os consumidores, deverão ser estudadas outras medidas para além das estabelecidas no presente regulamento e no que será adoptado ao abrigo do n.º 4, terceiro período, do artigo 109.º-L do Tratado;

(6) Considerando que o ecu, tal como referido no artigo 109.º-G do Tratado e definido no Regulamento (CE) n.º 3320/94 do Conselho, de 22 de Dezembro de 1994, relativo à codificação da legislação comunitária vigente respeitante à definição do ecu após a entrada em vigor do Tratado da União Europeia[(4)], deixará de ser definido como um cabaz de moedas em 1 de Janeiro de 1999 e o euro se tornará uma moeda de pleno direito; que a decisão do Conselho relativa à adopção das taxas de conversão não alterará por si só o valor externo do ecu; que tal significa que um ecu, enquanto cabaz de moedas, se tornará um euro; que o Regulamento (CE) n.º 3320/94 deixa por conseguinte de ter objecto, devendo por isso ser revogado; que, no que diz respeito às referências ao ecu contidas em instrumentos jurídicos, se presume que as partes acordaram referir-se ao ecu tal como referido no artigo 109.º-G do Tratado e definido no regulamento acima referido, que essa presunção deve ser ilidível tendo em conta as intenções das partes;

[(4)] JO n.º L 350 de 31.12.1994, p. 27.

(7) Considerando que, segundo um princípio de direito geralmente aceite, a estabilidade dos contratos e outros instrumentos jurídicos não é prejudicada pela introdução de uma nova moeda; que o princípio da liberdade contratual deve ser respeitado; que o princípio da estabilidade deve ser compatível com o que as partes possam ter acordado em relação à introdução do euro; que, para reforçar a segurança jurídica e a clareza, é conveniente confirmar expressamente que o princípio da estabilidade dos contratos e de outros instrumentos jurídicos se aplicará entre as antigas moedas nacionais e o euro, por um lado, e entre o ecu, tal como referido no artigo 109.º-G do Tratado e definido no Regulamento (CE) n.º 3320/94, e o euro, por outro; que tal implica nomeadamente que, no caso de instrumentos com taxa de juro fixa, a introdução do euro não altera a taxa de juro nominal a pagar pelo devedor; que as disposições relativas à estabilidade apenas podem atingir o objectivo de proporcionar segurança jurídica e transparência aos agentes económicos, especialmente aos consumidores, se entrarem em vigor o mais rapidamente possível;

(8) Considerando que a introdução do euro constitui uma alteração da legislação monetária de cada Estado-membro participante; que o reconhecimento da legislação monetária dos Estados é um princípio universalmente aceite; que a confirmação expressa do princípio da estabilidade implicará o reconhecimento da estabilidade dos contratos e outros instrumentos jurídicos nas ordens jurídicas de países terceiros;

(9) Considerando que o termo "contrato", utilizado na definição do conceito de instrumentos jurídicos, deve incluir todos os tipos de contratos, independentemente do modo por que foram celebrados;

(10) Considerando que o Conselho, deliberando nos termos do n.º 4, primeiro período, do artigo 109.º-L do Tratado, determinará as taxas de conversão do euro em relação a cada uma das moedas nacionais dos Estados-membros participantes; que essas taxas de conversão deverão ser utilizadas para qualquer conversão entre o euro e as unidades monetárias nacionais ou entre as diferentes unidades monetárias nacionais; que o resultado de todas as conversões entre unidades monetárias nacionais deverá ser definido por meio de um algoritmo pré-estabelecido; que a utilização de taxas inversas de conversão implicaria o arredondamento das taxas e poderia acarretar imprecisões significativas, nomeadamente quando estivessem em causa montantes elevados;

(11) Considerando que a introdução do euro implica o arredondamento dos montantes pecuniários; que é necessário conhecer com antecedência as regras relativas ao arredondamento, quer para o funcionamento do mercado comum, quer para possibilitar uma preparação atempada e uma transição harmoniosa para a União Económica e Monetária; que tais regras não afectam a utilização nos cálculos intermédios de quaisquer práticas, convenções ou disposições nacionais de arredondamento que permitam um grau mais elevado de precisão;

(12) Considerando que, para se assegurar um grau elevado de precisão nas operações de conversão, as taxas de conversão deverão ser definidas com seis algarismos significativos; que por "taxa com seis algarismos significativos" se deverá entender uma taxa com seis algarismos contados a partir da esquerda, a começar no primeiro algarismo diferente de zero,

ADOPTOU O PRESENTE REGULAMENTO:

ARTIGO 1.º[660]

Para efeitos do presente regulamento, entende-se por:
– "Instrumentos jurídicos", as disposições legais e regulamentares, os actos administrativos, as decisões judiciais, os contratos, os actos jurídicos unilaterais, os instrumentos de pagamento que não sejam notas nem moedas, bem como outros instrumentos com efeitos jurídicos,
– "Estados-membros participantes", os Estados-membros que adoptarem a moeda única em conformidade com o Tratado,
– "Taxas de conversão", as taxas de conversão irrevogavelmente fixadas, que o Conselho adoptar nos termos do n.º 4, primeiro período, do artigo 109.ºL do Tratado ou nos termos do n.º 5 daquele artigo,
– "Unidades monetárias nacionais", as unidades das moedas dos Estados-membros participantes, tal como definidas na véspera do início da terceira fase da união económica e monetária "ou, consoante o caso, no dia anterior àquele em que o euro substitui a moeda de um Estado-Membro que adopte o euro numa data posterior",
– "Unidade euro, a unidade da moeda única, tal como definida no regulamento relativo à introdução do euro, que entrará em vigor no primeiro dia da terceira fase da união económica e monetária.

ARTIGO 2.º

1. Todas as referências feitas num instrumento jurídico ao ecu, tal como referido no artigo 109.º-G do Tratado e definido no Regulamento (CE) n.º 3320/94, são substituídas por referências ao euro, à taxa de um euro por um ecu. Presume-se que as referências ao ecu feitas num instrumento jurídico, sem essa definição, constituem referências ao ecu tal como referido no artigo 109.º-G do Tratado e definido no Regulamento (CE) n.º 3320/94, podendo esta presunção ser ilidida tendo em conta as intenções das partes.

[660] O artigo 1.º do Regulamento (CE) n.º 2595/2000, do Conselho, de 27 de Novembro de 2000, alterou o presente artigo. Assim, pelas alíneas a) e b), respectivamente, foram aditadas as seguintes expressões:
ao final do terceiro travessão – "ou nos termos do n.º 5 daquele artigo"; e
ao final do quarto travessão – "ou, consoante o caso, no dia anterior àquele em que o euro substitui a moeda de um Estado-Membro que adopte o euro numa data posterior".

2. É revogado o Regulamento (CE) n.º 3320/94.

3. O presente artigo é aplicável a partir de 1 de Janeiro de 1999 em conformidade com a decisão tomada nos termos do n.º 4 do artigo 109.º-J do Tratado.

ARTIGO 3.º

A introdução do euro não tem por efeito alterar qualquer termo previsto num instrumento jurídico, nem eximir ou dispensar da execução de qualquer obrigação decorrente de um instrumento jurídico, nem proporcionar a uma parte o direito de unilateralmente modificar ou pôr termo a esse instrumento jurídico. O presente artigo é aplicável sob reserva do que tiver sido acordado entre as partes.

ARTIGO 4.º

1. As taxas de conversão adoptadas exprimem o valor de um euro em relação a cada uma das moedas nacionais dos Estados-membros participantes e incluem seis algarismos significativos.

2. Nas operações de conversão, as taxas de conversão não podem ser arredondadas nem truncadas.

3. As taxas de conversão devem ser utilizadas para as conversões entre a unidade euro e as unidades monetárias nacionais e vice-versa. Não devem ser utilizadas taxas inversas calculadas a partir das taxas de conversão.

4. Os montantes pecuniários a converter de uma unidade monetária nacional para outra unidade monetária nacional devem ser previamente convertidos num montante pecuniário expresso em unidades euro, o qual pode ser arredondado para, pelo menos, três casas decimais, sendo subsequentemente convertido na outra unidade monetária nacional. Não pode ser utilizado outro método de cálculo, salvo se produzir os mesmos resultados.

ARTIGO 5.º

Os montantes pecuniários a pagar ou a contabilizar quando se efectua um arredondamento após uma conversão para a unidade euro nos termos do artigo 4.º devem ser arredondados, por excesso ou por defeito, para o "cent" mais próximo. Os montantes pecuniários a pagar ou a contabilizar convertidos para uma unidade monetária nacional devem ser arredondados, por excesso ou por defeito, para a subunidade mais próxima ou, na ausência de uma subunidade, para a unidade mais próximo ou, de acordo com a legislação ou as práticas nacionais, para um múltiplo ou fracção da subunidade ou unidade monetária nacional. Caso a aplicação da taxa de conversão resulte num valor exactamente intermédio, o montante deve ser arredondado por excesso.

ARTIGO 6.º

O presente regulamento entra em vigor no dia seguinte ao da sua publicação no *Jornal Oficial das Comunidades Europeias*.

O presente regulamento é obrigatório em todos os seus elementos e directamente aplicável em todos os Estados-membros.

Feito no Luxemburgo, em 17 de Junho de 1997.

Pelo Conselho
O Presidente
A. JORRITSMA-LEBBINK

48. Regulamento (CE) n.º 2595/2000 do Conselho, de 27 de Novembro de 2000[661]

Que altera o Regulamento (CE) n.º 1103/97, do Conselho relativo a certas disposições respeitantes à introdução do euro

O CONSELHO DA UNIÃO EUROPEIA,

Tendo em conta o Tratado que institui a Comunidade Europeia e, nomeadamente, o n.º 5 do seu artigo 123.º,

Tendo em conta a proposta da Comissão[1],

Tendo em conta o parecer do Parlamento Europeu[2],

Tendo em conta o parecer do Banco Central Europeu[3],

---

[1] JO C 177 E de 27.6.2000, p. 99.
[2] Parecer emitido em 16 de Junho de 2000 (ainda não publicado no Jornal Oficial).
[3] JO C 177 de 27.6.2000, p. 11.

Considerando o seguinte:

(1) O Regulamento (CE) n.º 1103/97 do Conselho, de 17 de Junho de 1997, relativo a certas disposições respeitantes à introdução do euro[4], inclui normas sobre a adopção das taxas de conversão entre o euro e as moedas dos Estados-Membros que adoptam o euro, bem como sobre a utilização dessas taxas para a conversão de montantes monetários. Essas normas aplicam-se à taxa de conversão das moedas dos Estados-Membros que adoptaram o euro quando a Comunidade deu início à terceira fase da União Económica e Monetária. É necessário tornar essas normas extensivas às taxas de conversão das moedas de quaisquer Estados-Membros que adoptem o euro numa data posterior.

---

[4] JO L 162 de 14.6.1997, p. 1.

---

[661] JOCE N.º L 300, de 29-Nov.-2000, 1.

(2) Para os Estados-Membros cuja moeda é substituída pelo euro após a data em que a Comunidade iniciou a terceira fase da União Económica e Monetária, a definição de "unidades monetárias nacionais" deve referir-se à unidade monetária do Estado-Membro tal como era definida imediatamente antes da introdução do euro nesse Estado-Membro.

(3) O n.º 5 do artigo 123.º constitui actualmente um fundamento jurídico para a adopção das medidas acima referidas, que são necessárias à introdução do euro nos Estados-Membros que a adoptem após o início da terceira fase da União Económica e Monetária.

(4) De acordo com princípios de direito geralmente aceites, especialmente o reconhecimento da lei da moeda, as disposições do presente regulamento devem ser universalmente aceites como parte do direito monetário dos Estados-Membros participantes, reforçando assim a segurança e a transparência jurídicas para os agentes económicos de todos os Estados-Membros e países terceiros,

ADOPTOU O PRESENTE REGULAMENTO:

ARTIGO 1.º

No artigo 1.º do Regulamento (CE) n.º 1103/97,
a) A expressão "ou nos termos do n.º 5 daquele artigo" é aditada no final do terceiro travessão;
b) A expressão "ou, consoante o caso, no dia anterior àquele em que o euro substitui a moeda de um Estado-Membro que adopte o euro numa data posterior" é aditada no final do quarto travessão.

(*As expressões foram aditadas ao texto do Regulamento (CE) n.º 1103/97, do Conselho, de 17 de Junho de 1997, acima publicado*)

ARTIGO 2.º

O presente regulamento entra em vigor em 1 de Janeiro de 2001.

O presente regulamento é obrigatório em todos os seus elementos e directamente aplicável nos Estados-Membros em conformidade com o Tratado que institui a Comunidade Europeia.

Feito em Bruxelas, em 27 de Novembro de 2000.

Pelo Conselho
O Presidente
L. FABIUS

49. Regulamento n.º 974/98/CE, do Conselho, de 3 de Maio de 1998

Relativo à introdução do euro

O CONSELHO DA UNIÃO EUROPEIA,

Tendo em conta o Tratado que institui a Comunidade Europeia e, nomeadamente o n.º 4, terceiro período, do seu artigo 109.º-L,

Tendo em conta a proposta da Comissão[1],

Tendo em conta o parecer do Instituto Monetário Europeu[2],

Tendo em conta o parecer do Parlamento Europeu[3],

---

[1] JO C 369 de 7.12.1996, p. 10.
[2] JO C 205 de 5.7.1997, p. 18.
[3] JO C 380 de 16.12.1996, p. 50.

(1) Considerando que o presente regulamento define as disposições do direito monetário dos Estados-membros que adoptaram o euro; que o Regulamento (CE) n.º 1103/97 do Conselho, de 17 de Junho de 1997, relativo a certas disposições respeitantes à introdução do euro[4], já estabeleceu disposições relativas à estabilidade dos contratos, à substituição nos instrumentos jurídicos das referências ao ecu por referências ao euro e às regras de arredondamento; que a introdução do euro diz respeito às operações correntes de toda a população dos Estados-membros participantes; que, a fim de assegurar uma transição equilibrada, em especial para os consumidores, deverão ser estudadas outras medidas para além das estabelecidas no presente regulamento e no Regulamento (CE) n.º 1103/97;

---

[4] JO L 162 de 19.6.1997, p. 1.

(2) Considerando que, na reunião do Conselho Europeu de Madrid realizada em 15 e 16 de Dezembro de 1995, foi decidido que o termo "ECU" utilizado no Tratado para fazer referência à unidade monetária europeia é um termo genérico; que os governos dos quinze Estados-membros acordaram em comum que esta decisão constitui a interpretação acordada e definitiva das disposições pertinentes do

---

662 JOCE N.º L 139, de 11-Mai.-1998, 1-5.

Tratado; que a designação dada à moeda europeia será "euro"; que o euro, enquanto moeda dos Estados-membros participantes, será dividido em 100 subunidades designadas "cent"; que a definição da designação "cent" não impede a utilização de variantes deste termo que sejam de uso comum nos Estados-membros; que, além disso, o Conselho Europeu considerou que a designação da moeda única deve ser a mesma em todas as línguas oficiais da União Europeia, tendo em conta a existência de diferentes alfabetos;

(3) Considerando que o Conselho, deliberando nos termos do n.º 4, terceiro período, do artigo 109.º-L do Tratado, deve tomar as medidas necessárias para a rápida introdução do euro, para além da fixação das taxas de conversão;

(4) Considerando que, sempre que um Estado-membro se torne um Estado-membro participante nos termos do n.º 2 do artigo 109.º-K do Tratado, o Conselho, de acordo com o n.º 5 do artigo 109.º-L do Tratado, tomará as outras medidas necessárias para a rápida introdução do euro como moeda única desse mesmo Estado-membro;

(5) Considerando que, nos termos do n.º 4, primeiro período, do artigo 109.º-L do Tratado, o Conselho determinará, na data de início da terceira fase, as taxas de conversão às quais as moedas dos Estados-membros participantes ficam irrevogavelmente fixadas e as taxas, irrevogavelmente fixadas, a que o euro substituirá essas moedas;

(6) Considerando que, dada a ausência de risco cambial, quer entre a unidade euro e as unidades monetárias nacionais quer entre as diferentes unidades monetárias nacionais, as disposições legais deverão ser interpretadas em conformidade;

(7) Considerando que o termo "contrato", utilizado na definição do conceito de instrumentos jurídicos, deve incluir todos os tipos de contratos, independentemente do modo por que foram celebrados;

(8) Considerando que, para preparar uma passagem harmoniosa para o euro, é necessário prever um período de transição a decorrer entre a substituição das moedas dos Estados-membros participantes pelo euro e a introdução das notas e moedas expressas em euros; que, durante esse período, as unidades monetárias nacionais serão definidas como subdivisões do euro; que, assim, se estabelece uma equivalência jurídica entre a unidade euro e as unidades monetárias nacionais;

(9) Considerando que, de acordo com o artigo 109.º-G do Tratado e o Regulamento (CE) n.º 1103/97, o euro substituirá o ecu a partir de 1 de Janeiro de 1999 como unidade de conta das instituições das Comunidades Europeias; que o euro constituirá também a unidade de conta do Banco Central Europeu (BCE) e dos bancos centrais dos Estados-membros participantes; que, em conformidade com as conclusões de Madrid, as operações de política monetária serão efectuadas pelo Sistema Europeu de Bancos Centrais (SEBC) na unidade euro; que tal não im-

pede os bancos centrais nacionais de manterem contas expressas na sua unidade monetária nacional durante o período de transição, nomeadamente para o seu pessoal e para a administração pública;

(10) Considerando que cada um dos Estados-membros participantes pode autorizar a plena utilização da unidade euro no seu território durante o período de transição;

(11) Considerando que, durante o período de transição, os contratos, as leis nacionais e outros instrumentos jurídicos podem ser validamente redigidos na unidade euro ou na unidade monetária nacional; que, durante esse período, nenhuma disposição do presente regulamento afectará a validade de quaisquer referências em quaisquer instrumentos jurídicos a uma unidade monetária nacional;

(12) Considerando que, salvo convenção em contrário, os agentes económicos terão de respeitar a expressão monetária de um instrumento jurídico na execução de todos os actos a efectuar por força desse instrumento;

(13) Considerando que a unidade euro e as unidades monetárias nacionais são unidades da mesma moeda; que deverá ser assegurado que os pagamentos a efectuar no interior de um Estado-membro participante por crédito em conta possam ser feitos na unidade euro ou na respectiva unidade monetária nacional; que as disposições relativas aos pagamentos por crédito em conta deverão igualmente ser aplicáveis aos pagamentos transfronteiras que sejam expressos na unidade euro ou na unidade monetária nacional em que esteja expressa a conta do credor; que é necessário assegurar o funcionamento harmonioso dos sistemas de pagamentos por meio de uma disposição que regule o crédito de contas por instrumentos de pagamento creditados através desses sistemas; que as disposições relativas aos pagamentos por crédito em conta não deverão implicar que os intermediários financeiros sejam obrigados a disponibilizar quer outras facilidades de pagamento, quer produtos expressos numa dada unidade do euro; que as disposições relativas aos pagamentos por crédito em conta não impedem os intermediários financeiros de coordenarem a introdução de facilidades de pagamento expressas na unidade euro que assentem numa infra-estrutura técnica comum durante o período de transição;

(14) Considerando que, de acordo com as conclusões do Conselho Europeu de Madrid, a nova dívida pública negociável será emitida na unidade euro pelos Estados-membros participantes a partir de 1 de Janeiro de 1999; que é desejável permitir às entidades emitentes da dívida redenominar na unidade euro a dívida em curso; que as disposições relativas à redenominação deverão ser de molde a poderem ser também aplicáveis na esfera jurídica de países terceiros; que as entidades emitentes deverão ter a possibilidade de redenominar a dívida em curso se esta estiver expressa numa unidade monetária nacional de um Estado-membro que tiver redenominado uma parte ou a totalidade da dívida em curso das suas administrações públicas; que estas disposições não contemplam a

introdução de medidas suplementares destinadas a alterar os termos da dívida em curso a fim de modificar, designadamente, o montante nominal dessa dívida, as quais se regem pela legislação nacional aplicável; que é desejável permitir aos Estados-membros tomarem medidas adequadas para alterar a unidade de conta utilizada nos procedimentos operacionais dos mercados organizados;

(15) Considerando que poderão igualmente ser necessárias outras acções, a nível da Comunidade, a fim de clarificar os efeitos da introdução do euro na aplicação das disposições existentes no direito comunitário, especialmente no que respeita à compensação, à reconversão e às técnicas de efeito similar;

(16) Considerando que qualquer obrigação de utilização do euro só pode ser imposta com base na legislação comunitária; que, nas transacções com o sector público, os Estados-membros participantes podem permitir a utilização da unidade euro; que, de acordo com o cenário de referência aprovado pelo Conselho Europeu na reunião de Madrid a legislação comunitária que estabelece o calendário para a generalização do uso da unidade euro pode deixar alguma liberdade a cada Estado-membro;

(17) Considerando que, nos termos do artigo 105.° A do Tratado, o Conselho pode adoptar medidas para harmonizar as denominações e especificações técnicas de todas as moedas metálicas;

(18) Considerando que é necessária uma protecção adequada das notas e moedas contra a contrafacção;

(19) Considerando que as notas e moedas expressas em unidades monetárias nacionais deixarão de ter curso legal o mais tardar seis meses após o final do período de transição; que as limitações aos pagamentos em notas e moedas, estabelecidas pelos Estados-membros por razões de interesse público, não são incompatíveis com o curso legal das notas e moedas expressas em euros desde que existam outros meios legais de pagamento das obrigações pecuniárias;

(20) Considerando que, expirado o período de transição, as referências feitas nos instrumentos jurídicos existentes no final desse período deverão ser entendidas como referências à unidade euro de acordo com as respectivas taxas de conversão; que, por conseguinte, para o efeito não é necessário alterar a denominação dos instrumentos jurídicos existentes; que as regras relativas ao arredondamento definidas no Regulamento (CE) n.° 1103/97 se aplicarão também às conversões a efectuar no final do período de transição ou após o termo desse período; que, por motivos de clareza, pode ser conveniente que essa alteração da denominação seja efectuada logo que possível;

(21) Considerando que o ponto 2 do Protocolo n.° 11, relativo a certas disposições relacionadas com o Reino Unido da Grã-Bretanha e da Irlanda do Norte, estabelece que, nomeadamente, o ponto 5 desse protocolo será aplicável se o Reino

Unido notificar o Conselho de que não tenciona passar para a terceira fase; que, o Reino Unido notificou o Conselho, em 30 de Outubro de 1997, de que não tenciona passar para a terceira fase; que o ponto 5 estabelece que, nomeadamente, o n.º 4 do artigo 109.ºL do Tratado não será aplicável ao Reino Unido;

(22) Considerando que a Dinamarca, referindo-se ao ponto 1 do Protocolo n.º 12, relativo a certas disposições respeitantes à Dinamarca, notificou, no contexto da decisão de Edimburgo de 12 de Dezembro de 1992, que não participará na terceira fase; que, por conseguinte, de acordo com o ponto 2 desse protocolo, serão aplicáveis à Dinamarca todos os artigos e disposições do Tratado e dos Estatutos do SEBC que fazem referência a derrogações;

(23) Considerando que, em conformidade com o n.º 4 do artigo 109.º-L do Tratado, a moeda única só será introduzida nos Estados-membros que não beneficiem de uma derrogação;

(24) Considerando que, por conseguinte, o presente regulamento será aplicável em conformidade com o artigo 189.º do Tratado, sob reserva do disposto nos Protocolos n.os 11 e 12 e no n.º 1 do artigo 109.º-K,

ADOPTOU O PRESENTE REGULAMENTO:

PARTE I
DEFINIÇÕES

ARTIGO 1.º[663]

Para efeitos do presente regulamento, entende-se por:
– "Estados-membros participantes", ou seja, a Bélgica, a Alemanha, a Grécia, a Espanha, a França, a Irlanda, a Itália, o Luxemburgo, os Países Baixos, a Áustria, Portugal e a Finlândia,
– "Instrumentos jurídicos", as disposições legais e regulamentares, os actos administrativos, as decisões judiciais, os contratos, os actos jurídicos unilaterais, os instrumentos de pagamento que não sejam notas nem moedas, bem como outros instrumentos com efeitos jurídicos,

---

[663] O artigo 1.º do Regulamento (CE) n.º 2596/2000, do Conselho, de 27 de Novembro de 2000, alterou o presente artigo. Assim, pelas alíneas *a)*, *b)* e *c)*, respectivamente, foram aditadas as seguintes expressões: ao primeiro travessão, a palavra "Grécia" é inserida entre as palavras "Alemanha" e "Espanha"; no terceiro travessão, a expressão "ou nos termos do n.º 5 daquele artigo" é inserida após "artigo 109.º L do Tratado"; e no final do quinto travessão, é aditada a expressão "ou, consoante o caso, no dia anterior àquele em que o euro substituir a moeda de um Estado-Membro que adopte o euro numa data posterior".

- "Taxa de conversão", a taxa de conversão irrevogavelmente fixada, adoptada pelo Conselho, nos termos do n.º 4, primeiro período, do artigo 109.º-L do Tratado ou nos termos do n.º 5 daquele artigo, para a moeda de cada Estado-membro participante,
- "Unidade euro", a unidade monetária referida no segundo período do artigo 2.º,
- "Unidades monetárias nacionais", as unidades das moedas dos Estados-membros participantes, tal como definidas na véspera do início da terceira fase da União Económica e Monetária ou, consoante o caso, no dia anterior àquele em que o euro substituir a moeda de um Estado-Membro que adopte o euro numa data posterior,
- "Período de transição", o período que tem início em 1 de Janeiro de 1999 e que termina em 31 de Dezembro de 2001,
- "Redenominação", a alteração da unidade em que o montante da dívida em curso está expresso, de uma unidade monetária nacional para a unidade euro, tal como definida no artigo 2.º, sem que isso acarrete a alteração de quaisquer outros termos da dívida, alteração essa que se rege pela legislação nacional.

PARTE II
SUBSTITUIÇÃO DAS MOEDAS DOS ESTADOS-MEMBROS PARTICIPANTES PELO EURO

ARTIGO 2.º[664]

A partir de 1 de Janeiro de 1999, a moeda dos Estado-Membros participantes, excepto a Grécia, é o euro; a partir de 1 de Janeiro de 2001 a moeda da Grécia é o euro. A respectiva unidade monetária é um euro. Cada euro dividir-se-á em cem cents.

ARTIGO 3.º

O euro substitui a moeda de cada Estado-membro participante à taxa de conversão.

ARTIGO 4.º

O euro é a unidade de conta do Banco Central Europeu (BCE) e dos bancos centrais dos Estados-membros participantes.

---

[664] Redacção dada pelo n.º 2 do artigo 1.º do Regulamento (CE) n.º 2596/2000, do Conselho, de 27 de Novembro de 2000. A redacção original era a seguinte:

A partir de 1 de Janeiro de 1999, a moeda dos Estados-membros participantes é o euro. A respectiva (...)

PARTE III
DISPOSIÇÕES TRANSITÓRIAS

ARTIGO 5.º

Os artigos 6.º, 7.º, 8.º e 9.º são aplicáveis durante o período de transição.

ARTIGO 6.º

1. O euro é também dividido nas unidades monetárias nacionais de acordo com as taxas de conversão. Mantêm-se as subdivisões das unidades monetárias nacionais. A legislação monetária dos Estados-membros participantes continua a ser aplicável, sob reserva do disposto no presente regulamento.

2. Sempre que num instrumento jurídico se fizer referência a uma unidade monetária nacional, essa referência tem a mesma validade que teria uma referência à unidade euro de acordo com as taxas de conversão.

ARTIGO 7.º

A substituição das moedas dos Estados-membros participantes pelo euro não altera, por si só, a denominação dos instrumentos jurídicos existentes à data dessa substituição.

ARTIGO 8.º

1. Os actos a executar por força de instrumentos jurídicos que determinem a utilização de uma unidade monetária nacional ou que sejam expressos numa unidade monetária nacional devem ser executados nessa unidade monetária nacional; os actos a executar por força de instrumentos jurídicos que determinem a utilização da unidade euro ou que sejam expressos na unidade euro devem ser executados nessa unidade.

2. O n.º 1 é aplicável sob reserva do que tiver sido acordado entre as partes.

3. Não obstante o n.º 1, qualquer montante expresso quer na unidade euro, quer na unidade monetária nacional de um determinado Estado-membro participante e pagável nesse Estado-membro por crédito em conta do credor, pode ser pago pelo devedor quer na unidade euro, quer nessa unidade monetária nacional. Esse montante deve ser creditado na conta do credor na unidade monetária dessa conta, sendo todas as conversões efectuadas às taxas de conversão.

4. Não obstante o n.º 1, cada Estado-membro participante pode tomar as medidas que se revelem necessárias para:

– redenominar na unidade euro a dívida em curso emitida pelas administrações públicas desse Estado-membro, tal como definidas no Sistema Europeu de Contas Integradas, expressa na respectiva unidade monetária nacional e emitida nos termos da respectiva legislação nacional. Se um Estado-membro tiver tomado tal medida, as entidades emitentes podem redenominar na unidade euro a dívida expressa na unidade monetária nacional desse Estado--membro, salvo se a redenominação for expressamente vedada nos termos do contrato; esta disposição aplica-se tanto à dívida emitida pelas administrações públicas de um Estado-membro como às obrigações e outros títulos de dívida negociáveis nos mercados de capitais, bem como aos instrumentos do mercado monetário, emitidos por outros devedores;
– permitir a alteração da unidade de conta dos respectivos procedimentos operacionais, substituindo a unidade monetária nacional pela unidade euro, por parte de:
  a) Mercados em que se efectuam regularmente operações de negociação, compensação e liquidação quer de quaisquer instrumentos enumerados na secção B do Anexo da Directiva 93/22/CEE do Conselho, de 10 de Maio de 1993, relativa aos serviços de investimento no domínio dos valores mobiliários[5], quer de mercadorias;
  b) Sistemas em que se efectuam regularmente operações de negociação, compensação e liquidação de pagamentos.

5. Para além das disposições referidas no n.º 4, os Estados-membros participantes apenas podem aprovar outras disposições que imponham a utilização da unidade euro de acordo com um calendário estabelecido pela legislação comunitária.

6. As disposições legais nacionais dos Estados-membros participantes que autorizem ou imponham operações de compensação, de reconversão ou técnicas com efeitos similares são aplicáveis às obrigações pecuniárias, independentemente da unidade monetária em que são expressas, desde que essa unidade monetária seja o euro ou uma unidade monetária nacional, sendo todas as conversões efectuadas às taxas de conversão.

---

[5] JO L 141 de 11. 6. 1993, p. 27. Directiva com a redacção que lhe foi dada pela Directiva 95/26/CE do Parlamento Europeu e do Conselho (JO L 168 de 18. 7. 1995, p. 7).

ARTIGO 9.º[665]

As notas e moedas expressas numa unidade monetária nacional mantêm, dentro dos respectivos limites territoriais, o curso legal que tinham na véspera da entrada em vigor do presente regulamento ou, no caso da Grécia, até 31 de Dezembro de 2000, inclusive.

---

[665] O n.º 3 do artigo 1.º do Regulamento (CE) n.º 2596/2000, do Conselho, de 27 de Novembro de 2000, aditou no final do presente artigo o seguinte texto: "ou, no caso da Grécia, até 31 de Dezembro de 2000, inclusive."

PARTE IV
NOTAS E MOEDAS EXPRESSAS EM EUROS

ARTIGO 10.º

A partir de 1 de Janeiro de 2002, o BCE e os bancos centrais dos Estados-membros participantes porão em circulação notas expressas em euros. Sem prejuízo do artigo 15.º, essas notas expressas em euros serão as únicas notas com curso legal em todos esses Estados-membros.

ARTIGO 11.º

A partir de 1 de Janeiro de 2002, os Estados-membros participantes emitirão moedas expressas em euros ou em cents, que respeitem as denominações e as especificações técnicas que o Conselho possa adoptar nos termos do n.º 2, segundo período, do artigo 105.ºA do Tratado. Sem prejuízo do artigo 15.º, essas moedas serão as únicas moedas com curso legal em todos esses Estados-membros. À excepção da autoridade emissora e das pessoas especificamente designadas pela legislação nacional do Estado-membro emissor, ninguém poderá ser obrigado a aceitar mais de cinquenta moedas num único pagamento.

ARTIGO 12.º

Os Estados-membros participantes adoptam as sanções adequadas no que diz respeito à contrafacção e à falsificação de notas e moedas expressas em euros.

PARTE V
DISPOSIÇÕES FINAIS

ARTIGO 13.º

Os artigos 14.º, 15.º e 16.º são aplicáveis a partir do final do período de transição.

ARTIGO 14.º

As referências às unidades monetárias nacionais em instrumentos jurídicos existentes no final do período de transição são consideradas referências à unidade euro, aplicando-se as respectivas taxas de conversão. As regras de arredondamento estabelecidas no Regulamento (CE) n.º 1103/97 são aplicáveis.

ARTIGO 15.º

1. As notas e moedas expressas numa das unidades monetárias nacionais referidas no n.º 1 do artigo 6.º mantêm o seu curso legal, dentro dos respectivos limites territoriais, até seis meses após o final do período de transição, podendo esse período ser reduzido pela legislação nacional.

2. Cada Estado-membro participante pode, por um período máximo de seis meses após o final do período de transição, estabelecer regras para a utilização das notas e moedas expressas na respectiva unidade monetária nacional, tal como referida no n.º 1 do artigo 6.º, e tomar todas as medidas necessárias para facilitar a sua retirada da circulação.

ARTIGO 16.º

De acordo com a legislação ou as práticas nos Estados-membros participantes, os respectivos emissores de notas e moedas devem continuar a aceitar, contra o euro e à taxa de conversão aplicável, as notas e moedas por eles emitidas anteriormente.

PARTE VI
ENTRADA EM VIGOR

ARTIGO 17.º

O presente regulamento entra em vigor em 1 de Janeiro de 1999.

O presente regulamento é obrigatório em todos os seus elementos e directamente aplicável em todos os Estados-membros, nos termos do Tratado, sob reserva do disposto nos Protocolos n.ºs 11 e 12 e no n.º 1 do artigo 109.º-K.

Feito em Bruxelas, em 3 de Maio de 1998.

Pelo Conselho
O Presidente
G. BROWN

50. Regulamento (CE) n.º 2596/2000, do Conselho, de 27 de Novembro de 2000[666]

Que altera o Regulamento (CE) n.º 974/98 do Conselho relativo à introdução do euro

O CONSELHO DA UNIÃO EUROPEIA,

Tendo em conta o Tratado que institui a Comunidade Europeia e, nomeadamente, o n.º 5 do seu artigo 123.º,

Tendo em conta a proposta da Comissão[1],

Tendo em conta o parecer do Parlamento Europeu[2],

Tendo em conta o parecer do Banco Central Europeu[3],

---
[1] JO C 177 E de 27.6.2000, p. 98.
[2] Parecer emitido em 16 de Junho de 2000 (ainda não publicado no Jornal Oficial).
[3] JO C 177 de 27.6.2000, p. 11.

Considerando o seguinte:

(1) O Regulamento (CE) n.º 974/98 do Conselho, de 3 de Maio de 1998, relativo à introdução do euro[4] prevê que o euro substitua as moedas dos Estados-Membros que satisfizessem as condições necessárias à adopção da moeda única quando a Comunidade iniciar a terceira fase da União Económica e Monetária. Aquele regulamento inclui também normas aplicáveis às unidades monetárias nacionais desses Estados-Membros ao longo do período de transição que termina em 31 de Dezembro de 2001, bem como normas respeitantes às notas e moedas.

---
[4] JO L 139 de 11.5.1998, p. 1.

(2) A Decisão 98/317/CE do Conselho, de 3 de Maio de 1998, nos termos do n.º 4 do artigo 121.º do Tratado[5], estabelecia que a Grécia não preenchia as condições necessárias para a adopção da moeda única.

---
[5] JO L 139 de 11.5.1998, p. 30.

[666] JOCE N.º L 300, de 29-Nov.-2000, 2-3.

(3) Segundo a Decisão 2000/427/CE do Conselho, de 19 de Junho de 2000, nos termos do n.º 2 do artigo 122.º do Tratado, relativa à adopção da moeda única pela Grécia em 1 de Janeiro de 2001 [6], a Grécia satisfaz agora as condições necessárias e a derrogação aplicável a este país é revogada com efeitos a 1 de Janeiro de 2001.

[6] JO L 167 de 7.7.2000, p. 19.

(4) A introdução do euro na Grécia exige que as disposições respeitantes à introdução do euro aplicáveis aos Estados-Membros nos quais o euro foi introduzido quando a Comunidade iniciou a terceira fase da União Económica e Monetária sejam tornadas extensivas à Grécia.

(5) Para os Estados-Membros cuja moeda foi substituída pelo euro após a data em que a Comunidade iniciou a terceira fase da União Económica e Monetária, a definição de "unidades monetárias nacionais" deve referir-se à unidade da moeda do Estado-Membro tal como definida imediatamente antes da introdução do euro nesse mesmo Estado-Membro.

(6) No caso da Grécia, as disposições respeitantes ao período de transição são aplicáveis a partir de 1 de Janeiro de 2001,

ADOPTOU O PRESENTE REGULAMENTO:

ARTIGO 1.º

No Regulamento (CE) n.º 974/98:

1. O artigo 1.º é alterado do seguinte modo:
   a) No primeiro travessão, a palavra "Grécia" é inserida entre as palavras "Alemanha" e "Espanha",
   b) No terceiro travessão, a expressão "ou nos termos do n.º 5 daquele artigo" é inserida após "artigo 109.º L do Tratado";
   c) No final do quinto travessão, é aditada a expressão "ou, consoante o caso, no dia anterior àquele em que o euro substituir a moeda de um Estado-Membro que adopte o euro numa data posterior".

   (*As expressões aditadas foram inseridas no texto do Regulamento (CE) n.º 974/98, do Conselho, de 3 de Maio de 1998, acima publicado*)

2. O primeiro período do artigo 2.º passa a ter a seguinte redacção: "A partir de 1 de Janeiro de 1999, a moeda dos Estado-Membros participantes, excepto a Grécia, é o euro; a partir de 1 de Janeiro de 2001 a moeda da Grécia é o euro.".

   (*A alteração foi inserida no texto do Regulamento (CE) n.º 974/98, do Conselho, de 3 de Maio de 1998, acima publicado*)

Regulamento (CE) n.° 2596/2000, do Conselho, de 27 de Novembro de 2000 **50.**

3. No final do artigo 9.° é inserido o seguinte texto: "ou, no caso da Grécia, até 31 de Dezembro de 2000, inclusive.".

(*A expressão aditada foi inserida no texto do Regulamento (CE) n.° 974/98, do Conselho, de 3 de Maio de 1998, acima publicado*)

ARTIGO 2.°

O presente regulamento entra em vigor em 1 de Janeiro de 2001.

O presente regulamento é obrigatório em todos os seus elementos e directamente aplicável nos Estados-Membros em conformidade com o Tratado que institui a Comunidade Europeia.

Feito em Bruxelas, em 27 de Novembro de 2000.

Pelo Conselho
O Presidente
L. Fabius

51. Regulamento n.º 2866/98/CE, do Conselho, de 31 de Dezembro de 1998[667]

Relativo às taxas de conversão entre o euro e as moedas dos Estados-membros que adoptam o euro

O CONSELHO DA UNIÃO EUROPEIA,

Tendo em conta o Tratado que institui a Comunidade Europeia e, nomeadamente, o n.º 4, primeiro período, do seu artigo 109.º-L,

Tendo em conta a proposta da Comissão,

Tendo em conta o parecer do Banco Central Europeu[1],

---

[1] JO C 412 de 31.12.1998, p. 1.

(1) Considerando que, de acordo com o n.º 4 do artigo 109.º-J do Tratado, a terceira fase da União Económica e Monetária tem início em 1 de Janeiro de 1999; que o Conselho, reunido a nível de chefes de Estado e de Governo, confirmou em 3 de Maio de 1998 que a Bélgica, a Alemanha, a Espanha, a França, a Irlanda, a Itália, o Luxemburgo, os Países Baixos, a Áustria, Portugal e a Finlândia preenchem as condições necessárias para a adopção da moeda única em 1 de Janeiro de 1999[2];

---

[2] Decisão 98/317/CE do Conselho, de 3 de Maio de 1998, nos termos do artigo 109.ºJ do Tratado (JO L 139 de 11.5.1998, p. 30).

(2) Considerando que, de acordo com o Regulamento (CE) n.º 974/98 do Conselho, de 3 de Maio de 1998, relativo à introdução do euro[3], o euro será a moeda dos Estados-membros que adoptem a moeda única a partir de 1 de Janeiro de 1999; que a introdução do euro requer a adopção das taxas de conversão a que o euro substituirá as moedas nacionais, bem como das taxas a que o euro se subdividirá em unidades monetárias nacionais; que as taxas de conversão mencionadas no artigo 1.º são as taxas definidas no terceiro travessão do artigo 1.º do Regulamento (CE) n.º 974/98;

---

[3] JO L 139 de 11.5.1998, p. 1.

---

667 JOCE N.º L 359, de 31-Dez.-1998, 1-2.

(3) Considerando que, de acordo com o Regulamento (CE) n.º 1103/97 do Conselho, de 17 de Junho de 1997, relativo a certas disposições respeitantes à introdução do euro[4], todas as referências feitas num instrumento legal ao ecu são substituídas por referências ao euro, à taxa de um euro por um ecu; que, de acordo com o n.º 4, segundo período, do artigo 109.º-L do Tratado, a adopção das taxas de conversão não modifica, só por si, o valor externo do ecu; que isto é assegurado pela adopção, enquanto taxas de conversão, das taxas de câmbio do ecu face às moedas dos Estados-membros que adoptam o euro, calculadas pela Comissão em 31 de Dezembro de 1998, segundo o sistema estabelecido para o cálculo das taxas oficiais diárias do ecu;

[4] JO L 162 de 19.6.1997, p. 1.

(4) Considerando que os ministros dos Estados-membros que adoptam o euro como sua moeda única, os governadores dos Bancos Centrais desses Estados-membros, a Comissão e o Instituto Monetário Europeu/Banco Central Europeu emitiram dois comunicados sobre a determinação e a adopção das taxas de conversão irrevogáveis do euro em, respectivamente, 3 de Maio[5] e 26 de Setembro de 1998;

[5] JO C 160 de 27.5.1998, p. 1.

(5) Considerando que o Regulamento (CE) n.º 1103/97 estabelece que as taxas de conversão adoptadas exprimem o valor de um euro em relação a cada uma das moedas nacionais dos Estados-membros que adoptam o euro; que, a fim de assegurar um elevado grau de rigor, estas taxas incluirão seis algarismos significativos e não serão fixadas quaisquer taxas inversas ou taxas bilaterais entre as moedas dos Estados-membros que adoptam o euro,

ADOPTOU O PRESENTE REGULAMENTO:

ARTIGO 1.º[668]

As taxas de conversão irrevogavelmente fixadas entre o euro e as moedas dos Estados-membros que adoptam o euro são as seguintes:

1 euro	=	40,3399	francos belgas
	=	1,95583	marcos alemães
	=	340,750	dracmas gregas
	=	166,386	pesetas espanholas
	=	6,55957	francos franceses
	=	0,787564	libras irlandesas

[668] O artigo 1.º do Regulamento (CE) n.º 1478/2000, do Conselho, de 19 de Junho de 2000, inseriu o seguinte texto, entre a taxa do marco alemão e a taxa da peseta espanhola: "= 340,750 dracmas gregas".

=	1936,27	liras italianas
=	40,3399	francos luxemburgueses
=	2,20371	florins neerlandeses
=	13,7603	xelins austríacos
=	200,482	escudos portugueses
=	5,94573	marcas finlandesas

ARTIGO 2.º

O presente regulamento entra em vigor em 1 de Janeiro de 1999.

O presente regulamento é obrigatório em todos os seus elementos e directamente aplicável em todos os Estados-membros.

Feito em Bruxelas, em 31 de Dezembro de 1998.

Pelo Conselho
O Presidente
R. EDLINGER

52. Regulamento (CE) n.º 1478/2000, do Conselho, de 19 de Junho de 2000[669]

Que altera o Regulamento (CE) n.º 2866/98 relativo às taxas de conversão entre o euro e as moedas dos Estados-Membros que adoptam o euro

O CONSELHO DA UNIÃO EUROPEIA,

Tendo em conta o Tratado que institui a Comunidade Europeia e, nomeadamente, o n.º 5 do seu artigo 123.º,

Tendo em conta a proposta da Comissão,

Tendo em conta o parecer do Banco Central Europeu[1],

---
[1] Parecer emitido em 16 de Junho de 2000 (ainda não publicado no Jornal Oficial).

Considerando o seguinte:

(1) O Regulamento (CE) n.º 2866/98 do Conselho, de 31 de Dezembro de 1998, relativo às taxas de conversão entre o euro e as moedas dos Estados-Membros que adoptam o euro[2], determina as taxas de conversão em vigor a partir de 1 de Janeiro de 1999 nos termos do Regulamento (CE) n.º 974/98 do Conselho, de 3 de Maio de 1998, relativo à introdução do euro[3].

---
[2] JO L 359 de 31.12.1998, p. 1.
[3] JO L 139 de 11.5.1998, p. 1.

(2) A Decisão 98/317/CE do Conselho, de 3 de Maio de 1998, nos termos do n.º 4 do artigo 121.º do Tratado[4], estabelecia que a Grécia não preenchia as condições necessárias para a adopção da moeda única.

---
[4] JO L 139 de 11.5.1998, p. 30.

(3) De acordo com a Decisão 2000/427/CE, de 19 de Junho de 2000, nos termos do n.º 2 do artigo 122.º do Tratado, relativa à adopção da moeda única pela Grécia em 1 de Janeiro de 2001[5], a Grécia preenche agora as condições necessárias e

---
[669] JOCE N.º L 167, de 7-Jul.-2000, 1.

a derrogação concedida à Grécia é revogada com efeitos a partir de 1 de Janeiro de 2001.

(5) Ver página 19 do presente Jornal Oficial.

(4) A introdução do euro na Grécia requer a adopção da taxa de conversão entre o euro e a dracma grega,

ADOPTOU O PRESENTE REGULAMENTO:

ARTIGO 1.º

Na lista de taxas de conversão contida no artigo 1.º do Regulamento (CE) n.º 2866/98, é inserido o seguinte texto, entre a taxa do marco alemão e a taxa da peseta espanhola:

(*A expressão aditada foi inserida no texto do Regulamento (CE) n.º 2866/98, do Conselho, de 31 de Dezembro de 1998, acima publicado*)

ARTIGO 2.º

O presente regulamento entra em vigor em 1 de Janeiro de 2001.

O presente regulamento é obrigatório em todos os seus elementos e directamente aplicável em todos os Estados-Membros.

Feito em Santa Maria da Feira, em 19 de Junho de 2000.

Pelo Conselho
O Presidente
J. PINA MOURA

53. Decisão do Banco Central Europeu, de 6 de Dezembro de 2001[670]

Relativa à emissão de notas de euro

O CONSELHO DO BANCO CENTRAL EUROPEU,

Tendo em conta o Tratado que institui a Comunidade Europeia, (a seguir designado por "Tratado") e, nomeadamente, o n.º 1 do seu artigo 106.º, e os Estatutos do Sistema Europeu de Bancos Centrais e do Banco Central Europeu (a seguir designados por "estatutos") e, nomeadamente, o seu artigo 16.º,

Considerando o seguinte:

(1) Nos termos do n.º 1 do artigo 106.º do Tratado e no artigo 16.º dos estatutos, o Conselho do Banco Central Europeu (BCE) tem o direito exclusivo de autorizar a emissão de notas de banco na Comunidade. Ao abrigo das citadas disposições, o BCE e os bancos centrais nacionais (BCN) podem emitir notas que são as únicas com curso legal no território dos Estados-Membros participantes. O direito comunitário previu um sistema de pluralidade de emissores de notas de banco. O BCE e os BCN emitem notas denominadas em euros.

(2) Em conformidade com o artigo 10.º do Regulamento (CE) n.º 974/98 do Conselho, de 3 de Maio de 1998, relativo à introdução do euro[1], o BCE e os BCN (a seguir designados por "Eurosistema") colocarão em circulação, a partir de 1 de Janeiro de 2002, notas de banco denominadas em euros. As notas de euro constituem expressões de uma mesma e única moeda, estando sujeitas a um só regime jurídico.

---

[1] JO L 139 de 11.5.1998, p. 1.

(3) A emissão de notas de euro não necessita de ficar sujeita a limites quantitativos ou outros, uma vez que a colocação de notas em circulação é efectuada em função da procura.

(4) A Decisão BCE/2001/7, de 30 de Agosto de 2001, relativa às denominações, especificações, reprodução, troca e retirada de circulação de notas expressas em

---

[670] JOCE N.º L 337, de 20-Dez.-2001, 52-54.

1379

euros⁽²⁾, alterada pela Decisão BCE/2001/14⁽³⁾, contém regras comuns aplicáveis às notas de euro. O BCE estabeleceu especificações técnicas comuns para as notas de euro, bem como medidas de controlo de qualidade para garantir a conformidade destas com as referidas especificações. Consequentemente, todas as notas de euro apresentam aspecto e nível de qualidade idênticos, não se devendo fazer qualquer distinção entre notas de igual denominação.

(2) JO L 233 de 31.8.2001, p. 55.
(3) Ainda não publicado no Jornal Oficial.

(5) Todas as notas de euro deveriam ficar sujeitas aos mesmos requisitos de processamento e de aceitação pelos membros do Eurosistema, independentemente de qual, entre estes, as coloque em circulação. Assim sendo, a prática corrente do repatriamento das notas denominadas nas unidades monetárias nacionais para o respectivo banco central emissor não se aplica às notas de euro. O regime de emissão de notas de euro baseia-se no princípio do seu não-repatriamento.

(6) Nos termos do artigo 29.°-1 dos estatutos, a cada um dos membros do Sistema Europeu de Bancos Centrais foi atribuída uma determinada ponderação na tabela de repartição para a subscrição do capital do BCE, conforme estabelecida pela Decisão BCE/1998/13, de 1 de Dezembro de 1998, relativa à participação percentual dos bancos centrais nacionais na tabela de repartição para a subscrição do capital do Banco Central Europeu⁽⁴⁾. O referido factor de ponderação foi calculado com base na população e no produto interno bruto de cada Estado--Membro e rege as contribuições para o capital do BCE, as transferências de activos de reserva dos BCN para o BCE, a repartição dos proveitos monetários dos BCN e a partilha dos lucros e perdas do BCE.

(4) JO L 125 de 19.5.1999, p. 33.

(7) As notas de euro têm curso legal em todos os Estados-Membros participantes, circularão livremente na área do euro e serão de novo emitidas pelos membros do Eurosistema, podendo também ser armazenadas ou utilizadas fora da área do euro. As responsabilidades pela emissão do valor total das notas de euro em circulação devem, por conseguinte, serem repartidas pelos membros do Eurosistema de acordo com um critério objectivo. A participação de cada BCN no capital realizado do BCE representa um critério adequado. Esta participação resulta da aplicação proporcional, aos BCN, da tabela de repartição para subscrição do capital do BCE prevista no artigo 29.°-1 dos estatutos. Não sendo este critério aplicável ao BCE, a percentagem das notas de euro a emitir pelo BCE deve ser determinada pelo Conselho do BCE.

(8) Nos termos dos artigos 9.°-2 e 12.°-1 dos estatutos, que consagram o princípio da descentralização das operações do Eurosistema, devem ser confiadas aos BCN as tarefas de colocação em circulação e de retirada de circulação de todas as notas de euro, incluindo as emitidas pelo BCE. Em consonância com o refe-

rido princípio de descentralização, os BCN devem igualmente proceder ao manuseamento das notas de euro.

(9) A diferença entre o valor das notas de euro atribuídas a cada BCN, em conformidade com a tabela de repartição de notas de banco, e o valor das notas de euro que esse BCN coloca em circulação deveria dar origem a saldos intra-Eurosistema. Dado que o BCE não coloca em circulação notas de euro, este deveria tornar-se titular de créditos intra-Eurosistema sobre os BCN de montante correspondente à percentagem das notas de euro que emitir. A remuneração destes saldos intra-Eurosistema produz efeitos nas posições relativas dos BCN em termos de proveitos, sendo, por esse motivo, objecto da Decisão BCE/2001/16, de 6 de Dezembro de 2001, relativa à repartição dos proveitos monetários dos bancos centrais nacionais dos Estados-Membros participantes a partir do exercício de 2002[5], com base no artigo 32.° dos estatutos,

[5] Ver página 55 do presente Jornal Oficial.

ADOPTOU A PRESENTE DECISÃO:

ARTIGO 1.°
Definições

Para efeitos da presente decisão, entende-se por:

a) "BCN": os bancos centrais nacionais dos Estados-Membros que tenham adoptado a moeda única em conformidade com o disposto no Tratado que institui a Comunidade Europeia;

b) "notas de euro": as notas de banco emitidas em conformidade com os requisitos da Decisão BCE/2001/7 e com as especificações técnicas estabelecidas pelo Conselho do BCE;

c) "tabela de repartição do capital subscrito": as percentagens que resultam da aplicação, aos BCN, das ponderações constantes da tabela prevista no artigo 29.°-1 dos estatutos, conforme estabelecida pela Decisão BCE/1998/13;

d) "tabela de repartição de notas de banco": as percentagens que resultam de se levar em conta a participação do BCE no total da emissão de notas de euro e de se aplicar a tabela de repartição do capital subscrito (com arredondamentos para o múltiplo mais próximo de 0,0005 pontos percentuais) à participação dos BCN nesse total. O documento anexo à presente decisão determina a tabela de repartição de notas de banco aplicável a partir de 1 de Janeiro de 2002.

ARTIGO 2.°
Emissão de notas de euro

O BCE e os BCN emitem notas denominadas em euros.

ARTIGO 3.º
Obrigações dos bancos emissores

1. Compete aos BCN colocar em circulação e retirar de circulação as notas de euro e, bem assim, proceder a todas as operações de manuseamento das notas de euro, incluindo as emitidas pelo BCE.

2. Os BCN aceitarão todas as notas de euro a pedido dos seus detentores, para troca por notas de euro de valor equivalente ou, no caso de titulares de conta, para crédito em contas abertas no BCN que as receba.

3. Os BCN devem considerar como responsabilidades e tratar, de forma idêntica, todas as notas de euro por si aceites.

4. Um BCN não transferirá para outros BCN as notas de euro que tenha aceite, devendo mantê-las essas notas disponíveis para serem de novo colocadas em circulação. A título de excepção, e de acordo com as normas estabelecidas nesta matéria pelo Conselho do BCE:
   a) as notas de euro mutiladas, danificadas, desgastadas ou retiradas de circulação podem ser destruídas pelo BCN receptor;
   b) as notas de euro detidas pelos BCN podem, por razões logísticas, ser objecto de redistribuição por grosso no âmbito do Eurosistema.

ARTIGO 4.º
Repartição das notas de euro pelos membros do Eurosistema

1. O valor total das notas de euro em circulação é repartido pelos membros do Eurosistema mediante a aplicação da tabela de repartição de notas de banco.

2. A diferença entre o valor das notas de euro atribuídas a cada BCN, em conformidade com a tabela de repartição de notas de banco, e o valor das notas de euro que esse BCN coloca em circulação dá origem a saldos intra-Eurosistema. O BCE será titular de créditos intra-Eurosistema sobre os BCN, na proporção das participações por estes respectivamente realizadas no capital do BCE, de montante correspondente à percentagem das notas de euro que emitir.

ARTIGO 5.º
Disposições finais

1. A presente decisão entra em vigor no dia 1 de Janeiro de 2002.

Decisão do Banco Central Europeu, de 6 de Dezembro de 2001   **53.**

2. A presente decisão será publicada no Jornal Oficial das Comunidades Europeias.

Feito em Frankfurt am Main, em 6 de Dezembro de 2001.

Pelo Conselho do BCE
Willem F. DUISENBERG

ANEXO
**Tabela de repartição de notas de banco
a partir de 1 de janeiro de 2002**

Banco Central Europeu	8%
Nationale Bank van Beligië/Banque nationale de Belgique	3,2550%
Deutsche Bundesbank	27,8215%
Bank of Greece	2,3360%
Banco de España	10,1020%
Banque de France	19,1210 %
Central Bank of Ireland	0,9650%
Banca d'Italia	16,9190%
Banque central du Luxembourg	0,1695%
De Nerderlandsche Bank	4,8595%
Oesterreichische Nationalbank	2,6800%
Banco de Portugal	2,1845%
Suomen Pankki	1,5870%
Total	100,000%

54. Decisão do Banco Central Europeu, de 20 de Março de 2003[671]

Relativa às denominações, especificações, reprodução, troca e retirada de circulação de notas de euro

O CONSELHO DO BANCO CENTRAL EUROPEU,

Tendo em conta o Tratado que institui a Comunidade Europeia e, nomeadamente, o n.º 1 do seu artigo 106.º e o artigo 16.º dos Estatutos do Sistema Europeu de Bancos Centrais e do Banco Central Europeu,

Considerando o seguinte:

(1) O n.º 1 do artigo 106.º do Tratado e o artigo 16.º dos estatutos dispõem que o Banco Central Europeu (BCE) tem o direito exclusivo de autorizar a emissão de notas de banco na Comunidade. Os citados artigos estipulam ainda que o BCE e os bancos centrais nacionais podem emitir essas notas. Nos termos do artigo 10.º do Regulamento (CE) n.º 974/98 do Conselho, de 3 de Maio de 1998, relativo à introdução do euro[1], o BCE e os bancos centrais nacionais dos Estados-Membros participantes (a seguir "BCN") põem em circulação notas de euro.

---

[1] JO L 139 de 11.5.1998, p. 1.

(2) O Instituto Monetário Europeu (IME) executou os trabalhos preparatórios conducentes à produção e emissão das notas de euro e, especialmente no que se refere aos designs das notas de euro, facilitou o reconhecimento e a aceitação das denominações e especificações das novas notas pelos utilizadores ao levar em conta necessidades visuais e técnicas específicas apontadas por associações europeias de utilizadores de notas de banco.

(3) O direito de autor (*copyright*) sobre as obras de design das notas de euro cabe agora ao BCE, na qualidade de sucessor do IME, seu titular originário. Tanto o BCE como os BCN, em representação do BCE, podem fazer valer o referido direito de autor quanto às reproduções efectuadas ou distribuídas em violação do mesmo, nomeadamente as que afectem o prestígio das notas de euro.

---

[671] JOCE N.º L 78, de 25-Mar.-2003, 16-19

(4) O direito do BCE e dos BCN de emitirem notas de euro abrange a competência para tomar todas as medidas legais necessárias à protecção da integridade destas notas enquanto meio de pagamento. O BCE deveria tomar medidas para instituir um nível mínimo de protecção em todos os Estados-Membros participantes que garanta que o público seja capaz de discernir as notas de euro genuínas das reproduções. Importa, portanto, estabelecer um regime em cujos termos a reprodução de notas de euro seja permitida.

(5) As disposições da presente decisão não deveriam obstar à aplicação da lei penal, em particular no que se refere à contrafacção.

(6) As reproduções de notas de euro sob forma electrónica só deveriam ser consideradas lícitas no caso de, havendo a possibilidade de o público confundir as cópias impressas com as notas genuínas, quem as produzir empregar medidas técnicas adequadas que impeçam a sua impressão.

(7) A competência para tomar medidas de protecção da integridade das notas de euro enquanto meio de pagamento inclui poderes para a adopção de um regime comum que regule a aceitação para troca, pelos BCN, de notas de euro mutiladas ou danificadas. Ao abrigo deste regime, determinadas categorias específicas de notas de euro deveriam ser retidas pelos BCN quando estas lhes forem apresentadas para troca.

(8) A fracção da nota de euro original que deve ser apresentada para poder ser aceite para troca está sujeita a dimensões mínimas. Estas dimensões deveriam ser expressas em termos de uma percentagem da superfície da nota de euro original antes de mutilada ou danificada, a fim de evitar a distorção das medidas – como acontece, por exemplo, no casos em que os danos ou mutilações da nota se fiquem a dever ao seu encolhimento.

(9) A fim de incentivar as entidades que lidem com notas de banco a título profissional a manusearem correctamente os dispositivos anti-roubo, convém que os BCN aos quais os referidos profissionais solicitem a troca de notas de euro mutiladas ou danificadas pela utilização dos referidos dispositivos lhes cobrem uma taxa para compensação dos custos das análises efectuadas em relação com essa troca.

(10) Tal taxa não é cobrada quando os danos ou mutilações resultem de roubo ou furto, na forma tentada ou consumada e, para evitar a cobrança de valores insignificantes, só é exigida quando é apresentado para troca um número mínimo de notas mutiladas ou danificadas.

(11) As notas de euro mutiladas ou danificadas em bloco por acção de dispositivos anti-roubo deveriam ser apresentadas para troca em lotes compostos por uma quantidade mínima de notas.

(12) No direito exclusivo do BCE de autorizar a emissão de notas de euro na Comunidade inclui-se a competência para retirar da circulação notas de euro e, bem assim, para instituir um regime comum que habilite o BCE e os BCN a procederem a essa operação.

(13) Por questões de clareza e de segurança jurídica, é conveniente codificar a Decisão BCE/2001/7, 30 de Agosto de 2001, relativa às denominações, especificações, reprodução, troca e retirada de circulação de notas expressas em euros[2], alterada pela Decisão BCE/2001/14[3] e, bem assim, tornar mais transparentes as atribuições do BCE e dos BCN no respeitante às regras sobre a reprodução, troca e retirada de circulação de notas de euro,

[2] JO L 233 de 31.8.2001, p. 55.
[3] JO L 5 de 9.1.2002, p. 26.

ADOPTOU A PRESENTE DECISÃO:

ARTIGO 1.º
Denominações e especificações

1. A primeira série de notas de euro inclui sete denominações que variam entre cinco e 500 euros, alusivos ao tema "Épocas e Estilos na Europa", com as seguintes especificações de base:

Valor facial (EUR)	Dimensões	Cor predominante	*Design*
5	120 x 62 mm	Cinzento	Clássico
10	127 x 67 mm	Vermelho	Românico
20	133 x 72 mm	Azul	Gótico
50	140 x 77 mm	Cor-de-laranja	Renascentista
100	147 x 82 mm	Verde	Barroco e Rococó
200	153 x 82 mm	Amarelo torrado	Arquitectura em ferro e vidro
500	160 x 82 mm	Púrpura	Arquitectura moderna do século XX

2. As sete denominações da série de notas de euro contêm a representação de pórticos e janelas na frente, e de pontes no verso. Todas estas denominações contêm exemplos típicos dos diferentes períodos artísticos europeus acima referidos. Nos outros elementos do design incluem-se: o símbolo da União Europeia; a designação da moeda nos alfabetos romano e grego; as iniciais do Banco Central Europeu nas várias línguas oficiais; o símbolo ©, indicando que o direito de autor pertence ao BCE; e ainda a assinatura do Presidente do BCE.

ARTIGO 2.º
Regras aplicáveis à reprodução das notas de euro

1. Por "reprodução" entende-se qualquer imagem, tangível ou intangível, cujo aspecto se baseie no todo ou em parte de uma nota de euro conforme especificada no artigo 1.º, ou nos elementos individuais que compõem o respectivo *design*, tais como, entre outros, a cor, as dimensões e a utilização de letras ou símbolos, e que dê a impressão de se tratar de uma nota de euro ou que a ela se assemelhe, independentemente:
   a) do tamanho da imagem;
   b) do(s) material(ais) ou técnica(s) empregues na sua produção;
   c) de os elementos ou ilustrações acrescentados à imagem não serem provenientes de notas de banco; ou
   d) de alguns aspectos do *design* da nota de euro, tais como letras ou símbolos, terem, ou não, sido alterados.

2. Presumem-se ilícitas as reproduções susceptíveis de confusão com notas de euro genuínas por parte do público.

3. Uma vez que não existe o risco de o público as poder confundir com notas de euro genuínas, presumem-se lícitas as reproduções que estejam em conformidade com os critérios a seguir expostos:
   a) reproduções de uma só face de uma nota de euro, conforme especificada no artigo 1.º, desde que as suas dimensões correspondam, no mínimo, a 125% do comprimento e da largura ou, no máximo, a 75% do comprimento e da largura da correspondente nota de euro especificada no artigo 1.º;
   b) reproduções das duas faces de uma nota de euro, conforme especificada no artigo 1.º, desde que as suas dimensões correspondam, no mínimo, a 200% do comprimento e da largura ou, no máximo, a 50% do comprimento e da largura da correspondente nota de euro especificada no artigo 1.º;
   c) reproduções de elementos individuais do *design* de uma nota de euro, conforme especificada no artigo 1.º, desde que não figurem contra um fundo que se assemelhe a uma nota de banco;
   d) reproduções de uma só face mostrando parte do lado da frente ou do verso de uma nota de euro, desde que essa parte seja de dimensões inferiores a um terço do tamanho original da frente ou verso da correspondente nota de euro conforme especificada no artigo 1.º;
   e) reproduções feitas de material claramente distinto de papel e que tenha um aspecto visivelmente diferente do que é utilizado no fabrico das notas de banco; ou
   f) reproduções intangíveis disponibilizadas por via electrónica em sítios *web*, através de meios de transmissão com ou sem fios, ou ainda por qualquer outra forma que permita ao público aceder às mesmas de local e ocasião individualmente escolhidos, desde que:
   – a palavra *SPECIMEN* esteja impressa na diagonal da reprodução, em Arial

ou outro tipo de caracteres semelhante; que o comprimento da palavra *SPECIMEN* e a sua altura correspondam, no mínimo, a 75 % do comprimento e a 15 % da largura da reprodução, respectivamente, e que seja de uma cor não transparente (opaca) que contraste com a cor predominante da correspondente nota de euro conforme especificada no artigo 1.º; e ainda que
- a resolução de uma reprodução electrónica em tamanho original não exceda 72 dpi.

4. Quando tal lhes seja solicitado por escrito, o BCE e os BCN devem fornecer a confirmação de que, embora não cumprindo os critérios estabelecidos no n.º 3, certas reproduções também são lícitas, na medida em que não são susceptíveis de serem confundidas pelo público com uma nota de euro genuína conforme especificada no artigo 1.º Se a reprodução for produzida no território de um único Estado-Membro participante, os pedidos de confirmação acima referidos devem ser endereçados ao respectivo BCN. Em todos os outros casos, tais pedidos devem ser dirigidos ao BCE.

5. As regras sobre a reprodução de notas de euro serão igualmente aplicáveis às notas de euro que tenham sido retiradas da circulação ou que tenham deixado de ter curso legal por força da presente decisão.

ARTIGO 3.º
Troca de notas de euro mutiladas ou danificadas

1. Os BCN procederão à troca das notas de euro genuínas e com curso legal mutiladas ou danificadas, a pedido e com subordinação às condições estabelecidas no n.º 2, nos seguintes casos:
   a) quando for apresentada uma fracção da nota de euro superior a 50%; ou
   b) quando for apresentada uma fracção da nota de euro igual ou inferior a 50%, se o requerente provar que as partes em falta foram destruídas.

2. Além do disposto no n.º 1 acima, à troca de notas de euro com curso legal mutiladas ou danificadas são ainda aplicáveis as seguintes condições adicionais:
   a) em caso de dúvida quanto à legitimidade da posse ou quanto à autenticidade das notas de euro pelo requerente, o requerente deve fornecer prova de identificação;
   b) no caso de serem apresentadas notas manchadas de tinta, contaminadas ou impregnadas, o requerente deve fornecer explicação escrita sobre o tipo de mancha, contaminação ou impregnação;
   c) se as notas de euro tiverem sofrido descoloração por acção de dispositivos anti-roubo e forem apresentadas por entidades que lidem com notas de banco a título profissional, conforme referido no n.º 1 do artigo 6.º do Regulamento (CE) n.º 1338/2001 do Conselho, de 28 de Junho de 2001, que define medidas necessárias à protecção do euro contra a falsificação[4], as referidas

entidades devem fornecer declaração escrita sobre a causa e o tipo da neutralização;

d) se as notas de euro tiverem sido mutiladas ou danificadas em bloco por acção de dispositivos anti-roubo, devem ser apresentadas em lotes de 100 notas, desde que a quantidade de notas a trocar seja suficiente para os compor.

3. Sem prejuízo do que antecede,

a) sempre que um BCN tenha conhecimento ou suspeita fundada de que as notas de euro foram intencionalmente mutiladas ou danificadas, deve recusar a sua substituição e retê-las, de modo a impedir que voltem à circulação ou que o requerente as volte a apresentar para troca noutro BCN. No entanto, os BCN procederão à troca das notas de euro mutiladas ou danificadas se tiverem conhecimento ou razões fundadas para crer na boa fé do requerente, ou ainda se este a conseguir provar. As notas de euro apenas ligeiramente mutiladas ou danificadas – por exemplo, contendo anotações, algarismos ou frases breves – não serão, em princípio, consideradas notas intencionalmente mutiladas ou danificadas; e

b) sempre que um BCN tenha conhecimento ou suspeita fundada da existência de delito deve recusar a troca das notas de euro mutiladas ou danificadas e retê-las, contra recibo, como meio de prova a ser submetido às autoridades competentes, para instauração de investigação criminal ou apoio de diligência em curso. Salvo decisão em contrário das autoridades competentes, as notas de euro serão devolvidas ao requerente depois de finalizada a investigação, podendo ser trocadas a partir daí.

[4] JO L 181 de 4.7.2001, p. 6.

ARTIGO 4.º
Fixação de uma taxa para a troca de notas de euro mutiladas ou danificadas

1. Os BCN cobrarão uma taxa às entidades que lidem com notas de banco a título profissional quando estas lhes solicitem, nos termos do artigo 3.º, que procedam à troca de notas de euro com curso legal mutiladas ou danificadas por acção de dispositivos anti-roubo.

2. O montante da referida taxa será de 10 cento por cada nota de euro mutilada ou danificada.

3. Esta taxa apenas será cobrada se um mínimo de 100 notas de euro mutiladas ou danificadas forem objecto de troca. A taxa será então cobrada relativamente ao total das notas de euro trocadas.

4. Não serão cobradas taxas em caso de mutilação ou danos sofridos pelas notas de euro em resultado de roubo ou furto, na forma tentada ou consumada.

ARTIGO 5.º
Retirada de circulação de notas de euro

A retirada de circulação de um tipo ou de uma série de notas de euro reger-se-á por decisão do Conselho do BCE, publicada para informação geral no Jornal Oficial da União Europeia e noutros meios de comunicação social. As disposições desta decisão abrangerão, no mínimo, os seguintes aspectos:
– o tipo ou série de notas de euro a ser retirado de circulação,
– a duração do período previsto para a sua troca,
– a data em que o tipo ou a série de notas de euro perderá o seu curso legal, e
– o tratamento a dar às notas de euro que forem apresentadas depois de decorrido o período de retirada de circulação e/ou de terem deixado de ter curso legal.

ARTIGO 6.º
Disposições finais

1. Ficam pela presente revogadas a Decisão BCE/2001/7 e a Decisão BCE/2001/14.

2. As referências às Decisões BCE/1998/6[5], BCE/1999/2[6], BCE/2001/7 e BCE/2001/14 devem entender-se como sendo feitas à presente decisão.

3. A presente decisão entra em vigor no dia seguinte ao da sua publicação no Jornal Oficial da União Europeia.

---

[5] Decisão BCE/1998/6, de 7 de Julho de 1998, relativa às denominações, especificações, reprodução, troca e retirada de circulação de notas expressas em euros (JO L 8 de 14.1.1999, p. 36).
[6] Decisão BCE/1999/2, de 26 de Agosto de 1999, que altera a Decisão BCE/1998/6, de 7 de Julho de 1998, relativa às denominações, especificações, reprodução, troca e retirada de circulação de notas expressas em euros (JO L 258 de 5.10.1999, p. 29).

Feito em Frankfurt am Main, em 20 de Março de 2003.

Pelo Conselho do BCE
Willem F. DUISENBERG

55. Orientação do Banco Central Europeu, de 20 de Março de 2003[672]

Relativa à execução de medidas contra a reprodução irregular de notas de euro e à troca e retirada de circulação de notas de euro

O CONSELHO DO BANCO CENTRAL EUROPEU,

Tendo em conta o Tratado que institui a Comunidade Europeia e, nomeadamente, o n.º 1 do seu artigo 106.º,

Tendo em conta os artigos 12.º-1, 14.º-3 e 16.º dos Estatutos do Sistema Europeu de Bancos Centrais e do Banco Central Europeu,

Tendo em conta a Decisão BCE/2003/4, de 20 de Março de 2003, relativa às denominações, especificações, reprodução, troca e retirada de circulação de notas de euro[1],

---

[1] Ver página 16 do presente Jornal Oficial.

Considerando o seguinte:

(1) A Orientação do Banco Central Europeu, de 7 de Julho de 1998, relativa à adopção de determinadas disposições sobre notas expressas em euros, alterada em 26 de Agosto de 1999 (BCE/1999/3)[2], dispõe que o Banco Central Europeu (BCE) pode fazer valer os seus direitos de autor (*copyright*) sobre as notas de euro.

---

[2] JO L 258 de 5.10.1999, p. 32.

(2) As normas que regem a execução forçada dos direitos de autor do BCE carecem de ser actualizadas e complementadas por um conjunto abrangente de regras e procedimentos que assegurem a protecção das notas de euro contra a sua reprodução irregular.

(3) O n.º 1 do artigo 106.º do Tratado e o artigo 16.º dos estatutos dispõem que o BCE tem o direito exclusivo de autorizar a emissão de notas de euro na Comunidade. Os citados artigos estipulam ainda que o BCE e os bancos centrais nacio-

---

[672] JOCE N.º L 78, de 25-Mar.-2003, 20-22.

nais podem emitir essas notas. Nos termos do artigo 10.º do Regulamento (CE) n.º 974/98 do Conselho, de 3 de Maio de 1998, relativo à introdução do euro[3], o BCE e os bancos centrais nacionais dos Estados-Membros participantes (a seguir "BCN") põem em circulação notas de euro. O direito de autorizar a emissão de notas de euro abrange a competência para tomar medidas para proteger a integridade do euro enquanto meio de pagamento, assim como para instituir um nível mínimo de tutela em todos os Estados-Membros participantes. Não havendo risco de confusão de reproduções de notas de euro com as notas de euro genuínas, tais reproduções deveriam ser permitidas. Para evitar tal confusão, a Decisão BCE/2003/4 estabeleceu regras comuns para a reprodução das notas de euro.

---

[3] JO L 139 de 11.5.1998, p. 1.

(4) As regras respeitantes à reprodução das notas de euro e à tutela dos direitos de autor do BCE sobre essas notas têm de ser aplicadas e feitas cumprir, sendo para isso necessária uma estreita colaboração entre o BCE e os BCN e, se for o caso, entre os mesmos e as autoridades nacionais competentes; as referidas regras devem ser aplicadas sem prejuízo das legislações penais nacionais interditando a produção, colocação em circulação ou posse de reproduções de notas de euro que o público possa confundir com notas de euro genuínas. Neste contexto, convém que o BCE recorra aos BCN para prevenir ou tomar providências contra a reprodução irregular de notas de euro. As disposições da presente orientação não deveriam, em qualquer caso, obstar à aplicação da lei penal, em particular no que se refere à contrafacção.

(5) Para reforço da salvaguarda da integridade das notas de euro enquanto meio de pagamento, o BCE e os BCN empenhar-se-ão numa maior consciencialização do público em relação às decisões do BCE relativas à reprodução das notas de euro, nomeadamente mediante a publicação das mesmas nos meios de comunicação social nacionais e no *Jornal Oficial da União Europeia*.

(6) Os BCN devem aplicar as disposições relativas à troca e retirada de circulação das notas de euro constantes da Decisão BCE/2003/4.

(7) Para melhor fazer chegar ao conhecimento do público qualquer decisão do BCE no sentido de retirar de circulação determinados tipos ou séries de notas de euro, os BCN ficarão incumbidos da tarefa de a anunciar nos meios de comunicação social nacionais.

(8) Nos termos dos artigos 12.º-1 e 14.º-3 dos estatutos, as orientações do BCE constituem parte integrante do direito comunitário,

ADOPTOU A PRESENTE ORIENTAÇÃO:

ARTIGO 1.º
Definição de reprodução irregular

Por "reprodução irregular" entende-se qualquer reprodução referida no n.º 1 do artigo 2.º da Decisão BCE/2003/4 que:
 a) seja ilícita, na acepção do artigo 2.º da Decisão BCE/2003/4; ou que
 b) que viole o direito de autor do BCE sobre as notas de euro, o que acontecerá quando, por exemplo, isso afectar o prestígio das notas de euro.

ARTIGO 2.º
Execução das medidas contra a reprodução irregular de notas

1. Sempre que um BCN tome conhecimento da existência de uma reprodução irregular no seu território deve, mediante uma comunicação efectuada segundo o modelo uniforme fornecido pelo BCE, ordenar à parte faltosa que deixe de produzir a reprodução irregular e, sempre que tal seja considerado conveniente, ordenar a devolução dos exemplares de reprodução irregular a quem os tenha na sua posse. Sempre que um BCN tome conhecimento da disponibilização de uma reprodução irregular por via electrónica em sítios da Web, através de meios de transmissão com e sem fios, ou ainda por qualquer outra forma que permita ao público aceder à mesma de local e em ocasião individualmente escolhidos, deve notificar prontamente o BCE desse facto. O BCE tomará então todas as medidas necessárias para remover essa reprodução da respectiva localização electrónica.

2. O BCN em causa deve informar prontamente o BCE se a parte faltosa não obedecer a alguma ordem dada nos termos do n.º 1.

3. Subsequentemente, quer a Comissão Executiva do BCE quer o BCN em causa poderão decidir instaurar um processo de infracção com base no n.º 1 do artigo 3.º do Regulamento (CE) n.º 2532/98 do Conselho, de 23 de Novembro de 1998, relativo ao poder do Banco Central Europeu de impor sanções[4]. Antes de tomar tal decisão, o BCE e o BCN em causa devem consultar-se mutuamente, devendo ainda o BCN informar o BCE se algum outro processo de infracção já foi instaurado ou se, em alternativa, poderá sê-lo ao abrigo da lei penal nacional e, ainda, se existe alguma outra base legal adequada (como, por exemplo, a legislação sobre direitos de autor) que possa servir de base a uma acção judicial contra a reprodução irregular. Se já tiver sido instaurado processo de infracção ou se, em alternativa, o mesmo vier a ser interposto ao abrigo da lei penal nacional, ou ainda se existir outra base legal adequada para se proceder contra a reprodução irregular, não será aberto outro processo de infracção ao abrigo do Regulamento (CE) n.º 2532/98.

4. Se o BCE decidir abrir um processo de infracção ao abrigo do Regulamento (CE) n.º 2532/98, poderá solicitar aos BCN que instaurem a correspondente acção

judicial. Em tal caso o BCE dará as suas instruções ao BCN em causa e conceder-lhe-á os necessários poderes. Todas as custas judiciais serão de conta do BCE. Na medida em que tal seja considerado conveniente e possível, o BCE ou o BCN, consoante o caso, devem velar pela remoção dos exemplares de reproduções irregulares.

5. O BCE tomará em nome próprio as medidas descritas neste artigo se:
 a) não se conseguir determinar com razoável grau de segurança a proveniência da reprodução irregular;
 b) a reprodução irregular tiver sido ou venha a ser produzida no território de vários Estados-Membros participantes; ou
 c) a reprodução irregular tiver sido ou venha a ser produzida fora do território dos Estados-Membros participantes.

[4] JO L 318 de 27.11.1998, p. 4.

ARTIGO 3.º
Pedidos de confirmação do carácter regular da reprodução

1. Todos os esclarecimentos e pedidos de confirmação quanto à licitude de uma reprodução, na acepção do artigo 2.º da Decisão BCE/2003/4, devem ser processados:
 a) em representação do BCE, pelo BCN do território nacional no qual tais reproduções tiverem sido ou irão ser produzidas; ou
 b) pelo BCE, nos casos descritos no n.º 5 do artigo 2.º

2. Os BCN devem informar o BCE de todas as respostas dadas a pedidos de confirmação efectuados ao abrigo do disposto no n.º 1. O BCE compilará esta informação e distribuirá aos BCN informação agrupada sobre as respostas dadas aos pedidos de confirmação. O BCE pode também ocasionalmente publicar esta informação.

ARTIGO 4.º
Troca de notas de euro mutiladas ou danificadas

1. Os BCN aplicarão o disposto na Decisão BCE/2003/4 nos seus devidos termos.

2. Ao aplicarem a Decisão BCE/2003/4, e subordinados aos condicionalismos legais, os BCN podem proceder à destruição de quaisquer notas de euro, ou fracções das mesmas, mutiladas ou danificadas, a menos que existam razões de direito que impliquem a sua preservação ou devolução ao requerente.

3. Os BCN devem designar um único órgão ou entidade responsável pela tomada de decisões relativas à troca de notas de euro mutiladas ou danificadas nos casos previstos na alínea b) do n.º 1 do artigo 3.º da Decisão BCE/2003/4, e informar o BCE dessa designação.

ARTIGO 5.º
Retirada de circulação de notas de euro

Os BCN procederão ao anúncio de qualquer decisão do Conselho do BCE de retirar da circulação determinado tipo ou série de nota de euro nos respectivos meios de comunicação nacionais, a expensas próprias e de acordo com as eventuais instruções da Comissão Executiva.

ARTIGO 6.º
Alterações à Orientação BCE/1999/3

Ficam pela presente revogados os artigos 1.º, 2.º e 4.º da Orientação BCE/1999/3. As referências aos artigos ora revogados devem entender-se como respectivamente feitas aos artigos 2.º, 4.º e 5.º desta orientação.

ARTIGO 7.º
Disposições finais

1. Os bancos centrais nacionais dos Estados-Membros participantes são os destinatários da presente orientação.

2. A presente orientação entra em vigor na dia seguinte ao da sua publicação no Jornal Oficial da União Europeia.

Feito em Frankfurt am Main, em 20 de Março de 2003.

Pelo Conselho do BCE
Willem F. DUISENBERG

56. Recomendação da Comissão, de 29 de Setembro de 2003[673]

Relativa a um procedimento comum para a mudança do desenho do anverso nacional das moedas em euros destinadas à circulação[1]

(Apenas fazem fé os textos, nas línguas alemã, espanhola, finlandesa, francesa, grega, inglesa, italiana, neerlandesa, portuguesa e sueca)

---
[1] Ver igualmente a comunicação da Comissão relativa a esta recomendação no (JO C 247 de 15.10.2003).

A COMISSÃO DAS COMUNIDADES EUROPEIAS,

Tendo em conta o Tratado que institui a Comunidade Europeia e, nomeadamente, o seu artigo 211.°,

Considerando o seguinte:

(1) De acordo com o n.° 2 do artigo 106.° do Tratado, os Estados-Membros podem emitir moedas, sujeitos à aprovação pelo Banco Central Europeu do volume da respectiva emissão.

(2) O Conselho adoptou, de acordo com o segundo período do n.° 2 do artigo 106.° do Tratado, medidas de harmonização neste domínio por meio do Regulamento (CE) n.° 975/98 do Conselho, de 3 de Maio de 1998, relativo aos valores faciais e às especificações técnicas das moedas em euros destinadas a circulação[2], alterado pelo Regulamento (CE) n.° 423/1999[3].

---
[2] JO L 139 de 11.5.1998, p. 6.
[3] JO L 52 de 27.2.1999, p. 2.

(3) De acordo com o artigo 11.° do Regulamento (CE) n.° 974/98 do Conselho, de 3 de Maio de 1998, relativo à introdução do euro[4], alterado pelo Regulamento (CE) n.° 2596/2000[5], as moedas expressas em euros ou em cêntimos, que respeitem as denominações e as especificações técnicas, devem ser as únicas moedas com curso legal em todos os Estados-Membros "participantes", tal como

---
[673] JOCE N.° L 264, de 15-Out.-2003, 38-39.

definidos no mencionado regulamento. Desde a sua entrada em circulação em 1 de Janeiro de 2002, estas moedas têm circulado em toda a zona do euro.

(4) JO L 139 de 11.5.1998, p. 1.
(5) JO L 300 de 29.11.2000, p. 2.

(4) O Conselho Ecofin informal de Verona estabeleceu, em Abril de 1996, que as moedas em euros deviam ter um reverso europeu comum e um anverso nacional distintivo. Os desenhos comuns para as diferentes denominações foram escolhidos pelos chefes de Estado ou de Governo dos Estados-Membros, no Conselho Europeu de Amesterdão de Dezembro de 1997, na sequência de um concurso organizado pela Comissão. Os desenhos das faces nacionais das moedas em euros foram decididos por cada Estado-Membro.

(5) O Conselho acordou, em 23 de Novembro de 1998, que deveria haver uma moratória relativamente às emissões de moedas comemorativas destinadas à circulação nos primeiros anos das novas notas e moedas. As moedas comemorativas em euros são moedas específicas destinadas à circulação e respeitam as especificações técnicas contidas no Regulamento (CE) n.° 975/98, enquanto o desenho nacional padrão do anverso é substituído por um desenho nacional diferente, a fim de comemorar um acontecimento ou personalidade específicos.

(6) A existência de um procedimento comum acordado para a alteração do desenho dos anversos nacionais das moedas em euros destinadas à circulação contribuirá, em especial, para assegurar que os operadores que manuseiam moedas para fins profissionais e o público em geral sejam informados com suficiente antecedência de alterações futuras na matéria.

(7) Os Estados-Membros foram consultados quanto ao procedimento comum estabelecido na presente recomendação, a fim de serem tidas em conta as respectivas tradições e preferências nacionais neste domínio específico. O procedimento comum deve permitir que os Estados-Membros mantenham as suas tradições na matéria.

(8) As emissões de moedas comemorativas em euros destinadas à circulação devem apenas comemorar acontecimentos ou personalidades da mais alta relevância, dado que essas moedas circularão em toda a zona do euro. Temas de menor importância devem ser celebrados através de moedas de colecção, que não se destinam à circulação e que devem ser facilmente diferenciadas das moedas destinadas à circulação.

(9) A limitação das emissões de moedas comemorativas destinadas à circulação a um único valor facial corresponde ao procedimento existente nalguns Estados-Membros e cria um enquadramento adequado para essas emissões. A moeda de 2 euros constitui a denominação mais adequada para o efeito, devido principalmente ao seu grande diâmetro e às suas características técnicas que proporcionam uma protecção adequada contra a contrafacção.

(10) É necessário fixar certos limites para o volume de emissão das moedas comemorativas destinadas à circulação, a fim de se assegurar que essas moedas representem apenas uma pequena percentagem do número total de moedas de 2 euros em circulação. Ao mesmo tempo, os limites devem permitir a emissão de uma quantidade suficiente de moedas a fim de assegurar que as moedas comemorativas possam circular efectivamente, pelo menos durante um certo período de tempo.

(11) A Comunidade concluiu acordos monetários com o Principado do Mónaco, a República de São Marino e o Estado da Cidade do Vaticano, permitindo-lhes a emissão de certas quantidades de moedas em euros destinadas à circulação. O procedimento comum deve ser igualmente aplicável às moedas destinadas à circulação emitidas por esses Estados,

RECOMENDA:

ARTIGO 1.º
**Alterações a introduzir nos lados nacionais
das moedas normais em euros destinadas à circulação**

Sem prejuízo do artigo 2.º da presente recomendação, os desenhos utilizados para os anversos nacionais das moedas denominadas em euros ou em cêntimos destinadas à circulação não devem ser alterados até ao final de 2008, excepto em caso de mudança do chefe de Estado representado numa moeda. Até ao final desse período, a Comissão deve elaborar um relatório a fim de examinar se essa moratória deve ser prorrogada ou se se deve introduzir um procedimento diferente.

ARTIGO 2.º
Emissão de moedas comemorativas em euros destinadas à circulação

A partir de 2004, a emissão de moedas comemorativas em euros destinadas à circulação com um anverso nacional diferente do das moedas normais em euros destinadas à circulação deve respeitar as seguintes regras:

a) O número de emissões deve ser limitado a um por Estado emissor e por ano, sem prejuízo do disposto na alínea i) do ponto c). Este limite não se aplica a eventuais moedas comemorativas em euros destinadas à circulação emitidas colectivamente por todos os países da zona do euro;

b) A moeda de 2 euros deve ser a única denominação utilizada para essas emissões;

c) O número total de moedas colocadas em circulação por cada emissão não deve exercer o volume mais elevado dos dois limites seguintes:

i) 0,1 % do número total das moedas de 2 euros colocadas em circulação por todos os Estados emissores até ao início do ano que precede o ano de emissão de uma moeda comemorativa. Este limite será aumentado

para 2,0% do volume total de moedas de 2 euros em circulação de todos os Estados emissores, se for comemorado um acontecimento de alcance verdadeiramente mundial e altamente simbólico, em cujo caso o emissor não pode proceder a outra emissão análoga de moedas comemorativas destinadas à circulação durante os quatro anos subsequentes e, além disso, deve justificar as razões da escolha do limite mais elevado no contexto das anteriores regras em matéria de informação previstas no ponto b) do artigo 3.º;
ii) 5,0 % do número total de moedas de 2 euros colocadas em circulação pelo Estado emissor em causa até ao início do ano que precede o ano de emissão da moeda comemorativa.

ARTIGO 3.º
Desenho das faces nacionais e publicação das alterações futuras

Devem aplicar-se as regras seguintes a todas as moedas denominadas em euros ou em cêntimos destinadas à circulação.

a) De acordo com os procedimentos estabelecidos, a face nacional deve ter 12 estrelas à volta do desenho e deve ser indicado o ano;
b) A Comissão deve ser informada acerca das alterações que se pretende introduzir nos desenhos dos anversos nacionais das moedas em euros, pelo menos, seis meses antes da emissão das moedas. A Comissão remeterá para o Comité Económico e Financeiro, para efeitos de aprovação, todas as emissões de moedas comemorativas destinadas à circulação com um volume de emissão previsto que exceda o limite de 0,1 % referido na subalínea i) da alínea c) do artigo 2.º;
c) Todas as informações relevantes sobre novos desenhos de moedas nacionais serão publicadas no Jornal Oficial da União Europeia.

ARTIGO 4.º
Destinatários

O Reino da Bélgica, a República Federal da Alemanha, a República Helénica, o Reino de Espanha, a República Francesa, a Irlanda, a República Italiana, o Grão--Ducado do Luxemburgo, o Reino dos Países Baixos, a República Portuguesa, a República da Áustria e a República da Finlândia são os destinatários da presente recomendação.

Feito em Bruxelas, em 29 de Setembro de 2003.

Pela Comissão
Pedro Solbes Mira
Membro da Comissão

II. REGRAS INTERNAS

57. Transição para o euro

57.1. DECRETO-LEI N.° 138/98, DE 16 DE MAIO[674] (ESTABELECE REGRAS FUNDAMENTAIS A OBSERVAR NO PROCESSO DE TRANSIÇÃO PARA O EURO, COMPLEMENTANDO O ORDENAMENTO JURÍDICO COMUNITÁRIO EXISTENTE)

A União Económica e Monetária constitui elemento essencial para o progresso da integração no seio da União Europeia.

A construção jurídica do euro deverá assentar em três pilares essenciais: confiança, credibilidade e perenidade.

Confiança, porque é essencial, dada a transformação estrutural do mercado que a introdução da nova moeda representa, a minimização da margem de risco relativamente às expectativas do futuro. Só assim os agentes económicos portugueses poderão delinear de forma credível as suas opções estratégicas e estas não deverão ser enevoadas por um clima de incerteza, mas antes potenciadas pelo novo instrumento monetário que se irá introduzir.

Credibilidade, porque é essencial a confiança na nova moeda para que ela desempenhe o seu conteúdo útil como referencial de transacções.

Perenidade, porque é essencial fornecer aos agentes económicos um referencial de futuro, de natureza estrutural, e que não esteja ao sabor dos ventos ideológicos. O referencial monetário terá, por características intrínsecas à sua função, de apontar a sua existência para o infinito, sob pena de, em caso inverso, não servir as expectativas dos seus utilizadores por estes não o terem como uma reserva de valor ou uma unidade de conta credível.

A definição atempada do enquadramento legal do euro é, pois, fundamental para o processo de formação de decisão dos agentes económicos.

O processo de adesão de Portugal à 3.ª fase da União Económica e Monetária reveste, pois, um alcance compreensivo e horizontal.

Além da convergência económico-financeira traduzida no cumprimento dos critérios de convergência nominal, é necessária toda uma componente jurídica que permitirá a adaptação da Administração Pública à nova fase de integração económica e proporcione a necessária segurança jurídica aos cidadãos e às empresas portugue-

---

[674] DR I Série-A, n.° 113, de 16-Mai.-1998, 2339-2343.

sas, no que diz respeito a certas disposições respeitantes à introdução do euro, com bastante antecedência em relação ao início da 3.ª fase. Esta segurança jurídica permitirá que os cidadãos e as empresas se preparem para actuar em boas condições.

É, assim, essencial proceder a algumas alterações no ordenamento jurídico nacional que, em complemento com a nova Lei Orgânica do Banco de Portugal, que assegurou a necessária autonomia do banco central e a sua integração no sistema europeu de bancos centrais, permitam a denominada "convergência legal", construindo-se uma base nacional que se insira na lógica da criação da moeda única.

Por outro lado, considerou-se necessário introduzir regulamentação no sentido de assegurar a estabilidade contratual, designadamente em termos de indexantes e de arredondamentos, em respeito pelos princípios da segurança jurídica, da transparência e do equilíbrio contratual.

Outros ajustamentos avulsos foram efectuados tendo em vista a preparação sustentada e unitária dos diversos elementos regulamentares do ordenamento jurídico português.

De referir que o presente diploma não é senão uma 1.ª fase do processo de preparação legislativa do ordenamento jurídico português para a introdução do euro, onde, em complemento da legislação comunitária (nomeadamente o regulamento baseado no artigo 109.º-L, n.º 4, do Tratado, que entrará em vigor no dia 1 de Janeiro de 1999, e o Regulamento n.º 1103/97, do Conselho, de 17 de Junho de 1997, relativo a certas disposições respeitantes à introdução do euro), será assegurada a estabilidade contratual dos instrumentos negociais existentes no dia 1 de Janeiro de 1999, prever-se-ão as regras essenciais da transição da administração pública financeira para o euro e efectuar-se-ão os demais ajustamentos considerados prioritários no ordenamento jurídico português, sem nunca distorcer os princípios estabelecidos no ordenamento comunitário quanto a esta matéria, numa lógica assente no rcspcito pela esfera de competência legislativa comunitária, no princípio da continuidade dos instrumentos e das relações contratuais, no princípio da neutralidade na introdução do euro e no princípio da transparência e da plena informação relativamente às normas de transição.

Foi consultado o Instituto Monetário Europeu, nos termos da Decisão do Conselho n.º 93/717/CE, de 22 de Novembro, relativa à consulta do Instituto Monetário Europeu pelas autoridades dos Estados membros sobre projectos de disposições regulamentares.

Assim, nos termos da alínea *a*) do n.º 1 do artigo 198.º e do n.º 5 do artigo 112.º da Constituição, o Governo decreta o seguinte:

CAPÍTULO I
Disposições gerais

ARTIGO 1.º
Âmbito

1 – O presente diploma estabelece regras fundamentais a observar no processo

de transição para o euro, complementando o disposto no direito comunitário aplicável.

2 – Até 31 de Dezembro de 2001 poderão ser objecto de regulação específica as situações em que se mostre necessário assegurar a adaptação gradual à nova moeda, nomeadamente pelos consumidores.

CAPÍTULO II
Direito monetário e cambial

ARTIGO 2.º
Moedas correntes de $50 e de 2$50

1 – Deixam de ter curso legal e poder liberatório, a partir de 30 de Setembro de 1998, as moedas metálicas correntes com os valores faciais de $50 e de 2$50.

2 – A troca das referidas moedas efectua-se, a partir da data da entrada em vigor do presente diploma e até 31 de Dezembro de 1998, na sede, filial, delegações regionais ou agências do Banco de Portugal, bem como nas tesourarias da Fazenda Pública[5].

3 – À medida que efectuem a troca, as tesourarias da Fazenda Pública enviam as moedas para a sede do Banco de Portugal, directamente ou através das instituições de crédito onde se encontrem abertas contas da Direcção-Geral do Tesouro.

ARTIGO 3.º
Arredondamentos

1 – No pagamento de importâncias expressas em centavos, procede-se ao arredondamento para a unidade do escudo mais próxima.

2 – O arredondamento deve ser feito por excesso quando a importância em causa for igual ou superior a $50 e por defeito nos restantes casos.

3 – O disposto nos números anteriores é igualmente aplicável a todas as receitas e despesas do Estado e restantes entidades sujeitas a um regime de contabilidade pública, assim como na liquidação das contribuições, impostos, taxas e demais receitas das mesmas entidades.

ARTIGO 4.º
Alteração ao Decreto-Lei n.º 333/81

É aditado um n.º 3 ao artigo 4.º do Decreto-Lei n.º 333/81, de 7 de Dezembro, alterado pelo Decreto-Lei n.º 479/82, de 23 de Dezembro, passando o referido artigo a ter a seguinte redacção:

(O Decreto-Lei n.º 333/81, de 7 de Dezembro, não é objecto da presente publicação)

ARTIGO 5.º
Alteração ao Decreto-Lei n.º 293/86

O artigo 13.º do Decreto-Lei n.º 293/86, de 12 de Setembro, passa a ter a seguinte redacção:

(O Decreto-Lei n.º 293/86, de 12 de Setembro, não é objecto da presente publicação)

ARTIGO 6.º
Alteração ao Decreto-Lei n.º 178/88

É aditado ao Decreto-Lei n.º 178/88, de 19 de Maio, um artigo 14.º, com a seguinte redacção:

(O Decreto-Lei n.º 178/88, de 19 de Maio, não é objecto da presente publicação)

ARTIGO 7.º
Alteração ao Decreto-Lei n.º 13/90

1 – É aditado ao Decreto-Lei n.º 13/90, de 8 de Janeiro, um artigo 1.º-A, com a seguinte redacção:
2 – São alterados os artigos 5.º e 19.º do mesmo Decreto-Lei n.º 13/90, passando a ter a seguinte redacção:

(O Decreto-Lei n.º 13/90, de 8 de Janeiro foi revogado pelo Decreto-Lei n.º 295/2003, de 21 de Novembro)

CAPÍTULO III
Conversões entre escudos e euros

ARTIGO 8.º
Conversões entre escudos e euros

1 – Quando um montante pecuniário expresso em escudos seja convertido em euros, designadamente no âmbito de um sistema organizado de liquidação ou pagamento, devendo após isso ser pago em escudos, consideram-se irrelevantes as diferenças apuradas entre a primeira importância e a resultante da segunda conversão, prevalecendo esta, desde que tenham sido observadas as disposições concernentes à conversão e aos arredondamentos.

2 – O disposto no n.º 1 é aplicável salvo convenção ou norma, legal ou regulamentar, em contrário.

3 – Em ordem a garantir o maior grau possível de precisão nas conversões sucessivas a que alude o n.º 1, pode o Ministro das Finanças estabelecer, mediante portaria, regras específicas de cálculo, designadamente em relação a diferenças superiores a determinados montantes.

4 – Podem também, mediante portaria do Ministro das Finanças, estabelecer-se procedimentos específicos, de natureza contabilística ou outra, quanto ao arredondamento de produtos ou somas de parcelas ou saldos expressos em euros e escudos.

CAPÍTULO IV
Contabilidade

ARTIGO 9.º
Contabilidade

1 – A partir de 1 de Janeiro de 1999 e até 31 de Dezembro de 2001, as entidades que sejam obrigadas a ter contabilidade organizada nos termos da lei comercial ou fiscal ou que por ela tenham optado podem elaborar essa contabilidade, incluindo os respectivos registos e documentos de suporte, tanto em escudos como em euros.

2 – A decisão de elaborar a contabilidade em euros, uma vez tomada, é inalterável.

3 – A partir de 1 de Janeiro de 2002 todas as entidades referidas no n.º 1 devem elaborar a sua contabilidade, incluindo os respectivos registos e documentos de suporte, em euros.

CAPÍTULO V
Taxas de referência

ARTIGO 10.º
Taxa de desconto do Banco de Portugal

1 – Salvo convenção expressa em contrário, a estipulação, a referência ou a indexação à taxa de desconto do Banco de Portugal em negócios jurídicos, incluindo os de dívida pública, entendem-se feitas com relação à taxa de equivalência estabelecida nos termos do número seguinte.

2 – Mediante portaria, e ouvido o Banco de Portugal, o Ministro das Finanças fixa, de acordo com a evolução económica e financeira, a taxa equivalente que substitui a mencionada taxa de desconto.

ARTIGO 11.º
Outras taxas de referência e indexantes

1 – A estipulação de médias de taxas de juro ou índices similares, designada-

mente interbancários, assim como a referência ou indexação a essas médias ou índices em negócios jurídicos, incluindo os de dívida pública, ou em disposições normativas, legais ou regulamentares, entendem-se feitas, salvo convenção expressa em contrário, com relação às taxas ou índices da mesma natureza que no País continuem a ser praticados ou divulgados após a data de entrada em vigor deste diploma.

2 – Se não vier a efectuar-se a divulgação a que alude o número anterior, ou a partir do momento em que ela cessar, presumem-se aplicáveis, salvo norma ou convenção expressa em contrário, as taxas ou índices equivalentes objecto de divulgação na zona do euro, considerada esta no seu conjunto.

3 – Na falta de taxas ou índices divulgados segundo o previsto nos números anteriores, presumem-se aplicáveis, salvo convenção expressa em contrário, as taxas ou índices, económica e financeiramente equivalentes, praticados ou divulgados no mercado.

4 – Pode o Ministro das Finanças determinar, nos termos do n.º 2 do artigo 10.º, quais as taxas ou índices equivalentes a que se refere o número anterior.

ARTIGO 12.º
Taxas ou índices equivalentes

1 – Para efeitos do disposto no artigo anterior, têm-se como equivalentes as taxas ou índices relativos a operações da mesma natureza e do mesmo prazo ou, na ausência deste, de prazo mais próximo do da taxa ou índice cuja divulgação haja cessado.

2 – Verificando-se alteração no processo de cálculo ou contagem das taxas ou índices a que se refere o artigo 11.º, são os mesmos objecto de ajustamento mediante aplicação de factores ou fórmulas de correcção a definir pelo Ministro das Finanças, nos termos do n.º 2 do artigo 10.º.

CAPÍTULO VI
Redenominação

ARTIGO 13.º
Dívida pública directa em euros

A partir de 1 de Janeiro de 1999, as emissões de obrigações do Tesouro a taxa fixa (OT), a taxa variável (OTRV) e de bilhetes do Tesouro efectuam-se em euros.

ARTIGO 14.º
Redenominação da dívida pública directa

1 – A dívida pública directa do Estado, expressa em escudos e representada pelas obrigações do Tesouro a taxa fixa (OT) e a taxa variável (OTRV) com venci-

57.1. Regime do Euro

mento depois de 1999, é redenominada em euros, com efeitos a partir de 1 de Janeiro de 1999.

2 – Os bilhetes do Tesouro, com vencimento em 1999, podem ser redenominados em condições a definir pelo Ministro das Finanças.

3 – A redenominação da dívida mencionada nos números anteriores realiza-se, a partir da posição do credor, pela aplicação da taxa de conversão ao valor da sua carteira, com arredondamento ao cêntimo de euro.

4 – Fica o Ministro das Finanças autorizado a regular as condições concretas da redenominação prevista nos n.ºs 1 e 2 e a proceder a correcções no montante das emissões, justificadas por força dos arredondamentos efectuados.

5 – A restante dívida pública directa do Estado, expressa em escudos, que não seja amortizada antes de 31 de Dezembro de 2001 deve ser redenominada até esta data, em condições a definir pelo Ministro das Finanças.

ARTIGO 15.º
Reconvenção da dívida redenominada

1 – Quando se proceda à redenominação nos termos do artigo anterior, pode o Instituto de Gestão do Crédito Público alterar as condições de emissão da dívida que expressem convenções de mercado diferentes daquelas que venham a ser adoptadas em outros países participantes na 3.ª fase da União Económica e Monetária, desde que sejam respeitados os interesses dos credores.

2 – O Instituto de Gestão do Crédito Público, no exercício dos seus poderes de gestão da dívida pública directa do Estado, toma outras medidas que se revelem necessárias para adaptar a dívida, quer a redenominada, quer a emitida em euros, à nova realidade monetária.

ARTIGO 16.º
Restante dívida pública e privada

1 – Fora dos casos previstos nos artigos anteriores, a dívida expressa em escudos e representada por obrigações, outros valores mobiliários ou por instrumentos do mercado monetário pode ser redenominada em euros, a partir de 1 de Janeiro de 1999.

2 – É efectuada nos termos da lei portuguesa a redenominação da dívida emitida segundo essa mesma lei, representada por obrigações, outros valores mobiliários ou por instrumentos do mercado monetário e expressa em moeda de outro Estado membro participante na 3.ª fase da União Económica e Monetária que tenha decidido redenominar a sua dívida.

CAPÍTULO VII
Administração pública financeira

ARTIGO 17.º
Área fiscal

1 – Os contribuintes que, até 31 de Dezembro de 2001, tenham optado por ter a sua contabilidade em euros podem apresentar nesta moeda as suas declarações fiscais, bem como os balancetes progressivos do Razão geral, os mapas de reintegrações e amortizações, os mapas de provisões e mapas de mais ou menos-valias, em termos a definir por despacho do Ministro das Finanças, relativamente aos períodos de tributação iniciados posteriormente à sua opção.

2 – Até 31 de Dezembro de 2001, o pagamento das obrigações fiscais pode ser efectuado tanto em escudos como em euros.

ARTIGO 18.º
Área orçamental e de tesouraria

1 – O Orçamento do Estado é elaborado e executado em escudos até 31 de Dezembro de 2001.

2 – O disposto no número anterior não prejudica o uso do euro nas operações em que tal seja necessário, sendo salvaguardada a possibilidade de os serviços efectuarem, a partir de 1 de Janeiro de 1999, pagamentos em euros, mesmo mantendo a sua contabilização em escudos.

ARTIGO 19.º
Dados históricos

O processo adequado de conversão de dados históricos é determinado pelo serviço competente, atendendo à diversidade do volume das bases de dados, à sua complexidade e à sua necessidade.

CAPÍTULO VIII
Disposições transitórias

ARTIGO 20.º
Disposições transitórias

O presente diploma entra em vigor no dia 1 de Janeiro de 1999, com excepção dos artigos 2.º e 3.º, que entram em vigor no dia imediato ao da sua publicação.

57.1.

Visto e aprovado em Conselho de Ministros de 8 de Abril de 1998. – *António Manuel de Oliveira Guterres – António Luciano Pacheco de Sousa Franco.*

Promulgado em 5 de Maio de 1998.
Publique-se.
O Presidente da República, JORGE SAMPAIO.

Referendado em 7 de Maio de 1998.
O Primeiro-Ministro, *António Manuel de Oliveira Guterres.*

57.2. DECRETO-LEI N.º 343/98, DE 6 DE NOVEMBRO[675] [ALTERA O DECRETO-LEI N.º 262/86, DE 2 DE SETEMBRO (CÓDIGO DAS SOCIEDADES COMERCIAIS), O ARTIGO 406.º DO DECRETO--LEI N.º 142-A/91, DE 10 DE ABRIL (CÓDIGO DO MERCADO DE VALORES MOBILIÁRIOS), E ESTABELECE OUTRAS REGRAS FUNDAMENTAIS RELATIVAMENTE AO PROCESSO DE TRANSIÇÃO PARA O EURO]

A substituição do escudo pelo euro é uma decorrência de regras comunitárias constitucionalmente vigentes em Portugal. A própria transição do escudo para o euro e diversos mecanismos de adaptação encontram, nas fontes comunitárias, a sua sede jurídico-positiva.

Não obstante, cabe ao legislador português proceder a adaptações na ordem interna. Nalguns casos, as próprias regras cometem aos Estados membros a concretização de diversos aspectos; noutros, as particularidades do direito interno recomendam normas de acompanhamento e de complementação. Trata-se, aliás, de uma prática seguida por outros Estados participantes.

Nas alterações ao Código Civil tem-se o cuidado de deixar intocada a linguagem própria desse diploma, limitando ao mínimo as modificações introduzidas. Aproveita-se para actualizar os limites que conferem natureza formal, simples ou agravada, ao mútuo e à renda vitalícia. Idêntica orientação é seguida no tocante às adaptações introduzidas nos Códigos das Sociedades Comerciais e Cooperativo. Os novos capitais sociais mínimos, dotados de um regime transitório favorável, constituem uma primeira aproximação aos correspondentes valores adoptados noutros ordenamentos europeus. Mantém-se o paralelismo do estabelecimento individual de responsabilidade limitada com as sociedades por quotas.

No contexto da adaptação dos instrumentos regulamentares do ordenamento jurídico português à introdução do euro, procede-se à alteração do artigo 406.º do Código do Mercado de Valores Mobiliários, que visa acomodar a decisão das bolsas de cotar os valores e liquidar transacções em euros logo a partir de 4 de Janeiro de 1999. Contudo, a liquidação em euros não impede que os créditos e débitos em conta, tanto de intermediários financeiros como de investidores, sejam feitos em escudos, irrelevando para tal a moeda em que os valores mobiliários se encontrem denominados.

Igualmente se regula no presente diploma a redenominação de valores mobiliários, isto é, a alteração para euros da unidade monetária em que se expressa o respec-

---

[675] DR I Série-A, n.º 257, de 6-Nov.-1998, 5939-5946.

tivo valor nominal, a ocorrer voluntariamente de 1 de Janeiro de 1999 a 31 de Dezembro de 2001 ou obrigatoriamente em 1 de Janeiro de 2002. Visa-se, assim, complementar o quadro comunitário corporizado nos Regulamentos (CE) n.os 974/98, do Conselho, de 3 de Maio, e 1103/97, do Conselho, de 17 de Junho, explicitando-se princípios gerais que devem nortear o processo de redenominação durante aquele período transitório e estipulando-se regras especiais quanto a determinados tipos de valores mobiliários.

Na realidade, o enquadramento jurídico do processo de redenominação de qualquer valor mobiliário deve ser enformado por determinados princípios gerais: o princípio da liberdade, de iniciativa do emitente quanto ao momento e ao método de redenominação a adoptar; o princípio da unidade de redenominação, pelo qual se veda a hipótese de utilização de diversos métodos na redenominação de acções de uma mesma sociedade ou na redenominação de valores mobiliários representativos de dívida pertencentes a uma mesma emissão ou categoria; o princípio da informação, consubstanciado na necessidade de cada entidade emitente comunicar a sua decisão de redenominar à Comissão do Mercado de Valores Mobiliários, bem como a de publicar essa decisão em jornal de grande circulação e nos boletins de cotações das bolsas em que os valores mobiliários a redenominar são negociados; o princípio da simplificação do processo de redenominação, que atende à preocupação de não se sobrecarregar as entidades emitentes com custos acrescidos e processos formais morosos, dispensando-se, por conseguinte, no quadro do processo de redenominação, o cumprimento de diversos requisitos de ordem formal e o pagamento de determinados emolumentos; finalmente, o princípio da neutralidade, pelo qual se pretende assegurar que o processo de redenominação, concretamente o método de redenominação escolhido pela entidade em causa, não implique alterações significativas na situação jurídico-económica da entidade que optou por redenominar valores mobiliários.

Aliás, este princípio da neutralidade explica muitas das soluções do presente diploma. De facto, opta-se conscientemente por privilegiar um determinado método de redenominação que, de entre uma multiplicidade de métodos possíveis, surge como o mais idóneo para garantir uma influência mínima na vida jurídico-financeira das entidades emitentes: trata-se da redenominação através da utilização de um método padrão para a redenominação, quer de acções, quer de obrigações e outros valores mobiliários representativos de dívida.

Concretamente, no que diz respeito à redenominação de acções, entende-se por método padrão a mera aplicação da taxa de conversão ao valor nominal unitário das acções emitidas e arredondamento ao cêntimo. Esta operação não altera o número de acções emitidas, mas exige um ligeiro ajustamento do capital social.

No que se refere às obrigações e a outros valores mobiliários representativos de dívida, e na linha do que se passa na grande maioria dos mercados obrigacionistas europeus, o método padrão corresponde à aplicação da taxa de conversão à posição do credor, com uma consequente conversão do valor nominal em cêntimo (vulgarmente denominado por método *bottom up* por carteira, com renominalização ao cêntimo).

Na sequência do Decreto-Lei n.º 138/98, de 16 de Maio, o presente diploma consagra um regime especial para a redenominação da dívida pública directa do

Estado, remetendo para aquele diploma a disciplina da redenominação da dívida denominada em escudos, ao mesmo tempo que estabelece o enquadramento para a redenominação da dívida denominada em moedas de outros Estados membros participantes.

Aproveita-se, ainda, a oportunidade para incluir a regulamentação genérica respeitante à área aduaneira e dos impostos especiais sobre o consumo, em complemento do regime fiscal constante do referido decreto-lei.

Foram ouvidos a Associação Nacional de Municípios Portugueses, o Banco de Portugal, a Comissão do Mercado de Valores Mobiliários e os órgãos de governo próprio das Regiões Autónomas.

Assim, nos termos da alínea *a*) do n.º 1 do artigo 198.º e do n.º 5 do artigo 112.º da Constituição, o Governo decreta o seguinte:

SECÇÃO I
Alteração de diplomas legais

ARTIGO 1.º
Obrigações em moeda com curso legal apenas no estrangeiro

A subsecção III da secção VI do capítulo III do título I do livro II do Código Civil, aprovado pelo Decreto-Lei n.º 47 344, de 25 de Novembro de 1966, passa a ter a seguinte redacção:

(A alteração foi introduzida no texto do Código Civil, acima publicado)

ARTIGO 2.º
Código Civil

Os artigos 558.º, 1143.º e 1239.º do Código Civil passam a ter a seguinte redacção:

(As alterações aos artigos 558.º e 1143.º foram inseridas no texto do Código Civil, acima publicado; o artigo 1239.º não é objecto da presente publicação)

ARTIGO 3.º
Código das Sociedades Comerciais

Os artigos 14.º, 29.º, 201.º, 204.º, 218.º, 219.º, 238.º, 250.º, 262.º, 276.º, 295.º, 352.º, 384.º, 390.º, 396.º e 424.º, do Código das Sociedades Comerciais, aprovado pelo Decreto-Lei n.º 262/86, de 2 de Setembro, passam a ter a seguinte redacção:

(O Código das Sociedades Comerciais não é objecto da presente publicação)

ARTIGO 4.º
Estabelecimento individual de responsabilidade limitada

O artigo 3.º do Decreto-Lei n.º 248/86, de 25 de Agosto, passa a ter a seguinte redacção:

(O Decreto-Lei n.º 248/86, de 25 de Agosto, não é objecto da presente publicação)

ARTIGO 5.º
Código Cooperativo

Os artigos 18.º, 21.º e 91.º do Código Cooperativo, aprovado pela Lei n.º 51/96, de 7 de Setembro, passam a ter a seguinte redacção:

(O Código Cooperativo não é objecto da presente publicação)

ARTIGO 6.º
Código do Mercado de Valores Mobiliários

O artigo 406.º do Código do Mercado de Valores Mobiliários, aprovado pelo Decreto-Lei n.º 142-A/91, de 10 de Abril, passa a ter a seguinte redacção:

(O Código do Mercado de Valores Mobiliários não é objecto da presente publicação)

ARTIGO 7.º
Decreto-Lei n.º 125/90, de 16 de Abril

Sem prejuízo da validade das emissões anteriores a 1 de Janeiro de 1999, o artigo 9.º do Decreto-Lei n.º 125/90, de 16 de Abril, passa a ter a seguinte redacção:

(O preceito alterado foi inserido no texto do Decreto-Lei n.º 125/90, acima publicado)

ARTIGO 8.º
Decreto-Lei n.º 408/91, de 17 de Outubro

O artigo 6.º do Decreto-Lei n.º 408/91, de 17 de Outubro, passa a ter a seguinte redacção:

(O preceito alterado foi inserido no texto do Decreto-Lei n.º 408/91, acima publicado)

ARTIGO 9.º
Decreto-Lei n.º 181/92, de 22 de Agosto

O artigo 2.º do Decreto-Lei n.º 181/92, de 22 de Agosto, alterado pelo artigo 1.º do Decreto-Lei n.º 232/94, de 14 de Setembro, passa a ter a seguinte redacção:

(O Decreto-Lei n.º 181/92, de 22 de Agosto foi revogado pelo Decreto-Lei n.º 69/2004, de 25 de Março)

ARTIGO 10.º
Decreto-Lei n.º 138/98, de 16 de Maio

O n.º 2 do artigo 2.º do Decreto-Lei n.º 138/98, de 16 de Maio, passa a ter a seguinte redacção:

(O preceito alterado foi inserido no texto do Decreto-Lei n.º 138/98, acima publicado)

SECÇÃO II
Redenominação de valores mobiliários

ARTIGO 11.º
Âmbito

1 – A presente secção estabelece as regras fundamentais que disciplinam a redenominação de valores mobiliários.

2 – As disposições constantes desta secção aplicam-se igualmente aos títulos de dívida de curto prazo.

ARTIGO 12.º
Conceito de redenominação

Para os efeitos deste diploma, a redenominação consiste na alteração para euros da unidade monetária em que se expressa o valor nominal de valores mobiliários.

ARTIGO 13.º
Métodos de redenominação

1 – Constituem métodos padrão de redenominação de acções e de obrigações ou outros valores mobiliários representativos de dívida, respectivamente, o método da alteração unitária e o da alteração por carteira.

2 – A redenominação de acções através do método padrão traduz-se na transposição para euros do valor nominal expresso em escudos, mediante a aplicação da

taxa de conversão fixada irrevogavelmente pelo Conselho da União Europeia, de acordo com o n.º 4, primeiro período, do artigo 109.º-L do Tratado que institui a Comunidade Europeia.

3 – A redenominação de obrigações e de outros valores mobiliários representativos de dívida através do método padrão realiza-se a partir da posição do credor pela aplicação da taxa de conversão, referida no número anterior, ao valor da sua carteira, com arredondamento ao cêntimo, passando este a constituir o novo valor nominal mínimo desses valores.

4 – A redenominação de valores mobiliários representativos de dívida das Regiões Autónomas e das autarquias locais efectua-se pelo método padrão definido nos termos do número anterior.

ARTIGO 14.º
Redenominação dos valores mobiliários

1 – A partir de 1 de Janeiro de 1999, as entidades emitentes de valores mobiliários podem proceder à redenominação destes.

2 – À redenominação aplicam-se as regras relativas à modificação do tipo de valores mobiliários em causa, salvo o disposto nos artigos seguintes.

3 – Após 1 de Janeiro de 2002, todos os valores mobiliários ainda denominados em escudos consideram-se automaticamente denominados em euros, mediante a aplicação da taxa de conversão fixada irrevogavelmente pelo Conselho da União Europeia, de acordo com o n.º 4, primeiro período, do artigo 109.º-L do Tratado que institui a Comunidade Europeia.

ARTIGO 15.º
Unidade e globalidade da redenominação

1 – Devem obedecer a um único método a redenominação de acções emitidas pela mesma sociedade e a redenominação dos restantes valores mobiliários, caso pertençam à mesma categoria ou à mesma emissão, ainda que realizada por séries.

2 – Ficam vedadas redenominações parciais de acções de uma mesma sociedade e de obrigações e valores mobiliários representativos de dívida pertencentes a uma mesma categoria ou emissão.

3 – A redenominação é irreversível.

4 – A redenominação das acções implica a alteração da denominação do capital social.

5 – Após a redenominação das acções da sociedade, qualquer nova emissão de acções, ainda que em consequência do exercício dos direitos de conversão ou subscrição conferidos por valores mobiliários emitidos anteriormente, só pode denominar-se em euros.

ARTIGO 16.º
Comunicações e anúncio prévio

1 – A decisão da entidade emitente de redenominar os valores mobiliários deve ser comunicada à Comissão do Mercado de Valores Mobiliários e anunciada em jornal de grande circulação, com uma antecedência mínima de 30 dias relativamente à data da redenominação.

2 – O anúncio da decisão referida no número anterior deve explicitar, nomeadamente:
 a) A identificação dos valores mobiliários em causa;
 b) A fonte normativa em que assenta a decisão;
 c) A taxa de conversão fixada irrevogavelmente pelo Conselho da União Europeia, de acordo com o n.º 4, primeiro período, artigo 109.º-L do Tratado que institui a Comunidade Europeia;
 d) O método de redenominação e o novo valor nominal;
 e) A data prevista para o pedido de inscrição da redenominação no registo comercial.

3 – A decisão referida no n.º 1 deve, com a antecedência nele referido, ser publicada no boletim de cotações da bolsa em que os valores mobiliários a redenominar sejam negociados.

4 – Quando os valores mobiliários a redenominar constituam activo subjacente a instrumentos financeiros derivados, a respectiva decisão deve ser publicada no boletim de cotações da bolsa onde tais instrumentos sejam negociados, com a antecedência prevista no n.º 1.

5 – Quando estejam em causa obrigações de caixa, obrigações hipotecárias ou títulos de dívida de curto prazo, a respectiva decisão deve ser comunicada, com a antecedência prevista no n.º 1, ao Banco de Portugal.

ARTIGO 17.º
Deliberações dos sócios

1 – Podem ser tomadas por maioria simples as seguintes deliberações dos sócios:
 a) Alteração da denominação do capital social para euros;
 b) Redenominação de acções de sociedades anónimas através do método padrão, mesmo quando isso ocasione aumento ou redução de capital social, respectivamente, por incorporação de reservas ou por transferência para reserva de capital, sujeita ao regime da reserva legal.

2 – A redução de capital social resultante da utilização do método padrão de redenominação de acções não carece da autorização judicial prevista no artigo 95.º do Código das Sociedades Comerciais.

ARTIGO 18.º
Assembleia de obrigacionistas

1 – A redenominação de obrigações, quando efectuada através do método

padrão, não carece de deliberação da assembleia de obrigacionistas prevista no artigo 355.º, n.º 4, alínea b), do Código das Sociedades Comerciais.

2 – O regime do número anterior aplica-se aos títulos de participação, quanto à reunião da assembleia prevista no artigo 14.º do Decreto-Lei n.º 321/85, de 5 de Agosto.

ARTIGO 19.º
Dispensa dos limites de emissão

As emissões de obrigações anteriores a 1 de Janeiro de 1999 ficam dispensadas dos limites de emissão fixados no artigo 349.º do Código das Sociedades Comerciais, na precisa medida em que os mesmos sejam ultrapassados, mercê da redenominação de acções ou de obrigações através dos respectivos métodos padrão.

ARTIGO 20.º[676]
Isenções e formalidades

1 – A redenominação de valores mobiliários, quotas, ou as modificações estatutárias que visem a alteração da denominação do capital social para euros ficam dispensadas:
  a) Da escritura pública prevista no artigo 85.º, n.º 3, do Código das Sociedades Comerciais;
  b) Das publicações referidas nos artigos 167.º do Código das Sociedades Comerciais e 70.º, n.º 1, alínea a), do Código do Registo Comercial;
  c) Dos emolumentos referidos nas Portarias n.os 366/89, de 22 de Maio, e 883/89, de 13 de Outubro.

2 – O disposto no número anterior não é aplicável quando se verifique uma redução do capital social superior à que resultaria da redenominação de acções através do método padrão, uma alteração do número de acções ou um aumento do capital por entradas em dinheiro ou em espécie.

3 – O disposto na alínea a) do n.º 1 aplica-se às alterações dos contratos de sociedade que visem, até 1 de Janeiro de 2002, adoptar os novos capitais sociais mínimos previstos neste diploma.

4 – As entidades emitentes devem requerer o registo comercial da redenominação de valores mobiliários, mediante apresentação de cópia da acta de que conste a respectiva deliberação.

5 – No caso de os valores mobiliários estarem integrados nos sistemas de registo, depósito e controlo, constitui documento bastante, para efeitos notariais e de

---

[676] A Declaração de Rectificação n.º 3-D/99, de 29 de Janeiro, publicada no DR I Série-A, 2.º Suplemento ao n.º 25/99, de 30-Jan.-1999, 596-(6), veio corrigir o n.º 1 do presente artigo. Assim, onde se lia "A redenominação de valores mobiliários ou as", deverá ler-se "A redenominação de valores mobiliários, quotas, ou as".

registo comercial, quanto ao montante total da emissão, a quantidade de valores e o valor nominal redenominado, declaração da Central de Valores Mobiliários com estas menções.

6 – Em relação aos valores mobiliários mencionados no número anterior, não sendo obrigatória a escritura pública, considera-se titulada a situação, para efeitos do n.º 1 do artigo 15.º do Código do Registo Comercial, no momento do envio da declaração da Central de Valores Mobiliários à entidade emitente.

ARTIGO 21.º
Comissão do Mercado de Valores Mobiliários

A Comissão do Mercado de Valores Mobiliários define, através de regulamento, as regras necessárias à aplicação das normas incluídas nesta secção, disciplinando, nomeadamente, as funções da Central de Valores Mobiliários quanto à redenominação de valores escriturais ou titulados integrados nos seus sistemas de registo, depósito e controlo.

ARTIGO 22.º
Caducidade

1 – Os direitos de indemnização que venham a fundar-se em incumprimento das normas ou regras relativas à introdução do euro ou ao processo de redenominação devem ser exercidos, sob pena de caducidade, no prazo de seis meses contado a partir do registo do capital social ou do montante do empréstimo obrigacionista redenominados.

2 – Em relação aos valores mobiliários que não estejam sujeitos a inscrição no registo comercial, o prazo referido no número anterior deve ser contado a partir do anúncio prévio a que se refere o artigo 16.º.

SECÇÃO III
Redenominação da dívida pública directa do Estado

ARTIGO 23.º
Regime especial

1 – Aos valores mobiliários expressos em escudos, representativos de dívida pública directa do Estado, aplica-se o regime especial de redenominação previsto pelos artigos 14.º e 15.º do Decreto-Lei n.º 138/98, de 16 de Maio.

2 – Se os outros Estados membros participantes tomarem medidas para redenominar a dívida que emitiram na respectiva moeda, a dívida pública directa do Estado expressa nessa moeda pode ser redenominada a partir da data de entrada em vigor do presente diploma.

3 – Cabe ao Ministro das Finanças definir a data e o âmbito da redenominação prevista no número anterior, ficando autorizado a regular as suas condições concretas e a proceder a correcções no montante das emissões, justificadas por força dos arredondamentos efectuados.

SECÇÃO IV
Legislação financeira

ARTIGO 24.º
Impostos aduaneiros e impostos especiais sobre o consumo

1 – As declarações aduaneiras e dos impostos especiais sobre o consumo podem ser entregues pelos operadores económicos e entidades habilitadas a declarar, indistintamente em escudos ou em euros, em termos a definir por despacho do Ministro das Finanças.
2 – As garantias podem ser constituídas indistintamente em escudos ou em euros.
3 – A Pauta Aduaneira fornece informação com os valores expressos em euros.
4 – As notificações destinadas aos operadores económicos e entidades habilitadas a declarar são emitidas referenciando os valores de cobrança em escudos e em euros.
5 – O documento de autoliquidação pode ser entregue pelos operadores económicos e entidades habilitadas a declarar, indistintamente em escudos ou em euros.

ARTIGO 25.º
Finanças locais e das Regiões Autónomas

As autarquias locais e as Regiões Autónomas devem adoptar, tendo em consideração as suas especificidades, as opções respeitantes à introdução do euro na administração pública financeira.

SECÇÃO V
Conversão

ARTIGO 26.º
Custos de conversão

São gratuitas as operações de conversão entre montantes expressos em unidades monetárias com curso legal em Portugal.

Decreto-Lei n.º 343/98, de 6 de Novembro   **57.2.**

SECÇÃO VI
Disposições finais e transitórias

ARTIGO 27.º
Início de vigência

Sem prejuízo do disposto nos artigos seguintes, o presente diploma entra em vigor no dia 1 de Janeiro de 1999.

ARTIGO 28.º
Código Civil

O disposto nos artigos 1143.º e 1239.º do Código Civil, na redacção do artigo 2.º, aplica-se aos contratos celebrados a partir de 1 de Janeiro de 1999, quer estes sejam denominados em euros ou em escudos, devendo, neste último caso, proceder--se à conversão para escudos dos valores estabelecidos em euros, através da taxa irrevogavelmente fixada pelo Conselho da União Europeia, de acordo com o n.º 4, primeiro período, do artigo 109.º-L do Tratado que institui a Comunidade Europeia.

ARTIGO 29.º
Código das Sociedades Comerciais

1 – O disposto nos artigos 29.º, 201.º, 204.º, 218.º, 219.º, 238.º, 250.º, 262.º, 276.º, 384.º, 390.º, 396.º e 424.º do Código das Sociedades Comerciais, na redacção do artigo 3.º, e no que respeita aos montantes neles indicados, entra em vigor:
 a) No dia 1 de Janeiro de 2002, relativamente às sociedades constituídas em data anterior a 1 de Janeiro de 1999;
 b) No dia em que se torne eficaz a opção das sociedades de alterar a denominação do capital social para euros.
2 – As sociedades constituídas a partir de 1 de Janeiro de 1999 que optem por denominar o seu capital social em escudos devem converter para essa unidade monetária os montantes denominados em euros referidos nas disposições do Código das Sociedades Comerciais mencionadas no número anterior, aplicando a taxa de conversão fixada pelo Conselho da União Europeia, nos termos do artigo 109.º-L, n.º 4, primeiro período, do Tratado que institui a Comunidade Europeia.

ARTIGO 30.º
Código Cooperativo

O disposto nos artigos 18.º, 21.º e 91.º do Código Cooperativo, na redacção do artigo 5.º, aplica-se:
 a) Às cooperativas constituídas a partir de 1 de Janeiro de 1999, ainda que optem por denominar o seu capital social em escudos durante o período de

transição, devendo, nesse caso, proceder à conversão para escudos dos valores estabelecidos em euros, através da taxa irrevogavelmente fixada pelo Conselho da União Europeia, de acordo com o n.º 4, primeiro período, do artigo 109.º-L do Tratado que institui a Comunidade Europeia;
b) As cooperativas que alterem a denominação, para euros, do seu capital social;
c) A todas as cooperativas, após 1 de Janeiro de 2002.

ARTIGO 31.º
Estabelecimento individual de responsabilidade limitada

O titular do estabelecimento individual de responsabilidade limitada pode proceder à alteração da denominação do capital do estabelecimento, aplicando-se, com as necessárias adaptações, as disposições relativas às sociedades.

ARTIGO 32.º
Comissão do Mercado de Valores Mobiliários

O disposto no artigo 21.º entra em vigor no dia imediato ao da publicação do presente diploma.

ARTIGO 33.º
Norma revogatória

É revogada a Portaria n.º 815-A/94, de 14 de Setembro.

Visto e aprovado em Conselho de Ministros de 3 de Setembro de 1998. – *António Manuel de Oliveira Guterres – Luís Filipe Marques Amado – António Luciano Pacheco de Sousa Franco – João Cardona Gomes Cravinho – José Eduardo Vera Cruz Jardim – Joaquim Augusto Nunes de Pina Moura – Eduardo Luís Barreto Ferro Rodrigues.*

Promulgado em 23 de Outubro de 1998.
Publique-se.
O Presidente da República, JORGE SAMPAIO.

Referendado em 28 de Outubro de 1998.
O Primeiro-Ministro, *António Manuel de Oliveira Guterres.*

57.3. DECRETO-LEI N.º 131/99, DE 21 DE ABRIL[677] (ALTERA O ARTIGO 20.º DO CÓDIGO COOPERATIVO E ESTABELECE OUTRAS REGRAS RELATIVAS AO PROCESSO DE ADAPTAÇÃO DO CAPITAL SOCIAL DAS COOPERATIVAS, BEM COMO DE VALORES MOBILIÁRIOS POR ESTAS EMITIDOS, AO EURO)

A substituição do escudo pelo euro exigiu algumas adaptações na legislação portuguesa, o que em bom tempo foi feito pelo Decreto-Lei n.º 343/98, de 6 de Novembro.

Os princípios da liberdade e simplicidade do processo de adaptação do capital social das empresas e de valores mobiliários ao euro, que esteve presente na elaboração do diploma referido, deverão ser aplicados também às cooperativas, de modo a não sobrecarregar estas com custos acrescidos e processos formais morosos.

Por outro lado, às alterações já introduzidas no Código Cooperativo pelo Decreto-Lei n.º 343/98 há que acrescentar uma outra, relativa ao novo valor mínimo dos títulos de capital das cooperativas.

Assim, nos termos da alínea *a*) do n.º 1 do artigo 198.º da Constituição, o Governo decreta, para valer como lei geral da República, o seguinte:

ARTIGO 1.º
Código Cooperativo

O artigo 20.º do Código Cooperativo, aprovado pela Lei n.º 51/96, de 7 de Setembro, passa a ter a seguinte redacção:

(*O Código Cooperativo não é objecto da presente publicação*)

ARTIGO 2.º
Deliberações dos operadores

Podem ser tomadas por maioria simples as seguintes deliberações dos operadores:
a) Alteração da denominação do capital social para euros;
b) Redenominação dos títulos de capital das cooperativas, através do método padrão estabelecido no n.º 2 do artigo 13.º do Decreto-Lei n.º 343/98, de 6 de Novembro, mesmo quando isso ocasione aumento ou redução de capital, respectivamente, por incorporação de reservas ou por transferência para reserva de capital, sujeita ao regime da reserva legal.

---

[677] DR I Série-A, n.º 93, de 21-Abr.-1999, 2112-2113.

ARTIGO 3.º
Assembleia de obrigacionistas

A redenominação de obrigações e de títulos de investimento emitidos por cooperativas, quando efectuada através do método padrão estabelecido no n.º 3 do Decreto-Lei n.º 343/98, de 6 de Novembro, não carece de deliberação da assembleia de obrigacionistas ou dos detentores de títulos de investimento.

ARTIGO 4.º
Isenções e formalidades

1 – A redenominação de valores mobiliários ou as modificações estatutárias que visem a alteração da denominação do capital social para euros ficam dispensadas:
 a) Da escritura pública prevista no Código Cooperativo e respectiva legislação complementar;
 b) Das publicações referidas no artigo 70.º, n.º 1, alínea b), do Código do Registo Comercial;
 c) Dos emolumentos que sobre estes actos recaiam.

2 – O disposto na alínea a) do n.º 1 aplica-se às alterações de estatutos que visem, até 1 de Janeiro de 2002, adoptar o novo capital social mínimo previsto no artigo 18.º do Código Cooperativo, na redacção do artigo 5.º do Decreto-Lei n.º 343/98, de 6 de Novembro.

3 – As cooperativas devem requerer o registo comercial da redenominação de valores mobiliários, mediante apresentação de cópia da acta em que conste a respectiva deliberação.

ARTIGO 5.º
Disposições finais e transitórias

O disposto no n.º 1 do artigo 20.º do Código Cooperativo, na redacção do artigo 1.º do presente diploma, aplica-se de acordo com o estabelecido no artigo 30.º do Decreto-Lei n.º 343/98, de 6 de Novembro.

Visto e aprovado em Conselho de Ministros de 25 de Fevereiro de 1999. – *António Manuel de Oliveira Guterres – João Carlos da Costa Ferreira da Silva – José Eduardo Vera Cruz Jardim – Eduardo Luís Barreto Ferro Rodrigues.*

Promulgado em 7 de Abril de 1999.
Publique-se.
O Presidente da República, JORGE SAMPAIO.

Referendado em 9 de Abril de 1999.
O Primeiro-Ministro, *António Manuel de Oliveira Guterres.*

57.4. DECRETO-LEI N.º 329/99, DE 20 DE AGOSTO[678]

A partir de Janeiro de 2002, o euro substituirá gradualmente o escudo na circulação monetária, prevendo-se a retirada total deste último até 30 de Junho do referido ano.

Para o efeito, e tendo em conta a previsível necessidade de 1620 milhões de moedas metálicas correntes de euro para a substituição integral do escudo, torna-se necessário que o Estado Português, através da Imprensa Nacional-Casa da Moeda, S. A., proceda à cunhagem faseada daquelas moedas, durante o respectivo período de transição, por forma que o seu processo de introdução decorra com normalidade.

No âmbito do mencionado processo de cunhagem, a Imprensa Nacional-Casa da Moeda, S. A., sofrerá, na sua actividade normal, custos acrescidos associados a um aumento bastante acentuado do volume de trabalhos, bem como relativos à armazenagem e aos sistemas de segurança das referidas moedas de euro.

Cabe, pois, ao Estado suportar junto da Imprensa Nacional-Casa da Moeda, S. A., os custos acima referenciados, independentemente do facto de as moedas metálicas correntes de euro apenas virem a ser lançadas em circulação em 2002, porquanto as mesmas já se encontram, como é do conhecimento público, em processo de produção pela mencionada sociedade anónima.

Urge, pelo acima exposto, regular a presente situação que o actual ordenamento jurídico não contempla, nomeadamente quanto ao pagamento das inerentes despesas por parte do Estado, através da Direcção-Geral do Tesouro.

Ouvidos o Banco de Portugal e a Imprensa Nacional-Casa da Moeda, S. A.; Assim:

Nos termos da alínea *a*) do n.º 1 do artigo 198.º da Constituição, o Governo decreta o seguinte:

ARTIGO 1.º
Objecto

O presente diploma visa regular o processo de cunhagem, armazenagem, segurança, pagamento e lançamento em circulação das moedas metálicas correntes de euro, destinadas a substituir as de escudo a partir do início do ano de 2002.

---

[678] DR I Série-A, n.º 194, de 20-Ago.-1999, 5538-5539.

ARTIGO 2.º
Cunhagem e armazenagem

1 – Durante o período de transição para a moeda única, a Imprensa Nacional-
-Casa da Moeda, S. A. (INCM, S. A.), é autorizada a efectuar, de forma faseada, a cunhagem das moedas metálicas correntes de euro.

2 – As referidas moedas são armazenadas em locais que garantam a sua conservação e segurança, em termos a definir em protocolos a celebrar entre o Ministério das Finanças, através da Direcção-Geral do Tesouro (DGT), o Ministério da Defesa Nacional e a INCM, S. A., e outras entidades, eventualmente a envolver, nos quais serão estabelecidas as condições de cedência das instalações, os recursos a afectar e os procedimentos a cumprir por cada um dos intervenientes neste processo.

3 – As minutas dos protocolos referidos no número anterior são aprovadas pelos respectivos ministros da tutela.

ARTIGO 3.º
Pagamento

1 – O pagamento das moedas metálicas correntes de euro pelo Estado, através da DGT, à INCM, S. A., tem lugar à medida em que as mesmas forem sendo cunhadas e depositadas nos termos do artigo 2.º, desde que respeitado o disposto no número seguinte.

2 – O processo de formação de preços e de facturação, que tem em conta um relatório trimestral elaborado pela INCM, S. A., sobre as existências e movimentações em armazém das moedas metálicas correntes de euro, é fixado em protocolo a celebrar entre as entidades referidas no presente artigo, em função do custo real de aquisição do metal e do custo de transformação por tipo de moeda, acrescido de uma remuneração sobre o custo do metal que inclui as despesas de armazenagem, transporte e segurança directa das moedas.

ARTIGO 4.º
Lançamento em circulação

As moedas metálicas correntes de euro, destinadas à distribuição pública pelo respectivo valor facial, são postas em circulação pelo Estado, por intermédio e sob requisição do Banco de Portugal.

ARTIGO 5.º
Encargos financeiros

As despesas resultantes da aplicação do presente decreto-lei são suportadas por rubrica apropriada inscrita no capítulo 60 do Orçamento do Estado.

ARTIGO 6.º
Vigência

O presente decreto-lei produz efeitos reportados a 1 de Janeiro de 1999, sendo o seu período de vigência até 30 de Junho de 2002.

Visto e aprovado em Conselho de Ministros de 22 de Julho de 1999. – *António Manuel de Oliveira Guterres – José Rodrigues Pereira Penedos – António Luciano Pacheco de Sousa Franco.*

Promulgado em 4 de Agosto de 1999.
Publique-se.
O Presidente da República, JORGE SAMPAIO.

Referendado em 12 de Agosto de 1999.
O Primeiro-Ministro, em exercício, *Jaime José Matos da Gama*.

57.5 RESOLUÇÃO DO CONSELHO DE MINISTROS N.º 170/2000, DE 16 DE NOVEMBRO[679]

A introdução física da moeda única será a mais importante mudança estrutural alguma vez efectuada ao nível comunitário. Esta mudança afectará todos os agentes económicos e numerosas alterações serão concretizadas ao nível das empresas, da Administração Pública e dos cidadãos.

A introdução do euro comporta, pois, um duplo desafio a todos os níveis e sectores da sociedade: a modernização e a racionalização de procedimentos ao nível da gestão e do controlo, bem como a alteração operacional para a nova moeda.

A passagem à moeda única encontra-se dividida em dois grandes momentos fundamentais: o período de preparação para a adesão ao euro e o período de transição. O primeiro período, que foi já largamente ultrapassado, iniciou-se com a entrada em vigor do Tratado da União Europeia, assinado em Maastricht, e com as políticas de convergência, e durou até 31 de Dezembro de 1998.

O segundo período, que agora decorre, teve início em 1 de Janeiro de 1999, com a substituição da moeda nacional pela moeda única europeia de acordo com as taxas de conversão adoptadas pelo Conselho, e terminará em 31 de Dezembro de 2001.

A partir desta data ocorrerá a introdução física das novas notas e moedas denominadas em euros que circularão durante algum tempo em paralelo com as notas e moedas denominadas em escudos. Esta fase de dupla circulação deverá, de acordo com as orientações comunitárias, ter uma duração entre quatro semanas a dois meses.

Com efeito, as notas e moedas denominadas em euros serão colocadas em circulação a partir das 0 horas do dia 1 de Janeiro de 2002 em todos os Estados membros que adoptaram a moeda única, cabendo a estes fixar os termos em que se deverá operar a substituição das notas e das moedas nacionais pelas notas e moedas denominadas em euros.

Tendo em conta as referidas orientações e os princípios basilares a aplicar durante o período de introdução física da nova moeda abordados no Conselho ECOFIN, de 8 de Novembro de 1999, em cooperação estreita com os bancos centrais nacionais e com o Banco Central Europeu, o cenário de referência interprofissional resultante de contactos efectuados ao nível nacional entre as autoridades competentes e as associações empresariais, de consumidores, de bancos e outras entidades representativas de interesses, bem como a Recomendação da Comissão Europeia, de 11 de Outubro de 2000, relativa às medidas para facilitar a preparação dos agentes eco-

---

[679] DR I Série-B, n.º 282, de 7-Dez.-2000, 6997-6998.

Resolução do Conselho de Ministros n.º 170/2000, de 16 de Novembro **57.5.**

nómicos para a introdução física do euro, torna-se necessário definir um conjunto de regras para a introdução física das notas e moedas em euros e a consequente retirada das notas e moedas em escudos.

Na definição destas regras, que decorrem das obrigações assumidas na construção da união económica e monetária e do consequente processo colectivo de preparação para a introdução da moeda única, o Governo pretende acautelar que os períodos de pré-alimentação e de dupla circulação e a fase complementar de retirada dos escudos decorram de uma forma segura e tranquila, assentes numa sucessão de etapas coerentes, de modo que todo o processo se desenrole da forma mais eficiente e harmoniosa possível.

Por outro lado, a preparação da Administração Pública para a introdução da moeda única constitui também um imperativo operacional, dado o papel activo que esta assume, pelo que se impõe a definição, em tempo útil, de planos de transição e de contingência para todos os serviços do Estado.

Foram ouvidos os órgãos de governo próprio das Regiões Autónomas, o Banco de Portugal, a Associação Nacional de Municípios Portugueses, a Associação Portuguesa de Bancos, a Confederação do Comércio de Portugal e a Imprensa Nacional--Casa da Moeda, S. A.

Assim, nos termos da alínea g) do artigo 199.º e da alínea a) do n.º 1 do artigo 200.º da Constituição, o Conselho de Ministros resolve:

1 – Aprovar as seguintes orientações nacionais para a introdução física do euro:

- a) A partir de 1 de Setembro de 2001, as moedas em euros poderão ser disponibilizadas e pré-posicionadas junto das instituições de crédito e das tesourarias de finanças;
- b) A partir de 1 de Outubro de 2001, as notas em euros poderão ser disponibilizadas e pré-posicionadas junto das instituições de crédito e das tesourarias de finanças;
- c) A partir de 1 de Dezembro de 2001, os retalhistas poderão solicitar junto das instituições de crédito notas e moedas em euros para os seus fundos de caixa, sendo que as mesmas apenas poderão ser utilizadas em transacções a partir de 1 de Janeiro de 2002;
- d) A partir de 17 de Dezembro de 2001, as instituições de crédito poderão distribuir pelos particulares moedas até ao valor de 10 euros, sendo que as mesmas apenas poderão ser utilizadas em transacções a partir de 1 de Janeiro de 2002;
- e) A partir de 31 de Dezembro de 2001, deverão as instituições de crédito, sempre que possível, deixar de fornecer notas e moedas em escudos;
- f) A partir de 1 de Janeiro de 2002, um número significativo de ATM distribuirá notas de 5, 10, 20 e 50 euros, devendo o processo de conversão estar concluído no final da 1.ª quinzena de Janeiro de 2002;
- g) A partir de 1 de Janeiro de 2002, todos os retalhistas que tiverem de efectuar trocos nas transacções com os seus clientes deverão, sempre que possível, fazê-lo em euros;

h) O período de dupla circulação das notas e das moedas em euros e em escudos, que se inicia em 1 de Janeiro de 2002, termina no dia 28 de Fevereiro do mesmo ano, deixando, no dia 1 de Março seguinte, de ter curso legal e poder liberatório todas as notas e moedas em escudos;
i) Até 30 de Junho de 2002, a troca das notas e moedas em escudos por notas e moedas em euros poderá ser efectuada junto dos balcões das instituições de crédito e das tesourarias de finanças;
j) Até 31 de Dezembro de 2002, a troca das moedas em escudos por moedas em euros poderá ser efectuada na sede, filial, delegações regionais ou agências do Banco de Portugal;
l) Para além dos prazos previstos nas alíneas *i)* e *j)*, o pagamento em euros das notas em escudos retiradas de circulação efectuar-se-á, nos termos da lei, num prazo de 20 anos, na sede, filial, delegações regionais ou agências do Banco de Portugal.

2 – Até ao 30.º dia posterior à data de publicação da presente resolução, em todos os serviços da administração pública central e fundos e serviços autónomos deverá proceder-se:
a) Ao levantamento dos previsíveis impactes da introdução física do euro em 1 de Janeiro de 2002;
b) À definição de um plano de transição do qual constem todas as adaptações necessárias para a introdução da moeda única, bem como a previsão do calendário da sua execução.

3 – Todos os serviços da administração pública central e fundos e serviços autónomos deverão elaborar, até ao dia 30 de Setembro de 2001, um plano de contingência susceptível de fazer face a situações inesperadas.

4 – O plano de transição a que se refere a alínea *b)* do n.º 2 deverá contemplar as questões jurídicas, os sistemas de informação e o relacionamento com os utentes, bem como a formação dos funcionários.

5 – Até ao 60.º dia posterior à data da publicação da presente resolução, cada ministério enviará à comissão Nacional do Euro os respectivos planos de transição, acompanhados das considerações julgadas relevantes em cada caso.

6 – A Comissão Nacional do Euro assegurará, numa perspectiva de subsidiariedade, o acompanhamento do processo previsto nos n.os 2 a 5 da presente resolução.

7 – Todos os actos legislativos ou regulamentares da competência do Governo que envolvam a fixação de montantes monetários deverão ser elaborados necessariamente na unidade euro.

8 – A elaboração de actos legislativos ou regulamentares da competência do Governo que envolvam a fixação de montantes monetários na unidade escudo, até ao dia 31 de Dezembro de 2001, só deverá ser efectuada se tal for considerado imprescindível e sempre em cumulação com a unidade euro.

Resolução do Conselho de Ministros n.º 170/2000, de 16 de Novembro **57.5.**

9 – Todos os contratos celebrados por organismos da Administração Pública de duração indeterminada, ou cujo prazo de cumprimento das prestações acordadas ultrapasse o dia 1 de Janeiro de 2002, deverão ser celebrados na unidade euro.

10 – É recomendado às Regiões Autónomas e às autarquias locais, conforme os casos, o desenvolvimento dos procedimentos análogos aos previstos nos n.ºs 2, 3, 7, 8 e 9, devendo a Comissão Nacional do Euro prestar o apoio técnico e desenvolver projectos de formação e implementação de medidas, em colaboração com as entidades envolvidas, designadamente sobre os n.ºs 4 e 6 da presente resolução.

11 – A administração pública central, os fundos e serviços autónomos e as empresas do sector empresarial do Estado deverão, tão cedo quanto possível, em 2001, proceder ao pagamento dos seus funcionários em euros, com indicação nos recibos de vencimento do contravalor do montante total na unidade escudo.

12 – As negociações salariais entre os parceiros sociais deverão ser conduzidas em euros já a partir de 2001.

13 – A administração pública central deverá assegurar a tomada de medidas específicas que visem facilitar à introdução física das novas notas e moedas denominadas em euros nas populações com dificuldades de acesso à informação e, em particular, daqueles que não disponham de contas bancárias.

14 – Conforme estabelecido na Recomendação da Comissão Europeia de 11 de Outubro de 2000, a administração pública central, os fundos e serviços autónomos e as empresas prestadoras de serviços de interesse geral deverão estabelecer os respectivos tarifários em euros até ao 4.º trimestre de 2001, indicando nas respectivas facturas o contravalor do montante total na unidade escudo.

15 – A presente resolução entra em vigor no dia imediato ao da sua publicação.

Presidência do Conselho de Ministros, 16 de Novembro de 2000. – Pelo Primeiro-Ministro, *Jorge Paulo Sacadura Almeida Coelho*, Ministro de Estado.

57.6. AVISO DO BANCO DE PORTUGAL N.º 2/2001, DE 7 DE FEVEREIRO[680]

Com início da circulação física do euro em 1 de Janeiro de 2002 e a consequente substituição das notas e moedas nacionais, termina o período de transição definido no Regulamento (CE) n.º 974/98, do Conselho da União Europeia, de 3 de Maio. Deste modo, os instrumentos de pagamento actualmente emitidos em escudos passam, a partir daquela data, a ser exclusivamente expressos em euros.

O sistema bancário, antecipando as alterações que se aproximam, deverá incentivar a utilização de cheques expressos em euros já a partir do 2.º trimestre deste ano, designadamente:

a) Intensificando o fornecimento dos módulos de cheques em euros;
b) Facultando informação sobre o seu preenchimento adequado;
c) Emitindo cheques bancários naquela moeda, salvo solicitação expressa do cliente em contrário.

Importa salientar que é já permitida a emissão de cheques em euros sobre contas denominadas em escudos e que a conversão de valores resultante da referida emissão não implica qualquer custo, quer para o sacador quer para o beneficiário, sendo desejável que o cheque em euros tenha uma utilização generalizada a partir de 1 de Setembro de 2001.

Ainda no âmbito das medidas destinadas a potenciar a habituação do público à nova moeda e com o objectivo de evitar constrangimentos e perturbações no funcionamento dos sistemas de pagamentos, o Banco de Portugal considera imprescindível e urgente regular alguns outros aspectos do uso do cheque.

O cheque é, com efeito, um dos instrumentos de pagamento mais utilizado no nosso país e aquele que poderá prestar-se a rasuras, emendas ou divergências na indicação da moeda em que é emitido, tendo em atenção que os módulos respectivos são fornecidos com a denominação monetária pré-impressa.

Além disso, os cheques emitidos em escudos, já entregues aos beneficiários respectivos e nos quais conste uma data de emissão posterior a 31 de Dezembro de 2001, não poderão ser admitidos no sistema de compensação interbancária, dado que o elevado número de cheques transaccionados e a necessidade de cumprimento de prazos muito reduzidos exige uma completa normalização.

É, pois, recomendável que os beneficiários de cheques expressos em escudos e com data posterior a 31 de Dezembro de 2001 procurem desde já obviar aos riscos

---

[680] DR I Série-B, n.º 40, de 16-Fev.-2001, 885-886.

que poderão vir a defrontar e procedam à substituição dos mesmos cheques por cheques expressos em euros.

Assim, ao abrigo do disposto no artigo 14.º da sua Lei Orgânica, aprovada pela Lei n.º 5/98, de 31 de Janeiro, o Banco de Portugal determina o seguinte:

ARTIGO 1.º
Cheques emitidos por clientes de instituições de crédito

1 – Os cheques devem ser preenchidos na moeda pré-impressa nos respectivos módulos.

2 – Os cheques não podem conter emendas ou rasuras nem divergências entre a denominação monetária pré-impressa e a mencionada por extenso.

3 – Qualquer instituição de crédito pode recusar o pagamento, depósito ou apresentação a pagamento, bem como proceder à devolução de cheques em relação aos quais não tenha sido observado o preceituado nos números anteriores, e em caso algum os mesmos cheques serão admitidos no sistema de compensação interbancária.

ARTIGO 2.º
Cheques emitidos em escudos

1 – Os cheques expressos em escudos e com data de emissão igual ou anterior a 31 de Dezembro de 2001 podem ser admitidos no sistema de compensação interbancária apenas até 28 de Fevereiro de 2002.

2 – Os cheques expressos em escudos e com data de emissão posterior a 31 de Dezembro de 2001 não são admitidos no sistema de compensação interbancária.

3 – As instituições de crédito podem apor nos módulos de cheque em escudos a fórmula "Impresso utilizável até 31 de Dezembro de 2001", ou equivalente.

4 – Qualquer instituição de crédito pode recusar o pagamento, depósito ou apresentação a pagamento, bem como proceder à devolução de cheques em relação aos quais não tenha sido respeitado o prazo de utilização aposto nos termos do número anterior.

5 – As instituições de crédito devem informar os seus clientes, através de menção nos extractos de conta ou por outro meio idóneo, dos riscos de emitirem ou aceitarem os cheques referidos no n.º 2.

7 de Fevereiro de 2001. – O Governador, *Vítor Constâncio*.

57.7. DECRETO-LEI N.º 235/2001, DE 30 DE AGOSTO[681]

O Decreto-Lei n.º 343/98, de 6 de Novembro, para além de ter procedido a uma adaptação dos instrumentos regulamentares do ordenamento jurídico português à introdução do euro, veio igualmente consagrar uma aproximação da legislação portuguesa à legislação vigente noutros ordenamentos europeus no que respeita aos valores mínimos dos capitais das sociedades, das cooperativas e dos estabelecimentos individuais de responsabilidade limitada.

Conforme resulta do mesmo diploma, a adaptação dos valores dos capitais das referidas entidades e patrimónios aos novos mínimos estabelecidos, expressos em euros, terá de ser efectuada até 1 de Janeiro de 2002, não tendo, porém, sido previstas as consequências do não cumprimento de tal obrigação.

Verifica-se, assim, a necessidade de dotar aquele comando de adequada eficácia, objectivo a que se dá cumprimento com o presente diploma, em termos similares aos que foram estabelecidos no Código das Sociedades Comerciais e no Código Cooperativo, relativamente aos valores mínimos de capital social que aqueles diplomas vieram consagrar.

Impondo-se, todavia, uma ponderação temporal, prevê-se que os procedimentos previstos no presente diploma apenas sejam desencadeados após a informação do Registo Nacional de Pessoas Colectivas às conservatórias do registo comercial e decorrido o prazo de três meses após a notificação das entidades para regularizar as suas situações.

Assim:

Nos termos da alínea *a*) do n.º 1 do artigo 198.º da Constituição, o Governo decreta, para valer como lei geral da República, o seguinte:

ARTIGO ÚNICO
Capital mínimo

1 – As sociedades que não tenham procedido ao aumento do capital social até aos montantes mínimos previstos nos artigos 201.º e 276.º, n.º 3, do Código das Sociedades Comerciais, devem ser dissolvidas a requerimento do Ministério Público, mediante participação do conservador do registo comercial.

2 – As cooperativas que não tenham procedido à actualização do capital social para o montante mínimo previsto no artigo 18.º, n.º 2, do Código Cooperativo devem ser dissolvidas por iniciativa do Ministério Público, oficiosamente, mediante partici-

---

[681] DR I Série-A, n.º 201, de 30-Ago.-2001, 5557-5558.

pação do conservador do registo comercial, ou a requerimento do Instituto António Sérgio do Sector Cooperativo ou de qualquer interessado.

3 – Os estabelecimentos individuais de responsabilidade limitada cujos titulares não tenham procedido ao aumento do capital do estabelecimento até ao montante mínimo previsto no artigo 3.º, n.º 2, do Decreto-Lei n.º 248/86, de 25 de Agosto, devem entrar em processo de liquidação, promovido pelo Ministério Público, mediante participação do conservador do registo comercial.

4 – Para efeito do disposto nos números anteriores, o Registo Nacional de Pessoas Colectivas remete a cada conservatória do registo comercial uma relação das entidades relativamente às quais, em 1 de Julho de 2002, se não mostre inscrito o respectivo aumento de capital.

5 – A participação do conservador do registo comercial só terá, porém, lugar caso se não mostre regularizada a situação no prazo de três meses após a notificação das entidades referidas nos n.os 1, 2 e 3.

6 – A notificação referida no número anterior é efectuada pela conservatória do registo comercial, por carta registada, para a sede constante do registo.

Visto e aprovado em Conselho de Ministros de 19 de Julho de 2001. – *António Manuel de Oliveira Guterres – Guilherme d'Oliveira Martins – António Luís Santos Costa.*

Promulgado em 11 de Agosto de 2001.
Publique-se.
O Presidente da República, JORGE SAMPAIO.

Referendado em 16 de Agosto de 2001.
O Primeiro-Ministro, *António Manuel de Oliveira Guterres.*

57.8. DECRETO-LEI N.º 323/2001, DE 17 DE DEZEMBRO[682]

(...)

ANEXO

ARTIGO 1.º

Os artigos 10.º e 13.º da Lei n.º 109/91, de 17 de Agosto, passam a ter a seguinte redacção:

ARTIGO 2.º

O artigo 23.º da Lei n.º 57/98, de 18 de Agosto, passa a ter a seguinte redacção:

ARTIGO 3.º

O artigo 24.º da Lei n.º 3/99, de 13 de Janeiro, com a redacção dada pela Declaração de Rectificação n.º 7/99, de 16 de Fevereiro, e pela Lei n.º 101/99, de 26 de Julho, passa a ter a seguinte redacção:

ARTIGO 4.º

Os artigos 49.º e 50.º da Lei n.º 33/99, de 18 de Maio, passam a ter a seguinte redacção:

ARTIGO 5.º

Os artigos 7.º, 8.º e 9.º da Lei n.º 116/99, de 4 de Agosto, passam a ter a seguinte redacção:

---

[682] DR I Série-A, n.º 290, de 17-Dez.-2001, 8288-8297. O Decreto-Lei n.º 323/2001 encontra-se publicado acima, em 25.6.3.; cf., aí, o preâmbulo, a aprovação, a promulgação e a referenda do referido Decreto-Lei.

ARTIGO 6.º

O artigo 839.º do Código Administrativo, aprovado pelo Decreto-Lei n.º 31095, de 31 de Dezembro de 1940, com a redacção que lhe foi conferida pelas alterações posteriormente introduzidas, passa a ter a seguinte redacção:

ARTIGO 7.º

O artigo 312.º do Código de Processo Civil, aprovado pelo Decreto-Lei n.º 44129, de 28 de Dezembro de 1961, com as alterações constantes dos Decretos-Leis n.ºs 47690, de 11 de Maio de 1967, e 323/70, de 11 de Julho, da Portaria n.º 439/74, de 10 de Julho, dos Decretos-Leis n.ºs 261/75, de 27 de Maio, 165/76, de 1 de Março, 201/76, de 19 de Março, 366/76, de 5 de Maio, 605/76, de 24 de Julho, 738/76, de 16 de Outubro, 368/77, de 3 de Setembro, e 533/77, de 30 de Dezembro, da Lei n.º 21/78, de 3 de Maio, dos Decretos-Leis n.ºs 513-X/79, de 27 de Dezembro, 207/80, de 1 de Julho, 457/80, de 10 de Outubro, 400/82, de 23 de Setembro, 242/85, de 9 de Julho, 381-A/85, de 28 de Setembro, e 177/86, de 2 de Julho, da Lei n.º 31/86, de 29 de Agosto, dos Decretos-Leis n.ºs 92/88, de 17 de Março, 321-B/90, de 15 de Outubro, 211/91, de 14 de Julho, 132/93, de 23 de Abril, 227/94, de 8 de Setembro, 39/95, de 15 de Fevereiro, 329-A/95, de 12 de Dezembro, 180/96, de 25 de Setembro, 375-A/99, de 20 de Setembro, e 183/2000, de 10 de Agosto, da Lei n.º 30-D/2000, de 20 de Dezembro, e do Decreto-Lei n.º 272/2001, de 13 de Outubro, passa a ter a seguinte redacção:

ARTIGO 8.º

O artigo 47.º do Código Penal, aprovado pelo Decreto-Lei n.º 400/82, de 23 de Setembro, com a redacção dada pela Lei n.º 6/84, de 11 de Maio, pelos Decretos-Leis n.ºs 132/93, de 23 de Abril, e 48/95, de 15 de Março, e pelas Leis n.ºs 65/98, de 2 de Setembro, 7/2000, de 27 de Maio, 77/2001, de 13 de Julho, 97/2001, de 25 de Agosto, 98/2001, de 25 de Agosto, 99/2001, de 25 de Agosto, e 100/2001, de 25 de Agosto, passa a ter a seguinte redacção:

ARTIGO 9.º

Os artigos 17.º, 52.º, 73.º, 80.º e 93.º do Decreto-Lei n.º 433/82, de 27 de Outubro, com a redacção dada pelos Decretos-Leis n.ºs 356/89, de 17 de Outubro, e 244/95, de 14 de Setembro, passam a ter a seguinte redacção:

ARTIGO 10.º

O artigo 88.º da Lei de Processo nos Tribunais Administrativos, aprovada pelo Decreto-Lei n.º 267/85, de 16 de Julho, com a redacção dada pela Declaração de Rectificação de 31 de Agosto de 1985, pelas Leis n.ºs 4/86, de 6 de Janeiro, e 12/86,

57.8. Regime do Euro

de 21 de Maio, e pelos Decretos-Leis n.ᵒˢ 326/89, de 29 de Junho, e 229/96, de 29 de Novembro, passa a ter a seguinte redacção:

(*Os diplomas alterados pelos artigos 1.º a 10.º não são objecto da presente publicação*)

ARTIGO 11.º

Os artigos 2.º, 8.º, 11.º e 14.º do Decreto-Lei n.º 454/91, de 28 de Dezembro, com a redacção dada pelo Decreto-Lei n.º 316/97, de 10 de Novembro, passam a ter a seguinte redacção:

(*As alterações foram inseridas no texto actualizado do Decreto-Lei n.º 454/91, de 28 de Dezembro, acima publicado em 27.5.8.*)

ARTIGO 12.º

O artigo 66.º do Decreto-Lei n.º 15/93, de 22 de Janeiro, com a redacção dada pelas Leis n.ᵒˢ 45/96, de 3 de Setembro, e 104/2001, de 25 de Agosto, passa a ter a seguinte redacção:

ARTIGO 13.º

Os artigos 3.º, 4.º, 24.º e 25.º do Decreto-Lei n.º 313/93, de 15 de Setembro, passam a ter a seguinte redacção:

(*Os diplomas alterados pelos artigos 12.º e 13.º não são objecto da presente publicação*)

ARTIGO 14.º

O artigo 9.º do Decreto-Lei n.º 269/94, de 25 de Outubro, com a redacção dada pelas Leis n.ᵒˢ 52-C/96, de 27 de Dezembro, 87-B/98, de 31 de Dezembro, 3-B/2000, de 4 de Abril, 30-C/2000, de 29 de Dezembro, e 30-G/2000, de 29 de Dezembro, passa a ter a seguinte redacção:

(*As alterações foram inseridas no texto actualizado do Decreto-Lei n.º 269/94, de 25 de Outubro, acima publicado em 25.6.4.*)

ARTIGO 15.º

Os artigos 4.º, 5.º, 7.º, 8.º, 12.º e 13.º do Decreto-Lei n.º 325/95, de 2 de Dezembro, com a redacção dada pela Lei n.º 104/2001, de 25 de Agosto, passam a ter a seguinte redacção:

ARTIGO 16.º

O artigo 1.º do Decreto-Lei n.º 188/96, de 8 de Outubro, passa a ter a seguinte redacção:

ARTIGO 17.º

O artigo único do Decreto-Lei n.º 23/98, de 9 de Fevereiro, com a redacção dada pelo Decreto-Lei n.º 114/98, de 4 de Maio, passa a ter a seguinte redacção:

ARTIGO 18.º

O artigo 185.º do Código de Processo do Trabalho, aprovado pelo Decreto-Lei n.º 480/99, de 9 de Novembro, passa a ter a seguinte redacção:

ARTIGO 19.º

O artigo 1323.º do Código Civil, aprovado pelo Decreto-Lei n.º 47344, de 25 de Novembro de 1966, e alterado pelos Decretos-Leis n.os 67/75, de 19 de Fevereiro, 261/75, de 27 de Maio, 561/76, de 17 de Julho, 605/76, de 24 de Julho, 293/77, de 20 de Julho, 496/77, de 25 de Novembro, 200-C/80, de 24 de Junho, 236/80, de 18 de Julho, 328/81, de 4 de Dezembro, 262/83, de 16 de Junho, 225/84, de 6 de Julho, e 190/85, de 24 de Junho, pela Lei n.º 46/85, de 20 de Setembro, pelos Decretos-Leis n.os 381-B/85, de 28 de Setembro, e 379/86, de 11 de Novembro, pela Lei n.º 24/89, de 1 de Agosto, pelos Decretos-Leis n.os 321-B/90, de 15 de Outubro, 257/91, de 18 de Julho, 423/91, de 30 de Outubro, 185/93, de 22 de Maio, 227/94, de 8 de Setembro, 267/94, de 25 de Outubro, e 163/95, de 13 de Julho, pela Lei n.º 84/95, de 31 de Agosto, pelos Decretos-Leis n.os 329-A/95, de 12 de Dezembro, 14/96, de 6 de Março, 69/96, de 31 de Maio, 35/97, de 31 de Janeiro, e 120/98, de 8 de Maio, pelas Leis n.os 21/98, de 12 de Maio, e 47/98, de 10 de Agosto, pelo Decreto-Lei n.º 343/98, de 6 de Novembro, pela Lei n.º 16/2001, de 22 de Junho, e pelos Decretos-Leis n.os 272/2001, de 13 de Outubro, e 273/2001, de 13 de Outubro, passa a ter a seguinte redacção:

ARTIGO 20.º

O artigo 87.º do Decreto n.º 42645, de 14 de Novembro de 1959, passa a ter a seguinte redacção:

ARTIGO 21.º

O artigo 15.º do Decreto-Lei n.º 430/73, de 25 de Agosto, passa a ter a seguinte redacção:

ARTIGO 22.º

O artigo 65.º do Decreto n.º 55/75, de 12 de Fevereiro, passa a ter a seguinte redacção:

ARTIGO 23.º

Os artigos 12.º e 97.º do Código do Registo Predial, aprovado pelo Decreto-Lei n.º 224/84, de 6 de Julho, com a redacção dada pelos Decretos-Leis n.os 355/85, de 2 de Setembro, e 60/90, de 14 de Fevereiro, pela Declaração de Rectificação de 31 de Março de 1990, pelos Decretos-Leis n.os 80/92, de 7 de Maio, 255/93, de 15 de Julho, e 227/94, de 8 de Setembro, pela Declaração de Rectificação n.º 263-A/94, de 31 de Dezembro, pelos Decretos-Leis n.os 67/96, de 31 de Maio, 375-A/99, de 20 de Setembro, e 533/99, de 11 de Dezembro, pela Declaração de Rectificação n.º 5-A/2000, de 29 de Fevereiro, e pelo Decreto-Lei n.º 273/2001, de 13 de Outubro, passam a ter a seguinte redacção:

ARTIGO 24.º

Os artigos 28.º e 32.º do Decreto-Lei n.º 446/85, de 25 de Outubro, com a redacção dada pelos Decretos-Leis n.os 220/95, de 31 de Agosto, e 249/99, de 7 de Julho, passam a ter a seguinte redacção:

ARTIGO 25.º

O artigo 31.º do Decreto-Lei n.º 352/86, de 21 de Outubro, passa a ter a seguinte redacção:

ARTIGO 26.º

O artigo 17.º do Código do Registo Comercial, aprovado pelo Decreto-Lei n.º 403/86, de 3 de Dezembro, com a redacção dada pela Declaração de 31 de Janeiro de 1987, pelos Decretos-Leis n.os 7/88, de 15 de Janeiro, 349/89, de 13 de Outubro, 238/91, de 2 de Julho, 20/93, de 12 de Fevereiro, 267/93, de 31 de Julho, e 216/94, de 30 de Julho, pela Declaração de Rectificação n.º 144/94, de 30 de Setembro, pelos Decretos-Leis n.os 328/95, de 9 de Dezembro, e 257/96, de 31 de Dezembro, pela Declaração de Rectificação n.º 5-A/97, de 28 de Fevereiro, pelos Decretos-Leis n.os 368/98, de 23 de Novembro, 172/99, de 20 de Maio, 198/99, de 8 de Junho, 375--A/99, de 20 de Setembro, 410/99, de 15 de Outubro, 533/99, de 11 de Dezembro, 237/2001, de 30 de Agosto, e 273/2001, de 13 de Outubro, passa a ter a seguinte redacção:

ARTIGO 27.º

O artigo 23.º do Decreto-Lei n.º 352-A/88, de 3 de Outubro, com a redacção dada pelo Decreto-Lei n.º 264/90, de 31 de Agosto, passa a ter a seguinte redacção:

ARTIGO 28.º

O artigo 246.º do Código dos Processos Especiais de Recuperação da Empresa e de Falência, aprovado pelo Decreto-Lei n.º 132/93, de 23 de Abril, rectificado pela Declaração de Rectificação n.º 141/93, de 31 de Julho, e com a redacção dada pelos Decretos-Leis n.os 157/97, de 24 de Junho, e 315/98, de 20 de Outubro, passa a ter a seguinte redacção:

ARTIGO 29.º

O artigo 4.º do Decreto-Lei n.º 149/94, de 25 de Maio, passa a ter a seguinte redacção:

ARTIGO 30.º

O artigo 295.º do Código do Registo Civil, aprovado pelo Decreto-Lei n.º 131/95, de 6 de Junho, com a redacção dada pela Declaração de Rectificação n.º 96/95, de 31 de Julho, pelo Decreto-Lei n.º 36/97, de 31 de Janeiro, pela Declaração de Rectificação n.º 6-C/97, de 31 de Março, pelos Decretos-Leis n.os 120/98, de 8 de Maio, 375-A/99, de 20 de Setembro, 228/2001, de 20 de Agosto, e 273/2001, de 13 de Outubro, passa a ter a seguinte redacção:

ARTIGO 31.º

O artigo 5.º do Decreto-Lei n.º 212/89, de 30 de Junho, passa a ter a seguinte redacção:

ARTIGO 32.º

A tabela a que se refere o artigo 13.º, a tabela a que se referem os artigos 23.º e 25.º e o artigo 27.º do Código das Custas Judiciais, aprovado pelo Decreto-Lei n.º 224-A/96, de 26 de Novembro, com a alteração constante do Decreto-Lei n.º 320-B/2000, de 15 de Dezembro, passam a ter a seguinte redacção:

ARTIGO 33.º

Os artigos 74.º, 75.º e 76.º do Decreto-Lei n.º 129/98, de 13 de Maio, passam a ter a seguinte redacção:

ARTIGO 34.º

O artigo 4.º do Decreto-Lei n.º 213/98, de 16 de Julho, passa a ter a seguinte redacção:

ARTIGO 35.º

O artigo 19.º do anexo ao Decreto-Lei n.º 269/98, de 1 de Setembro, passa a ter a seguinte redacção:

ARTIGO 36.º

O artigo 4.º e o anexo III do Decreto-Lei n.º 275-A/2000, de 9 de Novembro, passam a ter a seguinte redacção:

(*Os diplomas alterados pelos artigos 15.º e 36.º não são objecto da presente publicação*)

57.9. DECRETO-LEI N.º 339-A/2001, DE 28 DE DEZEMBRO[683]

Atendendo a que o artigo 14.º do Regulamento (CE) n.º 974/98, do Conselho, de 3 de Maio, obriga a que no final do período de transição para o euro – ou seja, em 1 de Janeiro de 2002 – as referências às unidades monetárias nacionais ainda existentes em instrumentos jurídicos sejam automaticamente consideradas referências à unidade euro, por aplicação das taxas de conversão fixadas no Regulamento (CE) n.º 2866/98, do Conselho, de 31 de Dezembro, importa estabelecer, relativamente a valores mobiliários, as normas que possibilitem essa redenominação automática em euros do modo mais eficiente e mais simples possível.

As normas estabelecidas no diploma que agora se aprova visam garantir, no momento da transição automática, e à semelhança do que já aconteceu com o Decreto-Lei n.º 343/98, de 6 de Novembro, os princípios da neutralidade, da unidade e da simplificação. Além disso, garante-se ainda a vigência do princípio da não obrigatoriedade e não proibição, que impõe que os emitentes de valores mobiliários que não redenominaram, durante o período de transição, os valores mobiliários por si emitidos não sejam discriminados nem favorecidos relativamente àqueles que o fizeram.

No que respeita ao âmbito de aplicação, o presente diploma não se limita à regulação da redenominação automática em euros de valores mobiliários. Atenta a semelhança das questões a ponderar acerca da redenominação automática do capital social de sociedades anónimas e de acções, por um lado, e as relativas à redenominação automática do capital de sociedades por quotas e de cooperativas e de quotas e de títulos de capital, respectivamente, por outro, aproveitou-se o ensejo para criar uma norma de extensão, a estas últimas figuras, do regime consagrado para a redenominação automática. O mesmo sistema, devidamente adaptado, deverá ser aplicado às sociedades em nome colectivo e em comandita, aos agrupamentos complementares de empresas, aos agrupamentos europeus de interesse económico e aos estabelecimentos individuais de responsabilidade limitada.

Para a redenominação automática em euros de acções optou-se por aplicar a taxa de conversão fixada no artigo 1.º do Regulamento (CE) n.º 2866/98 a cada título representativo do capital, seguida de arredondamento ao cêntimo mais próximo, nos termos do artigo 5.º do Regulamento (CE) n.º 1103/97, do Conselho, de 17 de Junho [aplicável por remissão do artigo 14.º do Regulamento (CE) n.º 974/98].

---

[683] DR I Série-A, 1.º Suplemento ao n.º 299, de 28-Dez.-2001, 8512-(2)-8512-(3).

57.9. Regime do Euro

As normas consagradas para o capital social de sociedades anónimas e para as acções são aplicáveis também ao capital de sociedades por quotas e de cooperativas e de quotas e de títulos de capital, respectivamente, com as necessárias adaptações.

Quanto à redenominação automática em euros de valores mobiliários representativos de dívida, a opção foi a aplicação da taxa de conversão ao valor nominal unitário de cada valor mobiliário, com arredondamento ao cêntimo mais próximo. Este surgiu como o método que melhor garantiria a automaticidade da redenominação em euros. Além disso, confere o mesmo tratamento a valores mobiliários integrados em sistema centralizado e não integrados nesse sistema. As normas em questão asseguram ainda, na medida do possível, a neutralidade da transição, porquanto a variação do montante em dívida de cada entidade emitente será no limite apenas de (euro) 0,50 por cada valor mobiliário representativo de dívida emitido.

A inscrição de todas as novas redenominações no dia 1 de Janeiro de 2002 seria manifestamente inexequível, pelo que se optou por esta solução.

Foram ouvidos a Comissão do Mercado de Valores Mobiliários, o Banco de Portugal, a Interbolsa – Sociedade Gestora de Sistemas de Liquidação e de Sistemas Centralizados de Valores Mobiliários, S. A., e a Associação Portuguesa de Bancos.

Assim:

Nos termos da alínea *a*) do n.º 1 do artigo 198.º da Constituição, o Governo decreta, para valer como lei geral da República, o seguinte:

ARTIGO 1.º
Âmbito

1 – O presente diploma estabelece as regras de redenominação automática em euros dos valores mobiliários e do capital das sociedades comerciais e outras entidades, bem como dos valores mobiliários representativos de dívida.

2 – A redenominação automática referida no n.º 1 produz efeitos a partir de 1 de Janeiro de 2002, nos termos do artigo 14.º do Regulamento (CE) n.º 974/98, do Conselho, de 3 de Maio.

ARTIGO 2.º
Redenominação automática dos valores mobiliários e partes de capital

1 – Os valores mobiliários denominados em escudos consideram-se redenominados em euros, nos termos do disposto no n.º 3 do artigo 14.º do Decreto-Lei n.º 343/98, de 6 de Novembro, de acordo com a taxa de conversão fixada no artigo 1.º do Regulamento (CE) n.º 2866/98, do Conselho, de 31 de Dezembro, com arredondamento, por excesso ou por defeito, para o cêntimo mais próximo.

2 – O disposto no número anterior é aplicável à redenominação automática em euros de partes ou títulos representativos de capital social de quaisquer pessoas colectivas, designadamente de outras sociedades comerciais, de cooperativas, associações ou fundações, bem como de estabelecimentos individuais de responsabili-

dade limitada, de agrupamentos complementares de empresas e de agrupamentos europeus de interesse económico.

ARTIGO 3.º
Redenominação automática de valores mobiliários representativos de dívida

O disposto no n.º 1 do artigo anterior é igualmente aplicável aos valores mobiliários representativos de dívida mediante aplicação da taxa de conversão ao respectivo valor nominal unitário.

ARTIGO 4.º
Ajustamento do capital social

No caso de o valor resultante da soma das participações sociais denominadas em euros nos termos do artigo 2.º não coincidir com o valor resultante da conversão do capital social constante do contrato de sociedade à taxa de conversão fixada no artigo 1.º do Regulamento (CE) n.º 2866/98, do Conselho, de 31 de Dezembro, com arredondamento, por excesso ou por defeito, para o cêntimo mais próximo, deverá a sociedade proceder ao ajustamento do capital social, até 30 de Junho de 2002, sob pena de aplicação, com as devidas adaptações, do regime das obrigações da entrada dos sócios estabelecido no Código das Sociedades Comerciais.

ARTIGO 5.º
Sistemas de registo de valores mobiliários

A entidade gestora de sistema centralizado, as entidades registadoras no sentido do artigo 61.º do Código dos Valores Mobiliários e os emitentes aplicam os princípios referidos nos artigos 2.º e 3.º aos valores em escudos constantes das contas e dos registos que mantenham junto de si até 31 de Janeiro de 2002.

ARTIGO 6.º
Valores mobiliários titulados

Os emitentes e as entidades depositárias no sentido do artigo 99.º do Código dos Valores Mobiliários procedem à actualização das menções nos títulos até 30 de Junho de 2002, através de carimbagem ou de substituição dos mesmos.

ARTIGO 7.º
Regulamentação

A Comissão do Mercado de Valores Mobiliários, mediante regulamento, pode regulamentar o presente diploma na sua área de competência.

57.9. Regime do Euro

Visto e aprovado em Conselho de Ministros de 29 de Novembro de 2001. – *António Manuel de Oliveira Guterres – Guilherme d'Oliveira Martins.*

Promulgado em 17 de Dezembro de 2001.
Publique-se.
O Presidente da República, JORGE SAMPAIO.

Referendado em 19 de Dezembro de 2001.
O Primeiro-Ministro, *António Manuel de Oliveira Guterres.*

ADENDA

ADDENDA

O Regime Jurídico dos Fundos de Investimento Imobiliário, aprovado pelo Decreto-Lei n.º 60/2002, de 20 de Março e alterado pelo Decreto-Lei n.º 252/2003, de 17 de Outubro, foi novamente alterado pelo Decreto-Lei n.º 13/2005, de 7 de Janeiro, que se transcreve de seguida como ponto 16.3.:

16.3. DECRETO-LEI N.º 13/2005, DE 7 DE JANEIRO[1]

Em função da experiência retirada do exercício da supervisão, mas tendo também em vista ajustar o regime jurídico às legítimas e fundadas expectativas da indústria de fundos imobiliários, procede-se a um conjunto de alterações que têm por objectivo dotar o diploma de maior flexibilidade, nomeadamente em matérias como a promoção imobiliária, a constituição de fundos de investimento imobiliário que revistam especial natureza ou ainda a relativa aos fundos imobiliários constituídos exclusivamente por investidores institucionais ou por um número muito reduzido de participantes.

Por razões de transparência, o Decreto-Lei n.º 60/2002, de 20 de Março, vedou aos fundos de investimento imobiliário a possibilidade de aplicarem o seu património em participações em sociedades imobiliárias.

Considerando que o investimento nos mercados imobiliários também se processa através desse tipo de sociedades, enquanto veículo para o investimento em imóveis, tal proibição impede uma maior capacidade competitiva dos fundos imobiliários nacionais.

Deste modo, uma vez salvaguardadas condições de transparência e de adequado funcionamento das referidas sociedades imobiliárias – cuja inexistência no passado fundamentou a proibição então introduzida em 2002 –, justifica-se que seja autorizado aos fundos imobiliários nacionais o investimento em participações de sociedades imobiliárias.

Essas condições de transparência e de funcionamento passam, grosso modo, por fazer aplicar às sociedades imobiliárias as regras que impendem directamente sobre os fundos imobiliários que nelas invistam, designadamente em matéria de objecto de actividade, composição do respectivo património e prestação de informação.

Por último, a par da maior amplitude dos investimentos dos fundos em imóveis localizados fora da União Europeia e das acrescidas possibilidades de endividamento, procede-se ainda a alterações que visam alargar o objecto social das sociedades ges-

---

[1] DR I-A, n.º 5, de 7 de Janeiro, 170-188.

16.3. Fundo de investimento imobiliário

toras, dotando-as de factores adicionais de competitividade face a outros intermediários financeiros.

Foram ouvidos a Comissão do Mercado de Valores Mobiliários, o Banco de Portugal, o Instituto de Seguros de Portugal, a Ordem dos Revisores Oficiais de Contas, as associações representativas das instituições do sector e as associações representativas dos consumidores.

Assim:

Nos termos da alínea *a*) do n.º 1 do artigo 198.º da Constituição, o Governo decreta o seguinte:

ARTIGO 1.º
Alteração do regime jurídico dos fundos de investimento imobiliário

1 – A secção V do capítulo I do regime jurídico dos fundos de investimento imobiliário, aprovado pelo Decreto-Lei n.º 60/2002, de 20 de Março, e alterado pelo Decreto-Lei n.º 252/2003, de 17 de Outubro, passa a ter a seguinte epígrafe: "Das entidades comercializadoras e da subcontratação".

2 – Os artigos 2.º, 4.º, 6.º, 8.º, 9.º, 10.º, 16.º, 17.º, 20.º, 25.º, 26.º, 31.º, 32.º, 33.º, 35.º, 38.º, 42.º, 45.º, 46.º, 48.º, 55.º, 57.º e 60.º do regime jurídico dos fundos de investimento imobiliário, aprovado pelo Decreto-Lei n.º 60/2002, de 20 de Março, com as alterações feitas pelo Decreto-Lei n.º 252/2003, de 17 de Outubro, passam a ter a seguinte redacção:

(*As alterações foram introduzidas no texto do Regime Jurídico dos Fundos de Investimento Imobiliário, abaixo publicado*)

ARTIGO 2.º
Aditamento ao regime jurídico dos fundos de investimento imobiliário

É aditado ao regime jurídico dos fundos de investimento imobiliário, aprovado pelo Decreto-Lei n.º 60/2002, de 20 de Março, o artigo 25.º-A, com a seguinte redacção:

(*O preceito aditado foi introduzido no texto do Regime Jurídico dos Fundos de Investimento Imobiliário, abaixo publicado*)

ARTIGO 3.º
Direito transitório

Até à data a partir da qual seja aplicável o Regulamento n.º 809/2004, de 29 de Abril, da Comissão, o conteúdo do prospecto a que se refere o n.º 3 do artigo 42.º do regime jurídico dos fundos de investimento imobiliário, na redacção resultante do presente diploma, é definido, em conformidade com o disposto no artigo 139.º do Código dos Valores Mobiliários, por regulamento da CMVM.

ARTIGO 4.º
Republicação

O regime jurídico dos fundos de investimento imobiliário, aprovado pelo Decreto-Lei n.º 60/2002, de 20 de Março, e alterado pelo Decreto-Lei n.º 252/2003, de 17 de Outubro, é republicado, de acordo com as alterações constantes do presente diploma, em anexo, que dele é parte integrante.

Visto e aprovado em Conselho de Ministros de 25 de Novembro de 2004. – *Pedro Miguel de Santana Lopes – António José de Castro Bagão Félix – António Victor Martins Monteiro.*

Promulgado em 23 de Dezembro de 2004.
Publique-se.
O Presidente da República, JORGE SAMPAIO.

Referendado em 23 de Dezembro de 2004.
O Primeiro-Ministro, *Pedro Miguel de Santana Lopes.*

Na sequência da aprovação do diploma acima transcrito, o Regime Jurídico dos Fundos de Investimento Imobiliário, aprovado pelo Decreto-Lei n.º 60/2002, de 20 de Março (anterior ponto 16.3., agora 16.4.), passa a ter a seguinte redacção, devidamente actualizada:

16.4. REGIME JURÍDICO DOS FUNDOS DE INVESTIMENTO IMOBILIÁRIO

CAPÍTULO I
Disposições gerais

SECÇÃO I
Dos fundos de investimento imobiliário

ARTIGO 1.º
Âmbito

A constituição e o funcionamento dos fundos de investimento imobiliário, bem como a comercialização das respectivas unidades de participação, obedecem ao disposto no presente diploma e, subsidiariamente, ao disposto no Código dos Valores Mobiliários.

ARTIGO 2.º[2]
Noção

1 – Os fundos de investimento imobiliário, adiante designados apenas por fundos de investimento, são instituições de investimento colectivo, cujo único objectivo

---

[2] Redacção dada pelo artigo 1.º do Decreto-Lei n.º 13/2005, de 7 de Janeiro. A redacção original era a seguinte:
1 – ...
2 – Os fundos de investimento constituem patrimónios autónomos, pertencentes, no regime especial de comunhão regulada pelo presente diploma, a uma pluralidade de pessoas singulares ou colectivas, designadas por participantes, que não respondem, em caso algum, pelas dívidas destes ou das entidades que, nos termos da lei, asseguram a sua gestão.
3 – ...

consiste no investimento, nos termos previstos no presente diploma e na respectiva regulamentação, dos capitais obtidos junto dos investidores e cujo funcionamento se encontra sujeito a um princípio de repartição de riscos.

2 – Os fundos de investimento constituem patrimónios autónomos, pertencentes, no regime especial de comunhão regulado pelo presente diploma, a uma pluralidade de pessoas singulares ou colectivas designadas "participantes", sem prejuízo do disposto no artigo 48.º, que não respondem, em caso algum, pelas dívidas destes ou das entidades que, nos termos da lei, asseguram a sua gestão.

3 – A designação "fundo de investimento imobiliário" só pode ser utilizada relativamente aos fundos de investimento que se regem pelo presente diploma.

4 – As sociedades de investimento imobiliário regem-se por legislação especial.

ARTIGO 3.º
Tipos

1 – Os fundos de investimento podem ser abertos, fechados ou mistos.

2 – São abertos os fundos de investimento cujas unidades de participação são em número variável.

3 – São fechados os fundos de investimento cujas unidades de participação são em número fixo.

4 – São mistos os fundos de investimento em que existem duas categorias de unidades de participação, sendo uma em número fixo e outra em número variável.

ARTIGO 4.º[3]
Unidades de participação

1 – Os fundos de investimento são divididos em partes de conteúdo idêntico, sem prejuízo do disposto no n.º 1 do artigo 50.º, denominadas "unidades de participação".

2 – As unidades de participação com o mesmo conteúdo constituem uma categoria.

3 – Sem prejuízo do disposto no artigo 51.º, podem ser previstas em regulamento da Comissão do Mercado de Valores Mobiliários (CMVM) unidades de participação com direitos ou características especiais, designadamente quanto ao grau de preferência no pagamento dos rendimentos periódicos, no reembolso do seu valor, ou no pagamento do saldo de liquidação do respectivo fundo.

---

[3] Redacção dada pelo artigo 1.º do Decreto-Lei n.º 13/2005, de 7 de Janeiro, que aditou o actual n.º 3.

ARTIGO 5.º
Domicílio

Consideram-se domiciliados em Portugal os fundos de investimento administrados por sociedade gestora cuja sede esteja situada em território português.

SECÇÃO II
Da sociedade gestora

ARTIGO 6.º[4]
Administração dos fundos

1 – Sem prejuízo do disposto no número seguinte, a administração dos fundos de investimento imobiliário é exercida por uma sociedade gestora de fundos de investimento imobiliário, adiante designada por sociedade gestora, com sede principal e efectiva da administração em Portugal.

2 – A administração dos fundos de investimento imobiliário pode também ser exercida por uma sociedade gestora de fundos de investimento mobiliário, sendo-lhe aplicáveis as regras definidas no presente diploma para as sociedades gestoras e para os fundos de investimento imobiliário que administrem.

3 – As sociedades gestoras de fundos de investimento imobiliário têm por objecto principal a administração, em representação dos participantes, de um ou mais fundos de investimento imobiliário, podendo ainda:

---

[4] Redacção dada pelo artigo 1.º do Decreto-Lei n.º 13/2005, de 7 de Janeiro. A redacção anterior, dada pelo artigo 7.º do Decreto-Lei n.º 252/2003, de 17 de Outubro (publicado acima, em 3.10.; cf., aí, o preâmbulo, a aprovação, a promulgação e a referenda do referido Decreto-Lei), era a seguinte:
1 – ...
2 – ...
3 – As sociedades gestoras de fundos de investimento imobiliário têm por objecto exclusivo a administração, em representação dos participantes, de um ou mais fundos de investimento imobiliário.
4 – As sociedades gestoras não podem transferir total ou parcialmente para terceiros os poderes de administração dos fundos de investimento que lhe são conferidos por lei.
5 – A CMVM pode, em casos excepcionais, a requerimento da sociedade estora, obtido o acordo do depositário e considerando o interesse dos participantes, autorizar a substituição da sociedade gestora.
A redacção original era a seguinte:
1 – A administração dos fundos de investimento é exercida por uma sociedade gestora de fundos de investimento imobiliário, adiante designada por sociedade gestora, com sede principal e efectiva da administração em Portugal.
2 – As sociedades gestoras têm por objecto exclusivo a administração, em representação dos participantes, de um ou mais fundos de investimento imobiliário, não podendo uma mesma sociedade gestora administrar simultaneamente fundos de investimento mobiliário e fundos de investimento imobiliário.
3 – As sociedades gestoras não podem transferir total ou parcialmente para terceiros os poderes de administração dos fundos de investimento que lhe são conferidos por lei.
4 – A CMVM pode, em casos excepcionais, a requerimento da sociedade gestora, obtido o acordo do depositário e considerando o interesse dos participantes, autorizar a substituição da sociedade gestora.

a) Prestar serviços de consultoria para investimento imobiliário, incluindo a realização de estudos e análises relativos ao mercado imobiliário;
b) Proceder à gestão individual de patrimónios imobiliários em conformidade com as disposições legais e regulamentares aplicáveis à gestão de carteiras por conta de outrem.

4 – As sociedades gestoras não podem transferir totalmente para terceiros os poderes de administração e gestão das carteiras, colectivas ou individuais, que lhe são conferidos por lei.

5 – As sociedades gestoras não podem transferir total ou parcialmente para terceiros os poderes de administração dos fundos de investimento que lhe são conferidos por lei.

ARTIGO 7.º
Tipo de sociedade e capital

As sociedades gestoras adoptam a forma de sociedade anónima, sendo o respectivo capital social representado por acções nominativas.

ARTIGO 8.º[5]
Administração e trabalhadores

É vedado aos trabalhadores e aos membros dos órgãos de administração da entidade gestora que exerçam funções de decisão e execução de investimentos exercer quaisquer funções noutra sociedade gestora de fundos de investimento.

ARTIGO 9.º[6]
Funções

1 – As sociedades gestoras, no exercício das suas funções, devem actuar no interesse exclusivo dos participantes.

2 – Compete às sociedades gestoras, em geral, a prática de todos os actos e operações necessários ou convenientes à boa administração do fundo de investimento, de acordo com critérios de elevada diligência e competência profissional, e, em especial:
a) Seleccionar os valores que devem constituir o fundo de investimento, de acordo com a política de investimentos prevista no respectivo regulamento de gestão;

---

[5] Redacção dada pelo artigo 1.º do Decreto-Lei n.º 13/2005, de 7 de Janeiro. A redacção original era a seguinte:
É vedado aos membros dos órgãos de administração das sociedades gestoras e às pessoas que com as mesmas mantiverem contrato de trabalho exercer quaisquer funções noutras sociedades gestoras de fundos de investimento.

[6] Redacção dada pelo artigo 1.º do Decreto-Lei n.º 13/2005, de 7 de Janeiro, que aditou ao n.º 2 a actual alínea *h).*

b) Celebrar os negócios jurídicos e realizar todas as operações necessárias à execução da política de investimentos prevista no regulamento de gestão e exercer os direitos directa ou indirectamente relacionados com os valores do fundo de investimento;
c) Efectuar as operações adequadas à execução da política de distribuição dos resultados prevista no regulamento de gestão do fundo de investimento;
d) Emitir, em ligação com o depositário, as unidades de participação e autorizar o seu reembolso;
e) Determinar o valor patrimonial das unidades de participação;
f) Manter em ordem a escrita do fundo de investimento;
g) Dar cumprimento aos deveres de informação estabelecidos por lei ou pelo regulamento de gestão;
h) Controlar e supervisionar as actividades inerentes à gestão dos activos do fundo de investimento, nomeadamente o desenvolvimento dos projectos objecto de promoção imobiliária nas suas respectivas fases.

ARTIGO 10.º[7]
Fundos próprios

1 – Sem prejuízo do disposto no número seguinte, os fundos próprios das sociedades gestoras não podem ser inferiores às seguintes percentagens do valor líquido global dos fundos de investimento que administrem:
a) Até 75 milhões de euros – 0,5%;
b) No excedente – 0,1%.

2 – As sociedades gestoras que exerçam a actividade referida na alínea *b)* do n.º 3 do artigo 6.º ficam ainda sujeitas, no que se refere à sua actividade, às normas prudenciais específicas aplicáveis às sociedades gestoras de patrimónios.

ARTIGO 11.º
Operações vedadas

Às sociedades gestoras é especialmente vedado:
a) Contrair empréstimos por conta própria;

---

[7] Redacção dada pelo artigo 1.º do Decreto-Lei n.º 13/2005, de 7 de Janeiro. A redacção anterior, dada pelo artigo 7.º do Decreto-Lei n.º 252/2003, de 17 de Outubro (publicado acima, em 3.10.; cf. *supra*, nota 4), era a seguinte:

Os fundos próprios das sociedades gestoras não podem ser inferiores às seguintes percentagens do valor líquido global dos fundos de investimento que administrem:
a) Até 75 milhões de euros – 0,5%;
b) No excedente – 0,1%.

A redacção original era a seguinte:

Os fundos próprios das sociedades gestoras não podem ser inferiores às seguintes percentagens do valor líquido global dos fundos de investimento que administrem:
a) Até 75 milhões de euros – 1%;
b) No excedente – 0,1%.

b) Adquirir, por conta própria, unidades de participação de fundos de investimento imobiliário ou mobiliário, com excepção dos fundos de tesouraria;
c) Adquirir por conta própria outros valores mobiliários de qualquer natureza, com excepção dos de dívida pública, de títulos de participação e de obrigações admitidas à negociação em mercado regulamentado que tenham sido objecto de notação, correspondente pelo menos à notação A ou equivalente, por uma empresa de *rating* registada na CMVM ou internacionalmente reconhecida;
d) Conceder crédito, incluindo prestação de garantias, por conta própria;
e) Adquirir, por conta própria, imóveis que não sejam indispensáveis à sua instalação e funcionamento ou à prossecução do seu objecto social;
f) Efectuar, por conta própria, vendas a descoberto sobre valores mobiliários.

SECÇÃO III
Do depositário

ARTIGO 12.º
Requisitos

1 – Os valores mobiliários que constituam património do fundo de investimento devem ser confiados a um único depositário.

2 – Podem ser depositárias as instituições de crédito referidas nas alíneas *a*) a *f*) do artigo 3.º do Regime Geral das Instituições de Crédito e Sociedades Financeiras, aprovado pelo Decreto-Lei n.º 298/92, de 31 de Dezembro, que disponham de fundos próprios não inferiores a 7,5 milhões de euros.

3 – O depositário deve ter a sua sede em Portugal ou, se tiver sede noutro Estado--Membro da Comunidade Europeia, deve estar estabelecido em Portugal através de sucursal.

4 – A substituição do depositário depende de autorização da CMVM.

ARTIGO 13.º
Funções

1 – Compete, designadamente, ao depositário:
a) Assumir uma função de vigilância e garantir perante os participantes o cumprimento da lei e do regulamento de gestão do fundo de investimento, especialmente no que se refere à política de investimentos e ao cálculo do valor patrimonial das unidades de participação;
b) Pagar aos participantes a sua quota-parte dos resultados do fundo de investimento;
c) Executar as instruções da sociedade gestora, salvo se forem contrárias à lei ou ao regulamento de gestão;
d) Receber em depósito ou inscrever em registo os valores mobiliários do fundo de investimento;

e) Assegurar o reembolso aos participantes, dos pedidos de resgate das unidades de participação.

2 – Compete ainda ao depositário o registo das unidades de participação representativas do fundo de investimento não integradas em sistema centralizado.

SECÇÃO IV
Relações entre a sociedade gestora e o depositário

ARTIGO 14.º
Separação e independência

1 – As funções de administração e de depositário são, relativamente ao mesmo fundo de investimento, exercidas por entidades diferentes.

2 – A sociedade gestora e o depositário, no exercício das suas funções, devem agir de modo independente e no exclusivo interesse dos participantes.

3 – As relações entre a sociedade gestora e o depositário são regidas por contrato escrito, sendo enviada à CMVM uma cópia do mesmo e das suas alterações.

ARTIGO 15.º
Responsabilidade

1 – A sociedade gestora e o depositário respondem solidariamente perante os participantes pelo cumprimento das obrigações contraídas nos termos da lei e do regulamento de gestão.

2 – A sociedade gestora e o depositário respondem, designadamente, pelos prejuízos causados aos participantes em consequência de erros e irregularidades na valorização do património do fundo de investimento e na distribuição dos resultados, definindo a CMVM, por regulamento, os termos de prestação das informações à CMVM e as condições em que os participantes devem ser compensados.

3 – O recurso por parte da sociedade gestora ou do depositário a serviços de terceiras entidades não afecta a responsabilidade prevista no n.º 1.

ARTIGO 16.º[8]
Remuneração

1 – As remunerações dos serviços prestados pela sociedade gestora e pelo depositário constam expressamente do regulamento de gestão do fundo de investi-

---

[8] Redacção dada pelo artigo 1.º do Decreto-Lei n.º 13/2005, de 7 de Janeiro. A redacção original era a seguinte:
1 – ...
2 – ...
3 – A CMVM pode regulamentar o disposto no presente artigo, designadamente quanto às condições em que são admitidas as comissões de desempenho.

mento, podendo a comissão de gestão incluir uma parcela calculada em função do desempenho do fundo de investimento.

2 – O regulamento de gestão pode ainda prever a existência de comissões de subscrição e de resgate.

3 – A CMVM pode regulamentar o disposto no presente artigo, designadamente quanto às condições em que são admitidas as comissões de desempenho e ao destino das receitas ou proveitos pagos à entidade gestora ou a entidades que com ela se encontrem em relação de domínio ou de grupo em consequência directa ou indirecta do exercício da sua actividade.

SECÇÃO V
Das entidades colocadoras e da subcontratação

ARTIGO 17.º[9]
Entidades comercializadoras

1 – As unidades de participação de fundos de investimento são colocadas pelas entidades comercializadoras.

2 – Podem ser entidades comercializadoras de unidades de participação:
a) As entidades gestoras;
b) Os depositários;
c) Os intermediários financeiros registados ou autorizados junto da CMVM para o exercício das actividades de colocação em ofertas públicas de distribuição ou de recepção e transmissão de ordens por conta de outrem;
d) Outras entidades como tal previstas em regulamento da CMVM.

3 – As relações entre a entidade gestora e as entidades comercializadoras regem-se por contrato escrito, sujeito a aprovação da CMVM.

4 – As entidades comercializadoras respondem, solidariamente com a entidade gestora, perante os participantes, pelos danos causados no exercício da sua actividade.

---

[9] Redacção dada pelo artigo 1.º do Decreto-Lei n.º 13/2005, de 7 de Janeiro. A redacção original era a seguinte:

Artigo 17.º
Entidades colocadoras

1 – Tendo em vista a colocação das unidades de participação junto do público, a sociedade gestora pode recorrer aos serviços de entidades colocadoras autorizadas pela CMVM e identificadas no regulamento de gestão.

2 – As entidades colocadoras referidas no número anterior exercem essa actividade por conta da sociedade gestora, de acordo com o contrato celebrado entre as mesmas, cujos termos, incluindo a indicação dos serviços relacionados com a subscrição que se comprometam a prestar e a correspondente remuneração, devem ser submetidos à aprovação da CMVM.

3 – No exercício da sua actividade, as entidades colocadoras respondem solidariamente com a sociedade gestora, perante os participantes, pelos prejuízos causados pelos seus actos e omissões.

4 – A CMVM pode definir, por regulamento, regras sobre as condições a que devem estar sujeitas as entidades colocadoras, no que se refere aos respectivos meios materiais e humanos, organização e funcionamento, tendo em vista a protecção dos interesses dos investidores.

ARTIGO 18.º
Subcontratação

As entidades gestoras podem recorrer a serviços de terceiras entidades idóneas e habilitadas para o efeito que se revelem convenientes para o exercício da sua actividade, designadamente os de prestação de conselhos especializados sobre as aplicações no âmbito da política de investimentos previamente definida e de execução das operações, sujeita às instruções e responsabilidade das sociedades gestoras, devendo as relações entre a sociedade gestora e estas entidades ser regidas por contrato escrito aprovado pela CMVM.

SECÇÃO VI
Da divulgação de informações

ARTIGO 19.º
Meios de divulgação

1 – Salvo disposição em contrário, os deveres de informação consagrados no presente diploma são cumpridos, em alternativa, através de publicação num jornal de grande circulação em Portugal, através de publicação no boletim editado pela entidade gestora de mercado regulamentado que, em regulamento da CMVM, seja considerado mais representativo, ou através de divulgação no sistema de difusão de informações da CMVM.

2 – Nos casos em que se efectue a publicação através de jornal ou do boletim referidos no número anterior, devem as sociedades gestoras enviar à CMVM uma cópia da publicação realizada, no prazo de três dias a contar da data da mesma.

CAPÍTULO II
Acesso e exercício da actividade

SECÇÃO I
Acesso à actividade

ARTIGO 20.º[10]
Autorização dos fundos

1 – A constituição de fundos de investimento está sujeita a autorização da CMVM e depende da apresentação de requerimento subscrito pela sociedade gestora,

---

[10] Redacção dada pelo artigo 1.º do Decreto-Lei n.º 13/2005, de 7 de Janeiro. A redacção original era a seguinte:

1 – A constituição de fundos de investimento está sujeita a autorização da CMVM, e depende da

acompanhado dos projectos do regulamento de gestão, do prospecto e dos contratos a celebrar com o depositário, com as entidades comercializadoras e, sendo o caso, com as entidades referidas no artigo 18.º, bem como dos documentos comprovativos de aceitação de funções de todas as entidades envolvidas na actividade do fundo de investimento.

2 – A CMVM pode solicitar à sociedade gestora informações complementares ou sugerir as alterações aos documentos que considere necessárias.

3 – A decisão deve ser notificada pela CMVM à requerente, no prazo de 60 dias a contar da data de entrada do requerimento ou, se for caso disso, a contar da data de entrada das informações complementares ou das alterações aos documentos referidas no número anterior, mas em caso algum depois de decorridos 90 dias sobre a data inicial de entrada do requerimento.

4 – A falta de notificação da decisão nos termos do número anterior constitui presunção de indeferimento tácito do pedido.

5 – A autorização caduca se a sociedade gestora a ela expressamente renunciar ou se o fundo de investimento não se constituir no prazo de 180 dias após a data de recepção da notificação da autorização.

6 – A CMVM pode revogar a autorização se nos 12 meses subsequentes à data de constituição do fundo de investimento este não atingir um património de € 5 000 000 ou não obedecer aos critérios de dispersão definidos em regulamento da CMVM.

ARTIGO 21.º
Constituição dos fundos

O fundo de investimento considera-se constituído no momento em que a importância correspondente à primeira subscrição de unidades de participação for integrada no respectivo activo, devendo esta data ser comunicada à CMVM.

SECÇÃO II
Do exercício da actividade em geral

ARTIGO 22.º
Regulamento de gestão

1 – A sociedade gestora elabora e mantém actualizado, relativamente a cada fundo de investimento, um regulamento de gestão que contém os elementos identificadores do fundo de investimento, da sociedade gestora e do depositário, e ainda os

---

apresentação de requerimento subscrito pela sociedade gestora, acompanhado dos projectos do regulamento de gestão, do prospecto, e dos contratos a celebrar com o depositário, com as entidades colocadoras e, sendo o caso, com as entidades referidas no artigo 18.º.
(...)

16.4. Fundo de investimento imobiliário

direitos e obrigações dos participantes, da sociedade gestora e do depositário, a política de investimentos do fundo de investimento e as condições da sua liquidação, devendo indicar, nomeadamente:

a) A denominação do fundo de investimento, que contém a expressão "Fundo de Investimento Imobiliário", ou a abreviatura "F. I. Imobiliário", e a identificação do tipo não podendo aquela estar em desacordo com as políticas de investimentos e de distribuição dos resultados do fundo de investimento;
b) A duração do fundo de investimento;
c) O valor inicial das unidades de participação para efeitos de constituição do fundo de investimento;
d) Os direitos inerentes às unidades de participação;
e) A denominação e a sede da sociedade gestora;
f) A denominação e a sede do depositário;
g) As entidades colocadoras e os meios de comercialização das unidades de participação;
h) A política de investimentos, de forma a identificar o seu objectivo, as actividades a desenvolver, designadamente no que respeita à aquisição de imóveis para revenda ou para arrendamento e o desenvolvimento de projectos de construção de imóveis, e o nível de especialização sectorial ou geográfica dos valores que integram o fundo de investimento;
i) A política de distribuição dos resultados do fundo de investimento, definida objectivamente por forma, em especial, a permitir verificar se se trata de um fundo de investimento de capitalização ou de um fundo de investimento com distribuição, total ou parcial, dos resultados, e, neste caso, quais os critérios e periodicidade dessa distribuição;
j) A possibilidade de endividamento e, caso prevista, a finalidade e limites do mesmo;
l) O valor, modo de cálculo e as condições de cobrança das comissões referidas no artigo 16.º;
m) Todos os encargos que, para além da comissão de gestão e de depósito, são suportados pelo fundo de investimento, nas condições a definir por regulamento da CMVM;
n) O auditor do fundo de investimento;
o) Outros elementos exigidos pela CMVM que, tendo em conta as especificidades apresentadas pelo fundo de investimento, sejam considerados relevantes.

2 – O regulamento de gestão deve ser colocado à disposição dos interessados nas instalações da sociedade gestora e do depositário e em todos os locais e através dos meios previstos para a comercialização das unidades de participação do fundo de investimento.

3 – As alterações ao regulamento de gestão estão sujeitas a aprovação prévia da CMVM, considerando-se aprovadas se esta não se lhes opuser no prazo de 15 dias a contar da data da recepção do respectivo pedido ou, se for caso disso, a contar da data da recepção das informações complementares ou das alterações sugeridas pela CMVM, exceptuando-se, no entanto, as alterações ao regulamento de gestão previs-

tas no artigo 39.°, as quais se consideram tacitamente indeferidas caso a CMVM, neste prazo, não notifique a decisão de aprovação.

4 – Excluem-se do disposto do número anterior, efectuando-se por mera comunicação à CMVM, as alterações relativas às seguintes matérias:
   a) Denominação e sede da sociedade gestora;
   b) Denominação e sede do depositário;
   c) Denominação e sede das entidades colocadoras;
   d) Redução das comissões a suportar pelo fundo de investimento ou pelos participantes, devendo ser indicada pela sociedade gestora a data da entrada em vigor destas alterações;
   e) Mera adaptação a alterações legislativas ou regulamentares.

5 – O regulamento de gestão e as alterações correspondentes são objecto de publicação, nos termos previstos no presente diploma.

ARTIGO 23.°
Prospecto

1 – A sociedade gestora elabora e mantém actualizado, relativamente a cada fundo de investimento, um prospecto, cujo conteúdo, definido por regulamento da CMVM, permita ao investidor tomar uma decisão esclarecida sobre o investimento que lhe é proposto.

2 – O prospecto deve conter menção esclarecendo que o mesmo inclui apenas a informação essencial sobre cada fundo de investimento e que informação mais detalhada, incluindo o regulamento de gestão e os documentos de prestação de contas do fundo de investimento, pode ser consultada pelos interessados nas instalações da sociedade gestora e do depositário e em todos os locais e através dos meios previstos para a comercialização das unidades de participação do fundo de investimento.

3 – As alterações ao prospecto que não digam respeito ao conteúdo do regulamento de gestão estão sujeitas à aprovação da CMVM nos termos previstos no n.° 3 do artigo anterior.

4 – Todas as acções publicitárias relativas ao fundo de investimento informam da existência do prospecto a que se refere este artigo, dos locais onde este pode ser obtido e dos meios da sua obtenção.

ARTIGO 24.°
Subscrição de unidades de participação

1 – Previamente à subscrição das unidades de participação, junto da sociedade gestora ou através das entidades colocadoras, deverá ser entregue aos subscritores um exemplar actualizado do prospecto.

2 – A subscrição de unidades de participação implica a aceitação do regulamento de gestão e confere à sociedade gestora os poderes necessários para realizar os actos de administração do fundo de investimento.

3 – As unidades de participação de um fundo de investimento não podem ser emitidas sem que a importância correspondente ao preço de subscrição seja efectivamente integrada no activo do fundo de investimento, salvo se se tratar de desdobramento de unidades já existentes.

4 – A CMVM pode definir, por regulamento, regras adicionais sobre a comercialização de unidades de participação dos fundos de investimento, em especial no que respeita às medidas destinadas a assegurar a prestação de informação adequada aos investidores nas diferentes modalidades de subscrição, quer presencial, quer à distância, e quanto à comercialização das unidades de participação fora do território português.

ARTIGO 25.º[11]
Activo do fundo

1 – O activo de um fundo de investimento imobiliário pode ser constituído por imóveis e liquidez, sem prejuízo do disposto no n.º 3 e no artigo seguinte.

2 – Os imóveis podem integrar o activo de um fundo de investimento em direito de propriedade, de superfície, ou através de outros direitos com conteúdo equivalente, devendo encontrar-se livres de ónus ou encargos que dificultem excessivamente a sua alienação.

3 – Os imóveis detidos pelos fundos de investimento imobiliário correspondem a prédios urbanos ou fracções autónomas, podendo a CMVM definir em regulamento outros valores, designadamente prédios rústicos ou mistos, unidades de participação em fundos de investimento imobiliário e outros activos equiparáveis que possam integrar o activo de um fundo de investimento.

4 – Só podem ser constituídos os fundos de investimento imobiliário previstos no presente diploma ou em regulamento da CMVM desde que, neste caso, sejam

---

[11] Redacção dada pelo artigo 1.º do Decreto-Lei n.º 13/2005, de 7 de Janeiro. A redacção original era a seguinte:

1 – O activo de um fundo de investimento apenas pode ser constituído por imóveis e, a título acessório, por liquidez, sem prejuízo do disposto no n.º 7.

2 – ...

3 – Os imóveis detidos pelos fundos de investimento correspondem a prédios urbanos ou fracções autónomas e devem estar localizados em Estados-Membros da Comunidade Europeia.

4 – Não podem ser adquiridos para os fundos de investimento imóveis em regime de compropriedade, excepto no que respeita à compropriedade de imóveis funcionalmente ligados à exploração de fracções autónomas do fundo de investimento e do disposto no número seguinte.

5 – Os fundos de investimento podem adquirir imóveis em regime de compropriedade com outros fundos de investimento ou com fundos de pensões, no âmbito do desenvolvimento de projectos de construção de imóveis, e desde que exista um acordo sobre a constituição da propriedade horizontal, o que deverá verificar-se logo que estejam reunidas as condições legais.

6 – Considera-se liquidez, para efeitos do disposto no n.º 1, numerário, depósitos bancários, certificados de depósito, unidades de participação de fundos de tesouraria e valores mobiliários emitidos ou garantidos por um Estado-Membro da Comunidade Europeia com prazo de vencimento residual inferior a 12 meses.

7 – A CMVM pode definir, por regulamento, outros valores que possam integrar o activo de um fundo de investimento.

asseguradas adequadas condições de transparência e prestação de informação, em função das suas características.

5 – Não podem ser adquiridos para os fundos de investimento imóveis em regime de compropriedade, excepto no que respeita à compropriedade de imóveis funcionalmente ligados à exploração de fracções autónomas do fundo de investimento e do disposto no número seguinte.

6 – Os fundos de investimento imobiliário podem adquirir imóveis em regime de compropriedade com outros fundos de investimento ou fundos de pensões, devendo existir, consoante seja aplicável, um acordo sobre a constituição da propriedade horizontal ou sobre a repartição dos rendimentos gerados pelo imóvel.

7 – Considera-se liquidez, para efeitos do disposto no n.º 1, numerário, depósitos bancários, certificados de depósito, unidades de participação de fundos de tesouraria e valores mobiliários emitidos ou garantidos por um Estado-Membro da Comunidade Europeia com prazo de vencimento residual inferior a 12 meses.

ARTIGO 25.º-A[12]
Participações em sociedades imobiliárias

1 – O activo de um fundo de investimento pode ainda ser constituído por participações em sociedades imobiliárias desde que:
   a) O objecto social da sociedade imobiliária se enquadre exclusivamente numa das actividades que podem ser directamente desenvolvidas pelos fundos de investimento;
   b) O activo da sociedade imobiliária seja composto por um mínimo de 75% de imóveis passíveis de integrar directamente a carteira do fundo de investimento;
   c) A sociedade imobiliária não possua participações em quaisquer outras sociedades;
   d) A sociedade imobiliária tenha sede estatutária e efectiva num dos Estados membros da União Europeia ou da OCDE no qual o respectivo fundo de investimento pode investir;
   e) As contas da sociedade imobiliária sejam sujeitas a regime equivalente ao dos fundos de investimento em matéria de revisão independente, transparência e divulgação;
   f) A sociedade imobiliária se comprometa contratualmente com a entidade gestora do fundo de investimento a prestar toda a informação que esta deva remeter à CMVM;
   g) Aos imóveis e outros activos que integrem o património da sociedade imobiliária ou por esta adquiridos, explorados ou alienados, sejam aplicados princípios equiparáveis ao regime aplicável aos fundos de investimento, nomeadamente no que respeita a regras de avaliação, conflitos de interesse e prestação de informação.

---

[12] Aditado pelo artigo 2.º do Decreto-Lei n.º 13/2005, de 7 de Janeiro.

16.4. Fundo de investimento imobiliário

2 – Sem prejuízo do disposto no número anterior, a CMVM pode, através de regulamento:
a) Definir os termos em que são valorizadas as participações das sociedades imobiliárias a adquirir e detidas pelos fundos de investimento;
b) Definir os termos em que o património das sociedades imobiliárias é considerado para efeitos do cumprimento dos limites de composição do património dos fundos de investimento imobiliário;
c) Impor condições adicionais de transparência para que as sociedades imobiliárias possam, em qualquer momento, integrar o activo dos fundos de investimento imobiliário.

3 – A sociedade gestora do fundo deve prevenir, bem como fazer cessar no prazo determinado pela CMVM, os incumprimentos das regras previstas nos números anteriores.

ARTIGO 26.º[13]
Actividades e operações permitidas

1 – Os fundos de investimento podem desenvolver as seguintes actividades:
a) Aquisição de imóveis para arrendamento ou destinados a outras formas de exploração onerosa;
b) Aquisição de imóveis para revenda;
c) Aquisição de outros direitos sobre imóveis, nos termos previstos em regulamento da CMVM, tendo em vista a respectiva exploração económica.

2 – Os fundos de investimento podem ainda desenvolver projectos de construção e de reabilitação de imóveis com uma das finalidades previstas nas alíneas a) e b) do número anterior e dentro dos limites definidos para cada tipo de fundo de investimento, podendo a CMVM definir, por regulamento, os termos e condições em que esta actividade pode ser desenvolvida.

3 – Os fundos de investimento podem adquirir imóveis cuja contraprestação seja diferida no tempo, considerando-se este tipo de operações para efeitos da determinação dos limites de endividamento definidos no presente diploma.

4 – A CMVM pode definir, por regulamento, as condições e limites em que os fundos de investimento podem utilizar instrumentos financeiros derivados.

---

[13] Redacção dada pelo artigo 1.º do Decreto-Lei n.º 13/2005, de 7 de Janeiro. A redacção original era a seguinte:
1 – ...
a) ...
b) ...
2 – Os fundos de investimento podem ainda desenvolver projectos de construção de imóveis, com uma das finalidades previstas no número anterior e dentro dos limites definidos para cada tipo de fundo de investimento, podendo a CMVM definir, por regulamento, os termos e condições em que esta actividade pode ser desenvolvida.
3 – ...
4 – A CMVM, pode definir, por regulamento, as condições e limites em que os fundos de investimento podem utilizar instrumentos financeiros derivados para fins de cobertura de riscos.

ARTIGO 27.º
Operações vedadas

1 – Aos fundos de investimento é especialmente vedado:
a) Onerar por qualquer forma os seus valores, excepto para a obtenção de financiamento, dentro dos limites estabelecidos no presente diploma;
b) Conceder crédito, incluindo a prestação de garantias;
c) Efectuar promessas de venda de imóveis que ainda não estejam na titularidade do fundo de investimento, exceptuando-se as promessas de venda de imóveis efectuadas no âmbito da actividade referida no n.º 2 do artigo anterior.

2 – As sociedades gestoras não podem efectuar quaisquer transacções entre diferentes fundos de investimento que administrem.

ARTIGO 28.º
Conflito de interesses

1 – As sociedades gestoras devem actuar no exclusivo interesse dos participantes, relativamente à própria sociedade gestora e a entidades que com ela se encontrem em relação de domínio ou de grupo.

2 – Sempre que uma sociedade gestora administre mais de um fundo de investimento, deve considerar cada um deles como um cliente, tendo em vista a prevenção de conflitos de interesses e, quando inevitáveis, a sua resolução de acordo com princípios de equidade e não discriminação.

3 – Depende de autorização da CMVM, a requerimento da sociedade gestora, a aquisição e a alienação de imóveis às seguintes entidades:
a) Sociedade gestora e depositário;
b) Entidades que, directa ou indirectamente, detenham 10% ou mais dos direitos de voto da sociedade gestora;
c) Entidades cujos direitos de voto sejam pertencentes, em percentagem igual ou superior a 20%, à sociedade gestora ou a uma entidade que, directa ou indirectamente, domine a sociedade gestora, ou por entidades dominadas, directa ou indirectamente, pela sociedade gestora;
d) Membros do órgão de administração ou de direcção ou do conselho geral da sociedade gestora ou de entidade que, directa ou indirectamente, a domine;
e) Entidades cujos direitos de voto sejam pertencentes, em percentagem igual ou superior a 20%, a um ou mais membros do órgão de administração ou de direcção ou do conselho geral da sociedade gestora ou de entidade que, directa ou indirectamente, a domine;
f) Entidades de cujos órgãos de administração ou de direcção ou de cujo conselho geral façam parte um ou mais administradores ou directores ou membros do conselho geral da sociedade gestora.

4 – O requerimento apresentado pela sociedade gestora, mencionado no número anterior, deve ser devidamente justificado e acompanhado dos pareceres ela-

borados por dois peritos avaliadores independentes, em cumprimento do disposto na alínea a) do n.º 1 do artigo seguinte, podendo a CMVM, em caso de dúvida, ou caso considere o valor da aquisição ou alienação excessivo ou insuficiente, solicitar nova avaliação do imóvel por um terceiro perito avaliador, por ela designado.

5 – Os valores determinados pelos peritos avaliadores referidos no número anterior servem de referência ao preço da transacção proposta, não podendo este preço ser superior, no caso de aquisição do imóvel pelo fundo de investimento, ao menor dos valores determinados pelos peritos, nem inferior, no caso da alienação do imóvel pelo fundo de investimento, ao maior dos valores determinados pelos peritos.

6 – O arrendamento ou outras formas de exploração onerosa de imóveis do fundo de investimento que tenham como contraparte as entidades referidas no n.º 3 apenas se pode verificar dentro das condições e limites estabelecidos em regulamento da CMVM.

7 – A sociedade gestora deve conhecer as relações previstas no n.º 3.

ARTIGO 29.º
Avaliação de imóveis e peritos avaliadores

1 – Os imóveis de fundos de investimento devem ser avaliados por, pelo menos, dois peritos avaliadores independentes, nas seguintes situações:
  a) Previamente à sua aquisição e alienação, não podendo a data de referência da avaliação do imóvel ser superior a seis meses relativamente à data do contrato em que é fixado o preço da transacção;
  b) Previamente ao desenvolvimento de projectos de construção, por forma, designadamente, a determinar o valor do imóvel a construir;
  c) Sempre que ocorram circunstâncias susceptíveis de induzir alterações significativas no valor do imóvel;
  d) Com uma periodicidade mínima de dois anos.

2 – São definidos por regulamento da CMVM os requisitos de competência e independência dos peritos avaliadores no âmbito da actividade desenvolvida para efeitos do presente diploma, os critérios e normas técnicas de avaliação dos imóveis, o conteúdo dos relatórios de avaliação e as condições de divulgação destes relatórios ou das informações neles contidas, bem como do seu envio à CMVM.

3 – A CMVM pode definir, por regulamento, outros requisitos a cumprir pelos peritos avaliadores independentes, designadamente quanto ao seu registo junto da CMVM.

ARTIGO 30.º
Cálculo e divulgação do valor patrimonial das unidades de participação

1 – O valor patrimonial das unidades de participação é calculado de acordo com a periodicidade estabelecida no respectivo regulamento de gestão, dentro dos limites e condições definidos por regulamento da CMVM, sendo este, no mínimo, calculado mensalmente, com referência ao último dia do mês respectivo.

2 – As regras de valorização do património dos fundos de investimento são definidas por regulamento da CMVM.

3 – O valor patrimonial das unidades de participação é divulgado no dia seguinte ao do seu apuramento através de publicação nos termos previstos no presente diploma, bem como nos locais e através dos meios previstos para a comercialização das unidades de participação do fundo de investimento.

4 – A CMVM pode definir, por regulamento, os termos e condições em que as sociedades gestoras podem publicitar, sob qualquer forma, medidas ou índices de rendibilidade e risco dos fundos de investimento e as regras a que obedecerá o cálculo dessas medidas ou índices.

SECÇÃO III
Regime financeiro

ARTIGO 31.º[14]
Contas dos fundos

1 – A contabilidade dos fundos de investimento é organizada de harmonia com as normas emitidas pela CMVM.

---

[14] Redacção dada pelo artigo 1.º do Decreto-Lei n.º 13/2005, de 7 de Janeiro. A redacção original era a seguinte:
1 – ...
2 – As contas dos fundos de investimento compreendem o balanço, a demonstração de resultados, a demonstração dos fluxos de caixa e os respectivos anexos, sendo elaboradas de acordo com as normas a que se refere o número anterior.
3 – As contas dos fundos de investimento são encerradas anualmente com referência a 31 de Dezembro, e, acompanhadas do relatório de gestão, são objecto de relatório de auditoria elaborado por auditor registado junto da CMVM que não faça parte do órgão de fiscalização da sociedade gestora.
4 – ...
5 – O relatório de gestão referido nos n.os 3 e 4 deve conter uma descrição das actividades do respectivo período, bem como outras informações que permitam aos participantes formar um juízo fundamentado sobre a evolução da actividade e os resultados do fundo de investimento, podendo a CMVM definir, por regulamento, a inclusão de outros elementos que considere relevantes.
6 – No relatório de auditoria ou parecer o auditor deve pronunciar-se, entre outros aspectos, sobre:
 a) O adequado cumprimento das políticas de investimentos e de distribuição dos resultados definidas no regulamento de gestão do fundo de investimento;
 b) A inscrição dos factos sujeitos a registo relativos aos imóveis do fundo de investimento;
 c) A adequada valorização, pela sociedade gestora, dos valores do fundo de investimento;
 d) O controlo das operações referidas no n.º 2 do artigo 27.º e nos n.os 3 e 6 do artigo 28.º;
 e) O controlo das operações de subscrição e, sendo o caso, de resgate das unidades de participação do fundo de investimento.
7 – O auditor do fundo de investimento deve comunicar à CMVM, com a maior brevidade, os factos de que tenha tido conhecimento no exercício das suas funções e que sejam susceptíveis de constituir infracção às normas legais ou regulamentares que regulam o exercício da actividade dos fundos de investimento ou que possam determinar a escusa de opinião ou a emissão de opinião adversa ou com reservas, designadamente no que respeita aos aspectos sobre os quais o auditor está obrigado a pronunciar--se no âmbito do disposto no número anterior.

16.4. Fundo de investimento imobiliário

2 – A entidade gestora elabora para cada fundo de investimento um relatório e contas anual relativo ao exercício findo em 31 de Dezembro anterior e um relatório e contas semestral referente ao 1.º semestre do exercício, que integram os seguintes documentos:
   a) Relatório de gestão, incluindo, nomeadamente, a descrição da actividade e dos principais acontecimentos relativos ao fundo de investimento no período;
   b) Balanço;
   c) Demonstração dos resultados;
   d) Demonstração dos fluxos de caixa; e
   e) Anexos aos documentos referidos nas alíneas b) a d).

3 – Os relatórios e contas dos fundos de investimento são objecto de relatório elaborado por auditor registado na CMVM.

4 – As sociedades gestoras devem igualmente elaborar relatório de gestão e contas semestrais dos fundos de investimento, com referência a 30 de Junho, que são objecto de parecer pelo auditor do fundo de investimento.

5 – O auditor do fundo de investimento deve comunicar à CMVM, com a maior brevidade, os factos de que tenha tido conhecimento no exercício das suas funções e que sejam susceptíveis de constituir infracção às normas legais ou regulamentares que regulam o exercício da actividade dos fundos de investimento ou que possam determinar a escusa de opinião ou a emissão de opinião adversa ou com reservas, designadamente no que respeita aos aspectos sobre os quais o auditor está obrigado a pronunciar-se no âmbito do disposto no número anterior.

ARTIGO 32.º[15]
Prestação de informações

1 – Os relatórios e contas dos fundos de investimento e os respectivos relatórios do auditor são publicados e enviados à CMVM no prazo de:

---

[15] Redacção dada pelo artigo 1.º do Decreto-Lei n.º 13/2005, de 7 de Janeiro. A redacção original era a seguinte:
   1 – Nos dois meses seguintes às datas referidas nos n.ºs 3 e 4 do artigo anterior, as sociedades gestoras devem publicar um aviso com menção de que os documentos de prestação de contas de cada fundo de investimento, compreendendo o relatório de gestão, as contas e o relatório de auditoria ou parecer do auditor, se encontram à disposição do público em todos os locais e através dos meios previstos para a comercialização das unidades de participação do fundo de investimento e de que os mesmos serão enviados sem encargos aos participantes que o requeiram.
   2 – As sociedades gestoras devem publicar trimestralmente, com referência ao último dia do mês imediatamente anterior, a composição discriminada das aplicações de cada fundo de investimento que administrem e outros elementos de informação nos termos definidos por regulamento da CMVM.
   3 – As sociedades gestoras devem publicar, nos locais e através dos meios previstos no n.º 1, um aviso da distribuição dos resultados dos fundos de investimento.
   4 – Os elementos indicados nos números anteriores, bem como outros previstos em regulamento, são enviados à CMVM nos prazos e condições que esta venha a definir.
   5 – As sociedades gestoras são obrigadas a prestar à CMVM quaisquer elementos de informação relativos à sua situação, à dos fundos de investimento que administrem e às operações realizadas, que lhes sejam solicitados.
   6 – Sem prejuízo de exigências legais ou regulamentares mais rigorosas, as sociedades gestoras

a) Três meses contados do termo do exercício anterior, para os relatórios anuais;
b) Dois meses contados do termo do semestre do exercício, para os relatórios semestrais.

2 – A publicação referida no número anterior pode ser substituída pela divulgação de um aviso com a menção de que os documentos se encontram à disposição do público nos locais indicados no prospecto e regulamento de gestão e que os mesmos podem ser enviados sem encargos aos participantes que o requeiram.

3 – Os relatórios e contas são facultados, sem qualquer encargo, aos investidores e aos participantes que os solicitem, estando disponíveis ao público nos termos indicados no prospecto e regulamento de gestão.

4 – As sociedades gestoras publicam a composição discriminada das aplicações de cada fundo de investimento que administrem e outros elementos de informação, nos termos definidos por regulamento da CMVM.

5 – As sociedades gestoras publicam, nos locais previstos para a comercialização de unidades de participação e através dos meios de divulgação previstos no artigo 19.°, um aviso da distribuição de resultados dos fundos de investimento.

6 – Os elementos indicados nos números anteriores, bem como outros previstos em regulamento, são enviados à CMVM nos prazos e condições que esta venha a definir.

7 – As sociedades gestoras são obrigadas a prestar à CMVM quaisquer elementos de informação relativos à sua situação, à dos fundos de investimento que administrem e às operações realizadas, que lhes sejam solicitados.

8 – Sem prejuízo de exigências legais ou regulamentares mais rigorosas, as sociedades gestoras conservarão em arquivo, pelo prazo mínimo de cinco anos, todos os documentos e registos relativos aos fundos de investimento que administrem.

SECÇÃO IV
Das vicissitudes dos fundos

ARTIGO 33.°[16]
Fusão, cisão e transformação

A CMVM define, por regulamento, as condições e o processo de fusão e cisão de fundos de investimento, bem como de transformação do respectivo tipo.

---

conservarão em arquivo, pelo prazo mínimo de cinco anos, todos os documentos e registos relativos aos fundos de investimento que administrem.

[16] Redacção dada pelo artigo 1.° do Decreto-Lei n.° 13/2005, de 7 de Janeiro. A redacção original era a seguinte:

Artigo 33.°
Fusão e transformação de fundos

A CMVM define, por regulamento, as condições e o processo de fusão de fundos de investimento, bem como de transformação do respectivo tipo.

ARTIGO 34.º
Liquidação

1 – A liquidação de um fundo de investimento realiza-se nos termos previstos no respectivo regulamento de gestão e de acordo com as condições definidas no presente diploma para cada tipo de fundo de investimento.

2 – Tomada a decisão de liquidação, fundada no interesse dos participantes, com salvaguarda da defesa do mercado, deve a mesma ser imediatamente comunicada à CMVM e publicada, contendo a indicação do prazo previsto para a conclusão do processo de liquidação.

3 – O reembolso das unidades de participação deve ocorrer no prazo máximo de um ano a contar da data de início da liquidação do fundo, podendo a CMVM, em casos excepcionais e a pedido da sociedade gestora, devidamente fundamentado, prorrogar este prazo.

4 – Durante o período de liquidação, mantêm-se as obrigações de prestação de informações referidas no artigo 32.º, devendo ser enviada mensalmente à CMVM uma memória explicativa da evolução do processo de liquidação do fundo.

5 – O valor final de liquidação do fundo de investimento é divulgado pela sociedade gestora, nos locais e através dos meios previstos para a comercialização das unidades de participação do fundo de investimento, no decurso dos cinco dias subsequentes ao seu apuramento definitivo, devendo as contas de liquidação do fundo de investimento ser enviadas à CMVM dentro do mesmo prazo.

ARTIGO 35.º[17]
Liquidação compulsiva

1 – Quando, em virtude da violação do regulamento de gestão ou das disposições legais e regulamentares que regem os fundos de investimento, os interesses dos participantes e da defesa do mercado o justifiquem, a CMVM pode determinar a liquidação de um fundo de investimento.

2 – O processo de liquidação inicia-se com a notificação da decisão à sociedade gestora, ao depositário e, quando for o caso, às entidades colocadoras, aplicando-se o disposto nos n.os 2 a 5 do artigo anterior, com as necessárias adaptações.

3 – A liquidação a que se refere o presente artigo pode ser entregue a liquidatário ou liquidatários designados pela CMVM, que fixará a respectiva remuneração, a qual constitui encargo da sociedade gestora, cabendo neste caso aos liquidatários os poderes que a lei atribui à sociedade gestora, mantendo-se, todavia, os deveres impostos ao depositário.

---

[17] Redacção dada pelo artigo 1.º do Decreto-Lei n.º 13/2005, de 7 de Janeiro. A redacção original era a seguinte:

1 – Quando, em virtude da violação do regulamento de gestão ou das disposições legais e regulamentares que regem os fundos de investimento, os interesses dos participantes e da defesa do mercado o justifiquem, a CMVM pode determinar a liquidação de um fundo de investimento.

2 – ...

3 – ...

CAPÍTULO III
Dos fundos de investimento imobiliário abertos

ARTIGO 36.º
Subscrições e resgates

1 – Sem prejuízo do disposto no artigo 24.º, a subscrição e o resgate das unidades de participação de um fundo de investimento aberto são realizados de acordo com as condições definidas no respectivo regulamento de gestão, dentro dos limites e condições definidos por regulamento da CMVM, devendo ser indicado, nomeadamente:
 a) A periodicidade das subscrições e dos resgates das unidades de participação do fundo de investimento;
 b) O número mínimo de unidades de participação exigidos em cada subscrição;
 c) O valor das unidades de participação para efeitos de subscrição e de resgate;
 d) O prazo máximo de reembolso dos pedidos de resgate;
 e) A forma de determinação do preço de emissão e de resgate das unidades de participação;
 f) O valor, modo de cálculo e condições de cobrança das comissões referidas no n.º 2 do artigo 16.º

2 – Em casos excepcionais, devidamente fundamentados pela sociedade gestora, pode a CMVM permitir a prorrogação do prazo referido na alínea d) do número anterior.

3 – Os participantes podem exigir o resgate das unidades de participação de um fundo de investimento aberto mediante solicitação dirigida ao depositário.

ARTIGO 37.º
Suspensão das subscrições ou dos resgates

1 – Quando os pedidos de resgate de unidades de participação excederem os de subscrição, num só dia, em 5% do activo total do fundo de investimento ou, num período não superior a cinco dias seguidos, em 10% do mesmo activo, a sociedade gestora poderá suspender as operações de resgate.

2 – A sociedade gestora deve suspender as operações de resgate ou de emissão quando, apesar de não se verificarem as circunstâncias previstas no número anterior, o interesse dos participantes o aconselhe.

3 – Decidida a suspensão, a sociedade gestora deve promover a afixação, bem visível, em todos os locais e através dos meios previstos para a comercialização das unidades de participação do fundo de investimento, de um aviso destinado a informar o público sobre a situação de suspensão e, logo que possível, a sua duração.

4 – As suspensões previstas nos n.os 1 e 2 e as razões que as determinarem devem ser imediatamente comunicadas pela sociedade gestora à CMVM.

5 – A suspensão do resgate não abrange os pedidos que tenham sido apresentados até ao fim do dia anterior ao do envio da comunicação à CMVM.

6 – A CMVM, por sua iniciativa ou a solicitação da sociedade gestora, pode, quando ocorram circunstâncias excepcionais susceptíveis de perturbarem a normal actividade do fundo de investimento ou de porem em risco os legítimos interesses dos investidores, determinar a suspensão da subscrição ou do resgate das unidades de participação do fundo de investimento, a qual produz efeitos imediatos relativamente a todos os pedidos de resgate que, no momento da notificação da suspensão, não tenham sido satisfeitos.

7 – A suspensão do resgate, nos termos do presente artigo, não determina a suspensão simultânea da subscrição, mas a subscrição de unidades de participação só pode efectuar-se mediante declaração escrita do participante de que tomou prévio conhecimento da suspensão do resgate.

ARTIGO 38.º[18]
Composição do património

1 – Aos fundos de investimento abertos são aplicáveis as seguintes regras:
a) O valor dos imóveis e de outros activos equiparáveis, definidos em regulamento da CMVM nos termos do disposto no n.º 3 do artigo 25.º, não pode representar menos de 75% do activo total do fundo de investimento;
b) O desenvolvimento de projectos de construção não pode representar, no seu conjunto, mais de 25% do activo total do fundo de investimento;
c) O valor de um imóvel ou de outro activo equiparável, definido em regulamento da CMVM nos termos do disposto no n.º 3 do artigo 25.º, não pode representar mais de 20% do activo total do fundo de investimento;
d) O valor dos imóveis arrendados, ou objecto de outras formas de exploração onerosa, a uma única entidade ou a um conjunto de entidades que, nos termos da lei, se encontrem em relação de domínio ou de grupo, ou que

---

[18] Redacção dada pelo artigo 1.º do Decreto-Lei n.º 13/2005, de 7 de Janeiro. A redacção original era a seguinte:
1 – ...
a) O valor dos imóveis não pode representar menos de 80% do activo total do fundo de investimento;
b) O desenvolvimento de projectos de construção não pode representar, no seu conjunto, mais de 10% do activo total do fundo de investimento;
c) O valor de um imóvel não pode representar mais de 20% do activo total do fundo de investimento;
d) ...
e) O fundo de investimento pode endividar-se até um limite de 10% do seu activo total.
2 – ...
3 – ...
4 – ...
5 – Os limites definidos nas alíneas a) a d) do n.º 1 são aferidos em relação à média dos valores verificados no final de cada um dos últimos seis meses, devendo ser respeitados no prazo de dois anos a contar da data de constituição do fundo de investimento.
6 – ...
7 – ...

sejam dominadas, directa ou indirectamente, por uma mesma pessoa, singular ou colectiva, não pode superar 20% do activo total do fundo de investimento;
 e) As participações em sociedades imobiliárias não podem representar mais de 25% do activo total do fundo de investimento;
 f) Só podem investir em imóveis localizados em Estados membros da União Europeia ou da OCDE, não podendo os investimentos fora da União Europeia representar mais de 25% do activo total do fundo de investimento;
 g) O endividamento não pode representar mais de 25% do activo total do fundo de investimento.

2 – Para efeitos de apuramento do limite definido na alínea b) do número anterior, são considerados os imóveis destinados ao desenvolvimento de projectos de construção, ainda que os referidos projectos não tenham sido iniciados.

3 – Para efeitos do disposto na alínea c) do n.º 1, constitui um imóvel, o conjunto das fracções autónomas de um mesmo edifício submetido ao regime da propriedade horizontal, e o conjunto de edifícios contíguos funcionalmente ligados entre si pela existência de partes comuns afectas ao uso de todas ou algumas unidades ou fracções que os compõem.

4 – A sociedade gestora deve conhecer as relações previstas na alínea d) do n.º 1.

5 – Os limites percentuais definidos nas alíneas a) a f) do n.º 1 são aferidos em relação à média dos valores verificados no final de cada um dos últimos seis meses, sendo respeitados no prazo de dois anos a contar da data de constituição do fundo de investimento.

6 – Em casos devidamente fundamentados pela sociedade gestora, poderá a CMVM autorizar que os fundos de investimento detenham transitoriamente uma estrutura patrimonial que não respeite algumas das alíneas do n.º 1.

7 – A CMVM pode fixar regras técnicas sobre a estrutura patrimonial dos fundos de investimento, designadamente quanto ao cálculo do valor de cada projecto para efeitos de determinação do limite referido na alínea b) do n.º 1.

ARTIGO 39.º
Alterações ao regulamento de gestão

1 – Devem ser comunicadas individualmente a cada participante, no prazo máximo de 30 dias após a notificação da decisão de aprovação da CMVM, as alterações ao regulamento de gestão das quais resulte:
 a) A substituição da sociedade gestora;
 b) A substituição do depositário;
 c) Um aumento das comissões a suportar pelo fundo de investimento;
 d) A modificação substancial da política de investimentos como tal considerada pela CMVM;
 e) A modificação da política de distribuição dos resultados do fundo de investimento.

2 – As alterações ao regulamento de gestão referidas no número anterior entram em vigor 45 dias após a notificação da decisão de aprovação da CMVM.

3 – As alterações ao regulamento de gestão das quais resulte um aumento da comissão de resgate ou um agravamento das condições de cálculo da mesma, só podem ser aplicadas às unidades de participação subscritas após a data de entrada em vigor dessas alterações.

ARTIGO 40.º
Liquidação

1 – Os participantes em fundos de investimento abertos não podem exigir a liquidação ou partilha do respectivo fundo de investimento.

2 – A decisão de liquidação deve ser comunicada individualmente a cada participante.

3 – A decisão de liquidação determina a imediata suspensão das operações de subscrição e de resgate das unidades de participação do fundo de investimento.

CAPÍTULO IV
Dos fundos de investimento imobiliário fechados

ARTIGO 41.º
Administração

1 – Sem prejuízo do disposto no artigo 6.º, a administração dos fundos de investimento fechados pode ainda ser exercida por alguma das instituições de crédito referidas nas alíneas *a*) a *f*) do artigo 3.º do Regime Geral das Instituições de Crédito e Sociedades Financeiras, aprovado pelo Decreto-Lei n.º 298/92, de 31 de Dezembro, que disponham de fundos próprios não inferiores a € 7 500 000.

2 – Às entidades gestoras referidas no número anterior não é aplicável o disposto nos artigos 7.º, 10.º, 11.º e 14.º

ARTIGO 42.º[19]
Oferta pública ou particular

1 – A oferta de distribuição de unidades de participação de fundos de investimento fechados pode ser pública ou particular.

---

[19] Redacção dada pelo artigo 1.º do Decreto-Lei n.º 13/2005, de 7 de Janeiro. A redacção original era a seguinte:

Artigo 42.º
Oferta pública e particular

1 – ...

2 – A concessão do registo da oferta pública pela CMVM implica a aprovação oficiosa do pros-

2 – A natureza pública ou particular da oferta determina-se em conformidade com o disposto, respectivamente, nos artigos 109.º e 110.º do Código dos Valores Mobiliários, considerando-se pública a oferta dirigida, pelo menos, a 100 pessoas.

3 – A concessão do registo da oferta pública pela CMVM implica a aprovação oficiosa do prospecto, cujo conteúdo, que inclui o regulamento de gestão do fundo de investimento, é definido pelo Regulamento n.º 809/2004, de 29 de Abril, da Comissão.

4 – Ao prazo da oferta aplica-se o disposto no artigo 125.º do Código dos Valores Mobiliários, ocorrendo a respectiva liquidação financeira no final do prazo fixado.

5 – Quando o interesse dos investidores o justifique, pode ser recusada a autorização para a constituição de novos fundos de investimento fechados enquanto não estiver integralmente realizado o capital de outros fundos de investimento fechados administrados pela mesma sociedade gestora.

ARTIGO 43.º
Duração do fundo

1 – Os fundos de investimento fechados podem ter duração determinada ou indeterminada.

2 – Nos fundos de investimento fechados de duração determinada esta não pode exceder 10 anos, sendo permitida a sua prorrogação uma ou mais vezes, por períodos não superiores ao inicial, desde que obtida a autorização da CMVM e a deliberação favorável da assembleia de participantes, e o regulamento de gestão permita o resgate das unidades de participação pelos participantes que, por escrito, tenham manifestado estar contra a prorrogação.

3 – Os fundos de investimento fechados com duração indeterminada só são autorizados se no regulamento de gestão estiver prevista a admissão à negociação das respectivas unidades de participação em mercado regulamentado.

ARTIGO 44.º
Aumentos e reduções de capital

1 – Mediante autorização da CMVM, podem ser realizados aumentos e reduções de capital, desde que essa possibilidade se encontre prevista no regulamento de gestão.

---

pecto, cujo conteúdo, que inclui o regulamento de gestão do fundo de investimento, é definido, em conformidade com o disposto no artigo 139.º do Código dos Valores Mobiliários, por regulamento da CMVM.

3 – O prazo da oferta de distribuição tem a duração máxima de 60 dias, ocorrendo a liquidação financeira para todos os participantes no final do prazo estabelecido.

4 – Quando o interesse dos investidores o justifique, pode ser recusada a autorização para a constituição de novos fundos de investimento fechados enquanto não estiver integralmente realizado o capital de outros fundos de investimento fechados administrados pela mesma sociedade gestora.

2 – O aumento do capital deve respeitar as seguintes condições:
 a) Terem decorrido pelo menos seis meses desde a data de constituição do fundo de investimento ou desde a data de realização do último aumento de capital;
 b) Ser objecto de deliberação favorável em assembleia de participantes, nas condições definidas no regulamento de gestão, devendo a deliberação definir igualmente as condições do aumento, designadamente se a subscrição é reservada aos actuais participantes do fundo de investimento;
 c) Ser precedido da elaboração de relatórios de avaliação dos imóveis do fundo de investimento, por dois peritos independentes, com uma antecedência não superior a seis meses, relativamente à data de realização do aumento;
 d) O preço de subscrição deve ser definido pela sociedade gestora, com base em critérios objectivos e devidamente fundamentados no prospecto da oferta, tomando como referência o valor patrimonial das unidades de participação, e, para os fundos de investimento admitidos à negociação em mercado regulamentado, considerando ainda o valor de mercado das unidades de participação, devendo, em qualquer dos casos, o auditor do fundo de investimento emitir parecer sobre o preço assim fixado.

3 – A redução do capital apenas se pode verificar em caso de reembolso das unidades de participação dos participantes que se tenham manifestado contra a prorrogação da duração do fundo de investimento e em casos excepcionais, devidamente justificados pela sociedade gestora, devendo ser respeitadas, com as devidas adaptações, as condições previstas nas alíneas b), c) e d) do número anterior.

4 – A CMVM pode definir, por regulamento, os termos de divulgação da informação contida no parecer do auditor, nos relatórios de avaliação considerados para efeitos dos aumentos e reduções do capital do fundo de investimento e noutros elementos de informação.

ARTIGO 45.º[20]
Assembleia de participantes

1 – Dependem de deliberação favorável da assembleia de participantes:
 a) O aumento das comissões que constituem encargo do fundo de investimento;
 b) A modificação substancial da política de investimentos do fundo de investimento;

---

[20] Redacção dada pelo artigo 1.º do Decreto-Lei n.º 13/2005, de 7 de Janeiro. A redacção original era a seguinte:
1 – ...
(...)
f) A substituição da sociedade gestora;
(...)
2 – ...
3 – ...

c) A modificação da política de distribuição dos resultados do fundo de investimento;
d) O aumento e redução do capital do fundo de investimento;
e) A prorrogação da duração do fundo de investimento;
f) A substituição da entidade gestora, excepto quando se verifique, ao abrigo do disposto na alínea b) do n.º 6 do artigo 31.º do regime jurídico dos organismos de investimento colectivo, aprovado pelo Decreto-Lei n.º 252/2003, de 17 de Outubro, a transferência dos poderes de administração dos fundos de investimento imobiliário e da estrutura humana, material e técnica da sociedade gestora de fundos de investimento imobiliário para uma sociedade gestora de fundos de investimento mobiliário integrada no mesmo grupo financeiro;
g) A liquidação do fundo de investimento nos termos previstos no artigo 47.º

2 – Em caso algum, a assembleia pode pronunciar-se sobre decisões concretas de investimento ou aprovar orientações ou recomendações sobre esta matéria que não se limitem ao exercício da competência referida na alínea b) do número anterior.

3 – O regulamento de gestão deve definir as regras de convocação e funcionamento e as competências da assembleia, aplicando-se, na sua falta ou insuficiência, o disposto na lei para as sociedades anónimas.

ARTIGO 46.º[21]
Composição do património

1 – Aos fundos de investimento fechados objecto de oferta pública de subscrição é aplicável o disposto no artigo 38.º, com as seguintes adaptações:
a) O desenvolvimento de projectos de construção não pode representar, no seu conjunto, mais de 50% do activo total do fundo de investimento, salvo se tais projectos se destinarem à reabilitação de imóveis, caso em que tal limite é de 60%;
b) O valor de um imóvel não pode representar mais de 25% do activo total do fundo de investimento;
c) O valor dos imóveis arrendados, ou objecto de outras formas de exploração onerosa, a uma única entidade ou a um conjunto de entidades que, nos termos da lei, se encontrem em relação de domínio ou de grupo, ou que

---

[21] Redacção dada pelo artigo 1.º do Decreto-Lei n.º 13/2005, de 7 de Janeiro. A redacção original era a seguinte:
 1 – ...
  a) O desenvolvimento de projectos de construção não pode representar, no seu conjunto, mais de 50% do activo total do fundo de investimento;
  b) ...
  c) ...
  d) O fundo de investimento pode endividar-se até um limite de 25% do seu activo total.
 2 – Em caso de aumento de capital do fundo de investimento, o limite definido na alínea a) do n.º 1 do artigo 38.º deve ser respeitado no prazo de um ano a contar da data do aumento de capital, relativamente ao montante do aumento.

sejam dominadas, directa ou indirectamente, por uma mesma pessoa, singular ou colectiva, não pode superar 25% do activo total do fundo de investimento;
 d) O endividamento não pode representar mais de 33% do activo total do fundo de investimento.

2 – Em caso de aumento de capital do fundo de investimento, os limites definidos na alínea a) do n.º 1 do artigo 38.º devem ser respeitados no prazo de um ano a contar da data do aumento de capital relativamente ao montante do aumento.

ARTIGO 47.º
Liquidação

Os participantes dos fundos de investimento fechados podem exigir a respectiva liquidação, desde que tal possibilidade esteja prevista no regulamento de gestão ou quando, prevendo este a admissão à negociação em mercado regulamentado das unidades de participação, esta se não verifique no prazo de 12 meses a contar da data de constituição do fundo.

ARTIGO 48.º[22]
Fundos de investimento fechados de subscrição particular

1 – Aos fundos de investimento fechados objecto de oferta particular cujo número de participantes seja superior a cinco, não sendo estes exclusivamente investidores institucionais, são aplicáveis:
 a) As alíneas a) e f) do n.º 1 do artigo 38.º, sendo autorizado o investimento em imóveis localizados em Estados que não integram a União Europeia ou a OCDE até ao limite de 10% do activo total do fundo de investimento;
 b) A alínea d) do n.º 1 do artigo 46.º

2 – Aos fundos de investimento fechados objecto de oferta particular cujos participantes não reunam as características referidas no proémio do número anterior não são aplicáveis:

---

[22] Redacção dada pelo artigo 1.º do Decreto-Lei n.º 13/2005, de 7 de Janeiro. A redacção original era a seguinte:

Artigo 48.º
Fundos de investimento objecto de subscrição particular

1 – Aos fundos de investimento fechados objecto de oferta particular de subscrição é aplicável o disposto na alínea a) do n.º 1 do artigo 38.º, podendo os mesmos endividarem-se até um limite de 30% do respectivo activo total.

2 – Aos mesmos fundos de investimento não é aplicável o disposto no artigo 23.º e no n.º 4 do artigo 31.º, nem, desde que obtido o acordo da totalidade dos participantes relativamente a cada operação, o disposto nos n.os 3 e 6 do artigo 28.º

3 – A CMVM pode estabelecer, por regulamento, as condições e procedimentos mediante os quais um fundo de investimento objecto de oferta pública de distribuição pode ficar sujeito ao disposto no presente artigo.

a) Os limites de composição do património nele referidos, com excepção da alínea a) do n.º 1 do artigo 38.º;
b) O n.º 4 do artigo 42.º quando o regulamento de gestão fixe o prazo máximo da oferta até 90 dias e calendarize as respectivas liquidações financeiras.

3 – Aos fundos de investimento fechados objecto de oferta particular não é ainda aplicável:
a) O artigo 23.º;
b) O n.º 2 do artigo 31.º, na parte respeitante ao relatório semestral;
c) O n.º 2 do artigo 27.º e os n.ºs 3 e 6 do artigo 28.º, desde que obtido o acordo de, no mínimo, 75% dos participantes relativamente a cada operação.

4 – A CMVM pode estabelecer, por regulamento, as condições e procedimentos mediante os quais um fundo de investimento objecto de oferta pública de distribuição pode ficar sujeito ao disposto no presente artigo.

CAPÍTULO V
Dos fundos de investimento imobiliário mistos

ARTIGO 49.º
Regime aplicável

Os fundos de investimento mistos regem-se, para além do disposto nos capítulos I e II, pelo disposto no presente capítulo e, subsidiariamente, no capítulo anterior, em tudo o que não for incompatível com a sua natureza.

ARTIGO 50.º
Capital fixo e variável

1 – O capital dos fundos de investimento mistos é composto por uma parte fixa e por uma parte variável, representadas por duas categorias distintas de unidades de participação.

2 – A parte fixa do capital do fundo de investimento misto não pode ser inferior à parte variável do mesmo.

ARTIGO 51.º
Categorias de unidades de participação

1 – As unidades de participação representativas da parte fixa do capital do fundo de investimento misto conferem o direito à participação em assembleia de participantes e à partilha do respectivo património líquido em caso de liquidação.

2 – As unidades de participação representativas da parte variável do capital do fundo de investimento misto apenas conferem direito:
a) À distribuição prioritária de uma quota-parte dos resultados do fundo de investimento;

b) Ao resgate das unidades de participação, nos termos definidos no presente diploma e no regulamento de gestão do fundo de investimento;
c) Ao reembolso prioritário do seu valor em caso de liquidação do fundo de investimento.

ARTIGO 52.º
Distribuição dos resultados

O regulamento de gestão define, de forma clara e objectiva, quanto à distribuição dos resultados referentes às unidades de participação representativas da parte variável do capital do fundo de investimento misto:
a) O modo de cálculo da percentagem dos resultados do fundo de investimento a distribuir;
b) A periodicidade e datas de distribuição.

ARTIGO 53.º
Subscrições e resgates

1 – A comercialização de unidades de participação representativas da parte variável do capital do fundo de investimento misto só pode ter início após a integral subscrição das unidades de participação representativas da parte fixa do capital do mesmo fundo de investimento e nas condições definidas no respectivo regulamento de gestão.
2 – O preço de subscrição e de resgate das unidades de participação representativas da parte variável do capital do fundo de investimento corresponde ao valor fixado no respectivo regulamento de gestão, acrescido ou diminuído, respectivamente, de eventuais comissões de subscrição ou resgate, a suportar pelos participantes.
3 – Às subscrições e resgates das unidades de participação representativas da parte variável do capital do fundo de investimento misto é aplicável, com as devidas adaptações, o disposto no artigo 36.º
4 – A CMVM pode determinar a transformação de um fundo de investimento misto em fechado, caso a subscrição das unidades de participação representativas da parte variável do capital do fundo não se verifique no prazo de dois anos a contar da respectiva data de constituição.

ARTIGO 54.º
Suspensão das subscrições e resgates

1 – À suspensão das subscrições e resgates das unidades de participação representativas da parte variável do capital do fundo de investimento misto é aplicável, com as devidas adaptações, o disposto no artigo 37.º
2 – Logo que a parte variável do capital do fundo de investimento misto iguale a parte fixa do mesmo, suspendem-se automaticamente as subscrições das unidades

de participação representativas daquela, devendo o regulamento de gestão do fundo de investimento estabelecer os critérios de rateio para os pedidos de subscrição que ainda não tenham sido satisfeitos.

3 – A suspensão referida no número anterior só pode ser levantada em caso de aumento da parte fixa do capital do fundo de investimento ou da ocorrência de resgates representativos de, pelo menos, 10% da mesma.

ARTIGO 55.º[23]
Composição do património dos fundos de investimento mistos

Aos fundos de investimento mistos é aplicável o disposto no artigo 38.º, não lhes sendo porém autorizado, sem prejuízo do disposto no artigo 50.º, o recurso ao endividamento.

ARTIGO 56.º
Outras disposições

É aplicável aos fundos de investimento mistos o disposto nos artigos 39.º e 40.º, quanto aos titulares de unidades de participação representativas da parte variável do capital do fundo de investimento.

CAPÍTULO VI
Da comercialização em Portugal de participações em instituições de investimento colectivo em valores imobiliários, com sede ou que sejam administradas por entidades com sede no estrangeiro

ARTIGO 57.º[24]
Autorização

1 – A comercialização em Portugal de participações em instituições de inves-

---

[23] Redacção dada pelo artigo 1.º do Decreto-Lei n.º 13/2005, de 7 de Janeiro. A redacção original era a seguinte:

Aos fundos de investimento mistos é aplicável o disposto no artigo 38.º, com as seguintes adaptações:

  a) O desenvolvimento de projectos de construção não pode representar, no seu conjunto, mais de 30% do activo total do fundo de investimento;

  b) O fundo de investimento pode endividar-se até um limite de 15% do seu activo total.

[24] Redacção dada pelo artigo 1.º do Decreto-Lei n.º 13/2005, de 7 de Janeiro. A redacção original era a seguinte:

1 – A comercialização em Portugal das participações em instituições de investimento colectivo em valores imobiliários com sede ou que sejam administradas por entidade gestora com sede no estrangeiro está sujeita a autorização da CMVM.

2 – O processo de autorização deve ser instruído nos termos definidos por regulamento da CMVM.

3 – A autorização só será concedida se as instituições de investimento colectivo referidas no n.º 1

timento colectivo em valores imobiliários com sede no estrangeiro, ou administradas por entidade gestora aí sediada, está sujeita a autorização da CMVM, nos termos definidos em regulamento.

2 – A autorização referida no número anterior é concedida, nomeadamente, se as instituições de investimento colectivo e o modo previsto para a comercialização das respectivas participações conferirem aos participantes condições de segurança e protecção análogas às das instituições domiciliadas em Portugal, desde que verificada a existência de reciprocidade para a comercialização destas últimas no estrangeiro e de memorando de entendimento entre as autoridades de supervisão competentes.

ARTIGO 58.º
Publicidade e informações

1 – As instituições de investimento colectivo podem fazer publicidade da comercialização das respectivas participações em território português, com observância das disposições nacionais sobre publicidade.

2 – As instituições de investimento colectivo abrangidas por este capítulo devem difundir, em língua portuguesa, nas modalidades aplicáveis aos fundos de investimento domiciliados em Portugal, os documentos e as informações que devam ser publicitados no Estado de origem.

3 – Caso os elementos referidos no número anterior não sejam suficientes para assegurar o cumprimento do disposto no n.º 3 do artigo anterior, a CMVM pode determinar a difusão de documentos e informações complementares.

CAPÍTULO VII
Supervisão e regulamentação

ARTIGO 59.º
Supervisão

Compete à CMVM a fiscalização do disposto no presente diploma, sem prejuízo da competência do Banco de Portugal em matéria de supervisão das instituições de crédito e das sociedades financeiras e do Instituto do Consumidor em matéria de publicidade.

---

e o modo previsto para a comercialização das respectivas participações conferirem aos participantes condições de segurança e protecção análogas às dos fundos de investimento domiciliados em Portugal.

ARTIGO 60.º[25]
Regulamentação

Compete igualmente à CMVM a elaboração dos regulamentos necessários à concretização e ao desenvolvimento do disposto no presente diploma, nomeadamente no que respeita às seguintes matérias:

a) Critérios de dispersão das unidades de participação de cada fundo de investimento;
b) Condições de admissão de comissões de desempenho e encargos que, para além da comissão de gestão e de depósito, são susceptíveis de serem suportados pelo fundo de investimento;
c) Conteúdo do prospecto dos fundos de investimento abertos;
d) Condições de comercialização de unidades de participação, em especial no que respeita às subscrições e resgates, bem como as condições a observar pelas entidades colocadoras;
e) Valores susceptíveis de integrar o activo dos fundos de investimento, para além dos previstos no presente diploma;
f) Termos e condições de desenvolvimento pelos fundos de investimento de projectos de construção de imóveis;
g) Condições e limites de utilização de instrumentos financeiros derivados para fins de cobertura de riscos;
h) Condições e limites de arrendamento ou de outras formas de exploração onerosa de imóveis do fundo de investimento no âmbito de contratos celebrados com as entidades previstas no n.º 3 do artigo 28.º;
i) Condições de competência e independência dos peritos avaliadores e critérios e normas técnicas de avaliação dos imóveis;
j) Regras de valorização do património de cada fundo de investimento e periodicidade e condições de cálculo do valor patrimonial das unidades de participação;
l) Termos e condições em que as sociedades gestoras podem tornar público, sob qualquer forma, medidas ou índices de rendibilidade e risco dos fundos de investimento e as regras a que obedecerá o cálculo dessas medidas ou índices;

---

[25] Redacção dada pelo artigo 1.º do Decreto-Lei n.º 13/2005, de 7 de Janeiro. A redacção original era a seguinte:
Compete igualmente à CMVM a elaboração dos regulamentos necessários à concretização e ao desenvolvimento do disposto no presente diploma, nomeadamente no que respeita às seguintes matérias:
(...)
c) Conteúdo do prospecto dos fundos de investimento;
(...)
m) Regras menos exigentes em matéria de composição do património dos fundos de investimento, de deveres de informação e de prevenção de conflitos de interesse, nos casos em que o presente diploma o permita;
(...)
p) As condições e processo de fusão de fundos de investimento e de transformação do respectivo tipo;
q) Regras de instrução de processos de autorização de comercialização em Portugal de instituições de investimento colectivo em valores imobiliários domiciliados fora de Portugal.

m) Regras menos exigentes em matéria de composição do património dos fundos de investimento, de deveres de informação e de prevenção de conflitos de interesse, nos casos em que o presente diploma o permita, nomeadamente quando estejam em causa imóveis para reabilitação;
n) Contabilidade dos fundos de investimento e conteúdo do relatório de gestão;
o) Informações, em geral, a prestar ao público e à CMVM, bem como os respectivos prazos e condições de divulgação;
p) Condições e processos de fusão, cisão e aumento de capital de fundos de investimento e de transformação do respectivo tipo;
q) Comercialização em Portugal de instituições de investimento colectivo em valores imobiliários domiciliadas no estrangeiro;
r) Dispensa do cumprimento de deveres por determinados tipos de fundos de investimento, em função das suas características, e imposição do cumprimento de outros, designadamente em matéria de diversificação de risco e prestação de informação;
s) Unidades de participação com direitos ou características especiais;
t) Subcontratação de funções compreendidas na actividade de administração e gestão das sociedades gestoras;
u) Afectação de receitas e proveitos pagos à entidade gestora ou a outras entidades em consequência do exercício da actividade daquela;
v) Aquisição e detenção pelos fundos de investimento de participações em sociedades imobiliárias para além das condições previstas neste diploma.

A Lei n.º 55-B/2004[26], de 30 de Dezembro, que aprovou o Orçamento de Estado para 2005, alterou, através do artigo 39.º, o Estatuto dos Benefícios Fiscais, nos seguintes termos:

CAPÍTULO IX
Benefícios fiscais

ARTIGO 39.º
Estatuto dos Benefícios Fiscais

1 – Os artigos 11.º-A, 12.º, 19.º, 21.º, 24.º, 56.º e 59.º do Estatuto dos Benefícios Fiscais, aprovado pelo Decreto-Lei n.º 215/89, de 1 de Julho, passam a ter a seguinte redacção:

(...)

ARTIGO 19.º[27]
Conta poupança-reformados

Beneficiam de isenção de IRS os juros das contas poupança-reformados constituídas nos termos legais, na parte cujo saldo não ultrapasse (euro) 10500.

(...)

3 – É revogado o artigo 18.º[28] do Estatuto dos Benefícios Fiscais, aprovado pelo Decreto-Lei n.º 215/89, de 1 de Julho, com efeitos a partir da data da entrada em vigor da presente lei, continuando a ter aplicação o regime constante dos n.os 2, 5 e 6 relativamente às deduções à colecta do IRS que tenham sido efectuadas ao abrigo do n.º 1 do mesmo artigo.

4 – É revogada a alínea a) do artigo 11.º do Decreto-Lei n.º 27/2001, de 3 de Fevereiro[29].

---

[26] DR I-A, n.º 304, 2.º Suplemento, de 30-Dez.-2004, 7412-(162)-7412-(493).
[27] *Vide* ponto 25.3.4..
[28] *Vide* ponto 25.5.4..
[29] *Vide* ponto 25.5.3..

ÍNDICE IDEOGRÁFICO

accionistas – **3.11.**, 110.°, 119.°, **42.**, 7.°
 – *vide* participações qualificadas
acesso à actividade das instituições de crédito – **42.**, **43.**
acordos parassociais – **3.11.**, 111.°
actos unilateralmente comerciais – **24.3.**, 99.°
administradores – **3.11.**, 15.°, 30.° ss.
 – acumulação – **3.11.**, 33.°
 – experiência profissional – **3.11.**, 31.°
 – registo – **3.11.**, 69.°
administradores provisórios – **3.11.**, 143.°
agências – **3.11.**, 13.°/6, **6.9.**, 3.°
agências de câmbios – **3.11.**, 4.°/1, *e*), **20.**
 – objecto – **20.4.**, 1.°
 – requisitos – **20.4.**, 2.°
 – operações – **20.4.**, 3.°
aluguer de cofres – **3.11.**, 4.°/1, *o*)
anatocismo – **31.**, 560.°
associações empresariais – **3.11.**, 56.°
auditores externos – **3.11.**, 121.°
autorização – **3.11.**, 14. ss.,
aval – **27.1.2.**, 25.° ss.
Banco Central Europeu (BCE) – **33.**, 9.°
 – actos jurídicos – **33.**, 34.°
 – auditoria – **33.**, 27.°
 – capital – **33.**, 28.°
 – comissão executiva – **33.**, 11.°, 50.°, **34.**, 6.° ss.
 – competência – **32.3.**, 110.°
 – conselho do – **33.**, 10.°, **34.**, 2.° ss.
 – conselho geral – **33.**, 45.° ss.
 – contas – **33.**, 27.°
 – emissão de notas – **33.**, 16.°
 – Estatutos – **33.**
 – fiscalização jurisdicional – **33.**, 35.°
 – independência – **32.3.**, 108.°
 – informação estatística – **33.**, 5.°
 – lucros e perdas – **33.**, 33.°
 – operações externas – **33.**, 23.°
 – operações de *open market* e de crédito – **33.**, 18.°

 – pareceres – **32.3.**, 105.°/4, **33.**, 4.°, *b*)
 – personalidade colectiva – **32.3.**, 107.°/2
 – pessoal – **33.**, 36.°, **34.**, 11.°, 20.° ss.
 – presidente – **33.**, 13.°
 – privilégios e imunidades – **33.**, 40.°
 – proibição de concessão de créditos – **32.3.**, 101.°, **33.**, 21.°
 – proveitos – **33.**, 32.°
 – regulamento interno – **34.**, 1.°
 – reservas – **33.**, 19.°, 30.° ss.
 – sede – **33.**, 37.°
 – supervisão prudencial – **33.**, 25.°
 – *vide* Sistema Europeu de Bancos Centrais
Banco Europeu de Investimentos – **3.11.**, 8.°/3, *c*)
Banco de Portugal – **1.**, 102.°, **2.4.**
 – atribuições principais – **2.4.**, 3.°
 – capital e reservas – **2.4.**, 4.° e 5.°
 – colaboração com a CMVM – **3.11.**, 88.°
 – colaboração com outras entidades de supervisão – **3.11.**, 185.°
 – competência na supervisão – **3.11.**, 116.° ss.
 – competência para o processo de ilícitos de mera ordenação social – **3.11.**, 213.° ss.
 – conselho de administração – **2.4.**, 33.° ss.
 – conselho de auditoria – **2.4.**, 41.° ss.
 – conselho consultivo – **2.4.**, 47.° ss.
 – dever de segredo – **2.4.**, 60.°
 – e caixas de crédito agrícola – **7.6.**, 4.°/1, 10.°, 13.°, 22.°/3, 26.°, *b*), 27.°, *g*), 39.°, 45.°/2, 47.°/3, 52.°, 74.° ss.
 – e cartões de crédito – **17.**, 4.°
 – e certificados de depósitos – **25.7.3.**, 7.°
 – e conta poupança-emigrante – **25.4.4.**, 12.° e 14.°
 – e mercado cambial – **26.1.**, 7.°, 22.° ss.
 – e operações cambiais – **26.1.**, 7.°
 – e publicidade – **3.11.**, 90.°
 – e serviços de centralização de riscos de crédito – **29.3.**
 – e sociedades administradoras de compras em grupo – **22.3.**, 16.°/1

1487

– e sociedades corretoras e financeiras de corretagem – **13.**, 6.º, 7.º, 8.º
– emissão monetária – **2.4.**, 6.º ss.
– funções de banco central – **2.4.**, 12.º ss.
– governador – **2.4.**, 27.º ss.
– informações sobre taxas de juros – **29.2.**, 3.º/4, *d*), 5.º/4, 9 ss.
– incompatibilidades – **2.4.**, 61.º
– Lei orgânica – **2.4.**
  – alterações – **2.1.**, **2.2.** e **2.3.**
– natureza e sede – **2.4.**, 1.º ss.
– operações do Banco – **2.4.**, 24.º
– orçamento e contas – **2.4.**, 52.º ss.
– órgãos – **2.4.**, 26.º
– política monetária e cambial – **2.4.**, 15.º ss.
– recursos das decisões – **3.11.**, 12.º, 228.º ss.
– recusa de comunicação – **3.11.**, 38.º
– relações com o Estado – **2.4.**, 18.º ss.
– relações monetárias internacionais – **2.4.**, 20.º ss.
– sanções – **3.11.**, 89.º/4, 149.º
– serviços – **2.4.**, 50.º ss.
– serviços de compensação – **27.2.1.**, 1.º ss.
– supervisão – **2.4.**, 17.º ss.
– supervisão em base consolidada – **3.11.**
– trabalhadores – **2.4.**, 56.º ss.
– troca de informações – **3.11.**, 81.º
bancos – **3.11.**, 3.º, a)
bancos centrais nacionais – **32.3.**, 101.º
  – compatibilização de legislações – **32.3.**, 109.º, **33.**, 14.º
  – e Sistema Europeu de Bancos Centrais – **33.**,
  – independência – **32.3.**, 109.º
  – *vide Banco Central Europeu e Sistema Europeu de Bancos Centrais*
benefícios fiscais
  – poupança habitação – **25.5.3.**, 11.º
broker
  – *vide sociedades corretoras*
Caixa Central de Crédito Agrícola Mútuo – **3.11.**, 3.º, *c*), 81.º/1; **7.1.**, 3.º; **7.6.**, 4.º/1
  – capital social – **7.6.**, 53.º
  – contas – **7.6.**, 56.º
  – delegações – **7.6.**, 52.º
  – garantia – **7.6.**, 78.º
  – natureza e objecto – **7.6.**, 50.º
  – normas aplicáveis – **7.6.**, 51.º
  – operações activas – **7.6.**, 58.º
  – órgãos sociais – **7.6.**, 55.º
  – poderes de intervenção – **7.6.**, 77.º
  – providências extraordinárias – **7.6.**, 81.º ss.
  – recursos – **7.6.**, 57.º

Caixa Económica Montepio Geral – **3.11.**, 41.º, **6.9.**, 5.º/2, *c*)
Caixa Geral de Depósitos – **5.**
  – assembleia geral – **5.2.**, 11.º
  – capital social – **5.2.**, 5.º
  – conselho de administração – **5.2.**, 16.º
  – conselho fiscal – **5.2.**, 23.º
  – conversão – **5.3.2.**, 23.º ss.
  – depósitos – **5.3.2.**, 19.º
  – estatutos – **5.2.**
  – legislação especial – **5.3.**
  – legislação revogada – **5.1.**, 9.º
  – levantamento – **5.3.2.**, 20.º
  – presidente e vice-presidente – **5.2.**, 19.º
  – serviços sociais – **5.3.1.**, 54.º
  – trabalhadores – **5.1.**, 7.º
  – transformação – **5.1.**, 1.º
  – voluntários – **5.3.2.**, 35.º
caixas de crédito agrícola mútuo – **3.11.**, 3.º, *c*), 29.º, **7.6.**
  – âmbito territorial – **7.6.**, 12.º
  – aprovação do regime – **7.1.**
  – associados – **7.6.**, 18.º
  – auditoria – **7.6.**, 37.º
  – autorização – **7.6.**, 4.º ss.
  – capital social – **7.6.**, 14.º
  – cisão – **7.6.**, 46.º
  – delegações – **7.6.**, 13.º
  – depósitos – **7.6.**, 26.º
  – directores provisórios – **7.6.**, 77.º
  – Direito subsidiário – **7.6.**, 2.º
  – dissolução – **7.6.**, 47.º
  – estatutos – **7.6.**, 67.º
  – fiscalização – **7.6.**, 76.º
  – fusão – **7.6.**, 45.º
  – natureza e objecto – **7.6.**, 1.º
  – operações cambiais – **7.6.**, 36.º
  – órgãos sociais – **7.6.**, 20.º
  – recursos – **7.6.**, 26.º
  – registo – **7.6.**, 10.º
  – reservas – **7.6.**, 44.º
  – revogação da autorização – **7.6.**, 9.º
  – supervisão – **7.6.**, 74.º
  – *vide sistema integrado de crédito agrícola mútuo*
caixas económicas – **3.11.**, 3.º, *b*), 29.º, **6.**
  – acções – **6.9.**, 4.º
  – actividades – **6.9.**, 5.º ss.
  – agências ou sucursais – **6.9.**, 3.º
  – aprovação do regime – **6.1.**
  – constituição e fusão – **6.9.**, 2.º
  – contas e resultados – **6.9.**, 24.º ss.
  – depósitos – **6.9.**, 13.º

Índice Ideográfico

– garantias de liquidez e solvabilidade – **6.9.**, 17.º ss.
– noção – **6.9.**, 1.º
– órgãos sociais – **6.9.**, 19.º ss.
– reservas – **6.9.**, 26.º
câmaras de compensação – **27.2.1.**
câmbios e transacções com o exterior – **26.**
 – câmbio manual – **26.1.**, 12.º
 – comércio de câmbios – **26.1.**, 9.º
 – contra-ordenações cambiais – **26.1.**, 24.º ss.
 – importação, exportação e reexportação de meios de pagamento e de valores mobiliários – **26.1.**, 19.º
 – operações cambiais – **26.1.**, 3.º
 – operações económicas e financeiras com o exterior – **26.1.**, 2.º, 8.º ss.
 – operações sobre ouro – **26.1.**, 6.º, 20.º
 – restrições temporárias – **26.1.**, 21.º
cartas de crédito – **3.11.**, 4.º/, *d*)
cartões de crédito – **3.11.**, 4.º/1, *d*), **7.6.**, 36.º A/1, *c*), **17.**, **28.**, **29.2.5.**, ANEXO 1
 – condições gerais – **17.**, 3.º
 – *vide* sociedades emitentes ou gestoras de cartões de débito – **28.**, **29.2.5.**, ANEXO 1
cartões de pagamento – **3.11.**, 9.º/2, *e*), **28.**
caução – **31.**, 623.º
certificados de depósitos – **25.7.**
cessão de créditos – **31.**, 577.º
 – ao consumo – **29.4.3.**
cheque – **27.**
 – assinaturas – **27.1.2.**, 10.º
 – aval – **27.1.2.**, 25.º ss.
 – boa fé – **27.1.2.**, 21.º
 – compensação interbancária – **27.2.1.**, **27.2.2.**, 13. ss.
  – *vide* Sistema de Compensação Interbancária
 – conflitos de leis – **27.1.3.**
 – convenção de – **27.1.3.**, 3.º
 – cruzado – **27.1.2.**, 37.º
 – destruição de – **27.4.**
 – devolução de – **27.2.2.**, 20.º, ANEXO, PARTE II
 – em conta – **27.1.2.**, 39.º
 – endosso – **27.1.2.**, 15.º
 – extenso – **27.1.2.**, 9.º
 – força maior – **27.1.2.**, 48.º
 – fornecimento de impressos – **27.5.9./II**
 – informações relativas a utilizadores de risco – **27.5.11.**
 – lei uniforme – **27.1.**
 – modalidades – **27.1.2.**, 5.º, 6.º
 – modelo – **27.3.**, 15.º

– norma técnica do – **27.3.**
– pagamento – **27.1.2.**, 28.º ss.
– prescrição – **27.1.2.**, 52.º ss.
– provisão – **27.1.2.**, 3.º
– recusa de pagamento – **27.1.2.**, 40.º ss.
– requisitos – **27.1.2.**, 1.º
– restrições ao uso – **27.5.8.**, **27.5.9.**, **27.5.10.**
– acesso às informações relativas aos utilizadores de risco – **27.5.11.**
– competência do BP – **27.5.8.**, 7.º
– comunicações ao BP – **27.5.8.**, 2.º, **27.5.10.**, III.
– contra-ordenações – **27.5.8.**, 14.º
– falta de pagamento – **27.5.8.**, 1.ºA
– listagem de utilizadores de risco – **27.5.8.**, 3.º ss., **27.5.9.**, V., VI., **27.5.10.**, V., VI.
– movimentação – **27.5.8.**, 6.º
– notificações – **27.5.8.**, 5.º, **27.5.10.**, II.
– obrigatoriedade de pagamento – **27.5.8.**, 8.º ss., **27.5.9.**, VII.
– regime penal – **27.5.8.**, 11.º
– rescisão da convenção de cheque – **27.5.8.**, 1.º, **27.5.9./III.**, IV.
cheques
 – de viagem – **3.11.**, 4.º/1, *d*), **7.6.**, 36.º A/1, *c*), **29.2.5.**, ANEXO 1
cobrança por débito em conta – **25.1.3.**
Código Comercial
 – aprovação – **24.**
códigos de conduta – **3.11.**, 77.º
coeficiente de ponderação de riscos
 – *vide ratio* de solvabilidade
coimas – **3.11.**, 210.º
comissão de fiscalização – **3.11.**, 144.º
Comissão do Mercado de Valores Mobiliários – **3.11.**, 29.ºA, 30.º/4, 81.º/1, 88.º, 89.º/5, 13., 2.º/2, 3.º/2, 6.º ss., **15.**, **16.**, **57.2.**, 21.º, 32.º
Comité das Autoridades Europeias de Supervisão Bancária – **36.**
Comité Bancário Europeu – **35.**
Comité dos Conglomerados Financeiros – **46.**, 21.º
Comité Consultivo Bancário – **42.**, 57.º ss.
compensação
 – de débitos directos – **27.2.2.**, 27.º ss.
 – de efeitos comerciais – **27.2.2.**, 23.º ss.
 – de operações processadas no multibanco – **27.2.2.**, 33.º ss.
 – de transferências electrónicas interbancárias – **27.2.2.**, 29.º
compras em grupo – **22.3.**
concorrência – **3.11.**, 87.º
condomínio –
 – *vide* contas poupança condomínio

1489

Constituição da República – **1.**
consultoria – **3.11., 4.º/1,** *j***), 8.º/2**
conta
 – abertura de – **25.1.4.**
 – poupança-condomínio – **25.6., 29.2.5.,** ANEXO 1
 – poupança-emigrante – **25.4., 29.2.5.,** ANEXO 1
 – poupança-habitação – **25.5., 29.2.5.,** ANEXO 1, **29.5.1.6., 25.º**
 – poupança-reformados – **25.3., 29.2.5.,** ANEXO 1
contas abertas em território nacional em moeda estrangeira – **26.1., 17.º**
contas abertas no estrangeiro – **26.1., 18.º**
 – *vide* câmbios
contas consolidadas – **3.11., 115.º/2**
contra-ordenações cambiais – **26.1., 24.º** ss.
contrato de agência – **7.6., 61.º**
contrato de cessão financeira – **3.11., 4.º/1,** *b***), 7.6., 36.ºA/1,** *b***), 10.3.**
 – forma – **10.3., 7.º/1**
 – pagamento de créditos – **10.3., 8.º**
contrato de locação financeira – **3.11., 4.º/1,** *b***), 7.6., 36.ºA,** *a***), 9.4., 29.6.4.**
contrato
 – de abertura de crédito – **24.3., 362.º**
 – bancário – **24.3., 362.º** ss.
 – de câmbio – **24.3., 362.º**
 – comercial – **24.3., 96.º** ss.
 – de compra e venda com mútuo – **29.5.5.**
 – de conta corrente – **24.3., 344.º** ss., **29.4.3., 13.º**
 – de crédito ao consumo – **29.4.3., 6.º**
 – de depósito
  – bancário – **24.3., 407.º**
  – civil – **31., 1185.º** ss.
  – comercial – **24.3., 403.º** ss.
  – *vide* depósito
 – de desconto – **24.3., 362.º**
 – de empréstimo
 vide contrato de mútuo
 – de garantia financeira – **30.5.**
 – de locação financeira – **29.6.4.**
  – despesas – **29.6.4., 14.º**
  – noção – **29.6.4., 1.º**
  – objecto – **29.6.4., 2.º**
  – prazo – **29.6.4., 6.º**
  – providência cautelar – **29.6.4., 21.º**
  – rendas – **29.6.4., 4.º**
  – resolução – **29.6.4., 17.º**
  – valor residual – **29.6.4., 4.º**
 – de mútuo – **29.**

 – bancário – **29.1.**
 – civil – **31., 1142.º**
 – comercial – **24.3., 394.º**
 – de penhor
  – bancário – **24.3., 402.º, 30.1.**
  – civil – **31., 666.º** ss.
  – comercial – **24.3., 397.º** ss.
  – *vide* penhor
 – de reporte – **24.3., 477.º** ss.
contratos de seguro – **3.11., 4./1,** *m***)**
contribuições para o Fundo de Garantia de Depósitos – **3.11., 160.º** ss.
convenção de cheque – **27.1.2., 3.º**
cooperação internacional – **33., 6.º**
correspondência telegráfica – **24.3., 97.º**
crédito – **3.11., 4.º/1,** b**), 9.º, 29.2.5.,** ANEXO 1, ANEXO 2
 – agrícola – **7.6., 27.º** ss.
 – a detentores de participações qualificadas – **3.11., 109.º**
 – a membros dos órgãos sociais – **3.11., 85.º**
crédito agrícola mútuo
 – *vide* caixas de crédito agrícola mútuo
crédito a deficientes – **29.5.4.1., 14.º/8, 29.5.4.2.**
crédito à habitação – **29.5.**
 – garantia dos empréstimos – **29.5.1.6., 23.º**
 – mudança de regime de crédito – **29.5.1.6., 28.º**
 – negociações preliminares – **29.5.3.4.**
 – prazos dos empréstimos e cálculo de juros – **29.5.1.6., 3.º**
 – regime bonificado – **29.5.1.6., 8.º** ss.
  – acesso e permanência – **29.5.1.6., 8.º**
  – acompanhamento, verificação e obrigações de informação – **29.5.1.6., 26.º** A, **29.5.3.2.**
  – alienação do imóvel – **29.5.1.6., 12.º**
  – amortização antecipada – **29.5.1.6., 29.º**
  – comprovação das condições de acesso – **29.5.1.6., 13.º**
  – condições de empréstimo – **29.5.1.6., 11.º**
  – extinção – **29.5.2.1., 5.º, 29.5.2.3., 1.º**
  – falsas declarações – **29.5.1.6., 29.º** A
  – pagamento das bonificações – **29.5.1.6., 26.º**
 – regime geral – **29.5.1.6., 5.º** ss.
  – acesso – **29.5.1.6., 5.º**
  – condições de empréstimo – **29.5.1.6., 7.º**
 – regime jovem bonificado – **29.5.1.6., 14.º** ss.
  – condições de empréstimo – **29.5.1.6., 16.º**
  – empréstimos intercalares – **29.5.1.6., 17.º**
  – revogação – **29.5.2.3., 1.º**
 – regimes de crédito – **29.5.1.6., 2.º**
  – regras complementares – **29.5.1.6., 22.º**

crédito ao consumo – **29.4.3.**
créditos hipotecários – **30.2.4.**, 11.º ss.
dealer
　– *vide* sociedades financeiras de corretagem
défices orçamentais – **32.**, 104.º
depósito
　– a prazo – **25.1.**, 1.º/1, *c*), 3.º
　– bancário – **25.**, **29.2.5.**, ANEXO 1
　– dos cônjuges – **31.**, 1680.º
　– e certificados de – **25.7.**
　– especiais
　　– *vide* conta poupança-emigrante, conta poupança-reformados, conta poupança-habitação e conta poupança-condomínio
　– modalidades – **25.1.**, 1.º
　– de papéis de crédito – **24.3.**, 405.º
　– *vide* contrato de
depósitos – **3.11.**, 4.º/1, *a*), 8.º/1
　– actividade ilícita de recepção – **3.11.**, 200.º
　– garantidos – **3.11.**, 164.º ss.
　– remuneração – **25.1.1.**
　– *vide* Caixa Geral de Depósitos, caixas económicas
descoberto – **29.4.3.**, 14.º
divisas – **3.11.**, 4.º/1, *e*)
emigrante –
　– *vide* conta poupança-emigrante
emissão de notas – **24.3.**, 362.º
emissão de obrigações
　– *vide* obrigações
emissão de obrigações hipotecárias – **30.2.4.**, 3.º ss.
emissão de valores mobiliários – **3.11.**, 4/1, *f*), **7.6.**, 36.ºA/1, *d*)
empresas de investimentos – **37.**, 3.º, **38.**, 1.º/2 ss.
　– *vide* serviços de investimentos
empréstimo
　– habitação –
　　– *vide* crédito à habitação
　– poupança-emigrante – **25.4.4.**, 11.º e ss.
　– *vide* contrato de
entidades não habilitadas – **3.11.**, 126.º
escritório de representação – **3.11.**, 62.º ss., 125.º
Estado – **3.11.**, 8.º/3, *a*)
Estado de acolhimento – **3.11.**, 13.º/10
Estado de origem – **3.11.**, 13.º/9
estrangeiros
　– *vide* residentes
euro –
　– arrendondamentos – **30.2.4.**, 9.º, **31.**, 1143.º, **47.**, 5.º, **57.1.**, 3.º
　– cheques expressos em – **57.6.**
　– conversões – **57.1.**, 8.º, **57.2.**, 26.º
　– emissão de notas de – **53.**

　– estabilidade contratual – **47.**, 3.º
　– Estados-participantes – **49.**
　– moedas de – **56.**, **57.4.**
　– período de transição – **49.**
　– redenominação – **57.1.**, 13.º ss., **57.2.**, 11.º ss., **57.9.**
　– regime do – **47.**
　– reprodução, troca e retirada de circulação de notas de – **54.**, **55.**
　– substituição das moedas nacionais – **49.**, 7.º
　– taxas de conversão – **47.**, 4.º, **49.**, 3.º, **51.**, **52.**
　– transição – **57.**, **58.**
exportação de moeda – **26.1.**, 19.º
factoring
　– *vide* contrato de cessão financeira
falência de banqueiro – **24.3.**, 365.º
fases da união monetária – **32.3.**, 116.º ss.
Federação Nacional das Caixas de Crédito Agrícola Mútuo – **7.1.**, 5.º/2, **7.6.**, 4.º/1
fiança
　– civil – **31.º**, 627.º ss.
　– comercial – **24.3.**, 101.º
filial – **3.11.**, 13.º/1, 18.º, 36.º ss.
FINANGESTE – **3.11.**, 6.º/2, **23.**
　– estatutos – **23.2.**
firmas e denominações – **3.11.**, 11.º, 34.º/1, *a*), 46.º
fraude à lei – **29.4.3.**, 19.º
Fundo de Garantia de Depósitos – **3.11.**, 22.º/1, *g*), 154.º ss.
　– e Caixa Geral de Depósitos – **5.1.**, 9.º/6
　– comissão directiva – **3.11.**, 158.º
　– fiscalização – **3.11.**, 171.º
　– instituições participantes – **3.11.**, 156.º
　– recursos – **3.11.**, 159.º
　– serviços – **3.11.**, 168.º
　– *vide* sistema de garantia de depósitos
fundos de investimento imobiliário – **16.4.**
　– abertos – **16.4.**, 36.º ss.
　– acesso e exercício da actividade – **16.4.**, 20.º
　– administração – **16.4.**, 6.º
　– composição – **16.4.**, 38.º
　– constituição – **16.4.**, 21.º
　– contas dos – **16.4.**, 31.º
　– depositário – **16.4.**, 12.º ss.
　– deveres de informação – **16.4.**, 19.º
　– entidades colocadoras – **16.4.**, 17.º ss.
　– fechados – **16.4.**, 41.º ss.
　– fusão, cisão e transformação – **16.4.**, 33.º
　– liquidação – **16.4.**, 34.º, 35.º, 40.º, 47.º
　– mistos – **16.4.**, 49.º ss.
　– noção – **16.4.**, 2.º
　– operações permitidas – **16.4.**, 26.º
　– operações vedadas – **16.4.**, 27.º

1491

– regulamentação – **16.4.**, 60.°
– regulamento de gestão – **16.4.**, 22.°
– sociedade gestora dos – **16.4.**, 6.° ss., 22.° ss.
– supervisão – **16.4.**, 59.°
– tipos – **16.4.**, 3.°
– unidades de participação – **16.4.**, 4.°, 24.°
fundos de pensões
  – *vide* sociedades gestoras de
fundos de titularização de créditos – **21.4.**
  – autorização – **21.4.**, 27.°
  – composição e património – **21.4.**, 12.°
  – constituição – **21.4.**, 28.°
  – contas – **21.4.**, 36.°
  – depositário – **21.4.**, 23.° ss.
  – liquidação e partilha – **21.4.**, 38.°
  – modalidades – **21.4.**, 10.°
  – noção – **21.4.**, 9.°
  – regulamento de gestão – **21.4.**, 29.°
  – sociedades gestoras – **21.4.**, 15.° ss., **21.5.**
  – supervisão – **21.4.**
fundos próprios das instituições de crédito – **4.**, **37.**, **42.**, 34.° ss.
  – requisitos – **4.**, 3.°, 7.° ss.
fundos reembolsáveis – **3.11.**, 8.°, 9.°
garantia autónoma à primeira interpelação – **30.4.**, 4.°/1, *c*)
garantias de depósitos
  – *vide* Fundo de Garantia de Depósitos
garantias especiais – **31.**, 623.° ss.
governadores dos bancos centrais nacionais – **32.3.**, 112.°, **33.**, 14.°/2
grandes riscos – **42.**, 48.° ss.
guarda de valores – **3.11.**, 4.°/1, *o*)
habitação –
  – *vide* conta poupança-habitação e crédito à habitação
hipoteca – **31.**, 686.° ss.
ilícitos de mera ordenação social – **3.11.**, 201.° ss., **21.4.**, 68.°
  – processo – **3.11.**, 213.° ss.
imóveis – **3.11.**, 112.°
importação de moeda – **26.1.**, 19.°
informações a prestar no âmbito do crédito à habitação – **29.5.3.1.**, **29.5.3.2.**
informações comerciais – **3.11.**, 4.°/1, *n*)
informações sobre condições gerais de realização de operações e serviços – **29.2.5.**, **29.5.1.6.**, 24.°,
informações sobre riscos – **3.11.**, 83.°
informações sobre taxas de juro – **29.2.**
inibição dos direitos de voto – **3.11.**, 105.°, 106.°
instituição de crédito – **3.11.**, 2.°, **42.**, 18.°
  – actividade – **3.11.**, 4.°

– actividade no estrangeiro – **3.11.**, 36.°
– administração – **3.11.**, 15.°, 30.° ss.
– alterações estatutárias – **3.11.**, 34.° ss.
– autorização – **3.11.**, 13.°/11, 14.°, 16.° ss, **42.**, 4.°, 10.° ss., 14.°
– capital mínimo – **3.11.**, 95.°, **42.**, 5.°
– contabilidade – **3.11.**, 115.°
– denominação – **42.**, 15.°
– deveres de informação – **3.11.**, 120.°
– de Estado da União Europeia – **3.11.**, 10.°/2, 122.°
– fundos próprios – **3.11.**, 96.°
– fusão e cisão – **3.11.**, 35.°
– órgãos de fiscalização – **3.11.**, 30.° ss.
– de países estrangeiros – **3.11.**, 44.°
– prestação de serviços – **3.11.**, 43.°
– requisitos – **3.11.**, 14.°
– reservas – **3.11.**, 97.°
– revogação da autorização – **3.11.**, 22.° ss., 32.°/2
– revogação da autorização no país de origem – **3.11.**, 47.°
– *vide* saneamento e liquidação
instituições de investimento colectivo – **15.**
  – *vide* organismos de investimento colectivo
instituições de moeda electrónica – **12.**, **44.**
  – actividade – **12.**, 2.°, **44.**, 1.°
  – capital social – **12.**, 8.°, **44.**, 4.°
  – exclusividade de emissão – **12.**, 5.°
  – fundos próprios – **12.**, 9.°, **44.**, 4.°
  – operações cambiais – **12.**, 7.°
instituição financeira – **3.11.**, 13.°/4, **42.**, 19.°
instituições financeiras de crédito – **9.3.**
  – denominação – **9.3.**, 3.°
  – objecto – **9.3.**, 1.°
Instituto de Seguros de Portugal – **3.11.**, 30.°/4, 81.°/1, 136.°
interconexão de dados – **29.5.3.2.**, 5.°
intermediação financeira – **21.4.**, 67.°
juros
  – civis – **31.**, 559.°
  – comerciais – **24.3.**, 102.°
  – conta emigrante – **25.4.4.**, 10.°
  – conta poupança-condomínio – **25.6.4.**, 5.°
  – conta poupança-habitação – **25.5.3.**, 4.°
  – contas poupança-reformados – **25.3.3.**, 5.°
  – e certificados de depósitos – **25.7.3.**, 4.°
  – e cheque – **27.1.2.**, 7.°
  – obrigações hipotecárias – **30.2.4.**, 10.°
  – papel comercial – **30.4.**, 17.°/1, *d*)
  – TAEG – **29.4.3.**, 4.°, ANEXOS I e II
leasing
  – *vide* contrato de locação financeira

Índice Ideográfico

língua portuguesa – **3.11.**, 55.º
línguas estrangeiras – **24.3.**, 96.º
liquidação – **45.**, 9.º ss.
locador financeiro – **29.6.4.**, 9.º
locatário financeiro – **29.6.4.**, 10.º
membros de órgãos
   – conflitos de interesses – **3.11.**, 85.º
mercados interbancários – **3.11.**, 4.º/1, g), **7.6.**, 36.ºA/1, e)
mercados reconhecidos – **3.6.**, 3.º
Ministro das Finanças – **3.11.**, 91.º, **5.2.**, 11.º, **7.6.**, 14.º, 53.º/1, **22.3.**, 3.º, **23.2.**, 25.º, **27.2.1.**, 3.º
moeda electrónica – **12.**, 4.º
moeda estrangeira – **26.1.**, 5.º
moedas metálicas – **32.3.**, 106.º/2
mora do devedor – **31.**, 804.º ss.
negócios usurários – **31.**, 282.º ss, 1146.º
normas prudenciais
   – *vide* supervisão
notas de banco – **2.4.**, 6.º ss., **33.**, 16.º
obrigações – **3.11.**, 9.º/1
obrigações de caixa – **30.3.**
obrigações de juros – **31.**, 559.º ss.
obrigações em moeda estrangeira – **31.**, 558.º
obrigações hipotecárias – **30.2.**
obrigações pecuniárias – **31.**, 550.º ss.
obrigações titularizadas – **21.4.**, 60.º ss.
opções – **3.11.**, 4.º/1, e)
operações de banco
   – *vide* contrato comercial
operações cambiais
   – *vide* câmbios
operações com o exterior – **26.**
operações de tesouraria – **3.11.**, 9.º/2, d)
organismos de investimento colectivo – **15.**
   – abertos – **15.**, 2.º
   – agrupamentos de – **15.**, 80.º
   – autorização – **15.**, 11.º ss., 26.º ss.
   – conflitos de interesses – **15.**, 59.º
   – constituição – **15.**, 11.º ss.
   – denominação – **15.**, 5.º
   – depositários – **15.**, 38.º ss.
   – dissolução – **15.**, 19.º
   – encargos e receitas – **15.**, 56.º
   – entidades comercializadoras – **15.**, 41.º ss.
   – entidades gestoras – **15.**, 29.º ss.
   – espécies – **15.**, 2.º
   – fechados – **15.**, 21.º
   – forma – **15.**, 4.º
   – fusão e cisão – **15.**, 18.º
   – investidores – **15.**, 10.º
   – limites de investimento – **15.**, 49.º ss.

– liquidação, partilha e extinção – **15.**, 20.º, 28.º
– operações fora de mercado regulamentado – **15.**, 47.º
– operações proibidas – **15.**, 60.º
– participantes – **15.**, 9.º, 22.º
– património – **15.**, 7.º, 44.º ss.
– regulamento de gestão – **15.**, 65.º
– relatórios e contas – **15.**, 67.º ss.
– supervisão e regulamentação – **15.**, 82.º ss.
– transformação – **15.**, 17.º
– tipos – **15.**, 2.º
– unidades de participação – **15.**, 7.º, 22.º, 25.º, 57.º ss., 75.º
ouro – **26.1.**, 6.º, 20.º ss.
pacto comissório – **31.**, 694.º
pagamentos – **3.11.**, 4.º/1, c)
pagamentos entre residentes e não residentes – **26.1.**, 14.º ss.
País
   – *vide* Estado
papel comercial – **3.11.**, 9.º/1; **30.4.**
participação qualificada – **3.11.**, 13.º/7, 43.º A, 102.º ss, 199.º-G, **42.**, 16.º, 51.º
   – *vide* relação de proximidade
pedras e metais preciosos – **3.11.**, 4.º/1, k)
penhor
   – em títulos – **24.3.**, 399.º
   – prova – **24.3.**, 400.º
   – *vide* contrato de
penhoras – **3.11.**, 150.º
período de reflexão – **29.4.3.**, 8.º
prestação de serviços – **3.11.**, 60.º ss.
privilégio creditório (obrigações hipotecárias) – **30.2.4.**, 6.º
providência cautelar de entrega judicial (locação financeira) – **29.6.4.**, 21.º
publicações – **3.11.**, 115.º
publicidade – **3.11.**, 89.º
quebra do banqueiro
   – *vide* falência
ratio de solvabilidade – **3.11.**, 99.º, **42.**, 40.º ss.
reformado
   – *vide* conta poupança-reformados
reformatio in pejus – **3.11.**, 222.º/1, f)
regime fiscal das operações de titularização de créditos – **21.6.**
Regime Geral das Instituições de Crédito
   – alterações – **3.3.**, **3.4.**, **3.5.**, **3.6.**, **3.7.**, **3.8.**, **3.9.**, **3.10.**
   – aplicação – **3.2.**, 3.º
   – aprovação – **3.2.**, 1.º
   – autorização legislativa – **3.1.**
   – diplomas e disposições revogados – **3.2.**,

5.º, **3.4.**, 11.º, **3.5.**, 25.º, **3.7.**, 5.º, **3.8.**, 14.º,
    3.10., 9.º
 – entrada em vigor – **3.2.**, 2.º
 – texto – **3.11.**
regime jurídico do cheque sem provisão –
    – *vide* cheque
Regiões autónomas – **3.11.**, 8.º/3, *b*)
registo – **3.11.**, 62.º, 65.º ss., 194.º ss., **7.6.**, 10.º
registo predial – **29.5.5.1.**, 3.º, **31.**, 687.º
regras de conduta – **3.11.**, 73.º ss., 195.º
relação de domínio – **3.11.**, 13.º/2
relação de grupo – **3.11.**, 13.º/3
relação de proximidade – **3.11.**, 13.º/13
rendas
    – *vide* locação financeira
residentes – **26.1.**, 4.º
responsabilidade por dívidas – **3.11.**, 54.º
restrições ao uso do cheque
    – *vide* cheque
revisores oficiais de contas – **3.11.**, 121.º, 144.º/2,
    7.6., 22.º/3
riscos de crédito
    – *vide* serviço de centralização de
riscos de posição – **37.**, ANEXO I
saneamento – **3.11.**, 139.º ss, 198.º, **45.**
segredo profissional – **2.4.**, 60.º, **3.11.**, 78.º ss.,
    33., 38.º, **42.**, 30.º, **45.**, 33.º
    – violação – **3.11.**, 84.º
seguros
    – *vide* contratos de seguro e sociedades seguradoras
serviço de centralização de riscos de crédito – **29.3.**
serviços de compensação – **27.2.**
    – *vide* Banco de Portugal
serviços de investimento – **3.11.**, 199.º-A ss., **38.**
serviços mínimos bancários – **25.2.**
Sistema de Compensação Interbancária – **27.2.2.**
    – custos – **27.2.2.**, 12.º
    – horário – **27.2.2.**, 9.º
    – liquidação financeira – **27.2.2.**, 8.º
    – objecto – **27.2.2.**, 2.º
    – participantes – **27.2.2.**, 3.º
sistema de débitos directos – **25.1.2.**
Sistema Europeu de Bancos Centrais (SEBC) –
    32.3., 8.º, **33.**
    – atribuições – **32.3.**, 105.º/2, **33.**, 3.º
    – composição – **32.3.**, 107.º
    – Estatutos – **33.**
    – funções monetárias – **33.**, 17.º ss.
    – independência – **33.**, 7.º
    – objectivos – **33.**, 2.º
    – organização – **33.**, 7.º ss.
Sistema de Indemnização aos Investidores – **3.5.**

 – administração – **3.5.**, 15.º
 – âmbito – **3.5.**, 3.º
 – despesas – **3.5.**, 18.º
 – empréstimos – **3.5.**, 7.º
 – entidades participantes – **3.5.**, 4.º ss.
 – fiscalização – **3.5.**, 21.º
 – indemnizações – **3.5.**, 8.º ss.
 – natureza – **3.5.**, 1.º
 – receitas – **3.5.**, 17.º
sistema de garantia de depósitos – **39.**
sistema integrado de crédito agrícola mútuo – **7.6.**,
    62.º ss.
sistemas de pagamentos – **41.**
sociedades administradoras de compras em grupo
    – **22.**
 – fundo de garantia – **22.3.**, 12.º
 – liquidação – **22.3.**, 27.º
 – noção – **22.3.**, 2.º
 – obrigações – **22.3.**, 14.º
 – operações vedadas – **22.3.**, 9.º
 – princípios fundamentais – **22.3.**, 4.º
 – requisitos – **22.3.**, 6.º
sociedades de capital de risco – **3.11.**, 6.º/1, *h*)
sociedades de cessão financeira – **3.11.**, 3.º, *g*),
    10.3.
 – âmbito – **10.3.**, 1.º
 – direito subsidiário – **10.3.**, 9.º
 – operações cambiais – **10.3.**, 6.º
 – recursos – **10.3.**, 5.º
sociedades corretoras – **3.11.**, 6.º/1, *b*), **13.**
 – âmbito – **13.**, 1.º
 – *broker* – **13.**, 4.º
 – objecto – **13.**, 2.º
 – operações vedadas – **13.**, 5.º
sociedades de desenvolvimento regional – **3.11.**,
    6.º/1, *g*), **19.**
 – âmbito territorial – **19.3.**, 4.º
 – autorização – **19.3.**, 3.º
 – noção – **19.3.**, 1.º
 – objecto – **19.3.**, 6.º
 – operações – **19.3.**, 7.º, 11.º
 – operações cambiais –**19.3.**, 13.º
 – órgãos – **19.3.**, 14.º
 – recursos – **19.3.**, 9.º
 – serviços – **19.3.**, 8.º
sociedades emitentes ou gestoras de cartões de crédito – **3.11.**, 6.º/1, *e*), **17.**
sociedades de *factoring*
    – *vide* sociedades de cessão financeira
sociedades financeiras – **3.11.**, 5.º ss., 174.º ss.
 – actividades – **3.11.**, 7.º
 – espécies – **3.11.**, 6.º
 – registo – **3.11.**, 194.º

Índice Ideográfico

sociedades financeiras de corretagem – **3.11.**, **6.º/1**, *a*), **13.**
 – constituição – **13.**, **4.º**
 – *dealer* – **13.**, **4.º/4**
 – objecto – **13.**, **2.º**
 – operações vedadas – **13.**, **5.º**
 – supervisão – **13.**, **8.º**
sociedades financeiras para aquisições a crédito – **3.11.**, **3.º**, *h*), **11.**
 – direito subsidiário – **11.**, **6.º**
 – natureza e objecto – **11.**, **1.º**
 – operações – **11.**, **2.º**, **3.º**
 – recursos – **11.**, **5.º**
sociedades gestoras de fundos de investimento – **3.11.**, **6.º/1**, *d*), **15.**
sociedades gestoras de fundos de pensões – **3.11.**, **6.º/3**
sociedades gestoras de participações sociais – **3.11.**, **117.º**
sociedades gestoras de patrimónios – **3.11.**, **6.º/1**, *f*), **18.**
 – depósito – **18.4.**, **5.º**
 – deveres – **18.4.**, **4.º**
 – fundos próprios – **18.4.**, **3.º**
 – objecto – **18.4.**, **1.º**
 – operações vedadas – **18.4.**, **7.º**
sociedades de investimento – **3.11.**, **3.º**, *e*), **8.**
 – noção – **8.**, **1.º**
 – objecto – **8.**, **3.º**
 – recursos – **8.**, **4.º**
 – regime – **8.**, **2.º**
sociedades de locação financeira – **3.11.**, **3.º**, *f*), **9.4.**
 – designação – **9.4.**, **3.º**
 – objecto – **9.4.**, **1.º**
 – operações cambiais – **9.4.**, **6.º**
 – recursos – **9.4.**, **5.º**
 – regime – **9.4.**, **2.º**
sociedades mediadoras dos mercados monetários ou de câmbios – **3.11.**, **6.º/1**, *c*), **14.**
 – actos proibidos – **14.**, **4.º**
 – deveres – **14.**, **3.º**
sociedades seguradoras – **3.11.**, **6.º/3**, **8.º/3**, *d*)
sociedades de serviços auxiliares – **3.11.**, **13.º/12**
sociedades de titularização de créditos – **21.4.**

– actividade – **21.4.**, **46.º**
– autorização – **21.4.**, **47.º** ss.
– firma e capital social – **21.4.**, **40.º**
– fundos próprios – **21.4.**, **43.º**
– órgãos de administração e de fiscalização – **21.4.**, **41.º**
– registo – **21.4.**, **53.º** ss.
– supervisão e regulamentação – **21.4.**, **66.º**
– tipo e objecto – **21.4.**, **39.º**
solidariedade – **24.3.**, **100.º**
sucessão *mortis causa* – **25.4.4.**, **5.º**
sucursal – **3.11.**, **10.º/1**, *b*), **13.º/5**, **36.º**, **42.**, **13.º**
 – âmbito de actividade – **3.11.**, **39.º**
 – de caixas económicas – **6.9.**, **3.º**
 – de instituições de Estados da União Europeia – **3.11.**, **48.º** ss.
 – de países terceiros – **3.11.**, **57.º** ss., **45.**, **19.º**
 – em países terceiros – **3.11.**, **42.º**, **42.**, **24.º**
supervisão – **3.11.**, **50.º**, **93.º**, **94.º** ss., **116.º** ss., **196.º**, **197.º**, **7.6.**, **74.º**, **42.**, **26.º** ss., **46.**
 – em base consolidada – **37.**, **7.º** ss., **42.**, **50.º**, **52.º** ss.
suprimentos – **3.11.**, **9.º/2**, *a*)
suspensão de execução e prazos – **3.11.**, **147.º**
tentativa e negligência – **3.11.**, **205.º**
titularização de créditos – **21.4.**
 – créditos susceptíveis de titularização – **21.4.**, **4.º**
 – efeitos da cessão – **21.4.**, **6.º**
 – entidades cedentes – **21.4.**, **2.º**
 – entidades cessionárias – **21.4.**, **3.º**
 – forma do contrato – **21.4.**, **7.º**
 – tutela dos créditos – **21.4.**, **8.º**
títulos de dívida de curto prazo
 – *vide* papel comercial
tomada de participações – **3.11.**, **4.º/1**, *l*)
transmissão de dados – **29.5.3.2.**, **4.º**
Tratado que Institui a União Europeia – **32.3.**
Tribunal de Justiça – **33.**, **35.º**
UNIÃO EUROPEIA – **32.3.**
unidades de titularização – **21.4.**, **31.º** ss.
usura
 – criminosa – **31.**, **284.º**
 – *vide* negócios usurários
vales postais internacionais – **26.1.**, **11.º**

ÍNDICE GERAL

PARTE I
DIREITO BANCÁRIO INSTITUCIONAL

I. BANCO DE PORTUGAL
1. Preceitos constitucionais.. 7
2. Diplomas orgânicos 9
   2.1. Lei n.º 5/98, de 31 de Janeiro 9
   2.2. Decreto-Lei n.º 118/2001, de 17 de Abril... 11
   2.3. Decreto-Lei n.º 50/2004, de 10 de Março... 13
   2.4. Lei Orgânica do Banco de Portugal 15
      Capítulo I   – Natureza, sede e atribuições.. 15
      Capítulo II   – Capital, reservas e provisões... 16
      Capítulo III – Emissão monetária 16
      Capítulo IV – Funções de Banco Central... 19
      Capítulo V   – Órgãos do Banco 24
      Capítulo VI – Organização dos serviços.. 31
      Capítulo VII – Orçamento e contas 31
      Capítulo VIII – Trabalhadores... 33
      Capítulo IX – Disposições gerais e transitórias 34

II. INSTITUIÇÕES DE CRÉDITO E SOCIEDADES FINANCEIRAS
3. Regime Geral das Instituições de Crédito e Sociedades Financeiras................ 38
   3.1. Lei n.º 9/92, de 3 de Julho 38
   3.2. Decreto-Lei n.º 298/92, de 31 de Dezembro 46
   3.3. Decreto-Lei n.º 246/95, de 14 de Setembro 52
   3.4. Decreto-Lei n.º 232/96, de 5 de Dezembro 54
   3.5. Decreto-Lei n.º 222/99, de 22 de Junho... 59
   3.6. Decreto-Lei n.º 250/2000, de 13 de Outubro 70
   3.7. Decreto-Lei n.º 285/2001, de 3 de Novembro... 77
   3.8. Decreto-Lei n.º 201/2002, de 26 de Setembro.. 80
   3.9. Decreto-Lei n.º 319/2002, de 28 de Dezembro 87
   3.10. Decreto-Lei n.º 252/2003, de 17 de Outubro.. 90
   3.11. Regime Geral das Instituições de Crédito e Sociedades Financeiras 97
      Título I   – Disposições gerais 97
      Título II   – Autorização das instituições de crédito com sede em Portugal 107
      Título III   – Actividade no estrangeiro de instituições de crédito com sede em Portugal. 120
      Título IV   – Actividade em Portugal de instituições de crédito com sede no estrangeiro. 123
      Título V   – Registo 131
      Título VI   – Regras de conduta... 135
      Título VII – Normas prudenciais e supervisão 144
      Título VIII – Saneamento.. 168
      Título IX   – Fundo de garantias de depósitos..................................... 174

Título X – Sociedades financeiras 185
Título X-A – Serviços de investimento e empresas de investimento 194
Título XI – Sanções 200
4. Fundos próprios das instituições de crédito 213
Decreto-Lei n.º 333/2001, de 24 de Dezembro 213

III. INSTITUIÇÕES DE CRÉDITO EM ESPECIAL
5. Caixa Geral de Depósitos 227
 5.1. Decreto-Lei n.º 287/93, de 20 de Agosto 227
 5.2. Estatutos da Caixa Geral de Depósitos 232
  Capítulo I – Natureza, denominação, duração, sede e objecto 232
  Capítulo II – Capital social, acções, obrigações 233
  Capítulo III – Órgãos sociais 234
  Capítulo IV – Ano social, aplicação de resultados 239
 5.3. Legislação especial relativa à Caixa Geral de Depósitos 241
  5.3.1. Decreto-Lei n.º 48.953, de 5 de Abril de 1969 241
  5.3.2. Regulamento da Caixa Geral de Depósitos, Crédito e Previdência 249
6. Caixas económicas 257
 6.1. Decreto-Lei n.º 136/79, de 18 de Maio 257
 6.2. Decreto-Lei n.º 231/79, de 24 de Julho 259
 6.3. Decreto-Lei n.º 281/80, de 14 de Agosto 260
 6.4. Decreto-Lei n.º 79/81, de 20 de Abril 261
 6.5. Decreto-Lei n.º 49/86, de 14 de Março 262
 6.6. Decreto-Lei n.º 212/86, de 1 de Agosto 264
 6.7. Decreto-Lei n.º 182/90, de 6 de Junho 265
 6.8. Decreto-Lei n.º 319/97, de 25 de Novembro 266
 6.9. Texto actualizado do Decreto-Lei n.º 136/79, de 18 de Maio 267
  Capítulo I – Disposições gerais 267
  Capítulo II – Actividades das caixas 269
  Capítulo III – Garantias de liquidez e solvabilidade 273
  Capítulo IV – Órgãos sociais 274
  Capítulo V – Contas e resultados 275
  Capítulo VI – Disposições finais 276
7. Caixas de crédito agrícola mútuo 279
 7.1. Decreto-Lei n.º 24/91, de 11 de Janeiro 279
 7.2. Decreto-Lei n.º 230/95, de 12 de Setembro 286
 7.3. Decreto-Lei n.º 320/97, de 25 de Novembro 289
 7.4. Decreto-Lei n.º 102/99, de 31 de Março 290
 7.5. Decreto-Lei nº 201/2002, de 26 de Setembro 292
 7.6. Regime Jurídico do Crédito Agrícola Mútuo e das Cooperativas de Crédito Agrícola 293
  Capítulo I – Das caixas de crédito agrícola mútuo 293
  Capítulo II – Das organizações cooperativas de grau superior 316
  Capítulo III – Da Caixa Central de Crédito Agrícola Mútuo 317
  Capítulo IV – Do sistema integrado do crédito agrícola mútuo 323
8. Sociedades de investimento 338
Decreto-Lei n.º 260/94, de 22 de Outubro 338
9. Sociedades de locação financeira 341
 9.1. Decreto-Lei n.º 72/95, de 15 de Abril 341
 9.2. Decreto-Lei n.º 285/2001, de 3 de Novembro 343
 9.3. Decreto-Lei n.º 186/2002, de 21 de Agosto 344
 9.4. Texto actualizado do Decreto-Lei n.º 72/95, de 15 de Abril 346
10. Sociedades de cessão financeira (*factoring*) 349
 10.1. Decreto-Lei n.º 171/95, de 18 de Julho 349
 10.2. Decreto-Lei n.º 186/2002, de 21 de Agosto 350

Índice Geral

10.3. Texto actualizado do Decreto-Lei n.º 171/95, de 18 de Julho 351
11. Sociedades financeiras para aquisições a crédito 354
    Decreto-Lei n.º 206/95, de 14 de Agosto 354
12. Regime jurídico das instituições de moeda electrónica 357
    Decreto-Lei n.º 42/2002, de 2 de Março 357

IV. SOCIEDADES FINANCEIRAS

13. Sociedades corretoras e financeiras de corretagem 362
    Decreto-Lei n.º 262/2001, de 28 de Setembro 362
14. Sociedades mediadoras dos mercados monetário ou de câmbios 366
    Decreto-Lei n.º 110/94, de 28 de Abril 366
15. Regime jurídico dos organismos de investimento colectivo 369
    Decreto-Lei n.º 252/2003, de 17 de Outubro 369
16. Fundos de investimento imobiliário 410
    16.1. Decreto-Lei n.º 60/2002, de 20 de Março 410
    16.2. Decreto-Lei n.º 252/2003, de 17 de Outubro 415
    16.3. Regime Jurídico dos Fundos de Investimento Imobiliário 416
        Capítulo I   – Disposições gerais 416
        Capítulo II   – Acesso e exercício da actividade 423
        Capítulo III – Dos fundos de investimento imobiliário abertos 432
        Capítulo IV   – Dos fundos de investimento imobiliário fechados 435
        Capítulo V   – Dos fundos de investimento imobiliário mistos 438
        Capítulo VI   – Da comercialização em Portugal de participações em instituições de investimento colectivo em valores imobiliários, com sede ou que sejam administradas por entidades com sede no estrangeiro 441
        Capítulo VII – Supervisão e regulamentação 441
17. Sociedades emitentes ou gestoras de cartões de crédito 443
    Decreto-Lei n.º 166/95, de 15 de Julho 443
18. Sociedades gestoras de patrimónios 445
    18.1. Decreto-Lei n.º 163/94, de 4 de Junho 445
    18.2. Decreto-Lei n.º 17/97, de 21 de Janeiro 446
    18.3. Decreto-Lei n.º 99/98, de 21 de Abril 448
    18.4. Texto actualizado do Decreto-Lei n.º 163/94, de 4 de Junho 449
19. Sociedades de desenvolvimento regional 453
    19.1. Decreto-Lei n.º 25/91, de 11 de Janeiro 453
    19.2. Decreto-Lei n.º 247/94, de 7 de Outubro 455
    19.3. Texto actualizado do Decreto-Lei n.º 25/91, de 11 de Janeiro 456
20. Agências de câmbios 466
    20.1. Decreto-Lei n.º 3/94, de 11 de Janeiro 466
    20.2. Decreto-Lei n.º 298/95, de 18 de Novembro 467
    20.3. Decreto-Lei n.º 53/2001, de 15 de Fevereiro 468
    20.4. Texto actualizado do Decreto-Lei n.º 3/94, de 11 de Janeiro 469
21. Sociedades de titularização de créditos 471
    21.1. Decreto-Lei n.º 453/99, de 5 de Novembro 471
    21.2. Decreto-Lei n.º 82/2002, de 5 de Abril 474
    21.3. Decreto-Lei n.º 303/2003, de 5 de Dezembro 477
    21.4. Texto actualizado do Decreto-Lei n.º 453/99, de 5 de Novembro (Regime Jurídico das Sociedades de Titularização de Créditos) 482
    21.5. Portaria do Ministério das Finanças n.º 284/2000, de 12 de Abril 523
    21.6. Decreto-Lei n.º 219/2001, de 4 de Agosto 524
22. Sociedades administradoras de compras em grupo 532
    22.1. Decreto-Lei n.º 237/91, de 2 de Julho 532
    22.2. Decreto-Lei n.º 22/94, de 27 de Janeiro 534
    22.3. Texto actualizado do Decreto-Lei n.º 237/91, de 2 de Julho 536

23. Finangeste 547
　23.1. Decreto-Lei n.º 250/82, de 26 de Junho 547
　23.2. Estatutos da FINANGESTE 550
　　　Capítulo I　– Disposições fundamentais 550
　　　Capítulo II　– Dos órgãos sociais 551
　　　Capítulo III – Intervenção do Governo 556
　　　Capítulo IV – Do pessoal 557
　　　Capítulo V　– Disposições diversas 557

PARTE II
DIREITO BANCÁRIO MATERIAL

24. Código Comercial 561
　24.1. Carta de Lei de 28 de Junho de 1888 561
　24.2. Decreto-Lei n.º 32/2003, de 17 de Fevereiro 562
　24.3. Preceitos do Código Comercial 565
25. Depósito bancário 574
　25.1. Regime geral 574
　　　Decreto-Lei n.º 430/91, de 2 de Novembro 574
　　　25.1.1. Remuneração de depósitos 577
　　　　　Aviso do Banco de Portugal n.º 5/2000, de 8 de Setembro 577
　　　25.1.2. Sistema de débitos directos 578
　　　　　Aviso do Banco de Portugal n.º 1/2002, de 27 de Fevereiro 578
　　　25.1.3. Cobrança por débito em conta 582
　　　　　Aviso do Banco de Portugal n.º 10/2003, de 10 de Setembro 582
　　　25.1.4. Abertura de contas de depósito 586
　　　　　Instrução do Banco de Portugal n.º 48/96, de 17 de Junho 586
　25.2. Serviços mínimos bancários 588
　　　Decreto-Lei n.º 27-C/2000, de 10 de Março 588
　25.3. Conta poupança-reformados 596
　　　25.3.1. Decreto-Lei n.º 138/86, de 14 de Junho 596
　　　25.3.2. Decreto-Lei n.º 158/87, de 2 de Abril 597
　　　25.3.3. Texto actualizado do Decreto-Lei n.º 138/86, de 14 de Junho 598
　　　25.3.4. Lei n.º 32-B/2002, de 30 de Dezembro 601
　25.4. Conta poupança-emigrante 603
　　　25.4.1. Decreto-Lei n.º 323/95, de 29 de Novembro 603
　　　25.4.2. Decreto-Lei n.º 65/96, de 31 de Maio 605
　　　25.4.3. Decreto-Lei n.º 99/2003, de 13 de Maio 607
　　　25.4.4. Texto actualizado do Decreto-Lei n.º 323/95, de 29 de Novembro 609
　　　25.4.5. Portaria n.º 909/2003, de 29 de Agosto 615
　　　25.4.6. Decreto-Lei n.º 198/2001, de 3 de Julho 618
　25.5. Conta poupança-habitação 621
　　　25.5.1. Decreto-Lei n.º 27/2001, de 3 de Fevereiro 621
　　　25.5.2. Lei n.º 107-B/2003, de 31 de Dezembro 622
　　　25.5.3. Texto actualizado do Decreto-Lei n.º 27/2001, de 3 de Fevereiro 623
　　　25.5.4. Lei n.º 32-B/2002, de 30 de Dezembro 628
　25.6. Conta poupança-condomínio 630
　　　25.6.1. Decreto-Lei n.º 269/94, de 25 de Outubro 630
　　　25.6.2. Lei n.º 30-G/2000, de 29 de Dezembro 631
　　　25.6.3. Decreto-Lei n.º 323/2001, de 17 de Dezembro 632
　　　25.6.4. Texto actualizado do Decreto-Lei n.º 269/94, de 25 de Outubro 634
　25.7. Certificados de depósitos 637
　　　25.7.1. Decreto-Lei n.º 372/91, de 8 de Outubro 637

Índice Geral

      25.7.2. Decreto-Lei n.º 387/93, de 20 de Novembro 638
      25.7.3. Texto actualizado do Decreto-Lei n.º 372/91, de 8 de Outubro 639
26. Câmbios e transacções com o exterior 642
    26.1. Decreto-Lei n.º 295/2003, de 21 de Novembro 642
    26.2. Aviso do Banco de Portugal n.º 13/2003, de 9 de Dezembro................................ 659
27. Cheques.. 661
    27.1. Lei Uniforme.. 661
      27.1.1. Decreto-Lei n.º 23:721, de 29 de Março de 1934 661
      27.1.2. Texto da Lei Uniforme Relativa ao Cheque.. 662
      27.1.3. Solução dos conflitos de leis em matéria de cheques 677
      27.1.4. Convenção relativa ao imposto de selo em matéria de cheques 680
    27.2. Compensação 681
      27.2.1. Decreto-Lei n.º 381/77, de 9 de Setembro 681
      27.2.2. Regulamento do Sistema de Compensação Interbancária – SICOI 684
        Instrução n.º 25/2003, do Banco de Portugal, de 15 de Outubro 684
    27.3. Norma técnica do cheque 700
      Instrução do Banco de Portugal n.º 26/2003, de 15 de Outubro 700
    27.4. Destruição de cheques e outros documentos 707
      Decreto-Lei n.º 279/2000, de 10 de Novembro 707
    27.5. Restrições ao uso do cheque 710
      27.5.1. Lei n.º 30/91, de 20 de Julho... 710
      27.5.2. Decreto-Lei n.º 454/91, de 28 de Dezembro... 714
      27.5.3. Lei n.º 114/97, de 16 de Setembro 717
      27.5.4. Decreto-Lei n.º 316/97, de 19 de Novembro 722
      27.5.5. Lei n.º 25/2002, de 2 de Novembro 726
      27.5.6. Decreto-Lei n.º 323/2001, de 17 de Dezembro... 728
      27.5.7. Decreto-Lei n.º 83/2003, de 24 de Abril 729
      27.5.8. Regime jurídico do cheque sem provisão (Texto Actualizado do Decreto-Lei n.º
        454/91, de 28 de Dezembro) 731
      27.5.9. Aviso do Banco de Portugal n.º 1741-C/98, de 29 de Janeiro.................. 743
      27.5.10. Instrução do Banco de Portugal n.º 1/98, de 16 de Fevereiro 748
      27.5.11. Instrução do Banco de Portugal n.º 1/2004, de 16 de Fevereiro 753
28. Cartões de pagamento... 756
    Aviso do Banco de Portugal n.º 11/2001, de 6 de Novembro 756
29. Crédito... 759
    29.1. Mútuos bancários 759
      Decreto-Lei n.º 32:765, de 29 de Abril de 1943 759
    29.2. Informações sobre taxas de juro e outros custos 761
      29.2.1. Decreto-Lei n.º 220/94, de 23 de Agosto.. 761
      29.2.2. Aviso do Banco de Portugal n.º 1/95, de 16 de Fevereiro........................ 769
      29.2.3. Aviso do Banco de Portugal n.º 2/2002, de 27 de Março......................... 770
      29.2.4. Aviso do Banco de Portugal n.º 7/2003, de 7 de Janeiro.......................... 771
      29.2.5. Texto actualizado do Aviso do Banco de Portugal n.º 1/95, de 16 de Fevereiro.. 772
    29.3. Serviço de Centralização de Riscos de Crédito 778
      Decreto-Lei n.º 29/96, de 11 de Abril 778
    29.4. Crédito ao consumo 782
      29.4.1. Decreto-Lei n.º 359/91, de 21 de Setembro.. 782
      29.4.2. Decreto-Lei n.º 101/2000, de 2 de Junho.. 784
      29.4.3. Texto actualizado do Decreto-Lei n.º 359/91, de 21 de Setembro 786
    29.5. Crédito à habitação 802
      29.5.1. Regime legal 802
        29.5.1.1. Decreto-Lei n.º 349/98, de 11 de Novembro 802
        29.5.1.2. Decreto-Lei n.º 137-B/99, de 22 de Abril 804
        29.5.1.3. Decreto-Lei n.º 1-A/2000, de 11 de Novembro 807

Leis da Banca

    29.5.1.4. Decreto-Lei n.º 320/2000, de 15 de Dezembro..................................... 809
    29.5.1.5. Decreto-Lei n.º 231/2002, de 2 de Novembro 812
    29.5.1.6. Texto actualizado do Decreto-Lei n.º 349/98, de 11 de Novembro 814
  29.5.2. Extinção dos regimes de crédito bonificado à habitação 837
    29.5.2.1. Lei n.º 16-A/2002, de 31 de Maio... 837
    29.5.2.2. Despacho n.º 549/2002, de 4 de Junho 839
    29.5.2.3. Decreto-Lei n.º 305/2003, de 9 de Dezembro.................................... 840
  29.5.3. Informações a prestar pelas instituições de crédito no âmbito do crédito à habitação 842
    29.5.3.1. Lei n.º 21/2003, de 26 de Junho.. 842
    29.5.3.2. Decreto-Lei n.º 279/2003, de 8 de Novembro 844
    29.5.3.3. Despacho Normativo n.º 25/2004, de 7 de Maio 849
    29.5.3.4. Instrução do Banco de Portugal n.º 27/2003, de 17 de Novembro........ 856
  29.5.4. Crédito a deficientes 860
    29.5.4.1. Decreto-Lei n.º 43/76, de 20 de Janeiro... 860
    29.5.4.2. Decreto-Lei n.º 230/80, de 16 de Julho... 873
    29.5.4.3. Decreto-Lei n.º 541/80, de 10 de Novembro 874
    29.5.4.4. Decreto-Lei n.º 98/86, de 17 de Maio 875
  29.5.5. Compra e venda com mútuo.. 877
    29.5.5.1. Decreto-Lei n.º 255/93, de 15 de Julho... 877
    29.5.5.2. Portaria n.º 669-A/93, de 16 de Julho... 882
    29.5.5.3. Portaria n.º 882/94, de 1 de Outubro.. 883
    29.5.5.4. Texto actualizado da Portaria n.º 669-A/93, de 16 de Julho 884
 29.6. Locação financeira... 898
  29.6.1. Decreto-Lei n.º 149/95, de 24 de Junho... 898
  29.6.2. Decreto-Lei n.º 265/97, de 2 de Outubro 900
  29.6.3. Decreto-Lei n.º 285/2001, de 3 de Novembro 902
  29.6.4. Texto actualizado do Decreto-Lei n.º 149/95, de 24 de Junho.............................. 903
30. Garantias e títulos especiais.. 911
 30.1. Penhor bancário 911
  30.1.1. Decreto-Lei n.º 29:833, de 17 de Agosto de 1939 911
  30.1.2. Decreto-Lei n.º 32:032, de 22 de Maio de 1942 915
 30.2. Obrigações hipotecárias 918
  30.2.1. Decreto-Lei n.º 125/90, de 16 de Abril 918
  30.2.2. Decreto-Lei n.º 17/95, de 27 de Janeiro... 920
  30.2.3. Decreto-Lei n.º 343/98, de 6 de Novembro 921
  30.2.4. Texto actualizado do Decreto-Lei n.º 125/90, de 16 de Abril 924
 30.3. Obrigações de caixa 933
  30.3.1. Decreto-Lei n.º 408/91, de 17 de Outubro 933
  30.3.2. Decreto-Lei n.º 343/98, de 6 de Novembro 934
  30.3.3. Decreto-Lei n.º 181/2000, de 10 de Agosto... 935
  30.3.4. Texto actualizado do Decreto-Lei n.º 408/91, de 17 de Outubro 937
 30.4. Títulos de dívida de curto prazo (papel comercial) 942
  Decreto-Lei n.º 69/2004, de 25 de Março.. 942
 30.5. Regime jurídico dos contratos de garantia financeira 951
  Decreto-Lei n.º 105/2004, de 8 de Maio 951
31. Disposições subsidiárias do Código Civil 962

PARTE III
DIREITO COMUNITÁRIO

I. DIREITO EUROPEU INSTITUCIONAL
32. Tratado que institui a Comunidade Europeia 1005

Índice Geral

32.1. Decreto do Presidente da República n.º 61/2001, de 18 de Dezembro 1005
32.2. Resolução da Assembleia da República n.º 79/2001, de 25 de Outubro 1006
32.3. Tratado que institui a União Europeia 1008
33. Protocolo relativo aos Estatutos do Sistema Europeu de Bancos Centrais e do Banco Central Europeu 1028
34. Decisão do Banco Central Europeu, de 19 de Fevereiro de 2004 1050
35. Decisão da Comissão, de 5 de Novembro de 2003 1061
36. Decisão da Comissão, de 5 de Novembro de 2003 1064

II. DIREITO EUROPEU MATERIAL

37. Directriz n.º 93/6/CEE, do Conselho, de 15 de Março
    (Directriz Adequação dos Fundos Próprios) 1069
38. Directriz n.º 93/22/CEE, do Conselho, de 10 de Maio
    (Directriz Serviços de Investimento) 1111
39. Directriz n.º 94/19/CE, do Parlamento e do Conselho Europeu, de 30 de Maio
    (Directriz Garantia dos Depósitos) 1154
40. Directriz n.º 95/26/CE, do Parlamento e do Conselho Europeu, de 29 de Junho
    (Directriz Reforço de Supervisão) 1171
41. Directriz n.º 98/26/CE, do Parlamento Europeu e do Conselho, de 19 de Maio
    (Directriz Sistemas de Pagamentos e Liquidação) 1177
42. Directriz n.º 2000/12/CE, do Parlamento Europeu e do Conselho, de 20 de Março
    (Directriz Actividade das Instituições de Crédito) 1187
43. Directriz n.º 2000/28/CE, do Parlamento Europeu e do Conselho, de 18 de Setembro 1282
44. Directriz n.º 2000/46/CE, do Parlamento Europeu e do Conselho, de 18 de Setembro
    (Directriz Actividade das Instituições de Moeda Electrónica) 1285
45. Directriz n.º 2001/24/CE, do Parlamento Europeu e do Conselho, de 4 de Abril
    (Directriz Saneamento e Liquidação das Instituições de Crédito) 1295
46. Directriz n.º 2002/87/CE, do Parlamento Europeu e do Conselho, de 16 de Dezembro
    (Directriz Supervisão de Instituições de Crédito) 1315

PARTE IV
REGIME DO EURO

I. REGRAS COMUNITÁRIAS

47. Regulamento n.º 1103/97/CE, do Conselho, de 17 de Junho 1353
48. Regulamento n.º 2595/2000/CE, do Conselho, de 27 de Novembro 1359
49. Regulamento n.º 974/98/CE, do Conselho, de 3 de Maio 1361
50. Regulamento n.º 2596/2000/CE, do Conselho, de 27 de Novembro 1371
51. Regulamento n.º 2866/98/CE, do Conselho, de 31 de Dezembro 1374
52. Regulamento n.º 1478/2000/CE, do Conselho, de 19 de Junho 1377
53. Decisão do Banco Central Europeu, de 6 de Dezembro de 2001 1379
54. Decisão do Banco Central Europeu, de 20 de Março de 2003 1384
55. Orientação do Banco Central Europeu, de 20 de Março de 2003 1391
56. Recomendação da Comissão, de 29 de Setembro de 2003 1396

II. REGRAS INTERNAS

57. Transição para o euro 1400
    57.1. Decreto-Lei n.º 138/98, de 16 de Maio 1400
    57.2. Decreto-Lei n.º 343/98, de 6 de Novembro 1409
    57.3. Decreto-Lei n.º 131/99, de 21 de Abril 1421
    57.4. Decreto-Lei n.º 329/99, de 20 de Agosto 1423
    57.5. Resolução do Conselho de Ministros n.º 170/2000, de 16 de Novembro 1426
    57.6. Aviso do Banco de Portugal n.º 2/2001, de 7 de Fevereiro 1430

57.7. Decreto-Lei n.º 235/2001, de 30 de Agosto 1432
57.8. Decreto-Lei n.º 323/2001, de 17 de Dezembro 1434
57.9. Decreto-Lei n.º 339-A/2001, de 28 de Dezembro 1441
Adenda 1447
16.3. Decreto-Lei n.º 13/2005, de 7 de Janeiro. 1447
16.4. Regime Jurídico dos Fundos de Investimento Imobiliário 1450
Benefícios fiscais aplicáveis às contas poupança-reformados e poupança-habitação (alterações) 1485
Índice ideográfico 1487
Índice geral 1497